Stefan C. Weber

Externes Corporate Governance Reporting börsennotierter Publikumsgesellschaften

GABLER RESEARCH

Schriften zu Wirtschaftsprüfung, Steuerlehre
und Controlling

Herausgegeben von
Prof. Dr. Carl-Christian Freidank, Universität Hamburg

Stefan C. Weber

Externes Corporate Governance Reporting börsennotierter Publikumsgesellschaften

Konzeptionelle Vorschläge zur Weiterentwicklung der unternehmerischen Berichterstattung

Mit einem Geleitwort von Prof. Dr. Carl-Christian Freidank

GABLER

RESEARCH

Bibliografische Information der Deutschen Nationalbibliothek
Die Deutsche Nationalbibliothek verzeichnet diese Publikation in der Deutschen Nationalbibliografie; detaillierte bibliografische Daten sind im Internet über <http://dnb.d-nb.de> abrufbar.

Dissertation Universität Hamburg, 2010

1. Auflage 2011

Lektorat: Stefanie Brich | Anita Wilke

Gabler Verlag ist eine Marke von Springer Fachmedien.
Springer Fachmedien ist Teil der Fachverlagsgruppe Springer Science+Business Media.
www.gabler.de

Umschlaggestaltung: KünkelLopka Medienentwicklung, Heidelberg
Gedruckt auf säurefreiem und chlorfrei gebleichtem Papier
Printed in Germany

ISBN 978-3-8349-2654-8

Geleitwort

Vor dem Hintergrund der nationalen und internationalen Bestrebungen zur Verbesserung der Führung und Überwachung von Unternehmen (Corporate Governance) widmet sich die Abhandlung der extern orientierten Berichterstattung über die Corporate Governance (CG) börsennotierter Publikumsgesellschaften. Aufgrund der in jüngerer Zeit gestiegenen Informationsbedürfnisse des Kapitalmarktes im Hinblick auf die zur Verfügungstellung entscheidungsnützlicher Unternehmensdaten durch die normierte Rechnungslegung (Financial Accounting) und die wertorientierte Berichterstattung (Value Reporting) sowie umfassender gesetzlicher Novellierung, die insbesondere den Bereich der CG betreffen, konstatiert der Verfasser ein Defizit im Rahmen der Unternehmenspublizität, das sich auf die bislang nur ansatzweise erkennbare Entwicklung eines betriebswirtschaftlich geschlossenen Konzepts für ein extern orientiertes Corporate Governance Reporting (CGR) bezieht. Diese Forschungslücke beabsichtigt die Schrift zu schließen, indem zunächst auf theoretisch deduktivem Wege ein Konzeptionsmodell entworfen und anschließend im Rahmen einer empirischen Untersuchung der Hauptadressatengruppen des CGR getestet wird.

Im zweiten Hauptteil wird zunächst ein Konzeptionsmodell zur Ausgestaltung des CGR entwickelt, das sich aus den Bestandteilen Corporate Governance Statement (CGS), Feedback-Mechanismus und Enforcement zusammensetzt. Dabei greift der Verfasser auf die Kommunikationstheorie als Deduktionsgrundlage zurück, um aus diesen Erkenntnissen die zentralen Bestandteile des Reportingmodells zur CG ableiten zu können. Anschließend wird ein konkretes CGS als Übermittlungsmedium an die Adressaten des Kapitalmarktes entworfen, ein Feedback-Mechanismus des CGR präsentiert und es werden auch Vorschläge zum Enforcement eines CGR unterbreitet. Allerdings ist sich der Autor bewusst, dass neben die deduktive Ableitung eines Konzeptionsmodells im Kontext eines Methoden-Mix ferner die Induktion treten muss. Dieser Forderung kommt er im Dritten Hauptteil der Arbeit nach, indem durch eine breit angelegte deskriptive univariate Analyse auf der Grundlage einer schriftlichen Befragung getestet wird, inwieweit die Inhaltskomponenten des CGS geeignet sind, den Informationszielen der Hauptadressaten des CGR zu entsprechen.

Im Gesamtbild überzeugt die Schrift vor allem durch die Konzeptionierung eines Modells für ein extern orientiertes CGR. Angesichts der theoretischen Fundierung, der Aktualität des Themas, der sorgfältigen und ausgewogenen verbalen Analysen, der nationalen Weiterentwicklungsvorschläge für ein CGR mit den Komponenten CGS, Feedback-Mechanismus und Enforcement sowie den empirischen Untersuchungen zum CGS wird das einschlägige Schrifttum um wesentliche Aspekte ergänzt.

Univ.-Prof. Dr. habil. Carl-Christian Freidank

Vorwort

Die vorliegende Schrift entstand während meiner Tätigkeit als wissenschaftlicher Mitarbeiter am Institut für Wirtschaftsprüfung und Steuerwesen, Lehrstuhl für Revisions- und Treuhandwesen, der Universität Hamburg in der Zeit vom 15. August 2004 bis zum 15. August 2010 und wurde im Wintersemester 2010/2011 von der Fakultät Wirtschafts- und Sozialwissenschaften, Fachbereich Betriebswirtschaftslehre, als Dissertation angenommen.

Die Arbeit wird mit einem Förderpreis der Johanna und Fritz Buch Gedächtnis-Stifung, Hamburg, ausgezeichnet.

Der Abschluss dieses für mich sehr bedeutenden Lebensabschnitts bietet mir die Gelegenheit, mich für die vielfältige Unterstützung, die ich in den letzten Jahren erfahren durfte, zu bedanken. Zunächst bin ich meinem verehrten akademischen Lehrer und Doktorvater, Herrn Prof. Dr. Carl-Christian Freidank, für die nachhaltige Förderung während meiner Zeit an seinem Lehrstuhl sowie für die profunde Betreuung dieser Arbeit zu tiefstem Dank verpflichtet. Herrn Prof. Dr. Willi Küpper danke ich für die Übernahme des Zweitgutachtens und Herrn Prof. Dr. Siegfried Grotherr für den Vorsitz im Promotionsverfahren.

Allen meinen Kolleginnen und Kollegen am Lehrstuhl wie auch den studentischen Hilfskräften möchte ich für die vielen inspirierenden Gespräche und die freundschaftliche Atmosphäre danken, die mir vor allem in den schwierigen Phasen des wissenschaftlichen Arbeitens einen wichtigen Rückhalt geboten haben. Besonderer Dank gilt Herrn Roland Bockmann, Herrn Malte Ebeling, Frau Dr. Gaby Frei, Frau Dr. Eva Griewel, Herrn Jan Jucknat, Herrn Thorsten Kirch, Frau Angela Koch, Herrn Dr. Thies Lentfer, Herrn Finn Möller, Frau Cristina Müller-Burmeister, Frau Martina Noori, Herrn Malte Posewang, Herrn Patrik Schreiber, Frau Kerstin Seewald, Herrn Dr. Patrick Velte und Herrn Dr. Thomas Wernicke für die kritische Durchsicht des Manuskripts, die konstruktiven Anregungen, die technische Unterstützung und die Recherchearbeiten im Rahmen der empirischen Untersuchung. Bei Herrn Dr. Thies Lentfer und Herrn Dr. Patrick Velte möchte ich mich darüber hinaus für ihre unermüdliche Diskussionsbereitschaft und stets aufbauenden Worte bedanken.

Meiner Frau Kerstin Seewald danke von ganzem Herzen für ihren liebevollen Beistand und ihr unerschöpfliches Verständnis für die zahllosen Einschränkungen unserer Freizeit, die mit der Abfassung meiner Dissertationsschrift einhergingen.

Schließlich möchte ich besonders meinen Eltern, Frau Ursula und Herrn Franz Weber, von ganzem Herzen danken. Sie haben mir diese Form der Ausbildung ermöglicht und mich auf meinem bisherigen Lebensweg zu jeder Zeit fürsorglich begleitet. Ihnen sei diese Arbeit gewidmet. Ich wünschte mir, meine wundervolle Mutter hätte diesen Augenblick miterleben dürfen.

Stefan C. Weber

Inhaltsübersicht

Inhaltsverzeichnis

Abkürzungsverzeichnis

a. A.	anderer Auffassung
Abl.	Amtsblatt der Europäischen Gemeinschaften
Abs.	Absatz
Abschn.	Abschnitt(-e)
a. D.	außer Dienst
AG	Aktiengesellschaft
AICPA	American Institute of Certified Public Accountants
AII	Investorengruppe „ausländische, insbesondere angelsächsische, institutionelle Investoren"
AKEU	Arbeitskreis Externe Unternehmensrechnung der Schmalenbach-Gesellschaft
AktG	Aktiengesetz
Aktz.	Aktenzeichen
allgem.	allgemein(-en/ -er)
a. M.	am Main
Anm. d. Verf.	Anmerkung des Verfassers
AnSVG	Gesetz zur Verbesserung des Anlegerschutzes (Anlegerschutzverbesserungsgesetz)
APAG	Gesetz zur Fortentwicklung der Berufsaufsicht über Abschlussprüfer in der Wirtschaftsprüferordnung (Abschlussprüferaufsichtsgesetz)
APAK	Kommission für die Aufsicht über die Abschlussprüfer in Deutschland (Abschlussprüferaufsichtskommission)
Art.	Artikel
ARUG	Gesetz zur Umsetzung der Aktionärsrechterichtlinie
Aufl.	Auflage
ausf.	ausführlich

BA	Investorengruppe „Banken"
BaFin	Bundesanstalt für Finanzdienstleistungsaufsicht
BaKred	Bundesaufsichtsamt für das Kreditwesen
BARefG	Gesetz zur Stärkung der Berufsaufsicht und zur Reform berufsrechtlicher Regelungen in der Wirtschaftsprüferordnung (Berufsaufsichtsreformgesetz)
BaV	Bundesaufsichtsamt für das Versicherungswesen
BaWe	Bundesaufsichtsamt für den Wertpapierhandel
BegrDisE	Begründung zum Diskussionsentwurf
BegrRegE	Begründung zum Regierungsentwurf
betr.	betreffend
BGB	Bürgerliches Gesetzbuch
BGBl.	Bundesgesetzblatt
BGH	Bundesgerichtshof
BGHZ	Entscheidungen des Bundesgerichtshofs in Zivilsachen
BilKoG	Gesetz zur Kontrolle von Unternehmensabschlüssen (Bilanzkontrollgesetz)
BilMoG	Gesetz zur Modernisierung des Bilanzrechts (Bilanzrechtsmodernisierungsgesetz)
BilReG	Gesetz zur Einführung internationaler Rechnungslegungsstandards und zur Sicherung der Qualität der Abschlussprüfung (Bilanzrechtsreformgesetz)
BIP	Bruttoinlandsprodukt
BIS	Bank for International Settlements
BMF	Bundesministerium der Finanzen
BMJ	Bundesministerium der Justiz
BörsG	Börsengesetz
BörsO	Börsenordnung für die Frankfurter Wertpapierbörse (Börsenordnung)

BörsZulV	Verordnung über die Zulassung von Wertpapieren zum regulierten Markt einer Wertpapierbörse (Börsenzulassungs-Verordnung)
BRD	Bundesrepublik Deutschland
bspw.	beispielsweise
BT-Drucks.	Bundestags-Drucksache
BVI	Bundesverband Investment und Asset Management e. V.
BWL	Betriebswirtschaftslehre
bzgl.	bezüglich
bzw.	beziehungsweise
CalPERS	California Public Employees' Retirement System
CAPM	Capital Asset Pricing Model
CEO	Chief Executive Officer
CGS	Corporate Governance Statement
CIRO	Certified Investor Relations Officer
Co.	Company
COSO	Committee of the Sponsoring Organizations of the Treadway Commission
CVA	Cash Value Added
DAI	Deutsches Aktieninstitut e. V.
DAV	Deutscher Anwaltverein
DAX	Deutscher Aktienindex
DCF	Discounted Cashflow
DCGK	Deutscher Corporate Governance Kodex
d. h.	das heißt
DisE	Diskussionsentwurf
DPR	Deutsche Prüfstelle für Rechnungslegung DPR e. V.
Dr.	Doktor

Dres.	Doktores
DrittelbG	Gesetz über die Drittelbeteiligung der Arbeitnehmer im Aufsichtsrat (Drittelbeteiligungsgesetz)
DRS	Deutscher Rechnungslegungs Standard
DRSC	Deutsches Rechnungslegungs Standards Committee
DVFA	Deutsche Vereinigung für Finanzanalyse & Asset Management e. V.
D & O	Directors and Officers
E	Entwurf
ECGI	European Corporate Governance Institute
E-DRS	Entwurf Deutscher Rechnungslegungs Standard
EFS	Enterprise Feedback Suite
EG	Europäische Gemeinschaften
EGHGB	Einführungsgesetz zum Handelsgesetzbuch
EHUG	Gesetz über elektronische Handelsregister und Genossenschaftsregister sowie das Unternehmensregister
einschl.	einschließlich
ERIC	Earnings less Riskfree Interest Charge
Erwägsgr.	Erwägungsgrund/-gründe
et al.	et alii (lat.: und andere)
etc.	et cetera (lat.: und so weiter)
EU	Europäische Union
e. V.	eingetragener Verein
EVA	Economic Value Added
EWG	Europäische Wirtschaftsgemeinschaft
f.	folgende
FASB	Financial Accounting Standards Board
FinDAG	Gesetz über die integrierte Finanzdienstleistungsaufsicht

Fn.	Fußnote
FRRP	Financial Reporting Review Panel
FRUG	Gesetz zur Umsetzung der Richtlinie über Märkte für Finanzinstrumente und der Durchführungsrichtlinie der Kommission (Finanzmarktrichtlinie-Umsetzungsgesetz)
GAAP	Generally Accepted Accounting Principles
GCCG	German Code of Corporate Governance
gem.	gemäß
ggf.	gegebenenfalls
GmbH	Gesellschaft mit beschränkter Haftung
GmbHG	Gesetz betreffend die Gesellschaften mit beschränkter Haftung
GoA	Grundsätze ordnungsmäßiger Abschlussprüfung
GoB	Grundsätze ordnungsmäßiger Buchführung
GoU	Grundsätze ordnungsmäßiger Unternehmensführung
GoÜ	Grundsätze ordnungsmäßiger Überwachung
grds.	grundsätzlich
h. c.	honoris causa
HGB	Handelsgesetzbuch
Hrsg.	Herausgeber
HS	Halbsatz
http	hypertext transfer protocol
HV	Hauptversammlung
IAS	International Accounting Standards
i. d. F.	in der Fassung
i. d. R.	in der Regel
IDW	Institut der Wirtschaftsprüfer in Deutschland e. V.

i. e. S.	im engeren Sinne
IF	Investorengruppe „Fondsgesellschaften"
IFAC	International Federation of Accountants
IFRIC	International Financial Reporting Interpretations Committee
IFRS	International Financial Reporting Standards
insbes.	insbesondere
InsO	Insolvenzordnung
ISA(s)	International Standard(-s) on Auditing
i. S. d.	im Sinne der/ des
i. S. e.	im Sinne einer/ eines
i. S. v.	im Sinne von
i. V. m.	in Verbindung mit
i. w. S.	im weiteren Sinne
Jg.	Jahrgang
KapAEG	Gesetz zur Verbesserung der Wettbewerbsfähigkeit deutscher Konzerne an Kapitalmärkten und zur Erleichterung der Aufnahme von Gesellschafterdarlehen (Kapitalaufnahmeerleichterungsgesetz)
KapInHaG	Gesetz zur Verbesserung der Haftung für falsche Kapitalmarktinformationen (Kapitalmarktinformationshaftungsgesetz)
KapMuG	Gesetz zur Einführung von Kapitalanleger-Musterverfahren
KG	Kommanditgesellschaft
KOM	Kommission (der Europäischen Gemeinschaften/Union)
KonTraG	Gesetz zur Kontrolle und Transparenz im Unternehmensbereich
KWG	Gesetz über das Kreditwesen (Kreditwesengesetz)

LG	Landgericht
lit.	litera (lat.: Buchstabe)
MDAX	Deutscher Midcap Aktienindex
Mio.	Million(-en)
MIT	Massachusetts Institute of Technology
MitbestG	Gesetz über die Mitbestimmung der Arbeitnehmer (Mitbestimmungsgesetz)
Mrd.	Milliarde(-n)
MVA	Market Value Added
m. w. N.	mit weiteren Nachweisen
NaStraG	Gesetz zur Namensaktie und zur Erleichterung der Stimmrechtsausübung (Namensaktiengesetz)
NBER	National Bureau of Economic Research
NEMAX	Neuer Markt Index
n. F.	neue Fassung
No.	Numero
Notverordnung	Verordnung des Reichspräsidenten über Akienrecht, Bankenaufsicht und über die Steueramnesie
Nr.	Nummer
ÖCGK	Österreichischer Corporate Governance Kodex
OECD	Organization for Economic Cooperation and Development
o. Jg.	ohne Jahrgang
OLG	Oberlandesgericht
o. O.	ohne Ort
p. a.	pro anno
PH	Prüfungshinweis(-e); Investorengruppe „private Haushalte“

PLC	Public Limited Company
PR	Public Relations
Prof.	Professor
ProspRi UmsetzG	Gesetz zur Umsetzung der Richtlinie 2003/71/EG des Europäischen Parlaments und des Rates vom 4. November 2003 betreffend den Prospekt, der beim öffentlichen Angebot von Wertpapieren oder bei deren Zulassung zum Handel zu veröffentlichen ist, und zur Änderung der Richtlinie 2001/34/EG (Prospektrichtlinie-Umsetzungsgesetz)
PS	Prüfungsstandard(-s)
PublG	Gesetz über die Rechnungslegung von bestimmten Unternehmen und Konzernen (Publizitätsgesetz)
PwC	PricewaterhouseCoopers
RefE	Referentenentwurf
RegE	Regierungsentwurf
RGBl.	Reichsgesetzblatt
RH	Rechnungslegungshinweis(-e)
RIC	Rechnungslegungs Interpretation Committee
RLCG	Richtlinie betr. Informationen zur Corporate Governance
Rn.	Randnummer
RoA	Return on Assets
RoE	Return on Equity
RS	Stellungnahme(-n) zur Rechnungslegung
S	Standard
S.	Seite
SDAX	Deutscher Smallcap Aktienindex
SE	Societas Europaea

SEAG	Gesetz zur Ausführung der Verordnung (EG) 2157/2001 des Rates vom 8. Oktober 2001 über das Statut der Europäischen Gesellschaft (SE) (SE-Ausführungsgesetz)
SEBG	Gesetz über die Beteiligung der Arbeitnehmer in einer Europäischen Gesellschaft (SE-Beteiligungsgesetz)
SEC	Securities and Exchange Commission
Sec.	Section (engl.: Abschnitt, Abteilung)
SEEG	Gesetz zur Einführung der Europäischen Gesellschaft
SE-VO	Verordnung (EG) Nr. 2157/2001 des Rates vom 8. Oktober 2001 über das Statut der Europäischen Gesellschaft (SE) (SE-Verordnung)
SIX	Swiss Exchange (bis August 2008: SWX)
SOA	Sarbanes-Oxley Act
sog.	so genannte(-r)
Sp.	Spalte
SPSS	Superior Performing Software System
stellv.	stellvertretend
StSenkG	Gesetz zur Senkung der Steuersätze und zur Reform der Unternehmensbesteuerung (Steuersenkungsgesetz)
Swiss Code	Swiss Code of Best Practice for Corporate Governance
SWX	Swiss Exchange (ab September 2008: SIX)
TecDAX	Deutscher Technologie Aktienindex
Teiln.	Teilnehmer
TransPuG	Gesetz zur weiteren Reform des Aktien- und Bilanzrechts, zu Transparenz und Publizität (Transparenz- und Publizitätsgesetz)

TUG	Gesetz zur Umsetzung der Richtlinie 2004/109/EG des Europäischen Parlaments und des Rates vom 15. Dezember 2004 zur Harmonisierung der Transparenzanforderungen in Bezug auf Informationen über Emittenten, deren Wertpapiere zum Handel auf einem geregelten Markt zugelassen sind, und zur Änderung der Richtlinie 2001/34/EG (Transparenzrichtlinie-Umsetzungsgesetz)
u. a.	unter anderem
UCLA	University of California
UK	United Kingdom
UMAG	Gesetz zur Unternehmensintegrität und Modernisierung des Anfechtungsrechts
UN	Investorengruppe „Unternehmen"
UNCTAD	United Nations Conference on Trade and Development
Unterabs.	Unterabsatz
Urt.	Urteil
US	United States
USA	United States of America
ÜUG	Gesetz zur Umsetzung der Richtlinie 2004/25/EG des Europäischen Parlaments und des Rates vom 21. April 2004 betreffend Übernahmeangebote (Übernahmerichtlinie-Umsetzungsgesetz)
v.	von/ vom
VAG	Gesetz über die Beaufsichtigung der Versicherungsunternehmen (Versicherungsaufsichtsgesetz)
VE	Investorengruppe „Versicherungen"
VerkProspG	Wertpapier-Verkaufsprospektgesetz (Verkaufsprospektgesetz)
VerkProspV	Verordnung über Wertpapier- und Verkaufsprospekte (Verkaufsprospekt-Verordnung)

vgl.	vergleiche
VO	Verordnung
Vol.	Volume
VorstAG	Gesetz zur Angemessenheit der Vorstandsvergütung
VorstOG	Gesetz über die Offenlegung der Vorstandsvergütungen (Vorstandsvergütungs-Offenlegungsgesetz)
vs.	versus (engl.: gegen)
VwVG	Verwaltungs-Vollstreckungsgesetz
WACC	Weighted Average Cost of Capital
WpHG	Gesetz über den Wertpapierhandel
WPK	Wirtschaftsprüferkammer
WPO	Gesetz über eine Berufsordnung der Wirtschaftsprüfer (Wirtschaftsprüferordnung)
WPOÄG	Gesetz zur Änderung von Vorschriften über die Tätigkeit der Wirtschaftsprüfer (Wirtschaftsprüferordnungs-Änderungsgesetz)
WpPG	Gesetz über die Erstellung, Billigung und Veröffentlichung des Prospekts, der beim öffentlichen Angebot von Wertpapieren oder bei der Zulassung von Wertpapieren zum Handel an einem organisierten Markt zu veröffentlichen ist (Wertpapierprospektgesetz)
WPRefG	Gesetz zur Reform des Zulassungs- und Prüfungsverfahrens des Wirtschaftsprüfungsexamens (Wirtschaftsprüfungsexamens-Reformgesetz)
WpÜG	Gesetz zur Regelung von öffentlichen Angeboten zum Erwerb von Wertpapieren und von Unternehmensübernahmen
www	world wide web
z. B.	zum Beispiel
Ziff.	Ziffer

Symbolverzeichnis

§	Paragraf
§§	Paragrafen
%	Prozent
&	und
∑	Summe
=	gleich
≈	ungefähr gleich
+	plus
-	minus
() []	runde, eckige Klammer auf, zu
[a, b]	geschlossenes Intervall
[a, b)	rechtsoffenes Intervall
CF_t	Free Cashflow in Periode t
CF_T	Residualwert
CG	Güte der (unternehmensspezifischen) Corporate Governance
e	Vertrauensbereich
€	Euro
f(x)	Funktion der Variablen x
k	(Gesamt-)Kapitalkosten als Diskontierungssatz
ME	Marktwert des Eigenkapitals
MF	Marktwert des Fremdkapitals
MW	Marktwert eines Finanzierungstitels
n	Stichprobengröße
n_p	Plan-Stichprobengröße
n_r	realisierte Stichprobengröße
N	Grundgesamtheit

p	Eintrittswahrscheinlichkeit
q	$1 - p$
r	erwartete Rendite eines sicheren Finanzierungstitels
r^*	erwartete Rendite eines unsicheren Finanzierungstitels
r_i	Risikoprämie
t	Periode; Sicherheitsgrad
T	Planungszeitraum
UW	Unternehmenswert
$\tilde{x}$	Median der Werte x
$\overline{x}$	arithmetisches Mittel der Werte x
Z	zukünftige Zahlungen aus einem Finanzierungstitel
Δ	Delta (Veränderungszeichen)
σ	Standardabweichung
σ^2	Varianz
σ^2_{max}	maximale Varianz
σ^2_{min}	minimale Varianz

Abbildungsverzeichnis

Tabellenverzeichnis

Einleitung

I. Problemstellung und Zielsetzung der Arbeit

Im Gegensatz zu den USA als ein typischer Vertreter des Outsider-orientierten Corporate Governance-Modells galt Deutschland bisher als Repräsentant des netzwerkorientierten Insider-Systems.[1] Charakteristisch für die letztgenannte Ausprägung ist die dominierende Stellung der internen Corporate Governance, welche sich primär auf die Überwachung der Unternehmensführung durch das Aufsichtsorgan stützt.[2] Elemente der externen Corporate Governance, insbesondere die Disziplinierung durch (Wettbewerbs-)Märkte, spielen in einem derartigen Modell dagegen traditionell eine nachrangige Rolle.

Die unterschiedliche Gewichtung der Corporate Governance-Mechanismen ist durch die jeweiligen Ausprägungen der sozioökonomischen Rahmenbedingungen zu erklären, worunter in erster Linie Wirtschafts-, Rechts- und Bankensysteme, die Anteilseignerstrukturen der Unternehmen sowie der Entwicklungsstand des (Eigen-)Kapitalmarkts fallen.[3] Während etwa in den USA dem (Eigen-)Kapitalmarkt traditionell eine herausragende Bedeutung zukommt, war dieser in Deutschland zumindest bis Mitte der 1990er Jahre vergleichsweise unterentwickelt[4] und durch eine hohe Konzentration des Anteilsbesitzes sowie Überkreuzverflechtungen gekennzeichnet.[5]

---

1 Diese Einordnung entspricht der einhelligen Meinung im Schrifttum; vgl. hierzu stellv. FRANKS/MAYER 1995, S. 184, 192 und MAYER 1998, S. 146 f.

2 Vgl. hierzu und in der Folge grundlegend MAYER 1998, S. 146-149 sowie ergänzend JOSTARNDT/RUDOLPH/THIERAUF 2006, S. 207 f. und SICK 2008, S. 91. Für eine ausführliche Abgrenzung der in- und externen Corporate Governance vgl. Abschn. I. B des Ersten Hauptteils.

3 Vgl. BÖCKING 2003, S. 253; DUTZI 2005, S. 13; MANN 2003, S. 26 und WERNER 2008, S. 26.

4 Vgl. hierzu stellv. LA PORTA ET AL. 1997, S. 1131.

5 Vgl. etwa BECHT/BOEHMER 1999, S. 1-87; FRANKS/MAYER 1990, S. 214 f. sowie KÖKE 2001, S. 259-288. Im Zusammenhang mit der (ehemals) engen Personen- und Kapitalverflechtung deutscher Großunternehmen wird in der Literatur auch von der sog. „Deutschland AG" oder auch vom „kooperativen Kapitalismus" gesprochen; vgl. hierzu insbes. BEYER 2002, S. 2 und WINDOLF/BEYER 1995, S. 1.

Die Dominanz externer Überwachungsmechanismen in Outsider-Systemen geht mit der Schaffung von Rahmenbedingungen einher, welche die Funktionsfähigkeit des (Eigen-)Kapitalmarktes langfristig sicherstellen sollen. Dieser Umstand erklärt auch das vor allem in den USA vergleichsweise weit entwickelte Kapitalmarktrecht,[6] die Einrichtung einer effektiven Börsenaufsichtsbehörde und nicht zuletzt die hohe Bedeutung sowohl der Unternehmenspublizität als auch der ihre Verlässlichkeit gewährleistenden Enforcement-Institutionen, ohne die ein wirksames externes Monitoring nicht stattfinden kann.[7] Für die interne Überwachung durch Unternehmensnetzwerke, welche primär über Aufsichtsgremien erfolgt, entbehrt es indes einer ausgeprägten Informationsversorgung des (Eigen-)Kapitalmarkts, so dass bei einer derartigen Überwachungsform vielmehr eine Informationsinternalisierung zu beobachten ist.[8] Vor diesem Hintergrund bestand insbesondere in Deutschland lange Zeit keine Notwendigkeit, die Anforderungen an die Unternehmenspublizität und deren Enforcement wesentlich zu erhöhen.[9]

Allerdings zeichnet sich mit Blick auf jüngere Entwicklungen in Deutschland aus der Perspektive börsennotierter Publikumsgesellschaften ein Wandel der sozioökonomischen Rahmenbedingungen ab, wobei in erster Linie der Ausgestaltung der Unternehmensfinanzierung eine herausragende Bedeutung zukommt.[10] Insbesondere sind in diesem Zusammenhang die zunehmende Kapitalmarktorientierung dieser Unternehmensgruppe und die damit verbundene

---

6 In Outsider-Systemen genießen die Eigenkapitalgeber den größten Schutz, indem das Kapitalmarktrecht die Anlegerschutzbestimmungen in den Mittelpunkt rückt; vgl. RUDOLPH 2003, S. 2055 sowie SHLEIFER/VISHNY 1997, S. 769 f.

7 Vgl. etwa AURICH 2006, S. 172; GERUM 2007, S. 387; HOPT 1976, S. 203-207; JACOB 2004, S. 93; LA PORTA ET AL. 2006, S. 28; MAYER 1998, S. 149; RUDOLPH 2003, S. 2055; SLAVIK 2008, S. 313-315 und WERNER 2008, S. 249. Zur Entwicklung des Publizitätssystems in den USA vgl. ausf. MERKT 2006, S. 28-34.

8 Vgl. BÖCKING 2003, S. 254; HACKETHAL/SCHMIDT 2000, S. 65-69; MANN 2003, S. 119; WERNER 2008, S. 39 sowie WÜSTEMANN 2003, S. 720.

9 Vgl. in diesem Sinne BÖCKING 2003, S. 254 und HACKETHAL/SCHMIDT 2000, S. 65-69.

10 Vgl. HOPT/WYMEERSCH 1997, S. V; RUDOLPH 2003, S. 2054 sowie WERNER 2008, S. 26.

Substituierung der Kredit- durch die (Eigen-)Kapitalmarktfinanzierung zu nennen.[11] Der in Rede stehende Prozess wird durch Beteiligungsverkäufe bisheriger Großinvestoren sowie durch die Auflösung von Überkreuzverflechtungen zugunsten eines größeren Streubesitzes, zumeist in den Händen ausländischer institutioneller Investoren[12], flankiert.[13] Neben diesen Entwicklungen spielen auch Veränderungen im Bereich der normativen Rahmenbedingungen eine wichtige Rolle.[14] Ein wesentlicher Impetus geht hierbei von der *Europäischen Union* aus, die ein primär marktorientiertes Verständnis der Corporate Governance vertritt.[15] Die Initiativen betreffen, wie etwa die Richtlinie 2007/36/EG zeigt,[16] in erster Linie Normierungen zum Anlegerschutz, zum Unternehmensrecht und zur Kapitalmarktregulierung.

Die vorstehend benannten Veränderungen im Bereich der sozioökonomischen Rahmenbedingungen induzieren als systembildende Determinanten wiederum eine Fortentwicklung des Corporate Governance-Systems der hiervon betroffenen deutschen börsennotierten Publikumsgesellschaften. Dies manifestiert sich in einer zunehmenden Bedeutung von Elementen der externen Corporate Governance, insbesondere - und diese Feststellung ist für die vorliegende Abhandlung von hoher Relevanz - in Gestalt einer Informationsexternalisierung, das heißt in einer entscheidungsrelevanten und verlässlichen Informationsversorgung der Marktteilnehmer im Rahmen der Unternehmenspublizität.[17]

---

11 Vgl. bspw. RASKOP 2004, S. 7 m. w. N.

12 Zur Definition institutioneller Investoren vgl. Abschn. II. C.2.a) des Ersten Hauptteils.

13 Vgl. hierzu etwa HÖPNER/KREMPEL 2003, S. 1-16; HÖPNER/KREMPEL 2004, S. 339-353 sowie WÓJCIK 2002, S. 1-23.

14 Vgl. u. a. RUDOLPH 2003, S. 2054.

15 Vgl. stellv. LENTFER 2005, S. 165.

16 Vgl. RICHTLINIE 2007/36/EG, Abl. Nr. L 184 vom 14.07.2007, S. 17-24. Zu der sog. Aktionärsrechterichtlinie vgl. PLUSKAT 2007, S. 2135-2142 und RATSCHOW 2007, 1402-1408.

17 Vgl. ebenso LENTFER 2005, S. 152 und RUDOLPH 2003, S. 2060.

Vor diesem Hintergrund bildet neben der normierten Rechnungslegung (Financial Accounting) und der wertorientierten Berichterstattung (Value Reporting)[18] zunehmend auch die (interne) Corporate Governance einen bedeutenden Publizitätsschwerpunkt.[19] Mit der stärkeren Ausrichtung der Unternehmenspolitik am Marktwert des Eigenkapitals (Shareholder Value) wird eine sich weitgehend auf finanzielle Sachverhalte beschränkende Berichterstattung den erhöhten Informationsbedürfnissen der Anteilseigner[20], insbesondere der institutionellen Investoren angelsächsischer Herkunft, nicht gerecht.[21] Zudem bestätigen jüngere empirische Studien die theoretisch abgeleiteten Ergebnisse der Neuen Institutionenökonomie, denen zufolge der Unternehmenswert maßgeblich durch nicht-finanzielle Komponenten und mithin durch die Güte der (internen) Corporate Governance bestimmt wird,[22] so dass eine Berichterstattung hierüber für börsennotierte Publikumsgesellschaften ökonomisch relevant ist.[23] Im Zentrum eines derartigen Corporate Governance Reportings[24] stehen Angaben zur internen Corporate Governance,[25] das heißt - unter Zugrundelegung des dualistischen Systems der Unternehmensverfassung in

---

18 Zur Definition der Begriffe Financial Accounting und Value Reporting vgl. Abschn. I. B.3.c) des Ersten Hauptteils.

19 Vgl. ebenso HOMMELHOFF 2004, S. 304 f.; SCHEFFLER 2005, S. 479 sowie WERDER 2010, Rn. 534-536, S. 168 f.

20 In der Folge werden die Termini Anteilseigner, Investoren und Eigenkapitalgeber synonym verwendet.

21 Zu dieser Feststellung vgl. auch GRAF/STIGLBAUER 2008, S. 605; LENTFER 2005, S. 153 sowie PELLENS/HILLEBRAND/ULMER 2001, S. 1243 f.

22 Vgl. für den US-amerikanischen Kapitalmarkt stellv. GOMPERS/ISHII/METRICK 2003, S. 107-155 und für den deutschen Kapitalmarkt DROBETZ/SCHILLHOFER/ZIMMERMANN 2004, S. 5-25.

23 Vgl. LENTFER 2005, S. 153 und STRENGER/ROTT 2004, S. 569-572 sowie die empirischen Nachweise bei STIGLBAUER 2010, S. 87-205 und TOKSAL 2004, S. 84-149.

24 Die Termini Corporate Governance Reporting und Corporate Governance-Berichterstattung werden in der Folge synonym verwendet. Für eine ausführliche Definition des Corporate Governance Reportings vgl. Abschn. I. B.3.c) des Ersten Hauptteils.

25 Vgl. hierzu auch HOMMELHOFF 2004, S. 305; SCHEFFLER 2005, S. 479 sowie STRENGER 2001, S. 74.

der deutschen Aktiengesellschaft - primär Informationen über die Unternehmensführung durch den Vorstand und seine Überwachung durch den Aufsichtsrat unter Einbeziehung seiner Ausschüsse und der Unterstützung durch den Abschlussprüfer.

In normativer Hinsicht kommt das Corporate Governance Reporting auf nationaler Ebene erstmals durch den im Jahr 2002 veröffentlichten Deutschen Corporate Governance Kodex (DCGK)[26] und die im Zuge des Transparenz- und Publizitätsgesetzes (TransPuG)[27] eingeführte Entsprechenserklärung nach § 161 AktG als typisches Element des Outsider-orientierten Corporate Governance-Ansatzes zum Ausdruck.[28] Der DCGK enthält dabei für börsennotierte Gesellschaften neben Bestimmungen zur Transparenz im Allgemeinen und zur Offenlegung von Einzelsachverhalten auch die Empfehlung, „[...] jährlich im Geschäftsbericht über die Corporate Governance des Unternehmens [zu; Anm. d. Verf.] berichten [...].“[29] Mit dieser Regelung, welche auf die Listing Rules der britischen Finanzaufsichtsbehörde *Financial Services Authority* zurückgeht,[30] greift der DCGK den Gedanken der Corporate Governance-Publizität auf, geht mit dieser Empfehlung jedoch im Hinblick auf den Inhalt sowie den Ort der Darlegungen weit über § 161 AktG hinaus.[31]

Den Trend einer verstärkten Corporate Governance-Berichterstattung bestätigend und zugleich forcierend, wurde im Zuge des Vorstandsvergütungs-Offenlegungsgesetzes (VorstOG)[32] sowie flankierend durch das Gesetz zur

---

26 In der Zwischenzeit wurde der Kodex mehrfach überarbeitet und liegt aktuell (Stand: 15.07.2010) in der Fassung vom 26.05.2010 vor.

27 Vgl. TRANSPUG 2002, BGBl. I Nr. 50 vom 25.07.2002, S. 2681-2687.

28 Vgl. in diesem Sinne ebenso LENTFER 2005, S. 69 sowie WERDER 2010, Rn. 535, S. 169.

29 DCGK 2010, Rn. 3.10 Satz 1.

30 Vgl. Art. 12.43A LISTING RULES 2002 sowie ergänzend SEIBT 2003a, S. 469.

31 Vgl. in diesem Sinne auch QUICK/HÖLLER/KOPRIVICA 2008, S. 30.

32 Vgl. VORSTOG 2005, BGBl. I Nr. 47 vom 10.08.2005, S. 2267 f.

Angemessenheit der Vorstandsvergütung (VorstAG)[33] die individualisierte Offenlegung von Bezügen der Unternehmensführung gesetzlich normiert. Den vorläufigen Abschluss bildet das Bilanzrechtsmodernisierungsgesetz (BilMoG)[34], welches am 29.05.2009 in Kraft getreten ist. Dieses - zum Teil von der *EU-Kommission*[35] intendierte - Artikelgesetz sieht unter anderem in § 289 a HGB primär für börsennotierte Aktiengesellschaften die Pflicht zur Abgabe und Offenlegung einer jährlichen Erklärung zur Unternehmensführung vor, welche als Kernelement die Beschreibung der Arbeitsweise von Vorstand und Aufsichtsrat sowie der Zusammensetzung und Arbeitsweise ihrer Ausschüsse zum Gegenstand hat (§ 289 a Abs. 2 Nr. 3 HGB).[36]

Angesichts der in Rede stehenden Entwicklung einer zunehmend in den Mittelpunkt der Unternehmenspublizität rückenden Corporate Governance-Berichterstattung ist es wenig verständlich, dass dieser Thematik aus betriebswirtschaftlicher Sicht - gemessen an ihrer Bedeutung - bis dato eine nachrangige Beachtung beigemessen wird.[37] Insbesondere in konzeptioneller Hinsicht hat das Corporate Governance Reporting im Schrifttum noch keine erschöpfende Reflexion erfahren.

---

33 Vgl. VORSTAG 2009, BGBl. I Nr. 50 vom 04.08.2009, S. 2509-2511.

34 Vgl. BILMOG 2009, BGBl. I Nr. 27 vom 28.05.2009, S. 1102-1137.

35 Mit dem BilMoG wurde u. a. die RICHTLINIE 2006/46/EG, Abl. Nr. L 224 vom 16.08.2006, S. 1-7 in nationales Recht umsetzt. Zu der in Rede stehenden Richtlinie vgl. ausf. LENTFER/WEBER 2006a, S. 2357-2363; WEBER/LENTFER/KÖSTER 2007b, S. 368-373.

36 Vgl. hierzu im Einzelnen BISCHOF/SELCH 2008, S. 1026-1031; BÖCKING/EIBELSHÄUSER 2009, S. 567-572; FREIDANK/NOORI 2010, S. 95 f.; HEYD/BEYER 2010, S. 378-390; KOCHER 2010, S. 1034-1037; KOZIKOWSKI/RÖHM-KOTTMANN 2010, Rn. 1-52 zu § 289 a HGB, S. 1467-1473; PAETZMANN 2009a, S. 64-66; PAETZMANN 2009b, Rn. 1-17 zu § 289 a HGB, S. 1503-1508; VELTE 2009e, S. 1233; WEBER/LENTFER/KÖSTER 2008, S. 35-42 und WITHUS 2010, S. 52-54.

37 Vgl. lediglich ARBEITSKREIS 2006a, S. 1069-1071; BÖCKING 2003, S. 248-272; STIGLBAUER 2010 sowie für den schweizerischen Raum STAUB 2005.

Die vorliegende Schrift soll einen Beitrag dazu leisten, diese Forschungslücke zu schließen. Die zentrale Zielsetzung der Abhandlung besteht folglich in der Entwicklung eines umfassenden Konzeptionsmodells zur Ausgestaltung des Corporate Governance Reportings. Diesbezüglich stellt nach herrschender Meinung im Schrifttum[38] eine Methoden-Kombination aus Deduktion und Induktion die zu präferierende Vorgehensweise dar. Dieser Auffassung folgend, wird das Konzeptionsmodell zunächst theoretisch deduktiv ermittelt und anschließend im Wege einer deskriptiven univariaten Analyse auf der Grundlage einer schriftlichen Befragung der Hauptadressatengruppen des Corporate Governance Reportings einer empirisch induktiven Evaluation unterzogen. Im Fokus des empirischen Tests stehen in diesem Zusammenhang die Inhaltskomponenten des Corporate Governance Statements als Kernelement des Corporate Governance Reportings.[39]

Dem Erfordernis einer Einschränkung des Untersuchungsobjekts entsprechend, wird im Rahmen dieser Arbeit die Perspektive börsennotierter Publikumsgesellschaften eingenommen. Gemäß § 3 Abs. 2 AktG gelten dabei solche Unternehmen als börsennotiert, deren „Aktien zu einem Markt zugelassen sind, der von staatlich anerkannten Stellen geregelt und überwacht wird, regelmäßig stattfindet und für das Publikum mittelbar oder unmittelbar zugänglich ist." Unter Publikumsgesellschaften sind diejenigen Unternehmen zu verstehen, welche durch ein angestelltes Management ohne nennenswerte eigene Beteiligung und einen mehrheitlich fragmentierten Kreis von Aktionären (so genannter Streubesitz) gekennzeichnet sind.[40] Jüngeren Studien zufolge erfüllen zwischenzeitlich nahezu alle der - zwar eine zahlenmäßig verhältnismäßig kleine, jedoch ökonomisch wichtige Klasse[41] von Großunternehmen darstel-

---

38 Vgl. u. a. HENDRIKSEN 1977, S. 7; RÜCKLE 1996, S. 121; THEISEN 1987, S. 220 f.; THEISEN 1996, S. 94 sowie WERDER 1996a, S. 11 f.

39 Alle Normenverweise beziehen sich in der vorliegenden Abhandlung auf den Rechtsstand zum 15.07.2010. Sofern im Einzelfall Paragrafen einer älteren Gesetzesfassung zu zitieren sind, wird dies durch einen entsprechenden Hinweis kenntlich gemacht.

40 Vgl. stellv. JENSEN 1989, S. 61, 63.

41 Zu dieser Einschätzung vgl. ebenso DRUKARCZYK/SCHMIDT 1997, S. 261.

lenden - DAX-Unternehmen die genannten Kriterien und können folglich als Publikumsgesellschaften klassifiziert werden.[42]

Die Fokussierung börsennotierter Publikumsgesellschaften liegt in dem Umstand begründet, dass der skizzierte Wandel der sozioökonomischen Rahmenbedingungen und die dadurch induzierte Fortentwicklung des deutschen Corporate Governance-Modells fast ausschließlich diese Unternehmensgruppe betrifft, während andere Gesellschaften, wie insbesondere mittelständische Unternehmen, von dieser Entwicklung weitgehend ausgenommen sind.[43] Diese Abgrenzung geht gleichzeitig mit wissenschaftlichen Arbeiten[44] zur Entwicklung des deutschen Corporate Governance-Systems konform, deren Untersuchungsergebnissen zufolge von einer Teilung des deutschen Corporate Governance-Systems in ein Outsider-Modell börsennotierter Publikumsgesellschaften und ein Insider-System der übrigen Unternehmen auszugehen ist.

Da inzwischen alle DAX-Gesellschaften in eine Konzernstruktur eingebunden sind,[45] hat die Betrachtung konzernweit zu erfolgen,[46] wobei in der vorliegenden Abhandlung ein in Deutschland ansässiges und im Prime Standard der *Frankfurter Wertpapierbörse*[47] gelistetes Mutterunternehmen eines international tätigen Konzerns angenommen wird. Des Weiteren wird dieser Schrift ausschließlich das dualistische System der Unternehmensverfassung zugrunde

---

42 Der aktuellsten Untersuchung zufolge befanden sich bereits Mitte des Jahres 2005 27 der 30 DAX-Unternehmen mehrheitlich im Streubesitz, wohingegen es im Jahre 2001 24 Gesellschaften waren; vgl. hierzu SOMMER 2005a, S. 29.

43 Zur Corporate Governance kapitalmarktferner (Produktions-)Unternehmen vgl. etwa PAETZMANN 2008, S. 9-52.

44 Vgl. hierzu stellv. MANN 2003, S. 295 f.

45 Dies ergab eine vonseiten des Verfassers durchgeführte Analyse der Geschäftsberichte der DAX-Unternehmen.

46 Zur Notwendigkeit einer konzernweiten Betrachtung der Corporate Governance vgl. auch STEGER/BRELLOCHS/AMANN 2006, S. 4-6.

47 Für eine Unterscheidung der Marktsegmente an der *Frankfurter Wertpapierbörse* vgl. im Einzelnen DEUTSCHE BÖRSE 2010, S. 7-12.

gelegt. Während dieses in der nationalen deutschen Aktiengesellschaft (bislang) zwingend anzuwenden ist,[48] eröffnet Art. 38 lit. b) der Verordnung (EG) Nr. 2157/2001[49] ein Unternehmenswahlrecht, die Societas Europaea (SE) entweder dualistisch oder monistisch zu konstituieren. Dabei unterscheidet sich die dualistische SE[50] „von der Verfassung der deutschen Aktiengesellschaft praktisch nicht"[51], so dass die nachfolgenden Ausführungen zur nationalen deutschen Aktiengesellschaft analog auf die dualistisch ausgeformte SE übertragen werden können. Eine gesonderte Betrachtung der monistischen SE[52] unterbleibt, da diese Organisationsform bei deutschen börsennotierten Publikumsgesellschaften bislang (noch) keine Bedeutung erlangte.[53]

---

48 Zwar sieht die *Europäische Kommission* in ihrem Aktionsplan aus dem Jahre 2003 als mittelfristige Maßnahme (2006-2008) die Schaffung einer Wahlmöglichkeit zwischen einem dualistischen und einem monistischen System für alle börsennotierten Gesellschaften vor (vgl. EUROPÄISCHE KOMMISSION 2003, S. 18, 29), jedoch erfolgte bislang weder eine Umsetzung noch ist aus kurz- und mittelfristiger Sicht eine Öffnung des monistischen Systems für das deutsche Aktienrecht wahrscheinlich. Für eine ausführliche Diskussion zur monistischen Verfassung der deutschen Aktiengesellschaft de lege ferenda vgl. BAUMS 2008, S. 1-47.

49 Vgl. VERORDNUNG (EG) NR. 2157/2001, Abl. Nr. L 294 vom 10.11.2001, S. 1-21.

50 Zur dualistischen SE vgl. §§ 15-19 SEAG. Neben diesen Ausführungsbestimmungen sind die Vorschriften zur nationalen deutschen Aktiengesellschaft grds. übertragbar; vgl. hierzu TEICHMANN 2008, Rn. 37-39 zu Art. 38 SE-VO, S. 420 f.

51 BACHMANN 2008, S. 779. Zu den marginalen Abweichungen zwischen dem Aktienrecht und dem SEAG in Bezug auf das Leitungsorgan vgl. SEIBT 2008b, Rn. 2 zu Art. 39 SE-VO, S. 425-427.

52 Zur monistischen SE vgl. §§ 20-49 SEAG sowie weiterführend BACHMANN 2008, S. 780-808; BAUMS 2008, S. 32-38; CASPER 2009a, S. 214-218; HIRTE 2005, S. 700-702; KALLMEYER 2003, S. 1531-1536; MAUCH 2008, S. 43-205; MINUTH 2005, S. 77-83; NEYE 2005, S. 443-454; SCHERER 2006, S. 28-38; SCHMIDT 2006, S. 121-383 und TEICHMANN 2005, S. 195-222.

53 So konstatieren EIDENMÜLLER/ENGERT/HORNUF 2009, S. 847 im Rahmen ihrer aktuellen empirischen Untersuchung zur SE als Rechtsformalternative: „Die großen börsennotierten SEs in Deutschland halten durchweg am dualistischen System fest [...]."

II. Gang der Untersuchung

Der Erste Hauptteil dient zunächst einer eingehenden Analyse der Unternehmenspublizität als einem integralen Bestandteil der Corporate Governance. Zur Schaffung einer geeigneten Untersuchungssystematik bedarf es hierzu im ersten Kapitel einer Einführung in die Corporate Governance. Unter Berücksichtigung der Eingrenzung auf deutsche börsennotierte Publikumsgesellschaften erfolgt im Rahmen des ersten Abschnitts eine Definition der Corporate Governance, bevor im zweiten Abschnitt ihre einzelnen Elemente herausgearbeitet werden. In diesem Kontext ist eine Trennung in die in- und externe Corporate Governance notwendig, welche auf der Grundlage der Principal-Agent-Theorie anhand des Kriteriums der Unternehmensverwaltung erfolgt. Während die Unternehmensführung durch den Vorstand, die interne Überwachung durch den Aufsichtsrat sowie dessen Unterstützung durch den (Konzern-)Abschlussprüfer Elemente der internen Corporate Governance darstellen, rekrutiert sich die externe Corporate Governance neben der Überwachung durch Aktionäre und den Markt für Unternehmenskontrolle aus der Unternehmenspublizität sowie ihrer Durchsetzung (Enforcement). Dieser für die vorliegende Analyse fundamentalen Systematisierung schließt sich im dritten Abschnitt eine Darlegung der Principal-Agent-Theorie als theoretisches Erklärungsmodell der Corporate Governance an, wobei primär die ihr immanenten Konfliktsituationen im Fokus stehen. Das erste Kapitel endet mit einer abstrakten Vorstellung idealtypischer Corporate Governance-Systeme unter Zugrundelegung der Typologie nach Outsider- versus Insider-Systemen, welche das Fundament der nachfolgenden Ausführungen bildet.

Im zweiten Kapitel des Ersten Hauptteils gilt es, die Entwicklung des Corporate Governance-Systems deutscher börsennotierter Publikumsgesellschaften einer detaillierten Untersuchung zuzuführen. Aufgrund ihrer Ausrichtung liegt hierbei ein besonderes Augenmerk der Abhandlung auf der Unternehmenspublizität, welche sich in das Business Reporting i. e. S. und das Corporate Governance Reporting differenzieren lässt. Gleichwohl soll sich die Untersuchung nicht in einer Partialbetrachtung erschöpfen, sondern vielmehr einen ganzheitlichen Charakter tragen, so dass auch die zwischen den einzelnen Corporate Governance-Elementen bestehenden Interdependenzen Berücksichtigung finden und zudem identifizierte Entwicklungslinien, insbesondere im Bereich der internen Corporate Governance, als wertvolle Erkenntnisse im Rahmen des Zweiten Hauptteils fruchtbar gemacht werden können. Zur Realisierung dieses Vorhabens erfolgt nach einer kurzen Charakterisierung des traditionellen deutschen Corporate Governance-Systems im zweiten Abschnitt die Identifizierung wesentlicher auf dieses Modell wirkender Einflüsse, deren Konsequenzen es im weiteren Verlauf des Kapitels zu analysieren gilt.

Die zu eruierenden Einflussfaktoren spiegeln sich in der Evolution sozioökonomischer Rahmenbedingungen als systembildende Determinanten wider, die sowohl einen normativen als auch einen wirtschaftlichen Charakter tragen. Die Schrift beschäftigt sich im Rahmen des dritten Abschnitts zunächst mit der Darlegung normativer Rahmenbedingungen, welche neben steuerrechtlichen Aspekten primär den Anlegerschutz, das Unternehmensrecht und die Kapitalmarktregulierung umfassen. Die im Anschluss zu betrachtenden wirtschaftlichen Determinanten betreffen in erster Linie die Form der Unternehmensfinanzierung und beziehen sich zunächst auf die Entwicklung der Kapitalmarkt- und Kreditfinanzierung, bevor daran anschließend die Veränderung der Anteilseignerstruktur hinsichtlich ihres Konzentrations- und Verflechtungsgrades sowie ihrer Zusammensetzung in das Zentrum des Interesses rückt. Im Rahmen der genannten Untersuchungsgegenstände erfolgt dabei jeweils eine Bestandsaufnahme der Situation bis Mitte der 1990er Jahre, die sodann wesentlichen Vorgängen seit diesem Zeitpunkt gegenüberzustellen ist, um hieraus die Veränderungen im Zeitablauf zu extrahieren.

Aus den gewonnenen Erkenntnissen und unter Hinzuziehung ausgewählter empirischer Untersuchungen sind im vierten Abschnitt die Konsequenzen für das deutsche Corporate Governance-System und dessen Bestandteile abzuleiten. Die Untersuchung greift dabei in ihrer Systematik die einzelnen Elemente der Corporate Governance, wie sie im ersten Kapitel dieses Hauptteils herausgearbeitet wurden, wieder auf. Es findet somit erneut eine Trennung in die in- und externe Corporate Governance mit ihren jeweiligen Komponenten statt. Während sich der erste Unterabschnitt zur internen Corporate Governance mit den Konsequenzen für die Unternehmensführung durch den Vorstand, die

Überwachung durch den Aufsichtsrat und dessen Unterstützung durch den (Konzern-)Abschlussprüfer auseinandersetzt, widmet sich der zweite Unterabschnitt zur externen Corporate Governance den Auswirkungen auf die Überwachung durch Aktionäre, den Markt für Unternehmenskontrolle, die Unternehmenspublizität und ihr Enforcement.

Als ein fundamentales Ergebnis resultiert aus der Untersuchung, dass aus der Perspektive deutscher börsennotierter Publikumsgesellschaften die jüngeren Entwicklungen im Bereich der sozioökonomischen Rahmenbedingungen eine wesentliche Bedeutungszunahme der externen Corporate Governance zur Folge haben. Davon betroffen sind im Zuge einer intensivierten Überwachung durch Aktionäre und den Markt für Unternehmenskontrolle vor allem auch die Unternehmenspublizität im Allgemeinen und das Corporate Governance Reporting im Besonderen. Diese Feststellung und der Umstand, dass das Corporate Governance Reporting in konzeptioneller Hinsicht bislang noch keiner erschöpfenden betriebswirtschaftlichen Analyse zugeführt wurde, legen es nahe, dieses in den Mittelpunkt der weiteren Betrachtungen zu rücken.

Diese Fokussierung kommt bereits im dritten Kapitel zum Ausdruck, welches die ökonomische Relevanz des Corporate Governance Reportings zum Gegenstand hat. Im Zentrum der Analyse steht hierbei der Zusammenhang zwischen der Güte der unternehmensspezifischen Corporate Governance und den Kapitalkosten des Unternehmens, welcher im Rahmen des zweiten Abschnitts aus dem Blickwinkel der Neuen Institutionenökonomie theoretisch erklärt und daran anschließend im dritten Abschnitt unter Rückgriff auf einschlägige Studien für den US-amerikanischen und deutschen (Eigen-)Kapitalmarkt auf seine empirische Evidenz hin überprüft wird. Als Konklusion folgt aus diesem Kapitel, dass neben der unternehmensspezifischen Corporate Governance in toto auch dem Corporate Governance Reporting ein positiver Einfluss auf die Höhe der Kapitalkosten einer Unternehmung und damit eine eigenständige ökonomische Relevanz zuzusprechen ist.

Der Zweite Hauptteil der vorliegenden Abhandlung ist der Entwicklung eines Konzeptionsmodells zur Ausgestaltung des Corporate Governance Reportings gewidmet. Der herrschenden Meinung im Schrifttum folgend, soll dabei der betriebswirtschaftlich ausgerichteten Untersuchung ein Methoden-Mix aus Deduktion und Induktion zugrunde gelegt werden, dessen Darlegung im ersten Kapitel erfolgt. Im Rahmen der sich im zweiten Kapitel anschließenden theoretisch deduktiven Ermittlung des Konzeptionsmodells gilt es zunächst im ersten Abschnitt, Anknüpfungspunkte zur Kommunikationstheorie herzustellen, mit dem Ziel, diese für die Entwicklung des Konzeptionsmodells nutzbar zu machen. Zu thematisieren sind in diesem Kontext neben ausgewählten Typologien von Kommunikationsprozessen auch die semiotischen Ebenen und Störungen der Kommunikation sowie das Kommunikationsmodell nach *Bedford/Baladouni*, welches den ersten spezifischen Ansatz für die Betrachtung der Unternehmenspublizität aus kommunikationstheoretischer Sicht verkörpert. Intention des zweiten Abschnitts ist es, das Corporate Governance Reporting als Kommunikationsprozess zu verstehen und es entsprechend zu modellieren. Dieses Vorgehen ermöglicht die Identifizierung der zentralen Bestandteile des Konzeptionsmodells, das Corporate Governance Statement als Übermittlungsmedium, den Feedback-Mechanismus sowie das Enforcement des Corporate Governance Reportings, welche in den folgenden Abschnitten einer eingehenden Analyse zugeführt werden.

Der Schwerpunkt liegt diesbezüglich auf der Ausgestaltung des Corporate Governance Statements, als dessen integrale Elemente im Rahmen des dritten Abschnitts die Adressaten, die Zielsetzung, die Rahmengrundsätze, die Inhaltskomponenten, der oder die Verfasser, die Form und der Turnus identifiziert werden können. Um die Inhaltskomponenten als Kernelement des Corporate Governance Reportings einer theoretisch fundierten und systematischen Ermittlung zugänglich zu machen, bedarf es zunächst zwingend konzeptioneller Vorüberlegungen sowohl im Hinblick auf die Auswahl der Berichtselemente als auch hinsichtlich ihres Umfangs. Im Kontext der Auswahl der Berichtsinhalte ist es zielführend, die interne Corporate Governance als Berichtsgegenstand zu definieren und diesen im Rahmen einer Zweistufen-Konzeption einer Konkretisierung zuzuführen. Als Deduktionsgrundlagen dienen in diesem Kontext Normierungen zur internen Corporate Governance sowie die doppelstufige Principal-Agent-Theorie. Diese konzeptionellen Vorüberlegungen zugrunde legend, sind sodann die Inhaltskomponenten im Einzelnen abzuleiten. Dabei wird die im Ersten Hauptteil entwickelte Systematisierung der internen Corporate Governance wieder aufgegriffen und entsprechend eine Unterteilung in die Kategorien „Unternehmensführung durch den Vorstand", „Interne Überwachung durch den Aufsichtsrat" und „Unterstützung des Aufsichtsrats durch den (Konzern-)Abschlussprüfer" vorgenommen.

Die im vierten Abschnitt zu diskutierende Ausformung des Feedback-Mechanismus als weiteren Bestandteil des Konzeptionsmodells betrifft zum einen Aspekte seiner organisatorischen Implementierung und zum anderen die Ermittlung geeigneter Instrumente, wobei sich in diesem Zusammenhang Parallelen und damit Anknüpfungspunkte zu den Investor Relations ergeben. Nachdem mit der Konkretisierung sowohl des Corporate Governance Statements als auch des Feedback-Mechanismus die Gegenstände des Enforcement des Corporate Governance Reportings eine hinreichende Konkretisierung erfahren haben, gilt es nunmehr, diese beiden Objekte im fünften Abschnitt einer sachgerechten Normierung zuzuführen. Darauf aufbauend sind die grundsätzlich als Instrumente des Enforcement in Betracht kommenden normativen Institutionen und rechtlichen Mechanismen in Gestalt der (Konzern-)Abschlussprüfung, der Kapitalmarktaufsicht und der Organhaftung anhand zuvor festzulegender Kriterien auf ihre tatsächliche Eignung hin zu überprüfen. Der Zweite Hauptteil schließt sodann mit einem Zwischenergebnis.

Im Sinne eines kombinativen Ermittlungsprozesses werden im Dritten Hauptteil die zuvor auf theoretisch deduktivem Wege gewonnenen Untersuchungsergebnisse mittels einer deskriptiven univariaten Analyse auf der Grundlage einer schriftlichen Befragung der Hauptadressatengruppen des Corporate Governance Reportings einer empirisch induktiven Evaluation unterzogen. Der empirische Test fokussiert in diesem Zusammenhang die Inhaltskomponenten des Corporate Governance Statements als Kernelement des Corporate Governance Reportings, wobei die Einschätzungen der Adressaten zur Bedeutung der einzelnen Berichtsinhalte als Ersatzmaßstab für die Entscheidungsrelevanz der Informationen herangezogen werden. Mit dieser Vorgehensweise wird gewährleistet, dass die Adressaten bei der Ermittlung des Konzeptionsmodells einbezogen werden und sich das Corporate Governance Reporting an ihren Informationsbedürfnissen ausrichtet.

Dem üblichen Ablauf einer schriftlichen Befragung folgend, hat zunächst eine Bestimmung der Zielsetzung sowie der Untersuchungs- und Erhebungsobjekte zu erfolgen, welche den Gegenstand des ersten Kapitels bildet. Daran anschließend gilt es im zweiten Kapitel, die methodische Vorgehensweise festzulegen, wobei diese neben Spezifika des Untersuchungsdesigns und der Konzeption des Fragebogens auch Aspekte der Datengewinnung sowie der Hauptuntersuchung betrifft. Weitere Gegenstände der methodischen Überlegungen bilden die Bestimmung der Rücklaufquote und -struktur, die Repräsentativität der Untersuchungsergebnisse sowie die Art und Weise der Auswertung. Die im dritten Kapitel vorzunehmende Auswertung der Evaluationsergebnisse folgt hinsichtlich ihres Ablaufs zunächst der im Zweiten Hauptteil entwickelten Systematisierung der Inhaltskomponenten des Corporate Governance Statements, welche den drei Hauptkategorien „Unternehmensführung durch den Vorstand", „Interne Überwachung durch den Aufsichtsrat" und „Unterstützung des Aufsichtsrats durch den (Konzern-)Abschlussprüfer" zugeordnet sind. Hieran schließt sich eine Analyse der von den Umfrageteilnehmern im Rahmen der Befragung in Ergänzung zu den vorgegebenen Inhaltskomponenten als notwendig erachteten Sachverhalte an, bevor der Dritte Hauptteil mit einer Zusammenfassung und Konklusion im vierten Kapitel endet. Unter Zugrundelegung der gewonnenen Erkenntnisse resultiert als zentrales Ergebnis der vorliegenden Schrift ein theoretisch deduktiv ermitteltes und (partiell) empirisch induktiv evaluiertes Konzeptionsmodell zur Ausgestaltung des Corporate Governance Reportings. Die Arbeit schließt mit einer Zusammenfassung der Ergebnisse und einem Ausblick.

Die folgende Abbildung 1 gibt den Gang der Untersuchung zusammenfassend in einem schematischen Überblick wieder.

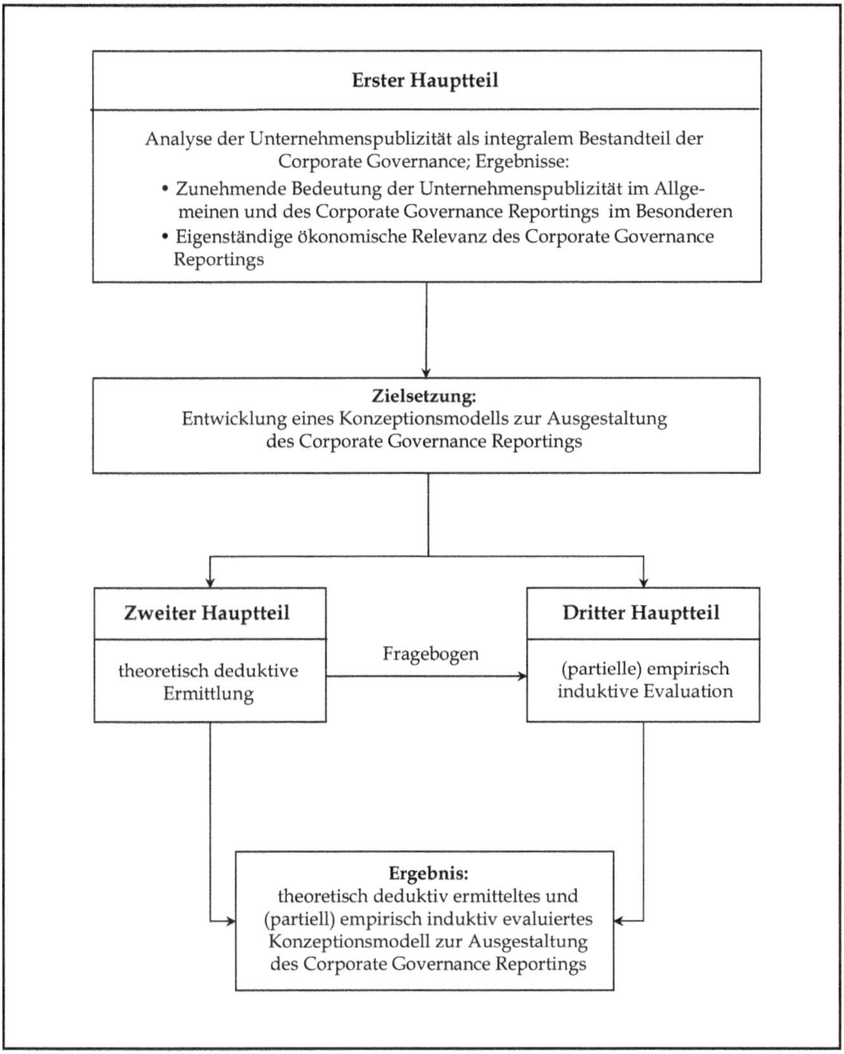

Abbildung 1: Schematischer Überblick über den Gang der Untersuchung

Erster Hauptteil:

Unternehmenspublizität als integraler Bestandteil der Corporate Governance

I. Grundlagen der Corporate Governance

A. Definition

Zuvorderst ist zu konstatieren, dass Corporate Governance weder einen bestimmten Rechtsbegriff[1] noch einen durch die wissenschaftliche Diskussion geprägten terminus technicus darstellt.[2] Vielmehr ist hierin ein „international angewendeter Begriff mit zahlreichen Ausprägungen"[3] zu sehen, der im deutschen, vorwiegend juristisch geprägten Schrifttum häufig mit der Unternehmensverfassung gleichgesetzt wird.[4]

Der Begriff Unternehmensverfassung beinhaltet dabei nach herkömmlicher Auffassung die Gesamtheit rechtlicher Regelungen, die festlegen, welche Möglichkeiten einzelnen Personengruppen zustehen, ihre Interessen durch Einflussnahme auf die Unternehmensentscheidungen durchzusetzen.[5] Keine Berücksichtigung findet dagegen bei dieser Sichtweise der Umstand, dass das Unternehmen in Märkte eingebunden ist und es dadurch zusätzlich zu einer faktischen Verteilung von Herrschaftsrechten und Einflussmöglichkeiten kommt.[6] So bestimmen Märkte einerseits, wie sehr die einzelnen Interessen-

---

1 Vgl. stellv. SCHNEIDER/STRENGER 2000, S. 106.

2 Vgl. hierzu etwa LENTFER 2005, S. 27 sowie hieran anknüpfend WEBER/LENTFER/KÖSTER 2007a, S. 54.

3 SCHNEIDER/STRENGER 2000, S. 106. Für einen Überblick über die in der Literatur existierenden Ausprägungen der Corporate Governance vgl. TURNBULL 1997, S. 180-200.

4 Vgl. hierzu etwa FEY 1995, S. 1320; KALLMEYER 2001, S. 209; KLAUS 1989, S. 77 sowie FEDDERSEN/HOMMELHOFF/SCHNEIDER 1996, S. 1, die Corporate Governance mit „Unternehmensorganisation" gleichsetzen. Als weitere reine Übersetzungen finden sich im Schrifttum zudem die Begriffe „Unternehmensführung" oder „Unternehmensleitung" (vgl. LUTTER 2001a, S. 225; RODEWALD/UNGER 2006, S. 113) sowie „Unternehmenskontrolle" (vgl. HACKETHAL/SCHMIDT 2000, S. 69; NASSAUER 2000, S. 7), die jedoch an anderer Stelle wegen ihrer Begriffsenge zu Recht verworfen werden; vgl. etwa BERRAR 2001, S. 24-26.

5 Vgl. etwa PÜTTNER 1989, S. 21; SCHMIDT 2001a, S. 65 und SCHMIDT/WEIß 2009, S. 164.

6 Vgl. hierzu und in der Folge SCHMIDT 2001a, S. 65 sowie ähnlich WERDER 2008, S. 1 f.

gruppen darauf angewiesen sind, ihre Ansprüche zur Geltung zu bringen, und andererseits, über welche faktischen Möglichkeiten sie verfügen, diese gegenüber anderen Unternehmenskoalitionären und der Unternehmensführung zu wahren. Nach herrschender Meinung lenkt jedoch die Corporate Governance ihre Aufmerksamkeit gerade auch auf dieses marktmäßige Umfeld mit der Folge, dass eine Reduzierung des Begriffs Corporate Governance auf die Unternehmensverfassung mit ihrer rein rechtlichen Perspektive[7] zu kurz greift.[8]

Diese Begriffsunterscheidung macht im Ergebnis zum einen deutlich, dass die Corporate Governance sowohl eine rechtliche als auch eine ökonomische Perspektive besitzt,[9] die eine interdisziplinäre Betrachtung durch die Rechts- und Wirtschaftswissenschaften impliziert.[10] Zum anderen kommt zum Ausdruck, dass die Corporate Governance neben einer internen auch eine externe Dimension[11] in Gestalt von Märkten aufweist. Gleichzeitig ist jedoch zu konstatieren, dass die bisherigen Ausführungen noch wenig darüber aussagen, welche Interessen und gegebenenfalls welche Interessenkonflikte durch die Corporate Governance zu regeln sind und in Bezug auf welche Ziele die Unternehmensführung gesteuert und überwacht werden soll. Diesbezüglich erweist sich auf internationaler Ebene die Differenzierung zwischen einem insbesondere in der angloamerikanischen Literatur vorzufindenden engen und einem in Kontinen-

---

7 Der rein rechtliche Charakter der Unternehmensverfassung zeigt sich pointiert bei *Eichhorn*, der die Unternehmensverfassung als ein „gesetzlich und satzungsmäßig vorgegebenes und höchstrichterlich präzisiertes Regelwerk" bezeichnet; EICHHORN 1989, S. 16.

8 Vgl. hierzu u. a. HACHMEISTER 2002, Sp. 488; SCHMIDT/WEIß 2003, S. 2 f.; SCHMIDT/WEIß 2009, S. 164 sowie SCHNEIDER/STRENGER 2000, S. 107.

9 Vgl. hierzu etwa auch STEIGER 2001, Sp. 531.

10 Zur Forderung einer interdisziplinären Betrachtungsweise im Kontext der Corporate Governance vgl. BÖCKING 2003, S. 248 f.; PRIGGE 1999, S. 149 f. sowie allgem. EIDENMÜLLER 2007, S. 492 f. und MERKT 2007, S. 541.

11 Die Trennung in eine interne und externe Corporate Governance stellt in der Literatur einen gebräuchlichen Differenzierungsansatz dar; vgl. etwa BÖCKLI 2000, S. 133 f.; HOMMELHOFF 2004, S. 288 f.; HOPT 2001, S. 37; SCHEFFLER 2005, S. 477; TEICHMANN 2001, S. 645-648 sowie WERDER 2008, S. 2.

taleuropa und Japan gebräuchlichen weiten Begriff der Corporate Governance als aufschlussreich.[12]

Eine sehr prägnante und konkrete Definition des Begriffs Corporate Governance nach angloamerikanischem Verständnis findet sich bei *Shleifer/Vishny*: „Corporate Governance deals with the ways in which suppliers of finance to corporations assure themselves of getting a return on their investment. How do the suppliers of finance get managers to return some of the profits to them? How do they make sure that managers do not steal the capital they supply or invest in bad projects? How do suppliers of finance control managers?"[13] Aus der Klasse abstrakter Definitionen für den angloamerikanischen Raum ist diejenige von *Hess* hervorzuheben: „Corporate Governance [ist; Anm. d. Verf.] der Prozess der Kontrolle und der Verwaltung des Vermögens und der Mitarbeiter einer Aktiengesellschaft im Interesse der Eigentümer der Gesellschaft. [...] Der Themenkomplex der Corporate Governance beschäftigt sich [..] mit der Verantwortlichkeit und der Überwachung des Managements von Aktiengesellschaften sowie den Mechanismen, die sicherstellen sollen, dass das Management fundierte Entscheidungen trifft und in Übereinstimmung mit den Interessen der Aktionäre handelt."[14]

Demgegenüber kommt die traditionell kontinentaleuropäische Vorstellung von Corporate Governance im Rahmen einer Definition von *Hoshi*[15] wie folgt zum Ausdruck: „Corporate Governance can be defined as the way the management of a firm is influenced by many stakeholders. Depending on which stakeholders are involved, we can identify five aspects of corporate governance. Those aspects address the agency problems between (i) shareholders

12 Vgl. zu dieser Unterscheidung auch HACHMEISTER 2002, Sp. 487 f.; PRIGGE 1998, S. 945-947; PRIGGE 1999, S. 148 f. sowie RASKOP 2004, S. 44 f.

13 SHLEIFER/VISHNY 1997, S. 737 f.

14 HESS 1996, S. 10.

15 Diese Definition bezieht sich zwar auf Japan, jedoch spiegelt sie gleichfalls kontinentaleuropäische und insbes. deutsche Verhältnisse pointiert wider.

and managers, (ii) creditors and managers, (iii) workers and managers, (iv) suppliers and customers, (v) government and firms."[16] Neben dieser konkreten Definition zeigt sich die traditionell kontinentaleuropäische Perspektive in abstrakter Form bei *Schmidt*: „Corporate Governance is the totality of the institutional and organizational mechanisms, and the corresponding decision-making, intervention and control rights, which serve to resolve conflicts of interest between the various groups which have a stake in a firm and which, either in isolation or in their interaction, determine how important decisions are taken in a firm, and ultimately also determine which decisions are taken."[17]

Wie die vorstehenden Definitionen von *Shleifer/Vishny* und *Hess* verdeutlichen, stehen nach dem angelsächsischen Verständnis die Kapitalgeber, insbesondere die Eigenkapitalgeber, im Fokus der Betrachtung.[18] Das Hauptproblem der Corporate Governance manifestiert sich in dem Konflikt zwischen den Aktionären und der Unternehmensführung.[19] Eher implizit legen diese Begriffsbildungen dabei nahe, dass die Interessen anderer Unternehmenskoalitionäre wesentliche Unternehmensentscheidungen nicht berühren sollten, was jedoch nicht bedeutet, dass deren Interessen nicht relevant wären.[20] Es wird vielmehr unterstellt, dass diese durch Verträge und Gesetze sowie durch Märkte, die ihnen gegebenenfalls Ausweichmöglichkeiten bieten, hinreichend abgesichert sind. Daraus ergibt sich schließlich, dass die Frage nach dem Unternehmensziel a priori festgelegt ist;[21] die einzig relevante Zielgröße für die Unternehmensführung sollte der Shareholder Value[22] sein.[23]

---

16 HOSHI 1998, S. 847.

17 SCHMIDT 1997, S. 83.

18 Vgl. ebenso RUDOLPH 2003, S. 2054 sowie SCHNEIDER 2000, S. 2413.

19 Vgl. ebenfalls PRIGGE 1999, S. 148.

20 Vgl. hierzu und in der Folge SCHMIDT 2001a, S. 66.

21 Vgl. SCHMIDT/WEIß 2003, S. 3 sowie SCHMIDT/WEIß 2009, S. 164.

22 Für eine formale Darstellung des Shareholder Values vgl. ausf. Abschn. II. C.3.c) des Zweiten Hauptteils.

Die traditionelle kontinentaleuropäische Auffassung von Corporate Governance wird dagegen - wie an den Definitionen von *Hoshi* und *Schmidt* abzulesen ist - von einem breiteren Verständnis der Interessengruppen an einer Unternehmung[24] getragen.[25] Dieses schließt auch die Frage ein, wessen Interessen neben denjenigen der Eigenkapitalgeber zu berücksichtigen sind und in das Unternehmensziel Eingang finden sollten. Der kontinentaleuropäisch geprägte Corporate Governance-Begriff misst - wie insbesondere die vorstehende Definition von *Hoshi* zeigt - dem Konflikt zwischen den Anteilseignern und der Unternehmensführung zwar auch einen hohen Stellenwert bei, stellt ihn jedoch nicht so stark in den Vordergrund, wie es nach angloamerikanischem Verständnis der Fall ist.[26]

Das ökonomische Grundproblem, somit gewissermaßen der Ursprung der Corporate Governance, ist - auch wenn dies unterschiedlich stark zum Ausdruck kommen mag - sowohl bei der engen als auch bei der weiten Auffassung[27] in der Trennung von (Kapital-)Eigentum und Verfügungsmacht über das Kapital[28] und damit in der Principal-Agent-Theorie[29] begründet.[30] Dabei ist jedoch zu berücksichtigen, dass vor allem aufgrund traditionell unter-

---

23 Vgl. ebenso HACHMEISTER 2002, Sp. 487.

24 Die Termini Unternehmung und Unternehmen werden in der Betriebswirtschaftslehre synonym verwendet; vgl. stellv. WÖHE 1993, S. 6, Fn. 4.

25 Vgl. hierzu auch BASSEN 2002a, S. 20 sowie HACHMEISTER 2002, Sp. 488.

26 Vgl. in diesem Sinne auch SCHMIDT 2001a, S. 66.

27 Vgl. diesbezüglich explizit PRIGGE 1999, S. 149 sowie RASKOP 2004, S. 45.

28 Vgl. hierzu ausf. HILLER 2008, S. 499-501.

29 Die Principal-Agent-Theorie wurde zum ersten Mal im Jahr 1933 von *Berle/Means* vorgestellt; vgl. BERLE/MEANS 1933. Zur Principal-Agent-Theorie vgl. im Einzelnen Abschn. I. C dieses Hauptteils.

30 Vgl. hierzu grundlegend JENSEN/MECKLING 1976, S. 309; SHLEIFER/VISHNY 1997, S. 738 sowie ergänzend BÖCKLI 2000, S. 134; BRESS 2008, S. 3; FREIDANK 2006, S. 175; FREIDANK/PAETZMANN 2003, S. 304; FREIDANK/PAETZMANN 2004a, S. 2; FREIDANK/PAETZMANN 2004b, S. 896; HACHMEISTER 2002, Sp. 487; HAGMÜLLER 2008, S. 7 f.; MATTHES 2005, S. 202; MÖßLE 2003, S. 39; PRIGGE 1999, S. 149; SCHEFFLER 2005, S. 478; SCHMIDT 2001b, S. 1; TEICHMANN 2001, S. 646 und ULRICH 2009, S. 530 f.

schiedlicher Eigentümerstrukturen zwischen verschiedenen Principal-Agent-Konflikten zu differenzieren ist.[31] Während bei einer stark fragmentierten Eigentümerstruktur, wie es für den angelsächsischen Raum typisch ist,[32] in erster Linie der klassische Principal-Agent-Konflikt zwischen den Eigenkapitalgebern und der Unternehmensführung beobachtet werden kann, steht bei einer - traditionell in Kontinentaleuropa und insbesondere in Deutschland lange Zeit festzustellenden - [33] hohen Anteilskonzentration der Principal-Agent-Konflikt zwischen Groß- und Kleinaktionären im Vordergrund. In diesem Fall besteht aus Sicht der Kleinaktionäre die Gefahr einer Übervorteilung im Innenverhältnis, sofern der Großaktionär bei fehlendem Minderheitenschutz seinen Macht- und Informationsvorteil für Vermögenstransfers[34] sowie Self Dealing-Aktionen zur Erzielung privater Kontrollrenten[35] missbraucht.[36] Die Corporate Governance hat - auch wenn es sich um unterschiedlich gelagerte Principal-Agent-Konflikte handelt - im Grunde in beiden Fällen zum Ziel, Mechanismen bereitzustellen, um Bereicherungen von Insidern (Unternehmensführung respektive Großaktionäre) zulasten der Outsider (Minderheitsaktionäre) zu verhindern.[37]

---

31 Vgl. etwa MODIGLIANI/PEROTTI 2000, S. 9; RUDOLPH 2003, S. 2056 f.; SCHMOLKE 2007, S. 709 m. w. N. sowie SHLEIFER/VISHNY 1997, S. 740 f., 758-761.

32 Vgl. Abschn. I. D.2 dieses Hauptteils.

33 Vgl. hierzu im Einzelnen Abschn. II. B dieses Hauptteils.

34 Denkbar sind bspw. Vermögensverschiebungen zwischen Unternehmen des Großaktionärs zulasten der Kleinaktionäre; vgl. MODIGLIANI/PEROTTI 2000, S. 9.

35 Für eine Untersuchung zur Höhe privater Kontrollrenten in Deutschland vgl. EHRHARDT/NOWAK 2003, S. 363-377. Vgl. stellv. zum Themenkreis der Private Benefits of Control im US-amerikanischen Schrifttum BEBCHUK 1994, S. 957-987.

36 Vgl. RUDOLPH 2003, S. 2056 f.; SHLEIFER/VISHNY 1997, S. 758-761 und ZÖLLNER 2007, S. 80. Für die Nutzung politischer Ideen zur Identifizierung von Problemen zwischen Mehrheits- und Minderheitsaktionären vgl. ROE 2000, S. 1-68.

37 Vgl. LA PORTA ET AL. 2000, S. 4.

Corporate Governance soll in dieser Arbeit als die Gesamtheit rechtlicher und ökonomischer Institutionen[38] verstanden werden, welche geeignet sind, die aus der Dissoziation von (Kapital-)Eigentum und Verfügungsmacht resultierenden Principal-Agent-Konflikte im primären Interesse der Eigentümer der Unternehmung zu lösen, zumindest jedoch zu mildern. Eine Corporate Governance in diesem Sinne umfasst dabei einerseits eine am Unternehmenswert ausgerichtete Unternehmensführung und -überwachung durch die Verwaltungsorgane (interne Corporate Governance) sowie die auf einer verlässlichen Unternehmenspublizität basierende Überwachung durch Märkte, insbesondere den (Eigen-)Kapitalmarkt (externe Corporate Governance).[39]

Dieses Verständnis von Corporate Governance schließt sowohl ökonomische und rechtliche als auch interne sowie externe Aspekte in die Betrachtung ein und ist insoweit als umfassend zu bezeichnen. Weiterhin liegt der Definition eine tendenziell angelsächsisch geprägte Sichtweise zugrunde, welche die Interessen der Eigentümer sowie den klassischen Principal-Agent-Konflikt zwischen der Unternehmensverwaltung in Gestalt des Vorstands und des Aufsichtsrats, einschließlich seines „Hilfsorgans" Abschlussprüfer, auf der einen und den Eigenkapitalgebern auf der anderen Seite fokussiert. Diese hinsichtlich der Problemstellung als eher „eng" zu klassifizierende Auffassung[40] liegt in der im Rahmen dieser Arbeit eingenommenen Perspektive börsennotierter deutscher Publikums-Aktiengesellschaften und deren noch aufzuzeigenden strukturellen Annäherung an angelsächsische Verhältnisse[41] begründet.

---

38 Der Terminus Institution wird im vorliegenden Kontext sehr weit aufgefasst und besitzt neben einem personellen auch einen funktionalen und instrumentalen Charakter.

39 Für dieses Begriffsverständnis vgl. bereits FREIDANK/WEBER 2008, S. 395; FREIDANK/WEBER 2009, S. 310 f. sowie WEBER/LENTFER/KÖSTER 2007a, S. 54.

40 In wissenschaftlichen Abhandlungen wird auch für den deutschen Raum häufig die enge Auslegung der Corporate Governance-Problemstellung zugrunde gelegt; vgl. LENTFER 2005, S. 32 f.; NASSAUER 2000, S. 7; RASKOP 2004, S. 46; SCHMIDT 2001b, S. 3.

41 Vgl. hierzu ausführlich Abschn. II. C und D dieses Hauptteils.

B. Elemente

1. Überblick

Ausgehend von der vorstehend explizierten Definition[42] lässt sich die Corporate Governance aus dem Blickwinkel börsennotierter Publikumsgesellschaften nunmehr systematisieren und in seine einzelnen Elemente aufgliedern. Es ist zu betonen, dass hierbei ein systemisches Verständnis zugrunde gelegt wird; Corporate Governance soll somit als ein System verschiedener (interdependenter) Elemente begriffen werden.[43]

Dies vorausgeschickt, kann Corporate Governance zunächst in zwei Grundelemente, nämlich die interne und externe Corporate Governance, aufgespalten werden. Vor dem Hintergrund der Problemstellung dieser Arbeit und aus dem Blickwinkel der Principal-Agent-Theorie erfolgt dabei die Trennung anhand des Kriteriums der Unternehmensverwaltung.[44] Dem Begriff der Unternehmensverwaltung werden für das dualistische System - in Anlehnung an das deutsche Aktienrecht - [45] die so genannten Verwaltungsorgane, das heißt

---

42 Zu Anforderungen an Definitionen in der betriebswirtschaftlichen Forschung vgl. allgem. BOYSEN/RINGLE 2008, S. 9-20.

43 Vgl. ähnlich MANN 2003, S. 26. Dies soll sowohl für die Länder- als auch für die Unternehmensebene gelten; vgl. zu dieser Forderung PRIGGE 2006, S. 38-40. Dieses systemische Verständnis erlaubt es, im Folgenden die Begriffe Corporate Governance und Corporate Governance-System weitestgehend synonym zu verwenden.

44 Für eine solche Differenzierung vgl. auch BÖCKLI 2000, S. 133 f.; FREIDANK/WEBER 2008, S. 395; FREIDANK/WEBER 2009, S. 310 f. und WEBER/LENTFER/KÖSTER 2007a, S. 54. Der überwiegend im juristischem Schrifttum (vgl. etwa HOMMELHOFF 2004, S. 288 f.; HOPT 2001a, S. 37; TEICHMANN 2001, S. 645-648) vorzufindenden Trennung „aus Sicht des Unternehmens", d. h. einer Unterscheidung in unternehmensintern, worunter das Zusammenspiel der Unternehmensorgane Vorstand, Aufsichtsrat und Hauptversammlung verstanden wird, und unternehmensextern, womit das Verhältnis zwischen dem Unternehmen und den Eigenkapitalgebern sowie weiteren Unternehmenskoalitionären gemeint ist, wird in der vorliegenden Arbeit aufgrund ihrer betriebswirtschaftlichen Ausrichtung nicht gefolgt.

45 So etwa § 120 Abs. 2 S. 1 AktG: „Durch die Entlastung billigt die Hauptversammlung die Verwaltung der Gesellschaft durch die Mitglieder des Vorstands und des Aufsichtsrats."

sowohl der Vorstand als auch der Aufsichtsrat, subsumiert.[46] Dieser Abgrenzung wird auch in dieser Arbeit gefolgt, wobei jedoch auch der (Konzern-) Abschlussprüfer[47] in seiner Funktion als „Hilfsorgan" im Sinne eines sachverständigen Unterstützers des Aufsichtsrats in die Unternehmensverwaltung mit eingeschlossen werden soll.[48]

Diese Differenzierung vorausgesetzt, geht es bei der internen Corporate Governance primär um die funktional zweckmäßige Ausgestaltung der Unternehmensverwaltung, das heißt um die Balance zwischen der am Unternehmenswert ausgerichteten Unternehmensführung[49] durch den Vorstand und

---

46 Für eine entsprechende Abgrenzung vgl. LENTFER 2005, S. 29, Fn. 19; SCHEFFLER 1995a, S. 653, Fn. 1 sowie THEISEN 1987, S. 46.

47 I. d. R. liegt zwischen dem Abschlussprüfer des Jahresabschlusses der Obergesellschaft und dem des Konzernabschlusses Personenidentität vor. Aus diesem Grunde soll in der Folge auf eine dahingehende Unterscheidung verzichtet werden, so dass dem Begriff des Abschlussprüfers grds. auch der Konzernabschlussprüfer zu subsumieren ist und synonym mit dem Terminus (Konzern-)Abschlussprüfer verwendet wird. Entsprechend soll auch mit den Begriffen Jahresabschluss- und Konzernabschlussprüfung verfahren werden.

48 Den (Konzern-)Abschlussprüfer (auch) als Teil der internen Corporate Governance klassifizierend vgl. SCHEFFLER 2005, S. 477, 479-483 und MATTHEUS 2009, S. 570-573. Zur Doppelrolle des (Konzern-)Abschlussprüfers vgl. ausf. VELTE/WEBER 2011.

49 Mit dem Begriff der Unternehmensführung wird in Anlehnung an *Theisen* (vgl. THEISEN 1987, S. 40-49) eine Terminologie gewählt, die eine interdisziplinäre Betrachtung ermöglicht. So besteht zwischen dem betriebswirtschaftlichen Begriff der Unternehmensführung und dem im Aktiengesetz (§§ 77, 111 Abs. 1 AktG) verwendeten Terminus Geschäftsführung inhaltliche Übereinstimmung (vgl. THEISEN 1987, S. 47), weshalb eine synonyme Verwendung der Begriffe ohne Bedenken erfolgen kann (vgl. etwa auch SZYPERSKI 1974, S. 29). Ebenfalls besteht im Schrifttum weitgehende Einigkeit darüber, den aus dem angelsächsischen Sprachgebrauch stammenden Begriff Management - zumindest bei einer umfassenderen Interpretation - mit der Unternehmensführung gleichsetzen und damit ebenfalls synonym verwenden zu können (vgl. grundlegend GUTENBERG 1962, S. 20 f. sowie auf diesen Bezug nehmend THEISEN 1987, S. 48 f.). Der Begriff Unternehmensführung ist jedoch von der weiter gefassten Unternehmensleitung abzugrenzen: Nach der Terminologie des Aktienrechts umfasst die in § 76 Abs. 1 AktG angesprochene Unternehmensleitung neben der Geschäftsführung (§ 77 AktG) auch die Vertretung (§ 78 AktG); vgl. THEISEN 1987, S. 48. Da der Vertretung im vorliegenden Kontext nur eine untergeordnete Bedeutung zukommt, ist der Begriff Unternehmensleitung zu weit und damit für die Terminologie der vorliegenden Arbeit weniger geeignet.

deren Überwachung durch den Aufsichtsrat, einschließlich der unterstützenden Prüffunktion des (Konzern-)Abschlussprüfers.[50]

Die externe Corporate Governance basiert im Gegensatz hierzu auf der Existenz von (Wettbewerbs-)Märkten.[51] Im Mittelpunkt steht dabei die Annahme, dass der Wettbewerbsdruck auf den Märkten das Ausmaß an opportunistischem Verhalten begrenzt und zu einer Disziplinierung der Unternehmensverwaltung führt.[52] Die Marktmechanismen sollen dabei idealerweise nicht nur geeignete Sanktionen vorhalten, die eine schlechte Unternehmensverwaltung bestrafen, sondern eine erfolgreiche gleichermaßen auch belohnen. Die externe Corporate Governance nutzt in diesem Kontext den Wettbewerb sowohl auf den Kapital- als auch auf den Güter- und Arbeitsmärkten,[53] wobei im Allgemeinen unterstellt wird, dass ein funktionsfähiger (Eigen-)Kapitalmarkt die externe Überwachung am objektivsten und effizientesten vollziehen kann.[54] Der (Eigen-)Kapitalmarkt, auf den deshalb im Folgenden der Fokus gelegt werden soll, dient der Allokation der knappen Ressource Kapital durch den Kauf und Verkauf von bereits platzierten Finanztiteln (hier Aktien) im Sekundärmarkt sowie durch deren Erstplatzierung bei der Emission im Primärmarkt.[55] Er beinhaltet zwei wesentliche Überwachungsmechanismen, zum einen die Aktionäre und zum anderen den Markt für Unternehmenskontrolle.

---

50 Vgl. in diesem Sinne auch BÖCKLI 2000, S. 133. Zur Unterstützungsfunktion des (Konzern-)Abschlussprüfers vgl. ausf. VELTE/WEBER 2011.

51 Vgl. etwa MOERLAND 1995, S. 23 und TOKSAL 2004, S. 45.

52 Vgl. hierzu und in der Folge BÖCKING 2003, S. 251.

53 Vgl. grundlegend HART 1983, S. 381 f. sowie ergänzend SCHMIDT 2001b, S. 29 f. und WITT 2001, S. 76-79.

54 Vgl. HOPT 2000, S. 15; SICK 2008, S. 53 sowie auch schon MANNE 1965, S. 113, der hierzu ausführt: „Apart from the stock market, we have no objective standard of managerial efficiency."

55 Vgl. FRANKE/HAX 2009, S. 56-58.

Zur Funktionsfähigkeit dieser externen Überwachungsmechanismen bedarf es zwingend verlässlicher Unternehmensinformationen.[56] Denn nur mittels einer Informationsexternalisierung in Gestalt einer informativen und glaubwürdigen Unternehmenspublizität können Informationsasymmetrien zwischen der Unternehmensverwaltung auf der einen und den Aktionären respektive dem anonymen Markt für Unternehmenskontrolle auf der anderen Seite abgebaut und damit die informatorische Basis für eine externe Überwachung, das heißt eine Überwachung durch Outsider, geschaffen werden.[57] Zu Recht werden deshalb die Unternehmenspublizität und ihre ordnungsmäßige Durchsetzung (Enforcement) als zwingende Bestandteile der externen Corporate Governance angesehen.[58]

Die vorstehend entwickelte und dieser Arbeit im Folgenden zugrunde liegende Systematisierung der Corporate Governance einschließlich der Aufgliederung in ihre einzelnen Elemente ist nochmals zusammenfassend in der nachfolgenden Abbildung 2 in schematischer Form dargestellt. Die folgenden Ausführungen widmen sich einer näheren Beschreibung der identifizierten Corporate Governance-Elemente, wobei sich die Bemerkungen an dieser Stelle auf solche struktureller Art beschränken sollen, die zum Verständnis der entwickelten Zusammenhänge erforderlich sind. Eine detaillierte Eruierung der einzelnen Institutionen erfolgt im Verlauf der Arbeit.

---

56 Vgl. ähnlich OECD 2004, S. 59 f.; SICK 2008, S. 64 sowie WITT 2001, S. 79.

57 Vgl. BÖCKING 2003, S. 252; ferner ähnlich HACHMEISTER 2002, Sp. 489; HOMMELHOFF 2004, S. 301 und ORDELHEIDE 1995, S. 91.

58 Vgl. etwa BERNDT 2006, S. 7; CROMME/CLAASSEN 2009, S. 612 f.; FOX 1998, S. 709-713, 717; HOMMELHOFF 2004, S. 299-306 sowie HOPT 2001, S. 33 f.

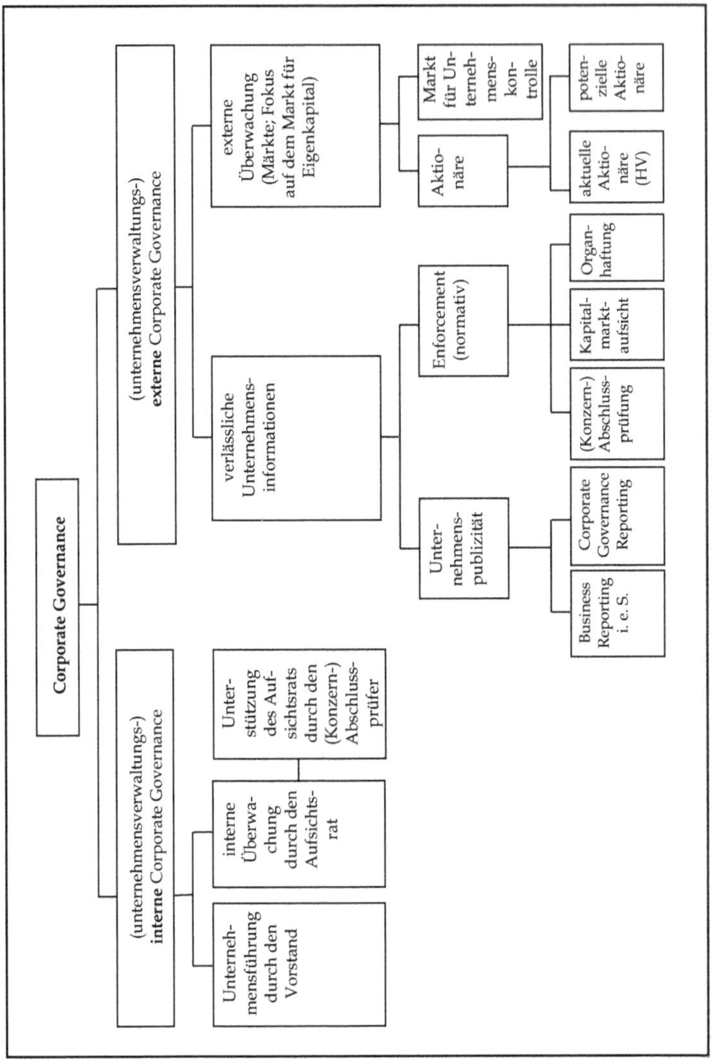

Abbildung 2: Elemente der Corporate Governance börsennotierter Publikumsgesellschaften[59]

[59] Modifiziert entnommen von WEBER/LENTFER/KÖSTER 2007a, S. 54.

2. Interne Corporate Governance und ihre Bestandteile

a) Unternehmensführung durch den Vorstand

Im dualistischen System der Unternehmensverfassung obliegt das alleinige Recht zur Unternehmensführung dem Vorstand.[60] Die Mitglieder des Vorstands handeln dabei eigenverantwortlich und sind grundsätzlich weder an Weisungen der Hauptversammlung noch des Aufsichtsrats gebunden. Aus betriebswirtschaftlicher Sicht gehören zu den bedeutendsten Führungsaufgaben des Vorstandes als dispositivem Faktor die Festlegung der strategischen Unternehmens- respektive Konzernplanung, die Besetzung und Koordination der zur Umsetzung der Planung eingesetzten Führungsposten sowie deren Überwachung.[61] Die Unternehmensführung umfasst somit auch die Einrichtung eines (unternehmensführungs-)Internen Überwachungssystems, welches sich nach herrschender Meinung im betriebswirtschaftlichen Schrifttum aus den Elementen Interne (Konzern-)Revision, Internes Kontrollsystem, (Konzern-)Controlling und Risikofrüherkennungssystem zusammensetzt.[62] Überdies trägt der Vorstand die (Mit-)Verantwortung für die Erstellung der Unternehmenspublizität, das heißt des Financial Accounting, des Value Reportings i. e. S. und des Corporate Governance Reportings.[63]

---

60 Vgl. hierzu und in der Folge § 76 Abs. 1 AktG sowie weiterführend HENZE 2000, S. 210 f.; MERTENS/CAHN 2010, Rn. 42-44 zu § 76 AktG, S. 46 f.; SCHLÖMER 1985, S. 83 f. und Abschn. II. C.5.b)(1)(c) des Zweiten Hauptteils; ferner aus Agency-theoretischer Sicht Abschn. I. C.1 dieses Hauptteils. Da der Untersuchung ein Mutterunternehmen zugrunde liegt, soll im Folgenden die Führung der Konzernunternehmen dem Begriff der Unternehmensführung subsumiert werden. Eine explizite Unterscheidung erfolgt nur, wenn eine differenzierte Betrachtung erforderlich erscheint.

61 Vgl. hierzu etwa BLEICHER/LEBERL/PAUL 1989, S. 36-39; SEMLER 1996, Rn. 11, 16-20, S. 10, 13-16 sowie darauf aufbauend LENTFER 2003, S. 81-87. Zur Unternehmensführung durch den Vorstand vgl. ausf. Abschn. II. C.5.b)(1)(c) des Zweiten Hauptteils.

62 Vgl. hierzu stellv. LÜCK 1998b, S. 1925 sowie daran anknüpfend LENTFER 2005, S. 24; vgl. ferner im Einzelnen Abschn. II. C.5.b)(1)(c) des Zweiten Hauptteils.

63 Zur Abgrenzung der genannten Unterformen der Unternehmenspublizität vgl. Abschn. I. B.3.c) dieses Hauptteils.

b) Überwachung durch den Aufsichtsrat

Bei einer Publikumsgesellschaft erscheint eine intensive Überwachung der Unternehmensführung aus Sicht der Anteilseigner aufgrund der im Verhältnis zum Aufwand geringen Einflussmöglichkeit auf die unternehmerischen Entscheidungen nicht lohnend.[64] Aus diesem Grunde wird die interne Überwachung der Unternehmensführung an eine eigenständige Institution, den Aufsichtsrat, delegiert,[65] der wiederum den Anteilseignern gegenüber rechenschaftspflichtig ist.[66] Eine deutsche Besonderheit stellt im Kontext des Aufsichtsrats die - bei börsennotierten Publikumsgesellschaften in der Regel paritätische - Mitbestimmung der Arbeitnehmer dar, die jedoch nach der vorliegend vertretenen Auffassung nicht als eigenständiges Element der Corporate Governance zu klassifizieren, sondern vielmehr als spezifische Facette des Aufsichtsrats aufzufassen ist.[67] Neben der Auswahl geeigneter Vorstandsmitglieder[68] besteht die Hauptaufgabe des Aufsichtsrats insbesondere in der Überwachung des Business Reportings i. e. S.[69], des (unternehmensführungs-)

---

64 Vgl. etwa HACHMEISTER 2002, Sp. 490 sowie RUDOLPH 2003, S. 2054.

65 Gesetzlich ist die Delegation in §§ 101 Abs. 1 i. V. m. 111 Abs. 1 AktG verankert. Zur Überantwortung der internen Überwachung an den Aufsichtsrat im dualen System der Unternehmensverfassung vgl. auch HACHMEISTER 2002, Sp. 490; LENTFER 2005, S. 150 sowie aus Agency-theoretischer Sicht Abschn. II. C.5.a)(1)(b)(iii) des Zweiten Hauptteils. Für den angloamerikanischen Raum führt *Hart* hierzu aus: „[…] the shareholders [of public companies; Anm. d. Verf.] […] are too small and numerous to exercise this control on a day-to-day basis. Given this, they delegate day-to-day control to a board of directors […]"; HART 1995, S. 680 f.

66 Vgl. hierzu stellv. PORTISCH 1997, S. 190 f.

67 Eine explizite Klassifizierung der Mitbestimmung als Element der Corporate Governance findet sich vorwiegend im juristischen Schrifttum; vgl. hierzu bspw. HOPT 2001, S. 29-31; HOPT 2009, S. 44-46 und SICK 2008, S. 47-52. Zur Mitbestimmung der Arbeitnehmer vgl. weiterführend Abschn. II. C.5.b)(2)(a) des Zweiten Hauptteils.

68 Vgl. hierzu §§ 84 Abs. 1 Satz 1 AktG, 31 MitbestG sowie weiterführend LUTTER 2001b, S. 226; LUTTER/KRIEGER 2008, Rn. 332-335, S. 135-137; OECHSLER 2003, S. 310; PELTZER 1993, S. 262; POTTHOFF/TRESCHER 2003, Rn. 1583, S. 385 f.; SEMLER 2009a, Rn. 52, S. 14 sowie Abschn. II. C.5.b)(1)(a) des Zweiten Hauptteils.

69 Zur Definition und Abgrenzung des Begriffs Business Reporting i. e. S. vgl. ausf. Abschn. I. B.3.c) dieses Hauptteils.

Internen Überwachungssystems und der in § 90 Abs. 1 AktG genannten Berichtsinhalte,[70] wobei sich die Prüfung sowohl auf die Recht-, Ordnungs- und Zweckmäßigkeit als auch auf die Wirtschaftlichkeit zu beziehen hat.[71] Nach einhelliger Auffassung im Schrifttum umfasst die Überwachung durch den Supervisor neben der traditionellen Ex post- auch eine Ex ante-Komponente, welche zuvorderst in der regelmäßigen Beratung des Vorstands zum Ausdruck kommt.[72] Schließlich trägt der Aufsichtsrat - wie noch zu zeigen sein wird - [73] auch eine Mitverantwortung im Hinblick auf das vorliegend im Fokus der Betrachtung stehende Corporate Governance Reporting.

c) Unterstützung des Aufsichtsrats durch den (Konzern-) Abschlussprüfer

Eine explizite Berücksichtigung als Element der Corporate Governance findet auch der (Konzern-)Abschlussprüfer, welchem dabei sogar eine Doppelrolle zukommt.[74] Während er auf der einen Seite im Rahmen der externen Corporate Governance einen Teil des Enforcement der Unternehmenspublizität darstellt,[75] verkörpert er als unterstützender Sachverständiger für den Aufsichts-

---

70 Den § 111 Abs. 1 AktG dahingehend auslegend vgl. bspw. LUTTER/KRIEGER 2008, Rn. 64, S. 26 f.; SCHENCK 2009, Rn. 118-120, S. 316; SCHULZE-OSTERLOH 1998, S. 2129; vgl. ferner im Einzelnen Abschn. II. C.5.b)(2)(c) des Zweiten Hauptteils.

71 Vgl. hierzu etwa HOFFMANN-BECKING 2007a, Rn. 26, S. 384; LUTTER/KRIEGER 2008, Rn. 71, S. 30; MERTENS 1996, Rn. 11 zu § 111 AktG, S. 570; SEMLER 1980, S. 68-72 und ausf. Abschn. II. C.5.b)(2)(c) des Zweiten Hauptteils.

72 Vgl. diesbezüglich u. a. HABERSACK 2008, Rn. 39 zu § 111 AktG, S. 1080; POTTHOFF/TRESCHER 2003, Rn. 1258 f., S. 314 f.; SPINDLER 2007, Rn. 10 zu § 111 AktG, S. 1220 f. sowie ausf. Abschn. II. C.5.b)(2)(c) des Zweiten Hauptteils.

73 Vgl. hierzu Abschn. II. C.6.a) und D.2 des Zweiten Hauptteils.

74 Vgl. hierzu und in der Folge MATTHEUS 2009, S. 570-576; MENDRZYK 2004, S. 109; SCHEFFLER 1995a, S. 666; SCHEFFLER 2005, S. 477 f.; SICK 2008, S. 67; VELTE/WEBER 2011 sowie aus Agency-theoretischer Sicht Abschn. II. C.5.a)(1)(b)(iii) des Zweiten Hauptteils.

75 Vgl. hierzu Abschn. I. B.3.d) dieses Hauptteils.

rat[76] gleichzeitig eine Komponente der internen Corporate Governance. Die Gehilfenfunktion des (Konzern-)Abschlussprüfers, welche in Deutschland erst im Zuge der Verordnung des Reichspräsidenten über Aktienrecht, Bankenaufsicht und über die Steueramnesie (Notverordnung) vom 19.09.1931[77] als Reaktion auf spektakuläre Unternehmenszusammenbrüche und Bilanzskandale der Weltwirtschaftskrise eingeführt wurde, manifestiert sich dabei zuvorderst in der Prüfung des Financial Accounting[78] und der Berichterstattung hierüber im so genannten Prüfungsbericht[79] sowie im Rahmen seiner Teilnahme an den Bilanzsitzungen des Aufsichtsrats[80].[81] Eine besondere Betonung erfährt die Unterstützungsfunktion des (Konzern-)Abschlussprüfers auch dadurch, dass dieser im Rahmen seiner Recht- und Ordnungsmäßigkeitsprüfung des Financial Accounting die vonseiten des Aufsichtsratsplenums respektive des Prüfungsausschusses festgelegten Prüfungsschwerpunkte zu berücksichtigen hat.[82] Hiermit soll der Aufsichtsrat im Hinblick auf seine eigene Prüfung des Financial Accounting gezielt unterstützt werden, um in einer Gesamtschau die Effizienz seiner Überwachungstätigkeit zu steigern.[83]

---

76 Zur historischen Entwicklung der Beziehung zwischen dem Aufsichtsrat und dem (Konzern-)Abschlussprüfer vgl. ausf. THIÄNDER 2007 und VELTE 2010b, S. 188-260.

77 Vgl. Notverordnung 1931, RGBl. I 1931 vom 19.09.1931, S. 493-508 sowie diese kommentierend VELTE 2010b, S. 219-226.

78 Vgl. §§ 316 Abs. 1, 2 und 324 a HGB. Zur Definition und Abgrenzung des Begriffs Financial Accounting vgl. Abschn. I. B.3.c) dieses Hauptteils.

79 Vgl. hierzu § 321 Abs. 5 Satz 2 1. HS HGB.

80 Vgl. diesbezüglich § 171 Abs. 1 Satz 2 AktG.

81 Vgl. stellv. MATTHEUS 2009, S. 577 f. und SCHEFFLER 2005, S. 478. Zur Prüfung und Berichterstattung des (Konzern-)Abschlussprüfers vgl. darüber hinaus im Einzelnen Abschn. II. C.5.b)(3)(c) des Zweiten Hauptteils.

82 Vgl. hierzu etwa IDW PS 240, Rn. 9 sowie weiterführend Abschn. II. C.5.b)(3)(c) des Zweiten Hauptteils.

83 Vgl. u. a. MATTHEUS 1999, S. 712 und VELTE 2009a, S. 103.

3. Externe Corporate Governance und ihre Bestandteile

a) Überwachung durch Aktionäre

Aktionären einer Publikumsgesellschaft stehen grundsätzlich zwei Modi zur Teilnahme an der externen Überwachung der Unternehmensverwaltung zur Verfügung, und zwar die Exit- und die Voice-Option.[84] So haben Aktionäre zunächst immer die Möglichkeit, „mit den Füßen abzustimmen", das heißt, ihre Aktien auf dem Sekundärmarkt zu verkaufen, wenn sie mit der Entwicklung des Unternehmens nicht zufrieden sind (so genannte Exit-Option). Ist die Anzahl der Aktionäre, die sich für eine Abwanderung entscheiden, groß genug, dann fällt der Aktienkurs der Gesellschaft, was wiederum auf dem Markt für Unternehmenskontrolle[85] zu (feindlichen) Übernahmen, gegebenenfalls verbunden mit einem Austausch der Unternehmensverwaltung, führen kann. Die Exit-Option, verstanden als (Nicht-)Teilnahme an einem Unternehmen, umfasst neben der Frage des Verkaufs bestehender Aktien auch die des möglichen Beitritts zu einem Unternehmen, mit anderen Worten den Kauf von (weiteren) Aktien einer Gesellschaft.[86] Dieser Kauf kann dabei sowohl auf dem Primärmarkt im Rahmen einer Neuemission als auch auf dem Sekundärmarkt erfolgen. Neben der Exit-Option besteht für die Aktionäre auch die Möglichkeit, ihre Stimmen zu erheben und Einfluss auf die Unternehmensverwaltung zu nehmen (so genannte Voice-Option). Für die aktuellen Aktionäre existiert hierfür in Gestalt der jährlichen Hauptversammlung ein besonderes Forum.[87]

---

84 Vgl. hierzu und in der Folge allgem. formulierend HIRSCHMAN 1978, S. 3-43 sowie sich konkret auf die Aktionäre beziehend TIROLE 2001, S. 5, 8-13. *Tirole* verwendet in seiner Terminologie synonym zu Voice den Begriff Active Monitoring und zu Exit den Terminus Passive Monitoring.

85 Vgl. hierzu Abschn. I. B.3.b) dieses Hauptteils.

86 *Hirschman* erklärt diesen Zusammenhang für einen bestehenden Aktionär anhand einer Kaufentscheidung von Konsumenten, die bei Unzufriedenheit mit dem erworbenen Gut dieses nicht mehr erneut kaufen, sondern ein alternatives Konsumgut bevorzugen werden. Mit anderen Worten wandern die Konsumenten ab, indem sie nicht nochmals kaufen; vgl. HIRSCHMAN 1978, S. 4.

87 Vgl. § 118 Abs. 1 AktG sowie weiterführend WACKERBARTH 2005, S. 687.

Im vorliegenden Kontext von hoher Bedeutung ist dabei die im Rahmen dieses Gremiums vorzunehmende Beschlussfassung über die Entlastung der Mitglieder des Vorstandes und des Aufsichtsrats.[88] Sind die Aktionäre mit den erbrachten Leistungen unzufrieden, haben Sie die Möglichkeit, dies zum Ausdruck zu bringen, indem sie die Entlastung verweigern.[89]

b) Überwachung durch den Markt für Unternehmenskontrolle

Im Unterschied zum Primär- und Sekundärmarkt, auf dem die Aktionäre - trotz verbriefter Mitwirkungs- und Gestaltungsrechte - [90] vor allem Anwartschaften auf zukünftige Zahlungsüberschüsse handeln, bezwecken Transaktionen auf dem Markt für Unternehmenskontrolle die Neudisposition des Koordinationsrechts von in Unternehmen gebundenen Ressourcen.[91] Diese Neudisposition ist mit einem Überwachungsmechanismus verbunden, der nach *Manne* wie folgt beschrieben werden kann:[92] Auf dem Markt für Unternehmenskontrolle - so die Ausgangslage - konkurrieren einzelne Managementteams[93] um die Vorherrschaft über einzelne Unternehmen. Wenn ein Unternehmen eine schlechte Entwicklung seines Aktienkurses aufweist, besteht sodann aus Sicht des bestehenden Managements die Gefahr, dass die Unternehmenseigner ihre Anteile an eine andere Gruppe von Managern verkaufen, die

88 Vgl. hierzu § 120 Abs. 1, 2 AktG sowie weiterführend REICHERT 2009, Rn. 12 f., S. 374 f.

89 Zur Bedeutung und Rechtsnatur sowie zum Inhalt der Entlastung von Verwaltungsorganen im deutschen Aktienrecht vgl. im Einzelnen WEITEMEYER 2005, S. 280-308.

90 Vgl. etwa §§ 118-120, 131 AktG sowie ergänzend REICHERT 2009, Rn. 6-301, S. 371-484.

91 Vgl. stellv. SCHNEIDER 1992, S. 39, 44.

92 Vgl. hierzu und in der Folge MANNE 1965, S. 110-120 sowie ergänzend JENSEN/RUBACK 1983, S. 5-47; vgl. ferner mit dem Fokus auf die Rolle der Unternehmenspublizität GROSSMAN/HART 1980a, S. 323-333.

93 Die Aussagen beziehen sich auf angloamerikanische Verhältnisse. In der dieser Arbeit zugrunde liegenden Terminologie betrifft die Disziplinierung neben dem Management auch den überwachenden Aufsichtsrat, ggf. auch den (Konzern-)Abschlussprüfer, ergo die Unternehmensverwaltung.

bereit sind, eine Prämie für das unterbewertete Unternehmen zu zahlen. Um sich vor dem Verlust der Verfügungsmacht zu bewahren, ist das alte Management - so die Schlussfolgerung - ex ante versucht, hohe Übernahmekosten durch hohe Aktienkurse zu generieren, mit anderen Worten opportunistisches Verhalten zu vermeiden und im Sinne der Aktionäre den Shareholder Value zu steigern.[94]

c) Unternehmenspublizität

Zur Funktionsfähigkeit der soeben vorgestellten externen Überwachungsmechanismen, insbesondere der externen Überwachung durch Aktionäre, bedarf es einer verlässlichen Informationsversorgung der Marktteilnehmer im Rahmen der Unternehmenspublizität. Wie im Verlauf der Arbeit noch aufzuzeigen sein wird,[95] gewinnt dabei neben dem Business Reporting i. e. S. auch das Corporate Governance Reporting zunehmend an Bedeutung.[96] Die folgenden Ausführungen widmen sich der Systematisierung des Begriffs Unternehmenspublizität und ordnen das Business Reporting i. e. S. sowie das Corporate Governance Reporting definitorisch ein.

Aufgrund differierender Betrachtungsweisen und der Verfolgung unterschiedlicher Publizitätsziele existiert im Schrifttum eine Vielzahl an Definitionen des Begriffs Unternehmenspublizität.[97] In Anlehnung an *Kirchner*[98] soll in der vor-

---

[94] An dieser Stelle sei angemerkt, dass der in Rede stehende Überwachungsmechanismus im Schrifttum zum Teil auch kritisch gesehen wird. So führen etwa *Burkart/Panunzi* aus, dass die entstehenden Großunternehmen zum einen die Marktkonzentration fördern und zum anderen die Unternehmenskoalitionäre über einen meist sehr hohen Leverage und/oder einen folgenden Verkauf von Vermögensteilen schädigen; vgl. hierzu BURKART/PANUNZI 2006.

[95] Vgl. hierzu insbes. Abschn. II. D.2.c)(3) dieses Hauptteils.

[96] Vgl. ebenso HOMMELHOFF 2004, S. 305; SCHEFFLER 2005, S. 479; STIGLBAUER 2010, S. 2 f. sowie WERDER 2010, Rn. 534, S. 169.

[97] Vgl. hierzu BERNDSEN 1979, S. 1; MERKT 2001, S. 21-24 und MOXTER 1962, S. 3 f.

[98] Vgl. KIRCHNER 2002a, Sp. 1939; für ein ähnliches Verständnis vgl. HUB 1972, S. 21.

liegenden Arbeit unter Unternehmenspublizität[99] die kapitalmarktorientierte Informationsübermittlung an aktuelle und potenzielle Investoren durch das kapitalsuchende Unternehmen verstanden werden. Dieses kapitalmarkt- respektive investororientierte Verständnis der Unternehmenspublizität wird im internationalen Kontext auch unter dem Terminus Business Reporting diskutiert[100] und zielt primär auf die Kommunikation mit dem Kapitalmarkt - mit anderen Worten auf die externe Unternehmensberichterstattung[101] - ab, wobei im Rahmen dieser Arbeit der Fokus auf der strukturierten und regelmäßigen Publizität liegen soll.[102] Eine so verstandene Unternehmenspublizität, vorliegend auch als Business Reporting i. w. S. bezeichnet, ist ein zentraler Bestandteil der Investor Relations[103] und rekrutiert sich nach neuerem betriebswirtschaftlichem Verständnis[104] aus dem traditionellen Financial Accounting und dem Value Reporting.[105]

---

99 Die Termini Unternehmenspublizität und Unternehmensberichterstattung werden in der vorliegenden Arbeit synonym verwendet.

100 Dies zeigt sich exemplarisch an der Definition des *AICPA*, welchem in der internationalen Diskussion zum Business Reporting eine Führungsrolle zuzusprechen ist; danach steht der Begriff Business Reporting für „The information a company provides to help users with capital-allocation decisions about a company." (AICPA 1994, Chapter 1). Für ein ähnlich weites Verständnis vgl. etwa FASB 2001, S. 5.

101 Die externe Unternehmensberichterstattung ist vom internen Reporting zu unterscheiden; vgl. hierzu etwa FREIDANK/WEBER 2008, S. 396; GRIEWEL 2006, S. 23 und HUB 1972, S. 153. Letzteres spielt im Rahmen der internen Corporate Governance eine bedeutende Rolle; vgl. hierzu Abschn. II. C.5.b)(1)(b) des Zweiten Hauptteils.

102 Vgl. diesbezüglich auch die entsprechenden Rahmengrundsätze in Abschn. II. C.4 des Zweiten Hauptteils.

103 Vgl. hierzu stellv. RUHWEDEL/SCHULTZE 2002, S. 609. Zur Investor Relations vgl. grundlegend HARTMANN 1968; SÜCHTING 1986, S. 654-659 sowie weiterführend ACHLEITNER/BASSEN 2000, S. 25-48; ALVAREZ/WOTSCHOFSKY 2000, S. 651-654; DIEHL 1993, S. 173-183; FLEISCHER 2009a, S. 505-541; HANK 1999, S. 25-39; JÄGER 2000, S. 187 f.; KRYSTEK/MÜLLER 1993, S. 1785-1789; LINK 1993, S. 105-132; PAUL 1993, S. 133-162; RIDDER 2006, S. 30-51; STEINER/HESSELMANN 2001, S. 97-118; STREUER 2004a, S. 3-18.

104 Für eine umfassende juristische Auseinandersetzung mit dem Begriff der Unternehmenspublizität vgl. stellv. MERKT 2001.

105 Vgl. etwa BAETGE/HEUMANN 2006a, S. 40; RUHWEDEL/SCHULTZE 2002, S. 608 sowie im Ergebnis AICPA 1994, Chapter 1, 3 und AICPA 2004, S. 15-67.

Unter dem Financial Accounting wird dabei der Teil der Kommunikation zwischen dem Unternehmen und dem Kapitalmarkt verstanden, der in erster Linie durch gesetzliche Rechnungslegungsvorschriften determiniert wird.[106] Zum Financial Accounting in diesem Sinne gehören traditionell der (Konzern-) Abschluss und der (Konzern-)Lagebericht.[107]

Aufgrund der sich durchsetzenden Erkenntnis einer mangelnden Eignung des im traditionellen Sinne[108] primär vergangenheitsbezogenen und einwertig ausgerichteten Financial Accounting als alleinige Grundlage für eine rationale Entscheidungsfindung[109] erfährt dieses in jüngerer Zeit eine Ergänzung um zukunftsbezogene und nicht-finanzielle bewertungsorientierte Aspekte im Rahmen eines so genannten Value Reportings.[110] Das Value Reporting stellt dabei nach mittlerweile wohl herrschender Auffassung im Schrifttum die strukturierte und regelmäßige, über das Financial Accounting hinausgehende externe Berichterstattung eines Unternehmens dar, die geeignet ist, die Informationsasymmetrien zwischen unternehmensverwaltungsinterner und -externer Sicht zu verringern und die Ermittlung des Unternehmenswertes durch die (potenziellen) Investoren zu ermöglichen.[111] So verstanden soll das Value Reporting einen Beitrag dazu leisten, vorhandene Differenzen zwischen dem bilanziellen Eigenkapital und dem Unternehmenswert zu erklären.[112]

---

106 Vgl. bspw. BAETGE/HEUMANN 2006a, S. 40 und BÖCKING 1998, S. 19.

107 Vgl. u. a. BAETGE/HEUMANN 2006a, S. 40 sowie HEUMANN 2005, S. 12.

108 Für eine zusammenfassende Darstellung zur Weiterentwicklung des Financial Accounting vgl. Abschn. II. D.2.c)(2) dieses Hauptteils.

109 Vgl. hierzu AICPA 1994, Chapter 1 sowie EDER 2002, S. 48-62 und MÜLLER 1998, S. 124.

110 Vgl. NOLL/WEYGANDT 1997, S. 59 sowie RUHWEDEL/SCHULTZE 2002, S. 607.

111 Vgl. in diesem Sinne ARBEITSKREIS 2002, S. 2337; RUHWEDEL/SCHULTZE 2002, S. 609; RUHWEDEL/SCHULTZE 2004, S. 492 sowie ähnlich FISCHER 2003, S. 28; KÖTZLE/NIGGEMANN 2001, S. 634; LABHART 1999, S. 30 f. und HEUMANN 2005, S. 12 f., der jedoch dem Value Reporting auch Teile des Financial Accounting zuordnet.

112 Vgl. LABHART 1999, S. 200; RUHWEDEL/SCHULTZE 2002, S. 605, 609; RUHWEDEL/SCHULTZE 2004, S. 492 sowie ähnlich ARBEITSKREIS 2002, S. 2337.

Im Gegensatz zum Value Reporting, welches aus Gründen der Systematisierung in der Folge als Value Reporting (i. w. S.) bezeichnet wird, hat sich hinsichtlich des Corporate Governance Reportings aufgrund der noch sehr jungen Literatur bisher keine einheitliche Begriffsverwendung und -abgrenzung herausgebildet.[113] Im Rahmen der vorliegenden Abhandlung soll unter Corporate Governance Reporting die strukturierte und regelmäßige externe Berichterstattung eines Unternehmens verstanden werden, die geeignet ist, Informationsasymmetrien zwischen der Unternehmensverwaltung und (potenziellen) Investoren bezüglich der internen Corporate Governance möglichst weitgehend zu reduzieren.[114]

Aus ihren Definitionen wird deutlich, dass zwischen dem Value Reporting (i. w. S.) und dem Corporate Governance Reporting eine Zielkonformität zu konstatieren ist, die darauf fußt, dass bei beiden Reporting-Elementen der Abbau von Informationsasymmetrien zwischen der Unternehmensverwaltung und den (potenziellen) Investoren im Vordergrund steht. Eine innere Verbindung zwischen den beiden Publizitätselementen besteht zudem hinsichtlich des Berichtsgegenstands. Dies liegt darin begründet, dass die interne Corporate Governance als Gegenstand des Corporate Governance Reportings - wie noch zu zeigen sein wird - [115] einen wesentlichen Einflussfaktor der Kapitalkosten verkörpert, das Corporate Governance Reporting somit per se im Sinne des Value Reportings (i. w. S.) unternehmenswerterhebliche Informationen an den Kapitalmarkt vermittelt. Aus dieser Betrachtungsweise folgt konsequenterweise, dass das Corporate Governance Reporting als eine Teilmenge des Value Reportings (i. w. S.) aufzufassen ist. Im Schrifttum erfährt diese Einordnung eine breite Bestätigung, indem im Rahmen des Value Reportings (i. w. S.) regelmäßig Angaben zum internen Steuerungs- und Anreizsystem sowie zu

---

113 Für erste, jedoch nicht theoretisch abgeleitete Definitionsvorschläge vgl. ARBEITSKREIS 2006a, S. 1069 und STAUB 2005, S. 27.

114 Zur theoretischen Fundierung dieser Definition und zu einer weiteren konzeptionellen Präzisierung des Corporate Governance Reportings vgl. im Einzelnen Abschn. II des Zweiten Hauptteils.

115 Vgl. hierzu im Einzelnen Abschn. III. B.2 und B.3 dieses Hauptteils.

Zielen und Strategien des Unternehmens, mit anderen Worten zu originären Elementen der internen Corporate Governance, gefordert werden.[116]

In einer negativen Abgrenzung vom Corporate Governance Reporting werden die weiteren, nicht die interne Corporate Governance betreffenden, im Rahmen des Value Reportings (i. w. S.) zu vermittelnden unternehmenswertrelevanten Informationen unter dem Value Reporting i. e. S. als Residualgröße zusammengefasst. Die Inhalte des Value Reportings i. e. S. betreffen im Kern insbesondere Informationen zum Reinvermögenszeitwert[117] und zur Approximation des Unternehmenswertes in Gestalt des Zukunftserfolgswerts[118], rekrutieren sich somit im Wesentlichen aus Daten des (internen und externen) Rechnungswesens und tragen primär einen rechnungslegungsbezogenen Charakter.[119] Das so verstandene Value Reporting i. e. S. bildet nach der vorliegend zugrunde gelegten Terminologie zusammen mit dem Financial Accounting das Business Reporting i. e. S., welches das Corporate Governance Reporting komplementär ergänzt.[120]

---

116 Für diesbezügliche Forderungen vgl. etwa ARBEITSKREIS 2002, S. 2339; BAETGE/HEUMANN 2006a, S. 43 f.; HEUMANN 2005, S. 140; LABHART 1999, S. 265-269; MÜLLER 1998, S. 125; RUHWEDEL/SCHULTZE 2002, S. 611 f.; STAUBER 2003, S. 195; WENZEL 2006, S. 228 und ZEMELKA 2002, S. 172-174.

117 Darunter fällt primär die Darlegung von beizulegenden Zeitwerten (Fair Values) sämtlicher Vermögenswerte und Schulden; vgl. hierzu BAETGE/HEUMANN 2006b, S. 345 f.; HEUMANN 2005, S. 88-105; HEUMANN 2006, S. 260-262; RUHWEDEL/SCHULTZE 2002, S. 610-612 und RUHWEDEL/SCHULTZE 2004, S. 492 f. Ein weiteres Problemfeld stellen in diesem Zusammenhang nicht bilanzierte immaterielle Vermögenswerte dar; vgl. hierzu etwa ARBEITSKREIS 2001, S. 989-995; HEUMANN 2005, S. 104 f. sowie im Einzelnen VELTE 2008a, S. 367-456.

118 Zu den Informationen zählen in erster Linie das nachhaltige und künftige Periodenergebnis sowie weitere - neben der internen Corporate Governance bestehenden - Determinanten der Kapitalkosten; vgl. hierzu BAETGE/HEUMANN 2006b, S. 346; HEUMANN 2005, S. 105-120; HEUMANN 2006, S. 262 sowie RUHWEDEL/SCHULTZE 2002, S. 612-614.

119 Vgl. hierzu bereits FREIDANK/WEBER 2009, S. 313.

120 Vgl. in diesem Sinne auch WERDER 2010, Rn. 534, S. 168 f.

Die folgende Abbildung 3 stellt die vorstehend abgeleitete Systematisierung des Begriffs Unternehmenspublizität nochmals zusammenfassend in schematischer Form dar.

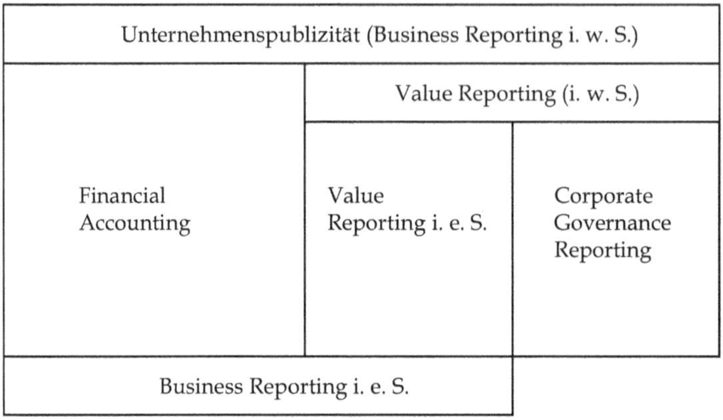

Abbildung 3: Systematisierung des Begriffs Unternehmenspublizität[121]

d) Enforcement der Unternehmenspublizität

Wie bereits ausgeführt,[122] ist im Hinblick auf die Frage, inwieweit Informationsasymmetrien zwischen der Unternehmensverwaltung einerseits und den Aktionären beziehungsweise dem Markt für Unternehmenskontrolle andererseits abgebaut werden können, nicht nur der Publizitätsinhalt, sondern gleichfalls die Verlässlichkeit der zur Verfügung gestellten Informationen von Bedeutung. Ziel ist es in diesem Kontext, unbewusste und/oder bewusste Störungen der in Rede stehenden Kommunikation mittels eines geeigneten (unternehmensverwaltungs-)externen Enforcement zu vermeiden,[123] wobei

121 Modifiziert entnommen von FREIDANK/WEBER 2009, S. 313.

122 Vgl. hierzu Abschn. I. B.1 dieses Hauptteils.

123 Vgl. in diesem Sinne ebenso, wenngleich aus Sicht der Principal-Agent-Theorie argumentierend, GRIEWEL 2006, S. 48.

dem Enforcement in diesem Zusammenhang sowohl eine Präventiv- als auch eine Korrektivfunktion zukommt.[124] Die Präventivfunktion des Enforcement ist dabei dadurch charakterisiert, dass wirksame Mittel zur Aufdeckung und Sanktionierung von Falschinformationen bestehen, während dagegen die Korrektivfunktion auf die Möglichkeit abzielt, aufgedeckte unbewusste und/oder bewusste Störungen der Kommunikation ex post zu beheben.

Das (unternehmensverwaltungs-)externe Enforcement[125] bezieht sich nach vorliegendem Verständnis auf alle vorstehend definierten Elemente der Unternehmenspublizität, somit auf das Financial Accounting, das Value Reporting i. e. S. sowie das Corporate Governance Reporting,[126] und ist dementsprechend sehr viel weiter gefasst als das bis dato kontrovers diskutierte Enforcement des Financial Accounting.[127] In Abgrenzung zu den Marktmechanismen werden dem externen Enforcement ausschließlich normative, das heißt durch Recht geschaffene, Institutionen sowie rechtliche Instrumente subsumiert. Das so definierte Enforcement rekrutiert sich primär aus der (Konzern-) Abschlussprüfung, der Kapitalmarktaufsicht in Gestalt der *Bundesanstalt für Finanzdienstleitungsaufsicht* (*BaFin*) und der *Deutschen Prüfstelle für Rechnungslegung DPR e. V.* (*DPR*) sowie der Organhaftung, das heißt der möglichen Inanspruchnahme des Vorstands und des Aufsichtsrats wegen Falschinformation des Kapitalmarkts.[128]

---

124 Vgl. hierzu und in der Folge BERGER 2009, S. 599 f.; GRIEWEL 2006, S. 49 f.; HÜTTEN 2003, S. 125 f. sowie ausf. Abschn. II. E.3.a) des Zweiten Hauptteils.

125 Für eine Differenzierung zwischen internem und externem Enforcement der Unternehmenspublizität vgl. ebenfalls GRIEWEL 2006, S. 125 f.

126 Zu den Elementen der Unternehmenspublizität und ihre definitorische Abgrenzung vgl. Abschn. I. B.3.c) dieses Hauptteils.

127 Vgl. zu dieser Diskussion aus wissenschaftlicher Sicht BÖCKEM 2000a; BÖCKEM 2000b, S. 1185-1191; GRIEWEL 2006; POTTGIEßER 2006, S. 64-69 sowie TIELMANN 2001.

128 Zu den in Rede stehenden Instrumenten des Enforcement vgl. weiterführend die Ausführungen in Abschn. II. E.3 des Zweiten Hauptteils.

C. Principal-Agent-Theorie als theoretisches Erklärungsmodell der Corporate Governance

1. Grundlegendes

Die Principal-Agent-Theorie[129], auch kurz Agency-Theorie genannt, stellt neben der Property-Rights-[130] und der Transaktionskostentheorie[131] einen Teilbereich der Neuen Institutionenökonomie dar und verkörpert das im Schrifttum vorherrschende theoretische Erklärungsmodell der Corporate Governance.[132] Mit dem Terminus Agency-Theorie wird überwiegend auf eine Typologie von *Jensen* zurückgegriffen, der die Agency-Beiträge in einen normativen und positiven Forschungszweig aufteilt.[133] Während sich die Arbeiten zur normativen Principal-Agent-Theorie unter Zuhilfenahme mathematischer Modelle primär mit der Gestaltung pareto-effizienter Vertragsstrukturen auseinandersetzen,[134] versucht die im Folgenden im Vordergrund stehende positive Agency-Theorie zu beschreiben und zu erklären, weshalb bestimmte Auftragsbeziehungen in der Realität existieren.[135]

---

129 Vgl. hierzu grundlegend ROSS 1973, S. 134-139.

130 Die Property-Rights-Theorie beschäftigt sich mit der Übertragung bzw. Verteilung von Handlungs- sowie Verfügungsrechten und eruiert den Einfluss von rechtlichen und institutionellen Rahmenbedingungen auf das wirtschaftliche Verhalten; vgl. COASE 1960, S. 1-44 sowie ALCHIAN/DEMSETZ 1972, S. 777-795; DEMSETZ 1967, S. 347-359.

131 Im Mittelpunkt der Transaktionskostentheorie steht die Analyse der Entstehung und Entwicklung von Institutionen unter Bezugnahme auf die durch die Anbahnung, Vereinbarung, Kontrolle und nachträgliche Anpassung von Verträgen verursachten Kosten; vgl. hierzu grundlegend WILLIAMSON 1985.

132 Vgl. zu dieser Einschätzung ebenso DUTZI 2005, S. 135. Für einen Überblick über generelle Kritikpunkte an der Agency-Theorie vgl. ausf. MEINHÖVEL 1999, S. 107-142.

133 Vgl. hierzu und in der Folge JENSEN 1983, S. 334-336. Neben der Einteilung nach *Jensen* findet sich in der Literatur alternativ auch eine Unterteilung in die ökonomische und finanzielle Agency-Theorie; vgl. hierzu BARNEA/HAUGEN/SENBET 1985, S. 25-40.

134 Vgl. zu dieser Forschungsrichtung insbes. ROSS 1973, S. 134-139; SPENCE/ZECKHAUSER 1971, S. 380-387 und SPREMANN 1987, S. 3-38.

135 Vgl. hierzu insbes. JENSEN/MECKLING 1976, S. 305-357 sowie FAMA 1980, S. 288-306.

Im Mittelpunkt der Agency-Theorie steht die Analyse und Gestaltung von hierarchischen Auftragsbeziehungen zwischen einem delegierenden Auftraggeber (Principal) und einem ausführenden Auftragnehmer (Agent).[136] Dabei räumt der Principal dem Agent zur Auftragserfüllung im Vorwege zumeist weitreichende Entscheidungskompetenzen ein,[137] womit dem Agent ein entsprechender Handlungsspielraum eröffnet wird,[138] welcher gleichzeitig zur Nutzung seiner Spezialisierungsvorteile notwendig ist.[139] Für die Möglichkeit des Principal, aufgrund der Auftragserteilung auf die speziellen Kenntnisse und Fähigkeiten des Agent zurückzugreifen, wird diesem im Gegenzug eine entsprechende Vergütung gewährt.[140] Die Entstehung einer Auftragsbeziehung basiert demzufolge grundsätzlich auf der Annahme, dass beide Parteien eine Nutzensteigerung erfahren.[141]

Unklar bleibt in diesem Zusammenhang, ob der Agent tatsächlich gewillt ist, dem Principal seine besonderen Kenntnisse zur Verfügung zu stellen. Diesbezüglich unterstellt die Agency-Theorie, dass dem Principal die zur Vertragsdurchsetzung beziehungsweise -überwachung notwendigen Informationen

---

136 Obgleich im Grundfall regelmäßig von einer Person die Rede ist, sind auch Auftragsbeziehungen zwischen einem Principal und mehreren Agents sowie zwischen einzelnen Gruppen nicht ausgeschlossen; vgl. hierzu ROSS 1973, S. 134 sowie anschließend ARROW 1985, S. 37, 42 f. Des Weiteren wird in der Literatur klargestellt, dass ein hierarchisches Auftragsverhältnis nicht zwingend erforderlich ist; vgl. hierzu etwa JENSEN/SMITH 1985, S. 96.

137 Vgl. ROSS 1973, S. 134 sowie daran anknüpfend JENSEN/MECKLING 1976, S. 308 und JENSEN/SMITH 1985, S. 96.

138 Zum Zeitpunkt des Vertragsabschlusses ist eine vollständige Determinierung der durchzuführenden Handlungen regelmäßig nicht möglich. Es handelt sich in solchen Fällen um sog. unvollständige Verträge; vgl. hierzu grundlegend HART 1988, S. 121-124 sowie HART 1995, S. 679 f.

139 Vgl. hierzu etwa ROSS 1973, S. 134 f.

140 Im Rahmen der Agency-Theorie wird unterstellt, dass der Agent überwiegend extrinsisch motiviert ist und deshalb über monetäre Anreize seinen Arbeitseinsatz steuert; vgl. hierzu stellv. SHLEIFER/VISHNY 1997, S. 744.

141 Vgl. etwa ANTLE 1982, S. 508; ARROW 1985, S. 37; PRATT/ZECKHAUSER 1985, S. 2 sowie ergänzend ELSCHEN 1991a, S. 1004.

über den Agent weder vollumfänglich noch kostenlos zur Verfügung stehen.[142] Zwischen dem Principal und dem Agent bestehen vielmehr Informationsasymmetrien,[143] woraus jedoch nicht a priori negative Auswirkungen, das heißt Principal-Agent-Konflikte, geschlossen werden können.[144] Hierzu bedarf es zudem divergierende Präferenzstrukturen des Principal und des Agent. Liegen diese vor, dann besteht für den Principal die Gefahr, dass der Agent seine ihm im Rahmen des Auftragsverhältnisses übertragenen Entscheidungskompetenzen zu seinen Lasten ausübt und opportunistisch handelt.

Für den Gegenstand der vorliegenden Arbeit ist die Anwendung der Agency-Theorie auf die Delegation der Unternehmensführung durch die Aktionäre (Principals) an die Manager (Agents) relevant.[145] So führt die für börsennotierte Publikumsgesellschaften[146] typische breite Streuung der Aktien sowie die Möglichkeit der Risikodiversifikation aufgrund der mit dem Handeln eines Einzelnen verbundenen positiven externen Effekte und den hierdurch bedingten hohen individuellen Kosten zu einer rationalen Apathie der Anteilseigner, welche die Unternehmensführung deshalb an ein professionelles Managementteam delegieren.[147] Hieraus resultiert aus Sicht der Anteilseigner zum ei-

---

142 Vgl. ARROW 1985, S. 37-39 sowie ergänzend DEMOUGIN/JOST 2001, S. 45.

143 Vgl. hierzu ARROW 1985, S. 37; SPREMANN 1987, S. 6 f. sowie ergänzend BUSCHER 1997, S. 110. Zu den einzelnen Formen von Informationsasymmetrien vgl. Abschn. I. C.2 dieses Hauptteils.

144 Vgl. hierzu und in der Folge HOLMSTRÖM 1979, S. 74 f. sowie SPENCE/ZECKHAUSER 1971, S. 381-387. Hieraus folgt im Umkehrschluss, dass bei Vorliegen einer vollständigen Zielharmonie zwischen Principal und Agent keine Agency-Konflikte entstehen können. Die Annahme (bekannter und) vollständig identischer Präferenzstrukturen ist jedoch wenig überzeugend und verstößt gleichzeitig gegen das Postulat des methodologischen Individualismus; vgl. hierzu MEINHÖVEL 1999, S. 15 f.

145 Zur zusätzlichen Einbeziehung des Aufsichtsrats und des (Konzern-)Abschlussprüfers vgl. Abschn. II. C.5.a)(1)(b)(iii) des Zweiten Hauptteils.

146 Zur Begründung für die Fokussierung börsennotierter Publikumsgesellschaften vgl. Abschn. I. A dieses Hauptteils.

147 Vgl. hierzu etwa HART 1995, S. 680 f. Davon abgesehen führte die Beteiligung aller Principals auch zu einer Ignorierung von Effizienzvorteilen einer arbeitsteiligen Wirtschaft; vgl. FAMA/JENSEN 1983a, S. 309.

nen eine typische Auftragsbeziehung im Sinne der Agency-Theorie.[148] Zum anderen treffen alle diejenigen Faktoren zusammen, die für die Entstehung von Principal-Agent-Konflikten ursächlich sind.[149] Im Folgenden gilt es, mögliche Principal-Agent-Konflikte zu klassifizieren und entsprechende Corporate Governance-Mechanismen zu ihrer Überwindung aufzuzeigen.

2. Konfliktsituationen bei Principal-Agent-Beziehungen

Die Auftragsbeziehung zwischen Principal und Agent ist in zeitlicher Hinsicht durch die Phasen Auswahl des Vertragspartners, Vertragsabschluss, Entscheidung beziehungsweise Handlung des Agent und Entlohnung gekennzeichnet.[150] Im Verlauf dieser Beziehung können unterschiedliche Arten von Principal-Agent-Konflikten entstehen, die in der Literatur üblicherweise nach den Ursachen auftretender Informationsasymmetrien klassifiziert werden.[151] Hierbei kann zwischen Hidden Characteristics, Hidden Information und Hidden Action differenziert werden,[152] wenngleich eine überschneidungsfreie Abgrenzung realiter nicht immer möglich ist.[153]

Die Informationsasymmetrie aufgrund von Hidden Characteristics betrifft die Zeit vor dem Vertragsabschluss, in welcher der Principal einen Agent für die zu delegierende Aufgabe auswählt.[154] In dieser Phase der Vertragsbeziehung

---

148 Vgl. REES 1985, S. 91 f.

149 Vgl. hierzu stellv. HART 1995, S. 678-681.

150 Vgl. hierzu u. a. BUSCHER 1997, S. 111 f. sowie ähnlich bereits KIENER 1990, S. 19 f. und STRONG/WALKER 1987, S. 178 f.

151 Vgl. etwa BREID 1995, S. 824 f.; KIENER 1990, S. 23 sowie MIKUS 1998, S. 453.

152 Als weitere Form der Informationsasymmetrie wird im Schrifttum die Hidden Intention genannt, welche sich jedoch nach Ansicht des Verfassers nicht grds. von dem Typus Hidden Action unterscheidet und daher keine gesonderte Betrachtung erfährt; zur Hidden Intention vgl. grundlegend SPREMANN 1990, S. 568-570.

153 Vgl. zu dieser Feststellung bereits BREID 1994, S. 258 sowie MIKUS 1998, S. 453.

154 Vgl. hierzu und in der Folge SPREMANN 1987, S. 11 sowie SPREMANN 1990, S. 566-568.

verfügt der Agent über Informationen hinsichtlich seiner eigenen Fähigkeiten und Eigenschaften (etwa Begabung, Talent oder Qualifikation), von denen sowohl seine Verhaltensweise als auch das Auftragsergebnis abhängt. Da die in Rede stehenden Charakteristika dem Principal unbekannt sind, besteht für diesen die Gefahr, einen ungeeigneten Vertragspartner auszuwählen (Adverse Selection[155]).[156] Tritt dieser Fall ein, hat der Principal in der Folge in Höhe des Wertunterschieds zwischen optimaler und tatsächlicher Entscheidung einen Wohlfahrtsverlust zu erdulden. Um dies zu verhindern, besteht für ihn zum einen die Möglichkeit, die Eignung und die Qualitätseigenschaften des Agent vor Vertragsabschluss zu überprüfen (Screening).[157] Diese Informationsbeschaffung zur Reduzierung der Informationsasymmetrie ist allerdings mit Kosten verbunden, welche dem Wert der zusätzlichen Informationen gegenüberzustellen sind. Zum anderen kann der Principal dem Agent verschiedene Vertragsvarianten anbieten und anschließend anhand des von diesem ausgewählten Vertrags (Self Selection) Rückschlüsse auf bestimmte Eigenschaften des Agent ziehen.[158] Schließlich ist auch der Fall denkbar, dass ein Agent von sich aus seine Fähigkeiten offenlegen möchte, sofern er sich davon bessere Vertragsbedingungen verspricht (Signalling).[159] Da in der Regel nur leistungsstarke Agents zu dieser kostenverursachenden Informationsübermittlung bereit sein werden, wird der Principal dies entsprechend belohnen.

---

155 Der Prozess der Negativauslese (Adverse Selection) wurde erstmals von *Akerlof* am Beispiel des Gebrauchtwagen- bzw. Arbeitsmarkts diskutiert; vgl. AKERLOF 1970, S. 488-500.

156 Ursprünglich wurde die Auswahl des Agent in einem eigenständigen Ansatz analysiert. Heute wird dieser Fall indes unmittelbar mit der Agency-Theorie verbunden; vgl. hierzu ELSCHEN 1991a, S. 1005.

157 Vgl. hierzu und in der Folge SPREMANN 1987, S. 11, 30-35; SPREMANN 1990, S. 568, 578-580 sowie ergänzend BUSCHER 1997, S. 113; DIEDERICHS/KIßLER 2008, S. 26; GÜNTHER 1997, S. 46 f.; HESS 1999, S. 1506 und MARTENS 2000, S. 35 f.

158 Vgl. zum Selbstwahlschema bereits ARROW 1986, S. 1183-1195.

159 Zum Signalling vgl. grundlegend SPENCE 1973, S. 355-374.

Während die soeben diskutierten Fähigkeiten und Eigenschaften des Agent nach einer bestimmten Zeit auch dem Principal ex definitione bekannt werden, treten nach dem Vertragsschluss weitere Informationsasymmetrien in den Vordergrund, die unverändert fortbestehen können. So hat der Agent im Fall der Hidden Information zunächst einen Informationsvorsprung, der sich auf den Zeitraum unmittelbar vor der Entscheidung bezieht.[160] Nur dem Agent sind bestimmte Informationen über die Entscheidungssituation, die verfügbaren Handlungsmöglichkeiten sowie die Wahrscheinlichkeiten von Umweltzuständen bekannt, mit der Folge, dass der Principal nicht in der Lage ist, die getroffene Entscheidung des Agent zu beurteilen. Hieraus resultiert die Gefahr, dass der Agent nach Vertragsabschluss seinen Handlungsspielraum opportunistisch ausnutzt (Moral Hazard).

Im Hinblick auf die Delegation der Unternehmensführung durch die Anteilseigner (Principals) an die Manager (Agents) werden die in Rede stehenden entscheidungsbezogenen Principal-Agent-Konflikte im Schrifttum zum Teil weiter in die Fälle Differencial Risk Exposure und Differencial Horizons unterschieden.[161] Differencial Risk Exposure betrifft dabei das Missverhältnis zwischen der Aufteilung der Verfügungsmacht und der Risikoübernahme.[162] So werden, wie bereits vorstehend angeklungen, dem Managementteam - um die Spezialisierungsvorteile nicht zu gefährden - seitens der Anteilseigner keine konkreten Handlungsweisungen vorgegeben, sondern lediglich Zielvorstellungen genannt. Dies soll es im Idealfall ermöglichen, dass das Managementteam unter der Menge aller Handlungsoptionen diejenige auswählt, welche die Zielerfüllung maximiert. Auf diese Weise erhalten die Manager gleichzeitig den für die Unternehmensführung benötigten Ermessensspielraum, ohne

---

160 Vgl. hierzu und in der Folge ARROW 1985, S. 39 f. sowie ergänzend KIENER 1990, S. 24 f.; PETERSEN 1989, S. 32 und WENGER/TERBERGER 1988, S. 507.

161 Vgl. hierzu stellv. JENSEN/SMITH 1985, S. 103 sowie auch JENSEN/MECKLING 1979, S. 481-486, die jedoch anstelle des oben genannten Begriffspaars von „Portfolio Problems" und „Horizon Problem" sprechen.

162 Vgl. hierzu und in der Folge JENSEN/MECKLING 1979, S. 486; JENSEN/SMITH 1985, S. 103 sowie ergänzend MÜNCHOW 1995b, S. 206 f. und VARGA VON KIBED 2001, S. 62 f.

jedoch die aus den zu treffenden Entscheidungen resultierenden Konsequenzen (vollständig) tragen zu müssen. Diese Konstellation kann zu Verzerrungen im Entscheidungsverhalten der Manager führen, indem sie als Nutzenmaximierer entsprechend ihrer eigenen Risikopräferenzen und nicht derjenigen der Anteilseigner handeln.[163] Differencial Horizons beschreibt hingegen die Situation unterschiedlicher Erwartungshorizonte der Manager und der Anteilseigner.[164] So werden die Manager in der Regel bemüht sein, diejenigen Investitionen zu realisieren, deren Rückflüsse möglichst zeitnah, das heißt innerhalb ihrer Anstellungszeiträume, erfolgen, während der Entscheidungshorizont der Eigentümer aufgrund der theoretisch unbegrenzten Handelbarkeit der Anteilsscheine wesentlich länger sein kann. Hieraus resultiert die Gefahr einer suboptimalen Investitionspolitik, wenn stets Investitionen mit kürzerer Laufzeit beziehungsweise frühzeitigem Rückfluss bevorzugt werden.[165]

Im Gegensatz zur Situation der Hidden Information tritt eine Informationsasymmetrie aufgrund von Hidden Action erst nach der Entscheidung beziehungsweise Handlung des Agent ein.[166] Hidden Action beruht dabei auf dem Umstand, dass es dem Principal unmöglich ist, das Verhalten respektive Anstrengungsniveau des Agent zu beurteilen. Dies liegt darin begründet, dass es dem Principal verborgen bleibt, ob das Handlungsergebnis eine Folge des Arbeitseinsatzes des Agent oder der Umwelteinflüsse ist. Auch diese Situation birgt die Gefahr eines Moral Hazard.

---

163 Es wird im Schrifttum i. d. R. unterstellt, dass der Anteilseigner risikoindifferent, der Manager dagegen risikoavers ist; vgl. hierzu u. a. PICOT 1991, S. 151; RICHTER/FURUBOTN 2003, S. 230 sowie ZIMMERMANN/WORTMANN 2001, S. 291.

164 Vgl. hierzu und in der Folge JENSEN/MECKLING 1979, S. 481-484; JENSEN/SMITH 1985, S. 103 sowie ergänzend MÜNCHOW 1995b, S. 204 f. und VARGA VON KIBED 2001, S. 63 f.

165 *Jensen/Smith* weisen darauf hin, dass dies nur für solche Fälle gilt, in denen längerfristige Investitionsprojekte mit späterem Rückfluss überhaupt zur Verfügung stehen und aus Sicht der Anteilseigner vorteilhaft wären; vgl. JENSEN/SMITH 1985, S. 103.

166 Vgl. hierzu und in der Folge ARROW 1985, S. 38 f. sowie ergänzend DECKER 1994, S. 20-22; EWERT 1990, S. 10; GROSSMAN/HART 1983, S. 9; HARTMANN-WENDELS 1989, S. 714 f.; JASCHKE 1989, S. 43 f.; KIENER 1990, S. 23 f.; MEINHÖVEL 2004, S. 471; PETERSEN 1989, S. 31 f. und WENGER/TERBERGER 1988, S. 507.

Analog zu den entscheidungsbezogenen Principal-Agent-Konflikten besteht in Bezug auf die Delegation der Unternehmensführung durch die Aktionäre (Principals) an die Manager (Agents) auch die Möglichkeit, eine weitere Differenzierung des aus Sicht der Anteilseigner bestehenden Verhaltensrisikos der Manager vorzunehmen. In der Literatur findet sich diesbezüglich eine Unterscheidung in die Fallgruppen Consumption on the Job[167] und Shirking[168]. Im erstgenannten Fall entnimmt der Manager zulasten der Anteilseigner Unternehmensmittel, um sich persönliche Annehmlichkeiten aufzubauen.[169] Diese können sowohl materieller als auch immaterieller Natur sein, wobei Letztere ungleich bedeutender sind. Als materielle Entnahme kommt etwa die Anschaffung einer teuren Büroausstattung oder eines luxuriösen Dienstwagens in Betracht. Immaterielle Aspekte - auch als Empire Building bezeichnet - betrifft primär die Stärkung der persönlichen Machtposition, etwa durch Investition in ein übermäßiges Unternehmenswachstum. Die Situation des Shirking beschreibt hingegen die Situation, dass Manager bei Unbeobachtbarkeit ihres Verhaltens nur zu einem geringen Arbeitseinsatz bereit sind.[170] Diese Annahme fußt dabei auf dem Gedanken, dass ein höheres Anstrengungsniveau mit zusätzlichem Arbeitsleid verbunden ist. Ein mangelnder Arbeitseinsatz des Agent konfligiert dann mit den Interessen der Anteilseigner als Principals, wenn aus ihrer Perspektive vorteilhafte Handlungen unterbleiben.[171]

---

167 Neben Consumption on the Job finden sich im Schrifttum auch die Begriffe Fringe Benefits und Perquisites; vgl. hierzu ELSCHEN 1991b, S. 210; EWERT 1986, S. 10 f. sowie JENSEN/MECKLING 1976, S. 313.

168 Der Terminus Shirking geht ursprünglich auf die Property-Rights-Theorie zurück; vgl. hierzu ALCHIAN/DEMSETZ 1972, S. 780 f.

169 Vgl. hierzu und in der Folge JENSEN/MECKLING 1976, S. 313-319 sowie ergänzend ELSCHEN 1991b, S. 210; JENSEN 1986, S. 323-329; LENZ 1993, S. 114-123; MARTENS 2000, S. 37; MÜNCHOW 1995a, S. 249-252 sowie RIDDER-AAB 1980, S. 77-80.

170 Vgl. hierzu und in der Folge HARRIS/RAVIV 1978, S. 20 f.; JENSEN/MECKLING 1976, S. 313; JENSEN/SMITH 1985, S. 102 f. sowie ergänzend MARTENS 2000, S. 37; MÜNCHOW 1995a, S. 252-255; RIDDER-AAB 1980, S. 80 und VARGA VON KIBED 2001, S. 62.

171 Mit Arbeitseinsatz bzw. Anstrengungsniveau sind qualitative Aspekte gemeint; vgl. etwa MÜLLER 1995, S. 70; kritisch hingegen GEDENK 1998, S. 25 m. w. N.

Zur Überwindung oder zumindest Verminderung der nachvertraglichen Principal-Agent-Konflikte bedarf es spezieller Mechanismen, welche die Agents zu einem Handeln im Sinne der Principals motivieren und/oder gleichzeitig ein opportunistisches Verhalten der Agents sanktionieren. Für diesen Sachverhalt haben erstmals *Jensen/Meckling* den Begriff Agency Costs als Analyseinstrument eingeführt.[172] Ihrer Auffassung nach verursacht das opportunistische Verhalten der Agents einen messbaren Wohlfahrtsverlust, welcher als Unternehmenswertminderung interpretiert werden kann. Um das Risiko des Fehlverhaltens beziehungsweise die Höhe der Agency Costs zu verringern, stehen dem Principal mit dem Monitoring und Bonding grundsätzlich zwei (nachvertragliche) Mechanismen zur Verfügung. Unter Monitoring sind dabei sämtliche Kontrollmechanismen zu verstehen, die der Überwachung der Arbeitsleistung des Agent zur Gewährleistung eines Verhaltens im Sinne der Principals dienen. Monitoring umfasst in diesem Sinne neben einer passiven Überwachung auch eine zielgerichtete (aktive) Steuerung des Agent im Sinne eines Preventive Monitoring. Das Bonding beinhaltet hingegen Anreizmechanismen respektive eine Selbstbindung des Agent, den Interessen des Principal zuwiderlaufende Handlungen zu unterlassen. Durch die ihn bindende Verpflichtung, wie etwa in Form von Einschränkungen seiner Verfügungsmacht oder in Gestalt von Mitspracherechten des Principal bei bestimmten Entscheidungen, verzichtet der Agent auf einen Teil seines maximal möglichen Nutzens aus nicht kontrollierbarem (opportunistischen) Verhalten. Insoweit gilt es zu bedenken, dass beide Mechanismen der (internen) Corporate Governance ebenfalls Agency Costs verursachen, wobei diese jedoch in der Summe geringer sind als die Unternehmenswertminderung in der Ausgangssituation ohne Verhaltenssteuerung und -überwachung.[173]

---

172 Vgl. hierzu und in der Folge JENSEN/MECKLING 1976, S. 308-310, 323-228 sowie ergänzend BUSCHER 1997, S. 117-119; GERKE 2001, Sp. 28-32; LENTFER 2005, S. 157-159; MARTEN 1994, S. 144 f.; MEINHÖVEL 1999, S. 41-44; MEINHÖVEL 2005, S. 73 f.; MÜNCHOW 1995b, S. 200 f.; WENTGES 2002, S. 33 und ZIMMERMANN/WORTMANN 2001, S. 292.

173 Zu den Kosten der einzelnen Mechanismen vgl. FAMA/JENSEN 1983b, S. 332 sowie JENSEN 1983, S. 331.

Die vorstehenden Ausführungen sind nochmals in der folgenden Abbildung 4 im Hinblick auf die Typisierung von Principal-Agent-Konflikten zusammenfassend dargelegt.

<table>
<tr><th>Typ / Vergleichs-kriterium</th><th>Hidden Characteristics</th><th colspan="2">Hidden Information</th><th colspan="2">Hidden Action</th></tr>
<tr><td>Entstehungs-zeitpunkt</td><td>vor Vertragsabschluss</td><td colspan="2">nach Vertragsabschluss, vor Entscheidung des Agent</td><td colspan="2">nach Vertragsab-schluss, nach Ent-scheidung des Agent</td></tr>
<tr><td>Entstehungs-ursache</td><td>ex ante verborgene Eigenschaften des Agent (persönliche Eignung, Fähigkeiten, Risikoeinstellung)</td><td colspan="2">nicht beobachtbarer Informationsstand des Agent</td><td colspan="2">nicht beobachtbare Aktivitäten des Agent</td></tr>
<tr><td>Problemfeld</td><td>Eingehen von Vertragsbeziehungen</td><td colspan="2">Entscheidungs-beurteilung</td><td colspan="2">Verhaltens-(Leistungs-) Beurteilung</td></tr>
<tr><td rowspan="2">Resultierende Ge-fahr (Principal-Agent-Konflikt)</td><td rowspan="2">(1) Adverse Selection</td><td colspan="4">(2) Moral Hazard</td></tr>
<tr><td>(a) Differencial Risk Exposure</td><td>(b) Differen-cial Hori-zons</td><td>(c) Consump-tion on the Job</td><td>(d) Shirking</td></tr>
<tr><td>Lösungsansätze</td><td>Screening, Signalling, Self Selection</td><td colspan="4">Bonding, Monitoring</td></tr>
</table>

Abbildung 4: Typisierung von Principal-Agent-Konflikten[174]

[174] Modifiziert entnommen von BREID 1994, S. 238 und KIENER 1990, S. 24.

D. Idealtypische Corporate Governance-Systeme

1. Klassifizierungsansätze

Wenngleich - wie bereits ausgeführt - [175] die Trennung von Eigentum und Verfügungsmacht weltweit das charakteristische Merkmal börsennotierter Publikumsgesellschaften darstellt und demzufolge ähnliche Grundprobleme resultieren, sind dennoch unterschiedliche Ausprägungen nationaler Corporate Governance-Systeme zu konstatieren, welche sich primär in den variierenden Gewichtungen einzelner Systemelemente manifestieren.[176] Die unterschiedlichen Ausformungen der Corporate Governance-Systeme sind dabei in differierenden sozioökonomischen Determinanten begründet,[177] wobei im Schrifttum neben normativen auch den wirtschaftlichen Rahmenbedingungen, insbesondere in Form der Unternehmensfinanzierung, das größte Einflusspotenzial zugesprochen wird.[178]

Hinsichtlich der Klassifizierung von Corporate Governance-Systemen wurden im Schrifttum unterschiedliche Ansätze entwickelt,[179] wobei diese regelmäßig eine idealtypische Zweiteilung aufweisen. So finden sich unter anderem Unterscheidungen in angloamerikanische und kontinentaleuropäische Corporate Governance-Systeme,[180] in Outsider- und Insider-Modelle,[181] in bank- und

---

175 Vgl. hierzu Abschn. I. A dieses Hauptteils.

176 Vgl. diesbezüglich etwa BÖCKING 2003, S. 251-255 und DUTZI 2005, S. 13.

177 Vgl. bspw. BEYER 2006, S. 70; BÖCKING 2003, S. 253; DUTZI 2005, S. 13 sowie LENTFER 2005, S. 30. Insoweit können Corporate Governance-Systeme als offene Systeme und die sozioökonomischen Rahmenbedingungen als exogene Variablen charakterisiert werden; hierbei ist jedoch zu berücksichtigen, dass die Ausprägung einzelner Systemelemente zudem sowohl vom System selbst als auch von den Ausformungen anderer Systemelemente beeinflusst werden kann; vgl. WERNER 2008, S. 25 f., 250.

178 Vgl. u. a. BÖCKING 2003, S. 253; GILLAN 2006, S. 383; LENTFER 2005, S. 30 f.; MANN 2003, S. 26 sowie WERNER 2008, S. 26, 41.

179 Vgl. hierzu im Überblick BERGLÖF 1997, S. 152, 157-164; BERRAR 2001, S. 38-41; PRIGGE 2006, S. 12 und WERNER 2008, S. 28-30.

180 Vgl. hierzu etwa AGUILERA/JACKSON 2003, S. 447 und COFFEE 2006, S. 380.

marktbasierte Systeme[182] oder auch in gesellschafts- und unternehmensorientierte Modelle[183].[184] Diese dichotomen Gegenüberstellungen können und sollen dabei lediglich einen Beitrag dazu leisten, die zentralen Unterschiede der jeweiligen Systeme herauszustellen; zu diesem Zweck werden in die Untersuchungen bewusst nur ausgewählte Unterscheidungskriterien einbezogen.[185]

In der Literatur weitgehend durchgesetzt hat sich der Klassifizierungsansatz nach *Franks/Mayer*, das heißt die Differenzierung zwischen Outsider- und Insider-Systemen als übergeordnete Dichotomie.[186] Dieser Ansatz fokussiert - wie in der Folge im Einzelnen aufzuzeigen sein wird - [187] die unterschiedliche Gewichtung von Corporate Governance-Mechanismen und ermöglicht eine - für die vorliegende Abhandlung zentrale - intertemporale Analyse der sich aus der Perspektive deutscher börsennotierter Publikumsgesellschaften im Zeitablauf verändernden sozioökonomischen Rahmenbedingungen und der hieraus resultierenden Konsequenzen für die Ausgestaltung des nationalen Corporate Governance-Systems im Allgemeinen sowie der Unternehmenspublizität im Besonderen.[188]

---

181 Dieser Klassifizierungsansatz geht auf Arbeiten von *Franks/Mayer* zurück; vgl. hierzu FRANKS/MAYER 1995, S. 183 f., 189-193; FRANKS/MAYER 2001, S. 943-945; FRANKS/MAYER 2005, S. 369 f. und MAYER 1998, S. 146 f.

182 Vgl. hierzu BERLÖF 1997, S. 159-164, der in diesem Zusammenhang von „Control-oriented Finance" und „Arm's-length Finance" spricht.

183 Für diesen Ansatz vgl. WYMEERSCH 1995, S. 308-315.

184 Vereinzelt sind im Schrifttum jedoch auch drei- oder viergliedrige Einteilungen festzustellen; vgl. hierzu etwa die Untersuchungen von KAPLAN 1997, S. 195-203; WEIMER/PAPE 1999, S. 152-163 sowie ZYSMAN 1983.

185 Zu dieser Klarstellung vgl. ebenso DUTZI 2005, S. 14 sowie PRIGGE 2006, S. 11.

186 Vgl. stellv. BERNDT 2002, S. 1.

187 Vgl. Abschn. I. D.2 dieses Hauptteils.

188 Vgl. hierzu im Einzelnen Abschn. II. C und D dieses Hauptteils.

2. Typologie nach Outsider- versus Insider-Systemen

Charakteristisch für Outsider-Systeme ist zuvorderst die interessenmonistische Ausrichtung der Unternehmensführung auf den Shareholder Value.[189] Dies liegt darin begründet, dass die Überwachung des Managements in erster Linie durch Marktmechanismen[190] erfolgt und dabei dem (Eigen-)Kapitalmarkt - somit den (potenziellen) Investoren als Outsider - eine herausragende Bedeutung zukommt.[191] Der (Eigen-)Kapitalmarkt hält, wie bereits dargelegt,[192] zwei Überwachungsmechanismen bereit, und zwar in Gestalt der Aktionäre und des Marktes für Unternehmenskontrolle. Da in Outsider-Systemen typischerweise ein ausgeprägter Anteilsstreubesitz vorherrscht[193] und demzufolge die Investoren in der Regel weder eine Möglichkeit zur direkten Einflussnahme auf das Management über formelle (Aufsichts-)Gremien besitzen[194] noch über entsprechende Überwachungsanreize verfügen,[195] reagieren diese auf opportunistisches Verhalten des Managements und die damit verbundenen langfristig sinkenden Aktienkurse[196] in erster Linie mit dem Verkauf ihrer Anteile.[197]

---

189 Vgl. hierzu METTEN 2010, S. 26; MANN 2003, S. 120; SCHMIDT/TYRELL 2005, S. 493; SCHMIDT/WEIß 2009, S. 175 und SPECKBACHER 1997, S. 635; zur formalen Darstellung der Shareholder Value-Konzeption vgl. ausf. Abschn. II. C.3.c) des Zweiten Hauptteils.

190 Vgl. etwa HACKETHAL/SCHMIDT 2000, S. 79; SCHMIDT/WEIß 2009, S. 175 und WERNER 2008, S. 29. Das Outsider-System wird aus diesem Grunde auch als marktorientiertes Corporate Governance-System tituliert; vgl. hierzu etwa CUERVO 2002, S. 84 f.; MOERLAND 1995, S. 23 und VISENTINI 2006, S. 229.

191 Vgl. bspw. SCHMIDT/WEIß 2009, S. 175 sowie STEIGER 2001, Sp. 536.

192 Vgl. hierzu Abschn. I. B.1 dieses Hauptteils.

193 Vgl. BERNDT 2002, S. 5; BERRAR 2001, S. 38; HACHMEISTER 2002, Sp. 489; LICHT 2001, S. 150; MILHAUPT 2004, S. 238; STEIGER 2001, Sp. 536 und VISENTINI 2006, S. 229.

194 Vgl. etwa DUTZI 2005, S. 16 sowie MANN 2003, S. 120.

195 Ursächlich hierfür ist das sog. Free-Rider-Problem, wonach im Vertrauen darauf, die Überwachung würde durch andere erfolgen, auf eine kostspielige eigene Initiative verzichtet wird; vgl. hierzu GROSSMAN/HART 1980b, S. 42 sowie SHLEIFER/VISHNY 1986, S. 461 f.

196 Hierbei liegt die Annahme zugrunde, dass zwischen der Leistung des Managements und dem Aktienkurs ein Zusammenhang besteht; vgl. hierzu etwa MANNE 1965, S. 112 und MOERLAND 1995, S. 23; kritisch hingegen TEICHMANN 2001, S. 659 f.

Diese so genannte Exit-Option im Sinne von *Hirschman*[198] zieht in der Regel weiter sinkende Aktienkurse nach sich, wodurch sich die Außenfinanzierung des Unternehmens verteuert und somit als disziplinierender Effekt der Handlungsspielraum des Managements (weiter) eingeschränkt wird. Auf dem Markt für Unternehmenskontrolle, welchem in Outsider-Systemen eine zentrale Bedeutung zukommt,[199] besteht, wie bereits dargelegt,[200] im Falle einer negativen Entwicklung des Aktienkurses für das bestehende Management überdies die Gefahr, dass die Aktionäre ihre Anteile an eine andere Gruppe von Managern veräußern, die bereit sind, eine Prämie für das unterbewertete Unternehmen zu zahlen; um sich vor dem Verlust der Verfügungsmacht zu bewahren, ist das alte Management ex ante darum bemüht, hohe Übernahmekosten mittels hoher Aktienkurse zu erzeugen, somit im Sinne der Anteilseigner zu handeln und den Shareholder Value zu steigern.

Die Wirksamkeit der genannten externen Corporate Governance-Mechanismen setzt funktionsfähige Märkte, vor allem einen effizienten (Eigen-) Kapitalmarkt, voraus.[201] So erfolgt die Unternehmensfinanzierung in Outsider-Systemen typischerweise durch die Ausgabe von Aktien und flankierend über den Anleihemarkt, wodurch eine hohe Liquidität des (Eigen-)Kapitalmarkts erzeugt und den Geldgebern, insbesondere Kleinanlegern und institutionellen Investoren, eine dauerhafte Exit-Option eröffnet wird.[202] Banken nehmen in Outsider-Systemen nur eine untergeordnete Rolle ein, und zwar sowohl als Kapitalgeber als auch als Überwachungsträger.[203]

---

197 Vgl. hierzu und in der Folge DUTZI 2005, S. 16; MANN 2003, S. 120; WERNER 2008, S. 29.

198 Vgl. diesbezüglich bereits Abschn. I. B.3.a) dieses Hauptteils.

199 Vgl. etwa HACHMEISTER 2002, Sp. 490; HACKETHAL/SCHMIDT 2000, S. 70; MANN 2003, S. 120; SCHMIDT/SPINDLER 2002, S. 322 und STEIGER 2001, Sp. 536.

200 Vgl. diesbezüglich Abschn. I. B.3.b) dieses Hauptteils.

201 Vgl. etwa SCHMIDT/SPINDLER 2002, S. 322 sowie WERDER/TALAULICAR 2006, S. 32.

202 Vgl. hierzu u. a. CUERVO 2002, S. 85 f.; RUDOLPH 2003, S. 2055; STEIGER 2001, Sp. 536.

203 Vgl. etwa RUDOLPH 2003, S. 2055; SCHMIDT/TYRELL 2005, S. 493; STEIGER 2001, Sp. 537.

Neben diesen wirtschaftlichen Determinanten geht ein wesentlicher Impetus für die Funktionsfähigkeit externer Überwachungsmechanismen von rechtlichen Rahmenbedingungen aus.[204] Diese fokussieren in Outsider-Systemen typischerweise den Anlegerschutz und beziehen sich unter anderem auf die Beschränkung von Insidergeschäften und das Verhalten der Gesellschaftsorgane im Falle von Unternehmensübernahmen.[205] Der Gläubigerschutz tritt dagegen in den Hintergrund, so dass etwa im Falle einer Insolvenz die Sanierung der Gesellschaft und nicht die Befriedigung der Gläubiger im Vordergrund steht.

Ein weiteres Merkmal von Outsider-Systemen stellt schließlich die ausgeprägte Externalisierung verlässlicher Unternehmensinformationen, ausgedrückt im hohen Stellenwert der Unternehmenspublizität und des Enforcement, dar.[206] Nur mittels einer informativen und glaubwürdigen Unternehmenspublizität können Informationsasymmetrien zwischen der Unternehmung einerseits und dem weiten Aktionärskreis respektive dem anonymen Markt für Unternehmenskontrolle andererseits reduziert und damit die informatorische Grundlage für eine Überwachung durch Outsider, geschaffen werden.[207] Dieser Zusammenhang erklärt auch, weshalb in Outsider-Systemen die informationsfördernden Publizitätsvorschriften traditionell stark ausgeprägt sind.[208]

---

204 Vgl. bspw. BÖCKING 2003, S. 252 sowie DUTZI 2005, S. 17.

205 Vgl. hierzu und in der Folge BÖCKING 2003, S. 252; HACHMEISTER 2002, Sp. 489; RUDOLPH 2003, S. 2055 und SHLEIFER/VISHNY 1997, S. 769 f.

206 Vgl. DUTZI 2005, S. 18; HACHMEISTER 2002, Sp. 489; HACKETHAL/SCHMIDT 2000, S. 63-65; MANN 2003, S. 120; SCHMIDT/TYRELL 2005, S. 494, 507; WERNER 2008, S. 39 sowie WÜSTEMANN 2003, S. 719 f.

207 Vgl. BÖCKING 2003, S. 252; SCHMIDT/TYRELL 2005, S. 495; WERNER 2008, S. 249 sowie ähnlich MONOPOLKOMMISSION 2006, S. 225.

208 Vgl. BERNDT 2002, S. 11; BLACK 2001, S. 787 sowie HACKETHAL/SCHMIDT 2000, S. 65-69. Zu den Vorschriften für das Financial Accounting vgl. die empirischen Erkenntnisse von *La Porta et al.*, die die Stringenz der Normen für das Financial Accounting anhand eines Index bewerten. Der Indexwert für die USA als typischen Vertreter von Outsider-Systemen liegt dabei mit 71 weit über dem Durchschnittswert anderer entwickelter Volkswirtschaften (67,25); vgl. LA PORTA ET AL. 1998, S. 1142 f.

Im Gegensatz zum Outsider-Modell ist das Insider-System durch eine konzentrierte und im Zeitablauf weitgehend stabile Anteilseignerstruktur sowie durch ausgeprägte personelle Verflechtungen gekennzeichnet; Unternehmen werden entsprechend durch wenige Großaktionäre (Blockholder), insbesondere in Gestalt von (Industrie-)Unternehmen und Banken, dominiert.[209] Diese Konstellation steht der Entwicklung eines funktionierenden Marktes für Unternehmenskontrolle entgegen und mindert die Liquidität des (Eigen-) Kapitalmarkts, wodurch die Exit-Option des Anteilsverkaufs mit dem Risiko hoher Verluste verbunden ist.[210] Dies hat zur Folge, dass in Insider-Systemen externen Corporate Governance-Mechanismen eine vergleichsweise geringe Bedeutung zukommt, die Überwachung vielmehr durch Personen respektive Interessengruppen (so genannte Insider) erfolgt, die dem Unternehmen nahe stehen.[211] Diese verfügen über einen privilegierten Informationsstand und regelmäßig auch über einen direkten Einfluss auf das Management.[212] Überdies haben vor allem die so genannten Blockholder einen starken Anreiz zur Überwachung der Unternehmensführung, da die anfallenden Monitoringkosten im Verhältnis zu den realisierbaren Vorteilen gering sind.[213] Interne Aufsichtsgremien stellen aus diesem Grunde den zentralen Überwachungsmechanismus in Insider-Systemen dar.[214]

---

209 Vgl. etwa BERNDT 2002, S. 6; BERRAR 2001, S. 38; DROBETZ 2006, S. 181; DUTZI 2005, S. 19; HACHMEISTER 2002, Sp. 490; MOERLAND 1995, S. 20 f. sowie STEIGER 2001, Sp. 536.

210 Vgl. stellv. HACKETHAL/SCHMIDT 2000, S. 71.

211 Vgl. bereits MOXTER 1962, S. 86 sowie GORTON/SCHMID 2000, S. 68 f.; NOACK/ZETZSCHE 2005, S. 1036; SCHMIDT/SPINDLER 2002, S. 322 und TEICHMANN 2001, S. 653. In der Literatur wird aus diesem Grunde auch von einem „netzwerkorientierten" bzw. „network-oriented" System gesprochen; vgl. etwa HACHMEISTER 2002, Sp. 490 f.; MOERLAND 1995, S. 20-22 sowie WEIMER/PAPE 1999, S. 153.

212 Vgl. hierzu etwa DUTZI 2005, S. 20 sowie HACKETHAL/SCHMIDT 2000, S. 71.

213 Vgl. stellv. DUTZI 2005, S. 20. Das Monitoring durch Blockholder führt zu sog. „shared Benefits of Control", an denen sämtliche Investoren entsprechend ihres Kapitalanteils profitieren; vgl. BARCLAY/HOLDERNESS 1992, S. 268 f.

214 Vgl. BÖCKING 2003, S. 254; MANN 2003, S. 119 sowie SCHMIDT/SPINDLER 2002, S. 322.

Die Unternehmensfinanzierung erfolgt in Insider-Systemen primär über die Vergabe von Bankkrediten, wohingegen der (Eigen-)Kapitalmarkt unterentwickelt ist und sich - wie bereits angesprochen - durch eine hohe Illiquidität auszeichnet.[215] Im Gegensatz zum Outsider-orientierten Corporate Governance-Modell existiert im Insider-System folglich keine allein dominierende Interessengruppe; vielmehr treten neben die (Groß-)Aktionäre weitere Insider, wie etwa die kreditgebenden Banken, die allesamt über einen großen Anreiz verfügen, Einfluss auf die Entscheidungen des Managements zu nehmen, um die Übervorteilung eines Insiders zu verhindern.[216] Diese aktive Teilnahme mehrerer Stakeholder-Gruppen hat dabei zur Konsequenz, dass das Management darum bemüht sein muss, die unterschiedlichen Interessen im Rahmen ihrer Entscheidungen in angemessener Form zu berücksichtigen.[217] Die Unternehmensführung ist demzufolge in Insider-Systemen nicht durch einen Shareholder-, sondern vielmehr durch einen interessenpluralistischen Stakeholder-Ansatz[218] geprägt.

Korrespondierend zur dominierenden Rolle der Banken im Rahmen der Unternehmensfinanzierung sind die rechtlichen Rahmenbedingungen in Insider-Systemen als gläubigerschutzorientiert zu charakterisieren, wohingegen dem Anlegerschutzgedanken nur eine untergeordnete Bedeutung zukommt.[219] Dies äußert sich insbesondere in Gestalt strenger Kapitalaufbringungs- und Kapitalerhaltungsvorschriften sowie in Form eines Insolvenzrechts, welches der

---

215 Vgl. BERNDT 2002, S. 13; DROBETZ 2006, S. 181; GERKE/STEIGER 2001, S. 216; GOERGEN/MANJON/RENNEBOOG 2005, S. 309; HACHMEISTER 2002, Sp. 490 f.; RUDOLPH 2003, S. 2056 sowie VISENTINI 2006, S. 229.

216 Vgl. etwa DUTZI 2005, S. 24; HACHMEISTER 2002, Sp. 490 und MANN 2003, S. 119.

217 Vgl. hierzu und in der Folge DUTZI 2005, S. 24; MANN 2003, S. 118-120; SCHMIDT/SPINDLER 2002, S. 323 sowie SCHMIDT/WEIß 2009, S. 176.

218 Zur Stakeholder-Theorie vgl. grundlegend DONALDSON/PRESTON 1995, S. 65-88; FREEMAN 1984; FRIEDMAN/MILES 2002, S. 1-20 sowie ergänzend GERUM 2005, S. 22 f. und WENTGES 2002, S. 87-126.

219 Vgl. u. a. DROBETZ 2006, S. 181; DUTZI 2005, S. 24 f.; HACKETHAL/SCHMIDT 2000, S. 95 f. sowie RUDOLPH 2003, S. 2056.

Befriedigung von Gläubigern oberste Priorität einräumt. Aufgrund des beschriebenen Interessenpluralismus und der hieraus resultierenden Konfliktgefahr sind Insider-Systeme typischerweise auch durch ein weit entwickeltes Gesellschaftsrecht gekennzeichnet, welches rechtliche Rahmenbedingungen bereitstellt, um Interessengegensätze zum Ausgleich zu bringen.[220]

Ein weiteres Charakteristikum von Insider-orientierten Corporate Governance-Systemen stellt schließlich die Internalisierung von Unternehmensinformationen dar.[221] Die Ursache hierfür liegt darin begründet, dass für die dominierende Überwachung durch Insider die Informationsweitergabe nur an diesen beschränkten Adressatenkreis effizient ist.[222] Vor diesem Hintergrund ist es systemgerecht, dass in Insider-Systemen Vorschriften für eine verlässliche Unternehmenspublizität nur eine sehr untergeordnete Rolle spielen.[223]

In einer Gesamtschau ist festzuhalten, dass sich in Outsider- und Insider-Systemen aufgrund abweichender sozioökonomischer Rahmenbedingungen als systembildende Determinanten deutliche Unterschiede hinsichtlich der Gewichtung und Kombinationswahl der einzelnen Corporate Governance-Elemente zeigen. Die wesentlichen Unterschiede sind nochmals in der folgenden Abbildung 5 synoptisch dargestellt.

---

220 Vgl. hierzu stellv. DUTZI 2005, S. 24 m. w. N.

221 Vgl. MANN 2003, S. 119; SCHMIDT/TYRELL 2005, S. 490; WERNER 2008, S. 39 sowie WÜSTEMANN 2003, S. 720 f.

222 Vgl. HACKETHAL/SCHMIDT 2000, S. 64 f.; ähnlich MONOPOLKOMMISSION 2006, S. 225. Im Übrigen ist die Informationsinternalisierung auch im Interesse der Großaktionäre und Banken als Insider, da eine Informationsexternalisierung zulasten ihres Einflusspotenzials ginge und für sie zudem die Gefahr bestünde, dass der Kapitalmarkt ihre privaten Kontrollrenten sowie Ineffizienzen in ihrem Überwachungsverhalten aufdeckt; vgl. zu diesem Gedankengang DUTZI 2005, S. 25.

223 Vgl. hierzu BERNDT 2002, S. 11; BÖCKING 2003, S. 254; DUTZI 2005, S. 25 sowie HACKETHAL/SCHMIDT 2000, S. 65-69.

		Ausprägung	
		Outsider-System	**Insider-System**
Sozioökonomische Rahmenbedingungen	**A) Normative Rahmenbedingungen**		
	▪ Schutzinteresse	Anlegerschutz ausgeprägt	Gläubigerschutz ausgeprägt
	▪ Normierungen zur Unternehmenspublizität	stark ausgeprägt	schwach ausgeprägt
	B) Wirtschaftliche Rahmenbedingungen		
	▪ Kapitalmarkt- versus Kreditfinanzierung	(Eigen-)Kapitalmarkt sehr liquide und entwickelt; Finanzierung primär über den (Eigen-)Kapitalmarkt	(Eigen-)Kapitalmarkt illiquide und unterentwickelt; Finanzierung primär über Bankkredite
	▪ Anteilskonzentration und -verflechtung	niedrig	hoch
	▪ Anteilseignerzusammensetzung	Institutionelle Investoren und Privataktionäre dominant	(Industrie-)Unternehmen und Banken dominant
	C) Gesamtschau	fördert Überwachung durch Outsider	fördert Überwachung durch Insider
Elemente des Corporate Governance-Systems	**A) Interne Corporate Governance**		
	▪ Unternehmensführung	Shareholder-Ansatz	Stakeholder-Ansatz
	▪ Interne Überwachung durch Aufsichtsgremien [einschl. Unterstützung durch den (Konzern-) Abschlussprüfer]	niedrige Bedeutung	dominante Bedeutung
	B) Externe Corporate Governance		
	▪ Externe Überwachung durch Aktionäre	hohe Bedeutung (Exit-Option)	niedrige Bedeutung (keine Exit-Option; Voice durch Insider)
	▪ Externe Überwachung durch den Markt für Unternehmenskontrolle	dominante Bedeutung	niedrige Bedeutung
	▪ Unternehmenspublizität (einschl. Enforcement)	hohe Bedeutung (Informationsexternalisierung)	niedrige Bedeutung (Informationsinternalisierung)
	C) Gesamtschau	Dominanz der externen Corporate Governance	Dominanz der internen Corporate Governance

Abbildung 5: Vergleichende Übersicht zum Outsider- und Insider-System[224]

---

224 Modifiziert entnommen von DUTZI 2005, S. 25 und HACKETHAL/SCHMIDT 2000, S. 95.

II. Entwicklung des deutschen Corporate Governance-Systems unter besonderer Berücksichtigung der Unternehmenspublizität

A. Vorbemerkung

Den Gegenstand der nachfolgenden Ausführungen bildet eine Untersuchung zur Entwicklung des Corporate Governance-Systems deutscher börsennotierter Publikumsgesellschaften. Obgleich hierbei - in Entsprechung zur Ausrichtung der vorliegenden Schrift - ein Schwerpunkt auf die Unternehmenspublizität zu legen ist, soll sich die Analyse dennoch nicht in einer Partialbetrachtung erschöpfen, sondern vielmehr einen ganzheitlichen Charakter tragen, so dass auch Wechselwirkungen zwischen den einzelnen Corporate Governance-Elementen in angemessener Weise Berücksichtigung finden können.

Den Ausgangspunkt der Untersuchung stellt die Charakterisierung des traditionellen deutschen Corporate Governance-Systems und der entsprechenden Elemente dar. Darauf aufbauend werden im Rahmen einer intertemporalen Analyse die Veränderungen normativer Rahmenbedingungen und - unter Hinzuziehung ausgewählter empirischer Daten - die Entwicklungen im Hinblick auf die Kapitalmarkt- und Kreditfinanzierung, die Anteilskonzentration und -verflechtung sowie die Anteilseignerzusammensetzung (wirtschaftliche Rahmenbedingungen) untersucht, um hieraus im Anschluss die Auswirkungen auf die Gewichtung einzelner Corporate Governance-Mechanismen sowie auf das Corporate Governance-System als Ganzes abzuleiten.[1] Die Ausführungen beschränken sich dabei auf die wesentlichen Entwicklungslinien[2] und beziehen sich hinsichtlich der normativen Rahmenbedingungen auf Novellierungen seit dem Jahr 1994. Der Analyse zur Entwicklung wirtschaftlicher

---

1 Eine ähnliche Methodik findet sich auch bei MANN 2003, S. 295 f. und MATTHES 2005, S. 214-238.

2 Für eine umfassende Untersuchung der Entwicklung des deutschen Corporate Governance-Systems vgl. etwa GERUM 2007, S. 51-435 und MANN 2003, S. 131-219.

Rahmenbedingungen liegt der Untersuchungszeitraum 1994/1995 bis 2005/2006 zugrunde, da für diese Periode die homogensten empirischen (Kapitalmarkt-)Daten verfügbar sind.[3] Keinen Eingang in die Untersuchung finden somit die Auswirkungen der so genannten Finanzkrise, welche im Jahr 2007 ihren Anfang nahm.[4] Dies ist aus analytischer Sicht als vorteilhaft anzusehen, da die Finanzkrise ein singuläres Ereignis darstellt und ihre Berücksichtigung per se zu verzerrten Ergebnissen führen würde.

B. Traditionelle Charakterisierung des deutschen Corporate Governance-Systems

Nach einhelliger Auffassung im Schrifttum[5] ist das traditionelle deutsche Corporate Governance-System als typisches Insider-Modell zu charakterisieren. Ein wesentlicher Grund hierfür ist in den rechtlichen Rahmenbedingungen zu sehen, welche durch einen hohen Gläubigerschutz geprägt sind.[6] Besonders deutlich zeigt sich dabei die Gläubigerschutzorientierung in den detaillierten Kapitalaufbringungs- und Kapitalerhaltungsgrundsätzen[7] sowie im Rahmen

---

3 Aus diesem Grunde und wegen des Umstands, dass wesentliche Veränderungen der wirtschaftlichen Rahmenbedingungen ab Mitte der 1990er Jahre eingetreten sind, findet sich dieser Untersuchungszeitraum weit überwiegend in jüngeren empirischen Arbeiten zur Entwicklung des deutschen Corporate Governance-Systems wieder; vgl. stellv. VITOLS 2007, S. 81.

4 Zur Finanzkrise vgl. etwa FENDEL/FRENKEL 2009, S. 78-85; NASTANSKY/STROHE 2010, S. 23-29; RUDOLF 2010, S. 37 f.; RUDOLPH 2008, S. 713-741 sowie RUDOLPH 2010, S. 1-47.

5 Vgl. FRANKS/MAYER 1995, S. 192; FRANKS/MAYER 2001, S. 944; MAYER 1998, S. 144 sowie ergänzend BAUM 2005, S. 28; DUTZI 2005, S. 87; FLIASTER/MARR 2006, S. 245; HOFER 2008, S. 3; MANN 2003, S. 131; MATTHES 2005, S. 204; NOWAK 2001, S. 35; PRIGGE 1998, S. 1025; SCHMIDT/TYRELL 2005, S. 490; VISENTINI 2006, S. 229; VITOLS 2007, S. 76; WERNER 2008, S. 232 sowie WIEANDT/SMITH 2006, S. 14.

6 Vgl. etwa MANN 2003, S. 133; MERKT 2003, S. 127; NOWAK 2004, S. 425; RIECKERS/SPINDLER 2004, S. 355; RUDOLF 2008, Rn. 1, S. 1 sowie RUDOLPH 2003, S. 2056.

7 Vgl. hierzu MERKT 2003, S. 127; MERKT 2004, S. 128 sowie RIECKERS/SPINDLER 2004, S. 355 f. Für eine rechtshistorische Abhandlung der Kapitalaufbringungs- und Kapitalerhaltungsregeln in Deutschland vgl. ausf. BAYER 2007, S. 708-762.

der insolvenzrechtlichen Vorschriften.[8] Im internationalen Vergleich weniger ausgeprägt ist hingegen der Schutz von Minderheitsaktionären.[9] So konnten etwa Unternehmen bis zum 01.05.1998 die Stimmrechte ihrer Anteile beschränken (so genannte Höchststimmrechte) oder vervielfachen (sog. Mehrfachstimmrechte);[10] Banken hatten bis zu diesem Zeitpunkt überdies die Möglichkeit, ohne explizite Anweisungen Stimmrechte ihrer Depotkunden auszuüben, wodurch sie ihre Eigeninteressen zulasten der Minderheitsaktionäre durchsetzen konnten (so genannte Vollmachtstimmrechte).[11] Der in Deutschland traditionell schwach ausgestaltete Anlegerschutz manifestiert sich des Weiteren in dem lange Zeit fehlenden Verbot des Insiderhandels[12] sowie in den nur rudimentären Publizitätsvorschriften.[13]

Ein wesentlicher Impetus für die Insider-Orientierung des traditionellen deutschen Corporate Governance-Systems geht - korrespondierend mit den rechtlichen Determinanten - von wirtschaftlichen Rahmenbedingungen aus. So spielte in Deutschland der (Eigen-)Kapitalmarkt im internationalen Vergleich

---

8 Vgl. bspw. RUDOLPH 2003, S. 2058 sowie für einen internationalen Vergleich insolvenzrechtlicher Vorschriften RAJAN/ZINGALES 1995, S. 1444-1447.

9 Vgl. etwa DEUTSCH 1997, S. 24; HACKETHAL/SCHMIDT 2000, S. 74 sowie SHLEIFER/VISHNY 1997, S. 770. Für einen länderspezifischen Vergleich zu Anlegerschutzbestimmungen vgl. LA PORTA ET AL. 1998, S. 1113-1152.

10 Vgl. hierzu u. a. KREMER 2010, Rn. 218-221, 223, S. 84 f.; MATTHES 2005, S. 236 sowie NOWAK 2004, S. 436. Zur Abschaffung von Höchst- und Mehrfachstimmrechten vgl. Abschn. II. C.1 dieses Hauptteils.

11 Vgl. hierzu etwa BAUMS 1996a, S. 11-26; BEYER 2006, S. 71 sowie WERDER/TALAULICAR 2006, S. 34. Zur gesetzlichen Novellierung der Vollmachtstimmrechte vgl. auch Abschn. II. C.1 dieses Hauptteils.

12 Vgl. diesbezüglich HACHMEISTER 2002, Sp. 491; HOPT 1977, S. 432 f.; NOWAK 2001, S. 41; NOWAK 2004, S. 430 f. sowie NOWAK 2005, S. 416.

13 Vgl. u. a. BÖCKING 2003, S. 254; DUTZI 2005, S. 25; HÖPNER/JACKSON 2001a, S. 19 und RUDOLF 2008, Rn. 1, S. 1. Die schwache Ausprägung von Publizitätsvorschriften zeigt sich auch deutlich in einer empirischen Untersuchung von *La Porta et al.*, die eine länderübergreifende Bewertung der Stringenz von Vorschriften für das Financial Accounting zum Gegenstand hat. Während der Durchschnittswert der entwickelten Volkswirtschaften bei 67,25 liegt, beträgt der für Deutschland ermittelte Index-Wert lediglich 62; vgl. LA PORTA ET AL. 1998, S. 1142 f.

lange Zeit eine untergeordnete Rolle.[14] Dies zeigt sich in der nachfolgenden länderspezifischen Gegenüberstellung von Aktienmärkten, wonach im Jahr 1995 die Börsenkapitalisierung in Deutschland mit 423 Mrd. € 23,9 % des Bruttoinlandsprodukts ausmachte, während die Marktkapitalisierung der Aktienmärkte in den USA und Großbritannien 5.063 Mrd. € (95,2 % des Bruttoinlandsprodukts) beziehungsweise 986 Mrd. € (121,6 % des Bruttoinlandsprodukts) betrug (vgl. Tabelle 1).

	USA	Großbritannien	Deutschland	Frankreich	Japan
Börsenkapitalisierung					
▪ **in Mrd. €**	5.063	986	423	366	2.594
▪ **in Relation zum BIP**	95,2 %	121,6 %	23,9 %	32,6 %	69,0 %

Tabelle 1: Aktienmärkte im internationalen Vergleich, 1995[15]

Insbesondere im Vergleich mit den USA und Großbritannien befinden sich dabei in Deutschland - wie nachfolgende Tabelle 2 verdeutlicht - nur relativ wenige Aktien in den Händen privater Haushalte und Fondsgesellschaften, wohingegen Banken und vor allem (Industrie-)Unternehmen als typische Vertreter der Insider eine vergleichsweise hohe Bedeutung als Anteilseigner zukommt.

14 Vgl. etwa ANDRÉ 1996, S. 1820 f.; BEYER/HASSEL 2002, S. 313; HACHMEISTER 2002, Sp. 491; KÜHNE/FUSS 2003, S. 226; MATTHES 2005, S. 207; SIEBERT 2004, S. 3; SPREMANN 1994, S. 304 sowie THEISSEN 2004, S. 140.

15 Vgl. DAI 2004, Tabellen 05-1 und 05-3.

	USA	Großbri-tannien	Deutschland	Frankreich	Japan
Private Haushalte	36,4	29,6	14,6	19,4	22,2
Untenehmen	15,0	4,1	42,1	58,0	31,2
Öffentliche Haushalte	0,0	0,2	4,3	3,4	0,5
Nichtfinanzielle Sektoren	51,4	33,9	61,0	80,8	53,9
Banken	0,2	2,3	10,3	4,0	13,3
Versicherungen und Pensionsfonds	31,3	39,7	12,4	1,9	10,8
Investmentfonds und sonstige finanzielle Institutionen	13,0	10,4	7,6	2,0	11,7
Finanzielle Sektoren	44,5	52,4	30,3	8,0	35,8
Übrige Welt	4,2	13,7	8,7	11,2	10,3
Insgesamt	100,0	100,0	100,0	100,0	100,0

Tabelle 2: Anteile in % am Gesamtumlauf an Aktien im jeweiligen Land, 1995[16]

Ein weiteres Charakteristikum der in Deutschland traditionell vorzufindenden Anteilseignerstruktur ist in dem hohen Konzentrations- und Verflechtungsgrad der Anteile zu sehen,[17] welcher nach *La Porta et al.* auf den vergleichsweise schwachen Anlegerschutz zurückzuführen ist.[18] So besitzen einer Studie von *Franks/Mayer*[19] zufolge im Jahr 1990 85 % der untersuchten 171 größten

16 Vgl. DEUTSCHE BUNDESBANK 1997, S. 29.

17 Vgl. etwa BAUMS 1996b, S. 7; BEYER 2007, S. 378; HACKETHAL/SCHMIDT 2000, S. 78; LANE 2003, S. 85; PRIGGE 1998, S. 1024; ROE 2004, S. 252; RUBACH/SEBORA 1998, S. 176.

18 Vgl. LA PORTA/LOPEZ-DE-SILANES/SHLEIFER 1999, S. 511; LA PORTA ET AL. 2001, S. 29 f.

19 Vgl. FRANKS/MAYER 2005, S. 362 f.

börsennotierten Aktiengesellschaften einen Großaktionär mit einem Anteilsbesitz von mindestens 25 %. Zu einem ähnlichen Ergebnis gelangen auch *Becht/Boehmer*[20] im Rahmen ihrer Untersuchung von direkt und indirekt kontrollierten Stimmrechten an Gesellschaften, die im Jahr 1996 dem *Bundesamt für den Wertpapierhandel* (*BaWe*)[21] gemeldet wurden. So werden gemäß dieser Untersuchung 85 % aller offiziell gelisteten 430 Unternehmen von einem dominierenden Anteilsbesitzer (Stimmrechte von mehr als 25 %) kontrolliert. Eine von *Köke*[22] durchgeführte Analyse der Eigentumsverhältnisse von deutschen Kapitalgesellschaften auf Grundlage einer *Hoppenstedt*-Konzernstruktur-Datenbank für den Zeitraum 1993 bis 1997 bestätigt wiederum eine hohe Konzentration der Eigentumsanteile und weist darüber hinaus einen hohen Grad an Überkreuzverflechtungen nach.[23] So liegt dieser Untersuchung zufolge bei einem Großteil der Unternehmen die Mehrheit der Eigenkapitalanteile in der Hand weniger Einzelinvestoren, die häufig durch Beteiligungspyramiden sowie Ringverflechtungen miteinander verbunden sind.

Die gegenseitigen Beteiligungsverbindungen werden überdies häufig durch eine personelle Verflechtung in Form von Aufsichtsratsmandaten flankiert.[24] So haben einer Untersuchung von *André*[25] zufolge die 30 DAX-Unternehmen im Jahr 1995 Aufsichtsratsverflechtungen mit durchschnittlich 13 bis 14 anderen Unternehmen aus dem DAX. Die Studie zeigt zudem auf, dass im Jahr 1995 weniger als 50 Personen mehr als die Hälfte der Aufsichtsratssitze der Anteilseignerbank einnahmen, wobei in den 24 nicht-finanziellen DAX-

---

20 Vgl. BECHT/BOEHMER 1999, S. 29-38.

21 Das *BaWe* ging am 01.05.2002 organisatorisch in der *BaFin* auf; vgl. hierzu ECHINGER/WEBER 2007a, S. 243.

22 Vgl. KÖKE 2001, S. 266-286.

23 Für eine Visualisierung des in Deutschland Mitte der 1990er bestehenden Netzes an Überkreuzverflechtungen vgl. ADAMS 1999, S. 107.

24 Vgl. etwa BEYER 1998, S. 159-163; BEYER 2006, S. 71; PRIGGE 1998, S. 1025 sowie WINDOLF/BEYER 1995, S. 18 f.

25 Vgl. ANDRÉ 1996, S. 1841-1852.

Unternehmen Vertreter der *Deutschen Bank* in 22 sowie der *Dresdner Bank* und *Commerzbank* in jeweils 15 Aufsichtsräten vertreten waren.

Eine geringe Börsenkapitalisierung und hohe Anteilskonzentration geht typischerweise mit einer Unternehmensfinanzierung einher, die neben einer Selbstfinanzierung durch die Bildung von Rücklagen insbesondere auf langfristigen Bankkrediten beruht.[26] Aus diesem Grunde ist es nicht verwunderlich, dass in Deutschland die Kreditfinanzierung lange Zeit auch für Großunternehmen eine dominierende Rolle spielte.[27] Eine weitere Ursache für die in Deutschland traditionell hohe Bedeutung der Kreditfinanzierung sehen *Modigliani/Perotti* in dem vergleichsweise schwach ausgeprägten Anlegerschutz, da die Durchsetzungsmöglichkeiten der Gläubiger, wie etwa in Form der Drohung einer Begrenzung oder Versagung einer Kreditprolongation, wesentlich größer sind als diejenigen der Anteilseigner.[28] Überdies wird eine Erklärung für den in Rede stehenden hohen Stellenwert der Kreditfinanzierung in den vergleichsweise niedrigen Kosten gesehen, welche durch die gute Informationslage der Banken als Insider ermöglicht wird.[29]

Im traditionellen deutschen Corporate Governance-System nimmt die interne Überwachung durch den Aufsichtsrat einen herausragenden Stellenwert ein.[30] Dies liegt in dem Umstand begründet, dass infolge der beschriebenen Illiquidität des (Eigen-)Kapitalmarkts eine Abwanderung (Exit-Option) der Aktionäre stark eingeschränkt ist, somit gleichzeitig die Möglichkeit des Widerspruchs eine wichtige Rolle spielt und die in Rede stehende Voice-Option primär über

---

26 Vgl. etwa BEYER 2006, S. 71; BRÜHL 2009, S. 17 f. sowie LANE 2000, S. 211.

27 Vgl. u. a. HACKETHAL 2004, S. 71; HACKETHAL/SCHMIDT 2000, S. 66-68; HACKETHAL/SCHMIDT/TYRELL 2005, S. 401; NOWAK 2001, S. 35; RUDOLF 2008, Rn. 1, S. 1; WIEANDT/HASLINGER 2007, S. 341 sowie WINDOLF 2002, S. 434.

28 Vgl. MODIGLIANI/PEROTTI 2000, S. 11.

29 Vgl. stellv. FRANCFORT/RUDOLPH 1992, S. 1062 f.

30 Vgl. etwa BÖCKING 2003, S. 254 sowie SICK 2008, S. 91.

den Aufsichtsrat, das heißt durch Insider, wahrgenommen wird.[31] Die aktive Partizipation mehrerer Interessengruppen an der internen Überwachung über den (mitbestimmten) Aufsichtsrat ist gleichzeitig mit einer interessenpluralistischen Ausrichtung der Unternehmensführung durch den Vorstand verbunden.[32] Vor diesem Hintergrund zeichnet sich das deutsche Corporate Governance-System traditionell durch eine ausgeprägte Stakeholder-Orientierung aus.[33]

Ein weiteres typisches Merkmal des traditionellen deutschen Insider-Modells ist in der vergleichsweise schwachen Ausprägung des Marktes für Unternehmenskontrolle zu sehen.[34] *Prowse*[35] weist in diesem Zusammenhang darauf hin, dass in Deutschland im Zeitraum zwischen 1985 und 1989 lediglich 2,3 % des Marktwertes der gelisteten Aktien in Merger and Aquisitions involviert waren, verglichen mit 41,1 % in den USA. *Bradley/Sundaram*[36] stellen im Rahmen ihrer Studie überdies fest, dass in Deutschland zwischen dem Zweiten Weltkrieg und Ende der 1980er Jahre lediglich vier feindliche Übernahmen stattfanden. Als zentrale Hindernisse feindlicher Übernahmen gelten dabei insbesondere die hohe Anteilskonzentration und -verflechtung, die dominierende Rolle der Banken als Insider sowie der schwach ausgeprägte Anlegerschutz, der unter anderem die Begrenzung von Stimmrechten in Gestalt von Höchststimmrechten ermöglicht.[37]

---

31 Vgl. hierzu METTEN 2010, S. 27; SCHMIDT 2007a, S. 36 und SCHMIDT/WEIß 2009, S. 176.

32 Vgl. etwa DUTZI 2005, S. 24; MANN 2003, S. 118-120, SCHMIDT/SPINDLER 2002, S. 323; SCHMIDT/WEIß 2009, S. 176 sowie WENTGES 2002, S. 135.

33 Vgl. etwa FISS/ZAJAC 2004, S. 503; GOERGEN/MANJON/RENNEBOOG 2005, S. 315; SCHMIDT 2004, S. 393; SCHMIDT 2007a, S. 31; SICK 2008, S. 98; WENTGES 2002, S. 135 f.

34 Vgl. FRANKS/MAYER 1990, S. 194-205; HÖPNER/JACKSON 2001a, S. 2; PRIGGE 1998, S. 990-996; RUDOLPH 1999, S. 48; SCHNEPER/GUILLÉN 2004, S. 268 und SICK 2008, S. 54.

35 Vgl. PROWSE 1994, S. 47.

36 Vgl. BRADLEY/SUNDARAM 2003, S. 8.

37 Vgl. hierzu bspw. ADAMS 1994, S. 149; ADAMS 1999, S. 106; BEYER 1998, S. 84 f.; BEYER 1999, S. 519 sowie ausf. HÖPNER/JACKSON 2001a, S. 16-22 und HÖPNER/JACKSON

(Fortsetzung der Fußnote auf der nächsten Seite)

Das traditionelle Corporate Governance-System Deutschlands ist schließlich durch eine ausgeprägte Internalisierung von Unternehmensinformationen gekennzeichnet.[38] So impliziert die dominierende Überwachung durch Insider, welche in erster Linie über den Aufsichtsrat erfolgt, dass die Informationsweitergabe nur an diesen eingeschränkten Adressatenkreis effizient und damit eine Informationsexternalisierung obsolet ist.[39] Korrespondierend hierzu sind die Vorschriften für eine verlässliche Unternehmenspublizität nur sehr rudimentär und gläubigerschutzorientiert ausgestaltet.[40] Dies spiegelt sich insbesondere in den sehr restriktiven Bestimmungen zur Offenlegung von Beteiligungsverhältnissen sowie in den konservativen Vorschriften zum Financial Accounting wider, welche vielfältige Möglichkeiten zur Bildung stiller Reserven bieten und demgemäß häufig einen wahren Einblick in die Vermögens-, Finanz- und Ertragslage von Unternehmen verwehren.

C. Evolution sozioökonomischer Rahmenbedingungen als systembildende Determinanten

1. Normative Rahmenbedingungen

Wie soeben dargelegt,[41] zeichnen sich die rechtlichen Rahmenbedingungen in Deutschland traditionell durch eine starke Gläubigerschutzorientierung aus, wohingegen der Anlegerschutz im internationalen Vergleich schwach ausgeprägt ist. Besonderes deutlich kommt diese Charakterisierung in den Vor-

---

2001b, S. 7-9. Vgl. überdies im Einzelnen zur Rolle der Banken im Falle feindlicher Übernahmen FRANKS/MAYER 1998, S. 1385-1402.

38 Vgl. diesbezüglich ANDRÉ 1996, S. 1820; HACKETHAL/SCHMIDT 2000, S. 67; MATTHES 2005, S. 209; PRIGGE 1998, S. 1024 und SCHMIDT/TYRELL 2005, S. 490.

39 Vgl. hierzu stellv. HACKETHAL/SCHMIDT 2000, S. 64 f. sowie bereits allgem. im Zusammenhang mit Insider-Systemen Abschn. I. D.2 dieses Hauptteils.

40 Vgl. hierzu und in der Folge etwa BEYER 2006, S. 75; HÖPNER/JACKSON 2001a, S. 19 sowie MATTHES 2005, S. 206.

41 Vgl. Abschn. II. B dieses Hauptteils.

schriften zur Unternehmenspublizität und deren Enforcement zum Ausdruck, die gemeinhin als rudimentär und unterentwickelt gelten.

Die nationalen Normierungen unterlagen indes seit dem Jahr 1994 zahlreichen Reformmaßnahmen, die zu einem großen Teil auf Verordnungen, Richtlinien und Empfehlungen der *Europäischen Union* zurückzuführen sind[42] und primär den Anlegerschutz, das Unternehmensrecht, die Kapitalmarktregulierung sowie das Steuerrecht betreffen. In einer Gesamtschau hat sich im Zuge dieser Novellierungen nach einhelliger Auffassung im Schrifttum der Anlegerschutz seit Mitte der 1990er Jahre stark verbessert,[43] womit das noch von *La Porta et al.*[44] höchst negativ beschiedene Rating des Minderheitenschutzes in Deutschland nicht mehr gerechtfertigt erscheint.[45] Insgesamt deuten die normativen Entwicklungen auf eine stärkere Investoren-Orientierung hin,[46] wobei dahingehend vor allem die Normierungen zur Unternehmenspublizität und deren Enforcement eine erhebliche Aufwertung erfahren haben.[47]

Die nachfolgenden Tabellen geben unter Angabe der jeweiligen Reformmaßnahmen sowie der bedeutendsten Regelungsziele und -inhalte in synoptischer Form einen chronologischen Überblick über die wesentlichen Entwicklungen im Bereich der rechtlichen Rahmenbedingungen seit dem Jahr 1994.[48]

---

42 So gehen bereits heute mehr als 80 % der deutschen Kapitalmarktvorschriften auf Normierungen der *Europäischen Union* zurück; vgl. RUDOLF 2008, Rn. 12, S. 4.

43 Vgl. hierzu DROBETZ 2006, S. 184; DUTZI 2005, S. 90; HACKETHAL/SCHMIDT/TYRELL 2005, S. 400; NOACK/ZETZSCHE 2005, S. 1053; NOWAK 2004, S. 425; NOWAK 2005, S. 423.

44 Vgl. LA PORTA ET AL. 1998, S. 1126-1134.

45 Vgl. etwa HACKETHAL/SCHMIDT/TYRELL 2003, S. 668 sowie SCHMIDT 2003, S. 22.

46 Vgl. NOWAK 2001, S. 48; NOWAK 2004, S. 448; NOWAK 2005, S. 423 und RIECKERS/SPINDLER 2004, S. 385.

47 Vgl. BAUM 2005, S. 28; DUTZI 2005, S. 61, 90 sowie NOACK/ZETZSCHE 2005, S. 1053.

48 Für weitere zusammenfassende Darstellungen normativer Entwicklungen vgl. BAUM 2005, S. 20-27; NOACK/ZETZSCHE 2005, S. 1036-1053; NOWAK 2001, S. 40-45; NOWAK 2004, S. 429-447; NOWAK 2005, S. 415-420; WERDER/TALAULICAR 2006, S. 34-41 sowie RUDOLF 2008, S. 31-39, in dessen Anlehnung die folgende Synopse aufgebaut ist.

Jahr	Reformmaßnahme	Wesentliche(s) Regelungsziel(e)	Wesentliche(r) Regelungsinhalt(e)
1994	**2. Finanzmarktförderungsgesetz** (vgl. 2. Finanzmarktförderungsgesetz 1994, BGBl. I Nr. 48 vom 30.07.1994, S. 1749-1760)	▪ Verbesserung des Anlegerschutzes, ▪ Sicherstellung von Marktintegrität und Markttransparenz, ▪ Neuordnung der Aufsicht über den Wertpapierhandel, ▪ Sicherung der Funktionsfähigkeit der deutschen Börsen, ▪ Umsetzung der Richtlinie 88/627/EWG, Abl. Nr. L 348 vom 17.12.1988, S. 62-65, ▪ Umsetzung der Richtlinie 89/592/EWG, Abl. Nr. L 334 vom 18.11.1989, S. 30-32.	▪ Kodifizierung eines expliziten Verbots von Insider-Geschäften, ▪ Einführung einer Pflicht zur Ad hoc-Publizität börsennotierter Unternehmen, ▪ Einführung einer Pflicht zur Publizität bei Transaktionen über bedeutende Beteiligungen an börsennotierten Unternehmen (Schwellenwerte: 5, 10, 25, 50 und 75 % des stimmberechtigten Kapitals), ▪ Errichtung des *Bundesamts für den Wertpapierhandel* (*BaWe*) zur Überwachung des deutschen Kapitalmarkts (Aufgaben u. a.: Verfolgung und präventive Bekämpfung von Insider-Geschäften, Überwachung der Ad hoc-Publizität börsennotierter Unternehmen, Überwachung der Publizität bei Transaktionen über bedeutende Beteiligungen an börsennotierten Unternehmen), ▪ Verschärfung der Börsenaufsicht durch Erweiterung der Zuständigkeiten der Börsenaufsichtsbehörden und Einführung einer Handelsüberwachungsstelle als Organ der Börse sowie ▪ Neuorganisation der Leitungsstruktur der Börsen (Börsengeschäftsführung, Börsenrat).
1994	**Insolvenzordnung** (vgl. Insolvenzordnung 1994, BGBl. I Nr. 70 vom 18.10.1994, S. 2866-2910)	Ersetzung des weitgehend funktionsunfähig gewordenen Konkurs- und Vergleichsrechts durch ein modernes Insolvenzrecht	Mit Wirkung zum 01.01.1999 Einführung eines sog. Insolvenzplanverfahrens als gleichwertige Alternative zur Liquidation des Schuldnervermögens und somit stärkere Berücksichtigung von Aktionärsinteressen (Annäherung an den US-amerikanischen Bankruptcy Code aus 1978)
1998	**3. Finanzmarktförderungsgesetz** (vgl. 3. Finanzmarktförderungsgesetz 1998, BGBl. I Nr. 18 vom 27.03.1998, S. 529-579)	▪ Verbesserung des Anlegerschutzes, ▪ Erleichterung des Börsenzugangs für Emittenten und Senkung der Transaktionskosten bei der Kapitalbeschaffung über Börsen sowie ▪ Steigerung der Wettbewerbsfähigkeit deutscher Börsen.	▪ Verschärfung der Haftung für fehlerhafte Börsenzulassungs- und Verkaufsprospekte (u. a. Beweislastumkehr zugunsten der Investoren), ▪ Verkürzung der Verjährungsfrist wegen fehlerhafter Information im Wertpapierbereich, ▪ Erweiterung der Befugnisse des *BaWe* bei der Überwachung von Vorschriften des Verkaufsprospektgesetzes (VerkProspG), ▪ Einführung von Verfahrenserleichterungen bei Börsenzulassungen sowie ▪ Zulassung neuer Fondstypen (u. a. Pensions-Sondervermögen) und Erweiterung der Geschäftsmöglichkeiten für bereits zugelassene Investmentfondstypen (u. a. Aktien-Indexfonds).

Tabelle 3: Wesentliche nationale normative Entwicklungen seit 1994 (I)

Jahr	Reformmaßnahme	Wesentliche(s) Regelungsziel(e)	Wesentliche(r) Regelungsinhalt(e)
1998	**Kapitalaufnahmeerleichterungsgesetz** (vgl. KapAEG 1998, BGBl. I Nr. 22 vom 23.04.1998, S. 707-709)	Entlastung deutscher Konzerne, die zum Zwecke der Kapitalbeschaffung an ausländischen Kapitalmärkten einen Konzernabschluss nach internationalen Rechnungslegungsgrundsätzen aufstellen müssen	Einführung einer bis Ende 2004 befristeten Öffnungsklausel, wonach börsennotierte Unternehmen, die Mutterunternehmen eines Konzerns sind, unter bestimmten Bedingungen mit befreiender Wirkung einen Konzernabschluss nach international anerkannten Rechnungslegungsstandards (IFRS, US-GAAP) aufstellen dürfen
1998	**Gesetz zur Kontrolle und Transparenz im Unternehmensbereich** (vgl. KonTraG 1998, BGBl. I Nr. 24 vom 27.04.1998, S. 786-794)	▪ Effektuierung der internen Überwachung durch den Aufsichtsrat, ▪ Verbesserung der Qualität der (Konzern-) Abschlussprüfung und der Zusammenarbeit von (Konzern-)Abschlussprüfer und Aufsichtsrat, ▪ Stärkung der Kontrolle durch die Hauptversammlung, ▪ Abbau von Stimmrechtsdifferenzierungen und Fortentwicklung des Vollmachtstimmrechts von Kreditinstituten, ▪ Zulassung moderner Vergütungsinstrumente sowie ▪ Verbesserung der Unternehmenspublizität.	▪ Einführung einer expliziten gesetzlichen Verpflichtung des Vorstands zur Einrichtung eines Risikomanagementsystems, ▪ Erweiterung der Informationsversorgung des Aufsichtsrats durch den Vorstand zur Verbesserung der Ex ante-Kontrolle (insbes. Berichterstattung über grundsätzliche Fragen der Unternehmensplanung), ▪ Begrenzung der gleichzeitig ausübbaren Aufsichtsratsmandate durch doppelte Gewichtung des Aufsichtsratsvorsitzes, ▪ Einführung einer expliziten Pflicht zur Prüfung des Konzernabschlusses und des Konzernlageberichts durch den Aufsichtsrat, ▪ Erteilung des Prüfungsauftrags durch den Aufsichtsrat (anstatt durch den Vorstand) und korrespondierend hierzu Vorlage des Prüfungsberichts durch den (Konzern-)Abschlussprüfer an den Aufsichtsrat bzw. seine Mitglieder, ▪ Neufassung der Inhalte des Prüfungsberichts und Bestätigungsvermerks, ▪ Einführung einer allgemeinen Teilnahme- und Berichtspflicht des (Konzern-)Abschlussprüfers an den (Konzern-)Bilanzsitzungen des Aufsichtsrats, ▪ Erleichterung der Geltendmachung von Schadensersatzansprüchen gegen die Verwaltungsorgane, ▪ Abschaffung von Mehrfach- und Höchststimmrechten, ▪ Einschränkung des Depotstimmrechts von Kreditinstituten, ▪ Erleichterung bei der Begebung von Aktienoptionen, ▪ Einführung einer Pflicht zur Mitteilung des ausgeübten Berufs der Kandidaten und deren Mitgliedschaften in anderen gesetzlich zu bildenden Aufsichtsräten im Wahlvorschlag zur Aufsichtsratswahl sowie ▪ Erweiterung der Aufsichtsratsberichterstattung (Ausschüsse und Anzahl der jährlichen Sitzungen) sowie der Anhangangaben zu Verwaltungsorganen.

Tabelle 4: Wesentliche nationale normative Entwicklungen seit 1994 (II)

Jahr	Reformmaßnahme	Wesentliche(s) Regelungsziel(e)	Wesentliche(r) Regelungsinhalt(e)
2000	**Steuersenkungsgesetz** (vgl. StSenkG 2000, BGBl. I Nr. 46 vom 26.10.2000, S. 1433-1466)	▪ Stärkung der Wettbewerbsfähigkeit der deutschen Wirtschaft sowie ▪ Unterstützung bei der Entflechtung der sog. „Deutschland-AG".	▪ Ersetzung des körperschaftsteuerrechtlichen (Voll-)Anrechnungsverfahrens durch das sog. Halbeinkünfteverfahren, ▪ Absenkung der Körperschaftsteuersätze auf einheitlich 25 % und ▪ Steuerfreistellung von Veräußerungsgewinnen aus in- und ausländischen Beteiligungen von Kapitalgesellschaften.
2000	**Wirtschaftsprüferordnungs-Änderungsgesetz** (vgl. WPOÄG 2000, BGBl. I Nr. 56 vom 22.12.2000, S. 1769-1781)	▪ Sicherung der Qualität der (Konzern-)Abschlussprüfung sowie ▪ Umsetzung der Empfehlung 2001/256/EG, Abl. Nr. L 91 vom 31.03.2001, S. 91-97.	▪ Einführung eines Systems der externen Qualitätskontrolle in Anlehnung an das US-amerikanische Peer Review-System sowie ▪ Übertragung der Aufsicht über Wirtschaftsprüfer und Wirtschaftsprüfungsgesellschaften auf die *Wirtschaftsprüferkammer* (*WPK*).
2001	**Namensaktiengesetz** (vgl. NaStraG 2001, BGBl. I Nr. 4 vom 24.01.2001, S. 123-126)	Anpassung des Aktienrechts an internationale Standards und an die Entwicklung der Informations- und Kommunikationstechnologie	▪ Erleichterung der Umwandlung von Inhaber- in Namensaktien durch Modernisierung der Regelungen zur Namensaktie (insbes. Neubestimmung der in das Aktienregister aufzunehmenden Daten und Einschränkung des Einsichtsrechts), ▪ Reform der Stimmrechtsausübung und der Erteilung von Stimmrechtsvollmachten (u. a. Zulässigkeit offener und verdeckter Stimmrechtsausübungen in der Hauptversammlung sowie Ermöglichung der Erteilung einer generellen Vollmacht über das Aktiendepot) sowie ▪ Öffnung des Aktienrechts für neue Informations- und Kommunikationstechniken zur Abwicklung von Hauptversammlungen (insbes. zur Erleichterung der Stimmrechtsausübung und Vollmachtserteilung).
2001	**Gesetz zur Regelung von öffentlichen Angeboten zum Erwerb von Wertpapieren und von Unternehmensübernahmen** (vgl. WpÜG 2001, BGBl. I Nr. 72 vom 22.12.2001, S. 3822-3841)	Schaffung eines verlässlichen und justiziablen Rechtsrahmens zur Gewährleistung fairer und geordneter Übernahmeverfahren	▪ Kodifizierung von Wohlverhaltenspflichten für den Vorstand und den Aufsichtsrat bei feindlichen Übernahmen, ▪ Einführung umfassender Informationsrechte für Aktionäre und Arbeitnehmer, ▪ Verpflichtung des Bieters zur Gleichbehandlung von Minderheitsaktionären, ▪ Regelung der Bedingungen für einen Ausschluss von Minderheitsaktionären (sog. Squeeze Out) sowie ▪ Übertragung der Aufsicht über Übernahmeverfahren auf das *BaWe*.

Tabelle 5: Wesentliche nationale normative Entwicklungen seit 1994 (III)

Jahr	Reformmaßnahme	Wesentliche(s) Regelungsziel(e)	Wesentliche(r) Regelungsinhalt(e)
2002	**Deutscher Corporate Governance Kodex** (vgl. DCGK 2002, veröffentlicht im elektronischen Bundesanzeiger am 20.08.2002)	▪ Verständliche Darlegung des deutschen Corporate Governance-Systems, ▪ Empfehlungen und Anregungen zur Anwendung von international anerkannten Best Practice-Grundsätzen sowie ▪ Förderung des Vertrauens nationaler und internationaler Investoren in die Corporate Governance deutscher Unternehmen.	▪ Konkretisierung der Unternehmensführung durch den Vorstand (u. a. Betonung einer Ausrichtung der Unternehmensführung an der langfristigen Steigerung des Unternehmenswerts), ▪ Stärkung und Konkretisierung der internen Überwachung durch den Aufsichtsrat (u. a. durch die Betonung einer Besetzung des Aufsichtsrats mit sachverständigen und unabhängigen Mitgliedern, die Forderung nach einer verstärkten Ex ante-Überwachung, insbes. mittels Festlegung expliziter Informations- und Berichtspflichten des Vorstands sowie von spezifischen Zustimmungsvorbehalten sowie durch die Aufforderung zur Bildung fachlich qualifizierter Ausschüsse, insbes. eines Prüfungsausschusses), ▪ Betonung der Unterstützungsfunktion und Unabhängigkeit des (Konzern-) Abschlussprüfers [u. a. durch Vereinbarung besonderer Informationspflichten des (Konzern-)Abschlussprüfers sowie durch die Einholung einer Unabhängigkeitserklärung durch den Aufsichtsrat bzw. den Prüfungsausschuss], ▪ Stärkung der Hauptversammlung (u. a. durch Einberufung auf elektronischem Wege, den Einsatz moderner Kommunikationsmedien, wie insbes. des Internets, sowie durch die Unterstützung der Aktionäre bei der persönlichen Wahrnehmung ihrer Rechte sowie bei der Stimmrechtsvertretung), ▪ Konkretisierung und Erweiterung der Unternehmenspublizität (u. a. durch die Betonung der informationellen Gleichbehandlung der Aktionäre sowie einer zeitnahen und kontinuierlichen Informationsbereitstellung, die Forderung nach einer Anwendung international anerkannter Grundsätze im Rahmen des Financial Accounting und durch die Erstellung eines jährlichen Corporate Governance Berichts sowie einer individualisierten Offenlegung der Vergütung sowie des Anteilsbesitzes von Vorstands- und Aufsichtsratsmitgliedern).
2002	**Gesetz über die integrierte Finanzdienstleistungsaufsicht** (vgl. FinDAG 2002, BGBl. I Nr. 25 vom 25.04.2002, S. 1310-1337)	Schaffung einer neuen staatlichen Aufsicht über Banken, Versicherungen und Finanzdienstleistungsinstitute, die sektorübergreifend den gesamten Finanzmarkt umfasst	Errichtung der *Bundesanstalt für Finanzdienstleistungsaufsicht* (*BaFin*), in welcher die Aufsichtskompetenzen der bisherigen drei Bundesbehörden, des *Bundesaufsichtsamts für den Wertpapierhandel* (*BaWe*), des *Bundesaufsichtsamts für das Versicherungswesen* (*BaV*) und des *Bundesaufsichtsamts für das Kreditwesen* (*BaKred*), organisatorisch zusammengeführt werden

Tabelle 6: Wesentliche nationale normative Entwicklungen seit 1994 (IV)

Jahr	Reformmaßnahme	Wesentliche(s) Regelungsziel(e)	Wesentliche(r) Regelungsinhalt(e)
2002	**4. Finanzmarktförderungsgesetz** (vgl. 4. Finanzmarktförderungsgesetz 2002, BGBl. I Nr. 39 vom 26.06.2002, S. 2010-2072)	▪ Effektuierung der Finanzdienstleistungsaufsicht, ▪ Verbesserung des Anlegerschutzes sowie ▪ weitere Liberalisierung des Investmentrechts.	▪ Konkretisierung der Vorschriften zur Ad hoc-Publizität, ▪ Einführung einer Pflicht zur Offenlegung der Geschäfte des Vorstands und des Aufsichtsrats börsennotierter Gesellschaften in Wertpapieren des eigenen Unternehmens (Directors` Dealings), ▪ Novellierung der Vorschriften zum Verbot der Kurs- und Marktpreismanipulation sowie Übertragung der Zuständigkeit für die Überwachung der Verfolgung des Verbots auf die *BaFin*, ▪ Schaffung einer Anspruchsgrundlage für Schadenersatzansprüche von Anlegern bei verspäteten, unterlassenen oder unrichtigen Veröffentlichungen kursbeeinflussender Tatsachen sowie ▪ Zulassung neuer Geschäfts- und erweiterter Anlagemöglichkeiten von Investmentfondsgesellschaften (u. a. verbesserte Möglichkeit für Wertpapier-Sondervermögen Wertpapierindizes nachzubilden).
2002	**Transparenz- und Publizitätsgesetz** (vgl. TransPuG 2002, BGBl. I Nr. 50 vom 25.07.2002, S. 2681-2687)	▪ Weiterentwicklung der Regelungen zur internen Corporate Governance sowie ▪ Erweiterung der Unternehmenspublizität.	▪ Erweiterung der Informationsversorgung des Aufsichtsrats durch den Vorstand (insbes. Follow up-Berichterstattung, konzerndimensionaler Bezug der Berichterstattung, Berichtsverlangen einzelner Aufsichtsratsmitglieder, Schriftlichkeit und Rechtzeitigkeit der Berichterstattung), ▪ Einführung einer Pflicht zur Festlegung zustimmungspflichtiger Geschäfte, ▪ Einführung einer Pflicht zur Billigung des Konzernabschlusses durch den Aufsichtsrat bzw. die Hauptversammlung, ▪ Neufassung und Erweiterung der Inhalte des Prüfungsberichts, ▪ Erweiterung der Aufsichtsratsberichterstattung (Ergebnis der Prüfung des Konzernabschlusses) sowie der Anhangangaben zur Organvergütung (Angaben zu aktienbasierten Organbezügen), ▪ Erweiterung und stärkere Ausrichtung des Financial Accounting an internationalen Grundsätzen (insbes. Erweiterung des Konzernabschlusses kapitalmarktorientierter Unternehmen um eine Kapitalflussrechnung, eine Segmentberichterstattung und einen Eigenkapitalspiegel) sowie ▪ Einführung einer von Vorstand und Aufsichtsrat abzugebenden Entsprechenserklärung.

Tabelle 7: Wesentliche nationale normative Entwicklungen seit 1994 (V)

Jahr	Reformmaßnahme	Wesentliche(s) Regelungsziel(e)	Wesentliche(r) Regelungsinhalt(e)
2003	**Wirtschaftsprüfungs-examens-Reformgesetz** (vgl. WPRefG 2003, BGBl. I Nr. 58 vom 10.12.2003, S. 2446-2464)	Sicherung der Qualität der (Konzern-)Abschlussprüfung	Stärkung der Berufsaufsicht über Wirtschaftsprüfer und Wirtschaftsprüfungsgesellschaften (u. a. Erweiterung der Sanktionskompetenzen der *WPK* und der Berufsgerichte sowie Erweiterung des Beirats der *WPK* um ein weiteres Public Interest-Element)
2004	**Anlegerschutzverbesserungsgesetz** (vgl. AnSVG 2004, BGBl. I Nr. 56 vom 29.10.2004, S. 2630-2651)	▪ Verbesserung des Anlegerschutzes sowie ▪ Umsetzung der Richtlinie 2003/6/EG, Abl. Nr. L 96 vom 12.04.2003, S. 16-25.	▪ Ausweitung und Verschärfung der Vorschriften zur Ad hoc-Publizität (u. a. Einführung des Begriffs Insiderinformation und des Kriteriums der Unmittelbarkeit), ▪ Verschärfung des Insiderrechts (u. a. Einführung von Ordnungswidrigkeitstatbeständen für Sekundärinsider), ▪ Verschärfung der Vorschriften zur Marktpreismanipulation (u. a. reicht nunmehr die Eignung der Täuschungshandlung zur Marktpreiseinwirkung für einen Verstoß gegen das Verbot der Marktpreismanipulation aus) sowie ▪ Ausweitung der Überwachungs- und Untersuchungsbefugnisse der *BaFin*.
2004	**Bilanzrechtsreformgesetz** (vgl. BilReG 2004, BGBl. I Nr. 65 vom 09.12.2004, S. 3166-3182)	▪ Schaffung hochwertiger und kapitalmarktorientierter Vorschriften zum Financial Accounting, ▪ Verbesserung der Qualität der (Konzern-) Abschlussprüfung, ▪ Anpassung des nationalen Rechts an die Verordnung (EG) Nr. 1606/2002, Abl. Nr. L 243 vom 11.09.2002, S. 1-4, ▪ Umsetzung der Richtlinie 2001/65/EG, Abl. Nr. L 283 vom 27.10.2001, S. 28-32, ▪ Umsetzung der Richtlinie 2003/51/EG, Abl. Nr. L 178 vom 17.07.2003, S. 16-22, ▪ Umsetzung der Empfehlung 2002/590/ EG, Abl. Nr. L 191 vom 19.07.2002, S. 22-57.	▪ Verpflichtung kapitalmarktorientierter Mutterunternehmen zur Aufstellung ihrer Konzernabschlüsse und Konzernlageberichte nach Maßgabe der IFRS, für die übrigen Unternehmen wird ein entsprechendes Wahlrecht eingeführt; zudem Wahlrecht für jedes Unternehmen, auf Einzelabschlussebene für Informationszwecke einen zusätzlichen IFRS-Abschluss zu erstellen, ▪ Erweiterung und Internationalisierung der Vorschriften zum Financial Accounting [insbes. Erweiterung der (Konzern-)Lageberichterstattung (u. a. um den sog. Risikobericht) sowie punktuelle Angabe von Fair Values derivativer Finanzinstrumente und von Finanzanlagen im (Konzern-)Anhang], ▪ Erweiterung des Corporate Governance Reportings durch die verpflichtende Offenlegung der im Geschäftsjahr erfassten Honorare des (Konzern-) Abschlussprüfers für die (Konzern-)Abschlussprüfung, für sonstige Bestätigungs- und Beratungsleistungen, für Steuerberatungsleistungen und für sonstige Leistungen im (Konzern-)Anhang (beschränkt auf Unternehmen, die Wertpapiere i. S. d. § 2 Abs. 5 WpHG in Anspruch nehmen), ▪ Verschärfung der Vorschriften zur Unabhängigkeit des (Konzern-) Abschlussprüfers.

Tabelle 8: Wesentliche nationale normative Entwicklungen seit 1994 (VI)

Jahr	Reformmaßnahme	Wesentliche(s) Regelungsziel(e)	Wesentliche(r) Regelungsinhalt(e)
2004	**Bilanzkontrollgesetz** (vgl. BilKoG 2004, BGBl. I Nr. 69 vom 20.12.2004, S. 3408-3415)	Stärkung des Vertrauens der Anleger in das Financial Accounting	Einrichtung eines zweistufigen Enforcement-Systems zur Überwachung der Recht- und Ordnungsmäßigkeit des Financial Accounting kapitalmarktorientierter Unternehmen
2004	**Abschlussprüferaufsichtsgesetz** (vgl. APAG 2004, BGBl. I Nr. 76 vom 31.12.2004, S. 3846-3851)	Sicherung der Qualität der (Konzern-) Abschlussprüfung	▪ Stärkung der Berufsaufsicht über Wirtschaftsprüfer und Wirtschaftsprüfungsgesellschaften durch die Schaffung einer berufstandsunabhängigen *Abschlussprüferaufsichtskommission* (*APAK*); dieser obliegt die fachbezogene Aufsicht über die *WPK* und die Überwachung der Qualitätskontrolle, ▪ Weiterentwicklung des Qualitätskontrollverfahrens (u. a durch die Einführung einer speziellen Fortbildungspflicht der Prüfer für Qualitätskontrolle, die Implementierung einer unabhängigen Auswahl der Prüfer für Qualitätskontrolle sowie durch eine Konkretisierung der gesetzlichen Mindestinhalte des Qualitätskontrollberichts).
2005	**Prospektrichtlinie-Umsetzungsgesetz** (vgl. ProspRiUmsetzG 2005, BGBl. I Nr. 36 vom 27.06.2005, S. 1698-1719)	▪ Verbesserung des Anlegerschutzes sowie ▪ Umsetzung der Richtlinie 2003/71/EG, Abl. Nr. L 345 vom 31.12.2003, S. 64-89.	Einführung einer detaillierten und EU-weit harmonisierten Regelung des Inhalts und der Veröffentlichung von Wertpapierprospekten im Rahmen des Wertpapierprospektgesetzes (WpPG)
2005	**Vorstandsvergütungs-Offenlegungsgesetz** (vgl. VorstOG 2005, BGBl. I Nr. 47 vom 10.08.2005, S. 2267-2268)	Verbesserung des Anlegerschutzes durch eine gesetzliche Erweiterung der Unternehmenspublizität	Einführung einer gesetzlichen Pflicht börsennotierter Aktiengesellschaften zur individualisierten Offenlegung von Vorstandsvergütungen im (Konzern-) Anhang oder alternativ in einem gesonderten Vergütungsbericht als Teil des (Konzern-)Lageberichts; die Hauptversammlung kann jedoch mit einer qualifizierten Mehrheit von drei Vierteln des bei der Beschlussfassung vertretenen Grundkapitals für jeweils höchstens fünf Jahre beschließen, von der Veröffentlichung abzusehen (sog. Opting Out)
2005	**Gesetz zur Einführung von Kapitalanleger-Musterverfahren** (vgl. KapMuG 2005, BGBl. I Nr. 50 vom 19.08.2005, S. 2437-2445)	Verbesserung des Anlegerschutzes durch Einführung kollektiver Rechtsschutzformen	Einführung eines Kapitalanleger-Musterverfahrens zur Bündelung gleichgerichteter Ansprüche geschädigter Kapitalanleger, mit dem Ziel, das Prozesskostenrisiko der einzelnen Investoren zu reduzieren

Tabelle 9: Wesentliche nationale normative Entwicklungen seit 1994 (VII)

Jahr	Reformmaßnahme	Wesentliche(s) Regelungsziel(e)	Wesentliche(r) Regelungsinhalt(e)
2005	**Gesetz zur Unternehmensintegrität und Modernisierung des Anfechtungsrechts** (vgl. UMAG 2005, BGBl. I Nr. 60 vom 27.09.2005, S. 2802-2808)	▪ Erleichterte Durchsetzung von Aktionärsrechten bei gleichzeitiger Zurückdrängung einer missbräuchlichen Ausnutzung durch „räuberische Aktionäre" sowie ▪ Reform der Organisation und Durchführung von Hauptversammlungen.	▪ Erleichterung der Durchsetzung von Haftungsklagen der Aktionäre gegen die Verwaltungsorgane durch Absenkung des Schwellenwerts für das Klagerecht (Quorum: 1/100 des Grundkapitals oder anteiliger Betrag von 100.000 €), im Gegenzug Vorschaltung eines Klagezulassungsverfahrens zur Verhinderung missbräuchlicher Klagen sowie Einführung einer Business Judgement Rule, ▪ Schaffung eines Aktionärsforums für klagewillige Kleinaktionäre, ▪ Einführung eines gerichtlichen Eilverfahrens mit Bestandssicherungswirkung (Freigabeverfahren) für Hauptversammlungsbeschlüsse über Kapitalmaßnahmen und Unternehmensverträge, ▪ Schaffung einer Möglichkeit zur Ermächtigung des Versammlungsleiters zu einer angemessenen Beschränkung des Frage- und Antwortrechts sowie ▪ Novellierung des Systems der Anmeldung und Legitimation von Aktionären zur Teilnahme an Hauptversammlungen und zur Stimmrechtsausübung unter Berücksichtigung moderner elektronischer Verfahren (insbes. Abschaffung der Aktienhinterlegung und Einführung eines international üblichen Record Date).
2006	**Übernahmerichtlinie-Umsetzungsgesetz** (vgl. ÜUG 2006, BGBl. I Nr. 31 vom 13.07.2006, S. 1426-1433)	Umsetzung der Richtlinie 2004/25/EG, Abl. Nr. L 142 vom 30.04.2004, S. 12-23, mit welcher EU-weit einheitliche Mindestvorgaben für die Abwicklung von Übernahmeangeboten festgelegt werden sollen	▪ Konkretisierung des Anwendungsbereichs des Wertpapiererwerbs- und Übernahmegesetzes hinsichtlich Übernahmen mit grenzüberschreitendem Bezug, ▪ Kodifizierung eines Wahlrechts zur Anwendung des sog. europäischen Verhinderungsverbots und der sog. europäischen Durchbrechungsregelung, ▪ Einführung eines sog. europäischen Passes für Angebotsunterlagen, ▪ Einführung eines übernahmerechtlichen Ausschlusses von Minderheitsaktionären (Squeeze Out) sowie eines Andienungsrechts (Sell Out), ▪ Erweiterung der Befugnisse der *BaFin* bezüglich der Überwachung der Ge- und Verbote des Wertpapiererwerbs- und Übernahmegesetzes sowie ▪ Einführung einer Pflicht der Zielgesellschaft zur Offenlegung von Übernahmehindernissen im (Konzern-)Lagebericht.

Tabelle 10: Wesentliche nationale normative Entwicklungen seit 1994 (VIII)

Jahr	Reformmaßnahme	Wesentliche(s) Regelungsziel(e)	Wesentliche(r) Regelungsinhalt(e)
2006	**Gesetz über elektronische Handelsregister und Genossenschaftsregister sowie das Unternehmensregister** (vgl. EHUG 2006, BGBl. I Nr. 52 vom 15.11.2006, S. 2553-2586)	▪ Schaffung eines einheitlich zugänglichen Datenportals für publizitätspflichtige Unternehmensinformationen, ▪ Umsetzung der Richtlinie 2003/58/EG, Abl. Nr. L 221 vom 04.09.2003, S. 13-16, ▪ Umsetzung der Richtlinie 2004/109/EG, Abl. L 390 vom 31.12.2004, S. 38-57.	▪ Schaffung eines elektronischen Handels-, Genossenschafts- und Partnerschaftsregisters, ▪ Einführung eines zentralen *elektronischen Unternehmensregisters*, in welchem die wichtigsten publizitätspflichtigen Unternehmensinformationen gebündelt werden und zum Online-Abruf zur Verfügung stehen, ▪ Fortführung der Umstellung auf den *elektronischen Bundesanzeiger*, bei welchem u. a. die Rechnungslegungsunterlagen elektronisch einzureichen sind, ▪ Verschärfung der Sanktionierung von Verstößen gegen Offenlegungspflichten (nunmehr Möglichkeit einer Sanktionierung von Amts wegen).
2007	**Transparenzrichtlinie-Umsetzungsgesetz** (vgl. TUG 2007, BGBl. I Nr. 1 vom 10.01.2007, S. 10-32)	▪ Verbesserung der für die Markteffizienz und den Anlegerschutz notwendigen Unternehmenspublizität sowie ▪ Umsetzung der Richtlinie 2004/109/EG, Abl. L 390 vom 31.12.2004, S. 38-57.	▪ Verschärfung der Publizität bei Transaktionen über bedeutende Beteiligungen an börsennotierten Unternehmen (u. a. Verkürzung der Melde- und Offenlegungsfristen sowie Einführung zusätzlicher Schwellenwerte von 3, 15, 20 und 30 % des stimmberechtigten Kapitals), ▪ gesetzliche Erweiterung und Konkretisierung des Financial Accounting (u. a. betreffend Jahresfinanzberichte, Halbjahresfinanzberichte und Zwischenmitteilungen der Geschäftsführung), ▪ Einführung einer Verpflichtung gesetzlicher Vertreter von Inlandsemittenten zur Abgabe eines sog. Bilanzeids für die Richtigkeit von (Konzern-)Abschlüssen und (Konzern-)Lageberichten, ▪ Erweiterung und Konkretisierung von Zulassungsfolgepflichten (u. a. Informationspflichten hinsichtlich der Wahrnehmung und Änderung von Rechten aus Wertpapieren und im Zusammenhang mit der Einberufung von Hauptversammlungen), ▪ Einführung einer europaweiten Publikation von kapitalmarktrelevanten Unternehmensinformationen sowie ▪ Erweiterung der Anwendung des zweistufigen Enforcement-Systems zur Überwachung der Recht- und Ordnungsmäßigkeit des Financial Accounting auf die zuletzt veröffentlichten Halbjahresfinanzberichte einschließlich Zwischenlageberichte (Beschränkung auf anlassbezogene Prüfung).

Tabelle 11: Wesentliche nationale normative Entwicklungen seit 1994 (IX)

Jahr	Reformmaßnahme	Wesentliche(s) Regelungsziel(e)	Wesentliche(r) Regelungsinhalt(e)
2007	**Finanzmarktrichtlinie-Umsetzungsgesetz** (vgl. FRUG 2007, BGBl. I Nr. 31 vom 19.07.2007, S. 1330-1381)	▪ Umsetzung der Richtlinie 2004/39/EG, Abl. Nr. L 145 vom 30.04.2004, S. 1-44 und ▪ Umsetzung der Richtlinie 2006/73/EG, Abl. Nr. L 241 vom 02.09.2006, S. 26-58.	▪ Erweiterung des Katalogs erlaubnispflichtiger Finanzdienstleistungen (um die Anlageberatung, Eigengeschäfte und das Betreiben multilateraler Handelssysteme) und des Katalogs der Finanzinstrumente (u. a um besondere Derivate-Formen), ▪ Erweiterung von Aufzeichnungs-, Informations- und Wohlverhaltenspflichten für Wertpapierdienstleistungsunternehmen, ▪ Einführung umfangreicher Vor- und Nachhandelstransparenzanforderungen sowie ▪ Neugliederung der Handelsplätze (Abschaffung des amtlichen Handels als Börsensegment; als gesetzlicher Markt existiert nur noch der regulierte Markt, der den geregelten und amtlichen Markt ablöst),
2007	**Berufsaufsichtsreformgesetz** (vgl. BARefG 2007, BGBl. I Nr. 45 vom 05.09.2007, S. 2178-2192)	▪ Schaffung international gleichwertiger Berufsaufsichtssysteme sowie ▪ Umsetzung der Richtlinie 2006/43/EG, Abl. Nr. L 157 vom 09.06.2006, S. 87-107.	▪ Stärkung der Berufsaufsicht über Wirtschaftsprüfer und Wirtschaftsprüfungsgesellschaften durch den Ausbau der Ermittlungszuständigkeiten und -kompetenzen sowie Sanktionsmöglichkeiten der *WPK* [u. a. Einführung eines Beschlagnahmerechts und der Möglichkeit zu anlassunabhängigen Untersuchungen bei (Konzern-)Abschlussprüfern von Unternehmen von öffentlichem Interesse sowie Ausdehnung des Rügerechts], ▪ Neuregelung der Vereinbarung unangemessen niedriger Prüfungshonorare (Einführung einer Qualitätsnachweispflicht gegenüber der *WPK*) sowie ▪ Einführung einer Pflicht zur Veröffentlichung eines jährlichen Transparenzberichts für Wirtschaftsprüfer und Wirtschaftsprüfungsgesellschaften, die mindestens eine (Konzern-)Abschlussprüfung eines Unternehmens von öffentlichem Interesse durchführen.
2008	**Risikobegrenzungsgesetz** (vgl. Risikobegrenzungsgesetz 2008, BGBl. I Nr. 36 vom 18.08.2008, S. 1666-1671)	Schaffung von Rahmenbedingungen, die gesamtwirtschaftlich unerwünschte Aktivitäten von Finanzinvestoren erschweren oder verhindern	▪ Verschärfung der Bestimmungen zum abgestimmten Verhalten (Acting in Concert), ▪ Verschärfung der Publizität bei Transaktionen über bedeutende Beteiligungen an börsennotierten Unternehmen durch Erweiterung des Umfangs der Mitteilungs- und Offenlegungspflichten (Ziel des Erwerbs, Mittelherkunft), ▪ Verschärfung der Rechtsfolgen bei Verletzung gesetzlicher Meldepflichten, ▪ Weiterentwicklung der Regelungen zum Aktienregister, mit dem Ziel einer verbesserten Identifikation der tatsächlichen Aktieninhaber.

Tabelle 12: Wesentliche nationale normative Entwicklungen seit 1994 (X)

Jahr	Reformmaßnahme	Wesentliche(s) Regelungsziel(e)	Wesentliche(r) Regelungsinhalt(e)
2009	**Bilanzrechtsmodernisierungsgesetz** (vgl. BilMoG 2009, BGBl. I Nr. 27 vom 28.05.2009, S. 1102-1137)	▪ Weiterentwicklung der Regelungen zum Financial Accounting, ▪ Umsetzung der Richtlinie 2006/43/EG, Abl. Nr. L 157 vom 09.06.2006, S. 87-107, ▪ Umsetzung der Richtlinie 2006/46/EG, Abl. Nr. L 224 vom 16.08.2006, S. 1-7.	▪ Weiterentwicklung und moderate Annäherung der Vorschriften zum Financial Accounting an die IFRS, insbes. durch die Abschaffung zahlreicher Ansatz-, Bewertungs- und Ausweiswahlrechte, die partielle Übernahme internationaler Rechnungslegungsgrundsätze (z.B. partielle Aufhebung des Verbots der Aktivierung selbst geschaffener immaterieller Vermögensgegenstände des Anlagevermögens), die Abschaffung der sog. umgekehrten Maßgeblichkeit sowie durch eine Erweiterung der Angabepflichten im (Konzern-)Anhang und (Konzern-)Lagebericht, ▪ Erweiterung und Konkretisierung des Corporate Governance Reportings durch die Einführung einer gesetzlichen Verpflichtung insbes. börsennotierter Aktiengesellschaften zur Abgabe einer sog. Erklärung zur Unternehmensführung, ▪ gesetzliche Konkretisierung der internen Überwachung des Aufsichtsrats durch die Einführung einer expliziten Pflicht zur Besetzung des Prüfungsausschusses bzw. des Aufsichtsratsplenums mit sachverständigen und unabhängigen Mitgliedern sowie durch die Benennung konkreter Tätigkeiten des Prüfungsausschusses respektive des Aufsichtsratsplenums [u. a. Überwachung des Rechnungslegungsprozesses, der Wirksamkeit des Risikomanagementsystems sowie der (Konzern-)Abschlussprüfung], ▪ Betonung der Unterstützungsfunktion des (Konzern-)Abschlussprüfers durch Konkretisierung und Erweiterung der Berichtspflichten des Prüfers im Rahmen der (Konzern-)Bilanzsitzungen des Aufsichtsrats bzw. des Prüfungsausschusses sowie ▪ Sicherung der Qualität der (Konzern-)Abschlussprüfung, insbes. durch die gesetzliche Verankerung internationaler Prüfungsstandards (International Standards on Auditing - ISA), die Pflicht des (Konzern-)Abschlussprüfers zur Unterrichtung der *WPK* bei vorzeitiger Beendigung des Prüfungsauftrags sowie durch die Verschärfung der Vorschriften zur Unabhängigkeit des (Konzern-)Abschlussprüfers.

Tabelle 13: Wesentliche nationale normative Entwicklungen seit 1994 (XI)

Jahr	Reformmaßnahme	Wesentliche(s) Regelungsziel(e)	Wesentliche(r) Regelungsinhalt(e)
2009	**Gesetz zur Umsetzung der Aktionärsrechterichtlinie** (vgl. ARUG 2009, BGBl. I Nr. 50 vom 04.08.2009, S. 2479-2494)	▪ Verbesserung der Aktionärsinformation bei börsennotierten Gesellschaften, ▪ Erleichterung der grenzüberschreitenden Ausübung von Aktionärsrechten, ▪ Eindämmung missbräuchlicher Aktionärsklagen sowie ▪ Umsetzung der Richtlinie 2007/36/EG, Abl. L 184 vom 14.07.2007, S. 17-24.	▪ Vorgabe von Mindestangaben in der Einberufung einer Hauptversammlung, ▪ Einführung einer Pflicht börsennotierter Unternehmen zur Veröffentlichung hauptversammlungsrelevanter Unterlagen auf der Internetseite der Gesellschaft (u. a. Tagesordnung und konkrete Daten für die Rechtsausübung), ▪ Einführung einer Möglichkeit zur Online-Teilnahme der Aktionäre an der Hauptversammlung (sofern die Satzung dies vorsieht bzw. sie den Vorstand hierzu ermächtigt), ▪ Einführung einer Möglichkeit zur Briefwahl, d. h. einer schriftlichen oder elektronisch übermittelten Stimmabgabe der Aktionäre (sofern die Satzung dies vorsieht bzw. sie den Vorstand hierzu ermächtigt), ▪ Neuregelung der Vollmachtserteilung und der Stimmrechtsvertretung durch Kreditinstitute (sog. Depotstimmrechte) sowie ▪ Präzisierung und Erweiterung des im Zuge des UMAG zur Bekämpfung missbräuchlicher Aktionärsklagen eingeführten Freigabeverfahrens (u. a. Einführung einer Mindestschwelle für den Aktienbesitz).
2009	**Gesetz zur Angemessenheit der Vorstandsvergütung** (vgl. VorstAG 2009, BGBl. I Nr. 50 vom 04.08.2009, S. 2509-2511)	▪ Sicherstellung einer Ausrichtung der Vorstandsvergütung auf eine nachhaltige und langfristig ausgerichtete Unternehmensführung, ▪ Stärkung der Verantwortlichkeit des Aufsichtsrats für die Ausgestaltung der Vorstandsvergütung sowie ▪ Verbesserung der Unternehmenspublizität in Bezug auf die Offenlegung der Vorstandsvergütung.	▪ Verschärfung der Grundsätze für die Festsetzung der Vorstandsvergütung durch Konkretisierung und Erweiterung der Angemessenheitskriterien (u. a. explizite Nennung der Kriterien Leistung und Üblichkeit), die Vorgabe, die Vergütungsstruktur auf eine nachhaltige Unternehmensentwicklung auszurichten (u. a. durch mehrjährige Bemessungsgrundlagen), sowie durch die Einführung einer Pflicht des Aufsichtsrats zur Vereinbarung einer Begrenzungsmöglichkeit im Falle außergewöhnlicher Entwicklungen und zur Herabsetzung der Vorstandsvergütung bei wirtschaftlich schlechter Lage, ▪ Einführung einer Mindesthöhe des Selbstbehalts bei D & O-Versicherungen, ▪ Einführung einer Möglichkeit der Billigung des Vergütungssystems durch die Hauptversammlung (Beschluss begründet weder Rechte noch Pflichten), ▪ Verschärfung der persönlichen Haftung von Aufsichtsratsmitgliedern wegen unangemessener Festsetzung der Vorstandsvergütung, ▪ Einführung einer allgemeinen Karenzzeit von zwei Jahren für den Wechsel vom Vorstand in den Aufsichtsrat bei börsennotierten Gesellschaften sowie ▪ Konkretisierung der Vorschriften zur Offenlegung der Vorstandsvergütung.

Tabelle 14: Wesentliche nationale normative Entwicklungen seit 1994 (XII)

2. Wirtschaftliche Rahmenbedingungen

a) Kapitalmarkt- versus Kreditfinanzierung

In Deutschland spielte, wie bereits dargelegt,[49] auch für Großunternehmen lange Zeit die Kreditfinanzierung eine dominierende Rolle, während die Unternehmensfinanzierung über den (Eigen-)Kapitalmarkt - vor allem im internationalen Vergleich - von untergeordneter Bedeutung war. Im Schrifttum wird jedoch einhellig konstatiert, dass im Hinblick auf börsennotierte Publikumsgesellschaften seit Mitte der 1990er Jahre das Volumen der Kapitalmarktfinanzierung in bemerkenswertem Maße wächst, während gleichzeitig die traditionell hohe Bedeutung des Bankkredits als Finanzierungsinstrument kontinuierlich abnimmt.[50] Wenngleich zur Bedeutung der Kapitalmarkt- und Kreditfinanzierung für börsennotierte Publikumsgesellschaften - soweit ersichtlich - keine spezifische Datengrundlage existiert, lässt sich dennoch ein eindeutiges Indiz für eine empirische Bestätigung des in Rede stehenden Trends aus einer intertemporalen Analyse der Entwicklung des Eigen- und Fremdkapital- sowie des Kreditmarkts im Zeitablauf ableiten.

Im Hinblick auf eine Trendanalyse des Eigenkapitalmarkts finden sich in den beiden nachfolgenden Tabellen 15 und 16 wesentliche empirische Daten zur Entwicklung des deutschen Aktienmarkts sowie zur Evolution ausgewählter Aktienmärkte im internationalen Vergleich für den Zeitraum 1994 bis 2006.

---

49 Vgl. Abschn. II. B dieses Hauptteils.

50 Vgl. hierzu etwa DEEG 2001, S. 35; HACKETHAL/SCHMIDT/TYRELL 2005, S. 401 f.; HARTMANN-WENDELS 2000, S. 257 sowie HEINKE 2001, S. 155.

	1994	1996	1998	2000	2002	2004	2006
Börsenkapitalisierung							
▪ **in Mrd. € (Kurswert inländischer börsennotierter Aktien)** [1]	395,7	528,7	931,6	1.371,3	658,6	878,8	1.242,0
▪ **in Relation zum BIP**	24,3 %	28,4 %	50,9 %	67,9 %	33,9 %	43,6 %	56,6 %
Aktienemissionen inländischer börsennotierter Aktiengesellschaften (in Mrd. €)							
▪ **Nominalwert**	1,9	2,5	1,7	1,4	0,6	1,6	1,1
▪ **Kurswert**	12,8	14,8	22,6	18,8	3,0	6,3	5,5
Zahl der Aktionäre (in Mio.) [2]	3,9	3,8	4,5	6,2	5,0	4,6	4,2
Zahl der Aktionäre und Aktienfondsbesitzer (in Mio.) [2]	keine Angabe	keine Angabe	6,8	11,8	11,5	10,5	10,3
Anteil am Geldvermögensbestand privater Haushalte (in % des Geldvermögens)[1]							
▪ **Geldanlage in Aktien**	7,1	7,9	11,0	12,4	5,5	6,8	8,2
▪ **Geldanlage in Investmentzertifikaten**	6,9	7,4	8,9	11,3	11,6	11,3	11,6
Publikumsfonds in Mrd. € [1] **(Wert der gehaltenen Aktien)**	20,9	27,2	67,5	147,7	78,5	98,8	132,6
Investmentfonds in Mrd. € [1] **(Wert der gehaltenen Aktien)**	57,7	90,3	219,5	383,0	205,7	247,3	344,6

[1] Stand am Jahresende. [2] über 14 Jahre.

Tabelle 15: Entwicklung des deutschen Aktienmarkts, 1994 bis 2006[51]

---

51 Vgl. DAI 2007, Tabellen 0.31, 05.1, 05.3, 07.1-4, 08.1-3 und 08.3-Zahl-D.

	USA	Großbritannien	Deutschland	Frankreich	Japan
Börsenkapitalisierung (in Relation zum BIP)					
▪ **1994**	72,4 %	112,3 %	24,3 %	34,0 %	76,6 %
▪ **2006**	148,4 %	160,2 %	56,6 %	keine Angabe	105,7 %

Tabelle 16: Aktienmärkte im internationalen Vergleich, 1994 und 2006[52]

Wie aus der Tabelle 15 hervorgeht, hat der deutsche Aktienmarkt in den letzten Jahren nicht unerheblich an Bedeutung gewonnen.[53] Dies zeigt sich vor allem an der Börsenkapitalisierung, die sich im Zeitraum 1994 (395,7 Mrd. €) bis 2006 (1.242,0 Mrd. €) mehr als verdreifacht hat. Auch in Relation zum Bruttoinlandsprodukt wird dieser Bedeutungszuwachs ersichtlich. So hat die Börsenkapitalisierung in Relation zum Bruttoinlandsprodukt von 24,3 % im Jahr 1994 auf 56,6 % in 2006 zugenommen. Dies entspricht einer Zuwachsrate von ca. 133 %. Der Tabelle 16 ist zu entnehmen, dass der deutsche Aktienmarkt im internationalen Kontext zwar immer noch eine vergleichsweise geringe Rolle spielt, jedoch die Börsenkapitalisierung in Relation zum Bruttoinlandsprodukt im Zeitraum 1994 bis 2006 im Vergleich relativ stärker angestiegen und somit ein gewisser Aufholungsprozess zu beobachten ist. Die traditionelle Einschätzung, der deutsche Kapitalmarkt sei unterentwickelt,[54] erscheint in Anbetracht dieser Daten in jedem Fall nicht mehr gerechtfertigt.[55] Dies gilt trotz der Tatsache, dass sich infolge des Niedergangs des *Neuen Marktes* im Jahr 2000 die Finanzierung der Unternehmen über Aktienemissionen deutlich minderte.

---

52 Vgl. DAI 2007, Tabelle 05-3.

53 Zu dieser Einschätzung kommen auch HARTMANN-WENDELS 2000, S. 255 sowie MATTHES 2005, S. 223.

54 Vgl. hierzu insbes. LA PORTA ET AL. 1998, S. 1114.

55 Vgl. zu dieser Wertung ebenso DROBETZ 2006, S. 184.

In Bezug auf die Privatanleger ist gemäß Tabelle 15 zunächst zu konstatieren, dass die Anzahl der reinen Aktionäre im betrachteten Zeitraum nur leicht um ca. 7,7 % (von 3,9 auf 4,2 Mio. Anleger) zugenommen hat. Wird jedoch der Aktienfondsbesitz in die Betrachtung mit einbezogen, so zeigt sich ein deutlicher Anstieg von 6,8 Mio. Anleger im Jahr 1998 auf 10,3 Mio. Investoren im Jahr 2006. Dies entspricht einem Anstieg von über 50 %. Hinsichtlich des Anteils am Geldvermögensbestand privater Haushalte sind zudem zwei bemerkenswerte Trends zu beobachten. Während der Anteil der reinen Geldanlage in Aktien nahezu konstant geblieben ist (Zunahme von 7,1 % auf 8,2 %), stieg dagegen der Anteil der Investmentzertifikate um nahezu 70 %, und zwar von 6,9 % auf 11,6 %. Von dieser Entwicklung profitierten primär institutionelle Investoren[56], wie aus dem Wert der gehaltenen Aktien von Publikumsfonds (Anstieg von 20,9 auf 132,6 Mrd. €) und Investmentfonds (Zunahme von 57,7 auf 344,6 Mrd. €) ersichtlich wird.

Neben dem Eigenkapitalmarkt hat in Deutschland im Zeitraum 1994 bis 2006 auch der Fremdkapitalmarkt im Hinblick auf die Unternehmensfinanzierung erheblich an Bedeutung gewonnen. Dies zeigt sich insbesondere an der Entwicklung des Emissionsvolumens an börsengehandelten Unternehmensanleihen deutscher Emittenten, welche sich aus der nachfolgenden Tabelle 17 ergibt. So lag das Emissionsvolumen 1994 noch bei einem Nominalwert von nur 248 Mio. €, wohingegen dieser Wert im Jahr 2006 bereits auf 29.975 Mio. € angestiegen ist, sich somit mehr als verhundertfachte. Trotz dieser hohen Dynamik darf nicht verkannt werden, dass die Bedeutung des deutschen Fremdkapitalmarkts im internationalen Vergleich immer noch relativ gering ist, wobei jedoch ein erheblicher Aufholungsprozess festgestellt werden kann.[57]

---

[56] Den institutionellen Investoren werden in der vorliegenden Arbeit primär Fondgesellschaften und Versicherungsunternehmen subsumiert. Banken sind von diesem Begriff hingegen nicht erfasst, da sie das Kapital, welches sie von ihren Kunden erhalten, nicht zwingend investieren (müssen), sondern auch über die Vergabe von Krediten an den Markt abgeben können; vgl. in diesem Sinne ebenso SIEMS 2005, S. 374.

[57] Vgl. hierzu RUDOLF 2005, Rn. 37, S. 16 m. w. N.

	1994	1996	1998	2000	2002	2004	2006
Emissionsvolumen an Unternehmensanleihen deutscher Emittenten in Mio. € (Nominalwert)	248	891	1.734	8.114	17.574	31.517	29.975

Tabelle 17: Entwicklung des Emissionsvolumens an Unternehmensanleihen deutscher Emittenten, 1994 bis 2006[58]

Korrespondierend mit der gestiegenen Bedeutung des Eigen- und Fremdkapitalmarkts nahm im Untersuchungszeitraum gleichzeitig die Relevanz des Bankkredits als Finanzierungsinstrument ab.[59] Dies spiegelt sich vor allem in der Entwicklung des Anteils der begebenen Unternehmenskredite am gesamten Kreditgeschäft an Nichtbanken im Zeitablauf wieder.[60] Lag der Anteil der Firmenkreditvergabe - wie der nachfolgenden Tabelle 18 zu entnehmen ist - im Jahr 1994 noch bei über 45 %, so ist dieser Anteil in den folgenden Jahren kontinuierlich gesunken und betrug im Jahr 2006 nur noch ca. 40 %.

	1994	1996	1998	2000	2002	2004	2006
Anteil der begebenen Unternehmenskredite am gesamten Kreditgeschäft an Nichtbanken (in %)	45,6	44,2	44,0	42,2	42,6	40,4	40,1

Tabelle 18: Entwicklung des Anteils der begebenen Unternehmenskredite am gesamten Kreditgeschäft an Nichtbanken, 1994 bis 2006[61]

---

58 Vgl. DEUTSCHE BUNDESBANK 2010, S. 12.

59 Vgl. etwa WINDOLF 2005a, S. 11.

60 Auf diesen Indikator für die abnehmende Bedeutung der Kreditfinanzierung für deutsche Unternehmen greift auch *Hartmann-Wendels* zurück; vgl. HARTMANN-WENDELS 2000, S. 257.

61 Vgl. DEUTSCHE BUNDESBANK 2000, S. 26, 34 und DEUTSCHE BUNDESBANK 2007, S. 26, 34.

Diese Entwicklung ist nach einhelliger Meinung in der Literatur primär auf die großen deutschen Privatbanken zurückzuführen.[62] So vollziehen diese seit Mitte der 1990er Jahre im Zuge einer verstärkten Renditeorientierung einen Strategiewechsel und ziehen sich in diesem Zusammenhang immer mehr aus der traditionellen Kreditfinanzierung von Unternehmen zurück, während sie sich gleichzeitig verstärkt dem Investmentbanking[63] zuwenden. Flankierend hierzu reduzierten im Untersuchungszeitraum jedoch auch die deutschen börsennotierten Publikumsgesellschaften ihre Nachfrage nach Bankkrediten,[64] so dass diese Unternehmensgruppe ihre ursprüngliche Abhängigkeit von der langfristigen Bankfinanzierung kontinuierlich verringert.[65]

b) Anteilskonzentration und -verflechtungen

Traditionell ist das deutsche Corporate Governance-System - empirisch nachweisbar - durch eine hohe Konzentration des Anteilsbesitzes und gegenseitige Unternehmensverflechtungen gekennzeichnet.[66] Die Überkreuzbeteiligungen werden dabei häufig durch personelle Verflechtungen in Gestalt von Aufsichtsratsmandaten flankiert, wobei in diesem Zusammenhang den Vertretern der großen deutschen Privatbanken eine besondere Bedeutung zukommt. Diese für Deutschland lange Zeit typische Konstellation wird im Schrifttum auch als „kooperativer Kapitalismus" oder auch als „Deutschland AG" bezeichnet.[67]

---

62 Vgl. hierzu und in der Folge BAUM 2005, S. 18 m. w. N.; BEYER 2002, S. 6 f.; HARTMANN-WENDELS 2000, S. 257; JACKSON/MOERKE 2005, S. 355; JÜRGENS/NAUMANN/RUPP 2000, S. 70. Für empirische Nachweise zum Rückzug der großen deutschen Privatbanken aus der Kreditfinanzierung vgl. HACKETHAL/SCHMIDT/TYRELL 2005, S. 402 f. m. w. N.

63 Zum Investmentbanking vgl. ausf. JÄGER/ELSEN 2010, S. 335-337.

64 Vgl. DEUTSCHE BUNDESBANK 2004, S. 57-59.

65 Vgl. u. a. HACKETHAL/SCHMIDT/TYRELL 2003, S. 670.

66 Vgl. hierzu und in der Folge bereits ausf. Abschn. II. B dieses Hauptteils.

67 Diese Titulierungen finden sich etwa bei BEYER 2002, S. 2; BEYER 2007, S. 378; WIEANDT/HASLINGER 2007, S. 340 sowie bei WINDOLF/BEYER 1995, S. 1.

Jüngere empirische Untersuchungen von *Wójcik, Höpner/Krempel, Sommer, Kengelbach/Roos* sowie der *Monopolkommission*, welche in den folgenden Tabellen 19 und 20 zusammenfassend dargestellt sind, zeigen jedoch, dass im Zeitraum 1996 bis 2006 offenbar ein bemerkenswerter Wandel einsetzte und eine signifikante Reduktion der Anteilskonzentration sowie der Überkreuzverflechtungen stattfand.[68] Mithin wird in diesem Zusammenhang auch von der Entflechtung der „Deutschland AG" gesprochen,[69] die zwischenzeitlich als weitgehend abgeschlossen gilt.[70] Begünstigt wurde diese Entwicklung in erster Linie durch die im Zuge des StSenkG 2000 eingeführte Steuerfreistellung von Veräußerungsgewinnen aus in- und ausländischen Beteiligungen von Kapitalgesellschaften[71] sowie durch weitere gesetzliche Reformmaßnahmen, wie insbesondere das Zweite Finanzmarktförderungsgesetz 1994, das KapAEG 1998, das KonTraG 1998, das WpÜG 2001 sowie das TransPuG 2002.[72] Neben diesen Entwicklungen im Bereich der normativen Rahmenbedingungen ist die Auflösung der Anteilskonzentration und -verflechtung jedoch auch auf den Strategiewechsel großer deutscher Finanzunternehmen hin zum Investmentbanking[73] und die höhere Liquidität auf den Finanzmärkten[74] zurückzuführen.

---

68 Diese Entwicklung setzte sich einer aktuellen Studie von *Schwetzler/Sperling* zufolge auch im Jahr 2007 fort; vgl. hierzu SCHWETZLER/SPERLING 2008a, S. 27-32.

69 Vgl. bspw. KENGELBACH/ROOS 2006, S. 12; MAISCH 2005, S. 30 f. sowie SCHWETZLER/SPERLING 2008b, S. R468.

70 Vgl. hierzu etwa BECKER 2005, S. 7; BEYER 2002, S. 16 und BEYER 2007, S. 379.

71 Vgl. u. a. BEYER 2006, S. 253 f.; BEYER/HÖPNER 2003, S. 192 f.; DITTMANN/MAUG/SCHNEIDER 2008, S. 9, 28; FABER 2009, S. 221 f.; FLIASTER/MARR 2006, S. 248; GORDON 2004, S. 194; HÖPNER 2005a, S. 197; JUNG/KUNOWSKI 2007, S. 368 f.; LANE 2003, S. 88; MAISCH 2005, S. 30 f.; MONOPOLKOMMISSION 2006, Rn. 358, S. 223; RANK 2005, S. 35; SCHWETZLER/SPERLING 2008b, S. R470; SIEMS 2005, S. 368; SLAVIK 2008, S. 311 f.; WERDER/TALAULICAR 2006, S. 34 sowie WIEANDT/HASLINGER 2007, S. 350.

72 Vgl. hierzu insbes. BEYER 2006, S. 253 f.; BEYER/HÖPNER 2003, S. 190-192; HÖPNER 2003b, S. 20 sowie MONOPOLKOMMISSION 2006, Rn. 357, S. 223. Zu den Inhalten der genannten Reformgesetze vgl. im Einzelnen Abschn. II. C.1 dieses Hauptteils.

73 Vgl. hierzu ausf. BEYER 2006, S. 99-113, 253 sowie ergänzend GORDON 2004, S. 194; HOFER 2008, S. 124; MONOPOLKOMMISSION 2006, Rn. 355, S. 222 und RANK 2005, S. 35 f.

74 Vgl. stellv. MONOPOLKOMMISSION 2006, Rn. 359, S. 223 f.

Autor(en)	Untersuchungs-zeitraum	Untersuchungsgegenstand, -methodik und -ergebnis(se)
Wójcik 2002	1997-2001	Analyse der Veränderungen der direkten Eigentumsverhältnisse (Direct Holdings) und der ultimativen Kontrollverhältnisse (Voting Blocks) aller am amtlichen Handel zugelassenen deutschen Aktiengesellschaften. *Wójcik* betrachtet dabei die berichteten Stimmrechtsanteile in diesen Gesellschaften, die über dem Schwellenwert von 5 % liegen und somit bei der *BaFin* (vormals *BaWe*) meldepflichtig sind; Ergebnisse: ▪ die Konzentration der Voting Blocks in dem betrachteten Zeitraum fiel signifikant um ca. 10 %, ▪ die ultimativen Stimmrechtsanteile der drei größten Eigenkapitalgeber sanken dabei ebenfalls um ca. 8-22 %, ▪ Beobachtung eines besonders stark fallenden Beteiligungsvolumens der Finanzdienstleister (insbes. von Banken und Versicherungen), ▪ Überkreuzverflechtungen beginnen sich ebenfalls aufzulösen, ▪ die im Vergleich zu den von Banken und Versicherungen gehaltenen niedrigeren Beteiligungen der Industrieunternehmen und Privatpersonen sind vergleichsweise stabil, wobei auch hier die - gemessen am Beteiligungsvolumen - größten Eigentümer stark an Einfluss verloren haben. Konklusion: Bei den beobachteten Eigentumsentflechtungen kann zumindest von einschneidenden Veränderungen gesprochen werden; Trend zum Streubesitz.
Höpner/Krempel 2003	1996-2000	Untersuchung der Struktur, Entstehung und Entwicklung des deutschen Unternehmensnetzwerkes (der 100 größten deutschen Gesellschaften) auf der Grundlage einer Netzwerkvisualisierung in Kombination mit einer historischen Analyse. Eine Gegenüberstellung der Beteiligungsverhältnisse deutscher Großunternehmen in den Jahren 1996 und 2000 zeigt eine beachtliche Reduktion sowohl der Anteilskonzentration als auch der Überkreuzverflechtungen. Der Beteiligungsabbau betrifft insbesondere den Banken- und Versicherungssektor, jedoch auch die Unternehmensseite. Konklusion: Bestätigung des von *Wójcik* gezeigten Trends zum Rückgang der Anteilskonzentration und Überkreuzverflechtungen.
Sommer 2005a (Handelsblatt-Studie)	2001-2005	Analyse des Streubesitzes der DAX 30-Unternehmen. Erhöhung des Streubesitzes von 72,4 % im Jahr 2001 auf 81,5 % in 2005; im Jahr 2005 befinden sich nur noch drei der DAX 30-Unternehmen nicht im mehrheitlichen Streubesitz (2001: noch sechs). Konklusion: Der von *Wójcik* sowie *Höpner/Krempel* aufgezeigte Trend zum Streubesitz nimmt weiter zu.

Tabelle 19: Ausgewählte empirische Untersuchungen zur Anteilskonzentration und -verflechtung für den deutschen Kapitalmarkt (Teil I)

Autor(en)	Untersuchungs-zeitraum	Untersuchungsgegenstand, -methodik und -ergebnis(se)
Kengelbach/Roos 2006	1997-2004	Analyse der Veränderungen der direkten Eigentumsverhältnisse (Direct Holdings) und der ultimativen Kontrollverhältnisse (Voting Blocks) aller am amtlichen Handel zugelassenen deutschen Aktiengesellschaften. *Kengelbach/Ross* betrachten dabei in Analogie zu *Wójcik* die berichteten Stimmrechtsanteile in diesen Gesellschaften, die über dem Schwellenwert von 5 % liegen und somit bei der *BaFin* (vormals *BaWe*) meldepflichtig sind (Fortschreibung der Untersuchung von *Wójcik* für die Jahre 2001 bis 2004). Zudem Untersuchung der Struktur und Entwicklung des deutschen Unternehmensnetzwerkes auf der Grundlage einer Netzwerkvisualisierung (Fortschreibung der Untersuchung von *Höpner/Krempel*); Ergebnisse: ▪ die ultimativen Stimmrechtsanteile der drei größten Eigenkapitalgeber sanken im Zeitraum 2001 bis 2004 noch stärker als in der Zeit zwischen 1997 und 2001, und zwar um ca. 16-24 %, ▪ signifikante Reduktion sowohl der Anteilskonzentration als auch der Überkreuzverflechtungen. Konklusion: Der von *Wójcik* sowie *Höpner/Krempel* aufgezeigte Trend zum Rückgang der Anteilskonzentration und zur Abnahme der Überkreuzverflechtungen wird bestätigt und setzt sich fort.
Monopolkommission 2008	1996-2006	Untersuchung der Struktur und Entwicklung des deutschen Unternehmensnetzwerkes (der 100 größten deutschen Gesellschaften) auf der Grundlage einer Netzwerkvisualisierung; Ergebnisse: ▪ Reduktion der Anzahl aller Anteilseigner bzw. Beteiligungsfälle im Betrachtungszeitraum um 46,2 % bzw. 65 %, ▪ Abnahme der Anzahl der Beteiligungsunternehmen um 43,1 %, ▪ Verminderung der Gesamtzahl aller verflochtenen Unternehmen von 62 (1996) auf 39 (2006); dies entspricht einer Abnahme um 37,1 %, ▪ Feststellung, wonach im Jahr 2006 nur noch zwei Überkreuzbeteiligungen vorliegen. Konklusion: Der von *Wójcik, Höpner/Krempel* sowie *Kengelbach/Roos* aufgezeigte Trend zum Rückgang der Anteilskonzentration und zur Abnahme der Überkreuzverflechtungen wird erneut bestätigt und setzt sich fort.

Tabelle 20: Ausgewählte empirische Untersuchungen zur Anteilskonzentration und -verflechtung für den deutschen Kapitalmarkt (Teil II)

Neben dem Rückgang der Anteilskonzentration und -verflechtung ist im Zeitraum 1996 bis 2006 auch eine signifikante Abnahme der personellen Verflechtung festzustellen. Empirisch lässt sich diese Entwicklung auf der Grundlage von Untersuchungen der *Monopolkommission* nachweisen, welche regelmäßig den Personalverflechtungsgrad über die Entsendung von Aufsichtsratsmitgliedern bezogen auf die 100 größten deutschen Unternehmen ermittelt. So nahm - wie in der folgenden Abbildung 6 grafisch dargestellt - der Grad der personellen Verflechtung, definiert als Anteil der tatsächlich festzustellenden an allen mathematisch möglichen Personalverflechtungen, kontinuierlich von 8,5 % im Jahr 1996 auf 4,7 % in 2006 ab. Dies entspricht einem Rückgang von ca. 45 %, somit nahezu einer Halbierung des Personalverflechtungsgrads.[75]

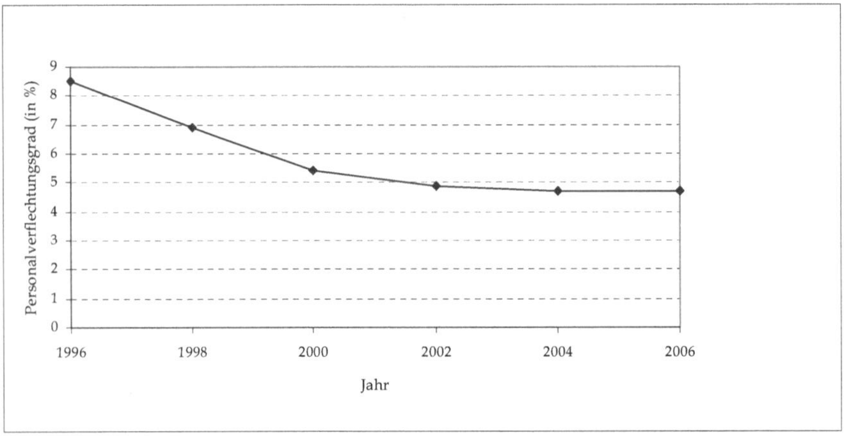

Abbildung 6: Entwicklung des Personalverflechtungsgrads bezogen auf die 100 größten deutschen Unternehmen, 1996 bis 2006[76]

[75] Eine Reduktion der personellen Verflechtung stellen auch *Kengelbach/Roos* fest. Sie ermitteln im Rahmen ihrer Untersuchung für den Zeitraum 1995 bis 2004 einen deutlichen Rückgang der Netzwerkdichte (Dichte definiert als Anteil der tatsächlichen bezogen auf die möglichen Verbindungen exklusive In-sich-Beziehungen) von 1,28 (1995) auf 1,06 (2004); vgl. hierzu KENGELBACH/ROOS 2006, S. 20 f.

[76] Vgl. MONOPOLKOMMISSION 1998, Rn. 293, S. 217; MONOPOLKOMMISSION 2000, Rn. 421, S. 277; MONOPOLKOMMISSION 2002, Rn. 364, S. 236; MONOPOLKOMMISSION 2004, Rn. 524, S. 284; MONOPOLKOMMISSION 2006, Rn. 381, S. 238 sowie MONOPOLKOMMISSION 2008, Rn. 422, S. 201.

Die konstatierte Reduktion der Personalverflechtung ist dem Schrifttum zufolge primär auf die großen deutschen Privatbanken zurückzuführen, die - wie bereits ausgeführt - [77] im Zuge der Fokussierung des Investmentbanking seit Mitte der 1990er Jahre neben ihren Unternehmensbeteiligungen auch das Volumen der begebenen Unternehmenskredite kontinuierlich abbauen und korrespondierend hierzu auch ihre Aufsichtsratsmandate reduzieren.[78] Waren einer empirischen Untersuchung von *Dittmann/Maug/Schneider*[79] zufolge im Jahr 1994 noch in 50,7 % aller Aufsichtsräte der DAX 100-Unternehmen Banker vertreten, so reduzierte sich ihre Präsenz auf 33,3 % der entsprechenden Kontrollgremien im Jahr 2005. Dies entspricht einem Rückgang von 34 %. Gleichzeitig nahm zwischen 1994 und 2005 der Anteil der Bankvertreter in den Aufsichtsgremien um ca. 42 % ab, und zwar von 9,6 % im Jahr 1994 auf 5,6 % im Jahr 2005. Eine empirische Studie von *Höpner*[80] ergab zudem, dass sich der Anteil der mit Bankvertretern besetzten Aufsichtsratsvorsitze in den 40 größten deutschen Unternehmen im Zeitraum von 1994 bis 1999 von 43 % auf 23 %, das heißt um ca. 46,5 %, reduzierte.

c) Anteilseignerzusammensetzung

Wie bereits aufgezeigt,[81] kommt in Deutschland traditionell den Banken und (Industrie-)Unternehmen als typische Vertreter der Insider eine - insbesondere im Vergleich mit angloamerikanischen Ländern - große Bedeutung als Anteilseigner zu, wohingegen private Haushalte sowie Fondsgesellschaften eine untergeordnete Rolle spielen.

---

77 Vgl. Abschn. II. C.2.a) dieses Hauptteils.

78 Vgl. hierzu etwa BEYER/HÖPNER 2003, S. 185; HÖPNER 2004, S. 272 m. w. N.; HÖPNER/KREMPEL 2003, S. 14 sowie HOFER 2008, S. 124.

79 Vgl. DITTMANN/MAUG/SCHNEIDER 2008, S. 12.

80 Vgl. HÖPNER 2001, S. 50.

81 Vgl. Abschn. II. B dieses Hauptteils.

Jedoch trat - wie die folgende Tabelle 21 verdeutlicht - im Zeitraum 1995 bis 2006 auch im Bereich der Zusammensetzung der Anteilseigner deutscher börsennotierter Unternehmen ein bemerkenswerter Wandel ein. So hat sich etwa der Anteilsbesitz von Banken von 12,91 % (1995) auf 10,80 % (2006), das heißt um ca. 16 %, vermindert.[82] Wichtige Motive für diese Beteiligungsreduktion sind dabei in einem erhöhten Wettbewerbsdruck innerhalb des Bankensektors[83] sowie in der zunehmenden Shareholder Value-Orientierung[84] zu sehen. Das StSenkG 2000 hat die Reorganisation der Bankbeteiligungen zusätzlich verstärkt.[85] Während neben den Banken auch die Versicherungen und Unternehmen sowie die privaten Haushalte ihre Beteiligungen signifikant um ca. 33 %, 19 % respektive 23 % reduzierten, stockten die inländischen Fondsgesellschaften ihren Anteilsbesitz von 6,19 % auf 12,92 %, somit um mehr als das Zweifache, auf. Letzteres dürfte insbesondere auch auf die verbesserten regulatorischen Rahmenbedingungen für Investmentfondsgesellschaften im Zuge des 3. und 4. Finanzmarktförderungsgesetzes zurückzuführen sein.[86]

Ein ähnliches Bild zeigt sich auch bei den ausländischen Investoren. Ihr Anteilsvolumen wuchs im betrachteten Zeitraum kontinuierlich von 8,17 % auf 20,68 % an, was einer Steigerung von mehr als 150 % entspricht. *Vitols*[87] zufolge handelt es sich hierbei weit überwiegend um angelsächsische institutionelle Investoren. Die wachsende Bedeutung dieser Anlegergruppe wird durch eine jüngere Studie des *Handelsblatts* bestätigt, wonach sich im Zeitraum 2001 bis 2005 der Anteil ausländischer Investoren an den DAX-Unternehmen von

---

82 Eine erhebliche Reduktion der Eigenkapitalbeteiligungen deutscher Großbanken konstatieren auch HACKETHAL/SCHMIDT/TYRELL 2005, S. 401; MONOPOLKOMMISSION 2006, Rn. 349, S. 215 f. sowie VITOLS 2005, S. 395.

83 Vgl. hierzu HACKETHAL/SCHMIDT/TYRELL 2005, S. 403 f.; HÖPNER/KREMPEL 2003, S. 14; MATTHES 2005, S. 229 und MONOPOLKOMMISSION 2006, Rn. 356, S. 223.

84 Vgl. HÖPNER/KREMPEL 2003, S. 14; JÜRGENS/NAUMANN/RUPP 2000, S. 69 f. sowie MATTHES 2005, S. 229 f.

85 Vgl. stellv. MONOPOLKOMMISSION 2006, Rn. 358, S. 223.

86 Zu den Inhalten der genannten Reformgesetze vgl. Abschn. II. C.1 dieses Hauptteils.

87 Vgl. VITOLS 2005, S. 391.

35,5 % auf 43,8 %, somit um ca. ein Viertel, erhöhte (vgl. Tabelle 22); bereits acht der 30 DAX-Unternehmen befinden sich dabei im Jahr 2005 mehrheitlich in ausländischer Hand.[88] Vor diesem Hintergrund ist in einer Gesamtschau festzustellen, dass sich die Machtverhältnisse innerhalb der Eigenkapitalgebergruppe stetig von den Banken und (Industrie-)Unternehmen (Insider) zugunsten (angelsächsischer) institutioneller Investoren als typische Vertreter der Outsider verschieben.[89] *Windolf*[90] umschreibt diese Machtverschiebung auch als Wechsel vom „kooperativen Kapitalismus" respektive „organisierten Kapitalismus" zum „Finanzmarkt-Kapitalismus".

Jahr	private Haushalte	Unternehmen	Staat	Banken	Versicherungen	Fondsgesellschaften	ausländische Investoren
1995	18,24	44,04	4,19	12,91	6,26	6,19	8,17
1996	17,80	42,21	4,12	13,35	6,29	7,15	9,09
1997	17,33	37,60	5,15	13,01	7,74	9,03	10,14
1998	16,77	38,03	3,91	12,03	7,20	10,24	11,82
1999	16,89	35,33	3,56	12,98	4,52	12,73	14,00
2000	16,81	37,76	2,27	11,51	4,73	14,40	12,52
2001	15,01	39,53	1,77	11,53	4,89	13,20	14,07
2002	14,03	36,60	3,07	11,23	6,00	14,23	14,84
2003	14,87	36,64	3,20	9,19	5,36	13,40	17,33
2004	14,87	37,26	3,04	9,76	5,05	13,32	16,71
2005	14,06	35,51	2,33	10,60	4,51	13,57	19,41
2006	13,96	35,58	1,85	10,80	4,21	12,92	20,68

Tabelle 21: Entwicklung der Aktionärsstruktur deutscher börsennotierter Unternehmen (in %), 1995 bis 2006[91]

---

88 Im Jahr 2007 stieg der Anteil ausländischer Investoren sogar auf 52,6 % und die Anzahl der Unternehmen in ausländischer Hand auf zwölf; vgl. SOMMER 2007, S. 14.

89 Vgl. hierzu auch JACKSON/MOERKE 2005, S. 358 f.; MANN 2003, S. 297 sowie ausf. WINDOLF 2005a, S. 8-13.

90 Vgl. WINDOLF 2005b, S. 20-24.

91 Vgl. DAI 2007, Tabelle 08.1-3.

Unternehmen	Streubesitz (in %)		Anteil der Ausländer (in %)	
	2001	2005	2001	2005
Adidas-Salomon	100,0	100,0	53,0[1]	68,0[1]
Allianz	64,0	100,0	32,0	40,4
Altana	49,9	49,9	keine Angabe	30,0[2]
BASF	89,8	100,0	35,0	52,4
BMW	47,4	53,4	keine Angabe	keine Angabe
Bayer	100,0	100,0	39,0	keine Angabe
Commerzbank	74,0	91,0	37,0	51,5
Continental	85,0	79,4	64,0	86,7[1]
Daimler-Chrysler	81,0	85,9	keine Angabe	45,0
Deutsche Bank	100,0	93,9	53,0	51,0
Deutsche Börse	76,5	100,0	32,0	65,0
Deutsche Post	31,2	55,0	15,9[1]	34,4[1]
Deutsche Telekom	57,0	63,0	37,6	35,3
Eon	86,8	100,0	42,2	45,2
Fresenius Medical Care	49,2	49,2	keine Angabe	43,3
Henkel	100,0	100,0	keine Angabe	keine Angabe
Hypo-Vereinsbank	62,6	81,6	keine Angabe	48,12[1]
Infineon	49,6	81,8	keine Angabe	keine Angabe
Linde	67,6	67,6	23,8[1]	37,45[1]
Lufthansa	90,0	91,4	36,6	19,1
MAN	69,0	100,0	19,0[1]	37,0[1]
Metro	44,4	44,4	keine Angabe	keine Angabe
Münchener Rück	56,4	80,2	35,0	46,0
RWE	78,0	88,9	15,0	24,0
SAP	61,9	67,8	49,3	42,5
Schering	89,4	89,4	40,0	52,0
Siemens	93,5	93,9	48,0	56,6
Thyssen-Krupp	74,1	80,0	25,0	20,0
Tui	68,6	89,9	25,0	25,0[2]
Volkswagen	76,5	68,5	23,3[1]	38,9[1]
Durchschnitt	**72,4**	**81,5**	**35,5**	**43,8**

[1] Anteil der Ausländer (am Grundkapital in %) beinhaltet nur institutionelle und strategische Investoren, keine Erhebung über regionale Aufteilung der Privataktionäre. [2] Schätzung.

Tabelle 22: Streubesitz und Auslandsanteil der DAX-Unternehmen 2001 und 2005[92]

[92] Vgl. SOMMER 2005a, S. 29 sowie ergänzend SOMMER 2005b, S. 1.

3. Konklusion

Aus der durchgeführten intertemporalen Analyse ist als zentrales Ergebnis abzuleiten, dass in Deutschland die sozioökonomischen Rahmenbedingungen - zumindest aus der Perspektive börsennotierter Publikumsgesellschaften - seit Mitte der 1990er Jahre einem bemerkenswerten Wandel unterliegen. So wurde zum einen der im internationalen Vergleich lange Zeit schwach ausgeprägte Anlegerschutz im Rahmen der traditionell als äußerst gläubigerschutzorientiert geltenden normativen Rahmenbedingungen im Zuge zahlreicher Reformmaßnahmen seit dem Jahr 1994 erheblich verbessert, wobei insbesondere die bislang rudimentären Normierungen zur Unternehmenspublizität und deren Enforcement eine beachtliche Aufwertung erfahren haben.

Zum anderen kann im Bereich der wirtschaftlichen Rahmenbedingungen in der Zeit zwischen 1994/1995 und 2005/2006 hinsichtlich börsennotierter Publikumsgesellschaften eine erhebliche Zunahme sowohl der Eigen- als auch der Fremdkapitalmarktfinanzierung konstatiert werden, während die traditionell dominierende Finanzierung über Bankkredite kontinuierlich an Bedeutung verliert. Gleichzeitig ist im genannten Untersuchungszeitraum auch eine signifikante Reduktion der lange Zeit starken Anteilskonzentration und -verflechtung festzustellen, welche von einer weitgehenden Auflösung der ursprünglich engen Personalverflechtung in Form von Aufsichtsratsmandaten flankiert wird. Schließlich lässt sich im Hinblick auf die Anteilseignerzusammensetzung eine stetige Verschiebung der Machtverhältnisse von den ehemals dominierenden Banken und (Industrie-)Unternehmen (Insider) zugunsten (angelsächsischer) institutioneller Investoren als typische Repräsentanten der Outsider beobachten.

Im Folgenden gilt es zu eruieren, welche Auswirkungen von den aufgezeigten und in der nachstehenden Abbildung 7 nochmals zusammenfassend dargestellten Veränderungen der sozioökonomischen Rahmenbedingungen auf die Gewichtung einzelner Corporate Governance-Mechanismen und das Corporate Governance-System als Ganzes ausgehen.

		Ausprägung	
		Ausgangslage bis Mitte der 1990er Jahre	**Entwicklung seit Mitte der 1990er Jahre**
Sozioökonomische Rahmenbedingungen	**A) Normative Rahmenbedingungen**		
	▪ Schutzinteresse	Gläubigerschutz ausgeprägt	erhebliche Bedeutungszunahme des Anlegerschutzes
	▪ Normierungen zur Unternehmenspublizität	schwach ausgeprägt	erhebliche Bedeutungszunahme
	B) Wirtschaftliche Rahmenbedingungen		
	▪ Kapitalmarkt- versus Kreditfinanzierung	dominierende Bedeutung der Bankkredite als Finanzierungsinstrument; schwache Ausprägung der (Eigen- und Fremd-)Kapitalmarktfinanzierung	kontinuierlich sinkende Relevanz der Kreditfinanzierung; erhebliche Bedeutungszunahme der (Eigen- und Fremd-)Kapitalmarktfinanzierung
	▪ Anteilskonzentration und -verflechtung	hoch	weitgehende Auflösung
	▪ Anteilseignerzusammensetzung	(Industrie-)Unternehmen und Banken dominant	abnehmende Relevanz der (Industrie-)Unternehmen und Banken; erhebliche Bedeutungszunahme (angelsächsischer) institutioneller Investoren

Abbildung 7: Entwicklung sozioökonomischer Rahmenbedingungen als systembildende Determinanten seit Mitte der 1990er Jahre

D. Konsequenzen für das deutsche Corporate Governance-System

1. Interne Corporate Governance

a) Unternehmensführung durch den Vorstand

Im Hinblick auf die Unternehmensführung durch den Vorstand ist seit Mitte der 1990er Jahre bei deutschen börsennotierten Publikumsgesellschaften in Abkehr von dem - auch für diese Unternehmensgruppe - lange Zeit typischen Stakeholder-Denken[93] eine zunehmende Etablierung des Ziels einer langfristigen Steigerung des Shareholder Values als unternehmerisches Oberziel festzustellen,[94] welche - empirisch nachweisbar - seit Ende der 1990er Jahre als weitgehend abgeschlossen angesehen werden kann[95] und zwischenzeitlich auch aus aktienrechtlicher Sicht als unbedenklich gilt.[96] Gemäß der Shareholder

---

93 Vgl. hierzu Abschn. II. B dieses Hauptteils.

94 Vgl. hierzu etwa ARBEITSKREIS 2005, S. 1; BERNHARDT/WITT 1997, S. 87; HÖPNER 2005b, S. 20 f.; MANN 2003, S. 218; MATTHES 2005, S. 226; RUDOLF 2008, Rn. 19, S. 5 f.; VEST 1999, S. 151-155 m. w. N. sowie WITT 2000, S. 160. Für eine empirische Evidenz vgl. etwa die jüngeren Untersuchungen von ECKERT 2004, S. 111-313, 419 f. in Bezug auf *Hoechst* sowie von BRADLEY/SUNDARAM 2003, S. 1-48 und HÖPNER 2001, S. 9-13, die anhand verschiedener Indikatoren (u. a. Investor Relations-Aktivitäten, Informationsqualität im Rahmen der Geschäftsberichte, Einsatz wertorientierter Steuerungssysteme und -kennzahlen, Einsatz erfolgsorientierter und vor allem aktienbasierter Vergütungssysteme) seit Mitte der 1990er Jahre eine verstärkte Shareholder Value-Orientierung bei den 30 bzw. 40 größten deutschen börsennotierten Aktiengesellschaften feststellen.

95 Vgl. hierzu die im Jahr 1999 durchgeführte Umfrage von ACHLEITNER/BASSEN 2002, S. 619-635 zum Stand der Implementierung des Shareholder Values unter den DAX 100-Unternehmen. Die Untersuchung kommt zu dem Ergebnis, dass bereits Ende der 1990er Jahre eine große Akzeptanz und Anwendungsbreite des Shareholder Value-Ansatzes erreicht wurde. Zu ähnlichen Resultaten gelangen auch FELDBAUER-DURSTMÜLLER 2005, S. 181 im Rahmen ihrer Beurteilung empirischer Untersuchungen zum Stand der Umsetzung des Shareholder Values in österreichischen und deutschen börsennotierte Unternehmen sowie die Untersuchung von RUHWEDEL/SCHULTZE 2002, S. 624, wonach knapp 90 % der DAX-Unternehmen in den Geschäftsberichten des Jahres 2000 die Marktwertsteigerung als Konzernoberziel angeben.

96 Vgl. hierzu etwa FLEISCHER 2007, Rn. 30 zu § 76 AktG, S. 718; FLEISCHER 2009b, S. 195; GROH 2000, S. 2158; MÜLBERT 2005, S. 424 und SEIBT 2008a, Rn. 12 zu § 76 AktG, S. 875; zur überkommenen Rechtsauffassung vgl. etwa SCHILLING 1997, S. 373-381.

Value-Konzeption, welche maßgeblich von *Rappaport*[97] geprägt wurde, ist die Unternehmensführung aufgefordert, im primären Interesse der Anteilseigner den Marktwert des Eigenkapitals langfristig zu maximieren, indem sie wertsteigernde Investitionen realisiert und wertvernichtende Aktivitäten unterlässt.[98] Mit dieser wertorientierten Unternehmensführung geht gleichzeitig eine Einengung der Entscheidungsspielräume des Managements einher, welche im traditionellen deutschen Corporate Governance-System aufgrund des ausgeprägten Stakeholder-Ansatzes und den damit verbundenen multiplen Zielvorgaben in einem vergleichsweise großen Umfang vorhanden waren.[99]

Höpner[100] weist empirisch nach, dass die konstatierte Shareholder Value-Orientierung deutscher börsennotierter Publikumsgesellschaften zu einem wesentlichen Teil auf die vorstehend dargestellten Veränderungen der wirtschaftlichen Rahmenbedingungen[101] zurückzuführen ist und präsentiert dabei zwei Cluster an Erklärungen. So ist die zunehmende Shareholder Value-Ausrichtung auf der einen Seite externen Entwicklungen, wie der zunehmenden internationalen Konkurrenz auf den Produktmärkten, dem wachsenden Druck des Marktes für Unternehmenskontrolle[102] und vor allem der Bedeutungszunahme

---

97 Vgl. RAPPAPORT 1981, S. 139-149 sowie ausf. RAPPAPORT 1999, S. 39-70.

98 Vgl. RAPPAPORT 1981, S. 139-149; RAPPAPORT 2006, S. 69-72 sowie ergänzend FREIDANK 2000a, S. 16; MAUSBACH 2008, S. 201 sowie VOLKART 1998, S. 31-33. Zur Shareholder Value-Konzeption vgl. überdies ausf. Abschn. II. C.3.c) des Zweiten Hauptteils sowie zu ihrer theoretischen Fundierung GÜNTHER 2004, S. 319-333.

99 Vgl. hierzu etwa MATTHES 2005, S. 226 sowie SUNDARAM/INKPEN 2004, S. 354 f. Die Zielunklarheit und die damit verbundenen Aushandlungs- und Kompromisskosten stellen allgem. die Hauptkritikpunkte am Stakeholder-Ansatz dar; vgl. hierzu u. a. BÜHNER/TUSCHKE 1997, S. 502 f.; JENSEN 2002, S. 242; KUHNER 2004, S. 259 und RASKOP 2004, S. 233. Für eine umfassende Diskussion der Vor- und Nachteile des Shareholder- und Stakeholder-Ansatzes vgl. überdies BÜHNER/TUSCHKE 1997, S. 500-514; BUSSE VON COLBE 1997, S. 289 f.; DRILL 1995, S. 32 f.; JENSEN 2002, S. 241-243; LUTZ 1999, S. 187-198; VEST 1999, S. 155-163, 252 sowie WÖHE 2008, S. 57-59.

100 Vgl. hierzu und in der Folge HÖPNER 2001, S. 5-38 sowie HÖPNER 2003a, S. 30-207.

101 Vgl. diesbezüglich Abschn. II. C.2 dieses Hauptteils.

102 Vgl. hierzu ausf. Abschn. II. D.2.b) dieses Hauptteils.

(angelsächsischer) institutioneller Investoren als Anteilseigner[103] geschuldet.[104] In diesem Zusammenhang weist *Höpner* unter anderem einen positiven und signifikanten Zusammenhang zwischen einem von ihm konstruierten Shareholder Value-Index und der Anzahl der von institutionellen Investoren gehaltenen Aktien nach. Auf der anderen Seite führen interne Entwicklungen - wie etwa veränderte Karrieremuster von Topmanagern oder auch an den Aktienkurs gekoppelte Managementgehälter - dazu, dass der externe Druck für eine Shareholder Value-Ausrichtung intern auf einen fruchtbaren Boden fällt. In einer Gesamtschau verhalten sich Unternehmen umso Shareholder Value-orientierter, je größer der Aktienanteil ist, der sich in den Händen (angelsächsischer) institutioneller Investoren befindet, je mehr die Anteilseignerstrukturen der Gesellschaften eine feindliche Übernahme ermöglichen, das heißt umso breiter die Unternehmensanteile gestreut sind, und je mehr der Absatz der Unternehmen dem internationalen Wettbewerb ausgesetzt ist.

Neben den veränderten wirtschaftlichen Determinanten begünstigten jedoch auch die seit Mitte der 1990er stattgefundenen Entwicklungen im Bereich der normativen Rahmenbedingungen[105] die zunehmende Shareholder Value-Orientierung deutscher börsennotierter Publikumsgesellschaften. Einer empirischen Untersuchung von *Bradley/Sundaram*[106] zufolge kommt in diesem Zusammenhang der (befreienden) Anwendung internationaler Rechnungslegungsstandards (IFRS, US-GAAP) in den Konzernabschlüssen börsennotierter Unternehmen eine besondere Bedeutung zu, welche durch das KapAEG 1998 ermöglicht wurde. Eine zentrale Rolle spielte zudem die im Zuge des KonTraG 1998 wesentlich erleichterte Begebung von Aktienoptionsprogrammen.

---

103 Vgl. hierzu im Einzelnen Abschn. II. C.2.c) dieses Hauptteils.

104 Auch nach Auffassung von DEUTSCH 1997, S. 27 f.; LABBÉ 2005, S. 2089; MATTHES 2005, S. 217 und STEIGER 2001, Sp. 533 gelten (angelsächsische) institutionelle Investoren als zentraler Katalysator des Shareholder Value-Denkens deutscher Unternehmen.

105 Vgl. hierzu Abschn. II. C.1 dieses Hauptteils.

106 Vgl. hierzu und in der Folge BRADLEY/SUNDARAM 2003, S. 16 f., 31.

b) Überwachung durch den Aufsichtsrat einschließlich Unterstützungsfunktion des (Konzern-)Abschlussprüfers

Von den vorstehend skizzierten Entwicklungen der sozioökonomischen Rahmenbedingungen[107] gehen in Bezug auf den Aufsichtsrat und seine traditionell dominierende Stellung als Überwachungsmechanismus im Corporate Governance-System deutscher börsennotierter Publikumsgesellschaften[108] seit Mitte der 1990er Jahre zwei wesentliche und gleichzeitig gegenläufige Effekte aus.

So intendieren auf der einen Seite zahlreiche normative Maßnahmen, wie insbesondere das KonTraG 1998, der DCGK 2002, das TransPuG 2002 sowie jüngst das BilMoG 2009 und das VorstAG 2009,[109] eine Effektuierung und damit Stärkung der internen Überwachung durch den Aufsichtsrat.[110] Einen wesentlichen Gegenstand dieser Reformen stellt in diesem Zusammenhang die Unterstützung des Aufsichtsrats durch den (Konzern-)Abschlussprüfer dar.[111] Die Betonung der Unterstützungsfunktion manifestiert sich dabei zuvorderst in der direkten Erteilung des Prüfungsauftrags durch den Aufsichtsrat und der damit korrespondierenden Vorlage des Prüfungsberichts an den Supervisor beziehungsweise seine Mitglieder, in der Konkretisierung und Erweiterung der Berichterstattung des (Konzern-)Abschlussprüfers an den Aufsichtsrat sowie in der Einführung einer allgemeinen Teilnahme- und Berichtspflicht des (Konzern-)Abschlussprüfers an den Bilanzsitzungen des Aufsichtsrats.[112] Daneben beinhalten die genannten Novellierungen auch eine Konkretisierung

---

107 Vgl. hierzu Abschn. II. C dieses Hauptteils.

108 Zur traditionellen Charakterisierung des deutschen Corporate Governance-Systems vgl. Abschn. II. B dieses Hauptteils.

109 Zu den Inhalten der genannten Reformen vgl. im Einzelnen Abschn. II. C.1 dieses Hauptteils.

110 Zu dieser Wertung vgl. auch DUTZI 2005, S. 88, der in diesem Zusammenhang unter Rückgriff auf Normierungen zur Verbesserung des Anlegerschutzes gleichzeitig auf eine Stärkung der Outsider verweist.

111 Vgl. diesbezüglich auch DUTZI 2005, S. 63 f., 88.

112 Vgl. hierzu und in der Folge ausf. VELTE 2010b, S. 241-247, 256 f.

des Anforderungsprofils von Aufsichtsratsmitgliedern im Hinblick auf ihre Qualifikation, Unabhängigkeit und zeitliche Verfügbarkeit, eine Spezifizierung und Erweiterung der Aufgaben des Supervisors sowie eine stärkere Betonung der Ex ante-Überwachung durch Ausweitung und Konkretisierung der Informationsversorgung des Aufsichtsrats seitens des Vorstands und die Pflicht des Überwachungsorgans zur Festlegung von Zustimmungsvorbehalten.

Auf der anderen Seite ist jedoch auch im Hinblick auf die traditionellen wirtschaftlichen Rahmenbedingungen [starke Anteilskonzentration und -verflechtung sowie Illiquidität des (Eigen-)Kapitalmarkts], die mitunter zu einer wesentlichen Einschränkung der Exit-Option der Anteilseigner und damit korrespondierend zu einer dominierenden Stellung des Aufsichtsrats als Überwachungsmechanismus führten,[113] ein bemerkenswerter Wandel zu beobachten. So lässt sich - wie bereits aufgezeigt - [114] seit Mitte der 1990er Jahre eine zunehmende Auflösung der Anteilskonzentration und -verflechtung sowie eine beachtliche Bedeutungszunahme des (Eigen-)Kapitalmarkts feststellen, womit gleichzeitig eine Abnahme der Anreize für eine kostenintensive Ausübung der Voice-Option über den Aufsichtsrat verbunden sein dürfte. Deutlich zeigt sich diese Entwicklung etwa bei den großen deutschen Privatbanken als ehemals bedeutende Insider, die ihre Aufsichtsratsmandate massiv reduzieren[115] und sich aus der internen Überwachung zurückziehen.[116] *Höpner*[117] weist in diesem Zusammenhang empirisch nach, dass an die Stelle der Bankvertreter beginnend ab 1995 ehemalige Manager derselben Unternehmen treten, woraus aufgrund einer möglichen Beeinträchtigung der Unabhängigkeit der Aufsichtsratsmitglieder eine zusätzliche faktische Schwächung der internen Überwachung durch den Supervisor abgeleitet werden kann.

---

113 Zu diesem Erklärungsansatz vgl. bereits Abschn. II. B dieses Hauptteils.

114 Vgl. Abschn. II. C.2.a) und C.2.b) dieses Hauptteils.

115 Für empirische Daten zur Reduktion der Aufsichtsratsmandate von Banken im Zeitablauf vgl. im Einzelnen Abschn. II. C.2.b) dieses Hauptteils.

116 Vgl. hierzu etwa HACKETHAL/SCHMIDT/TYRELL 2005, S. 403 f. sowie LANE 2003, S. 89.

117 Vgl. HÖPNER 2003a, S. 138 f. sowie HÖPNER 2004, S. 273 f.

In einer Gesamtschau haben die aus den dargelegten Entwicklungen der sozioökonomischen Rahmenbedingungen seit Mitte der 1990er Jahre resultierenden (gegenläufigen) Effekte dazu geführt, dass der internen Überwachung durch den Aufsichtsrat zwar nach wie vor eine hohe Bedeutung zukommt, diese jedoch nicht mehr wie ursprünglich den (allein) dominierenden Überwachungsmechanismus im Rahmen des Corporate Governance-Systems deutscher börsennotierter Publikumsgesellschaften verkörpert.[118]

2. Externe Corporate Governance

a) Überwachung durch Aktionäre

Die Überwachung durch Aktionäre als Outsider, welche im traditionellen deutschen Corporate Governance-System lange Zeit eine nur sehr untergeordnete Rolle spielte,[119] hat mit Blick auf börsennotierte Publikumsgesellschaften seit Mitte der 1990er Jahre eine erhebliche Bedeutungszunahme erfahren.[120]

Begünstigt wurde diese Entwicklung zum einen durch zahlreiche Reformmaßnahmen im Bereich der rechtlichen Rahmenbedingungen, die unstreitig zu einer erheblichen Verbesserung des Anlegerschutzes geführt haben.[121] Zu nennen sind in diesem Zusammenhang insbesondere das 2., 3. und 4. Finanzmarktförderungsgesetz aus den Jahren 1994, 1998 und 2002, das KonTraG 1998, das AnSVG 2004, das KapMuG 2005 sowie das ARUG 2009.[122]

---

118 Vgl. im Ergebnis wohl auch BEYER 2006, S. 79 f. sowie MANN 2003, S. 297, der ebenfalls unter Berücksichtigung der dargelegten Entwicklungen im Rahmen der sozioökonomischen Rahmenbedingungen von ausgeprägten internen Corporate Governance-Mechanismen ausgeht.

119 Vgl. hierzu bereits Abschn. II. B dieses Hauptteils.

120 Vgl. ebenso HÖPNER 2003a, S. 139; HÖPNER 2004, S. 273 und MANN 2003, S. 295.

121 Vgl. hierzu auch DUTZI 2005, S. 68-70.

122 Zu den Inhalten der genannten Reformen vgl. Abschn. II. C.1 dieses Hauptteils.

Zum anderen ist die Stärkung der Überwachung durch Aktionäre auch in veränderten wirtschaftlichen Rahmenbedingungen begründet. So sind mit dem Rückgang der Anteilskonzentration, der weitgehenden Auflösung von Kapital- und Personalverflechtungen sowie der damit einhergehenden Erhöhung der Liquidität des (Eigen-)Kapitalmarkts[123] wesentliche Hemmnisse für eine Überwachung von außen entfallen.[124] Flankierend hierzu erfährt die Überwachung in Gestalt der Aktionäre eine weitere Unterstützung durch die jüngeren Veränderungen in der Anteilseignerzusammensetzung deutscher börsennotierter Unternehmen, das heißt durch die abnehmende Relevanz von Banken und (Industrie-)Unternehmen bei gleichzeitiger Bedeutungszunahme (angelsächsischer) institutioneller Investoren,[125] und des damit verbunden Paradigmenwechsels im Hinblick auf die Wahl des zum Einsatz kommenden Überwachungsmodus. Während Banken und (Industrie-)Unternehmen ihre Überwachung in erster Linie über informelle Kontakte oder interne Gesellschaftsgremien, wie insbesondere den Aufsichtsrat, ausüben,[126] nehmen (angelsächsische) institutionelle Investoren in der Regel eine aktive Rolle im Rahmen der marktorientierten Überwachung ein,[127] wobei sie in diesem Zusammenhang sowohl eine Exit- als auch eine Voice-Strategie wählen können.[128] Als notwendige Voraussetzung für die Exit-Strategie halten (angelsächsische) institutionelle Investoren dabei nur geringe Anteile, die selten höher sind als 2 % des Aktienkapitals.[129] Nur so können sie gegenüber der Unter-

---

123 Vgl. hierzu bereits Abschn. II. C.2.a) und C.2.b) dieses Hauptteils.

124 Vgl. ebenso MANN 2003, S. 295 sowie im Ergebnis HÖPNER 2003a, S. 206.

125 Vgl. diesbezüglich Abschn. II. C.2.c) dieses Hauptteils.

126 Vgl. hierzu ausf. Abschn. II. B dieses Hauptteils.

127 Vgl. DUTZI 2005, S. 39 f. und HÖPNER 2003a, S. 100, 104.

128 Vgl. hierzu und in der Folge WINDOLF 2005b, S. 38 f. Institutionelle Investoren favorisieren dabei offenbar überwiegend die Exit-Option; vgl. diesbezüglich die empirischen Erkenntnisse bei STEIGER 2000, S. 174 sowie ergänzend HÖPNER 2003a, S. 104 und SCHMOLKE 2007, S. 713 m. w. N.

129 Diese Feststellung findet auch eine Bestätigung in dem vorstehend konstatierten Rückgang der Anteilskonzentration und der gleichzeitigen Bedeutungszunahme (an-

(Fortsetzung der Fußnote auf der nächsten Seite)

nehmensführung jederzeit glaubhaft mit der Exit-Option drohen. Die daneben zur Verfügung stehende Voice-Option üben (angelsächsische) institutionelle Investoren primär als Kollektiv aus, wobei die Einflussnahme nicht intern über Sitze im Aufsichtsrat, sondern vielmehr von außen erfolgt,[130] indem sie ihre Eigentumsrechte im Rahmen von Hauptversammlungen ausüben.[131]

b) Überwachung durch den Markt für Unternehmenskontrolle

Die Gruppe der deutschen börsennotierten Publikumsgesellschaften sieht sich - im Gegensatz zur Situation im traditionellen deutschen Corporate Governance System - [132] seit Ende der 1990er Jahre neben einer verstärkten Überwachung durch Aktionäre[133] auch dem Zugriff des Marktes für Unternehmenskontrolle ausgesetzt.[134] So zeigte etwa der Fall *Mannesmann AG* im Jahre 2000,

---

gelsächsischer) institutioneller Investoren; vgl. hierzu Abschn. II. C.2.b) und C.2.c) dieses Hauptteils.

130 Dies zeigt sich auch im Rahmen der vorstehend referierten empirischen Untersuchung von *Höpner* (vgl. hierzu Abschn. II. D.1.b) dieses Hauptteils), wonach die Bankvertreter in den Aufsichtsräten seit Mitte der 1990er Jahre nicht durch (angelsächsische) institutionelle Investoren, sondern vielmehr durch ehemalige Manager derselben Unternehmen ersetzt werden. Ein Grund hierfür ist sicherlich darin zu sehen, dass die Nähe zum unternehmensinternen Informationsfluss institutionelle Investoren kapitalmarktrechtlich zu Insidern machen und sie damit in einer auftretenden Krise daran hindern würde, ihre Anteile zu veräußern; vgl. hierzu etwa DAVIES 2001, S. 280; TEICHMANN 2001, S. 655 sowie WYMEERSCH 2001, S. 317.

131 Der empirisch ebenfalls feststellbare Weg der Einflussnahme institutioneller Investoren über sog. „One-on-Ones", d. h. über persönliche Gespräche mit der Unternehmensführung (vgl. hierzu BASSEN 2002a, S. 257; BASSEN 2002b, S. 432), ist aufgrund des insiderrechtlichen Verbots einer selektiven Weitergabe kursrelevanter Informationen als problematisch anzusehen und wird aus diesem Grunde künftig an Bedeutung verlieren; vgl. hierzu SCHMOLKE 2007, S. 715 m. w. N.

132 Vgl. hierzu Abschn. II. B dieses Hauptteils.

133 Vgl. diesbezüglich Abschn. II. D.2.a) dieses Hauptteils.

134 Vgl. BEYER 2006, S. 78 f.; HÖPNER/JACKSON 2001a, S. 2, 43; HÖPNER/JACKSON 2001b, S. 2, 18 f.; HÖPNER/JACKSON 2003, S. 160; HÖPNER/JACKSON 2006, S. 142, 153 f. sowie MANN 2003, S. 295. Auch nach Auffassung von HOPT 2009, S. 47 sowie HOMMELHOFF/HOPT/WERDER 2009, S. V haben sich feindliche Übernahmen in Deutschland mittlerweile fest etabliert.

dass selbst erfolgreiche Unternehmen mit einer hohen Börsenkapitalisierung vor feindlichen Übernahmen nicht mehr geschützt sind. Zudem weist ein Großteil der DAX-Unternehmen bereits im Jahr 2005 einen Streubesitzanteil von mindestens 75 % auf,[135] womit diese Gesellschaften prinzipiell als übernehmbar gelten.[136]

Höpner/Jackson[137] zeigen anhand einer Fallstudie zu der bereits angesprochenen feindlichen Übernahme der *Mannesmann AG* durch die *Vodafone Airtouch PLC* die Ursachen für die Entstehung eines Marktes für Unternehmenskontrolle in Deutschland auf, welche weitgehend auf die vorstehend dargelegten Entwicklungen im Bereich der wirtschaftlichen und rechtlichen Rahmenbedingungen[138] zurückgehen. Der gewichtigste Faktor ist dabei nach Auffassung von *Höpner/Jackson* in der Umorientierung der großen deutschen Privatbanken vom Hausbank- zum Investmentbankparadigma[139] und dem damit verbundenen Effekt zu sehen, dass die Banken ihre Rolle als Beschützer gegen feindliche Übernahmen aufgegeben haben. Ein weiterer bedeutender Grund für die Evolution eines Marktes für Unternehmenskontrolle in Deutschland besteht in der seit Mitte der 1990er Jahr zu beobachtenden Veränderung in den Eigentümerstrukturen deutscher börsennotierter Aktiengesellschaften. Wie bereits anhand empirischer Daten aufgezeigt,[140] erhöhte sich seit Mitte der 1990er Jahre zum einen der Anteil des Streubesitzes und zum anderen die Bedeutung (angelsächsischer) institutioneller Investoren als Anteilseigner der in Rede

---

135 Vgl. diesbezüglich Abschn. II. C.2.c) dieses Hauptteils.

136 Vgl. HÖPNER/JACKSON 2002, S. 365. Diese Annahme findet eine Bestätigung in der Übernahme der *Continental AG* durch die *Schaeffler KG* im Jahr 2008; zu diesem Übernahmevorgang vgl. CHWOLKA/REICHLING/KRYVKO 2009, S. 958 und SCHANZ 2008, S. 1899 f.

137 Vgl. hierzu und in der Folge HÖPNER/JACKSON 2001a, S. 23-47; HÖPNER/JACKSON 2001b, S. 9-24; HÖPNER/JACKSON 2003, S. 153-165; HÖPNER/JACKSON 2006, S. 146-152.

138 Vgl. hierzu im Einzelnen Abschn. II. C dieses Hauptteils.

139 Zum Paradigmenwechsel großer deutscher Privatbanken in Richtung Investmentbanking vgl. bereits Abschn. II. C.2.a) und C.2.b) dieses Hauptteils.

140 Vgl. Abschn. II. C.2.b) und C.2.c) dieses Hauptteils.

stehenden Unternehmensgruppe. Beide Entwicklungen begünstigen entscheidend die Durchführung feindlicher Übernahmen,[141] wobei flankierend zu berücksichtigen ist, dass auch die Mitbestimmung aufgrund ihrer zunehmenden Produktivitätsorientierung nicht mehr als Hindernis feindlicher Übernahmen angesehen werden kann. Daneben entfiel im Bereich der normativen Rahmenbedingungen eine weitere institutionelle Barriere für feindliche Übernahmen mit dem im Zuge des KonTraG 1998 eingeführten Verbot von Höchststimmrechten. Mithilfe dieses Instruments konnte bis dahin verhindert werden, dass der Aufkauf der Aktienmehrheit auch gleichzeitig die Stimmrechtsmajorität bedeutete.[142] Eine Förderung erfuhr die Entwicklung eines Marktes für Unternehmenskontrolle schließlich durch spezifische legislative Reformmaßnahmen, wie insbesondere das WpÜG 2001 und das ÜUG 2006, welche die Schaffung eines verlässlichen und justiziablen Rechtsrahmens zur Gewährleistung fairer und geordneter Übernahmeverfahren zum Gegenstand haben.[143]

c) Unternehmenspublizität

(1) Vorbemerkung

Wie die vorstehenden Ausführungen verdeutlicht haben, ist im Rahmen des Corporate Governance-Systems deutscher börsennotierter Publikumsgesellschaften eine bemerkenswerte Bedeutungszunahme der externen Überwachungsmechanismen zu konstatieren.[144] Da ihre Funktionsfähigkeit eine ausgeprägte Informationsversorgung bedingt,[145] ist - systemgerecht - auch eine

---

141 Vgl. ebenso MONOPOLKOMMISSION 2006, Rn. 363, S. 225.

142 Vgl. hierzu auch MANN 2003, S. 210 f. sowie MATTHES 2005, S. 236.

143 Zu den Inhalten der genannten Reformgesetze vgl. im Einzelnen Abschn. II. C.1 dieses Hauptteils.

144 Vgl. hierzu Abschn. II. D.2.a) und D.2.b) dieses Hauptteils.

145 Vgl. etwa BÖCKING 2003, S. 252; HOPT 2009, S. 60 sowie WERNER 2008, S. 249.

entsprechende Aufwertung der Unternehmenspublizität zu beobachten.[146] Diese Entwicklung lässt sich wiederum auf den bereits aufgezeigten Wandel bedeutender sozioökonomischer Rahmenbedingungen[147] zurückführen.

Der entscheidende Impetus für die in Rede stehende Systementwicklung ist dabei im Rahmen der wirtschaftlichen Rahmenbedingungen zu suchen und primär in der zunehmenden Bedeutung (angelsächsischer) institutioneller Investoren als typische Vertreter der so genannten Outsider[148] zu finden. So fordert diese Investorengruppe als Grundlage ihrer externen Überwachung[149] eine umfassende Offenlegung entscheidungsrelevanter Informationen.[150] Hierdurch kommt es - verbunden mit der Auflösung der traditionell starken Anteilskonzentration sowie Kapital- und Personalverflechtungen[151] - zu einer wachsenden Informationsexternalisierung in Gestalt der Unternehmenspublizität,[152] wohingegen bei der ehemaligen Vorherrschaft von Unternehmensnetzwerken unter der Regie von Banken und (Industrie-)Unternehmen als typische Repräsentanten der Insider eine Informationsinternalisierung stattfand.[153] Diese Entwicklung betrifft - wie die nachfolgenden Ausführungen zeigen werden - sowohl das Business Reporting i. e. S. als auch das Corporate Governance Reporting und spiegelt sich gleichzeitig verstärkt auf der normativen Ebene wider.

---

146 Vgl. zu dieser Feststellung auch DUTZI 2005, S. 61; SICK 2008, S. 60 sowie aus juristischer Sicht BAUM 2005, S. 28 sowie MERKT 2007, S. 537.

147 Vgl. hierzu im Einzelnen Abschn. II. C dieses Hauptteils.

148 Zur Bedeutungszunahme (angelsächsischer) institutioneller Investoren als Anteilseigner deutscher börsennotierter Unternehmen vgl. im Einzelnen Abschn. II. C.2.c) dieses Hauptteils.

149 Zum Überwachungsverhalten (angelsächsischer) institutioneller Investoren vgl. Abschn. II. D.2.a) dieses Hauptteils.

150 Vgl. stellv. CALPERS 1998, S. 7 f.

151 Vgl. hierzu Abschn. II. C.2.b) dieses Hauptteils.

152 Vgl. ebenso MATTHES 2005, S. 225; MONOPOLKOMMISSION 2006, Rn. 364, S. 225 sowie RUDOLPH 2003, S. 2060.

153 Vgl. etwa GERUM 2007, S. 95 und HACKETHAL/SCHMIDT 2000, S. 65-67.

(2) Business Reporting im engeren Sinne

Vor allem (angelsächsische) institutionelle Investoren verlangen, wie vorstehend festgestellt,[154] umfassende entscheidungsrelevante Informationen, die ihnen eine sachgerechte Unternehmensbewertung ermöglichen. Neben Angaben zur internen Corporate Governance,[155] betrifft dies auch rechnungslegungsbezogene Informationen, die im Rahmen des Business Reportings i. e. S. bereitgestellt werden.[156] Wie empirische Untersuchungen zeigen, hat das Business Reporting i. e. S. auch in Deutschland seit Ende der 1990er Jahre sowohl an Umfang als auch an Qualität gewonnen.[157]

Neben dieser Entwicklung ist auch die Tendenz festzustellen, dass die in Rede stehende Berichterstattung in verstärktem Maße eine gesetzliche Verankerung erfährt, womit dem Financial Accounting als normiertem Teil des Business Reportings i. e. S.[158] zunehmend Bedeutung zukommt.[159] Wie sich aus der vorstehenden intertemporalen Analyse der normativen Rahmenbedingungen[160] ableiten lässt, manifestiert sich dies sowohl in einer erheblichen inhaltlichen - insbesondere zukunfts- und risikoorientierten - Erweiterung bestehender Accounting-Elemente, wie etwa der (Konzern-)Lageberichterstattung im Zuge des KonTraG 1998 und des BilReG 2004, als auch in Form neuer Publizitätsinstrumente. Zu nennen sind in diesem Zusammenhang in erster Linie die Segmentberichterstattung, die Kapitalflussrechnung und der Eigenkapitalspiegel

---

154 Vgl. hierzu Abschn. II. D.2.c)(1) dieses Hauptteils.

155 Zum Corporate Governance Reporting vgl. Abschn. II. D.2.c)(3) dieses Hauptteils.

156 Vgl. zu der dieser Abhandlung zugrunde gelegten terminologischen Abgrenzung Abschn. I. B.3.c) dieses Hauptteils.

157 Vgl. hierzu etwa FISCHER/WENZEL 2005, S. 74-81 und WENZEL 2006, S. 430-436.

158 Zu dieser definitorischen Festlegung vgl. Abschn. I. B.3.c) dieses Hauptteils.

159 Diese Tendenz stellen auch BAETGE/HEUMANN 2006a, S. 41 fest. In Bezug auf die der vorliegenden Arbeit zugrunde gelegte Systematisierung nimmt im Rahmen des Business Reportings i. e. S. der Anteil des Value Reportings i. e. S. entsprechend ab.

160 Vgl. hierzu sowie zu den Inhalten der im Folgenden referierten Reformmaßnahmen ausf. Abschn. II. C.1 dieses Hauptteils.

als bedeutende Normierungsgegenstände des KonTraG 1998, des TransPuG 2002 sowie des BilReG 2004.

Daneben ist - mithin ausgelöst durch Initiativen der *Europäischen Union* - eine verstärkte Orientierung insbesondere der Konzernrechnungslegung an den als investororientiert geltenden angelsächsischen Rechnungslegungsgrundsätzen zu beobachten. Dies zeigt sich etwa an der - wenn auch nur punktuellen - Einführung des Fair Value Accounting im Zuge der Richtlinie 2001/65/EG, welche primär durch das BilReG 2004 in nationales Recht umgesetzt wurde. Noch einen Schritt weiter geht das BilReG 2004 in Anwendung der Verordnung (EG) Nr. 1606/2002, indem es für die im Rahmen dieser Abhandlung im Vordergrund stehenden kapitalmarktorientierten Mutterunternehmen eine verpflichtende Anwendung der IFRS (endorsed) im Rahmen des Konzernabschlusses vorsieht. Im vorliegenden Kontext ist dies insofern von hoher Relevanz, als sich die IFRS in der Tendenz zu einem Full Fair Value Accounting entwickeln.[161] Flankierend zu dieser Regelung, welche die im Zuge des KapAEG 1998 eingeführte und bis Ende 2004 befristete Öffnungsklausel für die befreiende Erstellung eines Konzernabschlusses nach IFRS oder US-GAAP ablöste, wurde im Rahmen des BilReG 2004 auch ein Wahlrecht zur Aufstellung eines (zusätzlichen) IFRS-Einzelabschlusses für Informationszwecke eingeführt. Darüber hinaus fand jüngst im Zuge des BilMoG 2009 eine weitere moderate Annäherung der Vorschriften des deutschen Handelsrechts an die IFRS statt. Hervorzuheben ist in diesem Zusammenhang die Abschaffung zahlreicher Ansatz-, Bewertungs- und Ausweiswahlrechte sowie die punktuelle Übernahme internationaler Rechnungslegungsgrundsätze, wie etwa die partielle Aufhebung des Verbots der Aktivierung selbst geschaffener immaterieller Vermögensgegenstände des Anlagevermögens. Um dem Verlangen der Investoren zudem nach zeitnahen rechnungslegungsbezogenen Informationen nachzukommen, erfuhr schließlich auch die unterjährige Berichterstattung, zuletzt durch das TUG 2007, eine bemerkenswerte normative Ausweitung.

---

161 Vgl. hierzu weiterführend FREIDANK/VELTE/WEBER 2010.

(3) Corporate Governance Reporting

Den erhöhten Informationsbedürfnissen (angelsächsischer) institutioneller Investoren entsprechend, verkörpert neben dem Business Reporting i. e. S.[162] zunehmend auch die interne Corporate Governance einen bedeutenden Publizitätsschwerpunkt.[163] Dies ist gerechtfertigt, da - wie noch zu zeigen sein wird - [164] auf Grundlage der Neuen Institutionenökonomie und anhand empirischer Untersuchungen gezeigt werden kann, dass der Marktwert des Unternehmens maßgeblich auch durch die Güte der unternehmensspezifischen Corporate Governance determiniert wird.

Diese ökonomische Erkenntnis berücksichtigend, bilden neben rechnungslegungsbezogenen Informationen mit zunehmender Intensität auch Angaben zur internen Corporate Governance den Gegenstand normativer Initiativen.[165] Diese Entwicklung kommt - wie es der vorstehend durchgeführten intertemporalen Analyse normativer Rahmenbedingungen entnommen werden kann - [166] in nennenswerter Weise erstmals durch den DCGK 2002[167] und die flankierend hierzu im Rahmen des TransPuG 2002 eingeführte Entsprechenserklärung gemäß § 161 AktG zum Ausdruck. Während der Vorstand und Aufsichtsrat börsennotierter Gesellschaften nach § 161 AktG in der Fassung des TransPuG 2002[168] aufgefordert werden, jährlich zu erklären, dass den Empfeh-

---

162 Vgl. hierzu Abschn. II. D.2.c)(2) dieses Hauptteils.

163 Vgl. etwa HOMMELHOFF 2004, S. 304 f.; SCHEFFLER 2005, S. 479 und WERDER 2010, Rn. 534, S. 168 f.

164 Vgl. hierzu im Einzelnen Abschn. III dieses Hauptteils.

165 Vgl. diesbezüglich Abschn. II. C.1 dieses Hauptteils.

166 Vgl. hierzu sowie zu den Inhalten der im Folgenden referierten Reformmaßnahmen ausf. Abschn. II. C.1 dieses Hauptteils.

167 Der DCGK wurde im Februar 2002 in seiner Erstfassung vorgelegt, in der Zwischenzeit mehrfach überarbeitet und liegt aktuell (Stand: 15.07.2010) in der Fassung vom 26.05.2010 vor.

168 Es sei an dieser Stelle darauf hingewiesen, dass § 161 AktG zwischenzeitlich im Rahmen des BilMoG 2009 eine Modifikation erfahren hat und in diesem Zusammenhang

(Fortsetzung der Fußnote auf der nächsten Seite)

lungen des DCGK entsprochen wurde und wird oder welche Empfehlungen nicht angewendet wurden oder werden, geht der DCGK 2002 noch einen Schritt weiter, indem er börsennotierten Gesellschaften in Satz 1 seiner Randnummer 3.10 empfiehlt, jährlich im Geschäftsbericht über die Corporate Governance des Unternehmens zu berichten.

Eine weitere normative Stärkung erfuhr das Corporate Governance Reporting im Zuge des VorstOG 2005 und des VorstAG 2009, indem eine gesetzliche Pflicht börsennotierter Aktiengesellschaften zur individualisierten Offenlegung von Vorstandsvergütungen im (Konzern-)Anhang oder alternativ in einem gesonderten Vergütungsbericht als Teil des (Konzern-)Lageberichts eingeführt wurde.[169] Den vorläufigen Abschluss hinsichtlich der Normierung der Corporate Governance-Berichterstattung stellt die im Rahmen des BilMoG 2009 implementierte Bestimmung des § 289 a HGB dar. Diese Vorschrift sieht - in erster Linie für börsennotierte Aktiengesellschaften - [170] die Pflicht zur Erstellung einer jährlichen Erklärung zur Unternehmensführung vor, welche mitunter eine Beschreibung der Arbeitsweise von Vorstand und Aufsichtsrat sowie der Zusammensetzung und Arbeitsweise ihrer Ausschüsse zum Gegenstand hat.[171] Die in Rede stehende Erklärung kann dabei entweder in einen

---

u. a. zu einem echten Comply or Explain-Ansatz ausgebaut wurde. So darf sich die Entsprechenserklärung nach § 161 AktG nun nicht mehr allein auf die Darstellung des Umfangs der Befolgung von Empfehlungen des DCGK beschränken, sondern muss vielmehr im Falle eines Abweichens zwingend auch eine Begründung hierfür beinhalten; vgl. hierzu weiterführend WEBER/LENTFER/KÖSTER 2008, S. 36 sowie WERDER/TALAULICAR/PISSARCZYK 2010, S. 63.

169 Von der in Rede stehenden Veröffentlichung kann nur dann abgesehen werden, wenn dies die Hauptversammlung mit einer qualifizierten Mehrheit von drei Vierteln des bei der Beschlussfassung vertretenen Grundkapitals beschlossen hat (sog. Opting Out); vgl. hierzu bereits Abschn. II. C.1 dieses Hauptteils.

170 Diese Regelung betrifft gem. § 289 a Abs. 1 Satz 1 HGB daneben auch Aktiengesellschaften, die ausschließlich andere Wertpapiere als Aktien zum Handel an einem organisierten Markt i. S. d. § 2 Abs. 5 WpHG ausgegeben haben und deren ausgegebene Aktien auf eigene Veranlassung über ein multilaterales Handelssystem i. S. d. § 2 Abs. 3 Satz 1 Nr. 8 WpHG gehandelt werden.

171 Zur Erklärung zur Unternehmensführung gem. § 289 a HGB vgl. ausf. BISCHOF/SELCH 2008, S. 1026-1031; BÖCKING/EIBELSHÄUSER 2009, S. 567-572; FREIDANK/NOORI 2010,

(Fortsetzung der Fußnote auf der nächsten Seite)

gesonderten Abschnitt des Lageberichts aufgenommen oder - bei einem entsprechenden Verweis im Lagebericht - auf der Internetseite des Unternehmens veröffentlicht werden.[172]

d) Enforcement der Unternehmenspublizität

Im Hinblick auf die Frage, inwieweit Informationsasymmetrien zwischen der Unternehmensverwaltung auf der einen und den Outsidern auf der anderen Seite zum Abbau gelangen können, ist - wie bereits ausgeführt - [173] nicht allein der Berichtsinhalt, sondern ebenso die Verlässlichkeit der übermittelten Informationen von Relevanz. Vor diesem Hintergrund ist es systemgerecht, dass im Zuge einer an Intensität gewinnenden Überwachung durch Outsider[174] neben der Unternehmenspublizität[175] auch dem diesbezüglichen Enforcement eine erhöhte Bedeutung zukommt. Diese Entwicklung wird dabei entscheidend vonseiten des nationalen Gesetzgebers gefördert, indem er - wie es die intertemporale Analyse der normativen Rahmenbedingungen verdeutlicht - [176] die Instrumente des (unternehmensverwaltungs-)externen Enforcement, das heißt die (Konzern-)Abschlussprüfung, die Kapitalmarktaufsicht sowie die Organhaftung für Falschinformation des Kapitalmarkts,[177] wiederholt ins Zentrum seiner Reformmaßnahmen rückt.

S. 95 f.; KOCHER 2010, S. 1034-1037; PAETZMANN 2009a, S. 64-66; PAETZMANN 2009b, Rn. 1-17 zu § 289 a HGB, S. 1503-1508 und WEBER/LENTFER/KÖSTER 2008, S. 35-42.

172 Vgl. kritisch hierzu WEBER/LENTFER/KÖSTER 2008, S. 36.

173 Vgl. diesbezüglich bereits Abschn. I. B.1 und B.3.d) dieses Hauptteils.

174 Zur steigenden Bedeutung der externen Überwachung durch Aktionäre sowie den Markt für Unternehmenskontrolle vgl. Abschn. II. D.2.a) sowie D.2.b) dieses Hauptteils.

175 Vgl. diesbezüglich Abschn. II. D.2.c) dieses Hauptteils.

176 Vgl. hierzu ausf. Abschn. II. C.1 dieses Hauptteils.

177 Zur definitorischen Abgrenzung des (unternehmensverwaltungs-)externen Enforcement vgl. Abschn. I. B.3.d) dieses Hauptteils.

Besonders deutlich kommt die gesetzgeberische Betonung des Enforcement bei der (Konzern-)Abschlussprüfung zum Ausdruck, deren Qualitätssicherung und -verbesserung mitunter Gegenstand des KonTraG 1998, des WPOÄG 2000, des WPRefG 2003, des APAG 2004, des BilReG 2004, des BARefG 2007 sowie jüngst des BilMoG 2009 war.[178] Im Zuge der genannten Gesetzesinitiativen erfolgte mitunter eine Neufassung der Inhalte des Bestätigungsvermerks, eine mehrmalige Verschärfung der Unabhängigkeitserfordernisse, die Einführung und Effektuierung eines externen Qualitätskontrollsystems sowie eine kontinuierliche Weiterentwicklung der Berufsaufsicht.[179]

Flankierend zur (Konzern-)Abschlussprüfung forcierte der Gesetzgeber den Enforcement-Gedanken durch den Ausbau der Kapitalmarktaufsicht in Gestalt der *BaFin* und der *DPR*, indem er im Rahmen des BilKoG 2004 ein zweistufiges System zur Überwachung der Recht- und Ordnungsmäßigkeit des Financial Accounting kapitalmarktorientierter Unternehmen einführte und im Zuge des TUG 2007 weiter konkretisierte.[180] Im Hinblick auf die Organhaftung für Falschinformation des Kapitalmarkts ist insbesondere auf das UMAG 2005 und das KapMuG 2005 hinzuweisen. Mit dem Ziel, das Prozesskostenrisiko der einzelnen Investoren zu reduzieren, brachten diese Artikelgesetze mithin eine Erleichterung der Durchsetzung von Haftungsklagen der Aktionäre gegen die Verwaltungsorgane wegen Verletzung ihrer Sorgfaltspflichten sowie die Einführung eines Kapitalanleger-Musterverfahrens zur Bündelung gleichgerichteter Ansprüche geschädigter Kapitalanleger mit sich.[181]

---

178 Zu den Inhalten der genannten und im Folgenden referierten Reformmaßnahmen vgl. im Einzelnen Abschn. II. C.1 dieses Hauptteils.

179 Es sei an dieser Stelle angemerkt, dass die (Konzern-)Abschlussprüfung bislang primär auf die Durchsetzung der Recht- und Ordnungsmäßigkeit des Financial Accounting ausgerichtet ist, wohingegen die Prüfung Corporate Governance-spezifischer Informationen eine untergeordnete Rolle spielt; vgl. hierzu ausf. Abschn. II. E.3.b) des Zweiten Hauptteils.

180 Vgl. hierzu weiterführend Abschn. II. E.3.c) des Zweiten Hauptteils.

181 Für weiterführende Ausführungen zur Organhaftung für Falschinformation des Kapitalmarkts vgl. Abschn. II. E.3.d) des Zweiten Hauptteils.

3. Konklusion

Wie aus den vorstehenden Ausführungen zu schließen ist, findet im Hinblick auf das Corporate Governance-System deutscher börsennotierte Publikumsgesellschaften seit Mitte der 1990er Jahre ein institutioneller Wandel statt, welcher einen nicht-trivialen, pfadabweichenden und nachhaltigen Charakter trägt.[182] Die Triebkräfte dieses Wandels sind dabei in den Veränderungen normativer und wirtschaftlicher Rahmenbedingungen als systembildende Determinanten zu sehen.[183] Sowohl mit der pfadtreuen Reproduktion der Institutionen des deutschen Corporate Governance-Systems (Persistenz)[184] als auch mit dem radikalen Wandel zum angloamerikanischen Outsider-System[185] wären die Entwicklungen nicht treffend beschrieben.[186] So nimmt auf der einen Seite das Corporate Governance-System deutscher börsennotierter Publikumsgesellschaften in vielen Bereichen zunehmend angloamerikanische Züge an, indem sich die Shareholder Value-Doktrin im Rahmen der Unternehmensführung etabliert und externe Mechanismen, wie die Überwachung durch Aktionäre, der Markt für Unternehmenskontrolle sowie die Unternehmenspublizität und deren Enforcement, erheblich an Bedeutung gewinnen.[187]

---

182 Zu dieser Einschätzung vgl. auch BEYER 2006, S. 137-144; FREIDANK/WEBER/VELTE 2010 sowie HÖPNER 2003a, S. 211-217.

183 Vgl. hierzu im Einzelnen Abschn. II. C dieses Hauptteils.

184 Vgl. diesbezüglich BEBCHUK/ROE 2004, S. 69-113; GERUM 2007, S. 41; SCHMIDT/SPINDLER 2002, S. 327 f.; SCHMIDT/SPINDLER 2004, S. 124. Die These der Persistenz wird insbes. mit der sog. Pfadabhängigkeit der Systementwicklung begründet, wonach - bezogen auf Corporate Governance-Systeme - Institutionen, Regulierungen und Verhaltensweisen der Vergangenheit den institutionellen Wandel von Corporate Governance-Systemen prägen; zur Pfadabhängigkeit vgl. allgem. ARTHUR 1989, S. 116-128 und DAVID 1985, S. 332-336 sowie in Bezug auf die Entwicklung von Corporate Governance-Systemen BEBCHUK/ROE 1999, S. 129-170 und ROE 1997, S. 165-184.

185 Für diese Wertung vgl. zuvorderst HANSMANN/KRAAKMAN 2004, S. 67 f. und nunmehr wohl auch *Schmidt* (vgl. hierzu SCHMIDT 2007a, S. 51 f.; SCHMIDT 2007b, S. 337), der zuvor von einer Persistenz ausgegangen ist; vgl. SCHMIDT 2001a, S. 86.

186 Vgl. ebenso HÖPNER 2003a, S. 211 und MATTHES 2005, S. 239-242.

187 Zur Bedeutungszunahme der genannten Corporate Governance-Elemente vgl. im Einzelnen Abschn. II. D.1.a) und D.2 dieses Hauptteils.

Auf der anderen Seite bleiben jedoch bestimmte, für das deutsche Corporate Governance-System schon bislang charakteristische Elemente, wie insbesondere die ausgeprägte, wenn auch nicht mehr dominante, interne Überwachung durch den Aufsichtsrat,[188] im Grundsatz erhalten. Vor diesem Hintergrund kann im Ergebnis festgehalten werden, dass in Bezug auf deutsche börsennotierte Publikumsgesellschaften eine nachhaltige Annäherung des Corporate Governance-Systems an das angloamerikanische Outsider-Modell mit ausgeprägten internen Mechanismen stattfindet.[189] Dieser Vorgang kann als partielle formale Konvergenz[190] bezeichnet werden.[191]

Für den weiteren Fortgang der Arbeit ist es von besonderer Relevanz, dass im Rahmen der Fortentwicklung des Corporate Governance-Systems deutscher börsennotierter Publikumsgesellschaften, welche nochmals zusammenfassend in der nachfolgenden Abbildung 8 dargestellt ist, unstreitig eine bemerkenswerte Aufwertung der Informationsexternalisierung in Gestalt der Unternehmenspublizität im Allgemeinen und das Corporate Governance Reporting im Besonderen festzustellen ist. Diese Erkenntnis und die bislang im wissenschaftlichen Schrifttum weitgehend fehlende Reflexion des Corporate Governance Reportings implizieren, dieses nunmehr in den Mittelpunkt der vorliegenden Abhandlung zu rücken.

---

188 Vgl. hierzu ausf. Abschn. II. D.1.b) dieses Hauptteils.

189 Vgl. ebenso BEYER 2006, S. 80; FREIDANK/WEBER/VELTE 2010; MANN 2003, S. 295-297 sowie MATTHES 2005, S. 239-242.

190 Für einen Überblick über die einzelnen Formen der Konvergenz vgl. GILSON 2004, S. 137-158 sowie ergänzend WERNER 2008, S. 101-104 und WITT 2003, S. 141.

191 Vgl. hierzu auch FREIDANK/WEBER/VELTE 2010. *Hackethal/Schmidt/Tyrell* und *Schmidt/ Spindler* sehen in der Annäherung von Systemtypen ohne vollständige formale Konvergenz die Gefahr einer Ineffizienz und eines Kontrollvakuums; in Bezug auf Deutschland besteht dabei die Befürchtung, dass das ehemals intensive Monitoring durch Insider nicht durch die Überwachung durch Outsider kompensiert werden kann; vgl. hierzu HACKETHAL/SCHMIDT/TYRELL 2005, S. 405; SCHMIDT/SPINDLER 2002, S. 328-330 sowie SCHMIDT/SPINDLER 2004, S. 124-126. Diese Bedenken erscheinen - zumindest in dieser Generalität - übertrieben; vgl. ebenso MONOPOLKOMMISSION 2006, Rn. 370, S. 226 sowie WERNER 2008, S. 232-248.

		Ausprägung	
		Ausgangslage bis Mitte der 1990er Jahre	**Entwicklung seit Mitte der 1990er Jahre**
Elemente des Corporate Governance-Systems	**A) Interne Corporate Governance**		
	▪ Unternehmensführung durch den Vorstand	Stakeholder-Ansatz	Shareholder-Ansatz
	▪ Interne Überwachung durch den Aufsichtsrat [einschl. Unterstützung durch den (Konzern-) Abschlussprüfer]	dominante Bedeutung	Verlust der (allein) dominanten Bedeutung, jedoch immer noch hohe Relevanz
	B) Externe Corporate Governance		
	▪ Externe Überwachung durch Aktionäre	niedrige Bedeutung	erhebliche Bedeutungszunahme
	▪ Externe Überwachung durch den Markt für Unternehmenskontrolle	niedrige Bedeutung	erhebliche Bedeutungszunahme
	▪ Unternehmenspublizität (einschl. Enforcement)	niedrige Bedeutung (Informationsinternalisierung)	erhebliche Bedeutungszunahme (wachsende Informationsexternalisierung)
	C) Gesamtschau	Insider-System	Annäherung an das Outsider-System, jedoch mit Erhalt ausgeprägter interner Mechanismen (partielle formale Konvergenz)

Abbildung 8: Entwicklung des Corporate Governance-Systems deutscher börsennotierter Publikumsgesellschaften seit Mitte der 1990er Jahre

III. Corporate Governance Reporting und Kapitalkosten

A. Vorbemerkung

Die betriebswirtschaftliche Ausrichtung der vorliegenden Abhandlung impliziert zunächst eine Untersuchung der ökonomischen Bedeutung des Corporate Governance Reportings. Erst die Feststellung einer theoretisch ableitbaren und empirisch überprüfbaren ökonomischen Relevanz rechtfertigt - zusammen mit den Erkenntnissen des vorherigen Kapitels - eine weitere und vertiefende wissenschaftliche Auseinandersetzung mit dieser Thematik.

Für die in Rede stehende ökonomische Relevanz der Corporate Governance und ihrer Teilelemente sind mehrere Erklärungsansätze denkbar.[1] Im Zentrum der folgenden Ausführungen steht der Zusammenhang zwischen der Güte der unternehmensspezifischen Corporate Governance und den Kapitalkosten einer Unternehmung, welcher zunächst aus der Perspektive der Neuen Institutionenökonomie theoretisch erklärt und daran anschließend unter Rückgriff auf einschlägige Untersuchungen für den US-amerikanischen und deutschen Kapitalmarkt auf seine empirische Evidenz hin überprüft wird.[2]

Unter der unternehmensspezifischen Corporate Governance sind - aus einer betriebswirtschaftlichen Mikroperspektive betrachtet - diejenigen Teilelemente der Corporate Governance zu verstehen, die einer autonomen Gestaltung durch die Unternehmensverwaltung - unter Einhaltung normativer Restriktionen - zugänglich sind.[3] Sie rekrutiert sich aus der internen Corporate Governance sowie der Unternehmenspublizität.[4] Letztere setzt sich nach dem dieser Arbeit zugrunde gelegten Verständnis aus dem Business Reporting i. e. S. und dem vorliegend fokussierten Corporate Governance Reporting zusammen.

---

1 Zu ökonomischen Aspekten der Corporate Governance vgl. WERDER 2009a, S. 3-27.

2 Vgl. hierzu bereits WEBER/LENTFER/KÖSTER 2007a, S. 53-61.

3 Vgl. in diesem Sinne auch WERDER 2009a, S. 25.

4 Vgl. ähnlich NOWAK/ROTT/MAHR 2005, S. 271 sowie WERDER 2009a, S. 25.

B. Theoretischer Erklärungsansatz aus institutionenökonomischer Perspektive

1. Begriff der Kapitalkosten

Dem Begriff der Kapitalkosten werden die Kosten der Finanzierung eines Unternehmens subsumiert.[5] Sie resultieren aus der gewichteten Summe der Finanzierungskosten einzelner Finanzierungsarten der Eigenfinanzierung (Eigenkapitalkosten) und der Fremdfinanzierung (Fremdkapitalkosten).[6] Das Spiegelbild der Kapitalkosten sind die Renditeerwartungen der Kapitalgeber, die vom jeweiligen Risikograd der Finanzierungsart abhängen.[7]

Die Ermittlung der Fremdkapitalkosten ist verhältnismäßig unproblematisch, da sowohl die Einzahlungen als auch die Auszahlungsverpflichtungen, etwa in Form von Disagios, Zins- und Tilgungszahlungen, im Vorhinein der Höhe und dem Zeitpunkt nach vertraglich fixiert werden.[8] Die sich daraus ergebende Zahlungsreihe der Finanzierung hat einen internen Zinsfuß, der dem effektiven Finanzierungskostensatz für Fremdkapital entspricht. Der Fremdkapitalkostensatz differiert je nach Art und Fristigkeit der Finanzierungsart.[9]

Die Bestimmung der Eigenkapitalkosten gestaltet sich dagegen in konzeptioneller Hinsicht schwieriger, da im Gegensatz zur Fremdfinanzierung keine ausdrückliche Vereinbarung mit den Eigentümern existiert, eine bestimmte

---

5 Vgl. u. a. SCHMIDT/TERBERGER 2003, S. 197.

6 Vgl. etwa KLIEN 1995, S. 93-95; PERRIDON/STEINER 2007, S. 488; RAPPAPORT 1999, S. 44.

7 Vgl. BÜHNER 1994, S. 22; DROBETZ/SCHILLHOFER/ZIMMERMANN 2004, S. 15; HOFMANN 2006, S. 109; RICHTER 1999, S. 145; SCHMIDT/TERBERGER 2003, S. 238 sowie WELGE/AL-LAHAM 2008, S. 226.

8 Vgl. hierzu und in der Folge SCHMIDT/TERBERGER 2003, S. 232 f. Das Ausfallrisiko (vgl. hierzu im Einzelnen DRUKARCZYK 1993, S. 303-312) und indirekte Kosten, wie bspw. Verhandlungs- und Vertragskosten, seien an dieser Stelle ausgeblendet. Andernfalls ließen sich die nachfolgenden Überlegungen zu den Risikozuschlägen auf Eigenkapitalkosten im Wesentlichen analog übertragen; vgl. ähnlich BANZHAF 2006, S. 177.

9 Vgl. hierzu ausführlich PERRIDON/STEINER 2007, S. 386-433.

Rendite zu zahlen.[10] Dennoch muss die Verzinsung hoch genug sein, damit sie potenzielle Aktionäre veranlasst, Anteile des Unternehmens zu erwerben, und aktuelle Aktionäre dazu, ihre Aktien zu halten.[11]

2. Kapitalkosten im Barwertmodell

Den Ausgangspunkt der theoretischen Erklärung des Zusammenhangs zwischen der Güte der unternehmensspezifischen Corporate Governance und der Höhe der Kapitalkosten einer Unternehmung bildet die Überlegung, dass ein Kapitalgeber einen Finanzierungstitel[12] nur dann in sein Portfolio aufnehmen wird, wenn die aus dem zu zahlenden Marktpreis und den künftigen Zahlungen Z resultierende Rendite mindestens so hoch ist wie bei vergleichbaren Alternativanlagemöglichkeiten auf dem Markt.[13] Handelt es sich um einen Finanzierungstitel, mit dem eine sichere ewige Rente[14] in Höhe von Z verbunden ist, so ist der Marktwert MW, bei dem dieser Titel von den Kapitalgebern akzeptiert wird, durch folgende Beziehung gekennzeichnet:[15]

$$MW = \frac{Z}{r} .$$

---

[10] Vgl. hierzu RAPPAPORT 1999, S. 46 und SCHMIDT/TERBERGER 2003, S. 198.

[11] Vgl. stellv. RAPPAPORT 1999, S. 46.

[12] Ein Finanzierungstitel wird im Folgenden als Inbegriff aller Rechte und Pflichten eines Kapitalgebers verstanden. Dieser umfasst insbes. die Anwartschaft auf zukünftige, mehr oder weniger unsichere Zahlungen (wie etwa Dividenden, Zinsen, Tilgungen, Kapitalrückzahlungen), ggf. aber auch die Verpflichtung, in Zukunft Zahlungen zu leisten, wie z. B. bei einer Nachschusspflicht oder einer unbeschränkten Haftung. Es sind hierbei Beteiligungstitel (Eigenkapital) und Forderungstitel (Fremdkapital) zu unterscheiden; vgl. hierzu HAX/HARTMANN-WENDELS/HINTEN 1988, S. 691.

[13] Vgl. SCHMIDT/TERBERGER 2003, S. 198 f. sowie SEGLER/WALD/WEIBLER 2007, S. 405.

[14] Eine ewige Rente impliziert unendlich gleich hohe Zahlungen; vgl. BREALEY/MYERS/ALLEN 2008, S. 40 f. Entsprechend hierzu werden in der Folge gleichbleibend hohe Diskontierungsfaktoren unterstellt.

[15] Vgl. hierzu und in der Folge HAX/HARTMANN-WENDELS/HINTEN 1988, S. 694 sowie RUDOLPH 1986, S. 612, dessen Ausführungen sich auf Beteiligungstitel beziehen.

Der Diskontierungsfaktor r kennzeichnet in diesem Zusammenhang als Alternativverzinsung den Markzins für eine sichere Anlage und gibt die Höhe der Kapitalkosten für Investitionen mit sicheren Zahlungsüberschüssen an.

Für die Aufnahme von unsicheren Finanzierungstiteln in ihr Portfolio erwarten die Kapitalanleger eine Rendite r^*, welche die Rendite einer sicheren Anlage r um eine adäquate Risikoprämie r_i[16] übersteigt;[17] es gilt vereinfacht in Erweiterung der obigen Gleichung:[18]

$$MW = \frac{Z}{r^*} = \frac{Z}{(r + r_i)} \quad .$$

Wie die Gleichung verdeutlicht, findet die Risikoprämie r_i als Komponente der als Diskontierungsfaktor fungierenden Renditeerwartung der Kapitalanleger r^* ihren Niederschlag im Marktpreis des Finanzierungstitels MW.[19] Es gilt dabei: je höher (niedriger) die Risikoprämie ist - und damit die Kapitalkosten - desto niedriger (höher) ist der Marktwert des Finanzierungstitels.[20]

Der Risikozuschlag setzt sich bei impliziter Unterstellung eines Kapitalmarkts ohne strenge Informationseffizienz[21] nach *Elliot/Jacobson*[22] aus einer informati-

---

16 Die Begriffe Risikoprämie und Risikozuschlag werden synonym verwendet.

17 Die Abhängigkeit der Renditeforderungen der Anleger vom jeweiligen Risiko wird im sog. Capital Asset Pricing Model (CAPM), welches auf den Prämissen der Portfoliotheorie von MARKOWITZ 1952, S. 77-92 über das rationale Verhalten von Investoren basiert, besonders deutlich. Das individuelle Risiko eines Unternehmens drückt sich demnach durch den sog. Beta-Faktor aus. Ein Beta-Faktor von 1 entspricht dabei der Risikoprämie des sog. Markportfolios; vgl. BREALEY/MYERS/ALLEN 2008, S. 193-197.

18 Vgl. hierzu sowie in der Folge HAX/HARTMANN-WENDELS/HINTEN 1988, S. 692 sowie RAPPAPORT 1999, S. 46; die Gleichung wird dort verbal formuliert.

19 Vgl. im Ergebnis ebenso DROBETZ/SCHILLHOFER/ZIMMERMANN 2004, S. 15.

20 Die Summe der Marktwerte aller Finanzierungstitel MW entspricht dabei dem Marktwert der Unternehmung; vgl. HAX/HARTMANN-WENDELS/HINTEN 1988, S. 693.

21 Eine strenge Informationseffizienz bedeutet, dass alle Informationen - inklusive der nicht öffentlich verfügbaren Informationen - im aktuellen Börsenkurs berücksichtigt

(Fortsetzung der Fußnote auf der nächsten Seite)

onsbedingten[23] sowie einer ökonomischen Komponente zusammen. Mit der informationsbedingten Risikoprämie werden die aus Sicht der Kapitalgeber aufgrund von Informationsasymmetrien bestehenden Unsicherheiten hinsichtlich des ökonomischen Risikos abgegolten.[24] Die Prämie für ökonomische Risiken deckt nach der Einteilung von *Hax/Hartmann-Wendels/Hinten* zum einen das Investitions- und zum anderen das Verhaltensrisiko ab.[25]

Mit dem Investitionsrisiko ist gemeint, dass in der Zukunft nicht mehr an die Kapitalgeber ausgezahlt werden kann als durch die Investition erwirtschaftet wird. Es setzt sich aus dem Marktrisiko und dem so genannten Operating Leverage zusammen. Während das Marktrisiko als Varianz der Nettoumsatzerlöse zu verstehen ist, stellt der Operating Leverage das relative Gewicht der zu Auszahlungen führenden umsatzabhängigen beziehungsweise -unabhängigen Produktionskosten dar.[26] Dabei ist zu berücksichtigen, dass an der aus dem Investitionsrisiko resultierenden Unsicherheit bezüglich der Höhe zukünftiger Zahlungsströme die Eigen- und Fremdkapitalgeber unterschiedlich beteiligt sind.[27] Während Erstere primär das Risiko größerer oder geringerer Unternehmenserfolge tragen, sind Letztere am Risiko nur insoweit beteiligt, als es zu Zahlungsschwierigkeiten und Forderungsausfällen kommen kann. Den verhaltensbedingten Risiken sind Unsicherheiten zu subsumieren,

---

sind; zur Theorie der Informationsverarbeitung am Kapitalmarkt und zu den dort unterschiedenen Formen der Informationseffizienz vgl. FAMA 1970, S. 383-416.

22 Vgl. ELLIOT/JACOBSON 1994, S. 81.

23 Ein informationsbedingter Risikozuschlag setzt voraus, dass der Kapitalmarkt keine strenge Informationseffizienz aufweist. Da bisherige Untersuchungen zum Grad der Informationseffizienz sowohl für den deutschen als auch für den US-amerikanischen Kapitalmarkt zumindest nicht die strenge Form der Informationseffizienz nachweisen konnten (vgl. etwa GÜNTHER/OTTERBEIN 1996, S. 392), wird in der vorliegenden Arbeit von der Relevanz des informationsbedingten Risikozuschlags ausgegangen.

24 Vgl. ELLIOT/JACOBSON 1994, S. 81 f.

25 Vgl. hierzu und in der Folge HAX/HARTMANN-WENDELS/HINTEN 1988, S. 691, 693.

26 Vgl. DRUKARCZYK 1993, S. 121 f.

27 Vgl. hierzu und in der Folge HAX/HARTMANN-WENDELS/HINTEN 1988, S. 691.

die sich auf die Unternehmensverwaltung beziehen und aus Principal-Agent-Konflikten resultieren.

3. Einfluss der unternehmensspezifischen Corporate Governance auf die Höhe der Kapitalkosten

Aus institutionenökonomischer Sicht ist zu vermuten, dass Principal-Agent-Konflikte und die zu ihrer Reduzierung installierte unternehmensspezifische Corporate Governance, das heißt nach der vorliegend zugrunde gelegten Terminologie die interne Corporate Governance und die Unternehmenspublizität,[28] die Kapitalkosten theoretisch in zweierlei Hinsicht beeinflussen können.[29]

So spiegeln sich Principal-Agent-Konflikte zum einen als verhaltensbedingte Komponente des Risikozuschlags in den Renditeerwartungen der Kapitalgeber, mit anderen Worten in den Kapitalkosten, wider.[30] Dies liegt darin begründet, dass Kapitalgeber die aus Principal-Agent-Konflikten resultierenden Monitoring-Kosten in Form von Risikoprämien an die Kapitalnehmer als Agent weiterleiten.[31] Je effektiver (ineffektiver) die interne Corporate Governance diese Konflikte abzumildern vermag,[32] desto geringer (höher) ist die Kontrollintensität seitens der Kapitalgeber und damit verbunden das Ausmaß

28 Vgl. hierzu Abschn. III. A dieses Hauptteils.

29 Vgl. ähnlich TOKSAL 2004, S. 87 f., 90 f., die in ihrer empirischen Arbeit getrennt den Einfluss der internen Corporate Governance und der Corporate Governance-bezogenen Unternehmenspublizität auf die (Eigen-)Kapitalkosten bzw. den Unternehmenswert untersucht; vgl. hierzu im Einzelnen Abschn. III. C.3.c) dieses Hauptteils.

30 Vgl. DROBETZ 2006, S. 185; DROBETZ/SCHILLHOFER/ZIMMERMANN 2004, S. 15; DROBETZ/ZIMMERMANN 2006, S. 498; HAX/HARTMANN-WENDELS/HINTEN 1988, S. 710.

31 Vgl. SCHMIDT 1988, S. 260 und daran anknüpfend VELTE 2009c, S. 703; auf Fremdkapitalgeber bezogen vgl. auch DRUKARCZYK 1993, S. 320.

32 Auf die Effektivität der Corporate Governance abzustellen, entspricht der gängigen Praxis in der Literatur; vgl. etwa CREMERS/NAIR 2005, S. 2860 sowie bezogen auf die Überwachungstätigkeit des Aufsichtsrats LENTFER 2005, S. 418 f.

der Monitoring-Kosten, was sich wiederum in niedrigeren (höheren) Kapitalkosten niederschlägt.[33]

Zum anderen kann die von der Unternehmensverwaltung implementierte unternehmensspezifische Corporate Governance auf die Höhe der Kapitalkosten positiven Einfluss nehmen, indem sie durch eine informative[34] und glaubwürdige[35] Berichterstattung über das Investitions- und das verhaltensbedingte Risiko dazu beiträgt, Informationsasymmetrien abzubauen und damit den informationsbedingten Risikozuschlag zu reduzieren.[36] Je informativer die Unternehmenspublizität dabei ist, desto besser können die Kapitalanleger das Investitions- sowie das verhaltensbedingte Risiko abschätzen und desto niedriger sind demzufolge die Monitoring- und Kapitalkosten.[37] Diese realiter interdependenten Zusammenhänge lassen sich idealtypisch in getrennter Form wie folgt darstellen:

---

33 Vgl. im Ergebnis auch NOWAK/ROTT/MAHR 2005, S. 271. Dieser Effekt wird im Modell von *Lombardo/Pagano* - bezogen auf die länderspezifische Corporate Governance - analytisch dargestellt und empirisch überprüft; vgl. LOMBARDO/PAGANO 2000, S. 1-20 sowie LOMBARDO/PAGANO 2002, S. 343-360.

34 Informativ ist vorliegend i. S. v. exakt und qualitativ hochwertig zu verstehen; zur Bedeutung der Exaktheit der Informationsvermittlung vgl. ausf. BOTOSAN/PLUMLEE/XIE 2004, S. 233-259.

35 Informationen sind a priori nicht glaubwürdig; vgl. SCHMIDT 1981, S. 146. Zum Glaubwürdigkeitsproblem und zu den Überlegungen einer daraus resultierenden Adverse Selection vgl. AKERLOF 1970, S. 489-492. Für den im Folgenden dargestellten Gedankengang wird die Glaubwürdigkeit der Unternehmensberichterstattung unterstellt. Für eine Behandlung des Aspekts der Glaubwürdigkeit der Unternehmenspublizität vgl. bereits Abschn. I. B.3.d) dieses Hauptteils zum sog. Enforcement.

36 Vgl. ähnlich HARTMANN-WENDELS 2000, S. 270; HEINKE 2001, S. 166 sowie im Ergebnis wohl auch SCHMIDT 1981, S. 143, 146. Diese Auffassung deckt sich überdies mit dem Verständnis des *Arbeitskreises "Externe Unternehmensrechnung"* (vgl. ARBEITSKREIS 2002, S. 2337) sowie von LABHART 1999, S. 200 und FISCHER/WENZEL/KÜHN 2001, S. 1209, die dem Value Reporting einen selbständigen Einfluss auf die Kapitalkosten bzw. den Unternehmenswert zusprechen.

37 Vgl. in diesem Sinne ebenso BOTOSAN/PLUMLEE/XIE 2004, S. 254 f.; ELLIOT/JACOBSON 1994, S. 81 f.; RAPPAPORT 2006, S. 74; STIGLBAUER 2010, S. 190; TOKSAL 2004, S. 88 sowie im Ergebnis auch SCHMIDT 1993, Sp. 1047. Analog in Bezug auf das Value Reporting vgl. ARBEITSKREIS 2002, S. 2337.

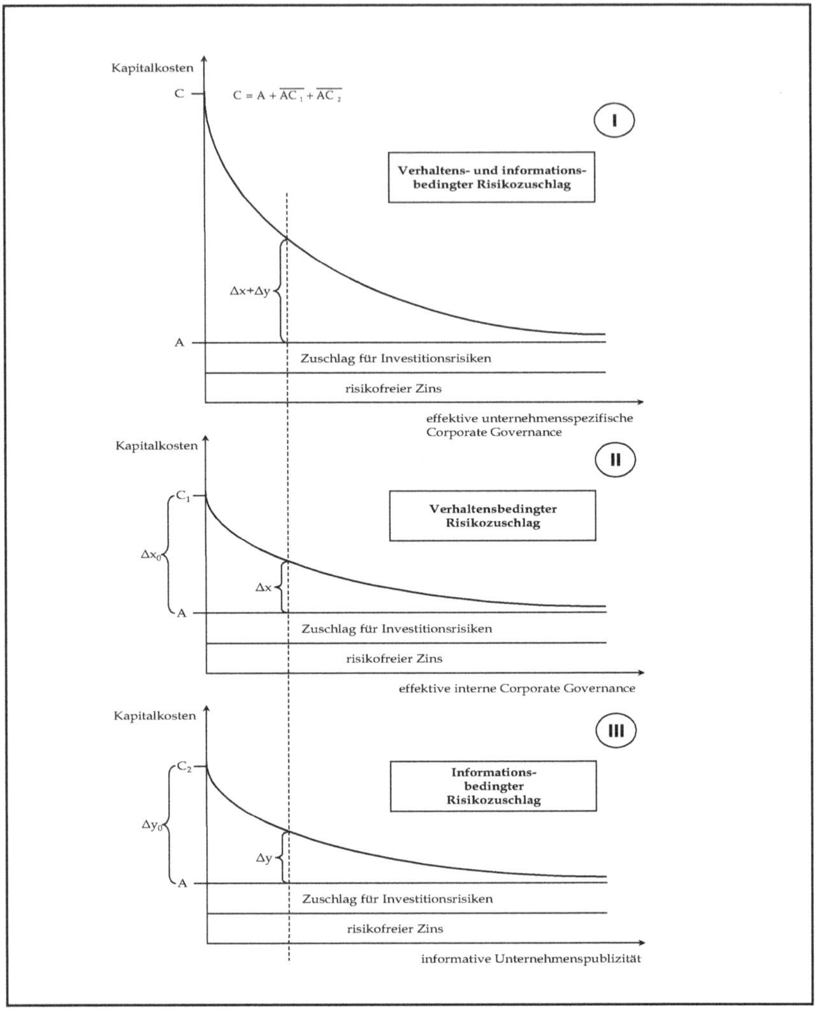

Abbildung 9: Einfluss der unternehmensspezifischen Corporate Governance auf die Kapitalkosten[38]

38 Modifiziert entnommen von WEBER/LENTFER/KÖSTER 2007a, S. 56. Diese Darstellung fußt auf den Grundüberlegungen von ELLIOT/JACOBSON 1994, S. 81 und spezifiziert diese.

Abbildung 9 zeigt im Graphen I zusammenfassend auf, dass sich die Kapitalkosten aus dem risikofreien Zins und den Zuschlägen für Investitions- sowie verhaltens- und informationsbedingte Risiken zusammensetzen. Bei der Darstellung handelt es sich um einen zeitpunktbezogenen Graphen, im Rahmen dessen sowohl die Höhe des risikofreien Zinses als auch die Höhe des Zuschlags für Investitionsrisiken konstant gehalten werden, während die mittels der unternehmensspezifischen Corporate Governance beeinflussbaren verhaltens- und informationsbedingten Risikozuschläge kumuliert eine fallende Kurve darstellen, die sich mit zunehmender Effektivität der internen Corporate Governance sowie steigender Versorgung der Adressaten mit entscheidungsrelevanten Informationen immer weiter der Summe aus dem risikofreien Zins und dem Zuschlag für Investitionsrisiken annähert. Jede Stelle der asymptotisch verlaufenden Kurve Corporate Governance-abhängiger Kapitalkosten setzt sich dabei additiv aus den Bestandteilen Δ x und Δ y zusammen, die in den Graphen II und III einer isolierten Betrachtung zugeführt werden.[39]

Auf Basis dieser Visualisierung wird deutlich, dass in einer idealtheoretischen Betrachtung die interne Corporate Governance einerseits und die Unternehmenspublizität andererseits als separate Instrumente zur Senkung der Kapitalkosten angesehen werden können. So ist es, wie im Graphen II verdeutlicht, im Extremfall möglich, mittels einer effektiven internen Corporate Governance verhaltensbedingte Risiken um Δx_0 von C_1 auf das Niveau von A zu senken, das heißt vollständig abzuschmelzen. Zudem ist es, wie im Graphen III zum Ausdruck gebracht, im Optimalfall denkbar, den informationsbedingten Risikozuschlag durch eine informative Unternehmenspublizität um Δy_0 von C_2 auf A zu reduzieren und damit vollständig zu eliminieren.

---

39 Aufgrund des zu erwartenden abnehmenden Grenznutzens zunehmender Effektivität der unternehmensspezifischen Corporate Governance ist der Kurvenverlauf asymptotisch gewählt; vgl. ähnlich ELLIOT/JACOBSON 1994, S. 81 f. Zudem wird aus Vereinfachungsgründen ein gleich starker Einfluss der internen Corporate Governance und der Unternehmenspublizität auf die Corporate Governance-abhängigen Kapitalkosten unterstellt.

Zusammenfassend ist zu konstatieren, dass die Neue Institutionenökonomie einen theoretischen Erklärungsansatz dafür bietet, weshalb die unternehmensspezifische Corporate Governance einen Beitrag dazu leisten kann, die Kapitalkosten einer Unternehmung zu senken. Vor dem Hintergrund der vorliegenden Problemstellung ist als weiteres wesentliches Ergebnis festzuhalten, dass in einer idealtypischen Betrachtung neben der internen Corporate Governance auch die Unternehmenspublizität als separates Instrument zur Senkung der Kapitalkosten angesehen und auch dahingehend einer eigenständigen Betrachtung unterzogen werden kann. Diese Feststellung gilt entsprechend für ihre Elemente, das heißt für das Business Reporting i. e. S. und das vorliegend im Vordergrund stehende Corporate Governance Reporting. Letzteres kann dabei auf die Höhe der Monitoring- und damit auf die Kapitalkosten positiven Einfluss nehmen, indem es durch eine informative und glaubwürdige Berichterstattung über die interne Corporate Governance dazu beiträgt, diesbezügliche Informationsasymmetrien abzubauen und damit den informationsbedingten Risikozuschlag hinsichtlich des Verhaltensrisikos zu reduzieren.

Neben dem aufgezeigten positiven Einfluss der unternehmensspezifischen Corporate Governance auf die Höhe der Kapitalkosten gilt es zu berücksichtigen, dass ihre Implementierung und laufende Pflege sowohl direkte als auch indirekte Kosten[40] verursacht.[41] Die nachfolgend darzustellenden empirischen Untersuchungen zeigen jedoch, dass in einer absoluten Betrachtung die Kosten der (unternehmensspezifischen) Corporate Governance in toto durch den positiven Effekt der Risikoprämiensenkung im Rahmen der Kapitalkosten überkompensiert werden und somit ein betriebswirtschaftlicher Nettonutzen resultiert. Diese Feststellung gilt in einer isolierten Betrachtung ebenfalls für die interne Corporate Governance und das in dieser Abhandlung im Blickpunkt stehende Corporate Governance Reporting.

---

40 Für direkte und indirekte Kosten der Unternehmenspublizität als Element der unternehmensspezifischen Corporate Governance vgl. etwa BRIDTS 1990, S. 96-103; HENSELMANN 2005, S. 297 f. sowie WAGENHOFER/EWERT 2007, S. 334-337.

41 Vgl. ähnlich MYERS 2001, S. 96; ORTH 2009, Rn. 17, S. 8 sowie bezogen auf die Unternehmenspublizität ELLIOT/JACOBSON 1994, S. 83-88 und KÖTZLE/GRÜNING 2009, S. 39.

C. Implikationen ausgewählter empirischer Untersuchungen

1. Auswahl und methodischer Aufbau der Untersuchungen

Ein Teil der so genannten Law & Finance-Literatur beschäftigt sich in jüngerer Zeit mit empirischen Erhebungen zum Zusammenhang zwischen rechtlichen Institutionen, insbesondere Corporate Governance-Mechanismen, und der Bewertung von Finanzierungstiteln, und zwar sowohl auf Länder-[42] als auch auf der vorliegend relevanten Unternehmensebene. Die Untersuchungen haben hinsichtlich ihrer Anzahl fast unüberschaubare Ausmaße angenommen[43] und rekurrieren dabei ausschließlich auf die Eigenkapitalkosten,[44] welche auch in der vorliegenden Arbeit infolge der Fokussierung der Anteilseigner im Vordergrund stehen. Nachfolgend werden die bedeutendsten wissenschaftlichen Studien zunächst für den US-amerikanischen und sodann für den deutschen Kapitalmarkt referiert.[45] Die zahlreichen von Unternehmensbera-

---

42 Vgl. etwa LA PORTA ET AL. 2002.

43 Für einen Überblick über deutsche und US-amerikanische Studien vgl. etwa BROWN/CAYLOR 2005, S. 5 f.; ERGO 2005, S. 47-50 sowie STIGLBAUER 2010, S. 61, 65 f.

44 *Raskop* führt hierzu aus, dass dies vermutlich weniger mit mangelndem Datenmaterial in Form von Wertpapieren begründbar sei als vielmehr mit dem theoretischen Konzept, welches die Corporate Governance-Problematik häufig ausschließlich mit den Aktionären verbindet; vgl. RASKOP 2004, S. 91. Eine Beschränkung auf die Analyse der Eigenkapitalkosten erfolgt ebenfalls in empirischen Studien zum Zusammenhang zwischen der Anwendung internationaler Vorschriften zum Financial Accounting und Kapitalkosten im Rahmen der empirischen Rechnungswesenforschung; vgl. hierzu etwa DASKE 2005, S. 462 f.

45 Weitere länderspezifische Untersuchungen (vgl. etwa für Großbritannien MACNEIL/LI 2006, für Japan BAUER ET AL. 2008, für Kanada PARK/SHIN 2004, für Korea BLACK/JANG/KIM 2005, für Portugal ALVES/MENDES 2004, für die Schweiz BEINER ET AL. 2006; DROBETZ/ZIMMERMANN 2006 und für Spanien DEL BRIO/MAIA-RAMIRES/PEROTE 2006) werden an dieser Stelle keiner gesonderten Betrachtung zugeführt. Auf europäische Studien, wie etwa diejenige von BAUER/GÜNSTER/OTTEN 2004, soll aufgrund ihrer überwiegend ländervergleichenden Zuschnitte ebenfalls verzichtet werden. Für eine Übersicht über europäische Untersuchungen vgl. u. a. BASSEN ET AL. 2006, S. 377 f.; NOWAK/ROTT/MAHR 2005, S. 264 f. sowie STIGLBAUER 2010, S. 64.

tungsgesellschaften sowie Banken[46] durchgeführten Untersuchungen werden im Folgenden aufgrund ihrer methodischen Schwächen ausgeklammert.

Die nachstehend dargelegten Studien untersuchen primär mittels Regressionsanalysen funktionale Zusammenhänge zwischen der Güte der (unternehmensspezifischen) Corporate Governance beziehungsweise einzelner Corporate Governance-Kriterien CG und dem Unternehmenswert UW[47]. Die Forschungshypothese lautet regelmäßig: $UW = f(CG)$.[48] Wie sich im Folgenden zeigen wird, ergeben sich jedoch methodische Unterschiede sowohl hinsichtlich des Stichprobenumfangs als auch bei der Operationalisierung der beiden Variablen CG und UW, wobei zur Messung des Unternehmenswerts UW überwiegend auf die Aktienrendite und Tobin's Q zurückgegriffen wird.

Hinsichtlich der Aktienrendite ist in diesem Zusammenhang zu beachten, dass es sich im Rahmen der Untersuchungen nicht um die erwartete, sondern um die realisierte Aktienrendite handelt, die - bezogen auf Beteiligungstitel - einer Steigerung des Aktienkurses entspricht.[49] Im Rahmen der Studien wird ein positiver Zusammenhang zwischen der Güte der (unternehmensspezifischen) Corporate Governance und der Aktienrendite angenommen; höhere (niedrigere) Aktienrenditen implizieren wiederum niedrigere (höhere) Kapitalkosten.[50]

---

46 Vgl. stellv. ERGO 2005, S. 48-62 und UNION INVESTMENT 2005, S. 1-36.

47 In den Untersuchungen finden sich auch Interpretationen des Unternehmenswerts als Marktwert des Eigenkapitals (Shareholder Value). Zum Verhältnis zwischen dem Unternehmenswert und dem Shareholder Value vgl. weiterführend Abschn. II. C.3.c) des Zweiten Hauptteils.

48 Vgl. ähnlich hierzu RASKOP 2004, S. 91 f.

49 Es wird unterstellt, dass eine etwaige Dividende im Aktienkurs enthalten ist.

50 Für eine ausführliche Diskussion zur Interpretation der Aktienrendite vgl. BASSEN ET AL. 2006, S. 381, 394 f. sowie DROBETZ/SCHILLHOFER/ZIMMERMANN 2004, S. 15, 21.

Das zweite Erfolgsmaß Tobin's Q misst die Bewertung der Vermögensgegenstände der Unternehmung durch den Kapitalmarkt im Verhältnis zu ihren Wiederbeschaffungskosten.[51] Dabei wird davon ausgegangen, dass Kapitalanleger eine Gesellschaft mit guter Corporate Governance höher bewerten als ein fundamental vergleichbares Unternehmen mit schlechterer Corporate Governance.[52] Ein höherer Wert für Tobin's Q zeigt somit einen größeren Unternehmenswert und niedrigere (Eigen-)Kapitalkosten an.[53]

2. Untersuchungen für den US-amerikanischen Kapitalmarkt

a) Gompers/Ishii/Metrick

Der aufgrund ihrer Methodik wegweisenden Untersuchung von *Gompers/Ishii/ Metrick*[54] liegt ein Corporate Governance-Index (so genannter G-Index) aus 24 Abwehrmaßnahmen gegen feindliche Übernahmen zugrunde, mit dessen Hilfe die Autoren die Güte der Corporate Governance von 1.500 börsennotierten US-amerikanischen Gesellschaften für den Zeitraum 1990 bis 1999 bewerten. Mit ihrem G-Index bilden *Gompers/Ishii/Metrick* zwei Portfolios aus Unternehmen mit guter und schlechter Corporate Governance. Gesellschaften, die

---

51 Die Definition von Tobin's Q kann dabei im Detail differieren; vgl. hierzu bspw. die Definitionen bei BASSEN ET AL. 2006, S. 381 sowie bei GOMPERS/ISHII/METRICK 2003, S. 151. Ein Q-Wert größer (kleiner) als eins signalisiert, dass die Anleger das Wachstumspotenzial des Unternehmens positiv (negativ) einschätzen; vgl. hierzu GÜNTHER 1997, S. 241 sowie NOWAK/ROTT/MAHR 2005, S. 263, Fn. 53.

52 *La Porta et al.* modellieren diesen Zusammenhang für die Corporate Governance-Güte auf Länderebene; vgl. LA PORTA ET AL. 2002, S. 1152.

53 Vgl. ähnlich BASSEN ET AL. 2006, S. 381. *Drobetz/Schillhofer/Zimmermann* weisen zu Recht darauf hin, dass die Corporate Governance sowohl Einfluss auf die Höhe der Eigenkapitalkosten als auch auf die Höhe der erwarteten Cashflows haben kann und empirisch eine exakte Trennung dieser beiden Mechanismen nicht möglich ist; vgl. DROBETZ/SCHILLHOFER/ZIMMERMANN 2004, S. 20 f. Im Folgenden soll jedoch argumentativ der Fokus auf die Beeinflussung der Höhe der Kapitalkosten gelegt werden.

54 Vgl. GOMPERS/ISHII/METRICK 2003, S. 107-152, insbes. S. 144 f. sowie zuvor schon GOMPERS/ISHII/METRICK 2001, S. 1-68.

maximal fünf der 24 Abwehrmaßnahmen aufweisen, werden als aktionärsfreundlich qualifiziert und einem so genannten Democracy-Portfolio zugeordnet; Unternehmen mit 14 oder mehr Merkmalen werden als aktionärsfeindlich eingestuft und bilden das so genannte Dictatorship-Portfolio.

Gompers/Ishii/Metrick arbeiten als Ergebnis heraus, dass das Portfolio der Unternehmen mit guter Corporate Governance (Democracy-Portfolio) bei allen Erfolgsmaßen (unter anderem Aktienrendite und Tobin's Q) signifikant besser abschneidet als das Vergleichsportfolio (Dictatorship-Portfolio). So weisen Unternehmen mit guter Corporate Governance eine Überrendite von 8,5 % p. a. auf. Zudem ist herauszustellen, dass zwischen dem Corporate Governance-Index und dem Unternehmenswert der Stichprobenunternehmen ein signifikanter Zusammenhang besteht: Ein Index-Punkt bedeutet dabei gemessen an Tobin's Q eine Veränderung des Unternehmenswerts um 2,2 % (Anfang der 1990er Jahre) beziehungsweise 11,4 % (Ende der 1990er Jahre).

Eine im Jahr 2004 durchgeführte und in 2005 überarbeitete Folgeuntersuchung von *Bebchuk/Cohen/Ferrell*[55] für den Zeitraum 1990 bis 2003 bestätigt die Ergebnisse von *Gompers/Ishii/Metrick*. Die Studie zeigt zudem auf, dass von den 24 Kriterien des G-Index tatsächlich nur sechs („Staggered Boards", „Limits to Shareholder Bylaw Amendments", „Supermajority Requirements for Mergers", „Supermajority Requirements for Charter Amendments", „Poison Pills" und „Golden Parachutes") einen Zusammenhang mit den Erfolgsmaßen aufweisen. Eine weitere Folgeuntersuchung von *Cheng/Collins/Huang*[56] aus dem Jahre 2006 bestätigt die Ergebnisse von *Gompers/Ishii/Metrick* erneut; die Autoren stellen fest, dass die Unterkategorien „Director/Officer Protection" und „State Law" den größten Einfluss auf die Kapitalkosten haben.

55 Vgl. BEBCHUK/COHEN/FERRELL 2005, S. 1-59, insbes. S. 39 f.

56 Vgl. CHENG/COLLINS/HUANG 2006, S. 1-44.

b) Brown/Caylor

Brown/Caylor[57] untersuchen die Corporate Governance-Güte von 1.868 US-amerikanischen Unternehmen anhand eines 51 Kriterien umfassenden Index (so genannter Gov-Score) für die Jahre 2001 bis 2003. Die 51 Corporate Governance-Kriterien werden acht Kategorien zugeordnet und beziehen in Erweiterung zu *Gompers/Ishii/Metrick* und *Bebchuk/Cohen/Ferrell* neben Abwehrmaßnahmen gegen feindliche Übernahmen unter anderem auch Boardpraktiken, die Abschlussprüfung und Vergütungsfragen ein.

Brown/Caylor weisen unter anderem einen signifikant positiven Zusammenhang zwischen der Güte der (unternehmensspezifischen) Corporate Governance und dem Unternehmenswert (wiederum gemessen am Bewertungsmaß Tobin's Q) nach, womit die Ergebnisse von *Gompers/Ishii/Metrick* erneut bestätigt werden. Sie stellen - in Übereinstimmung mit *Bebchuk/Cohen/Ferrell* und *Cheng/Collins/Huang* - fest, dass dieser Zusammenhang nicht von allen, sondern vielmehr von bestimmten einzelnen Corporate Governance-Kriterien getragen wird. Die Autoren identifizieren insgesamt sieben solcher besonders wertschaffenden Corporate Governance-Merkmale; hierzu gehören insbesondere Regelungen zum Board of Directors sowie zu dessen Entlohnung, somit wesentliche Elemente der internen Corporate Governance.

c) Larcker/Richardson/Tuna

Larcker/Richardson/Tuna[58] untersuchen für die Jahre 2002 und 2003 die Güte der Corporate Governance von 2.106 US-amerikanischen Unternehmen anhand von 39 Corporate Governance-Kriterien. Die 39 Corporate Governance-

57 Vgl. BROWN/CAYLOR 2005, S. 1-35; BROWN/CAYLOR 2006, S. 409-434 sowie ergänzend zur vorangegangenen Studie BROWN/CAYLOR 2004, S. 1-52, insbes. S. 28-32. Zu vergleichbaren Untersuchungsergebnissen gelangt auch die Folgeuntersuchung von *Brown/Caylor* aus dem Jahr 2009; vgl. hierzu BROWN/CAYLOR 2009, S. 129-144.

58 Vgl. LARCKER/RICHARDSON/TUNA 2005, S. 1-50.

Variablen werden 14 Kategorien zugeordnet und umfassen unter anderem Boardspezifika (wie etwa die Größe, Struktur und Anzahl der Sitzungen des Board), die Anteilseignerstruktur, Vergütungsfragen sowie Abwehrmaßnahmen gegen feindliche Übernahmen.

Im Gegensatz zu den bisher referierten Untersuchungen zum US-amerikanischen Kapitalmarkt können *Larcker/Richardson/Tuna* keinen eindeutigen Zusammenhang zwischen der Güte der (unternehmensspezifischen) Corporate Governance und dem Unternehmenswert (unter anderem gemessen am Bewertungsmaß Tobin's Q; hier: 1/Tobin's Q) feststellen.

3. Untersuchungen für den deutschen Kapitalmarkt

a) Drobetz/Schillhofer/Zimmermann

Die erste umfassende Studie zum Zusammenhang zwischen der Güte der (unternehmensspezifischen) Corporate Governance und Erfolgsmaßen bei deutschen Unternehmen wurde von *Drobetz/Schillhofer/Zimmermann*[59] vorgelegt. In Anlehnung an *Gompers/Ishii/Metrick* bilden sie einen Corporate Governance-Index, in den 30 Corporate Governance-Praktiken aus den Bereichen Corporate Governance-Grundordnung, Aktionärsrechte, Transparenz, Vorstand/ Aufsichtsrat und Abschlussprüfung Eingang finden. Die Kriterien, welche primär der internen Corporate Governance und der Unternehmenspublizität zuzuordnen sind, stützen sich dabei weitgehend auf die *DVFA*-Scorecard[60], Teile des DCGK, die *CalPERS*-Principles[61] und die *Deminor*-Corporate Governance Checklist. Anhand dieses Index werden 91 Unternehmen, dessen Cor-

---

59 Vgl. DROBETZ/SCHILLHOFER/ZIMMERMANN 2004, S. 5-25 sowie auch schon DROBETZ/ SCHILLHOFER/ZIMMERMANN 2002, S. 1-31 sowie DROBETZ/SCHILLHOFER/ZIMMERMANN 2003, S. 1-32.

60 Vgl. DVFA 2003, S. 1-5.

61 Vgl. CalPERS 1998.

porate Governance-Praktiken zuvor mittels eines Fragebogens erhoben wurden, bewertet.

Auf der Grundlage dieses Corporate Governance-Ratings stellen die Autoren unter anderem fest, dass Unternehmen mit guter Corporate Governance für den Zeitraum vom 01.03.1998 bis zum 01.03.2002 eine signifikant höhere Aktienrendite aufweisen als Gesellschaften mit einem relativ schlechteren Corporate Governance-Rating. Ergänzend bilden *Drobetz/Schillhofer/Zimmermann* analog zu *Gompers/Ishii/Metrick* zwei Portfolios. Das eine Portfolio rekrutiert sich aus Unternehmen mit guter Corporate Governance (so genanntes Prinzipal-Portfolio; Rating von mehr als 21 von maximal 30 Punkten) und das andere beinhaltet Gesellschaften mit schlechter Corporate Governance (so genanntes Agenten-Portfolio; Rating von weniger als 18 von 30 Punkten). Sie zeigen auf, dass das Prinzipal- im Vergleich zum Agenten-Portfolio eine um 2,33 %-Punkte höhere geometrische Durchschnittsrendite pro Monat erzielt. Die Autoren führen dies auf ein geringeres Corporate Governance-Risiko dieser Unternehmen zurück und konstatieren, dass sich die Ergebnisse weitgehend mit denjenigen von *Gompers/Ishii/Metrick* decken.

b) Zimmermann/Goncharov/Werner

Eine Studie von *Zimmermann/Goncharov/Werner*[62] aus dem Jahr 2004 bestätigt und ergänzt die Ergebnisse von *Drobetz/Schillhofer/Zimmermann.* Zur Messung der Güte der (unternehmensspezifischen) Corporate Governance erfassen die Autoren die Entsprechenserklärungen im Sinne des § 161 AktG von 61 DAX- und MDAX-Unternehmen der Jahre 2002 sowie 2003 und verdichten diese in einem Index. Die Berücksichtigung von zwei aufeinander folgenden Entsprechenserklärungen ermöglicht es ihnen, auch die Entwicklung der (unternehmensspezifischen) Corporate Governance-Güte im Zeitablauf zu analysieren.

---

62 Vgl. ZIMMERMANN/GONCHAROV/WERNER 2004, S. 1-19, insbes. S. 19 sowie GONCHAROV/WERNER/ZIMMERMANN 2006, S. 432-445, vor allem S. 442.

Auf dieser Basis zeigen *Zimmermann/Goncharov/Werner* unter anderem, dass ein signifikant positiver Zusammenhang zwischen dem Erfüllungsgrad der Soll-Empfehlungen des DCGK und der Aktienrendite existiert. Die Untersuchung kommt zum Ergebnis, dass Unternehmen mit einer guten Corporate Governance eine um 10 % höhere Aktienrendite erzielen.

c) Toksal

Die von *Toksal*[63] im Jahr 2003 durchgeführte Studie umfasst insgesamt 87 deutsche Unternehmen aus dem DAX, MDAX und TecDAX. *Toksal* modelliert einen so genannten Corporate Governance Score, in welchen Qualitätsmerkmale der internen Corporate Governance (zum Beispiel Güte des Managements beziehungsweise des Aufsichtsrats) und des Corporate Governance Reportings[64] (unter anderem Qualität der Informationen zur Vergütungspolitik oder zum Risikomanagement) getrennt einfließen. Während die Informationen zur internen Corporate Governance mittels strukturierter Interviews erhoben werden, erfolgt die Datengenerierung zum Corporate Governance Reporting anhand einer Analyse der Geschäftsberichte für das Jahr 2002. Die Kriterien zur Güte der internen Corporate Governance orientieren sich dabei - ähnlich wie bei *Drobetz/Schillhofer/Zimmermann* - weitgehend an der *DVFA*-Scorecard, am DCGK, an den *CalPERS*-Principles sowie am DRS 5. Anhand des modellierten Corporate Governance Scores werden die in die Untersuchung einbezogenen Unternehmen bewertet.

---

63 Vgl. TOKSAL 2004, S. 84-149.

64 *Toksal* stellt dabei auf die freiwillige Unternehmenspublizität ab, um Unterschiede in der Offenlegungspolitik der Unternehmen stärker herausarbeiten zu können; vgl. TOKSAL 2004, S. 100.

Darauf aufbauend untersucht die Autorin zunächst den Einfluss der anhand des Corporate Governance Scores festgestellten Güte der (unternehmensspezifischen) Corporate Governance in toto auf den Shareholder Value (gemessen an Tobin's Q). Sie stellt dabei zwar einen positiven, jedoch keinen signifikanten Zusammenhang fest. Anschließend stellt *Toksal* eine differenziertere Betrachtung an, indem sie die (unternehmensspezifische) Corporate Governance in ihre beiden Komponenten, die interne Corporate Governance und das Corporate Governance Reporting, aufteilt und hierfür getrennte Untersuchungen durchführt. Sie ermittelt dabei einen signifikant positiven Zusammenhang zwischen der Güte der internen Corporate Governance und dem Shareholder Value (wiederum gemessen an Tobin's Q). Darüber hinaus weist *Toksal* im Rahmen ihrer Studie nach, dass ein gutes Corporate Governance Reporting zu einer Senkung der (Eigen-)Kapitalkosten [gemessen am Beta im Rahmen des Capital Asset Pricing Model (CAPM)] führt, womit die vorstehend theoretisch abgeleitete ökonomische Relevanz auch empirisch belegt werden kann. Gleichzeitig wird jedoch aufgrund des in dieser Untersuchung nicht hoch signifikanten, sondern nur moderat ausgeprägten Zusammenhangs[65] deutlich, dass das ökonomische Potenzial des Corporate Governance Reportings als Instrument zur Senkung der Kapitalkosten offenbar noch nicht vollständig ausgeschöpft ist. Die Ursache hierfür ist in den von der Autorin definierten Inhalten der untersuchten freiwilligen Corporate Governance-bezogenen Disclosures zu vermuten. Diese umfassen lediglich fünf Kategorien an Informationen („Value Reporting", „Risk Reporting", „Disclosure of Compensation Policy", „Forecast Report", „Other Investor Relations Measures"), die (fast) ausschließlich aus den Geschäftsberichten der in die Studie einbezogenen Unternehmen erhoben werden.[66] Diese Untersuchungsbasis bietet augenscheinlich nicht die Voraussetzung für die Erreichung eines hinreichenden Differenzierungs- und Objektivierungsgrades, welcher durch ein informatives Corporate Governance Reporting erreicht werden könnte.

65 Vgl. hierzu im Einzelnen TOKSAL 2004, S. 134-137.

66 Vgl. TOKSAL 2004, S. 100 f., 114 f.

d) Nowak/Rott/Mahr

Zu deutlich anderen Ergebnissen als die bisher referierten Untersuchungen kommen *Nowak/Rott/Mahr*[67]. Sie untersuchen anhand einer Ereignisstudie, ob die erstmalige Offenlegung der Entsprechenserklärung nach § 161 AktG von 317 deutschen Unternehmen einen Einfluss auf die kurzfristige Kursentwicklung dieser Gesellschaften hat. Ein unterstellter positiver (negativer) Zusammenhang bei hohen (niedrigen) Entsprechungsgraden führt, so ihre Hypothese, zu einer Reduktion (Erhöhung) des unternehmensindividuellen Corporate Governance-Risikos und damit verbunden zu positiven (negativen) Überrenditen, verstanden als Abweichungen zur Gleichgewichtsrendite.

Die Autoren können allerdings eine solche Reaktion nicht feststellen; die Offenlegung der Kodex-Befolgung hat dieser Studie zufolge zumindest keinen kurzfristigen Einfluss auf die Kursentwicklung eines Unternehmens.[68] Auf Basis dieser Ergebnisse zweifeln *Nowak/Rott/Mahr* die Wirksamkeit des DCGK in Deutschland an; sie leiten hieraus jedoch nicht ab, dass die Güte der (unternehmensspezifischen) Corporate Governance keine Erfolgswirkung hat.

e) Bassen et al.

Bassen/Kleinschmidt/Prigge/Zöllner[69] untersuchen in ihrer Studie die Erfolgswirkung der Corporate Governance von 96 deutschen Unternehmen aus dem DAX, MDAX und TecDAX für das Jahr 2003. Sie bilden einen Corporate Governance-Index, der erstmalig neben den Soll-Empfehlungen auch die Soll-

---

67 Vgl. NOWAK/ROTT/MAHR 2005, S. 273-279 sowie auch schon NOWAK/ROTT/MAHR 2004, S. 12-24.

68 *Bassen et al.* weisen zu Recht darauf hin, dass *Nowak/Rott/Mahr* im Rahmen ihrer Untersuchung implizit voraussetzen, dass die Informationen der Entsprechenserklärung für den Kapitalmarkt neu waren, was jedoch nicht unbedingt der Fall sein muss; vgl. BASSEN ET AL. 2006, S. 379.

69 Vgl. BASSEN ET AL. 2006, S. 375-401.

te-Anregungen des DCGK umfasst. In die Auswertung gehen alle von den Unternehmen öffentlich zur Verfügung gestellten und damit einem informierten Kapitalanleger frei zugänglichen Informationen ein. Es handelt sich im Einzelnen um Informationen aus folgenden Quellen: Geschäftsbericht, Entsprechenserklärung nach § 161 AktG, Tagesordnung der Hauptversammlung, Satzung und Internetseite des Unternehmens. Die anhand des Corporate Governance-Index bewerteten Unternehmen werden analog zu *Gompers/Ishii/ Metrick* in zwei Portfolios - eines aus Unternehmen mit guter und eines aus Gesellschaften mit schlechter Corporate Governance - eingeteilt.

Die Autoren können für den Zusammenhang zwischen einer guten Corporate Governance in Gestalt eines hohen Entsprechungsgrades des DCGK und dem Unternehmenserfolg (gemessen unter anderem an der Aktienrendite und an Tobin's Q) nur eine schwache Evidenz erbringen, wohingegen es ihnen gelingt, eine signifikante Korrelation zwischen einzelnen Corporate Governance-Kriterien und Erfolgsmaßen aufzuzeigen. So erzielen laut der Untersuchung etwa diejenigen Unternehmen eine signifikant höhere Aktienrendite, welche im Hinblick auf die Empfehlungen und Anregungen des DCGK zum Vorstand, insbesondere zu dessen Vergütung, einen höheren Erfüllungsgrad aufweisen als andere Gesellschaften.

Als einen möglichen Grund für die nur schwache Evidenz des Zusammenhangs zwischen der Güte der (unternehmensspezifischen) Corporate Governance in toto und dem Unternehmenserfolg führen die Autoren zu Recht an, dass der Erfüllungsgrad des DCGK insgesamt ein sehr hohes Niveau aufweist und dadurch eine Differenzierung sowie eindeutigere Aussagen erschwert werden.[70] Die geringe Differenzierungsmöglichkeit wird dabei insbesondere auch dadurch gefördert, dass der DCGK den Unternehmen bei der Angabe, ob eine Empfehlung oder Anregung erfüllt wird, erhebliche Interpretationsspiel-

---

70 Vgl. hierzu und in der Folge BASSEN ET AL. 2006, S. 395 f.

räume eröffnet.[71] Dieses Manko würde bei Existenz eines informativen Corporate Governance Reportings weitestgehend entfallen, da mit einer expliziten Darlegung der internen Corporate Governance eine erhebliche Einschränkung der Interpretationsspielräume verbunden wäre.[72]

f) Bassen/Prigge/Zöllner

In einer ähnlich gelagerten Folgestudie zu *Bassen et al.* eruieren *Bassen/Prigge/Zöllner*[73] unter Einbeziehung von 100 deutschen Unternehmen aus dem DAX, MDAX und TecDAX den Zusammenhang zwischen der Güte der (unternehmensspezifischen) Corporate Governance im Ganzen sowie elf ausgewählten Corporate Governance-Kriterien einerseits und dem Unternehmenserfolg andererseits für das Jahr 2005. Die Messung der Güte der (unternehmensspezifischen) Corporate Governance erfolgt dabei anhand des Grades der Kodex-Entsprechung, wobei wiederum sämtliche von den Gesellschaften öffentlich zur Verfügung gestellten und somit einem informierten Kapitalanleger frei zugänglichen Informationen Eingang in die Untersuchung finden. Als Erfolgsmaße dienen neben der Aktienrendite und dem Tobin's Q auch der Return on Assets (RoA), der Return on Equity (RoE) sowie die Market-to-Book Ratio (of Equity).

In Übereinstimmung mit den Ergebnissen ihrer Vorgängerstudie können *Bassen/Prigge/Zöllner* überwiegend keinen signifikanten Zusammenhang zwischen der Güte der (unternehmensspezifischen) Corporate Governance in toto und den verwendeten Performance-Maßen nachweisen. Dies gelingt ihnen lediglich unter Zugrundelegung des Tobin's Q, wobei die in diesem Zusam-

---

71 Zur Kritik an den bestehenden Auslegungsspielräumen vgl. BERNHARDT 2008, S. 1689; GRAF/STIGLBAUER 2007, S. 296 m. w. N. sowie STIGLBAUER 2010, S. 190, 210.

72 Vgl. in diesem Sinne ebenfalls GRAF/STIGLBAUER 2010, S. 19.

73 Vgl. BASSEN/PRIGGE/ZÖLLNER 2008, S. 1-46 sowie BASSEN/PRIGGE/ZÖLLNER 2009, S. 388-406.

menhang festgestellte signifikante Korrelation ein negatives Vorzeichen aufweist.[74]

Hinsichtlich der isoliert betrachteten elf Corporate Governance-Kriterien in Gestalt der Empfehlungen des DCGK mit den niedrigsten Entsprechensquoten zeigt sich ein uneinheitliches Bild. Während für drei Empfehlungen (erfolgsorientierte Vergütung von Aufsichtsratsmitgliedern, individualisierte Offenlegung der an Aufsichtsratsmitglieder gezahlten Zusatzvergütungen für persönlich erbrachte Leistungen, zeitnahe Offenlegung des Konzernabschlusses und der Zwischenberichte) keine signifikanten Zusammenhänge mit den verwendeten Erfolgsmaßen festgestellt werden können, gelingt dies im Hinblick auf die übrigen acht Empfehlungen zumindest für ein Performance-Maß. Die Korrelationen sind dabei in jeweils vier Fällen positiv respektive negativ. Positive Zusammenhänge konstatieren die Autoren hinsichtlich der Empfehlungen zur aktienbasierten Vergütung der Unternehmensführung, zur individualisierten Offenlegung der Vorstandsvergütung, zur Festlegung einer Altersgrenze für Vorstandsmitglieder und zur individualisierten Offenlegung der Aufsichtsratsvergütung. Die Korrelationen weisen hingegen jeweils ein negatives Vorzeichen bei den Empfehlungen zur Vereinbarung eines angemessenen Selbstbehalts im Falle des Abschlusses einer D & O-Versicherung, zur Vereinbarung eines Vergütungs-Cap für den Fall außergewöhnlicher Entwicklungen, zur Beachtung von Nominierungskriterien für die Aufsichtsratswahl sowie zur Berücksichtigung des (stellvertretenden) Vorsitzes im Aufsichtsratsplenum und von Vorsitzen und Mitgliedschaften in Ausschüssen im Rahmen der Aufsichtsratsvergütung auf.

---

74 Dies stellt in Bezug auf den deutschen Kapitalmarkt ein Novum dar; vgl. BASSEN/PRIGGE/ZÖLLNER 2008, S. 26.

g) Stiglbauer

Die von *Stiglbauer*[75] für das Jahr 2007 durchgeführte Untersuchung umfasst insgesamt 113 Unternehmen des DAX, MDAX, TecDAX sowie des SDAX und fokussiert unter anderem den im vorliegenden Kontext bedeutsamen Zusammenhang zwischen der Güte des Corporate Governance Reportings und dem Unternehmenserfolg. Zur Messung der Güte des Corporate Governance Reportings der in die Studie einbezogenen Gesellschaften modelliert *Stiglbauer* eine so genannte Transparency & Disclosure Scorecard, welche insgesamt 38 Qualitätsmerkmale der Corporate Governance-Berichterstattung (unter anderem Qualität der Informationen zur Qualifikation, Unabhängigkeit und Vergütung der Verwaltungsorgane) umfasst. Als Performance-Maße setzt *Stiglbauer* - in Analogie zu *Bassen/Prigge/Zöllner* - neben der Aktienrendite und dem Tobin's Q auch den RoA und RoE sowie die Market-to-Book Ratio (of Equity) ein.

Stiglbauer weist im Rahmen seiner Studie unter anderem einen signifikant positiven Zusammenhang zwischen der Güte des Corporate Governance Reportings und den Erfolgsmaßen Aktienrendite und Market-to-Book Ratio (of Equity) nach, womit der von *Toksal* empirisch belegte (Eigen-)Kapitalkostensenkungseffekt eines guten Corporate Governance Reportings bestätigt wird. Gleichzeitig verdeutlicht der Umstand, dass die von *Stiglbauer* ebenfalls ermittelten Korrelationen zwischen der Güte der Corporate Governance-Berichterstattung und den Erfolgsmaßen Tobin's Q, RoA und RoE keine Signifikanzen aufweisen, erneut die Notwendigkeit eines umfassenden Konzeptionsmodells zur Ausgestaltung des Corporate Governance Reportings, um das ökonomische Potenzial dieses Berichterstattungsinstruments weiter auszuschöpfen. So fehlt es im Hinblick auf die Auswahl der von *Stiglbauer* in die Transparency & Disclosure Scorecard einbezogenen Kriterien sowohl an einer theoretisch deduktiven Ermittlung als auch an einer empirisch induktiven

75 Vgl. STIGLBAUER 2010, S. 87-205.

Evaluation, wobei Letztere zudem eine notwendige Voraussetzung für eine sachgerechte Gewichtung der Scorecard-Kriterien darstellt.[76]

4. Zusammenfassung und Implikationen der Untersuchungsergebnisse

Im Rahmen dieses Kapitels konnte zunächst aufgezeigt werden, dass die Neue Institutionenökonomie einen theoretischen Erklärungsansatz dafür bietet, weshalb die unternehmensspezifische Corporate Governance einen Beitrag dazu leisten kann, die Kapitalkosten einer Unternehmung zu senken. Hervorzuheben ist hierbei, dass in einer idealtypischen Betrachtung neben der internen Corporate Governance auch die Unternehmenspublizität als separates Instrument zur Senkung der Kapitalkosten angesehen und dahingehend einer eigenständigen Analyse zugeführt werden kann. Als Element der Unternehmenspublizität gilt diese Erkenntnis entsprechend für das vorliegend im Vordergrund stehende Corporate Governance Reporting. Dieses kann auf die Höhe der Monitoring- und damit auf die Kapitalkosten positiven Einfluss nehmen, indem es durch eine informative und glaubwürdige Berichterstattung über die interne Corporate Governance dazu beiträgt, diesbezügliche Informationsasymmetrien abzubauen und damit den informationsbedingten Risikozuschlag hinsichtlich des Verhaltensrisikos zu reduzieren. Dem Corporate Governance Reporting kann somit aus theoretischer Sicht eine eigenständige ökonomische Relevanz zugesprochen werden.

Aus den im Anschluss referierten empirischen Untersuchungen, die in den nachfolgenden Tabellen 23 bis 25 nochmals zusammenfassend dargestellt sind, lässt sich zunächst ableiten, dass für den US-amerikanischen Kapitalmarkt der zuvor theoretisch aufgezeigte positive Zusammenhang zwischen der Güte der (unternehmensspezifischen) Corporate Governance und den Kapitalkosten

76 Aufgrund der fehlenden empirisch induktiven Evaluation der einbezogenen Scorecard-Kriterien werden diese von *Stiglbauer* gleichgewichtet berücksichtigt; vgl. STIGLBAUER 2010, S. 125.

- zumindest bezüglich der Eigenkapitalkosten - überwiegend empirisch fundiert nachgewiesen werden kann.[77] Auch für den deutschen Kapitalmarkt scheint - wie etwa auch *Gompers*[78] und *Drobetz*[79] feststellen - dieser Zusammenhang empirisch zuzutreffen. So zeigen - mit Ausnahme der Studie von *Nowak/Rott/Mahr* - alle Untersuchungen eine signifikante Korrelation zwischen der Güte der (unternehmensspezifischen) Corporate Governance oder zumindest einzelner Corporate Governance-Kriterien und dem Unternehmenswert.[80] Dieser Zusammenhang ist fast ausschließlich positiv ausgeprägt. Lediglich *Bassen/Prigge/Zöllner* stellen in ihrer Untersuchung teilweise Korrelationen mit negativem Vorzeichen fest.[81]

Darüber hinaus lassen sich aus den empirischen Studien spezifische Erkenntnisse und Implikationen für die interne Corporate Governance und das Corporate Governance Reporting ableiten. So ermittelt *Toksal* im Rahmen ihrer Untersuchung einen signifikant positiven Zusammenhang zwischen der Güte der internen Corporate Governance und dem Shareholder Value und weist - in Übereinstimmung mit *Stiglbauer* - darüber hinaus nach, dass ein gutes Corporate Governance Reporting zu einer Senkung der (Eigen-)Kapitalkosten führt, womit die zuvor theoretisch abgeleitete ökonomische Relevanz auch empirisch belegt werden kann. Des Weiteren implizieren die Studien von

---

77 Vgl. ebenso BASSEN ET AL. 2006, S. 377.

78 Vgl. *Gompers*, zitiert in: FOCKENBROCK/HUSSLA 2005, S. 29.

79 Vgl. DROBETZ 2006, S. 185.

80 Unterstützung findet diese Feststellung in einer Reihe univariater Analysen auf der Basis von Befragungen institutioneller Investoren und von Unternehmensvertretern; hierzu etwa HEWITT 2005, S. 1-9; MCKINSEY & CO. 2002, S. 1-14; PELLENS/HILLEBRANDT/ULMER 2001, S. 1249 sowie ergänzend HUS 2005, S. 1.

81 Die referierten Untersuchungen lassen überwiegend keine eindeutige Aussage hinsichtlich der Kausalität, d. h. im Hinblick auf die Wirkungsrichtung der einen Variable auf die andere, zu; vgl. hierzu etwa DROBETZ/SCHILLHOFER/ZIMMERMANN 2004, S. 21 sowie GOMPERS/ISHII/METRICK 2003, S. 145. Obgleich LEHN/PATRO/ZHAO 2005 in ihrer Untersuchung offenbar das Gegenteil festgestellt haben wollen, wird in der Folge als Wirkungsrichtung unterstellt, dass die Corporate Governance ursächlichen Einfluss auf die Kapitalkosten hat. Für weitere modellimmanente Kritikpunkte an den vorstehenden empirischen Untersuchungen vgl. etwa RASKOP 2004, S. 116.

Toksal und *Stiglbauer* die Entwicklung eines umfassenden Konzeptionsmodells zur Ausgestaltung des Corporate Governance Reportings, um das Potenzial zur Senkung der Kapitalkosten weiter auszuschöpfen. Hierfür sprechen neben den empirischen Erkenntnissen von *Botosan/Plumlee/Xie*[82], wonach der Kapitalkostensenkungseffekt der Unternehmenspublizität[83] signifikant von der Präzision der Informationen abhängt, auch die Untersuchungsergebnisse von *Bassen et al.* sowie *Bassen/Prigge/Zöllner*. Eine umfassende Konzeptionierung des Corporate Governance Reportings scheint überdies aus Sicht der Aufsichtsräte von Unternehmen des Prime Standard der *Frankfurter Wertpapierbörse* angezeigt. So befürworten einer repräsentativen empirischen Untersuchung aus dem Jahr 2003 zufolge ca. zwei Drittel der Aufsichtsräte ein separates Corporate Governance Reporting als Instrument zur Förderung des Anlegervertrauens.[84]

---

82 Vgl. BOTOSAN/PLUMLEE/XIE 2004, S. 233-259.

83 Unternehmenspublizität entspricht in der Terminologie von *Botosan/Plumlee/Xie* den sog. „Public Information"; vgl. BOTOSAN/PLUMLEE/XIE 2004, S. 235 f.

84 Vgl. DAI 2005, S. 65 f. Ein weiterer positiver Effekt kann darin gesehen werden, dass die Güte des Corporate Governance Reportings positiven Einfluss auf den Genauigkeitsgrad von Gewinnprognosen durch Finanzanalysten hat; zu empirischen Erkenntnissen hierzu vgl. BHAT/HOPE /KANG 2006, S. 715-731.

Autoren	Untersuch-ungszeit-punkt/-raum	Operationalisierung der Variablen		Untersuchungsergebnis(se)
		Güte der (unternehmensspezifischen) Corporate Governance CG	**Unterneh-menswert UW**	
Gompers/Ishii/ Metrick 2003	1990-1999	Corporate Governance-Index aus 24 Abwehrmaßnahmen gegen feindliche Übernahmen; Bildung zweier Portfolios aus Unternehmen mit guter und schlechter Corporate Governance	Aktien-renditen, Tobin´s Q, (u. a.)	Das Portfolio mit guter Corporate Governance schneidet signifikant besser ab als das Vergleichsportfolio (Überrendite von 8,5 % p. a.); zwischen dem Corporate Governance-Index und dem Unternehmenswert der Stichprobenunternehmen besteht ein signifikanter Zusammenhang: ein Index-Punkt bedeutet eine Veränderung des Unternehmenswertes um 2,2 % bzw. 11,4 % (gemessen an Tobin´s Q).
Brown/Caylor 2005	2001-2003	Corporate Governance-Score aus 51 Kriterien (u. a. Abwehrmaßnahmen gegen feindliche Übernahmen, Boardpraktiken, Abschlussprüfung, Vergütungsfragen)	Tobin´s Q, (u. a.)	Feststellung eines signifikant positiven Zusammenhangs zwischen der Güte der (unternehmensspezifischen) Corporate Governance und dem Unternehmenswert (gemessen an Tobin's Q); als besonders wertschaffende Corporate Governance-Kriterien gelten die Regelungen zum Board of Directors sowie zu dessen Entlohnung; Bestätigung der Ergebnisse von *Gompers et al.*
Larcker/Richardson/ Tuna 2005	2002-2003	Set aus 39 Corporate Governance-Variablen; die Variablen werden 14 Kategorien zugeordnet und umfassen u. a. Boardspezifika (Größe, Struktur, Anzahl der Sitzungen etc.), die Anteilseignerstruktur, Vergütungsfragen und Abwehrmaßnahmen gegen feindliche Übernahmen	Tobin´s Q, (u. a.)	*Larcker/Richardson/Tuna* können im Gegensatz zu den bisherigen Untersuchungen zum US-amerikanischen Kapitalmarkt keinen eindeutigen Zusammenhang zwischen der Güte der (unternehmensspezifischen) Corporate Governance und dem Unternehmenswert (u. a. gemessen am Bewertungsmaß Tobin's Q; hier: 1/Tobin's Q) feststellen.

Tabelle 23: Ausgewählte empirische Untersuchungen für den US-amerikanischen Kapitalmarkt zum Zusammenhang zwischen der Güte der (unternehmensspezifischen) Corporate Governance und dem Unternehmenswert

Autoren	Untersuchungszeitpunkt/-raum	Operationalisierung der Variablen		Untersuchungsergebnis(se)
		Güte der (unternehmensspezifischen) Corporate Governance CG	Unternehmenswert UW	
Drobetz/Schillhofer/ Zimmermann 2004	1998-2002	Corporate Governance-Rating aus 30 Corporate Governance-Praktiken folgender Bereiche: Corporate Governance-Grundordnung, Aktionärsrechte, Transparenz, Vorstand und Aufsichtsrat, Abschlussprüfung; Bildung zweier Portfolios aus Unternehmen mit guter und schlechter Corporate Governance	Aktienrenditen (u. a.)	Das Portfolio mit guter Corporate Governance schneidet signifikant besser ab (2,33 %-Punkte höhere geometrische Durchschnittsrendite pro Monat) als das Vergleichsportfolio; weitgehende Bestätigung der Ergebnisse von *Gompers et al.*
Zimmermann/Goncharow/Werner 2004	2002-2003	Corporate Governance-Index auf Basis der Entsprechung von Soll-Empfehlungen des DCGK	Aktienrenditen (u. a.)	Unternehmen mit guter Corporate Governance erzielen eine um 10 % p. a. höhere Aktienrendite als Unternehmen mit einer schlechten Corporate Governance; Bestätigung der Ergebnisse von *Drobetz et al.*
Toksal 2004	2003	Corporate Governance-Score, in welchen Qualitätsmerkmale der internen Corporate Governance (z. B. Güte des Managements sowie des Aufsichtsrats) und des Corporate Governance Reporting (u. a. Qualität der Informationen zur Vergütungspolitik oder zum Risikomanagement) einfließen	Tobin´s Q (u. a.)	Die Autorin stellt zunächst zwar einen positiven, jedoch keinen signifikanten Zusammenhang zwischen der Güte der (unternehmensspezifischen) Corporate Governance und dem Shareholder Value fest. Im Rahmen einer differenzierteren Betrachtung gelingt es *Toksal*, einen signifikant positiven Zusammenhang zwischen der internen Corporate Governance und dem Shareholder Value aufzuzeigen. Zudem weist sie nach, dass ein gutes Corporate Governance-bezogenes Reporting zu einer Senkung der (Eigen-)Kapitalkosten [gemessen am Beta im Rahmen des Capital Asset Pricing Model (CAPM)] führt.
Nowak/Rott/Mahr 2005	Abgabezeitpunkt der Entsprechenserklärung nach § 161 AktG für das Jahr 2002	Corporate Governance-Index auf Basis der Entsprechung von Soll-Empfehlungen des DCGK	Aktienrenditen (u. a.)	Hohe (niedrige) Entsprechungsgrade von Soll-Empfehlungen des DCGK führen nicht zu kurzfristigen positiven (negativen) Überrenditen. Die Autoren zweifeln die Wirksamkeit des DCGK in Deutschland an; sie leiten hieraus jedoch nicht ab, dass die Güte der (unternehmensspezifischen) Corporate Governance keinen Einfluss auf die Kapitalkosten hat.

Tabelle 24: Ausgewählte empirische Untersuchungen für den deutschen Kapitalmarkt zum Zusammenhang zwischen der Güte der (unternehmensspezifischen) Corporate Governance und dem Unternehmenswert (I)

Autoren	Untersuchungszeitpunkt/-raum	Operationalisierung der Variablen		Untersuchungsergebnis(se)
		Güte der (unternehmensspezifischen) Corporate Governance CG	**Unternehmenswert UW**	
Bassen et al. 2006	2003	Corporate Governance-Index auf Basis der Entsprechung von Soll-Empfehlungen und Sollte-Anregungen des DCGK; Bildung zweier Portfolios aus Unternehmen mit guter und schlechter Corporate Governance	Aktienrenditen, Tobin´s Q (u. a.)	Für den Zusammenhang zwischen guter (unternehmensspezifischer) Corporate Governance in Gestalt eines hohen Entsprechungsrades des DCGK und dem Unternehmenserfolg (gemessen u. a. an der Aktienrendite und Tobin´s Q) kann nur eine schwache Evidenz erbracht werden. Jedoch gelingt es, eine signifikante Korrelation zwischen einzelnen Corporate Governance-Kriterien und Erfolgsmaßen aufzuzeigen. So erzielen diejenigen Unternehmen eine signifikant höhere Aktienrendite, welche die Empfehlungen und Anregungen des DCGK zum Vorstand, u. a. zu dessen Vergütung, besser erfüllen als andere Gesellschaften.
Bassen/Prigge/Zöllner 2009	2005	Corporate Governance-Index auf Basis der Entsprechung von Soll-Empfehlungen und Sollte-Anregungen des DCGK	Aktienrenditen, Tobin´s Q (u. a.)	Übereinstimmend mit den Ergebnissen von *Bassen et al.* können *Bassen/Prigge/Zöllner* überwiegend keinen signifikanten Zusammenhang zwischen der Güte der (unternehmensspezifischen) Corporate Governance in toto und den verwendeten Performance-Maßen nachweisen. Dies gelingt ihnen lediglich unter Zugrundelegung des Tobin´s Q, wobei die festgestellte signifikante Korrelation ein negatives Vorzeichen aufweist. Hinsichtlich der isoliert betrachteten elf Corporate Governance-Kriterien in Gestalt der Empfehlungen des DCGK mit den niedrigsten Entsprechensquoten zeigt sich ein uneinheitliches Bild. Während für drei Empfehlungen keine signifikanten Zusammenhänge mit den Erfolgsmaßen festgestellt werden können, gelingt dies im Hinblick auf die übrigen acht Empfehlungen zumindest für ein Performance-Maß. Die Korrelationen sind dabei in jeweils vier Fällen positiv bzw. negativ.
Stiglbauer 2010	2007	u. a. Transparency & Disclosure Scorecard, welche 38 Qualitätsmerkmale des Corporate Governance Reportings (u.a. Qualität der Informationen zur Qualifikation, Unabhängigkeit und Vergütung der Verwaltungsorgane) umfasst	Aktienrenditen, Tobin´s Q RoA, RoE, Market-to-Book Ratio	*Stiglbauer* weist u. a einen signifikant positiven Zusammenhang zwischen der Güte des Corporate Governance Reportings und den Erfolgsmaßen Aktienrendite und Market-to-Book Value nach.

Tabelle 25: Ausgewählte empirische Untersuchungen für den deutschen Kapitalmarkt zum Zusammenhang zwischen der Güte der (unternehmensspezifischen) Corporate Governance und dem Unternehmenswert (II)

IV. Zwischenergebnis

Den Gegenstand des Ersten Hauptteils bildete eine ausführliche Analyse der Unternehmenspublizität als einem integralen Bestandteil der Corporate Governance. Im Rahmen des ersten Kapitels gelang es dabei zunächst, ausgehend von einer definitorischen Abgrenzung im ersten Abschnitt die Corporate Governance im zweiten Abschnitt einer eingehenden Systematisierung zuzuführen und in ihre einzelnen Elemente aufzugliedern. In diesem Kontext kommt der Differenzierung zwischen der in- und externen Corporate Governance eine zentrale Bedeutung zu, welche im Sinne der Principal-Agent-Theorie anhand des Kriteriums der Unternehmensverwaltung vorgenommen wurde. Diese Unterscheidung zugrunde legend, bezieht sich die interne Corporate Governance auf die funktional zweckmäßige Ausformung der Unternehmensverwaltung, das heißt auf die Balance zwischen der am Unternehmenswert ausgerichteten Unternehmensführung durch den Vorstand und ihre Überwachung durch den Aufsichtsrat, einschließlich der unterstützenden Funktion des (Konzern-)Abschlussprüfers. Im Gegensatz hierzu ist die externe Corporate Governance durch die Existenz von (Wettbewerbs-)Märkten determiniert, wobei angenommen wird, dass ein funktionsfähiger (Eigen-)Kapitalmarkt die externe Überwachung am objektivsten und effizientesten vollziehen kann. Der (Eigen-)Kapitalmarkt stellt in diesem Zusammenhang mit den Aktionären und dem Markt für Unternehmenskontrolle zwei wesentliche Überwachungsmechanismen bereit, die zu ihrer Funktionsfähigkeit entscheidungsnützlicher Unternehmensinformationen bedürfen. So können nur mittels einer Informationsexternalisierung in Gestalt einer informativen und glaubwürdigen Unternehmenspublizität Informationsasymmetrien zwischen der Unternehmensverwaltung auf der einen Seite sowie den Anteilseignern beziehungsweise dem anonymen Markt für Unternehmenskontrolle auf der anderen Seite abgebaut und damit die informatorischen Voraussetzungen für eine Überwachung durch Outsider geschaffen werden.

Gemäß der im Rahmen dieser Arbeit vorgenommenen Systematisierung setzt sich die Unternehmenspublizität aus dem Corporate Governance Reporting, dem Financial Accounting sowie dem Value Reporting i. e. S. zusammen. Unter Corporate Governance Reporting wird dabei die strukturierte und regelmäßige externe Berichterstattung einer Unternehmung verstanden, welche geeignet ist, Informationsasymmetrien zwischen der Unternehmensverwaltung und (potenziellen) Investoren in Bezug auf die interne Corporate Governance möglichst weitgehend abzubauen. Demgegenüber stellt das Financial Accounting denjenigen Teil der Kommunikation zwischen der Unternehmung und dem Kapitalmarkt dar, welcher primär durch gesetzliche Rechnungslegungsvorschriften determiniert wird. Das Value Reporting i. e. S. umfasst im Kern Informationen zum Reinvermögenszeitwert sowie zur Approximation des Unternehmenswertes in der Ausprägung des Zukunftserfolgswerts und bildet gemeinsam mit dem Financial Accounting das Business Reporting i. e. S., welches das Corporate Governance Reporting komplementär ergänzt.

Nach der Ableitung und Konkretisierung ihrer Elemente bedurfte es im Anschluss einer theoretischen Fundierung der Corporate Governance. Die Principal-Agent-Theorie, welche den Gegenstand des dritten Abschnitts bildete, verkörpert dabei das im Schrifttum vorherrschende theoretische Erklärungsmodell der Corporate Governance und untersucht die aufgrund der Delegation der Unternehmensführung durch die Aktionäre (Principals) an ein Managementteam (Agents) entstehende Problematik der Trennung von (Kapital-) Eigentum und Verfügungsmacht. Es konnte aufgezeigt werden, dass im Verlauf der Auftragsbeziehung zwischen den Anteilseignern und Managern unterschiedliche Arten von Principal-Agent-Konflikten entstehen können, die typischerweise nach den Ursachen auftretender Informationsasymmetrien (Hidden Characteristics, Hidden Information, Hidden Action) zu klassifizieren sind. Vor Vertragsabschluss besteht für den Principal die Gefahr einer Adverse Selection, nachvertraglich das Risiko eines Moral Hazard. Letztgenannter Principal-Agent-Konflikt kann dabei weiter in die Unterfälle Differencial Risk Exposure, Differencial Horizons, Consumption on the Job und Shirking unterschieden werden. Zur Verhinderung einer Adverse Selection sieht die Principal-Agent-Theorie die Instrumente des Screening, der Self Selection sowie des Signalling vor. Für die Überwindung oder zumindest Verminderung nachvertraglicher Principal-Agent-Konflikte stehen die Mechanismen des Bonding und Monitoring zur Verfügung.[1]

Obgleich die Dissoziation von (Kapital-)Eigentum und Verfügungsmacht länderübergreifend das charakteristische Merkmal börsennotierter Publikumsgesellschaften darstellt und folglich ähnlich gelagerte Grundprobleme existieren, sind dennoch unterschiedliche Ausformungen nationaler Corporate Governance-Systeme zu beobachten, für deren Klassifizierung in der Literatur diverse Modelle entwickelt worden sind. Diese waren Gegenstand des vierten Abschnitts des ersten Kapitels. In diesem Zusammenhang ist die Typologie nach *Franks/Mayer*, das heißt die Differenzierung zwischen Outsider- und Insider-Systemen als übergeordnete Dichotomie, hervorzuheben, welche sich im Schrifttum weitgehend durchgesetzt hat. Dieser Ansatz fokussiert - wie im Einzelnen aufgezeigt wurde - die unterschiedliche Gewichtung von Corporate Governance-Mechanismen, wobei in Outsider-Systemen die externen und in Insider-Systemen die internen Corporate Governance-Elemente dominieren.[2]

Aufbauend auf diesen Erkenntnissen erfolgte im zweiten Kapitel des Ersten Hauptteils eine Untersuchung zur Entwicklung des Corporate Governance-Systems deutscher börsennotierter Publikumsgesellschaften. Wenngleich hierbei - entsprechend der thematischen Ausrichtung der vorliegenden Schrift - ein besonderes Gewicht auf die Unternehmenspublizität zu legen war, sollte sich die Analyse dennoch nicht auf eine Partialbetrachtung beschränken, sondern vielmehr - wie im ersten Abschnitt zum Ausdruck gebracht - ganzheitlich ausgerichtet sein, um auch interdependente Wirkungen zwischen einzelnen Systemkomponenten angemessen berücksichtigen zu können.

---

1 Zur Typisierung von Principal-Agent-Konflikten vgl. zusammenfassend Abbildung 4 in Abschn. I. C.2 dieses Hauptteils.

2 Vgl. hierzu im Einzelnen die vergleichende Übersicht zum Outsider- und Insider-System in Abbildung 5 unter Abschn. I. D.2 dieses Hauptteils.

Den Ausgangspunkt der intendierten Untersuchung bildete die Charakterisierung des traditionellen deutschen Corporate Governance-Modells und der einzelnen Systemelemente im zweiten Abschnitt. Darauf aufbauend sind im dritten Abschnitt sowohl die Entwicklungen normativer Rahmenbedingungen als auch - unter flankierender Heranziehung ausgewählter empirischer Daten - Veränderungen im Bereich der Kapitalmarkt- und Kreditfinanzierung, der Anteilskonzentration und -verflechtung sowie der Anteilseignerzusammensetzung untersucht worden, um hieraus im vierten Abschnitt die Konsequenzen im Hinblick auf die Gewichtung einzelner Corporate Governance-Mechanismen und das Corporate Governance-System als Ganzes abzuleiten.

Als ein zentrales Ergebnis der Untersuchung ist festzuhalten, dass in Deutschland die sozioökonomischen Rahmenbedingungen - zumindest aus der Sicht börsennotierter Publikumsgesellschaften - seit Mitte der 1990er Jahre einem wesentlichen Veränderungsprozess unterliegen. So wurde auf der einen Seite der im internationalen Vergleich lange Zeit als rudimentär zu bezeichnende Anlegerschutz im Zuge zahlreicher Reformmaßnahmen seit dem Jahr 1994 erheblich verbessert, wobei insbesondere die Normierungen zur Unternehmenspublizität und zum Enforcement eine zentrale Bedeutungszunahme erfahren haben. Auf der anderen Seite kann im Bereich der wirtschaftlichen Rahmenbedingungen in der Zeit zwischen 1994/1995 und 2005/2006 im Hinblick auf börsennotierte Publikumsgesellschaften ein kontinuierlicher Rückgang der traditionell dominierenden Unternehmensfinanzierung über Bankkredite festgestellt werden, wohingegen sowohl die Eigen- als auch die Fremdkapitalmarktfinanzierung erheblich an Relevanz gewonnen haben. Daneben ist im genannten Untersuchungszeitraum auch eine signifikante Reduktion der ursprünglich starken Anteilskonzentration und -verflechtung zu beobachten, welche von einer nahezu vollständigen Erosion der traditionell engen Personalverflechtung in Form von Aufsichtsratsmandaten begleitet wird. Schließlich lässt sich in Bezug auf die Anteilseignerzusammensetzung eine stetige Verschiebung der Machtverhältnisse von den ehemals vorherrschenden Banken und (Industrie-)Unternehmen (Insider) zugunsten (angelsächsischer) institutioneller Investoren (Outsider) konstatieren.

Ein weiteres Resultat der intertemporalen Analyse ist darin zu sehen, dass sich - bedingt durch die genannten Entwicklungen im Bereich der sozioökonomischen Rahmenbedingungen - auch das Corporate Governance-System deutscher börsennotierte Publikumsgesellschaften seit Mitte der 1990er Jahre in einem institutionellen Wandlungsprozess befindet, welcher einen nichttrivialen, pfadabweichenden und nachhaltigen Charakter aufweist. Weder mit dem radikalen Wandel zum angloamerikanischen Outsider-System noch mit der pfadtreuen Reproduktion der Institutionen des deutschen Corporate Governance-Modells (Persistenz) wäre diese Systementwicklung zutreffend reflektiert. So vollzieht sich auf der einen Seite eine Annäherung des Corporate Governance-Systems deutscher börsennotierter Publikumsgesellschaften an das angloamerikanische Modell, indem sich der Shareholder Value-Ansatz im Rahmen der Unternehmensführung etabliert und externe Mechanismen, wie die Überwachung durch Aktionäre, der Markt für Unternehmenskontrolle sowie die Unternehmenspublizität und ihr Enforcement, eine erhebliche Bedeutungszunahme erfahren. Auf der anderen Seite bleiben indes bestimmte, das deutsche Corporate Governance-System traditionell auszeichnende Komponenten - wie vor allem die ausgeprägte, wenngleich auch nicht mehr dominante, interne Überwachung durch den Aufsichtsrat - im Grundsatz bestehen. In einer Gesamtschau findet demgemäß eine nachhaltige Annäherung des bislang als klassisches Insider-Modell geltenden deutschen Corporate Governance-Systems an das angloamerikanische Outsider-Modell unter Bewahrung ausgeprägter interner Mechanismen statt. Dieser Prozess lässt sich abschließend als partielle formale Konvergenz titulieren.

Im Hinblick auf den weiteren Fortgang der Abhandlung ist hervorzuheben, dass im Rahmen der Entwicklung des Corporate Governance-Systems deutscher börsennotierter Publikumsgesellschaften unstreitig eine erhebliche Bedeutungszunahme der Informationsexternalisierung in Gestalt der Unternehmenspublizität im Allgemeinen und des Corporate Governance Reportings im Besonderen konstatiert werden konnte. Dieses Resultat sowie der Umstand, dass die Corporate Governance-Berichterstattung insbesondere in konzeptioneller Hinsicht bis dato keiner erschöpfenden betriebswirtschaftlichen Analyse zugeführt worden ist, implizierten, dieses im Folgenden in den Mittelpunkt der vorliegenden Schrift zu rücken.

Entsprechend dieser Fokussierung widmete sich das dritte Kapitel des Ersten Hauptteils einer Analyse der ökonomischen Relevanz des Corporate Governance Reportings, wobei als möglicher Indikator die Korrelation zwischen der Güte der unternehmensspezifischen Corporate Governance und den Kapitalkosten einer Unternehmung zugrunde gelegt wurde. In diesem Zusammenhang gelang es im zweiten Abschnitt, basierend auf dem Fundament der Neuen Institutionenökonomie einen theoretischen Erklärungsansatz für den potenziellen Kapitalkostensenkungseffekt der unternehmensspezifischen Corporate Governance aufzuzeigen. Hervorzuheben ist hierbei, dass in einer idealtypischen Betrachtung nicht nur die interne Corporate Governance, sondern ebenfalls die Unternehmenspublizität als eigenständiges Instrument zur Reduktion der Kapitalkosten angesehen und folglich einer isolierten Analyse zugeführt werden kann.[3] Als Element der Unternehmenspublizität besitzt diese Feststellung auch Gültigkeit für das Corporate Governance Reporting, welches auf die Monitoring- und damit auf die Kapitalkosten einen positiven Einfluss nehmen kann, indem es mittels einer informativen sowie glaubwürdigen Berichterstattung über die interne Corporate Governance einen Beitrag zum Abbau bestehender Informationsasymmetrien und somit zur Reduktion des informationsbedingten Risikozuschlags hinsichtlich des Verhaltensrisikos leistet.

Aus den im dritten Abschnitt referierten empirischen Studien konnte zunächst geschlossen werden, dass sich für den US-amerikanischen Kapitalmarkt der zuvor auf Grundlage der Neuen Institutionenökonomie theoretisch abgeleitete positive Zusammenhang zwischen der Güte der (unternehmensspezifischen) Corporate Governance und den Kapitalkosten mehrheitlich empirisch belegen lässt. Auch für den deutschen Kapitalmarkt scheint die in Rede stehende Korrelation evident zu sein. So konnten - von einer Ausnahme abgesehen - alle bisherigen Untersuchungen einen signifikanten Zusammenhang zwischen der Güte der (unternehmensspezifischen) Corporate Governance oder zumindest einzelner Corporate Governance-Kriterien und dem Unternehmenswert

3 Für eine grafische Darstellung hierzu vgl. Abbildung 9 in Abschn. III. B.3 dieses Hauptteils.

nachweisen. Diese Korrelation ist dabei - entsprechend der formulierten Forschungshypothese - fast ausschließlich positiv ausgeprägt.[4]

Neben den genannten Resultaten ließen sich aus den analysierten empirischen Untersuchungen zudem spezifische Erkenntnisse und Implikationen im Hinblick auf die interne Corporate Governance und das Corporate Governance Reporting ableiten. So zeigte *Toksal* im Rahmen ihrer Studie eine signifikant positive Korrelation zwischen der Güte der internen Corporate Governance und dem Shareholder Value auf und wies - korrespondierend zur Untersuchung von *Stiglbauer* - zudem nach, dass ein gutes Corporate Governance Reporting zu einer Reduktion der Kapitalkosten führt, womit für die zuvor theoretisch aufgezeigten Wirkungszusammenhänge ein empirischer Nachweis erbracht werden konnte. Gleichzeitig offenbarten die Erhebungen von *Toksal* und *Stiglbauer* aufgrund zum Teil schwacher respektive fehlender Signifikanzen, dass das Potenzial der Corporate Governance-Berichterstattung zur Senkung der Kapitalkosten noch nicht ausgeschöpft zu sein scheint. Zusammen mit den empirischen Erkenntnissen von *Botosan/Plumlee/Xie*, wonach der Kapitalkostensenkungseffekt der Unternehmenspublizität signifikant von der Präzision der übermittelten Informationen abhängt, implizierten die genannten Untersuchungsergebnisse die zentrale Zielsetzung der vorliegenden Schrift, die Entwicklung eines Konzeptionsmodells zur Ausgestaltung des Corporate Governance Reportings, welche den Gegenstand der nachfolgenden Ausführungen bilden wird.

---

4 Zu den Untersuchungsergebnissen der analysierten Studien vgl. zusammenfassend die Tabellen 23 bis 25 in Abschn. III. C.4 dieses Hauptteils.

Zweiter Hauptteil:

Konzeptionsmodell zur Ausgestaltung des Corporate Governance Reportings

I. Methodisches Vorgehen

Als Methoden für die - primär aus betriebswirtschaftlicher Sicht durchzuführenden - Ermittlung des angestrebten Konzeptionsmodells zur Ausgestaltung des Corporate Governance Reportings kommen in erster Linie die Deduktion und die Induktion in Betracht.[1] Nach herrschender Meinung in der Literatur stellt dabei eine Kombination aus deduktiver und induktiver Methode die zu präferierende Vorgehensweise dar.[2]

Diesem Petitum des Schrifttums folgend, soll im Rahmen der vorliegenden Abhandlung das Konzeptionsmodell zunächst auf theoretisch deduktivem Wege, das heißt durch „Nachdenken"[3], entwickelt werden. Es gilt dabei in einem ersten Schritt, rekurrierend auf die Kommunikationstheorie als Deduktionsgrundlage, die zentralen Bestandteile des Konzeptionsmodells abzuleiten. In einem zweiten Schritt sind sodann die ermittelten Komponenten - das Corporate Governance Statement als Übermittlungsmedium, der Feedback-

---

1 Zur Diskussion der in Rede stehenden wissenschaftstheoretischen Methoden vgl. im Allgemeinen BRÜHL 2006, S. 182-186; POPPER 1994, S. 3-21; SCHANZ 1988, S. 41-46; SEIFFERT 1997, S. 47 f., 92 f.; WILD 1975, Sp. 2660-2663, 2666 f. sowie im Kontext der Gewinnung von Grundsätzen LEFFSON 1987, S. 28-31 (GoB); RÜCKLE 1996, S. 121-123 (GoA); THEISEN 1987, S. 218-221 (GoÜ). Als weitere, vorliegend nicht relevante Methode findet sich in der wissenschaftstheoretischen Literatur insbes. noch die Abduktion; vgl. hierzu BRÜHL 2006, S. 183 f. und SCHURZ 2002, S. 135-142.

2 Vgl. hierzu u. a. HENDRIKSEN 1977, S. 7; RÜCKLE 1996, S. 121; THEISEN 1987, S. 220 f.; THEISEN 1996, S. 94; WERDER 1996a, S. 11 f.; a. A. sind hingegen CIESIELSKI 1977, S. 21 und LEFFSON 1987, S. 29, die jeweils die induktive Methode - offensichtlich begründet auf dem (traditionellen) Ausschließlichkeitsgedanken - ablehnen.

3 Zu diesem weiten Verständnis der Deduktion i. S. v. „Nachdenken" vgl. auch DÖLLERER 1959, S. 1220; RÜCKLE 2002, Sp. 1030; THEISEN 1987, S. 220 und WYSOCKI 1977, S. 178. Da keine Sätze über die Wahrheit gebildet werden, handelt es sich hierbei - streng genommen - nicht um eine idealtheoretische Deduktion i. S. d. klassischen Logik, wonach von allgem. Sätzen mit höherem Informationsgehalt auf logisch implizierte Sätze mit einem niedrigeren Informationsgehalt in der Weise geschlossen wird, dass die logischen Beziehungen zwischen den Sätzen hergestellt, analysiert und nachgewiesen werden; vgl. hierzu stellv. WILD 1975, Sp. 2660. Gleichwohl soll in der vorliegenden Abhandlung die gewählte Methodenbezeichnung beibehalten werden; vgl. hierzu ähnlich RÜCKLE 1996, S. 121.

Mechanismus sowie das Enforcement des Corporate Governance Reportings - einer formalen und inhaltlichen Konkretisierung zuzuführen. Der Schwerpunkt liegt auf der Ausgestaltung des Corporate Governance Statements, wobei diesbezüglich als weitere Deduktionsbasen Normierungen zur internen Corporate Governance sowie die doppelstufige Principal-Agent-Theorie zugrunde gelegt werden.

Um der Forderung des Schrifttums nach einem Methoden-Mix zu entsprechen, sollte das Konzeptionsmodell oder zumindest die Ausprägung einzelner Bestandteile desselben auch auf dem Wege der Induktion gewonnen werden. Idealerweise könnte in Bezug auf das Corporate Governance Statement[4] eine induktive Ermittlung erfolgen, indem empirisch erhoben wird, wie die Mehrzahl der Verfasser in praxi vorgeht.[5] Als Ausgangslage für eine induktive Untersuchung käme der nach Randnummer 3.10 DCGK geforderte und im Geschäftsbericht zu veröffentlichende Corporate Governance Bericht in Betracht.[6] In Ermangelung einer für die gesetzten Ziele geeigneten und zugänglichen empirischen Erhebung müsste eine solche selbst vorgenommen werden. Dies wäre in Form einer Geschäftsberichtsanalyse (etwa unter Einbeziehung der im Prime Standard der *Frankfurter Wertpapierbörse* gelisteten Unternehmen) grundsätzlich möglich. Jedoch zeigte eine vom Verfasser durchgeführte Analyse von Corporate Governance Berichten der 30 DAX-Unternehmen für die Geschäftsjahre 2004 bis 2008, dass der Umfang, die Intensität und das Niveau

---

4 Induktive Untersuchungen zum Enforcement des Corporate Governance Reportings und zur Feedback-Institution scheiden aus, da diese realiter noch nicht existieren.

5 Vgl. sinngemäß RÜCKLE 2002, Sp. 1031; WERDER 1996a, S. 11 und WYSOCKI 1977, S. 177. Mit dieser Vorgehensweise würde wohl auch der wissenschaftstheoretischen Definition entsprochen, wonach unter Induktion allgem. der Schluss von besonderen Sätzen, die sich aus einzelnen oder mehreren Beobachtungen, Experimenten etc. ergeben, auf allgem. Sätze verstanden wird; vgl. hierzu sowie zu einer grundlegenden Kritik an der induktiven Methode POPPER 1994, S. 3-5 sowie ergänzend KERN 1979, S. 23 f. und WILD 1975, Sp. 2666 f.

6 Die Erklärung zur Unternehmensführung schied hingegen vorliegend für eine induktive Analyse aus, da § 289 a HGB gem. Art. 66 Abs. 2 EGHGB erst auf die nach dem 31.12.2008 beginnenden Geschäftsjahre zwingend anzuwenden war.

der Berichterstattung (noch) stark schwankt[7] und daher die Erfolgsaussichten einer qualitativ hochwertigen induktiven Gewinnung der angestrebten Erkenntnisse als eher gering eingestuft werden. Dieses Zwischenergebnis überrascht angesichts der erst seit 2002 bestehenden und bislang noch nicht konkretisierten Regelung des DCGK kaum. Auch im Schrifttum wird bestätigt, dass die induktive Methode bei neuartigen Fragestellungen versagen muss, weil sich für sie noch keine allgemeine Übung herausgebildet haben kann.[8]

Der Forschungsanspruch ist insoweit zu relativieren. Auf einen „Test an der Empirie“ sollte jedoch im Sinne eines kombinativen Ermittlungsprozesses nicht vollständig verzichtet werden. So ist vorgesehen, die theoretisch deduktiv ermittelten Resultate im Dritten Hauptteil der Arbeit durch eine deskriptive univariate Analyse auf der Grundlage einer schriftlichen Befragung der Hauptadressatengruppen des Corporate Governance Reportings, den Investoren, einer empirisch induktiven Evaluation zu unterziehen.[9] Der empirische Test konzentriert sich dabei auf die Inhaltskomponenten des Corporate Governance Statements als Kernelement des Corporate Governance Reportings. Die Einschätzung der Adressaten zur Bedeutung der einzelnen Inhaltskomponenten kann insoweit als Ersatzmaßstab für die Entscheidungsrelevanz der Informationen herangezogen werden.[10] Mit dieser Vorgehensweise wird sichergestellt, dass die Adressaten bei der Ermittlung des Konzeptionsmodells mit einbezogen werden und sich das Corporate Governance Reporting an ihren Informationsbedürfnissen orientiert.[11]

---

7 Diese Feststellung findet sich - jedoch ohne Offenlegung von für die vorliegenden Ziele weiter verwendbaren Ergebnissen - auch bei SEIBT 2003a, S. 469 sowie QUICK/ WIEMANN/WILTFANG 2009, S. 215.

8 Vgl. etwa RÜCKLE 2002, Sp. 1031 und WYSOCKI 1977, S. 179.

9 Diese Methodik findet sich in ähnlicher Form bei *Hub*, der jedoch die Inhaltskomponenten nicht theoretisch deduktiv, sondern aus Expertengesprächen ableitet; vgl. HUB 1972, S. 78-80.

10 Vgl. GONEDES 1972, S. 15 f. sowie auf diesen Bezug nehmend PELLENS 1989, S. 62.

11 Vgl. in diesem Sinne auch ROLVERING 2002, S. 78.

II. Theoretisch deduktive Ermittlung des Konzeptionsmodells

A. Kommunikationstheoretische Anknüpfungspunkte

1. Vorüberlegungen

Hinsichtlich der theoretisch deduktiven Ermittlung eines Konzeptionsmodells zur Ausgestaltung des Corporate Governance Reportings erscheint es - wie bereits vorstehend angedeutet - Erfolg versprechend, Anknüpfungspunkte zur Kommunikationstheorie[1] herzustellen.[2] Aufgrund dessen wird im Folgenden zunächst in diejenigen kommunikationstheoretischen Grundlagen eingeführt, die bezüglich des angestrebten Konzeptionsmodells als zielführend anzusehen sind.[3] Hierbei ist insbesondere zu berücksichtigen, dass sich die Untersuchung im Hinblick auf die Kommunikationsform auf das schriftliche Corporate Governance Reporting[4] konzentrieren soll.

Vor diesem Hintergrund beschäftigen sich die folgenden Ausführungen mit ausgewählten Typologien von Kommunikationsprozessen sowie mit semiotischen Ebenen und Störungen der Kommunikation. Darauf aufbauend erfolgt eine Darlegung und Analyse des Kommunikationsmodells nach *Bedford/*

---

1 Aufgrund ihrer identischen Forschungsgebiete (Signale, Nachrichten und Informationen) lassen sich die Kommunikations- und die Informationstheorie nicht eindeutig voneinander abgrenzen; vgl. etwa KRAMER 1962, S. 31-33. In der vorliegenden Abhandlung soll einheitlich von Kommunikationstheorie bzw. Kommunikationswissenschaften gesprochen werden.

2 Bei betriebswirtschaftlichen Fragestellungen im Kontext der Unternehmenspublizität ist diese Vorgehensweise im wissenschaftlichen Schrifttum weit verbreitet; vgl. etwa EISENFÜHR 1967, S. 7-9; FRINGS 1975, S. 44-49; HÜTTEN 2000, S. 11-32; TÄUBERT 1998, S. 154-168 und WERNICKE 2009, S. 25-37.

3 Für eine ähnliche zielorientierte Einschränkung des weiten Feldes der Kommunikationsforschung vgl. etwa DRUMM 1969, S. 18 f.

4 Neben der schriftlichen werden in der Literatur im Wesentlichen zwei weitere Kommunikationsformen unterschieden: die mündliche und die demonstrierende Kommunikation; vgl. etwa MERRIHUE 1960, S. 16.

Baladouni[5], welches als Ausgangspunkt für die Betrachtung der Unternehmenspublizität aus kommunikationstheoretischer Sicht gilt.[6]

Die aufgrund der interdisziplinären Ausrichtung uneinheitlichen Begriffsverwendungen in den Kommunikationswissenschaften[7] lässt es sinnvoll erscheinen, zur Sicherstellung einer terminologischen Konsistenz der nachfolgenden Ausführungen bereits an dieser Stelle eine Definition zentraler Begriffe vorzunehmen. So soll im Rahmen dieser Arbeit unter Kommunikation die (intentionale) Informationsübermittlung als Prozess verstanden werden.[8] Die Übermittlung von Informationen, aufgefasst als zweckorientiertes Wissen,[9] erfolgt dabei mittels Signalen zwischen zwei oder mehr Systemen, die der Informationsaufnahme und -abgabe fähig sind.[10] Signale werden als physikalische Einheiten aufgefasst, mittels derer die Speicherung und Übermittlung von Informationen ermöglicht werden.[11]

---

5 Vgl. BEDFORD/BALADOUNI 1962, S. 650-659.

6 Vgl. BIZZELL 1976, S. 57.

7 Die terminologische Vielfalt zeigt sich etwa beim Begriff Kommunikation, für den MERTEN 1977, S. 168-182 insgesamt 160 Definitionen identifiziert.

8 Vgl. BENTELE/BECK 1994, S. 21; BERTHEL 1975a, S. 16; COENENBERG 1966, S. 36 sowie KOCH 1994, S. 50.

9 Die Begriffsauffassung, wonach Information zweckorientiertes Wissen darstellt, geht auf WITTMANN 1959, S. 14 zurück und hat sich bei betriebswirtschaftlichen Fragestellungen durchgesetzt. Für eine Übernahme dieser Definition vgl. etwa ASSER 1971, S. 655; BERTHEL 1975a, S. 13; BERTHEL 1975b, Sp. 1866; COENENBERG 1966, S. 20; DRUMM 1969, S. 21; KRAMER 1962, S. 11; STAEHLE 1999, S. 577; TICHY 1979, S. 8 f.; kritisch hingegen BODE 1997, S. 455-458. Vom Begriff Information ist der Terminus Nachricht, verstanden als Wissenskomplex ohne Zweckbezug, abzugrenzen; vgl. etwa COENENBERG 1966, S. 24. Insofern kann im Umkehrschluss Information auch als Nachricht mit Zweckbezug gedeutet werden; vgl. KRAMER 1962, S. 11.

10 Vgl. BENTELE/BECK 1994, S. 21 sowie BERTHEL 1975a, S. 14, 67; ähnlich COENENBERG 1966, S. 22-24 und DRUMM 1969, S. 22 f.

11 Vgl. BENTELE/BECK 1994, S. 21; BERTHEL 1975a, S. 14 und COENENBERG 1966, S. 23.

2. Ausgewählte Typologien von Kommunikationsprozessen

a) Uni-direktionaler Typus

Für den Bereich der Kommunikationswissenschaften wurde der Verlauf von Kommunikationsprozessen im Jahr 1946 grundlegend vom US-amerikanischen Politologen *Lasswell*[12] strukturiert. Nach seinem Wortmodell „Who says what in which channel to whom with what effect?"[13] vollzieht sich die Kommunikation in mehreren Prozessschritten. Es handelt sich dabei um die Teilschritte Verschlüsselung, Übermittlung und Entschlüsselung von Informationen. Das Wortmodell von *Lasswell* impliziert die Vorstellung, dass Kommunikation als ein linearer, uni-direktionaler Prozess aufzufassen ist.[14]

Ein uni-direktionales Verständnis liegt auch dem bekannten Modell der mathematischen Theorie der Kommunikation von *Shannon*[15] aus dem Jahr 1949 zugrunde, welches den Kommunikationsvorgang durch die Elemente Sender, Umwandler, Kanal, Rückumwandler und Empfänger beschreibt.[16] Obgleich das Kommunikationsmodell nach *Shannon* seinen Ursprung in der Nachrichtentechnik hat,[17] bildet es wegen seiner Allgemeingültigkeit auch die Ausgangsbasis der meisten im betriebswirtschaftlichen Schrifttum diskutierten

---

12 *Harold D. Lasswell* gilt neben *Paul F. Lazarsfeld, Kurt Lewin* und *Carl I. Hovland* als einer der vier Begründer der Kommunikationsforschung; vgl. TÄUBERT 1998, S. 155.

13 LASSWELL 1966, S. 178. Dieses Wortmodell wird im Schrifttum auch häufig als *Lasswell*-Formel bezeichnet; vgl. etwa REIMANN 1968, S. 81; TÄUBERT 1998, S. 155 sowie kritisch BENTELE/BECK 1994, S. 36.

14 Vgl. etwa BENTELE/BECK 1994, S. 36; MERTEN 1977, S. 15 f. und TÄUBERT 1998, S. 155.

15 *Shannon* gilt zusammen mit *Weaver* als Begründer der modernen Kommunikationstheorie; vgl. KRAMER 1962, S. 32 f.

16 Vgl. SHANNON 1949, S. 4-6. *Shannon* verwendet statt Sender den Begriff Informationsquelle; dieser Terminus dürfte indes im vorliegenden Zusammenhang weniger geeignet sein als die Bezeichnung Sender, da er mehr auf den Ursprung, somit auf die Informationsentstehung, hinzuweisen scheint; vgl. ähnlich KRAMER 1962, S. 47.

17 Das Kommunikationsmodell von *Shannon* entstand während seiner Tätigkeit bei den *Bell Telephone Laboratories*; vgl. WEAVER 1949, S. 97.

Modelldarstellungen des Kommunikationsprozesses.[18] Es lässt sich wie folgt grafisch darlegen:

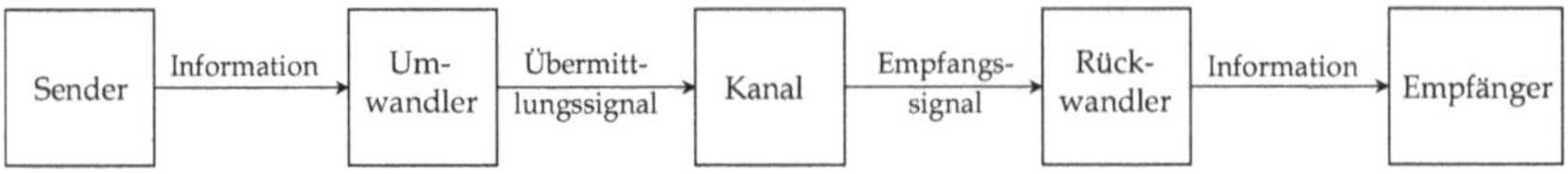

Abbildung 10: Kommunikationsmodell nach *Shannon*[19]

Wie aus der Abbildung 10 ersichtlich wird, tritt ein Sender mit einem Empfänger über einen Kommunikationskanal in eine Informationsverbindung.[20] Zum Zwecke der Übermittlung der vom Sender aus einem Informationspool ausgewählten Informationen[21] werden diese in Signale umgeformt. Die Transformation (Verschlüsselung, Kodierung) richtet sich dabei nach dem jeweils zur Verfügung stehenden Kommunikationskanal. Der Empfänger führt sodann üblicherweise die entgegengesetzte Umwandlung (Entschlüsselung, Dekodierung) der Signale in die dahinter stehenden Informationen durch.

---

18 Vgl. zu dieser Feststellung auch KOCH 1994, S. 74 f.

19 Modifiziert entnommen von SHANNON 1949, S. 5.

20 Vgl. hierzu und in der Folge SHANNON 1949, S. 4-6 sowie dessen Modell erläuternd WEAVER 1949, S. 98 f.; ergänzend vgl. auch COENENBERG 1966, S. 40-42; KRAMER 1962, S. 47; REICHWALD 1993, Sp. 2175 f. und REIMANN 1968, S. 83. Die im Modell von *Shannon* problematisierten Störungen der Kommunikation werden an dieser Stelle ausgeklammert und in Abschn. II. A.4 dieses Hauptteils gesondert behandelt.

21 *Shannon* verwendet einen Informationsbegriff, der nur auf verschiedene Signalfolgen gerichtet ist und nicht wie vorliegend im betriebswirtschaftlichen Sinne als zweckorientiertes Wissen interpretiert wird; vgl. SHANNON 1949, S. 3.

Bei einer Übertragung des *Shannon'schen* Kommunikationsmodells auf die mündliche Sprache wandelt der Sender die zu übermittelnden Informationen mithilfe seines Sprechmechanismus (Umwandler) in Schallwellen für gesprochene Wörter (Signale) um; die Signale werden sodann durch die Luft (Kommunikationskanal) zum Empfänger übermittelt, der diese mit seinem Gehör (Rückwandler) wahrnimmt und in Informationen rückübersetzt.[22] Wie diese Ausführungen verdeutlichen, erhalten Informationen erst durch die Bindung an Signale eine mit den menschlichen Sinnen wahrnehmbare physikalische Existenz.[23]

Analog zur Übertragung auf die mündliche Sprache lässt sich das Kommunikationsmodell nach *Shannon* auch auf die vorliegend im Vordergrund stehende geschriebene Sprache anwenden. Hierbei kodiert der Sender die zu übermittelnden Informationen mittels eines geeigneten Mechanismus, wie etwa durch sukzessives Anschlagen der Tasten einer Schreibmaschine (Umwandler), in auf einem Schriftstück (Papier beziehungsweise ein anderes Material) fixierte Farbe in Gestalt einer diskreten Abfolge von Buchstaben und/oder Ziffern (Signale); die anschließende Übermittlung der Signale an den Empfänger erfolgt durch Übersendung des Schriftstücks (Kommunikationskanal)[24] an den Empfänger, der die empfangenen Signale mit seinen Augen (Rückwandler) wahrnimmt und in die dahinter stehende Information dekodiert.[25]

---

22 Vgl. hierzu COENENBERG 1966, S. 42 und KRAMER 1962, S. 48.

23 Vgl. KRAMER 1962, S. 86.

24 Für eine weitere Unterscheidung in Kommunikations- bzw. Übermittlungskanal und -medium im Rahmen der schriftlichen Unternehmensberichterstattung vgl. die Ausführungen in Abschn. II. A.5 dieses Hauptteils.

25 Vgl. hierzu auch BERTHEL 1975a, S. 14; BERTHEL 1975b, Sp. 1867; CHERRY 1967, S. 171-173; COENENBERG 1966, S. 41 m. w. N. sowie KRAMER 1962, S. 90.

Wie die Übertragungen auf die gesprochene und schriftliche Sprache zeigen, ist das mathematische Kommunikationsmodell *Shannons* von klassischer Einfachheit und durch seine universelle Einsetzbarkeit charakterisiert.[26] Aus Sicht der Sozial- und Wirtschaftswissenschaften ist jedoch zu bemängeln, dass sich das in Rede stehende Modell aufgrund seiner nachrichtentechnischen Ausrichtung in einem uni-direktionalen Kommunikationsprozess erschöpft und sich allein auf der syntaktischen Ebene der Kommunikation bewegt.[27] Diese Kritikpunkte implizieren eine Erweiterung des Modells, indem der uni-direktionale zu einem bi-direktionalen Kommunikationsprozess auszubauen ist und neben der Syntaktik auch die Semantik und Pragmatik als weitere semiotische Ebenen der Kommunikation Berücksichtigung finden.

b) Bi-direktionaler Typus

Wie bereits angedeutet, bedarf das Kommunikationsmodell nach *Shannon* aus sozial- und wirtschaftswissenschaftlicher Sicht einer Ergänzung um die Reaktion des Empfängers auf die empfangenen Informationen.[28] In der Kybernetik wird in diesem Kontext auch von Feedback gesprochen.[29] Diese Rückmeldung des Empfängers an den Sender, dass die Signale empfangen und im Sinne des Senders (nicht) verstanden worden sind, macht - wie in Abbildung 11 dargestellt - aus dem linearen, uni-direktionalen Kommunikationsprozess einen zyklischen (kreisförmigen), bi-direktionalen Austauschprozess.[30]

---

26 Vgl. zu dieser grundsätzlichen Einschätzung auch WEAVER 1949, S. 114.

27 Vgl. zur diesbezüglichen und weiteren Kritik u. a. BENTELE/BECK 1994, S. 22; BERTHEL 1975b, Sp. 1869; KUNCZIK 1977, S. 9; MALETZKE 1963, S. 19-21; REICHWALD 1993, Sp. 2176; TÄUBERT 1998, S. 156 und WEAVER 1949, S. 95-98.

28 Vgl. u. a. BENTELE/BECK 1994, S. 22; HARTLEY/HARTLEY 1955, S. 22; KOTLER/KELLER/BLIEMEL 2007, S. 654 f.; SCHRAMM 1955, S. 9; TÄUBERT 1998, S. 156; ZERFAß 1996a, S. 28.

29 Vgl. etwa BECK 2006, S. 62; GRUNIG/HUNT 1984, S. 23 sowie MALETZKE 1976, S. 11.

30 Vgl. BENTELE/BECK 1994, S. 22 und REICHWALD 1993, Sp. 2179 f.

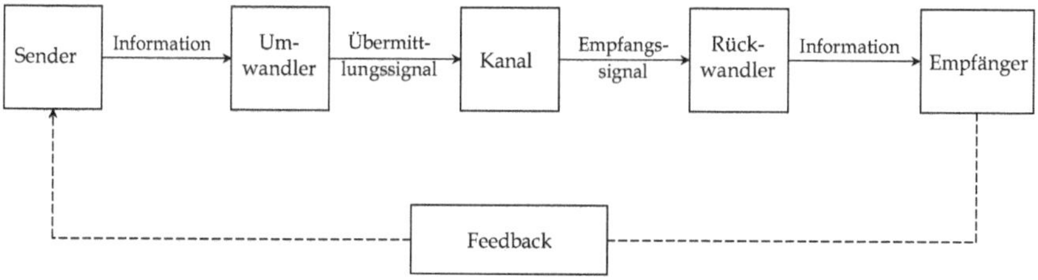

Abbildung 11: Kommunikationsprozess mit Feedback-Mechanismus[31]

Im Vergleich zur interpersonalen Kommunikation (Face-to-Face-Kommunikation) gestaltet sich die Möglichkeit eines Feedbacks in einer Kommunikationssituation, in welcher die Übermittlung der Informationen durch einen Sender an viele Empfänger mittels geschriebener Sprache in Gestalt eines Berichts (Statements) erfolgt, schwieriger.[32] Es handelt sich insoweit zunächst um einen primär uni-direktionalen Kommunikationsprozess ohne expliziten Feedback-Mechanismus.[33] Um dennoch der idealtypischen Forderung des Schrifttums nach einer Bi-Direktionalität der Kommunikation zu entsprechen, sind durch den Berichtssender Feedback-Mechanismen zu implementieren, mit denen es den Adressaten ermöglicht wird, auf die Berichtsinhalte zu reagieren.[34] Solche Rückmeldungskanäle sind - wie noch zu zeigen sein wird - insbesondere von Bedeutung, wenn bei der schriftlichen Berichterstattung Störungen auftreten beziehungsweise solche vermieden werden sollen.[35]

---

31 Modifiziert entnommen von KOTLER/KELLER/BLIEMEL 2007, S. 655.

32 Vgl. auch HERMANNS 1974, Sp. 2251 f. sowie KELLINGHUSEN/IRRGANG 1978, S. 2281.

33 Vgl. im Ergebnis ebenso KELLINGHUSEN/IRRGANG 1978, S. 2281 und ZERFAß 1996a, S. 27 f.

34 Vgl. ähnlich HÜTTEN 2000, S. 21; KOTLER/KELLER/BLIEMEL 2007, S. 655 f.; TÄUBERT 1998, S. 103 sowie weiterführend Abschn. II. B.2.b) dieses Hauptteils.

35 Vgl. hierzu im Einzelnen Abschn. II. A.4 dieses Hauptteils.

3. Semiotische Ebenen der Kommunikation

Zum Zwecke ihrer Analyse können Kommunikationsprozesse unter Rückgriff auf die Semiotik, das heißt die allgemeine Sprachtheorie, in mehrere Ebenen strukturiert werden. Üblich ist dabei eine Unterscheidung in die syntaktische, semantische und pragmatische Ebene, welche ursprünglich auf *Carnap*[36] und *Morris*[37] zurückgeht und in der Folge in weiten Teilen des Schrifttums übernommen wurde.[38] Wie sich diese semiotischen Ebenen in das Kommunikationsmodell nach *Shannon* einfügen lassen, verdeutlicht die Abbildung 12.

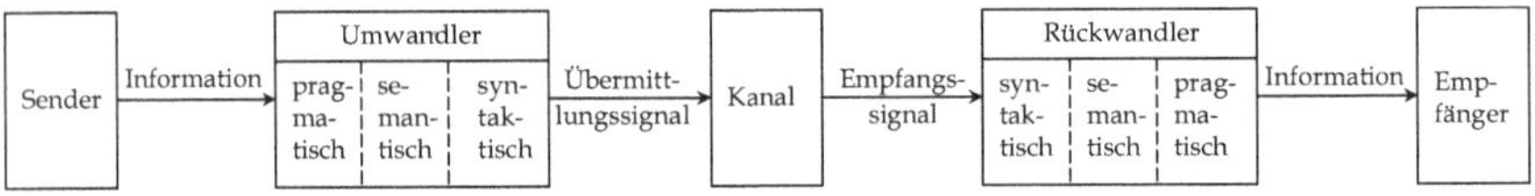

Abbildung 12: Berücksichtigung semiotischer Ebenen im Kommunikationsmodell nach *Shannon*[39]

Die Syntaktik (Syntax) als niedrigste Ebene der Semiotik behandelt die Beziehung von Signalen[40] untereinander.[41] Sie untersucht die Signale, das heißt die vom Sender hervorgebrachten Laute oder auch fixierten Schriftzeichen, auf

---

36 Vgl. CARNAP 1942, S. 9 sowie CARNAP 1968, S. 78.

37 Vgl. MORRIS 1946, S. 219 und MORRIS 1973, S. 324-326.

38 Vgl. etwa CHERRY 1967, S. 263; ähnlich WEAVER 1949, S. 95-97, 114-117 sowie für das betriebswirtschaftliche Schrifttum KOCH 1994, S. 39; MAG 1977, S. 5; KRAMER 1962, S. 18-22; ferner BECKMANN 2009, S. 45-47.

39 Modifiziert entnommen von BADURA 2007, S. 19.

40 In der Literatur wird im Kontext der Semiotik häufig auch von Zeichen gesprochen; im Folgenden findet einheitlich der Begriff Signal bzw. Signale Verwendung.

41 Vgl. hierzu und in der Folge CARNAP 1942, S. 9; CARNAP 1968, S. 78; MORRIS 1946, S. 219; MORRIS 1973, S. 324 sowie auf diese Arbeiten rekurrierend und diese ergänzend BERTHEL 1975b, Sp. 1868; CHERRY 1967, S. 262 f.; COENENBERG 1966, S. 23, 55; DRUMM 1969, S. 18; HAX 1975, Sp. 2170; KOCH 1994, S. 34; KRAMER 1962, S. 18 f.; MALETZKE 1963, S. 17; REICHWALD 1993, Sp. 2176 sowie WEAVER 1949, S. 96 f.

ihre Zusammensetzung und die Regeln ihrer logischen Verknüpfung hin. Es geht mithin darum, die vom Sender emittierten Signale möglichst exakt zum Empfänger zu übermitteln, um die Identifikation der Signale durch diesen zu gewährleisten. Im Ergebnis wird demgemäß auf der syntaktischen Ebene der Prozess zur Übermittlung von Signalen entsprechend der Sichtweise der mathematischen Kommunikationstheorie nach *Shannon* beschrieben. In der vorstehenden Abbildung 12 wird die Ebene der Syntaktik durch die syntaktische Kodierung und Dekodierung im Rahmen des Umwandlers beziehungsweise des Rückumwandlers symbolisiert, die der Adaption der zu übermittelnden Signale an die Modalitäten des Kommunikationskanals dienen.

Die Semantik als mittlere Ebene der Semiotik befasst sich mit der Beziehung zwischen den Signalen und ihren Designaten, das heißt den Gegenständen, Eigenschaften oder Sachverhalten, die der Sender mit den emittierten Signalen zu bezeichnen beabsichtigt. Die semantische Ebene schließt somit noch die Bedeutung der in der Syntaktik isoliert untersuchten Signale in ihre Betrachtung ein.[42] Für den Erfolg der Kommunikation ist es aus Sicht der Semantik entscheidend, dass Sender und Empfänger den Signalen die gleiche Bedeutung beilegen. Während dabei aufseiten des Senders die adäquate Kodierung der Informationen in dem Empfänger verständliche Signale im Vordergrund steht, geht es auf Empfängerseite um die richtige Interpretation der empfangenen Signale, mit anderen Worten um die der senderseitigen Verschlüsselung strukturgleichen Zuordnung von Signalen und Designaten. Dieser Dekodierungsvorgang ist die Schwelle, über welche die Information von der Perzeption zur Apperzeption, das heißt von der sinnlichen Wahrnehmung zur bewussten Vorstellung gelangt. Zur Unterscheidung von der technisch bedingten syntaktischen Signalumwandlung und -rückwandlung können die in Rede stehenden semantischen Prozesse in dem um die semiotischen Aspekte zu erweiternden

---

42 Vgl. hierzu und in der Folge CARNAP 1942, S. 9; CARNAP 1968, S. 78; MORRIS 1946, S. 219; MORRIS 1973, S. 324 sowie sich auf diese Arbeiten beziehend und diese erweiternd BERTHEL 1975b, Sp. 1868; CHERRY 1967, S. 262 f.; COENENBERG 1966, S. 23, 42 f., 54 f.; HAX 1975, Sp. 2170; KOCH 1994, S. 34; KRAMER 1962, S. 19; MALETZKE 1963, S. 17; REICHWALD 1993, Sp. 2176 sowie WEAVER 1949, S. 96.

Kommunikationsmodell durch Einfügen einer semantischen Kodierung und Dekodierung im Rahmen des Umwandlers beziehungsweise des Rückwandlers symbolisiert werden (vgl. Abbildung 12). Es ist dabei zu beachten, dass der semantische Prozess beim Sender dem syntaktischen vorgelagert, beim Empfänger hingegen nachgelagert ist.[43]

Die Pragmatik als höchste Ebene der Semiotik geht über die Syntaktik sowie Semantik hinaus und beschäftigt sich mit den Beziehungen zwischen den Signalen und den Signalbenutzern, das heißt Sender und Empfänger.[44] Auf der Ebene der Pragmatik tritt die Zweckorientierung des Informationsaustausches hinzu; sie bezieht sich auf den Erfolg, mit dem die Signale, die dem Empfänger übermittelt werden, zu einem vom Sender beabsichtigten Verhalten führen. Im Kommunikationsprozess sind diese pragmatischen Prozesse aufseiten des Senders den semantischen und syntaktischen vorgelagert, auf Empfängerseite nachgelagert. In der Abbildung 12 wird dies durch die Hinzufügung einer pragmatischen Kodierung und Dekodierung im Rahmen des Umwandlers respektive des Rückwandlers symbolisiert.

---

43 Vgl. diesbezüglich BADURA 2007, S. 19; COENENBERG 1966, S. 53-55 sowie WEAVER 1949, S. 115.

44 Vgl. hierzu und in der Folge CARNAP 1942, S. 9; CARNAP 1968, S. 78; MORRIS 1946, S. 219; MORRIS 1973, S. 324 sowie auf diese Arbeiten rekurrierend und diese ergänzend BADURA 2007, S. 19; BERTHEL 1975b, Sp. 1868; CHERRY 1967, S. 263; COENENBERG 1966, S. 23; DRUMM 1969, S. 18; HAX 1975, Sp. 2170; KOCH 1994, S. 34; KRAMER 1962, S. 20; MALETZKE 1963, S. 17; REICHWALD 1993, Sp. 2176 und WEAVER 1949, S. 97.

4. Störungen der Kommunikation

Informationsübermittlungsprozesse sind verschiedenen Störeinflüssen ausgesetzt, die zu Informationsverlusten führen beziehungsweise die Effektivität, das heißt die Wirksamkeit der Kommunikation, beeinträchtigen oder sogar völlig verhindern können. Es gilt im Folgenden, die Ursachen möglicher Störungen in Kommunikationsprozessen zu identifizieren, um diesen im Rahmen des Konzeptionsmodells zur Ausgestaltung des Corporate Governance Reportings durch geeignete Mechanismen begegnen zu können.[45] Zur Klassifikation von Störungen der Kommunikation bietet sich ein Rückgriff auf die vorstehend aufgezeigten semiotischen Ebenen an; es sind somit - wie in Abbildung 13 dargestellt - technisch/syntaktische, semantische sowie pragmatische Störungen zu unterscheiden.[46]

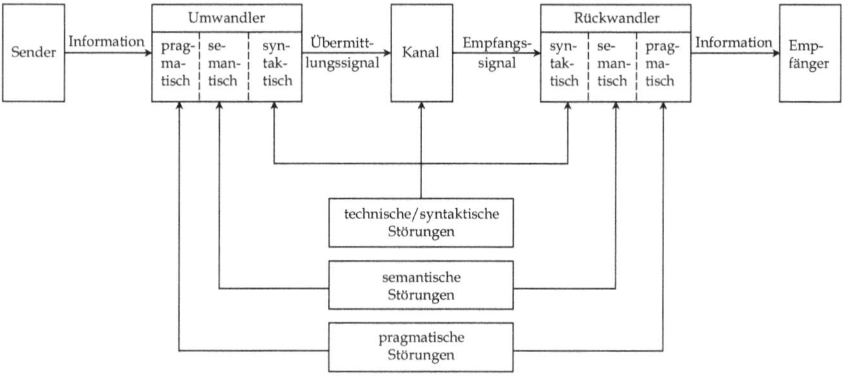

Abbildung 13: Störungen der Kommunikation[47]

---

45 Vgl. hierzu Abschn. II. B.1 dieses Hauptteils.

46 Vgl. KOCH 1994, 71 f.; REICHWALD 1993, Sp. 2176 f.; ähnlich COENENBERG 1966, S. 43-45.

47 Modifiziert entnommen von BADURA 2007, S. 19 sowie COENENBERG 1966, S. 44. Aus Vereinfachungsgründen wird in der Abbildung auf die Darstellung des Feedback-Mechanismus, bei dem ebenfalls Kommunikationsstörungen auftreten können, verzichtet.

Eine syntaktische Störung liegt vor, wenn der Empfänger aufgrund von Signalverzerrungen aus den bei ihm eintreffenden Signalen nicht mehr ohne Weiteres die dahinter stehenden Informationen entnehmen kann.[48] Wie die Abbildung 13 veranschaulicht, können derartige Störungen als syntaktische Kodierungs- und Dekodierungsfehler sowie in Gestalt von Geräuschen und Schwunderscheinungen während der Signalübermittlung im Kommunikationskanal auftreten.[49] Da es sich hierbei um Störungen rein technischer Art handelt, werden diese auch als technische Störungen bezeichnet.[50] Diese Störungen waren es, die im besonderen Maße für Nachrichtentechniker interessant erschienen, was zur Folge hatte, dass solche technisch bedingten Störquellen Eingang in das mathematische Kommunikationsmodell von *Shannon* fanden und dort einer intensiven Diskussion zugeführt wurden.[51]

Gegenstandsbereich der Semantik ist, wie vorstehend dargestellt,[52] die inhaltliche Bedeutung von Signalen, das heißt die Beziehung zwischen den Signalen und den durch sie bezeichneten Designaten. Da diese Beziehung nicht objektiv vorgegeben ist, sondern auf einer Konvention zwischen Sender und Empfänger basiert, besteht die Möglichkeit, dass den Signalen im Rahmen der semantischen Kodierung beziehungsweise Dekodierung nicht die gleiche Bedeutung zugeordnet wird.[53] Liegt eine solche Bedeutungsabweichung zwischen den empfangenen und gesendeten Signalen vor, wird von semantischen Störungen gesprochen,[54] welche sich in originäre und derivative unterscheiden lassen.[55] Letztere bestehen aus unbewussten fehlerhaften Verknüpfungen von Signal-

---

48 Vgl. HAX 1975, Sp. 2170 sowie KRAMER 1962, S. 55.

49 Vgl. u. a. COENENBERG 1966, S. 44 und KRAMER 1962, S. 55.

50 Vgl. COENENBERG 1966, S. 44; KRAMER 1962, S. 55; ähnlich WEAVER 1949, S. 96.

51 Vgl. diesbezüglich SHANNON 1949, S. 5, 34-48 und erläuternd WEAVER 1949, S. 108-112.

52 Vgl. hierzu Abschn. II. A.3 dieses Hauptteils.

53 Vgl. KOCH 1994, S. 73 sowie Abbildung 12.

54 Vgl. etwa HAX 1975, Sp. 2170; KRAMER 1962, S. 57.

55 Vgl. stellv. KOCH 1994, S. 73.

folgen, die ihre Ursache eigentlich auf der syntaktischen Ebene haben, jedoch zu Fehlinterpretationen der empfangenen Signale führen können, somit semantisch relevant sind.[56] Zur Vermeidung oder zumindest Verminderung derartiger Störungen empfiehlt sich die Verwendung systematischer Formulierungsmethoden[57] sowie die Implementierung (externer) Überwachungsmechanismen.

Die originären semantischen Störungen sind im Fehlen einer ausdrücklichen oder stillschweigenden Konvention zwischen Sender und Empfänger über die Bedeutung der zu übermittelnden Signale, das heißt in einem zu kleinen gemeinsamen Vorrat an Signalen, begründet.[58] Ein genügend großer gemeinsamer Pool an Signalen ist nur dann gegeben, wenn sich zum einen der Sender einer dem Empfänger verständlichen Sprache bedient und zum anderen die Objekte der Kommunikation beziehungsweise die entsprechenden Signale sowohl Teil des Erfahrungsfeldes des Sende- als auch des Empfängersubjekts sind, mit anderen Worten sich die Erfahrungsbereiche des Senders und des Empfängers zumindest teilweise decken.[59] Eine gegebene Kommunikation wird dabei einem umso größeren Empfängerkreis zugänglich sein, je niedriger der Abstraktionsgrad der verwendeten Termini ist, das heißt je mehr Begriffe Verwendung finden, die auch allgemein erfahrbare Sachverhalte bezeichnen.[60] In Fällen, in denen sich die Verwendung abstrakter Begriffe nicht vermeiden lässt, können semantische Störungen insbesondere durch die Etablierung eines Rückkopplungsmechanismus vermieden werden, der etwa für Fragen und

---

56 Vgl. hierzu COENENBERG 1966, S. 58; KOCH 1994, S. 73 sowie KRAMER 1962, S. 57.

57 Für eine auf den Grundsätzen der symbolischen Logik aufbauende Formulierungsmethode vgl. ALLEN 1958, S. 121-135.

58 Vgl. KOCH 1994, S. 73; KRAMER 1962, S. 57 und REICHWALD 1993, Sp. 2176.

59 Vgl. hierzu COENENBERG 1966, S. 59; SCHRAMM 1955, S. 14 sowie ähnlich BENTELE/BECK 1994, S. 24.

60 Vgl. diesbezüglich HARTLEY/HARTLEY 1955, S. 79.

Bestätigungen seitens der Empfänger genutzt werden kann[61] und idealerweise selbst einem (externen) Überwachungsmechanismus unterliegt.

Auf der pragmatischen Ebene kommt im vorliegenden Kontext vor allem so genannten pragmatisch-motivationalen Störungen eine hohe Bedeutung zu. Es handelt sich dabei um Störungen, die sich aus der Verhaltensorientierung von Sender und Empfänger ergeben,[62] sich somit - wie in der Abbildung 13 dargestellt - auf die pragmatische Kodierung und Dekodierung beziehen. Senderseitig bedingte pragmatisch-motivationale Störungen führen dazu, dass bestimmte zu übermittelnde Informationen entweder bewusst zurückbehalten oder aber in verzerrter Form abgegeben werden.[63] Es fehlt in einem derartigen Fall an der Bereitwilligkeit des Senders, alle verfügbaren und für den Empfänger relevanten Informationen zur Abgabe zu bringen. Solche senderseitigen Kommunikationsstörungen werden auch als Manipulation bezeichnet.[64] Als empfängerseitige pragmatisch-motivationale Störungen sind nach *Koch*[65] hingegen solche anzusehen, die sich auf die Akzeptanz von Informationen beziehen. Im Rahmen der vorliegend im Fokus stehenden externen Unternehmenspublizität ist zu berücksichtigen, dass die Akzeptanz einer Information maßgeblich von ihrer Glaubwürdigkeit abhängt, so dass im Ergebnis eine spiegelbildliche Verbindung zwischen den sende- und empfängerseitigen pragmatisch-motivationalen Störungen zu konstatieren ist, die sich in der (fehlenden) Glaubwürdigkeit der Kommunikation manifestiert. Zur Vermeidung oder zumindest Verminderung von Störungen auf der pragmatischen Ebene sind demzufolge primär (externe) Überwachungsmechanismen zu implementieren, die die Glaubwürdigkeit der Kommunikation sicherstellen.

---

61 Vgl. COENENBERG 1966, S. 60 und REIMANN 1968, S. 100. Zur Etablierung eines solchen Feedback-Mechanismus vgl. bereits Abschn. II. A.2.b) dieses Hauptteils.

62 Vgl. diesbezüglich KOCH 1994, S. 94-96.

63 Vgl. hierzu und in der Folge COENENBERG 1966, S. 45, 72.

64 Vgl. etwa BLOHM/HEINRICH 1965, S. 18.

65 Vgl. KOCH 1994, S. 96.

5. Kommunikationsmodell nach Bedford/Baladouni

Bedford/Baldouni[66] entwickelten auf der Grundlage des Kommunikationsmodells nach *Shannon* erstmals einen spezifischen Ansatz für die Betrachtung der Unternehmensberichterstattung[67] aus kommunikationstheoretischer Sicht.[68] Dieses Kommunikationsmodell lässt sich wie folgt grafisch darstellen:

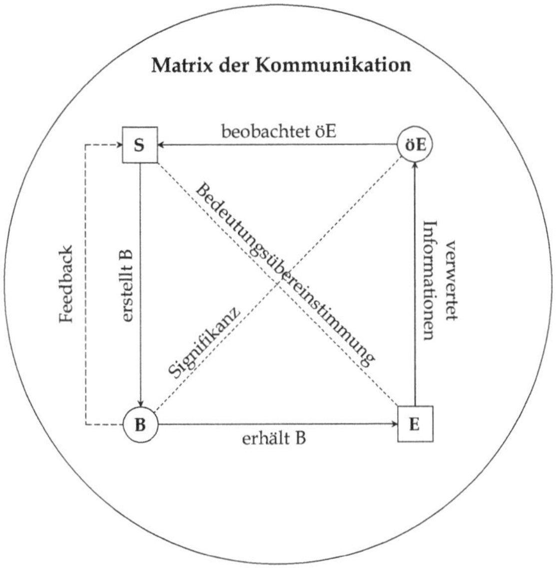

S = Sender des Berichts
B = Bericht
E = Empfänger des Berichts
öE = Das Unternehmen und seine Umwelt betreffende ökonomische Ereignisse

Abbildung 14: Kommunikationsmodell nach *Bedford/Baladouni*[69]

---

[66] Vgl. BEDFORD/BALADOUNI 1962, S. 650-659.

[67] Das Modell von *Bedford/Baladouni* bezieht sich streng genommen auf das Financial Accounting, kann jedoch bei einem weiten Verständnis als für die gesamte Unternehmenspublizität gültig angesehen werden; vgl. ähnlich HÜTTEN 2000, S. 14.

[68] Vgl. BIZZELL 1976, S. 57.

[69] Modifiziert entnommen von BEDFORD/BALADOUNI 1962, S. 653.

Der im Modell dargestellte Kreis symbolisiert die so genannte Matrix der Kommunikation, das heißt das ökonomische System, in welchem die Kommunikation stattfindet.[70] Innerhalb dieses Systems bilden die ökonomisch relevanten Ereignisse des Unternehmens und seiner Umwelt (öE) die Informationsquelle für den Verfasser der Unternehmensberichterstattung, den Sender (S). Dieser wählt aus einem Pool an Informationen eine Teilmenge aus, kodiert diese und stellt sie in einem Bericht beziehungsweise Statement (B)[71] zusammen. Zwischen dem erstellten Bericht und dem Sender findet eine Art „Feedback" statt, indem der Sender den Bericht vor seiner Übermittlung an die Empfänger (E) interpretiert und gegebenenfalls korrigiert.

Im nächsten Schritt wird der vom Sender erstellte und gegebenenfalls korrigierte Bericht den Empfängern zugeleitet. Der Bericht fungiert dabei als Übermittlungsmedium, gewissermaßen als Behältnis, in dem die kodierten Informationen zusammengefasst und gespeichert werden. Dieses ist vom Übermittlungskanal im Sinne von *Shannon* zu unterscheiden, welcher im Kommunikationsmodell nicht explizit symbolisiert ist. *Bedford/Baladouni* verstehen unter dem Kommunikationskanal - ähnlich wie *Shannon* - allgemein das technische Mittel, mit dem der Bericht und die kodierten Informationen an die Empfänger übermittelt werden; bezogen auf einen Bericht in Schriftform handelt es sich hierbei um das Schriftstück und dessen „Transport" zum Empfänger.[72]

Nachdem die Empfänger den Bericht erhalten haben, wandeln sie die in ihm enthaltenden Signale in Informationen um und treffen auf dieser Basis Entscheidungen, die wiederum Einfluss auf die ökonomischen Ereignisse haben.

---

70 Vgl. hierzu und in der Folge BEDFORD/BALADOUNI 1962, S. 653-657.

71 BEDFORD/BALADOUNI 1962, S. 653 verwenden dabei den Terminus Accounting Statements of a Business Enterprise. Es wäre jedoch nicht sachgerecht, diesen mit Jahresabschluss zu übersetzen; vielmehr ist der Begriff Bericht bzw. Statement zu gebrauchen; vgl. etwa auch EISENFÜHR 1967, S. 7-9; HÜTTEN 2000, S. 15 sowie LÜCK 1970, S. 7.

72 BEDFORD/BALADOUNI 1962, S. 656 sprechen nur von Paper, jedoch ist aus dem Kontext zu schließen, dass der Übermittlungskanal auch den Transport des Schriftstücks zum Empfänger umfasst.

Die gestrichelte Linie zwischen dem Sender und den Empfängern des Berichts symbolisiert den Grad der Übereinstimmung hinsichtlich der Bedeutung, die der Sender und die Empfänger den im Rahmen des Berichts übermittelten Signalen beimessen. *Bedford/Baladouni* berücksichtigen über diese Weise in ihrem Modell auch die semantische Ebene der Kommunikation[73] und verweisen darauf, dass es durchaus zu Bedeutungsabweichungen, mit anderen Worten zu semantischen Störungen, kommen kann. Die gestrichelte Linie zwischen dem Bericht und den ökonomischen Ereignissen bringt hingegen die Anforderungen zum Ausdruck, welche die Berichtsempfänger an die Beziehung zwischen Realität, das heißt dem Unternehmen sowie seiner Position in der Umwelt, und dem Bericht stellen. Der Bericht soll die Realität signifikant widerspiegeln, indem er alle für die Empfänger relevanten Informationen wahrheitsgemäß bereitstellt. Mit der Forderung nach Signifikanz gelingt es *Bedford/Baladouni*, neben der semantischen auch die pragmatische Ebene der Kommunikation in ihr Modell zu integrieren.[74]

In einer Gesamtschau ist der besondere Erkenntnisgewinn der Konzeption von *Bedford/Baladouni* darin zu sehen, erstmals eine explizite Verbindung zwischen der Unternehmenspublizität und kommunikationstheoretischen Aspekten hergestellt zu haben.[75] Hervorzuheben ist dabei zum einen die Integration des schriftlichen Berichts in den Kommunikationsprozess und damit verbunden seine Interpretation als Übermittlungsmedium als ein neben dem Kommunikationskanal eigenständig bestehendes Element der Kommunikation. Zum anderen gelingt es *Bedford/Baladouni*, neben der rein technischen, syntaktischen Sichtweise auch die Semantik und Pragmatik in ihr Modell einfließen zu lassen. Lediglich zu kritisieren ist die fehlende Möglichkeit eines unmittelbaren Feedbacks zwischen Berichtssender und -empfänger.

---

73 Diese Feststellung treffen auch EISENFÜHR 1967, S. 9; FRINGS 1975, S. 48 f. sowie LÜCK 1970, S. 7.

74 Vgl. hierzu auch EISENFÜHR 1967, S. 9; FRINGS 1975, S. 49 und LÜCK 1970, S. 7.

75 Vgl. zu dieser Einschätzung auch HÜTTEN 2000, S. 16.

B. Konklusion für die Entwicklung des Konzeptionsmodells und erste Konkretisierung zentraler Bestandteile

1. Corporate Governance Reporting aus kommunikationstheoretischer Prozessperspektive

Aus den vorstehenden kommunikationstheoretischen Ausführungen ist in konzeptioneller Hinsicht als fundamentale Erkenntnis abzuleiten, dass das Corporate Governance Reporting als Kommunikationsprozess aufzufassen ist. Dieser ist hierbei bi-direktional auszurichten, was die Implementierung eines Feedback-Mechanismus bedingt.[76] Zudem wurde aus kommunikationstheoretischer Perspektive deutlich, dass die Kommunikation auf drei semiotischen Ebenen stattfindet, das heißt sowohl syntaktische, semantische als auch pragmatische Aspekte zu berücksichtigen sind, wobei ein besonderes Augenmerk auf den diesbezüglichen Störungen liegen sollte.[77] Aus der Arbeit von *Bedford/ Baladouni* ergab sich als Spezifikum einer schriftlichen Berichterstattung schließlich eine Interpretation des Berichts als Übermittlungsmedium, welches vom Kommunikationskanal als technisches Mittel zu unterscheiden ist.[78]

Diese kommunikationstheoretischen Anknüpfungspunkte berücksichtigend, lässt sich das Corporate Governance Reporting als Kommunikationsprozess - wie in Abbildung 15 dargestellt - modellieren.[79] Die Konzeption sowie die Ausführungen hierzu fokussieren das externe Corporate Governance Reporting; Empfänger des Statements sind ex definitione (potenzielle) Investoren.[80]

---

76 Vgl. diesbezüglich Abschnitt II.A.2.b) dieses Hauptteils.

77 Vgl. hierzu im Einzelnen Abschnitt II.A.3 und A.4 dieses Hauptteils.

78 Vgl. hierzu ausf. Abschnitt II.A.5 dieses Hauptteils.

79 Wie jede modellhafte Darstellung ist auch diese naturgemäß mit Komplexitätsreduktionen verbunden; vgl. hierzu grundlegend BENTELE/BECK 1994, S. 16 f.

80 Vgl. zu dieser definitorischen Abgrenzung Abschn. I. B.3.c) des Ersten Hauptteils und weiterführend Abschnitt II. C.2 dieses Hauptteils. Die folgenden Ausführungen zum

(Fortsetzung der Fußnote auf der nächsten Seite)

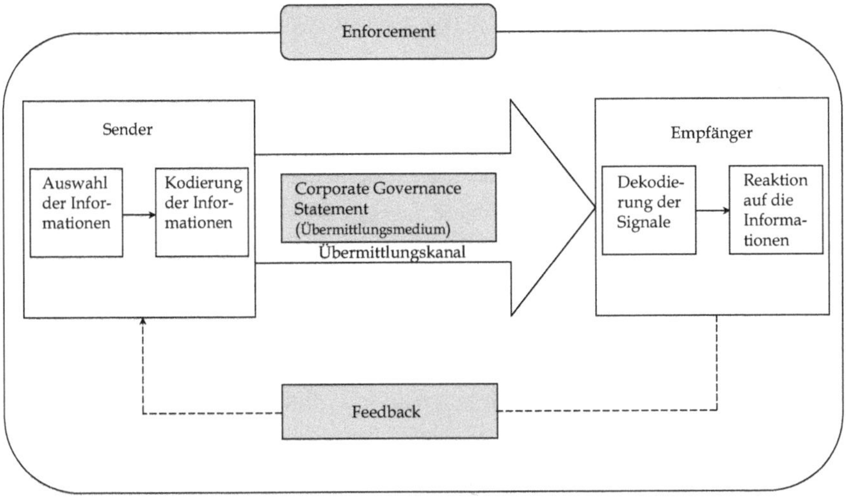

Abbildung 15: Corporate Governance Reporting als Kommunikationsprozess

Wie in Abbildung 15 dargelegt, wählt der Sender zunächst aus einem Pool potenzieller Informationen diejenigen aus, die zur Einschätzung der unternehmensspezifischen internen Corporate Governance durch die Empfänger von Relevanz sind und kodiert diese in syntaktischer, semantischer und pragmatischer Hinsicht, wobei im Rahmen der semantischen Verschlüsselung gegebenenfalls normativ festgelegte Abbildungsregeln zu beachten sind.[81] Anschließend fasst der Sender die kodierten Informationen in einem Bericht, der in dieser Abhandlung als Corporate Governance Statement bezeichnet werden soll, zusammen. Das Corporate Governance Statement fungiert dabei in Anlehnung an *Bedford/Baladouni* als Übermittlungsmedium,[82] bildlich gesprochen als Behältnis, in welchem die kodierten Informationen (Signale) in Gestalt

externen Corporate Governance Reporting sind - mit bestimmten Modifikationen - grds. auch auf ein internes Reporting übertragbar.

81 Zu diesem Aspekt vgl. auch HÜTTEN 2000, S. 22.

82 Vgl. ähnlich DAMM 1980, S. 3 und FRINGS 1975, S. 22.

einer diskreten Abfolge von Buchstaben und/oder Ziffern zusammengefasst und gespeichert werden.

Das Corporate Governance Statement wird anschließend via Übermittlungskanal den Empfängern, das heißt den (potenziellen) Investoren, zugeleitet. Handelt es sich bei diesem Statement um ein Schriftstück in Papierform, erfolgt dessen Übermittlung in der Regel via Post oder Fax; bei einem Schriftstück in elektronischer Form kommt als Übermittlungskanal hingegen primär das Internet in Betracht.[83] Nach Erhalt des Corporate Governance Statements durch die Empfänger dekodieren diese die im Statement zusammengefassten Signale, das heißt, sie wandeln die Signale in syntaktischer, semantischer und pragmatischer Hinsicht in die dahinter stehenden Corporate Governance-relevanten Informationen um.

Um der idealtypischen kommunikationstheoretischen Forderung nach einer Bi-Direktionalität zu entsprechen, sind in den Kommunikationsprozess Feedback-Mechanismen zu implementieren, die es den Adressaten des Corporate Governance Statements ermöglichen, auf dessen Inhalte zu reagieren.[84] Solche Rückmeldungskanäle sind primär zur Vermeidung oder zumindest zur Verminderung potenziell auftretender semantischer Störungen von Relevanz. Wie bereits dargelegt,[85] bedarf es zur Sicherstellung einer störungsfreien Kommunikation auf der syntaktischen, semantischen und pragmatischen Ebene überdies externer Überwachungsmechanismen, welche in dieser Arbeit zusammenfassend als Enforcement bezeichnet werden. Das so verstandene Enforcement wird in der Abbildung 15 als ein die übrigen Prozesselemente umspannender Rahmen symbolisiert.

---

83 Vgl. ähnlich HÜTTEN 2000, S. 24 und KOTLER/KELLER/BLIEMEL 2007, S. 671.

84 Neben diesem kommunikativen Feedback findet, wie es auch BEDFORD/BALADOUNI 1962, S. 654 f. in ihrem Modell andeuten, zudem ein Feedback in ökonomischer Hinsicht, etwa durch Kaufen, Halten oder Verkaufen der Unternehmensanteile, statt; auf dieses ökonomische Feedback soll jedoch aufgrund der vorliegend eingenommenen kommunikationstheoretischen Prozessperspektive nicht weiter eingegangen werden.

85 Vgl. hierzu im Einzelnen Abschn. II. A.4 des Zweiten Hauptteils.

Wie die Ausführungen verdeutlichen, gelingt es durch die Modellierung des Corporate Governance Reportings aus kommunikationstheoretischer Perspektive, dieses in seine einzelnen Elemente aufzugliedern und in seinem Ablauf darzustellen. Darüber hinaus ermöglicht die eingenommene Prozessperspektive, die Beziehungen der Komponenten zueinander offenzulegen. So wird deutlich, dass sowohl der Sender als auch der Empfänger Beteiligte beziehungsweise Betroffene und damit inhärente Elemente sowohl des Corporate Governance Statements, des Feedback-Mechanismus als auch des Enforcement darstellen. Wird darüber hinaus berücksichtigt, dass die Form des Übermittlungskanals allein durch die Ausgestaltung des Corporate Governance Statements als Übermittlungsmedium determiniert wird, so lassen sich das Corporate Governance Statement, der Feedback-Mechanismus sowie das Enforcement als die zentralen Komponenten des Konzeptionsmodells identifizieren, die im Folgenden zunächst einer ersten Konkretisierung und daran anschließend einer eingehenden Untersuchung zuzuführen sind.

2. Zentrale Bestandteile des Konzeptionsmodells

a) Corporate Governance Statement als Übermittlungsmedium

Für eine Konkretisierung des Corporate Governance Statements als ersten zentralen Bestandteil des Konzeptionsmodells findet sich im Schrifttum zunächst ein Ansatz bei *Staehle*, der den Informationsfluss in einem geschlossenen Kommunikationssystem durch die Kriterien Kommunikationsrichtung, -inhalt, -zeitpunkt und -form als hinreichend definiert ansieht.[86]

Ähnliche Kriterien identifiziert auch *Asser*, nach dessen Auffassung sich Berichte anhand von fünf Fragen, und zwar nach dem Wer, Was, Wann, Wie und

---

86 Vgl. STAEHLE 1999, S. 578 jeweils unter Angabe von Beispielen.

Wozu, klassifizieren lassen.[87] Der Autor gelangt damit zum selben Ergebnis wie *Blohm*, der in Bezug auf die Kennzeichnung von Berichten von fünf Gestaltungsfragen ausgeht, zwischen denen die in Abbildung 16 aufgezeigten Wechselbeziehungen bestehen.[88]

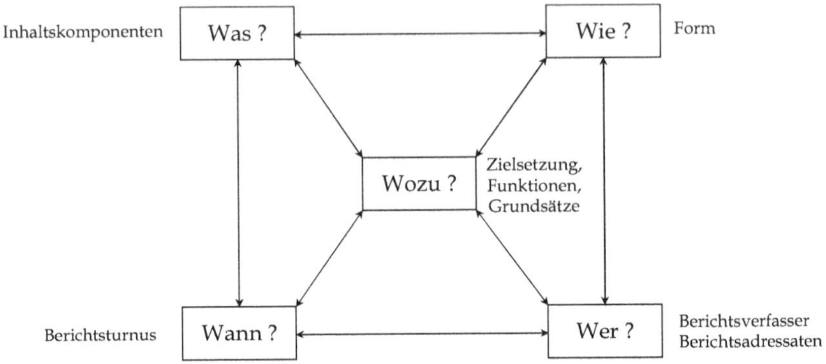

Abbildung 16: Gestaltungsfragen zur Kennzeichnung von Berichten nach *Blohm*[89]

In Anwendung dieser fünf Gestaltungsfragen von Berichten nach *Blohm* auf das Corporate Governance Statement resultiert - wie in Tabelle 26 dargestellt - ein Fragenkatalog, anhand dessen die integralen Elemente des in Rede stehenden Statements abgeleitet werden können.[90]

---

87 Vgl. ASSER 1971, S. 658-661, wobei dieser die ersten vier Fragen explizit, die fünfte Frage nach dem Wozu hingegen nur implizit stellt.

88 Vgl. BLOHM 1974, S. 13 f.

89 Modifiziert entnommen von BLOHM 1974, S. 14.

90 Für eine ähnliche Vorgehensweise in Bezug auf den Geschäftsbericht vgl. HÜTTEN 2000, S. 25-32.

Gestaltungs-fragen nach *Blohm*	Anwendung der Gestaltungsfragen auf das Corporate Governance Statement (CGS)	Integrale Elemente des CGS
Wer ?	Wer sind die Sender (Verfasser) des CGS?	Verfasser
	Wer sind die Empfänger (Adressaten) des CGS?	Adressaten
Was ?	Welcher Art sind die ausgewählten und kodierten Informationen (Inhaltskomponenten) des CGS?	Inhaltskomponenten
Wann ?	Wie häufig wird das CGS erstellt, welchen Zeitraum umfassen die ausgewählten und kodierten Informationen (Inhaltskomponenten) des CGS und zu welchem Zeitpunkt wird das CGS den Empfängern (Adressaten) übermittelt?	Turnus
Wie ?	Welche äußere Erscheinungsform hat das CGS?[91]	Form
Wozu ?[92]	Welche Zielsetzung wird mit dem CGS verfolgt?	Zielsetzung
	Welche Rahmengrundsätze sollen für das CGS gelten?	Rahmengrundsätze

Tabelle 26: Ableitung integraler Elemente des Corporate Governance Statements

91 Im Hinblick auf die Kommunikationsform ist diese Frage im Rahmen der vorliegenden Arbeit bereits insoweit beantwortet, als eine Konzentration auf das Corporate Governance Statement in Schriftform erfolgt; vgl. hierzu Abschn. II. A.1 dieses Hauptteils.

92 *Blohm* stellt mit der Frage nach dem Wozu allein auf die Zielsetzung (Zweck) ab; vgl. BLOHM 1974, S. 13. Da nach herrschender Auffassung im Schrifttum die Zielsetzung nur erreicht werden kann, wenn der Bericht - gewissermaßen als notwendige Bedingung - bestimmten Rahmengrundsätzen entspricht, wird es als zielführend erachtet, die Frage nach dem Wozu auch auf die Rahmengrundsätze zu erstrecken; vgl. in diesem Sinne etwa ARBEITSKREIS 2002, S. 2337; DAHL 1995, S. 94; HEUMANN 2005, S. 62 sowie PORTISCH 1997, S. 192.

Wie der Tabelle 26 zu entnehmen ist, lassen sich mit dem Verfasser, den Adressaten, den Inhaltskomponenten, dem Turnus, der Form sowie der Zielsetzung und den Rahmengrundsätzen insgesamt sieben integrale Elemente des Corporate Governance Statements identifizieren. Wie diese im Einzelnen in idealtypischer Form auszugestalten sind, ist Gegenstand des Abschnitts II. C dieses Hauptteils.

b) Feedback-Mechanismus des Corporate Governance Reportings

Das Schrifttum hält - soweit erkennbar - für eine Konkretisierung des Feedback-Mechanismus als weitere zentrale Komponente des Konzeptionsmodells keine spezifischen Ansätze bereit. Jedoch lassen sich aus dem Zweck der Einrichtung eines Feedback-Mechanismus, die Bi-Direktionalität der Kommunikation zu gewährleisten, indem den Adressaten eine Möglichkeit zur Reaktion auf die Inhalte des Corporate Governance Statements eröffnet wird, und dem Umstand, dass als Adressaten die (potenziellen) Investoren im Fokus der Betrachtung stehen, Parallelen und damit Anknüpfungspunkte zu den Investor Relations erkennen. So zielen diese ebenfalls auf (potenzielle) Anteilseigner und ihre optimale Informationsversorgung ab,[93] wozu als eine der notwendigen Maßnahmen die Vermeidung oder zumindest Verminderung potenziell auftretender semantischer Störungen durch die Einrichtung eines Feedback-Mechanismus im Rahmen des Corporate Governance Reportings zu zählen ist.

Vor diesem Hintergrund erscheint im Sinne einer Konkretisierung des in Rede stehenden Feedback-Mechanismus insbesondere die Möglichkeit seiner organisatorischen Angliederung an die gegebenenfalls in den Unternehmen bereits existierenden Investor Relations-Abteilungen sowie die Anwendung und spezifische Ausgestaltung von Investor Relations-Instrumenten, wie etwa die Einrichtung von telefonischen oder Internet-basierten Investor Relations-Hotlines oder auch Gruppen- und Einzelgespräche, die den Raum für einen

---

93 Vgl. etwa ROSEN 2005, S. 82; TÄUBERT 1998, S. 30 sowie WOLTERS 2005, S. 60.

Corporate Governance-spezifischen Dialog schaffen können, von besonderem Interesse. Eine eingehende Diskussion dieser Aspekte wird Gegenstand des Abschnitts II. D dieses Hauptteils sein.

c) Enforcement des Corporate Governance Reportings

Wie bereits dargelegt, fokussiert das (unternehmensverwaltungs-)externe Enforcement des Corporate Governance Reportings als dritter Bestandteil des Konzeptionsmodells die Aufdeckung und Vermeidung von unbewussten und/oder bewussten Störungen der Kommunikation auf der syntaktischen, semantischen und pragmatischen Ebene, das heißt die Sicherstellung der Ordnungsmäßigkeit und damit auch die Glaubwürdigkeit des Corporate Governance Reportings. Gegenstände des so verstandenen Enforcement sind demgemäß sowohl das Corporate Governance Statement als Übermittlungsmedium als auch im Hinblick auf seine Funktionsfähigkeit der Feedback-Mechanismus, welcher in erster Linie eine störungsfreie Kommunikation auf der semantischen Ebene zu gewährleisten hat. Ein derartiges Enforcement gewinnt vor allem dann an Bedeutung, wenn seine Untersuchungsgegenstände in Form von Soll-Objekten normative Vorgaben erfahren.

Bei der Konkretisierung des in Rede stehenden Enforcement ist primär zu klären, welche normativen Institutionen und rechtliche Instrumente, insbesondere in Gestalt der (Konzern-)Abschlussprüfung, der Kapitalmarktaufsicht oder der Organhaftung, hierfür eingesetzt werden können.[94] Der Eruierung einer idealtypischen Ausgestaltung des in Rede stehenden Enforcement wird Abschnitt II. E dieses Hauptteils gewidmet sein.

---

[94] Zur Eingrenzung des Enforcement der Unternehmenspublizität auf normative Institutionen und rechtliche Instrumente vgl. Abschn. I. B.3.d) des Ersten Hauptteils.

C. Integrale Elemente des Corporate Governance Statements

1. Vorbemerkung

Bevor sich die vorliegende Abhandlung der idealtypischen Ausgestaltung der integralen Elemente des Corporate Governance Statements zuwenden kann, sind an dieser Stelle notwendige Annahmen zu treffen. So werden die folgenden Überlegungen unter der Prämisse angestellt, dass die in Rede stehenden Unternehmen über eine idealtypische interne Corporate Governance verfügen und das Ziel verfolgen, zur Senkung der Kapitalkosten ihre Adressaten hierüber ausgewogen zu informieren,[95] demgemäß eine offensive Strategie der Unternehmenspublizität verfolgen.[96] Zudem wird bei der nachfolgenden Konzeptionierung des Corporate Governance Statements angenommen, dass dieses wahrheitsgemäß erstellt wird, das heißt senderseitig hervorgerufene pragmatische Störungen in Gestalt einer bewussten Unterlassung oder verzerrten Darstellung von Informationen, nicht stattfinden.[97] Die Verhinderung und Aufdeckung von Manipulationen sind Gegenstand des Enforcement des Corporate Governance Reportings und werden an dieser Stelle thematisiert.[98]

---

95 Zur theoretischen Ableitung des Kapitalkostensenkungseffekts einer informativen Unternehmenspublizität vgl. ausf. Abschn. III. B.3 des Ersten Hauptteils.

96 Die Vorteilhaftigkeit einer offensiven Unternehmenspublizität wird durch empirische Erkenntnisse gestützt. So konnten *Francis/Khurana/Pereira* in ihrer Untersuchung empirisch nachweisen, dass eine offensive Strategie der Unternehmenspublizität mit niedrigeren Eigen- und Fremdkapitalkosten verbunden ist; vgl. FRANCIS/KHURANA/PEREIRA 2005, S. 1125-1160, insbes. S. 1125, 1156, 1158. Eine defensive Unternehmenspublizität i. S. e. Publizitätsvermeidung erscheint vor dem Hintergrund der Shareholder Value-Orientierung (vgl. hierzu Abschn. II. D.1.a) des Ersten Hauptteils) indes für börsennotierte Publikumsgesellschaften zumindest in strategischer Hinsicht nicht zielführend; vgl. ähnlich FREIDANK 2000a, S. 16 f., 21 sowie zum Begriffspaar der offensiven (aktiven) und defensiven (passiven) Unternehmenspublizität im Kontext der Rechnungslegungspolitik vgl. FREIDANK 1990, S. 14 f.; FREIDANK 1998, S. 97 f.

97 Vgl. hierzu auch die entsprechend formulierten Rahmengrundsätze für das Corporate Governance Statement in Abschn. II. C.4 dieses Hauptteils.

98 Vgl. hierzu im Einzelnen Abschn. II. E dieses Hauptteils.

Diese für eine idealtypische Konzeptionierung des Corporate Governance Statements notwendigen Prämissen implizieren die Anwendung eines adäquaten Kommunikationsstils. In Betracht kommt hierbei zunächst der so genannte informative Kommunikationsstil, der die reine Übermittlung von Informationen durch die Unternehmensverwaltung an die Adressaten zum Gegenstand hat, somit primär uni-direktional ausgerichtet ist.[99] Um die Adressaten zu überzeugen, das heißt eine tatsächliche Akzeptanz der übermittelten Informationen zu erreichen, ist der informative durch den so genannten argumentativen Kommunikationsstil zu ergänzen.[100] Letzterer soll die Adressaten mittels Begründungen und Erläuterungen in die Lage versetzen, die Information verifizieren zu können[101] und setzt idealerweise eine bi-direktionale Kommunikation voraus,[102] welche im Rahmen des Konzeptionsmodells durch den vorgesehenen Feedback-Mechanismus ermöglicht wird. Als Kommunikationsstil abzulehnen ist hingegen die so genannte Persuasion, die sich in reinen Appellen erschöpft und im Gegensatz zum argumentativen Kommunikationsstil nicht durch Überzeugung, sondern mittels Überredung versucht, Einfluss auf die Adressaten zu nehmen.[103]

---

99 Vgl. hierzu STEINMANN/ZERFAß 1995, S. 29 sowie ZERFAß 1996b, S. 186 f.

100 Vgl. stellv. STEINMANN/ZERFAß 1995, S. 28 f.

101 Vgl. KUHLMANN 1993, S. 40-45 und LUEKEN 1996, S. 66-71.

102 Vgl. diesbezüglich ZERFAß 1996a, S. 29; ZERFAß 1996b, S. 185 sowie zur idealtypischen Forderung einer symmetrischen Kommunikation im Rahmen der Public Relations GRUNIG/HUNT 1984, S. 21-43.

103 Zum persuasiven Kommunikationsstil vgl. KUHLMANN 1993, S. 45-50; STEINMANN/ZERFAß 1995, S. 27; ZERFAß 1996a, S. 29 sowie ZERFAß 1996b, S. 185 f.

2. Adressaten

Die erste Komponente des Corporate Governance Statements umfasst die Festlegung der Adressaten. Die zentrale Frage nach den Berichtsadressaten ist vor allem dahingehend von Bedeutung, als die Inhaltskomponenten des Statements zwingend mit den Informationsinteressen der Empfänger abzugleichen sind.[104] Im Rahmen der vorliegenden Arbeit erfolgt dieser Abstimmungsprozess, indem die zunächst theoretisch deduktiv zu ermittelnden Inhaltskomponenten[105] einer empirisch induktiven Evaluation durch die (Haupt-)Adressaten des Corporate Governance Statements unterzogen werden.[106]

Als Adressaten des Corporate Governance Statements kommen grundsätzlich alle Unternehmenskoalitionäre, das heißt primär Investoren, Gläubiger, Arbeitnehmer, Lieferanten, Kunden, staatliche Institutionen sowie die Öffentlichkeit, in Betracht. Jedoch ist zu berücksichtigen, dass in Bezug auf die in der vorliegenden Arbeit im Vordergrund stehenden börsennotierten Publikumsgesellschaften den (potenziellen) Investoren eine herausragende Bedeutung zukommt,[107] was ihre Fokussierung als Hauptadressatengruppe[108] des Corporate Governance Statements rechtfertigt.[109]

---

104 Vgl. stellv. CIESIELSKI 1977, S. 21.

105 Vgl. hierzu im Einzelnen Abschn. II. C.5 dieses Hauptteils.

106 Vgl. hierzu den Dritten Hauptteil.

107 Zur empirischen Evidenz vgl. insbes. Abschn. II. C.2.a) des Ersten Hauptteils. Diesem Umstand wird auch im Rahmen der Definition des Corporate Governance Reportings Rechnung getragen; vgl. hierzu Abschn. I. B.3.c) des Ersten Hauptteils.

108 Die Konzentration des Reportings auf eine Hauptadressatengruppe stellt eine im Schrifttum gängige Vorgehensweise dar; vgl. hierzu etwa FRINGS 1975, S. 81; HEUMANN 2005, S. 21; HÜTTEN 2000, S. 262-268 und KRÖNERT 2001, S. 17-19.

109 Derselben Ansicht ist auch der *Arbeitskreis Externe Unternehmensrechnung der Schmalenbach-Gesellschaft (AKEU)*, der hierzu ergänzend anmerkt, dass aktionärsrelevante Informationen im Wesentlichen auch die für andere Stakeholdergruppen relevanten Angaben darstellen; vgl. ARBEITSKREIS 2006a, S. 1069.

Eine nähere Analyse der (potenziellen) Investoren hinsichtlich ihrer Zusammensetzung ergibt folgendes Bild:[110]

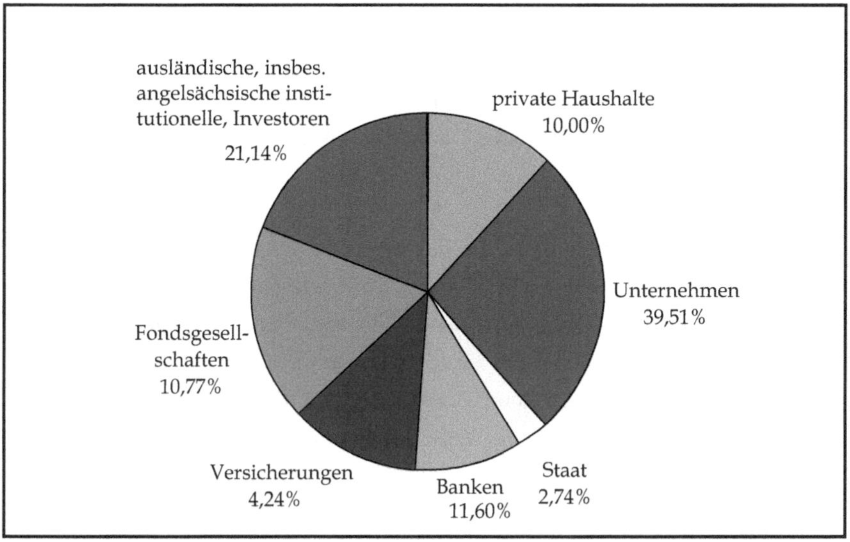

Abbildung 17: Aktionärsstruktur deutscher börsennotierter Unternehmen (in %), 2008[111]

Wie aus der Abbildung 17 zu entnehmen ist, rekrutieren sich die (potenziellen) Investoren als Hauptadressaten des Corporate Governance Statements aus insgesamt sieben Teilgruppierungen und stellen demgemäß keine homogene Gruppe dar. Aus den verschiedenen Teilgruppierungen kann überdies geschlossen werden, dass sich sowohl der Zugang der (potenziellen) Investoren zu Informationen über das jeweilige Unternehmen als auch ihre Fähigkeiten zur Verarbeitung derselben unterscheiden.[112]

---

110 Vgl. hierzu bereits Abschn. II. C.2.c) des Ersten Hauptteils.

111 Vgl. DAI 2009, Tabelle 08.1-3.

112 Vgl. hierzu auch BRIDTS 1990, S. 46-52; KÖSTER 1992, S. 44 und VOLK 1990, S. 45 f., 51 f.

Diese Heterogenität wirft aus der Perspektive des Berichtsverfassers unweigerlich die Frage auf, von welchem Grad des Informationszugangs und der Fähigkeit zur Informationsverarbeitung seitens der Adressaten auszugehen ist. Da eine allgemeingültige Beantwortung dieser Frage in der Regel nicht möglich ist, wird im Schrifttum dafür plädiert, hinsichtlich des Informationszugangs und der Informationsverarbeitung der Berichtsadressaten typisierende Annahmen zu treffen.[113] Diesem Vorschlag wird auch in der vorliegenden Abhandlung gefolgt.

So wird im Folgenden hinsichtlich des Informationszugangs typisierend auf diejenigen Investoren abgestellt, die den limitiertesten Zugang zu unternehmensinternen Informationen aufweisen.[114] In erster Linie müsste es sich hierbei um Privatpersonen handeln.[115] Zudem sollen in Bezug auf die Auswertung Corporate Governance-bezogener Informationen typisierend Investoren mit professionellen Fähigkeiten zugrunde gelegt werden. So sind insbesondere Banken, Versicherungen, Fondsgesellschaften, angelsächsischen institutionellen Investoren und (Industrie-)Unternehmen diesbezügliche Fähigkeiten ohne Zweifel zuzusprechen.[116] Hinsichtlich der Privatpersonen, die in der Regel selbst nicht über professionelle Fähigkeiten zur Auswertung von Informationen verfügen dürften, wird angenommen, dass sie überwiegend die Unterstützung von Finanzanalysten in Anspruch nehmen und die Informationsauswertung durch diese vornehmen lassen.[117]

---

113 Vgl. etwa HEUMANN 2005, S. 23 sowie KRÖNERT 2001, S. 40 f. Zur Notwendigkeit typisierender Annahmen vgl. allgem. MOXTER 2000, S. 2149.

114 Vgl. zu dieser Vorgehensweise auch HEUMANN 2005, S. 23 sowie OSSADNIK 1995, S. 37.

115 Vgl. ebenso VOLK 1990, S. 46. Im Rahmen dieser Arbeit wird von der Möglichkeit abstrahiert, dass Privatpersonen bspw. über Kauf- und Verkaufsempfehlungen von Finanzanalysten indirekt zusätzliche Corporate Governance-relevante Informationen zugänglich sind; vgl. in diesem Sinne auch HEUMANN 2005, S. 23.

116 Vgl. zu dieser Einschätzung auch HÜTTEN 2000, S. 266 sowie ROLVERING 2002, S. 78.

117 Vgl. ebenso BRIDTS 1990, S. 50 f.; HEUMANN 2005, S. 24 und SCHOLZ 2009, S. 234.

3. Zielsetzung

a) Ableitung aus dem Zielsystem der Unternehmung

Im Schrifttum herrscht weitgehend Einigkeit darüber, dass funktionalen Subsystemen einer Unternehmung keine originären Zielsetzungen zuzusprechen sind; als integrale Bestandteile des übergeordneten Systems Unternehmung sind ihre Ziele vielmehr aus dem unternehmerischen (Gesamt-)Zielsystem abzuleiten.[118] Diese Feststellung impliziert in Bezug auf die Diskussion der Zielsetzung des funktionalen Subsystems Corporate Governance Reporting und des hierin als Übermittlungsmedium fungierenden Corporate Governance Statements zunächst eine differenzierte Auseinandersetzung mit dem Zielsystem der Unternehmung.

Nach *Schmidt-Sudhoff* ist ein unternehmerisches Zielsystem dadurch charakterisiert, dass es aus der Menge potenziell sinnvoller Ziele selektiv diejenige Kombination von Unternehmenszielen[119] abbildet, die als sanktionierter Ordnungsrahmen für das Unternehmen handlungsleitend sein sollen.[120] Primäre Aufgabe des Zielsystems ist es mithin, die ausgewählten Unternehmensziele widerspruchsfrei zu koordinieren, um ein einheitliches Handeln zu gewährleisten.[121] Durch seine Koordinationsfunktion ist das unternehmerische Zielsystem sowohl eine Orientierungshilfe für sich in Entscheidungssituationen befindliche Funktionsträger als auch ein Führungsinstrument zur Sicherstellung der Kongruenz von funktions-, bereichs- und personenspezifischen Parti-

---

118 Vgl. hierzu in Bezug auf die Investor Relations SIERSLEBEN 1999, S. 47 f.; TÄUBERT 1998, S. 24; VERBOOM 1992, S. 333; ZEMELKA 2002, S. 11 sowie zur Rechnungslegungspolitik im Ergebnis FREIDANK 1990, S. 7 f. m. w. N.

119 Unter Unternehmenszielen werden allgem. Maßstäbe verstanden, an denen unternehmerisches Handeln gemessen werden kann; vgl. MACHARZINA/WOLF 2008, S. 202.

120 Vgl. SCHMIDT-SUDHOFF 1967, S. 21. Zum Prozess der Bildung von Zielsystemen und den hierbei zu beachtenden Grundsätzen vgl. HEINEN 1976, S. 202-235; MACHARZINA/WOLF 2008, S. 208-210 und WÖHE 2008, S. 80 f.

121 Vgl. hierzu ULRICH 1968, S. 186 sowie ergänzend JANISCH 1992, S. 27.

alentscheidungen und den übergeordneten Unternehmenszielen.[122] Als bedeutende Determinanten unternehmerischer Zielsysteme gelten die Kriterien Zielbeziehung, -hierarchie und -inhalt.[123]

Zielbeziehungen beschreiben das gegenseitige Verhältnis von Zielen in Bezug auf sich ergänzende, gleich- oder gegenläufige Wirkungen.[124] Es lassen sich dabei grundsätzlich kompatible und konfliktäre Zielbeziehungen differenzieren.[125] Die erstgenannten Beziehungen beinhalten die Zustände der Zielidentität, -komplementarität und -neutralität. Bei einer Zielidentität entsprechen sich zwei Ziele inhaltlich derart, dass eines das andere ersetzen kann. Zielkomplementarität bedeutet, dass die Maßnahmen zur Erfüllung eines Ziels gleichzeitig zu einem höheren Erreichungsgrad eines anderen führen. In diesem Fall ist es möglich, das jeweils operationalere Ziel zur Entscheidungsfindung heranzuziehen. Zielneutralität liegt vor, wenn die Erreichung eines Ziels die Erfüllung eines anderen weder negativ noch positiv beeinflusst. Bestandteile konfliktärer Zielbeziehungen sind die Zielkonkurrenz (beziehungsweise -konflikt) und die -antinomie. Bei Vorliegen erstgenannter Beziehungsart behindert die Erreichung des einen Ziels die Erfüllung eines anderen. Zielantinomie stellt die Extremausprägung der Zielkonkurrenz dar und bezeichnet den Zustand, in dem die Erfüllung eines Ziels nur unter Verzicht auf ein anderes denkbar ist. In der Theorie und in praxi bedeutsam sind insbesondere die Zielkomplementarität und -konkurrenz.[126]

---

122 Vgl. stellv. ZEMELKA 2002, S. 15.

123 Als weitere Kriterien werden in der Literatur auch die Fristigkeit und der Zuordnungsbereich genannt; vgl. hierzu etwa MACHARZINA/WOLF 2008, S. 208 sowie STREBEL 1981, S. 459.

124 Vgl. bspw. MACHARZINA/WOLF 2008, S. 207 und JANISCH 1992, S. 55.

125 Vgl. hierzu und in der Folge ANDRÄ 1975, S. 129-133; BIDLINGMAIER 1968, S. 44-52; EHRMANN 2007, S. 100; HEINEN 1976, S. 94-102; JANISCH 1992, S. 55-57; KALKA 2002, S. 11 f. m. w. N.; MACHARZINA/WOLF 2008, S. 207; MEFFERT/BURMANN/KIRCHGEORG 2008, S. 249; SCHMIDT-SUDHOFF 1967, S. 119 f. m. w. N.; STREBEL 1981, S. 460 f. sowie WÖHE 2008, S. 78 f.

126 Vgl. hierzu u. a. EHRMANN 2007, S. 100 und JANISCH 1992, S. 56 f.

Die hierarchische Ordnung strukturiert das unternehmerische Zielsystem in vertikaler Richtung nach den Relevanzkriterien Priorität (Präferenz) und Rang.[127] Die Priorität als Ordnungskriterium bringt die Wichtigkeit eines Ziels in Relation zu anderen zum Ausdruck und stellt demgemäß den Gradmesser seiner Bedeutung und relativen Dringlichkeit dar.[128] Ziele mit einer höheren Priorität werden als Haupt- beziehungsweise Primär-, niedriger eingestufte Ziele als Neben- respektive Sekundärziele klassifiziert.[129]

Der Rang eines Ziels drückt dessen hierarchischen Stellenwert innerhalb eines Zielsystems aus,[130] wobei im Schrifttum in der Regel eine Differenzierung zwischen Ober- und Unterzielen erfolgt.[131] Diese Zielarten sind durch eine Mittel-Zweck-Beziehung gekennzeichnet, die das verbindende Ordnungsmerkmal verkörpert und in der sich die Komplementaritätsrelation zweier Ziele widerspiegelt.[132] Unterzielen kommt im Hinblick auf übergeordnete Zielsetzungen Mittelcharakter zu; ihre Erfüllung ist ständig auf die teleologische Erreichung des Oberziels fokussiert.[133] Neben Ober- und Unterzielen werden in der Literatur zum Teil auch Zwischenziele definiert, die als eine höher aggregierte Form der Unterziele zu charakterisieren sind und ebenfalls als Mittel zur Erreichung des Oberziels dienen.[134]

---

127 Vgl. stellv. STREBEL 1981, S. 459.

128 Vgl. etwa MACHARZINA/WOLF 2008, S. 207; SCHMIDT-SUDHOFF 1967, S. 131 f.; STREBEL 1981, S. 459 und WELGE/AL-LAHAM 2008, S. 206. Die Priorisierung von Zielen ist nur bei Vorliegen konfliktärer Zielbeziehungen notwendig; vgl. stellv. HEINEN 1976, S. 109.

129 Vgl. EHRMANN 2007, S. 102; HEINEN 1976, S. 107 f. und SCHMIDT-SUDHOFF 1967, S. 101.

130 Vgl. u. a. MACHARZINA/WOLF 2008, S. 207 sowie STREBEL 1981, S. 459.

131 Vgl. ANDRÄ 1975, S. 56-64; BEGER/GÄRTNER/MATHES 1989, S. 64 f.; EHRMANN 2007, S. 100 f. sowie STAHLKE 2007, S. 103.

132 Vgl. hierzu ANDRÄ 1975, S. 58 sowie grundlegend zu Mittel-Zweck-Beziehungen BIDLINGMAIER 1968, S. 38 f. und HEINEN 1976, S. 103-107.

133 Vgl. u. a. ZEMELKA 2002, S. 18.

134 Vgl. etwa HEINEN 1976, S. 105 sowie WÖHE 2008, S. 81.

Im Oberziel kommt in allgemeiner Form die strategische Zielsetzung des Gesamtunternehmens auf höchster Rangebene zum Ausdruck.[135] Sofern es als die ranghöchste Stufe des unternehmerischen Zielsystems aufgefasst wird, ist das Oberziel dadurch gekennzeichnet, dass es nicht mehr als Mittel zur Erreichung eines außerhalb seiner selbst liegenden Ziels fungiert, sondern die Spitze einer durch die Mittel-Zweck-Beziehung determinierten Zielpyramide bildet.[136] Im Schrifttum wird dieser selbstreferenzielle Finalzweck betriebswirtschaftlichen Handelns auch als primäres Unternehmensziel bezeichnet.[137]

Ein weiteres Wesensmerkmal des Oberziels ist sein in der Regel hoher Abstraktionsgrad.[138] Dieser bedingt eine Ableitung von operationaleren Zwischen- und Unterzielen, welche auf nachgeordneten Hierarchieebenen als Entscheidungs- und Handlungsgrundlage dienen.[139] Die Operationalität von Zielen wird dabei insbesondere durch die präzise Formulierung der Parameter Zielinhalt und -ausmaß sowie Zeitbezug determiniert.[140] Wie es der pyramidale Aufbau des Zielsystems in der nachfolgenden Abbildung 18 symbolisiert, steigt mit abnehmender Ranghöhe der Ziele auch ihre Ausdifferenzierung.[141] Während dahingehend das primäre Unternehmensziel sowie das unternehmerische Oberziel als übergeordnete Ziele zu charakterisieren sind, stellen die Zwischen- und Unterziele konkrete inhaltliche Handlungsziele dar.[142]

---

135 Vgl. bspw. ANDRÄ 1975, S. 56 f. sowie ZEMELKA 2002, S. 19.

136 Vgl. SIERSLEBEN 1999, S. 48 m. w. N. sowie zur pyramidalen Darstellung des unternehmerischen Zielsystems MEFFERT/BURMANN/KIRCHGEORG 2008, S. 240.

137 Vgl. stellv. TÄUBERT 1998, S. 22, 25.

138 Vgl. etwa RÖDL 2006, S. 29 m. w. N. sowie WÖHE 2008, S. 81.

139 Vgl. JANISCH 1992, S. 57; SIERSLEBEN 1999, S. 48 und WÖHE 2008, S. 81.

140 Vgl. ausf. ANDRÄ 1975, S. 103-117; HEINEN 1976, S. 59-89 sowie MACHARZINA/WOLF 2008, S. 204.

141 Vgl. ebenso ZEMELKA 2002, S. 20.

142 Vgl. ZEMELKA 2002, S. 20; ähnlich MEFFERT/BURMANN/KIRCHGEORG 2008, S. 238, 240.

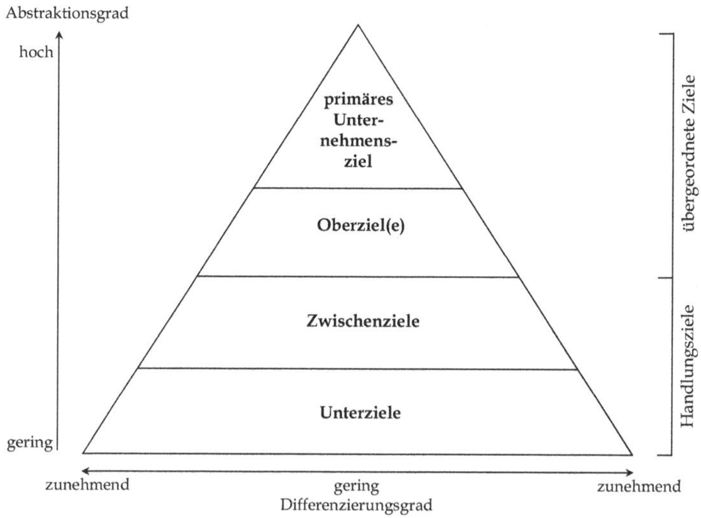

Abbildung 18: Hierarchie des Zielsystems einer Unternehmung[143]

Die Inhalte eines Zielsystems stellen die originären strategischen Ziele einer Unternehmung dar und legen auf der Sachebene fest, was betriebswirtschaftlich intendiert ist und zur Umsetzung gelangen soll.[144] In der theoretischen Betriebswirtschaftslehre ist unbestritten, dass die nachhaltige Existenzsicherung, welche durch eine erfolgreiche Unternehmensentwicklung sichergestellt wird, an der Spitze des unternehmerischen Zielsystems stehen und somit das primäre Unternehmensziel darstellen muss.[145] In einer Marktwirtschaft leitet sich hieraus - unter Beachtung zwingender Nebenbedingungen (zum Beispiel umweltschützende Investitionen) - die Forderung nach dem Aufbau sowie der Erhaltung und Nutzung strategischer Erfolgspotenziale ab.[146] Diese sind durch

---

143 Modifiziert entnommen von TÄUBERT 1998, S. 22 sowie ZEMELKA 2002, S. 21.

144 Vgl. JANISCH 1992, S. 29; MACHARZINA/WOLF 2008, S. 204; STREBEL 1981, S. 458.

145 Vgl. etwa BAUM/COENENBERG/GÜNTHER 2007, S. 6; FREIDANK 2000a, S. 19; WELGE/AL-LAHAM 2008, S. 213 m. w. N.; WENZEL 2006, S. 25 m. w. N.; WERNICKE 2009, S. 40 und aus systemtheoretischer Perspektive bestätigend JANISCH 1992, S. 35 m. w. N.

146 Vgl. etwa BAUM/COENENBERG/GÜNTHER 2007, S. 6 sowie FREIDANK 2000a, S. 19.

eine hohe Komplexität gekennzeichnet und resultieren aus dem Zusammenwirken von internen und externen Erfolgspotenzialen, das heißt aus dem Zusammentreffen eines unternehmensspezifischen Leistungspotenzials mit einer Marktchance.[147] Strategische Erfolgspotenziale determinieren auf lange Sicht den Erfolg und die Liquidität einer Unternehmung, weshalb ihnen eine diesbezügliche Vorsteuerungsfunktion zuzusprechen ist.[148]

b) Shareholder Value als unternehmerisches Oberziel

Wie den vorstehenden Ausführungen zu entnehmen ist, zeichnet sich das primäre Unternehmensziel der nachhaltigen Existenzsicherung durch einen hohen Abstraktionsgrad aus und bedarf demzufolge einer Konkretisierung durch die Formulierung eines unternehmerischen Oberziels als eine erste Operationalisierungsstufe.[149] Eine geeignete Möglichkeit stellt hierbei - unter Beachtung sozialer und ökologischer Ziele als Nebenbedingungen - [150] das Ziel einer langfristigen Steigerung des Shareholder Values dar, welches sich, wie empirisch aufgezeigt,[151] bei den vorliegend im Fokus stehenden börsennotierten Publikumsgesellschaften als formales Oberziel bereits etabliert hat.[152]

---

147 Vgl. GÄLWEILER 2005, S. 26 sowie ergänzend BREID 1994, S. 34-39; JENNER 1998, S. 147.

148 Vgl. hierzu GÄLWEILER 2005, S. 23-33 sowie ergänzend NÄTHER 1993, S. 82-116.

149 Vgl. ebenso ZEMELKA 2002, S. 22 sowie ähnlich WELGE/AL-LAHAM 2008, S. 288.

150 Vgl. hierzu etwa TÄUBERT 1998, S. 27 f. sowie WÖHE 2008, S. 76 f., der die Beachtung sozialer und ökologischer Ziele als rechtlichen Datenkranz interpretiert.

151 Zur empirischen Evidenz vgl. Abschn. II. D.1.a) des Ersten Hauptteils.

152 Da die Steigerung des Eigenkapitalwertes des Unternehmens (Shareholder Value) mit dem Gewinn (Erfolg = Δ Eigenkapital) gleichzusetzen ist, deckt sich der Shareholder Value-Ansatz mit der Auffassung der traditionellen, wirtschaftstheoretisch ausgerichteten Betriebswirtschaftslehre, wonach die langfristige Gewinnmaximierung als oberstes Unternehmensziel angesehen wird; vgl. hierzu COENENBERG 2003, S. 8-10; WÖHE 2008, S. 75 sowie ergänzend LUKAS 2004, S. 131. Ein Gleichklang zwischen dem unternehmerischen Oberziel und den Individualzielen der Verwaltungsorgane ist ins-

(Fortsetzung der Fußnote auf der nächsten Seite)

Die Begründung für die besondere Eignung der Shareholder Value-Konzeption wird von der Überlegung getragen, dass sich die strategischen Erfolgspotenziale einer Unternehmung aufgrund ihrer Vorsteuerungsfunktion für Gewinn und Liquidität in den Erfolgen beziehungsweise Cashflows späterer Perioden niederschlagen und diese wiederum den aktuellen Shareholder Value determinieren.[153] Mit diesem Ansatz gelingt es somit, das Erfolgspotenzial als zunächst qualitative Größe zu quantifizieren[154] und damit einen wesentlichen Beitrag zur Operationalisierung des abstrakten primären Unternehmensziels der nachhaltigen Existenzsicherung zu leisten.[155] Im Folgenden ist zu eruieren, welchen Zielbeitrag das Corporate Governance Reporting und damit auch das Corporate Governance Statement als dessen Übermittlungsmedium im Rahmen der Shareholder Value-Konzeption leisten kann.

c) Zielbeitrag im Rahmen der Shareholder Value-Konzeption

Zur Bestimmung des Zielbeitrags des Corporate Governance Reportings zum unternehmerischen Oberziel der langfristigen Steigerung des Shareholder Values ist es notwendig, einen formalen Zusammenhang zwischen den in Rede stehenden Elementen herzustellen. Ein Ansatz hierfür bildet das Shareholder Value-Netzwerk von *Rappaport*[156], welches im Ausgangspunkt zunächst von der Überlegung getragen wird, dass sich der Unternehmenswert, verstan-

---

bes. durch eine geeignete Vergütungsstruktur sicherzustellen; vgl. hierzu die Ausführungen in Abschn. II. C.5.b)(1)(e) und C.5.b)(2)(e) dieses Hauptteils.

153 Vgl. hierzu BAUM/COENENBERG/GÜNTHER 2007, S. 6 sowie GÜNTHER 1997, S. 71. Zum formalen Zusammenhang vgl. Abschn. II. C.3.c) dieses Hauptteils.

154 Zur Forderung einer Quantifizierbarkeit strategischer Erfolgspotenziale vgl. auch GÄLWEILER 2005, S. 23 und WELGE/AL-LAHAM 2008, S. 240.

155 Vgl. hierzu GÜNTHER 1997, S. 71, der die Erhaltung des Shareholder Values als quantitatives Synonym der nachhaltigen Existenzsicherung ansieht; im Ergebnis ähnlich BAUM/COENENBERG/GÜNTHER 2007, S. 6 sowie WELGE/AL-LAHAM 2008, S. 240.

156 Vgl. RAPPAPORT 1999, S. 39-70.

den als Marktwert des Gesamtunternehmens UW[157], aus dem Shareholder Value, das heißt dem Marktwert des Eigenkapitals ME, und dem Marktwert des Fremdkapitals MF zusammensetzt. Es gilt:

$$UW = ME + MF\,.$$

Durch Umformung nach dem Shareholder Value ME ergibt sich:[158]

$$ME = UW - MF\,.$$

Die Ermittlung des Shareholder Values ME als Zukunftserfolgswert erfolgt in der Regel unter Anwendung der Discounted Cashflow (DCF)-Methoden auf der Basis künftig erwarteter Free Cashflows, die mit entsprechenden Kapitalkosten diskontiert werden.[159] Die Prognose der zukünftigen Free Cashflows wird dabei aus Gründen der Praktikabilität gemäß der Zwei-Phasen-Methode differenziert nach dem Zeithorizont für den Planungszeitraum T und für die Zeit nach dem Ende des Planungshorizonts vorgenommen.[160] Entsprechend wird der Unternehmenswert UW als Summe des Barwerts der Free Cashflows CF_t, die im Planungszeitraum zufließen, und des Gegenwartswerts der nach dem Ende des Planungshorizonts realisierbaren Mittelzuflüsse CF_T, berechnet.[161] Letzterer wird als Residualwert bezeichnet.[162]

---

157 Der Unternehmenswert i. S. v. *Rappaport* entspricht der Summe der Marktwerte aller Finanzierungstitel i. S. d. Ausführungen in Abschn. III. B.2 des Ersten Hauptteils.

158 Vgl. RAPPAPORT 1999, S. 40 sowie ergänzend BÜHNER 1994, S. 13; RUDOLPH 1999, S. 51.

159 Vgl. RAPPAPORT 1999, S. 40, 44 sowie ergänzend FREIDANK 2000a, S. 19 f. und LEWIS 1994, S. 107 f. Gebräuchlich sind auch die sog. Residualgewinngrößen, wie insbes. der Economic Value Added (EVA), der in den Market Value Added (MVA) als mehrperiodische Steuerungsgröße transformiert werden kann; vgl. hierzu grundlegend STEWART 1990. Eine Verbindung zwischen den Cashflow- und Residualgewinngrößen lässt sich nach dem Prinzip der Barwertkompatibilität mit dem *Preinreich/Lücke*-Theorem (vgl. PREINREICH 1937, S. 209 f.; LÜCKE 1955, S. 324) herstellen.

160 Vgl. etwa RAPPAPORT 1999, S. 40 sowie IDW S 1 i. d. F. 2008, Rn. 75-80.

161 Vgl. BÜHNER/WEINBERGER 1991, S. 192 und KLIEN 1995, S. 28. Im Schrifttum wird zur vollständigen Schätzung des Unternehmenswerts zudem die Berücksichtigung des

(Fortsetzung der Fußnote auf der nächsten Seite)

Unter Anwendung des so genannten Weighted Average Cost of Capital (WACC)-Ansatzes als die am weitesten verbreitete DCF-Methode[163] lässt sich die Ermittlung des Shareholder Values ME im Sinne von *Rappaport* - bei Annahme einer ewigen Rente zur Bestimmung des Residualwerts - formal wie folgt darstellen:[164]

$$ME = \sum_{t=1}^{T} \frac{CF_t}{(1+k)^t} + \frac{CF_T}{k\,(1+k)^T} - MF\,.$$

Da es sich bei der dargestellten Gleichung um einen Bruttoansatz (so genannter Entity-Approach) handelt,[165] ist hinsichtlich der Mittelzuflüsse CF auf den (Brutto) Free Cashflow, das heißt auf denjenigen Cashflow abzustellen, der für die Abgeltung der Ansprüche von Eigen- und Fremdkapitalgebern zur Verfügung steht.[166] Dieser stellt demgemäß eine Größe vor Abzug der Fremdkapi-

liquidierbaren, nicht betriebsnotwendigen Vermögens gefordert; vgl. etwa RAPPAPORT 1999, S. 40 sowie ergänzend BUSSE VON COLBE 1997, S. 280. Dieser Aspekt soll jedoch vorliegend aus Vereinfachungsgründen vernachlässigt werden.

162 Vgl. RAPPAPORT 1999, S. 40 sowie ergänzend IDW S 1 i. d. F. 2008, Rn. 125; KLIEN 1995, S. 28. Zum Teil finden sich in der Literatur auch die Bezeichnungen Endwert oder Restwert; vgl. etwa BÜHNER/WEINBERGER 1991, S. 280; GÜNTHER 1997, S. 154-159; JANISCH 1992, S. 62 f. Zur Schätzung des Residualwerts vgl. grundlegend COPELAND/KOLLER/MURRIN 2002, S. 324-348; RAPPAPORT 1999, S. 48-56 sowie ergänzend BÜHNER 1994, S. 18-21; GÜNTHER 1997, S. 154-159 und KLIEN 1995, S. 149-178.

163 Für einen Überblick über die DCF-Methoden vgl. GÜNTHER 1997, S. 104-109; HACHMEISTER 2000, S. 91-139; IDW S 1 i. d. F. 2008, Rn. 124-140; KUßMAUL 2007, S. 346-348.

164 Vgl. etwa BÜHNER/WEINBERGER 1991, S. 193; BUSSE VON COLBE 1997, S. 280 f.; GÜNTHER 1997, S. 200 f.; KUßMAUL 2007, S. 347 sowie FREIDANK 2000a, S. 17 f., der den Residualwert verbal formuliert. Für Spezifizierungen dieser Grundformel, insbes. hinsichtlich Steuerwirkungen, vgl. etwa LÖFFLER 2007, S. 1295-1297 sowie RICHTER 1999, S. 136-152.

165 Vom Brutto- ist der sog. Nettoansatz (Equity-Approach) zu unterscheiden, wonach die Zahlungsströme an die Eigentümer direkt ermittelt und mit den Eigenkapitalkosten diskontiert werden; vgl. hierzu FERSTL 2000, S. 172; HACHMEISTER 2000, S. 118-122; KUßMAUL 2007, S. 347 f.; VOLKART 1998, S. 101-106. Zur Kritik am Equity-Approach vgl. COPELAND/KOLLER/MURRIN 2002, S. 194.

166 Vgl. stellv. VOLKART 1998, S. 101-103. Für einen Überblick über die Vielfalt der im Schrifttum vorzufindenden (Free) Cashflow-Definitionen vgl. GÜNTHER 1997, S. 112-118. Zu Besonderheiten der Prognose künftiger Cashflows vgl. KLIEN 1995, S. 32-92.

talzinsen dar[167] und entspricht grundsätzlich dem von *Rappaport* postulierten betrieblichen Cashflow.[168]

Die (Gesamt-)Kapitalkosten als Diskontierungssatz k werden primär über das Konzept der gewogenen Kapitalkosten (WACC) ermittelt.[169] Es erfolgt hierbei eine Gewichtung der Eigen- und Fremdkapitalkosten im Verhältnis ihrer jeweiligen Marktwerte.[170] Die Fremdkapitalkosten können vereinfachend aus Anleiherenditen oder Bankverbindlichkeiten vergleichbarer Unternehmungen abgeleitet werden.[171] Die Bestimmung der risikoangepassten Renditeforderungen der Eigenkapitalgeber erfolgt überwiegend auf der Basis des Capital Asset Pricing Model (CAPM) der modernen Kapitalmarkttheorie.[172]

Der vom Unternehmenswert UW in Abzug zu bringende Marktwert des Fremdkapitals MF ermittelt sich als Barwert der künftigen Zins- und Tilgungszahlungen.[173] Bei einer unveränderten Zinslandschaft und unter der Prämisse eines identischen Soll- und Habenzinses entspricht dieser grundsätzlich der Buchwertsumme der Verbindlichkeiten.[174]

---

167 Vgl. etwa GÜNTHER 1997, S. 1628 sowie VOLKART 1998, S. 102.

168 Vgl. RAPPAPORT 1999, S. 40, 44 f.

169 Vgl. hierzu RAPPAPORT 1999, S. 40, 44 sowie ergänzend FREIDANK 2000a, S. 17.

170 Vgl. KUßMAUL 2007, S. 347 und LODERER 2007, S. 1508; zum WACC-Ansatz vgl. weiterführend HAHN 2009, S. 423-425; HOFER 2008, S. 14; KLIEN 1995, S. 95-148; VOLKART 1998, S. 195-198. Zur Bestimmung der Gewichtungsfaktoren vgl. ausf. KLIEN 1995, S. 143-148.

171 Vgl. hierzu FREIDANK 2007, S. 17.

172 Vgl. etwa FREIDANK 2000a, S. 17. Zum CAPM vgl. grundlegend LINTNER 1965, S. 587-615; MOSSIN 1966, S. 768-783; SHARPE 1964, S. 425-442 sowie ergänzend BREALEY/MYERS/ALLEN 2008, S. 193-197; GÜNTHER 1997, S. 163-169; HOFER 2008, S. 12-14; KLIEN 1995, S. 112-134; LAUX 2003, S. 168-177; PAETZMANN 2008, S. 212 f.; RICHTER 1999, S. 56-67. Als Alternative zum CAPM wird im Schrifttum auch die Arbitrage Pricing Theory diskutiert; vgl. hierzu im Einzelnen KLIEN 1995, S. 134-143.

173 Vgl. BUSSE VON COLBE 1997, S. 281 und KLIEN 1995, S. 179.

174 Vgl. FREIDANK 2000a, S. 17 sowie ähnlich KLIEN 1995, S. 179.

Wie die bisherigen Ausführungen zeigen, lässt sich die abstrakte Größe Shareholder Value ME in die drei Bewertungskomponenten Free Cashflow CF, Kapitalkosten k und Marktwert des Fremdkapitals MF dekomponieren. Diese Faktoren können gemäß *Rappaport* nunmehr in einem weiteren Schritt in die ihnen zugrunde liegenden Werttreiber (Value Driver) aufgegliedert werden.[175] So wird der Free Cashflow durch die Werttreiber sowohl der operativen Tätigkeit als auch des Investitionsbereichs einer Unternehmung beeinflusst.[176] Es handelt sich dabei im Einzelnen um das Umsatzwachstum, die Gewinnmarge, den Gewinnsteuersatz, die Dauer der Wertsteigerung sowie um Investitionen in das Umlauf- und Anlagevermögen.[177] Zu den zentralen Werttreibern der Kapitalkosten sowie des Marktwerts des Fremdkapitals zählen insbesondere die Kapitalstruktur sowie die Investor Relations, welche auch das Corporate Governance Reporting umfassen.[178]

Die genannten Werttreiber stehen in einer unmittelbaren und direkten Mittel-Zweck-Beziehung zu den jeweiligen Bewertungsfaktoren und lassen demzufolge Rückschlüsse auf die Entwicklung des Shareholder Values zu. Im Ergebnis entsteht somit ein hierarchisch strukturiertes und spezifisch auf die Steigerung des Shareholder Values als unternehmerisches Oberziel ausgerichtetes Zielsystem, welches durch eine systemimmanente, lineare Kausalstruktur gekennzeichnet ist.[179]

---

175 Vgl. RAPPAPORT 1999, S. 67-69.

176 Vgl. hierzu und in der Folge RAPPAPORT 1999, S. 40-44, 68 f. sowie ergänzend DRILL 1995, S. 28-30; GÜNTHER 1997, S. 264 f.; JANISCH 1992, S. 61 f.; ZEMELKA 2002, S. 45 f.

177 Der betriebliche Cashflow i. S. v. *Rappaport* ermittelt sich dabei wie folgt: Cashflow = [(Umsatz des Vorjahres) (1 + Umsatzwachstum) (Gewinnmarge) (1 - Gewinnsteuersatz)] - (Zusatzinvestitionen in das Anlage- und Umlaufvermögen); vgl. RAPPAPORT 1999, S. 41. Die Dauer der Wertsteigerung, welche die bestmögliche Schätzung des Managements, über wie viele Jahre eine Investition voraussichtlich eine Rendite erzielen wird, die den Kapitalkostensatz übersteigt, repräsentiert, wird hier aus Vereinfachungsgründen der operativen Tätigkeit zugeordnet; vgl. ebenso DRILL 1995, S. 29.

178 Zu dieser Einordnung vgl. Abschn. I. B.3.c) des Ersten Hauptteils.

179 Vgl. ebenso ZEMELKA 2002, S. 46 m. w. N.

Diese hierarchische Strukturierung des Shareholder Value-Netzwerks impliziert eine Interpretation der drei Netzwerkebenen - Shareholder Value, Bewertungsfaktoren und Werttreiber - als Zielhierarchieebenen und bietet demgemäß eine geeignete Grundlage zur Ableitung eines Zielsystems der Unternehmung unter Zugrundelegung der Shareholder Value-Konzeption. Unter Einbeziehung des vorstehend festgelegten primären Unternehmensziels der nachhaltigen Existenzsicherung und dessen Konkretisierung durch die langfristige Steigerung des Shareholder Values als unternehmerisches Oberziel[180] lässt sich das unternehmerische Zielsystem wie folgt darlegen:[181]

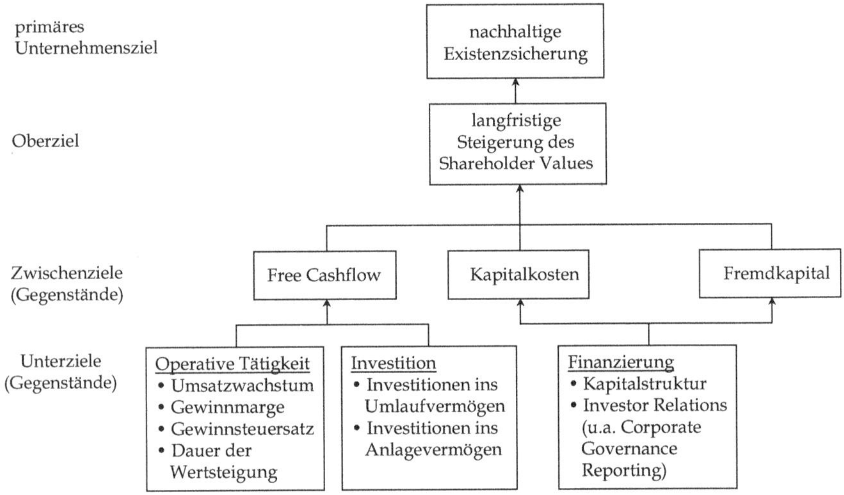

Abbildung 19: Zielsystem einer Unternehmung unter Zugrundelegung der Shareholder Value-Konzeption[182]

---

180 Vgl. hierzu Abschn. II. C.3.a) und C.3.b) dieses Hauptteils.

181 In der Literatur wird zum Teil zwischen der nachhaltigen Existenzsicherung und der langfristigen Steigerung des Shareholder Values keine hierarchische Differenzierung vorgenommen, sondern beide Ziele synonym verwendet und deshalb nebeneinander auf der höchsten Zielebene angeordnet; vgl. etwa GÜNTHER 1997, S. 71.

182 Modifiziert entnommen von RAPPAPORT 1999, S. 68 sowie um die Investor Relations erweiternd DRILL 1995, S. 29 und FREIDANK 2000a, S. 18.

Mit der Entwicklung des dargelegten unternehmerischen Zielsystems unter Zugrundelegung der Shareholder Value-Konzeption ist nunmehr die Voraussetzung geschaffen, den Zielbeitrag des Corporate Governance Reportings einschließlich des Corporate Governance Statements als Übermittlungsmedium abzuleiten. So kann das Corporate Governance Reporting als Werttreiber der Kapitalkosten eine Senkung derselben sowie über diesen Weg eine Erhöhung des Shareholder Values bewirken und damit einen Beitrag zur nachhaltigen Existenzsicherung des Unternehmens leisten. Wie bereits im Ersten Hauptteil aufgezeigt,[183] nimmt dabei das Corporate Governance Reporting auf die Höhe der Kapitalkosten positiven Einfluss, indem es durch eine informative und glaubwürdige Berichterstattung über die interne Corporate Governance dazu beiträgt, diesbezügliche Informationsasymmetrien zwischen der Unternehmensverwaltung und (potenziellen) Investoren abzubauen und damit den informationsbedingten Risikozuschlag hinsichtlich des Verhaltensrisikos zu reduzieren. Dieser Zusammenhang lässt sich grafisch wie folgt verdeutlichen:

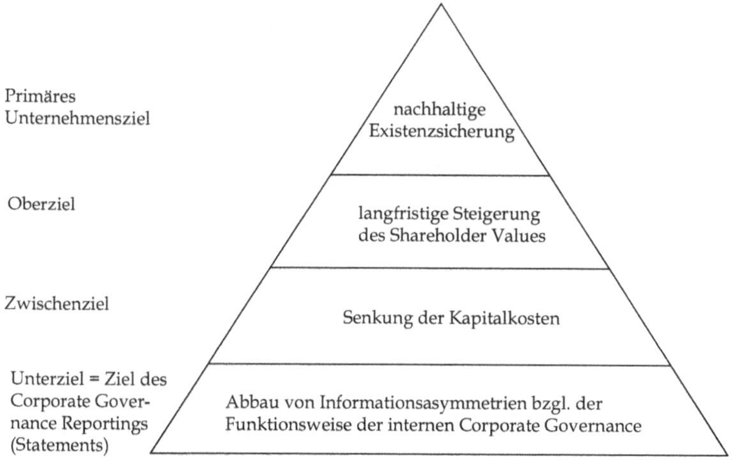

Abbildung 20: Zielbeitrag des Corporate Governance Reportings im Rahmen der Shareholder Value-Konzeption

183 Vgl. hierzu Abschn. III. B.3 des Ersten Hauptteils.

Vor dem Hintergrund dieser Ausführungen besteht die mit dem Corporate Governance Reporting - und damit auch mit dem Corporate Governance Statement als Übermittlungsmedium - verfolgte (derivative) Zielsetzung darin, Informationsasymmetrien zwischen der Unternehmensverwaltung und (potenziellen) Investoren bezüglich der Funktionsweise der unternehmensspezifischen internen Corporate Governance möglichst weitgehend abzubauen, um auf diese Weise den informationsbedingten Risikozuschlag hinsichtlich des Verhaltensrisikos und damit die Kapitalkosten der Unternehmung zu senken. Mit der induzierten Senkung der Kapitalkosten leistet das Corporate Governance Reporting einen Beitrag zur langfristigen Steigerung des Shareholder Values und somit zur nachhaltigen Existenzsicherung der Unternehmung.

Diese Zielsetzung dürfte dem Interesse aller Unternehmenskoalitionäre entsprechen. So müsste es zum einen nicht nur für die aktuellen und potenziellen Investoren, sondern auch für die anderen Stakeholder von hoher Relevanz sein, die Funktionsweise und Qualität der unternehmensspezifischen internen Corporate Governance in fundierter Weise beurteilen zu können. Zum anderen dürfte auch eine alle Unternehmenskoalitionäre umfassende Interessenharmonie hinsichtlich der aufgezeigten positiven Wirkungen auf die langfristige Steigerung des Shareholder Values und die nachhaltige Existenzsicherung der Unternehmung anzunehmen sein.

A priori nicht auszuschließen sind indes unterschiedliche Präferenzen der Unternehmenskoalitionäre hinsichtlich Auswahl und Bedeutungsbeimessung der Inhaltskomponenten des Corporate Governance Statements. Ob und inwieweit solche Informationskonflikte bestehen, lässt sich an dieser Stelle aufgrund bisher fehlender empirischer Untersuchungen zu dieser Forschungsfrage nicht beantworten. Ein entsprechender Erkenntnisgewinn ist jedoch - zumindest in Bezug auf die verschiedenen Eigenkapitalgebergruppen - im Zuge der empirisch induktiven Evaluation der Inhaltskomponenten des Corporate Governance Statements zu erwarten.[184]

Sollten im Rahmen dieser Untersuchung unterschiedliche Präferenzen hinsichtlich der Auswahl und Gewichtungen der Inhaltskomponenten festgestellt werden, so könnte der daraus resultierende Informationskonflikt etwa im Wege des Setzens von Prioritäten, das heißt durch die Priorisierung bestimmter Adressatengruppen, gelöst werden.[185] Während gewissermaßen eine Vor-Priorisierung zugunsten der (potenziellen) Investoren als Hauptadressaten des Corporate Governance Statements bereits stattgefunden hat,[186] könnte darüber hinaus eine weitere Gewichtung innerhalb der Eigenkapitalgebergruppe vorgenommen werden. In diesem Fall läge es nahe, vorrangig den Präferenzen der (angelsächsischen) institutionellen Investoren zu entsprechen, da - wie empirische Auswertungen gezeigt haben - [187] diese Anleger für börsennotierte Publikumsgesellschaften zunehmend an Bedeutung gewinnen.

---

184 Vgl. hierzu den Dritten Hauptteil.

185 Vgl. hierzu und weiteren Ansätzen zur Lösung von Konfliktsituationen FREIDANK 1990, S. 18 f.; FREIDANK 2000a, S. 12 sowie FREIDANK/VELTE 2007, S. 666 f. Zur Priorität als Ordnungskriterium vgl. zudem Abschn. II. C.3.a) dieses Hauptteils.

186 Vgl. hierzu Abschn. II. C.2 dieses Hauptteils.

187 Vgl. diesbezüglich Abschn. II. C.2.c) des Ersten Hauptteils.

4. Rahmengrundsätze

a) Notwendigkeit und Gewinnung von Rahmengrundsätzen

Wie vorstehend ausgeführt, besteht die mit dem Corporate Governance Statement als Übermittlungsmedium verfolgte Zielsetzung darin, Informationsasymmetrien zwischen der Unternehmensverwaltung und (potenziellen) Investoren bezüglich der Funktionsweise der unternehmensspezifischen internen Corporate Governance möglichst weitgehend abzubauen. Damit diese Zielsetzung erreicht werden kann, hat das Statement bestimmten Anforderungen zu genügen, welche in Gestalt von Rahmengrundsätzen zu formulieren sind.[188] Diese definieren gewissermaßen einen Ordnungsrahmen, innerhalb dessen die Informationsübermittlung zu erfolgen hat,[189] und tragen folglich auch zu einer Standardisierung des Reportings bei.[190]

Im Folgenden soll ein System von Rahmengrundsätzen entwickelt werden, welches die an das Corporate Governance Statement zu stellenden Anforderungen zum Ausdruck bringt. Dabei ist ein besonderes Augenmerk auf das einem System immanente „Zusammenspiel wechselseitiger Ergänzung und Beschränkung"[191] zu legen, welches an sich eine simultane Entwicklung der Rahmengrundsätze impliziert.[192] Eine solche simultane Vorgehensweise führt indes bei einer verbalen Analyse zwangsläufig zu Unübersichtlichkeiten,[193] weshalb in der vorliegenden Arbeit - wie auch in weiten Teilen des Schrift-

---

188 Vgl. sinngemäß in Bezug auf das Value Reporting ARBEITSKREIS 2002, S. 2337; HEUMANN 2005, S. 62; NONNENMACHER 2004, S. 159, hinsichtlich der Überwachungsberichterstattung des Aufsichtsrats PORTISCH 1997, S. 192 sowie im Kontext der Zwischenberichterstattung DAHL 1995, S. 94.

189 Vgl. ebenso ARBEITSKREIS 2002, S. 2337 und HEUMANN 2005, S. 57.

190 Vgl. hierzu auch ARBEITSKREIS 2002, S. 2337 sowie NONNENMACHER 2004, S. 158.

191 CANARIS 1969, S. 55.

192 Vgl. in diesem Sinne auch DAHL 1995, S. 94.

193 Vgl. stellv. HELKENBERG 1989, S. 166.

tums - [194] eine sukzessive Entwicklung von einzelnen gleichberechtigten Rahmengrundsätzen unter Berücksichtigung ihrer Interdependenzen[195] erfolgt.

Wie bereits eingangs dieses Hauptteils dargelegt,[196] soll die Ermittlung des Konzeptionsmodells im Ganzen und somit auch die in Rede stehenden Rahmengrundsätze zunächst auf theoretisch deduktivem Wege durchgeführt werden.[197] Eine Deduktion grundlegend neuer Rahmengrundsätze ist dabei weder geboten noch angezeigt; im Sinne einer kompatiblen Unternehmenspublizität ist es vielmehr als zielführend anzusehen, die Rahmengrundsätze aus den im Schrifttum bereits entwickelten Grundsatzsystemen für das Value Reporting (i. w. S.)[198], welchem auch das Corporate Governance Reporting zu subsumieren ist,[199] zu rekrutieren und spezifisch auszufüllen.[200]

---

194 Vgl. zu dieser Vorgehensweise auch DAHL 1995, S. 94 und KÖSTER 1992, S. 82-158.

195 Zur Forderung einer zwingenden Berücksichtigung von Interdependenzen vgl. stellv. MOXTER 1985, S. 21.

196 Vgl. hierzu Abschn. I dieses Hauptteils.

197 Als Methoden zur originären Gewinnung von Grundsätzen kommen neben der Deduktion grds. auch die Induktion und die Hermeneutik in Betracht; vgl. hierzu bereits SCHMALENBACH 1933, S. 231-233 sowie grundlegend BAETGE/KIRSCH 2010, Rn. 8-28, S. 3-11; LEFFSON 1987, S. 29 f.; YOSHIDA 1976, S. 51-63 und Abschn. I dieses Hauptteils. Zur Kritik an der induktiven Methode vgl. BEISSE 1984, S. 7; DÖLLERER 1959, S. 1220 f.; HEINEN 1986, S. 154 f. und LEFFSON 1987, S. 29. Die Hermeneutik scheidet bei der Gewinnung von Rahmengrundsätzen für das Corporate Governance Statement aus, weil derzeit nur rudimentäre normative Rahmenbedingungen für das Corporate Governance Reporting bestehen, so dass der Wortlaut und Wortsinn, der Bedeutungszusammenhang, die Entstehungsgeschichte sowie die Verfassungskonformität nur sehr bedingt herangezogen werden können. Es könnte lediglich entsprechend der mit dem Corporate Governance Statement verfolgten Zielsetzung vorgegangen werden, was der Ermittlung im Rahmen der deduktiven Methode entspricht; vgl. in diesem Sinne auch HEUMANN 2005, S. 58 in Bezug auf das Value Reporting.

198 Das Value Reporting (i. w. S.) wird in der Folge aus Vereinfachungsgründen als Value Reporting bezeichnet.

199 Vgl. hierzu Abschn. I. B.3.c) des Ersten Hauptteils.

200 Vgl. ähnlich im Kontext der Ableitung von Grundsätzen zur Zwischenberichterstattung DAHL 1995, S. 94 sowie KÖSTER 1992, S. 93 f. Auf die Notwendigkeit einer spezi-

(Fortsetzung der Fußnote auf der nächsten Seite)

Aufgrund seiner ausgeprägten theoretischen Fundierung soll im Folgenden auf den von *Heumann* entwickelten Kanon von Grundsätzen für das Value Reporting[201] zurückgegriffen werden. Dieser bezieht sowohl die vom *Arbeitskreis Externe Unternehmensrechnung der Schmalenbach-Gesellschaft* (*AKEU*)[202] vorgelegten Grundsätze als auch die Ausführungen des *American Institute of Certified Public Accountants* (*AICPA*)[203] zum Business Reporting mit ein und spezifiziert diese. Das Grundsatzsystem nach *Heumann* lässt sich wie folgt zusammenfassen:

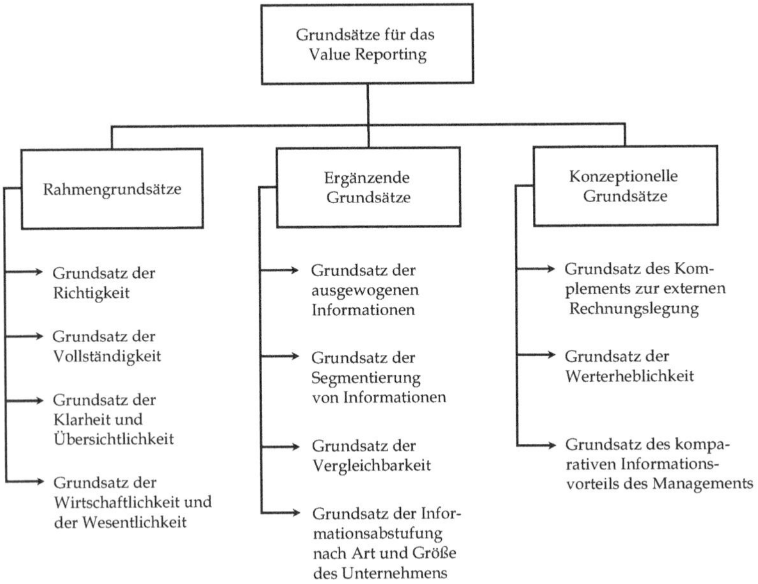

Abbildung 21: Grundsätze für das Value Reporting nach *Heumann*[204]

---

fischen Interpretation bei der (formalen) Übernahme von Grundsätzen weisen auch BAETGE/FISCHER/PASKERT 1989, S. 16 hin.

201 Vgl. HEUMANN 2005, S. 53-87.

202 Vgl. ARBEITSKREIS 2002, S. 2337-2340.

203 Vgl. AICPA 1994, S. 28-32.

204 Modifiziert entnommen von HEUMANN 2005, S. 87.

Obgleich das vorstehende Grundsatzsystem als Ausgangslage für die Entwicklung von Rahmengrundsätzen für das Corporate Governance Statement dient, bedarf dieses dennoch bestimmter Modifikationen. Diese betreffen zunächst die Strukturierung der Grundsätze. Wie der Abbildung 21 zu entnehmen ist, teilt *Heumann* seine Grundsätze in die drei Kategorien „Rahmengrundsätze", „Ergänzende Grundsätze" und „Konzeptionelle Grundsätze" ein. Während eine Unterteilung in Rahmengrundsätze, die allgemeine Anforderungen an die Informationsübermittlung stellen, und konzeptionelle Grundsätze, welche die Besonderheiten des Value Reportings berücksichtigen, als sinnvoll erachtet werden kann, ist die Bildung der Kategorie „Ergänzende Grundsätze" nicht einsichtig. Diese enthält zum einen mit der Vergleichbarkeit und Segmentierung von Informationen zwei Grundsätze, die als eigenständig anzusehen und den von *Heumann* in den Rubriken „Rahmengrundsätze" und „Konzeptionelle Grundsätze" genannten Postulaten hierarchisch gleichzustellen sind.[205] Zum anderen stellt die Forderung nach einer ausgewogenen Information nach herrschender Meinung im Schrifttum einen Aspekt des Grundsatzes der Vollständigkeit dar und ist folglich bei diesem mit abzuhandeln.[206] Des Weiteren ist der von *Heumann* aufgeführte Grundsatz der Informationsabstufung nach Art und Größe des Unternehmens aufgrund der Fokussierung börsennotierter Publikumsgesellschaften im Rahmen dieser Arbeit obsolet.[207] Entbehrlich ist schließlich auch der von *Heumann* als konzeptionell eingestufte Grundsatz der Werterheblichkeit als Surrogat der Entscheidungsrelevanz, welcher im Postulat der Wesentlichkeit inkludiert und insoweit keiner gesonderten Behandlung zuzuführen ist.[208]

---

205 Vgl. ebenso ARBEITSKREIS 2002, S. 2339 f. sowie im Hinblick auf die Vergleichbarkeit stellv. BAETGE 2002, Sp. 639 f. sowie BAETGE/FISCHER/PASKERT 1989, S. 27.

206 Vgl. in Bezug auf die Lageberichterstattung etwa UNSELD 1976, S. 68 f. sowie im Kontext der Zwischenberichterstattung DAHL 1995, S. 104 und KÖSTER 1992, S. 101.

207 Auf den Grundsatz der Informationsabstufung verzichtet - wohl aus denselben Gründen - auch der *AKEU*; vgl. ARBEITSKREIS 2002, S. 2337-2340.

208 Vgl. ebenso LEFFSON 1987, S. 182; OSSADNIK 1995, S. 33 sowie TICHY 1979, S. 134.

Neben diesen, die Strukturierung von Grundsätzen betreffenden Aspekten ergibt sich auch ein terminologischer Anpassungsbedarf. So ist zum einen der „Grundsatz der Klarheit und Übersichtlichkeit" präziser als „Grundsatz der Klarheit" zu titulieren, da die Übersichtlichkeit eine (von mehreren) Ausprägungen der Klarheit darstellt.[209] Zum anderen ist der „Grundsatz des Komplements zur externen Rechnungslegung" entsprechend der in dieser Arbeit vorgenommenen Begriffsabgrenzung[210] in den „Grundsatz des Komplements zum Financial Accounting" umzubenennen. Schließlich ist es als sachgerechter anzusehen, den „Grundsatz des komparativen Informationsvorteils des Managements" im Rahmen dieser Arbeit als „Grundsatz des komparativen Informationsvorteils der Unternehmensverwaltung" zu bezeichnen. Diese terminologische Spezifizierung berücksichtigt den Umstand, dass - wie im Einzelnen noch aufzuzeigen sein wird - [211] der Vorstand und der Aufsichtsrat, die zusammen die Unternehmensverwaltung bilden,[212] gemeinsam die Verfasser des Corporate Governance Statements sein müssen.

Unter Berücksichtigung der genannten Modifikationen und Vornahme einer als sinnvoll zu erachtenden Aufteilung in allgemeine und besondere Rahmengrundsätze[213] lässt sich das dieser Arbeit zugrunde zu legende System von Rahmengrundsätzen für das Corporate Governance Statement entsprechend der Abbildung 22 grafisch darlegen. Die allgemeinen Rahmengrundsätze berücksichtigen dabei Anforderungen, die generell an die Informationsübermittlung zu stellen sind, die besonderen Rahmengrundsätze umfassen hingegen darüber hinausgehende Spezifika des Corporate Governance Reportings.

---

209 Vgl. etwa BAETGE/FISCHER/PASKERT 1989, S. 19 f.; KÖSTER 1992, S. 97 f.; LEFFSON 1987, S. 208; MOXTER 1976, S. 93 f. sowie TICHY 1979, S. 111 m. w. N.

210 Vgl. zu dieser terminologischen Abgrenzung Abschn. I. B.3.c) des Ersten Hauptteils.

211 Vgl. hierzu im Einzelnen Abschn. II. C.6 dieses Hauptteils.

212 Vgl. diesbezüglich Abschn. I. B.1 des Ersten Hauptteils.

213 Vgl. ähnlich KÖSTER 1992, S. 94, der das Begriffspaar unspezifische und spezifische Grundsätze der Zwischenberichterstattung verwendet.

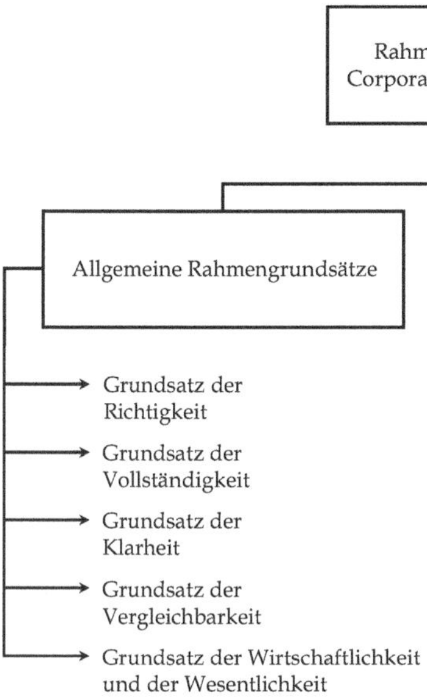

Abbildung 22: Rahmengrundsätze für das Corporate Governance Statement

Wie bereits vorstehend angedeutet, gilt es in der Folge, diese Grundsätze im Hinblick auf das Corporate Governance Statement unter besonderer Berücksichtigung ihrer Interdependenzen spezifisch auszufüllen. Dies ist insbesondere vor dem Hintergrund notwendig, als sich die von *Heumann* entwickelten Grundsätze zwar sowohl auf das Value Reporting i. e. S., das heißt auf Informationen zum Reinvermögenszeitwert und Zukunftserfolgswert,[214] als auch auf das Corporate Governance Reporting beziehen, diese Postulate jedoch inhaltlich überwiegend auf die erstgenannte Komponente zugeschnitten sind.

---

[214] Zur Abgrenzung des Value Reportings i. e. S. vom Corporate Governance Reporting vgl. im Einzelnen Abschn. I. B.3.c) des Ersten Hauptteils.

b) Allgemeine Rahmengrundsätze

(1) Richtigkeit

Informationsasymmetrien zwischen der Unternehmensverwaltung und den (potenziellen) Investoren können nur dann zum Abbau gelangen, wenn die im Rahmen der Unternehmenspublizität zur Verfügung gestellten Informationen richtig sind.[215] Diese Feststellung verdeutlicht, dass dem Postulat der Richtigkeit auch innerhalb der Rahmengrundsätze für das vorliegend im Vordergrund stehende Corporate Governance Statement eine dominierende Rolle zuzusprechen ist.[216] Gleichzeitig ist jedoch in diesem Zusammenhang zu betonen, dass es realiter - auch bei der Corporate Governance Berichterstattung - keine absolute, sondern immer nur eine relative Richtigkeit geben kann.[217]

Um dem Grundsatz der Richtigkeit zu entsprechen, hat das Corporate Governance Statement sowohl ein objektives als auch ein subjektives Kriterium zu erfüllen.[218] Das objektive Kriterium der Richtigkeit bezieht sich dabei auf die Darstellung von Sachverhalten der Vergangenheit und der Gegenwart. Nach herrschender Meinung im Schrifttum ist diese Anforderung - bezogen auf das Corporate Governance Statement - dann als erfüllt anzusehen, wenn die übermittelten Informationen zum Status quo der unternehmensspezifischen internen Corporate Governance der Wirklichkeit entsprechen und damit intersubjektiv nachprüfbar sind.[219]

---

215 Vgl. in diesem Sinne auch HEUMANN 2005, S. 63.

216 Vgl. auch BAETGE/KIRSCH 2010, Rn. 59, S. 20 in Bezug auf Grundsätze ordnungsmäßiger Buchführung und TICHY 1979, S. 71 m. w. N im Kontext der Lageberichterstattung.

217 Vgl. hierzu allgem. MOXTER 1976, S. 90 sowie bezogen auf die Überwachungsberichterstattung des Aufsichtsrats PORTISCH 1997, S. 193.

218 Vgl. etwa BAETGE/KIRSCH 2010, Rn. 59-64, S. 20 f. sowie sich auf den Grundsatz der Wahrheit beziehend LEFFSON 1987, S. 193-204 und MOXTER 1976, S. 91 f.

219 Vgl. BAETGE 1970, S. 16 f.; BAETGE/KIRSCH 2010, Rn. 59, S. 20; BAETGE/SOLMECKE 2006, S. 20; LEFFSON 1987, S. 197; MOXTER 1976, S. 91 sowie POPPER 1994, S. 18.

Im Gegensatz dazu bezieht sich das subjektive Kriterium der Richtigkeit auf zukunftsbezogene Informationen, welchen aufgrund ihrer Bedeutung für den Kapitalmarkt, insbesondere auch im Rahmen des Corporate Governance Statements, eine hohe Bedeutung beizumessen ist.[220] Da solchen Informationen kein realer, damit intersubjektiv nachprüfbarer Sachverhalt zugrunde liegt, sind an die Erfüllung des subjektiven Kriteriums der Richtigkeit erweiterte Anforderungen zu stellen.[221] Diesbezüglich fordert das Schrifttum, dass die zukunftsbezogene Berichterstattung in Übereinstimmung mit der inneren Überzeugung des Verfassers, mithin willkürfrei[222] und unter Einbeziehung aller verfügbaren Informationen[223] zu erfolgen hat.[224] Hinsichtlich der Abfassung des Corporate Governance Statements bedeutet dies in erster Linie, dass erkennbare, die unternehmensspezifische interne Corporate Governance betreffende künftige Entwicklungen, wie etwa die Auflage eines neuen Vergütungsprogramms für Organmitglieder,[225] unter Angabe von Gründen, notwendigen Erläuterungen und gegebenenfalls getroffener Annahmen, vollständig und schlüssig darzulegen sind.[226]

---

220 Vgl. ebenso HEUMANN 2005, S. 64 hinsichtlich des Value Reportings sowie zum Aspekt der Bedeutung zukunftsbezogener Corporate Governance-relevanter Informationen LENTFER 2005, S. 229, 260.

221 Vgl. in diesem Sinne auch BAETGE/FISCHER/PASKERT 1989, S. 17; DAHL 1995, S. 112; HEUMANN 2005, S. 64 sowie TICHY 1979, S. 105-107.

222 Vgl. BAETGE/KIRSCH 2010, Rn. 64, S. 21; LEFFSON 1987, S. 199; LÜCK 2010, Rn. 17, S. 8; MOXTER 1976, S. 91 sowie TICHY 1979, S. 77.

223 Verfügbare Informationen meint nicht nur das beim Verfasser im Berichtszeitpunkt effektiv vorhandenen Wissen, sondern vielmehr auch das von ihm bei angemessener Sorgfalt beschaffbare Wissen; vgl. MOXTER 1976, S. 92.

224 Zu den Schwierigkeiten hinsichtlich der Nachprüfbarkeit der genannten Kriterien UNSELD 1976, S. 66 sowie ausf. TICHY 1979, S. 78 f., 105-107.

225 vgl. hierzu im Einzelnen Abschn. II. C.5.b)(1)(e) und C.5.b)(2)(e) dieses Hauptteils.

226 Vgl. ähnlich zum Corporate Governance Bericht i. S. d. DCGK 2010, Rn. 3.10 WERDER 2010, Rn. 542, S. 172 m. w. N., hinsichtlich des Überwachungsberichts des Aufsichtsrats PORTISCH 1997, S. 193, in Bezug auf das Value Reporting HEUMANN 2005, S. 64 sowie im Kontext der Lageberichterstattung BAETGE/FISCHER/PASKERT 1989, S. 17 m. w. N.

(2) Vollständigkeit

Neben dem Postulat der Richtigkeit[227] hat das Corporate Governance Statement auch dem Grundsatz der Vollständigkeit zu genügen.[228] Diese beiden Grundsätze sind dahingehend fast untrennbar miteinander verbunden,[229] als eine unvollständige Berichterstattung - gemessen an den tatsächlich verfügbaren Informationen - im Grunde genommen nicht der Wirklichkeit entspricht und demgemäß nicht richtig sein kann.[230]

Nach dem Grundsatz der Vollständigkeit hat eine Berichterstattung umfassend und unter Ausschöpfung aller verfügbaren Erkenntnisquellen zu erfolgen.[231] Im Rahmen des Corporate Governance Statements wird das Vollständigkeitspostulat primär durch qualitative Merkmale definiert; eine Orientierung an rein quantitativen Kriterien ist wegen der Vielzahl an Faktoren, welche die Funktionsweise der unternehmensspezifischen internen Corporate Governance determinieren, hingegen nicht möglich.[232] Das Corporate Governance Statement ist in diesem Sinne dann als vollständig anzusehen, wenn es - unter Berücksichtigung des Wesentlichkeitspostulats[233] - alle zur zutreffenden Beurteilung der unternehmensspezifischen internen Corporate Gover-

---

227 Vgl. hierzu im Einzelnen Abschn. II. C.4.b)(1) dieses Hauptteils.

228 Vgl. analog zum Value Reporting HEUMANN 2005, S. 67, zur Lageberichterstattung BAETGE/FISCHER/PASKERT 1989, S. 18, im Kontext des Jahresabschlusses LEFFSON 1987, S. 179 und allgem. zur Rechenschaft MOXTER 1976, S. 92.

229 Vgl. etwa KRÖNERT 2001, S. 111; LEFFSON 1987, S. 219; MOXTER 1976, S. 92; PORTISCH 1997, S. 193 sowie TICHY 1979, S. 84.

230 Vgl. hierzu BAETGE/FISCHER/PASKERT 1989, S. 18 sowie ähnlich MOXTER 1976, S. 92.

231 Vgl. BAETGE/FISCHER/PASKERT 1989, S. 18; HEUMANN 2005, S. 68; KÖSTER 1992, S. 100; LEFFSON 1987, S. 179; LÜCK 2010, Rn. 21, S. 9 sowie ähnlich MOXTER 1976, S. 92 f.

232 Vgl. sinngemäß BAETGE/FISCHER/PASKERT 1989, S. 18 und MOXTER 1976, S. 92 zum Bericht über die Lage der Gesellschaft. Die Differenzierung zwischen einer quantitativen und qualitativen Vollständigkeit geht auf MOXTER 1976, S. 92 f. zurück und hat sich zwischenzeitlich in weiten Teilen des Schrifttums durchgesetzt; vgl. hierzu stellv. BAETGE/FISCHER/PASKERT 1989, S. 18 sowie DAHL 1995, S. 101-106.

233 Vgl. hierzu im Einzelnen Abschn. II. C.4.b)(5) dieses Hauptteils.

nance unentbehrlichen Inhaltskomponenten umfasst.[234] Nach einhelliger Meinung im Schrifttum hat dabei die Entscheidung darüber, ob ein Berichtselement als unentbehrlich anzusehen ist, allein den Berichtsadressaten zu obliegen.[235] Diesem Petitum wird im Rahmen der vorliegenden Abhandlung in Gestalt einer empirisch induktiven Evaluation[236] der zunächst auf theoretisch deduktivem Wege abzuleitenden Inhaltskomponenten[237] Rechnung getragen.

Wie *Baetge/Fischer/Paskert* sowie *Tichy* treffend feststellen, ist der Grundsatz der Vollständigkeit für jeden einzelnen Bericht erneut zu erfüllen.[238] Dies bedeutet, dass in einem Corporate Governance Statement auch dann kein Verzicht auf Angaben erfolgen darf, wenn auf entsprechende Ausführungen in früheren Statements verwiesen werden kann. Ein entsprechender Verweis ist selbst dann nicht opportun, wenn Passagen in Corporate Governance Statements verschiedener Berichtsperioden identisch sind.

Der Vollständigkeitsgrundsatz impliziert überdies, dass Informationen über negative und positive Sachverhalte oder Entwicklungen ausgewogen zu gewichten sind.[239] Dadurch soll verhindert werden, dass die Adressaten durch zu optimistische respektive zu pessimistische Darstellungen im Corporate Governance Statement in ihrer Anlageentscheidung beeinträchtigt werden.[240]

---

234 Vgl. sinngemäß MOXTER 1976, S. 92.

235 Vgl. etwa DAHL 1995, S. 103; HEUMANN 2005, S. 67 f.; MOXTER 1976, S. 92; PORTISCH 1997, S. 193; TICHY 1979, S. 85 sowie UNSELD 1976, S. 68 f.

236 Vgl. hierzu den Dritten Hauptteil.

237 Vgl. diesbezüglich im Einzelnen Abschn. II. C.5 dieses Hauptteils.

238 Vgl. hierzu und in der Folge sinngemäß BAETGE/FISCHER/PASKERT 1989, S. 19 und TICHY 1979, S. 86 in Bezug auf die Lageberichterstattung.

239 Vgl. auch ARBEITSKREIS 2002, S. 2340; KÖSTER 1992, S. 101; UNSELD 1976, S. 68 f. sowie HEUMANN 2005, S. 65, der diesen Aspekt des Vollständigkeitsgrundsatzes als ergänzenden Grundsatz der ausgewogenen Information bezeichnet.

240 Vgl. in Bezug auf das Value Reporting ARBEITSKREIS 2002, S. 2340 sowie sich auf diesen beziehend auch HEUMANN 2005, S. 65.

(3) Klarheit

Neben der Richtigkeit[241] stellt auch die Klarheit einen dominierenden Grundsatz für das Corporate Governance Statement dar.[242] Zwischen beiden Grundsätzen besteht dabei eine enge, wechselseitige und sich ergänzende Beziehung.[243] Diese kommt in der Überlegung zum Ausdruck, dass die im Rahmen einer Berichterstattung übermittelten Informationen zwar richtig (und vollständig) sein können, die Empfänger jedoch aufgrund fehlender Klarheit unter Umständen dennoch die falschen, das heißt nicht die vom Sender intendierten, Schlüsse ziehen.[244] Vor diesem Hintergrund bildet mangelnde Klarheit auch eine der Hauptursachen für Störungen in der Kommunikation.[245]

Im Gegensatz zur Richtigkeit handelt es sich bei der Klarheit nicht um einen materiellen, sondern vielmehr um einen formellen Grundsatz der Berichterstattung.[246] Sie befasst sich sowohl mit dem Aufbau des Publizitätsinstruments als auch mit der Art der Darstellung der durch den Grundsatz der Richtigkeit geforderten Angaben.[247] Dem Postulat der Klarheit wird nach herrschender Meinung im Schrifttum Genüge getan, wenn die Kriterien Übersichtlichkeit, Eindeutigkeit und Verständlichkeit erfüllt sind.[248]

---

241 Vgl. hierzu im Einzelnen Abschn. II. C.4.b)(1) dieses Hauptteils.

242 Vgl. allgem. für alle Publizitätsinstrumente TICHY 1979, S. 110 sowie sich auf die GoB beziehend LEFFSON 1987, S. 207.

243 Vgl. LEFFSON 1987, S. 207 f.; MOXTER 1976, S. 93; MOXTER 2003, S. 231; PORTISCH 1997, S. 194; TICHY 1979, S. 110 sowie auch im Ergebnis HEUMANN 2005, S. 70 f.

244 Vgl. hierzu TICHY 1979, S. 110 sowie ähnlich BAETGE/FISCHER/PASKERT 1989, S. 19 f.; PORTISCH 1997, S. 193 und HEUMANN 2005, S. 70 f.

245 Vgl. zutreffend TICHY 1979, S. 110. Im vorliegenden Kontext handelt es in erster Linie um semantische Störungen; vgl. hierzu Abschn. II. A.4 dieses Hauptteils.

246 Vgl. hierzu LEFFSON 1987, S. 207; MOXTER 2003, S. 231 sowie TICHY 1979, S. 110.

247 Vgl. stellv. TICHY 1979, S. 110.

248 Vgl. in diesem Sinne etwa BAETGE/FISCHER/PASKERT 1989, S. 19 f.; HEUMANN 2005, S. 70; KÖSTER 1992, S. 97 f.; LEFFSON 1987, S. 208 sowie TICHY 1979, S. 111 m. w. N.

Das Kriterium der Übersichtlichkeit bezieht sich auf das äußere Erscheinungsbild, mit anderen Worten auf den Aufbau von Berichten.[249] Übersichtlichkeit lässt sich durch sinnvolle Gruppenbildungen, treffende Überschriften, Hervorhebungen besonderer Sachverhalte sowie vor allem durch eine einheitliche und systematische Gliederung der Berichterstattung erreichen.[250] Im Hinblick auf das Corporate Governance Statement ist es als sinnvoll anzusehen, die Gliederung an die Logik des Systems der Unternehmensverfassung anzulehnen.[251] Unter Zugrundelegung des dualistischen Systems der Unternehmensverfassung bietet sich hierbei eine Unterteilung in die Elemente der internen Corporate Governance, das heißt in die Hauptkategorien „Unternehmensführung durch den Vorstand", „Interne Überwachung durch den Aufsichtsrat" und „Unterstützung des Aufsichtsrats durch den Abschlussprüfer" an.[252] Diese Rubriken sind weiter zu untergliedern und unternehmensspezifisch auszufüllen. Eine Orientierung der Gliederung kann dabei an den im Rahmen dieser Abhandlung noch zu erarbeitenden Inhaltskomponenten erfolgen.[253]

Im Gegensatz zur Übersichtlichkeit beziehen sich die Kriterien Genauigkeit und Verständlichkeit weniger auf das Gesamterscheinungsbild als vielmehr auf die Darstellung einzelner Sachverhalte.[254] Genauigkeit meint dabei in Bezug auf das Corporate Governance Statement, dass dieses keine mehrdeutigen und insofern irreführenden Formulierungen enthält, die gegebenenfalls einen falschen Eindruck von der unternehmensspezifischen internen Corporate Governance vermitteln könnten.[255] Als eine Grundvoraussetzung für die

---

249 Vgl. hierzu etwa HEINEN 1986, S. 158 f.; LÜCK 2010, Rn. 26, S. 10; TICHY 1979, S. 124.

250 Vgl. in diesem Sinne KÖSTER 1992, S. 97; PORTISCH 1997, S. 193 f.; UNSELD 1976, S. 67.

251 Vgl. hierzu auch FREIDANK/WEBER 2008, S. 416 sowie FREIDANK/WEBER 2009, S. 328.

252 Zu den genannten Elementen der internen Corporate Governance vgl. Abschn. I. B.1 und B.2 des Ersten Hauptteils.

253 Vgl. hierzu im Einzelnen Abschn. II. C.5 dieses Hauptteils.

254 Vgl. stellv. TICHY 1979, S. 124.

255 Vgl. in diesem Sinne LEFFSON 1987, S. 218; LÜCK 2010, Rn. 26, S. 10; MOXTER 1976, S. 93 sowie ähnlich in Bezug auf die Lageberichterstattung TICHY 1979, S. 120.

Vermeidung diesbezüglicher Störungen der Kommunikation wird im Schrifttum die Verwendung von solchen Begriffe und Bezeichnungen gefordert, die nur ein unvermeidliches Minimum an Interpretationsspielräumen bieten.[256] Mit *Moxter*[257] ist jedoch in diesem Zusammenhang zu konzedieren, dass - selbst bei einem homogenen Empfängerkreis - die Erfüllung des Anspruchs der Genauigkeit dann an Grenzen stößt, wenn es sich bei den Berichtsgegenständen nicht um realisierte Sachverhalte, sondern um zukunftsbezogene Aussagen handelt.[258]

Das Kriterium der Verständlichkeit bedeutet, dass die Adressaten den Berichtsinhalt nachvollziehen können müssen.[259] Nur wenn ihre Nachvollziehbarkeit gewährleistet ist, sind die übermittelten Informationen für die Empfänger verwertbar und somit geeignet, zum Abbau von Informationsasymmetrien beizutragen.[260] Dies impliziert zum einen, dass didaktische Möglichkeiten, wie etwa Zusammenfassungen, Übersichten sowie grafische Darstellungen, zu nutzen und berichtsfremde Elemente zu vermeiden sind.[261] Zum anderen folgt daraus, dass sich der Schwierigkeitsgrad der Berichtsinhalte am Kenntnisstand des Empfängerkreises auszurichten hat,[262] welcher in Bezug auf das Corporate Governance Statement typisierend als professionell angenommen wird.[263]

---

256 Vgl. etwa BAETGE/FISCHER/PASKERT 1989, S. 20; LEFFSON 1987, S. 218; MOXTER 1976, S. 93; TICHY 1979, S. 115 f. sowie die Ausführungen zu Störungen der Kommunikation und ihrer Vermeidung in Abschn. II. A.4 dieses Hauptteils.

257 Vgl. MOXTER 1976, S. 94.

258 Zur besonderen Problematik zukunftsbezogener Aussagen vgl. ergänzend die Ausführungen zum Grundsatz der Richtigkeit in Abschn. II. C.4.b)(1) dieses Hauptteils.

259 Vgl. hierzu ARBEITSKREIS 2002, S. 2339 sowie HUB 1972, S. 51.

260 Vgl. in diesem Sinne auch HEUMANN 2005, S. 70 f. sowie TICHY 1979, S. 112 m. w. N.

261 Vgl. hierzu MOXTER 1976, S. 93 sowie TICHY 1979, S. 115-117.

262 Vgl. ebenso MOXTER 1976, S. 93; TICHY 1979, S. 112 sowie ähnlich HUB 1972, S. 51.

263 Vgl. hierzu Abschn. II. C.2 dieses Hauptteils.

(4) Vergleichbarkeit

Eng verbunden mit dem Postulat der Klarheit[264] ist der Grundsatz der Vergleichbarkeit.[265] Dieser stellt eine notwendige Bedingung für jede Informationsübermittlung dar[266] und soll - in Bezug auf den vorliegenden Kontext - gewährleisten, dass die in einem Corporate Governance Statement getroffenen Aussagen mit Ausführungen in Statements früherer Berichtsperioden sowie anderer Unternehmen verglichen werden können (so genannte zeitliche und zwischenbetriebliche Vergleichbarkeit).[267] Wird der Grundsatz der Vergleichbarkeit verletzt, so sind die übermittelten Informationen für die Berichtsadressaten nur eingeschränkt verwertbar und im Zuge dessen nur bedingt zum Abbau von Informationsasymmetrien geeignet.[268]

Zeitliche Vergleichbarkeit ist dann gegeben, wenn der Grundsatz der Stetigkeit eingehalten wird.[269] Hierzu ist es erforderlich, dass die Auswahlkriterien für die in das Corporate Governance Statement aufzunehmenden Informationen, die Gliederung des Statements, die Darstellungssystematik sowie der Gebrauch von Begriffen einschließlich ihrer Bedeutungszuordnung beibehalten werden, wenn nicht gewichtige Gründe dagegen sprechen.[270] Sofern von der geforderten vergleichbaren Berichterstattung abgewichen wird, sind

---

264 Vgl. hierzu im Einzelnen Abschn. II. C.4.b)(3) dieses Hauptteils.

265 Vgl. etwa HEUMANN 2005, S. 71; LEFFSON 1987, S. 433; LÜCK 2010, Rn. 23, S. 9 sowie TICHY 1979, S. 129.

266 Vgl. stellv. TICHY 1979, S. 129 m. w. N.

267 Vgl. u. a. BAETGE/FISCHER/PASKERT 1989, S. 20; LÜCK 2010, Rn. 27, S. 10 und PORTISCH 1997, S. 194.

268 Vgl. in diesem Sinne auch BRIDTS 1990, S. 146; HEUMANN 2005, S. 71; LEFFSON 1987, S. 186 sowie TICHY 1979, S. 129.

269 Vgl. hierzu insbes. BAETGE/FISCHER/PASKERT 1989, S. 20 sowie LEFFSON 1987, S. 179.

270 Vgl. analog in Bezug auf das Value Reporting ARBEITSKREIS 2002, S. 2340; HEUMANN 2005, S. 72 f., hinsichtlich der Lageberichterstattung BAETGE/FISCHER/PASKERT 1989, S. 21; LÜCK 2010, Rn. 27, S. 10 m. w. N.; TICHY 1979, S. 129 f., im Kontext der Zwischenberichterstattung KÖSTER 1992, S. 112 f. sowie zur Überwachungsberichterstattung des Aufsichtsrats PORTISCH 1997, S. 194.

- vor allem hinsichtlich quantitativer Angaben (etwa zur Organvergütung) - die Unstetigkeiten zu erläutern und zu begründen.[271] Hierdurch soll gewährleistet werden, dass die Berichtsadressaten zum einen die Auswirkungen der Stetigkeitsdurchbrechungen abschätzen und zum anderen beurteilen können, ob diese Abweichungen gerechtfertigt sind.[272]

Um eine zwischenbetriebliche Vergleichbarkeit von Corporate Governance Statements zu ermöglichen,[273] bedarf es zum einen eines bestimmten Grundmusters hinsichtlich der Gliederungs- und Darstellungsform und zum anderen der Vorgabe von Mindestinhalten.[274] Wie bereits im Rahmen der Diskussion des Grundsatzes der Klarheit vorgeschlagen,[275] könnte sich die Gliederung und Darstellung des Corporate Governance Statements an die Logik des jeweils zugrunde liegenden Systems der Unternehmensverfassung anlehnen.[276] Bei Geltung des dualistischen Systems böte sich überdies eine Orientierung sowohl der Gliederungs- und Darstellungssystematik als auch der Mindestangaben an den im Rahmen dieser Abhandlung noch zu erarbeitenden Inhaltskomponenten eines idealtypischen Corporate Governance Statements[277] an, welche unternehmensspezifisch auszufüllen wären.

---

271 Vgl. analog im Kontext des Value Reportings ARBEITSKREIS 2002, S. 2340; HEUMANN 2005, S. 73 f., in Bezug auf die Zwischenberichterstattung KÖSTER 1992, S. 114 f. und zur Lageberichterstattung BAETGE/FISCHER/PASKERT 1989, S. 21; LÜCK 2010, Rn. 27, S. 10 m. w. N. sowie TICHY 1979, S. 129 f.

272 Vgl. in diesem Sinne auch HEUMANN 2005, S. 73.

273 Zu den Grenzen der zwischenbetrieblichen Vergleichbarkeit vgl. ARBEITSKREIS 2002, S. 2339 f. und HEUMANN 2005, S. 72 im Kontext des Value Reportings sowie BRIDTS 1990, S. 146 und KÖSTER 1992, S. 110 in Bezug auf die Zwischenberichterstattung.

274 Vgl. analog zum Value Reporting HEUMANN 2005, S. 72, zum Zwischenbericht DAHL 1995, S. 121 und zum Lagebericht BAETGE/FISCHER/PASKERT 1989, S. 21.

275 Vgl. hierzu im Einzelnen Abschn. II. C.4.b)(3) dieses Hauptteils.

276 Vgl. diesbezüglich ebenso FREIDANK/WEBER 2008, S. 416 und FREIDANK/WEBER 2009, S. 328.

277 Vgl. hierzu im Einzelnen Abschn. II. C.5 dieses Hauptteils.

(5) Wirtschaftlichkeit und Wesentlichkeit

Das Corporate Governance Statement hat - wie alle anderen Publizitätsinstrumente - auch dem Grundsatz der Wirtschaftlichkeit zu entsprechen.[278] Dieser fordert, dass die (direkten und indirekten) Informationskosten des berichtenden Unternehmens in einem angemessenen Verhältnis zu den Informationserträgen der Berichtsadressaten stehen.[279] Das Postulat der Wirtschaftlichkeit relativiert somit die Grundsätze der Richtigkeit, Vollständigkeit, Klarheit, Vergleichbarkeit und der Segmentierung von Informationen[280] insoweit, als der aus ihrer Befolgung resultierende Informationsertrag die entstehenden Informationskosten rechtfertigen muss.[281] Einschränkend ist jedoch zu betonen, dass eine exakte Befolgung des Wirtschaftlichkeitsgrundsatzes realiter nicht möglich ist, da sich insbesondere die Informationserträge in der Regel einer exakten Quantifizierbarkeit entziehen.[282] Im Schrifttum wird aus diesem Grunde vorgeschlagen, das Postulat der Wirtschaftlichkeit durch den Grundsatz der Wesentlichkeit zu substituieren.[283]

---

278 Vgl. hierzu analog in Bezug auf das Value Reporting ARBEITSKREIS 2002, S. 2337; HEUMANN 2005, S. 74, zum Überwachungsbericht des Aufsichtsrats PORTISCH 1997, S. 194, hinsichtlich der Lageberichterstattung BAETGE/FISCHER/PASKERT 1989, S. 21, im Kontext der Zwischenberichterstattung KÖSTER 1992, S. 103-109 sowie zum Jahresabschluss BAETGE/KIRSCH 2010, Rn. 50, S. 17.

279 Vgl. etwa ARBEITSKREIS 2002, S. 2337; BAETGE/KIRSCH 2010, Rn. 73, S. 23; BAETGE/FISCHER/PASKERT 1989, S. 21; BALLWIESER 2002, S. 117; OSSADNIK 1995, S. 33 sowie ergänzend BENTELE 2004, S. 15 und KÖSTER 1992, S. 103. Zu Informationserträgen und -kosten vgl. ausf. HEUMANN 2005, S. 74 sowie HIRSCH 1968, S. 670-676.

280 Vgl. hierzu ausf. Abschn. II. C.4.b)(1) bis (4) sowie C.4.c)(1) dieses Hauptteils.

281 Vgl. hierzu insbes. BAETGE/KIRSCH 2010, Rn. 73 f., S. 23; BAETGE/FISCHER/PASKERT 1989, S. 22 sowie TICHY 1979, S. 134.

282 Vgl. zu dieser Feststellung u. a. BAETGE/KIRSCH 2010, Rn. 73, S. 23; BAETGE/FISCHER/PASKERT 1989, S. 22; BAETGE/KIRSCH/THIELE 2009, S. 121 sowie ergänzend HEUMANN 2005, S. 75 sowie KÖSTER 1992, S. 103.

283 Zu diesem Vorschlag vgl. schon LUDEWIG 1955, S. 46 sowie ergänzend BAETGE/KIRSCH 2010, Rn. 75, S. 23; BAETGE/FISCHER/PASKERT 1989, S. 22; BAETGE/KIRSCH/THIELE 2009, S. 121; HEUMANN 2005, S. 75 sowie KÖSTER 1992, S. 103 f.; ablehnend hingegen DAHL 1995, S. 138.

Nach dem Grundsatz der Wesentlichkeit hat eine Berichterstattung alle diejenigen Informationen zu umfassen, welche für die Adressaten von Bedeutung und von Einfluss auf ihre Investitionsentscheidungen sind.[284] Umgekehrt ist - auch im Sinne des Grundsatzes der Klarheit[285] - auf solche Sachverhalte zu verzichten, die für die Berichtsempfänger keine Entscheidungsrelevanz besitzen.[286] Als wesentliche Informationen werden dabei im Schrifttum allgemein jene aufgefasst, bei deren Fehlen die Berichtsadressaten voraussichtlich geschädigt würden.[287] In Bezug auf das Corporate Governance Statement handelt es sich um solche Informationen, die für die Einschätzung der Funktionsfähigkeit der unternehmensspezifischen internen Corporate Governance als unentbehrlich anzusehen sind.[288] Dabei ist zu berücksichtigen, dass letztlich nur die Berichtsadressaten für sich selbst beurteilen können, welche Informationen tatsächlich unentbehrlich und damit wesentlich sind und welche nicht.[289] Diesem Umstand wird im Rahmen der vorliegenden Abhandlung in Form einer empirisch induktiven Evaluation[290] der zunächst auf theoretisch deduktivem Wege unter Zugrundelegung eines typisierten Investors[291] abzuleitenden Inhaltskomponenten[292] durch die Hauptadressatengruppen des Corporate Governance Statements Rechnung getragen.

---

284 Vgl. in diesem Sinne HIRSCH 1968, S. 670; KRÖNERT 2001, S. 69; LEFFSON 1987, S. 182; OECD 2004, S. 60; OSSADNIK 1995, S. 33; PORTISCH 1997, S. 194 und TICHY 1979, S. 134.

285 Zum Grundsatz der Klarheit vgl. im Einzelnen Abschn. II. C.4.b)(3) dieses Hauptteils.

286 Vgl. LEFFSON 1987, S. 182; LÜCK 2010, Rn. 19, S. 9 m. w. N. sowie OSSADNIK 1995, S. 33.

287 Vgl. hierzu grundlegend LEFFSON 1987, S. 183 sowie hierauf aufbauend BAETGE/FISCHER/PASKERT 1989, S. 22 und HEUMANN 2005, S. 75.

288 Vgl. hierzu bereits die Ausführungen im Kontext des Grundsatzes der Vollständigkeit Abschn. II. C.4.b)(2) dieses Hauptteils.

289 Vgl. auch BAETGE/FISCHER/PASKERT 1989, S. 22; DAHL 1995, S. 134 f.; HEUMANN 2005, S. 75 und TICHY 1979, S. 135-139.

290 Vgl. hierzu den Dritten Hauptteil.

291 Zu dieser Typisierung vgl. ausf. Abschn. II. C.2 dieses Hauptteils.

292 Vgl. hierzu im Einzelnen Abschn. II. C.5 dieses Hauptteils.

c) Besondere Rahmengrundsätze

(1) Segmentierung von Informationen

Hinsichtlich des Value Reportings wird im Schrifttum[293] als besonderer Rahmengrundsatz die Segmentierung von Informationen gefordert. Dieser steht in enger Beziehung zum Postulat der Vollständigkeit[294] und gewinnt umso mehr an Bedeutung, je höher der Diversifizierungsgrad des berichtenden Unternehmens beziehungsweise Konzerns ist.[295] Die Notwendigkeit zu einer Segmentierung von Informationen wird darin gesehen, dass bei diversifizierten Unternehmen die ausschließliche Angabe aggregierter Größen oftmals zu Interpretationsschwierigkeiten bei den Berichtsadressaten führt, diese folglich die Chancen und Risiken des Unternehmens respektive Konzerns nicht in ausreichender Form abschätzen können und somit die Basis für die Prognose künftiger Erfolgsgrößen fehlt.[296] Aus diesem Grunde sollten die Angaben anhand geeigneter Kriterien, wie etwa nach Geschäftstätigkeiten, Regionen oder rechtlichen Einheiten, und unter Berücksichtigung des jeweils zugrunde liegenden Rechnungslegungsstandards segmentiert werden.[297] Ob ihrer Verpflichtung nach § 315 a Abs. 1 und 2 HGB, den Konzernabschluss auf Basis der IFRS zu erstellen, haben dabei die im Rahmen dieser Arbeit im Fokus stehenden börsennotierten Publikumsgesellschaften die Segmentierung nach Maßgabe des IFRS 8 vorzunehmen. Gemäß IFRS 8.5 erfolgt die Bestimmung eines Segments nach dem so genannten Management Approach, wonach sich die

---

293 Vgl. hierzu insbes. ARBEITSKREIS 2002, S. 2340; HEUMANN 2005, S. 69 f.; NONNENMACHER 2004, S. 154; WENZEL 2006, S. 235 sowie in Bezug auf das Business Reporting AICPA 1994, S. 20 f.

294 Vgl. hierzu im Einzelnen Abschn. II. C.4.b)(2) dieses Hauptteils.

295 Vgl. u. a. ARBEITSKREIS 2002, S. 2340 und HEUMANN 2005, S. 68-70.

296 Vgl. HEUMANN 2005, S. 69; FINK/KECK 2004, S. 1084 und KRÖNERT 2001, S. 107.

297 Vgl. zu dieser Forderung etwa ARBEITSKREIS 2002, S. 2340; HEUMANN 2005, S. 69 f. sowie hinsichtlich des Business Reportings AICPA 1994, S. 20-22.

externe Berichterstattung an intern verwendeten Steuerungs- und Berichtsgrößen zu orientieren hat.[298]

Diese, auf den Zukunftserfolgswert bezogene und damit auf das Value Reporting i. e. S. fokussierte Sichtweise lässt sich in modifizierter Form auch auf das Corporate Governance Reporting übertragen. So haben sich die Angaben zur unternehmensspezifischen internen Corporate Governance im Konzernfall[299] sowohl auf das berichtspflichtige Mutterunternehmen als auch auf die Konzerngesellschaften zu beziehen,[300] was eine Segmentierung von Informationen nach rechtlichen Einheiten impliziert. Ob eine Differenzierung der Ausführungen zur Ebene der Muttergesellschaft einerseits und zu den einzelnen Tochtergesellschaften andererseits tatsächlich notwendig ist, muss im Einzelfall entschieden werden.[301] Hierbei ist auf der einen Seite zu bedenken, dass die unternehmensspezifische interne Corporate Governance prinzipiell konzernweit nach einheitlichen Kriterien auszugestalten ist[302] und insofern eine Segmentierung von Informationen nur dann in Frage kommt, wenn trotz dieser Maßgabe einzelne Konzerngesellschaften Corporate Governance-spezifische Besonderheiten und gegebenenfalls auch damit verbundene Risiken aufweisen. Zum anderen ist zu berücksichtigen, dass eine disaggregierte Berichterstattung über einzelne Konzerngesellschaften nur dann in Betracht zu ziehen ist, wenn die mit ihnen verbundenen Corporate Governance-bezogenen

---

298 Vgl. hierzu ausf. BAETGE/HAENELT 2008, S. 47; FINK/ULBRICH 2007, S. 981 f.; GROTTKE/KRAMMER 2008, S. 671-674; HEINTGES/URBANCZIK/WULBRAND 2008, S. 2773-2781; SANDLEBEN/SCHMIDT 2010, S. 48 f.; SCHWEITZER 2009, S. 206 f.; WENK/JAGOSCH 2008, S. 662 f. sowie zum Management Approach im Allgemeinen KIRSCH/KOELEN/KÖHLING 2010, S. 200-207; VELTE 2008a, S. 451-453 und VELTE 2008b, S. 133-138.

299 Dieser dürfte für die im Rahmen dieser Abhandlung im Fokus stehenden börsennotierten Publikumsgesellschaften die Regel sein; vgl. WERDER 2010, Rn. 126, S. 62.

300 Vgl. ebenso ARBEITSKREIS 2006a, S. 1069 sowie DCGK 2010, Rn. 3.10 Satz 1 und die treffenden Kommentierungen hierzu bei WERDER 2010, Rn. 543 f., S. 173.

301 Vgl. in diesem Sinne auch WERDER 2010, Rn. 544, S. 173.

302 Vgl. hierzu etwa KLEINDIEK 2004, S. 103 sowie KLEINDIEK 2009, S. 796-809. Als Beispiel hierfür kann etwa die Einrichtung und Überwachung eines konzernweit einheitlichen Risikomanagementsystems angeführt werden; vgl. hierzu stellv. LENTFER 2003, S. 74 f.

Besonderheiten und Risiken wesentlich[303] sind. In dieser spezifischen Ausprägung kann die in Rede stehende Segmentierung einen Beitrag zum Abbau von Informationsasymmetrien leisten und damit als ein wichtiger Rahmengrundsatz für das Corporate Governance Statement angesehen werden.

(2) Komplement zum Financial Accounting

Als weitere besondere Anforderung an das Value Reporting wird in der Literatur der Grundsatz des Komplements zum Financial Accounting diskutiert.[304] Entsprechend dieses Postulats ist das Value Reporting - in Übereinstimmung mit der im Rahmen dieser Arbeit zugrunde gelegten Terminologie[305] - als komplementäre Ergänzung des Financial Accounting aufzufassen. Als Bestandteil des Value Reportings[306] hat der Grundsatz des Komplements zum Financial Accounting auch für das Corporate Governance Reporting und dessen Übermittlungsmedium zu gelten,[307] wobei mit der inhaltlichen Konsistenz und zeitlichen Korrespondenz primär zwei Aspekte im Vordergrund stehen.[308]

---

303 Zum Grundsatz der Wesentlichkeit vgl. Abschn. II. C.4.b)(5) dieses Hauptteils.

304 Vgl. hierzu HEUMANN 2005, S. 77-81 sowie ergänzend BAETGE/HEUMANN 2006a, S. 42. In ähnlicher Form findet sich das in Rede stehende Postulat auch in den vom *AKEU* für das Value Reporting formulierten Grundsätzen wieder; vgl. hierzu ARBEITSKREIS 2002, S. 2337-2340.

305 Vgl. hierzu im Einzelnen Abschn. I. B.3.c) des Ersten Hauptteils.

306 Zum Verhältnis des Corporate Governance Reportings zum Value Reporting vgl. Abschn. I. B.3.c) des Ersten Hauptteils.

307 Vgl. in diesem Sinne auch ARBEITSKREIS 2006a, S. 1070.

308 *Heumann* führt als weiteren Aspekt des in Rede stehenden Grundsatzes die (Konzern-) Abschlussprüfung an; vgl. HEUMANN 2005, S. 80. Diese stellt ein Element des Enforcement dar, welches im Rahmen des dieser Arbeit zugrunde liegenden Konzeptionsmodells einen eigenständigen Untersuchungsgegenstand verkörpert und dementsprechend einer gesonderten Diskussion zuzuführen ist; vgl. hierzu ausf. Abschn. II. E.3.b) dieses Hauptteils.

Dem Kriterium der inhaltlichen Konsistenz zum Financial Accounting dürfte im Kontext des Corporate Governance Reportings im Vergleich zum primär rechnungslegungsbezogenen Value Reporting i. e. S. [309] ex definitione[310] weniger Gewicht zukommen. So werden - unter der Voraussetzung, dass alle Informationen zur internen Corporate Governance im Corporate Governance Statement gebündelt werden - [311] inhaltliche Berührungspunkte primär in Bezug auf quantitative Angaben, wie etwa zur Organvergütung, gesehen.[312] Im Hinblick darauf fordert das Kriterium der inhaltlichen Konsistenz, dass die Betragsangabe zur Organvergütung der Berichtsperiode im Corporate Governance Statement mit dem Wert korrespondieren muss, mit welchem sich die Vergütungen in der Gewinn- und Verlustrechnung im Rahmen des Financial Accounting niedergeschlagen haben.[313]

Eng verknüpft mit dem Kriterium der inhaltlichen Konsistenz ist der Aspekt der zeitlichen Korrespondenz. So setzt die Herstellung der inhaltlichen Konsistenz zwischen dem Corporate Governance Reporting und dem Financial Accounting eine auch in zeitlicher Hinsicht korrespondierende Berichterstattung, das heißt einen übereinstimmenden Berichtsturnus, voraus.[314] Da der (Konzern-)Abschluss und der (Konzern-)Lagebericht als Instrumente des Financial Accounting aufgrund zwingender gesetzlicher Vorgaben[315] regelmä-

---

309 Inhaltliche Überschneidungspunkte zwischen dem Value Reporting i. e. S. und dem Financial Accounting ergeben sich insbes. über den (Konzern-)Lagebericht i. S. d. §§ 289 und 315 HGB; vgl. hierzu im Einzelnen HEUMANN 2005, S. 78 f.

310 Zur definitorischen Abgrenzung vgl. Abschn. I. B.3.c) des Ersten Hauptteils.

311 Vgl. zu dieser Forderung etwa ARBEITSKREIS 2006a, S. 1069; IDW 2005, S. 177; IDW 2008a, S. 17; OSER ET AL. 2008, S. 62; WEBER/LENTFER/KÖSTER 2007b, S. 370 f.; WEBER/LENTFER/KÖSTER 2008, S. 39; WITHUS 2009, S. 241 und wohl auch KUTHE/GEISER 2008, S. 175.

312 Die gleiche Ansicht vertritt auch der *AKEU*; vgl. ARBEITSKREIS 2006a, S. 1070. Zur Darstellung der Organvergütungen im Corporate Governance Statement vgl. im Einzelnen Abschn. II. C.5.b)(1)(e) und C.5.b)(2)(e) dieses Hauptteils.

313 Vgl. in diesem Sinne auch ARBEITSKREIS 2006a, S. 1070.

314 Vgl. im Ergebnis auch HEUMANN 2005, S. 80.

315 Vgl. hierzu etwa die §§ 264 Abs. 1 Satz 3 und 290 Abs. 1 Satz 1 HGB.

ßig, mindestens einmal jährlich zu erstellen sind, hat dies im Sinne der zeitlichen Korrespondenz folglich auch für das Corporate Governance Statement zu gelten,[316] womit im Ergebnis die Voraussetzung einer sowohl inhaltlich als auch zeitlich integrierten Unternehmenspublizität geschaffen wird.

(3) Komparativer Informationsvorteil der Unternehmensverwaltung

In enger Verbindung zum allgemeinen Rahmengrundsatz der Wirtschaftlichkeit[317] steht das Postulat des komparativen Informationsvorteils der Unternehmensverwaltung. Dieser, im Kontext des Value Reportings aufgestellte besondere Rahmengrundsatz fokussiert den Abbau von Informationsasymmetrien und fordert in diesem Zusammenhang, dass nur diejenigen Angaben in eine Berichterstattung aufzunehmen sind, bei denen die Unternehmensverwaltung in Gestalt des Vorstands und des Aufsichtsrats Informationsvorteile gegenüber anderen, den Berichtsadressaten zugänglichen Informationsquellen besitzt.[318] Umgekehrt sollte auf alle Ausführungen verzichtet werden, bei denen die Unternehmensverwaltung auf externe Informationsquellen zurückgreifen muss, die auch den Berichtsempfängern offen stehen. Exemplarisch nennt *Heumann*[319] in diesem Kontext Informationen über die Kursentwicklung, die Aktienrendite, Börsenumsätze oder Bewertungsmultiplikatoren des Berichtsunternehmens, die direkt an der Wertpapierbörse beziehungsweise bei Wertpapierbörsendienstleistern erhältlich sind und somit keinen Eingang in das Value Reporting (i. e. S.) finden sollten.[320]

---

316 Vgl. im Ergebnis ebenso ARBEITSKREIS 2006a, S. 1069. Zum Turnus des Corporate Governance Statements vgl. weiterführend Abschn. II. C.8 dieses Hauptteils.

317 Vgl. zu diesem Grundsatz im Einzelnen Abschn. II. C.4.b)(5) dieses Hauptteils.

318 Vgl. hierzu und in der Folge HEUMANN 2005, S. 80 sowie ähnlich BÖCKING/WESNER 2004, S. S 102 zum Business Reporting.

319 Vgl. HEUMANN 2005, S. 80.

320 A. A. sind MÜLLER 1998, S. 129-131 sowie RUHWEDEL/SCHULTZE 2002, S. 611 f.

Als Element des Value Reportings hat der Grundsatz des komparativen Informationsvorteils auch für das Corporate Governance Reporting und dessen Übermittlungsmedium Gültigkeit. Das in Rede stehende Postulat hat sich dabei entsprechend der mit dem Corporate Governance Statement verfolgten Zielsetzung auf den Abbau von Informationsasymmetrien hinsichtlich der Funktionsweise der unternehmensspezifischen internen Corporate Governance zu beziehen.[321] Die interne Corporate Governance umfasst dabei definitionsgemäß in erster Linie die Unternehmensführung durch den Vorstand, die interne Überwachung durch den Aufsichtsrat sowie die Unterstützung des Aufsichtrats durch den (Konzern-)Abschlussprüfer.[322] Bei den diesbezüglich in das Corporate Governance Statement aufzunehmenden Informationen dürfte es sich regelmäßig um solche handeln, bei denen die Unternehmensverwaltung die originäre Informationsquelle darstellt, das heißt letztlich nur aus der Sicht des Vorstands und des Aufsichtsrats berichtet werden kann.[323] Ein Rückgriff auf externe Informationsquellen, wie etwa die vorstehend genannten Wertpapierbörsen oder Wertpapierbörsendienstleistungsinstitute,[324] dürfte hingegen die Ausnahme bilden, so dass der Grundsatz des komparativen Informationsvorteils in Bezug auf das Corporate Governance Statement in der Regel gewahrt sein sollte.

---

321 Zur Ableitung der Zielsetzung des Corporate Governance Statements vgl. im Einzelnen Abschn. II. C.3 dieses Hauptteils.

322 Zu den Elementen der internen Corporate Governance vgl. Abschn. I. B.2 des Ersten Hauptteils sowie weiterführend Abschn. II. C.5.b) dieses Hauptteils.

323 Vgl. ähnlich in Bezug auf das Value Reporting HEUMANN 2005, S. 80.

324 Für weitere Informationsquellen vgl. AICPA 1994, S. 25.

5. Inhaltskomponenten

a) Konzeptionelle Vorüberlegungen

(1) Auswahl der Inhaltskomponenten

(a) Interne Corporate Governance als Berichtsgegenstand

Nach einhelliger Auffassung im Schrifttum ist der Gegenstand einer jeden Berichterstattung aus der mit dem jeweiligen Reportinginstrument verfolgten Zielsetzung abzuleiten.[325] Wie vorstehend dargelegt, besteht die mit dem Corporate Governance Statement intendierte Zielsetzung darin, Informationsasymmetrien zwischen der Unternehmensverwaltung und (potenziellen) Investoren bezüglich der Funktionsweise der unternehmensspezifischen internen Corporate Governance möglichst weitgehend abzubauen, um auf diese Weise den informationsbedingten Risikozuschlag hinsichtlich des Verhaltensrisikos und damit die Kapitalkosten der Unternehmung zu senken.[326] Hieraus folgt konsequenterweise, dass die unternehmensspezifische interne Corporate Governance den zentralen Berichtsgegenstand des Corporate Governance Statements zu verkörpern hat.[327] Dies dürfte gleichzeitig dem Informations-

---

325 Vgl. grundlegend BLOHM 1962, S. 42; BLOHM 1974, S. 21 sowie EISENFÜHR 1967, S. 9 f. in Bezug auf den Jahresabschluss und THEISEN 1987, S. 383 im Kontext der Aufsichtsratsberichterstattung.

326 Vgl. hierzu im Einzelnen Abschn. II. C.3 dieses Hauptteils.

327 Vgl. hierzu im Ergebnis ebenso ARBEITSKREIS 2006a, S. 1069; HOMMELHOFF 2004, S. 305; SCHEFFLER 2005, S. 479; STRENGER 2001, S. 74 sowie STRIEDER/KUHN 2005, S. 565 f. Im Umkehrschluss finden Informationen zu Elementen der externen Corporate Governance keinen Eingang in das Statement. Hierzu gehören etwa auch die primär von internationalen Organisationen (vgl. u. a. OECD 2004, Abschn. II.D i. V. m. V.A.3, S. 21, 25 sowie UNCTAD 2006, S. 8-10) geforderten Informationen zu Beteiligungsstrukturen (u. a. zu bedeutenden Aktionären) und Mitwirkungsrechten der Aktionäre (bspw. zu Aktien mit Sonderrechten), die in erster Linie den Principal-Agent-Konflikt zwischen Groß- und Kleinaktionären fokussieren, welchem in Bezug auf die im Rahmen dieser Arbeit im Fokus stehenden deutschen börsennotierten Publikumsgesellschaften ex definitione ohnehin nur eine untergeordnete Bedeutung beizumessen ist; vgl. hierzu im Einzelnen Abschn. I. A des Ersten Hauptteils.

interesse der Berichtsadressaten entsprechen,[328] so dass insoweit von einer wirksamen Kommunikation ausgegangen werden kann.[329]

(b) Zweistufen-Konzeption zur Konkretisierung des Berichtsgegenstands

(i) Überblick

Eine Konkretisierung der internen Corporate Governance als Berichtsgegenstand lässt sich auf theoretisch deduktivem Wege anhand einer zweistufigen Konzeption vornehmen. Auf einer ersten Stufe gilt es zunächst, in möglichst vollständiger und systematischer Form einen Pool an Mechanismen der internen Corporate Governance zu ermitteln. Es ist in diesem Zusammenhang als zielführend anzusehen, als Deduktionsgrundlage Normierungen[330] zur internen Corporate Governance[331] heranzuziehen.[332] In Betracht kommen hierbei gesetzliche Normierungen, Bestimmungen des DCGK sowie Grundsätze ordnungsmäßiger Unternehmensführung (GoU) und Unternehmensüberwachung (GoÜ), die gegebenenfalls um internationale Normierungen zu ergänzen

---

328 Vgl. hierzu Abschn. II. C.3.c) dieses Hauptteils. Eine Überprüfung dieser Auffassung erfolgt im Rahmen der empirisch induktiven Evaluation der Inhaltskomponenten durch die (Haupt-)Adressaten des Corporate Governance Statements im Dritten Hauptteil.

329 *Hub* bemerkt in diesem Zusammenhang zutreffend, dass die Erreichung der Publizitätsziele einer Unternehmung zwingend ein Interesse der Adressaten an den übermittelten Informationen voraussetzt; vgl. HUB 1972, S. 4.

330 Im vorliegenden Kontext wird ein weites Verständnis des Begriffs Normierung zugrunde gelegt. Normierungen können danach gesetzlicher und außergesetzlicher Natur sein; vgl. bereits WEBER 2004, S. 1.

331 Von den Normierungen zur internen Corporate Governance sind diejenigen zum Corporate Governance Reporting zu unterscheiden.

332 Vgl. hierzu analog LENTFER 2005, S. 433-442 und WERDER/GRUNDEI 2009, S. 637 in Bezug auf die Ableitung maßgeblicher Kriterien zur Qualitätsbeurteilung der Aufsichtsratsarbeit sowie ähnlich ROLVERING 2002, S. 90-103 hinsichtlich der Ermittlung von Kriterien zur Bewertung von Zwischenberichten.

sind.[333] Diese Normierungen determinieren maßgeblich die zur Vermeidung von Principal-Agent-Konflikten einzurichtende interne Corporate Governance einer Unternehmung und schaffen damit sowohl Voraussetzungen als auch Grenzen, die bei der Auswahl der einzelnen Berichtsinhalte im Interesse des Realitätsbezugs sowie ihrer wissenschaftlichen Begründung zwingend zu berücksichtigen sind.[334]

Nach der Identifizierung relevanter Mechanismen der internen Corporate Governance sind diese auf einer zweiten Stufe zur Überprüfung ihrer jeweiligen Wirkungsweisen einem theoretischen Bezugsrahmen zuzuführen. Als ein solcher kommt im vorliegenden Kontext in erster Linie die Principal-Agent-Theorie[335] in Betracht,[336] welche sich nach der überwiegenden Auffassung im Schrifttum[337] als beherrschendes Paradigma der Corporate Governance durchgesetzt hat und deren Annahmen sich zwischenzeitlich auch auf deutsche börsennotierte Publikumsgesellschaften übertragen lassen.[338] Vor dem Hintergrund des deutschen dualistischen Systems der Unternehmensverfassung bietet es sich an, auf die so genannte doppelstufige Principal-Agent-Theorie zurückzugreifen.[339] So eröffnet das Gedankengebäude der doppelstufigen Prin-

333 Vgl. in diesem Sinne ebenfalls LENTFER 2005, S. 433-442 sowie WERDER/GRUNDEI 2009, S. 637. Für eine weitere Konkretisierung der heranzuziehenden Normierungen zur internen Corporate Governance vgl. Abschn. II. C.5.a)(1)(b)(ii) dieses Hauptteils.

334 Vgl. analog THEISEN 1987, S. 196 f. im Kontext der Formulierung von GoÜ.

335 Vgl. hierzu im Einzelnen Abschn. I. C des Ersten Hauptteils.

336 Vgl. ebenso DUTZI 2005, S. 135.

337 Vgl. etwa BEYER 2006, S. 123; DAILY/DALTON/CANNELLA 2003, S. 371 f.; DAVIS/SCHOORMAN/DONALDSON 1997, S. 20; DONALDSON/DAVIS 1991, S. 50; DUTZI 2005, S. 135; NIPPA 2005, S. 108 sowie NIPPA/GRIGOLEIT 2006, S. 1. Zu Erläuterungsansätzen hierfür vgl. GRIGOLEIT 2004, S. 1-22.

338 Zur Annäherung des Corporate Governance-Systems deutscher börsennotierter Publikumsgesellschaften an angloamerikanische Verhältnisse vgl. Abschn. II. D des Ersten Hauptteils.

339 Vgl. ebenso GROTHE 2006, S. 97-99; JASCHKE 1989, S. 47; LENTFER 2005, S. 149-162; PORTISCH 1997, S. 102-104; SEMLER 1995, S. 50-54 sowie RASKOP 2004, S. 75 f.

cipal-Agent-Theorie[340] - wie noch im Einzelnen zu zeigen sein wird - [341] die Möglichkeit, die ermittelten Mechanismen der internen Corporate Governance auf die ihnen jeweils zugrunde liegenden Principal-Agent-Konflikte zurückzuführen, über diesen Weg ihre jeweiligen Wirkungsweisen zu überprüfen und somit auch ihre Aufnahme als Berichtsgegenstand in das Corporate Governance Statement aus theoretischer Sicht zu rechtfertigen.[342]

(ii) Normierungen zur internen Corporate Governance

Im Rahmen der in Betracht kommenden Normierungen zur internen Corporate Governance ist zweifelsohne der nationalen Gesetzgebung eine fundamentale Bedeutung beizumessen.[343] Im Vordergrund steht hierbei das Aktiengesetz, welches dem Vorstand und dem Aufsichtsrat in seinem Vierten Teil jeweils eigene Abschnitte widmet und dort vor allem die Aufgaben, die Organisation sowie die individuellen Anforderungen normiert;[344] weitere, die interne Corporate Governance betreffende Regelungen sind im Aktiengesetz verstreut zu finden.[345] Die aktienrechtlichen Normierungen werden durch zahlreiche weitere Gesetze ergänzt. Zu nennen sind in diesem Kontext etwa das Wertpapiererwerbs- und Übernahmegesetz, welches für den Fall von (feindlichen) Übernahmeangeboten spezifische Verhaltenspflichten für die Unternehmensführung vorsieht[346] sowie das Handelsgesetzbuch, welches unter

---

340 Vgl. hierzu im Einzelnen Abschn. II. C.5.a)(1)(b)(iii) dieses Hauptteils.

341 Vgl. Abschn. II. C.5.b) dieses Hauptteils.

342 Mit dieser Vorgehensweise wird unabhängig von der konkreten Problemstellung der vorliegenden Arbeit gleichzeitig ein allgem. Beitrag zur ökonomischen Fundierung insbes. des Aktienrechts und des DCGK geleistet.

343 Vgl. in diesem Sinne auch WERDER 2010, Rn. 81, S. 40.

344 Vgl. §§ 76-94 AktG zum Vorstand und §§ 95-116 AktG zum Aufsichtsrat.

345 Vgl. etwa §§ 170-172 AktG.

346 Vgl. hierzu u. a. die in § 33 WpÜG niedergelegte Neutralitätspflicht des Vorstands einer Zielgesellschaft.

anderem Vorschriften für den (Konzern-)Abschlussprüfer und dessen Verhältnis zum Aufsichtsrat beinhaltet.[347] Bei mitbestimmten Aktiengesellschaften nach dem Mitbestimmungsgesetz 1976 sind darüber hinaus auch die diesbezüglichen Normierungen zu berücksichtigen.

Neben den genannten Gesetzen enthält auch der DCGK eine Vielzahl an Normierungen zur internen Corporate Governance.[348] Der Kodex gibt dabei zum einen in strukturierter Form die wesentlichen gesetzlichen Normierungen wieder und beinhaltet zum anderen in Gestalt gesetzesausfüllender und -ergänzender Regelungen international und national anerkannte Standards guter und verantwortungsvoller Unternehmensführung und -überwachung.[349] Die gesetzesausfüllenden Bestimmungen beziehen sich dabei auf die zweckmäßige Ausübung von Optionen, die im Rahmen der gesetzlichen Normierungen eröffnet werden. Die gesetzesergänzenden Regelungen erstrecken sich dagegen auf Gestaltungsfelder, für die das deutsche Recht keine (hinreichenden) Vorgaben bereithält.[350]

Als weitere Normierungen zur internen Corporate Governance werden im betriebswirtschaftlichen Schrifttum seit Langem die GoU und GoÜ diskutiert.[351] Diese selbständigen Grundsatzsysteme haben insbesondere zum Ziel, allgemeingültige Leitlinien einer ordnungsmäßigen Unternehmensführung und -überwachung zu formulieren und damit im Sinne einer Gesetzesergänzung einen konkretisierten Beurteilungsmaßstab für die Sorgfaltspflicht des Vor-

---

347 Vgl. §§ 316-324 a HGB.

348 Vgl. hierzu DCGK 2010, Abschn. 1, 3-5 und 7.

349 Vgl. DCGK 2010, Präambel, Unterabs. 1; SCHWARZ 2005, S. 29 f.; ULMER 2002, S. 151 f.

350 Vgl. hierzu WERDER 2010, Rn. 84 f., S. 41 f.

351 Vgl. schon POTTHOFF 1961, S. 576-580 sowie später ARBEITSKREIS 1995, S. 1-4; SCHEFFLER 1995b, S. 207-212; THEISEN 1995, S. 193-203 und WERDER 1999, S. 2221-2224. Die GoA spielen in diesem Kontext eine untergeordnete Rolle, da sich diese primär auf Teilprozesse der Prüfung als solche und weniger auf die Unterstützungsfunktion des (Konzern-)Abschlussprüfers für den Aufsichtsrat beziehen; zu den GoA vgl. RÜCKLE 2002, Sp. 1026-1038.

stands und des Aufsichtsrats[352] zu schaffen.[353] Während die in Rede stehenden Grundsatzsysteme lange Zeit von der Rechtswissenschaft abgelehnt wurden,[354] lassen sie sich zwischenzeitlich für den Vorstand und den Aufsichtsrat als rechtlich verbindlich ansehen.[355] So fordert etwa der DCGK die generelle Beachtung der GoU und GoÜ[356] und transferiert darüber hinaus einzelne Grundsätze in explizite Standards guter und verantwortungsvoller Unternehmensführung und -überwachung.[357]

Vor dem Hintergrund der zunehmenden Beeinflussung nationaler Normierungen zur (internen) Corporate Governance durch internationale Institutionen und Normensetzer ist es als notwendig anzusehen, ergänzend internationale Normierungen in die Überlegungen mit einzubeziehen. Von besonderem Interesse dürften in diesem Kontext die Empfehlung 2005/162/EG[358] zum Aufsichtsrat sowie die auf diese und die Empfehlung 2004/913/EG[359] zur Vergütung der Organmitglieder Bezug nehmende Ergänzungs-Empfehlung 2009/385/EG der *Europäischen Kommission*[360] sein.[361] Da die in Rede stehenden

---

352 Vgl. hierzu §§ 76 Abs. 1, 93 Abs. 1 Satz 1, 111 Abs. 1 und 116 AktG.

353 Vgl. etwa THEISEN 1996, S. 75-103 zu den GoÜ und WERDER 1996b, S. 31 im Kontext der GoU.

354 Vgl. u. a. GIRNGHUBER 1998, S. 157 und HOMMELHOFF/SCHWAB 1996, S. 149-175.

355 Vgl. LENTFER 2005, S. 435 sowie POTTHOFF/TRESCHER 2003, Rn. 891, S. 226.

356 Vgl. DCGK 2010, Rn. 3.8 Unterabs. 1 Satz 1.

357 Vgl. hierzu im Einzelnen WERDER 2010, Rn. 456, S. 146 f.

358 Vgl. EMPFEHLUNG 2005/162/EG, Abl. Nr. L 52 vom 25.02.2005, S. 51-63. Obgleich diese Empfehlung nach Auffassung der *Kodexkommission* bei den Anpassungen des DCGK in den Jahren 2005 bis 2007 in ausreichendem Maße Berücksichtigung fand (vgl. RINGLEB 2010, Rn. 154-156, S. 72-74), zeigt eine Untersuchung der *Europäischen Kommission* vereinzelte Umsetzungsdefizite auf; vgl. hierzu EUROPÄISCHE KOMMISSION 2007, S. 1-15 sowie ergänzend zu den in Rede stehenden Defiziten SPINDLER 2005c, S. 2033-2045.

359 Vgl. EMPFEHLUNG 2004/913/EG, Abl. Nr. L 385 vom 29.12.2004, S. 55-59. Diese beinhaltet jedoch ausschließlich Empfehlungen zur externen Corporate Governance, welchen im vorliegenden Kontext keine Bedeutung zukommt.

360 Vgl. EMPFEHLUNG 2009/385/EG, Abl. Nr. L 120 vom 15.05.2009, S. 28-31.

Empfehlungen nach einhelliger Meinung im Schrifttum einen hohen Standard guter Corporate Governance etablieren und weitestgehend mit dem geltenden nationalen Recht vereinbar sein dürften,[362] ist es als zielführend anzusehen, die seitens der *Europäischen Kommission* vorgesehenen und als sinnvoll zu erachtenden, jedoch noch nicht auf nationaler Ebene umgesetzten Normierungen mit einem Hinweis auf ihre Herkunft mit in die Betrachtung aufzunehmen.

Auf internationaler Ebene können überdies die Principles of Corporate Governance der *Organization for Economic Cooperation and Development* (*OECD*)[363] als wegweisend angesehen werden.[364] Diese stehen in enger Verbindung mit den genannten Empfehlungen der *Europäischen Kommission*[365] und verkörpern international vereinbarte Grundsätze guter Corporate Governance, die sowohl den *OECD*-Mitgliedstaaten als auch den Nicht-*OECD*-Ländern als eine Art Benchmark dienen und zur Weiterentwicklung nationaler Corporate Governance-Normierungen beitragen sollen.[366] Einer vergleichenden Studie von *Mendrzyk* zufolge decken die derzeitigen deutschen Normierungen alle wesentlichen *OECD* Principles of Corporate Governance im Hinblick auf die interne Corporate Governance ab und gehen sogar teilweise über diese hinaus,[367] so dass im Folgenden von einer gesonderten Betrachtung der in Rede stehenden Principles abgesehen werden kann.

---

361 Überdies ist in diesem Kontext aufgrund seiner extraterritorialen Ausstrahlungswirkung auch der Sarbanes-Oxley Act (SOA 2002) zu berücksichtigen. Dieser findet sich jedoch zwischenzeitlich weit überwiegend in nationalen Normierungen zur Corporate Governance wieder, so dass auf eine gesonderte Betrachtung verzichtet werden kann. Zur Ausstrahlungswirkung des SOA vgl. ARBEITSKREIS 2004a, S. 2399-2407.

362 Vgl. zu dieser Wertung stellv. LENTFER 2005, S. 441.

363 Vgl. OECD 2004, S. 1-84.

364 Zu dieser Einschätzung vgl. ebenfalls LENTFER 2005, S. 5 und SCHNEIDER 2005a, S. 344.

365 Vgl. SCHNEIDER 2004, S. 429.

366 Vgl. hierzu OECD 2004, S. 11, 14 sowie ergänzend JESOVER/KIRKPATRICK 2005, S. 127 f.

367 Vgl. MENDRZYK 2004, S. 25-269 sowie ergänzend zur Revision der OECD Principles of Corporate Governance im Jahr 2004 SCHNEIDER 2004, S. 429-434, dessen konstatierter

(Fortsetzung der Fußnote auf der nächsten Seite)

Als Zwischenfazit der bisherigen Ausführungen ist einerseits festzuhalten, dass in Gestalt diverser nationaler Gesetze, des DCGK, der GoU/GoÜ sowie der benannten *Kommissions*-Empfehlungen eine Vielzahl an Quellen existieren, die Normierungen zur internen Corporate Governance bereitstellen und somit in die vorliegende Untersuchung einzubeziehen sind. Andererseits ist zu konstatieren, dass - mit Ausnahme der wenigen noch nicht auf nationaler Ebene umgesetzten EU-Empfehlungen - alle wesentlichen Normierungen zur internen Corporate Governance in strukturierter Form im DCGK enthalten sind. So gibt der Kodex die wichtigsten gesetzlichen Normierungen wieder, empfiehlt die Beachtung der GoU/GoÜ und enthält darüber hinaus weitere gesetzesausfüllende und -ergänzende Regelungen international und national anerkannter Standards guter und verantwortungsvoller Unternehmensführung und -überwachung. Vor dem Hintergrund dieser Erkenntnis verkörpert der DCGK eine ideale Ausgangsbasis für eine strukturierte Ermittlung relevanter Mechanismen der internen Corporate Governance.

Im Folgenden gilt es, den DCGK in eine für die vorliegende Untersuchung geeignete Checkliste zu überführen. Hierzu sind in einem ersten Schritt diejenigen Regelungen des DCGK,[368] welche die externe Corporate Governance betreffen,[369] zu eliminieren. Dies betrifft in erster Linie die Bestimmungen zu den Aktionären und zur Hauptversammlung, zur Transparenz sowie zur Rechnungslegung.[370] In einem zweiten Schritt sind sodann die Einzelbestim-

---

Reformbedarf primär Mechanismen der externen Corporate Governance betrifft bzw. im Zuge zwischenzeitlicher Weiterentwicklungen nationaler Normierungen nicht mehr besteht.

368 Da es im vorliegenden Kontext primär um den Abbau von Informationsasymmetrien und nicht um Fragen der Rechtsnatur des Kodex sowie die damit zusammenhängenden Haftungsfragen (vgl. hierzu etwa RADKE 2004, S. 197-280) geht, erfolgt keine Differenzierung zwischen der Wiedergabe gesetzlicher Normierungen, Empfehlungen und Anregungen.

369 Zur Differenzierung zwischen den Mechanismen der in- und externen Corporate Governance vgl. Abschn. I. B.1 des Ersten Hauptteils.

370 Folgende Bestimmungen des DCGK 2010 sind zu eliminieren: Rn. 2.1.1-2.3.4, 3.7 Unterabs. 1, 3.10, 4.2.3 Unterabs. 6, 4.2.4, 4.2.5, 5.4.1 Unterabs. 3 Satz 2, 5.4.3 Satz 1, 3, 5.4.4 Satz 2, 5.4.6 Unterabs. 3, 5.4.7, 5.5.3 Satz 1, 6.1-6.8, 7.1.1, 7.1.2 Satz 3, 4, 7.1.3-7.1.5.

mungen zur internen Corporate Governance zu Regelungskategorien zusammenzuführen, um diese in einer Gesamtschau und unter besonderer Berücksichtigung ihrer Interdependenzen würdigen zu können. Hierbei soll die im Ersten Hauptteil entwickelte Systematisierung der internen Corporate Governance[371] aufgegriffen und dementsprechend eine Unterteilung in die Hauptkategorien „Unternehmensführung durch den Vorstand", „Interne Überwachung durch den Aufsichtsrat" und „Unterstützung des Aufsichtsrats durch den (Konzern-)Abschlussprüfer" erfolgen. Die Einteilung in weitere Unterkategorien erfolgt unter Agency-Gesichtspunkten, mit dem Ziel, eine direkte Verbindung zur doppelstufigen Principal-Agent-Theorie als theoretischen Bezugsrahmen zu schaffen. So wird unter der Rubrik „Unternehmensführung durch den Vorstand" die Besetzung, die innere Organisation, die wertorientierte Unternehmensführung, Interessenkonflikte sowie die Vergütung des Vorstands thematisiert. Die „Interne Überwachung durch den Aufsichtsrat" betrifft - in Analogie zum Vorstand - die Besetzung des Aufsichtsrats, seine innere Organisation und Überwachungsaufgabe, Interessenkonflikte sowie die Vergütung. Unterkategorien im Rahmen der „Unterstützung des Aufsichtsrats durch den (Konzern-)Abschlussprüfer" bilden die Auswahl des (Konzern-) Abschlussprüfers, die Erteilung des Prüfungsauftrags, die Zusammenarbeit zwischen dem Aufsichtsrat und dem (Konzern-)Abschlussprüfer sowie das Prüfungshonorar.

In den nachfolgenden Tabellen 27 bis 34 ist die nach den vorstehenden Gesichtspunkten entwickelte Checkliste betreffend Mechanismen der internen Corporate Governance zusammenfassend dargestellt.[372] Um die Verbindung zu dem als Ausgangslage dienenden DCGK herzustellen, sind in der rechten Zusatzspalte die korrespondierenden Fundstellen der Normierungen im DCGK vermerkt.

---

371 Vgl. hierzu Abschn. I. B.1 des Ersten Hauptteils.

372 Die Bestimmungen des DCGK werden dabei wörtlich wiedergegeben.

1 Unternehmensführung durch den Vorstand **1.1 Besetzung**		
a)	Der Aufsichtsrat bestellt [..] die Mitglieder des Vorstands. Bei der Zusammensetzung des Vorstands soll der Aufsichtsrat auch auf Vielfalt (Diversity) achten und dabei insbesondere eine angemessene Berücksichtigung von Frauen anstreben. Er soll gemeinsam mit dem Vorstand für eine langfristige Nachfolgeplanung sorgen.	5.1.2 Unterabs. 1 Satz 1-3 DCGK
b)	Bei Erstbestellungen sollte die maximal mögliche Bestelldauer von fünf Jahren nicht die Regel sein. Eine Wiederbestellung vor Ablauf eines Jahres vor dem Ende der Bestelldauer bei gleichzeitiger Aufhebung der laufenden Bestellung soll nur bei Vorliegen besonderer Umstände erfolgen. Eine Altersgrenze für Vorstandsmitglieder soll festgelegt werden.	5.1.2 Unterabs. 2 DCGK
c)	Wer dem Vorstand einer börsennotierten Gesellschaft angehört, soll insgesamt nicht mehr als drei Aufsichtsratsmandate in konzernexternen börsennotierten Gesellschaften oder in Aufsichtsgremien von Gesellschaften mit vergleichbaren Anforderungen wahrnehmen.	5.4.5 Satz 2 DCGK
1.2 Innere Organisation		
a)	Der Vorstand soll aus mehreren Personen bestehen und einen Vorsitzenden oder Sprecher haben. Eine Geschäftsordnung soll die Arbeit des Vorstands, insbesondere die Ressortzuständigkeiten einzelner Vorstandsmitglieder, die dem Gesamtvorstand vorbehaltenen Angelegenheiten sowie die erforderliche Beschlussmehrheit bei Vorstandsbeschlüssen (Einstimmigkeit oder Mehrheitsbeschluss) regeln.	4.2.1 DCGK
b)	Gute Unternehmensführung setzt eine offene Diskussion [im Vorstand; Anm. d. Verf.] voraus. Die umfassende Wahrung der Vertraulichkeit ist dafür von entscheidender Bedeutung. Alle [Mitglieder des Vorstands; Anm. d. Verf.] stellen sicher, dass die von ihnen eingeschalteten Mitarbeiter die Verschwiegenheitspflicht in gleicher Weise einhalten.	3.5 DCGK
c)	Die ausreichende Informationsversorgung des Aufsichtsrats ist gemeinsame Aufgabe von Vorstand und Aufsichtsrat. Der Vorstand informiert den Aufsichtsrat regelmäßig, zeitnah und umfassend über alle für das Unternehmen relevanten Fragen der Planung, der Geschäftsentwicklung, der Risikolage, des Risikomanagements und der Compliance. Er geht auf Abweichungen des Geschäftsverlaufs von den aufgestellten Plänen und Zielen unter Angabe von Gründen ein. Der Aufsichtsrat soll die Informations- und Berichtspflichten des Vorstands näher festlegen. Berichte des Vorstands an den Aufsichtsrat sind in der Regel in Textform zu erstatten. Entscheidungsnotwendige Unterlagen, insbesondere der Jahresabschluss, der Konzernabschluss und der Prüfungsbericht, werden den Mitgliedern des Aufsichtsrats möglichst rechtzeitig vor der Sitzung zugeleitet.	3.4 DCGK
d)	Der Aufsichtsratsvorsitzende wird über wichtige Ereignisse, die für die Beurteilung der Lage und Entwicklung sowie für die Leitung des Unternehmens von wesentlicher Bedeutung sind, unverzüglich durch den Vorsitzenden bzw. Sprecher des Vorstands informiert.	5.2 Unterabs. 3 Satz 2 DCGK
e)	Der Konzernabschluss wird vom Vorstand aufgestellt […].	7.1.2 Satz 1 DCGK
f)	Er [der Aufsichtsrat; Anm. d. Verf.] ist in Entscheidungen von grundlegender Bedeutung für das Unternehmen einzubinden.	5.1.1 Satz 2 DCGK

Tabelle 27: Checkliste betreffend Mechanismen der internen Corporate Governance (I)

1.2 Innere Organisation (Fortsetzung)		
g)	Für Geschäfte von grundlegender Bedeutung legen die Satzung oder der Aufsichtsrat Zustimmungsvorbehalte zugunsten des Aufsichtsrats fest. Hierzu gehören Entscheidungen oder Maßnahmen, die die Vermögens-, Finanz- oder Ertragslage des Unternehmens grundlegend verändern.	3.3 DCGK
1.3 Wertorientierte Unternehmensführung		
a)	Der Vorstand leitet das Unternehmen in eigener Verantwortung im Unternehmensinteresse, also unter Berücksichtigung der Belange der Aktionäre, seiner Arbeitnehmer und der sonstigen dem Unternehmen verbundenen Gruppen (Stakeholder) mit dem Ziel nachhaltiger Wertschöpfung.	4.1.1 DCGK
b)	Die Vorstandsmitglieder sind dem Unternehmensinteresse verpflichtet. Kein Mitglied des Vorstands darf bei seinen Entscheidungen persönliche Interessen verfolgen und Geschäftschancen, die dem Unternehmen zustehen, für sich nutzen.	4.3.3 DCGK
c)	[Die Mitglieder des Vorstands; Anm. d. Verf.] beachten die Regeln ordnungsgemäßer Unternehmensführung. Verletzen sie die Sorgfalt eines ordentlichen und gewissenhaften Geschäftsleiters [..] schuldhaft, so haften sie der Gesellschaft gegenüber auf Schadenersatz. Bei unternehmerischen Entscheidungen liegt keine Pflichtverletzung vor, wenn das Mitglied [des Vorstands; Anm. d. Verf.] vernünftigerweise annehmen durfte, auf der Grundlage angemessener Information zum Wohle der Gesellschaft zu handeln (Business Judgement Rule). Schließt die Gesellschaft für den Vorstand eine D & O-Versicherung ab, ist ein Selbstbehalt von mindestens 10 % des Schadens bis mindestens zur Höhe des Eineinhalbfachen der festen jährlichen Vergütung des Vorstandsmitglieds zu vereinbaren.	3.8 Unterabs. 1 und 2 DCGK
d)	Der Vorstand soll bei der Besetzung von Führungsfunktionen im Unternehmen auf Vielfalt (Diversity) achten und dabei insbesondere eine angemessene Berücksichtigung von Frauen anstreben.	4.1.5 DCGK
e)	Der Vorstand sorgt für ein angemessenes Risikomanagement und Risikocontrolling im Unternehmen.	4.1.4 DCGK
f)	Der Vorstand hat für die Einhaltung der gesetzlichen Bestimmungen und der unternehmensinternen Richtlinien zu sorgen und wirkt auf deren Beachtung durch die Konzernunternehmen hin (Compliance).	4.1.3 DCGK
g)	Vorstandsmitglieder und Mitarbeiter dürfen im Zusammenhang mit ihrer Tätigkeit weder für sich noch für andere Personen von Dritten Zuwendungen oder sonstige Vorteile fordern oder annehmen oder Dritten ungerechtfertigte Vorteile gewähren.	4.3.2 DCGK
h)	Vorstand und Aufsichtsrat arbeiten zum Wohle des Unternehmens eng zusammen.	3.1 DCGK
i)	Der Vorstand entwickelt die strategische Ausrichtung des Unternehmens, stimmt sie mit dem Aufsichtsrat ab und sorgt für ihre Umsetzung.	4.1.2 DCGK
j)	Der Vorstand stimmt die strategische Ausrichtung des Unternehmens mit dem Aufsichtsrat ab und erörtert mit ihm in regelmäßigen Abständen den Stand der Strategieumsetzung.	3.2 DCGK
k)	Gute Unternehmensführung setzt eine offene Diskussion zwischen Vorstand und Aufsichtsrat [...] voraus. Die umfassende Wahrung der Vertraulichkeit ist dafür von entscheidender Bedeutung.	3.5 Unterabs. 1 DCGK

Tabelle 28: Checkliste betreffend Mechanismen der internen Corporate Governance (II)

1.4 Interessenkonflikte		
a)	Vorstandsmitglieder unterliegen während ihrer Tätigkeit für das Unternehmen einem umfassenden Wettbewerbsverbot.	4.3.1 DCGK
b)	Vorstandsmitglieder sollen Nebentätigkeiten, insbesondere Aufsichtsratsmandate außerhalb des Unternehmens, nur mit Zustimmung des Aufsichtsrats übernehmen.	4.3.5 DCGK
c)	Die Gewährung von Krediten des Unternehmens an Mitglieder des Vorstands [...] sowie ihre Angehörigen bedarf der Zustimmung des Aufsichtsrats.	3.9 DCGK
d)	Der Vorstand darf nach Bekanntgabe eines Übernahmeangebots keine Handlungen außerhalb des gewöhnlichen Geschäftsverkehrs vornehmen, durch die der Erfolg des Angebots verhindert werden könnte, wenn er dazu nicht von der Hauptversammlung ermächtigt ist oder der Aufsichtsrat dem zugestimmt hat. Bei ihren Entscheidungen [sind die Mitglieder des Vorstands; Anm. d. Verf.] an das beste Interesse der Aktionäre und des Unternehmens gebunden. In angezeigten Fällen sollte der Vorstand eine außerordentliche Hauptversammlung einberufen, in der die Aktionäre über das Übernahmeangebot beraten und gegebenenfalls über gesellschaftsrechtliche Maßnahmen beschließen.	3.7 Unterabs. 2 und 3 DCGK
e)	Jedes Vorstandsmitglied soll Interessenkonflikte dem Aufsichtsrat gegenüber unverzüglich offenlegen und die anderen Vorstandsmitglieder hierüber informieren. Alle Geschäfte zwischen dem Unternehmen einerseits und den Vorstandsmitgliedern sowie ihnen nahe stehenden Personen oder ihnen persönlich nahe stehenden Unternehmungen andererseits haben branchenüblichen Standards zu entsprechen. Wesentliche Geschäfte sollen der Zustimmung des Aufsichtsrats bedürfen.	4.3.4 DCGK
f)	Der Aufsichtsrat [...] entlässt die Mitglieder des Vorstands.	5.1.2 Unterabs. 1 Satz 1 DCGK
1.5 Vergütung		
a)	Das Aufsichtsratsplenum setzt auf Vorschlag des Gremiums, das die Vorstandsverträge behandelt, die Gesamtvergütung der einzelnen Vorstandsmitglieder fest und soll das Vergütungssystem für den Vorstand beschließen und regelmäßig überprüfen. Die Gesamtvergütung der einzelnen Vorstandsmitglieder wird vom Aufsichtsratsplenum unter Einbeziehung von etwaigen Konzernbezügen auf der Grundlage einer Leistungsbeurteilung festgelegt. Kriterien für die Angemessenheit der Vergütung bilden sowohl die Aufgaben des einzelnen Vorstandsmitglieds, seine persönliche Leistung, die wirtschaftliche Lage, der Erfolg und die Zukunftsaussichten des Unternehmens als auch die Üblichkeit der Vergütung unter Berücksichtigung des Vergleichsumfelds und der Vergütungsstruktur, die ansonsten in der Gesellschaft gilt. Soweit vom Aufsichtsrat zur Beurteilung der Angemessenheit der Vergütung ein externer Vergütungsexperte hinzugezogen wird, soll auf dessen Unabhängigkeit vom Vorstand bzw. vom Unternehmen geachtet werden.	4.2.2 DCGK

Tabelle 29: Checkliste betreffend Mechanismen der internen Corporate Governance (III)

1.5 Vergütung (Fortsetzung)		
b)	Die Gesamtvergütung der Vorstandsmitglieder umfasst die monetären Vergütungsteile, die Versorgungszusagen, die sonstigen Zusagen, insbesondere für den Fall der Beendigung der Tätigkeit, Nebenleistungen jeder Art und Leistungen von Dritten, die im Hinblick auf die Vorstandstätigkeit zugesagt oder im Geschäftsjahr gewährt wurden. Die Vergütungsstruktur ist auf eine nachhaltige Unternehmensentwicklung auszurichten. Die monetären Vergütungsteile sollen fixe und variable Bestandteile umfassen. Der Aufsichtsrat hat dafür zu sorgen, dass variable Vergütungsteile grundsätzlich eine mehrjährige Bemessungsgrundlage haben. Sowohl positiven als auch negativen Entwicklungen soll bei der Ausgestaltung der variablen Vergütungsteile Rechnung getragen werden. Sämtliche Vergütungsbestandteile müssen für sich und insgesamt angemessen sein und dürfen insbesondere nicht zum Eingehen unangemessener Risiken verleiten. Als variable Vergütungsteile kommen zum Beispiel auf das Unternehmen bezogene aktien- oder kennzahlenbasierte Vergütungselemente in Betracht. Sie sollen auf anspruchsvolle, relevante Vergleichsparameter bezogen sein. Eine nachträgliche Änderung der Erfolgsziele oder der Vergleichsparameter soll ausgeschlossen sein. Für außerordentliche Entwicklungen hat der Aufsichtsrat grundsätzlich eine Begrenzungsmöglichkeit (Cap) zu vereinbaren. Bei Abschluss von Vorstandsverträgen soll darauf geachtet werden, dass Zahlungen an ein Vorstandsmitglied bei vorzeitiger Beendigung der Vorstandstätigkeit ohne wichtigen Grund einschließlich Nebenleistungen den Wert von zwei Jahresvergütungen nicht überschreiten (Abfindungs-Cap) und nicht mehr als die Restlaufzeit des Anstellungsvertrags vergüten. Für die Berechnung des Abfindungs-Caps soll auf die Gesamtvergütung des abgelaufenen Geschäftsjahres und gegebenenfalls auch auf die voraussichtliche Gesamtvergütung für das laufende Geschäftsjahr abgestellt werden. Eine Zusage für Leistungen aus Anlass der vorzeitigen Beendigung der Vorstandstätigkeit infolge eines Kontrollwechsels (Change of Control) soll 150 % des Abfindungs-Caps nicht übersteigen.	4.2.3 Unterabs. 1-5 DCGK
2 Interne Überwachung durch den Aufsichtsrat **2.1 Besetzung**		
a)	Der Aufsichtsrat ist so zusammenzusetzen, dass seine Mitglieder insgesamt über die zur ordnungsgemäßen Wahrnehmung der Aufgaben erforderlichen Kenntnisse, Fähigkeiten und fachlichen Erfahrungen verfügen. Der Aufsichtsrat soll für seine Zusammensetzung konkrete Ziele benennen, die unter Beachtung der unternehmensspezifischen Situation die internationale Tätigkeit des Unternehmens, potenzielle Interessenkonflikte, eine festzulegende Altersgrenze für Aufsichtsratsmitglieder und Vielfalt (Diversity) berücksichtigen. Diese konkreten Ziele sollen insbesondere eine angemessene Beteiligung von Frauen vorsehen. Vorschläge des Aufsichtsrats an die zuständigen Wahlgremien soll diese Ziele berücksichtigen.	5.4.1 Unterabs. 1- 2, Unterabs. 3 Satz 1 DCGK
b)	Der Vorsitzende des Prüfungsausschusses soll über besondere Kenntnisse und Erfahrungen in der Anwendung von Rechnungslegungsgrundsätzen und internen Kontrollverfahren verfügen.	5.3.2 Satz 2 DCGK

Tabelle 30: Checkliste betreffend Mechanismen der internen Corporate Governance (IV)

2.1 Besetzung (Fortsetzung)		
c)	Um eine unabhängige Beratung und Überwachung des Vorstands durch den Aufsichtsrat zu ermöglichen, soll dem Aufsichtsrat eine nach seiner Einschätzung ausreichende Anzahl unabhängiger Mitglieder angehören. Ein Aufsichtsratsmitglied ist als unabhängig anzusehen, wenn es in keiner geschäftlichen oder persönlichen Beziehung zu der Gesellschaft oder deren Vorstand steht, die einen Interessenkonflikt begründet. Dem Aufsichtsrat sollen nicht mehr als zwei ehemalige Mitglieder des Vorstands angehören. Aufsichtsratsmitglieder sollen keine Organfunktion oder Beratungsaufgaben bei wesentlichen Wettbewerbern des Unternehmens ausüben.	5.4.2 DCGK
d)	Ein Antrag auf gerichtliche Bestellung eines Aufsichtsratsmitglieds soll bis zur nächsten Hauptversammlung befristet sein.	5.4.3 Satz 2 DCGK
e)	Vorstandsmitglieder dürfen vor Ablauf von zwei Jahren nach dem Ende ihrer Bestellung nicht Mitglied des Aufsichtsrats der Gesellschaft werden, es sei denn, ihre Wahl erfolgt auf Vorschlag von Aktionären, die mehr als 25 % der Stimmrechte an der Gesellschaft halten.	5.4.4 Satz 1 DCGK
f)	Jedes Aufsichtsratsmitglied achtet darauf, dass ihm für die Wahrnehmung seiner Mandate genügend Zeit zur Verfügung steht. Wer dem Vorstand einer börsennotierten Gesellschaft angehört, soll insgesamt nicht mehr als drei Aufsichtsratsmandate in konzernexternen börsennotierten Gesellschaften oder in Aufsichtsgremien von Gesellschaften mit vergleichbaren Anforderungen wahrnehmen.	5.4.5 DCGK
2.2 Innere Organisation		
a)	Der Aufsichtsrat soll sich eine Geschäftsordnung geben.	5.1.3 DCGK
b)	Der Aufsichtsrat soll abhängig von den spezifischen Gegebenheiten des Unternehmens und der Anzahl seiner Mitglieder fachlich qualifizierte Ausschüsse bilden. Diese dienen der Steigerung der Effizienz der Aufsichtsratsarbeit und der Behandlung komplexer Sachverhalte. Die jeweiligen Ausschussvorsitzenden berichten regelmäßig an den Aufsichtsrat über die Arbeit der Ausschüsse.	5.3.1 DCGK
c)	Der Aufsichtsrat soll einen Prüfungsausschuss (Audit Committee) einrichten, der sich insbesondere mit Fragen der Rechnungslegung, des Risikomanagements und der Compliance, der erforderlichen Unabhängigkeit des Abschlussprüfers, der Erteilung des Prüfungsauftrags an den Abschlussprüfer, der Bestimmung von Prüfungsschwerpunkten und der Honorarvereinbarung befasst. [Der Vorsitzende des Prüfungsausschusses; Anm. d. Verf.] sollte unabhängig und kein ehemaliges Vorstandsmitglied der Gesellschaft sein, dessen Bestellung vor weniger als zwei Jahren endete.	5.3.2 Satz 1 und 3 DCGK
d)	Der Aufsichtsrat soll einen Nominierungsausschuss bilden, der ausschließlich mit Vertretern der Anteilseigner besetzt ist und dem Aufsichtsrat für dessen Wahlvorschläge an die Hauptversammlung geeignete Kandidaten vorschlägt.	5.3.3 DCGK
e)	Der Aufsichtsrat kann die Vorbereitung der Bestellung von Vorstandsmitgliedern sowie der Behandlung der Bedingungen des Anstellungsvertrages einschließlich der Vergütung Ausschüssen übertragen.	5.1.2 Unterabs. 1 Satz 4 DCGK

Tabelle 31: Checkliste betreffend Mechanismen der internen Corporate Governance (V)

2.2 Innere Organisation (Fortsetzung)		
f)	Der Aufsichtsrat kann weitere Sachthemen zur Behandlung in einen oder mehrere Ausschüsse verweisen. Hierzu gehören u. a. die Strategie des Unternehmens, die Vergütung der Vorstandsmitglieder, Investitionen und Finanzierungen.	5.3.4 DCGK
g)	Der Aufsichtsrat kann vorsehen, dass Ausschüsse die Sitzungen des Aufsichtsrats vorbereiten und darüber hinaus auch anstelle des Aufsichtsrats entscheiden.	5.3.5 DCGK
h)	Der Aufsichtsratsvorsitzende koordiniert die Arbeit im Aufsichtsrat, leitet dessen Sitzungen und nimmt die Belange des Aufsichtsrats nach außen wahr. Der Aufsichtsratsvorsitzende soll zugleich Vorsitzender der Ausschüsse sein, die die Vorstandsverträge behandeln und die Aufsichtsratssitzungen vorbereiten. Den Vorsitz im Prüfungsausschuss (Audit Committee) sollte er nicht innehaben. Der Aufsichtsratsvorsitzende soll mit dem Vorstand, insbesondere mit dem Vorsitzenden bzw. Sprecher des Vorstands, regelmäßig Kontakt halten und mit ihm die Strategie, die Geschäftsentwicklung und das Risikomanagement des Unternehmens beraten. Der Aufsichtsratsvorsitzende soll [nachdem er unverzüglich durch den Vorsitzenden bzw. Sprecher des Vorstands über wichtige Ereignisse, die für die Beurteilung der Lage und Entwicklung sowie für die Führung des Unternehmens von wesentlicher Bedeutung sind, informiert wurde; Anm. d. Verf.] sodann den Aufsichtsrat unterrichten und erforderlichenfalls eine außerordentliche Aufsichtsratssitzung einberufen.	5.2 Unterabs. 1, 2 und 3 Satz 1, 3 DCGK
i)	Gute Unternehmensführung setzt eine offene Diskussion [im Aufsichtsrat; Anm. d. Verf.] voraus. Die umfassende Wahrung der Vertraulichkeit ist dafür von entscheidender Bedeutung. Alle [Mitglieder des Aufsichtsrats; Anm. d. Verf.] stellen sicher, dass die von ihnen eingeschalteten Mitarbeiter die Verschwiegenheitspflicht in gleicher Weise einhalten.	3.5 DCGK
j)	In mitbestimmten Aufsichtsräten sollten die Vertreter der Aktionäre und der Arbeitnehmer die Sitzungen des Aufsichtsrats jeweils gesondert, gegebenenfalls mit Mitgliedern des Vorstands, vorbereiten. Der Aufsichtsrat sollte bei Bedarf ohne den Vorstand tagen.	3.6 DCGK
2.3 Überwachungsaufgabe		
a)	Aufgabe des Aufsichtsrats ist es, den Vorstand bei der Leitung des Unternehmens regelmäßig zu beraten und zu überwachen.	5.1.1 Satz 1 DCGK
b)	Der Konzernabschluss wird vom [...] Aufsichtsrat geprüft. Halbjahres- und etwaige Quartalsfinanzberichte sollen vom Aufsichtsrat oder seinem Prüfungsausschuss vor der Veröffentlichung mit dem Vorstand erörtert werden.	7.1.2 Satz 1 und 2 DCGK

Tabelle 32: Checkliste betreffend Mechanismen der internen Corporate Governance (VI)

2.3 Überwachungsaufgabe (Fortsetzung)		
c)	[Die Mitglieder des Aufsichtsrats; Anm. d. Verf.] beachten die Regeln ordnungsgemäßer Unternehmensüberwachung. Verletzen sie die Sorgfalt eines ordentlichen und gewissenhaften [..] Aufsichtsratsmitglieds schuldhaft, so haften sie der Gesellschaft gegenüber auf Schadenersatz. Bei unternehmerischen Entscheidungen liegt keine Pflichtverletzung vor, wenn das Mitglied [des Aufsichtsrats; Anm. d. Verf.] vernünftigerweise annehmen durfte, auf der Grundlage angemessener Information zum Wohle der Gesellschaft zu handeln (Business Judgement Rule). Schließt die Gesellschaft für den Aufsichtsrat eine D & O-Versicherung ab, so soll ein Selbstbehalt von mindestens 10 % des Schadens bis mindestens zur Höhe des Eineinhalbfachen der festen jährlichen Vergütung des Aufsichtsratsmitglieds vereinbart werden.	3.8 Unterabs. 1 und 3 DCGK
d)	Bei ihren Entscheidungen [sind die Mitglieder des Aufsichtsrats; Anm. d. Verf.] an das beste Interesse der Aktionäre und des Unternehmens gebunden.	3.7 Unterabs. 2 Satz 2 DCGK
e)	Jedes Mitglied des Aufsichtsrats ist dem Unternehmensinteresse verpflichtet. Es darf bei seinen Entscheidungen weder persönliche Interessen verfolgen noch Geschäftschancen, die dem Unternehmen zustehen, für sich nutzen.	5.5.1 DCGK
f)	Die Mitglieder des Aufsichtsrats nehmen die für ihre Aufgaben erforderlichen Aus- und Fortbildungsmaßnahmen eigenverantwortlich wahr. Dabei sollen sie von der Gesellschaft angemessen unterstützt werden.	5.4.1 Unterabs. 4 DCGK
g)	Der Aufsichtsrat soll regelmäßig die Effizienz seiner Tätigkeit überprüfen.	5.6 DCGK
2.4 Interessenkonflikte		
a)	Die Gewährung von Krediten des Unternehmens an Mitglieder des [...] Aufsichtsrats sowie ihre Angehörigen bedarf der Zustimmung des Aufsichtsrats.	3.9 DCGK
b)	Berater- und sonstige Dienstleistungs- und Werkverträge eines Aufsichtsratsmitglieds mit der Gesellschaft bedürfen der Zustimmung des Aufsichtsrats.	5.5.4 DCGK
c)	Jedes Aufsichtsratsmitglied soll Interessenkonflikte, insbesondere solche, die auf Grund einer Beratung oder Organfunktion bei Kunden, Lieferanten, Kreditgebern oder sonstigen Geschäftspartnern entstehen können, dem Aufsichtsrat gegenüber offenlegen.	5.5.2 DCGK
d)	Wesentliche und nicht nur vorübergehende Interessenkonflikte in der Person eines Aufsichtsratsmitglieds sollen zur Beendigung des Mandats führen.	5.5.3 Satz 2 DCGK
2.5 Vergütung		
a)	Die Vergütung der Aufsichtsratsmitglieder wird durch Beschluss der Hauptversammlung oder in der Satzung festgelegt. Sie trägt der Verantwortung und dem Tätigkeitsumfang der Aufsichtsratsmitglieder sowie der wirtschaftlichen Lage und dem Erfolg des Unternehmens Rechnung. Dabei sollen der Vorsitz und der stellvertretende Vorsitz im Aufsichtsrat sowie der Vorsitz und die Mitgliedschaft in den Ausschüssen berücksichtigt werden.	5.4.6 Unterabs. 1 DCGK

Tabelle 33: Checkliste betreffend Mechanismen der internen Corporate Governance (VII)

2.5 Vergütung (Fortsetzung)		
b)	Die Mitglieder des Aufsichtsrats sollen neben einer festen eine erfolgsorientierte Vergütung erhalten. Die erfolgsorientierte Vergütung sollte auch auf den langfristigen Unternehmenserfolg bezogene Bestandteile enthalten.	5.4.6 Unterabs. 2 DCGK
3 Unterstützung des Aufsichtsrats durch den (Konzern-)Abschlussprüfer **3.1 Auswahl des (Konzern-)Abschlussprüfers**		
a)	Vor Unterbreitung des Wahlvorschlags soll der Aufsichtsrat bzw. der Prüfungsausschuss eine Erklärung des vorgesehenen Prüfers einholen, ob und ggf. welche geschäftlichen, finanziellen, persönlichen oder sonstigen Beziehungen zwischen dem Prüfer und seinen Organen und Prüfungsleitern einerseits und dem Unternehmen und seinen Organmitgliedern andererseits bestehen, die Zweifel an seiner Unabhängigkeit begründen können.	7.2.1 Unterabs. 1 Satz 1 DCGK
b)	Die Erklärung soll sich auch darauf erstrecken, in welchem Umfang im vorausgegangenen Geschäftsjahr andere Leistungen für das Unternehmen, insbesondere auf dem Beratungssektor, erbracht wurden bzw. für das folgende Jahr vertraglich vereinbart sind.	7.2.1 Unterabs. 1 Satz 2 DCGK
3.2 Prüfungsauftrag		
a)	Der Aufsichtsrat erteilt dem Abschlussprüfer den Prüfungsauftrag […].	7.2.2 Erster HS DCGK
b)	Der Aufsichtsrat soll mit dem Abschlussprüfer vereinbaren, dass der Vorsitzende des Aufsichtsrats bzw. des Prüfungsausschusses über während der Prüfung auftretende mögliche Ausschluss- oder Befangenheitsgründe unverzüglich unterrichtet wird, soweit diese nicht unverzüglich beseitigt werden.	7.2.1 Unterabs. 2 DCGK
3.3 Unterstützungsleistungen des (Konzern-)Abschlussprüfers		
a)	Der Konzernabschluss wird vom […] Abschlussprüfer […] geprüft.	7.1.2 Satz 1 DCGK
b)	Der Aufsichtsrat soll vereinbaren, dass der Abschlussprüfer über alle für die Aufgaben des Aufsichtsrats wesentlichen Feststellungen und Vorkommnisse unverzüglich berichtet, die sich bei der Durchführung der Abschlussprüfung ergeben. Der Aufsichtsrat soll vereinbaren, dass der Abschlussprüfer ihn informiert bzw. im Prüfungsbericht vermerkt, wenn er bei Durchführung der Abschlussprüfung Tatsachen feststellt, die eine Unrichtigkeit der von Vorstand und Aufsichtsrat abgegebenen Erklärung zum Kodex ergeben.	7.2.3 DCGK
c)	Der Abschlussprüfer nimmt an den Beratungen des Aufsichtsrats über den Jahres- und Konzernabschluss teil und berichtet über die wesentlichen Ergebnisse seiner Prüfung.	7.2.4 DCGK
3.4 Prüfungshonorar		
	Der Aufsichtsrat […] trifft mit ihm [dem Abschlussprüfer; Anm. d. Verf.] die Honorarvereinbarung.	7.2.2 Zweiter HS DCGK

Tabelle 34: Checkliste betreffend Mechanismen der internen Corporate Governance (VIII)

(iii) Doppelstufige Principal-Agent-Theorie als theoretischer Bezugsrahmen

Die doppelstufige Principal-Agent-Theorie, welche maßgeblich von *Tirole* geprägt wurde,[373] basiert auf dem bereits vorgestellten Grundmodell der Agency-Theorie[374] und ist um die Perspektive des Supervisors ergänzt, welcher als dritte Partei neben den Principal und den Agent tritt. In Bezug auf börsennotierte Publikumsgesellschaften und unter Berücksichtigung des deutschen dualistischen Systems der Unternehmensverfassung besteht dabei die Partei der Principals aus den Aktionären, die das notwendige Kapital bereitstellen.[375] Diese delegieren die Unternehmensführung an eine weitere Partei, den Vorstand, der insoweit als Agent agiert. Wie bereits ausgeführt,[376] resultiert aus dieser Auftragsbeziehung ein Interessenkonflikt zwischen den involvierten nutzenmaximierenden Parteien. Während die Anteilseigner die Zielsetzung einer möglichst hohen Steigerung des Unternehmenswerts verfolgen,[377] ergibt sich der Nutzenerwartungswert der Vorstände als Differenz zwischen ihrer Entlohnung und den privaten Erträgen einerseits und dem durch die Unternehmensführung erfahrenen Arbeitsleid andererseits.[378] Da die Anteilseigner weder über die Zeit noch den notwendigen Sachverstand verfügen, die interne Überwachung der Unternehmensführung selbst wahrzunehmen, delegieren

---

373 Vgl. TIROLE 1986, S. 181-214. *Tirole* hat zwar sein Modell ursprünglich für unternehmensinterne Hierarchien entwickelt, betont jedoch explizit die allgem. Anwendbarkeit auf dreistufige Strukturen unterschiedlicher Art; vgl. TIROLE 1986, S. 182 f. Zu mehrstufigen Principal-Agent-Beziehungen vgl. überdies PETERSEN 1989, S. 136-238.

374 Vgl. Abschn. I. C des Ersten Hauptteils.

375 Vgl. hierzu und in der Folge LENTFER 2005, S. 150; PETERSEN 1989, S. 181-184; VARGA VON KIBED 2001, S. 58 sowie allgem. formulierend TIROLE 1986, S. 182 f.

376 Vgl. Abschn. I. C.1 des Ersten Hauptteils.

377 Vgl. ebenso JENSEN/MECKLING 1976, S. 306 f. Viele Agency-theoretische Modelle gehen dagegen i. d. R. von der Erfolgsmaximierung als zu verfolgendes finanzielles Oberziel aus; vgl. etwa TIROLE 1986, S. 187. Für eine empirische Evidenz zur Etablierung der langfristigen Steigerung des Shareholder Values als formales Oberziel bei börsennotierten Publikumsgesellschaften vgl. indes Abschn. II. D.1.a) des Ersten Hauptteils.

378 Vgl. hierzu auch TIROLE 1986, S. 187 f.

sie auch diese an eine dritte Partei, den Aufsichtsrat.[379] Dieser ist zum einen der Principal des Vorstands, da er das Screening, Bonding und Monitoring[380] desselben im Namen der Anteilseigner übernimmt. Zum anderen ist er ein weiterer Agent der Aktionäre, dessen primäres Ziel es sein muss, den Vorstand in deren Interesse zu überwachen.[381] Die Agency-Beziehungen zwischen den Parteien Aktionäre, Vorstand und Aufsichtsrat lassen sich wie folgt grafisch darstellen:

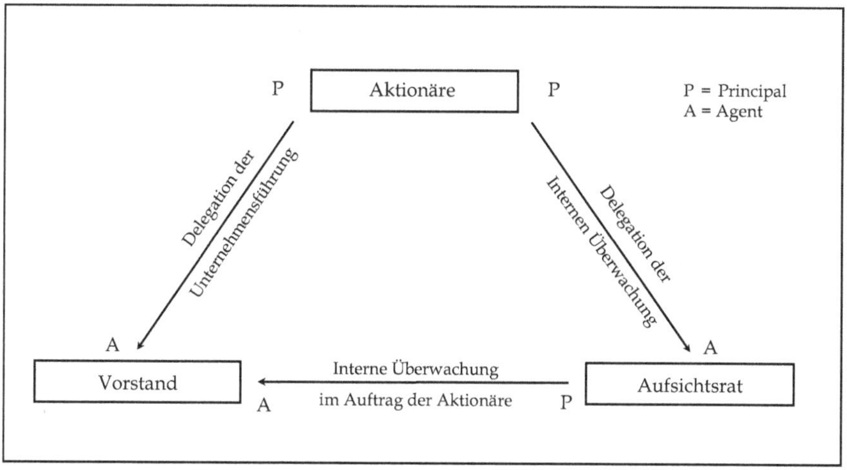

Abbildung 23: Agency-Beziehungen zwischen Aktionären, Vorstand und Aufsichtsrat[382]

---

379 Vgl. hierzu und in der Folge FALLGATTER 2003, S. 705; JASCHKE 1989, S. 50; LENTFER 2005, S. 150 f.; MARTENS 2000, S. 39; PETERSEN 1989, S. 184-189; PORTISCH 1997, S. 103; SEMLER 1995, S. 50; WITT 2001, S. 80 sowie allgem. formulierend TIROLE 1986, S. 182 f.

380 Vgl. diesbezüglich im Einzelnen Abschn. I. C.2 des Ersten Hauptteils.

381 Vgl. MÜNCHOW 1995b, S. 198. Streng genommen ist überdies bzgl. des deutschen Aufsichtsratssystems auf ein weiteres Principal-Agent-Verhältnis zwischen Arbeitnehmern und Arbeitnehmervertretern hinzuweisen; vgl. hierzu etwa VARGA VON KIBED 2001, S. 59. Wegen der derzeitigen Fokussierung des Kapitalmarkts im Rahmen der Corporate Governance erscheint jedoch eine gesonderte Betrachtung dieses Verhältnisses entbehrlich, zumal sich diese auch nicht auf die Aussage auswirken würde; vgl. ebenso bereits LENTFER 2005, S. 151 sowie ähnlich AUGE-DICKHUT 1999, S. 28 und JASCHKE 1989, S. 64.

382 Modifiziert entnommen von JASCHKE 1989, S. 49.

Bei dieser Konstellation gilt es zu bedenken, dass der Aufsichtsrat nicht automatisch die Interessen der Aktionäre vertritt.[383] Vielmehr unterliegt der Aufsichtsrat als Agent der Aktionäre denselben Fehlanreizen wie der Vorstand selbst.[384] So bestehen auch zugunsten des Aufsichtsrats gegenüber den Aktionären Informationsasymmetrien aufgrund von Hidden Characteristics, Hidden Information und Hidden Action, woraus die Gefahr einer Adverse Selection sowie des Moral Hazard in Form von Differencial Risk Exposure, Differencial Horizons, Consumption on the Job sowie Shirking resultiert.[385]

Darüber hinaus bietet sich für den Aufsichtsrat die Möglichkeit zur Bildung einer Koalition mit dem Vorstand zulasten der Aktionäre.[386] So ist es beispielsweise denkbar, dass der Aufsichtsrat als Supervisor von einer Überwachung gänzlich absieht und die Berichterstattung zugunsten des Vorstands manipuliert, während dieser ein niedrigeres Anstrengungsniveau wählen kann.[387] Koalitionen gehen dabei stets mit monetären und/oder nichtmonetären (Seiten-)Transfers zwischen den Koalitionspartnern einher, welche der dritten Partei, hier den Aktionären, verborgen bleiben und als Hidden Transfers bezeichnet werden.[388] Bei den Hidden Transfers handelt es sich um

---

383 Vgl. etwa MARTENS 2000, S. 39.

384 Vgl. hierzu und in der Folge DUTZI 2005, S. 150; GELDMACHER 2000, S. 80 f.; JASCHKE 1989, S. 256-259; LENTFER 2005, S. 156; PORTISCH 1997, S. 104-107 und WITT 2001, S. 80.

385 Zu den verschiedenen Formen von Informationsasymmetrien und Typen von Principal-Agent-Konflikten vgl. ausf. Abschn. I. C.2 des Ersten Hauptteils.

386 Zur Koalitionsbildung vgl. grundlegend TIROLE 1986, S. 184-187, 192-197 und daran anknüpfend PETERSEN 1989, S. 142 f., 167-169; für weitere koalitionsbezogene Ansätze vgl. CAILLAUD 1988; KOFMAN/LAWARRÉE 1993, S. 629-656; STRAUSZ 1997, S. 337-357. Grds. sind auch Koalitionen zwischen Principal und Agent sowie zwischen Principal und Supervisor denkbar. Jedoch besteht nur im Falle der Koalition zwischen Agent und Supervisor die Gefahr der Manipulation von Informationen durch die Koalition zulasten des Principal; vgl. hierzu TIROLE 1986, S. 198 und PETERSEN 1989, S. 142.

387 Vgl. hierzu im Einzelnen TIROLE 1986, S. 192-197. *Tirole* weist in diesem Zusammenhang darauf hin, dass die Verteilung des Überschusses aus der Koalition von der Verteilung der Verhandlungsmacht abhängig ist; vgl. TIROLE 1986, S. 192 f.

388 Vgl. PETERSEN 1989, S. 142 f., 165, 167-169 sowie bereits TIROLE 1986, S. 184-187, 192-197, der von „Covert Transfers" spricht. Als Hidden Transfers kommen versteckte

(Fortsetzung der Fußnote auf der nächsten Seite)

eine Form von Informationsasymmetrien, die nachvertraglich auftritt[389] und damit die Gefahr eines Moral Hazard (in Form von Coalitions) impliziert. Der in Rede stehende Principal-Agent-Konflikt stellt eine Eigenart mehrstufiger Agency-Beziehungen dar, wie sie in der Grundform nicht existiert.[390]

Angesichts der Fehlanreize, welchen der Aufsichtsrat als Agent der Aktionäre unterliegt, bedarf es Disziplinierungsmaßnahmen, die ihn zu einer effektiven Überwachung anregen und von einer Koalition mit dem Vorstand absehen lassen. Als Lösungsansätze kommen grundsätzlich diejenigen in Betracht, die bereits im Rahmen der einstufigen Agency-Theorie für den Vorstand diskutiert wurden.[391] Bei den Mechanismen zur Vermeidung einer Adverse Selection handelt es sich um die Self Selection, das Signalling und vor allem das Screening, während zur Überwindung des Moral Hazard ein Rückgriff auf das Bonding und Monitoring zu erfolgen hat.[392] Hinsichtlich des Monitoring von Aufsichtsratsmitgliedern besteht dabei die Besonderheit, dass dieses die Institutionalisierung eines weiteren Supervisors erforderte, eine solche jedoch nicht vorgesehen ist.[393] Ersatzweise verbleibt jedoch die Möglichkeit eines Self Monitoring, das heißt eine Überprüfung des Aufsichtsrats und seiner Mitglieder durch sich selbst,[394] welche schon seit Längerem im Kontext der Selbst-Evaluation des Aufsichtsrats einer intensiven Diskussion zugeführt wird.[395]

Vorteile verschiedener Art, insbes. Moral Hazard in Gestalt von Differencial Risk Exposure, Differencial Horizons, Consumption on the Job und Shirking in Betracht; vgl. hierzu auch die Beispiele bei TIROLE 1986, S. 185 f. und JASCHKE 1989, S. 56.

389 Vgl. PETERSEN 1989, S. 169.

390 Vgl. diesbezüglich MARTENS 2000, S. 41 sowie bereits PETERSEN 1989, S. 143.

391 Vgl. hierzu ausf. Abschn. I. C.2 des Ersten Hauptteils.

392 Vgl. zur Übertragung der im Rahmen des Grundmodells der Agency-Theorie vorgesehenen Mechanismen zur Minderungen von Agency-Konflikten auf den Aufsichtsrat bereits instruktiv LENTFER 2005, S. 157-161 sowie PORTISCH 1997, S. 106 f.

393 Vgl. zu dieser Problematik bereits LENTFER 2005, S. 158 f. und PORTISCH 1997, S. 104 f.

394 Natürlich besteht auch in dieser Situation die Gefahr eines kollusiven Verhaltens. Zur Überwachung von Agents untereinander vgl. ausf. VARIAN 1990, S. 153-174.

395 Vgl. hierzu umfassend LENTFER 2005, S. 397-566.

In der folgenden Abbildung 24 sind die vorstehenden Ausführungen zur Typisierung von Principal-Agent-Konflikten bezüglich des Aufsichtsrats als Agent der Aktionäre im Rahmen der doppelstufigen Agency-Theorie nochmals zusammenfassend dargelegt.

<table>
<tr><th>Typ / Vergleichskriterium</th><th>Hidden Characteristics</th><th colspan="2">Hidden Information</th><th colspan="2">Hidden Action</th><th>Hidden Transfers</th></tr>
<tr><td>Entstehungszeitpunkt</td><td>vor Vertragsabschluss</td><td colspan="2">nach Vertragsabschluss, vor Entscheidung des Agent</td><td colspan="2">nach Vertragsabschluss, nach Entscheidung des Agent</td><td>nach Vertragsabschluss</td></tr>
<tr><td>Entstehungsursache</td><td>ex ante verborgene Eigenschaften des Agent (persönliche Eignung, Fähigkeiten)</td><td colspan="2">nicht beobachtbarer Informationsstand des Agent</td><td colspan="2">nicht beobachtbare Aktivitäten des Agent</td><td>nicht beobachtbare Koalition u. Transfers zwischen den Agents</td></tr>
<tr><td>Problemfeld</td><td>Eingehen von Vertragsbeziehungen</td><td colspan="2">Entscheidungsbeurteilung</td><td colspan="2">Verhaltens-(Leistungs-) Beurteilung</td><td>Beurteilung kollusiven Verhaltens</td></tr>
<tr><td rowspan="2">Resultierende Gefahr (Principal-Agent-Konflikt)</td><td rowspan="2">(3) Adverse Selection</td><td colspan="5">(4) Moral Hazard</td></tr>
<tr><td>(a) Differencial Risk Exposure</td><td>(b) Differencial Horizons</td><td>(c) Consumption on the Job</td><td>(d) Shirking</td><td>(e) Coalitions</td></tr>
<tr><td>Lösungsansätze</td><td>Screening, Signalling, Self Selection</td><td colspan="5">Bonding, (Self-)Monitoring</td></tr>
</table>

Abbildung 24: Typisierung von Principal-Agent-Konflikten bezüglich des Aufsichtsrats als Agent der Aktionäre[396]

---

[396] Die Darstellung erfolgt in Anlehnung an die Abbildung 4 zur Typisierung von Principal-Agent-Konflikten hinsichtlich des Vorstands als Agent der Aktionäre. Um eine geeignete Clusterbildung für den weiteren Verlauf der Untersuchung zu schaffen, knüpft die Nummerierung der Principal-Agent-Konflikte an die Abbildung 4 an und beginnt mit der Ziffer (3).

Entsprechend der im Rahmen dieser Arbeit zugrunde gelegten Systematisierung der internen Corporate Governance gilt es, neben den Verwaltungsorganen Vorstand und Aufsichtsrat auch den (Konzern-)Abschlussprüfer als weiteren Agent in die Überlegungen mit einzubeziehen.[397] Der (Konzern-)Abschlussprüfer lässt sich dabei in das doppelstufige Principal-Agent-Modell integrieren, indem seine Prüfungsleistung als eine von den Aktionären delegierte Monitoring-Maßnahme[398] aufgefasst wird, die zu einer verbesserten Beurteilung der Tätigkeit des Vorstands führen soll.[399] Im deutschen dualistischen System der Unternehmensverfassung ist in diesem Zusammenhang zu beachten, dass der (Konzern-)Abschlussprüfer zwar von den Aktionären bestellt,[400] jedoch vom Aufsichtsrat beauftragt wird,[401] er insoweit eine Doppel-Agenten-Rolle einnimmt.[402] Als Element der externen Corporate Governance übernimmt er einerseits mit seinem Bestätigungsvermerk eine Art Garantiefunktion für die Richtigkeit der Rechnungslegung, als Bestandteil der internen Corporate Governance kommt dem (Konzern-)Abschlussprüfer andererseits die Aufgabe zu, den Aufsichtsrat bei der Überwachung des Vorstands zu

---

397 Zur Systematisierung der internen Corporate Governance vgl. Abschn. I. B.1 des Ersten Hauptteils.

398 Die Delegation der Prüfungsleistung an den (Konzern-)Abschlussprüfer verhindert im Vergleich zu den alternativ von einzelnen Aktionären persönlich durchzuführenden Prüfungshandlungen nicht nur ein Trittbrettfahrerproblem, sondern führt für den Einzelnen auch zur Ersparnis von Agency-Kosten; vgl. hierzu BALLWIESER 1989, S. 343 sowie WATTS/ZIMMERMAN 1983, S. 614 f.

399 Vgl. etwa ARRUNADA 1999, S. 4; CHOW 1982, S. 274 sowie bereits JENSEN/MECKLING 1976, S. 338. Zur Integration des (Konzern-)Abschlussprüfers in die Principal-Agency-Theorie vgl. die Modelle von ANTLE 1982, S. 503-526; ANTLE 1984, S. 1-18; BAIMAN/EVANS/NOEL 1987, S. 217-243 sowie ergänzend BALLWIESER 1987, S. 358-360; BALLWIESER 1989, S. 337-340; EWERT 1990, S. 146-155; GELTER 2004, S. 24 f.; MARTEN 1994, S. 150; MARTEN 1995, S. 707 f.; MARTEN/QUICK/RUHNKE 2007, S. 37 und STEGEMEYER 2002, S. 97-99.

400 Vgl. § 318 Abs. 1 Satz 1 HGB und § 119 Abs. 1 Nr. 4 AktG.

401 Vgl. § 318 Abs. 1 Satz 4 HGB und § 111 Abs. 2 Satz 3 AktG.

402 Auf die Rolle des (Konzern-)Abschlussprüfers als mehrfachen Agent weist bereits JASCHKE 1989, S. 53 hin.

unterstützen.[403] Die vorliegend im Fokus der Betrachtung stehende Unterstützungsleistung manifestiert sich dabei in der Prüfung der Rechnungslegung und der Berichterstattung hierüber.[404] Die Integration des (Konzern-)Abschlussprüfers in das Gedankengebäude der doppelstufigen Principal-Agent-Theorie lässt sich - in Erweiterung der Abbildung 23 - wie folgt grafisch verdeutlichen:

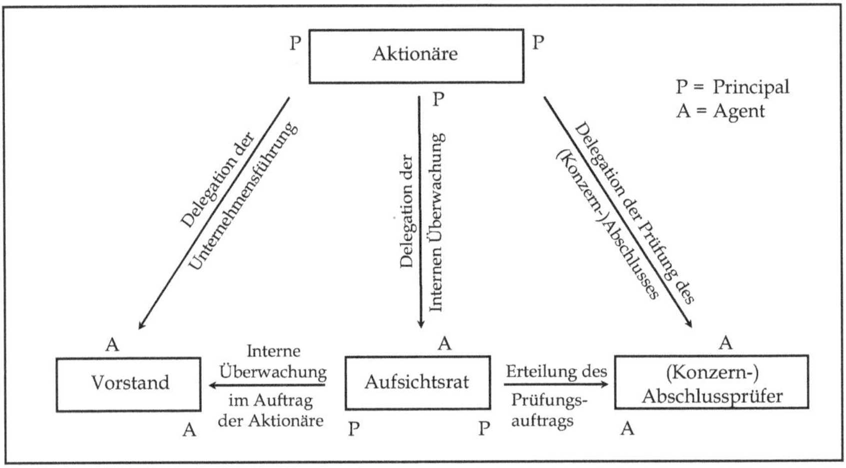

Abbildung 25: Agency-Beziehungen zwischen Aktionären, Vorstand, Aufsichtsrat und (Konzern-)Abschlussprüfer[405]

---

403 Vgl. HOMMELHOFF/MATTHEUS 1998, S. 251; MATTHEUS 2009, S. 576-578; POTTHOFF/TRESCHER 2003, Rn. 172, S. 69 f. sowie bereits Abschn. I. B.1 des Ersten Hauptteils. Zur Garantie- und Unterstützungsfunktion des (Konzern-)Abschlussprüfers vgl. weiterführend MÖßLE 2003, S. 107-109, 111-113; MÜLLER 2006, S. 20 f. VELTE/WEBER 2010, S. 394 sowie VELTE/WEBER 2011.

404 Vgl. hierzu MATTHEUS 2009, S. 577 f. sowie bereits allgem. ANTLE 1982, S. 512, der von einer Verifizierung der Rechnungslegung spricht.

405 Modifiziert entnommen von JASCHKE 1989, S. 49 sowie erweitert um die Perspektive des (Konzern-)Abschlussprüfers.

Analog zum Aufsichtsrat gilt es auch hinsichtlich des (Konzern-)Abschlussprüfers zu bedenken, dass dieser keinen neutralen Monitoring-Mechanismus verkörpert, sondern sich selbst entsprechend seiner eigenen Anreizstruktur verhält.[406] Dies kann wiederum Principal-Agent-Konflikte aufwerfen und damit verbunden zu einer Beeinträchtigung der Vertrauenswürdigkeit des Prüferurteils, das heißt der Urteilsfähigkeit, der sachgerechten Urteilsbildung sowie der Urteilsfreiheit,[407] führen.[408] Ermöglicht wird ein etwaiges Fehlverhalten des (Konzern-)Abschlussprüfers durch die zu seinen Gunsten sowohl gegenüber den Aktionären als auch dem Aufsichtsrat bestehende Informationsasymmetrien aufgrund von Hidden Characteristics, Hidden Action und Hidden Transfers, die er in seinem Sinne nutzen kann.[409]

Die Gefahr einer Adverse Selection aufgrund von Hidden Characteristics[410] ist insbesondere dann gegeben, wenn der (Konzern-)Abschlussprüfer nicht über die zugesagten Qualifikationen und/oder die erforderliche Unabhängigkeit verfügt.[411] Diese Problematik entspricht der im Rahmen der traditionellen Prüfungslehre geführten Diskussion um die Fähigkeit des Prüfers zur unabhängi-

---

406 Vgl. ANTLE 1982, S. 503 f., 513; ANTLE 1984, S. 5, 11; BAIMAN 1979, S. 29; BAIMANN/EVANS/NOEL 1987, S. 217; BALLWIESER 1987, S. 352; BALLWIESER 1989, S. 329; EWERT 1990, S. 140; EWERT 1993, S. 719 sowie EWERT/STEFANI 2001, S. 149. Für Modelle, in denen der (Konzern-)Abschlussprüfer hingegen als reine Prüfungstechnologie ohne eigene Anreizstruktur behandelt wird, vgl. etwa NG 1978, S. 910-919 sowie PENNO 1985, S. 240-254.

407 Vgl. hierzu grundlegend LEFFSON 1988, S. 61, 66-88 sowie hieran anknüpfend MEUWISSEN/QUICK 2009, S. 383.

408 Zum Zusammenhang zwischen Principal-Agent-Konflikten des (Konzern-)Abschlussprüfers und der Vertrauenswürdigkeit des Prüferurteils vgl. HERZIG/WATRIN 1995, S. 793 sowie ergänzend MÜLLER 2006, S. 11 und STEGEMEYER 2002, S. 100-102.

409 Vgl. hierzu auch STEGEMEYER 2002, S. 104-114 sowie ähnlich HERZIG/WATRIN 1995, S. 789-794, die jedoch die Hidden Transfers im Rahmen der Hidden Action abhandeln, die Hidden Intention dagegen gesondert ansprechen.

410 Zu Informationsasymmetrien aufgrund von Hidden Characteristics und der daraus resultierenden Gefahr einer Adverse Selection vgl. bereits Abschn. I. C.2 des Ersten Hauptteils.

411 Vgl. hierzu und in der Folge HERZIG/WATRIN 1995, S. 789 f., 793 sowie ergänzend MÜLLER 2006, S. 11 und STEGEMEYER 2002, S. 104.

gen und fachlichen Urteilsbildung, welche nach *Leffson*[412] mit dem Oberbegriff Urteilsfähigkeit zum Ausdruck gebracht werden kann. Neben diesem Principal-Agent-Konflikt vorvertraglicher Natur besteht bezüglich des (Konzern-) Abschlussprüfers im Zuge nachvertraglicher Informationsasymmetrien aufgrund von Hidden Action auch die Gefahr eines Moral Hazard[413] in Form einer nicht ordnungsmäßigen Prüfung, welche auch als Shirking charakterisiert werden kann und einer nicht sachgerechten Urteilsbildung im Sinne der traditionellen Prüfungslehre[414] entspricht.[415] Zudem eröffnen dem (Konzern-) Abschlussprüfer Informationsasymmetrien aufgrund von Hidden Transfers die Möglichkeit eines kollusiven Verhaltens,[416] wobei eine Koalition mit dem Vorstand zulasten der Aktionäre respektive des Aufsichtsrats als am wahrscheinlichsten anzusehen ist.[417] So könnte der (Konzern-)Abschlussprüfer mit dem Vorstand koalieren, indem er eine nicht den einschlägigen Normierungen entsprechende Bilanzierung duldet.[418] Aus dem Blickwinkel der traditionellen Prüfungslehre resultiert hieraus die Gefahr einer Einschränkung der Urteils-

412 Vgl. LEFFSON 1988, S. 66 f. sowie ergänzend VELTE 2008a, S. 108.

413 Zu Informationsasymmetrien aufgrund von Hidden Action und der damit verbundenen Gefahr eines Moral Hazard vgl. bereits Abschn. I. C.2 des Ersten Hauptteils.

414 Vgl. hierzu LEFFSON 1988, S. 86-88.

415 Vgl. HERZIG/WATRIN 1995, S. 790, 793; MÜLLER 2006, S. 10 f.; QUICK 2002, S. 630 und STEGEMEYER 2002, S. 105.

416 Zur Gefahr der Koalition zwischen (Konzern-)Abschlussprüfer und Vorstand vgl. ANTLE 1982, S. 514-526; BALLWIESER 1987, S. 358-362; BALLWIESER 1989, S. 339; EWERT 1990, S. 141-143; EWERT/STEFANI 2001, S. 149, 167; GELTER 2004, S. 123; HERZIG/WATRIN 1995, S. 790 sowie MÜLLER 2006, S. 10.

417 Vgl. BALLWIESER 1987, S. 352 f.; BALLWIESER 1989, S. 339; EWERT 1990, S. 141-143; EWERT/STEFANI 2001, S. 149; HERZIG/WATRIN 1995, S. 790 sowie ausf. STEGEMEYER 2002, S. 109-114. Es besteht natürlich auch die Möglichkeit der Koalition der Agents Vorstand, Aufsichtsrat und (Konzern-)Abschlussprüfer zulasten der Aktionäre als Principles. Die folgenden Ausführungen konzentrieren sich jedoch auf den Hauptfall einer Koalition zwischen dem (Konzern-)Abschlussprüfer und dem Vorstand.

418 Vgl. GELTER 2004, S. 25 sowie ähnlich STEGEMEYER 2002, S. 111.

freiheit des Prüfers[419] und damit verbunden die Möglichkeit einer nicht wahrheitsgemäßen Berichterstattung über die durchgeführte Prüfung.[420]

In Anbetracht dieses Potenzials an Principal-Agent-Konflikten bedarf es Mechanismen, die den (Konzern-)Abschlussprüfer zur Abgabe eines vertrauenswürdigen Prüfungsurteils motivieren und von einem kollusiven Verhalten Abstand nehmen lassen. Wie bereits für den Vorstand und Aufsichtsrat eruiert,[421] kommen als Lösungsansätze zur Vermeidung einer Adverse Selection die Self Selection, das Signalling und insbesondere das Screening in Betracht, wohingegen zur Überwindung des Shirking und der Coalitions als spezifische Ausprägungen des Moral Hazard die Instrumente des Bonding und Monitoring zur Verfügung stehen.[422] Das Monitoring des (Konzern-)Abschlussprüfers erfolgt dabei zum einen durch den Aufsichtsrat als unternehmensverwaltungsinternen Supervisor.[423] Zum anderen findet jedoch auch außerhalb der internen Corporate Governance ein Monitoring statt, und zwar unmittelbar durch das so genannte Peer Review[424] und mittelbar in Gestalt des Enforcement.[425] Die vorstehenden Ausführungen zur Typisierung von Principal-Agent-Konflikten im Hinblick auf den (Konzern-)Abschlussprüfer lassen sich nochmals zusammenfassend aus der folgenden Abbildung 26 entnehmen.

---

419 Vgl. hierzu LEFFSON 1988, S. 67-86.

420 Vgl. EWERT/STEFANI 2001, S. 167; HERZIG/WATRIN 1995, S. 793 sowie daran anknüpfend MÜLLER 2006, S. 11.

421 Vgl. Abschn. I. C.2 des Ersten Hauptteils.

422 Vgl. hierzu unter Nennung zahlreicher Beispiele HERZIG/WATRIN 1995, S. 789-800 sowie MÜLLER 2006, S. 10 f.

423 Vgl. ebenso HERZIG/WATRIN 1995, S. 798 f.

424 Vgl. bereits BALLWIESER 1987, S. 352; HERZIG/WATRIN 1995, S. 791 und STEGEMEYER 2002, S. 160. Zum Peer Review vgl. im Einzelnen IDW PS 140, Rn. 1-117; MÜLLER 2006, S. 210-213 sowie STEFANI 2002, S. 75-82.

425 Vgl. hierzu auch VELTE 2007, S. 555. Zum Enforcement vgl. bereits Abschn. I. B.3.d) des Ersten Hauptteils.

Typ / Vergleichskriterium	Hidden Characteristics	Hidden Action	Hidden Transfers
Entstehungszeitpunkt	vor Vertragsabschluss	nach Vertragsabschluss	nach Vertragsabschluss
Entstehungsursache	ex ante verborgene Eigenschaften des Agent (persönliche Eignung, Fähigkeiten)	nicht beobachtbare Aktivitäten des Agent	nicht beobachtbare Koalition und Transfers zwischen den Agents
Problemfeld	Eingehen von Vertragsbeziehungen	Verhaltens- (Leistungs-) Beurteilung	Beurteilung kollusiven Verhaltens
Resultierende Gefahr (Principal-Agent-Konflikt)	(5) Adverse Selection	(6) Moral Hazard	
		(a) Shirking	(b) Coalitions
Betroffener Aspekt der Vertrauenswürdigkeit des Prüferurteils	Urteilsfähigkeit (Gefahr fehlender Qualifikation und Unabhängigkeit)	sachgerechte Urteilsbildung (Gefahr einer nicht ordnungsmäßigen Prüfung)	Urteilsfreiheit (Gefahr einer nicht wahrheitsgemäßen Berichterstattung)
Lösungsansätze	Screening, Signalling, Self Selection	Bonding, Monitoring	

Abbildung 26: Typisierung von Principal-Agent-Konflikten bezüglich des (Konzern-) Abschlussprüfers als Agent[426]

Nachdem nunmehr die konzeptionellen Überlegungen zur Auswahl der Inhaltskomponenten abgeschlossen sind, gilt es im Folgenden, solche auch zum Berichtsumfang anzustellen.

426 Modifiziert entnommen von HERZIG/WATRIN 1995, S. 794. Um eine geeignete Clusterbildung für den weiteren Verlauf der Untersuchung zu schaffen, knüpft sowohl die Darstellungsform als auch die Nummerierung der Principal-Agent-Konflikte an die Abbildungen 4 und 24 an und beginnt mit der Ziffer (5).

(2) Umfang der Inhaltskomponenten

Wie die Auswahl der Inhaltskomponenten[427] ist auch der entsprechende Berichtsumfang aus der mit dem jeweiligen Reportinginstrument verbundenen Zielsetzung abzuleiten.[428] Entsprechend den vorstehenden Ausführungen besteht die mit dem Corporate Governance Statement verfolgte Zielsetzung darin, Informationsasymmetrien zwischen der Unternehmensverwaltung und (potenziellen) Investoren bezüglich der Funktionsweise der unternehmensspezifischen internen Corporate Governance möglichst weitgehend zu reduzieren, um auf diese Weise den informationsbedingten Risikozuschlag hinsichtlich des Verhaltensrisikos und damit die Kapitalkosten des Unternehmens zu senken.[429] Das entscheidende Kriterium für den Umfang der einzelnen Inhaltskomponenten ist folglich darin zu sehen, dass - ausgehend von einem typisierten Berichtsadressaten mit einem limitierten Zugang zu unternehmensinternen Informationen und mit professionellen Analysefähigkeiten[430] - idealtypisch alle diejenigen (kodierten) Informationen im Rahmen des Corporate Governance Statements zu übermitteln sind, die aus Sicht der Adressaten für eine fundierte Einschätzung der Funktionsweise der unternehmensspezifischen internen Corporate Governance unentbehrlich sind.

In Anwendung der ebenfalls bereits vorstehend entwickelten allgemeinen und besonderen Rahmengrundsätze für das Corporate Governance Statement[431] bedeutet dies zunächst, dass die Berichterstattung sich nicht in einer Darlegung von Sachverhalten der Vergangenheit und der Gegenwart zu erschöpfen, sondern vielmehr auch Angaben zu erkennbaren, die unternehmensspezifische interne Corporate Governance betreffenden zukünftigen Entwicklungen

---

427 Vgl. hierzu Abschn. II. C.5.a)(1) dieses Hauptteils.

428 Vgl. in diesem Sinne auch DRILL 1995, S. 105 und HUB 1972, S. 8.

429 Vgl. hierzu Abschn. II. C.3 dieses Hauptteils.

430 Zur Typisierung der Adressaten des Corporate Governance Statements vgl. im Einzelnen Abschn. II. C.2 dieses Hauptteils.

431 Vgl. diesbezüglich Abschn. II. C.4 dieses Hauptteils.

unter Benennung von Gründen und gegebenenfalls getroffener Annahmen zu umfassen hat.[432] Zudem hat das Corporate Governance Statement in ausgewogener Form sowohl Informationen zu positiven als auch negativen Sachverhalten oder Entwicklungen[433] und im Konzernfall gegebenenfalls eine Segmentierung der Informationen nach rechtlichen Einheiten zu beinhalten.[434] Eine Begrenzung erfährt der Umfang der Inhaltskomponenten durch den Grundsatz der Wirtschaftlichkeit[435] und das damit in einem engen Zusammenhang stehende Postulat des komparativen Informationsvorteils der Unternehmensverwaltung, wonach nur diejenigen Angaben Eingang in das Corporate Governance Statement finden dürfen, bei denen der Vorstand und der Aufsichtsrats Informationsvorteile gegenüber anderen, den Berichtsadressaten zugänglichen Informationsquellen besitzen.[436] Mit dieser Einschränkung wird gleichzeitig der Gefahr einer Informationsüberflutung der Berichtsadressaten vorgebeugt.

---

432 Vgl. hierzu die Ausführungen zum Grundsatz der Richtigkeit in Abschn. II. C.4.b)(1) dieses Hauptteils sowie analog WERDER 2010, Rn. 542, S. 172 zum Corporate Governance Bericht i. S. d. DCGK 2010, Rn. 3.10; LENTFER 2005, S. 229, 256-261 im Kontext der Entsprechenserklärung nach § 161 AktG und CIESIELSKI 1977, S. 59 allgem. zur Unternehmenspublizität.

433 Vgl. diesbezüglich Abschn. II. C.4.b)(2) dieses Hauptteils zum Grundsatz der Vollständigkeit sowie ARBEITSKREIS 2002, S. 2340; KÖSTER 1992, S. 101 sowie UNSELD 1976, S. 68 f.

434 Zum Postulat der Segmentierung von Informationen vgl. im Einzelnen die Ausführungen in Abschn. II. C.4.c)(1) dieses Hauptteils.

435 Vgl. hierzu Abschn. II. C.4.b)(5) dieses Hauptteils. Eine Begrenzung des Berichtsumfangs durch den Grundsatz der Wirtschaftlichkeit betonen ebenfalls CIESIELSKI 1977, S. 59; DAHL 1995, S. 185 und HÜTTEN 2000, S. 287.

436 Vgl. diesbezüglich Abschn. II. C.4.c)(3) dieses Hauptteils sowie HEUMANN 2005, S. 80; ähnlich BÖCKING/WESNER 2004, S. S 102 im Kontext des Business Reportings. Aus juristischer Sicht ergibt sich im Hinblick auf die Berichterstattung der Verwaltungsorgane eine weitere Begrenzung durch den Grundsatz der Verschwiegenheit; vgl. hierzu etwa THEISEN 1987, S. 82. Aufgrund ihrer betriebswirtschaftlichen Ausrichtung steht der Grundsatz der Verschwiegenheit indes nicht im Vordergrund der vorliegenden Arbeit. Für eine ausführliche juristische Auseinandersetzung mit dem Postulat der Verschwiegenheit vgl. etwa SCHNEIDER 2006, S. 50-78.

(3) Konklusion

Zusammenfassend folgt aus den konzeptionellen Vorüberlegungen zur Auswahl der Inhaltskomponenten, dass die interne Corporate Governance den zentralen Berichtsgegenstand des Corporate Governance Statements bildet. Zur Konkretisierung des Berichtsgegenstands sind im Rahmen einer Zweistufen-Konzeption zunächst in möglichst vollständiger und systematischer Weise Mechanismen der internen Corporate Governance zu ermitteln. Es bietet sich hierbei an, den DCGK als Ausgangsgrundlage zu wählen und diesen - unter Eliminierung von Mechanismen der externen Corporate Governance und entsprechenden Umgliederungen - zu einer Checkliste betreffend Mechanismen der internen Corporate Governance weiterzuentwickeln.[437] Die ermittelten Mechanismen sind sodann zur Überprüfung ihrer jeweiligen Wirkungsweisen und damit verbunden zur Rechtfertigung ihrer Aufnahme in das Corporate Governance Statement einem theoretischen Bezugsrahmen - vorliegend der (doppelstufigen) Principal-Agent-Theorie - zuzuführen. Damit es gelingen kann, die Mechanismen der internen Corporate Governance auf die ihnen zugrunde liegenden Principal-Agent-Konflikte eindeutig zurückzuführen, bedarf es zwingend einer geeigneten Typisierungen dieser Konflikte.[438]

Im Hinblick auf den Umfang der Inhaltskomponenten ist aus den konzeptionellen Vorüberlegungen abzuleiten, dass das Corporate Governance Statement - unter Zugrundelegung eines typisierten Berichtsadressaten - idealtypisch alle diejenigen (kodierten) Informationen zu enthalten hat, die aus Sicht der Adressaten für eine fundierte Einschätzung der Funktionsweise der unternehmensspezifischen internen Corporate Governance zwingend erforderlich sind. Hierbei ist einschränkend zu betonen, dass der Berichtsumfang eine Begrenzung durch den Grundsatz der Wirtschaftlichkeit und das Postulat des komparativen Informationsvorteils der Unternehmensverwaltung erfährt.

---

437 Vgl. hierzu die Tabellen 27 bis 34.

438 Zu den Typisierungen vgl. Abbildung 4 in Abschn. I. C.2 des Ersten Hauptteils sowie die Abbildungen 24 und 26 in Abschn. II. C.5.a)(1)(b)(iii) dieses Hauptteils.

Auf der Grundlage dieser konzeptionellen Vorüberlegungen gilt es im Folgenden, die Inhaltskomponenten des Corporate Governance Statements im Einzelnen zu entwickeln. Im Hinblick auf die Kategorisierung der Berichtsgegenstände bietet es sich hierbei an, auf die Systematisierung der Checkliste betreffend Mechanismen der internen Corporate Governance zurückzugreifen.[439] Als erste Berichtsrubrik ergibt sich demgemäß die „Unternehmensführung durch den Vorstand", innerhalb welcher die Besetzung, die innere Organisation, die wertorientierte Unternehmensführung, Interessenkonflikte sowie die Vergütung des Vorstands abzuhandeln sind. Es folgt die zweite Berichtskategorie „Interne Überwachung durch den Aufsichtsrat", welche - analog zum Vorstand - die Besetzung, die innere Organisation, die Überwachungsaufgabe, Interessenkonflikte sowie die Vergütung des Aufsichtsrats zum Gegenstand hat. Berichtsinhalte im Rahmen der dritten Hauptrubrik „Unterstützung des Aufsichtsrats durch den (Konzern-)Abschlussprüfer" bilden die Auswahl des (Konzern-)Abschlussprüfers, die Erteilung des Prüfungsauftrags sowie Unterstützungsleistungen und das Honorar des (Konzern-)Abschlussprüfers.

Die im folgenden Abschnitt zu eruierenden Inhaltskomponenten sowie ihre Kommentierungen gehen als Ergebnis in schematischer Form in einen Berichtskatalog ein,[440] der ebenfalls der vorstehenden Systematisierung folgt und die Grundlage für den im Rahmen der empirisch induktiven Evaluation der Inhaltskomponenten des Corporate Governance Statements zu entwickelnden Fragebogen darstellt.[441] Um eine direkte Verbindung zwischen den Ausführungen im folgenden Abschnitt und dem Berichtskatalog zu schaffen, erfolgt an der jeweiligen Textstelle ein Hinweis auf den Berichtskatalog und die entsprechende Randnummer.

---

439 Die Checkliste betreffend Mechanismen der internen Corporate Governance ist in den Tabellen 27 bis 34 zusammengefasst.

440 Vgl. Anhang, Tabelle 55 bis Tabelle 74. Die Darstellung des Berichtskatalogs erfolgt in Anlehnung an den Kommentar der SWX Swiss Exchange zur RLCG 2006; vgl. hierzu SWX Swiss Exchange 2007, S. 1-30.

441 Vgl. hierzu Abschn. II. B des Dritten Hauptteils.

b) Inhaltskomponenten im Einzelnen

(1) Unternehmensführung durch den Vorstand

(a) Besetzung

Die Mechanismen der internen Corporate Governance im Zusammenhang mit der Besetzung des Vorstands beziehen sich aus der Perspektive der Agency-Theorie auf eine Konfliktsituation vor Vertragsabschluss.[442] In dieser Phase der Vertragsbeziehung verfügt der Agent in Gestalt des Vorstands über Informationen hinsichtlich seiner persönlichen Eigenschaften und Fähigkeiten, die sowohl seine Verhaltensweise als auch das Auftragsergebnis determinieren.[443] Da die Aktionäre als Principals die Charakteristika des Vorstand-Agent nicht kennen, besteht für diese die Gefahr, einen ungeeigneten Vertragspartner auszuwählen (Adverse Selection).[444]

Um der Gefahr einer Adverse Selection entgegenzuwirken, wird zunächst die Kompetenz zur Bestellung und damit zur Personalauswahl allein dem Supervisor Aufsichtsrat[445] zugesprochen,[446] welcher im Auftrag der Aktionäre

---

442 Dies gilt sowohl für eine Erstbestellung als auch für eine Wiederbestellung von Vorstandsmitgliedern. Denkbar ist auch, die Wiederbestellung als eine Situation nach Vertragsabschluss zu interpretieren. In diesem Fall wäre als zugrunde liegender Principal-Agent-Konflikt der Moral Hazard mit seinen spezifischen Ausprägungen zu thematisieren. Vgl. hierzu Abschn. I. C.2 des Ersten Hauptteils.

443 Vgl. hierzu und in der Folge bereits Abschn. I. C.2 des Ersten Hauptteils.

444 Dies entspricht der Fallgruppe (1) in der Abbildung 4 zur Typisierung von Principal-Agent-Konflikten.

445 Einen Sonderfall stellt die gerichtliche Bestellung von Vorstandsmitgliedern i. S. d. § 85 AktG dar, welchem in praxi jedoch nur geringe Bedeutung zukommt.

446 Vgl. hierzu Tabelle 27, Rn. 1.1 lit. a) Satz 1, ferner DCGK 2010, Rn. 5.1.2 Unterabs. 1 Satz 1 i. V. m. §§ 84 Abs. 1 Satz 1 AktG, 31 MitbestG sowie ergänzend LUTTER 2001b, S. 226; LUTTER/KRIEGER 2008, Rn. 332-335, S. 135-137; OECHSLER 2003, S. 310; PELTZER 1993, S. 262; POTTHOFF/TRESCHER 2003, Rn. 1583, S. 385 f.; SEMLER 2009a, Rn. 52, S. 14. Von der Bestellung ist der Abschluss des Anstellungsvertrags mit dem Vorstand zu unterscheiden, im Rahmen dessen die schuldrechtlichen Konditionen geregelt sind, zu denen das Vorstandsmitglied für die Gesellschaft tätig wird. Vgl. hierzu umfassend

(Fortsetzung der Fußnote auf der nächsten Seite)

agiert und gleichzeitig einen weiteren Principal des Vorstands verkörpert.[447] Ein Mitspracherecht der bestehenden Vorstandsmitglieder existiert in diesem Zusammenhang nicht und kann auch nicht rechtsverbindlich vereinbart werden.[448] Nach herrschender Meinung im juristischen Schrifttum wird es jedoch grundsätzlich als geboten angesehen, die Personalauswahl nicht ohne beratende Beteiligung der bereits vorhandenen Vorstandsmitglieder durchzuführen.[449] Diesen Gedanken aufgreifend, sollen sich Aufsichtsrat und Vorstand gemeinsam einer langfristigen (internen) Nachfolgeplanung annehmen.[450] Obgleich dadurch die Hoheit des Aufsichtsrats bei der Bestellung von Vorstandsmitgliedern nicht in Frage gestellt werden soll[451] und die Nutzung von Spezialisierungsvorteilen der Unternehmensführung im Grundsatz sinnvoll erscheint, ist dennoch auch eine rein beratende Einbeziehung bestehender Vorstandsmitglieder in das in Rede stehende Bestellungsverfahren aufgrund der potenziellen Einflussnahme auf die Auswahl ihresgleichen[452] aus Agency-theoretischer Sicht kritisch zu sehen.

Zur Vermeidung einer Adverse Selection hat darüber hinaus im Rahmen einer ordnungsmäßigen Bestellung ein Auswahlverfahren durch den Aufsichtsrat zu erfolgen, welches insbesondere die Sammlung von Informationen zu Eigenschaften und Fähigkeiten potenzieller Vorstandskandidaten zur Sicherstellung

---

KRIEGER 1981, S. 163-190; MERTENS/CAHN 2010, Rn. 34-97 zu § 84 AktG, S. 253-292 sowie SPINDLER 2008a, Rn. 1, 12-15 zu § 84 AktG, S. 244, 247-249.

447 Zu den Agency-Beziehungen zwischen Aktionären, Vorstand und Aufsichtsrat vgl. Abschn. II. C.5.a)(1)(b)(iii) dieses Hauptteils. Für einen Überblick zu den Gründen des Gesetzgebers zur Überantwortung der Auswahl des Vorstands an den Aufsichtsrat vgl. KRIEGER 1981, S. 16 f. sowie ergänzend SEIBT 2008a, Rn. 2 zu § 84 AktG, S. 946.

448 Vgl. hierzu KREMER 2010, Rn. 934, S. 266.

449 Vgl. etwa KRIEGER 1981, S. 31 m. w. N.; LUTTER/KRIEGER 2008, Rn. 336, S. 137; MERTENS/CAHN 2010, Rn. 23 zu § 77 AktG, S. 113 f.; PELTZER 2002, S. 13; PELTZER 2003a, Rn. 176, S. 73 sowie PELTZER 2005, Rn. 2, S. 108.

450 Vgl. hierzu Tabelle 27, Rn. 1.1 lit. a) Satz 3 sowie gleichlautend DCGK 2010, Rn. 5.1.2 Unterabs. 1 Satz 3; kommentierend vgl. MUTTER 2009, S. 800.

451 Vgl. KREMER 2010, Rn. 940, S. 268 sowie SPINDLER 2008a, Rn. 15 zu § 84 AktG, S. 249.

452 Vgl. hierzu pointiert POTTHOFF/TRESCHER 2003, Rn. 1619, S. 395 f.

der Kompetenz und Integrität des Gesamtvorstands zum Gegenstand hat.[453] Unter Agency-Gesichtspunkten handelt es sich bei diesem Vorgang um ein so genanntes Screening.[454]

Ein idealtypisches Auswahlverfahren im Rahmen der Vorstandsbestellung umfasst nach Auffassung des Schrifttums die Formulierung eines Anforderungsprofils, die Suche nach geeigneten Kandidaten sowie ihre zielorientierte Bewertung und Auswahl.[455] Hinsichtlich des Anforderungsprofils wird dabei zunächst die Festlegung einer generellen Altersgrenze für Vorstandsmitglieder gefordert, mit dem Ziel, der erheblichen Belastung, die aus der Vorstandstätigkeit erwachsen kann, entsprechend Rechnung zu tragen.[456] Zudem sollen Vorstände, um auch den zeitlichen Anforderungen ihres Amtes gerecht zu werden, nicht mehr als drei Aufsichtsratsposten in konzernexternen börsennotierten Gesellschaften oder in Aufsichtsgremien von Unternehmen mit vergleichbaren Anforderungen übernehmen.[457] Als weitere Auswahlkriterien kommen vor allem die Ausbildung, das fachliche Know-how einschließlich des derzeit ausgeübten Berufs, bisherige berufliche Erfahrungen, Charaktereigenschaften, wie insbesondere die persönliche Integrität, das Führungspoten-

---

453 Vgl. in diesem Sinne POTTHOFF/TRESCHER 2003, Rn. 1616, S. 394; ferner GOLLNICK 1997, S. 68 f. Zu einer möglichen Übernahme vorbereitender Tätigkeiten durch einen (Personal-)Ausschuss vgl. Abschn. II. C.5.b)(2)(b) dieses Hauptteils.

454 Die Self Selection und das Signalling als weitere Möglichkeiten zur Begegnung einer Adverse Selection unterliegen derzeit weder direkt noch indirekt einer Normierung und dürften einer solchen auch kaum zugänglich sein, so dass diese im Rahmen der vorliegenden Betrachtung als Lösungsmöglichkeiten ausscheiden. Zum Screening und Signalling sowie zur Adverse Selection vgl. Abschn. I. C.2 des Ersten Hauptteils.

455 Vgl. diesbezüglich KRIEGER 1981, S. 30-35 sowie ähnlich POTTHOFF/TRESCHER 2003, Rn. 1616, S. 394 f.

456 Vgl. hierzu Tabelle 27, Rn. 1.1 lit. b) Satz 3, ebenso DCGK 2010, Rn. 5.1.2 Unterabs. 2 Satz 3 sowie ergänzend KREMER 2010, Rn. 951, S. 270 und STRIEDER 2005b, S. 107. Die insbes. in §§ 76 Abs. 3 und 105 Abs. 1 AktG genannten gesetzlichen Mindestvoraussetzungen werden vorliegend - wie auch im DCGK - als erfüllt vorausgesetzt und nicht weiter thematisiert; vgl. hierzu weiterführend BÜRGERS/ISRAEL 2008, Rn. 6 zu § 84 AktG, S. 546; KRIEGER 1981, S. 11 f. sowie WIESNER 2007a, Rn. 1-3, S. 203 f.

457 Vgl. hierzu Tabelle 27, Rn. 1.1 lit. c), gleichlautend DCGK 2010, Rn. 5.4.5 Satz 2 sowie weiterführend KREMER 2010, Rn. 1069, S. 303 und STRIEDER 2005b, S. 121 f.

zial, die Teamfähigkeit, als Indiz für die künftige Leistungsbereitschaft der Anteilsbesitz am Unternehmen sowie die unternehmenspolitische Einstellung der potenziellen Vorstandskandidaten in Betracht.[458]

Eine Personalentscheidung ist, wie jede andere Entscheidung auch, idealtypisch durch die umfassende Suche nach geeigneten Kandidaten gekennzeichnet, unter denen nach einer sachgerechten Bewertung die Auswahl getroffen werden kann.[459] Im Hinblick auf die Personalauswahl folgt hieraus für den Aufsichtsrat zum einen die Verpflichtung, sowohl den eigenen Führungsnachwuchs als auch das Angebot an Führungskräften außerhalb des eigenen Unternehmens ständig zu beobachten.[460] In der Frage, ob bei der Personalauswahl einem in- oder externen Kandidaten der Vorzug zu geben ist, sollte es dabei keine Dogmen geben.[461] Zum anderen ist der Aufsichtsrat angehalten, die konkrete Kandidatensuche so frühzeitig zu beginnen, dass ausreichend Zeit für eine fundierte Bewertung und Auswahl[462] verbleibt.[463] Im Rahmen der Bewertung und Auswahl ist auf die Vielfalt der Vorstandszusammensetzung zu achten.[464] In diesem Sinne gilt es zu bedenken, dass sich das neu zu bestel-

---

458 Vgl. BLEICHER/LEBERL/PAUL 1989, S. 61; BÖCKING 2003, S. 260; FONK 2009a, Rn. 9-14, S. 485 f.; KRIEGER 1981, S. 31, 35; LUTTER 2001b, S. 226 f.; MÜNCHOW 1995a, S. 216; PELTZER 1993, S. 269; PELTZER 2005, Rn. 15, S. 112 f.; SEMLER 2009a, Rn. 51, S. 14.

459 Vgl. stellv. STEFFENHAGEN 1978, S. 602.

460 Vgl. hierzu und in der Folge KRIEGER 1981, S. 34 m. w. N. sowie ergänzend LUTTER 2009b, S. 776; LUTTER/KRIEGER 2008, Rn. 341, S. 140.

461 Vgl. FONK 2009a, Rn. 23, S. 489. Für empirische Erkenntnisse zur in- und externen Rekrutierung von Vorständen in deutschen Aktiengesellschaften vgl. ZIMMERMANN 2010, S. 160-197.

462 § 31 MitbestG schreibt dabei ein abgestuftes Kompromissverfahren mit drei Wahlgängen und einem zwischengeschalteten Vermittlungsverfahren vor; vgl. diesbezüglich FLEISCHER 2007, Rn. 11 zu § 84 AktG, S. 804 sowie ausf. LUTTER/KRIEGER 2008, Rn. 343-354, S. 141-146 und WIESNER 2007a, Rn. 19-23, S. 209-211.

463 Um die Autorität des aktuellen Amtsinhabers nicht zu beschädigen, sollte die konkrete Kandidatensuche jedoch nicht mit einem Vorlauf von mehr als einem Jahr erfolgen; vgl. hierzu FONK 2009a, Rn. 4, S. 483.

464 Vgl. hierzu Tabelle 27, Rn. 1.1 lit. a) Satz 2, ferner DCGK 2010, Rn. 5.1.2 Unterabs. 1 Satz 2 sowie erläuternd FABISCH 2010, S. 121 und HECKER 2009, S. 1657.

lende Vorstandsmitglied bestmöglich in den Vorstand einfügen soll und dementsprechend eine Orientierung an der Istbesetzung des Gesamtvorstands zu erfolgen hat, welche wiederum eine möglichst hohe Übereinstimmung mit einer im Vorfeld vom Aufsichtsrat selbst festzulegenden und regelmäßig zu überprüfenden Idealbesetzung aufweisen sollte.[465] Unter Berücksichtigung der Mitbestimmung der Arbeitnehmer[466] haben diese Grundsätze auch für die Auswahl derjenigen Person, die zum Arbeitsdirektor bestimmt werden soll,[467] zu gelten.[468]

Das Screening wird flankiert durch eine Begrenzung der Amtszeit auf fünf Jahre,[469] wobei im Rahmen einer erstmaligen Bestellung von Vorstandsmitgliedern nicht stets eine fünfjährige Periode vereinbart werden sollte[470] und eine Wiederbestellung vor Ablauf eines Jahres vor dem Ende der Bestelldauer unter gleichzeitiger Aufhebung der laufenden Bestellung nur in Ausnahmefäl-

---

465 Vgl. ähnlich im Kontext des Aufsichtsrats EMPFEHLUNG 2005/162/EG, Erwägsgr. 16, S. 53 und Rn. 11.1, S. 56.

466 Im Folgenden wird von der Geltung des Mitbestimmungsgesetzes 1976 (§ 1 MitbestG) ausgegangen. Zur geringen Bedeutung der Montanunternehmen vgl. etwa HOFFMANN/PREU 2003, Rn. 109.1, S. 16. Das Drittelbeteiligungsgesetz kann aufgrund der Beschränkung auf Unternehmen mit bis zu 2.000 Arbeitnehmern (§ 1 Abs. 2 DrittelbG i. V. m. § 1 Abs. 1 MitbestG) vernachlässigt werden. Zur Mitbestimmung nach dem Montan-Mitbestimmungsgesetz und dem Drittelbeteiligungsgesetz vgl. im Einzelnen HOFFMANN-BECKING 2007c, Rn. 9-16, 26-35, S. 359-361, 364-366; SLAVIK 2008, S. 76-78 sowie VETTER 2009c, Rn. 5-11, 18 f., S. 857-860, 863. Zur geschichtlichen Entwicklung der Arbeitnehmer-Mitbestimmung vgl. ausf. KÖSTLER/ZACHERT/MÜLLER 2009, Rn. 17-87, S. 33-61.

467 Zum Arbeitsdirektor und seiner Stellung im Vorstandsgremium vgl. § 33 i. V. m. §§ 31, 32 MitbestG sowie weiterführend GACH 2008, Rn. 1-47 zu § 33 MitbestG, S. 1412-1423; MERTENS 1996, Rn. 1-31 zu Anhang § 117 B § 33 MitbestG, S. 797-805 sowie PELTZER 2005, Rn. 50-60, S. 121-123.

468 Vgl. hierzu LUTTER/KRIEGER 2008, Rn. 465, S. 205 sowie ähnlich GACH 2008, Rn. 10 zu § 33 MitbestG, S. 1415.

469 Vgl. § 84 Abs. 1 Satz 1, 2 AktG sowie ergänzend KORT 2006a, Rn. 58-63 zu § 84 AktG, S. 30 f. und SEIBT 2008a, Rn. 13-15 zu § 84 AktG, S. 951 f.

470 Vgl. hierzu Tabelle 27, Rn. 1.1 lit. b) Satz 1, gleichlautend DCGK 2010, Rn. 5.1.2 Unterabs. 2 Satz 1 sowie ergänzend KREMER 2010, Rn. 949, S. 270 und PELTZER 2003a, Rn. 177-179, S. 74.

len erfolgen soll.[471] Aus Agency-theoretischer Sicht haben diese Mechanismen zum Ziel, das Risiko einer Adverse Selection und den damit verbundenen Wohlfahrtsverlust in Höhe des Wertunterschieds zwischen optimaler und tatsächlicher Personalauswahl[472] auch in zeitlicher Hinsicht einzudämmen.[473]

In Bezug auf das Corporate Governance Statement ist vor dem Hintergrund der aufgezeigten Mechanismen der internen Corporate Governance und der Agency-theoretischen Überprüfung ihrer Wirkungsweisen zu folgern, dass zunächst eine Berichterstattung über die Mitwirkung des Vorstands an der langfristigen Nachfolgeplanung zur Besetzung von Vorstandsposten zu erfolgen hat (Tabelle 55, Rn. 1.1.1). Den Berichtsadressaten muss eine Einschätzung ermöglicht werden, ob der Supervisor Aufsichtsrat letztendlich seiner Alleinkompetenz zur Auswahl des Vorstands tatsächlich nachkommt oder aber den bestehenden Vorstandsmitgliedern in ihrer Eigenschaft als Agents eine Einflussmöglichkeit bei der Auswahl ihresgleichen einräumt.

Um das Risiko einer Adverse Selection besser abschätzen zu können, ist im Statement zudem detailliert auf das im Rahmen der Vorstandsbestellung vom Aufsichtsrat durchzuführende Auswahlverfahren (Screening) einzugehen. Den ersten Berichtsgegenstand hat in diesem Zusammenhang der Prozess des Verfahrens zu bilden (Tabelle 55, Rn. 1.1.2). Ein besonderes Augenmerk ist dabei auf die Formulierung eines Anforderungsprofils, die Suche nach in- und externen Kandidaten sowie auf ihre zielorientierte Bewertung und Auswahl zu legen. Darauf aufbauend sollte als weiterer Berichtsgegenstand das Ergebnis

---

471 Vgl. hierzu Tabelle 27, Rn. 1.1 lit. b) Satz 2, ferner DCGK 2010, Rn. 5.1.2 Unterabs. 2 Satz 2 sowie erläuternd KREMER 2010, Rn. 950, S. 270, der einen Ausnahmefall etwa darin sieht, wenn ein Vorstandsmitglied während seiner laufenden Bestellperiode zum Vorstandsvorsitzenden bestellt wird. Kritisch hinsichtlich der Ausnahmeregelungen vgl. PELTZER 2003a, Rn. 183 f., S. 75 f.

472 Vgl. hierzu bereits Abschn. I. C.2 des Ersten Hauptteils sowie LENTFER 2005, S. 37.

473 Vgl. in diesem Sinne auch BAUMS 2001, Rn. 40, S. 80; FLEISCHER 2007, Rn. 14 zu § 84 AktG, S. 805 f.; PFITZER/HÖRETH 2005, S. 156; WERDER 2002, S. 806; ferner PELTZER 2003a, Rn. 177 f., S. 74, der zu Recht auf das besondere Risiko bei Bestellungen von außen hinweist.

des Auswahlverfahrens dargelegt werden. Den Kern dürfte hierbei das Profil des ausgewählten Vorstandsmitglieds (insbesondere Familien- und Vorname, Alter, derzeit ausgeübter Beruf, Mitgliedschaften in Aufsichtsräten,[474] Ausbildung, bedeutende Stationen des beruflichen Werdegangs[475] und Anteilsbesitz am Unternehmen[476]) im Vergleich zu dem im Vorfeld formulierten Idealprofil darstellen. Neben dem Profil des neuen Vorstandsmitglieds ist jedoch auch auf seine Einbindung in den bestehenden Vorstand zur Sicherstellung der Vielfalt und Gesamtkompetenz einzugehen. Im Ergebnis bedarf es hierzu idealerweise einer Darlegung der Profile aller Vorstandsmitglieder, welche dem im Vorwege zu entwickelnden Idealprofil des Gesamtvorstands gegenüberzustellen sind (Tabelle 55, Rn. 1.1.3).

Damit die Berichtsadressaten das Risiko einer Adverse Selection auch in zeitlicher Hinsicht besser einschätzen können, sind pro Vorstandsmitglied auch das Datum der Erstbestellung und das Ende der laufenden Funktionsperiode anzugeben (Tabelle 55, Rn. 1.1.4).[477] In Bezug auf ein neu bestelltes Vorstandsmitglied sind für den Fall der Inanspruchnahme einer maximalen Bestelldauer von fünf Jahren zudem die Gründe hierfür darzulegen (Tabelle 55, Rn. 1.1.5). Schließlich sind bei einer Wiederbestellung vor Ablauf eines Jahres vor dem Ende der Bestelldauer bei gleichzeitiger Aufhebung der laufenden Bestellung die besonderen Umstände hierfür offenzulegen (Tabelle 55, Rn. 1.1.6). Die Angaben gemäß Rn. 1.1.4 bis 1.1.6 können mit denjenigen in Rn. 1.1.3 verbunden werden.

---

474 Vgl. hierzu bereits die Anhangangabe gem. § 285 Nr. 10 HGB sowie für den österreichischen Rechtsraum ÖCGK 2010, Rn. 16.

475 Vgl. auch ARBEITSKREIS 2006a, S. 1071 und BÖCKING 2003, S. 260; ferner für die Schweiz RLCG 2008, Rn. 4.1-4.2.

476 Vgl. in diesem Sinne auch ARBEITSKREIS 2006a, S. 1071; BÖCKING 2003, S. 260 sowie DCGK 2010, Rn. 6.6.

477 Vgl. hierzu analog ÖCGK 2010, Rn. 16.

(b) Innere Organisation

Bei einem mehrköpfigen Vorstand,[478] von dem bei börsennotierten Publikumsgesellschaften regelmäßig auszugehen ist,[479] werden mit der inneren Organisation wesentliche Rahmenbedingungen für die Entscheidungen und Verhaltensweisen seiner Mitglieder determiniert, welche in einer (schriftlich niedergelegten) Geschäftsordnung festzulegen sind.[480] Einzelfragen der Geschäftsordnung können dabei prinzipiell durch die Satzung und damit durch die Hauptversammlung bindend geregelt werden.[481] Jedoch ist es fraglich, ob ausgerechnet die Aktionäre, welche die Unternehmensführung und -überwachung aufgrund fehlender zeitlicher und fachlicher Ressourcen an den Vorstand respektive Aufsichtsrat delegieren,[482] geeignet und gewillt sind, die Arbeit ihrer Agents im Detail zu regeln.[483] Sehen die Aktionäre von dieser Möglichkeit ab, dann ist primär der Aufsichtsrat aufgefordert, eine Geschäfts-

---

478 Zur Empfehlung, wonach der Vorstand aus mehreren Personen bestehen soll, vgl. Tabelle 27, Rn. 1.2 lit. a) Satz 1 1. HS, ferner DCGK 2010, Rn. 4.2.1 Satz 1 1. HS sowie ergänzend MÜLLER/STELZER 2005, S. 115 f. und RINGLEB 2010, Rn. 662-666, S. 201 f.

479 So ist der Vorstand gem. § 76 Abs. 2 Satz 2 AktG bei Gesellschaften mit einem Grundkapital von mehr als 3 Mio. € aus mindestens zwei Personen zu bilden, es sei denn, die Satzung sieht vor, dass er aus lediglich einer Person besteht. Zudem hat allein aufgrund der Anwendung des Mitbestimmungsgesetzes 1976 der Vorstand aus mindestens zwei Personen zu bestehen. Dies folgt aus dem Zwang zur Bestellung eines Arbeitsdirektors als gleichberechtigtes Mitglied des Vorstands (§ 33 Abs. 1 Satz 1 MitbestG), welches die ihm übertragenen Aufgaben im engsten Einvernehmen mit dem Gesamtorgan ausübt (§ 33 Abs. 2 Satz 1 MitbestG); vgl. hierzu ebenso GACH 2008, Rn. 21 zu § 33 MitbestG, S. 1417 und WIESNER 2007b, Rn. 36, S. 201.

480 Vgl. hierzu Tabelle 27, Rn. 1.2 lit. a) Satz 2, gleichlautend DCGK 2010, Rn. 4.2.1 Satz 2 sowie ergänzend HOFFMANN-BECKING 1998, S. 499 und ISENBERG 2005, S. 25-27.

481 Vgl. § 77 Abs. 2 Satz 2 AktG, ergänzend FLEISCHER 2007, Rn. 66 zu § 77 AktG, S. 758; KORT 2003, Rn. 72 zu § 77 AktG, S. 206 f.; SPINDLER 2008a, Rn. 52 zu § 77 AktG, S. 122.

482 Vgl. hierzu bereits die Ausführungen in Abschn. I. C.2 des Ersten Hauptteils sowie Abschn. II. C.5.a)(1)(b)(iii) dieses Hauptteils.

483 Vgl. in diesem Sinne auch FONK 2009a, Rn. 366, S. 651 sowie im Ergebnis HÜFFER 2010, Rn. 20 zu § 77 AktG, S. 403; KORT 2003, Rn. 72 zu § 77 AktG, S. 206 f.; KRIEGER 1981, S. 201 f.; LUTTER/KRIEGER 2008, Rn. 448, S. 195 f.; POTTHOFF/TRESCHER 2003, Rn. 1733, S. 425; RICHTER 2005, Rn. 86, S. 330 und SPINDLER 2008a, Rn. 40 zu § 77 AktG, S. 119.

ordnung für den Vorstand zu erlassen.[484] Der Vorstand besitzt insoweit keine Organisationsautonomie für seine inneren Angelegenheiten.[485]

Wesentliche Gegenstände der Vorstands-Geschäftsordnung sind zum einen die Organisationsstruktur des Vorstandsgremiums i. e. S., wozu insbesondere die Festlegung der Ressortzuständigkeiten der einzelnen Vorstandsmitglieder und die Abgrenzung der dem Gesamtvorstand vorbehaltenen Aufgaben,[486] die Zuweisung der dem Vorsitzenden beziehungsweise Sprecher des Vorstands[487] obliegenden Funktionen und Befugnisse sowie die Regelungen zu Sitzungen und Beschlüssen des Vorstandsgremiums[488] zählen, und zum anderen die Organisationsstruktur des Vorstandsgremiums i. w. S., welche vor allem die Information des Aufsichtsrats und die Festlegung zustimmungspflichtiger Geschäfte umfasst.[489]

---

484 Vgl. § 77 Abs. 2 Satz 1 AktG und weiterführend SPINDLER 2008a, Rn. 47-51 zu § 77 AktG, S. 120 f. Erlässt der Aufsichtsrat eine Geschäftsordnung für den Vorstand, dann muss diese als einheitlicher Textzusammenhang konzipiert und beschlossen werden; vgl. u. a. HOFFMANN-BECKING 1998, S. 501-503; KORT 2003, Rn. 79 zu § 77 AktG, S. 209.

485 Vgl. hierzu HOFFMANN-BECKING 1998, S. 501 und VETTER 2007, S. 1965. Etwas anderes gilt nur dann, wenn sowohl die Satzung schweigt als auch der Aufsichtsrat von sich aus keine Vorstands-Geschäftsordnung erlässt; in diesem Fall kann sich der Vorstand eine eigene Geschäftsordnung geben; vgl. hierzu § 77 Abs. 2 Satz 1 AktG.

486 Vgl. hierzu Tabelle 27, Rn. 1.2 lit. a) Satz 2, entsprechend DCGK 2010, Rn. 4.2.1 Satz 2 sowie ergänzend VETTER 2007, S. 1964 und WEHLTE 2007, S. 158.

487 Vgl. zur Empfehlung, wonach der Vorstand einen Vorsitzenden oder Sprecher haben soll, Tabelle 27, Rn. 1.2 lit. a) Satz 1 2. HS, ferner DCGK 2010, Rn. 4.2.1 Satz 1 2. HS sowie ergänzend MÜLLER/STELZER 2005, S. 116 f.; RINGLEB 2010, Rn. 669-671, S. 202. Im Folgenden wird aus Vereinfachungsgründen davon ausgegangen, dass der Aufsichtsrat von seiner Möglichkeit gem. § 84 Abs. 2 AktG Gebrauch macht und einen Vorstandsvorsitzenden ernennt. Die ansonsten bestehende Option zur Ernennung eines Vorstandssprechers durch den Vorstand selbst wird deshalb im Folgenden nicht weiter thematisiert. Zur Unterscheidung zwischen Vorstandsvorsitzenden und -sprecher vgl. RINGLEB 2010, Rn. 672 f., S. 202 f. und SPINDLER 2008a, Rn. 103 zu § 84 AktG, S. 280.

488 Vgl. hierzu Tabelle 27, Rn. 1.2 lit. a) Satz 2, entsprechend DCGK 2010, Rn. 4.2.1 Satz 2 sowie ergänzend VETTER 2007, S. 1964 und WEHLTE 2007, S. 158.

489 Diese Inhalte bilden den Kern der im Schrifttum diskutierten Regelungsgegenstände einer Vorstands-Geschäftsordnung; vgl. hierzu etwa BECKMANN 2009, S. 41-43; BELLA-

(Fortsetzung der Fußnote auf der nächsten Seite)

Die Abgrenzung der Ressortzuständigkeiten, welche auch als Geschäftsverteilung bezeichnet wird, erfolgt in der Regel entweder nach funktionalen, spartenspezifischen oder geografischen Gesichtspunkten[490] und findet häufig ihren Niederschlag in einem so genannten Geschäftsverteilungsplan, der als Annex der Geschäftsordnung anzusehen ist.[491] Sowohl bei der abstrakten Bildung der Ressorts[492] durch Beschreibung der jeweiligen Aufgaben als auch bei ihrer konkreten Besetzung mit Vorstandsmitgliedern[493] ist dabei zu beachten, dass im Hinblick auf den Arbeitsdirektor der Kernbereich des Personal- und Sozialwesens geschäftsordnungsfest ist und ihm dieser nicht entzogen werden darf.[494] Darüber hinaus ist zu bedenken, dass der Grundsatz der Gesamtverantwortung des Vorstandsgremiums eine immanente Schranke einer jeden Geschäftsverteilung darstellt.[495] So entbindet die Ressortverantwortung des zuständigen Vorstandsmitglieds die übrigen Mitglieder der Unternehmensführung nicht von jeder Verantwortung; vielmehr bleiben sie verpflichtet, den Gang der Geschäfte über die Ressortgrenzen hinweg fortlaufend zu beobach-

---

VITE-HÖVERMANN/LINDNER/LÜTHJE 2005, S. 187; FLEISCHER 2007, Rn. 59 f. zu § 77 AktG, S. 757; FONK 2009a, Rn. 369-383, S. 652-659; FONK 2009b, S. 947-950; HOFFMANN-BECKING 1998, S. 499-501; ISENBERG 2005, S. 124-137; KORT 2003, Rn. 80 zu § 77 AktG, S. 210; POTTHOFF/TRESCHER 2003, Rn. 1739, S. 427; RINGLEB 2010, Rn. 686-693, S. 206 sowie die Muster-Geschäftsordnung auf S. 388-390; SPINDLER 2008a, Rn. 36-38 zu § 77 AktG, S. 118 f. sowie STEINBECK 1992, S. 145.

490 Zu möglichen Organisationsformen des Vorstands vgl. FLEISCHER 2007, Rn. 37-39 zu § 77 AktG, S. 752; FONK 2009a, Rn. 370, S. 653; MÜLLER/STELZER 2005, S. 118 f.; RICHTER 2005, Rn. 66-83, S. 325-329; SEIBT 2008a, Rn. 16, 20 zu § 77 AktG, S. 892, 894; SPINDLER 2008a, Rn. 66-68 zu § 77 AktG, S. 126 f. und WIESNER 2007c, Rn. 12-14, S. 272 f.

491 Vgl. hierzu KORT 2003, Rn. 81 f. zu § 77 AktG, S. 210.

492 Anstelle von Einzelressorts können auch Vorstandsausschüsse gebildet werden; vgl. hierzu HOFFMANN-BECKING 1998, S. 509 f.; SPINDLER 2008a, Rn. 32 zu § 77 AktG, S. 117.

493 Zur Betonung dieser beiden Aspekte der Geschäftsverteilung vgl. HOFFMANN-BECKING 1998, S. 499 f.; ISENBERG 2005, S. 127; KORT 2003, Rn. 81 zu § 77 AktG, S. 210.

494 Vgl. GACH 2008, Rn. 30 zu § 33 MitbestG, S. 1419; HOFFMANN-BECKING 1998, S. 505 f. und MERTENS 1996, Rn. 12 zu Anhang § 117 B § 33 MitbestG, S. 801 im Hinblick auf die Grenzen des § 33 Abs. 2 Satz 2 MitbestG, wonach die nähere Ausgestaltung des Aufgabenbereichs des Arbeitsdirektors durch die Geschäftsordnung zu erfolgen hat.

495 Vgl. FLEISCHER 2003a, S. 451; MERTENS/CAHN 2010, Rn. 22 zu § 77 AktG, S. 113; SPINDLER 2008a, Rn. 33 zu § 77 AktG, S. 117 f. sowie WITT 2009, S. 315.

ten.[496] Zur Wahrnehmung dieser Kontrollpflicht verfügen alle Vorstandsmitglieder über einen Informationsanspruch über Angelegenheiten aus den anderen Bereichen.[497] Umgekehrt ist jedes Mitglied des Vorstands verpflichtet, von sich aus über wesentliche Vorgänge und Entwicklungen in seinem Ressort Bericht zu erstatten.[498] Hegt ein Vorstandsmitglied begründete Zweifel an der ordnungs-, recht- und/oder zweckmäßigen Führung des Ressorts eines Vorstandskollegen, so steht ihm das Recht zu beziehungsweise obliegt ihm die Pflicht, die betreffenden Maßnahmen dem Gesamtvorstand zur Kollegialentscheidung vorzulegen.[499] In diesem Fall hat die Maßnahme bis zur Entscheidung des Vorstands zu unterbleiben.[500]

Aus dem Grundsatz der Gesamtverantwortung folgt des Weiteren, dass bestimmte Aufgaben des Vorstands einer Entscheidung durch das gesamte Gremium bedürfen, somit nicht auf einzelne Vorstandsressorts delegierbar sind.[501] Hierzu gehören neben organschaftlichen Mindestzuständigkeiten, wie etwa die Führung der Bücher, die Aufstellung des (Konzern-)Abschlusses und des (Konzern-)Lageberichts oder die Einrichtung eines Risikomanagementsystems,[502] in erster Linie originäre unternehmerische Führungsfunktionen, wobei

---

496 In diesem Kontext wird von der sog. Restverantwortung gesprochen; vgl. hierzu HOFFMANN-BECKING 1998, S. 506; HÜFFER 2010, Rn. 15 zu § 77 AktG, S. 402; FLEISCHER 2007, Rn. 48 zu § 77 AktG, S. 754; MERTENS/CAHN 2010, Rn. 25 zu § 77 AktG, S. 115; SPINDLER 2008a, Rn. 59 zu § 77 AktG, S. 124 f.; VETTER 2007, S. 1964 sowie weiterführend zur Maß- und Gradfrage der Überwachungspflicht FLEISCHER 2003a, S. 453-455.

497 Vgl. hierzu FLEISCHER 2007, Rn. 48 zu § 77 AktG, S. 754; HOFFMANN-BECKING 1998, S. 512 und WIESNER 2007c, Rn. 16, S. 274.

498 Vgl. bspw. FLEISCHER 2007, Rn. 48 zu § 77 AktG, S. 754; HOFFMANN-BECKING 1998, S. 512; HÜFFER 2010, Rn. 15 zu § 77 AktG, S. 402; MERTENS/CAHN 2010, Rn. 20 zu § 77 AktG, S. 72 sowie WIESNER 2007c, Rn. 16, S. 273.

499 Es handelt sich dabei um das sog. Interventionsrecht bzw. die Interventionspflicht, welche(s) sich aus der Informationspflicht der Vorstandsmitglieder ergibt; vgl. dazu FONK 2009a, Rn. 376, S. 656; HOFFMANN-BECKING 1998, S. 512; KORT 2003, Rn. 38 zu § 77 AktG, S. 189 f. und MERTENS/CAHN 2010, Rn. 25 zu § 77 AktG, S. 117.

500 Vgl. hierzu Ziffer (1) der Muster-Geschäftsordnung bei FONK 2009b, S. 947.

501 Vgl. etwa FLEISCHER 2003a, S. 450 sowie HOFFMANN-BECKING 1998, S. 507 f.

502 Vgl. hierzu im Einzelnen Abschn. II. C.5.b)(1)(c) dieses Hauptteils.

eine exakte Grenzziehung dieses Kernbereichs abstrakt kaum möglich ist und unternehmensindividuell zu erfolgen hat.[503] Nach der im Schrifttum überwiegend vertretenen Auffassung kommen als solche vor allem die Unternehmensplanung, -koordinierung und -kontrolle oder auch wichtige Personalentscheidungen in Betracht.[504] Zu den nicht delegierbaren Aufgaben des gesamten Vorstandsgremiums gehören darüber hinaus diejenigen Geschäfte und Maßnahmen, welche für das Unternehmen respektive den Konzern von erheblicher Bedeutung sind oder mit denen ein außergewöhnliches Risiko verbunden ist.[505] Im Rahmen der Geschäftsordnung sind die dem Gesamtaufsichtsrat vorbehaltenen Angelegenheiten exakt zu benennen.[506]

Die in der Geschäftsordnung festzulegenden Funktionen des Vorstandsvorsitzenden werden in der Literatur hauptsächlich in der Koordination der Vorstandsarbeit und in der Vertretung des Vorstands als Kollegialorgan sowohl nach innen gegenüber dem Aufsichtsrat und seinen Mitgliedern als auch nach außen gegenüber der Öffentlichkeit gesehen.[507] Des Weiteren obliegt es dem Vorstandsvorsitzenden, darauf hinzuwirken, dass die Führung aller Ressorts auf die durch die Vorstandsbeschlüsse festgelegten Ziele ausgerichtet ist. Als besondere Befugnisse stehen dem Vorstandsvorsitzenden in der Regel weitreichende Informationsrechte gegenüber seinen Gremiumskollegen zu.

---

503 Vgl. hierzu FLEISCHER 2003a, S. 450; MERTENS/CAHN 2010, Rn. 23 zu § 77 AktG, S. 113.

504 Vgl. SEMLER 1996, Rn. 11 f., S. 10 f. und daran anknüpfend MERTENS/CAHN 2010, Rn. 5 zu § 76 AktG, S. 22; RICHTER 2005, Rn. 59, S. 324; SPINDLER 2008a, Rn. 63 zu § 77 AktG, S. 125; a. A. FLEISCHER 2007, Rn. 18 zu § 76 AktG, S. 714 f., der mit der Steuerung, Organisation, Finanzierung und Führung vier Verantwortungsbereiche definiert, die dem Gesamtvorstand nicht entzogen werden können.

505 Vgl. FLEISCHER 2003a, S. 450; KORT 2003, Rn. 36 zu § 76 AktG, S. 82 und RICHTER 2005, Rn. 59, S. 324.

506 Vgl. FONK 2009a, Rn. 372, S. 654; HOFFMANN-BECKING 1998, S. 509; KORT 2003, Rn. 86 zu § 77 AktG, S. 212 und PELTZER 2003c, S. 240.

507 Vgl. hierzu und in der Folge FONK 2009b, S. 948 f.; HÜFFER 2010, Rn. 21 zu § 84 AktG, S. 432 f.; ISENBERG 2005, S. 131-134; KORT 2003, Rn. 50 zu § 77 AktG, S. 195 f.; KRIEGER 1981, S. 248; RICHTER 2005, Rn. 101, S. 334; RINGLEB 2010, Rn. 671, 691, S. 202, 206 sowie die Muster-Geschäftsordnung auf S. 419 f.; SEIBT 2008a, Rn. 41 zu § 84 AktG, S. 963 und SPINDLER 2008a, Rn. 102 zu § 84 AktG, S. 279.

Einen weiteren Gegenstand der Geschäftsordnung bilden typischerweise Regelungen zu Sitzungen und Beschlüsse des Vorstandsgremiums.[508] Eine besondere Bedeutung kommt in diesem Zusammenhang neben der Verfahrensordnung, die in erster Linie Bestimmungen zur Anzahl der Vorstandssitzungen, deren Einberufung, Leitung und Niederschrift sowie zur Beschlussfähigkeit beinhaltet,[509] der so genannten Vertraulichkeitsrichtlinie zu, in welcher Regelungen für eine umfassende Wahrung der Vertraulichkeit durch die Vorstandsmitglieder und ihre Mitarbeiter zur Gewährleistung einer offenen Diskussion im Vorstand,[510] insbesondere im Vorfeld von Beschlussfassungen, vorzusehen sind.[511] Darüber hinaus spielen im Hinblick auf die Beschlussfassung im Vorstandsgremium auch die Regeln zur Willensbildung eine bedeutende Rolle. Grundsätzlich gilt dabei das Einstimmigkeitsprinzip, welches bedeutet, dass alle Mitglieder des Gremiums - nicht nur die in der entsprechenden Vorstandssitzung anwesenden - einer beabsichtigten Maßnahme zustimmen müssen.[512] Jedoch kann die Geschäftsordnung (oder die Satzung) auch Vorstandsbeschlüsse mit einfacher oder qualifizierter Mehrheit zulassen,

---

508 Vgl. etwa FLEISCHER 2007, Rn. 60 zu § 77 AktG, S. 757; FONK 2009a, Rn. 365, 377, S. 651, 656; ISENBERG 2005, S. 124 f.; RINGLEB 2010, Rn. 689, S. 206 sowie die Muster-Geschäftsordnung auf S. 420; SPINDLER 2008a, Rn. 38 zu § 77 AktG, S. 119.

509 Vgl. u. a. FONK 2009a, Rn. 377, S. 656 f.; SPINDLER 2008a, Rn. 38 zu § 77 AktG, S. 119.

510 Vgl. zu diesem Petitum Tabelle 27, Rn. 1.2 lit. b), gleichlautend DCGK 2010, Rn. 3.5 sowie ergänzend BERNHARDT/WERDER 2000, S. 1275; LUTTER 2010, Rn. 390-402, S. 127-131; PELTZER/WERDER 2001, S. 5 f.; PFITZER/ORTH 2005, S. 86 f.; STRIEDER 2005b, S. 78 f.; WERDER 2010, Rn. 387-389, S. 125-127 und WITT 2009, S. 312. Zur Verschwiegenheitspflicht der Vorstandsmitglieder vgl. auch § 93 Abs. 1 Satz 3 AktG sowie ergänzend HÜFFER 2010, Rn. 6-10 zu § 93 AktG, S. 497 f. und SPINDLER 2008a, Rn. 96-125 zu § 93 AktG, S. 578-587.

511 Vgl. zur Zulässigkeit einer Vertraulichkeitsrichtlinie etwa FLEISCHER 2007, Rn. 150 zu § 93 AktG, S. 973; HOPT 1999, Rn. 199-201 zu § 93 AktG, S. 133 f. und SPINDLER 2008a, Rn. 97 zu § 93 AktG, S. 578, jeweils mit dem Hinweis, dass durch eine Vertraulichkeitsrichtlinie im Rahmen der Geschäftsordnung eine Auslegung und Konkretisierung, jedoch keine Einschränkung oder Erweiterung der Verschwiegenheitspflicht i. S. d. § 93 Abs. 1 Satz 3 AktG erfolgen dürfe. Zur Ausgestaltung einer Vertraulichkeitsrichtlinie - obgleich sich auf den Aufsichtsrat beziehend - vgl. ausf. LUTTER 2006a, Rn. 697-719, S. 267-275.

512 Vgl. bspw. FONK 2009a, Rn. 378, S. 657; RICHTER 2005, Rn. 118, S. 339 und WIESNER 2007c, Rn. 6, S. 270.

wobei auch eine Kombination mit dem Einstimmigkeitsprinzip für bestimmte Entscheidungen denkbar ist.[513] Zulässig ist es auch, dem Vorsitzenden oder einem anderen Vorstandsmitglied das Recht zum Stichentscheid einzuräumen; ein allgemeines Vetorecht des Vorstandsvorsitzenden oder eines anderen Mitglieds des Vorstands ist hingegen in paritätisch mitbestimmten Aktiengesellschaften mit der Gewährleistung der Gleichberechtigung des Arbeitsdirektors nicht vereinbar.[514]

Schließlich ist - wie bereits einleitend betont - in die Geschäftsordnung ein Passus zur Organisationsstruktur des Vorstandsgremiums i. w. S. aufzunehmen, in welchem primär die Information des Aufsichtsrats und die Festlegung zustimmungspflichtiger Geschäfte zu regeln sind.[515] Dabei soll der Aufsichtsrat zunächst die Informations- und Berichtspflichten des Vorstands unter Berücksichtigung des gesetzlichen Mindeststandards[516] und den unternehmensindividuellen Gegebenheiten konkretisieren,[517] mit dem Ziel, seiner Überwa-

---

513 Vgl. FLEISCHER 2007, Rn. 11 f. zu § 77 AktG, S. 746; KORT 2003, Rn. 83 zu § 77 AktG, S. 211; MERTENS/CAHN 2010, Rn. 11 zu § 77 AktG, S. 105 f.; POTTHOFF/TRESCHER 2003, Rn. 1744, S. 428 und RICHTER 2005, Rn. 123, S. 340 f.

514 Vgl. HOFFMANN-BECKING 1998, S. 518 f.; LUTTER/KRIEGER 2008, Rn. 457, S. 200 f.; MERTENS/CAHN 2010, Rn. 14 zu § 77 AktG, S. 107; RICHTER 2005, Rn. 125 f., S. 341; SEIBT 2008a, Rn. 12, 14 f. zu § 77 AktG, S. 891 f.; SPINDLER 2008a, Rn. 102 zu § 84 AktG, S. 280; VETTER 2007, S. 1964 sowie WIESNER 2007c, Rn. 9 f., S. 271.

515 Vgl. u. a. FONK 2009a, Rn. 381, S. 658; ISENBERG 2005, S. 128 f.; RINGLEB 2010, Rn. 689 f., S. 206 sowie die Muster-Geschäftsordnung auf S. 420 f.; ferner SPINDLER 2008a, Rn. 36 zu § 77 AktG, S. 119.

516 Zum gesetzlichen Mindeststandard vgl. § 90 AktG sowie erläuternd FLEISCHER 2007, Rn. 1-62 zu § 90 AktG, S. 888-900; HÜFFER 2010, Rn. 1-14 zu § 90 AktG, S. 463-470 und SPINDLER 2008a, Rn. 1-56 zu § 90 AktG, S. 452-467.

517 Zur Forderung einer Konkretisierung der Informations- und Berichtspflichten des Vorstands vgl. Tabelle 27, Rn. 1.2 lit. c) Unterabs. 3 Satz 1, gleichlautend DCGK 2010, Rn. 3.4 Unterabs. 3 Satz 1 sowie ergänzend ISENBERG 2005, S. 128; LUTTER 1995b, S. 308; LUTTER/KRIEGER 2008, Rn. 317, S. 133; PELTZER 2003a, Rn. 28, S. 37; THEISEN 2006, S. 17 sowie THEISEN 2007, S. 58. Die Formulierung der Informationsordnung des Vorstands verkörpert eine Angelegenheit der inneren Ordnung des Aufsichtsrats; sie obliegt dem Aufsichtsrat als Organ; vgl. hierzu THEISEN 2006, S. 17.

chungsaufgabe[518] möglichst umfassend nachkommen zu können.[519] Die Konkretisierung sollte idealerweise in einer Informationsordnung als ein gesonderter Teil der Geschäftsordnung erfolgen.[520] In der Informationsordnung ist zunächst zu regeln, dass der Vorstand den Aufsichtsrat regelmäßig, zeitnah und umfassend über die beabsichtigte Geschäftspolitik, alle für das Unternehmen respektive den Konzern relevanten Fragen der Planung (vor allem die Finanz-, Investitions- und Personalplanung), die Rentabilität (insbesondere die Eigenkapitalrentabilität), die Geschäftsentwicklung (primär den Umsatz betreffend), die Lage der Gesellschaft beziehungsweise des Konzerns, die Geschäfte, welche für die Rentabilität oder Liquidität von besonderer Bedeutung sein können, das Risikomanagement sowie die Compliance[521] informiert, wobei auch eine Darlegung von Abweichungen des Geschäftsverlaufs von früher berichteten Planungen und Zielen unter Angabe von Gründen zu erfolgen hat.[522] Des Weiteren ist dem Vorstand in der Informationsordnung aufzutragen, seine periodischen Berichte an den Aufsichtsrat in der Regel in Textform, das heißt schriftlich sowie mit einem verbindenden Text, zu erstatten[523] und entschei-

518 Zur Überwachungsaufgabe des Aufsichtsrats vgl. im Einzelnen Abschn. II. C.5.b)(2)(c) dieses Hauptteils.

519 Vgl. HOPT/ROTH 2005, Rn. 184 zu § 111 AktG, S. 932 sowie THEISEN 1998, S. 79 f.

520 Vgl. hierzu bereits LUTTER 1995b, S. 308; LUTTER 2001a, S. 232; LUTTER 2010, Rn. 379, S. 123 sowie an diesen anknüpfend KRIEGER/SAILER 2008, Rn. 73 zu § 90 AktG, S. 1031 f.; LEYENS 2006, S. 145; MILDNER 2006, S. 11; SEIBT 2009, S. 407 f.; SEMLER 2009a, Rn. 99, S. 24; a. A. hingegen FONK 2009a, Rn. 381, S. 658. THEISEN 2006, S. 17 plädiert dafür, die Informationsordnung als eigenständiges Regelwerk zu konzipieren, weist jedoch auch auf die Möglichkeit ihrer Ausgestaltung als Anhang zur Geschäftsordnung des Vorstands hin. Im Schrifttum findet sich neben der Informationsordnung auch der Begriff der Berichtsordnung; zur Unterscheidung vgl. THEISEN 2007, S. 80.

521 Zum Risikomanagement und zur Compliance vgl. ausf. Abschn. II. C.5.b)(1)(c) dieses Hauptteils.

522 Vgl. hierzu Tabelle 27, Rn. 1.2 lit. c) Unterabs. 2, ebenso DCGK 2010, Rn. 3.4 Unterabs. 2 i. V. m. § 90 Abs. 1 Satz 1, 2, Abs. 2 AktG und ergänzend LUTTER 2010, Rn. 381, S. 124; PFITZER/ORTH 2005, S. 85; POTTHOFF/TRESCHER 2003, Rn. 671-704, S. 174-184; SALJE 2004, S. 44; SEIBT 2009, S. 408 f. sowie STRIEDER 2005b, S. 77.

523 Dies gilt nur dann nicht, wenn die betroffenen Entwicklungen zeitlich so nah vor der betreffenden Aufsichtsratssitzung liegen, dass eine Berichterstattung in Textform quasi nicht mehr möglich ist; vgl. LUTTER 2010, Rn. 383, S. 124.

dungsrelevante Unterlagen, wozu insbesondere auch der vom Vorstand zu erstellende (Konzern-)Abschluss[524] und der Prüfungsbericht des (Konzern-) Abschlussprüfers[525] zu zählen sind, dem Aufsichtsrat möglichst rechtzeitig vor der Sitzung zu übermitteln.[526] Im Hinblick auf die periodische Berichterstattung werden in der Literatur[527] als weitere Regelungsgegenstände der Informationsordnung vor allem die Konkretisierung des jeweiligen Berichtsverfassers (Gesamtvorstand oder in Einzelfällen auch das ressortzuständige Vorstandsmitglied beziehungsweise der Vorstandsvorsitzende), des Berichtsempfängers (Aufsichtsratsvorsitzender, Aufsichtsratsausschüsse oder auch die einzelnen Aufsichtsrats- beziehungsweise Ausschussmitglieder), des Berichtsumfangs, der Berichtsfrequenz sowie der Art und Weise der Berichtsgestaltung diskutiert. Zudem ist der Vorstandsvorsitzende beziehungsweise -sprecher in der Informationsordnung zu verpflichten, den Aufsichtsratsvorsitzenden außerhalb der periodischen Berichterstattung über Ereignisse, die für die Beurteilung der Lage und Entwicklung sowie für die Unternehmensführung wesentlich sind, unverzüglich - und aufgrund der Eilbedürftigkeit in der Regel mündlich - [528] zu informieren.[529] Im Rahmen der Informationsordnung sollte

---

[524] Vgl. Tabelle 27, Rn. 1.2 lit. e), gleichlautend DCGK 2010, Rn. 7.1.2 Satz 1 1. HS i. V. m. §§ 264 Abs. 1, 290 Abs. 1, 325 Abs. 2a HGB.

[525] Zum Prüfungsbericht vgl. ausf. Abschn. II. C.5.b)(3)(c) dieses Hauptteils.

[526] Vgl. hierzu Tabelle 27, Rn. 1.2 lit. c) Unterabs. 3 Satz 2 und 3, ferner DCGK 2010, Rn. 3.4 Unterabs. 3, Satz 2 und 3 i. V. m. § 90 Abs. 4 und 5 AktG sowie ergänzend LUTTER 2010, Rn. 383-385, S. 124 f.; PELTZER 2003a, Rn. 29, S. 37; SEIBT 2009, S. 411 sowie STRIEDER 2005b, S. 77.

[527] Vgl. hierzu ausf. SEIBT 2009, S. 408-412 sowie ergänzend HOPT/ROTH 2005, Rn. 184, 187 zu § 111 AktG, S. 932 f.; LEYENS 2006, S. 147; LUTTER 2006a, Rn. 275, S. 98; LUTTER 2010, Rn. 379, S. 123; LUTTER/KRIEGER 2008, Rn. 319, S. 133; SALJE 2004, S. 44; THEISEN 2006, S. 17; THEISEN 2007, S. 79 und WARNCKE 2006, S. 7.

[528] Vgl. HÜFFER 2010, Rn. 14 zu § 90 AktG, S. 470.

[529] Vgl. hierzu Tabelle 27, Rn. 1.2 lit. d), ebenso DCGK 2010, Rn. 5.2 Unterabs. 3 Satz 2 sowie ergänzend PELTZER 2003a, Rn. 35, S. 38; PFITZER/HÖRETH 2005, S. 166 und STRIEDER 2005b, S. 110. Vgl. ähnlich auch § 90 Abs. 1 Satz 3 AktG, wobei danach jedoch der gesamte Vorstand und nicht nur der Vorstandsvorsitzende bzw. -sprecher dem Aufsichtsratsvorsitzenden berichtspflichtig ist.

dabei eine Beschreibung potenziell wichtiger Ereignisse erfolgen,[530] wobei diese konzernweit zu verstehen sind.[531] Als mögliche wichtige Ereignisse kommen etwa erheblich Betriebsstörungen, behördliche Auflagen, Arbeitskämpfe oder auch Liquiditätsprobleme in Betracht.[532]

Die ausreichende Informationsversorgung des Aufsichtsrats ist nach nahezu einhelliger Auffassung im Schrifttum nicht nur eine Bringschuld des Vorstands,[533] sondern unterliegt gleichsam auch der Verantwortung des Aufsichtsrats selbst.[534] Im Schrifttum wird in diesem Zusammenhang auch von einer Holschuld des Aufsichtsrats gesprochen.[535] Demnach darf der Aufsichtsrat seine ausreichende und rechtzeitige Informationsversorgung nicht allein von der Informationsbereitschaft des Vorstands abhängig machen; vielmehr ist er aufgefordert, selbst aktiv zu werden.[536] In die Informationsordnung sind folglich auch Bestimmungen zur Berichtspflicht des Vorstands aufgrund von Informationsanforderungen des Aufsichtsrats über bestimmte Vorgänge aufzunehmen.[537] Überdies sind in der Informationsordnung Grundsätze für die Ein-

---

530 Vgl. zu dieser Forderung bspw. LUTTER/KRIEGER 2008, Rn. 319, S. 134; SEIBT 2009, S. 409 und WARNCKE 2006, S. 7.

531 Vgl. HÜFFER 2010, Rn. 8 zu § 90 AktG, S. 467.

532 Vgl. hierzu und zu weiteren Beispielen HÜFFER 2010, Rn. 8 zu § 90 AktG, S. 467; KRIEGER/SAILER 2008, Rn. 33 zu § 90 AktG, S. 1018 f.; MERTENS/CAHN 2010, Rn. 45 zu § 90 AktG, S. 543; SEIBT 2009, S. 395 sowie SPINDLER 2008a, Rn. 30 zu § 90 AktG, S. 460.

533 Zum Begriff der Bringschuld vgl. LUTTER 2006a, Rn. 100, S. 32; LUTTER 2010, Rn. 378, S. 123; THEISEN 2006, S. 17 sowie THEISEN 2007, S. 23. Zur Kritik an dieser Terminologie vgl. dagegen PELTZER 2003a, Rn. 27, S. 36.

534 Vgl. hierzu Tabelle 27, Rn. 1.2 lit. c) Unterabs. 1, ebenso DCGK 2010, Rn. 3.4 Unterabs. 1 und ergänzend LEYENS 2006, S. 234; LUTTER 2006a, Rn. 383, S. 144; STRIEDER 2005b, S. 76 f.; THEISEN 2006, S. 17; THEISEN 2007, S. 23 f. sowie THEISEN 2009a, S. 354.

535 Vgl. hierzu etwa LUTTER 2006a, Rn. 100, S. 32; LUTTER 2010, Rn. 378, S. 123; LUTTER/KRIEGER 2008, Rn. 317, S. 133; MÄDER 2006, S. 157; PFITZER/ORTH 2005, S. 84 und THEISEN 2007, S. 23 f.

536 Vgl. u. a. FLEISCHER 2007, Rn. 38 zu § 90 AktG, S. 895 f.; LUTTER 2010, Rn. 378, S. 122 f. sowie MESSOW 2008, S. 230.

537 Vgl. ebenso LUTTER 2006a, Rn. 100, 246, S. 33, 88; SEIBT 2009, S. 408, 412. Zu den sog. Anforderungsberichten vgl. ebenso § 90 Abs. 3 AktG sowie weiterführend FLEISCHER

(Fortsetzung der Fußnote auf der nächsten Seite)

holung vorstandsunabhängiger Informationen und Berichte von Angestellten des Unternehmens respektive Konzerns durch den Aufsichtsrat niederzulegen.[538] Dies gilt vor allem für den Zugriff auf die Interne (Konzern-)Revision und das (Konzern-)Controlling.[539] Da dem Aufsichtsrat im dualistischen System der Unternehmensverfassung gegenüber den Angestellten kein unmittelbares Weisungsrecht zusteht, bedürfen jedoch die in Rede stehenden Bestimmungen in der Informationsordnung nach wohl überwiegender Meinung in der Literatur grundsätzlich der Zustimmung der Unternehmensführung.[540]

Im Rahmen des Passus zur Organisationsstruktur des Vorstandsgremiums i. w. S. ist neben der Informationsversorgung des Supervisors anzuordnen, dass der Aufsichtsrat in Entscheidungen von grundlegender Bedeutung für die Gesellschaft respektive den Konzern einzubinden ist[541] und für Geschäfte von grundlegender Bedeutung zu seinen Gunsten Zustimmungsvorbehalte

---

2007, Rn. 38-47 zu § 90 AktG, S. 895-897; KRIEGER/SAILER 2008, Rn. 36-50 zu § 90 AktG, S. 1020-1025 und LUTTER 2006a, Rn. 73-75, S. 24 f.

538 Vgl. hierzu auch HABERSACK 2008, Rn. 68 zu § 111 AktG, S. 1092; HOPT/ROTH 2005, Rn. 182, 516 zu § 111 AktG, S. 932, 1050; LEYENS 2006, S. 146, 233; MERKT/KÖHRLE 2004, S. 224; ROTH 2004, S. 9 f.; SEIBT 2009, S. 409; THEISEN 2006, S. 17; THEISEN 2007, S. 79 und WARNCKE 2006, S. 7. Zur Notwendigkeit der Einholung vorstandsunabhängiger Informationen durch den Aufsichtsrat vgl. KORTE 2009, S. 95; LUTTER 2006a, Rn. 383, S. 144; ROTH 2004, S. 9; SCHNEIDER 2006, S. 95 f.; THEISEN 2006, S. 17 und THEISEN 2009b, S. 535 f. LEYENS 2006, S. 435 regt hingegen im Rahmen seiner Vorschläge zur Anpassung des DCGK unter 3) an, die vorstandsunabhängige Information nicht in der Informationsordnung für den Vorstand, sondern in einer gesonderten Informationsordnung des Aufsichtsrats zu regeln.

539 Vgl. etwa HOPT/ROTH 2005, Rn. 516 zu § 111 AktG, S. 1050 und THEISEN 2007, S. 79.

540 Vgl. ARBEITSKREIS/ARBEITSKREIS 2009, S. 1282; HOPT/ROTH 2005, Rn. 182, 517 zu § 111 AktG, S. 932, 1050 f.; SEIBT 2009, S. 399 f.; THEISEN 2006, S. 17 sowie THEISEN 2007, S. 80; a. A. HABERSACK 2008, Rn. 68 zu § 111 AktG, S. 1092; SCHNEIDER 2006, S. 107 sowie LEYENS 2006, S. 233-235, der zwar die rechtliche Notwendigkeit einer Zustimmung des Vorstands verneint, jedoch gleichzeitig ihre Sinnhaftigkeit betont.

541 Vgl. zur Forderung der Einbeziehung des Aufsichtsrats in Entscheidungen von grundlegender Bedeutung für die Gesellschaft respektive den Konzern Tabelle 27, Rn. 1.2 lit. f), gleichlautend DCGK 2010, Rn. 5.1.1 Satz 2 und ergänzend HOPT/ROTH 2005, Rn. 613-615 zu § 111 AktG, S. 1084 f.; LUTTER 2010, Rn. 929 f., S. 265; PFITZER/ORTH 2005, S. 154 f. sowie STRIEDER 2005b, S. 105.

festzulegen sind.[542] Obgleich neben dem Aufsichtsrat auch die Hauptversammlung im Rahmen der Satzung zur Formulierung zustimmungspflichtiger Geschäfte befugt ist,[543] sollte diese Kompetenz im Sinne einer größeren Flexibilität allein dem Aufsichtsrat obliegen.[544] Die Satzung kann dabei das Recht des Aufsichtsrats[545] zur Anordnung von Zustimmungsvorbehalten weder ausschließen noch in irgendeiner Form einschränken.[546]

Zu den in Rede stehenden Geschäften von grundlegender Bedeutung gehören Entscheidungen oder Maßnahmen, die die Vermögens-, Finanz- oder Ertragslage der Gesellschaft respektive des Konzerns grundlegend verändern (können).[547] Nach Auffassung des einschlägigen Schrifttums[548] kommen in diesem Zusammenhang insbesondere folgende Sachverhalte in Betracht:

1. Verabschiedung der Jahresplanung (Budgetierung) und Investitionsplanung einschließlich ihrer Änderungen und Überschreitungen,
2. Gründung von Tochterunternehmen und Zweigniederlassungen im In- und Ausland sowie ihre Veräußerung oder Auflösung,

---

542 Vgl. hierzu Tabelle 28, Rn. 1.2 lit. g), ebenso DCGK 2010, Rn. 3.3 i. V. m. § 111 Abs. 4 Satz 2 AktG; ergänzend BROUWER 2008, S. 88-128; HOPT/ROTH 2005, Rn. 613-615 zu § 111 AktG, S. 1084 f.; KROPFF 2009a, Rn. 24, S. 374; STRIEDER 2005b, S. 75 sowie aus rechtshistorischer Perspektive ALTMEPPEN 2009, S. 26-29 und VELTE 2010a, S. 39 f.

543 Vgl. Tabelle 28, Rn. 1.2 lit. g) Satz 1, ferner DCGK 2010, Rn. 3.3 Satz 1 i. V. m. § 111 Abs. 4 Satz 2 AktG sowie ergänzend BROUWER 2008, S. 159-174; LUTTER 2010, Rn. 374, S. 121; RIEGGER 2003, S. 75 und SCHÖNBERGER 2006, S. 175-178.

544 Vgl. hierzu bspw. KROPFF 2009a, Rn. 20, S. 373; LUTTER/KRIEGER 2008, Rn. 105, S. 46, Fn. 2; SCHÖNBERGER 2006, S. 178 und STRIEDER 2005b, S. 75.

545 Die Delegation an einen Ausschuss ist unzulässig; vgl. § 107 Abs. 3 Satz 3 AktG.

546 Vgl. BOUJONG 1995, S. 205; DRYGALA 2008, Rn. 41 zu § 111 AktG, S. 1212; HOMMELHOFF 1979, S. 308 sowie KROPFF 2009a, Rn. 21, S. 373.

547 Vgl. hierzu Tabelle 28, Rn. 1.2 lit. g) Satz 2 ebenso DCGK 2010, Rn. 3.3 Satz 2 und ergänzend LUTTER 2010, Rn. 371, S. 120 sowie PFITZER/ORTH 2005, S. 82.

548 Vgl. bspw. BROUWER 2008, S. 145-158; HABERSACK 2008, Rn. 110-112 zu § 111 AktG, S. 1108 f.; HOPT/ROTH 2005, Rn. 652-657 zu § 111 AktG, S. 1098-1100; KROPFF 2009b, S. 925 f.; LUTTER/KRIEGER 2008, Rn. 109, S. 47 f.; POTTHOFF/TRESCHER 2003, Rn. 562, S. 149 f.; SCHÖNBERGER 2006, S. 143-175 und SIEBEL/SCHENCK 2009, S. 919 f.

3. Erwerb oder Veräußerung von Unternehmen oder Unternehmensteilen, sofern ein bestimmter Betrag überschritten wird,
4. Abschluss, Änderung und Aufhebung von Unternehmensverträgen oder strategisch wichtiger Kooperationsverträge,
5. Erwerb, Veräußerung, Belastung oder Verpfändung von Grundstücken, Gebäuden oder grundstücksgleichen Rechten, sofern ein bestimmter Betrag überschritten wird,
6. Aufnahme und Gewährung von Krediten, sofern diese einen bestimmten Betrag überschreiten,
7. Einführung neuer Produkte oder Dienstleistungen sowie ihre Einstellung,
8. Abschluss von wesentlichen Betriebsvereinbarungen und Aufnahme von Verhandlungen über Haustarifverträge,
9. Vergabe von Nichtprüfungsleistungen an den (Konzern-)Abschlussprüfer und gegebenenfalls Deckelung der Honorare aus Nichtprüfungsleistungen auf einen bestimmten Anteil an der Gesamthonorarsumme.[549]
10. Gewährung von Krediten an Mitglieder des Vorstands und des Aufsichtsrats sowie ihre Angehörigen,[550]
11. Vereinbarung wesentlicher Geschäfte zwischen der Gesellschaft einerseits und den Vorstandsmitgliedern sowie ihnen nahe stehenden Personen oder ihnen persönlich nahe stehenden Unternehmungen andererseits,[551]
12. Aufnahme von Nebentätigkeiten der Vorstandsmitglieder, insbesondere von Aufsichtsratsmandaten außerhalb des Konzerns,[552]
13. Abschluss von Berater- und sonstigen Dienstleistungs- oder Werkverträgen eines Aufsichtsratsmitglieds mit der Gesellschaft[553] sowie

---

549 Vgl. hierzu im Einzelnen Abschn. II. C.5.b)(3)(d) dieses Hauptteils.

550 Vgl. dazu ausf. Abschn. II. C.5.b)(1)(d) und C.5.b)(2)(d) dieses Hauptteils.

551 Zu diesem Zustimmungsvorbehalt vgl. Abschn. II. C.5.b)(1)(d) dieses Hauptteils.

552 Für Einzelheiten vgl. Abschn. II. C.5.b)(2)(d) dieses Hauptteils.

14. Bestellung und Abberufung von Mitgliedern der Unternehmensführung in wesentlichen Tochtergesellschaften.

Sofern es sich bei der Gesellschaft um eine Holding handelt oder sie wesentliche Teile ihrer unternehmerischen Tätigkeit über Tochtergesellschaften abwickelt, sollte der Vorstand in seiner Geschäftsordnung überdies verpflichtet werden, für identische Zustimmungsvorbehalte in diesen Tochtergesellschaften Sorge zu tragen und seine Zustimmung dort erst nach Zustimmung des Aufsichtsrats der (Ober-)Gesellschaft zu erteilen.[554]

Agency-theoretisch ist der Erlass einer Vorstands-Geschäftsordnung durch den Aufsichtsrat, in welcher die Festlegung der wesentlichen Rahmenbedingungen für Entscheidungen und Verhaltensweisen des Vorstands erfolgt, als typisches Instrument des Preventive Monitoring zu klassifizieren, mit welchen das Ziel verfolgt wird, der Gefahr eines Moral Hazard des Vorstands in Gestalt von Differencial Risk Exposure, Differencial Horizons, Consumption on the Job und Shirking[555] zu begegnen,[556] indem der diskreditionäre Handlungsspielraum des Vorstands von vorn herein eingeengt wird. Der Erlass einer Geschäftsordnung für den Vorstand durch den Aufsichtsrat kann darüber hinaus auch als eine Bonding-Maßnahme aufgefasst werden, da die vertragliche Vereinbarung von Rahmenbedingungen der Entscheidungen und Verhaltensweisen für den Vorstand eine Einschränkung seiner Verfügungsmacht und damit einen Verzicht auf einen Teil seines maximal möglichen Nutzens aus opportunistischem Verhalten darstellt.

---

553 Vgl. hierzu im Einzelnen Abschn. II. C.5.b)(2)(d) dieses Hauptteils.

554 Vgl. bspw. KROPFF 2009b, S. 926; LUTTER 2010, Rn. 373, S. 121; LUTTER/KRIEGER 2008, Rn. 150 f., S. 64-66; SCHIEDERMAIR/KOLB 2009, Rn. 83, S. 577 sowie SEMLER 1996, S. 431-439. Für Einzelfragen konzernweiter Aufsichtsratsvorbehalte vgl. ausf. BROUWER 2008, S. 277-349; DRYGALA 2008, Rn. 52-54 zu § 111 AktG, S. 1215; FONK 2006, S. 852-857; LIEDER 2006, S. 865-867; LÖBBE 2003, S. 221-234 und SCHÖNBERGER 2006, S. 281-306.

555 Dies entspricht den Fallgruppen (2)(a) bis (2)(d) in der Abbildung 4 zur Typisierung von Principal-Agent-Konflikten bezüglich des Vorstands.

556 Vgl. hierzu und in der Folge bereits Abschn. I. C.2 des Ersten Hauptteils.

Im Hinblick auf die dargelegten Mechanismen der internen Corporate Governance zur inneren Organisation des Vorstands und der Agency-theoretischen Überprüfung ihrer Wirkungsweisen ist im Rahmen des Corporate Governance Statements primär über die Organisationsstruktur des Vorstandsgremiums (i. e. S. und i. w. S.) zu berichten (Tabelle 56, Rn. 1.2). Mit diesen Informationen sollen die Adressaten in die Lage versetzt werden, die Gefahr eines Moral Hazard des Vorstands besser einschätzen zu können. Zur Erreichung dieser Zielsetzung besteht die Möglichkeit einer Offenlegung der Vorstands-Geschäftsordnung, aus der sich insbesondere die Ressortzuständigkeiten der einzelnen Vorstandsmitglieder (Geschäftsverteilungsplan)[557] einschließlich Regeln ihres organisatorischen Zusammenwirkens, die dem Gesamtvorstand vorbehaltenen Angelegenheiten, Funktionen und Befugnisse des Vorstandsvorsitzenden (beziehungsweise des Vorstandssprechers), die Regelungen zu Sitzungen und Beschlüssen des Vorstandsgremiums, die Bestimmungen zur Informationsversorgung des Aufsichtsrats (Informationsordnung)[558] und schließlich die der Zustimmung des Aufsichtsrats unterliegenden Geschäfte von grundlegender Bedeutung ergeben.[559] Die Angaben zu den Ressortzuständigkeiten der Vorstandsmitglieder können dabei mit den Ausführungen gemäß Rn. 1.1.3 verbunden werden.

Im Kontext der Geschäftsverteilung ist vor allem darauf einzugehen, welche Kriterien der Ressortbildung zugrunde liegen (Aufteilung nach funktionalen, spartenspezifischen oder geografischen Gesichtspunkten), mit welchen Vorstandsmitgliedern die Einzelressorts besetzt sind und wie die gegenseitige Kontrolle und Informationsversorgung organisiert ist. Hinsichtlich der dem Gesamtvorstand vorbehaltenen Angelegenheiten ist auf ihre exakte Benennung im Corporate Governance Statement zu achten. Als nicht delegierbare

---

557 Eine Offenlegung der Vorstandsstruktur einschließlich der Kompetenzverteilung fordern auch STRIEDER/KUHN 2005, S. 565 sowie für Österreich ÖCGK 2010, Rn. 16.

558 Vgl. zur Offenlegung der Informationsversorgung des Aufsichtsrats bereits FREIDANK/WEBER 2008, S. 408; FREIDANK/WEBER 2009, S. 321; ergänzend FREIDANK/NOORI 2010, S. 96. Eine Offenlegung der Informationsordnung fordert auch SEIBT 2009, S. 413 f.

559 Vgl. im Ergebnis wohl auch bereits § 289 a Abs. 2 Nr. 3 1. HS HGB.

Aufgaben des Gesamtgremiums kommen insbesondere organschaftliche Mindestzuständigkeiten, originäre unternehmerische Führungsfunktionen sowie Geschäfte und Maßnahmen in Betracht, die für das Unternehmen beziehungsweise den Konzern von hoher Bedeutung sind oder mit denen ein außergewöhnliches Risiko verbunden ist.

In Bezug auf die Funktionen und Befugnisse des Vorstandsvorsitzenden (beziehungsweise des Vorstandssprechers) werden sich die Darlegungen regelmäßig auf seine Koordinationsfunktion, sein Vertretungsfunktion nach innen und nach außen sowie auf seine besonderen Informationsrechte gegenüber den Gremiumskollegen zu konzentrieren haben. Im Zusammenhang mit den Sitzungen und Beschlüssen des Vorstandsgremiums ist ein besonderes Augenmerk auf die Beschreibung der Verfahrensordnung, die sowohl Bestimmungen zu den Vorstandssitzungen (Anzahl, Einberufung, Leitung und Niederschrift) als auch zur Beschlussfähigkeit vorsieht, und auf die Darstellung der Vertraulichkeitsrichtlinie, die unternehmensindividuelle Regelungen für eine umfassende Wahrung der Vertraulichkeit durch die Vorstandsmitglieder und ihre Mitarbeiter beinhaltet, zu legen. Schließlich kommt bezüglich der Beschlussfassung im Vorstandsgremium auch den Regeln zur Willensbildung (Einstimmigkeits- und/oder Mehrheitsbeschlüsse, gegebenenfalls Recht zum Stichentscheid) eine hohe Bedeutung zu, die es ebenso darzulegen gilt.

Aus der offenzulegenden Informationsordnung des Vorstands haben sich die unternehmensspezifischen Modalitäten zur periodischen Berichterstattung des Vorstands an den Aufsichtsrat (Berichtsinhalte, -verfasser, -empfänger, -umfang und -frequenz, Vorlagezeitpunkte sowie Art und Weise der Berichterstattung), zur Sonderberichterstattung des Vorstandsvorsitzenden respektive -sprechers an den Aufsichtsratsvorsitzenden über wichtige Ereignisse sowie zur Berichtspflicht des Vorstands aufgrund von Informationsanforderungen des Aufsichtsrats (Anforderungsberichterstattung) zu ergeben. Zudem haben aus der Informationsordnung die Grundsätze für die Einholung vorstandsunabhängiger Informationen und Berichte von Angestellten des Unternehmens respektive Konzerns durch den Aufsichtsrat hervorzugehen.

Im Hinblick auf die der Zustimmung des Aufsichtsrats unterliegende Geschäfte von grundlegender Bedeutung ist auf ihre exakte Definition zu achten.

Zu den in Rede stehenden Geschäften gehören in erster Linie Entscheidungen oder Maßnahmen, die die Vermögens-, Finanz- oder Ertragslage der Gesellschaft respektive des Konzerns grundlegend verändern (können). Bei Vorliegen einer Konzernstruktur ist - soweit notwendig - für eine konzernweite Geltung und Durchsetzung der Zustimmungsvorbehalte Sorge zu tragen.

(c) Wertorientierte Unternehmensführung

Der Vorstand führt die Gesellschaft respektive den Konzern in eigener Verantwortung.[560] Er ist dabei - als Ausfluss der von ihm zu beachtenden Grundsätze ordnungsmäßiger Unternehmensführung (GoU) - [561] an das Unternehmensinteresse gebunden und der nachhaltigen Wertschöpfung verpflichtet.[562] Dies beinhaltet auch, dass Vorstandsmitglieder sich bei ihren Entscheidungen nicht von persönlichen Interessen leiten lassen und Geschäftschancen, die der Gesellschaft respektive dem Konzerns zustehen, nicht für sich nutzen dürfen.[563] Es obliegt dem Supervisor Aufsichtsrat,[564] auf entsprechende Bindungs-

560 Vgl. Tabelle 28, Rn. 1.3 lit. a), ferner DCGK 2010, Rn. 4.1.1 i. V. m. § 76 Abs. 1 AktG.

561 Zur Beachtung der GoU vgl. Tabelle 28, Rn. 1.3 lit. c) Unterabs. 1 Satz 1, ferner DCGK 2010, Rn. 3.8 Unterabs. 1 Satz 1; ergänzend WERDER 2010, Rn. 455 f., S. 145-147. Zur betriebswirtschaftlichen Ausfüllung der GoU vgl. WERDER 1996b, S. 27-73; WERDER 1999, S. 2221-2224 und aus juristischer Perspektive HOMMELHOFF/SCHWAB 1996, S. 149-175. Zu den GoU vgl. zudem bereits Abschn. II. C.5.a)(1)(b)(ii) dieses Hauptteils.

562 Vgl. hierzu Tabelle 28, Rn. 1.3 lit. a) und lit. b) Satz 1, gleichzeitig DCGK 2010, Rn. 4.1.1 und 4.3.3 Satz 1. Die Bindung an das Unternehmensinteresse deckt sich im Kern mit der Zielvorstellung einer langfristigen Steigerung des Shareholder Values; vgl. WERDER/WIECZOREK 2007, S. 297 sowie in diesem Sinne auch DALCHOW 2005, S. 201; DUTZI 2005, S. 198; FLEISCHER 2007, Rn. 32-35 zu § 76 AktG, S. 719 f. Zur langfristigen Steigerung des Shareholder Values und zu seiner Etablierung als formales Oberziel börsennotierter Publikumsgesellschaften vgl. ausf. Abschn. II. D.1.a) des Ersten Hauptteils sowie Abschn. II. C.3.b) und C.3.c) dieses Hauptteils.

563 Vgl. hierzu Tabelle 28, Rn. 1.3 lit. b) Satz 2, ebenso DCGK 2010, Rn. 4.3.3 Satz 2 sowie weiterführend RINGLEB 2010, Rn. 820, S. 252 und STRIEDER 2005b, S. 101.

564 Die Entscheidung über den Abschluss des Anstellungsvertrags und dessen Inhalt obliegt ausschließlich und zwingend dem Aufsichtsrat; vgl. § 84 Abs. 1 Satz 5 i. V. m. Abs. 1 Satz 1 AktG sowie ergänzend FLEISCHER 2007, Rn. 33 zu § 84 AktG, S. 811.

und Verpflichtungsklauseln in den Anstellungsverträgen der Vorstandsmitglieder hinzuwirken.[565] Verletzen die Mitglieder der Unternehmensführung dennoch die Sorgfalt eines ordentlichen und gewissenhaften Vorstandsmitglieds schuldhaft, so haften sie der Gesellschaft gegenüber auf Schadensersatz.[566] Hierbei ist allerdings einschränkend zu berücksichtigen, dass bei unternehmerischen Entscheidungen keine Pflichtverletzung anzunehmen ist, wenn das Vorstandsmitglied vernünftigerweise annehmen durfte, auf der Grundlage angemessener Information zum Wohle der Gesellschaft zu handeln (Business Judgement Rule).[567] Sofern die Gesellschaft für den Vorstand zur Verminderung seines Haftungsrisikos eine D & O-Versicherung[568] abschließt, ist ein so genannter Selbstbehalt von mindestens 10 % des Schadens bis mindestens zur Höhe des Eineinhalbfachen der jährlichen Festvergütung des Vorstandsmitglieds vorzusehen.[569]

---

565 Vgl. in diesem Sinne auch FLEISCHER 2007, Rn. 75 zu § 84 AktG, S. 820 und SEIBT 2008a, Rn. 36 zu § 84 AktG, S. 960, die sogar die ausdrückliche Verpflichtung der Vorstandsmitglieder zur Beachtung aller Empfehlungen und ggf. auch Anregungen des DCGK 2010 im Rahmen ihrer Anstellungsverträge empfehlen. Zur generellen Zulässigkeit einer Fixierung der in Rede stehenden Verpflichtungen im Anstellungsvertrag vgl. auch LUTTER 2010, Rn. 465, S. 149, der explizit betont, dass der Aufsichtsrat im Anstellungsvertrag die Organpflichten der einzelnen Vorstandsmitglieder konkretisieren kann. Die Vorstands-Geschäftsordnung ist hingegen einer Aufnahme der GoU nach herrschender Meinung nicht zugänglich, da eine Geschäftsordnung keine materiellen Entscheidungsrichtlinien für den Vorstand enthalten, sondern lediglich die Form seiner Tätigkeit vorgeben darf; vgl. etwa ISENBERG 2005, S. 130; MERTENS/CAHN 2010, Rn. 51 zu § 77 AktG, S. 126; a. A. SPINDLER 2008b, Rn. 25 zu § 161 AktG, S. 1818.

566 Vgl. hierzu Tabelle 28, Rn. 1.3 lit. c) Unterabs. 1 Satz 2, gleichlautend DCGK 2010, Rn. 3.8 Unterabs. 1 Satz 2 i. V. m. § 93 Abs. 1 Satz 1 und Abs. 2 Satz 1 AktG sowie ergänzend FLEISCHER 2007, Rn. 10-211 zu § 93 AktG, S. 940-986; HOPT 1999, Rn. 252-305 zu § 93 AktG, S. 148-164 sowie LUTTER 2010, Rn. 458-476, S. 148-151.

567 Vgl. hierzu Tabelle 28, Rn. 1.3 lit. c) Unterabs. 1 Satz 3, entsprechend DCGK 2010, Rn. 3.8 Unterabs. 1 Satz 3 i. V. m. § 93 Abs. 1 Satz 2 AktG sowie ergänzend LUTTER 2010, Rn. 497a-497m, S. 154-156.

568 D & O-Versicherung ist die Kurzbezeichnung für Director's and Officer's Liability Insurance; vgl. etwa KRIEGER/SAILER 2008, Rn. 70 zu § 93 AktG, S. 1082.

569 Vgl. hierzu Tabelle 28, Rn. 1.3 lit. c) Unterabs. 2, ferner DCGK 2010, Rn. 3.8 Unterabs. 2 i. V. m. § 93 Abs. 2 Satz 3 AktG; zudem KOCH 2009, S. 637-647; LINGEMANN 2009, S. 1922; OLBRICH/KASSING 2009, S. 1659-1662; VAN KANN 2009, S. 1010-1013.

Die Verpflichtung des Vorstands zur nachhaltigen Wertschöpfung impliziert eine wertorientierte Ausrichtung der Unternehmensführung[570] und damit verbunden den Einsatz eines entsprechenden - konzernweit ausgerichteten - Internen Steuerungssystems,[571] dessen Instrumentarium im Hinblick auf die Berücksichtigung monetärer und nicht-monetärer Entscheidungsgrößen differenziert werden kann.[572] Der für die monetären Entscheidungsgrößen zentrale Wert ist - vor dem Hintergrund der Zukunftsorientierung der wertorientierten Unternehmensführung - im Shareholder Value in seiner Ausprägung als Zukunftserfolgswert zu sehen, dessen Ermittlung in der Regel unter Anwendung der DCF-Methoden erfolgt.[573] In diesem Sinne findet eine Realisierung neuer Projekte nur statt, wenn die geplanten Investitionen sich durch entsprechende Rückflüsse in der Zukunft angemessen verzinsen, das heißt einen positiven Beitrag zum Shareholder Value leisten.[574] Der mehrperiodisch ausgerichtete Gedanke des Shareholder Values lässt sich jedoch auch mittels Residualgewinngrößen in eine periodische Leistungsvorgabe und -messung transferieren.[575] Die verbreitetsten wertorientierten Kennzahlenkonzepte stellen in diesem Zusammenhang der Economic Value Added (EVA) und der Cash Value Added (CVA) dar.[576] Ihnen ist die so genannte Barwertkompatibilität gemein, womit zum Ausdruck gebracht wird, dass die Summe der jeweiligen abgezins-

---

570 Vgl. hierzu bereits im Einzelnen Abschn. II. C.3.c) dieses Hauptteils.

571 Vgl. ADERS/HERBERTINGER/WIEDEMANN 2003, S. 357; FREIDANK 2000a, S. 16; KUNZ/PFEIFFER/SCHNEIDER 2007, S. 259; SCHMIDBAUER 2003, S. 1408 sowie VEST 1999, S. 149-151. Zum Begriff des Steuerungssystems vgl. ausf. WEBER ET AL. 2004, S. 22-24.

572 Vgl. hierzu und in der Folge GÜNTHER/SCHIEMANN 2007, S. 1428 f.; PAPE 2000, S. 712.

573 Vgl. dazu im Einzelnen Abschn. II. C.3.a) und II. C.3.b) dieses Hauptteils.

574 Vgl. FREIDANK 2000a, S. 16; GÜNTHER/SCHIEMANN 2007, S. 1428; SCHÖNTAG 2007, S. 16.

575 Vgl. stellv. WEBER/HEINEKE 2007, S. 1444.

576 Vgl. HEUMANN 2005, S. 134; MÜLLER 2007, S. 1514-1516 sowie WEBER/HEINEKE 2007, S. 1444 f. Zum EVA und CVA vgl. grundlegend STEWART 1990 sowie ergänzend BALLWIESER 2007, S. 8-20; BRÄNDLE/NOLL/PÜTZL 2005, S. 899-901; DALCHOW 2005, S. 61-70; GÜNTHER 1997, S. 233-238; LACHNIT/MÜLLER 2002, S. 2553 f.; NOWAK/HEUSER 2005a, S. 649-654; NOWAK/HEUSER 2005b, S. 783-787; PAPE 2000, S. 715 f.; PERTL/NIEDERNBERG 2004, 101-114; SCHMIDBAUER 2003, S. 1408-1414; STEINHAUER 2007, S. 122-286 und VOLKART 1998, S. 143-164.

ten Erfolgsgrößen dem Zukunftserfolgswert entspricht.[577] Da eine Überleitung sämtlicher Entscheidungsgrößen in monetäre Werte weder möglich noch sinnvoll ist, finden - wie bereits angedeutet - als weitere Instrumente des Internen Steuerungssystems auch Konzepte zur Lenkung nicht-monetärer Entscheidungsgrößen Anwendung.[578] So wird etwa mit der Balanced Scorecard die monetäre Ebene mit nicht monetären Perspektiven (insbesondere Kunden-, interne Prozess- sowie Lern- und Entwicklungsperspektive) zu einem konsistenten Zielsystem verknüpft.[579] Ein solches Zielsystem bietet sich dabei in erster Linie zum effizienten Management der Werttreiber an.

Neben einem wertorientierten Internen Steuerungssystem beinhaltet eine der nachhaltigen Wertschöpfung verpflichtete Unternehmensführung auch eine Berücksichtigung der Vielfalt (Diversity) bei der Besetzung von Führungsfunktionen[580] und die Implementierung eines angemessenen Internen Überwachungssystems,[581] um sicherzustellen, dass „Zielvorgaben [...] realisiert und nicht durch Lücken, Schwachstellen und Engpässe in der aufbau- und ablauforganisatorischen Konzeption verhindert werden."[582] Das Interne Überwa-

577 Vgl. u. a. GÜNTHER/SCHIEMANN 2007, S. 1429 und Abschn. II. C.3.c) dieses Hauptteils.

578 Vgl. hierzu und in der Folge GÜNTHER/SCHIEMANN 2007, S. 1429; HEUMANN 2005, S. 120-122 sowie MEYER 2005, S. 65 m. w. N.

579 Vgl. dazu grundlegend KAPLAN/NORTON 1996, S. 24-311; KAPLAN/NORTON 1997, S. 23-300 sowie weiterführend AHN 2005, S. 122-127; BISCHOF 2002, S. 95-124; FRIEDAG 2005, S. 11-40; GILLES 2002, S. 19-107; HORVÁTH/SEITER 2009, S. 400 f., SANDT 2005, S. 436 f.; VANINI 2009, S. 815-827 und WEBER 2007b, S. 107 f.

580 Vgl. diesbezüglich Tabelle 28, Rn. 1.3 lit. d) und entsprechend DCGK 2010, Rn. 4.1.5.

581 Vgl. hierzu Tabelle 28, Rn. 1.3 lit. e), gleichlautend DCGK 2010, Rn. 4.1.4 i. V. m. §§ 76 Abs. 1, 91 Abs. 2 AktG sowie ergänzend BERG 2007, S. 274 f.; HÜFFER 2010, Rn. 4-9 zu § 91 AktG, S. 474 f.; KRIEGER/SAILER 2008, Rn. 6-14 zu § 91 AktG, S. 1035-1038; MÜLLER/STELZER 2005, S. 114 f.; RINGLEB 2010, Rn. 637-661, S. 194-201 und STRIEDER 2005b, S. 88-90. RINGLEB 2010, Rn. 637-646, S. 194-196 weist auf die von § 91 Abs. 2 AktG abweichende Terminologie des DCGK 2010, Rn. 4.1.4 hin und stellt in diesem Kontext jedoch klar, dass der Kodex - mit Ausnahme der Einführung des Maßstabes der Angemessenheit, welcher über das Kriterium der Bestandsgefährdung hinausgeht - lediglich die Gesetzeslage sinngemäß wiedergegeben werden soll.

582 HOFMANN 1993, S. 44.

chungssystem, welches eine Kongruenz zum angloamerikanischen Internal Control-Ansatz[583] aufweist,[584] ist dabei konzernweit auszurichten[585] und setzt sich nach herrschender Meinung in der betriebswirtschaftlichen Literatur[586] zum einen aus der Internen (Konzern-)Revision zur prozessunabhängigen Überwachung und zum anderen im Sinne einer prozessabhängigen Kontrolle[587] aus den Elementen Internes Kontrollsystem und (Konzern-)Controlling zusammen, wobei Letzteres überdies für das zur frühzeitigen Identifizierung von Risiken (und Chancen) einzurichtende Risikofrüherkennungssystem verantwortlich ist. Im Ergebnis entspricht - wie der folgenden Abbildung 27 zu entnehmen ist - das Interne Überwachungssystem dem im betriebswirtschaftlichen Sinne weit gefassten Risikomanagementsystem,[588] das als Oberbegriff für die Interne (Konzern-)Revision, das Interne Kontrollsystem, das (Konzern-) Controlling und das Risikofrüherkennungssystem verstanden wird.[589]

---

583 Vgl. COSO 1994 und COSO 2004 sowie erläuternd BOURQUI/BLUMER 1994, S. 1069-1078; LÜCK/MAKOWSKI 1996, S. 157-160; LÜCK/SCHRÖDER 2007a, S. 307-309 und LÜCK/SCHRÖDER 2007b, S. 679 f.

584 Vgl. FREIDANK/WEBER 2008, S. 407; FREIDANK/WEBER 2009, S. 320 f.; LÜCK/MAKOWSKI 1996, S. 157-160; LÜCK/SCHRÖDER 2007b, S. 679 f. sowie RÖSSLER 2001, S. 136.

585 Vgl. etwa ARBEITSKREIS/ARBEITSKREIS 2009, S. 1281; LENTFER 2003, S. 74; LENTFER 2005, S. 24; MÜLLER/STELZER 2005, S. 114; RINGLEB 2010, Rn. 642 f., S. 195 f.; RÖSSLER 2001, S. 134 sowie STRIEDER 2005b, S. 88; aus juristischer Sicht kritisch hingegen SPINDLER 2008a, Rn. 40 f. zu § 91 AktG, S. 493 f.

586 Vgl. hierzu stellv. LÜCK 1998b, S. 1925 sowie darauf aufbauend LENTFER 2005, S. 24 und RÖSSLER 2001, S. 59-63, 135-139.

587 Für eine ausf. Charakterisierung und Abgrenzung der Begriffe Revision und Kontrolle vgl. KÜTING/BUSCH 2009, S. 1361 f.; POTTHOFF 1993, Sp. 1406; RÜCKLE 2000, S. 173 f.

588 Vgl. etwa BERENS/SCHMITTING 2004, S. 65 f.; FREIDANK 2006, S. 181-183; FREIDANK/PAETZMANN 2004a, S. 17-19 sowie daran anknüpfend LENTFER 2005, S. 24 f. Für eine ausführliche Diskussion zum Aufbau des Risikomanagementsystems vgl. LENTFER 2003, S. 76-80.

589 Vgl. LÜCK 1998a, S. 8-14; LÜCK/HUNECKE 1998a, S. 514; LÜCK/HUNECKE 1998b, S. 130 f. sowie darauf aufbauend FREIDANK 2000b, S. 347 f.; POLLANZ 1999, S. 395 und SPANNAGEL/HÄßLER 1999, S. 1828. Für eine eingehende Diskussion der einzelnen Elemente des Risikomanagementsystems vgl. etwa LENTFER 2003, S. 92-125 sowie LÜCK 1998a, S. 9-13.

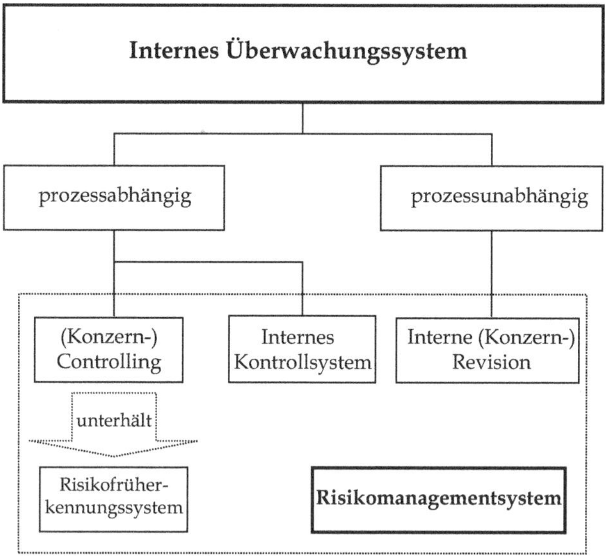

Abbildung 27: Internes Überwachungs- und Risikomanagementsystem[590]

In das Risikomanagementsystem im vorstehenden Sinne ist auch die so genannte Compliance-Funktion zu integrieren, wonach der Vorstand für die Befolgung der gesetzlichen Bestimmungen und der unternehmensinternen Richtlinien Sorge zu tragen und auf deren Einhaltung durch die Konzernunternehmen hinzuwirken hat.[591] Eine besondere Bedeutung kommt dabei der Korrup-

590 Modifiziert entnommen von LENTFER 2005, S. 26, der wiederum auf die Arbeiten von FREIDANK 2001, S. 248; FREIDANK/PAETZMANN 2004a, S. 18; HOFMANN 1993, S. 28 sowie RÖSSLER 2001, S. 56 Bezug nimmt.

591 Zum Compliance-Aspekt vgl. Tabelle 28, Rn. 1.3 lit. f), ebenso DCGK 2010, Rn. 4.1.3 sowie erläuternd BÜRKLE 2007, S. 1798 f.; RINGLEB 2010, Rn. 615-636, S. 184-194 und SIDHU 2008, S. 13-15. Für eine Integration der Compliance-Funktion in das Risikomanagementsystem vgl. auch BERG 2007, S. 275-278; RINGLEB 2010, Rn. 627a, S. 190; SCHMIDT 2009, S. 1295 f. Unabhängig von der betriebswirtschaftlichen Notwendigkeit findet im juristischen Schrifttum seit Langem eine intensive Diskussion um die Rechtspflicht zur Einrichtung eines Compliance-Systems statt; befürwortend äußern sich hierzu bspw. BÜRKLE 2005, S. 570; BÜRKLE 2007, S. 1798; FLEISCHER 2003b, S. 299; FLEISCHER 2004a, S. 1131; MEIER-GREVE 2009, S. 2555; SCHNEIDER 2003, S. 648 f. sowie SCHNEIDER 2009, S. 1326 mit Bezug auf den Konzern; eine Pflicht verneinen hingegen

(Fortsetzung der Fußnote auf der nächsten Seite)

tionsbekämpfung zu,[592] die primär darauf hinzuwirken hat, dass Mitglieder des Vorstands sowie Mitarbeiter im Zusammenhang mit ihrer Tätigkeit von Dritten weder für sich noch für andere Personen Zuwendungen oder sonstige Vorteile fordern respektive annehmen oder Dritten ungerechtfertigte Vorteile gewähren.[593] Ein Compliance-System im idealtypischen Sinne beinhaltet nach Auffassung in der Literatur[594] als Grundelemente die Einrichtung einer Compliance-Organisation unter Benennung eines Compliance-Beauftragten,[595] die Implementierung eines Ethikkodex,[596] die Durchführung von Compliance-Programmen, den Aufbau eines angemessenen unternehmensinternen Beratungs- und Trainingsangebots für die Mitarbeiter sowie die Implementierung einer so genannten Whistleblowing-Helpline[597].

Wenngleich dem Vorstand das alleinige Recht zur Unternehmensführung zusteht,[598] obliegt es ihm jedoch gleichzeitig, zum Wohle der Gesellschaft beziehungsweise des Konzerns, das heißt im Sinne einer langfristigen Steigerung

---

HAUSCHKA 2004, S. 878, 882; KREMER/KLAHOLD 2010, S. 118-120; RINGLEB 2010, Rn. 618, S. 187 sowie SIDHU 2008, S. 15.

592 Zur Compliance und Korruptionsbekämpfung vgl. ausf. BERG 2007, S. 271-278; HAUSCHKA 2004, S. 877-883 und SALVENMOSER/HAUSCHKA 2010, S. 331-335.

593 Vgl. zu dieser Forderung Tabelle 28, Rn. 1.3 lit. g), gleichlautend DCGK 2010, Rn. 4.3.2 sowie erläuternd MÜLLER/STELZER 2005, S. 137 f.; PELTZER 2003a, Rn. 103-105, S. 55 f.; RINGLEB 2010, Rn. 803-818, S. 249-252 und STRIEDER 2005b, S. 101.

594 Vgl. hierzu etwa BÜRKLE 2004, S. 2160 f.; BÜRKLE 2005, S. 565 f.; ähnlich WOLF 2006, S. 1996 und SCHNEIDER 2003, S. 649 f. mit Erwiderung von HAUSCHKA 2004, S. 879-882.

595 Zu Anforderungen an den und zur Stellung des Compliance-Beauftragten vgl. im Einzelnen CASPER 2009b, S. 199-216; LÖSLER 2008, S. 1098-1104; RANSIEK 2010, S. 147-153; ROSTY-FORGÁCH/THIERFELDER 2008, S. 18 sowie FAVOCCIA/RICHTER 2010, S. 137-147.

596 Für die Einrichtung eines Ethikkodex spricht sich auch die *OECD* aus; vgl. OECD 2004, S. 27 i. V. m. 75. Zum Aspekt der Corporate Integrity vgl. BUSSMANN 2009, S. 514-518.

597 Zur Forderung nach einer Whistleblowing-Helpline vgl. auch EMPFEHLUNG 2005/162/EG, Anhang I, Rn. 4.3, Nr. 8, S. 62; OECD 2004, S. 24. Für eine Diskussion der Whistleblowing-Helpline im Compliance-Kontext vgl. u. a. BÜRKLE 2004, S. 2158-2161. Zum Whistleblowing allgem. vgl. überdies LOHRE 2009, S. 165-170; SCHNEIDER/NOWAK 2010, S. 860-865; WEBER-REY 2006, S. 406-411 sowie unter Datenschutz- und arbeitsrechtlichen Gesichtspunkten WISSKIRCHEN/KÖRBER/BISSELS 2006, S. 1567-1572.

598 Vgl. hierzu bereits Abschn. I. B.2.a) des Ersten Hauptteils.

des Shareholder Values,[599] eng mit dem Aufsichtsrat zusammenzuarbeiten.[600] Diese Forderung manifestiert sich - neben einer angemessenen Informationsversorgung des Aufsichtsrats - [601] insbesondere in der Verpflichtung, die von ihm zu entwickelnde strategische Ausrichtung der Gesellschaft beziehungsweise des Konzerns mit dem Aufsichtsrat abzustimmen, auf ihre Umsetzung hinzuwirken und mit dem Supervisor regelmäßig den Stand der Strategieumsetzung zu erörtern.[602] Mit der strategischen Ausrichtung sind dabei bedeutende Sachverhalte, wie etwa die Erschließung neuer oder die Einstellung bisheriger Geschäftsfelder, der Erwerb respektive die Veräußerung von Unternehmen beziehungsweise Unternehmensteilen oder auch (Des-)Investitionen großen Umfangs, mithin Geschäfte von grundlegender Bedeutung, gemeint, die regelmäßig einem Zustimmungsvorbehalt des Aufsichtsrats unterliegen.[603] Ein Zusammenwirken in diesem Sinne setzt eine offene Diskussion zwischen Vorstand und Aufsichtsrat unter einer umfassenden Wahrung der Vertraulichkeit voraus.[604] Wie bereits im Kontext des Vorstands angesprochen,[605] kön-

---

599 Vgl. zu dieser Interpretation des Wohls der Gesellschaft respektive des Konzerns auch PFITZER/ORTH 2005, S. 77; a. A. STRIEDER 2005b, S. 73 f. und WERDER 2010, Rn. 352-355, S. 114-117 unter Verweis auf die herrschende Meinung im juristischen Schrifttum.

600 Vgl. diesbezüglich Tabelle 28, Rn. 1.3 lit. h), ebenso DCGK 2010, Rn. 3.1; erläuternd PFITZER/ORTH 2005, S. 74-79 und WERDER 2010, Rn. 351-359, S. 113-118.

601 Vgl. dazu im Einzelnen Abschn. II. C.5.b)(1)(b) dieses Hauptteils.

602 Vgl. hierzu Tabelle 28, Rn. 1.3 lit. i) und j), gleichlautend DCGK 2010, Rn. 3.2 und 4.1.2 sowie weiterführend LUTTER 2010, Rn. 361-368, S. 118-120; PFITZER/ORTH 2005, S. 79 f.; MÜLLER/STELZER 2005, S. 111 f.; STRIEDER 2005b, S. 74 f., 87 sowie WERDER 2010, Rn. 611-614, S. 182-184. Zur Hervorhebung der Informationsversorgung des Aufsichtsrats und der Abstimmung strategischer Entscheidungen als bedeutendste Kooperationsfelder vgl. PFITZER/ORTH 2005, S. 78 f.; STRIEDER 2005b, S. 73 f. und WERDER 2010, Rn. 356-358, S. 117 f. Zur Beratung des Vorstands durch den Aufsichtsrat i. S. e. Ex ante-Überwachung vgl. auch Abschn. II. C.5.b)(2)(c) dieses Hauptteils.

603 Für eine entsprechende Aufzählung vgl. LUTTER 2010, Rn. 363, S. 119 und MÜLLER/STELZER 2005, S. 112. Zu den Zustimmungsvorbehalten des Aufsichtsrats vgl. im Einzelnen Abschn. II. C.5.b)(1)(b) dieses Hauptteils.

604 Vgl. hierzu Tabelle 28, Rn. 1.3 lit. k), entsprechend DCGK 2010, Rn. 3.5 Unterabs. 1; erläuternd LUTTER 2010, Rn. 390-396, S. 127-130; WERDER 2010, Rn. 387-389, S. 125-127.

605 Vgl. hierzu Abschn. II. C.5.b)(1)(b) dieses Hauptteils.

nen dabei Regelungen für eine umfassende Wahrung der Vertraulichkeit in so genannten Vertraulichkeitsrichtlinien vorgesehen werden.[606]

Aus Agency-theoretischer Sicht stellen sowohl die vertraglichen Verpflichtungen des Vorstands zur nachhaltigen Wertschöpfung und zur Beachtung der GoU als auch die Vereinbarung eines Selbstbehalts im Rahmen einer D & O-Versicherung für den Vorstand bindende Verpflichtungen in Form einer Einschränkung seiner Verfügungsmacht sowie Anreizmechanismen dar, die als klassische Instrumente des Bonding anzusehen sind und dem Risiko eines Moral Hazard des Vorstands entgegenwirken sollen.[607] Die Gefahr eines Moral Hazard in der Person des Vorstands resultiert dabei aus dem Umstand, dass die Aktionäre das Ziel einer nachhaltigen Steigerung des Shareholder Values verfolgen, wohingegen der Vorstand unter Umständen entsprechend einer abweichenden Präferenz- und Risikostruktur (Differencial Risk Exposure) sowie damit verbunden unter Zugrundelegung eines anderen - in der Regel kürzeren - Anlagehorizonts (Differencial Horizons) handelt und zudem geneigt sein könnte, einen geringeren Arbeitseinsatz zu erbringen (Shirking) und/oder Unternehmensmittel zu entnehmen (Consumption on the Job).[608] Um den Vorstand zur Verfolgung einer nachhaltigen Wertschöpfung, das heißt insbesondere zur Einrichtung eines wertorientierten Internen Steuerungssystems, eines Internen Überwachungs- sowie eines Compliance-Systems, anzuhalten und seinen diskreditionären Handlungsspielraum einzuengen, hat im Sinne eines Preventive Monitoring neben dem Bonding auch eine laufende Abstimmung der strategischen Ausrichtung der Gesellschaft respektive des Konzerns zwischen dem Vorstand und dem Supervisor Aufsichtsrat auf der Grundlage einer offenen Diskussion sowie unter Wahrung der Vertraulichkeit stattzufinden. Hierbei muss aus Agency-theoretischer Perspektive jedoch gleichzeitig

---

606 Zur Vertraulichkeitsrichtlinie für den Aufsichtsrat vgl. Abschn. II. C.5.b)(2)(b) dieses Hauptteils.

607 Vgl. hierzu und in der Folge bereits Abschn. I. C.2 des Ersten Hauptteils.

608 Dies entspricht den Fallgruppen (2)(a) bis (2)(d) in der Abbildung 4 zur Typisierung von Principal-Agent-Konflikten bezüglich des Vorstands.

bedacht werden, dass bei einem Preventive Monitoring dieser Form zum einen das Risiko einer zu starken Einschränkung der Spezialisierungsvorteile des Vorstands besteht und zum anderen die Gefahr eines kollusiven Zusammenwirkens von Vorstand und Aufsichtsrat[609] erhöht wird.

Aus den mit der wertorientierten Unternehmensführung durch den Vorstand im Zusammenhang stehenden Mechanismen der internen Corporate Governance und der Agency-theoretischen Überprüfung ihrer Wirkungsweisen ist zunächst die Notwendigkeit einer Unterrichtung der Berichtsadressaten über die Art der Verpflichtung der Vorstandsmitglieder zur nachhaltigen Wertschöpfung sowie zur Beachtung der GoU im Rahmen ihrer Anstellungsverträge und - sofern die Gesellschaft für den Vorstand eine D & O-Versicherung abgeschlossen hat - über den vereinbarten Selbstbehalt abzuleiten (Tabelle 57, Rn. 1.3.1 und Rn. 1.3.2).[610] Eine Berichterstattung über diese Bonding-Mechanismen sollen die Adressaten bei ihrer Einschätzung des Risikos eines Moral Hazard des Vorstands unterstützen, das darin besteht, dass sich der Vorstand im Zuge von Differencial Risk Exposure, Differencial Horizons, Shirking und/oder Consumption on the Job nicht entsprechend den Interessen der Aktionäre verhält.

Um die tatsächliche Umsetzung der vom Vorstand zu verfolgenden Zielsetzung[611] einer nachhaltigen Wertschöpfung beurteilen zu können, benötigen die Berichtsadressaten darüber hinaus Angaben zum Instrumentarium des

---

609 Die Gefahr eines kollusiven Verhaltens von Aufsichtsrat und Vorstand betrifft die Fallgruppe 4(e) in der Abbildung 24 zur Typisierung von Principal-Agent-Konflikten bezüglich des Aufsichtsrats.

610 Für eine entsprechende Forderung im Hinblick auf den Selbstbehalt vgl. bereits BAUMS 2001, Rn. 75, S. 115.

611 Vgl. zur Forderung einer Offenlegung der (strategischen) Zielsetzung der Unternehmung bereits BÖCKING 2003, S. 260 f.; FREIDANK/WEBER 2008, S. 407; FREIDANK/WEBER 2009, S. 320; OECD 2004, S. 25; UNCTAD 2006, S. 7 sowie im Kontext des Value Reportings BAETGE/HEUMANN 2006a, S. 44 und MÜLLER 1998, S. 125, 135-139, der vom sog. „Stratetic Advantage Reporting" spricht. Vgl. hierzu auch die empirischen Ergebnisse bei DAI 2005, S. 69 f.

(konzernweit ausgerichteten) wertorientierten Internen Steuerungssystems[612] sowie Informationen zu den jeweils im Vorfeld festgelegten Zielvorgaben und den realiter erzielten Wertsteigerungen (Tabelle 58, Rn. 1.3.3).[613] Es bietet sich in diesem Zusammenhang ein Reporting über den Shareholder Value in seiner Ausprägung als Zukunftserfolgswert auf Basis der eingesetzten Cashflow- oder Residualgewinn-orientierten Steuerungsgrößen und - sofern implementiert - flankierend über die unternehmensindividuelle Balanced Scorecard, jeweils unter Angabe von Plan- und Ist-Werten, der Entwicklung im Zeitvergleich sowie der zugrunde liegenden (Berechnungs-)Prämissen an. Bei einer im Regelfall konzernweiten Ausrichtung des Internen Steuerungssystems benötigen die Berichtsadressaten zudem Angaben zur Konzernstruktur (Tabelle 58, Rn. 1.3.4).[614] Für die Übermittlung diesbezüglicher Informationen im Corporate Governance Statement kommt dabei eine Offenlegung des Konzern-Organigramms[615] einschließlich Nennung wesentlicher Tochtergesellschaften unter Angabe des Namens und des Sitzes der Gesellschaft, der Höhe des Anteils sowie des Eigenkapitals und bei Börsennotierung auch der Börsenkapitalisierung[616] in Betracht. Sofern wirtschaftlich wesentliche Beteiligungen an Drittunternehmen vorliegen, können auch diese unter Angabe des Namens

---

612 Vgl. auch BÖCKING 2003, S. 260 f.; FREIDANK/WEBER 2008, S. 407; FREIDANK/WEBER 2009, S. 320 sowie die empirischen Ergebnisse bei DAI 2005, S. 69 f. Für eine entsprechende Forderung für das Value Reporting vgl. HEUMANN 2005, S. 134-137 sowie HEUMANN 2006, S. 263.

613 Vgl. hierzu und in der Folge ebenso BÖCKING 2003, S. 261; FREIDANK/WEBER 2008, S. 407 und FREIDANK/WEBER 2009, S. 320 sowie im Kontext des Value Reportings HEUMANN 2005, S. 136 f.; HEUMANN 2006, S. 263 und MÜLLER 1998, S. 125, 132-134, der diese Kategorie der Berichterstattung als „Value Added Reporting" bezeichnet.

614 Vgl. zur Forderung einer Offenlegung der Konzernstruktur ebenso BÖCKING 2003, S. 261 sowie entsprechend für den schweizerischen Rechtsraum RLCG 2008, Rn. 1.1.1.

615 Vgl. auch BÖCKING 2003, S. 261.

616 Vgl. in diesem Sinne für den schweizerischen Rechtsraum RLCG 2008, Rn. 1.1.2, 1.1.3 sowie in Bezug auf die Angaben zu Tochterunternehmen § 313 Abs. 2 Nr. 1 HGB.

und des Sitzes der Gesellschaft, der Höhe des Anteils, des Eigenkapitals sowie des Ergebnisses des letzten Geschäftsjahres offengelegt werden.[617]

Das Corporate Governance Statement hat daneben auch Angaben zur Ausgestaltung des Risikomanagementsystems[618] und des Compliance-Systems als weitere bedeutende Bestandteile der wertorientierten Unternehmensführung zu enthalten (Tabelle 58, Rn. 1.3.5 und Tabelle 59, Rn. 1.3.6). Die Ausführungen zum Risikomanagementsystem haben sich dabei auf die Interne (Konzern-) Revision, das Interne Kontrollsystem, das (Konzern-)Controlling sowie das Risikofrüherkennungssystem, diejenigen hinsichtlich des Compliance-Systems primär auf die Einrichtung einer Compliance-Organisation, die Implementierung eines Ethikkodex,[619] die Durchführung von Compliance-Programmen, den Aufbau eines angemessenen unternehmensinternen Beratungs- und Trainingsangebots für die Mitarbeiter sowie die Implementierung einer so genannten Whistleblowing-Helpline zu beziehen.

Im Rahmen des Corporate Governance Statements ist schließlich über die Art und Weise des Zusammenwirkens von Vorstand und Aufsichtsrat zu berichten (Tabelle 59, Rn. 1.3.7). Im Fokus der Betrachtung steht hierbei der Abstimmungsprozess zwischen Vorstand und Aufsichtsrat hinsichtlich der Festlegung und Umsetzung der strategischen Ausrichtung im Rahmen der wertorientierten Unternehmensführung. Für die Berichtsadressaten muss hieraus insbesondere deutlich werden, ob die Unternehmensführung durch den Vorstand

---

617 Vgl. hierzu bereits DCGK 2010, Rn. 7.1.4 sowie ähnlich §§ 285 Nr. 11, 313 Abs. 2 Nr. 4 HGB.

618 Vgl. in diesem Sinne ebenso ARBEITSKREIS 2006a, S. 1070; FREIDANK/WEBER 2008, S. 407 f.; FREIDANK/WEBER 2009, S. 320 f. sowie im internationalen Kontext EMPFEHLUNG 2005/162/EG, Rn. 9.2, S. 56; OECD 2004, S. 25; SWX Swiss Exchange 2007, Rn. 2 zu RLCG 2006, Rn. 3.7, S. 19 und UNCTAD 2006, S. 24, 26. Zudem ähnlich §§ 289 Abs. 5, 315 Abs. 2 Nr. 5 HGB, jedoch begrenzt auf den (Konzern-)Rechnungslegungsprozess; vgl. erläuternd hierzu LEIMKÜHLER/VELTE 2008, S. 125-127 sowie STRIEDER 2009b, S. 1002-1004.

619 Zur Forderung einer Berichterstattung über den unternehmensintern implementierten Ethikkodex vgl. SEIBT 2003b, S. 469; ferner UNCTAD 2006, S. 16 f.

noch eigenverantwortlich erfolgt, das heißt die Nutzung der Spezialisierungsvorteile des Vorstands gewährleistet ist, ob durch die Ex ante-Überwachung des Supervisors opportunistisches Verhalten des Vorstands tatsächlich verhindert werden kann und inwieweit aus dem Abstimmungsprozess die Gefahr eines kollusiven Zusammenwirkens von Vorstand und Aufsichtsrat resultiert.

(d) Interessenkonflikte

Zur Begegnung nachvertraglicher Interessenkonflikte in Person der Vorstandsmitglieder bietet es sich an, typischerweise interessenkonfliktbehaftete Handlungen und Geschäfte des Vorstands der vorherigen Zustimmung des Aufsichtsrats respektive einer seiner Ausschüsse[620] zu unterwerfen[621] sowie eine Verpflichtung des Managements zur unverzüglichen Offenlegung (potenzieller) Interessenkonflikte gegenüber dem Supervisor und eine Information der Vorstandskollegen hierüber vorzusehen.[622] Der Aufsichtsrat ist aufgefordert, für die Aufnahme entsprechender Bindungs- und Verpflichtungsklauseln in die Anstellungsverträge der Vorstandsmitglieder Sorge zu tragen.[623] Im Sinne einer Konkretisierung der Organpflichten empfiehlt es sich dabei, in die Vorstands-Dienstverträge auch einen Katalog derjenigen Sachverhalte aufzunehmen, die aus Sicht des Aufsichtsrats ein erhöhtes Risiko einer Interessenkollision in sich bergen und deshalb seiner vorherigen Zustimmung bedürfen

---

620 Zur Delegation der in Rede stehenden Zustimmungserfordernisse an einen Aufsichtsratsausschuss vgl. HÜFFER 2010, Rn. 5 zu § 88 AktG, S. 455; KREMER 2010, Rn. 530, S. 168; zur Ausschussbildung vgl. Abschn. II. C.5.b)(2)(b) dieses Hauptteils.

621 Zu diesem Mechanismus vgl. Tabelle 29, Rn. 1.4 lit. a) bis c), lit. d) Satz 1, lit. e) Satz 3, entsprechend DCGK 2010, Rn. 4.3.1, 4.3.5, 3.9, 3.7 Unterabs. 2 Satz 1, 4.3.4 Satz 3.

622 Vgl. hierzu Tabelle 29, Rn. 1.4 lit. e) Satz 1, gleichlautend DCGK 2010, Rn. 4.3.4 Satz 1.

623 Vgl. explizit KREMER 2010, Rn. 945, S. 269 und LUTTER/KRIEGER 2008, Rn. 385, S. 160 f. sowie in diesem Sinne ebenso FLEISCHER 2007, Rn. 75 zu § 84 AktG, S. 820 und SEIBT 2008a, Rn. 36 zu § 84 AktG, S. 960, die die ausdrückliche Verpflichtung der Vorstandsmitglieder zur Beachtung sämtlicher Empfehlungen und ggf. auch Anregungen des DCGK 2010 im Rahmen ihrer Anstellungsverträge empfehlen.

beziehungsweise gegenüber ihm und den anderen Vorstandsmitgliedern bekannt zu machen sind.[624]

Zur Aufnahme in den Katalog interessenkonfliktbehafteter Sachverhalte ist zunächst ein umfassendes Wettbewerbsverbot vorzusehen,[625] welchem die Vorstandsmitglieder während ihrer Tätigkeit für die Gesellschaft respektive den Konzern unterliegen.[626] Danach dürfen Vorstandsmitglieder ohne vorherige Zustimmung des Aufsichtsrats weder ein Handelsgewerbe betreiben noch im Geschäftszweig der Gesellschaft beziehungsweise des Konzerns auf eigene oder fremde Rechnung Geschäfte machen. Zudem dürfen die Mitglieder des Vorstands ohne vorherige Zustimmung des Supervisors auch nicht Mitglied der Unternehmensführung oder persönlich haftender Gesellschafter einer anderen Handelsgesellschaft sein.[627] Neben diesen, dem Wettbewerbsverbot zuzurechnenden Handlungen, sollten die Mitglieder des Vorstands jedoch auch alle weiteren Nebentätigkeiten, wie vor allem Aufsichtsratsmandate außerhalb des Konzernverbundes, nur mit vorheriger Zustimmung des Aufsichtsrats übernehmen dürfen.[628] Eine entsprechende Regelung hat ebenfalls Eingang in die Anstellungsverträge der Vorstandsmitglieder zu finden.[629]

---

624 Auch LUTTER 2010, Rn. 465, S. 149 betont, dass der Aufsichtsrat im Anstellungsvertrag die Organpflichten der Vorstandsmitglieder einer Konkretisierung zuführen kann.

625 Für eine Aufnahme des Wettbewerbsverbots in die Vorstands-Dienstverträge vgl. explizit FLEISCHER 2007, Rn. 77 zu § 84 AktG, S. 820 sowie PELTZER 2005, Rn. 160, S. 148.

626 Zum Wettbewerbsverbot vgl. Tabelle 29, Rn. 1.4 lit. a), ebenso DCGK 2010, Rn. 4.3.1 i. V. m. § 88 Abs. 1 Satz 1, 2 AktG sowie ergänzend FLEISCHER 2007, Rn. 7-29 zu § 88 AktG, S. 866-872; HÜFFER 2010, Rn. 2-5 zu § 88 AktG, S. 454 f.; RINGLEB 2010, Rn. 797-802, S. 247-249 sowie SPINDLER 2008a, Rn. 7-26 zu § 88 AktG, S. 408-413.

627 Es steht im Ermessen des Aufsichtsrats, dieses Wettbewerbsverbot um ein solches nachvertraglicher Art zu ergänzen; vgl. hierzu etwa FLEISCHER 2007, Rn. 42-51 zu § 88 AktG, S. 876-878; PELTZER 2003a, Rn. 101, S. 55 und PELTZER 2005, Rn. 163-168, S. 148 f.

628 Vgl. hierzu Tabelle 29, Rn. 1.4 lit. b), gleichlautend DCGK 2010, Rn. 4.3.5 sowie weiterführend FONK 2009a, Rn. 94-98, S. 519-521; MÜLLER/STELZER 2005, S. 142 f.; PELTZER 2003a, Rn. 111, S. 57 f.; PELTZER 2005, Rn. 156-159, S. 147; RINGLEB 2010, Rn. 838 f., S. 256; STRIEDER 2005b, S. 103 sowie THEISEN 2007, S. 60.

629 Vgl. bspw. FONK 2009a, Rn. 94-98, S. 519-521 sowie PELTZER 2005, Rn. 156-159, S. 147.

Ein weiterer interessenkonfliktbehafteter Sachverhalt ist in den unmittelbaren und mittelbaren Eigengeschäften des Vorstands zu sehen. Eine diesbezügliche Vereinbarung hat sich nicht nur darauf zu erstrecken, dass alle Geschäfte zwischen der Gesellschaft sowie den Konzernunternehmen auf der einen Seite und den Mitgliedern des Vorstands sowie ihnen nahe stehenden Personen oder ihnen persönlich nahe stehenden Gesellschaften auf der anderen Seite branchenüblichen Standards zu entsprechen haben;[630] vielmehr sollen wesentliche Geschäfte auch der Zustimmung des Aufsichtsrats bedürfen,[631] sofern Letzterer nicht ohnehin unmittelbar beteiligt ist und die Gesellschaft vertritt.[632] Es obliegt dem Aufsichtsrat, die in Rede stehenden Eigengeschäfte der Vorstandsmitglieder im Rahmen der Arbeitsverträge exakt zu definieren und dabei die Wesentlichkeit mittels einer entsprechenden Wertgrenze zu präzisieren.[633] Eine besondere Bedeutung kommt in diesem Zusammenhang der Gewährung von Krediten der Gesellschaft oder ihrer Konzernunternehmen an die Vorstandsmitglieder sowie ihre Angehörigen zu, die einer vorherigen Zustimmung des Aufsichtsrats zu unterwerfen ist,[634] sofern das Kreditvolumen ein Monatsgehalt des betroffenen Vorstandsmitglieds übersteigt.[635]

---

630 Vgl. hierzu Tabelle 29, Rn. 1.4 lit. e) Satz 2, entsprechend DCGK 2010, Rn. 4.3.4 Satz 2 sowie ergänzend MÜLLER/STELZER 2005, S. 141; PELTZER 2003a, Rn. 108, S. 56 f.; RINGLEB 2010, Rn. 828-835, S. 254 f. und STRIEDER 2005b, S. 102 f.

631 Vgl. hierzu Tabelle 29, Rn. 1.4 lit. e) Satz 3, ebenso DCGK 2010, Rn. 4.3.4 Satz 3 sowie kommentierend MÜLLER/STELZER 2005, S. 142; PELTZER 2003a, Rn. 109, S. 57; RINGLEB 2010, Rn. 836 f., S. 255 und STRIEDER 2005b, S. 103.

632 Die Vertretung der Gesellschaft durch den Aufsichtsrat erfolgt gem. § 112 AktG bei Geschäften eines Vorstandsmitglieds mit der Gesellschaft.

633 Vgl. zu dieser Forderung u. a. RINGLEB 2010, Rn. 837, S. 255 und STRIEDER 2005b, S. 103.

634 Zur Kreditgewährung an Vorstandsmitglieder vgl. Tabelle 29, Rn. 1.4 lit. c), ferner DCGK 2010, Rn. 3.9 i. V. m. § 89 AktG sowie ergänzend HÜFFER 2010, Rn. 1-8 zu § 89 AktG, S. 458-461; KREMER 2010, Rn. 527-531, S. 167 f. und MERTENS/CAHN 2010, Rn. 2-25 zu § 89 AktG, S. 500-512. Aus juristischer Sicht ist anzumerken, dass nach § 89 Abs. 1 Satz 1 i. V. m. § 112 AktG die Kreditvergabe an Vorstandsmitglieder nach Beschlussfassung im Gesamtplenum durch den Aufsichtsrat erfolgt und nicht lediglich mittels seiner vorherigen Zustimmung; vgl. hierzu auch KREMER 2010, Rn. 533, S. 168.

635 Zu dieser Einschränkung vgl. § 89 Abs. 1 Satz 5 AktG.

Neben den bislang diskutierten Sachverhalten besteht für die Mitglieder des Vorstands eine erhöhte Gefahr des Interessenkonflikts auch in Übernahmesituationen. Für diesen Fall sollte in den Dienstverträgen geregelt werden, dass der Vorstand nach Bekanntgabe eines (feindlichen) Übernahmeangebots keine Handlungen außerhalb des gewöhnlichen Geschäftsverkehrs vornehmen darf, die dem Erfolg des Angebots abträglich sein könnten, wenn er dazu nicht von der Hauptversammlung ermächtigt wurde oder der Aufsichtsrat hierzu seine Zustimmung erteilt hat.[636] Flankierend steht eine vertragliche Fixierung zur Disposition, wonach die Vorstandsmitglieder bei ihren Entscheidungen dem besten Interesse der Anteilseigner sowie des Konzerns verpflichtet sind[637] und in angezeigten Situationen eine außerordentliche Hauptversammlung einberufen sollten, in der die Anteilseigner über das vorliegende Übernahmeangebot beraten und gegebenenfalls Beschlüsse über gesellschaftsrechtliche Maßnahmen treffen.[638]

Interessenkonfliktbehaftete Sachverhalte, die eine unverzügliche Offenlegung gegenüber dem Aufsichtsrat und eine Information der anderen Vorstandsmitglieder hierüber induzieren, sind mannigfaltig und demzufolge einer vollstän-

---

636 Vgl. hierzu Tabelle 29, Rn. 1.4 lit. d) Unterabs. 1 Satz 1, ebenso DCGK 2010, Rn. 3.7 Unterabs. 2 Satz 1 i. V. m. § 33 WpÜG; ergänzend PELTZER 2003a, Rn. 309-311, S. 106 f.; PFITZER/ORTH 2005, S. 89-93; RINGLEB 2010, Rn. 415-450, S. 136-144; STRIEDER 2005b, S. 81 f. Es wird in diesem Zusammenhang von der sog. Stillhalte- bzw. Neutralitätspflicht des Vorstands gesprochen. Zur Abwehr eines feindlichen Übernahmeversuchs kommen u. a. folgende Instrumente in Betracht: Rückkauf eigener Aktien gem. § 71 Abs. 1 Nr. 1 AktG, Schaffung eines genehmigten Kapitals nach § 202 AktG zur Durchführung einer Kapitalerhöhung, Vinkulierung von Aktien gem. § 68 Abs. 2 AktG zur Beschränkung der Aktienübertragbarkeit, Verkauf von „Filetstücken" (sog. „Crown Jewels") zur Verringerung der Übernahmeattraktivität oder die Suche nach einem sog. „White Knight"; nicht zulässig sind hingegen sog. „Poison Pills" oder „Golden Parachutes" als die aus den USA wohl bekanntesten Verteidigungsmaßnahmen; vgl. hierzu PFITZER/ORTH 2005, S. 92 und weiterführend SCHAEFER/EICHNER 2003, S. 150-155.

637 Vgl. zu einer Verpflichtung der Vorstandsmitglieder in diesem Sinne bereits Abschn. II. C.5.b)(1)(c) dieses Hauptteils.

638 Vgl. hierzu Tabelle 29, Rn. 1.4 lit. d) Unterabs. 1 Satz 2 und Unterabs. 2, ferner DCGK 2010, Rn. 3.7 Unterabs. 2 Satz 2 und Unterabs. 3 sowie ergänzend PELTZER 2003a, Rn. 312, S. 107; PFITZER/ORTH 2005, S. 92 f. und RINGLEB 2010, Rn. 451-454, S. 144 f.

digen Ex ante-Erfassung durch den Supervisor kaum zugänglich. Ungeachtet dessen dürfte in diesem Zusammenhang ein besonderes Augenmerk auf die so genannten Directors` Dealings, das heißt den Erwerb und die Veräußerung von Wertpapieren der Gesellschaft durch ihre Organe (im vorliegenden Kontext durch die Vorstandsmitglieder),[639] zu legen sein. Das Ziel einer Offenlegung dieser Transaktionen gegenüber dem Aufsichtsrat, welche es arbeitsvertraglich zu fixieren gilt, ist dabei in erster Linie im Vorbeugen so genannter Insidergeschäfte[640] der Mitglieder des Vorstands zu sehen.[641]

Sofern dem Aufsichtsrat potenzielle oder tatsächlich eingetretene Interessenkonflikte bekannt werden,[642] hat dieser auf den Einzelfall abgestimmt und angemessen zu reagieren. Als Ultima Ratio kommt dabei sogar die Entlassung des betreffenden Vorstandsmitglieds durch den Aufsichtsrat,[643] insbesondere in Form einer Abberufung aus wichtigem Grund,[644] in Betracht. So liegt ein wichtiger Grund nach einhelliger Auffassung im Schrifttum vor, wenn der Gesellschaft die Fortsetzung des Organverhältnisses mit dem Vorstandsmitglied

---

639 Zur gesetzlichen Regelung der Directors' Dealings vgl. § 15 a WpHG sowie weiterführend BAFIN 2009, S. 83-104; ENGELHART 2009, S. 856-866; HAGEN-ECK/WIRSCH 2007, S. 507-509; MARSCH-BARNER 2009, Rn. 259-267, S. 785-788; PLUSKAT 2005, S. 1097-1101 sowie SCHÄFER 2009a, Rn. 1-26, S. 671-682.

640 Vgl. hierzu § 14 i. V. m. §§ 12, 13 WpHG sowie ergänzend HUCKE 2007, S. 664 f., MARSCH-BARNER 2009, Rn. 181-225, S. 761-775.

641 Vgl. im Kontext des § 15 a WpHG ebenso HUCKE 2007, S. 665 sowie PELTZER 2003a, Rn. 291, S. 101, der in diesem Zusammenhang von der sog. Vorbeugungsfunktion spricht.

642 I. S. e. vorbeugenden Wirkung wird im Schrifttum zu Recht mehrheitlich dafür plädiert, der Offenlegungspflicht nicht nur tatsächlich eingetretene, sondern auch potenzielle Interessenkonflikte zu unterwerfen; vgl. hierzu etwa MÜLLER/STELZER 2005, S. 140; SEIBT 2003a, S. 475; a. A. offensichtlich RINGLEB 2010, Rn. 826, S. 254.

643 Vgl. hierzu Tabelle 29, Rn. 1.4 lit. f), ebenso DCGK 2010, Rn. 5.1.2 Unterabs. 1 Satz 1 sowie ergänzend KREMER 2010, Rn. 938, S. 267; PFITZER/HÖRETH 2005, S. 158 sowie STRIEDER 2005b, S. 106.

644 Vgl. § 84 Abs. 3 AktG i. V. m. § 31 Abs. 5 MitbestG. Eine weitere Form der Entlassung im obigen Sinne bildet der Abschluss von Verträgen zur Aufhebung der Bestellung sowie des Anstellungsvertrags eines Vorstandsmitglieds; vgl. hierzu KREMER 2010, Rn. 938, S. 267.

bis zum Ende der Amtszeit unzumutbar ist,[645] wovon bei Vorliegen wesentlicher und nicht nur vorübergehender Interessenkonflikte in Personen der Vorstandsmitglieder regelmäßig auszugehen sein dürfte.[646] Bei kurzfristigen einzelfallbezogenen Interessenkonflikten könnte gegebenenfalls auch eine Suspendierung, das heißt eine nur vorübergehende Enthebung eines Vorstandsmitglieds von der Amtsführung, in Frage kommen.[647] Damit der Aufsichtsrat eine angemessene Entscheidung treffen kann, sind ihm die Interessenkonflikte in dem Umfang offenzulegen, der es ihm erlaubt, den Kern des Konflikts umfassend nachvollziehen zu können.[648]

Agency-theoretisch sind sowohl die Zustimmungsvorbehalte des Aufsichtsrats zu interessenkonfliktbehafteten Handlungen und Geschäften der Vorstandsmitglieder als auch die Verpflichtung der Unternehmensführung zur Offenlegung (potenzieller) Interessenkonflikte gegenüber dem Supervisor als typische Maßnahmen des Preventive Monitoring anzusehen, welche dem Risiko eines Moral Hazard des Vorstands[649] entgegenwirken sollen.[650] Moral Hazard in Form von Differencial Risk Exposure und Differencial Horizons betrifft dabei vorliegend die Entscheidungssituationen bei Directors` Dealings oder auch im Rahmen von Handlungen außerhalb des gewöhnlichen Geschäftsverkehrs nach Bekanntgabe eines (feindlichen) Übernahmenangebots und äußert sich darin, dass der Vorstand als Nutzenmaximierer entsprechend seiner eigenen

---

645 Vgl. FLEISCHER 2007, Rn. 99 zu § 84 AktG, S. 826; FONK 2009a, Rn. 304, S. 620; HÜFFER 2010, Rn. 26 zu § 84 AktG, S. 434; KRIEGER 1981, S. 131; MERTENS/CAHN 2010, Rn. 121 zu § 84 AktG, S. 309 sowie WIESNER 2007a, Rn. 43, S. 216 f.

646 Vgl. hierzu analog hinsichtlich des Aufsichtsrats DCGK 2010, Rn. 5.5.3 Satz 2 sowie ergänzend KREMER 2010, Rn. 1141, S. 317.

647 Die Möglichkeit einer Suspendierung ist aus juristischer Sicht umstritten; vgl. hierzu FLEISCHER 2007, Rn. 134-138 zu § 84 AktG, S. 834 f. sowie KRIEGER 1981, S. 149-159.

648 Vgl. auch KREMER 2010, Rn. 1127, S. 315.

649 Betroffen sind, wie die nachfolgenden Ausführungen zeigen werden, die Fallgruppen (2)(a) bis (2)(d) in der Abbildung 4 zur Typisierung von Principal-Agent-Konflikten bezüglich des Vorstands.

650 Vgl. hierzu und in der Folge bereits Abschn. I. C.2 des Ersten Hauptteils.

Präferenzen und nicht derjenigen der Anteilseigener handelt. Moral Hazard in Gestalt von Consumption on the Job zeigt sich dagegen in der Entnahme von Unternehmensmitteln, welcher auch die Inanspruchnahme verbilligter Kredite und andere Eigengeschäfte der Vorstandsmitglieder mit der Gesellschaft zu subsumieren sind, die nicht den branchenüblichen Standards entsprechen. Moral Hazard in Form von Shirking bezieht sich im vorliegenden Kontext auf die Nebentätigkeiten der Vorstandsmitglieder, wie insbesondere auf die Übernahme von Aufsichtsratsmandaten außerhalb des Konzernverbundes, welche erhebliche Zeitressourcen in Anspruch nehmen und damit zu einem verminderten Arbeitseinsatz führen können. Die in Rede stehenden Zustimmungsvorbehalte des Aufsichtsrats und Informationspflichten der Vorstandsmitglieder können darüber hinaus auch als Bonding-Mechanismen interpretiert werden, da ihre vertragliche Vereinbarung für die Vorstandsmitglieder eine Einschränkung ihrer Verfügungsmacht und damit einen Verzicht auf einen Teil ihres maximal möglichen Nutzens aus opportunistischem Verhalten darstellt.

In Bezug auf das Corporate Governance Statement ist in Anbetracht der dargelegten Mechanismen der internen Corporate Governance im Zusammenhang mit Interessenkonflikten der Vorstandsmitglieder und der Agency-theoretischen Überprüfung ihrer Wirkungsweisen zu folgern, dass eine Berichterstattung über diejenigen vertraglich festgelegten Sachverhalte zu erfolgen hat, die aus Sicht des Aufsichtsrats mit einem erhöhten Risiko eines Interessenkonflikts verbunden sind und deshalb entweder seiner vorherigen Zustimmung bedürfen oder gegenüber ihm und den anderen Vorstandsmitgliedern unverzüglich offenzulegen sind. (Tabelle 59, Rn. 1.4.1). Mit dieser Informationsübermittlung sollen die Adressaten in die Lage versetzt werden, das Risiko eines Moral Hazard des Vorstands besser abschätzen zu können, welches darin besteht, dass sich der Vorstand aufgrund von Differencial Risk Exposure, Differencial Horizons, Shirking und/oder Consumption on the Job nicht entsprechend den Interessen der Aktionäre verhält. Als interessenkonfliktbehaftete Handlungen und Geschäfte der Unternehmensführung, die einer vorherigen Zustimmung des Aufsichtsrats bedürfen, kommen insbesondere Nebentätigkeiten des Managements,[651] die Kreditgewährung an Vorstandsmitglieder respektive ihre Angehörigen und andere wesentliche Eigengeschäfte der Unternehmensführung mit der Gesellschaft[652] sowie Handlungen außerhalb des gewöhnlichen Geschäftsverkehrs nach Bekanntgabe eines (feindlichen) Übernahmeangebots in Betracht. Im Hinblick auf interessenkonfliktbehaftete Sachverhalte, die eine unverzügliche Offenlegung gegenüber dem Aufsichtsrat und eine Information der anderen Vorstandsmitglieder hierüber nach sich ziehen, kommt den Directors` Dealings eine besondere Bedeutung zu.

Im Rahmen des Corporate Governance Statements hat zudem eine Berichterstattung sowohl über die im Berichtszeitraum seitens des Aufsichtsrats erteilten Zustimmungen zu interessenkonfliktbehafteten Handlungen und Geschäfte der Unternehmensführung als auch über die dem Aufsichtsrat in der Berichtsperiode bekannt gewordenen (potenziellen) Interessenkonflikte in Person der Vorstandsmitglieder und deren Behandlung zu erfolgen (Tabelle 60, Rn. 1.4.2 und Rn. 1.4.3).[653] Hinsichtlich des Umgangs mit offengelegten Interessenkonflikten ist bei Vorliegen nicht nur vorübergehender Konflikte als Ultima Ratio eine Abberufung aus wichtigem Grund und bei kurzfristigen einzelfallbezogenen Interessenkonflikten auch eine Suspendierung der betroffenen Vorstandsmitglieder in Erwägung zu ziehen.

---

651 Vgl. hierzu auch für den schweizerischen Rechtsraum RLCG 2008, Rn. 4.2, wobei dort eine Offenlegung konfliktbehafteter Nebentätigkeiten vorgesehen ist.

652 Vgl. in diesem Sinne auch ARBEITSKREIS 2006a, S. 1071.

653 Zu gewährten Krediten vgl. bereits ähnlich § 285 Nr. 9 lit. c) HGB und EMPFEHLUNG 2005/162/EG, Rn. 9.2, S. 56 sowie UNCTAD 2006, S. 22 zu bekannt gewordenen Interessenkonflikten in der Person eines Vorstandsmitglieds und deren Behandlung.

(e) Vergütung

Als Gegenleistung für die Einbringung seiner speziellen Kenntnisse und Fähigkeiten in die Unternehmensführung ist dem Vorstand im Gegenzug eine entsprechende Vergütung zu gewähren.[654] Es obliegt dabei dem Aufsichtsratsplenum, das Vergütungssystem für den Vorstand zu beschließen und einer regelmäßigen Überprüfung zu unterziehen.[655] Mit dem Vergütungssystem werden gleichzeitig Leitlinien für die individuelle Gesamtvergütung der einzelnen Vorstandsmitglieder determiniert,[656] die vom Aufsichtsratsplenum auf Vorschlag desjenigen Ausschusses, welcher für die Vorstandsverträge zuständig ist,[657] unter Berücksichtigung etwaiger Konzernbezüge in angemessener Höhe auf der Grundlage einer jährlich durchzuführenden Leistungsbeurteilung festzusetzen ist.[658] Kriterien für die Angemessenheit der Vergütung bilden sowohl die Aufgaben des einzelnen Vorstandsmitglieds, seine individuelle Leistung, der Erfolg, die wirtschaftliche Lage und die Zukunftsaussichten des Konzerns als auch die Üblichkeit der Vergütung unter Einbeziehung des Vergleichsumfelds sowie der Vergütungsstruktur, die ansonsten in der Gesellschaft vorherrscht.[659] Zieht der Supervisor zur Beurteilung der Angemessen-

---

[654] Vgl. hierzu bereits Abschn. I. C.1 des Ersten Hauptteils.

[655] Vgl. hierzu Tabelle 29, Rn. 1.5 lit. a) Unterabs. 1 2. HS, ferner DCGK 2010, Rn. 4.2.2 Unterabs. 1. 2. HS. § 120 Abs. 4 AktG i. V. m. DCGK 2010, Rn. 2.2.1 Unterabs. 2 Satz 2 sieht zudem die Möglichkeit einer Billigung des Vergütungssystems der Vorstandsmitglieder durch die Hauptversammlung vor. Der Beschluss begründet dabei weder Rechte noch Pflichten, insbes. lässt er die Verpflichtungen des Aufsichtsratsplenums zur Festsetzung der Vorstandsvergütung unberührt; vgl. hierzu DEILMANN/OTTE 2010, S. 545-547; FLEISCHER/BEDKOWSKI 2009, S. 677-686; REDENIUS-HÖVERMANN 2009, S. 173-175.

[656] Vgl. RINGLEB 2010, Rn. 704a, S. 214.

[657] Die Festsetzung der Vorstandsbezüge ist einer abschließenden Delegation auf einen Ausschuss nicht zugänglich; vgl. § 107 Abs. 3 Satz 3 AktG.

[658] Vgl. Tabelle 29, Rn. 1.5 lit. a) Unterabs. 1 1. HS, Unterabs. 2 Satz 1, ebenso DCGK 2010, Rn. 4.2.2 Unterabs. 1 1. HS, Unterabs. 2 Satz 1 i. V. m. § 87 Abs. 1 Satz 1 AktG. Bei Festsetzung einer unangemessenen Vergütung haften die Aufsichtsratsmitglieder nach Maßgabe des § 116 Satz 3 AktG; vgl. hierzu ANNUß/THEUSINGER 2009, S. 2440.

[659] Vgl. Tabelle 29, Rn. 1.5 lit. a) Unterabs. 2 Satz 2, entsprechend DCGK 2010, Rn. 4.2.2 Unterabs. 2 Satz 2 i. V. m. § 87 Abs. 1 Satz 1 AktG und weiterführend BAUER/ARNOLD

(Fortsetzung der Fußnote auf der nächsten Seite)

heit der Vorstandsvergütung externe Sachverständige hinzu, so soll er auf deren Unabhängigkeit vom Vorstand respektive Konzern achten.[660]

Die Gesamtvergütung der Vorstandsmitglieder beinhaltet monetäre Vergütungsteile sowie Nebenleistungen jeder Art, Leistungen von Dritten, die im Hinblick auf die Vorstandstätigkeit zugesagt oder im Geschäftsjahr gewährt wurden, Versorgungszusagen und sonstige Zusagen, insbesondere für den Fall der Beendigung der Tätigkeit;[661] sie ist auf eine nachhaltige Unternehmensentwicklung auszurichten.[662] Im Zusammenhang mit Zusagen für den Fall der Beendigung der Tätigkeit soll dabei im Rahmen des Abschlusses (Neuabschluss oder Verlängerung) von Vorstandsverträgen darauf geachtet werden, dass bei einer vorzeitigen Beendigung der Vorstandstätigkeit ohne Vorliegen eines wichtigen Grundes die Zahlungen an ein Vorstandsmitglied inklusive Nebenleistungen den Wert von zwei Jahresvergütungen nicht überschreiten (Abfindungs-Cap) und höchstens die Restlaufzeit des Anstellungsvertrages vergüten.[663] Der Ermittlung des Abfindungs-Cap soll die Gesamt-

---

2009, S. 718-720; WAGNER/WITTGENS 2009, S. 907. Grundlegend zur Angemessenheitsfrage vgl. BORS 2006, S. 40-73; FLEISCHER 2005b, S. 1279-1282; HEINS 2006, S. 40-157; LÜCKE 2005, S. 692-697 sowie SPINDLER 2004a, S. 37-41.

660 Vgl. Tabelle 29, Rn. 1.5 lit. a) Unterabs. 3, ferner DCGK 2010, Rn. 4.2.2 Unterabs. 3 sowie ähnlich EMPFEHLUNG 2009/385/EG, Rn. 9.2, S. 31. Vgl. überdies ausf. hierzu FLEISCHER 2010, S. 67-74

661 Vgl. Tabelle 30, Rn. 1.5 lit. b) Unterabs. 1, ebenso DCGK 2010, Rn. 4.2.3 Unterabs. 1 sowie weiterführend LUTTER/KRIEGER 2008, Rn. 395, S. 166; MESSOW 2008, S. 248; RINGLEB 2010, Rn. 720 f., S. 221 f. und STRIEDER 2006, S. 622 f.

662 Vgl. Tabelle 30, Rn. 1.5 lit. b) Unterabs. 2 Satz 1, ebenso DCGK 2010, Rn. 4.2.3 Unterabs. 2 Satz 1 i. V. m. § 87 Abs. 1 Satz 2 AktG; weiterführend vgl. DAUNER-LIEB/PREEN/SIMON 2010, S. 378-380; NICOLAY 2009, S. 2642; STRIEDER 2009a, S. 517; THÜSING 2009, S. 519 f. sowie VAN KANN/KEILUWEIT 2009a, S. 1588.

663 Vgl. hierzu und in der Folge Tabelle 30, Rn. 1.5 lit. b) Unterabs. 4 Satz 1, gleichlautend DCGK 2010, Rn. 4.2.3 Unterabs. 4 Satz 1 sowie ergänzend HOHENSTATT/WILLEMSEN 2008, S. 3462-3467; RINGLEB 2010, Rn. 763a-763h, S. 236-239; STRIEDER 2007b, S. 502; STRIEDER 2008, S. 588 f.; VETTER 2007, S. 1965 f. und WEHLTE 2008, S. 217 f. Für Abfindungs-Caps spricht sich auch die *Europäische Kommission* aus; vgl. EMPFEHLUNG 2009/385/EG, Rn. 3.5, S. 30. Kritisch im Hinblick auf die aktienrechtliche Zulässigkeit äußern sich hingegen BAUER/ARNOLD 2007, S. 1793-1797 und BAUER/ARNOLD 2008, S. 1692-1695.

vergütung des abgelaufenen Geschäftsjahres und gegebenenfalls auch die voraussichtliche Gesamtvergütung für das laufende Geschäftsjahr zugrunde gelegt werden.[664] Eine Zusage für Leistungen anlässlich der vorzeitigen Beendigung der Vorstandstätigkeit im Zuge eines Kontrollwechsels (Change of Control) soll das Eineinhalbfache des Abfindungs-Cap nicht übersteigen.[665]

Die monetären Vergütungsteile sollen fixe und variable Komponenten beinhalten, wobei - unter Zugrundelegung vorstehend genannter Kriterien - sämtliche Vergütungsbestandteile für sich und insgesamt angemessen sein müssen und insbesondere keine Anreize zum Eingehen unangemessener Risiken setzen dürfen.[666] Für die variablen Vergütungselemente sollte die Gesellschaft eine Höchstgrenze festlegen und gleichzeitig die fixen Vergütungsteile (wie vor allem Gehälter, feste jährliche Einmalzahlungen, Aufwandsentschädigungen) so hoch bemessen, dass die Gesellschaft variable Komponenten in begründeten Fällen zurückhalten kann.[667] Die variablen Vergütungsteile sollten darüber hinaus an die Erfüllung von im Voraus festgelegten, messbaren Leistungskriterien geknüpft sein; diese sollten dabei primär der langfristigen Unternehmensentwicklung, das heißt der nachhaltigen Steigerung des Shareholder Values, dienen. Zur Betonung ihres langfristigen Charakters hat der Aufsichtsrat überdies dafür zu sorgen, dass die variablen Vergütungselemente grundsätzlich auf einer mehrjährigen Bemessungsgrundlage beruhen[668] und ein Großteil

---

[664] Vgl. hierzu und in der Folge Tabelle 30, Rn. 1.5 lit. b) Unterabs. 4 Satz 2, ferner DCGK 2010, Rn. 4.2.3 Unterabs. 4 Satz 2.

[665] Vgl. Tabelle 30, Rn. 1.5 lit. b) Unterabs. 5, DCGK 2010, Rn. 4.2.3 Unterabs. 5 sowie kommentierend RINGLEB 2010, Rn. 763i f., S. 239; STRIEDER 2007b, S. 502 und VETTER 2007, S. 1966.

[666] Vgl. Tabelle 30, Rn. 1.5 lit. b) Unterabs. 2 Satz 2 und 5, ebenso DCGK 2010, Rn. 4.2.3 Unterabs. 2 Satz 2 und 5 sowie weiterführend MESSOW 2008, S. 248; MÜLLER/STELZER 2005, S. 123 f.; RINGLEB 2010, Rn. 722c-724, 731 f., S. 224, 227 f.; STRIEDER 2005b, S. 94 f.

[667] Vgl. hierzu und in der Folge EMPFEHLUNG 2009/385/EG, Rn. 3.1 f., 4.2, S. 29 f. i. V. m. DRS 17, Rn. 42.

[668] Vgl. Tabelle 30, Rn. 1.5 lit. b) Unterabs. 2 Satz 3, gleichlautend DCGK 2010, Rn. 4.2.3 Unterabs. 2 Satz 3 i. V. m. § 87 Abs. 1 Satz 3 1. HS AktG und kommentierend HOHAUS/WEBER 2009, S. 1518 f.

der variablen Vergütungskomponenten während eines bestimmten Mindestzeitraums nicht an die Vorstandsmitglieder ausbezahlt wird.[669] Schließlich soll bei der Ausformung variabler Vergütungsbestandteile sowohl positiven als auch negativen Entwicklungen Rechnung getragen werden.[670]

Im Hinblick auf ihre Struktur kommen als variable Vergütungselemente neben Bestandteilen mit langfristiger Anreizwirkung auch einmalige sowie jährlich wiederkehrende, an den geschäftlichen Erfolg gebundene Komponenten in Betracht, sofern diese das Gebot der Nachhaltigkeit erfüllen.[671] Während dabei einmalige erfolgsabhängige Vergütungskomponenten in der Regel dazu dienen, besondere, einmalige Leistungen, wie etwa die Umsetzung eines bestimmten geschäftlichen Vorhabens, zu honorieren, sind den jährlich wiederkehrenden erfolgsabhängigen Vergütungselementen in erster Linie variable Tantiemen und Boni zu subsumieren.[672] Als variable Vergütungskomponenten mit langfristiger Anreizwirkung dienen hingegen in erster Linie Aktien der Gesellschaft mit mehrjähriger Veräußerungssperre,[673] Aktienoptionen oder vergleichbare Gestaltungen, wie beispielsweise Phantom Stocks.[674] Bei Gewährung der genannten Vergütungselemente durch die Gesellschaft ist darauf zu achten, dass die Vorstandsmitglieder - im Sinne einer langfristigen Anreizwirkung - dazu verpflichtet werden, nach der Übertragung von Aktien eine bestimmte Anzahl hiervon bis zum Ende ihres Mandats zu halten.[675] Zudem

---

669 Vgl. EMPFEHLUNG 2009/385/EG, Rn. 3.3, S. 30.

670 Vgl. Tabelle 30, Rn. 1.5 lit. b) Unterabs. 2 Satz 4, ebenso DCGK 2010, Rn. 4.2.3 Unterabs. 2 Satz 4.

671 Vgl. hierzu überzeugend HOHAUS/WEBER 2009, S. 1517.

672 Vgl. LUTTER/KRIEGER 2008, Rn. 399-401, S. 169-171; WIESNER 2007d, Rn. 28, S. 238.

673 Die *Europäische Kommission* geht von einer Veräußerungssperre von mindestens drei Jahren aus; vgl. EMPFEHLUNG 2009/385/EG, Rn. 4.1, S. 30.

674 Vgl. stellv. EMPFEHLUNG 2009/385/EG, Rn. 4.1-4.4, S. 30. Zu Phantom Stocks vgl. DITTRICH 2007, S. 56 f.; DRYANDER/SCHRÖDER 2007, S. 535 und SPINDLER 2008a, Rn. 59 zu § 87 AktG, S. 377 f. Für eine Diskussion der Anreizwirkung durch Aktien und Aktienoptionen vgl. ARNOLD/GILLENKIRCH 2007, S. 75-92 sowie DITTMANN 2009, S. 43-46.

675 Vgl. EMPFEHLUNG 2009/385/EG, Rn. 4.3, S. 30.

sollen Aktienoptionen und vergleichbare Gestaltungen frühestens nach vier Jahren ausgeübt werden können[676] und sich - wie auch kennzahlenorientierte Vergütungselemente - [677] auf anspruchsvolle, relevante Vergleichsparameter beziehen;[678] eine nachträgliche Anpassung von Erfolgszielen oder Vergleichsparametern (Repricing) soll mithin ausgeschlossen sein. Im Hinblick auf außerordentliche Entwicklungen hat der Aufsichtsrat mit den Vorstandsmitgliedern überdies grundsätzlich eine Begrenzungsmöglichkeit (Cap) zu vereinbaren. Letzteres kann in Form einer generellen Vereinbarung im Anstellungsvertrag der Vorstandsmitglieder geschehen; es reicht jedoch auch aus, einen entsprechenden Vorbehalt bei Zuteilung der Option zu regeln oder in die Optionsbedingungen aufzunehmen.[679]

Aus Agency-theoretischer Perspektive ist in einer angemessenen und - insbesondere bedingt durch die Gewährung variabler Vergütungskomponenten mit langfristiger Anreizwirkung - an der nachhaltigen Steigerung des Shareholder Values orientierten Vergütung für die Mitglieder des Vorstands ein Anreizmechanismus zu sehen, der als Instrument des Bonding zu klassifizieren ist und der Gefahr eines Moral Hazard in Person der Vorstandsmitglieder entgegenwirken soll.[680] Das Risiko eines Moral Hazard lässt sich dabei aus dem Umstand erklären, dass die Aktionäre das Ziel einer nachhaltigen Steigerung des Shareholder Values verfolgen, während die Vorstandsmitglieder unter Umständen entsprechend einer abweichenden Präferenz- und Risikostruktur (Dif-

---

676 Vgl. § 193 Abs. 2 Nr. 4 AktG sowie kommentierend HOHAUS/WEBER 2009, S. 1517.

677 Vgl. diesbezüglich Tabelle 30, Rn. 1.5 lit. b) Unterabs. 3 Satz 1, ebenso DCGK 2010, Rn. 4.2.3 Unterabs. 3 Satz 1.

678 Vgl. hierzu und in der Folge Tabelle 30, Rn. 1.5 lit. b) Unterabs. 3 Satz 2-4, ebenso DCGK 2010, Rn. 4.2.3 Unterabs. 3 Satz 2-4 i. V. m. § 87 Abs. 1 Satz 3 2. HS AktG sowie ergänzend RINGLEB 2010, Rn. 737-744, 753, 755, S. 229-231, 233 f. und SPINDLER 2008a, Rn. 48 f. zu § 87 AktG, S. 373 f.

679 Vgl. LUTTER 2009c, S. 1874-1876; LUTTER/KRIEGER 2008, Rn. 404, S. 172 f. sowie MUTTER 2009, S. 401 f.

680 Vgl. hierzu und in der Folge bereits Abschn. I. C.2 des Ersten Hauptteils. Für Ansätze zur Entwicklung pareto-effizienter Vertragsstrukturen vgl. u. a. die Arbeiten von ROSS 1973, S. 134-138; SPENCE/ZECKHAUSER 1971, S. 381-387 und SPREMANN 1987, S. 3-35.

ferencial Risk Exposure) sowie damit verbunden unter Zugrundelegung eines anderen - in der Regel kürzeren - Anlagehorizonts (Differencial Horizons) handeln. Daneben könnten die Vorstandsmitglieder geneigt sein, einen geringeren Arbeitseinsatz zu erbringen (Shirking) und/oder Unternehmensmittel zu entnehmen (Consumption on the Job).[681]

In Bezug auf das Corporate Governance Statement ist vor dem Hintergrund der aufgezeigten Mechanismen der internen Corporate Governance und der Agency-theoretischen Überprüfung ihrer Wirkungsweisen zu folgern, dass zunächst eine Berichterstattung über das Vergütungssystem für die Vorstandsmitglieder zu erfolgen hat (Tabelle 60, Rn. 1.5.1).[682] Einzugehen ist in diesem Zusammenhang insbesondere auf das relative Gewicht zwischen den erfolgsunabhängigen und erfolgsabhängigen Komponenten sowie den Bestandteilen mit langfristiger Anreizwirkung,[683] die im Vorfeld festgelegten, messbaren Leistungskriterien, an deren Erfüllung die variable Vergütung knüpft,[684] die Methoden, anhand derer die Erfüllung der Leistungskriterien festgestellt wird,[685] die zugrunde liegenden Bemessungsgrundlagen, die mit

681 Dies betrifft die Fallgruppen (2)(a) bis (2)(d) in der Abbildung 4 zur Typisierung von Principal-Agent-Konflikten bezüglich des Vorstands; vgl. hierzu auch die Ausführungen bei JASCHKE 1989, S. 78-91 und VARGA VON KIBED 2001, S. 70 f.

682 Vgl. ebenso ARBEITSKREIS 2006a, S. 1070; BÖCKING 2003, S. 262; DAI 2005, S. 69; DCGK 2010, Rn. 4.2.3 Unterabs. 6, 4.2.5 Unterabs. 1; FREIDANK/WEBER 2008, S. 408 f.; FREIDANK/WEBER 2009, S. 321 f. sowie im internationalen Kontext EMPFEHLUNG 2004/913/EG, Rn. 3.1-3.3, S. 56 f.; OECD 2004, S. 25 i. V. m. 64; ÖCGK 2010, Rn. 30; SWX SWISS EXCHANGE 2007, Rn. 2 f. zu RLCG 2006, Rn. 5.1, S. 22 f. und UNCTAD 2006, S. 20. Entsprechende Vorgaben für den (Konzern-)Lagebericht enthalten - zumindest für börsennotierte Aktiengesellschaften - die §§ 289 Abs. 2 Nr. 5 und 315 Abs. 2 Nr. 4 HGB; vgl. hierzu ergänzend DRS 17, Rn. 72-76.

683 Vgl. auch DRS 17, Rn. 73 und ELLROTT 2010, Rn. 98 zu § 289 HGB, S. 1417; ferner EMPFEHLUNG 2004/913/EG, Rn. 3.3 lit. a), S. 57; ÖCGK 2010, Rn. 30 und SWX SWISS EXCHANGE 2007, Rn. 3 zu RLCG 2006, Rn. 5.1, S. 23.

684 Vgl. hierzu auch ARBEITSKREIS 2006a, S. 1070; DRS 17, Rn. 73 und ELLROTT 2010, Rn. 98 zu § 289 HGB, S. 1417; ferner EMPFEHLUNG 2004/913/EG, Rn. 3.3 lit. b), S. 57; EMPFEHLUNG 2009/385/EG, Rn. 5.2 lit. a), S. 30; ÖCGK 2010, Rn. 30 und UNCTAD 2006, S. 20.

685 Vgl. bereits EMPFEHLUNG 2009/385/EG, Rn. 5.2 lit. b), S. 30.

den Vorstandsmitgliedern vereinbarten Zahlungsaufschubfristen[686] und Höchstgrenzen für variable Vergütungskomponenten sowie die aktienbezogene Vergütung[687] einschließlich Aktienoptionsprogramme oder ähnliche wertpapierorientierte Anreizsysteme der Gesellschaft.[688] Hinsichtlich der aktienbezogenen Vergütung hat insbesondere eine Berichterstattung über die Erdienungszeiträume und die Politik hinsichtlich des Haltens von Aktien nach ihrer Gewährung zu erfolgen.[689] Die Darstellung der konkreten Ausformung eines Aktienoptionsplans oder vergleichbarer Gestaltungen für Komponenten mit langfristiger Anreizwirkung soll Angaben zu den zugrunde liegenden Vergleichsparametern, zum Repricing, zu vereinbarten Begrenzungsmöglichkeiten (Caps) sowie zum Wert der Optionen und seiner Änderung im Zeitablauf umfassen.[690] Zur Komplettierung der Erläuterung des Vergütungssystems der Gesellschaft hat des Weiteren eine Berichterstattung über die wichtigsten Grundsätze im Hinblick auf Bezüge von Dritten,[691] die Altersversorgung[692] sowie Zusagen von Leistungen, die einem Vorstandsmitglied im Falle einer regulären oder vorzeitigen Beendigung seiner Tätigkeit erteilt werden,[693] zu erfolgen. Die Berichtsadressaten müssen in einer Gesamtschau einschätzen können, inwieweit das eingesetzte Vergütungssystem als Bonding-Mechanismus geeignet ist, die individuellen Nutzenfunktionen der Vorstandsmitglieder mit der Zielsetzung der Anteilseigner, das heißt einer nachhaltigen

---

686 Vgl. ebenfalls EMPFEHLUNG 2009/385/EG, Rn. 5.2 lit. c), S. 30.

687 Vgl. hierzu auch EMPFEHLUNG 2009/385/EG, Rn. 4, S. 30.

688 Vgl. ebenso ARBEITSKREIS 2006a, S. 1070; DCGK 2010, Rn. 7.1.3; im internationalen Zusammenhang vgl. ferner EMPFEHLUNG 2004/913/EG, Rn. 5.4, S. 58; SWX SWISS EXCHANGE 2007, Rn. 3 zu RLCG 2006, Rn. 5.1, S. 23 sowie UNCTAD 2006, S. 20.

689 Vgl. hierzu auch EMPFEHLUNG 2009/385/EG, Rn. 5.2 lit. e) und f), S. 30.

690 Vgl. in diesem Sinne auch DRS 17, Rn. 73; ELLROTT 2010, Rn. 98 zu § 289 HGB, S. 1417.

691 Vgl. auch ELLROTT 2010, Rn. 98 zu § 289 HGB, S. 1417.

692 Vgl. bereits EMPFEHLUNG 2004/913/EG, Rn. 3.3 lit. e), 5.5, S. 57 f.; ÖCGK 2010, Rn. 30.

693 Vgl. ebenso ELLROTT 2010, Rn. 98 zu § 289 HGB, S. 1417 und für Österreich ÖCGK 2010, Rn. 30.

Steigerung des Shareholder Values, zu vereinen,[694] und somit das Risiko eines Moral Hazard des Vorstands abzumildern.

Damit die Adressaten die Angemessenheit der Vorstandsvergütung besser beurteilen können, sind im Corporate Governance Statement überdies individualisiert für jedes Vorstandsmitglied die Höhe und Zusammensetzung der im Berichtszeitraum gewährten Vergütung unter Einbeziehung der zugrunde liegenden Leistungsbeurteilung durch den Aufsichtsrat einschließlich der angewendeten Kriterien offenzulegen (Tabelle 61, Rn. 1.5.2).[695] Im Hinblick auf die Zusammensetzung der Vergütung ist es dabei als sinnvoll anzusehen, eine Aufteilung in erfolgsunabhängige und erfolgsabhängige Komponenten sowie Bestandteile mit langfristiger Anreizwirkung vorzunehmen.[696] Während im Kontext der erfolgsunabhängigen Vergütungskomponenten insbesondere auf Gehälter, feste jährliche Einmalzahlungen sowie Aufwandsentschädigungen einzugehen ist, stehen bei den erfolgsabhängigen Vergütungselementen vor allem Prämien für besondere Leistungen sowie die variablen Tantiemen und Boni im Zentrum der Betrachtung.[697] Hinsichtlich der Vergütungsbestandteile mit langfristiger Anreizwirkung hat in erster Linie eine Berichterstattung über Aktien der Gesellschaft mit mehrjähriger Veräußerungssperre und Aktienoptionen oder vergleichbare Gestaltungen zu erfolgen.

---

694 Vgl. in diesem Sinne auch OECD 2004, S. 25 i. V. m. 64 und UNCTAD 2006, S. 20.

695 Vgl. in diesem Sinne auch DCGK 2010, Rn. 4.2.4; FREIDANK/WEBER 2008, S. 408 f.; FREIDANK/WEBER 2009, S. 321 f.; SEIBT 2003a, S. 469; ferner EMPFEHLUNG 2004/913/EG, Rn. 5.1-5.6, S. 57 f.; ÖCGK 2010, Rn. 31; SWX SWISS EXCHANGE 2007, Rn. 3 zu RLCG 2006, Rn. 5.1, S. 23; UNCTAD 2006, S. 20 sowie ARBEITSKREIS 2006a, S. 1070 und BÖCKING 2003, S. 262 f., die jedoch eine individualisierte Offenlegung ablehnen. Entsprechende Bestimmungen für den (Konzern-)Anhang bzw. (Konzern-)Lagebericht finden sich derzeit bereits in den §§ 285 Nr. 9 lit. a), 289 Abs. 2 Nr. 5, 314 Abs. 1 Nr. 6 lit. a), 315 Abs. 2 Nr. 4 HGB. Vgl. hierzu ergänzend DRS 17, Rn. 14-71.

696 Vgl. ebenso §§ 285 Nr. 9 lit. a) Satz 5, 289 Abs. 2 Nr. 5, 314 Abs. 1 Nr. 6 lit. a) Satz 5, 315 Abs. 2 Nr. 4 HGB sowie ähnlich ARBEITSKREIS 2006a, S. 1070; DCGK 2010, Rn. 4.2.4 Satz 1 und UNCTAD 2006, S. 20.

697 Vgl. hierzu und in der Folge auch DRS 17, Rn. 42-44.

Aufgeteilt nach erfolgsunabhängigen und erfolgsabhängigen Komponenten sowie Bestandteilen mit langfristiger Anreizwirkung gesondert darzustellen sind auch Nebenleistungen,[698] Leistungen, die dem einzelnen Vorstandsmitglied von einem Dritten im Hinblick auf seine Vorstandstätigkeit zugesagt oder im Geschäftsjahr gewährt wurden[699] sowie Leistungen, die dem Vorstandsmitglied sowohl für den Fall einer regulären als auch vorzeitigen Beendigung seiner Tätigkeit zugesagt worden sind.[700] Leistungen für den Fall der Beendigung der Tätigkeit beinhalten dabei zum einen Versorgungszusagen und zum anderen Abfindungen wie etwa im Zuge eines Change of Control.[701] Bei der Berichterstattung über Abfindungen ist ein besonderes Augenmerk auf die Vereinbarung und die Berechnung von Abfindungs-Caps zu legen.

698 Vgl. ebenso DCGK 2010, Rn. 4.2.5 Unterabs. 2 und DRS 17, Rn. 46.

699 Vgl. auch DRS 17, Rn. 64.

700 Vgl. hierzu und in der Folge auch DCGK 2010, Rn. 4.2.4 Satz 2 i. V. m. § 285 Nr. 9 lit. a) Satz 6, § 314 Abs. 1 Nr. 6 lit. a) Satz 6 AktG; in diesem Sinne ebenso ÖCGK 2010, Rn. 30 und UNCTAD 2006, S. 10 bezogen auf den Fall eines Kontrollwechsels.

701 Vgl. in diesem Sinne auch DRS 17, Rn. 49.

(2) Interne Überwachung durch den Aufsichtsrat

(a) Besetzung

Die Besetzung des Aufsichtsrats besteht bei börsennotierten Publikumsgesellschaften unter Berücksichtigung der Mitbestimmung der Arbeitnehmer typischerweise paritätisch aus Anteilseigner- und Arbeitnehmervertretern. Mit zunehmender Zahl der Arbeitnehmer[702] setzt sich der Aufsichtsrat aus jeweils sechs (bis 10.000 Arbeitnehmer), acht (zwischen 10.000 und 20.000 Arbeitnehmer) oder zehn Vertretern der Anteilseigner und der Arbeitnehmer zusammen.[703] Im Falle von Obergesellschaften werden zur Berechnung des genannten Kriteriums die Mitarbeiter aller Konzernunternehmen herangezogen.[704] Unter den Arbeitnehmervertretern müssen sich ein leitender Angestellter sowie ein oder mehrere Vertreter der Gewerkschaften befinden.[705] Im Hinblick auf die (Aus-)Wahl neuer Aufsichtsratsmitglieder sind für Anteilseigner- und Arbeitnehmervertreter - wie die folgenden Ausführungen zeigen werden - unterschiedliche Verfahren vorgesehen.

In Bezug auf die Anteilseignervertreter obliegt es allein dem amtierenden Aufsichtsrat als Supervisor, den Aktionären (Principals) Beschlussfassungsvorschläge zur Wahl neuer Aufsichtsratsmitglieder zu unterbreiten.[706] Mit seinem

---

[702] Zum Begriff der Arbeitnehmer vgl. die Definition in § 3 Abs. 1 MitbestG sowie weiterführend GACH 2008, Rn. 6-21 zu § 3 MitbestG, S. 1291-1294.

[703] Vgl. § 7 Abs. 1, 2 MitbestG und ergänzend LINDENTHAL 2001, S. 21. Von der Möglichkeit, in der Satzung über die gesetzliche Mindestgröße hinauszugehen, wird in der Praxis kaum Gebrauch gemacht; vgl. hierzu HOFFMANN-BECKING 2007c, Rn. 23, S. 363.

[704] Vgl. § 5 Abs. 1 MitbestG und weiterführend GACH 2008, Rn. 1-43 zu § 5 MitbestG, S. 1303-1311; HOFFMANN-BECKING 2007c, Rn. 18-22, S. 361-363 und VETTER 2009c, Rn.15, S. 861 f.

[705] Vgl. § 7 Abs. 2 i. V. m. § 15 Abs. 1 Satz 2 MitbestG sowie ergänzend HOFFMANN-BECKING 2007c, Rn. 23 f., S. 363 f. sowie VETTER 2009c, Rn.13, S. 861.

[706] Vgl. hierzu § 124 Abs. 3 Satz 1 AktG sowie weiterführend PELTZER 2003b, S. 377 f. und ZIEMONS 2008, Rn. 22 zu § 124 AktG, S. 1377 f. Dies gilt nur dann nicht, wenn der Gegenstand der Beschlussfassung auf Verlangen einer Minderheit auf die Tagesordnung gesetzt worden ist; vgl. § 124 Abs. 3 Satz 3 AktG. Die Bestellung der Aufsichtsratsmit-

(Fortsetzung der Fußnote auf der nächsten Seite)

Wahlvorschlag, für dessen Durchsetzung lediglich die Stimmenmehrheit der Anteilseignervertreter erforderlich ist,[707] zeichnet der Aufsichtsrat in maßgeblicher Form verantwortlich für seine Besetzung und damit auch für die Sicherung seiner eigenen Leistungsfähigkeit.[708] Dem Aufsichtsratsplenum steht es in diesem Zusammenhang offen, die Beschlussfassung über den Wahlvorschlag an einen Ausschuss delegieren.[709] Unabhängig davon, ob die in Rede stehende Beschlusskompetenz letztlich dem Plenum oder dem Ausschuss zugesprochen wird, ist - um die Möglichkeit der Einflussnahme des Vorstands auf die Auswahl der Akteure seiner Überwachung zu verhindern - jegliche Mitwirkung der Unternehmensführung an dem Wahlvorschlag auszuschließen.[710] Dies gilt insbesondere auch für das im Vorfeld des Wahlvorschlags durch den Aufsichtsrat durchzuführende Auswahlverfahren,[711] welches in erster Linie der Eruierung und Analyse von Informationen zu Eigenschaften und Fähigkeiten möglicher Aufsichtsratskandidaten zur Sicherstellung der jeder-

---

glieder an sich erfolgt gem. § 8 MitbestG i. V. m. § 101 Abs. 1 i. V. m. § 119 Abs. 1 Nr. 1 AktG durch die Hauptversammlung, d. h. durch die Aktionäre selbst. Eine Ausnahme besteht darin, dass für höchstens ein Drittel der Anteilseignersitze gem. § 101 Abs. 2 AktG durch die Satzung oder die entsprechende Ausgestaltung bestimmter Aktien einer Gruppe oder einzelnen Aktionären ein Entsendungsrecht eingeräumt werden kann. Diese Option wird jedoch nur selten und dann vor allem in gemischtwirtschaftlichen Unternehmen mit staatlicher und kommunaler Beteiligung in Anspruch genommen; vgl. LUTTER/KRIEGER 2008, Rn. 14, S. 7. Dieser Sonderfall wird im Folgenden vernachlässigt.

707 Vgl. hierzu unter Übertragung des Rechtsgedankens des § 124 Abs. 3 Satz 5 AktG HÜFFER 2006, S. 640; HÜFFER 2010, Rn. 17 zu § 124 AktG, S. 685; PELTZER 2003b, S. 377 f. sowie SÜNNER 2003, S. 836.

708 Vgl. LUTTER 2003, S. 417 und POTTHOFF/TRESCHER 2003, Rn. 2036, S. 495.

709 Zur Delegationsfähigkeit der Vorschlagskompetenz an den Nominierungsausschuss vgl. HÜFFER 2006, S. 640; HÜFFER 2010, Rn. 13 zu § 124 AktG, S. 683 sowie zu den Aufgaben des Nominierungsausschusses Abschn. II. C.5.b)(2)(b) dieses Hauptteils.

710 Vgl. etwa ARBEITSKREIS 2006b, S. 1627; BOLLWEG 1997, S. 124; ROTH/WÖRLE 2004, S. 579; ROTH/WÖRLE 2006, S. 45; SÄCKER 2004, S. 182; VICIANO GOFFERJE 2008, S. 197. Moderater äußert sich hingegen SEMLER 2009a, Rn. 23, S. 9, der die Einholung der Meinung des Vorstands durch den Aufsichtsrat im Vorfeld der Beschlussfassung über den Wahlvorschlag als zulässig erachtet.

711 Vgl. dazu explizit MEDER 2008, S. 1242.

zeitigen Kompetenz, Integrität und Unabhängigkeit des Gesamtaufsichtsrats dient.[712]

Ein solches Auswahlverfahren besteht - in Analogie zur Besetzung des Vorstands - [713] in idealtypischer Form aus der Formulierung eines Anforderungsprofils, der Suche nach geeigneten Kandidaten sowie ihrer zielorientierten Bewertung und Auswahl.[714] Im Rahmen des Anforderungsprofils ist dabei zunächst die Qualifikation der potenziellen Aufsichtsratskandidaten von besonderer Relevanz.[715] So müssen die Aufsichtsratsmitglieder zwingend über die zur ordnungsmäßigen Wahrnehmung der Aufgaben erforderlichen Kenntnisse, Fähigkeiten und fachlichen Erfahrungen verfügen.[716] In diesem Kontext ist vor allem auch die internationale Tätigkeit der Gesellschaft respektive des Konzerns zu berücksichtigen.[717] Letzterer Aspekt kann dadurch gewährleistet

---

712 Vgl. in diesem Sinne Tabelle 30, Rn. 2.1 lit. a) Unterabs. 1 und 2, gleichlautend DCGK 2010, Rn. 5.4.1 Unterabs. 1 und 2 sowie ergänzend LUTTER 2003, S. 418.

713 Vgl. hierzu Abschn. II. C.5.b)(1)(a) dieses Hauptteils.

714 Vgl. in diesem Sinne etwa LUTTER 2003, S. 418 f. mit Verweis auf die Analogie zum Auswahlverfahren im Rahmen der Besetzung vakanter Vorstandsposten; ferner OECHSLER 2003, S. 311; POTTHOFF/TRESCHER 2003, Rn. 2036, S. 495; SÄCKER 2004, S. 182 und WERDER/WIECZOREK 2007, S. 302. In einem solchen Auswahlverfahren ist auch ein wirksames Instrument zur Vermeidung des sog. Auswahlverschuldens zu sehen; vgl. hierzu etwa LUTTER 2003, S. 417-419.

715 Die insbes. in §§ 100 Abs. 1, Abs. 2 Satz 1 Nr. 2 und 105 Abs. 1 AktG genannten gesetzlichen Mindestvoraussetzungen werden vorliegend - wie auch im DCGK - als erfüllt vorausgesetzt und nicht weiter thematisiert; zu den gesetzlichen Mindestvoraussetzungen vgl. weiterführend HÜFFER 2006, S. 637 f.; KORT 2008, S. 141; LUTTER 2009d, S. 322; LUTTER/KRIEGER 2008, Rn. 19, S. 9; SLAVIK 2008, S. 81-83; VICIANO GOFFERJE 2008, S. 73-77 sowie WARDENBACH 1996, S. 22-24.

716 Vgl. hierzu Tabelle 30, Rn. 2.1 lit. a) Unterabs. 1, ferner DCGK 2010, Rn. 5.4.1 Unterabs. 1 sowie ergänzend PFITZER/HÖRETH 2005, S. 177 f.; POTTHOFF/TRESCHER 2003, Rn. 810, S. 207 und STRIEDER 2005b, S. 116 f. Über diese Mindestqualifikationen muss jedes Aufsichtsratsmitglied bereits bei Amtsantritt verfügen, ansonsten ist ein Übernahmeverschulden anzunehmen; vgl. POTTHOFF/TRESCHER 2003, Rn. 806, S. 206. Für einen konkretisierenden Katalog an erforderlichen Kenntnissen, Fähigkeiten und fachliche Erfahrungen, vgl. etwa POTTHOFF/TRESCHER 2003, Rn. 805, S. 205 f., PRÜHS 1970, S. 348-352; SEMLER/WAGNER 2009a, Rn. 92, S. 91 f.; WARDENBACH 1996, S. 259-261.

717 Vgl. hierzu Tabelle 30, Rn. 2.1 lit. a) Unterabs. 2 Satz 1, ebenso DCGK 2010, Rn. 5.4.1 Unterabs. 2 Satz 1.

werden, dass entweder erfahrene ausländische Kandidaten oder deutsche Anwärter mit einer ausreichenden internationalen Erfahrung in das Auswahlverfahren einbezogen werden.[718] Darüber hinaus soll der Vorsitzende des Prüfungsausschusses über besondere Kenntnisse und Erfahrungen auf den Gebieten Rechnungslegung und Interne Kontrollsysteme verfügen.[719] Als Anhaltspunkte für das Vorliegen dieser Sonderqualifikationen[720] können nach Auffassung des Schrifttums insbesondere eine nicht nur vorübergehende Tätigkeit als Finanzvorstand, Leiter des Rechnungswesens, Leiter der Internen Revision oder als Wirtschaftsprüfer, sowie die Erfüllung der Qualifikation des Rechnungslegers im Sinne des § 342 HGB herangezogen werden.[721] Ähnlich hohe Qualifikationen sind auch für den Vergütungsausschuss einzufordern; so bedarf es mindestens eines Ausschussmitglieds mit besonderen Kenntnissen und Erfahrungen im Bereich der Vergütungspolitik.[722]

Zur Gewährleistung einer unabhängigen Überwachung des Vorstands soll dem Aufsichtsrat eine seiner Beurteilung nach ausreichende Anzahl unabhängiger Mitglieder angehören.[723] Dementsprechend ist im Rahmen des Anforderungsprofils neben der Qualifikation auch besonders auf die Unabhängigkeit

---

718 Vgl. KREMER 2010, Rn. 1021, S. 290 sowie PFITZER/HÖRETH 2005, S. 178.

719 Vgl. hierzu Tabelle 30, Rn. 2.1 lit. b), ferner DCGK 2010, Rn. 5.3.2 Satz 2. Vgl. ähnlich § 100 Abs. 5 AktG, wonach bei Gesellschaften i. S. d. § 264 d HGB mindestens ein unabhängiges Mitglied des Aufsichtsrats über Sachverstand auf den Gebieten der Rechnungslegung oder Abschlussprüfung verfügen muss; zum sog. Financial Expert vgl. HÖNSCH 2009, S. 555-558; KROPFF 2009c, S. 1023-1040; WIDMANN 2009, S. 2602-2606.

720 Sonderqualifikationen sind von den als Mindestqualifikationen titulierten, zur ordnungsmäßigen Aufgabenwahrnehmung zwingend notwendigen Kenntnisse, Fähigkeiten und fachlichen Erfahrungen zu unterscheiden; vgl. SEMLER 2009c, S. 1501-1505.

721 Vgl. stellv. ALTMEPPEN 2004, S. 410 sowie bestätigend LG MÜNCHEN-URTEIL vom 05.11.2009, Aktz. 5 HK – O 15312/09, Die Aktiengesellschaft 55 (2010), S. 339 f.

722 Vgl. EMPFEHLUNG 2009/385/EG, Rn. 7.1, S. 31.

723 Vgl. hierzu Tabelle 31, Rn. 2.1 lit. c) Satz 1, entsprechend DCGK 2010, Rn. 5.4.2 Satz 1; ergänzend HÜFFER 2006, S. 640-642; KREMER 2010, Rn. 1022, 1041, S. 290, 296 f. In diesem Kontext ist auch § 100 Abs. 5 AktG zu sehen, wonach mindestens ein Mitglied des Aufsichtsrats unabhängig sein muss; vgl. hierzu DIEKMANN/BIDMON 2009, S. 1087-1092; FÜSER/WADER/FISCHER 2009, S. 615 f. sowie JASPERS 2009, S. 607-615.

der Kandidaten zu achten.[724] Ein Aufsichtsratsmitglied erfüllt dabei das Kriterium der Unabhängigkeit, wenn es keine geschäftliche oder persönliche Beziehungen mit der Gesellschaft oder deren Vorstand unterhält, die einen Interessenkonflikt begründen.[725] Vor diesem Hintergrund sollen die Mitglieder des Aufsichtsrats insbesondere keine Organfunktion oder beratende Tätigkeiten bei wesentlichen Wettbewerbern des Unternehmens beziehungsweise des Konzerns ausüben.[726] Aus Gründen der Unabhängigkeit dürfen des Weiteren Vorstandsmitglieder vor Ablauf von zwei Jahren nach dem Ende ihrer Vorstandsfunktion nicht Mitglieder des Supervisors werden, es sei denn, ihre Wahl erfolgt auf Vorschlag von Anteilseignern, die mehr als 25 % der Stimmrechte an der Gesellschaft halten.[727] Darüber hinaus sollen dem Aufsichtsrat nicht mehr als zwei ehemalige Vorstandsmitglieder angehören.[728] Schließlich ist der Aufsichtsrat aufgefordert, weitere Kriterien für die Beurteilung seiner Unabhängigkeit festzulegen.[729]

---

724 Vgl. Tabelle 30, Rn. 2.1 lit. a) Unterabs. 2 Satz 1, ebenso DCGK 2010, Rn. 5.4.1 Unterabs. 2 Satz 1; ferner WERDER/WIECZOREK 2007, S. 297-302 sowie aus empirischer Sicht OECHSLER 2003, S. 313 m. w. N. und jüngst METTEN 2010, S. 304-343.

725 Vgl. hierzu Tabelle 31, Rn. 2.1 lit. c) Satz 2, gleichlautend DCGK 2010, Rn. 5.4.2 Satz 2 sowie erläuternd KEHLER 2008, S. 74 f.; KREMER 2010, Rn. 1037-1041, S. 295-297; LIEDER 2005, S. 570-572; PFITZER/HÖRETH 2005, S. 180-182 sowie STRIEDER 2005a, S. 551.

726 Vgl. diesbezüglich Tabelle 31, Rn. 2.1 lit. c) Satz 4 ferner DCGK 2010, Rn. 5.4.2 Satz 4 und ergänzend VICIANO GOFFERJE 2008, S. 170 f. Als Organfunktionen sind Vorstands- und Aufsichtsratsmandate und unter Beratungsaufgaben bspw. Beratungsverträge oder (freiwillige) Beiratsmitgliedschaften, soweit sich die Beratungstätigkeit auf Fragen der Überwachung bezieht, zu verstehen; vgl. KREMER 2010, Rn. 1050, S. 298.

727 Vgl. Tabelle 31, Rn. 2.1 lit. e), ferner DCGK 2010, Rn. 5.4.4 Satz 1 i. V. m. § 100 Abs. 2 Satz 1 Nr. 4 AktG und ergänzend BOSSE 2009, S. 1652 f.; INWINKL/SCHNEIDER 2009, S. 976; SÜNNER 2010, S. 111-119; VAN KANN/KEILUWEIT 2009b, S. 2701. Zur Situation vor Einführung dieser sog. Cooling-Off-Periode vgl. aus empirischer Sicht BRESSER/THIELE 2008, S. 176-196.

728 Vgl. dazu Tabelle 31, Rn. 2.1 lit. c) Satz 3, ferner DCGK 2010, Rn. 5.4.2 Satz 3 sowie weiterführend CLAUSSEN/BRÖCKER 2000, S. 490; KREMER 2010, Rn. 1042 f., S. 297; PELTZER 2003a, Rn. 220, S. 85; PFITZER/HÖRETH 2005, S. 182 und SCHIESSL 2002, S. 598.

729 Vgl. EMPFEHLUNG 2005/162/EG, Rn. 13.2 i. V. m. Anhang II, S. 56, 63. Im Schrifttum wird in diesem Zusammenhang eine Orientierung an den §§ 319, 319 a und 319 b HGB vorgeschlagen; vgl. hierzu ARBEITSKREIS 2006b, S. 1626.

Neben der Qualifikation und Unabhängigkeit werden - analog zum Vorstand - als weitere Auswahlkriterien im Rahmen des Anforderungsprofils der Anteilsbesitz der Aufsichtsratsmitglieder am Unternehmen[730] sowie die Festlegung einer generellen Altersgrenze[731] gefordert, Letzteres mit der Zielsetzung, den gestiegenen Anforderungen an die Ausübung eines Aufsichtsratsmandats Rechnung zu tragen.[732] Um auch die zeitlichen Erfordernisse ihres Amtes erfüllen zu können, sollen Aufsichtsratsmitglieder schließlich sicherstellen, dass ihnen für die Wahrnehmung ihrer Mandate genügend Zeit zur Verfügung steht; so sollen Personen, die dem Vorstand einer börsennotierten Gesellschaft angehören, insgesamt nicht mehr als drei Aufsichtsratsposten in konzernexternen börsennotierten Gesellschaften oder in Aufsichtsgremien von Unternehmen mit vergleichbaren Anforderungen übernehmen.[733]

Im Vorfeld des abzugebenden Wahlvorschlags ist der Aufsichtsrat angehalten, sich in systematischer Weise auf die Suche nach geeigneten Kandidaten zu begeben und den (in- und externen) Arbeitsmarkt anhand der festgelegten Auswahlkriterien zu sondieren.[734] Sofern ein bestehendes Aufsichtsratsmitglied für eine weitere Amtszeit kandidiert, hat der Aufsichtsrat auch dieses auf Grundlage des zuvor erarbeiteten Anforderungsprofils einer Evaluation zu unterziehen. Darüber hinaus hat der Aufsichtsrat darauf zu achten, die konkrete Kandidatensuche so rechtzeitig in die Wege zu leiten, dass genügend

---

730 Vgl. stellv. BÖCKING 2003, S. 265.

731 Vgl. hierzu Tabelle 30, Rn. 2.1 lit. a) Unterabs. 2 Satz 1, ebenso DCGK 2010, Rn. 5.4.1 Unterabs. 2 Satz 1 sowie erläuternd KORT 2008, S. 146; PELTZER 2003a, Rn. 215, S. 84.

732 Vgl. KREMER 2010, Rn. 1023, S. 290.

733 Vgl. Tabelle 31, Rn. 2.1 lit. f), gleichlautend DCGK 2010, Rn. 5.4.5 sowie weiterführend KREMER 2010, Rn. 1067-1073, S. 302-304; LENTFER 2005, S. 334 f.; PELTZER 2003a, Rn. 218 f., S. 84 f.; PFITZER/HÖRETH 2005, S. 188 f. und STRIEDER 2005b, S. 121 f. Das Aktiengesetz erachtet das Innehaben von zehn Aufsichtsratssitzen für zulässig, wobei bis zu fünf konzerninterne Aufsichtsratsmandate nicht in die Zählung eingehen und Aufsichtsratsvorsitze doppelt berücksichtigt werden; vgl. § 100 Abs. 2 Satz 1 Nr. 1 sowie Satz 2 und 3 AktG.

734 Vgl. hierzu und in der Folge Tabelle 30, Rn. 2.1 lit. a) Unterabs. 3, ferner DCGK 2010, Rn. 5.4.1 Unterabs. 3 Satz 1 sowie ähnlich WERDER/WIECZOREK 2007, S. 302.

Zeit für eine umfassende Bewertung und Auswahl verbleibt.[735] Bei der sich anschließenden Bewertung und Auswahl der Kandidaten ist insbesondere auf die Vielfalt der Aufsichtsratszusammensetzung zu achten.[736] In diesem Sinne gilt es zu bedenken, dass sich das der Hauptversammlung zur Wahl vorzuschlagende Aufsichtsratsmitglied bestmöglich in den Aufsichtsrat einfügen soll und demzufolge eine Orientierung an der Istbesetzung des Gesamtaufsichtsrats zu erfolgen hat, die wiederum eine möglichst hohe Identität mit einer im Vorfeld seitens des Aufsichtsrats selbst zu definierenden und regelmäßig zu überprüfenden Idealbesetzung aufweisen sollte.[737]

Die aufgezeigten Grundsätze sind sinngemäß auch auf Bestellungsvorschläge im Rahmen eines Antrags auf eine gerichtliche Bestellung[738] von Anteilseignervertretern anzuwenden.[739] Ein vergleichbares Vorschlagssystem existiert indes im Hinblick auf die Wahl der Arbeitnehmervertreter nicht.[740] So werden die Aufsichtsratsmitglieder der Arbeitnehmerseite entweder unmittelbar oder mittelbar von den Arbeitnehmern gewählt.[741] Die Wahl erfolgt dabei geheim und in der Regel nach den Grundsätzen der Verhältniswahl.[742] Die Abgabe von Wahlvorschlägen für die Aufsichtsratsmitglieder, die von den Arbeitneh-

---

735 Vgl. diesbezüglich auch die analogen Ausführungen zur Besetzung des Vorstands in Abschn. II. C.5.b)(1)(a) dieses Hauptteils.

736 Vgl. Tabelle 30, Rn. 2.1 lit. a) Unterabs. 2; ferner DCGK 2010, Rn. 5.4.1 Unterabs. 2.

737 Vgl. in diesem Sinne auch EMPFEHLUNG 2005/162/EG, Erwägsgr. 16, S. 53, Rn. 11.1, S. 56 sowie LUTTER 2009a, S. M16; LUTTER 2009d, S. 327 f.; SEMLER 2009a, Rn. 29, S. 10.

738 Vgl. hierzu Tabelle 31, Rn. 2.1 lit. d), gleichlautend DCGK 2010, Rn. 5.4.3 Satz 2 i. V. m. § 104 AktG sowie weiterführend DRYGALA 2008, Rn. 1-28 zu § 104 AktG, S. 1147-1156.

739 Vgl. stellv. KREMER 2010, Rn. 1028, S. 292.

740 Vgl. LUTTER 2003, S. 419. Zu dem in der Folge skizzierten Wahlverfahren vgl. im Einzelnen FUCHS/KÖSTLER 2008, S. 105-153 sowie VETTER 2009c, Rn. 17, S. 862 f.

741 Bei Unternehmen mit bis zu 8.000 Arbeitnehmern erfolgt eine unmittelbare, ansonsten eine mittelbare Wahl über Delegierte, sofern kein gegenteiliger Beschluss der wahlberechtigten Arbeitnehmer vorliegt; vgl. § 9 Abs. 1 und 2 MitbestG.

742 Vgl. § 15 Abs. 1 i. V. m. § 16 Abs. 1 und § 18 Satz 3 MitbestG und ergänzend VETTER 2009c, Rn. 17, S. 862.

mern zu stellen sind, obliegt allein den wahlberechtigten Arbeitnehmern,[743] wohingegen die Vorschläge zur Wahl von Vertretern der Gewerkschaften im Aufsichtsrat ausschließlich den im Unternehmen respektive Konzern vertretenen Gewerkschaftsvertretern vorbehalten ist.[744] Ungeachtet der erkennbar fehlenden Einbindung des Aufsichtsrats in das Wahlverfahren zur Sicherung seiner Leistungsfähigkeit impliziert der Gleichheitsgrundsatz, dass die Arbeitnehmervertreter nicht nur die gleichen Rechte und Pflichten wie die Vertreter der Anteilseigner haben, sondern grundsätzlich auch denselben Anforderungen, das heißt den genannten Auswahlkriterien, zu genügen haben.[745] Dies bedeutet insbesondere, dass auch die Arbeitnehmervertreter über die für eine ordnungsmäßige Wahrnehmung der Aufsichtsratstätigkeit benötigten (Mindest-)Kenntnisse, Fähigkeiten und Erfahrungen verfügen, die vorgegebene Altersgrenze einhalten und den erforderlichen zeitlichen Anforderungen genügen müssen. Auch haben die Arbeitnehmervertreter grundsätzlich das Kriterium der Unabhängigkeit zu erfüllen,[746] obgleich nicht verkannt werden darf, dass diese aufgrund ihrer Eigenschaft als Mitarbeiter oder Gewerkschaftsvertreter per se einem Interessenkonflikt unterliegen.

Analog zum Vorstand ist auch die Amtszeit der Aufsichtsratsmitglieder begrenzt, und zwar sowohl für Anteilseigner- als auch Arbeitnehmervertreter auf eine einheitliche Höchstdauer von fünf Jahren.[747] Diese Höchstdauer gilt grundsätzlich auch für gerichtlich bestellte Aufsichtsratsmitglieder,[748] wobei

---

743 Vgl. hierzu § 15 Abs. 2 i. V. m. § 18 Satz 3 MitbestG; VICIANO GOFFERJE 2008, S. 200 f.

744 Vgl. § 16 Abs. 2 MitbestG; erläuternd GACH 2008, Rn.5-8 zu § 16 MitbestG, S. 1346 f.

745 Vgl. hierzu und in der Folge DENEKE 2008, S. 177; HABERSACK 2008, Rn. 12 zu § 116 AktG, S. 1210 f.; KÖSTLER/ZACHERT/MÜLLER 2009, Rn. 735, S. 407; OECHSLER 2003, S. 312 f.; SCHEFFLER 2000, S. 433 f.; SCHWALBACH 2004, S. 188; SEMLER/WAGNER 2009a, Rn. 76, 85 f., S. 87-89; SPINDLER 2007, Rn. 8 zu § 116 AktG, S. 1293; VETTER 2009b, Rn. 3-5, S. 989 f.; WERDER 2009b, S. 334 und WIRTH 2005, S. 333.

746 Vgl. explizit POTTHOFF/TRESCHER 2003, Rn. 813-818, S. 207-209.

747 Vgl. § 102 Abs. 1 AktG i. V. m. § 6 Abs. 2 MitbestG sowie ergänzend HOFFMANN-BECKING 2007d, Rn. 40 i. V. m. 45, S. 414-416; SEMLER/WAGNER 2009a, Rn. 51, S. 82.

748 Vgl. hierzu bspw. DRYGALA 2008, Rn. 23 zu § 104 AktG, S. 1155.

ein Antrag auf gerichtliche Bestellung eines Aufsichtsratsmitglieds bis zur nächsten Hauptversammlung befristet sein soll.[749]

Die beschriebenen Mechanismen der internen Corporate Governance im Hinblick auf die Besetzung des Aufsichtsrats betreffen aus Agency-theoretischer Sicht eine Konfliktsituation vor Vertragsabschluss.[750] In dieser Zeit der Vertragsbeziehung verfügt der Aufsichtsrat (Agent) gegenüber den Aktionären (Principals) über Informationsvorteile bezüglich seiner persönlichen Eigenschaften und Fähigkeiten, die einerseits für seine Verhaltensweisen und andererseits für das Auftragsergebnis prägend sind.[751] Aus dieser Informationsasymmetrie aufgrund von Hidden Characteristics resultiert für die Anteilseigner die Gefahr, einen ungeeigneten Vertragspartner auszuwählen (Adverse Selection).[752] Mit der Verhinderung jeglicher Mitwirkung des Vorstands an der Auswahl der Mitglieder des ihn überwachenden Aufsichtsrats sowie der Durchführung eines geeigneten Auswahlverfahrens durch den Aufsichtsrat im Vorfeld des Wahlvorschlags an die Hauptversammlung soll genau diesem Risiko begegnet werden. Aus der Perspektive der Agency-Theorie stellt das

---

749 Vgl. hierzu Tabelle 31, Rn. 2.1 lit. d), gleichlautend DCGK 2010, Rn. 5.4.3 Satz 2 sowie erläuternd KREMER 2010, Rn. 1058, S. 299; PFITZER/HÖRETH 2005, S. 185 f.; STRIEDER 2005b, S. 119 f. und VETTER 2005, S. 1692.

750 Dies gilt sowohl für eine Erstbestellung als auch für eine Wiederbestellung von Aufsichtsratsmitgliedern. Vorstellbar ist auch - wie bereits im Kontext des Vorstands ausgeführt - die Wiederbestellung als eine Situation nach Vertragsabschluss zu interpretieren. In diesem Fall wäre als zugrunde liegender Principal-Agent-Konflikt der Moral Hazard mit seinen spezifischen Ausprägungen einer Diskussion zuzuführen. Vgl. hierzu Abschn. II. C.5.a)(1)(b)(iii) dieses Hauptteils.

751 Vgl. hierzu und in der Folge bereits Abschn. I. C.2 des Ersten Hauptteils sowie Abschn. II. C.5.a)(1)(b)(iii) dieses Hauptteils. Dies gilt auch bei einem Wechsel eines bisherigen Vorstandsmitglieds in den Aufsichtsrat(svorsitz). Auch wenn das potenzielle Aufsichtsratsmitglied lange Zeit Vorstandsmitglied des Unternehmens war, dürften seine Eigenschaften trotzdem nicht vollständig bekannt sein, so dass auch in diesem Fall von Hidden Characteristics gesprochen werden kann.

752 Dies entspricht der Fallgruppe (3) in der Abbildung 24 zur Typisierung von Principal-Agent-Konflikten. Bei einer Wiederwahl wird die Informationsasymmetrie insofern abgemildert, als auf die bisherigen Ergebnisse der Selbstevaluation des Aufsichtsrats zurückgegriffen werden kann; vgl. hierzu Abschn. II. C.5.b)(2)(c) dieses Hauptteils.

Auswahlverfahren ein Screening dar.[753] Dieses wird ergänzt durch eine Begrenzung der Amtszeit von Aufsichtsratsmitgliedern auf fünf Jahre, womit das Risiko einer Adverse Selection und des damit verbundenen Wohlfahrtsverlusts in Höhe des Wertunterschieds zwischen optimaler und tatsächlicher Personalauswahl[754] auch in zeitlicher Hinsicht begrenzt werden soll.[755]

Mit Blick auf das Corporate Governance Statement ist vor dem Hintergrund der dargelegten Mechanismen der internen Corporate Governance und der Überprüfung ihrer Wirkungsweisen aus Agency-theoretischer Sicht zu folgern, dass zuvorderst die Mitwirkung des Vorstands am Beschlussfassungsvorschlag des Aufsichtsrats zur Wahl neuer Aufsichtsratsmitglieder (der Anteilseignerseite) einen zentralen Berichtsgegenstand zu verkörpern hat (Tabelle 62, Rn. 2.1.1). Den Berichtsadressaten muss eine Einschätzung ermöglicht werden, ob der Aufsichtsrat seiner Alleinkompetenz zur Unterbreitung des Wahlvorschlags an die Aktionäre tatsächlich nachkommt oder aber dem Vorstand eine Möglichkeit der Einflussnahme auf die Auswahl der Mitglieder des ihn überwachenden Supervisors einräumt.

Einen weiteren Gegenstand der Berichterstattung im Rahmen des Corporate Governance Statements hat das im Vorfeld des Wahlvorschlags seitens des Aufsichtsrats durchzuführende Auswahlverfahren (Screening) darzustellen, mit der Intention, die Adressaten in die Lage zu versetzen, die Gefahr einer Adverse Selection - zumindest im Hinblick auf die Anteilseignervertreter - besser beurteilen zu können. In diesem Zusammenhang ist es zunächst erforderlich, den Verfahrensprozess im Einzelnen darzulegen (Tabelle 63, Rn. 2.1.2). Bedeutsame Prozessschritte stellen hierbei die Formulierung eines Anforde-

---

753 Die Self Selection und das Signalling als weitere Möglichkeiten zur Vermeidung einer Adverse Selection unterliegen derzeit weder direkt noch indirekt einer Normierung und dürften einer solchen auch kaum zugänglich sein, so dass diese im Rahmen der vorliegenden Betrachtung als Lösungsmöglichkeiten ausscheiden. Zu entsprechenden Überlegungen vgl. bereits Abschn. II. C.5.b)(1)(a) dieses Hauptteils.

754 Vgl. hierzu bereits Abschn. I. C.2 des Ersten Hauptteils sowie LENTFER 2005, S. 37.

755 Zu dieser Argumentation vgl. bereits Abschn. II. C.5.b)(1)(a) dieses Hauptteils.

rungsprofils, die Suche nach geeigneten Kandidaten sowie ihre zielorientierte Bewertung und Auswahl dar.

Hieran sollte sich eine Darlegung zentraler Ergebnisse des Auswahlverfahrens anschließen. Im Mittelpunkt dürfte hierbei das Profil des (der) ausgewählten Kandidaten im Vergleich zu dem im Vorfeld entwickelten Idealprofil stehen. Im Rahmen des Profils sind dabei neben dem Familien- und Vornamen insbesondere Angaben zum Alter, zu Mitgliedschaften in Aufsichtsräten als Indikator für die zur Verfügung stehende Zeit, zum Anteilsbesitz am Unternehmen sowie zur Qualifikation und Unabhängigkeit der einzelnen Aufsichtsratsmitglieder zu machen.[756] Im Hinblick auf die Qualifikation muss für die Berichtsadressaten zum einen erkennbar sein, ob die Aufsichtsratsmitglieder über die zur ordnungsmäßigen Wahrnehmung ihrer Aufgaben erforderlichen (Mindest-)Kenntnisse, Fähigkeiten sowie fachlichen und internationalen Erfahrungen verfügen und zum anderen, ob der (designierte) Vorsitzende des Prüfungsausschusses bereits besondere Kenntnisse und Erfahrungen in der Anwendung von Rechnungslegungsgrundsätzen und internen Kontrollverfahren erworben hat und mindestens ein Mitglied des Vergütungsausschuss über einschlägige Kenntnisse und Erfahrungen auf dem Gebiet der Vergütungspolitik verfügt. In diesem Kontext bietet sich - analog zum Vorstand - die Darlegung des derzeit ausgeübten Berufs,[757] der Ausbildung und bedeutender Stationen des beruflichen Werdegangs der einzelnen Aufsichtsratsmitglieder an. In Bezug auf die Unabhängigkeit der Aufsichtsratsmitglieder müssen die Adressaten einschätzen können, ob ein Aufsichtsratsmitglied in einer geschäftlichen oder persönlichen Beziehung zu der Gesellschaft oder deren Vorstand steht, die einen Interessenkonflikt begründet. So ist vor allem darüber zu berichten, ob die Aufsichtsratsmitglieder eine Organfunktion oder Beratungsaufgaben

---

756 Vgl. in diesem Sinne auch BÖCKING 2003, S. 264 f.; DCGK 2010, Rn. 6.6; FREIDANK/WEBER 2008, S. 409; FREIDANK/WEBER 2009, S. 322; LUTTER 2003, S. 419 sowie im internationalen Kontext EMPFEHLUNG 2005/162/EG, Rn. 11.4, 12.2 und 13.3, S. 56 f.; OECD 2004, S. 25 und UNCTAD 2006, S. 18. Zur Angabe des Familiennamens und der Mitgliedschaften in Aufsichtsräten vgl. bereits § 285 Nr. 10 HGB.

757 Eine Pflicht zur Angabe des ausgeübten Berufs enthält auch § 285 Nr. 10 HGB.

bei wesentlichen Wettbewerbern des Konzerns ausüben. Weiter hat zum einen eine Berichterstattung darüber zu erfolgen, ob beim Wechsel eines Vorstandsmitglieds in den Aufsichtsrat die zweijährige Cooling-Off-Periode eingehalten wurde beziehungsweise ein solcher auf Vorschlag von Aktionären, die mehr als 25 % der Stimmrechte an der Gesellschaft halten, erfolgte; im letzteren Fall sind die Gründe hierfür darzulegen.[758] Zum anderen ist anzugeben, ob dem Aufsichtsrat mehr als zwei ehemalige Mitglieder des Vorstands angehören. Schließlich sind die weiteren vom Aufsichtsrat festgelegten Kriterien zur Beurteilung der Unabhängigkeit seiner Mitglieder offenzulegen.[759]

Neben dem Profil neuer Mitglieder ist jedoch auch ihre Einbindung in den Aufsichtsrat zur Sicherstellung seiner Vielfalt, Gesamtkompetenz, Integrität und Unabhängigkeit aufzuzeigen. Im Ergebnis bedarf es hierzu idealerweise einer Darlegung der Profile sämtlicher aktiver Aufsichtsratsmitglieder, die dem im Vorwege zu entwickelnden Idealprofil des Gesamtaufsichtsrats gegenüberzustellen sind (Tabelle 63, Rn. 2.1.3).[760] Obgleich es im Hinblick auf die Auswahl der Arbeitnehmervertreter in aller Regel an einem idealtypischen Auswahlverfahren mangeln dürfte, sind hierbei neben den Anteilseignervertretern auch die Aufsichtsratsmitglieder der Arbeitnehmerseite einzubeziehen. Um den Berichtsadressaten eine Einschätzung des Risikos einer Adverse Selection auch in zeitlicher Hinsicht zu ermöglichen, sind pro Aufsichtsratsmitglied auch das Datum der Erstbestellung sowie das Ende der laufenden Funktionsperiode anzugeben (Tabelle 64, Rn. 2.1.4).[761] Die Angaben gemäß Rn. 2.1.4 können mit denjenigen in Rn. 2.1.3 verbunden werden.

---

758 Vgl. ähnlich DCGK 2010, Rn. 5.4.4 Satz 2 sowie ergänzend EMPFEHLUNG 2005/162/EG, Rn. 2.3, S. 55.

759 Vgl. in diesem Sinne ebenso für den österreichischen Rechtsraum ÖCGK 2010, Rn. 53.

760 Vgl. im Ergebnis ebenso DCGK 2010, Rn. 5.4.1 Unterabs. 3 Satz 2 sowie EMPFEHLUNG 2005/162/EG, Rn. 11.4, S. 56 f.

761 Vgl. in diesem Sinne auch für die Schweiz und Österreich RLCG 2008, Rn. 3.3.2 sowie ÖCGK 2010, Rn. 58.

(b) Innere Organisation

Bei einem im Geltungsbereich der Arbeitnehmer-Mitbestimmung paritätisch besetzten und - je nach Anzahl der Arbeitnehmer - zwölf, 16 oder 20 Köpfe umfassenden Aufsichtsrat[762] werden mit der inneren Organisation wesentliche Rahmenbedingungen für die Entscheidungen und Verhaltensweisen seiner Mitglieder determiniert, die idealerweise in einer (schriftlich abgefassten) Geschäftsordnung zu fixieren sind.[763] Die verbindliche Festlegung von Einzelfragen der Geschäftsordnung des Aufsichtsrats steht dabei - sofern seine Organisationsautonomie unberührt bleibt - zunächst der Satzung und damit den Aktionären zu.[764] Jedoch ist - wie bereits im Kontext des Vorstands zum Ausdruck gebracht - [765] in Frage zu stellen, ob ausgerechnet die Aktionäre, welche die Unternehmensführung und -überwachung gerade wegen fehlender zeitlicher und fachlicher Kapazitäten an den Vorstand beziehungsweise den Aufsichtsrat delegieren,[766] in der Lage und Willens sind, die Tätigkeiten ihrer Agents im Detail vorzugeben.[767] Soweit die Satzung - wie es vor dem Hintergrund dieser Überlegung rational zu erwarten ist und in der Folge unterstellt wird - keine Regelungen trifft, obliegt es dem Aufsichtsrat, sich selbst eine Ge-

---

762 Zur Besetzung des Aufsichtsrats vgl. ausf. Abschn. II. C.5.b)(2)(a) dieses Hauptteils.

763 Zur Forderung nach einer Aufsichtsrats-Geschäftsordnung vgl. Tabelle 31, Rn. 2.2 lit. a), gleichlautend DCGK 2010, Rn. 5.1.3 sowie weiterführend KREMER 2010, Rn. 955-959, S. 271 f.; PELTZER 2003a, Rn. 159, S. 68 f.; PFITZER/HÖRETH 2005, S. 160 f. und STRIEDER 2005b, S. 108. Zum Schriftformerfordernis vgl. explizit ISENBERG 2005, S. 25.

764 Vgl. BGH-URTEIL vom 05.06.1975, Aktz. II ZR 156/73, Neue Juristische Wochenschrift 28 (1975), S. 1412-1414 und ergänzend HABERSACK 2008, Rn. 161 zu § 107 AktG, S. 974; SPINDLER 2007, Rn. 9 zu § 107 AktG, S. 1132 f. Das MitbestG schränkt dabei die Kompetenz der Satzung zur Fixierung von Geschäftsordnungsfragen nicht ein; vgl. BGH-URTEIL vom 25.02.1982, Aktz. II ZR 123/81, Neue Juristische Wochenschrift 35 (1982), S. 1525-1528; weiterführend HOFFMANN-BECKING 2007f, Rn. 3, S. 423; SPINDLER 2007, Rn. 11 zu § 107 AktG, S. 1133, a. A. HOPT/ROTH 2005, Rn. 204 zu § 107 AktG, S. 583.

765 Vgl. hierzu Abschn. II. C.5.b)(1)(b) dieses Hauptteils.

766 Vgl. bereits Abschn. I. C.2 des Ersten und Abschn. II. C.5.a)(1)(b)(iii) dieses Hauptteils.

767 Für eine Bevorzugung der Geschäftsordnung als Ort zur Regelung der inneren Organisation des Aufsichtsrats vgl. auch ISENBERG 2005, S. 64; LEYENS 2006, S. 243 f. sowie POTTHOFF/TRESCHER 2003, Rn. 1946 f., S. 477.

schäftsordnung zu geben und hierin seine innere Organisation näher festzulegen.[768] Die Geschäftsordnung besteht dabei so lange fort, bis sie vom Aufsichtsrat entweder geändert oder aufgehoben wird; von Mitgliederwechseln wird die Geschäftsordnung nicht berührt.[769]

Die Kerninhalte einer Aufsichtsrats-Geschäftsordnung bilden nach herrschender Auffassung[770] die Einsetzung von Aufsichtsratsausschüssen einschließlich einer exakten Festlegung ihrer Funktionen und des organisatorischen Zusammenwirkens mit dem Plenum, die dem Plenum vorbehaltenen Angelegenheiten, eine Definition der Aufgaben und Befugnisse des Aufsichtsratsvorsitzenden, Regelungen zu Sitzungen und Beschlüssen des Aufsichtsrats, die Art der Fixierung von Grundsätzen ordnungsmäßiger Unternehmensüberwachung (GoÜ)[771] sowie Anweisungen zum Umgang mit Interessenkonflikten.[772]

---

[768] Vgl. hierzu stellv. LUTTER/KRIEGER 2008, Rn. 652 f., S. 247 f. und SPINDLER 2007, Rn. 9 zu § 107 AktG, S. 1133. In diesem Zusammenhang wird auch von der sog. Selbstorganisationspflicht des Aufsichtsrats gesprochen; vgl. SEMLER 2009a, Rn. 33-36, S. 11. Für Beschlüsse zum Erlass, zur Änderung und zur Aufhebung einer Aufsichtsrats-Geschäftsordnung genügt bei mitbestimmten Gesellschaften die einfache Mehrheit der abgegebenen Stimmen, notfalls mit der Zweitstimme des Aufsichtsratsvorsitzenden; vgl. § 108 AktG i. V. m. § 29 MitbestG sowie ergänzend VETTER 2009d, Rn. 59, S. 955 f.

[769] Vgl. HABERSACK 2008, Rn. 164 zu § 107 AktG, S. 975; HOPT/ROTH 2005, Rn. 212 zu § 107 AktG, S. 585 f.; MERTENS 1996, Rn. 165 zu § 107 AktG, S. 511 f.; SPINDLER 2007, Rn. 14 zu § 107 AktG, S. 1134 und VETTER 2009d, Rn. 3, S. 932.

[770] Vgl. FEDDERSEN 2000, S. 390, 393; HABERSACK 2008, Rn. 165 zu § 107 AktG, S. 975; HOPT/ROTH 2005, Rn. 220-222 zu § 107 AktG, S. 588 f.; ISENBERG 2005, S. 110-122; KREMER 2010, Rn. 957-959, S. 271 f.; LUTTER 2002, S. 537; SÄCKER 1977, S. 2036; SIEBEL/SCHENCK 2009, S. 914-920; SPINDLER 2007, Rn. 12 zu § 107 AktG, S. 1133 f. Im Schrifttum wird darüber hinaus vereinzelt angeregt, in der Aufsichtsrats-Geschäftsordnung auch die Informationspflichten des Vorstands und die Festlegung zustimmungspflichtiger Geschäfte zu regeln; vgl. hierzu FEDDERSEN 2000, S. 390, 393; ISENBERG 2005, S. 121; SIEBEL/SCHENCK 2009, S. 919. Da diese Punkte jedoch bereits Gegenstände der Vorstands-Geschäftsordnung verkörpern (vgl. Abschn. II. C.5.b)(1)(b) dieses Hauptteils) und eine Regelung an dieser Stelle als zweckmäßiger erscheint, ist eine (nochmalige) Regelung in der Aufsichtsrats-Geschäftsordnung als entbehrlich anzusehen; vgl. in diesem Sinne ebenso BROUWER 2008, S. 165 sowie FONK 2006, S. 845.

[771] Vgl. hierzu im Einzelnen Abschn. II. C.5.b)(2)(c) dieses Hauptteils.

[772] Vgl. ausf. zu diesem Themenkomplex Abschn. II. C.5.b)(2)(d) dieses Hauptteils.

Im Sinne einer sachgerechten Organisation seiner Überwachungstätigkeit ist - wie bereits angeklungen - in die Geschäftsordnung zunächst ein Passus zu fachlich qualifizierten Ausschüssen aufzunehmen,[773] die der Aufsichtsrat[774] - neben dem in mitbestimmten Gesellschaften zwingend einzurichtenden Vermittlungsausschuss - [775] in Abhängigkeit von den spezifischen Gegebenheiten des Konzerns und seiner Mitgliederanzahl zur Steigerung seiner Arbeitseffizienz[776] und der Behandlung komplexer Sachverhalte implementieren soll.[777] Wesentliche Regelungsgegenstände bilden dabei die Form, Besetzung und Aufgaben der Ausschüsse, das organisatorische Zusammenwirken mit dem Plenum sowie die innere Organisation,[778] wobei Letztere zum Teil den Gegenstand gesonderter Ausschuss-Geschäftsordnungen verkörpert.[779]

---

773 Vgl. hierzu etwa FEDDERSEN 2000, S. 390; HOPT/ROTH 2005, Rn. 221 zu § 107 AktG, S. 589; ISENBERG 2005, S. 118-121; KREMER 2010, Rn. 957, S. 271; SIEBEL/SCHENCK 2009, S. 917 -919 sowie SPINDLER 2007, Rn. 12 zu § 107 AktG, S. 1133.

774 Die Einsetzung von Ausschüssen obliegt allein dem Aufsichtsrat; vgl. hierzu LUTTER/KRIEGER 2008, Rn. 752-754, S. 296 f. und VETTER 2009e, Rn. 4, S. 973.

775 In mitbestimmten Gesellschaften ist der Aufsichtsrat gem. § 27 Abs. 3 MitbestG verpflichtet, unmittelbar nach der Wahl des Vorsitzenden und des Stellvertreters einen ständigen Ausschuss zu bilden, welchem im Rahmen der Bestellung von Vorstandsmitgliedern die Vermittlungsaufgabe i. S. d. § 31 Abs. 3 Satz 1 MitbestG zukommt. Diesem sog. Vermittlungsausschuss gehören neben dem Aufsichtsratsvorsitzenden und seinem Stellvertreter zwei weitere Mitglieder an, von denen eines von den Anteilseigner- und eines von den Arbeitnehmervertretern in getrennter Wahl mit der Mehrheit der abgegebenen Stimmen gewählt wird. Zum Vermittlungsausschuss vgl. weiterführend GITTERMANN 2009, Rn. 147-152, S. 268 f. sowie PAEFGEN 1982, S. 377 f.

776 Vgl. hierzu etwa BENDER/VATER 2004, S. 82 und DECKERT 1996, S. 987; kritisch hingegen BÖCKING/DUTZI/MÜßIG 2004, S. 433.

777 Vgl. hierzu Tabelle 31, Rn. 2.2 lit. b) Satz 1, 2, gleichlautend DCGK 2010, Rn. 5.3.1 Satz 1, 2 sowie weiterführend KREMER 2010, Rn. 975-984, S. 276 f. Vgl. ferner, jedoch ein Wahlrecht vorsehend („kann") § 107 Abs. 3 Satz 1, 2 AktG. Bei größeren Gesellschaften - wie den vorliegend im Fokus der Betrachtung stehenden börsennotierten Publikumsgesellschaften - ist regelmäßig von einer faktischen Pflicht zur Ausschussbildung auszugehen; vgl. hierzu FEDDERSEN 2000, S. 390; LUTTER/KRIEGER 2008, Rn. 743, S. 293 und SPINDLER 2007, Rn. 9 zu § 107 AktG, S. 1132.

778 Zur inneren Organisation von Ausschüssen vgl. ausf. LUTTER/KRIEGER 2008, Rn. 762-770, S. 300-305; RELLERMEYER 1986, S. 162-173 und VETTER 2009e, Rn. 20-24, S. 979-981.

779 Vgl. hierzu GITTERMANN 2009, Rn. 72, S. 250.

Hinsichtlich der Ausschussform kann der Aufsichtsrat so genannte vorbereitende und entscheidende Ausschüsse vorsehen.[780] Während die vorbereitenden Ausschüsse die ihnen zugewiesenen Angelegenheiten zu prüfen haben und für die endgültige Beschlussfassung durch das Plenum entsprechende Vorschläge erarbeiten, entscheiden die letztgenannten Ausschüsse die an sie delegierten Angelegenheiten anstelle des Aufsichtsratsplenums endgültig und abschließend.

Diese differenzierte Betrachtungsweise spiegelt sich auch in der im Schrifttum herrschenden Auffassung zur zahlenmäßigen Zusammensetzung wider, wonach vorbereitende Ausschüsse mindestens aus zwei, beschließende hingegen aus mindestens drei Mitgliedern zu bestehen haben.[781] Die personelle Besetzung der Aufsichtsratsausschüsse hat sich dabei primär am so genannten Eignungsprinzip auszurichten.[782] So ist es etwa auch bei mitbestimmten Gesellschaften unter Verneinung des Paritätsgebots als zulässig anzusehen, einen Ausschuss mit einer geringeren Anzahl an Arbeitnehmer- als Anteilseignervertretern zu besetzen, wenn dafür im Einzelfall sachliche Gründe bestehen.[783] Bei Ausschüssen mit mitbestimmungsfernen Aufgaben ist es sogar denkbar, auch ohne Repräsentanz der Arbeitnehmerseite auszukommen.

---

780 Vgl. hierzu Tabelle 32, Rn. 2.2 lit. g), zudem DCGK 2010, Rn. 5.3.5 i. V. m. § 107 Abs. 3 Satz 1-3 sowie weiterführend HOFFMANN-BECKING 2007g, Rn. 2, S. 452 f.; KREMER 2010, Rn. 1009-1013, S. 287; LUTTER/KRIEGER 2008, Rn. 745, S. 294; SÄCKER 1979, S. 47; VETTER 2009e, Rn. 3, S. 972. Vgl. kritisch zu dieser Zweiteilung RELLERMEYER 1986, S. 9-13 und für weitere Möglichkeiten zur Differenzierung von Ausschussformen HABERSACK 2008, Rn. 101 f. zu § 107 AktG, S. 951 f.

781 Vgl. etwa HOFFMANN-BECKING 2007g, Rn. 18, S. 458 f.; HÜFFER 2010, Rn. 17 zu § 107 AktG, S. 570; MERTENS 1996, Rn. 102 f. zu § 107 AktG, S. 496; RELLERMEYER 1986, S. 88-92 und VETTER 2009e, Rn. 15 f., S. 976.

782 Vgl. hierzu ausf. PAEFGEN 1982, S. 332 f. sowie in diesem Sinne auch KREMER 2010, Rn. 982, S. 277 und MERTENS 1996, Rn. 112 zu § 107 AktG, S. 499.

783 Vgl. hierzu und in der Folge HOFFMANN-BECKING 2007g, Rn. 22, S. 460; HÜFFER 2010, Rn. 21 zu § 107 AktG, S. 573; KIRSTEN 2004, S. 173; MERTENS 1996, Rn. 102 f. zu § 107 AktG, S. 496; POTTHOFF/TRESCHER 2003, Rn. 1124, S. 282; VETTER 2009e, Rn. 18, S. 977.

Im Hinblick auf die Ressortbildung soll der Aufsichtsrat zunächst einen Prüfungsausschuss[784] einrichten, der sich hauptsächlich mit Aspekten der Rechnungslegung,[785] des Risikomanagements sowie der Compliance,[786] der Unabhängigkeit des (Konzern-)Abschlussprüfers,[787] der Erteilung des Prüfungsauftrags[788] und in diesem Kontext mit der Bestimmung von Prüfungsschwerpunkten sowie der Honorarvereinbarung[789] befasst,[790] und darüber hinaus dem Plenum eine Empfehlung für den Beschlussfassungsvorschlag zur Wahl

---

784 Zur Abgrenzung des Prüfungsausschusses vom Audit Committee angloamerikanischer Prägung vgl. etwa KÖHLER 2005, S. 231-234; KREMER 2010, Rn. 991, S. 280; LANGENBUCHER/BLAUM 1994, S. 2197-2206; LÜCK 1999, S. 441-443; RÖHRICH 2006, S. 148-152; vgl. ferner zum Audit Committee und zu seinem über die des Prüfungsausschusses hinausgehenden Aufgabenspektrum COENENBERG/REINHART/SCHMITZ 1997, S. 989 f.; FREILING 1992, S. 18-20; GIRNGHUBER 1998, S. 23-85; GOERDELER 1987, S. 219-232; HAASEN 1988, S. 370-376; LÜCK 1984, S. 1941-1943; LÜCK 1986, S. 228-230; LÜCK 1990, S. 995-1007; MAUSHAKE 2009, S. 57-202; MIELKE 2005, S. 155 f.; NIEHUS 1999, S. 1765-1769; OSTERMEYER 2001a, S. 256-262; OSTERMEYER 2001b, S. 292-296; RÖSSLER 2001, S. 93-108 sowie WÜSTEMANN 1971, S. 37 f.

785 Zur Prüfung des (Konzern-)Abschlusses, des (Konzern-)Lageberichts und des Vorschlags über die Verwendung des Bilanzgewinns sowie zur Erörterung der Halbjahres- und Quartalsberichte vor ihrer Veröffentlichung mit dem Vorstand vgl. ausf. Abschn. II. C.5.b)(2)(c) dieses Hauptteils.

786 Vgl. hierzu PREUẞNER 2008, S. 574-576 sowie zum Risikomanagement- und Compliance-System ausf. Abschn. II. C.5.b)(1)(c) i. V. m. C.5.b)(2)(c) dieses Hauptteils.

787 Vgl. zur vor- und nachvertraglichen Unabhängigkeit des (Konzern-)Abschlussprüfers Abschn. II. C.5.b)(3)(a) und C.5.b)(3)(b) dieses Hauptteils.

788 Vgl. diesbezüglich Abschn. II. C.5.b)(3)(b) dieses Hauptteils.

789 Zur Honorarvereinbarung vgl. ausf. Abschn. II. C.5.b)(3)(d) dieses Hauptteils.

790 Vgl. hierzu Tabelle 31, Rn. 2.2 lit. c) Satz 1, ebenso DCGK 2010, Rn. 5.3.2 Satz 1 sowie weiterführend BUCK 2004, S. 63 f.; KREMER 2010, Rn. 987 f., 992-994, S. 279-282 und PFITZER/HÖRETH 2005, S. 169-174. Vgl. ferner, hinsichtlich des Wortlauts zwar abweichend, jedoch nach herrschender Auffassung im Schrifttum (vgl. etwa LANFERMANN/RÖHRICHT 2009, S. 889-891; VELTE 2009b, S. 344; a. A. offensichtlich THEISEN 2009a, S. 333 f.) im Ergebnis weitestgehend deckungsgleich § 107 Abs. 3 Satz 2 AktG. Für eine weitere Detaillierung des Aufgabenspektrums von Prüfungsausschüssen vgl. etwa ARBEITSKREIS 2000, S. 2283; NONNENMACHER/POHLE/WERDER 2007, S. 2413-2415; NONNENMACHER/POHLE/WERDER 2009, S. 1450-1452; POHLE/WERDER 2005, S. 238 sowie ausf. FISCHBACH 2003, S. 148-231; RÖSSLER 2001, S. 284-380 und STRUNK 2009, S. 121-251.

des (Konzern-)Abschlussprüfers unterbreitet.[791] In Bezug auf den Vorsitz des Prüfungsausschusses ist im Sinne der Unabhängigkeit zu beachten, dass diesen weder der Aufsichtsratsvorsitzende noch ein (anderes) ehemaliges Vorstandsmitglied der Gesellschaft, dessen Tätigkeit als Vorstand vor weniger als zwei Jahren endete, innehaben sollte.[792]

Neben dem Prüfungsausschuss soll der Aufsichtsrat auch einen so genannten Nominierungsausschuss bilden, der dem Aufsichtsrat für dessen Wahlvorschläge an die Hauptversammlung geeignete Personen vorschlägt[793] und ausschließlich mit Anteilseignervertretern besetzt ist.[794] Der Aufsichtsrat kann des Weiteren die Vorbereitung der Bestellung von Vorstandsmitgliedern sowie der Behandlung wesentlicher Konditionen des Anstellungsvertrags[795] einem Ausschuss überantworten.[796] Vorsitzender dieses zumeist als Personalausschuss bezeichneten Gremiums soll der Aufsichtsratsvorsitzende sein.[797] Bei mitbe-

---

791 Vgl. hierzu § 124 Abs. 3 Satz 2 AktG i. V. m. § 264 d HGB sowie ergänzend HUCKE 2008, S. 125 f.; VELTE 2009b, S. 343 und ZWIRNER/BOECKER 2008, S. 2782.

792 Vgl. hierzu Tabelle 31, Rn. 2.2 lit. c) Satz 2, ferner DCGK 2010, Rn. 5.3.2 Satz 3 sowie Tabelle 32, Rn. 2.2 lit. h) Unterabs. 2 Satz 2, überdies DCGK 2010, Rn. 5.2 Unterabs. 2 Satz 2 und erläuternd DÖRNER 2005, S. 817 f.; SCHÄFER 2004, S. 417 f. Zu den fachlichen Anforderungen an den Vorsitzenden vgl. Abschn. II. C.5.b)(2)(a) dieses Hauptteils.

793 Zum Verfahren zur Auswahl neuer Aufsichtsratsmitglieder vgl. bereits im Einzelnen Abschn. II. C.5.b)(2)(a) dieses Hauptteils.

794 Vgl. hierzu Tabelle 31, Rn. 2.2 lit. d), ebenso DCGK 2010, Rn. 5.3.3 sowie kommentierend KREMER 2010, Rn. 1005b-1005d, S. 285 f.; STRIEDER 2007b, S. 503; VETTER 2007, S. 1967 f.; VETTER 2009e, Rn. 37, S. 987 sowie WEHLTE 2007, S. 159. Zum Nominierungsausschuss vgl. weiterführend HABERSACK 2008, Rn. 107 zu § 107 AktG, S. 954 und HOPT/ROTH 2005, Rn. 325-332 zu § 107 AktG, S. 629-632.

795 Zur Bestellung des Vorstands und zum Abschluss des Anstellungsvertrags mit dem Vorstand vgl. bereits Abschn. II. C.5.b)(1)(a) dieses Hauptteils.

796 Vgl. diesbezüglich Tabelle 31, Rn. 2.2 lit. e), gleichlautend DCGK 2010, Rn. 5.1.2 Unterabs. 1 Satz 4. Weiterführend zum Personalausschuss vgl. GITTERMANN 2009, Rn. 141-146, S. 267 f.; HOFFMANN-BECKING 2007g, Rn. 6 f., S. 454; POTTHOFF/TRESCHER 2003, Rn. 1109, S. 278 und VETTER 2009e, Rn. 29, S. 983 f.

797 Vgl. hierzu Tabelle 32, Rn. 2.2 lit. h) Unterabs. 2 Satz 1, ferner DCGK 2010, Rn. 5.2 Unterabs. 2 Satz 1 sowie erläuternd KREMER 2010, Rn. 967, S. 274; PFITZER/HÖRETH 2005, S. 164 und STRIEDER 2005b, S. 109.

stimmten Gesellschaften ist zudem zu beachten, dass bei dieser Ausschussart eine Besetzung ohne Aufsichtsratsmitglieder der Arbeitnehmerseite wegen ihres diskriminierenden Charakters regelmäßig unzulässig ist.[798] Abgesehen von der Bildung der genannten Ausschüsse steht es dem Aufsichtsrat frei, weitere Sachthemen zur Behandlung an Subgremien zu verweisen;[799] hierzu zählen mitunter die Strategie des Konzerns,[800] Investitionen und Finanzierungen,[801] die Vergütung der Vorstandsmitglieder[802] sowie nach einhelliger Auffassung im Schrifttum[803] auch die Vorbereitung der Aufsichtsratssitzungen.[804] Letztere Aufgabe obliegt regelmäßig dem so genannten Präsidialausschuss,[805] dessen Vorsitzender der Aufsichtsratsvorsitzende sein soll.[806]

---

798 Vgl. BGH-URTEIL vom 17.05.1993, Aktz. II ZR 89/92, Neue Juristische Wochenschrift 46 (1993), S. 2307-2312 sowie ergänzend GITTERMANN 2009, Rn. 140, S. 266; RELLERMEYER 1986, S. 120-129; SEMLER 1988, S. 63 und VETTER 2009e, Rn. 30, S. 984.

799 Vgl. hierzu und in der Folge Tabelle 32, Rn. 2.2 lit. f), ferner DCGK 2010, Rn. 5.3.4; weiterführend KREMER 2010, Rn. 1006-1008, S. 286; PFITZER/HÖRETH 2005, S. 175 f.

800 Zum sog. Strategieausschuss vgl. LENTFER 2005, S. 372-376; WERNICKE 2009, S. 348 f.

801 Weiterführend zum Investitions- und Finanzierungsausschuss vgl. HABERSACK 2008, Rn. 111 zu § 107 AktG, S. 956.

802 Zum Vergütungsausschuss vgl. ausf. HOPT/ROTH 2005, Rn. 333-339 zu § 107 AktG, S. 632-634 sowie LENTFER 2005, S. 359-365.

803 Vgl. HABERSACK 2008, Rn. 104 zu § 107 AktG, S. 953; HOFFMANN-BECKING 2007g, Rn. 8, S. 455; SPINDLER 2007, Rn. 116 zu § 107 AktG, S. 1166; VETTER 2009e, Rn. 31, S. 984 f.

804 Als weitere mögliche Ausschüsse werden im Schrifttum u. a. der Beteiligungsausschuss (§ 32 MitbestG), der Sozialausschuss, der Corporate Governance-Ausschuss, der Kredit- oder Risikoausschuss bei Kreditinstituten und der Anlageausschuss bei Kapitalanlagegesellschaften genannt; vgl. HABERSACK 2008, Rn. 114 f. zu § 107 AktG, S. 957 f.; HOPT/ROTH 2005, Rn. 350 zu § 107 AktG, S. 637 und LENTFER 2005, S. 376-379.

805 Vgl. HABERSACK 2008, Rn. 104 zu § 107 AktG, S. 953; HOFFMANN-BECKING 2007g, Rn. 8, S. 455; HOPT/ROTH 2005, Rn. 343 zu § 107 AktG, S. 634 f.; VETTER 2009e, Rn. 31, S. 984 f.

806 Vgl. hierzu Tabelle 32, Rn. 2.2 lit. h) Unterabs. 2 Satz 1, ferner DCGK 2010, Rn. 5.2 Unterabs. 2 Satz 1; ergänzend HABERSACK 2008, Rn. 105 zu § 107 AktG, S. 953; HOFFMANN-BECKING 2007g, Rn. 8, S. 456; HOPT/ROTH 2005, Rn. 345 zu § 107 AktG, S. 635; LUTTER/KRIEGER 2008, Rn. 789, S. 311 f.; SPINDLER 2007, Rn. 115 zu § 107 AktG, S. 1166; VETTER 2009e, Rn. 32, S. 985, die den Aufsichtsratsvorsitzenden und den/die Stellvertreter als „geborene Mitglieder" des Präsidiums bezeichnen.

Die Überweisung einzelner Teilbereiche der Überwachungsaufgabe des Aufsichtsrats[807] an aus seiner Mitte gebildete Ausschüsse hat nach einhelliger Auffassung im Schrifttum nicht zur Konsequenz, dass sich auch die Gesamtverantwortung sämtlicher Aufsichtsratsmitglieder grundlegend ändert und das Plenum insoweit von seiner Überwachungsaufgabe gänzlich entbunden wird.[808] Vielmehr trifft das Plenum neben Organisations- und Auswahlpflichten insbesondere die Obliegenheit, die Arbeit der von ihm eingesetzten Ausschüsse zu überwachen.[809] Hierzu genügt es im Normalfall, dass sich das Aufsichtsratsgremium regelmäßig von den Ausschüssen über ihre Tätigkeiten unterrichten lässt und sich dergestalt einen allgemeinen Eindruck von der Arbeitsweise der Ausschüsse sowie der ordnungsmäßigen Erledigung der ihnen überwiesenen Aufgaben verschafft.[810] Dieser so genannten allgemeinen Überwachungspflicht des Aufsichtsratsplenums entspricht die Berichtspflicht der Ausschüsse, die von den jeweiligen Ausschussvorsitzenden wahrzunehmen ist.[811] Die Pflicht zur Informationsversorgung des Plenums wird in der Regel in Form eines zusammenfassenden mündlichen Ergebnisberichts, der grundsätzlich in jeder ordentlichen Aufsichtsratssitzung zu erstatten ist, Genüge getan.[812] Detailinformationen sind nur dann erforderlich, wenn sie vom Aufsichtsratsplenum durch Mehrheitsbeschluss eingefordert werden.

---

807 Vgl. hierzu ausf. vgl. Abschn. II. C.5.b)(2)(c) dieses Hauptteils.

808 Vgl. stellv. MERTENS 1996, Rn. 161 zu § 107 AktG, S. 510 und SEMLER 1988, S. 62.

809 Vgl. HOMMELHOFF 1979, S. 299; HOPT/ROTH 2005, Rn. 296 zu § 107 AktG, S. 617 f.; MERTENS 1996, Rn. 128, 161 zu § 107 AktG, S. 503, 510; RELLERMEYER 1986, S. 57-63.

810 Vgl. HOFFMANN-BECKING 2007g, Rn. 23, S. 460 f.; LUTTER/KRIEGER 2008, Rn. 751, S. 296; MERTENS 1996, Rn. 128 zu § 107 AktG, S. 503; VETTER 2009e, Rn. 25, S. 982. Vgl. ferner HOPT/ROTH 2005, Rn. 296 zu § 107 AktG, S. 618, die zudem die gelegentliche Teilnahme der Nichtausschussmitglieder an den Ausschusssitzungen anregen.

811 Vgl. hierzu Tabelle 31, Rn. 2.2 lit. b) Satz 3, ferner DCGK 2010, Rn. 5.3.1 Satz 3 i. V. m. § 107 Abs. 3 Satz 4 AktG sowie ergänzend KREMER 2010, Rn. 985, S. 277 f.; LUTTER/KRIEGER 2008, Rn. 751, S. 296; MERTENS 1996, Rn. 128 zu § 107 AktG, S. 503; RELLERMEYER 1986, S. 206 sowie SPINDLER 2007, Rn. 109 zu § 107 AktG, S. 1164.

812 Vgl. hierzu und in der Folge HABERSACK 2008, Rn. 155 zu § 107 AktG, S. 971 f.; LUTTER/KRIEGER 2008, Rn. 751, S. 296 und VETTER 2009e, Rn. 26, S. 982.

Von dieser allgemeinen Überwachungspflicht des Plenums und der hierzu korrespondierenden Berichterstattungsobliegenheit der Ausschüsse sind die speziellen Informationen zu unterscheiden, welche die Ausschüsse aufgrund ihrer an sie delegierten konkreten Aufgaben dem Plenum zu übermitteln haben.[813] Vorbereitende Ausschüsse haben dabei dem Aufsichtsratsplenum alle für dessen Entscheidung erheblichen Informationen zur Verfügung zu stellen; entscheidenden Ausschüssen obliegt es, das Plenum - neben dem Beschluss mit entsprechender Begründung - unaufgefordert auch über diejenigen Ergebnisse aus ihrer Arbeit zu unterrichten, die für eine andere, dem Gesamtaufsichtsrat vorbehaltene Entscheidung von Relevanz sind.

Ihre Grenzen findet die Delegation von Überwachungsaufgaben des Aufsichtsrats an seine Ausschüsse in dem so genannten Plenarvorbehalt, dem alle zentralen Aufgaben unterliegen, derer sich das Plenum nicht abschließend entledigen könnte, ohne dass hierdurch das Wesen des Aufsichtsrats beeinträchtigt würde.[814] Hierzu gehören[815] die Wahl eines Vorsitzenden und mindestens eines Stellvertreters aus seiner Mitte,[816] die Zustimmung zur Zahlung eines Abschlages auf den voraussichtlichen Bilanzgewinn,[817] der Erlass einer Geschäftsordnung für den Vorstand,[818] die Bestellung, Wiederbestellung und Abberufung von Vorstandsmitgliedern sowie die Ernennung eines Vorsitzenden und der Widerruf dieser Ernennung,[819] die Festsetzung der Vorstandsver-

---

813 Vgl. hierzu und in der Folge GITTERMANN 2009, Rn. 121 f., S. 261 f.; HOFFMANN-BECKING 2007g, Rn. 24, S. 461; MERTENS 1996, Rn. 128 zu § 107 AktG, S. 503; RELLERMEYER 1986, S. 207-211 sowie SPINDLER 2007, Rn. 110 zu § 107 AktG, S. 1164.

814 Vgl. hierzu ausf. RELLERMEYER 1986, S. 15-38.

815 Vgl. § 107 Abs. 3 Satz 3 AktG und ergänzend HOPT/ROTH 2005, Rn. 377-395 zu § 107 AktG, S. 646-651 sowie MERTENS 1996, Rn. 134-150 zu § 107 AktG, S. 503-507.

816 Vgl. § 107 Abs. 1 Satz 1 AktG i. V. m. § 27 MitbestG und ausf. hierzu LUTTER/KRIEGER 2008, Rn. 656-674, S. 250-258.

817 Vgl. § 59 Abs. 3 AktG; ergänzend HOPT/ROTH 2005, Rn. 378 zu § 107 AktG, S. 646.

818 Vgl. § 77 Abs. 2 Satz 1 AktG sowie ausf. Abschn. II. C.5.b)(1)(b) dieses Hauptteils.

819 Vgl. § 84 Abs. 1 Satz 1, 3, Abs. 2, Abs. 3 Satz 1 AktG sowie weiterführend HABERSACK 2008, Rn. 138-140 zu § 107 AktG, S. 966 f. und Abschn. II. C.5.b)(1)(a) dieses Hauptteils.

gütung,[820] die Einberufung einer außerordentlichen Hauptversammlung,[821] die Festlegung von Zustimmungsvorbehalten für bestimmte Arten von Geschäften[822] sowie die Prüfung der (Konzern-)Abschlussunterlagen, des (Konzern-) Lageberichts und des Abhängigkeitsberichts einschließlich der Berichterstattung über das Ergebnis der Prüfung.[823] Ferner besteht ein Plenarvorbehalt für alle diejenigen Entscheidungen des Aufsichtsrats, welche die Fragen seiner Selbstorganisation betreffen;[824] es handelt sich hierbei insbesondere um den Erlass einer Aufsichtsrats-Geschäftsordnung, die Bildung von Ausschüssen, die Selbst-Evaluation des Aufsichtsrats,[825] den Widerruf der Bestellung zum Aufsichtsratsvorsitzenden oder zum Stellvertreter und die Beschlussfassung über den Antrag auf gerichtliche Abberufung eines Aufsichtsratsmitglieds aus wichtigem Grund. Schließlich entspricht es der einhelligen Auffassung in der Literatur, dass die allgemeine Überwachungsaufgabe des Aufsichtsrats keiner Delegation an einen Ausschuss zugänglich ist.[826] Im Hinblick auf die Überweisung von Vorbereitungsaufgaben an Ausschussgremien bestehen indes grundsätzlich keine Einschränkungen; erforderlich ist jedoch, dass ein ausreichender Informationsfluss zwischen Ausschuss und Plenum gewährleistet ist, welcher es dem Gesamtaufsichtsrat erlaubt, sich eine eigene Meinung zu bilden und somit eigenverantwortlich zu entscheiden.[827]

---

820 Vgl. § 87 Abs. 1 und Abs. 2 Satz 1, 2 AktG sowie im Einzelnen Abschn. II. C.5.b)(1)(e) dieses Hauptteils.

821 Vgl. § 111 Abs. 3 AktG; erläuternd HOPT/ROTH 2005, Rn. 388 zu § 107 AktG, S. 649.

822 Vgl. § 111 Abs. 4 Satz 2 AktG und detailliert Abschn. II. C.5.b)(1)(b) dieses Hauptteils.

823 Vgl. § 171, 314 Abs. 2, 3 AktG sowie Abschn. II. C.5.b)(2)(c) dieses Hauptteils.

824 Vgl. hierzu und in der Folge HABERSACK 2008, Rn. 134 zu § 107 AktG, S. 971 f.; HOFFMANN-BECKING 2007g, Rn. 3a, S. 453; LUTTER/KRIEGER 2008, Rn. 746, S. 294; RELLERMEYER 1986, S. 17 f.; SEMLER 1988, S. 61 und VETTER 2009e, Rn. 9, 12, S. 974 f.

825 Zur Selbst-Evaluation des Aufsichtsrats vgl. Abschn. II. C.5.b)(2)(c) dieses Hauptteils.

826 Vgl. MERTENS 1996, Rn. 130 zu § 107 AktG, S. 503; SEMLER 1988, S. 61; SPINDLER 2007, Rn. 83 zu § 107 AktG, S. 1155 sowie VETTER 2009e, Rn. 11, S. 975.

827 Vgl. hierzu HABERSACK 2008, Rn. 156 zu § 107 AktG, S. 971 f.; LUTTER/KRIEGER 2008, Rn. 749, S. 295 sowie RELLERMEYER 1986, S. 48 f., 54 f.

Obgleich der Vorsitzende des Aufsichtsrats kein besonderes Organ der Gesellschaft verkörpert,[828] so kommen ihm dennoch bedeutende Aufgaben und Befugnisse zu, die es ebenfalls in die Geschäftsordnung aufzunehmen und dort zu konkretisieren gilt.[829] Die bedeutendsten[830] Aufgaben und Befugnisse des Aufsichtsratsvorsitzenden - respektive bei seiner Verhinderung des/der Stellvertreter(s) - [831] bestehen dabei in der Koordination der Arbeit des Plenums und der Ausschüsse[832] sowie in der Verfahrensleitung des Aufsichtsrats und seiner Repräsentation sowohl gegenüber den Aktionären als auch des Vorstands.[833] Im Rahmen der Verfahrensleitung obliegt dem Aufsichtsratsvorsitzenden insbesondere die Vorbereitung,[834] Einberufung[835] sowie Leitung[836] der Sitzungen, die Unterzeichnung der Sitzungsniederschrift[837] sowie die Ent-

---

828 Vgl. etwa HABERSACK 2008, Rn. 44 zu § 107 AktG, S. 932; HOFFMANN-BECKING 2007f, Rn. 21, S. 428; LUTTER/KRIEGER 2008, Rn. 675, S. 258; MERTENS 1996, Rn. 33 zu § 107 AktG, S. 478; SEMLER 2009b, Rn. 40, S. 145 sowie VETTER 2009d, Rn. 7, S. 932.

829 Vgl. HOPT/ROTH 2005, Rn. 221 zu § 107 AktG, S. 588; ISENBERG 2005, S. 114-116; MERTENS 1996, Rn. 56-61 zu § 107 AktG, S. 484-486 sowie SIEBEL/SCHENCK 2009, S. 914-917.

830 Für weitere Aufgaben des Aufsichtsratsvorsitzenden vgl. etwa LUTTER/KRIEGER 2008, Rn. 679-683, S. 259-261 und VETTER 2009d, Rn. 10, 12, S. 934 f.

831 Vgl. § 107 Abs. 1 Satz 3 AktG sowie ausf. hierzu HOFFMANN-BECKING 2007f, Rn. 23 f., S. 428 f.; SEMLER 2009b, Rn. 27-30, S. 142 f. und VETTER 2009d, Rn. 15 f., S. 936 f.

832 Vgl. hierzu im Einzelnen HABERSACK 2008, Rn. 48 zu § 107 AktG, S. 934.

833 Vgl. Tabelle 32, Rn. 2.2 lit. h) Unterabs. 1, ebenso DCGK 2010, Rn. 5.2 Unterabs. 1; kommentierend vgl. HABERSACK 2008, Rn. 45 zu § 107 AktG, S. 932 und KREMER 2010, Rn. 964-966, S. 273 f. Zu dieser Dreiteilung vgl. auch HABERSACK 2008, Rn. 47 zu § 107 AktG, S. 933; SPINDLER 2007, Rn. 39 zu § 107 AktG, S. 1142 sowie ähnlich PEUS 1983, S. 16-22. Für eine Aufteilung in vier Bereiche vgl. indes SEMLER 2009b, Rn. 38, S. 144.

834 Die Vorbereitung der Aufsichtsratssitzungen obliegt - wie bereits in diesem Abschnitt ausgeführt - i. d. R. dem Präsidialausschuss, welchem der Aufsichtsratsvorsitzende vorstehen soll. Zur Vorbereitung von Sitzungen des Aufsichtsrats vgl. SEMLER 2009b, Rn. 74, S. 151 und VETTER 2009d, Rn. 8, S. 933.

835 Vgl. § 110 Abs. 1 AktG; ergänzend HABERSACK 2008, Rn. 49-51 zu § 107 AktG, S. 934; HOFFMANN-BECKING 2007f, Rn. 35-45, S. 432-435; SEMLER 2009b, Rn. 51-65, S. 147-149.

836 Zur Sitzungsleitung vgl. insbes. SEMLER 2009b, Rn. 76-78, S. 152; ferner HABERSACK 2008, Rn. 52, 54 f. zu § 107 AktG, S. 934-936.

837 Vgl. § 107 Abs. 2 Satz 1 AktG und weiterführend HABERSACK 2008, Rn. 74-91 zu § 107 AktG, S. 942-948 sowie HOFFMANN-BECKING 2007f, Rn. 98-105, S. 448-450.

scheidung über die Teilnahme an Ausschusssitzungen[838].[839] Die Repräsentation des Aufsichtsrats gegenüber den Aktionären manifestiert sich primär in der Leitung der Hauptversammlung[840] und einer Erläuterung des Aufsichtsratsberichts,[841] während dem Aufsichtsratsvorsitzenden im Verhältnis zum Vorstand vor allem die Rolle des Informationsmittlers zwischen der Unternehmensführung und den Aufsichtsratsmitgliedern zukommt.[842] So soll der Aufsichtsratsvorsitzende mit dem Vorstand, in erster Linie mit seinem Vorsitzenden beziehungsweise Sprecher, in regelmäßigem Kontakt stehen und mit diesem die strategische Ausrichtung, die Geschäftsentwicklung und das Risikomanagement des Konzerns beraten.[843] Der Vorsitzende des Aufsichtsrats soll zudem - nachdem er unverzüglich durch den Vorsitzenden beziehungsweise Sprecher des Vorstands über Ereignisse, die für die Beurteilung der Lage und Entwicklung sowie für die Führung des Konzerns von wesentlicher Bedeutung sind, informiert wurde - [844] die Aufsichtsratsmitglieder hiervon in Kenntnis setzen und - sofern es die Situation erfordert - eine außerordentliche Aufsichtsratssitzung einberufen.[845]

---

838 Vgl. hierzu § 109 Abs. 2 AktG sowie kommentierend HOPT/ROTH 2005, Rn. 61-73 zu § 109 AktG, S. 799-803; PEUS 1983, S. 52-60 und SEMLER 2009b, Rn. 126-134, S. 160-162.

839 Vgl. hierzu stellv. HOFFMANN-BECKING 2007f, Rn. 22, S. 428 und SCHLITT 2005, S. 2008.

840 Zur Leitung der Hauptversammlung vgl. etwa SEMLER 2009b, Rn. 164, S. 168.

841 Vgl. hierzu § 176 Abs. 1 Satz 2 2. HS AktG und kommentierend HÜFFER 2010, Rn. 3 f. zu § 176 AktG, S. 922 sowie SEMLER 2009b, Rn. 160, S. 167.

842 Vgl. HOFFMANN-BECKING 2007f, Rn. 20, S. 427 f.; LUTTER/KRIEGER 2008, Rn. 675, 678, S. 259; VETTER 2009d, Rn.11 f., 14, S. 935 f.; ähnlich HABERSACK 2008, Rn. 57 zu § 107 AktG, S. 936.

843 Vgl. hierzu Tabelle 32, Rn. 2.2 lit. h) Unterabs. 3 Satz 1, gleichzeitig DCGK 2010, Rn. 5.2 Unterabs. 3 Satz 1 sowie erläuternd HABERSACK 2008, Rn. 10 zu § 107 AktG, S. 925; HOPT/ROTH 2005, Rn. 459-464 zu § 107 AktG, S. 672-674; KREMER 2010, Rn. 971, S. 274 f.; PFITZER/HÖRETH 2005, S. 165 f. und STRIEDER 2005b, S. 110.

844 Zu dieser Informationspflicht des Vorstands vgl. bereits Abschn. II. C.5.b)(1)(b) dieses Hauptteils.

845 Vgl. Tabelle 32, Rn. 2.2 lit. h) Unterabs. 3 Satz 2, gleichlautend DCGK 2010, Rn. 5.2 Unterabs. 3 Satz 3 sowie kommentierend HABERSACK 2008, Rn. 10 zu § 107 AktG, S. 925; KREMER 2010, Rn. 974, S. 275; PFITZER/HÖRETH 2005, S. 166 f.; STRIEDER 2005b, S. 110.

Weitere typische Gegenstände der Geschäftsordnung bilden - wie eingangs angeführt - die Modalitäten zu Sitzungen und Beschlüssen des Aufsichtsgremiums.[846] Die entsprechende Verfahrensordnung sollte dabei im Hinblick auf die Aufsichtsratssitzungen - neben Regelungen zu den bereits im Kontext des Aufsichtsratsvorsitzenden angesprochen Aspekten der Vorbereitung, Einberufung, Leitung und Niederschrift der Gremiumssitzungen - insbesondere detaillierte Bestimmungen zur Sitzungsfrequenz,[847] zur Hinzuziehung des Vorstands,[848] von Sachverständigen und Auskunftspersonen[849] sowie zur gesonderten Vorbereitung der Sitzungen durch Vertreter der Aktionäre und der Arbeitnehmer, gegebenenfalls unter gleichzeitiger Hinzuziehung von Mitgliedern der Unternehmensführung,[850] umfassen.[851] Überdies sollte die Verfahrensordnung präzise Vorgaben zur Beschlussfähigkeit,[852] zu Mehrheitserfor-

---

846 Vgl. stellv. ISENBERG 2005, S. 111-113 sowie SIEBEL/SCHENCK 2009, S. 915-917.

847 Gem. § 110 Abs. 3 Satz 1 AktG muss der Aufsichtsrat einer börsennotierten Gesellschaft mindestens zwei Sitzungen im Kalenderhalbjahr abhalten.

848 Vgl. hierzu Tabelle 32, Rn. 2.2 lit. j) Unterabs. 2, ebenso DCGK 2010, Rn. 3.6 Unterabs. 2 sowie erläuternd HOFFMANN-BECKING 2007f, Rn. 49, S. 436; LUTTER/KRIEGER 2008, Rn. 701, S. 270; PFITZER/ORTH 2005, S. 88 und WERDER 2010, Rn. 410-414, S. 134 f.

849 Vgl. zur Hinzuziehung von Sachverständigen und Auskunftspersonen § 109 Abs. 1 Satz 2 AktG sowie ergänzend HOFFMANN-BECKING 2007f, Rn. 47 f., S. 435; LUTTER/KRIEGER 2008, Rn. 702, S. 271 und VETTER 2009d, Rn. 45, S. 948.

850 Vgl. hierzu Tabelle 32, Rn. 2.2 lit. j) Unterabs. 1, gleichzeitig DCGK 2010, Rn. 3.6 Unterabs. 1 sowie kommentierend LUTTER/KRIEGER 2008, Rn. 698, S. 268 f.; PFITZER/ORTH 2005, S. 88 und WERDER 2010, Rn. 403-409, S. 131-133.

851 Vgl. in diesem Sinne HOPT/ROTH 2005, Rn. 220 f. zu § 107 AktG, S. 588; ISENBERG 2005, S. 111-113, 118 und SIEBEL/SCHENCK 2009, S. 915-917; ferner FEDDERSEN 2000, S. 393; HABERSACK 2008, Rn. 165 zu § 107 AktG, S. 975; KREMER 2010, Rn. 958, S. 271 f.; SÄCKER 1977, S. 2036 sowie SPINDLER 2007, Rn. 12 zu § 107 AktG, S. 1133 f.

852 Nach § 28 MitbestG ist für die Beschlussfähigkeit des Aufsichtsrats die Teilnahme von mindestens der Hälfte der Mitglieder, aus denen der Aufsichtsrat insgesamt zu bestehen hat, erforderlich. Die Geschäftsordnung kann die Mindestzahl der Mitglieder, die an den Beschlussfassungen teilnehmen müssen, zwar nicht herabsetzen, aber durchaus erhöhen; vgl. hierzu u. a. HOFFMANN-BECKING 2007f, Rn. 59, S. 439; ISENBERG 2005, S. 112; MERTENS 1996, Rn. 2 zu Anhang § 117 B § 28 MitbestG, S. 780; PAEFGEN 1982, S. 154-167; a. A. VETTER 2009d, Rn. 50, S. 951 m. w. N.

dernissen,[853] zu einer möglichen Vertagung der Beschlussfassung,[854] zur Vertretung der Aufsichtsratsmitglieder bei der Stimmabgabe respektive in der Aufsichtsratssitzung[855] sowie zur Abstimmung ohne Abhaltung einer Sitzung[856] beinhalten.[857] Neben der Verfahrensordnung ist in der Geschäftsordnung im Hinblick auf Sitzungen und Beschlüsse des Supervisors auch eine Vertraulichkeitsrichtlinie zu verankern,[858] in der Anordnungen für eine umfassende Wahrung der Vertraulichkeit durch die Aufsichtsratsmitglieder und ihre Mitarbeiter zur Gewährleistung einer offenen Diskussion im Aufsichtsrat,[859] insbesondere im Vorfeld von Beschlussfassungen, vorzusehen sind.[860]

---

853 Bei mitbestimmten Gesellschaften bedürfen Beschlüsse des Aufsichtsrats grds. der Mehrheit der abgegebenen Stimmen (sog. einfache Stimmenmehrheit); vgl. hierzu § 29 Abs. 1 MitbestG und für Ausnahmen hiervon §§ 27, 31 und 32 MitbestG. Es besteht in diesem Zusammenhang die Möglichkeit, in der Geschäftsordnung zu bestimmen, dass Stimmenthaltungen als abgegebene Stimmen mitzählen und somit wie Nein-Stimmen wirken; vgl. LUTTER/KRIEGER 2008, Rn. 731, S. 285 f.; MERTENS 1996, Rn. 44 zu § 108 AktG, S. 527 f.; VETTER 2009d, Rn. 57, S. 954; zweifelnd hingegen HÜFFER 2010, Rn. 8 zu § 108 AktG, S. 578.

854 Vgl. hierzu im Einzelnen HOFFMANN-BECKING 2007f, Rn. 80 f., S. 443; LUTTER/KRIEGER 2008, Rn. 722, S. 279 sowie VETTER 2009d, Rn. 51 f., S. 952.

855 Vgl. hierzu §§ 108 Abs. 3, 109 Abs. 3 AktG sowie ergänzend HOFFMANN-BECKING 2007f, Rn. 48, S. 436; HOPT/ROTH 2005, Rn. 219 zu § 107 AktG, S. 587. Die Geschäftsordnung kann auch für die schriftliche Stimmabgabe i. S. d. § 108 Abs. 3 AktG die Textform ausreichen lassen; vgl. ISENBERG 2005, S. 113; skeptisch hingegen LUTTER/KRIEGER 2008, Rn. 723, S. 280.

856 In der Geschäftsordnung kann einerseits das Widerspruchsrecht der Aufsichtsratsmitglieder i. S. d. § 108 Abs. 4 AktG gegen schriftliche, fernmündliche oder andere vergleichbare Formen der Beschlussfassung des Supervisors ausgeschlossen, andererseits die Beschlussfassung ohne Sitzung aber auch erschwert oder erst gar nicht zugelassen werden; vgl. hierzu HOFFMANN-BECKING 2007f, Rn. 90, S. 446; HÜFFER 2010, Rn. 16 zu § 108 AktG, S. 581; ISENBERG 2005, S. 112 m. w. N. und VETTER 2009d, Rn. 54, S. 953.

857 Vgl. insbes. SIEBEL/SCHENCK 2009, S. 916; ferner ISENBERG 2005, S. 112.

858 Vgl. etwa FEDDERSEN 2000, S. 393; HABERSACK 2008, Rn. 165 zu § 107 AktG, S. 975; HOPT/ROTH 2005, Rn. 221 zu § 107 AktG, S. 588; ISENBERG 2005, S. 118; KREMER 2010, Rn. 958, S. 271 f.; SIEBEL/SCHENCK 2009, S. 917 und SPINDLER 2007, Rn. 12 zu § 107 AktG, S. 1133 f.

859 Vgl. zu diesem Petitum Tabelle 32, Rn. 2.2 lit. i), ebenso DCGK 2010, Rn. 3.5 sowie ergänzend HOPT/ROTH 2005, Rn. 330 zu § 116 AktG, S. 1446; LUTTER 2010, Rn. 390-402, S. 127-131; PELTZER/WERDER 2001, S. 5 f.; PFITZER/ORTH 2005, S. 86 f.; STRIEDER 2005b,

(Fortsetzung der Fußnote auf der nächsten Seite)

Der Erlass einer eigenen Geschäftsordnung durch den Aufsichtsrat ist aus dem Blickwinkel der Agency-Theorie als eine typische Bonding-Maßnahme zu interpretieren, da die vertragliche Vereinbarung von Rahmenbedingungen für Entscheidungen und Verhaltensweisen der internen Überwachung eine Einschränkung der Verfügungsmacht des Supervisors und damit einen Verzicht auf einen Teil seines maximal möglichen Nutzens aus opportunistischem Verhalten darstellt.[861] Der in Rede stehende Selbstbindungsmechanismus wirkt der Gefahr eines Moral Hazard des Aufsichtsrats in Gestalt von Differencial Risk Exposure, Differencial Horizons, Consumption on the Job, Shirking und/ oder Coalitions[862] entgegen, wobei das Koalitionsrisiko aufgrund seiner institutionalisierten Nähe zum Vorstand in besonderer Weise in der Person des Aufsichtsratsvorsitzenden begründet liegt. Gleichzeitig trägt die Formulierung einer eigenen Geschäftsordnung durch den Aufsichtsrat auch den Charakter eines Preventive Self-Monitoring, welcher sich deutlich in der Vereinbarung von Informations- und Überwachungspflichten innerhalb des Aufsichtsgremiums, insbesondere im Verhältnis der Ausschüsse zum Plenum, offenbart.

Angesichts der aufgezeigten Mechanismen der internen Corporate Governance zur inneren Organisation des Aufsichtsrats und der Agency-theoretischen Überprüfung ihrer Wirkungsweisen ist es als notwendig anzusehen,

---

S. 78 f.; WERDER 2010, Rn. 387-389, S. 125-127. Zur Verschwiegenheitspflicht der Aufsichtsratsmitglieder vgl. auch § 116 Satz 2 AktG; erläuternd vgl. HABERSACK 2008, Rn. 49-66 zu § 116 AktG, S. 1224-1231 und SPINDLER 2007, Rn. 78-102 zu § 116 AktG, S. 1314-1321.

860 Vgl. zur Zulässigkeit einer Vertraulichkeitsrichtlinie etwa HOPT/ROTH 2005, Rn. 244 f. zu § 116 AktG, S. 1422 f.; SPINDLER 2007, Rn. 96 zu § 116 AktG, S. 1319 f. und VETTER 2009b, Rn. 20, S. 996, jeweils mit dem Hinweis, dass durch eine Vertraulichkeitsrichtlinie im Rahmen der Geschäftsordnung eine Auslegung und Konkretisierung, jedoch keine Einschränkung oder Erweiterung der Verschwiegenheitspflicht i. S. d. § 116 Satz 2 AktG erfolgen dürfe. Zur Ausformung einer Vertraulichkeitsrichtlinie für den Aufsichtsrat vgl. ausf. LUTTER 2006a, Rn. 697-719, S. 267-275.

861 Vgl. hierzu und in der Folge bereits Abschn. I. C.2 des Ersten Hauptteils sowie Abschn. II. C.5.a)(1)(b)(iii) dieses Hauptteils.

862 Dies betrifft die Fallgruppen (4)(a) bis (4)(e) in der Abbildung 24 zur Typisierung von Principal-Agent-Konflikten bezüglich des Aufsichtsrats.

im Rahmen des Corporate Governance Statements Informationen über die Organisationsstruktur des Aufsichtsratsgremiums zu übermitteln (Tabelle 64, Rn. 2.2),[863] mithilfe derer die Adressaten in die Lage zu versetzen sind, die Gefahr eines Moral Hazard des Aufsichtsrats besser einschätzen zu können. Zur Erreichung dieser Zielsetzung kommt eine Offenlegung der Aufsichtsrats-Geschäftsordnung in Betracht,[864] aus welcher sich insbesondere die aus der Mitte des Aufsichtsrats gebildeten Ausschüsse,[865] die Regeln ihres organisatorischen Zusammenwirkens mit dem Plenum, die dem Gesamtaufsichtsrat vorbehaltenen Angelegenheiten, die Funktionen und Befugnisse des Aufsichtsratsvorsitzenden, die Regelungen zu Sitzungen und Beschlüssen des Aufsichtsgremiums, die Art der Fixierung von Grundsätzen ordnungsmäßiger Unternehmensüberwachung (GoÜ) und schließlich Anweisungen zum Umgang mit Interessenkonflikten ergeben.[866] Die Angaben zur Festschreibung der GoÜ sowie zum Umgang mit Interessenkonflikten können dabei mit den Ausführungen gemäß Tabelle 67, Rn. 2.3.2 respektive Tabelle 68, Rn. 2.4.1 verbunden werden.

Im Hinblick auf die gebildeten Ausschüsse hat im Corporate Governance Statement vor allem eine exakte Darlegung der personellen Besetzung, der überwiesenen Aufgabenfelder und der inneren Organisation zu erfolgen.[867]

---

863 Zur Forderung nach einer Offenlegung der inneren Organisation des Aufsichtsrats vgl. bereits BÖCKING 2003, S. 264; FREIDANK/WEBER 2008, S. 409; FREIDANK/WEBER 2009, S. 322; ferner EMPFEHLUNG 2005/162/EG, Rn. 9.1, S. 56.

864 Für eine entsprechendes Petitum vgl. ebenso FREIDANK/WEBER 2008, S. 409 und FREIDANK/WEBER 2009, S. 322.

865 Zu diesem Aspekt vgl. bereits die gesetzliche Vorschrift in § 171 Abs. 2 Satz 2 2. HS AktG in Bezug auf börsennotierte Gesellschaften.

866 Vgl. ähnlich § 289 a Abs. 2 Nr. 3 1. HS HGB und für die Schweiz RLCG 2008, Rn. 3.4.3, die eine Offenlegung der Arbeitsweise des Plenums und der Ausschüsse fordern.

867 Vgl. in diesem Sinne bereits BÖCKING 2003, S. 264; FREIDANK/WEBER 2008, S. 409; FREIDANK/WEBER 2009, S. 322 und im internationalen Kontext EMPFEHLUNG 2005/162/EG, Anhang I, Rn. 1.6 Nr. 2, S. 58; OECD 2004, S. 28 und RLCG 2008, Rn. 3.4.2; vgl. ferner UNCTAD 2006, S. 15, die im Hinblick auf die innere Organisation der Ausschüsse auch die Offenlegung der jeweiligen Ausschuss-Geschäftsordnungen fordert.

Darüber hinaus ist darauf einzugehen, inwieweit die eingerichteten Ausschüsse einen vorbereitenden oder entscheidenden Charakter tragen[868] und wie die gegenseitige Überwachung und Informationsversorgung innerhalb des Aufsichtsrats, insbesondere im Verhältnis zwischen den Ausschüssen und dem Plenum, ausgestaltet sind. Die Ausführungen zu den Ausschüssen werden sich regelmäßig auf den Präsidial-, Personal-, Nominierungs-, Prüfungs-, Strategie- sowie Investitions- und Finanzierungsausschuss zu beziehen haben.

Hinsichtlich der dem Plenum zur abschließenden Entscheidung vorbehaltenen Angelegenheiten ist auf ihre exakte Benennung im Corporate Governance Statement hinzuwirken. Als nicht delegierbare Aufgaben des Gesamtgremiums gelten die Wahl eines Vorsitzenden und mindestens eines Stellvertreters aus seiner Mitte, die Zustimmung zur Zahlung eines Abschlages auf den voraussichtlichen Bilanzgewinn, der Erlass einer Geschäftsordnung für den Vorstand,[869] die (Wieder-)Bestellung und Abberufung von Vorstandsmitgliedern[870] sowie die Ernennung eines Vorsitzenden und der Widerruf dieser Ernennung, die Festsetzung der Vorstandsvergütung,[871] die Einberufung einer außerordentlichen Hauptversammlung, die Festlegung von Zustimmungsvorbehalten für bestimmte Arten von Geschäften[872] sowie die Prüfung der (Konzern-)Abschlussunterlagen, des (Konzern-)Lageberichts und des Abhängigkeitsberichts einschließlich der Berichterstattung über das Ergebnis der Prüfung.[873] Ferner besteht ein Plenarvorbehalt für alle diejenigen Entscheidungen des Aufsichtsrats, welche Fragen seiner Selbstorganisation betreffen. Hierzu

868 Vgl. zu diesem Aspekt aus internationaler Perspektive analog EMPFEHLUNG 2005/162/EG, Rn. 6.2 Satz 2, S. 55; ÖCGK 2010, Rn. 34; SWX SWISS EXCHANGE 2007, Rn. 2 zu RLCG 2006, Rn. 3.5.2, S. 17 sowie UNCTAD 2006, S. 15.

869 Vgl. hierzu Tabelle 56, Rn. 1.2.

870 Vgl. diesbezüglich Tabelle 55, Rn. 1.1.1 bis 1.1.6.

871 Vgl. dazu Tabelle 60, Rn. 1.5.1 und Tabelle 61, Rn. 1.5.2.

872 Vgl. hierzu Tabelle 56, Rn. 1.2.

873 Vgl. diesbezüglich Tabelle 66, Rn. 2.3.1.

zählen unter anderem der Erlass einer Aufsichtsrats-Geschäftsordnung, die Bildung von Ausschüssen und die Selbst-Evaluation des Aufsichtsrats[874].

Die Ausführungen zu den Aufgaben und Befugnissen des Aufsichtsratsvorsitzenden werden sich regelmäßig auf die Koordination der Arbeit des Plenums und der Ausschüsse, die Verfahrensleitung im Aufsichtsrat sowie auf die Repräsentation des Supervisors gegenüber den Aktionären und des Vorstands zu beziehen haben. Im Hinblick auf Sitzungen und Beschlüsse des Aufsichtsratsgremiums ist zum einen ein besonderes Augenmerk auf die Offenlegung der diesbezüglichen Verfahrensordnung zu legen, die sowohl Bestimmungen zu den Aufsichtsratssitzungen (Sitzungsfrequenz,[875] Vorbereitung, Einberufung, Leitung und Niederschrift der Gremiumssitzungen, Hinzuziehung des Vorstands[876] sowie von Sachverständigen und Auskunftspersonen, gesonderte Vorbereitung der Sitzungen durch Vertreter der Aktionäre und der Arbeitnehmer, gegebenenfalls unter gleichzeitiger Hinzuziehung von Mitgliedern des Vorstands) als auch Modalitäten zu Beschlüssen (Beschlussfähigkeit, Mehrheitserfordernisse, Vertagung der Beschlussfassung, Vertretung der Aufsichtsratsmitglieder bei der Stimmabgabe respektive in der Aufsichtsratssitzung, Abstimmung ohne Abhaltung einer Sitzung) vorzusehen hat. Zum anderen kommt der Vertraulichkeitsrichtlinie, die unternehmensindividuelle Anordnungen für eine umfassende Wahrung der Vertraulichkeit durch die Aufsichtsratsmitglieder und ihre Mitarbeiter beinhaltet, eine hohe Bedeutung zu, die es ebenfalls darzulegen gilt.

---

874 Vgl. hierzu Tabelle 67, Rn. 2.3.4.

875 Vgl. in diesem Sinne, wenngleich sich auf die im Berichtsjahr tatsächlich stattgefundenen Sitzungen beziehend, auch ÖCGK 2010, Rn. 36, 39 sowie § 171 Abs. 2 Satz 2 2. HS AktG für börsennotierte Gesellschaften.

876 Zum Aspekt der Hinzuziehung des Vorstands zu Aufsichtsratssitzungen vgl. für den schweizerischen Rechtsraum ebenfalls SWX Swiss Exchange 2007, Rn. 7 zu RLCG 2006, Rn. 3.5.3, S. 19.

(c) Überwachungsaufgabe

Neben der Besetzung[877] des Vorstands ist auch seine Überwachung zentrale Aufgabe des Aufsichtsrats.[878] Es besteht dabei im Schrifttum einhellige Meinung darüber, dass sich die Überwachung nicht auf sämtliche Handlungen der Unternehmensführung zu erstrecken, sondern sich vielmehr auf die wesentlichen Aspekte zu konzentrieren hat,[879] wobei neben der Rechnungslegung sowie dem Risikomanagement- und Compliance-System[880] vor allem auch die in § 90 Abs. 1 AktG genannten Berichtsinhalte als wesentliche Überwachungsgegenstände anzusehen sind.[881] Hierzu gehören hauptsächlich die beabsichtigte Geschäftspolitik, die Unternehmensplanung, in erster Linie die Finanz-, Investitions- und Personalplanung, die Rentabilität, primär die Eigenkapitalrentabilität, der Gang der Geschäfte, wie insbesondere der Umsatz, die Lage der Gesellschaft sowie Geschäfte, sofern sie von wesentlichem Einfluss auf die Rentabilität oder Liquidität der Gesellschaft sein können.[882] Daneben hat sich in der Literatur zwischenzeitlich die Erkenntnis durchgesetzt, dass sich die Überwachungspflicht des Aufsichtsrats im Falle einer Konzernierung auch auf die Konzernführung des Vorstands der Obergesellschaft, nicht jedoch auf die Tochtergesellschaften selbst und deren Organe bezieht.[883]

---

877 Vgl. hierzu Abschn. II. C.5.b)(1)(a) dieses Hauptteils.

878 Vgl. hierzu Tabelle 32, Rn. 2.3 lit. a), gleichzeitig DCGK 2010, Rn. 5.1.1 Satz 1 i. V. m. § 111 Abs. 1 AktG sowie ergänzend LUTTER 2010, Rn. 911, S. 261; PFITZER/HÖRETH 2005, S. 152 f. und STRIEDER 2005b, S. 104 f.

879 Vgl. etwa BÜRGERS/ISRAEL 2008, Rn. 3 zu § 111 AktG, S. 709; LUTTER 2006a, Rn. 113, S. 38; MERTENS 1996, Rn. 12 zu § 111 AktG, S. 571 und SEMLER 2009a, Rn. 76, S. 19.

880 Vgl. hierzu ausf. Abschn. II. C.5.b)(1)(c) dieses Hauptteils. Zur Überwachung des Risikomanagementsystems vgl. ausf. LENTFER 2003, S. 126-235 und SALZBERGER 2000, S. 756-767; speziell zur Überwachung der Compliance vgl. BÜRKLE 2007, S. 1800.

881 Vgl. bspw. LUTTER/KRIEGER 2008, Rn. 64, S. 26 f.; SCHENCK 2009, Rn. 118-120, S. 316 sowie SCHULZE-OSTERLOH 1998, S. 2129; a. A. offenbar MÄDER 2006, S. 22 f.

882 Vgl. hierzu im Einzelnen SCHULZE-OSTERLOH 1998, S. 2130-2132.

883 Vgl. etwa HOFFMANN-BECKING 2007a, Rn. 25, S. 383 f.; LUTTER 2006a, Rn. 156, S. 53; SCHENCK 2009, Rn. 39, S. 296 sowie SEMLER 1996, Rn. 382, S. 233.

Im Hinblick auf die Intensität der Überwachung hat sich die Auffassung herausgebildet, dass diese an der jeweiligen Situation der Gesellschaft respektive des Konzerns auszurichten ist und mit zunehmender Risikolage steigt.[884] Unabhängig von dieser Stufentheorie hat sich die Überwachung durch den Aufsichtsrat auf vier zentrale Aspekte, nämlich die Recht-, Ordnungs- und Zweckmäßigkeit sowie die Wirtschaftlichkeit, zu erstrecken.[885] Während der Rechtmäßigkeit die Beachtung von Gesetz und Satzung zu subsumieren ist,[886] liegt Ordnungsmäßigkeit vor, wenn sowohl die rechtlich maßgeblichen Verfahrensregeln als auch der Sorgfaltsmaßstab für das unternehmerische Handeln Beachtung finden.[887] Gegenstand der Zweckmäßigkeit ist die Beurteilung der Angemessenheit der vom Vorstand getroffenen Entscheidungen oder geplanten Handlungen im Hinblick auf die Verfolgung der gesetzten Ziele.[888] Eng hiermit verbunden ist das Prinzip der Wirtschaftlichkeit, welches dann als erfüllt anzusehen ist, wenn von mehreren Entscheidungsoptionen diejenige ausgewählt wird, bei der Kosten und Nutzen im besten Verhältnis stehen.[889]

Die Überwachung durch den Aufsichtsrat umfasst neben der traditionellen Ex post- auch eine Ex ante-Komponente, die sich primär in der regelmäßigen Beratung des Vorstands manifestiert.[890] Dabei ist allerdings einschränkend zu

---

884 Zu der sog. Stufentheorie vgl. grundlegend SEMLER 1983, S. 141-145.

885 Vgl. DRYGALA 2008, Rn. 15 f. zu § 111 AktG, S. 1205 f.; HOFFMANN-BECKING 2007a, Rn. 26, S. 384; LUTTER 2006a, Rn. 114, S. 38; LUTTER/KRIEGER 2008, Rn. 71, S. 30; MERTENS 1996, Rn. 11 zu § 111 AktG, S. 570 sowie SEMLER 1980, S. 68-72.

886 Vgl. hierzu auch HENZE 2001, S. 59; POTTHOFF/TRESCHER 2003, Rn. 490, S. 130; LUTTER/KRIEGER 2008, Rn. 72, S. 30 und SCHENCK 2009, Rn. 140-143, S. 321 f.

887 Vgl. hierzu bspw. HENZE 2001, S. 59; POTTHOFF/TRESCHER 2003, Rn. 491, S. 130. Für eine Auflistung von Ordnungsmäßigkeitskriterien vgl. SEMLER 1996, Rn. 184, S. 107 f.

888 Vgl. POTTHOFF/TRESCHER 2003, Rn. 493, S. 131 und SCHENCK 2009, Rn. 145, S. 322 f.

889 Vgl. HENZE 2001, S. 59 sowie POTTHOFF/TRESCHER 2003, Rn. 494, S. 131.

890 Vgl. hierzu Tabelle 32, Rn. 2.3 lit. a), ferner DCGK 2010, Rn. 5.1.1 Satz 1 i. V. m. § 111 Abs. 1 AktG sowie weiterführend HABERSACK 2008, Rn. 39 zu § 111 AktG, S. 1080; HOFFMANN-BECKING 2007a, Rn. 32, S. 386; HÜFFER 2010, Rn. 5 zu § 111 AktG, S. 593; LUTTER 2010, Rn. 921-925, S. 263 f.; PFITZER/HÖRETH 2005, S. 154; POTTHOFF/TRESCHER 2003, Rn. 1258 f., S. 314 f. und SPINDLER 2007, Rn. 10 zu § 111 AktG, S. 1220 f.

berücksichtigen, dass dem Aufsichtsrat kein Initiativrecht insbesondere im Hinblick auf die operative Unternehmensführung zukommt, dieses vielmehr dem Vorstand vorbehalten bleibt.[891] Die Beratung des Vorstands durch den Aufsichtsrat hat sich in erster Linie auf unternehmenspolitische und strategische Entscheidungen sowie die Unternehmensplanung zu erstrecken.[892] Der Ex ante-Überwachung durch den Aufsichtsrat dient - wie bereits ausgeführt - [893] die Festlegung von Zustimmungsvorbehalten, der Erlass einer Geschäfts- und Informationsordnung für den Vorstand und schließlich die Definition von Informations- und/oder Zustimmungspflichten im Zusammenhang mit möglichen Interessenkonflikten der Vorstandsmitglieder.[894]

Im Rahmen der Ex post-Überwachung des Aufsichtsrats kommt vor allem der Prüfung des (Konzern-)Abschlusses, des (Konzern-)Lageberichts und des Vorschlags über die Verwendung des Bilanzgewinns eine herausragende Bedeutung zu.[895] Obgleich ein Prüfungsausschuss in der Regel vorbereitend tätig sein wird, kann die in Rede stehende Prüfung nicht auf diesen abschließend delegiert werden.[896] Vielmehr ist jedes Aufsichtsratsmitglied zu einer eigen-

---

891 Vgl. HABERSACK 2008, Rn. 39 zu § 111 AktG, S. 1080 sowie LUTTER 2010, Rn. 921, S. 264 mit Hinweis auf § 76 AktG.

892 Vgl. hierzu bspw. LUTTER/KRIEGER 2008, Rn. 99, S. 43 sowie bereits im Einzelnen Abschn. II. C.5.b)(1)(c) dieses Hauptteils.

893 Vgl. hierzu Abschn. II. C.5.b)(1)(b) dieses Hauptteils.

894 Zum letztgenannten Punkt vgl. Abschn. II. C.5.b)(1)(d) dieses Hauptteils.

895 Vgl. im Hinblick auf die Prüfung des Konzernabschlusses Tabelle 32, Rn. 2.3 lit. b) Satz 1 und gleichlautend DCGK 2010, Rn. 7.1.2 Satz 1 sowie auch den Jahresabschluss, den Einzelabschluss i. S. d. § 325 Abs. 2a HGB, den (Konzern-)Lagebericht und die Verwendung des Bilanzgewinns berücksichtigend § 171 Abs. 1 Satz 1 und Abs. 4 AktG. Vgl. hierzu ferner DRYGALA 2008, Rn. 3 zu § 171 AktG, S. 1846; HÜFFER 2010, Rn. 4 zu § 111 AktG, S. 592 und PFITZER/HÖRETH 2005, S. 154.

896 Vgl. § 107 Abs. 3 Satz 3 AktG sowie ergänzend BUHLEIER/KROWAS 2010, S. 1167; HOFFMANN-BECKING 2007b, Rn. 13, S. 706 f.; HÜFFER 2010, Rn. 10 zu § 171 AktG, S. 905; KROPFF 2003, Rn. 72 zu § 171 AktG, S. 155 f.; LUTTER/KRIEGER 2008, Rn. 485, S. 212; RÜRUP 1995, S. 547 sowie bereits Abschn. II. C.5.b)(2)(b) dieses Hauptteils.

verantwortlichen Urteilsbildung verpflichtet.[897] Die Prüfung erstreckt sich in diesem Zusammenhang nicht nur auf die Recht- und Ordnungsmäßigkeit der (Konzern-)Rechnungslegung, sondern darüber hinaus auch auf die Zweckmäßigkeit der Rechnungslegungspolitik[898], insbesondere der Rücklagendotierung,[899] welche am unternehmerischen Oberziel auszurichten ist.[900] Während die Zweckmäßigkeitsprüfung eine ausschließliche Aufgabe des Aufsichtsrats darstellt,[901] erfährt er dagegen im Hinblick auf die Prüfung der Recht- und Ordnungsmäßigkeit eine wesentliche Unterstützung durch den (Konzern-) Abschlussprüfer.[902] So kann der Aufsichtsrat für seine eigene Recht- und Ordnungsmäßigkeitsprüfung grundsätzlich auf den Bericht des (Konzern-)Abschlussprüfers zurückgreifen, den er jedoch einer Plausibilitätsprüfung zu unterziehen hat.[903] Lediglich im Fall eines eingeschränkten Urteils oder bei Vorliegen von Inkonsistenzen in der Berichterstattung des (Konzern-)Abschlussprüfers hat er diesbezüglich weitere Prüfungsmaßnahmen zu ergreifen.

---

897 Vgl. bspw. DRYGALA 2008, Rn. 6 zu § 171 AktG, S. 1847; EULER/MÜLLER 2007, Rn. 22 zu § 171 AktG, S. 1667; KREUZGRABE 2009, S. 88 m. w. N.; POTTHOFF/TRESCHER 2003, Rn. 1375, 1423, 1443, S. 340, 353, 355 sowie VELTE 2009d, S. 737. Dies setzt jedoch voraus, dass jedem Aufsichtsratsmitglied sowohl die Rechnungslegungsunterlagen als auch der Prüfungsbericht übermittelt wird; zur Möglichkeit einer diesbezüglichen Beschränkung durch Beschluss des Aufsichtsrats vgl. § 170 Abs. 3 Satz 2 AktG.

898 Zum Terminus der Rechnungslegungspolitik und ihren Zielen vgl. ausf. FREIDANK 1990, S. 5-19; FREIDANK 1998, S. 91-103 sowie FREIDANK 2000a, S. 10-13.

899 Vgl. hierzu EULER/MÜLLER 2007, Rn. 42-56 zu § 171 AktG, S. 1669-1671; HOFFMANN-BECKING 2007b, Rn. 14, S. 707; KROPFF 2003, Rn. 23-37 zu § 171 AktG, S. 146-149; LUTTER/KRIEGER 2008, Rn. 486, S. 212; POTTHOFF/TRESCHER 2003, Rn. 13, 1374, S. 3 f., 340 sowie SCHULZE-OSTERLOH 1998, S. 2134.

900 Vgl. in diesem Sinne auch EULER/MÜLLER 2007, Rn. 43 zu § 171 AktG, S. 1669 sowie KROPFF 2003, Rn. 26 zu § 171 AktG, S. 147. Zur Diskussion des unternehmerischen Oberziels im Rahmen der vorliegenden Arbeit vgl. Abschn. II. C.3.b) dieses Hauptteils.

901 Vgl. FORSTER 1988, S. 792; FORSTER 1997, S. 84; KROPFF 2003, Rn. 13 zu § 171 AktG, S. 144; RÜRUP 1995, S. 549-551 und SCHULZE-OSTERLOH 1998, S. 2134.

902 Vgl. diesbezüglich FORSTER 1988, S. 795 und POTTHOFF/TRESCHER 2003, Rn. 1375, S. 340 sowie weiterführend zu den Unterstützungsleistungen des (Konzern-)Abschlussprüfers Abschn. II. C.5.b)(3)(c) dieses Hauptteils.

903 Vgl. hierzu und in der Folge bspw. HÜFFER 2010, Rn. 9 zu § 171 AktG, S. 904 f.; LENTFER 2003, S. 142; RÜRUP 1995, S. 549-551 und SCHULZE-OSTERLOH 1998, S. 2133 f.

Neben der jährlichen Prüfung der (Konzern-)Rechnungslegung obliegt es dem Aufsichtsrat oder seinem Prüfungsausschuss,[904] auch die Halbjahres- und Quartalsfinanzberichte[905] vor ihrer Veröffentlichung mit dem Vorstand zu erörtern.[906] Gegenstand dieser Erörterung hat - in Übereinstimmung mit der Prüfung der jährlichen (Konzern-)Rechnungslegung - sowohl die Recht- und Ordnungsmäßigkeit als auch die Zweckmäßigkeit der Berichte zu sein. Jedoch ist es aufgrund der Forderung nach zeitnahen Informationen und des damit verbundenen Zeitdrucks als gerechtfertigt anzusehen, an die Prüfungshandlungen des Aufsichtsrats geringere Anforderungen als im Rahmen der Prüfung des (Konzern-)Abschlusses und des (Konzern-)Lageberichts zu stellen.[907] Dies bedingt, dass sich der Aufsichtsrat im Hinblick auf die Beurteilung der Recht- und Ordnungsmäßigkeit möglichst auf das Ergebnis einer prüferischen Durchsicht[908] durch den (Konzern-)Abschlussprüfer[909] berufen können muss, auf deren Durchführung der Aufsichtsrat entsprechend hinzuwirken hat.[910]

---

904 Eine abschließende Delegation auf den Prüfungsausschuss müsste im Hinblick auf die Prüfung der Zwischenberichterstattung möglich sein, da diese Aufgabe nicht unter § 171 Abs. 1 Satz 1 AktG fallen dürfte, somit der Plenarvorbehalt i. S. d. § 107 Abs. 3 Satz 3 AktG nicht greift. Vgl. im Ergebnis ebenso STRIEDER 2008, S. 589. Zum Prüfungsausschuss vgl. bereits Abschn. II. C.5.b)(2)(b) dieses Hauptteils.

905 Vgl. hierzu bzgl. der vorliegend betrachteten börsennotierten Publikumsgesellschaften §§ 37 w, 37 x und 37 y WpHG i. V. m. § 66 BörsO sowie weiterführend DRS 16, Rn. 1-71; ferner BOSSE 2007, S. 44 f.; GÖRES 2007, S. 21 f.; HUTTER/KAULAMO 2007, S. 551-554.

906 Vgl. dazu Tabelle 32, Rn. 2.3 lit. b) Satz 2 und gleichlautend DCGK 2010, Rn. 7.1.2 Satz 2 sowie ergänzend STRIEDER 2008, S. 589.

907 Vgl. hierzu und in der Folge sowie zum Trade-Off zwischen der Verlässlichkeit und Aktualität der unterjährigen Berichterstattung bereits LENTFER 2005, S. 309 f.

908 Vgl. ausführlich zur prüferischen Durchsicht des (Konzern-)Abschlussprüfers IDW PS 900, Rn. 1-35 sowie speziell zur prüferischen Durchsicht von Zwischenberichten COENENBERG/ALVAREZ 2002, Sp. 2771-2773.

909 Es wird hierbei angenommen, dass der Wirtschaftsprüfer, der mit der (Konzern-)Abschlussprüfung beauftragt ist, auch die prüferische Durchsicht der (konsolidierten) Zwischenberichte durchführt.

910 Eine Pflicht zur Durchführung einer prüferischen Durchsicht ist in Deutschland bislang nicht vorgesehen; vgl. hierzu § 37 w Abs. 5 i. V. m. § 37 x Abs. 3 Satz 3 WpHG i. V. m. § 66 Abs. 4 BörsO und ergänzend WIEDERHOLD/PUKALLUS 2007, S. 272 f.

Aus Agency-theoretischer Sicht stellt die Ex post-Überwachung durch den Supervisor Aufsichtsrat, wie insbesondere die Prüfung der (Konzern-)Rechnungslegung und die Erörterung der Zwischenberichterstattung, eine typische Monitoring-Maßnahme zur Disziplinierung der Vorstandsmitglieder (Agents) im Sinne der Aktionäre (Principals) dar.[911] Jedoch auch die Beratung des Vorstands, die Festlegung von Zustimmungsvorbehalten und Informationspflichten sowie der Erlass einer Vorstands-Geschäftsordnung durch den Aufsichtsrat lassen sich als eine Art Monitoring, und zwar im Sinne einer aktiven Steuerung des Agent, interpretieren (Preventive Monitoring).[912] Das Monitoring durch den Aufsichtsrat dient dabei im vorliegenden Fall der Überwindung oder zumindest Abmilderung der hinsichtlich des Vorstands bestehenden Gefahr eines Moral Hazard in Form von Differencial Risk Exposure, Differencial Horizons, Consumption on the Job oder Shirking,[913] welche aus zugunsten der Agents bestehenden nachvertraglichen Informationsasymmetrien aufgrund von Hidden Information und Hidden Action resultiert.

Im Hinblick auf die Erfüllung der dem Aufsichtsrat seitens der Aktionäre übertragenen Aufgaben des Screening, Bonding und Monitoring ist jedoch aus dem Blickwinkel der Agency-Theorie zu bedenken, dass nicht nur der Vorstand, sondern auch der Aufsichtsrat selbst Fehlanreizen unterliegt.[914] So bestehen zugunsten des Aufsichtsrats gegenüber den Aktionären Informationsasymmetrien aufgrund von Hidden Information, Hidden Action und Hidden Transfers, welche die Gefahr eines Moral Hazard in Form von Differencial Risk Exposure, Differencial Horizons, Consumption on the Job, Shirking und/oder Coalitions, das heißt einer Koalitionsbildung zwischen dem Aufsichtsrat (Supervisor) und dem Vorstand (Agent) zulasten der Aktionäre

---

911 Vgl. hierzu und in der Folge bereits Abschn. I. C.2 des Ersten Hauptteils.

912 Für diese Agency-theoretischen Einordnung vgl. bereits Abschn. II. C.5.b)(1)(b), C.5.b)(1)(c) und C.5.b)(1)(d) dieses Hauptteils.

913 Dies entspricht den Fallgruppen (2)(a) bis (2)(d) in der Abbildung 4 zur Typisierung von Principal-Agent-Konflikten.

914 Vgl. hierzu und in der Folge bereits Abschn. II. C.5.a)(1)(b)(iii) dieses Hauptteils.

(Principals), impliziert.[915] Ein möglicher Ansatz zur Lösung dieser nachvertraglichen Principal-Agent-Konflikte ist im Instrument des Bonding zu sehen. Eine Selbstbindung des Aufsichtsrats, den Interessen der Aktionäre zuwiderlaufende Handlungen zu unterlassen, resultiert dabei einerseits aus der - idealerweise in der Geschäftsordnung zu fixierenden - [916] Verpflichtung seiner Mitglieder, die GoÜ[917] zu beachten[918] und somit die Interessen des Konzerns sowie der Anteilseigner zu wahren.[919] Hierzu gehört auch, dass Aufsichtsratsmitglieder sich bei ihren Entscheidungen nicht von persönlichen Interessen leiten lassen und Geschäftschancen, die der Gesellschaft respektive dem Konzerns zustehen, nicht für sich nutzen.[920] Eine Anreizwirkung im Sinne des Bonding ist andererseits auch einem Selbstbehalt zuzusprechen,[921] welcher

915 Dies entspricht den Fallgruppen (4)(a) bis (4)(e) in der Abbildung 24 zur Typisierung von Principal-Agent-Konflikten.

916 Vgl. in diesem Sinne auch ISENBERG 2005, S. 111, 117; KREMER 2010, Rn. 959, S. 272; LUTTER 2002, S. 537 und SEIBT 2002, S. 258 f., die in der Geschäftsordnung sogar generell den geeigneten Ort zur Umsetzung der den Aufsichtsrat betreffenden Empfehlungen und Anregungen des DCGK 2010 sehen.

917 Zur Ausfüllung und Diskussion der GoÜ vgl. grundlegend THEISEN 1987 sowie ergänzend ARBEITSKREIS 1995, S. 1-4; LUTTER 1995a, S. 1925 f.; SCHEFFLER 1995b, S. 207-212; SEMLER 2001, S. 489-517; THEISEN 1995, S. 193-203; THEISEN 1996, S. 75-106 sowie bereits Abschn. II. C.5.a)(1)(b)(ii) dieses Hauptteils.

918 Vgl. zur Bindung der Aufsichtsratsmitglieder an die GoÜ Tabelle 33, Rn. 2.3 lit. c) Unterabs. 1 Satz 1, gleichzeitig DCGK 2010, Rn. 3.8 Unterabs. 1 Satz 1 sowie ergänzend PELTZER 2003a, Rn. 48 f., S. 42; PFITZER/ORTH 2005, S. 94; STRIEDER 2005b, S. 82 f. und WERDER 2010, Rn. 455 f., S. 145-147.

919 Zur Bindung der Aufsichtsratsmitglieder an das Unternehmensinteresse und das beste Interesse der Aktionäre vgl. Tabelle 33, Rn. 2.3 lit. d) und lit. e) Satz 1, ebenso DCGK 2010, Rn. 3.7 Unterabs. 2 Satz 2 und 5.5.1 Satz 1 sowie ergänzend KREMER 2010, Rn. 1112-1118, S. 312 f.; PFITZER/HÖRETH 2005, S. 194 sowie STRIEDER 2005b, S. 125 f. Die Bindung an das Unternehmensinteresse deckt sich im Kern mit der Zielvorstellung einer langfristigen Steigerung des Shareholder Values (vgl. LENTFER 2005, S. 194-198 sowie WERDER/WIECZOREK 2007, S. 297), womit eine Kongruenz zwischen dem Unternehmensinteresse und dem Interesse der Aktionäre angenommen werden kann.

920 Vgl. hierzu Tabelle 33, Rn. 2.3 lit. e) Satz 2, gleichlautend DCGK 2010, Rn. 5.5.1 Satz 2 sowie weiterführend KREMER 2010, Rn. 1119-1121, S. 313 f.; MESSOW 2008, S. 281; PFITZER/HÖRETH 2005, S. 194 f. und STRIEDER 2005b, S. 125 f.

921 Vgl. hierzu auch BAUMS 2001, Rn. 75, S. 115 sowie KORT 2006b, S. 803; zweifelnd hingegen SPINDLER 2008a, Rn. 181 zu § 93 AktG, S. 607.

in Höhe von mindestens 10 % des Schadens bis Minimum des Eineinhalbfachen der jährlichen Festvergütung des Aufsichtsratsmitglieds vereinbart werden soll, wenn die Gesellschaft für die Mitglieder des Supervisors zur Verminderung ihres Haftungsrisikos eine D & O-Versicherung abschließt.[922] Eine Haftung von Mitgliedern des Supervisors gegenüber der Gesellschaft wird dabei immer dann virulent, wenn eine schuldhafte Verletzung der Sorgfalt eines ordentlichen und gewissenhaften Aufsichtsratsmitglieds vorliegt.[923] Hierbei ist jedoch zu berücksichtigen, dass bei unternehmerischen Entscheidungen keine Pflichtverletzung gegeben ist, wenn das Aufsichtsratsmitglied vernünftigerweise annehmen durfte, auf der Basis angemessener Informationen zum Wohl der Gesellschaft zu handeln (Business Judgement Rule).[924] Eine Grundvoraussetzung stellt in diesem Zusammenhang die eigenverantwortliche Wahrnehmung der für die Überwachungsaufgaben erforderlichen Aus- und Fortbildungsmaßnahmen durch die Aufsichtsratsmitglieder dar, wobei sie von der Gesellschaft eine angemessene Unterstützung erfahren sollen.[925]

---

922 Vgl. hierzu Tabelle 33, Rn. 2.3 lit. c) Unterabs. 2, entsprechend DCGK 2010, Rn. 3.8 Unterabs. 3 sowie kommentierend RINGLEB 2010, Rn. 522-524, S. 165 f. Einer Aktiengesellschaft ist nach herrschender Meinung im Schrifttum der Abschluss einer D & O-Versicherung auch dann ohne Zustimmung der Hauptversammlung möglich, wenn Aufsichtsratsmitglieder zu den versicherten Personen gehören. Es handelt sich um eine der Unternehmensverwaltung zustehende Entscheidung, die unternehmerische Interessen verfolgt, und, soweit sie Mitglieder der Unternehmensverwaltung begünstigt, sich im Rahmen dienstlicher Fürsorge hält; vgl. hierzu HABERSACK 2008, Rn. 74 zu § 116 AktG, S. 1235; KORT 2006b, S. 802; KRIEGER/SAILER 2008, Rn. 71 zu § 93 AktG, S. 71 f.; MERTENS 2000, S. 452; a. A. DRYGALA 2008, Rn. 39 zu § 116 AktG, S. 1253.

923 Vgl. Tabelle 33, Rn. 2.3 lit. c) Unterabs. 1 Satz 2, gleichlautend DCGK 2010, Rn. 3.8 Unterabs. 1 Satz 2 i. V. m. §§ 116 Satz 1, 93 Abs. 1 Satz 1 und Abs. 2 Satz 1 AktG sowie ergänzend HABERSACK 2008, Rn. 16-84 zu § 116 AktG, S. 1211-1238; HOPT/ROTH 2005, Rn. 30-327 zu § 116 AktG, S. 1356-1445; LUTTER 2010, Rn. 477-497, S. 151-154; PELTZER 2003a, Rn. 50, S. 42 f.; PFITZER/ORTH 2005, S. 94 f. und STRIEDER 2005b, S. 83.

924 Vgl. Tabelle 33, Rn. 2.3 lit. c) Unterabs. 1 Satz 3, entsprechend DCGK 2010, Rn. 3.8 Unterabs. 1 Satz 3 i. V. m. §§ 116 Satz 1, 93 Abs. 1 Satz 2 AktG sowie ergänzend LUTTER 2010, Rn. 497a-497m, S. 154-156. Zur Business Judgement Rule vgl. weiterführend ARBEITSKREIS 2006c, S. 2189-2196; BRÖMMELMEYER 2005, S. 2065-2070; GRAUMANN/GRUNDEI 2005, S. 652-656; GRAUMANN/LINDERHAUS/GRUNDEI 2009, S. 495-497; KINZL 2004, S. 1653 f.; LANGENBUCHER 2005, S. 2085-2088 und SCHÄFER 2005a, S. 1254-1258.

925 Vgl. diesbezüglich Tabelle 33, Rn. 2.3 lit. f), ferner DCGK 2010, Rn. 5.4.1 Unterabs. 4.

Neben dem Bonding kommt als weitere Möglichkeit zur Lösung nachvertraglicher Principal-Agent-Konflikte auch das Instrument des Monitoring in Betracht. Wie bereits ausgeführt,[926] gilt es jedoch hierbei zu beachten, dass ein Monitoring des Aufsichtsrats im idealtypischen Sinne die Einrichtung eines weiteren Supervisors erforderte, eine solche jedoch bis dato nicht angedacht ist. Jedoch verbleibt als Mechanismus der internen Corporate Governance die Möglichkeit einer regelmäßigen Selbst-Evaluation des Aufsichtsrats,[927] welche unter Agency-Gesichtspunkten auch als Self Monitoring bezeichnet werden kann. Ein vollständiger Prozess der Selbstevaluation (Self Appraisal) lässt sich dabei idealtypisch in vier Phasen gliedern.[928] Zu Beginn ist der Evaluationsgegenstand zu spezifizieren,[929] welcher nach herrschender Meinung im Schrifttum umfassend zu interpretieren ist.[930] Dementsprechend sollte neben der Aufgabenerfüllung und der Organisation des Aufsichtsratsplenums auch die Ausschussarbeit sowie die einzelnen Aufsichtsratsmitglieder einem Self Appraisal unterzogen werden. Da der so definierte Untersuchungsgegenstand regelmäßig sehr komplex und umfangreich ist, erscheint es dabei zielführend zu sein, im Einzelfall von dem grundsätzlich jährlichen Turnus der Selbst-

---

926 Vgl. Abschn. II. C.5.a)(1)(b)(iii) dieses Hauptteils.

927 Vgl. hierzu Tabelle 33, Rn. 2.3 lit. g), gleichlautend DCGK 2010, Rn. 5.6. Es ist hierbei zu beachten, dass es sich bei der Selbst-Evaluation nicht um eine Effizienzprüfung, sondern vielmehr i. S. e. Effektivitätssteigerung um eine Maßnahme zur Gewährleistung einer hohen Qualität der Aufsichtsratstätigkeit und ihrer permanenten Verbesserung handelt; vgl. hierzu LENTFER 2005, S. 418-420.

928 Vgl. bspw. WERDER 2010, Rn. 1157-1161, S. 322 f.; WERDER/GRUNDEI 2009, S. 635-642 sowie ähnlich STRIEDER 2007a, S. 170 f. Für ein umfassendes Konzeptionsmodell der Aufsichtsrats-Evaluation vgl. auch LENTFER 2005, S. 411-554. Mit der Prozessteuerung sollte ein Aufsichtsratsausschuss beauftragt werden, der durch einen externen Evaluator unterstützt werden kann; vgl. hierzu ausf. LENTFER 2005, S. 458-463, 564 sowie ergänzend ARBEITSKREIS 2006b, S. 1632 sowie SEIBT 2003b, S. 2110.

929 Vgl. WERDER 2010, Rn. 1157, S. 322 sowie WERDER/GRUNDEI 2009, S. 635 f.

930 Vgl. hierzu und in der Folge LENTFER 2005, S. 420-432; LUTTER/KRIEGER 2008, Rn. 655, S. 249 f. und SEIBT 2003b, S. 2109 sowie ähnlich BERNHARDT/WITT 2003, S. 327; SPINDLER 2007, Rn. 7 zu § 107 AktG, S. 1132; STRIEDER 2007a, S. 170; WERDER 2010, Rn. 1157, S. 322. In Teilen der Literatur wird hingegen eine Evaluation der Aufsichtsratsmitglieder mit der Begründung abgelehnt, sie beschädige die kollegiale Zusammenarbeit; vgl. hierzu ARBEITSKREIS 2006b, S. 1631 f. sowie CONGER/FINEGOLD/LAWLER 1998, S. 144.

Evaluation[931] abzuweichen und stattdessen inhaltliche Schwerpunkte zu setzen,[932] wobei eine periodisch alternierende Betrachtung unterschiedlicher Aspekte der Selbst-Evaluation über einen Zeitraum von drei Jahren als zulässig zu erachten ist.[933] Im zweiten Schritt des Evaluationsprozesses gilt es, die Bewertungskriterien festzulegen, welche als Prüfungsmaßstäbe an die Gegenstände des Self Appraisal anzulegen sind.[934] Gegenstand des dritten Schrittes ist die Ermittlung des Ist-Zustandes des Evaluationsgegenstandes. Es bietet sich hierbei primär an, Interviews und schriftliche Befragungen auf der Basis von Checklisten[935] durchzuführen.[936] Den Abschluss der Selbst-Evaluation bildet die Auswertung der Ergebnisse und im Falle der Feststellung von Defiziten die Ableitung entsprechender Verbesserungsmaßnahmen und die Entwicklung von Anforderungsprofilen für die künftige Gestaltung der Aufsichtsratstätigkeit.[937]

Aus den mit der Überwachungsaufgabe des Aufsichtsrats im Zusammenhang stehenden Mechanismen der internen Corporate Governance und der Agencytheoretische Überprüfung ihrer Wirkungsweisen ist zunächst die Notwendigkeit einer Berichterstattung über die seitens des Aufsichtsrats durchgeführten Überwachungshandlungen und die hieraus gewonnenen Ergebnisse zu schlie-

---

931 Ein Plädoyer für einen grds. jährlichen Turnus findet sich bspw. bei HÜFFER 2010, Rn. 2a zu § 107 AktG, S. 565; LENTFER 2005, S. 565 und WERDER 2010, Rn. 1156, S. 322, wohingegen STRIEDER 2007a, S. 168 einen Turnus von drei Jahren vorschlägt.

932 Vgl. hierzu CONGER/FINEGOLD/LAWLER 1998, S. 139; PFITZER/HÖRETH 2005, S. 200.

933 Vgl. diesbezüglich LENTFER 2005, S. 565.

934 Vgl. hierzu und in der Folge WERDER 2010, Rn. 1158-1160, S. 322 f.; WERDER/GRUNDEI 2009, S. 636-639. Zur Kriterienbestimmung vgl. ausf. LENTFER 2005, S. 432-442.

935 Vgl. für äußerst ausführliche und wissenschaftlich entwickelte Checklisten LENTFER 2005, S. 627-642. Für eher praxisorientierte Checklisten vgl. ARBEITSKREIS 2006b, S. 1633-1636; SEIBT 2003b, S. 2111 und STRIEDER 2007a, S. 173-178.

936 Vgl. ARBEITSKREIS 2006b, S. 1631; CONGER/FINEGOLD/LAWLER 1998, S. 147; LENTFER 2005, S. 442-448 sowie WERDER 2010, Rn. 1160, S. 323. Für weitere Mittel zur Erhebung des Ist-Zustands vgl. WERDER/GRUNDEI 2009, S. 640.

937 Vgl. hierzu WERDER 2010, Rn. 1161, S. 323 und WERDER/GRUNDEI 2009, S. 641 f. sowie ähnlich ARBEITSKREIS 2006b, S. 1630 und STRIEDER 2007a, S. 171.

ßen (Tabelle 66, Rn. 2.3.1).[938] Die diesbezügliche Publizität muss dabei so konkretisiert sein, dass die Adressaten des Corporate Governance Statements die Wirksamkeit der Monitoring-Maßnahmen des Aufsichtsrats zur Disziplinierung des Vorstands auch tatsächlich einschätzen können.[939] Im Mittelpunkt der Darlegungen hat das „Wie" der Erfüllung der Überwachungsaufgabe zu stehen.[940] Dies schließt primär eine Offenlegung ein, wie sich der Aufsichtsrat von der Rechtmäßigkeit, Ordnungsmäßigkeit, Zweckmäßigkeit und Wirtschaftlichkeit der Unternehmensführung überzeugt hat, wobei im Falle einer Konzernierung auch die Konzernführung des Vorstands der Obergesellschaft in das Kalkül mit einzubeziehen ist. Die Ausführungen haben sich dabei auf die Handlungen und Ergebnisse bezüglich der Überwachung des Risikomanagement- und Compliance-Systems sowie der in § 90 Abs. 1 AktG genannten Berichtsinhalte (insbesondere beabsichtigte Geschäftspolitik, Unternehmensplanung, Rentabilität, Gang der Geschäfte, Lage der Gesellschaft sowie Geschäfte, sofern sie von wesentlichem Einfluss auf die Rentabilität oder Liquidität der Gesellschaft sein können) zu beziehen. Daneben ist detailliert auf Handlungen und Ergebnisse im Hinblick auf die Prüfung des (Konzern-) Abschlusses und des (Konzern-)Lageberichts einschließlich des Gewinnver-

---

938 Vgl. ebenso BÖCKING 2003, S. 266 f.; FREIDANK/WEBER 2008, S. 410; PORTISCH 1997, S. 217 sowie THEISEN 2007, S. 257. Eine Berichterstattung im obigen Sinne ist derzeit bereits in ähnlicher Form in § 171 Abs. 2 AktG vorgesehen, obgleich im Schrifttum die Meinungen über den Berichtsumfang stark variieren. Für eine umfangreiche Berichterstattung, welche zwischenzeitlich auch die herrschende Meinung darstellt, plädieren - teilweise unter Hinweis auf die jüngere Rechtsprechung - bspw. LUTTER 2007, S. 1016-1019; LUTTER 2008, S. 5 f.; POTTHOFF/TRESCHER 2003, Rn. 2110, S. 507; THEISEN 1987, S. 383; THEISEN 1988, S. 711; THEISEN/LINN/SCHÖLL 2007, S. 2501; TRESCHER 1989, S. 1981 f.; VOßEN 2006, S. 1288 f. Eine eher restriktive Publizität der Überwachungshandlungen und -ergebnisse fordern dagegen CLAUSSEN/KORTH 1991, Rn. 14 zu § 171 AktG, S. 888 und DRYGALA 2007, S. 383-392. Eine Ausrichtung des Berichtsumfangs an der wirtschaftlichen Lage befürworten HÜFFER 2010, Rn. 13 zu § 171 AktG, S. 907; KIETHE 2006, S. 890-892; MASER/BÄUMKER 2005, S. 908 f.; SCHULZ 2008, Rn. 9 zu § 171 AktG, S. 1039 sowie VETTER 2006, S. 262.

939 Vgl. in diesem Sinne auch THEISEN 1987, S. 383 sowie allgem. zum Umfang der Inhaltskomponenten Abschn. II. C.5.a)(2) dieses Hauptteils.

940 Vgl. hierzu und in der Folge ähnlich LUTTER 2007, S. 1016-1019; LUTTER 2008, S. 5 f. sowie LUTTER/KRIEGER 2008, Rn. 566-572, S. 229-231 im Kontext des Rechenschaftsberichts des Aufsichtsrats gem. § 171 Abs. 2 Satz 2 AktG.

wendungsvorschlags, die Erörterung der Halbjahres- und Quartalsberichte sowie die Ex ante-Überwachung, wie insbesondere die Beratung des Vorstands durch den Aufsichtsrat,[941] einzugehen. Die Überwachungsintensität hat sich an der jeweiligen Situation der Gesellschaft respektive des Konzerns auszurichten und steigt mit zunehmender Risikolage.

Damit die Berichtsadressaten auch die Gefahr eines Moral Hazard des Aufsichtsrats besser einschätzen können, ist im Statement zunächst die Art der Verpflichtung der Aufsichtsratsmitglieder zur Beachtung der GoÜ im Rahmen der Geschäftsordnung und - sofern die Gesellschaft für die Mitglieder des Aufsichtsrats eine D & O-Versicherung abgeschlossen hat - der vereinbarte Selbstbehalt offenzulegen[942] (Tabelle 67, Rn. 2.3.2 und Rn. 2.3.3). Die Angabe zur verpflichtenden Beachtung der GoÜ kann dabei mit den Ausführungen zur Geschäftsordnung des Aufsichtsrats[943] verbunden werden.

Neben diesen Bonding-Mechanismen ist in das Statement als weitere Inhaltskomponente die Selbst-Evaluation des Aufsichtsrats bezüglich der Aufgabenerfüllung und Organisation des Aufsichtsratsplenums, der Ausschussarbeit sowie der einzelnen Aufsichtsratsmitglieder aufzunehmen (Tabelle 67, Rn. 2.3.4). Die Darstellung bezieht sich vor allem auf den Evaluationsprozess einschließlich der Evaluationsergebnisse und konkreter Verbesserungsmaßnahmen.[944] Ein idealtypischer Evaluationsprozess umfasst dabei die Spezifizierung des Evaluationsgegenstands, die Festlegung von Bewertungskriterien,

---

941 Vgl. hierzu Tabelle 59, Rn. 1.3.7.

942 Für die Forderung zur Offenlegung des vereinbarten Selbstbehalts vgl. bereits BAUMS 2001, Rn. 75, S. 115.

943 Vgl. diesbezüglich die Tabellen 64 und 65, Rn. 2.2.

944 Vgl. in diesem Sinne ebenso EMPFEHLUNG 2005/162/EG, Rn. 9.1, S. 56 und UNCTAD 2006, S. 19 f. Die Meinungen hinsichtlich des Umfangs der Berichterstattung über die Selbst-Evaluation gehen jedoch sehr auseinander. So plädiert etwa LENTFER 2005, S. 484-487, 566 dafür, die Offenlegung auf die Darlegung des Evaluationsprozesses und der bereits realisierten Verbesserungsmaßnahmen zu beschränken. Noch restriktiver äußert sich SEIBT 2003b, S. 2110, der gänzlich von einer Offenlegung absehen möchte.

die Ermittlung des Ist-Zustandes des Evaluationsgegenstandes sowie die Auswertung der Evaluationsergebnisse. Die Selbst-Evaluation des Aufsichtsrats sollte jährlich durchgeführt werden, wobei eine periodisch alternierende Betrachtung unterschiedlicher Aspekte über einen Zeitraum von drei Jahren zulässig ist.

(d) Interessenkonflikte

Zur Vermeidung nachvertraglicher Interessenkollisionen von Mitgliedern des Aufsichtsrats kann - entsprechend den Überlegungen auf Vorstandsebene - [945] zum einen die Durchführung typischerweise interessenkonfliktbehafteter Handlungen und Geschäfte der Aufsichtsratsmitglieder von einer vorherigen Zustimmung des Plenums beziehungsweise eines seiner Ausschüsse[946] abhängig gemacht[947] und zum anderen eine Verpflichtung der Aufsichtsratsmitglieder zur Offenlegung (potenzieller) Interessenkonflikte gegenüber dem Plenum vorgesehen werden.[948] Es obliegt dem Aufsichtsrat, für die Aufnahme eines entsprechenden Passus in seine Geschäftsordnung zu sorgen,[949] welcher im Sinne einer Konkretisierung der Organpflichten idealerweise auch einen Katalog derjenigen Sachverhalte beinhalten sollte, die mit einer erhöhten Gefahr eines Interessenkonflikts verbunden sind und deshalb entweder einer vorheri-

945 Vgl. hierzu Abschn. II. C.5.b)(1)(d) dieses Hauptteils.

946 Zur Möglichkeit einer Delegation der in Rede stehenden Zustimmung an einen Ausschuss vgl. stellv. KREMER 2010, Rn. 532, 1148, S. 168, 319.

947 Vgl. hierzu Tabelle 33, Rn. 2.4 lit. a) und b); ebenso DCGK 2010, Rn. 3.9 und 5.5.4.

948 Vgl. diesbezüglich Tabelle 33, Rn. 2.4 lit. c) sowie gleichlautend DCGK 2010, Rn. 5.5.2.

949 Die Aufnahme eines Passus zu Interessenkonflikten in die Geschäftsordnung befürworten ebenso HOPT/ROTH 2005, Rn. 221 zu § 107 AktG, S. 588 f.; KREMER 2010, Rn. 959, S. 272; LUTTER 2002, S. 537 und SIEBEL/SCHENCK 2009, S. 919. Es gilt in diesem Zusammenhang jedoch zu bedenken, dass die Auferlegung dieser persönlichen Pflichten der Zustimmung eines jeden Aufsichtsratsmitglieds bedarf; vgl. LUTTER 2002, S. 537. Zu den Inhalten einer Aufsichtsrats-Geschäftsordnung vgl. bereits im Einzelnen Abschn. II. C.5.b)(2)(b) dieses Hauptteils.

gen Zustimmung des Supervisors bedürfen oder gegenüber diesem zumindest offenzulegen sind.

Analog zum Vorstand[950] bietet sich zur Aufnahme in den Katalog interessenkonfliktbehafteter Sachverhalte zunächst die Gewährung von Krediten der Gesellschaft oder ihrer Konzernunternehmen an die Aufsichtsratsmitglieder sowie ihre Angehörigen an, die an eine vorherige Zustimmung des Aufsichtsrats zu binden ist.[951] Dabei ist zu beachten, dass die hinsichtlich des Vorstands bestehende Wesentlichkeitsbestimmung, wonach so genannte Kleinkredite von einer Einwilligung des Aufsichtsrats ausgenommen sind,[952] auf die Kreditgewährung an Aufsichtsratsmitglieder nicht übertragbar ist.[953]

Neben der Kreditierung ist auch ein besonderes Augenmerk auf Beratungs- und sonstige Dienstleistungs- sowie Werkverträge eines Aufsichtsratsmitglieds mit der Gesellschaft zu legen, die ebenfalls einer vorherigen Zustimmung des Aufsichtsrats bedürfen.[954] Zustimmungsfähig sind dabei nur Verträge über Dienst- beziehungsweise Werkleistungen, die nicht in das originäre Aufgabengebiet des Aufsichtsrats,[955] das heißt in seine organschaftlichen

---

950 Vgl. hierzu Abschn. II. C.5.b)(1)(d) dieses Hauptteils.

951 Zur Kreditgewährung an Aufsichtsratsmitglieder vgl. Tabelle 33, Rn. 2.4 lit. a), entsprechend DCGK 2010, Rn. 3.9 i. V. m. § 115 AktG sowie weiterführend HOPT/ROTH 2005, Rn. 1-44 zu § 115 AktG, S. 1319-1332; HÜFFER 2010, Rn. 1 f. zu § 115 AktG, S. 615; KREMER 2010, Rn. 527-529, 532, S. 167 f.; MERTENS 1996, Rn. 1-6 zu § 115 AktG, S. 631 f.; MESSOW 2008, S. 237 sowie PFITZER/ORTH 2005, S. 97-99.

952 Vgl. diesbezüglich Abschn. II. C.5.b)(1)(d) dieses Hauptteils.

953 Vgl. hierzu stellv. HOPT/ROTH 2005, Rn. 24 zu § 115 AktG, S. 1327; KREMER 2010, Rn. 532, S. 168 und PFITZER/ORTH 2005, S. 98 f.

954 Vgl. zu dem in Rede stehenden Zustimmungserfordernis Tabelle 33, Rn. 2.4 lit. b), gleichlautend DCGK 2010, Rn. 5.5.4 i. V. m. § 114 AktG sowie weiterführend HABERSACK 2008, Rn. 1-39 zu § 114 AktG, S. 1181-1197; HOFFMANN-BECKING 2007e, Rn. 35-43, S. 476-478; HOPT/ROTH 2005, Rn. 1-73 zu § 114 AktG, S. 1290-1316; HÜFFER 2010, Rn. 1-8 zu § 114 AktG, S. 611-614; KREMER 2010, Rn. 1143-1151, S. 318-320; LUTTER/KRIEGER 2008, Rn. 858-878, S. 329-339; MERTENS 1996, Rn. 1-14 zu § 114 AktG, S. 625-630; MESSOW 2008, S. 282 sowie PFITZER/HÖRETH 2005, S. 197 f.

955 Für Einzelheiten zur Überwachungsaufgabe des Aufsichtsrats vgl. bereits die Ausführungen in Abschn. II. C.5.b)(2)(c) dieses Hauptteils.

Pflichten, fallen und daher nicht bereits durch die Aufsichtsratsvergütung[956] abgegolten sind.[957] Damit sich der Aufsichtsrat davon überzeugen kann, dass der zu beurteilende Vertrag keine verdeckten Sonderzuwendungen an das Aufsichtsratsmitglied enthält und damit zustimmungsfähig ist, sind ihm zumindest die wesentlichen Vertragsinhalte, das heißt die konkrete Tätigkeit des Aufsichtsratsmitglieds sowie die dafür vereinbarte Vergütung, vor der Beschlussfassung offenzulegen.[958] Es ist darauf hinzuweisen, dass von der Zustimmungspflicht des Aufsichtsrats nicht nur Verträge der Gesellschaft mit dem Aufsichtsratsmitglied selbst, sondern grundsätzlich auch Verträge mit Unternehmen erfasst werden, an denen das Aufsichtsratsmitglied als gesetzlicher Vertreter, Gesellschafter oder Mitglied des Aufsichtsrats beteiligt ist.[959] Zudem unterliegen der Zustimmungspflicht bei Vorliegen eines Konzerns nach herrschender Meinung auch Verträge eines Aufsichtsratsmitglieds der Obergesellschaft mit einer Tochtergesellschaft.[960]

Ein interessenkonfliktbehafteter Sachverhalt in Person eines Aufsichtsratsmitglieds, welcher zwingend eine Offenlegung gegenüber dem Aufsichtsrat nach sich zu ziehen hat, ist - wie bereits im Zusammenhang mit dem Vorstand konstatiert - [961] in den so genannten Directors` Dealings[962] zu sehen. Daneben

---

956 Zur Aufsichtsratsvergütung vgl. Abschn. II. C.5.b)(2)(e) dieses Hauptteils.

957 Vgl. HABERSACK 2008, Rn. 22-24 zu § 114 AktG, S. 1189-1191; HÜFFER 2010, Rn. 4 f. zu § 114 AktG, S. 613 sowie KREMER 2010, Rn. 1144, S. 318.

958 Vgl. hierzu etwa HOFFMANN-BECKING 2007e, Rn. 42, S. 478; HÜFFER 2010, Rn. 6 zu § 114 AktG, S. 613; LUTTER/KRIEGER 2008, Rn. 862, S. 332 f.; MESSOW 2008, S. 282; MERTENS 1996, Rn. 4 zu § 114 AktG, S. 626 und POTTHOFF/TRESCHER 2003, Rn. 1877, S. 461.

959 Für Einzelheiten hierzu vgl. HOFFMANN-BECKING 2007e, Rn. 41, S. 478; HOPT/ROTH 2005, Rn. 68 zu § 114 AktG, S. 1315 sowie HÜFFER 2010, Rn. 2a zu § 114 AktG, S. 611 f.

960 Vgl. etwa HOPT/ROTH 2005, Rn. 67 zu § 114 AktG, S. 1314 f.; LUTTER/KRIEGER 2008, Rn. 876, S. 338; PFITZER/HÖRETH 2005, S. 197 f.; POTTHOFF/TRESCHER 2003, Rn. 1881 f., S. 462; a. A. MERTENS 1996, Rn. 8 zu § 114 AktG, S. 627 f.

961 Vgl. hierzu Abschn. II. C.5.b)(1)(d) dieses Hauptteils.

962 Zur gesetzlichen Regelung der Directors' Dealings vgl. § 15 a WpHG sowie weiterführend BAFIN 2009, S. 83-104; HAGEN-ECK/WIRSCH 2007, S. 507-509; MARSCH-BARNER 2009, Rn. 259-267, S. 785-788 und SCHÄFER 2009a, Rn. 1-26, S. 671-682.

ist der Aufsichtsrat insbesondere auch über solche (potenzielle) Interessenkonflikte seiner Mitglieder in Kenntnis zu setzen, die im Zuge einer Beratungstätigkeit oder Organfunktion bei Kunden, Lieferanten, Kreditgebern oder sonstigen Geschäftspartnern begründet werden können.[963] Die Offenlegung betrifft sowohl jeden kurzfristigen einzelfallbezogenen als auch jeden dauerhaft wirkenden Interessenkonflikt und hat spätestens zu erfolgen, wenn er Konsequenzen für die Beratungen des Aufsichtsrats haben kann.[964] Der Umfang der Offenlegung hat sich an der Zielsetzung auszurichten, den Aufsichtsrat in die Lage zu versetzen, den Kern des (potenziellen) Interessenkonflikts umfassend nachvollziehen zu können.

Werden dem Aufsichtsrat potenzielle oder tatsächlich eingetretene Interessenkonflikte bekannt, dann hat dieser hierauf einzelfallbezogen und angemessen zu reagieren.[965] Die Reaktionsmöglichkeiten reichen dabei von der Stimmenthaltung bei den den (potenziellen) Interessenkonflikt ausmachenden Beschlussfassungen über die Nichtteilnahme an den Beratungen zu Tagungsordnungspunkten, die von dem Interessenkonflikt tangiert sind, bis zum Ruhenlassen des Amtes für die Dauer des Interessenkonflikts.[966] Liegen in der Person eines Aufsichtsratsmitglieds wesentliche und nicht nur vorübergehende Interessenkonflikte vor, so sollen diese sogar - als Ultima Ratio - zur Beendigung

---

963 Vgl. Tabelle 33, Rn. 2.4 lit. c), ebenso DCGK 2010, Rn. 5.5.2; ergänzend vgl. HORNBERG 2006, S. 241 f.; KREMER 2010, Rn. 1122-1134, S. 314-316; MESSOW 2008, S. 281; PELTZER 2003a, Rn. 255, S. 94; PFITZER/HÖRETH 2005, S. 195 f.; STRIEDER 2005b, S. 126 f.

964 Vgl. hierzu und in der Folge KREMER 2010, Rn. 1126 f., S. 315 sowie PFITZER/HÖRETH 2005, S. 195.

965 Vgl. in diesem Sinne SEIBT 2003a, S. 476.

966 Vgl. HOPT 2004, S. 32-35, KREMER 2010, Rn. 1131, 1142, S. 315-317; LUTTER/KRIEGER 2008, Rn. 900-903, S. 348 f.; POTTHOFF/TRESCHER 2003, Rn. 931 f., S. 236 f.; SEIBT 2003a, S. 476; SEMLER/STENGEL 2003, S. 2-6 und WARDENBACH 1996, S. 328-332.

des Mandats führen.[967] Dies kann per Amtsniederlegung oder gerichtlicher Abberufung aus wichtigem Grund[968] geschehen.[969]

Aus Agency-theoretischer Perspektive sind sowohl die Zustimmungsvorbehalte des Aufsichtsrats zu interessenkonfliktbehafteten Handlungen und Geschäften seiner Mitglieder als auch die Verpflichtung der Aufsichtsratsmitglieder zur Offenlegung (potenzieller) Interessenkonflikte gegenüber dem Supervisor als spezifische Formen des Preventive Self Monitoring zu charakterisieren, mit welchen der Gefahr eines Moral Hazard der Aufsichtsratsmitglieder[970] begegnet werden sollen.[971] Während dabei im vorliegenden Kontext - analog zur Ebene des Vorstands - [972] der Moral Hazard in Gestalt von Differencial Risk Exposure und Differencial Horizons die Entscheidungssituation im Rahmen von Directors` Dealings anspricht und sich darin zeigt, dass der Aufsichtsrat als Nutzenmaximierer entsprechend seiner eigenen Präferenzen und nicht derjenigen der Anteilseigener handelt, äußert sich der Moral Hazard in seiner Ausprägung als Consumption on the Job in der Entnahme von Unternehmensmitteln, wozu die Inanspruchnahme verbilligter Kredite und - sofern damit verdeckte Sonderzahlungen verbunden sind - der Abschluss von Dienstleistungs- oder Werkverträgen der Aufsichtsratsmitglieder mit der Gesellschaft gezählt werden können. Moral Hazard in Form von Shirking betrifft hingegen im vorliegenden Zusammenhang die weiteren Tätigkeiten der Aufsichtsratsmitglieder, wie insbesondere die Beratungs- oder Organfunkti-

---

967 Vgl. hierzu Tabelle 33, Rn. 2.4 lit. d), gleichlautend DCGK 2010, Rn. 5.5.3 Satz 2 sowie ergänzend HORNBERG 2006, S. 241-243; KREMER 2010, Rn. 1141 f., S. 317; MESSOW 2008, S. 282; PFITZER/HÖRETH 2005, S. 196 f.; POTTHOFF/TRESCHER 2003, Rn. 925 f., S. 234 f.

968 Zur gesetzlichen Grundlage vgl. § 103 Abs. 3 i. V. m. § 84 Abs. 3 Satz 2 AktG.

969 Vgl. hierzu HOPT 2004, S. 34 und KREMER 2010, Rn. 1141 f., S. 317.

970 Betroffen sind, wie die nachfolgenden Ausführungen zeigen werden, die Fallgruppen (4)(a) bis (4)(d) in der Abbildung 24 zur Typisierung von Principal-Agent-Konflikten bezüglich des Aufsichtsrats.

971 Vgl. hierzu und in der Folge bereits Abschn. I. C.2 des Ersten Hauptteils sowie Abschn. II. C.5.a)(1)(b)(iii) dieses Hauptteils.

972 Vgl. hierzu Abschn. II. C.5.b)(1)(d) dieses Hauptteils.

onen bei Geschäftspartnern, die - vor dem Hintergrund der Professionalisierung des Aufsichtsrats[973] - erhebliche Zeitressourcen binden und damit zu einem verminderten Arbeitseinsatz im Rahmen der Überwachungsaufgabe führen können. Die in Rede stehenden Zustimmungsvorbehalte des Aufsichtsrats und Informationspflichten seiner Mitglieder können - in Analogie zu den Überlegungen auf Vorstandsebene - [974] darüber hinaus auch als Bonding-Mechanismen verstanden werden, da ihre Vereinbarung in der Geschäftsordnung für die Aufsichtsratsmitglieder eine Einschränkung ihrer Verfügungsmacht und damit einen Verzicht auf einen Teil ihres maximal möglichen Nutzens aus opportunistischem Verhalten bedeutet.

Aus den mit Interessenkonflikten der Aufsichtsratsmitglieder im Zusammenhang stehenden Mechanismen der internen Corporate Governance und der Agency-theoretischen Überprüfung ihrer Wirkungsweisen ist zuvorderst die Notwendigkeit einer Unterrichtung der Berichtsadressaten über diejenigen in der Geschäftsordnung niedergelegten Sachverhalte abzuleiten, die aus der Perspektive des Aufsichtsrats mit einem erhöhten Risiko eines Interessenkonflikts verbunden sind und deshalb entweder seiner vorherigen Zustimmung bedürfen oder gegenüber ihm rechtzeitig offenzulegen sind. (Tabelle 68, Rn. 2.4.1). Auf der Grundlage dieser Informationsübermittlung soll es den Berichtsadressaten ermöglicht werden, die Gefahr eines Moral Hazard der Aufsichtsratsmitglieder besser abschätzen zu können, welche darin besteht, dass sich diese im Zuge von Differencial Risk Exposure, Differencial Horizons, Shirking und/ oder Consumption on the Job nicht entsprechend den Interessen der Aktionäre verhalten. Als interessenkonfliktbehaftete Handlungen und Geschäfte der Aufsichtsratsmitglieder, die einer vorherigen Zustimmung des Aufsichtsrats unterliegen, kommen insbesondere Kreditgewährungen der Gesellschaft an die Mitglieder des Aufsichtsrats und ihre Angehörigen sowie Dienstleistungs- und Werkverträge der Aufsichtsratsmitglieder mit der Gesellschaft in Betracht. Im Hinblick auf interessenkonfliktbehaftete Sachverhalte,

---

973 Zur Professionalisierung des Aufsichtsrats vgl. ausf. LENTFER 2005, S. 383-395.

974 Vgl. hierzu Abschn. II. C.5.b)(1)(d) dieses Hauptteils.

die eine Offenlegung gegenüber dem Aufsichtsrat nach sich ziehen, sind zum einen die Directors` Dealings und zum anderen Beratungsmandate oder Organfunktionen der Aufsichtsratsmitglieder bei Kunden, Lieferanten, Kreditgebern oder sonstigen Geschäftspartnern von besonderer Bedeutung.

Im Corporate Governance Statement hat darüber hinaus eine Berichterstattung sowohl über die im Berichtszeitraum seitens des Aufsichtsrats erteilten Zustimmungen zu interessenkonfliktbehafteten Handlungen und Geschäfte der Aufsichtsratsmitglieder als auch über die dem Aufsichtsrat in der Berichtsperiode bekannt gewordenen (potenziellen) Interessenkonflikte in Person der Aufsichtsratsmitglieder und deren Behandlung zu erfolgen (Tabelle 68, Rn. 2.4.2 und Rn. 2.4.3).[975] Optionen zum Umgang mit offengelegten Interessenkonflikten bilden die Stimmenthaltung bei den den (potenziellen) Interessenkonflikt ausmachenden Beschlussfassungen, die Nichtteilnahme an den Beratungen zu Tagungsordnungspunkten, die von dem Interessenkonflikt betroffen sind, das Ruhenlassen des Amtes für die Dauer des Interessenkonflikts sowie bei Vorliegen wesentlicher und nicht nur vorübergehender Interessenkonflikte die Beendigung des Mandats per Amtsniederlegung oder gerichtlicher Abberufung aus wichtigem Grund.

---

975 Für eine Offenlegung von Gegenstand und Entgelt zustimmungspflichtiger Verträge vgl. für Österreich ÖCGK 2010, Rn. 49 sowie ähnlich DCGK 2010, Rn. 5.4.6 Unterabs. 3 Satz 2 und für den schweizerischen Rechtsraum RLCG 2008, Rn. 3.2. Zur Offenlegung gewährter Kredite und genehmigter Aufsichtsratsmandate vgl. bereits ähnlich § 285 Nr. 9 lit. c) und Nr. 10 HGB sowie zur Offenlegung bekannt gewordener Interessenkonflikte in der Person eines Aufsichtsratsmitglieds und deren Behandlung DCGK 2010, Rn. 5.5.3 Satz 1; ferner EMPFEHLUNG 2005/162/EG, Rn. 9.2, S. 56 und UNCTAD 2006, S. 22.

(e) Vergütung

Für seine Überwachungsleistung ist dem Aufsichtsrat im Gegenzug eine angemessene Vergütung zu gewähren.[976] Die Festlegung des zugrunde liegenden Vergütungssystems und damit verbunden auch der individuellen Vergütung der einzelnen Aufsichtsratsmitglieder selbst erfolgt dabei durch Beschluss der Hauptversammlung oder in der Satzung.[977] Eine Beteiligung der Verwaltungsorgane besteht lediglich in der Unterbreitung eines Beschlussvorschlags.[978] Als Kriterien für die Angemessenheit der Vergütung dienen einerseits die Verantwortung sowie der Tätigkeitsumfang des jeweiligen Aufsichtsratsmitglieds und andererseits die wirtschaftliche Lage sowie der Erfolg des Konzerns.[979] Zudem sollen bei der Vergütung die Übernahme des Vorsitzes und des stellvertretenden Vorsitzes im Aufsichtsrat sowie der Vorsitz und die Mitgliedschaft in Ausschüssen Berücksichtigung finden.

---

976 Wenngleich gem. § 113 Abs. 1 Satz 1 AktG kraft Gesetzes zwar kein Anspruch auf eine Vergütung besteht (bestätigend vgl. HABERSACK 2008, Rn. 27 zu § 113 AktG, S. 1162 f.; HOPT/ROTH 2005, Rn. 9 zu § 113 AktG, S. 1224 f.; LENTFER 2005, S. 569; SPINDLER 2007, Rn. 6 zu § 113 AktG, S. 1259), so entspricht es dennoch allgem. Übung, dass den Aufsichtsratsmitgliedern eine solche gewährt wird; vgl. etwa THEISEN 1987, S. 444 f. sowie VETTER 2008, S. 2.

977 Vgl. Tabelle 33, Rn. 2.5 lit. a) Satz 1, gleichlautend DCGK 2010, Rn. 5.4.6 Unterabs. 1 Satz 1 i. V. m. § 113 Abs. 1 Satz 2 AktG sowie ergänzend HABERSACK 2008, Rn. 28-36 zu § 113 AktG, S. 1163-1166; HÜFFER 2010, Rn. 3 zu § 113 AktG, S. 608; KREMER 2010, Rn. 1078, S. 304; LENTFER 2005, S. 569-571; PELTZER 2003a, Rn. 230, S. 88; PFITZER/HÖRETH 2005, S. 190 und SEMLER/WAGNER 2009b, Rn. 14-26, S. 664-666.

978 Vgl. hierzu § 124 Abs. 3 Satz 1 AktG sowie ergänzend LENTFER 2005, S. 569 und SEMLER/WAGNER 2009b, Rn. 22, S. 666.

979 Vgl. hierzu und in der Folge Tabelle 33, Rn. 2.5 lit. a) Satz 2, 3, ebenso DCGK 2010, Rn. 5.4.6 Unterabs. 1 Satz 2, 3 i. V. m. § 113 Abs. 1 Satz 3 AktG sowie ergänzend HABERSACK 2008, Rn. 4 zu § 113 AktG, S. 1152 f.; HOPT/ROTH 2005, Rn. 144-147 zu § 113 AktG, S. 1279-1281; MERTENS 1996, Rn. 12-15 zu § 113 AktG, S. 617 f.; PELTZER 2003a, Rn. 231-239, S. 88-90; PFITZER/HÖRETH 2005, S. 190 f. und STRIEDER 2005b, S. 123. Eine Differenzierung der Vergütung entsprechend des Tätigkeitsumfangs und der Funktionen im Aufsichtsrat ist nach einhelliger Auffassung im Schrifttum mit dem aktienrechtlichen Gleichbehandlungsgrundsatz problemlos vereinbar; vgl. hierzu etwa HABERSACK 2008, Rn. 4 zu § 113 AktG, S. 1152 f.; HOPT/ROTH 2005, Rn. 68, 145 zu § 113 AktG, S. 1252 f., 1280; LUTTER/KRIEGER 2008, Rn. 843, S. 323; RAIBLE/VAUPEL 2007, S. 152 und VETTER 2009b, Rn. 47, S. 1004 f.

Die Gesamtvergütung der Aufsichtsratsmitglieder beinhaltet monetäre Vergütungsteile sowie Nebenleistungen jeder Art und Versorgungszusagen, wobei die letztgenannte Vergütungskomponente nur für hauptamtlich tätige Aufsichtsratsvorsitzende vorzusehen ist.[980] Die monetäre Vergütung soll dabei neben fixen auch erfolgsorientierte Komponenten umfassen.[981] Die fixen Vergütungsteile (jährliche Grundvergütung, Sitzungsgelder[982]) sind dabei so hoch zu bemessen, dass auch in wirtschaftlich schwierigen Zeiten der Arbeitsaufwand und die Verantwortung der Aufsichtsratsmitglieder angemessen abgegolten werden können.[983] Gleichzeitig ist eine Höchstgrenze der erfolgsorientierten Vergütung festzulegen.[984] Analog zum Vorstand[985] sollten die erfolgsorientierten Vergütungsbestandteile des Weiteren an die Erfüllung von im Voraus festgelegten, messbaren Leistungskriterien geknüpft sein.

---

980 Vgl. HABERSACK 2008, Rn. 9-13 zu § 113 AktG, S. 1155-1158; HOPT/ROTH 2005, Rn. 32, 34, 147 zu § 113 AktG, S. 1233 f., 1280 f.; MERTENS 1996, Rn. 11 zu § 113 AktG, S. 617.

981 Vgl. hierzu Tabelle 34, Rn. 2.5 lit. b) Satz 1, ferner DCGK 2010, Rn. 5.4.6 Unterabs. 2 Satz 1 sowie ergänzend HOPT/ROTH 2005, Rn. 148-150 zu § 113 AktG, S. 1281 f.; KREMER 2010, Rn. 1092-1094, S. 307 f.; PELTZER 2003a, Rn. 240 f., S. 90 f.; PFITZER/HÖRETH 2005, S. 191 und STRIEDER 2005b, S. 123. Die Zweckmäßigkeit variabler Komponenten im Allgemeinen und erfolgsorientierter Elemente im Besonderen als Bestandteile der Aufsichtsratsvergütung wird im Schrifttum zum Teil in Zweifel gezogen; vgl. in Bezug auf die variable Vergütung stellv. FALLGATTER 2004, S. 461 und hinsichtlich der erfolgsorientierten Entlohnung u. a. ARBEITSKREIS 2006b, S. 1629; BISCHOF 2006, S. 2633; LENTFER 2005, S. 595. Vor diesem Hintergrund ist das Petitum zu sehen, die erfolgsorientierten Vergütungselemente, die sich am Erfolg des Unternehmens (Output) bemessen, durch sog. verhaltens- bzw. leistungsorientierte Vergütungen, welche an den persönlichen Leistungen der Vergütungsempfänger (Input) anknüpfen, zu substituieren; vgl. hierzu etwa ARBEITSKREIS 2006b, S. 1629 f. sowie LENTFER 2005, S. 592-595.

982 Sitzungsgelder werden überwiegend der fixen Vergütung zugerechnet; vgl. stellv. HARTMANN 2002, S. 36; MARSCH-BARNER 2005, S. 415 und VETTER 2008, S. 2; als variabel qualifizierend vgl. hingegen LENTFER 2005, S. 589.

983 Vgl. KREMER 2010, Rn. 1093, S. 308; SEMLER/WAGNER 2009b, Rn. 32, S. 667. Nach Auffassung des *DAI* (vgl. DAI 2003, S. 30) dürfte - bezogen auf ein einfaches Aufsichtsratsmitglied - ein Anteil von 50 % des Fixums an der Gesamtvergütung diesem Gedanken Rechnung tragen. Anderen Stimmen im Schrifttum zufolge sollte die erfolgsunabhängige Vergütung sogar überwiegen; vgl. etwa RAIBLE/VAUPEL 2007, S. 151.

984 Vgl. in diesem Sinne etwa HOPT/ROTH 2005, Rn. 66 zu § 113 AktG, S. 1251.

985 Vgl. hierzu die Ausführungen in Abschn. II. C.5.b)(1)(e) dieses Hauptteils.

Hinsichtlich ihrer Struktur sollte die erfolgsorientierte Vergütung - neben jährlich wiederkehrenden, an den geschäftlichen Erfolg gebundenen Elementen - auch auf den langfristigen Unternehmenserfolg bezogene Komponenten umfassen.[986] Als jährlich wiederkehrende erfolgsabhängige Vergütungsbestandteile werden dabei den Aufsichtsratsmitgliedern in erster Linie dividenden- und gewinnorientierte Tantiemen gewährt; vereinzelt treten mittlerweile in- und externe Erfolgskriterien hinzu.[987] Als langfristig ausgerichtete erfolgsorientierte Vergütungselemente kommen zunächst Aktien der Gesellschaft mit mehrjähriger Veräußerungssperre in Betracht.[988] Hingegen können den Aufsichtsratsmitgliedern - im Gegensatz zu den Mitgliedern des Vorstands - keine Aktienoptionen als Vergütungsbestandteil eingeräumt werden, und zwar weder durch den Rückkauf von Aktien noch mithilfe von Wandelschuldverschreibungen.[989] Nach herrschender Meinung im Schrifttum ist jedoch die Vergütung des Supervisors etwa durch schuldrechtliche Nachbildungen von Aktienoptionen in Gestalt so genannter virtueller Aktienoptionen[990] als zuläs-

---

986 Vgl. hierzu Tabelle 34, Rn. 2.5 lit. b) Satz 2, gleichlautend DCGK 2010, Rn. 5.4.6 Unterabs. 2 Satz 2 sowie kommentierend HOPT/ROTH 2005, Rn. 151 zu § 113 AktG, S. 1282; KREMER 2010, Rn. 1095-1101, S. 308-310; MESSOW 2008, S. 278 f.; PFITZER/HÖRETH 2005, S. 192 und STRIEDER 2005b, S. 123 f. Für eine diesbezügliche Zusammensetzung der variablen Vergütung plädiert auch DAI 2003, S. 30-35.

987 Vgl. etwa RAIBLE/VAUPEL 2007, S. 154; ferner DAI 2003, S. 30-33; POTTHOFF/TRESCHER 2003, Rn. 969, S. 247; SEMLER/WAGNER 2009b, Rn. 34-36, S. 667 f. und SPINDLER 2007, Rn. 38 zu § 113 AktG, S. 1267. Zur Ermittlung der gewinnorientierten Tantieme vgl. § 113 Abs. 3 AktG sowie ergänzend HÜFFER 2010, Rn. 9 zu § 113 AktG, S. 609 f.; KRIEGER 2005, S. 351-361 und SPINDLER 2007, Rn. 42-47 zu § 113 AktG, S. 1268 f. Zur Kritik an den dividenden- und gewinnorientierten Tantiemen vgl. ARBEITSKREIS 2006b, S. 1629; LENTFER 2005, S. 578-580 sowie LUTTER/KRIEGER 2008, Rn. 856, S. 329.

988 Vgl. PELTZER 2004, S. 511; RAIBLE/VAUPEL 2007, S. 155; ferner MARSCH-BARNER 2005, S. 417 f. mit dem Hinweis, dass die Aktien ohne weitere Bedingungen zu übertragen sind; kritisch hingegen LUTTER/KRIEGER 2008, Rn. 852-854, S. 328.

989 Vgl. hierzu BGH-URTEIL vom 16.02.2004, Aktz. II ZR 316/02, Neue Zeitschrift für Gesellschaftsrecht 7 (2004), S. 376 f. sowie dieses interpretierend HABERSACK 2004, S. 721-734; LUTTER/KRIEGER 2008, Rn. 850, S. 327; MEYER/LUDWIG 2004, S. 942 f.; PAEFGEN 2004, S. 1169-1172; RAIBLE/VAUPEL 2007, S. 154; VATER 2004, S. 545-547 und VETTER 2008, S. 4 f.; vgl. überdies EMPFEHLUNG 2009/385/EG, Rn. 4.4, S. 30.

990 Vgl. diesbezüglich BÜCHELE 2006, S. 150; HARTMANN 2002, S. 38; HOLZBORN 2009, Rn. 13 f., S. 1653; MÄGER 1999, S. 1393 und SCHULZ 2010, S. 203-205.

sig anzusehen.[991] Werden derartige Programme seitens der Gesellschaft aufgelegt, dann sollten - analog zu Aktienoptionsprogrammen für Vorstandsmitglieder - [992] relevante Vergleichsparameter, Erwerbs- und Ausübungszeiträume, Wartezeiten, ein Verbot des Repricing sowie ein Cap vereinbart werden.[993] Eine weitere Möglichkeit zur Ausgestaltung der langfristigen Erfolgskomponente besteht schließlich in einer an die Aufsichtsratsmitglieder in Geld zu zahlenden Vergütung in Abhängigkeit von der Entwicklung in- und externer Kennzahlen der Gesellschaft respektive des Konzerns.[994]

Aus Sicht der Agency-Theorie stellt die Vereinbarung einer angemessenen und - induziert durch die Gewährung erfolgsorientierter Vergütungskomponenten mit langfristiger Anreizwirkung - an der nachhaltigen Steigerung des Shareholder Values ausgerichteten Vergütung für die Mitglieder des Aufsichtsrats einen Anreizmechanismus dar, der als klassische Ausprägung des Bonding zu charakterisieren ist und dazu dient, das Risiko eines Moral Hazard in Person der Aufsichtsratsmitglieder zu mindern.[995] Die Gefahr eines Moral Hazard resultiert dabei aus dem Umstand, dass die Aktionäre das Ziel einer nachhaltigen Steigerung des Shareholder Values verfolgen, wohingegen die Mitglieder des Aufsichtsrats unter Umständen entsprechend einer abweichenden Präferenz- und Risikostruktur (Differencial Risk Exposure) sowie damit verbunden

---

991 Vgl. GEHLING 2005, S. 557; HOFFMANN-BECKING 2005, S. 179; HOPT/ROTH 2005, Rn. 47 zu § 113 AktG, S. 1241 f.; HÜFFER 2010, Rn. 10 zu § 113 AktG, S. 610; PLAGEMANN 2007, S. 196; SEMLER/WAGNER 2009b, Rn. 43, S. 669; SPINDLER 2007, Rn. 54 zu § 113 AktG, S. 1272; VETTER 2008, S. 5 sowie VETTER 2009b, Rn. 43, S. 1003; a. A. HABERSACK 2004, S. 732; HABERSACK 2008, Rn. 19 zu § 113 AktG, S. 1160; MEYER/LUDWIG 2004, S. 944 und PAEFGEN 2004, S. 1173.

992 Vgl. hierzu Abschn. II. C.5.b)(1)(e) dieses Hauptteils.

993 Vgl. HOPT/ROTH 2005, Rn. 47, 65 f. zu § 113 AktG, S. 1242, 1251 sowie SEMLER/WAGNER 2009b, Rn. 43, S. 669 f.

994 Vgl. etwa HOPT/ROTH 2005, Rn. 49 zu § 113 AktG, S. 1243 f.; KREMER 2010, Rn. 1101, S. 310; KRIEGER 2005, S. 361-363; LUTTER/KRIEGER 2008, Rn. 857, S. 329; MARSCHBARNER 2005, S. 417 sowie RAIBLE/VAUPEL 2007, S. 155.

995 Vgl. in diesem Sinne ebenso LENTFER 2005, S. 157 f. sowie hierzu und in der Folge bereits Abschn. I. C.2 des Ersten Hauptteils sowie Abschn. II. C.5.a)(1)(b)(iii) dieses Hauptteils.

unter Zugrundelegung eines anderen - in der Regel kürzeren - Anlagehorizonts (Differencial Horizons) agieren. Überdies könnten die Aufsichtsratsmitglieder geneigt sein, einen geringeren Arbeitseinsatz zu erbringen (Shirking), Unternehmensmittel zu entnehmen (Consumption on the Job) und/oder mit dem Vorstand zulasten der Anteilseigner als Principals zu koalieren (Coalitions).[996] Hinsichtlich des letztgenannten Aspekts einer möglichen Koalition zwischen Aufsichtsrat und Vorstand gilt es zu bedenken, dass eine solche durch einen Gleichlauf der Vergütungskriterien auch eine Verstärkung erfahren kann.[997]

Mit Blick auf das Corporate Governance Statement ist vor dem Hintergrund der aufgezeigten Mechanismen der internen Corporate Governance und der Agency-theoretischen Überprüfung ihrer Wirkungsweisen der Schluss zu ziehen, dass den Berichtsadressaten zuvorderst Informationen über das Vergütungssystem für die Aufsichtsratsmitglieder zu übermitteln sind (Tabelle 69, Rn. 2.5.1).[998] Einzugehen ist in diesem Kontext vor allem auf das relative Gewicht zwischen den erfolgsunabhängigen und erfolgsabhängigen Komponenten sowie den Bestandteilen mit langfristiger Anreizwirkung,[999] die im Vorfeld

---

996 Dies betrifft die Fallgruppen (4)(a) bis (4)(e) in der Abbildung 24 zur Typisierung von Principal-Agent-Konflikten bezüglich des Aufsichtsrats.

997 Diese Gefahr betonend vgl. auch ARBEITSKREIS 2006b, S. 1629 und LENTFER 2005, S. 586.

998 Vgl. hierzu auch ARBEITSKREIS 2006a, S. 1070; BÖCKING 2003, S. 268 f.; DAI 2005, S. 69; FREIDANK/WEBER 2008, S. 410; FREIDANK/WEBER 2009, S. 323 sowie aus internationaler Sicht EMPFEHLUNG 2004/913/EG, Rn. 3.1-3.3, S. 56 f.; OECD 2004, S. 25 i. V. m. 64; SWX SWISS EXCHANGE 2007, Rn. 2 zu RLCG 2006, Rn. 5.1, S. 22 f. und UNCTAD 2006, S. 20. Entsprechende Vorgaben für den (Konzern-)Lagebericht enthalten - zumindest für börsennotierte Aktiengesellschaften - die §§ 289 Abs. 2 Nr. 5 und 315 Abs. 2 Nr. 4 HGB. Da es sich bei den Satzungsregelungen und Hauptversammlungsbeschlüssen zur Aufsichtsratsvergütung gem. §§ 36, 37 Abs. 4 Nr. 1, 130 Abs. 5, 181 AktG i. V. m. §§ 8, 8 b Abs. 2 Nr. 1, 9 Abs. 1 Satz 1, Abs. 6 Satz 1 HGB um den Berichtsadressaten zugängliche Informationsquellen handelt, haben die Verfasser des Corporate Governance Statements im Einzelfall abzuwägen, welche Informationen nach dem Grundsatz des komparativen Informationsvorteils der Unternehmensverwaltung (vgl. hierzu ausf. Abschn. II. C.4.c)(3) dieses Hauptteils) Eingang in das Statement finden dürfen.

999 Vgl. DRS 17, Rn. 73; ELLROTT 2010, Rn. 98 zu § 289 HGB, S. 1417; ferner EMPFEHLUNG 2004/913/EG, Rn. 3.3 lit. a), S. 57 und SWX SWISS EXCHANGE 2007, Rn. 3 zu RLCG 2006, Rn. 5.1, S. 23.

festgelegten, messbaren Leistungskriterien, an deren Erfüllung die variable Vergütung knüpft,[1000] die Methoden, mittels derer die Erfüllung der Leistungskriterien konstatiert wird,[1001] die mit den Aufsichtsratsmitgliedern vereinbarten Höchstgrenzen für variable Vergütungskomponenten sowie eine etwaige aktienbezogene Vergütung einschließlich wertpapierorientierter Anreizsysteme der Gesellschaft, wie insbesondere virtuelle Aktienoptionsprogramme.[1002] Die Berichterstattung zur konkreten Ausgestaltung eines virtuellen Aktienoptionsplans oder vergleichbarer Gestaltungen soll dabei primär Angaben zu den zugrunde liegenden Vergleichsparametern, zu Erwerbs- und Ausübungszeiträumen sowie Wartezeiten, zum Repricing, zu vereinbarten Begrenzungsmöglichkeiten (Caps) sowie zum Wert der virtuellen Optionen und seiner Änderung im Zeitablauf umfassen.[1003] Um die Beschreibung des für den Aufsichtsrat implementierten Vergütungssystems zu vervollständigen, hat darüber hinaus eine Darlegung der bedeutendsten Grundsätze hinsichtlich einer etwaigen Altersversorgung zu erfolgen.[1004] Analog zu den Überlegungen zur Vorstandsvergütung[1005] müssen die Berichtsadressaten unter Zugrundelegung der übermittelten Informationen beurteilen können, inwieweit das eingesetzte Vergütungssystem als Bonding-Mechanismus geeignet ist, die individuellen Nutzenfunktionen der Aufsichtsratsmitglieder mit der Zielsetzung der Aktionäre, das heißt einer nachhaltigen Steigerung des Shareholder Values, in Einklang zu bringen, um die Gefahr eines Moral Hazard des Aufsichtsrats zu mindern.

1000 Vgl. ebenso ARBEITSKREIS 2006a, S. 1070; DRS 17, Rn. 73; ELLROTT 2010, Rn. 98 zu § 289 HGB, S. 1417; zudem EMPFEHLUNG 2004/913/EG, Rn. 3.3 lit. b), S. 57 und UNCTAD 2006, S. 20.

1001 Vgl. hierzu und in der Folge zum Vorstand EMPFEHLUNG 2009/385/EG, Rn. 5.2 lit. b), S. 30.

1002 Vgl. ebenso ARBEITSKREIS 2006a, S. 1070; DCGK 2010, Rn. 7.1.3; HOPT/ROTH 2005, Rn. 158 zu § 113 AktG, S. 1284; ferner EMPFEHLUNG 2004/913/EG, Rn. 5.4, S. 58; SWX SWISS EXCHANGE 2007, Rn. 3 zu RLCG 2006, Rn. 5.1, S. 23 sowie UNCTAD 2006, S. 20.

1003 Vgl. in diesem Sinne auch DRS 17, Rn. 73; ELLROTT 2010, Rn. 98 zu § 289 HGB, S. 1417.

1004 Vgl. hierzu bereits EMPFEHLUNG 2004/913/EG, Rn. 3.3 lit. e) i. V. m. Rn. 5.5, S. 57 f.

1005 Vgl. diesbezüglich Abschn. II. C.5.b)(1)(e) dieses Hauptteils.

Um die Adressaten in die Lage zu versetzen, die Angemessenheit der Aufsichtsratsvergütung besser einschätzen können, sind im Corporate Governance Statement des Weiteren individualisiert für jedes Aufsichtsratsmitglied die Höhe und Zusammensetzung der im Berichtszeitraum gewährten Vergütung unter Einbeziehung der zugrunde liegenden Angemessenheitskriterien darzulegen (Tabelle 70, Rn. 2.5.2).[1006] In Bezug auf die Zusammensetzung der Vergütung ist dabei - analog zum Vorstand - [1007] dafür zu plädieren, eine Aufteilung in erfolgsunabhängige und erfolgsabhängige Elemente sowie Komponenten mit langfristiger Anreizwirkung vorzusehen. Während im Zusammenhang mit erfolgsunabhängigen Vergütungskomponenten vor allem die jährliche Grundvergütung und die Sitzungsgelder im Vordergrund stehen, ist bei den erfolgsabhängigen Vergütungselementen in erster Linie auf jährlich wiederkehrende dividenden- respektive gewinnorientierte oder an in- und externen Erfolgskriterien anknüpfende Tantiemen einzugehen. Im Hinblick auf Vergütungsbestandteile mit langfristiger Anreizwirkung ist primär über Aktien der Gesellschaft mit mehrjähriger Veräußerungssperre, schuldrechtliche Nachbildungen von Aktienoptionen in Form virtueller Aktienoptionen oder vergleichbare Gestaltungen und/oder über eine in Geld zu zahlende Vergütung in Abhängigkeit von der Entwicklung in- und externer Kennzahlen der Gesellschaft respektive des Konzerns zu berichten. Aufgeteilt nach erfolgsunabhängigen und erfolgsabhängigen Komponenten sowie Bestandteilen mit langfristiger Anreizwirkung gesondert darzustellen sind schließlich die den Aufsichtsratsmitgliedern gewährten Nebenleistungen und Versorgungszusagen.

1006 Vgl. ebenfalls DCGK 2010, Rn. 5.4.6 Unterabs. 3 Satz 1; FREIDANK/WEBER 2008, S. 410; ferner EMPFEHLUNG 2004/913/EG, Rn. 5.1-5.6, S. 57 f.; ÖCGK 2010, Rn. 51; SWX SWISS EXCHANGE 2007, Rn. 3 zu RLCG 2006, Rn. 5.1, S. 23 und UNCTAD 2006, S. 20; vgl. überdies ARBEITSKREIS 2006a, S. 1070 und BÖCKING 2003, S. 268, die jedoch eine individualisierte Offenlegung ablehnen. Ähnliche, jedoch nicht so weitgehende, Bestimmungen für den (Konzern-)Anhang bzw. (Konzern-)Lagebericht finden sich derzeit bereits in den §§ 285 Nr. 9 lit. a), 289 Abs. 2 Nr. 5, 314 Abs. 1 Nr. 6 lit. a), 315 Abs. 2 Nr. 4 HGB. Da in der Satzung bzw. in den Hauptversammlungsbeschlüssen regelmäßig keine individualisierte Ermittlung der Vergütung pro Aufsichtsratsmitglied erfolgt, dürfte hinsichtlich der in Rede stehenden Informationen der Grundsatz des komparativen Informationsvorteils der Unternehmensverwaltung erfüllt sein.

1007 Vgl. Abschn. II. C.5.b)(1)(e) dieses Hauptteils; ähnlich UNCTAD 2006, S. 20.

(3) Unterstützung des Aufsichtsrats durch den (Konzern-) Abschlussprüfer

(a) Auswahl des (Konzern-)Abschlussprüfers

Es ist eine obligatorische Aufgabe des Aufsichtsrats, in seiner Eigenschaft als Supervisor der Hauptversammlung (Principal) einen Beschlussfassungsvorschlag zur Wahl des (Konzern-)Abschlussprüfers zu unterbreiten.[1008] Das Aufsichtsratsplenum hat dabei den Vorschlag auf die Empfehlung des Prüfungsausschusses zu stützen.[1009] Da der Vorstand keinerlei Einflussmöglichkeiten darauf haben darf, wer seine Tätigkeit überwacht respektive prüft, ist nach herrschender Meinung in der Literatur jegliche Mitwirkung der Unternehmensführung an dem in Rede stehenden Wahlvorschlag abzulehnen.[1010]

Der Wahlvorschlag des Aufsichtsrats ist auf ein im Vorfeld sorgfältig durchzuführendes Auswahlverfahren zu stützen.[1011] Ein solches Auswahlverfahren besteht - analog zur Besetzung des Vorstands und des Aufsichtsrats - [1012] ideal-

---

1008 Vgl. hierzu Tabelle 34, Rn. 3.1 lit. a), gleichzeitig DCGK 2010, Rn. 7.2.1 Unterabs. 1 Satz 1 i. V. m. § 124 Abs. 3 Satz 1 AktG sowie weiterführend HOMMELHOFF 1998, S. 2569 f. und WILLAMOWSKI 2007, Rn. 11 zu § 124 AktG, S. 1416. Die Bestellung des (Konzern-)Abschlussprüfers selbst erfolgt gem. § 119 Abs. 1 Nr. 4 AktG i. V. m. § 318 Abs. 1 Satz 1 HGB durch einen Beschluss der Hauptversammlung, d. h. durch die Aktionäre. Für Versicherungsunternehmen gilt nach § 341 k Abs. 2 Satz 1 HGB eine Sonderregel, wonach der (Konzern-)Abschlussprüfer vom Aufsichtsrat bestimmt wird.

1009 Vgl. § 124 Abs. 3 Satz 2 AktG sowie ergänzend ERNST/SEIDLER 2008, S. 667 f.; STRUNK 2009, S. 181-185 und Abschn. II. C.5.b)(2)(b) dieses Hauptteils.

1010 Vgl. hierzu exemplarisch BAETGE/LUTTER 2003, S. 3; HÜFFER 2010, Rn. 13 zu § 124 AktG, S. 683; KROPFF 2009a, Rn. 196, S. 421; POTTHOFF/TRESCHER 2003, Rn. 1354, S. 336; WILLAMOWSKI 2007, Rn. 11 zu § 124 AktG, S. 1416 und ZIEMONS 2008, Rn. 22 zu § 124 AktG, S. 1377 f.; moderater hingegen SCHEFFLER 2004, S. 273. Die Mechanismen der internen Corporate Governance im Zusammenhang mit der Auswahl des (Konzern-) Abschlussprüfers sind analog auf den Prüfer für die prüferische Durchsicht der Zwischenberichterstattung anzuwenden, der jedoch regelmäßig mit dem (Konzern-) Abschlussprüfer identisch sein dürfte; vgl. HÜFFER 2010, Rn. 13 zu § 124 AktG, S. 683.

1011 Vgl. in diesem Sinne HOMMELHOFF 1998, S. 2569; HUWER 2008, S. 173; POTTHOFF/ TRESCHER 2003, Rn. 1354 f., S. 336 sowie SEMLER 2009a, Rn. 59, S. 16.

1012 Vgl. hierzu Abschn. II. C.5.b)(1)(a) und C.5.b)(2)(a) dieses Hauptteils.

typisch aus der Formulierung eines Anforderungsprofils, der Suche nach geeigneten Kandidaten sowie ihrer zielorientierten Bewertung und Auswahl.[1013] Im Hinblick auf das Anforderungsprofil steht dabei zunächst die Unabhängigkeit des Prüfers im Vordergrund. So soll das Aufsichtsratsplenum beziehungsweise der Prüfungsausschuss von jedem potenziellen Prüfer eine Erklärung einholen, ob und gegebenenfalls welche geschäftlichen, finanziellen, persönlichen oder sonstigen Beziehungen zwischen dem (Konzern-)Abschlussprüfer und seinen Organen sowie Prüfungsleitern einerseits und dem Konzern sowie seinen Organmitgliedern andererseits bestehen, die seine Unabhängigkeit in Zweifel ziehen können.[1014] Diese so genannte Unabhängigkeitserklärung[1015] soll sich auch darauf beziehen, in welchem Umfang im vorherigen Geschäftsjahr andere Leistungen für den Konzern, insbesondere Beratungstätigkeiten, erbracht wurden respektive für das folgende Jahr vertraglich vorgesehen sind.[1016] Neben der Unabhängigkeit hat der Aufsichtsrat im Rahmen des Anforderungsprofils auch ein besonderes Augenmerk auf Qualitätssicherungsmaßnahmen der potenziellen Prüfer zu legen.[1017] Ein Nachweis für die notwendige Qualität kann dabei in einer wirksamen Bescheinigung über die Teilnahme an der externen Qualitätskontrolle (so genannter Peer Review) gesehen werden, welche dementsprechend von den potenziellen Prüfern einzu-

---

1013 Vgl. in diesem Sinne auch POTTHOFF/TRESCHER 2003, Rn. 1354 f., S. 336.

1014 Vgl. hierzu Tabelle 34, Rn. 3.1 lit. a), ferner DCGK 2010, Rn. 7.2.1 Unterabs. 1 Satz 1 sowie weiterführend KREMER 2010, Rn. 1356-1358, S. 355 f.; PELTZER 2003a, Rn. 298 f., S. 103 f.; STRIEDER 2005b, S. 147 f. sowie STÜRZ/HARMS 2005, S. 280-289. Die Kriterien im Rahmen der sog. Unabhängigkeitserklärung basieren im Wesentlichen auf den gesetzlichen Anknüpfungspunkten bei den Ausschlussgründen i. S. d. §§ 319, 319 a und 319 b HGB; vgl. hierzu IDW PS 345, Rn. 45 sowie KREMER 2010, Rn. 1358, S. 355. § 321 Abs. 4a HGB und § 171 Abs. 1 Satz 3 AktG sehen flankierend eine nachgelagerte Unabhängigkeitserklärung vor.

1015 Für einen Formulierungsvorschlag vgl. IDW PS 345, Anhang 2.

1016 Vgl. hierzu Tabelle 34, Rn. 3.1 lit. b), entsprechend DCGK 2010, Rn. 7.2.1 Unterabs. 1 Satz 2 sowie ergänzend PELTZER 2003a, Rn. 300, S. 104; STRIEDER 2005b, S. 147 f. und STÜRZ/HARMS 2005, S. 289 f.

1017 Vgl. ebenso DENEKE 2008, S. 255 f.; HUWER 2008, S. 173 f. sowie im Ergebnis POTTHOFF/TRESCHER 2003, Rn. 1355, S. 336.

fordern ist.[1018] Darüber hinaus hat der Aufsichtsrat eine Qualitätsstruktur für den Prüfungsauftrag zu entwickeln, welche von den potenziellen Prüfern zu erfüllen ist.[1019]

Im Rahmen der Kandidatensuche ist der Aufsichtsrat zum einen dazu angehalten, die Kriterien der Unabhängigkeit und Qualitätssicherung auf den bisherigen (Konzern-)Abschlussprüfer zu projizieren und diesen einer entsprechenden Evaluation zu unterziehen.[1020] Zum anderem obliegt es dem Aufsichtsrat, sich einen Überblick über den Prüfermarkt zu verschaffen und diesen unter Berücksichtigung des festgelegten Anforderungsprofils zu sondieren. Darüber hinaus hat der Aufsichtsrat darauf zu achten, die konkrete Kandidatensuche so frühzeitig zu einzuleiten, dass genügend Zeit für eine profunde Bewertung und Auswahl verbleibt.[1021] Im Rahmen der Bewertung und Auswahl gilt es mitunter zu beachten, dass eine (externe) Rotation des (Konzern-)Abschlussprüfers dem Unabhängigkeitsaspekt zuträglich sein kann,[1022] ein (zu) häufiger Wechsel jedoch negative Auswirkungen auf die Effektivität der (Konzern-)Abschlussprüfung hat und folglich mit hohen Agency-Kosten verbunden ist.[1023]

1018 Vgl. in diesem Sinne auch HUWER 2008, S. 174; KREMER 2010, Rn. 1350, S. 354 sowie VELTE 2009a, S. 104. Zur Qualitätskontrolle i. S. d. § 57 a WPO vgl. insbes. IDW PS 140, Rn. 1-117. Weitere Hinweise zu Qualitätssicherungsmaßnahmen potenzieller Prüfer können sich auch aus dem sog. Transparenzbericht i. S. d. § 55 c WPO ergeben, wonach gem. Satz 2 Nr. 3 u. a. das interne Qualitätssicherungssystem zu beschreiben und eine Erklärung seitens des Prüfers im Hinblick auf seine Durchsetzung abzugeben ist. Zum Transparenzbericht vgl. NAUMANN/HAMANNT 2007, S. 905-907 und aus empirischer Sicht OSTERMEIER 2009, S. 133-142.

1019 Vgl. diesbezüglich bereits BAETGE/LUTTER 2003, S. 3.

1020 Vgl. hierzu und in der Folge ähnlich POTTHOFF/TRESCHER 2003, Rn. 1354 f., S. 336.

1021 Vgl. hierzu die analogen Ausführungen zur Besetzung des Vorstands und des Aufsichtsrats in Abschn. II. C.5.b)(1)(a) und C.5.b)(2)(a) dieses Hauptteils.

1022 Vgl. hierzu ausführlich mit Hinweisen auf modelltheoretische Überlegungen und empirische Untersuchungen QUICK 2004, S. 493-498.

1023 Zu den Vor- und Nachteilen eines Prüferwechsels vgl. bereits LUIK 1976, S. 237-239.

Aus Agency-theoretischer Sicht betreffen die Mechanismen der internen Corporate Governance im Kontext der Auswahl des (Konzern-)Abschlussprüfers eine Konfliktsituation vor Vertragsabschluss.[1024] Der Prüfer als Agent verfügt in dieser Phase der Vertragsbeziehung über Informationen im Hinblick auf seine persönlichen Eigenschaften und Fähigkeiten, die sowohl seine Verhaltensweise als auch das Auftragsergebnis bestimmen.[1025] Da sowohl die Aktionäre als auch der Aufsichtsrat als Principals die Charakteristika des (Konzern-) Abschlussprüfers, wie insbesondere seine Unabhängigkeit und Qualität, nicht kennen, besteht für diese die Gefahr, einen Prüfer mit eingeschränkter Urteilsfähigkeit auszuwählen (Adverse Selection).[1026] Die Vermeidung jeglicher Einflussmöglichkeit des Vorstands auf die Auswahl des ihn Prüfenden sowie die Durchführung eines geeigneten Auswahlverfahrens durch den Aufsichtsrat im Vorfeld des Wahlvorschlags sollen eben dieser Gefahr entgegenwirken. Letztgenannter Lösungsansatz ist dabei aus Agency-theoretischer Sicht als Screening zu klassifizieren.[1027]

Hinsichtlich des Corporate Governance Statements ist vor dem Hintergrund der aufgezeigten Mechanismen der internen Corporate Governance und der Agency-theoretischen Überprüfung ihrer Wirkungsweisen der Schluss zu ziehen, dass zum einen über die Mitwirkung des Vorstands am Beschlussfas-

---

1024 Dies gilt sowohl für eine Erst- als auch für eine Wiederbestellung von (Konzern-) Abschlussprüfern. Wie auch bereits im Zusammenhang mit dem Vorstand und dem Aufsichtsrat thematisiert, ist es auch denkbar, die Wiederbestellung als eine Situation nach Vertragsabschluss zu klassifizieren. In diesem Fall wäre als zugrunde liegender Principal-Agent-Konflikt der Moral Hazard mit seinen spezifischen Ausprägungen zu eruieren. Vgl. hierzu Abschn. II. C.5.a)(1)(b)(iii) dieses Hauptteils.

1025 Vgl. hierzu und in der Folge bereits Abschn. I. C.2 des Ersten Hauptteils sowie auch Abschn. II. C.5.a)(1)(b)(iii) dieses Hauptteils.

1026 Dies entspricht der Fallgruppe (5) in der Abbildung 26.

1027 Die Self Selection und das Signalling als weitere Möglichkeiten zur Vermeidung einer Adverse Selection unterliegen derzeit weder direkt noch indirekt einer Normierung und dürften einer solchen auch kaum zugänglich sein, so dass diese im Rahmen der vorliegenden Betrachtung als Lösungsmöglichkeiten ausscheiden. Zu entsprechenden Überlegungen im Zusammenhang mit dem Vorstand und dem Aufsichtsrat vgl. Abschn. II. C.5.b)(1)(a) sowie C.5.b)(2)(a) dieses Hauptteils.

sungsvorschlag des Aufsichtsrats zur Wahl des (Konzern-)Abschlussprüfers zu berichten ist (Tabelle 71, Rn. 3.1.1). Den Berichtsadressaten ist hierbei eine Einschätzung zu ermöglichen, ob der Supervisor Aufsichtsrat seiner Alleinkompetenz im Hinblick auf den Wahlvorschlag an die Aktionäre tatsächlich gerecht wird oder aber dem Vorstand eine Einflussmöglichkeit bei der Auswahl der ihn prüfenden Person gewährt. Damit die Adressaten in der Lage sind, die Gefahr einer Adverse Selection besser beurteilen zu können, ist im Corporate Governance Statement zum anderen im Detail auf das im Vorfeld des Wahlvorschlags seitens des Aufsichtsrats durchzuführende Auswahlverfahren (Screening) einzugehen. Der Prozess dieses Verfahrens hat in diesem Kontext den ersten Berichtsgegenstand zu darzustellen (Tabelle 71, Rn. 3.1.2).[1028] Im Blickpunkt hat dabei die Formulierung eines Anforderungsprofils, die Projizierung desselben auf den bisherigen und weitere potenzielle Prüfer im Rahmen der Kandidatensuche sowie die zielorientierte Bewertung und Auswahl zu stehen. Als weiterer Berichtsgegenstand sollte das Ergebnis des Auswahlverfahrens dargelegt werden. Dieses spiegelt sich im Profil des ausgewählten[1029] (Konzern-)Abschlussprüfers, vor allem im Hinblick auf seine Unabhängigkeit und seine Maßnahmen zur Qualitätssicherung, wieder (Tabelle 71, Rn. 3.1.3). In diesem Kontext bietet sich eine Offenlegung der Unabhängigkeitserklärung einschließlich der Honorare für Prüfungs- und Nichtprüfungsleistungen,[1030] der Bescheinigung über die erfolgreiche Teilnahme an der externen Qualitätskontrolle sowie der vom Aufsichtsrat entwickelten und vom Prüfer zu erfüllenden Qualitätsstruktur für den Prüfungsauftrag an.

1028 Vgl. hierzu ähnlich UNCTAD 2006, S. 25 f.

1029 Es wird davon ausgegangen, dass die Hauptversammlung dem Wahlvorschlag des Aufsichtsrats folgt.

1030 Für eine ähnliche Honorarangabe vgl. bereits die Anhangangaben gem. §§ 285 Nr. 17, 314 Abs. 1 Nr. 9 HGB sowie ARBEITSKREIS 2006a, S. 1071 und für den schweizerischen Rechtsraum RLCG 2008, Rn. 8.2-8.3.

(b) Prüfungsauftrag

Es ist ebenfalls die Aufgabe des Supervisors Aufsichtsrat[1031] dem (Konzern-)Abschlussprüfer den Prüfungsauftrag zu erteilen.[1032] Über die Erteilung des Prüfungsauftrags beschließt dabei entweder der Aufsichtsrat als Plenum oder der Prüfungsausschuss, sofern ihm die diesbezügliche Entscheidungskompetenz übertragen wurde.[1033] Mittels der in Rede stehenden Überantwortung der Auftragserteilung an den Supervisor wird zum einen eine zu große Nähe des (Konzern-)Abschlussprüfers zum Vorstand, dessen (Konzern-)Rechnungslegung er prüfen soll, vermieden und zum anderen die Unterstützungsfunktion des (Konzern-)Abschlussprüfers bei der umfassenden internen Überwachung durch den Aufsichtsrat betont.[1034] Obgleich nicht geleugnet werden kann, dass die Kenntnisse des Vorstands bei der Beauftragung des (Konzern-)Abschlussprüfers in der Regel von Nutzen sein können, ist dennoch nach überwiegender Meinung im Schrifttum[1035] allein aufgrund der Möglichkeit zur Einflussnahme auch eine rein beratende Mitwirkung des Vorstands im Vorfeld der Auftragserteilung strikt abzulehnen.

1031 Zur Kritik an der seit der Notverordnung 1931 bis zum Inkrafttreten des KonTraG im Jahre 1998 bestehenden Beauftragung des (Konzern-)Abschlussprüfers durch den Vorstand vgl. bspw. FORSTER 1998, S. 42; HOMMELHOFF 1998, S. 2569 sowie THEISEN 1994, S. 819.

1032 Vgl. hierzu Tabelle 34, Rn. 3.2 lit. a), ferner DCGK 2010, Rn. 7.2.2 1. HS i. V. m. § 111 Abs. 2 Satz 3 AktG und § 318 Abs. 1 Satz 4 HGB sowie weiterführend BÜRGERS/ISRAEL 2008, Rn. 16 f. zu § 111 AktG, S. 713; HÜFFER 2010, Rn. 12a-12d zu § 111 AktG, S. 596 f.; POTTHOFF/TRESCHER 2003, Rn. 1356-1358, S. 336 f.; KREMER 2010, Rn. 1364-1366, S. 356 f. und PELTZER 2003a, Rn. 295 f., S. 102 f.

1033 Zur Delegationsfähigkeit der Erteilung des Prüfungsauftrags vgl. HOPT/ROTH 2005, Rn. 487 zu § 111 AktG, S. 1038; vgl. ferner Abschn. II. C.5.b)(2)(b) dieses Hauptteils.

1034 Vgl. ADLER/DÜRING/SCHMALTZ 2000, Rn. 143 zu § 318 HGB, S. 175; HABERSACK 2008, Rn. 78 zu § 111 AktG, S. 1095; SEMLER 2009a, Rn. 60, S. 16 und WERDER 2002, S. 809.

1035 Vgl. etwa DÖRNER 1998, S. 5; HABERSACK 2008, Rn. 83 zu § 111 AktG, S. 1098; HOPT/ROTH 2005, Rn. 474 zu § 111 AktG, S. 1034 f.; LENZ/OSTROWSKI 1997, S. 1524 sowie SPINDLER 2007, Rn. 56 zu § 111 AktG, S. 1233; weniger restriktiv hingegen DRYGALA 2008, Rn. 32 zu § 111 AktG, S. 1210; HOFFMANN-BECKING 2007b, Rn. 5, S. 705; SEMLER 2009a, Rn. 62, S. 16 sowie VETTER 2009a, Rn. 64, S. 918.

Gegenstände des Prüfungsauftrags sind die Prüfungen des Jahres- beziehungsweise des Einzelabschlusses im Sinne des § 325 Abs. 2a HGB, des Konzernabschlusses sowie der dazugehörenden Lageberichte.[1036] Der Prüfungsauftrag soll dabei neben der Festlegung von Prüfungsschwerpunkten[1037] und des Prüfungshonorars[1038] insbesondere auch eine Vereinbarung mit dem (Konzern-)Abschlussprüfer enthalten, wonach der Vorsitzende des Aufsichtsrats respektive des Prüfungsausschusses über im Laufe der Prüfung auftretende mögliche Ausschluss- oder Befangenheitsgründe unverzüglich in Kenntnis zu setzen ist, soweit diese nicht unverzüglich ausgeräumt werden.[1039] Als Ursachen für derartige im Laufe der Prüfung auftretende mögliche Ausschluss- oder Befangenheitsgründe[1040] kommen in erster Linie Akquisitionen neuer Unternehmen durch die zu prüfende Gesellschaft, eine befangenheitsrelevante Erweiterung der Mandantschaft des (Konzern-)Abschlussprüfers oder auch Veränderungen persönlicher Beziehungen in Betracht.[1041] Soweit Ausschluss- oder Befangenheitsgründe tatsächlich eintreten und nicht unverzüglich - das heißt ohne schuldhaftes Zögern - beseitigt werden, hat der Aufsichtsrat zunächst darüber zu befinden, ob diese so schwerwiegend sind, dass nicht mehr von einer glaubwürdigen (Konzern-)Abschlussprüfung ausgegangen werden

---

1036 Vgl. in diesem Sinne HABERSACK 2008, Rn. 80 zu § 111 AktG, S. 1096; KREMER 2010, Rn. 1365, S. 357 sowie ähnlich POTTHOFF/TRESCHER 2003, Rn. 173, S. 70 f. Bei Durchführung einer prüferischen Durchsicht der Zwischenberichterstattung kann auch diese Gegenstand eines Prüfungsauftrags sein; vgl. hierzu Abschn. II. C.5.b)(2)(c)dieses Hauptteils.

1037 Vgl. hierzu Abschn. II. C.5.b)(3)(c) dieses Hauptteils.

1038 Vgl. zu dieser Thematik ausf. Abschn. II. C.5.b)(3)(d) dieses Hauptteils.

1039 Vgl. hierzu Tabelle 34, Rn. 3.2 lit. b), gleichlautend DCGK 2010, Rn. 7.2.1 Unterabs. 2 sowie weiterführend KREMER 2010, Rn. 1361-1363, S. 356 und STÜRZ/HARMS 2005, S. 293 f. Vgl. darüber hinaus ausf. zum Inhalt des Prüfungsauftrags HABERSACK 2008, Rn. 84 f. zu § 111 AktG, S. 1098 sowie IDW PS 220, Rn. 18-23.

1040 Als potenzielle Ausschluss- oder Befangenheitsgründe sind in erster Linie solche i. S. d. §§ 319, 319 a HGB denkbar; vgl. hierzu bereits im Einzelnen die Ausführungen in Abschn. II. C.5.b)(3)(a) dieses Hauptteils.

1041 Vgl. ebenso STÜRZ/HARMS 2005, S. 293.

kann.[1042] In Bezug auf das bestehende Auftragsverhältnis hat der Supervisor sodann zu entscheiden, ob ein Verfahren zur Bestellung eines anderen (Konzern-)Abschlussprüfers eingeleitet werden muss.[1043]

Aus dem Blickwinkel der Agency-Theorie sind die Erteilung des Prüfungsauftrags durch den Aufsichtsrat und die Verpflichtung des (Konzern-)Abschlussprüfers zur unverzüglichen Unterrichtung des Supervisors über während der Prüfung auftretende mögliche Ausschluss- und Befangenheitsgründe als typische Maßnahmen eines Preventive Monitoring zu interpretieren, die der Gefahr eines Moral Hazard des (Konzern-)Abschlussprüfers in Form von Coalitions und Shirking[1044] entgegenwirken sollen.[1045] Während dabei eine Koalition des (Konzern-)Abschlussprüfers mit dem Vorstand zulasten der Aktionäre respektive des Aufsichtsrats mit einer Einschränkung der Urteilsfreiheit des Prüfers verbunden ist, geht mit dem Shirking regelmäßig eine nicht sachgerechte Urteilsbildung im Sinne der traditionellen Prüfungslehre einher. Die Informationspflicht des (Konzern-)Abschlussprüfers über mögliche nachvertragliche Ausschluss- und Befangenheitsgründe kann überdies als eine Bonding-Maßnahme aufgefasst werden, da die vertragliche Vereinbarung der Unterrichtungspflicht für den Prüfer eine Einschränkung seiner Verfügungsmacht und damit einen Verzicht auf einen Teil seines maximal möglichen Nutzens aus opportunistischem Verhalten darstellt.

1042 Vgl. hierzu und in der Folge STÜRZ/HARMS 2005, S. 293.

1043 Zu einem solchen Verfahren vgl. § 318 Abs. 3 HGB.

1044 Dies entspricht den Fallgruppen (6)(a) und (6)(b) in der Abbildung 26 zur Typisierung von Principal-Agent-Konflikten bezüglich des (Konzern-)Abschlussprüfers als Agent.

1045 Vgl. hierzu und in der Folge bereits Abschn. I. C.2 des Ersten Hauptteils sowie Abschn. II. C.5.a)(1)(b)(iii) dieses Hauptteils. Obgleich der Abschluss des Prüfungsauftrags zwischen dem Supervisor Aufsichtsrat und dem (Konzern-)Abschlussprüfer als Agent in zeitlicher Hinsicht gewissermaßen die Trennlinie zwischen vor- und nachvertraglichen Informationsasymmetrien markiert, ist dieser im vorliegenden Kontext als Mechanismus zur Lösung nachvertraglicher Principal-Agent-Konflikte anzusehen, da der (Konzern-)Abschlussprüfer die Vertragsinhalte zur Grundlage für die Ermittlung seiner Handlungen und Entscheidungen nach Vertragsabschluss macht; vgl. hierzu auch KIENER 1990, S. 19 f.

Im Hinblick auf das Reporting folgt aus den dargelegten Mechanismen der internen Corporate Governance im Zusammenhang mit der Beauftragung des (Konzern-)Abschlussprüfers und der Agency-theoretische Überprüfung ihrer Wirkungsweisen, dass im Corporate Governance Statement zunächst Informationen über die Vorgehensweise bei der Auftragserteilung zu übermitteln sind (Tabelle 72, Rn. 3.2.1). Den Berichtsadressaten muss es ermöglicht werden, einzuschätzen, ob der Supervisor Aufsichtsrat letztendlich seiner Alleinkompetenz zur Beauftragung des (Konzern-)Abschlussprüfers tatsächlich gerecht wird oder aber dem Vorstand eine Einflussmöglichkeit auf die Vertragsinhalte, wie etwa die Festlegung von Prüfungsschwerpunkten oder des Prüfungshonorars, und damit auf die (Konzern-)Abschlussprüfung als solche einräumt. Um die Gefahr eines Moral Hazard des (Konzern-)Abschlussprüfers besser abschätzen zu können, ist im Corporate Governance Statement zudem die vertragliche Informationsvereinbarung mit dem (Konzern-)Abschlussprüfer darzulegen, wonach der Vorsitzende des Aufsichtsrats oder des Prüfungsausschusses über während der Prüfung auftretende mögliche Ausschluss- oder Befangenheitsgründe unverzüglich zu unterrichten ist, soweit diese nicht unverzüglich beseitigt werden (Tabelle 72, Rn. 3.2.2).[1046] Überdies ist auf Maßnahmen des Aufsichtsrats einzugehen, sofern Ausschluss- oder Befangenheitsgründe im Berichtszeitraum tatsächlich eingetreten sind und diese nicht unverzüglich beseitigt wurden (Tabelle 72, Rn. 3.2.3).

1046 Vgl. in diesem Sinne auch RLCG 2008, Rn. 8.4, wonach über die Ausgestaltung der Instrumente, mit denen sich der Verwaltungsrat über die Tätigkeit des (Konzern-) Abschlussprüfers informiert, zu berichten ist. Hierzu dürfte auch die in Rede stehende Informationsvereinbarung über nachvertraglich auftretende Ausschluss- und Befangenheitsgründe zählen. Vgl. hierzu auch die Kommentierung der SWX Swiss Exchange 2007, Rn. 2 zu RLCG 2006, Rn. 8.4, S. 29.

(c) Unterstützungsleistungen des (Konzern-)Abschlussprüfers

Die Unterstützungsleistung des (Konzern-)Abschlussprüfers manifestiert sich primär in der Prüfung des Jahres- beziehungsweise des Einzelabschlusses im Sinne des § 325 Abs. 2a HGB, des Konzernabschlusses und der dazugehörenden Lageberichte[1047] sowie der Berichterstattung hierüber.[1048] Im Rahmen seiner Recht- und Ordnungsmäßigkeitsprüfung hat der (Konzern-)Abschlussprüfer dabei die vom Aufsichtsratsplenum respektive vonseiten des Prüfungsausschusses festgelegten Prüfungsschwerpunkte[1049] zu berücksichtigen.[1050] Diese ergeben sich vornehmlich aus besonderen Situationen des Unternehmens beziehungsweise Konzerns oder aus Feststellungen und Besorgnissen des Aufsichtsrats hinsichtlich wesentlicher Geschäftsrisiken oder einer unzureichenden Transparenz von Geschäftsprozessen.[1051] Als mögliche Prüfungsschwerpunkte werden im Schrifttum[1052] vor allem Interne Kontrollsysteme, derivative Finanzinstrumente, Vorratsbewertungen, Wechselkursabsicherungen, ausländische Tochterunternehmen, außerbilanzielle Geschäfte, laufenden Berichte des Vorstands an den Aufsichtsrat oder auch einzelne Projekte genannt. Idealerweise sollten die Prüfungsschwerpunkte für mehrere Jahre im Voraus im Rahmen eines Prüfprogramms festgelegt werden.[1053]

1047 Vgl. Tabelle 34, Rn. 3.3 lit. a), ferner DCGK 2010, Rn. 7.1.2 Satz 1 i. V. m. § 316 Abs. 1, 2 und § 324 a HGB. Bei Durchführung einer prüferischen Durchsicht der Zwischenberichterstattung (vgl. hierzu Abschn. II. C.5.b)(2)(c) dieses Hauptteils) kann auch diese Gegenstand einer Unterstützungsleistung des (Konzern-)Abschlussprüfers sein.

1048 Vgl. statt vieler MATTHEUS 2009, S. 577 f. und SCHEFFLER 2005, S. 478.

1049 Zum Prüfungsausschuss vgl. bereits Abschn. II. C.5.b)(2)(b) dieses Hauptteils.

1050 Vgl. VELTE 2010c, S. 273 sowie in Bezug auf die Prüfungsplanung IDW PS 240, Rn. 9. Es ist in diesem Kontext darauf hinzuweisen, dass die eigene Verantwortung des Prüfers zur Einhaltung des gesetzlich normierten Mindeststandards der (Konzern-)Abschlussprüfung durch die Prüfungsschwerpunkte des Aufsichtsrats nicht berührt wird; vgl. ebenso HÜFFER 2010, Rn. 12d zu § 111 AktG, S. 597 und HUWER 2008, S. 182.

1051 Vgl. SCHEFFLER 2005, S. 480 sowie ähnlich HUWER 2008, S. 182.

1052 Vgl. hierzu HUWER 2008, S. 183 sowie POTTHOFF/TRESCHER 2003, Rn. 1362, S. 338.

1053 Vgl. bspw. HOMMELHOFF 1998, S. 2569, Fn. 30 sowie KROPFF 2009a, Rn. 107, S. 424.

Das zentrale Berichterstattungsinstrument des (Konzern-)Abschlussprüfers ist im so genannten Prüfungsbericht zu sehen, welcher dem Aufsichtsrat als Auftraggeber[1054] - nach zuvoriger Möglichkeit zur Stellungnahme durch den Vorstand - zuzuleiten ist.[1055] Im Rahmen seines Prüfungsberichts hat der (Konzern-)Abschlussprüfer dabei über die Art, den Umfang sowie das Ergebnis der Prüfung schriftlich und mit der gebotenen Klarheit zu berichten.[1056] Gegenstand der Berichterstattung ist zunächst eine Stellungnahme des Prüfers zur Beurteilung der Lage des Unternehmens respektive Konzerns durch den Vorstand, wobei insbesondere auf die Beurteilung des Fortbestandes und der künftigen Entwicklung unter Berücksichtigung des (Konzern-)Lageberichts einzugehen ist, soweit die geprüften Unterlagen und der (Konzern-)Lagebericht eine solche Beurteilung zulassen. Weiter ist der (Konzern-)Abschlussprüfer angehalten, über die bei der Durchführung seiner Prüfung festgestellten Unrichtigkeiten oder Verstöße[1057] gegen gesetzliche Vorschriften sowie Tatsachen zu berichten, die den Bestand des geprüften Unternehmens beziehungsweise des Konzerns gefährden oder seine Entwicklung wesentlich beeinträchtigen können oder die schwerwiegende Verstöße des Vorstands oder von Arbeitnehmern gegen das Gesetz oder die Satzung erkennen lassen. Im Hauptteil des Prüfungsberichts ist darüber zu informieren, ob die Buchführung und die weiteren geprüften Unterlagen, der Jahres- beziehungsweise Einzelabschluss im Sinne des § 325 Abs. 2a HGB, der Konzernabschluss sowie die dazugehörenden Lageberichte den gesetzlichen Vorschriften und den ergänzenden Bestimmungen der Satzung entsprechen. In diesem Zusammenhang hat

---

1054 Vgl. hierzu Abschn. II. C.5.b)(3)(b) dieses Hauptteils.

1055 Vgl. § 321 Abs. 5 Satz 2 HGB sowie kritisch in Bezug auf die Möglichkeit zur vorherigen Stellungnahme durch den Vorstand insbes. HOMMELHOFF 1995, S. 15.

1056 Vgl. hierzu und in der Folge § 321 Abs. 1-4 HGB sowie ergänzend IDW PS 450, Rn. 1-142; ferner FREIDANK/VELTE 2009, S. 1460-1463; GOOS 2007, S. 1080-1083; IDW 2006, Abschn. Q, Rn. 9-390, S. 1638-1734 sowie WINKELJOHANN/POULLIE 2010, Rn. 1-148 zu § 321 HGB, S. 2084-2125. Zur Berichterstattung über die Durchführung einer prüferischen Durchsicht vgl. IDW PS 900, Rn. 33.

1057 Zu den Begriffen Unrichtigkeiten und Verstöße vgl. weiterführend IDW PS 210, Rn. 6 f.; ferner IDW 2006, Abschn. Q, Rn. 119, 125-131, S. 1669-1673 sowie WEBER 2007a, S. 1393-1395.

der (Konzern-)Abschlussprüfer auch über Beanstandungen zu berichten, die nicht zur Einschränkung oder Versagung des Bestätigungsvermerks[1058] geführt haben, soweit dies für die Überwachung der Unternehmensführung von Belang ist. Es ist zudem seitens des Prüfers darzulegen, ob der (Konzern-) Abschluss insgesamt unter Beachtung der Grundsätze ordnungsmäßiger Buchführung (GoB)[1059] oder sonstiger maßgeblicher Rechnungslegungsgrundsätze ein den tatsächlichen Verhältnissen entsprechendes Bild der Vermögens-, Finanz- und Ertragslage der Gesellschaft beziehungsweise des Konzerns vermittelt. In diesem Kontext ist auch auf wesentliche Bewertungsgrundlagen sowie darauf einzugehen, welchen Einfluss Änderungen in den Bewertungsgrundlagen einschließlich der Ausübung von Bilanzierungs- und Bewertungswahlrechten und der Ausnutzung von Ermessensspielräumen sowie sachverhaltsgestaltende Maßnahmen[1060] insgesamt auf die Darstellung der Vermögens-, Finanz- und Ertragslage haben. Hierzu hat der Prüfer die Posten des (Konzern-)Abschlusses aufzugliedern und hinreichend zu erläutern, soweit sich diese Angaben nicht aus dem (Konzern-)Anhang ergeben. Auf der Grundlage dieser Ausführungen soll der Aufsichtsrat im Rahmen seiner Zweckmäßigkeitsprüfung beurteilen können, ob der Vorstand seine rechnungslegungspolitischen Möglichkeiten sachgerecht sowie im Interesse des Unternehmens genutzt hat oder nicht.[1061] Ergänzend ist im Prüfungsbericht darzustellen, ob der Vorstand die verlangten Aufklärungen und Nachweise erbracht hat. In einem besonderen Abschnitt des Prüfungsberichts sind darüber hinaus seitens des Prüfers Gegenstand, Art und Umfang der Prüfung zu erläutern. Dabei hat er auch auf die angewandten Rechnungslegungs- und Prüfungsgrundsätze einzugehen. Schließlich ist in einem besonderen Teil des

---

1058 Zum Bestätigungsvermerk des (Konzern-)Abschlussprüfers vgl. § 322 HGB sowie weiterführend FÖRSCHLE/KÜSTER 2010, Rn. 1-190, S. 2135-2168; IDW PS 400, Rn. 1-115 sowie IDW 2006, Abschn. Q, Rn. 391-716, S. 1734-1811.

1059 Zu den GoB vgl. grundlegend LEFFSON 1987 sowie MOXTER 1985, S. 17-28; MOXTER 2002, Sp. 1041-1052 und MOXTER 2003.

1060 Zur Systematisierung der einzelnen Instrumente der Rechnungslegungspolitik vgl. statt vieler FREIDANK 1990, S. 24-28.

1061 Vgl. hierzu SCHEFFLER 2004, S. 279 und SCHEFFLER 2005, S. 483.

Prüfungsberichts darzustellen, ob der Vorstand seiner Verpflichtung nachgekommen ist, ein Risikomanagementsystem[1062] einzurichten und ob dieses seine Aufgaben erfüllen kann. Es ist in diesem Zusammenhang auch darzutun, ob aus Sicht des Prüfers Maßnahmen erforderlich sind, das Risikomanagementsystem zu verbessern.

Im Sinne einer erweiterten, über den Prüfungsbericht hinausgehenden Informationsversorgung soll der Aufsichtsrat die Vereinbarung treffen, dass der (Konzern-)Abschlussprüfer über sämtliche für die Aufgaben des Supervisors[1063] wesentlichen Feststellungen und Vorkommnisse unverzüglich berichtet, die sich im Rahmen der Prüfungsdurchführung ergeben.[1064] Die Berichterstattung kann sich dabei etwa auf wirtschaftliche Entwicklungen von besonderer Bedeutung oder Unterschlagungen beziehen[1065] und schriftlich, mündlich oder in sonstiger Weise erfolgen.[1066] Darüber hinaus soll der Aufsichtsrat vereinbaren, dass der (Konzern-)Abschlussprüfer ihn explizit informiert respektive im Prüfungsbericht vermerkt, wenn er bei der Prüfungsdurchführung Tatsachen feststellt, die im Widerspruch zur Entsprechenserklärung im Sinne des § 161 AktG stehen.[1067] Die beiden genannten Informationsvereinbarungen bedürfen einer Beschlussfassung im Aufsichtsrat.[1068]

1062 Zur Einrichtung eines Risikomanagementsystems vgl. bereits Abschn. II. C.5.b)(1)(c) dieses Hauptteils.

1063 Zu den Aufgaben des Aufsichtsrats vgl. Abschn. II. C.5.b)(2)(c) dieses Hauptteils.

1064 Vgl. hierzu Tabelle 34, Rn. 3.3 lit. b) Unterabs. 1, gleichlautend DCGK 2010, Rn. 7.2.3 Unterabs. 1 und weiterführend MESSOW 2008, S. 290 m. w. N.

1065 Vgl. hierzu und für weitere Beispiele STÜRZ/HARMS 2005, S. 297.

1066 Vgl. etwa KREMER 2010, Rn. 1368, S. 358.

1067 Vgl. hierzu Tabelle 34, Rn. 3.3 lit. b) Unterabs. 2, gleichzeitig DCGK 2010, Rn. 7.2.3 Unterabs. 2. sowie ergänzend IDW PS 345, Rn. 33; KREMER 2010, Rn. 1369, S. 358; MESSOW 2008, S. 290; PELTZER 2003a, Rn. 304, S. 105 sowie STÜRZ/HARMS 2005, S. 299. Für eine mögliche Substitution der Entsprechenserklärung durch ein umfassendes Corporate Governance Statement und dessen Prüfung durch den (Konzern-)Abschlussprüfer vgl. Abschn. II. E.2.b) und E.3.b) dieses Hauptteils.

1068 Vgl. diesbezüglich KREMER 2010, Rn. 1370, S. 358.

Zur weiteren Unterstützung des Supervisors im Hinblick auf seine eigene Prüfung der (Konzern-)Rechnungslegung[1069] hat der (Konzern-)Abschlussprüfer schließlich an den Beratungen des Aufsichtsrats über den (Konzern-)Abschluss teilzunehmen und über die wesentlichen Ergebnisse seiner Prüfung zu berichten.[1070] Die Berichterstattung hat dabei auf Basis des (schriftlichen) Prüfungsberichtes, problemorientiert und in der Regel mündlich im Rahmen der Bilanzsitzung(en) zu erfolgen.[1071] Themenschwerpunkte bilden dabei neben dem (rechnungslegungsbezogenen) Risikomanagementsystem[1072] regelmäßig der Prüfungsablauf, das Prüfungsergebnis, Feststellungen zu den vom Aufsichtsrat festgelegten Prüfungsschwerpunkten, besonders komplexe betriebswirtschaftliche und rechtliche Sachverhalte sowie die seitens des Vorstands verfolgte Rechnungslegungspolitik.[1073]

Die Prüfung der (Konzern-)Rechnungslegung durch den (Konzern-)Abschlussprüfer und seine Berichterstattung hierüber im Prüfungsbericht, in den Bilanzsitzungen des Aufsichtsrats und aufgrund spezifischer Informationsvereinbarungen stellen aus Agency-theoretischer Sicht eine unterstützende Leistung des Prüfers im Rahmen des Monitoring durch den Aufsichtsrat zur Disziplinierung der Vorstandsmitglieder (Agents) im Auftrag der Aktionäre

---

1069 Vgl. dazu im Einzelnen Abschn. II. C.5.b)(2)(c) dieses Hauptteils.

1070 Vgl. hierzu Tabelle 34, Rn. 3.3 lit. c), ferner DCGK 2010, Rn. 7.2.4 sowie ähnlich § 171 Abs. 1 Satz 2 AktG.

1071 Vgl. diesbezüglich DRYGALA 2008, Rn. 10 zu § 171 AktG, S. 1849; HÜFFER 2010, Rn. 11b zu § 171 AktG, S. 906; KREMER 2010, Rn. 1374, S. 359; KROPFF 2003, Rn. 115 zu § 171 AktG, S. 167; LUTTER/KRIEGER 2008, Rn. 182, S. 76; STRIEDER 2005b, S. 151 sowie STÜRZ/HARMS 2005, S. 302 f. Zur mündlichen Berichterstattung des (Konzern-)Abschlussprüfers an den Aufsichtsrat vgl. ausf. IDW PS 470, Rn. 1-31.

1072 So explizit § 171 Abs. 1 Satz 2 AktG, der i. S. e. Konkretisierung des Berichtsumfangs die Bedeutsamkeit einer Berichterstattung des (Konzern-)Abschlussprüfers über wesentliche Schwächen des (rechnungslegungsbezogenen) Risikomanagementsystems im Rahmen der Bilanzsitzungen des Aufsichtsrats oder des Prüfungsausschusses betont wissen will; vgl. hierzu weiterführend KORT 2010, S. 460.

1073 Vgl. in diesem Sinne IDW PS 470, Rn. 14-31; KROPFF 2003, Rn. 116-121 zu § 171 AktG, S. 167-169; SCHEFFLER 2004, S. 283 sowie SCHEFFLER 2005, S. 481.

(Principals) dar.[1074] Die in Rede stehenden Unterstützungsleistungen des (Konzern-)Abschlussprüfers können gleichzeitig als ein Bonding-Mechanismus interpretiert werden, da sich der Vorstand durch die ex ante eingegangene Verpflichtung, die sich in der (Konzern-)Rechnungslegung widerspiegelnde Rechenschaft über seine Entscheidungen und Verhaltensweisen[1075] durch eine dritte unabhängige Instanz ex post prüfen zu lassen, zu einer Einschränkung seiner Verfügungsmacht und damit verbunden zu einem Verzicht auf einen Teil seines maximal möglichen Nutzens aus opportunistischem Verhalten führt.[1076] Der durch den (Konzern-)Abschlussprüfer induzierte Monitoring- respektive Bonding-Mechanismus dient dabei dem Zweck, einen Beitrag zur Überwindung der hinsichtlich des Vorstands bestehenden Gefahr eines Moral Hazard in Gestalt von Differencial Risk Exposure, Differencial Horizons, Consumption on the Job oder Shirking[1077] zu leisten, die aus zugunsten der Agents bestehenden Informationsasymmetrien aufgrund von Hidden Information und Hidden Action resultiert.[1078] Kritisch ist in diesem Zusammenhang die vorstehend genannte Möglichkeit einer Stellungnahme des Vorstands (Agent) zum Prüfungsbericht vor seiner Zuleitung an den Aufsichtsrat (Supervisor) zu sehen. So erhält der Vorstand als der zu Prüfende vor Übermittlung des Prüfungsergebnisses an den Auftraggeber Aufsichtsrat die Möglichkeit, das Prüfungsergebnis in seinem Sinne zu korrigieren, wodurch das Ziel eines Abbaus von Informationsasymmetrien konterkariert werden kann.[1079] In der Literatur wird zur Vermeidung dieser Problematik vorgeschlagen, entweder dem Vorstand nur den endgültigen Prüfungsbericht zur

---

1074 Vgl. hierzu und in der Folge bereits Abschn. I. C.2 des Ersten Hauptteils i. V. m. Abschn. II. C.5.a)(1)(b)(iii) dieses Hauptteils.

1075 Vgl. zu dieser Agency-theoretischen Interpretation der (Konzern-)Rechnungslegung ebenso QUICK 2002, S. 629.

1076 Vgl. in diesem Sinne auch EWERT/STEFANI 2001, S. 149, 153-155.

1077 Dies entspricht den Fallgruppen (2)(a) bis (2)(d) in der Abbildung 4 zur Typisierung von Principal-Agent-Konflikten des Vorstands als Agent.

1078 Vgl. im Ergebnis auch MATTHEUS 2009, S. 577 f.; MARTEN/QUICK/RUHNKE 2007, S. 37.

1079 Vgl. hierzu ebenso HOMMELHOFF 1995, S. 15; LENZ/OSTROWSKI 1997, S. 1524 f. sowie STEFANI 2002, S. 33, Fn. 122.

Stellungnahme zu übermitteln oder im Falle der Übersendung einer Entwurfsfassung diese zeitgleich auch dem Aufsichtsrat zuzuleiten.[1080]

Aus der Perspektive der Agency-Theorie ist überdies zu bedenken, dass auch der (Konzern)Abschlussprüfer Fehlanreizen unterliegt.[1081] Vor diesem Hintergrund können die Verpflichtung des Prüfers zur Berichterstattung an den Supervisor sowie die Festlegung von Prüfungsschwerpunkten seitens des Aufsichtsrats als typische Maßnahmen eines Preventive Monitoring aufgefasst werden, die das Risiko eines Moral Hazard des (Konzern-)Abschlussprüfers in Gestalt von Coalitions und Shirking[1082] vermindern sollen. Während dabei aus einer Koalition zwischen dem (Konzern-)Abschlussprüfer und dem Vorstand zulasten der Aktionäre beziehungsweise des Aufsichtsrats die Gefahr einer eingeschränkten Urteilsfreiheit des Prüfers resultiert, ist mit dem Shirking regelmäßig eine nicht sachgerechte Urteilsbildung im Sinne der traditionellen Prüfungslehre verbunden. Die Informationspflichten des (Konzern-)Abschlussprüfers und die Festlegung von Prüfungsschwerpunkten durch den Aufsichtsrat stellen zugleich Bonding-Maßnahmen dar, da diese für den Prüfer eine Einschränkung seiner Verfügungsmacht und somit wiederum einen Verzicht auf einen Teil seines maximal möglichen Nutzens aus opportunistischem Verhalten bedeutet. Auch in diesem Kontext sind Bedenken gegen die Möglichkeit einer Vorabstellungnahme des Vorstands zum Prüfungsbericht angezeigt, da diese einer Koalitionsbildung zwischen dem (Konzern-)Abschlussprüfer und dem Vorstand Vorschub leisten kann.[1083]

1080 Vgl. u. a. HUWER 2008, S. 386; VELTE 2009a, S. 107 m. w. N.; VELTE/WEBER 2010, S. 411 und WARNCKE 2005, S. 286. Eine gleichzeitige Übermittlung an Vorstand und Aufsichtsrat wird überdies für den Management Letter gefordert; vgl. etwa MÜLLER 2002, S. 1303.

1081 Vgl. hierzu und in der Folge bereits Abschn. I. C.2 des Ersten Hauptteils i. V. m. Abschn. II. C.5.a)(1)(b)(iii) dieses Hauptteils.

1082 Dies entspricht den Fallgruppen (6)(a) und (6)(b) in der Abbildung 26 zur Typisierung von Principal-Agent-Konflikten bezüglich des (Konzern-)Abschlussprüfers als Agent.

1083 Vgl. hierzu bereits VELTE/WEBER 2010, S. 410 f.

In Bezug auf das Corporate Governance Statement ist in Anbetracht der dargelegten Mechanismen der internen Corporate Governance und der Agency-theoretischen Überprüfung ihrer Wirkungsweisen zu folgern, dass zunächst eine Berichterstattung über die seitens des Aufsichtsrats (beziehungsweise seines Prüfungsausschusses) festgelegten Prüfungsschwerpunkte und ihre Berücksichtigung im Rahmen der (Konzern-)Abschlussprüfung zu erfolgen hat. (Tabelle 72, Rn. 3.3.1). Hiermit sollen die Adressaten in die Lage versetzt werden, die Gefahr eines Moral Hazard des Vorstands sowie des (Konzern-)Abschlussprüfers besser abschätzen zu können. Entsprechendes gilt auch im Hinblick auf eine im Statement vorzunehmende Beschreibung von Art, Umfang sowie wesentlichen Punkten der Berichterstattung des (Konzern-)Abschlussprüfers gegenüber dem Aufsichtsrat (Tabelle 73, Rn. 3.3.2).[1084] Die Darstellung umfasst dabei insbesondere die vertraglichen Informationsvereinbarungen, wonach der (Konzern-)Abschlussprüfer zum einen über alle für die Aufgaben des Aufsichtsrats wesentlichen Feststellungen und Vorkommnisse unverzüglich zu berichten hat, die sich bei der Durchführung der Prüfung ergeben und zum anderen den Aufsichtsrat explizit informieren beziehungsweise im Prüfungsbericht vermerken muss, wenn er bei Durchführung der Prüfung Tatsachen feststellt, die im Widerspruch zur Entsprechenserklärung im Sinne des § 161 AktG stehen. Des Weiteren bietet es sich in diesem Zusammenhang an, die vorgesehenen Mechanismen zur Verhinderung einer potenziellen Einflussnahme des Vorstands auf das Prüfungsergebnis im Rahmen seiner Vorabstellungnahme zum Prüfungsbericht darzulegen.

Als weitere Inhaltskomponente ist in das Statement die Teilnahme des (Konzern-)Abschlussprüfers an den Beratungen des Aufsichtsrats über den (Konzern-)Abschluss und seine Berichterstattung über die wesentlichen Ergebnisse

---

1084 Vgl. in diesem Sinne auch für die Schweiz RLCG 2008, Rn. 8.4, wonach über die Ausgestaltung der Instrumente, mit denen sich der Verwaltungsrat über die Tätigkeit des (Konzern-)Abschlussprüfers informiert, zu berichten ist. Hierzu zählt auch die Berichterstattung des (Konzern-)Abschlussprüfers an den Verwaltungsrat respektive Prüfungsausschuss. Vgl. hierzu die Kommentierung der SWX Swiss Exchange 2007, Rn. 2 zu RLCG 2006, Rn. 8.4, S. 29.

seiner Prüfung aufzunehmen. Dies schließt insbesondere eine Offenlegung der Anzahl der Bilanzsitzungen, an denen der (Konzern-)Abschlussprüfer teilgenommen hat,[1085] sowie der jeweiligen Themenschwerpunkte ein (Tabelle 73, Rn. 3.3.3). Als mögliche Themenschwerpunkte kommen dabei das (rechnungslegungsbezogene) Risikomanagementsystem, der Prüfungsablauf, das Prüfungsergebnis, Feststellungen zu den vom Aufsichtsrat festgelegten Prüfungsschwerpunkten, besonders komplexe betriebswirtschaftliche und rechtliche Sachverhalte sowie die seitens der Unternehmensführung verfolgte Rechnungslegungspolitik in Betracht. Im Anschluss an die genannten Berichtsinhalte hat der Aufsichtsrat schließlich eine zusammenfassende Einschätzung zur Qualität der Prüfung und Berichterstattung des (Konzern-)Abschlussprüfers für seine eigene Überwachungstätigkeit abzugeben. Dies schließt primär eine Stellungnahme des Aufsichtsrats zum Ergebnis der Prüfung der (Konzern-) Rechnungslegung durch den (Konzern-)Abschlussprüfer ein (Tabelle 73, Rn. 3.3.4).[1086] Die diesbezüglichen Ausführungen müssen dabei so konkretisiert sein, dass die Adressaten des Corporate Governance Statements die Wirksamkeit der (Konzern-)Abschlussprüfung als unterstützendes Element des Monitoring durch den Aufsichtsrat zur Disziplinierung des Vorstands tatsächlich einschätzen können.[1087]

1085 Vgl. hierzu für den schweizerischen Rechtsraum auch RLCG 2008 Rn. 8.4 i. V. m. SWX Swiss Exchange 2007, Rn. 2 zu RLCG 2006, Rn. 8.4, S. 29.

1086 Zur letztgenannten Forderung vgl. bereits die in § 171 Abs. 2 Satz 3 AktG vorgesehene Angabepflicht für den sog. Aufsichtsratsbericht.

1087 Allgem. zum Umfang der Inhaltskomponenten vgl. Abschn. II. C.5.a)(2) dieses Hauptteils.

(d) Prüfungshonorar

Als ein zentraler Gegenstand des Prüfungsauftrags[1088] obliegt es allein dem Supervisor Aufsichtsrat, - oder, sofern dem Prüfungsausschuss die entsprechende Entscheidungskompetenz überantwortet wurde, diesem[1089] - mit dem (Konzern-)Abschlussprüfer die Honorarvereinbarung zu treffen.[1090] Dabei ist - trotz seiner etwaigen Kenntnisse und langjährigen Erfahrungen auf diesem Gebiet - jegliche Mitwirkung des Vorstands aufgrund der Gefahr einer potenziellen Einflussnahme zu unterbinden.[1091]

Honorare für (Konzern-)Abschlussprüfungen sind im Grunde frei verhandelbar,[1092] wobei einschränkend zu betonen ist, dass die Vereinbarung von Erfolgshonoraren aufgrund einer potenziellen Gefährdung der Unabhängigkeit des (Konzern-)Abschlussprüfers grundsätzlich als unzulässig gilt.[1093] Hingegen ist es erlaubt und auch üblich, das Honorar nach den im Vorfeld festzuset-

---

1088 Vgl. hierzu u. a. BAETGE/LUTTER 2003, S. 4; COENENBERG/REINHART/SCHMITZ 1997, S. 995; FISCHBACH 2003, S. 200; FÖRSCHLE/HEINZ 2010, Rn. 16 zu § 318 HGB, S. 2010; HOPT/ROTH 2005, Rn. 470 zu § 111 AktG, S. 1032; HÜFFER 2010, Rn. 12d zu § 111 AktG, S. 597; HUWER 2008, S. 183; IDW PS 220, Rn. 19; STRIEDER 2005b, S. 149; WARNCKE 2005, S. 277 sowie bereits Abschn. II. C.5.b)(3)(b) dieses Hauptteils.

1089 Zu den Aufgabenfeldern des Prüfungsausschusses vgl. Abschn. II. C.5.b)(2)(b) dieses Hauptteils. Zur Delegationsfähigkeit der Auftragserteilung und damit auch der Festlegung des Honorars vgl. explizit HOPT/ROTH 2005, Rn. 487 zu § 111 AktG, S. 1038.

1090 Vgl. hierzu Tabelle 34, Rn. 3.4, ferner DCGK 2010, Rn. 7.2.2 2. HS sowie ergänzend KREMER 2010, Rn. 1365, S. 357. Zur Erteilung des Prüfungsauftrags durch den Aufsichtsrat vgl. Abschn. II. C.5.b)(3)(b) dieses Hauptteils.

1091 Vgl. in diesem Sinne ebenso DÖRNER 1998, S. 5; FISCHBACH 2003, S. 201 f.; HOPT/ROTH 2005, Rn. 473 f. zu § 111 AktG, S. 1034; POTTHOFF/TRESCHER 2003, Rn. 1354, S. 336; VELTE 2009e, S. 1231 sowie in Bezug auf die Erteilung des Prüfungsauftrag im Allgemeinen bereits Abschn. II. C.5.b)(3)(b) dieses Hauptteils. Moderater äußern sich hingegen HÜFFER 2010, Rn. 12d zu § 111 AktG, S. 597; HUWER 2008, S. 184 f.; KROPFF 2009a, Rn. 206, S. 424; RÖSSLER 2001, S. 326 sowie WARNCKE 2005, S. 272.

1092 Dieser Umstand lässt sich auf das Fehlen einer anwendbaren Gebührenordnung für Wirtschaftsprüfungsleistungen zurückführen; vgl. hierzu ADLER/DÜRING/SCHMALTZ 2000, Rn. 225 f. zu § 318 HGB, S. 198 und HÜFFER 2010, Rn. 12d zu § 111 AktG, S. 597.

1093 Vgl. § 55 Abs. 1 Satz 1 WPO i. V. m. § 2 Abs. 2 Nr. 1 der Berufssatzung der WPK.

zenden Stundensätzen der zur Prüfung eingesetzten Mitarbeiter zu bemessen (so genanntes Zeithonorar).[1094] Daneben ist auch die Vereinbarung von fixen Pauschalhonoraren gestattet, sofern diese angemessen sind und im Falle eines erhöhten Prüfungsaufwands, der auf unvorhersehbaren Umständen im Bereich des Auftraggebers beruht, zur Sicherstellung einer sachgerechten Urteilsbildung erhöht werden können.[1095] Diese so genannten Pauschalhonorare mit Öffnungsklausel stellen im Hinblick auf die vorliegend im Vordergrund stehenden börsennotierten Publikumsgesellschaften und ihren (Konzern-) Abschlussprüfern die Regel dar.[1096]

Ein Prüfungshonorar ist grundsätzlich dann als angemessen anzusehen, wenn es auf einer Kalkulation beruht, bei der die zur Abwicklung des Auftrags durch den (Konzern-)Abschlussprüfer nötigen zeitlichen und personellen Kapazitäten im erforderlichen Umfang zugrunde gelegt wurden.[1097] Das vereinbarte Prüfungshonorar muss es dabei erlauben, die gebotene Sorgfalt des (Konzern-)Abschlussprüfers sowohl bei der Durchführung des Prüfungsauftrags als auch bei seiner Praxisorganisation[1098] anzuwenden. Unter diesem Gesichtspunkt ist insbesondere das so genannte Low Balling, das heißt eine Honorargestaltung, bei der - etwa um aus Sicht eines Prüfers ein Mandat zu erhalten - die Gebühren für eine Erstprüfung unterhalb der Selbstkosten ange-

---

1094 Vgl. ADLER/DÜRING/SCHMALTZ 2000, Rn. 225 f. zu § 318 HGB, S. 198; BAETGE/THIELE 2010, Rn. 58 zu § 318 HGB, S. 20; FÖRSCHLE/HEINZ 2010, Rn. 16 zu § 318 HGB, S. 2010; IDW 2006, Abschn. A, Rn. 632, S. 189; WARNCKE 2005, S. 278 und KROPFF 2009a, Rn. 205, S. 424.

1095 Vgl. § 27 Abs. 2 der Berufssatzung der WPK sowie ergänzend ADLER/DÜRING/SCHMALTZ 2000, Rn. 227 zu § 318 HGB, S. 199; BAETGE/THIELE 2010, Rn. 60 zu § 318 HGB, S. 20 f.; IDW 2006, Abschn. A, Rn. 637, S. 190 und STÜRZ/HARMS 2005, S. 296.

1096 Vgl. zu dieser Einschätzung STÜRZ/HARMS 2005, S. 296.

1097 Vgl. hierzu und in der Folge die Begründung zu § 27 der Berufssatzung der WPK sowie ergänzend ADLER/DÜRING/SCHMALTZ 2000, Rn. 227 zu § 318 HGB, S. 199.

1098 Zur Praxisorganisation vgl. ausf. WPK/IDW VO 1/2006, Rn. 1-175 sowie ergänzend SCHMIDT/PFITZER/LINDGES 2006, S. 1193-1200.

setzt werden,[1099] oder auch eine Quersubventionierung der (Konzern-)Abschlussprüfung mit profitablen Nichtprüfungsleistungen des amtierenden Prüfers (wie etwa Steuerberatungs- und prüfungsnahe Beratungsleistungen) als problematisch anzusehen.[1100] Hinsichtlich Letzterem kommt hinzu, dass die Vergabe von Nichtprüfungsleistungen grundsätzlich der Unternehmensführung obliegt,[1101] die geneigt sein könnte, den (Konzern-)Abschlussprüfer durch die Vergabe lukrativer Zusatzaufträge in ihrem Sinne zu beeinflussen. Um dies zu verhindern, ist der Aufsichtsrat aufgefordert, die Vergabe von Nichtprüfungsleistungen einem Zustimmungsvorbehalt zu unterwerfen[1102] und in diesem Zusammenhang gegebenenfalls zudem eine Deckelung der Honorare des (Konzern-)Abschlussprüfers aus Nichtprüfungsleistungen auf einen bestimmten Anteil an der Gesamthonorarsumme vorzusehen.[1103]

1099 Zum Low Balling vgl. insbes. das Quasi-Renten-Modell von *DeAngelo* (DEANGELO 1981a, S. 113-127; DEANGELO 1981b, S. 183-199) sowie das Modell von LEE/GU 1998, S. 533-555. Es ist in diesem Zusammenhang jedoch darauf hinzuweisen, dass die in Rede stehenden Modelle, die vor allem die Auswirkungen des Low Balling auf die Unabhängigkeit des (Konzern-)Abschlussprüfers fokussieren, nicht unmittelbar auf das deutsche dualistische System der Unternehmensverfassung übertragen werden können, da im Modell von *DeAngelo* der Vorstand und bei *Lee/Gu* die Hauptversammlung, somit nicht der Aufsichtsrat, den Prüfungsauftrag erteilt. Vgl. zu diesen Modellansätzen weiterführend BIGUS/ZIMMERMANN 2009, S. 1284 f.; EWERT 1999, S. 41-44; GELTER 2004, S. 30-36, 122-124; HERZIG/WATRIN 1995, S. 792 f.; QUICK/WARMING-RASMUSSEN 2007, S. 1011; STEFANI 2002, S. 110-155 und ZIMMERMANN 2008, S. 44-56.

1100 Vgl. ADLER/DÜRING/SCHMALTZ 2000, Rn. 227 zu § 318 HGB, S. 199; BAETGE/MATENA 2003, S. 185 f.; BORMANN 2002, S. 192 sowie IDW 2006, Abschn. A, Rn. 637, S. 190.

1101 Dies folgt im Umkehrschluss aus § 111 Abs. 2 Satz 3 AktG und § 318 Abs. 1 Satz 4 HGB; vgl. im Ergebnis ebenso BAUMS 2001, Rn. 305, S. 313.

1102 Vgl. in diesem Sinne auch EMPFEHLUNG 2005/162/EG, Anhang I, Rn. 4.2, Nr. 2, S. 61; HOPT/ROTH 2005, Rn. 497 zu § 111 AktG, S. 1042 sowie für Überlegungen zur Implementierung eines gesetzlichen Zustimmungsvorbehalts BAUMS 2001, Rn. 305, S. 313 f. und VELTE/WEBER 2010, S. 409 f. Zur Festlegung von Zustimmungsvorbehalten als Mechanismus der internen Corporate Governance vgl. bereits im Einzelnen Abschn. II. C.5.b)(1)(b) dieses Hauptteils.

1103 Vgl. zu dieser Maßnahme auch BAUMS 2001, Rn. 306, S. 314. Empirischen Untersuchungen für den deutschen Kapitalmarkt zufolge liegt der durchschnittliche Anteil der Honorare für Nichtprüfungsleistungen bei ca. 31 % bzw. 34 % der Gesamthonorarsumme; vgl. diesbezüglich LENZ/BAUER 2004, S. 996 sowie LENZ/MÖLLER/HÖHN

(Fortsetzung der Fußnote auf der nächsten Seite)

Agency-theoretisch sind sowohl die Vereinbarung eines angemessenen Prüfungshonorars durch den Aufsichtsrat als auch die Festlegung eines Zustimmungsvorbehalts des Aufsichtsrats zu Nichtprüfungsleistungen, gegebenenfalls verbunden mit einer flankierenden Honorardeckelung, als typische Instrumente des Preventive Monitoring zu klassifizieren, mit welchen das Ziel verfolgt wird, der Gefahr eines Moral Hazard des (Konzern-)Abschlussprüfers in Gestalt von Coalitions und Shirking[1104] zu begegnen.[1105] Eine Koalition des (Konzern-)Abschlussprüfers mit dem Vorstand zulasten der Aktionäre respektive des Aufsichtsrats geht dabei regelmäßig mit einer Einschränkung der Urteilsfreiheit des Prüfers einher, während mit dem Shirking das Risiko einer nicht sachgerechten Urteilsbildung im Sinne der traditionellen Prüfungslehre verbunden ist. Aus dem Blickwinkel der Agency-Theorie können die Bemühungen um die Vereinbarung eines möglichst angemessenen Prüferhonorars jedoch gleichzeitig auch als eine Bonding-Maßnahme im Sinne eines Anreizmechanismus interpretiert werden, der auf die Verhinderung eines Shirking in der Person des (Konzern-)Abschlussprüfers gerichtet ist.

Aus den eruierten Mechanismen der internen Corporate Governance zur Honorarvereinbarung mit dem (Konzern-)Abschlussprüfer und der Agency-theoretische Überprüfung ihrer Wirkungsweisen folgt für das Corporate Governance Statement, dass zum einen eine Berichterstattung über die Mitwirkung des Vorstands an der in Rede stehenden Honorarvereinbarung zu erfolgen hat (Tabelle 74, Rn. 3.4.1). Ziel dieser Ausführungen ist es, den Adressaten eine Einschätzung zu erlauben, ob der Supervisor Aufsichtsrat letztendlich

---

2006, S. 1793. Im Vergleich hierzu wurde für den US-amerikanischen Kapitalmarkt ein Anteil der Nichtprüfungsleistungen von über 50 % im Verhältnis zum Gesamthonorar festgestellt; vgl. hierzu etwa FRANKEL/JOHNSON/NELSON 2002, S. 40.

1104 Dies entspricht den Fallgruppen (6)(a) und (6)(b) in der Abbildung 26 zur Typisierung von Principal-Agent-Konflikten bezüglich des (Konzern-)Abschlussprüfers als Agent.

1105 Vgl. hierzu und in der Folge bereits Abschn. II. C.5.a)(1)(b)(iii) dieses Hauptteils. Entsprechend der Argumentation in Abschn. II. C.5.b)(3)(b) dieses Hauptteils ist die im Rahmen des Prüfungsauftrags zu treffende Honorarvereinbarung zwischen dem Supervisor Aufsichtsrat und dem (Konzern-)Abschlussprüfer als Mechanismus zur Lösung nachvertraglicher Principal-Agent-Konflikte anzusehen.

seiner Alleinkompetenz zur Verhandlung des Prüfungshonorars mit dem (Konzern-)Abschlussprüfer tatsächlich gerecht wird oder aber dem Vorstand hierbei eine Einflussmöglichkeit einräumt. Da die Honorarvereinbarung Gegenstand des Prüfungsauftrags ist, können die Ausführungen hierzu auch mit denjenigen zum Prüfungsauftrag[1106] verbunden werden. Damit sich die Adressaten ein Urteil über die Angemessenheit des Prüfungshonorars bilden können, sind im Rahmen des Corporate Governance Statements zum anderen detaillierte Informationen zur Honorarvereinbarung mit dem (Konzern-) Abschlussprüfer zu übermitteln (Tabelle 74, Rn. 3.4.2). Dies schließt vor allem eine Offenlegung der Höhe und Art (Zeithonorar, Pauschalhonorar mit Öffnungsklausel) des Prüfungshonorars unter Einbeziehung der zugrunde liegende Kalkulation sowie des Verhältnisses zwischen den für den Berichtszeitraum seitens des amtierenden (Konzern-)Abschlussprüfers berechneten Prüfungshonoraren und Honoraren für Nichtprüfungsleistungen (insbesondere Steuerberatungsleistungen und prüfungsnahe Beratungsleistungen) ein.[1107] Es besteht die Möglichkeit, die in Rede stehenden Angaben mit denjenigen zum Profil des ausgewählten (Konzern-)Abschlussprüfers[1108] zu verbinden. Um das Risiko eines Moral Hazard des (Konzern-)Abschlussprüfers besser abschätzen zu können, ist im Corporate Governance Statement schließlich darauf einzugehen, ob der Aufsichtsrat einen Zustimmungsvorbehalt zur Vergabe von Nichtprüfungsleistungen festgelegt und in diesem Zusammenhang gegebenenfalls auch eine Deckelung der Honorare aus Nichtprüfungsleistungen auf einen bestimmten Anteil an der Gesamthonorarsumme vorgesehen hat (Tabelle 74, Rn. 3.4.3). Es ist möglich, die Ausführungen zum Zustimmungsvorbehalt für Nichtprüfungsleistungen in den Abschnitt zur allgemeinen Berichterstattung über Zustimmungsvorbehalte[1109] zu integrieren.

1106 Vgl. hierzu Tabelle 72, Rn. 3.2.1.

1107 Zu Honorarangaben in diesem Sinne vgl. bereits §§ 285 Nr. 17, 314 Abs. 1 Nr. 9 HGB sowie ARBEITSKREIS 2006a, S. 1071; ferner für die Schweiz RLCG 2008, Rn. 8.2-8.3.

1108 Vgl. diesbezüglich Tabelle 71, Rn. 3.1.3.

1109 Vgl. hierzu Tabelle 56, Rn. 1.2.

6. Verfasser

a) Prinzip der Kongruenz von Zuständigkeit und Berichtspflicht

Aus analytischer Sicht muss die Beantwortung der Frage, wer Verfasser des Corporate Governance Statements sein soll, von der Überlegung getragen sein, die Kongruenz der Zuständigkeit und Berichtskompetenz zu wahren.[1110] Unter Zugrundelegung des dualistischen Systems der Unternehmensverfassung ist somit pro Berichtskomponente festzustellen, ob dem Vorstand, dem Aufsichtsrat jeweils allein oder gegebenenfalls beiden Verwaltungsorganen gemeinsam die Zuständigkeit und Berichtskompetenz zuzusprechen ist.[1111] Eine originäre Pflicht zur Berichterstattung des Supervisors Aufsichtsrat liegt dabei immer dann nahe, wenn dieser erheblichen Einfluss auf die Ausprägung des Berichtsgegenstands hat.[1112]

Ein maßgeblicher Einfluss kommt dem Aufsichtsrat aufgrund seiner Personal- und Vergütungskompetenz[1113] unstreitig im Hinblick auf die Besetzung, den Umgang mit (potenziellen) Interessenkonflikten und die Vergütung des Vorstands zu,[1114] weshalb ihm folglich die entsprechende Berichterstattungsbe-

---

[1110] Vgl. hierzu und in der Folge bereits FREIDANK/WEBER 2008, S. 412 und FREIDANK/WEBER 2009, S. 325; vgl. darüber hinaus analog zur Entsprechenserklärung i. S. d. § 161 AktG DRYGALA 2008, Rn. 20 zu § 161 AktG, S. 1816; LENTFER 2005, S. 230 sowie zur Erklärung zur Unternehmensführung nach § 289 a HGB BISCHOF/SELCH 2008, S. 1029 f.; BÖCKING/EIBELTSHÄUSER 2009, S. 570; IDW 2008a, S. 17; KOZIKOWSKI/RÖHM-KOTTMANN 2010, Rn. 12 zu § 289 a HGB, S. 1468; LENTFER/WEBER 2006a, S. 2362; LENTFER/WEBER 2006b, S. 8; PAETZMANN 2009a, S. 65; THEISEN 2009a, S. 355; WEBER/LENTFER/KÖSTER 2007b, S. 370.

[1111] Für eine Einschränkung des Kreises möglicher Berichtsverfasser auf die Verwaltungsorgane Vorstand und Aufsichtsrat vgl. bereits die Ausführungen zur Zielsetzung und zu den Rahmengrundsätzen des Corporate Governance Statements in Abschn. II. C.3.c) und C.4.c)(3) dieses Hauptteils.

[1112] Vgl. ebenso LENTFER 2005, S. 276 sowie LENTFER/WEBER 2006b, S. 8.

[1113] Vgl. hierzu Abschn. II. C.5.b)(1)(a), C.5.b)(1)(d) und C.5.b)(1)(e) dieses Hauptteils.

[1114] Die in Rede stehenden Berichtsinhalte finden sich in den Rn. 1.1.1 bis 1.1.6 sowie 1.4.1 bis 1.5.2 des Berichtskatalogs zusammenfassend wieder (vgl. hierzu die Tabellen 55 sowie 59 bis 62 im Anhang).

fugnis zu obliegen hat.[1115] Demgegenüber sollte die Abfassung der Inhaltskomponenten zur inneren Organisation des Vorstands und zur wertorientierten Unternehmensführung[1116] primär in den Zuständigkeitsbereich des Vorstands fallen.[1117] Zwar spricht zunächst für eine diesbezüglich gemeinsame Berichterstattungspflicht der Verwaltungsorgane, dass der Aufsichtsrat durch die Formulierung der Vorstands-Geschäftsordnung,[1118] die Verpflichtung der Vorstandsmitglieder zur nachhaltigen Wertschöpfung und zur Beachtung der GoU in den Vorstandsverträgen,[1119] die Vereinbarung eines etwaigen Selbstbehalts im Falle einer D & O-Versicherung und seine Mitwirkung an der strategischen Ausrichtung der Gesellschaft respektive des Konzerns einen maßgeblichen Einfluss auf die innere Organisation des Vorstands und die Unternehmensführung nehmen kann. Jedoch sollte bedacht werden, dass die Unternehmensführung die originäre Aufgabe des Vorstands darstellt[1120] und es sich bei der Festlegung der Vorstands-Geschäftsordnung sowie den weiteren genannten preventive Monitoring und Bonding-Mechanismen des Aufsichtsrats um schriftliche Vereinbarungen handelt, die seitens des Vorstands im Rahmen des Corporate Governance Statements lediglich wiederzugeben sind, sich diese somit grundsätzlich seiner Beeinflussung entziehen. Insoweit ist es als ausreichend anzusehen, wenn die in Rede stehenden Berichtsinhalte lediglich einer Prüfung durch den Aufsichtsrat im Rahmen seiner allgemeinen Überwachungsaufgabe unterliegen und der Supervisor dergestalt Verantwortung für die Berichterstattung übernimmt.[1121]

1115 Vgl. bereits FREIDANK/WEBER 2008, S. 413; FREIDANK/WEBER 2009, S. 325 f. sowie ähnlich LENTFER/WEBER 2006a, S. 2362 und LENTFER/WEBER 2006b, S. 8.

1116 Die entsprechenden Inhaltskomponenten sind in den Rn. 1.2 bis 1.3.7 des Berichtskatalogs wiedergegeben (vgl. hierzu die Tabellen 56 bis 59 im Anhang).

1117 Vgl. im Ergebnis ebenso FREIDANK/WEBER 2008, S. 413; FREIDANK/WEBER 2009, S. 325.

1118 Vgl. hierzu ausf. Abschn. II. C.5.b)(1)(b) dieses Hauptteils.

1119 Vgl. hierzu und in der Folge Abschn. II. C.5.b)(1)(c) dieses Hauptteils.

1120 Vgl. im Einzelnen Abschn. II. C.5.b)(1)(c) dieses Hauptteils.

1121 Vgl. in diesem Sinne auch LENTFER 2005, S. 291 f.

Im Hinblick auf seine eigene Organisation[1122] trifft den Aufsichtsrat - im Rahmen der gesetzlichen und satzungsmäßigen Vorgaben - eine Selbstorganisationspflicht,[1123] mit der Konsequenz, dass dem Aufsichtsrat die diesbezügliche Berichtskompetenz zuzusprechen ist.[1124] Entsprechendes gilt auch hinsichtlich der Überwachung der Unternehmensführung und des Umgangs mit (potenziellen) Interessenkonflikten in Person einzelner Aufsichtsratsmitglieder.[1125] Weniger eindeutig gestaltet sich indes die Berichtskompetenz bezüglich der Besetzung und Vergütung des Aufsichtsrats,[1126] da sowohl die Wahl der Aufsichtsratsmitglieder als auch seine Vergütung grundsätzlich in den Zuständigkeitsbereich der Hauptversammlung fallen.[1127] Jedoch hat auch über diese Inhaltskomponenten des Corporate Governance Statements primär der Aufsichtsrat und nicht der Vorstand zu informieren, da er über sein Beschlussvorschlagsrecht[1128] einen maßgeblichen Einfluss auf die in Rede stehenden Berichtsgegenstände ausübt.[1129] Des Weiteren spricht für eine Berichtskompetenz des Aufsichtsrats, dass erst auf der Grundlage seiner Berichterstattung - etwa über das Profil aller zum Berichtszeitpunkt aktuellen Aufsichtsratsmitglieder einschließlich Gegenüberstellung mit dem zuvor festgelegten Idealprofil - eine fundierte Entscheidung seitens der Aktionäre ermöglicht wird.[1130]

1122 Die Berichtsinhalte zur inneren Organisation des Aufsichtsrats sind in der Rn. 2.2 des Berichtskatalogs niedergelegt (vgl. hierzu die Tabellen 64 bis 66 im Anhang).

1123 Zur Selbstorganisationspflicht vgl. ausf. Abschn. II. C.5.b)(2)(b) dieses Hauptteils.

1124 Vgl. hierzu und in der Folge ebenso FREIDANK/WEBER 2008, S. 413; FREIDANK/WEBER 2009, S. 326; LENTFER/WEBER 2006a, S. 2362 und LENTFER/WEBER 2006b, S. 8.

1125 Die in Rede stehenden Inhaltskomponenten sind in den Rn. 2.3.1 bis 2.4.3 des Berichtskatalogs zusammengefasst (vgl. hierzu die Tabellen 66 bis 68 im Anhang).

1126 Die diesbezüglichen Berichtsinhalte finden sich in den Rn. 2.1.1 bis 2.1.4, 2.5.1 f. des Berichtskatalogs (vgl. die Tabellen 62 bis 64 sowie 69 f. im Anhang).

1127 Vgl. hierzu bereits Abschn. II. C.5.b)(2)(a) sowie C.5.b)(2)(e) dieses Hauptteils.

1128 Vgl. ausf. Abschn. II. C.5.b)(2)(a) und C.5.b)(2)(e) dieses Hauptteils.

1129 Vgl. ebenso FREIDANK/WEBER 2008, S. 414 und FREIDANK/WEBER 2009, S. 326.

1130 Vgl. in diesem Sinne ebenfalls LENTFER 2005, S. 303, 305.

Aufgrund seiner Kompetenz zur Vergabe des Prüfungsauftrags an den (Konzern-)Abschlussprüfer,[1131] zur Vereinbarung des Prüfungshonorars[1132] und seiner Eigenschaft als Empfänger der entsprechenden Unterstützungsleistungen des Prüfers[1133] obliegt es dem Aufsichtsrat, auch die diesbezüglichen Inhaltskomponenten des Corporate Governance Statements[1134] zu verfassen. Obgleich die (Aus-)Wahl des (Konzern-)Abschlussprüfers in den Zuständigkeitsbereich der Hauptversammlung fällt,[1135] gilt dies darüber hinaus - analog zu den vorstehenden Überlegungen zur Besetzung und zur Vergütung des Aufsichtsrats - ebenso für die Auswahl des (Konzern-)Abschlussprüfers,[1136] da der Aufsichtsrat im Zuge seines Beschlussvorschlagsrechts[1137] einen maßgeblichen Einfluss auf die Auswahlentscheidung der Aktionäre nimmt.

Vor dem Hintergrund dieser Ausführungen kann somit in einer Gesamtschau konstatiert werden, dass unter Zugrundelegung des Prinzips der Kongruenz von Zuständigkeit und Berichtspflicht die Verantwortung für die Corporate Governance-Berichterstattung den Vorstand und den Aufsichtsrat gemeinsam treffen muss.[1138]

1131 Vgl. hierzu die Ausführungen in Abschn. II. C.5.b)(3)(b) dieses Hauptteils.

1132 Zur Vereinbarung des Prüfungshonorars vgl. Abschn. II. C.5.b)(3)(d) dieses Hauptteils.

1133 Vgl. hierzu ausf. Abschn. II. C.5.b)(3)(c) dieses Hauptteils.

1134 Die Inhaltskomponenten zum Prüfungsauftrag, zu den Unterstützungsleistungen des (Konzern-)Abschlussprüfers und zum Prüfungshonorar sind in den Rn. 3.2.1 bis 3.4.3 des Berichtskatalogs wiedergegeben (vgl. hierzu die Tabellen 72 bis 74 im Anhang).

1135 Vgl. hierzu die Ausführungen in Abschn. II. C.5.b)(3)(a) dieses Hauptteils.

1136 Die Berichtsinhalte zur Auswahl des (Konzern-)Abschlussprüfers sind in den Rn. 3.1.1 bis 3.1.3 des Berichtskatalogs dargelegt (vgl. hierzu Tabelle 71 im Anhang).

1137 Zum Beschlussvorschlagsrecht des Aufsichtsrats vgl. Abschn. II. C.5.b)(3)(a) dieses Hauptteils.

1138 Vgl. hinsichtlich der Erklärung zur Unternehmensführung i. S. d. § 289 a HGB im Ergebnis ebenso HANDELSRECHTSAUSSCHUSS DES DAV 2008, S. 616; a. A. ist offenbar *Theisen*, der die Meinung vertritt, dass Vorstand und Aufsichtsrat getrennte Statements

(Fortsetzung der Fußnote auf der nächsten Seite)

b) Organisatorische Rahmenbedingungen

Zur Sicherstellung einer ordnungsmäßigen Abfassung des Corporate Governance Statements haben Vorstand und Aufsichtsrat entsprechende organisatorische Vorkehrungen zu treffen, die insbesondere dem Prinzip der Kongruenz von Zuständigkeit und Berichtspflicht in angemessener Form Rechnung tragen.[1139] In struktureller Hinsicht bedingt dies die Implementierung eines mehrstufigen Berichterstellungsprozesses. So hat der Vorstand - sofern der betreffende Berichtsgegenstand in sein Aufgabenbereich fällt - in Gestalt des Vorstandsvorsitzenden oder des Finanzvorstands einen Entwurf zu erarbeiten, über den zunächst der Gesamtvorstand zu beschließen hat und der sodann dem Aufsichtsrat, gegebenenfalls unter Beifügung entsprechender Erläuterungen, zum Beschluss vorgelegt wird.[1140] Im Rahmen seiner Vorbereitung wird dabei das federführende Vorstandsmitglied aus Kapazitätsgründen in der Regel auf die Führungsunterstützungsfunktion des Controlling[1141] zurückgreifen. Das Controlling scheint in erster Linie prädestiniert für die Vorbereitung derjenigen Inhaltskomponenten, die dem Bereich der wertorientierten Unternehmensführung zuzuordnen sind. Zu denken ist in diesem Zusammenhang an die Berichterstattung über das eingesetzte Instrumentarium des wertorientierten Internen Steuerungssystems, die Gegenüberstellung der im Vorfeld festgelegten Zielvorgaben der nachhaltigen Wertschöpfung und der tatsächlich erzielten Wertsteigerungen, die Konzernstruktur sowie über die Ausgestaltung des Risikomanagement- und Compliance-Systems.[1142]

---

abzugeben hätten, für deren Inhalte die Organe jeweils allein die Verantwortung tragen; vgl. THEISEN 2009a, S. 335.

1139 Vgl. hierzu und in der Folge bereits FREIDANK/WEBER 2008, S. 414 f.; FREIDANK/WEBER 2009, S. 326 f. sowie ähnlich LENTFER/WEBER 2006b, S. 8.

1140 Vgl. analog zur Entsprechenserklärung nach § 161 AktG GAUL/OTTO 2003, S. 14 sowie LUTTER 2010, Rn. 1519-1528, S. 367-369.

1141 Zur Führungsunterstützungsfunktion des Controllings vgl. grundlegend SERFLING 1983, S. 17, 41 f.

1142 Zu den genannten Inhaltskomponenten vgl. Rn. 1.3.3 bis 1.3.6 des Berichtskatalogs in den Tabellen 58 und 59 im Anhang.

Der Aufsichtsrat seinerseits hat die in seinen Kompetenzbereich fallenden Berichtselemente vorzubereiten und diese dem Vorstand zur Stellungnahme zuzuleiten.[1143] Obgleich die Beteiligung an der Formulierung jedem Aufsichtsratsmitglied zusteht, empfiehlt sich aus Effizienzgründen gleichwohl die Delegation an einen Ausschuss.[1144] Im Anschluss an die vorbereitenden Tätigkeiten des Ausschusses hat der Aufsichtsrat sodann im Plenum über den Berichtsentwurf einen Beschluss zu fassen, und zwar mit der nach den allgemeinen Regeln des § 108 AktG und der Satzung vorgesehenen Mehrheit.[1145] Findet die abweichende Meinung eines einzelnen Aufsichtsratsmitglieds auch keinen Eingang in das Corporate Governance Statement, so steht es ihm dennoch zu, einen Vermerk über seine abweichende Meinung im Aufsichtsratsprotokoll zu verlangen, um sich gegebenenfalls exkulpieren zu können.[1146]

Im Sinne der Kooperation beider Verwaltungsorgane ist über die endgültige Version des Corporate Governance Statements idealtypisch in einer gemeinsamen Sitzung zu beraten und zu beschließen.[1147] Bei divergierenden Auffassungen muss es - wie auch schon im Kontext der Entsprechenserklärung nach § 161 AktG diskutiert - [1148] den Organen unbenommen bleiben, ein getrenntes Corporate Governance Statement abzugeben. Aufgrund der hiermit verbun-

---

1143 Vgl. hierzu und in der Folge ebenso FREIDANK/WEBER 2008, S. 414 f.; FREIDANK/WEBER 2009, S. 326 f. und LENTFER/WEBER 2006b, S. 8; vgl. überdies sinngemäß im Hinblick auf die Entsprechenserklärung i. S. d. § 161 AktG KRIEGER 2003, S. 373.

1144 Vgl. in diesem Sinne auch LUTTER 2010, Rn. 1536, S. 371 im Zusammenhang mit der Abfassung der Entsprechenserklärung i. S. d. § 161 AktG. Es empfiehlt sich dabei eine Delegation an den Corporate Governance-Ausschuss; vgl. LENTFER 2005, S. 376.

1145 Vgl. analog zur Entsprechenserklärung nach § 161 AktG GELHAUSEN/HÖNSCH 2002, S. 533; LUTTER 2010, Rn. 1537, S. 371 sowie PFITZER/OSER/WADER 2002, S. 1121.

1146 Vgl. ebenso im Kontext der Entsprechenserklärung i. S. d. § 161 AktG LENTFER 2005, S. 254 m. w. N.

1147 Vgl. hierzu und in der Folge auch FREIDANK/WEBER 2008, S. 414 f.; FREIDANK/WEBER 2009, S. 326 f.; LENTFER/WEBER 2006b, S. 8 sowie im Kontext der Entsprechenserklärung i. S. d. § 161 AktG LUTTER 2006b, S. 878; LUTTER 2006c, Rn. 24 zu § 161 AktG, S. 14 f. und LUTTER 2010, Rn. 1540, S. 371.

1148 Vgl. hierzu etwa LENTFER 2005, S. 255 f.; POTTHOFF/TRESCHER 2003, Rn. 1864, S. 458.

denen negativen Außenwirkung und der Konterkarierung des mit dem Corporate Governance Statement verbundenen Ziels einer Senkung der Kapitalkosten[1149] wird diese Vorgehensweise jedoch einen hypothetischen Ausnahmefall darstellen.[1150]

7. Form

Das Corporate Governance Statement ist - wie bereits im Rahmen der kommunikationstheoretischen Ausführungen determiniert - [1151] in Schriftform zu erstellen, wobei insbesondere den Grundsätzen der Klarheit und Vergleichbarkeit[1152] Rechnung zu tragen ist. Entsprechend des dieser Arbeit zugrunde gelegten definitorischen Verständnisses der Unternehmenspublizität[1153] sollte dabei das Corporate Governance Statement ein eigenständiges Berichtsinstrument verkörpern, welches im Sinne des Grundsatzes des Komplements zum Financial Accounting[1154] außerhalb der normierten Rechnungslegung in einem gesonderten Abschnitt des jährlichen Geschäftsberichts zu platzieren[1155] und

---

1149 Zur Zielsetzung des Corporate Governance Statements vgl. ausf. Abschn. II. C.3 dieses Hauptteils.

1150 Vgl. ebenso im Zusammenhang mit der Entsprechenserklärung i. S. d. § 161 AktG SESTER 2007, Rn. 38 zu § 161 AktG, S. 1644.

1151 Vgl. hierzu Abschn. II. A.1 sowie darauf aufbauend Abschn. II. B.1 dieses Hauptteils.

1152 Zu den Grundsätzen der Klarheit und Vergleichbarkeit vgl. Abschn. II. C.4.b)(3) und C.4.b)(4) dieses Hauptteils. Für eine eingehende Auseinandersetzung mit der adäquaten Gestaltung von Berichten vgl. weiterführend BLOHM 1962, S. 59-100 sowie HÜTTEN 2000, S. 337-356.

1153 Zum Begriff und den Elementen der Unternehmenspublizität vgl. Abschn. I. B.3.c) des Ersten Hauptteils.

1154 Vgl. zum Grundsatz des Komplements zum Financial Accounting Abschn. II. C.4.c)(2) dieses Hauptteils.

1155 Vgl. hierzu im Ergebnis ebenso FREIDANK/WEBER 2008, S. 415; FREIDANK/WEBER 2009, S. 327 sowie DCGK 2010, Rn. 3.10 Satz 1 im Hinblick auf den Corporate Governance Bericht i. S. d. DCGK. Informationen zur Corporate Governance sind im schweizerischen Rechtsraum gem. Swiss Code 2007, Rn. 30 i. V. m. RLCG 2008, Rn. 6 ebenfalls in einem eigenen Kapitel des Geschäftsberichts zu veröffentlichen; vgl. diesbezüglich

(Fortsetzung der Fußnote auf der nächsten Seite)

den Berichtsadressaten darüber hinaus auf der Internetseite der (Mutter-)Gesellschaft dauerhaft zugänglich zu machen ist.[1156] Eine Integration des Corporate Governance Statements in den (Konzern-)Lagebericht als Bestandteil des Financial Accounting ist entschieden abzulehnen, da Informationen zur internen Corporate Governance erheblich von dessen weitgehend finanziellen Berichtsinhalt abweichen.[1157] Sie entsprechen nicht dem Sinn und Zweck des (Konzern-)Lageberichts, in Ergänzung zum (Konzern-)Abschluss den Geschäftsverlauf und die Lage der Gesellschaft respektive des Konzerns darzulegen und damit weiterführend über die wirtschaftlichen Verhältnisse zu informieren.[1158] Gegen eine Aufnahme der Corporate Governance-Berichterstattung in den allein durch den Vorstand zu erstellenden (Konzern-)Lagebericht spricht zudem, dass hiermit der erhebliche Einfluss des Aufsichtsrats auf die Corporate Governance negiert und das Prinzip der Kongruenz von Zuständigkeit und Berichtspflicht[1159] durchbrochen würde.[1160]

---

kommentierend SWX Swiss Exchange 2007, Rn. 1 zu RLCG 2006, Rn. 4, S. 4 sowie STAUB 2005, S. 167-180. Für eine Verortung des Corporate Governance Statements im Geschäftsbericht spricht auch eine aktuelle Studie von *Ernst/Gassen/Pellens*, wonach dem in Rede stehenden Berichtsmedium als Informationsquelle für institutionelle Investoren eine sehr hohe Bedeutung zukommt; vgl. ERNST/GASSEN/PELLENS 2009, S. 49.

1156 Für dieses Petitum vgl. bereits WEBER/LENTFER/KÖSTER 2008, S. 38 f. sowie für den schweizerischen Rechtsraum STAUB 2005, S. 182. Eine weitere Möglichkeit, das Corporate Governance Statement für die Berichtsadressaten leicht zugänglich zu machen, besteht darin, für die betroffenen Gesellschaften über eine Modifizierung des § 325 HGB die Verpflichtung vorzusehen, das Statement bei den Betreibern des *elektronischen Bundesanzeigers* einzureichen und dort bekannt zu machen (§ 10 HGB). Die Adressaten hätten dann die Möglichkeit, das Statement per Internet entweder über den *elektronischen Bundesanzeiger* oder das *Unternehmensregister* (§ 8 b HGB) einzusehen; vgl. für einen entsprechenden Vorschlag WEBER/LENTFER/KÖSTER 2008, S. 39, 41.

1157 Vgl. für eine entsprechende Argumentation im Zusammenhang mit der Verortung der Erklärung zur Unternehmensführung i. S. d. § 289 a HGB BÖCKING/EIBELTSHÄUSER 2009, S. 570; FREIDANK/WEBER 2008, S. 415; FREIDANK/WEBER 2009, S. 327; IDW 2005, S. 177; IDW 2008a, S. 17 f.; KOZIKOWSKI/RÖHM-KOTTMANN 2010, Rn. 17 zu § 289 a HGB, S. 1469; LENTFER/WEBER 2006a, S. 2362; OSER ET AL. 2008, S. 62 sowie PAETZMANN 2009a, S. 66.

1158 Vgl. in diesem Sinne ebenfalls IDW 2005, S. 177 sowie LENTFER/WEBER 2006a, S. 2362.

1159 Vgl. hierzu ausf. Abschn. II. C.6.a) dieses Hauptteils.

8. Turnus

Ex definitione trägt das Corporate Governance Reporting den Charakter einer strukturierten und regelmäßigen externen Berichterstattung.[1161] Die Festlegung des Turnus für die Erstellung des Corporate Governance Statements als Übermittlungsmedium muss dabei in Entsprechung des Grundsatzes des Komplements zum Financial Accounting[1162] von dem Gedanken getragen sein, neben einer inhaltlichen Konsistenz auch eine zeitliche Korrespondenz zum Financial Accounting herzustellen.[1163] Da der (Konzern-)Abschluss und der (Konzern-)Lagebericht als Instrumente des Financial Accounting aufgrund zwingender gesetzlicher Bestimmungen[1164] regelmäßig, mindestens einmal jährlich, zu erstellen sind, so hat dies im Sinne der zeitlichen Korrespondenz folglich auch für das Corporate Governance Statement zu gelten.[1165] Dem Petitum des Schrifttums[1166] folgend, sollte das Corporate Governance Statement

---

1160 Vgl. in Bezug auf die Erklärung zur Unternehmensführung i. S. d. § 289 a HGB ebenfalls FREIDANK/WEBER 2008, S. 415; FREIDANK/WEBER 2009, S. 327; LENTFER/WEBER 2006a, S. 2362 sowie WEBER/LENTFER/KÖSTER 2007b, S. 371.

1161 Zu dieser definitorischen Festlegung vgl. Abschn. I. B.3.c) des Ersten Hauptteils. Zur Differenzierung zwischen einer regelmäßigen und unregelmäßigen Publizität vgl. ausf. PELLENS ET AL. 2008, S. 924 f. und ROLVERING 2002, S. 28-33.

1162 Vgl. hierzu Abschn. II. C.4.c)(2) dieses Hauptteils.

1163 Vgl. ebenso FREIDANK/WEBER 2008, S. 418 sowie FREIDANK/WEBER 2009, S. 330.

1164 Im Hinblick auf die vorliegend betrachteten börsennotierten Publikumsgesellschaften vgl. für die jährliche Berichterstattung §§ 264 Abs. 1 Satz 3; 290 Abs. 1 Satz 1, 315 a HGB i. V. m. § 37 v WpHG i. V. m. § 65 BörsO; zur Halbjahres- und Quartalsberichterstattung vgl. §§ 37 w, 37 x und 37 y WpHG i. V. m. § 66 BörsO.

1165 Vgl. ebenso FREIDANK/WEBER 2008, S. 418; FREIDANK/WEBER 2009, S. 330 sowie im Ergebnis ARBEITSKREIS 2006a, S. 1069.

1166 Vgl. hierzu etwa ARBEITSKREIS 2006a, S. 1069; FREIDANK/WEBER 2008, S. 418; FREIDANK/WEBER 2009, S. 330 sowie STAUB 2005, S. 167-180. Ein jährlicher Berichtsturnus wird im Übrigen bereits für die sog. Entsprechenserklärung (§ 161 AktG), die Erklärung zur Unternehmensführung (§ 289 a HGB), den Corporate Governance Bericht i. S. d. DCGK (DCGK 2010, Rn. 3.10) und das Corporate Governance Statement i. S. d. Swiss Code 2007, Rn. 30 (vgl. hierzu auch RLCG 2008, Rn. 6) vorgesehen.

periodisch, das heißt in einem gleichbleibenden zeitlichen Rhythmus,[1167] erstellt werden und einen Berichtszeitraum von einem Jahr umfassen,[1168] welcher dem Geschäftsjahr im Rahmen des Financial Accounting entspricht.

Obgleich die vorliegende Abhandlung definitionsgemäß das strukturierte und regelmäßige Corporate Governance Reporting zum Gegenstand hat, sei aus Gründen der Vollständigkeit dennoch ergänzend darauf hingewiesen, dass Sachverhalte der internen Corporate Governance auch eine Pflicht zur Ad hoc-Publizität im Sinne des § 15 WpHG auslösen können.[1169] Dies zeigt sich etwa an den Regelbeispielen für veröffentlichungspflichtige Insiderinformationen, welche die *BaFin*[1170] im Rahmen ihres Emittentenleitfadens vorsieht. So wird eine Ad hoc-Mitteilung regelmäßig bei überraschenden personellen Veränderungen in Vorstands- und Aufsichtsratsgremien, bei einem unvorhergesehenen Wechsel des (Konzern-)Abschlussprüfers oder auch im Falle einer Ankündigung der Verweigerung des Bestätigungsvermerks durch den (Konzern-) Abschlussprüfer erforderlich.[1171] Die erstgenannte Fallkonstellation findet dabei in einem aktuellen Beschluss des *Oberlandesgerichts Frankfurt*[1172] Bestätigung. So wertete das Gericht in dem zugrunde liegenden Fall eine gegenüber dem Aufsichtsrat geäußerte Absichtserklärung des Vorstandsvorsitzenden, sein Amt niederzulegen, als eine veröffentlichungspflichtige Insiderinformation im Sinne des § 13 WpHG und bejahte demzufolge eine Pflicht des Aufsichtsrats für eine entsprechende Ad hoc-Mitteilung nach § 15 WpHG.

1167 Für eine Unterscheidung in die periodische und aperiodische Publizität vgl. etwa PELLENS/FÜLBIER 2002, S. 637 sowie hierauf aufbauend GRIEWEL 2006, S. 22 f.

1168 In der Literatur wird i. d. R. zwischen einem jährlichen und unterjährigen Berichtszeitraum differenziert; vgl. etwa GRIEWEL 2006, S. 22 f. m. w. N.

1169 Vgl. hierzu weiterführend GRIEWEL 2006, S. 210 sowie BAFIN 2009, S. 47-57.

1170 Zur *BaFin* vgl. ausf. ECHINGER/WEBER 2007a, S. 243-245.

1171 Vgl. BAFIN 2009, S. 56 f.

1172 Vgl. OLG FRANKFURT-BESCHLUSS vom 12.02.2009, Aktz. 2 Ss - OWi 514/08, Die Aktiengesellschaft 54 (2009), S. 414-416.

D. Feedback-Mechanismus des Corporate Governance Reportings

1. Vorbemerkung

Wie bereits ausgeführt,[1173] lassen sich aus dem Zweck der Implementierung eines Feedback-Mechanismus, die Bi-Direktionalität der Kommunikation sicherzustellen, indem für die Adressaten eine Möglichkeit zur Reaktion auf die Inhalte des Corporate Governance Statements geschaffen wird, und dem Umstand, dass eine Konzentration auf die (potenziellen) Investoren als die bedeutendste Adressatengruppe erfolgt, Parallelen und damit Anknüpfungspunkte zu den Investor Relations herstellen. Die Investor Relations verkörpern aus kommunikationstheoretischer Sicht einen Teil der auf einen bi-direktionalen Austauschprozess ausgerichteten Public Relations mit dem Fokus auf aktuelle und potenzielle Investoren mit dem Ziel, die Kapitalbeschaffung zu möglichst günstigen Konditionen zu fördern und zu sichern.[1174]

Diese Parallele zu den Investor Relations und der empirische Befund, wonach sämtliche DAX-Unternehmen über eine Investor Relations-Einheit verfügen,[1175] legen es nahe, den Feedback-Mechanismus des Corporate Governance Reportings organisatorisch in die in den Unternehmen bereits bestehenden Investor Relations-Stellen zu integrieren und darüber hinaus die Investor Relations-Maßnahmen im Hinblick auf ihre Eignung als Instrumente des in Rede stehenden Rückkopplungsmechanismus zu überprüfen.

1173 Vgl. hierzu Abschn. II. B.2.b) dieses Hauptteils.

1174 Zu diesem Begriffsverständnis der Investor Relations vgl. stellv. TÄUBERT 1998, S. 7. Es sei darauf hingewiesen, dass die Definitionen für den Terminus Investor Relations im Schrifttum je nach Forschungsrichtung variieren; für einen Überblick über die gängigsten bislang in der Literatur vorzufindenden Definitionen vgl. WOLTERS 2005, S. 51-54. Darüber hinaus wird im Schrifttum teilweise statt von Investor Relations auch von Aktienmarketing gesprochen; vgl. hierzu stellv. LINK 1991, S. 7-10.

1175 Vgl. etwa GAULY 2006, S. 588 m. w. N.

2. Organisatorische Implementierung

Für die organisatorische Einbindung der Investor Relations-Einheit in die Gesamtstruktur des Unternehmens werden in der Literatur im Wesentlichen zwei Grundmodelle diskutiert, die im Folgenden unter besonderer Berücksichtigung der Integration des Feedback-Mechanismus für das Corporate Governance Reporting im Hinblick auf ihre Eignung zu beurteilen sind. Dabei ist ein besonderes Augenmerk auf das Erfordernis einer gemeinsamen Erstellung des Corporate Governance Statements durch den Vorstand und den Aufsichtsrat zu legen,[1176] welches sich konsequenterweise auch in der organisatorischen Ausgestaltung des Feedback-Mechanismus und damit der Investor Relations-Stelle selbst widerzuspiegeln hat.

Im Rahmen des ersten der beiden Grundmodelle erfolgt eine organisatorische Einbindung der Investor Relations-Einheit in zentrale Funktionsbereiche des Unternehmens (Organisationsmodell I).[1177] Typischerweise handelt es sich hierbei um die Abteilung für Unternehmenskommunikation/Public Relations und die Finanzabteilung. In beiden Fällen kann die Investor Relations-Einheit entweder als Stabstelle des jeweiligen Abteilungsleiters oder alternativ als Linieninstanz implementiert werden, wobei im Hinblick auf größere Abteilungen - über die vor allem börsennotierten Publikumsgesellschaften verfügen - [1178] aufgrund ihrer regelmäßig höheren hierarchischen Verortung und der kürzeren internen Kommunikationswege eine Stabszuordnung zu präferieren ist.[1179] Während mit der Einbindung der Investor Relations-Einheit als Stabstelle des Leiters der Finanzabteilung traditionell die Überlegung verbunden ist, dass die Denkweise, Kenntnisse und Argumentationen im Finanzbe-

1176 Zum Prinzip der Kongruenz von Zuständigkeit und Berichtspflicht vgl. bereits Abschn. II. C.6.a) dieses Hauptteils.

1177 Vgl. hierzu und in der Folge ALLENDORF 1996, S. 80 f.; DRILL 1995, S. 232-234; GÜNTHER/OTTERBEIN 1996, S. 396; STREUER 2004b, S. 68-70 sowie TÄUBERT 1998, S. 179.

1178 Vgl. diesbezüglich die empirischen Befunde bei PWC/KIRCHHOFF 2005, S. 15.

1179 Vgl. in diesem Sinne auch DRILL 1995, S. 234.

reich den Informationsbedürfnissen der (potenziellen) Investoren entsprechen, erfolgt die Integration der Investor Relations in die Abteilung für Unternehmenskommunikation/Public Relations primär unter dem Gesichtspunkt, dass die Hauptaufgabe der Investor Relations im bi-direktionalen Austauschprozess mit den (potenziellen) Investoren besteht.[1180] Im Schrifttum wird in diesem Zusammenhang zu Recht darauf hingewiesen, dass eine Interpretation der Investor Relations-Stelle als Unterabteilung der Funktionsbereiche Unternehmenskommunikation/Public Relations oder Finanzen die Gefahr einer einseitigen Anbindung in sich birgt, welche mit einer eindeutigen Priorisierung entweder des Finanz- oder des Kommunikationsaspekts zum Ausdruck kommt.[1181] Ein weiteres, mindestens ebenso schwerwiegendes Manko dieses Ansatzes ist darin zu sehen, dass die Investor Relations-Verantwortlichen aufgrund ihrer hierarchischen Stellung in der Regel keinen direkten Zugang zum Vorstand haben.[1182]

Im Hinblick auf den Feedback-Mechanismus des Corporate Governance Reportings ist über die genannten Aspekte hinaus mit in die Überlegungen einzubeziehen, dass seine organisatorische Anbindung an die Finanzabteilung als systemfremd anzusehen[1183] und damit auch eine entsprechende Verortung der Investor Relations-Einheit nicht sachgerecht wäre. Ungeachtet dessen erscheint es des Weiteren überaus zweifelhaft, ob es ohne einen direkten Informationsaustausch zwischen der Investor Relations-Einheit und den Verwaltungsorganen überhaupt gelingen kann, dem auch für den Feedback-Mechanismus des Corporate Governance Reportings geltenden Prinzip der gemeinsamen Verantwortung von Vorstand und Aufsichtsrat in angemessener Weise Rechnung

---

1180 Vgl. ALLENDORF 1996, S. 80 f.; DRILL 1995, S. 234 und STREUER 2004b, S. 69.

1181 Vgl. hierzu ausf. STREUER 2004b, S. 69.

1182 Vgl. explizit STREUER 2004b, S. 69 f. sowie im Umkehrschluss DRILL 1995, S. 232 und PWC/KIRCHHOFF 2005, S. 14.

1183 Vgl. hierzu die Differenzierung zwischen dem Business Reporting i. e. S. und dem Corporate Governance Reporting in Abschn. I. B.3.c) des Ersten Hauptteils.

zu tragen, weshalb insoweit die Eignung des in Rede stehenden Organisationsmodells als Ganzes in Frage zu stellen ist.

Bei der zweiten Organisationsvariante, welche empirischen Erkenntnissen zufolge von den Unternehmen bevorzugt wird,[1184] erfolgt eine unmittelbare Zuordnung der Investor Relations-Einheit als Stabstelle des Vorstandsvorsitzenden oder des Finanzvorstands (Organisationsmodell II).[1185] Dieser Ansatz stellt im Gegensatz zum Organisationsmodell I sicher, dass ein unmittelbarer Informationsaustausch zwischen der Investor Relations-Abteilung und dem Vorstand stattfinden kann.[1186] Zudem kann im Rahmen des in Rede stehenden Modells aufgrund der hierarchischen Ansiedlung der Investor Relations-Abteilung als Vorstands-Stabstelle der Informationsfluss mit anderen Teileinheiten des Unternehmens immer auf höchster Stelle abgestimmt werden, so dass der Koordinationsaufwand der Investor Relations-Tätigkeit im Vergleich zum Organisationsmodell I erheblich geringer ausfällt.

Diese Vorzüge legen den Schluss nahe, dass dieser Organisationsansatz für die Investor Relations-Einheit als solche auch eine ideale Ausgangsbasis für die organisatorische Anbindung des Rückkopplungsmechanismus für das Corporate Governance Reporting darstellt. Im Hinblick auf die Einhaltung des Prinzips der gemeinsamen Verantwortung von Vorstand und Aufsichtsrat bedarf dieses Modell jedoch dahingehend einer Erweiterung, als nicht nur ein unmittelbarer Informationsaustausch der Investor Relations-Abteilung mit dem Vorstand, sondern gleichsam auch mit dem Aufsichtsrat zu gewährleisten ist. In diesem Zusammenhang bietet sich zum einen eine enge Einbindung des Inves-

---

1184 Einer Befragung unter den indexorientierten deutschen Aktiengesellschaften aus dem Jahr 2005 zufolge sind die Investor Relations-Einheiten zu 81 % direkt dem Vorstand zugeordnet, wohingegen nur in 8% bzw. 11 % der Fälle eine Angliederung an die Abteilungen Unternehmenskommunikation respektive Finanzen (insbes. Controlling und Rechnungswesen) erfolgte; vgl. hierzu PwC/KIRCHHOFF 2005, S. 14.

1185 Vgl. diesbezüglich ALLENDORF 1996, S. 82; DRILL 1995, S. 232; STREUER 2004b, S. 70 sowie TÄUBERT 1998, S. 179.

1186 Vgl. hierzu und in der Folge ALLENDORF 1996, S. 82; DRILL 1995, S. 232; PwC/KIRCHHOFF 2005, S. 14 und STREUER 2004b, S. 70.

tor Relations-Verantwortlichen in den mehrstufigen Prozess zur Erstellung des Corporate Governance Statements an.[1187] Zu denken ist hierbei in erster Linie an seine (beobachtende) Teilnahme an den vorbereitenden und beschließenden Sitzungen des Vorstands und des Aufsichtsrats respektive ihrer Gremien. Zum anderen ist idealerweise aus der Mitte des Vorstands und des Aufsichtsrats jeweils ein Mitglied als Ansprechpartner des Investor Relations-Verantwortlichen zu benennen, der sowohl für einen regelmäßigen Informationsaustausch als auch zeitnah für spezifische Fragen zu den einzelnen Inhaltskomponenten des Corporate Governance Statements zur Verfügung steht. Im Hinblick auf den Vorstand kommt hierbei das für die Erstellung des Corporate Governance Statement federführende Vorstandsmitglied, das heißt in der Regel der Vorstandsvorsitzende oder der Finanzvorstand, und hinsichtlich des Aufsichtsrats der Aufsichtsratsvorsitzende oder der Vorsitzende des Corporate Governance-Ausschusses in Betracht.

Neben ihrer organisatorischen Eingliederung in die Gesamtstruktur des Unternehmens ist auch die innere Organisation der Investor Relations-Einheit zur Sicherstellung der Funktionsfähigkeit des Feedback-Mechanismus in geeigneter Form auszugestalten. Die Arbeitsteilung unterhalb des Investor Relations-Verantwortlichen kann dabei entweder aufgaben- oder zielgruppenbezogen erfolgen.[1188] Während nach erstgenannter Organisationsform die Zuteilung der Investor Relations-Mitarbeiter nach themenbezogenen Gesichtspunkten, etwa in die Bereiche Business Reporting i. e. S., Corporate Governance Reporting, Analysten-, Investoren- und Pressebetreuung, Gestaltung und Pflege der Internet-Medien sowie Organisation von Investor Relations-Events, erfolgt, findet bei der zielgruppenbezogenen Arbeitsteilung in der Regel eine Aufteilung der Investor Relations-Mitarbeiter in die Gruppen private und institutionelle Investoren statt. Insbesondere im Hinblick auf die organisatorische Ein-

---

1187 Zum mehrstufigen Prozess der gemeinsamen Erstellung des Corporate Governance Statements durch den Vorstand und den Aufsichtsrat vgl. ausf. Abschn. II. C.6.b) dieses Hauptteils.

1188 Vgl. hierzu und in der Folge stellv. STREUER 2004b, S. 72 f.

gliederung des Feedback-Mechanismus in die Investor Relations-Abteilung erscheint die aufgabenbezogene Arbeitsteilung in der Regel sinnvoller zu sein, da eine themenspezifische Zuordnung einerseits die Kommunikation mit den jeweiligen unternehmensinternen Ansprechpartnern (unter anderem Vorstand und Aufsichtsrat) erleichtern dürfte und andererseits auch ein höherer Spezialisierungsgrad der Investor Relations-Mitarbeiter sowie damit verbunden eine höhere Qualität der Investor Relations-Arbeit insgesamt zu erwarten ist.

3. Instrumente

Die zur Ableitung von Instrumenten des Feedback-Mechanismus als Anknüpfungspunkte dienenden Maßnahmen der Investor Relations werden in der Literatur überwiegend in unpersönliche und persönliche Kommunikationsmittel unterschieden.[1189] Die unpersönlichen Investor Relations-Maßnahmen, wie Geschäftsberichte, Zwischenberichte, Finanzanzeigen, Pressemitteilungen, Investor Relations-Broschüren und Aktionärsbriefe,[1190] tragen dabei - wie das Corporate Governance Statement selbst - den Charakter eines linearen, unidirektionalen Kommunikationsprozesses[1191] und scheiden daher als potenzielle Instrumente des Feedback-Mechanismus aus. Persönliche Investor Relations-Maßnahmen, wie insbesondere in Form von (ordentlichen) Hauptversammlungen, Unternehmenspräsentationen, Gruppen- und Einzelgesprächen

---

1189 Vgl. hierzu etwa FALTZ 1999, S. 66; GÜNTHER/OTTERBEIN 1996, S. 404-410. Die in der Literatur teilweise zudem vorzufindende Unterscheidung in gesetzlich vorgeschriebene und freiwillige Investor Relations-Instrumente ist für die vorliegende Problemstellung nicht zielführend und wird demzufolge nicht weiter betrachtet; vgl. hierzu u. a. ACHLEITNER/PIETZSCH 2005, S. 378 sowie KIRCHHOFF/PIWINGER 2007, S. 736-739.

1190 Vgl. im Einzelnen zu diesen und weiteren Instrumenten ALLENDORF 1996, S. 63-70; DRILL 1995, S. 116-127; GÜNTHER/OTTERBEIN 1996, S. 404-407; HANK 1999, S. 99-103; LINK 1991, S. 319-332 sowie TIFFE 2007, S. 37-46.

1191 Vgl. ebenso FALTZ 1999, S. 66-75; LINK 1991, S. 319; MÜLLER 2004, S. 53; WOLTERS 2005, S. 78. Zum uni-direktionalen Kommunikationsprozess vgl. ausf. Abschn. II. A.2.a) dieses Hauptteils.

sowie telefonischen oder Internet-basierten Investor Relations-Hotlines,[1192] bieten hingegen die Möglichkeit eines bi-direktionalen Austauschprozesses[1193] und kommen demzufolge prinzipiell als Instrumente des Feedback-Mechanismus in Betracht. Inwieweit die genannten Maßnahmen als Instrumente des Feedback-Mechanismus tatsächlich geeignet sind, ist im Folgenden anhand des mit dem Rückkopplungsprozess verbundenen Zwecks und den daraus abzuleitenden Kriterien zu beurteilen.

Wie bereits ausgeführt, ist der Zweck der Implementierung eines Feedback-Mechanismus darin zu sehen, für die Adressaten eine Möglichkeit zu schaffen, auf Inhalte des Corporate Governance Statements reagieren zu können, um potenziell auftretende semantische Störungen zu vermeiden oder zumindest zu vermindern.[1194] Zur Erreichung dieser Zielsetzung sind - über die vorliegend angenommene hohe fachliche Kompetenz der Investor Relations-Mitarbeiter[1195] und der Verwaltungsorgane hinaus - an den Rückkopplungsmechanismus Anforderungen zu stellen, die seine tatsächliche Inanspruchnahme seitens der Adressaten begünstigen. Als Kriterien kommen in diesem Zusammenhang neben der Intensität des Austauschprozesses primär die Zugänglichkeit sowie die Ubiquität, das heißt die räumlich und zeitlich unabhängige Verfügbarkeit,[1196] des Feedback-Mechanismus in Betracht.

1192 Zu diesen und weiteren Instrumenten vgl. ausf. FALTZ 1999, S. 75-83; GÜNTHER/OTTERBEIN 1996, S. 407-410; HANK 1999, S. 103-107; MÜLLER 2004, S. 53 f.; TIFFE 2007, S. 46-54 sowie WOLTERS 2005, S. 77 f.

1193 Vgl. auch FALTZ 1999, S. 75; LINK 1991, S. 332 f.; MÜLLER 2004, S. 55; ROSEN 2005, S. 82-84 sowie WOLTERS 2005, S. 77. Zum bi-direktionalen Kommunikationsprozess vgl. im Einzelnen Abschn. II. A.2.b) dieses Hauptteils.

1194 Vgl. hierzu Abschn. II. B.1 sowie B.2.b) dieses Hauptteils.

1195 Zu der Ausbildung von und den Anforderungen an Investor Relations-Mitarbeiter vgl. DRILL 1995, S. 235 und ausf. RATHKE/BOMMER 2004, S. 741-750.

1196 Zur Ubiquität vgl. weiterführend WOLTERS 2005, S. 130 m. w. N.

Die ordentliche Hauptversammlung[1197] als erstes potenzielles Instrument des Feedback-Mechanismus verkörpert die traditionelle Einrichtung für die jährliche Zusammenkunft der Unternehmensverwaltung mit den Aktionären und bietet demzufolge grundsätzlich auch die Möglichkeit eines bi-direktionalen Austauschprozesses.[1198] Im Hinblick auf ihre Eignung als Instrument des Rückkopplungsmechanismus gilt es allerdings zu bedenken, dass die ordentliche Hauptversammlung lediglich den aktuellen, nicht hingegen den potenziellen Anteilseignern zugänglich ist.[1199] Daneben erfährt auch die Intensität des Austauschprozesses eine Einschränkung, indem die ordentliche Hauptversammlung spätestens nach vier bis sechs Stunden beendet sein soll,[1200] und demgemäß die Rede- und Fragezeit des einzelnen Aktionärs sehr begrenzt ist.[1201] Des Weiteren ist zu berücksichtigen, dass das Rede- und Fragerecht seitens der Aktionäre nur dann in Anspruch genommen werden kann, wenn der zugrunde liegende Sachverhalt - im vorliegenden Kontext die interne Corporate Governance der Gesellschaft respektive des Konzerns - zur sachgemäßen Beurteilung eines Gegenstands der Tagesordnung erforderlich ist.[1202] Aufgrund des Umstands, dass die Einberufung der ordentlichen Hauptversamm-

---

1197 Vgl. hierzu §§ 118-149 AktG und kommentierend REICHERT 2009, Rn. 1-301, S. 370-484.

1198 Vgl. ebenso TÄUBERT 1998, S. 135 f. sowie ausf. zur Hauptversammlung aus dem Blickwinkel der Investor Relations BIEDERMANN 2004, S. 201-224; LINK 1991, S. 333 f.

1199 Gem. §§ 118 Abs. 1, Abs. 3 Satz 1, 130 Abs. 1, 176 Abs. 2 AktG i. V. m. § 44 Abs. 4 KWG und § 83 Abs. 1 Satz 1 Nr. 5 VAG steht das Recht zur Teilnahme an der Hauptversammlung neben den aktuellen Aktionären bzw. ihren Vertretern nur den Vorstands- und Aufsichtsratsmitgliedern, dem Notar, dem (Konzern-)Abschlussprüfer sowie den aufsichtsbehördlichen Vertretern zu; vgl. hierzu ergänzend REICHERT 2009, Rn. 142-152, S. 428-433 sowie SPINDLER 2008b, Rn. 23-45 zu § 118 AktG, S. 1277-1286.

1200 Vgl. hierzu DCGK 2010, Rn. 2.2.4 Satz 2 sowie KREMER 2010, Rn. 278-280, S. 99 f.

1201 Vgl. darüber hinaus zur aktienrechtlichen Möglichkeit einer Beschränkung des Rede- und Fragerechts der Aktionäre § 131 Abs. 2 Satz 2 AktG sowie ergänzend GÖTZ/HOLZBORN 2006, S. 163; SCHÜTZ 2005, S. 11; SEIBERT 2005, S. 159 f.; SPINDLER 2005a, S. 825 f. sowie WEIßHAUPT 2005, S. 1766-1770.

1202 Vgl. § 131 Abs. 1, Satz 1, 2 AktG sowie kommentierend KERSTING 2010, Rn. 89-248 zu § 131 AktG, S. 49-113; KOCHER/LÖNNER 2010, S. 153-158; MAUL 2009, Rn. 55-60, S. 298-300 und SPINDLER 2008b, Rn. 25-37 zu § 131 AktG, S. 1453-1460.

lung dem Vorstand obliegt,[1203] haben die Anteilseigner darüber hinaus auch keine Wahlmöglichkeit, zu welchem Zeitpunkt sie den in Rede stehenden Rückkopplungsmechanismus in Anspruch nehmen möchten. War die Hauptversammlung bislang grundsätzlich als Präsenzveranstaltung zu charakterisieren und damit auch in räumlicher Hinsicht keine Ubiquität gegeben, kann im Zuge des ARUG 2009[1204] gemäß § 118 Abs. 1 Satz 2 AktG nunmehr die Satzung „[...] vorsehen oder den Vorstand dazu ermächtigen vorzusehen, dass die Aktionäre an der Hauptversammlung auch ohne Anwesenheit an deren Ort und ohne einen Bevollmächtigten teilnehmen und sämtliche oder einzelne ihrer Rechte ganz oder teilweise im Wege elektronischer Kommunikation ausüben können." Dies bedeutet, dass den Aktionären - sofern das betroffene Unternehmen von diesem Recht Gebrauch macht - auch das Rede- und Fragerecht im Sinne des § 131 AktG online, das heißt ohne ihre physische Präsenz, zusteht,[1205] mit der Folge, dass die unabhängige Verfügbarkeit der ordentlichen Hauptversammlung als mögliches Instrument des Feedback-Mechanismus nunmehr zumindest in räumlicher Hinsicht gegeben ist.

Bei Unternehmenspräsentationen, welche auch als „Road Shows" bezeichnet werden, handelt es sich um kleinere, regelmäßig durchgeführte Veranstaltungen vor ausgewählten (potenziellen) Investoren an wichtigen nationalen und internationalen Finanzplätzen.[1206] Sie dienen dabei neben der reinen Übermittlung von Unternehmensinformationen insbesondere auch dazu, ein weiteres Forum für einen intensiven bi-direktionalen Austauschprozess zu schaffen.[1207] Im Hinblick auf die Zugänglichkeit des Feedback-Mechanismus

---

1203 Vgl. hierzu § 121 Abs. 2 Satz 1 AktG und weiterführend REICHERT 2009, Rn. 76, S. 401 f.

1204 Vgl. hierzu bereits Abschn. II. C.1 des Ersten Hauptteils sowie weiterführend HUCKE 2009, S. 215-221; SCHUMM 2009, S. 614-620 sowie WEBER 2010, S. 277.

1205 Vgl. etwa DRINHAUSEN/KEINATH 2009, S. 2326; REICHERT 2009, Rn. 144a, 145, S. 430 f. sowie SCHUMM 2009, S. 616 f.

1206 Vgl. ACHLEITNER/BASSEN 2000, S. 43; ALLENDORF 1996, S. 71; DRILL 1995, S. 132; FALTZ 1999, S. 82; LINK 1993, S. 128; MÜLLER 2004, S. 55 sowie WOLTERS 2005, S. 77.

1207 Vgl. GÜNTHER/OTTERBEIN 1996, S. 408 und TÄUBERT 1998, S. 141 f.

weisen Unternehmenspräsentationen gegenüber der (ordentlichen) Hauptversammlung den Vorteil auf, dass neben aktuellen auch potenzielle Investoren beteiligt werden können.[1208] Allerdings ist einschränkend zu betonen, dass sich die „Road Shows" aufgrund personeller Restriktionen primär auf (potenzielle) institutionelle Investoren mit hohen Anlagevolumina konzentrieren,[1209] somit der Zugang zu dieser Form des Rückkopplungsmechanismus nicht sämtlichen Adressaten offen steht. Ein weiterer Vorzug der Unternehmenspräsentationen im Vergleich zur (ordentlichen) Hauptversammlung ist darin zu sehen, dass in der Regel ausreichend Zeit für die Beantwortung individueller (Corporate Governance-relevanter) Fragen, mit anderen Worten für einen intensiven bidirektionalen Austauschprozess, besteht.[1210] Neben diesen positiven Aspekten weisen „Road Shows" als denkbare Ausprägung des Feedback-Mechanismus den Nachteil auf, dass diese in der Regel allein von den Unternehmen oder in deren Auftrag von Kredit- und Finanzdienstleistungsinstituten organisiert werden,[1211] somit diesem Instrument aus Sicht der Adressaten sowohl in zeitlicher als auch in räumlicher Hinsicht eine geringe bis keine Ubiquität zugesprochen werden kann.

Mit Unternehmenspräsentationen werden häufig Gruppen- und Einzelgespräche kombiniert, welche im Schrifttum auch mit den Termini „Roundtable-" oder „One-on-One-Gespräche" belegt werden und primär auf einen bidirektionalen Austauschprozess ausgerichtet sind.[1212] Diese Instrumente sind im Vergleich zu den „Road Shows" durch eine höhere Exklusivität gekennzeichnet,[1213] mit der Folge, dass diese Form des Feedback-Mechanismus nur

---

1208 Vgl. u. a. DETER/WIEHLE 2004, S. 178 sowie DRILL 1995, S. 132.

1209 Vgl. ACHLEITNER/BASSEN 2000, S. 43; DETER/WIEHLE 2004, S. 176; MÜLLER 2004, S. 55; TÄUBERT 1998, S. 141 sowie aus empirischer Sicht GÜNTHER/OTTERBEIN 1996, S. 408.

1210 Vgl. HANK 1999, S. 100 und PAUL 1991, S. 938.

1211 Vgl. hierzu DETER/WIEHLE 2004, S. 178 sowie DRILL 1995, S. 132.

1212 Vgl. ACHLEITNER/BASSEN 2000, S. 44; ALLENDORF 1996, S. 72; DRILL 1995, S. 132 f.; GÜNTHER/OTTERBEIN 1996, S. 409; LEVEN 1998, S. 52 und TÄUBERT 1998, S. 148.

1213 Vgl. in diesem Sinne DRILL 1995, S. 133 sowie TÄUBERT 1998, S. 148.

wenigen, für das Unternehmen sehr bedeutende, (potenziellen) Investoren zugänglich ist. Die Konzentration auf wenige oder sogar nur einen Gesprächspartner schafft gleichzeitig die Voraussetzung für eine sehr hohe Dialogintensität[1214] und damit verbunden die Möglichkeit, die vorliegend mit dem Rückkopplungsprozess intendierte Zielsetzung, potenzielle semantische Störungen im Hinblick auf das Corporate Governance Statement zu vermeiden oder zumindest abzubauen, zu einem hohen Grad zu erreichen. Da die Koordination der Gruppen- und Einzelgespräche naturgemäß in enger Abstimmung der Beteiligten erfolgen muss,[1215] kann eine weitaus höhere Ubiquität der in Rede stehenden potenziellen Instrumente des Feedback-Mechanismus angenommen werden, als dies bei „Road Shows" der Fall ist.

Während bei allen bislang diskutierten potenziellen Instrumenten des Feedback-Mechanismus Restriktionen im Hinblick auf ihre Zugänglichkeit zu konstatieren waren, so trifft dies indes nicht auf die Gruppe der telefonischen Investor Relations-Hotlines, Investor Relations-Chats und der E-Mail-basierten Online-Kontaktformulare zu. Der Zugang zu diesen Formen des Rückkopplungsmechanismus steht vielmehr allen aktuellen und potenziellen Investoren offen.[1216] Die genannten Instrumente bieten überdies die Möglichkeit für einen sehr intensiven bi-direktionalen Austauschprozess[1217] und damit auch zur Begegnung potenzieller semantischer Störungen im Kontext des Corporate Governance Statements. Schließlich ist ein weiterer Vorzug der in Rede stehenden Instrumente in ihrer räumlichen und zeitlichen Ubiquität zu sehen.[1218] In diesem Zusammenhang gilt es zu betonen, dass Online-Kontaktformulare

---

1214 Vgl. ACHLEITNER/BASSEN 2000, S. 44; LINK 1993, S. 128 sowie MÜLLER 2004, S. 56.

1215 Zur Planung der in Rede stehenden Gespräche vgl. DETER/WIEHLE 2004, S. 177-181.

1216 Vgl. stellv. GAULKE 2004, S. 149. Dies dürfte zwischenzeitlich auch uneingeschränkt für die Kontaktaufnahme per E-Mail zutreffen. So verfügten bereits im Jahr 2004 knapp 91 % der Investoren über einen Internet-Zugang; vgl. ROSEN 2005, S. 87.

1217 Vgl. in diesem Sinne ebenso GAULKE 2004, S. 150; GÜNTHER/OTTERBEIN 1996, S. 409 f.; HANK 1999, S. 102; SCHILLER/PELIZAEUS/WERNEKE 1999, S. 1099; TÄUBERT 1998, S. 149 und WOLTERS 2005, S. 146.

1218 Vgl. hierzu auch GAULKE 2004, S. 149 und WOLTERS 2005, S. 146 f.

aufgrund der Asynchronität der Informationen das Senden und Empfangen auch unabhängig von der aktuellen Erreichbarkeit des jeweiligen Kommunikationspartners ermöglichen,[1219] somit dahingehend als Instrument des Feedback-Mechanismus besonders geeignet sind.

Zusammenfassend kann festgestellt werden, dass die persönlichen Kommunikationsmittel der Investor Relations aufgrund ihrer bi-direktionalen Ausrichtung grundsätzlich auch als Instrumente des Feedback-Mechanismus für das Corporate Governance Reporting in Betracht kommen. Ihre tatsächliche Eignung ist dabei an der Erfüllung des mit dem Rückkopplungsmechanismus verbundenen Zwecks, eine Möglichkeit zur Beseitigung oder Abmilderung potenziell auftretender semantischer Störungen im Hinblick auf das Corporate Governance Statement zu schaffen, und der daraus abgeleiteten Anforderungskriterien, das heißt der Zugänglichkeit und Ubiquität des Rückkopplungsmechanismus sowie der Intensität des Austauschprozesses, zu messen. In diesem Zusammenhang konnte gezeigt werden, dass sich telefonische Investor Relations-Hotlines, Investor Relations-Chats und vor allem E-Mail-basierte Online-Kontaktformulare aufgrund ihres hohen Grads der Zugänglichkeit und Ubiquität, aber auch der Dialogintensität im besonderen Maße als Instrumente des Feedback-Mechanismus eignen. Mit Blick auf sehr bedeutende (potenzielle) Investoren sollten wegen der sehr hohen Intensität des bi-direktionalen Austauschprozesses insbesondere auch Gruppen- und Einzelgespräche als weitere Formen des Feedback-Mechanismus zum Einsatz kommen. Ein Rückgriff auf die (ordentliche) Hauptversammlung und Unternehmenspräsentationen als weitere Optionen für den in Rede stehenden Rückkopplungsmechanismus sollte aufgrund der aufgezeigten Restriktionen hingegen lediglich ergänzend erfolgen.

[1219] Vgl. zu diesem Aspekt ausf. WOLTERS 2005, S. 147 f.

E. Enforcement des Corporate Governance Reportings

1. Vorbemerkung

Als dritte zentrale Komponente des Konzeptionsmodells bezieht sich das (unternehmensverwaltungs-)externe Enforcement des Corporate Governance Reportings - wie bereits dargelegt - [1220] auf die Aufdeckung und Vermeidung von unbewussten und/oder bewussten Störungen der Kommunikation auf der syntaktischen, semantischen und pragmatischen Ebene, mit anderen Worten auf die Gewährleistung der Ordnungsmäßigkeit und damit verbunden der Glaubwürdigkeit des Corporate Governance Reportings. Gegenstände des so verstandenen Enforcement bilden demgemäß sowohl das Corporate Governance Statement als Übermittlungsmedium als auch im Hinblick auf seine Funktionsfähigkeit der Feedback-Mechanismus, welcher primär eine störungsfreie Kommunikation auf der semantischen Ebene sicherzustellen hat.

Nachdem mit der theoretischen Ableitung von Soll-Zuständen sowohl des Corporate Governance Statements als auch des Feedback-Mechanismus die Gegenstände des in Rede stehenden Enforcement eine hinreichende Konkretisierung erfahren haben,[1221] gilt es nunmehr im Sinne einer weiteren notwendigen Bedingung für eine wirkungsvolle Durchsetzung des Corporate Governance Reportings, die beiden Soll-Objekte einer sachgerechten Normierung zuzuführen.[1222] Auf dieser Basis sind sodann die grundsätzlich als Instrumente des Enforcement in Betracht kommenden normativen Institutionen und rechtlichen Instrumente in Form der (Konzern-)Abschlussprüfung, der Kapitalmarktaufsicht und der Organhaftung auf ihre tatsächliche Eignung hin zu überprüfen.[1223]

1220 Vgl. Abschn. II. B.2.c) dieses Hauptteils.

1221 Vgl. hierzu Abschn. II. C und D dieses Hauptteils.

1222 Zur Notwendigkeit einer Normierung von Enforcement-Gegenständen vgl. stellv. GRIEWEL 2006, S. 28.

1223 Zu einer ähnliche Instrumenten-Auswahl für die Schweiz vgl. STAUB 2005, S. 135-156.

2. Normierung der Enforcement-Gegenstände

a) Dreistufen-Konzept

Für eine Normierung kommt generell zunächst die Schaffung zwingenden Rechts durch die Verabschiedung von Gesetzen oder Rechtsverordnungen als Ergebnis eines parlamentarischen Verfahrens in Betracht.[1224] Diese Normierungsoption bietet dabei auf der einen Seite den Vorteil einer hohen Bindungswirkung und eröffnet überdies Möglichkeiten zur Sanktionsbewährung.[1225] Auf der anderen Seite gilt es jedoch zu bedenken, dass zwingendes Recht relativ unflexibel ist und Kosten verursacht.[1226] Aus diesem Grund könnte sich alternativ eine Regulierung über Marktmechanismen anbieten,[1227] wobei Marktentscheide aufgrund des häufig zu beobachtenden Phänomens unvollkommener Märkte und des damit verbundenen Marktversagens in der Regel durch ein gewisses Maß an Normierungen zu flankieren sind.[1228] Nationale Kodizes wie der DCGK können in diesem Zusammenhang als eine Kompromisslösung zwischen Marktentscheidungen und der Regulierung durch zwingende Gesetze und Rechtsverordnungen angesehen werden.[1229] Aufgrund ihrer Flexibilität und Effizienz stellen sie eine zunehmend bedeutsame Alternative zum verbindlichen Recht dar.[1230]

1224 Vgl. hierzu ASSMANN 2003, S. 9; KIRCHNER 2002b, S. 96; SLAVIK 2008, S. 21 f. sowie WERDER 2009a, S. 20.

1225 Vgl. ORTH 2009, Rn. 25, S. 12; SLAVIK 2008, S. 21 sowie WERDER 2009a, S. 21. Zur Bedeutung der Regulierungsintensität als Forschungsfrage aus rechtswissenschaftlicher Sicht vgl. EIDENMÜLLER 2007, S. 492 sowie MERKT 2007, S. 534.

1226 Vgl. BAUMS 2001, Rn. 1, S. 46 sowie WERDER 2009a, S. 20 f.

1227 Vgl. WERDER 2009a, S. 19 f. sowie für den schweizerischen Raum STAUB 2005, S. 154.

1228 Vgl. hierzu und in der Folge ASSMANN 2003, S. 9-11; BAUMS 2001, Rn. 1, S. 45; EHRHARDT/NOWAK 2002, S. 337 f. sowie WERDER 2009a, S. 20.

1229 Vgl. zu dieser Einordnung ASSMANN 2003, S. 14; in diesem Sinne wohl auch zu verstehen KIRCHNER 2002b, S. 103 und SCHWARZ 2005, S. 27-29.

1230 Vgl. in diesem Sinne etwa ORTH 2009, Rn. 25, S. 12; SLAVIK 2008, S. 25; WERDER 2009a, S. 21; a. A. sind indes PANNIER/RICKFORD 2005, S. 1001 f.

Im Hinblick auf die Normierung des Corporate Governance Statements und des Feedback-Mechanismus als Gegenstände des in Rede stehenden Enforcement ist für ein dreistufiges Umsetzungskonzept zu plädieren.[1231] Dabei gilt es in der ersten Stufe, mittels zwingender gesetzlicher Regelungen Mindestanforderungen an das Corporate Governance Statement und den Feedback-Mechanismus zu formulieren. Korrespondierend sind sodann in einer zweiten Stufe die gesetzlichen Bestimmungen in verständlicher Form im DCGK wiederzugeben, im Sinne einer Ordnungsfunktion an einem Ort zu bündeln und darüber hinaus zu konkretisieren. Um die Übersichtlichkeit des Kodex zu wahren, hat dabei die Konkretisierung in Verbindung mit einer dritten Stufe mittels eines Verweises im DCGK auf Offenlegungserfordernisse der Börsenordnung für die *Frankfurter Wertpapierbörse* zu erfolgen. Die Konkretisierung des Corporate Governance Statements und des Feedback-Mechanismus hat sich dabei primär auf die vorliegend im Fokus stehenden börsennotierten Publikumsgesellschaften zu konzentrieren, wobei es allen anderen Gesellschaften offen stehen sollte, die Regelungen auf freiwilliger Basis zu befolgen. Das dreistufige Umsetzungskonzept, welches in der Folge vertiefend darzustellen ist, lässt sich zusammenfassend grafisch wie folgt veranschaulichen:

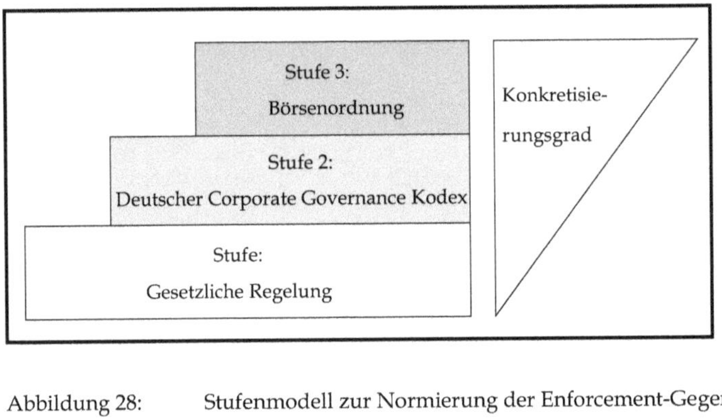

Abbildung 28: Stufenmodell zur Normierung der Enforcement-Gegenstände[1232]

[1231] Für einen analogen Vorschlag im Kontext der Implementierung des Corporate Governance Statements im Rahmen des BilMoG vgl. WEBER/LENTFER/KÖSTER 2008, S. 37 f.

[1232] Modifiziert entnommen von WEBER/LENTFER/KÖSTER 2008, S. 37.

b) Gesetzliche Regelung

Hinsichtlich des Corporate Governance Statements ist mittels zwingender gesetzlicher Regelungen unter Zugrundelegung des vorstehend abgeleiteten Soll-Objekts[1233] zunächst festzuschreiben, dass dieses jährlich vom Vorstand und Aufsichtsrat gemeinsam als eigenständiges Berichtsinstrument außerhalb der normierten Rechnungslegung in Schriftform zu erstellen, in einem gesonderten Abschnitt des Geschäftsberichts offenzulegen und den Adressaten überdies auf der Homepage der (Mutter-)Gesellschaft dauerhaft zugänglich zu machen ist. Daneben ist der Gesetzgeber aufgefordert, im Hinblick auf den Inhalt des Corporate Governance Statements Mindestangaben zu den Bereichen „Unternehmensführung durch den Vorstand", „Interne Überwachung durch den Aufsichtsrat" und „Unterstützung des Aufsichtsrats durch den (Konzern-)Abschlussprüfer" festzulegen. Flankierend bedarf es zudem gesetzlicher Mindestvorgaben, wonach die Verwaltungsorgane Vorstand und Aufsichtsrat gemeinsam einen funktionierenden Feedback-Mechanismus im Sinne des vorstehend entwickelten Soll-Zustands[1234] zu implementieren haben.

Zur Kodifizierung der in Rede stehenden gesetzlichen Regelungen liegt eine entsprechende Neufassung des § 161 AktG nahe,[1235] der sich an alle börsennotierten Gesellschaften im Sinne des § 3 Abs. 2 AktG zu richten hat. Mit dieser Regelung würde § 289 a HGB, der nach aktueller Rechtslage die so genannte Erklärung zur Unternehmensführung zum Gegenstand hat, obsolet. Zudem käme es in diesem Zusammenhang zu einer Substitution der Entsprechenserklärung im Sinne des derzeitigen § 161 AktG. Eine solche Ersetzung wäre aus Adressatensicht insbesondere dahingehend sachgerecht, als mit dem Corpo-

---

[1233] Vgl. hierzu Abschn. II. C dieses Hauptteils.

[1234] Vgl. diesbezüglich Abschn. II. D dieses Hauptteils.

[1235] Für einen entsprechenden Vorschlag im Zusammenhang mit der Implementierung des Corporate Governance Statements im Rahmen des BilMoG vgl. WEBER/LENTFER/KÖSTER 2008, S. 38. Die folgenden Gedanken sind struktureller Natur, so dass sich die Ausführungen auf die zentralen Umsetzungsnormen konzentrieren. Es wird demzufolge insoweit kein Anspruch auf Vollständigkeit erhoben.

rate Governance Statement im vorliegenden Sinne nicht nur zum Ausdruck gebracht wird, ob den Empfehlungen des DCGK „[...] entsprochen wurde und wird oder welche Empfehlungen nicht angewendet wurden oder werden und warum nicht [..]“[1236], sondern vielmehr die Adressaten in die Lage versetzt werden, selbst eine Einschätzung der Güte der unternehmensspezifischen (internen) Corporate Governance vorzunehmen. Da § 289 a HGB in seiner derzeitigen Fassung eine Umsetzung der Richtlinie 2006/46/EG[1237] in nationales Recht darstellt,[1238] wäre neben dem deutschen auch der europäische Gesetzgeber aufgefordert, die in Rede stehenden Regelungen entsprechend zu überdenken und zu modifizieren.[1239]

Im Zuge der Verankerung des Corporate Governance Statements börsennotierter Gesellschaften in § 161 AktG und der damit verbundenen Substitution der Entsprechenserklärung würden auch die §§ 285 Nr. 16 und 314 Abs. 1 Nr. 8 HGB obsolet.[1240] Des Weiteren wäre unter anderem im Ersten Titel des Fünften Teils des Aktiengesetzes das Wort „Entsprechenserklärung“ durch „Corporate Governance Statement und Feedback-Mechanismus“ und in § 325 Abs. 1 Satz 3 HGB die Passage „die nach § 161 des Aktiengesetzes vorgeschriebene Erklärung“ durch „das nach § 161 des Aktiengesetzes vorgeschriebene Corporate Governance Statement“ zu ersetzen.

Neben diesen formalen Modifikationen ergäbe sich im Zuge der Kodifizierung des Corporate Governance Statements in § 161 AktG insbesondere auch eine Notwendigkeit zur Anpassung des § 171 AktG im Hinblick auf den Bericht des

---

1236 § 161 Abs. 1 Satz 1 AktG.

1237 Vgl. hierzu weiterführend HANDELSRECHTSAUSSCHUSS DES DAV 2005, S. 464-466; LANFERMANN/MAUL 2006, S. 2011-2015 sowie NIEMEIER 2006, S. 173-185.

1238 Vgl. hierzu bereits Abschn. II. C.1 des Ersten Hauptteils sowie ausf. LENTFER/WEBER 2006a, S. 2357-2363 sowie WEBER/LENTFER/KÖSTER 2007b, S. 367-373.

1239 Vgl. in diesem Sinne auch ARBEITSKREIS 2006a, S. 1069 bzgl. seiner Vorschläge, die ebenfalls zu Redundanzen mit dem geltenden Recht führen.

1240 Vgl. hierzu und in der Folge bereits WEBER/LENTFER/KÖSTER 2008, S. 39 im Kontext der Implementierung des Corporate Governance Statements im Rahmen des BilMoG.

Aufsichtsrats.[1241] So fallen die in § 171 Abs. 2 Satz 2 bis 5 AktG geforderten Angaben typischerweise in den Bereich der „Internen Überwachung durch den Aufsichtsrat"[1242] als Bestandteil des vorgeschlagenen § 161 AktG. Um Redundanzen diesbezüglicher Informationen zu vermeiden und eine Bündelung sämtlicher Informationen zur internen Corporate Governance an einem Ort - dem Corporate Governance Statement - zu erreichen, müsste § 171 AktG um einen Absatz 5 ergänzt werden. In diesem wäre seitens des Gesetzgebers zum Ausdruck zu bringen, dass börsennotierte Gesellschaften, die nach Maßgabe des § 161 AktG ein Corporate Governance Statement erstellen müssen, die in § 171 Abs. 2 Satz 2 bis 5 AktG geforderten Angaben dort zu machen haben. Zudem müsste § 171 Abs. 2 Satz 2 2. HS AktG eliminiert und in den neuen Absatz 5 integriert werden, da dieser ausschließlich börsennotierte Gesellschaften adressiert.[1243]

Im Sinne einer Konzentration Corporate Governance-relevanter Informationen im Corporate Governance Statement und zur Vermeidung von redundanten Angaben wäre der Gesetzgeber neben der vorgeschlagenen Anpassung des § 171 AktG aufgefordert, auch die diesbezüglichen, derzeit im Rahmen des Financial Accounting angesiedelten Informationspflichten zu eliminieren. Zu denken ist in diesem Zusammenhang unter anderem an die Angabepflichten gemäß §§ 285 Nr. 9 lit. a) und b) sowie Nr. 17, 289 Abs. 2 Nr. 5, 314 Abs. 1 Nr. 6 lit. a) und b) sowie Nr. 9, 315 Abs. 2 Nr. 4 HGB zur Vergütung des Vorstands und des Aufsichtsrats sowie zum Prüfungshonorar.

1241 Vgl. hierzu und in der Folge analog WEBER/LENTFER/KÖSTER 2008, S. 39 im Zusammenhang mit der Kodifizierung des Corporate Governance Statements im Rahmen des BilMoG.

1242 Vgl. hierzu Abschn. II. C.5.b)(2) dieses Hauptteils.

1243 Eine komplette Übernahme der Vorgaben des § 171 Abs. 2-4 AktG in den vorgesehenen § 161 AktG scheidet aus, da die Vorschriften - mit Ausnahme von § 171 Abs. 2 Satz 2 2. HS AktG - grds. alle Aktiengesellschaften betreffen.

c) Deutscher Corporate Governance Kodex

Neben den dargelegten gesetzlichen Modifikationen bedarf es hinsichtlich börsennotierter Gesellschaften auch einer Änderung des DCGK.[1244] Ein diesbezüglicher Anpassungsdruck resultiert zum einen aus dem Anliegen des Kodex, vor allem ausländischen Investoren die Grundzüge des in Deutschland vorherrschenden dualistischen Systems der Unternehmensverfassung näherzubringen.[1245] Zum anderen sollte die Chance ergriffen werden, die bislang nur rudimentären und verstreuten Bestimmungen des DCGK zum Corporate Governance Reporting zu konkretisieren und an einem Ort zu bündeln. Hierzu wird für die Aufnahme eines neuen Abschnittes „8. Corporate Governance Statement und Feedback-Mechanismus" in den Kodex plädiert. Die derzeitigen das Corporate Governance Statement betreffenden Randnummern 3.10, 4.2.4, 4.2.5, 5.4.1 Unterabs. 3 Satz 2, 5.4.6 Unterabs. 3, 5.4.7, 5.5.3 Satz 1, 6.6, 7.1.3 und 7.1.4 DCGK würden dadurch obsolet und Randnummer 7.2.3 Unterabs. 2 DCGK wäre terminologisch anzupassen. Im Hinblick auf die inhaltliche Ausformung des neuen Abschnitts ist in struktureller Hinsicht zu berücksichtigen, dass in verständlicher Form die Gesetzeslage, das heißt vorliegend der Inhalt des modifizierten § 161 AktG, wiederzugeben ist und im Zuge konkretisierender Empfehlungen die Übersichtlichkeit des DCGK gewahrt bleibt.[1246]

Wertvolle Hinweise hinsichtlich letzterer Anforderung finden sich im Swiss Code of Best Practice, der diese Problematik löst, indem im Abschnitt zur Offenlegung Corporate Governance-relevanter Informationen auf die Richtlinie der *SIX Swiss Exchange* betreffend Informationen zur Corporate Governance[1247] verwiesen wird.[1248] Im deutschen Rechtsraum könnte eine analoge Umsetzung

---

1244 Vgl. hierzu und in der Folge analog WEBER/LENTFER/KÖSTER 2008, S. 40 f. im Kontext der Kodifizierung des Corporate Governance Statements im Rahmen des BilMoG.

1245 Vgl. auch WERDER 2010, Rn. 83, S. 40 f.

1246 Vgl. zu dieser Forderung bereits BÖCKING 2003, S. 270.

1247 Vgl. RLCG 2008.

1248 Vgl. SWISS CODE 2007, Rn. 30.

erfolgen, indem etwa der *Börsenrat der Frankfurter Wertpapierbörse* eigene Regeln zur Offenlegung von Corporate Governance-Informationen für börsennotierte Gesellschaften des Prime Standard in der Börsenordnung verankert[1249] und der DCGK auf diese verweist.[1250] Mit dieser Verweistechnik ließe sich überdies der Anwenderkreis stärker differenzieren.[1251] So wären aufgrund gesetzlicher Vorgaben (§ 161 AktG) und deren Wiedergabe im Kodex alle börsennotierten Gesellschaften[1252] zur Erstellung eines Corporate Governance Statements und zur Implementierung eines funktionierenden Feedback-Mechanismus verpflichtet. Hingegen müssten nur bestimmte börsennotierte Aktiengesellschaften weiter gehende Anforderungen an diese Instrumente erfüllen. Es sollte hierbei eine Einschränkung auf Gesellschaften des Prime Standard, das heißt primär auf börsennotierte Publikumsgesellschaften, erfolgen, da an diese Unternehmen höhere Anforderungen zur Offenlegung Corporate Governance-relevanter Informationen zu stellen sind als an kleinere, etwa ausschließlich im General oder Entry Standard gelistete, Gesellschaften.[1253]

Mit diesem integrierten dreistufigen Konzept würde einerseits eine im Hinblick auf börsennotierte Publikumsgesellschaften notwendige Konkretisierung erreicht, die zur Abbildung des ermittelten Soll-Objekts erforderlich ist. Zum anderen bliebe es den übrigen Unternehmen gleichzeitig unbenommen, die differenzierten Bestimmungen der Börsenordnung zum Corporate Governance Statement und zum Feedback-Mechanismus freiwillig anzuwenden.

[1249] Die *Frankfurter Wertpapierbörse* unterliegt der Trägerschaft der *Deutsche Börse AG* und eignet sich als größte öffentlich-rechtliche Wertpapierbörse Deutschlands am besten für eine derartige Umsetzung.

[1250] Vgl. hierzu und in der Folge analog WEBER/LENTFER/KÖSTER 2008, S. 41 im Kontext der Kodifizierung des Corporate Governance Statements im Rahmen des BilMoG.

[1251] Zur Segmentierung von Rechtsvorschriften vgl. ausf. SCHÄFER 2008, S. 2536-2544.

[1252] Als börsennotierte Gesellschaften i. S. d. DCGK gelten Gesellschaften, deren Aktien zu einem Markt zugelassen sind, der von staatlich anerkannten Stellen geregelt und überwacht wird, regelmäßig stattfindet und für das Publikum mittelbar oder unmittelbar zugänglich ist; vgl. hierzu ausf. WERDER 2010, Rn. 128, S. 63.

[1253] Zur Unterscheidung der Marktsegmente an der *Frankfurter Wertpapierbörse* vgl. DEUTSCHE BÖRSE 2010, S. 7-12.

d) Börsenordnung für die Frankfurter Wertpapierbörse

Wie bereits ausgeführt, hat die Konkretisierung des Corporate Governance Statements und des Feedback-Mechanismus für Gesellschaften des Prime Standard mittels eines Verweises im DCGK auf Offenlegungsvorschriften der Börsenordnung zu erfolgen.[1254] Als Zulassungs(folge)pflichten für den Prime Standard sind dabei bisher jedoch lediglich die Offenlegung von Jahresfinanz-, Halbjahres- und Quartalsberichten, von Unternehmenskalendern und englischsprachigen Mitteilungen von Insiderinformationen sowie die regelmäßige Durchführung von Analystenveranstaltungen vorgesehen (§§ 65-69 BörsO), so dass es zur Umsetzung des dreistufigen Normierungskonzepts einer Ergänzung der Börsenordnung bedarf. Nach Maßgabe des § 12 Abs. 2 Nr. 1 BörsG in Verbindung mit § 4 BörsO obliegt eine solche Erweiterung der Börsenordnung als Rechtsetzungsakt[1255] dem *Börsenrat der Frankfurter Wertpapierbörse*, wobei Änderungen der Börsenordnung nach § 16 Abs. 3 Satz 1 BörsG der Genehmigung durch die *Börsenaufsichtsbehörde* bedürfen.[1256] Eine geeignete Möglichkeit zur Umsetzung der intendierten Offenlegungsregeln für Gesellschaften des Prime Standard dürfte dabei im Erlass eines neuen § 65 a BörsO durch den *Börsenrat* bestehen, der konkretisierende Anforderungen sowohl für das Corporate Governance Statement als auch für den Feedback-Mechanismus festschreibt.

Für die inhaltliche Ausgestaltung des § 65 a BörsO bietet sich hinsichtlich des Corporate Governance Statements die Normierung der vorstehend theoretisch deduktiv ermittelten Inhaltskomponenten[1257] und im Hinblick auf den Feed-

---

1254 Vgl. hierzu das Dreistufen-Konzept in Abschn. II. E.2.a) dieses Hauptteils.

1255 Zur Rechtsnatur der Börsenordnung vgl. weiterführend BRÖCKER 2008, Rn. 41, S. 340; GROß 2009, Rn. 1 zu § 16 BörsG, S. 91 f.; PETERHOFF 1999, Rn. 1 zu § 4 BörsG, S. 497 f.

1256 Die Aufnahme bestimmter Vorschriften in die Börsenordnung kann gem. § 16 Abs. 3 Satz 2 BörsG alternativ auch von der *Börsenaufsichtsbehörde* verlangt werden.

1257 Vgl. hierzu Abschn. II. C.5.b) dieses Hauptteils sowie zusammenfassend den Berichtskatalog in den Tabellen 55 bis 74 im Anhang. Wie die im Dritten Hauptteil der vorliegenden Abhandlung empirisch induktive Evaluation der Inhaltskomponenten zeigt,

(Fortsetzung der Fußnote auf der nächsten Seite)

back-Mechanismus aufgrund des hohen Grads der Zugänglichkeit, Ubiquität und Dialogintensität eine verbindliche Einrichtung telefonischer Investor Relations-Hotlines, Investor Relations-Chats und vor allem von E-Mail-basierten Online-Kontaktformularen an.[1258] Zudem ist der *Börsenrat der Frankfurter Wertpapierbörse* aufgefordert, analog zur *SIX Swiss Exchange* (bis August 2008: *SWX Swiss Exchange*) für den schweizerischen Rechtsraum[1259] flankierend einen Kommentar zu § 65 a BörsO bereitzustellen, der die einzelnen Berichtinhalte des Corporate Governance Statements im Sinne einer verbindlichen Auslegung näher erläutert. Eine ideale Grundlage hierfür stellt der im Rahmen dieser Arbeit entwickelte Berichtskatalog dar, welcher - dem Aufbau des Kommentars zur Corporate Governance-Richtlinie der *SIX Swiss Exchange* folgend - in der linken Spalte die Inhaltskomponenten des Corporate Governance Statements und in der rechten Spalte die entsprechenden Kommentierungen hierzu beinhaltet.[1260]

3. Instrumente des Enforcement

a) Eignungskriterien

Die Kriterien, welche die Eignung von Enforcement-Instrumenten determinieren, sind idealtypisch aus den allgemeinen Funktionen des Enforcement, der Präventiv- und der Korrektivfunktion, abzuleiten. Während die Präventivfunktion des Enforcement dadurch charakterisiert ist, dass wirksame Mittel zur Aufdeckung und Sanktionierung von Unregelmäßigkeiten[1261] bestehen,

---

entspricht der in Rede stehende Berichtskatalog auch den Informationsbedürfnissen der Adressaten; vgl. hierzu im Einzelnen Abschn. III und IV des Dritten Hauptteils.

1258 Vgl. hierzu im Einzelnen Abschn. II. D.3 dieses Hauptteils.

1259 Vgl. diesbezüglich SWX SWISS EXCHANGE 2007.

1260 Vgl. hierzu die Tabellen 55 bis 74 im Anhang.

1261 Unter Unregelmäßigkeiten sind in diesem Kontext allgem. Störungen der Kommunikation zu verstehen. Zum engeren Begriff der Unregelmäßigkeiten im Rahmen der

(Fortsetzung der Fußnote auf der nächsten Seite)

zielt die Korrektivfunktion hingegen auf die Möglichkeit ab, aufgedeckte unbewusste und/oder bewusste Störungen der in Rede stehenden Kommunikation zu beheben.[1262] Im Hinblick auf die Korrektivfunktion ist es als zwingend erforderlich anzusehen, dass die betroffenen Unternehmen zur Korrektur der oder zur Berichterstattung über die Störung verpflichtet werden können.

Diese Kriterien zugrunde legend, ist in Bezug auf die Eignung der (Konzern-) Abschlussprüfung und der Kapitalmarktaufsicht (*DPR/BaFin*) als mögliche Enforcement-Institutionen zunächst zu eruieren, ob diese in der Lage sind, im Rahmen des Corporate Governance Reportings auftretende Unregelmäßigkeiten aufzudecken, um eine entsprechende Präventivwirkung entfalten zu können. Für eine hohe Aufdeckungswahrscheinlichkeit ist es dabei erforderlich, dass zum einen das Corporate Governance Statement und der Feedback-Mechanismus als Enforcement-Gegenstände einer Ordnungsmäßigkeitsprüfung im Sinne eines Soll-Ist-Vergleichs[1263] zugänglich sind und zum anderen die Unabhängigkeit der in Rede stehenden Institutionen gewahrt bleibt.[1264] Die seitens der Enforcement-Träger sicherzustellende Ordnungsmäßigkeit des Corporate Governance Statements und des Feedback-Mechanismus ist dann als gegeben anzusehen, wenn bei der Erstellung respektive Implementierung der genannten Prüfungsobjekte sowohl die rechtlich maßgebenden Verfahrensregeln Beachtung finden als auch eine angemessene Sorgfalt der Verwaltungsorgane zum Tragen kommt.[1265] Es bietet sich in diesem Zusammenhang an, der in Rede stehenden Ordnungsmäßigkeitsprüfung als Rechtsgrundlage

---

(Konzern-)Abschlussprüfung vgl. IDW PS 210, Rn. 7 sowie ergänzend WEBER 2007a, S. 1393-1395.

1262 Vgl. hierzu und in der Folge GRIEWEL 2006, S. 49 f.; HÜTTEN 2003, S. 125 f. und KORN 2002, S. 1501 in Bezug auf das Enforcement des Financial Accounting sowie BAETGE/ THIELE/MATENA 2004, S. 205 im Hinblick auf die (Konzern-)Abschlussprüfung. Vgl. überdies TIELMANN 2001, S. 173-175, die jedoch für ein wirksames Enforcement zusätzlich eine Beschwerdefunktion fordert.

1263 Zur Interpretation der Prüfung als Soll-Ist-Vergleich vgl. POTTHOFF 1993, Sp. 1410.

1264 Vgl. in diesem Sinne bereits WEBER/LENTFER/KÖSTER 2007b, S. 372.

1265 Vgl. hierzu HENZE 2001, S. 59; POTTHOFF/TRESCHER 2003, Rn. 491, S. 130 sowie Abschn. II. C.5.b)(2)(c) dieses Hauptteils.

die vorstehend unterbreiteten Normierungsvorschläge[1266] zugrunde zu legen. Als Anhaltspunkte für die Prüfung der erforderlichen Sorgfalt der Verwaltungsorgane können zudem die im Rahmen dieser Abhandlung erarbeiteten Rahmengrundsätze[1267] dienen.[1268] Als zweite grundlegende Voraussetzung für die Erzielung einer Präventivwirkung müssen die in Rede stehenden Institutionen zudem über geeignete Sanktionsmittel verfügen. In diesem Zusammenhang kommt neben einer Rügeerteilung, der Verhängung von Geldbußen und dem Widerruf der Börsenzulassung insbesondere die Möglichkeit in Betracht, die aufgedeckten Unregelmäßigkeiten den (potenziellen) Investoren bekannt zu machen.[1269] Hinsichtlich der Korrektivfunktion ist - wie bereits dargelegt - ein weiteres Eignungskriterium darin zu sehen, dass die betroffenen Unternehmen zur Korrektur einer festgestellten Unregelmäßigkeit respektive zu einer entsprechenden Informationsweitergabe an die (potenziellen) Investoren durch die in Rede stehenden Enforcement-Träger angehalten werden können.

Das relevante Eignungskriterium im Hinblick auf die Organhaftung für ein nicht ordnungsmäßiges Corporate Governance Reporting ist primär in einem ausgewogenen Verhältnis zwischen der zu erwartenden Schadenskompensation einerseits und den Prozesskosten und -risiken andererseits zu sehen.[1270] Nur unter dieser Voraussetzung kann eine Anlegerklage als Sanktionsandrohung eine präventive Wirkung entfalten.

Im Folgenden gilt es, die einzelnen Enforcement-Instrumente im Hinblick auf die entwickelten Eignungskriterien einer eingehenden Analyse zuzuführen.

1266 Vgl. hierzu Abschn. II. E.2 dieses Hauptteils.

1267 Zu den Rahmengrundätzen vgl. ausf. Abschn. II. C.4 dieses Hauptteils.

1268 Vgl. analog LENTFER 2005, S. 558 f. in Bezug auf die Prüfung der Selbst-Evaluation des Aufsichtsrats.

1269 Vgl. ähnlich für den schweizerischen Rechtsraum STAUB 2005, S. 146-149.

1270 Vgl. hierzu und in der Folge analog GRIEWEL 2006, S. 166 f. und LENZ/BAUER 2002, S. 260 im Hinblick auf das Enforcement des Financial Accounting.

b) (Konzern-)Abschlussprüfung

Mit seinem Bestätigungsvermerk im Sinne des § 322 HGB[1271] gibt der (Konzern-)Abschlussprüfer schon heute im öffentlichen Interesse ein vertrauenswürdiges Urteil über die Recht- und Ordnungsmäßigkeit des Financial Accounting ab[1272] und übt in diesem Zusammenhang eine so genannte Gatekeeper-Funktion als „Public Watchdog" aus.[1273] Die Prüfung Corporate Governance-spezifischer Informationen durch den (Konzern-)Abschlussprüfer spielt hingegen in Deutschland bis dato nur eine untergeordnete Rolle. So beschränkt sich etwa die Prüfung der Anhangangaben gemäß den §§ 285 Nr. 16 und 314 Abs. 1 Nr. 8 HGB darauf, ob die geforderte Angabe, dass die Entsprechenserklärung vom Vorstand und Aufsichtsrat des zu prüfenden Unternehmens abgegeben und an welchem Ort die Erklärung öffentlich zugänglich gemacht wurde, vollständig ist und zutrifft.[1274] Die Frage, ob und inwieweit den Verhaltensempfehlungen des DCGK tatsächlich entsprochen wurde und ob Abweichungen von den in Rede stehenden Empfehlungen zutreffend in der Entsprechenserklärung dargestellt sind, ist hingegen nicht Gegenstand der (Konzern-)Abschlussprüfung.[1275] Darüber hinaus ist gemäß § 317 Abs. 2 Satz 3 HGB auch die Erklärung zur Unternehmensführung im Sinne des § 289 a HGB nicht in die (Konzern-)Abschlussprüfung mit einzubeziehen.[1276] Dies gilt un-

---

1271 Zum Bestätigungsvermerk des (Konzern-)Abschlussprüfers vgl. ausf. IDW PS 400, Rn. 8-115 sowie ergänzend MARTEN/QUICK/RUHNKE 2007, S. 506-519.

1272 Vgl. hierzu etwa MÖßLE 2003, S. 103 sowie SCHEFFLER 2005, S. 483.

1273 Zum Gatekeeper-Modell vgl. grundlegend COFFEE 2005, S. 599-662 und KRAAKMAN 1986, S. 53-104 sowie weiterführend VELTE 2009f, S. 231 und VELTE/WEBER 2011.

1274 Vgl. hierzu IDW PS 345, Rn. 21, 23-29.

1275 Vgl. hierzu explizit IDW PS 345, Rn. 22 sowie ergänzend KUHN/STIBI 2009, S. 1165. Der (Konzern-)Abschlussprüfer ist lediglich aufgrund seiner Redepflicht gem. § 321 Abs. 1 Satz 3 HGB oder der Informationsvereinbarung i. S. d. DCGK 2010, Rn. 7.2.3 Unterabs. 2 dazu verpflichtet, im Prüfungsbericht über die im Rahmen seiner Prüfungsdurchführung festgestellten Tatsachen zu berichten, die erkennen lassen, dass die Entsprechenserklärung inhaltlich unzutreffend ist; vgl. IDW PS 345, Rn. 33.

1276 Vgl. hierzu weiterführend BISCHOF/SELCH 2008, S. 1030; BÖCKING/EIBELTSHÄUSER 2009, S. 571; IDW PS 350, Rn. 9a; KUHN/STIBI 2009, S. 1165 f.; PAETZMANN 2009a, S. 66.

abhängig davon, ob die Erklärung in den Lagebericht aufgenommen oder auf der Internetseite der Gesellschaft öffentlich zugänglich gemacht wurde.[1277] Der (Konzern-)Abschlussprüfer hat lediglich festzustellen, ob die Erklärung zur Unternehmensführung Eingang in den Lagebericht gefunden hat respektive ob der Lagebericht einen Hinweis auf die Veröffentlichung der Erklärung im Internet beinhaltet und die Erklärung auf der angegebenen Webpage tatsächlich öffentlich zugänglich gemacht worden ist.[1278]

Vor dem Hintergrund dieser Feststellung stellt die mögliche Einbindung des Corporate Governance Statements und des dazugehörigen Feedback-Mechanismus als explizite Prüfungsgegenstände in die (Konzern-)Abschlussprüfung ein Novum dar.[1279] Obgleich somit naturgemäß für die Prüfung des Corporate Governance Reportings derzeit keine expliziten Prüfungsstandards bestehen, lassen sich dennoch Verfahrensweisen, welche für die Prüfung des Financial Accounting entwickelt wurden, sinngemäß anwenden. Dies gilt etwa im Hinblick auf die Prüfung des Prozesses zur Erstellung des Corporate Governance Statements und des Feedback-Mechanismus.[1280] So dürften beide der genannten Enforcement-Gegenstände einer Systemprüfung zugänglich sein, welche sich typischerweise aus einer Aufbau- und Funktionsprüfung zusammensetzt,[1281] und - in Kombination mit aussagebezogenen Prüfungshandlun-

---

1277 Vgl. BEGRREGE BILMOG 2008, BT-Drucks. 16/20067, Begründung zu § 317 HGB, S. 86.

1278 Vgl. IDW PS 350, Rn. 9a sowie ergänzend KUHN/STIBI 2009, S. 1165. Soweit der (Konzern-)Abschlussprüfer beim kritischen Lesen der Erklärung zur Unternehmensführung Unrichtigkeiten feststellt und die Erklärung nicht entsprechend angepasst wird, hat er zu prüfen, ob ihn - analog zur Entsprechenserklärung - eine Redepflicht i. S. d. § 321 Abs. 1 Satz 3 HGB trifft; vgl. hierzu IDW PS 202, Rn. 10a i. V. m. 15.

1279 Eine entsprechende Modifikation des § 317 HGB vorausgesetzt, würde es sich bei der in Rede stehenden Prüfung des Corporate Governance Statements und des Feedback-Mechanismus in Analogie zu § 317 Abs. 4 HGB um eine sog. gesetzlich vorgesehene gegenständlich erweiterte (Konzern-)Abschlussprüfung handeln. Zur erweiterten (Konzern-)Abschlussprüfung vgl. ausf. ECHINGER/WEBER 2007b, S. 742 f.

1280 Zu den entsprechenden Soll-Objekten, welche der Prüfung zugrunde zu legen sind, vgl. Abschn. II. C.6.b) und D dieses Hauptteils.

1281 Zur Systemprüfung vgl. im Einzelnen IDW PS 261, Rn. 40-63, 73-79; IDW 2006, Abschn. R, Rn. 208, S. 1998 f.; MARTEN/QUICK/RUHNKE 2007, S. 269-293 sowie PFIT-

(Fortsetzung der Fußnote auf der nächsten Seite)

gen - [1282] regelmäßig die Einholung ausreichender und angemessener Prüfungsnachweise erlaubt, die es ermöglichen, mit hinreichender Sicherheit[1283] Prüfungsaussagen zur Ordnungsmäßigkeit der Prüfungsobjekte zu treffen.

Mit einer - für (Konzern-)Abschlussprüfungen zwingend vorgesehenen - [1284] hinreichenden Sicherheit dürften sich Prüfungsaussagen mittels einer analogen Anwendung der bereits in den berufsständischen Verlautbarungen niedergelegten Prüfungshandlungen[1285] auch im Hinblick auf einen Großteil der Berichtselemente des Corporate Governance Statements treffen lassen. Dies gilt - unter Zugrundelegung des im Rahmen dieser Arbeit entwickelten Berichtskatalogs - [1286] für 34 der insgesamt 46 Inhaltskomponenten[1287] und lässt sich exemplarisch anhand der Prüfung des Reportings über das Instrumentarium des wertorientierten Internen Steuerungssystems sowie die jeweils im Vorfeld festgelegten Zielvorgaben und die tatsächlich erzielten Wertsteige-

---

ZER/SCHMIDT 2002, Sp. 2336-2350. In sinngemäßer Übertragung der Systemprüfung des Internen Kontrollsystems hat sich die Prüfung der in Rede stehenden Enforcement-Gegenstände auf ihre angemessene Ausgestaltung, ihr durchgängiges und wirksames Vorhandensein und auf die Erfüllung normativer Vorgaben zu erstrecken; vgl. im Ergebnis ebenso LENTFER 2005, S. 560 f. im Kontext einer Systemprüfung der Selbst-Evaluation des Aufsichtsrats.

1282 Nach Auffassung des *Instituts der Wirtschaftsprüfer in Deutschland e. V. (IDW)* ist eine Systemprüfung immer um aussagebezogene Prüfungshandlungen zu ergänzen; vgl. etwa IDW PS 300, Rn. 15. Zu aussagebezogene Prüfungshandlungen vgl. im Einzelnen IDW PS 300, Rn. 14, 21-26.

1283 Zum Begriff und Konzept der hinreichenden Sicherheit von Prüfungsaussagen vgl. IDW PS 200, Rn. 24-26.

1284 Zur Notwendigkeit der Erlangung einer hinreichenden Sicherheit der Prüfungsaussagen im Rahmen einer (Konzern-)Abschlussprüfung vgl. IDW PS 200, Rn. 24.

1285 Vgl. hierzu insbes. IDW PS 300, Rn. 14-36; IDW PS 312, Rn. 2-27 sowie IDW PS 314 n. F., Rn. 10-82.

1286 Vgl. diesbezüglich die Tabellen 55 bis 74 im Anhang.

1287 Es handelt sich hierbei um die Berichtselemente 1.1.2, 1.1.3, 1.1.4, 1.2, 1.3.1 bis 1.3.7, 1.4.1, 1.4.2, 1.5.1, 1.5.2, 2.1.2 bis 2.1.4, 2.2, 2.3.1 bis 2.3.3, 2.4.1, 2.4.2, 2.5.1, 2.5.2, 3.1.2, 3.1.3, 3.2.2, 3.3.1 bis 3.3.3, 3.4.2 und 3.4.3. Zu diesen Inhaltskomponenten vgl. die Tabellen 55 bis 74 im Anhang.

rungen[1288] zeigen. So können im Hinblick auf die Beurteilung dieses Berichtselements ausreichende und angemessene Prüfungsnachweise aus einer Kombination von Einzelfallprüfungen[1289] und analytischen Prüfungshandlungen[1290] gewonnen werden. Im Rahmen von Einzelfallprüfungen ist dabei zunächst auf Basis von Einsichtnahmen in unternehmensinterne Dokumente ein Vergleich der im Corporate Governance Statement publizierten Plan- und Ist-Werte der eingesetzten Steuerungsgrößen mit dem internen Reporting[1291], den Planungssystemen sowie der Datenbasis des internen Rechnungswesens denkbar. Darauf aufbauend kann seitens des Auditors auch eine Prüfung der eingesetzten Steuerungsgrößen auf mathematische Richtigkeit erfolgen. Weiter hat der Prüfer die Möglichkeit, die den Plan-Werten zugrunde liegenden Annahmen anhand in- und externer Informationsquellen einer Plausibilitätsbeurteilung zu unterziehen und die für vorangegangene Geschäftsjahre errechneten Plan-Werte mit den tatsächlichen Ergebnissen zu vergleichen, um daraus Nachweise über die allgemeine Verlässlichkeit der seitens des Unternehmens verwendeten Verfahren zu gewinnen.[1292]

Drei der in Rede stehenden Inhaltskomponenten des Corporate Governance Statements weisen sogar eine unmittelbare Nähe zum Financial Accounting auf, so dass der (Konzern-)Abschlussprüfer direkt auf die diesbezüglich getroffenen Prüfungsfeststellungen zurückgreifen kann. Dies gilt infolge des Grundsatzes des Komplements zum Financial Accounting[1293] insbesondere für

---

1288 Vgl. hierzu die Inhaltskomponente 1.3.3 des Berichtskatalogs in Tabelle 58 im Anhang.

1289 Zu Einzelfallprüfungen vgl. im Einzelnen IDW PS 300, Rn. 14, 29-35 sowie ergänzend IDW 2006, Abschn. R, Rn. 87-89, S. 1960 f. und THIERGARD 2007, S. 381 f.

1290 Zu analytischen Prüfungshandlungen vgl. ausf. IDW PS 300, Rn. 14, 28; IDW PS 312, Rn. 5-27 sowie erläuternd IDW 2006, Abschn. R, Rn. 85 f., S. 1960; MARTEN/QUICK/RUHNKE 2007, S. 293-310 sowie SCHÖNWALD 2007, S. 41 f.

1291 Im jüngeren Schrifttum wird in diesem Zusammenhang auf vom sog. (internen) Management Reporting gesprochen; für eine Begriffsexplikation vgl. FREIDANK/WEBER 2008, S. 396-399.

1292 Vgl. hierzu analog IDW PS 314 n. F., Rn. 40-49, 55 f.

1293 Zu diesem besonderen Rahmengrundsatz vgl. Abschn. II. C.4.c)(2) dieses Hauptteils.

die Berichterstattung über die Höhe und Zusammensetzung der den Vorstands- und Aufsichtsratsmitgliedern im Berichtszeitraum gewährten Vergütungen.[1294] Neben einem unmittelbaren Vergleich der Vergütungshöhe mit den Daten der Gewinn- und Verlustrechnung im Rahmen des Financial Accounting kann der (Konzern-)Abschlussprüfer unter Zugrundelegung der jeweiligen Vergütungssysteme[1295] auch die Ermittlung der Vergütungen auf rechnerische Richtigkeit überprüfen und darüber hinaus die Angemessenheit der variablen Vergütungen anhand der zuvor festgelegten messbaren Leistungskriterien einer Plausibilitätsprüfung unterziehen.

Im Gegensatz hierzu gestaltet sich bei zwölf der insgesamt 46 theoretisch deduktiv ermittelten Inhaltskomponenten des Corporate Governance Statements der Soll-Ist-Vergleich im Hinblick auf Vollständigkeit und inhaltlicher Richtigkeit schwieriger.[1296] Es handelt sich dabei primär um solche Berichtskategorien, die allein auf subjektiven Einschätzungen und Erwartungen der Verwaltungsorgane beruhen. Ein typisches Beispiel stellt hierfür die Berichterstattung über die Selbst-Evaluation des Aufsichtsrats dar.[1297] So kann der (Konzern-) Abschlussprüfer zwar den Evaluationsprozess einer Systemprüfung unterziehen,[1298] durch Einsichtnahmen in die unternehmensinterne Dokumentation des Self Appraisal sicherstellen, dass die im Rahmen des Corporate Governance Statements dargelegten Evaluationsergebnisse und Verbesserungsmaß-

---

[1294] Vgl. hierzu die Inhaltskomponenten 1.5.2 und 2.5.2 des Berichtskatalogs in den Tabellen 61 und 70 im Anhang. Eine unmittelbare Nähe zum Financial Accounting lässt sich auch im Hinblick auf die Berichtselemente 1.3.4 und 1.3.5 feststellen; vgl. zu diesen Inhaltskomponenten zusammengefasst Tabelle 58 im Anhang.

[1295] Die Vergütungssysteme der Vorstands- und Aufsichtsratsmitglieder sind Gegenstände der Inhaltskomponenten 1.5.1 und 2.5.1 des Berichtskatalogs; vgl. hierzu die Tabellen 60, 61 und 69 im Anhang.

[1296] Dies gilt für die Berichtselemente 1.1.1, 1.1.5, 1.1.6, 1.4.3, 2.1.1, 2.3.4, 2.4.3, 3.1.1, 3.2.1, 3.2.3, 3.3.4 und 3.4.1. Zu diesen Inhaltskomponenten vgl. die Tabellen 55, 60, 62, 67, 68 sowie 71 bis 74 im Anhang.

[1297] Zur Berichterstattung über die Selbst-Evaluation des Aufsichtsrats vgl. die Inhaltskomponente 2.3.4 des Berichtskatalogs in Tabelle 67 im Anhang.

[1298] Vgl. hierzu ausf. LENTFER 2005, S. 560 f.

nahmen mit den unternehmensinternen Aufzeichnungen korrespondieren und schließlich prüfen, ob die in Rede stehenden Informationen mit den im Rahmen der Prüfung ansonsten getroffenen Prüfungsfeststellungen im Einklang stehen. Jedoch dürfte es dem (Konzern-)Abschlussprüfer nicht möglich sein, für die Ordnungsmäßigkeit der einer Selbst-Evaluation wesensimmanenten subjektiven Momente ausreichende und angemessene Prüfungsnachweise einzuholen, die dazu geeignet sind, Prüfungsaussagen mit hinreichender Sicherheit treffen zu können.[1299]

Dieses Zwischenergebnis legt - auch mit Blick auf die so genannte Erwartungslücke[1300] - den Schluss nahe, auf die mit einer (Konzern-)Abschlussprüfung intendierten hinreichenden Sicherheit für ein Prüfungsurteil zur Ordnungsmäßigkeit des Corporate Governance Statements und des Feedback-Mechanismus verzichten zu müssen[1301] und die in Rede stehenden Enforcement-Gegenstände vielmehr einer prüferische Durchsicht (Review) zu unterziehen, die darauf ausgerichtet ist, mit gewisser Sicherheit[1302] ausschließen zu können, dass das Corporate Governance Statement und der Feedback-Mechanismus in

1299 Vgl. im Ergebnis ebenso IDW 2005, S. 177 im Kontext der Implementierung der Erklärung zur Unternehmensführung i. S. d. § 289 a HGB. Auch das *IDW* vertritt die Auffassung, dass im Hinblick auf diejenigen Inhalte der Corporate Governance-Berichterstattung, die auf rein subjektiven Beurteilungen des Vorstands und des Aufsichtsrats beruhen, eine hinreichende Sicherheit für ein Prüfungsurteil mit positiver Gesamtaussage im Rahmen der (Konzern-)Abschlussprüfung nicht möglich ist.

1300 Zur Erwartungslücke im Rahmen der (Konzern-)Abschlussprüfung vgl. grundlegend LIGGIO 1974, S. 27-44 sowie ergänzend MARTEN/KÖHLER 2002, Sp. 703-712; RUHNKE/DETERS 1997, S. 923-945; RUHNKE/SCHMIELE/SCHWIND 2010, S. 394-418; VELTE 2009g, S. 481-483 und VELTE 2010d, S. 133 f.

1301 Vgl. im Ergebnis ebenso EHRHARDT/NOWAK 2002, S. 343 im Kontext der Prüfung der Entsprechenserklärung i. S. d. § 161 AktG. A. A. ist offenbar ARBEITSKREIS 2006a, S. 1070, der grds. für alle „prüfbaren" Teile des Corporate Governance Berichts eine gesetzliche (Konzern-)Abschlussprüfung als sinnvoll erachtet.

1302 Nach Ansicht des *IDW* ist eine gewisse Sicherheit gegeben, wenn der Prüfer auf der Grundlage erhaltener Nachweise davon überzeugt ist, dass der Gegenstand des Reviews im Rahmen der gegeben Umstände plausibel ist; vgl. IDW PS 900, Rn. 7.

wesentlichen Belangen nicht mit den zugrunde liegenden Beurteilungskriterien übereinstimmen (so genannte negativ formulierte Aussage).[1303]

Im Hinblick auf eine denkbare Einbindung des Corporate Governance Statements und des Feedback-Mechanismus als explizite Prüfungsobjekte in die gesetzliche (Konzern-)Abschlussprüfung ist darüber hinaus zu bedenken, dass die Unabhängigkeit des (Konzern-)Abschlussprüfers zumindest immer dann gefährdet erscheint, wenn der Aufsichtsrat als Auftraggeber des (Konzern-)Abschlussprüfers[1304] am Corporate Governance Reporting originär mitwirkt.[1305] Da das Corporate Governance Statement entsprechend des Prinzips von Zuständigkeit und Berichtspflicht vom Vorstand und Aufsichtsrat gemeinsam zu erstellen ist[1306] und dementsprechend auch beide Verwaltungsorgane für den Feedback-Mechanismus verantwortlich zeichnen,[1307] ist bezüglich beider Prüfungsgegenstände eine Mitwirkung des Aufsichtsrats als Auftraggeber und damit eine Beeinträchtigung der Unabhängigkeit des (Konzern-)Abschlussprüfers als Auftragnehmer des Aufsichtsrats gegeben. Daneben erfährt die Unabhängigkeit des (Konzern-)Abschlussprüfers eine weitere Einschränkung durch den Umstand, dass er in Bezug auf die Inhaltskomponenten zur (Konzern-)Abschlussprüfung[1308] selbst Gegenstand der Prüfung ist.

1303 Vgl. hierzu sinngemäß IDW PS 900, Rn. 5-7 sowie ergänzend BERGER/THELEN 2007, S. 1068 f. und IDW 2008b, Abschn. P, Rn. 4, S. 1191 f. Diese Feststellung findet auch eine Bestätigung in empirischen Erkenntnissen aus dem schweizerischen Rechtsraum, wonach schweizerische Unternehmen ihr Corporate Governance Reporting auf freiwilliger Basis einer prüferischen Durchsicht, nicht jedoch einer Prüfung im Rahmen der gesetzlichen (Konzern-)Abschlussprüfung, unterziehen lassen; vgl. hierzu STAUB 2005, S. 142.

1304 Vgl. § 111 Abs. 2 Satz 3 AktG i. V. m. 318 Abs. 1 Satz 4 HGB sowie weiterführend Abschn. II. C.5.b)(3)(b) dieses Hauptteils.

1305 Vgl. ebenso bereits LENTFER/WEBER 2006a, S. 2363; WEBER/LENTFER/KÖSTER 2007b, S. 372 sowie bestätigend BÖCKING/EIBELTSHÄUSER 2009, S. 571.

1306 Vgl. ausf. Abschn. II. C.6.a) dieses Hauptteils.

1307 Vgl. hierzu im Einzelnen Abschn. II. D.2 dieses Hauptteils.

1308 Vgl. hierzu die Inhaltskomponenten 3.1.1 bis 3.4.2 im Berichtskatalog in den Tabellen 71 bis 74 im Anhang.

Die mangelnde Eignung der gesetzlichen (Konzern-)Abschlussprüfung als Enforcement-Institution kommt überdies darin zum Ausdruck, dass die Mittel zur Sanktionierung von im Rahmen des Corporate Governance Reportings festgestellten Unregelmäßigkeiten sehr begrenzt sind. So hat der (Konzern-) Abschlussprüfer derzeit lediglich die Möglichkeit, mittels einer Einschränkung seines Bestätigungsvermerks oder Erteilung eines Versagungsvermerks den aktuellen und potenziellen Investoren im Rahmen seiner Prüfung aufgedeckte Unregelmäßigkeiten bekannt zu machen.[1309] Schließlich hat der (Konzern-) Abschlussprüfer systemgerecht weder eine Handhabe, die zu prüfenden Unternehmen zu einer Korrektur festgestellter Unregelmäßigkeiten zu verpflichten, noch die Möglichkeit, diese zu einer Offenlegung festgestellter Störungen des Corporate Governance Reportings zu zwingen.

In einer Gesamtschau ist festzuhalten, dass das Corporate Governance Statement und der Feedback-Mechanismus einer externen Prüfung grundsätzlich zugänglich sind. Eine Einbeziehung dieser Enforcement-Gegenstände als Prüfungsobjekte in die gesetzliche (Konzern-)Abschlussprüfung ist dabei jedoch nicht zu befürworten, da eine hinreichende Sicherheit für ein Prüfungsurteil zur Ordnungsmäßigkeit aller Inhaltskomponenten des Corporate Governance Statements nicht erzielt werden kann. Aus diesem Grunde sollte eine Prüfung des Corporate Governance Reportings in Form einer prüferischen Durchsicht erfolgen. Gegen eine Eignung der gesetzlichen (Konzern-)Abschlussprüfung als Enforcement-Träger spricht auch, dass die Unabhängigkeit des (Konzern-) Abschlussprüfers im Falle einer Erweiterung der (Konzern)Abschlussprüfung um das Corporate Governance Reporting gefährdet ist. Schließlich verfügt der (Konzern-)Abschlussprüfer über nur relativ schwache Sanktionsmittel und über keine Möglichkeiten, das zu prüfende Unternehmen zu einer Korrektur festgestellter Unregelmäßigkeiten oder zu einer Information des Kapitalmarkts über Mängel des Corporate Governance Reportings zu verpflichten.

1309 Vgl. ebenso GRIEWEL 2006, S. 140. Zur Einschränkung des Bestätigungsvermerks und Erteilung eines Versagungsvermerks vgl. § 322 Abs. 4, 5 HGB sowie ausf. IDW PS 400, Rn. 50-69; IDW 2006, Abschn. Q, Rn. 513-580, S. 1763-1781 und MARTEN/QUICK/RUHNKE 2007, S. 509 f.

c) Deutsche Prüfstelle für Rechnungslegung und Bundesanstalt für Finanzdienstleistungsaufsicht

Mit dem BilKoG 2004[1310] wurde - in Ergänzung zum Aufsichtsrat und zur (Konzern-)Abschlussprüfung - [1311] ein zweistufiges System zur Überwachung der Recht- und Ordnungsmäßigkeit des Financial Accounting von Unternehmen eingeführt, deren Wertpapiere im Sinne des § 2 Abs. 1 Satz 1 WpHG an einer inländischen Börse zum Handel im regulierten Markt zugelassen sind.[1312] In einer ersten Stufe prüft dabei die privatrechtliche *DPR*[1313] auf Verdacht, auf Verlangen der *BaFin*[1314] oder stichprobenartig die zuletzt festgestellten Jahresabschlüsse, die zuletzt gebilligten Konzernabschlüsse beziehungsweise die zuletzt veröffentlichten verkürzten Abschlüsse sowie die dazugehörigen Lageberichte dieser Unternehmen.[1315] Verweigert eine Gesellschaft die Mitarbeit oder

---

1310 Vgl. hierzu bereits in synoptischer Form Abschn. II. C.1 des Ersten Hauptteils.

1311 Vgl. BEGRREGE BILKOG 2004, BT-Drucks. 15/3421, Allgem. Begründung, S. 11 sowie ergänzend LENTFER 2005, S. 134 und ZÜLCH/BURGHARDT 2007, S. 374.

1312 Die Kodifizierung des in Rede stehenden zweistufigen Verfahrens findet sich in den §§ 342 b - 342 e HGB i. V. m. 37 n -37 u WpHG.

1313 Die *DPR* wurde in Erfüllung der Voraussetzungen des § 342 b Abs. 1 Satz 2 HGB am 30.03.2005 durch Vertrag mit dem *Bundesministerium der Justiz* (*BMJ*) anerkannt, wodurch diese ihre Tätigkeit zum 01.07.2005 aufnehmen konnte; vgl. hierzu BMJ/DPR 2005, S. 1-4 sowie ausf. zur rechtlichen Verankerung HALLER/BERNAIS 2005, S. 43 f. Die Ausgestaltung der *Prüfstelle* orientiert sich an dem ebenfalls privatrechtlich organisierten *Financial Reporting Review Panel* (*FRRP*) Großbritanniens; vgl. hierzu überblicksweise BÖCKEM 2000b, S. 1186-1188; GROS 2006, S. 250 f. und KORN 2002, S. 1501 f. sowie ausf. HALLER/EIERLE/EVANS 2001, S. 823-825; SCHILDBACH/STRAẞER 2003, S. 1720-1724 und TIELMANN 2001, S. 199-214.

1314 Als Referenzmodell der *BaFin* diente die US-amerikanische Wertpapieraufsichtsbehörde *Securities and Exchange Commission* (*SEC*); vgl. hierzu im Überblick BÖCKEM 2000b, S. 1188 f. und KORN 2002, S. 1501 sowie im Einzelnen HALFPAP 2007, S. 113-151; HALLER 1994, S. 32-36; TIELMANN 2001, S. 187-199 sowie WÜSTEMANN 2002, S. 718-725.

1315 Vgl. hierzu § 342 b Abs. 2 Satz 1-3 HGB; ferner BRÄUTIGAM/HEYER 2006, S. 188-195. Im Hinblick auf den verkürzten Abschluss und den dazugehörigen Zwischenlagebericht unterbleibt dabei gem. § 342 b Abs. 2 Satz 4 2. HS HGB eine Stichprobenprüfung. Die Organisation und der Ablauf des Prüfverfahrens sind neben den Unabhängigkeitsvoraussetzungen und Zuständigkeiten für die am Prüfverfahren beteiligten Personen im Einzelnen in der Verfahrensordnung der *Prüfstelle* niedergelegt; vgl. hierzu DPR 2005

(Fortsetzung der Fußnote auf der nächsten Seite)

die Anerkennung des Prüfungsergebnisses oder bestehen erhebliche Zweifel an der Qualität der Prüfung oder des Prüfungsergebnisses, so greift in der zweiten Stufe die *BaFin* ein.[1316]

Findet, so der Regelfall,[1317] unter freiwilliger Mitarbeit des Unternehmens eine Prüfung in der ersten Stufe durch die *DPR* statt, so teilt diese dem Unternehmen nach Beendigung der Prüfung das Ergebnis mit.[1318] Im Falle eines fehlerfreien Financial Accounting gilt die Prüfung durch die Mitteilung als beendet.[1319] Wurde im Rahmen der Prüfung indes ein Fehler[1320] festgestellt, so ist die *Prüfstelle* aufgefordert, ihre Entscheidung zu begründen und dem Unternehmen unter Einräumung einer angemessenen Frist Gelegenheit zu einer Stellungnahme zu geben.[1321] Im Anschluss hat die *DPR* ihr Prüfungsergebnis und gegebenenfalls auch die Stellungnahme des betroffenen Unternehmens an die *BaFin* weiterzuleiten.[1322] Bei entsprechender Zustimmung ordnet die *BaFin* die Bekanntmachung des Fehlers durch das betroffene Unternehmen an, sofern der Fehler nicht als für die Information des Kapitalmarkts irrelevant einzustufen ist oder dem Antrag des Unternehmens, von einer Veröffentlichung

---

sowie ergänzend BERGER/ZEMPEL 2009, Rn. 25-28 zu § 342 b HGB, S. 2613 f. und SCHEFFLER 2006a, S. 15.

1316 Vgl. § 37 p Abs. 1 Satz 2 WpHG.

1317 Im Jahr 2009 verweigerte kein Unternehmen die freiwillige Mitarbeit; vgl. hierzu DPR 2010, S. 3.

1318 Vgl. § 342 b Abs. 5 Satz 1 HGB.

1319 Vgl. GELHAUSEN/HÖNSCH 2007, S. 309 und HALLER/BERNAIS 2005, S. 56.

1320 Zum Fehlerbegriff und zur Fehlerbeurteilung vgl. ausf. HENNRICKS 2009, S. 1446-1451. Zu Auslegungs- und Ermessensfragen sowie zum Grundsatz der Wesentlichkeit im Rahmen des in Rede stehenden Enforcement-Verfahrens vgl. überdies BERGER/ZEMPEL 2009, Rn. 46-52 zu § 342 b HGB, S. 2617 f.; KEITZ/STOLLE 2008, S. 214 f.; MAYER-WEGELIN 2006, S. 8-14 sowie SCHEFFLER 2006b, S. 2-8.

1321 Vgl. § 342 b Abs. 5 Satz 2 HGB sowie ergänzend GELHAUSEN/HÖNSCH 2005, S. 523.

1322 Vgl. § 342 b Abs. 6 Satz 1 Nr. 3 HGB.

aufgrund schützenswerter Interessen abzusehen, entsprochen wird.[1323] Findet der Fehler hingegen keine Akzeptanz durch die geprüfte Gesellschaft, hat die *BaFin* die Möglichkeit, in der zweiten Stufe einzugreifen, indem sie selbst eine Prüfung einleitet.[1324] Sofern die Prüfung durch die *BaFin* keine Beanstandungen ergibt, ergeht an das Unternehmen eine Mitteilung hierüber, womit das Verfahren abgeschlossen ist.[1325] Stellt hingegen die *BaFin* den Fehler in Übereinstimmung mit der *DPR* fest, wird sie dies mittels eines Verwaltungsaktes verfügen.[1326] Die entsprechende Anordnung zur Fehlerbekanntmachung erfolgt dabei analog zu derjenigen bei Fehlerakzeptanz durch das Unternehmen in der ersten Stufe.[1327]

Die Bekanntmachung des festgestellten Fehlers einschließlich der wesentlichen Teile der Begründung, welche die *BaFin* in ihrem Verwaltungsakt dem Unternehmen mitteilt, hat nach Maßgabe des § 37 q Abs. 2 Satz 4 WpHG unverzüglich im *elektronischen Bundesanzeiger* sowie entweder in einem überregionalen Börsenpflichtblatt oder über ein elektronisches Informationsverbreitungssystem zu erfolgen.[1328] Da nach Auffassung des Gesetzgebers mit dieser Fehlerveröffentlichung für die betroffenen Unternehmen ein Anreiz geschaffen wird, den Fehler zu berichtigen, ist eine direkte Anordnung zur Korrektur nicht vorgesehen.[1329] Im Ergebnis beschränkt sich somit die Möglichkeit der Fehler-

---

1323 Vgl. § 37 q Abs. 2 Satz 1-3 WpHG sowie ergänzend GAHLEN/SCHÄFER 2006, S. 1620 f.; MÜLLER 2008, S. 440-444. Kritisch zur Möglichkeit einer Antragstellung auf eine Nicht-Veröffentlichung durch das betroffene Unternehmen vgl. ARBEITSKREIS 2004b, S. 331.

1324 Vgl. § 37 p Abs. 1 Satz 2 Nr. 1 i. V. m. § 37 o WpHG.

1325 Vgl. § 37 q Abs. 3 WpHG i. V. m. BEGRREGE BILKOG 2004, BT-Drucks. 15/3421, Begründung zu § 37 q WpHG, S. 19.

1326 Vgl. § 37 q Abs. 1 WpHG. Zum Rechtsmittel gegen Anordnungen der *BaFin* vgl. ausf. BERGER/ZEMPEL 2009, Rn. 11-13 zu § 342 b HGB, S. 2611 sowie GELHAUSEN/HÖNSCH 2007, S. 308-320.

1327 Vgl. § 37 q Abs. 2 WpHG i. V. m. BEGRREGE BILKOG 2004, BT-Drucks. 15/3421, Begründung zu § 37 q WpHG, S. 18.

1328 Vgl. hierzu weiterführend KEITZ/STOLLE 2008, S. 215.

1329 Vgl. BEGRREGE BILKOG 2004, BT-Drucks. 15/3421, Begründung zu § 37 q WpHG, S. 18 sowie ergänzend KEITZ/STOLLE 2008, S. 215.

behebung auf die Befugnisse der *BaFin*, die Fehlerkommunikation durch das Unternehmen anzuordnen (so genannte negative Publizität).[1330] Eine persönliche Sanktionierung der Verantwortlichen durch die *BaFin*, wie etwa in Form einer Rüge oder einer Geldstrafe, ist derzeit nicht vorgesehen.[1331]

Der Prüfung Corporate Governance-spezifischer Informationen durch die *DPR/BaFin* kommt, wie auch im Rahmen der (Konzern-)Abschlussprüfung,[1332] derzeit nur eine sehr rudimentäre Bedeutung zu. So ist im zweistufigen Enforcement-System eine inhaltliche Prüfung der Anhangangaben zur Abgabe der Entsprechenserklärung[1333] bis dato ebenfalls nicht vorgesehen.[1334] Dasselbe gilt im Ergebnis auch für die Erklärung zur Unternehmensführung im Sinne des § 289 a HGB, sofern die Erklärung in den Lagebericht aufgenommen wurde. So stellt zwar der Lagebericht einen expliziten Prüfungsgegenstand der in Rede stehenden Enforcement-Instanz dar,[1335] woraus eine materielle Prüfung abgeleitet werden könnte, jedoch hat sich der Maßstab zur Prüfung des (Konzern-)Lageberichts durch die *DPR/BaFin* ausweislich der Gesetzesbegründung zum BilKoG[1336] an dem Prüfungsmaßstab auszurichten, der gemäß § 317 Abs. 2 HGB auch für die (Konzern-)Abschlussprüfung anzuwenden ist. Da - wie bereits ausgeführt - die Erklärung zur Unternehmensführung im Sinne des § 289 a HGB nach Maßgabe des § 317 Abs. 2 Satz 3 HGB im Rahmen der

1330 Vgl. hierzu GRIEWEL 2006, S. 161 und KEITZ/STOLLE 2008, S. 215. Sollte das Unternehmen vorsätzlich oder fahrlässig die Bekanntmachung unterlassen, so handelt dieses gem. § 39 Abs. 3 Nr. 1 lit. c) WpHG ordnungswidrig und kann nach § 39 Abs. 4 WpHG mit einer Geldbuße von bis zu 50.000 € bestraft werden. Des Weiteren hat die *BaFin* nach §§ 9 i. V. m. 10 VwVG die Möglichkeit, die Feststellungen zu einem fehlerhaften Financial Accounting im Rahmen einer Ersatzmaßnahme selbst zu veröffentlichen.

1331 Vgl. kritisch hierzu LENTFER 2005, S. 146.

1332 Vgl. diesbezüglich Abschn. II. E.3.b) dieses Hauptteils.

1333 Vgl. hierzu § 161 AktG i. V. m. den §§ 285 Nr. 16 und 314 Abs. 1 Nr. 8 HGB.

1334 Vgl. bereits GELHAUSEN/HÖNSCH 2005, S. 513 sowie WEBER/LENTFER/KÖSTER 2007b, S. 373.

1335 Vgl. hierzu den Wortlaut des § 342 b Abs. 2 Satz 1 HGB i. V. m. § 37 n WpHG.

1336 Vgl. BEGRREGE BILKOG 2004, BT-Drucks. 15/3421, Begründung zu § 342 b HGB, S. 13 f. sowie ergänzend SCHEFFLER 2009, S. 658.

(Konzern-)Abschlussprüfung keiner materiellen Prüfung zuzuführen ist,[1337] hat dies entsprechend auch für das in Rede stehende zweistufige Enforcement-System zu gelten. Sofern die Erklärung zur Unternehmensführung außerhalb des Lageberichts als eigenständiges Berichtselement auf der Internetseite des Unternehmens öffentlich zugänglich gemacht wird, entfällt eine Prüfung durch die *DPR/BaFin* sogar in Gänze, da dieses Publizitätsinstrument gemäß § 342 b Abs. 2 Satz 1 HGB in Verbindung mit § 37 n WpHG nicht Gegenstand dieser Enforcement-Instanz ist.[1338]

Aus diesen Ausführungen ist zu konkludieren, dass die intendierte Einbindung des Corporate Governance Statements und des dazugehörigen Feedback-Mechanismus als explizite Prüfungsobjekte in das in Rede stehende zweistufige Enforcement-System ebenfalls als ein Novum zu werten ist. Wie bereits im Kontext der (Konzern-)Abschlussprüfung konstatiert,[1339] sind dabei die Enforcement-Gegenstände unstreitig einer Prüfung in Gestalt einer prüferischen Durchsicht zugänglich. Des Weiteren ist eine Einschränkung der Urteilsfähigkeit aufgrund einer fehlenden Unabhängigkeit der *DPR* und der *BaFin* - im Gegensatz zur (Konzern-)Abschlussprüfung - [1340] nicht zu befürchten. So handelt es sich zum einen bei der *BaFin* um eine selbständige und unabhängige Anstalt des öffentlichen Rechts, welche der Rechts- und Fachaufsicht des *Bundesministeriums der Finanzen* (*BMF*) unterliegt.[1341] Zum anderen wird die Unabhängigkeit der *DPR* explizit durch ihre Anerkennung im Sinne des § 342 b Abs. 1 Satz 1 und 2 HGB dokumentiert[1342] und im Zuge des ihrer finanziellen Eigenständigkeit dienenden Kostenumlageverfahrens sicher-

---

1337 Vgl. hierzu Abschn. II. E.3.b) dieses Hauptteils.

1338 Vgl. ebenso GRIEWEL 2006, S. 157.

1339 Vgl. hierzu Abschn. II. E.3.b) dieses Hauptteils.

1340 Vgl. diesbezüglich Abschn. II. E.3.b) dieses Hauptteils.

1341 Vgl. hierzu § 1 Abs. 2 i. V. m. § 2 FinDAG sowie weiterführend ECHINGER/WEBER 2007a, S. 243.

1342 Zu den Anerkennungsvoraussetzungen vgl. ausf. BERGER/ZEMPEL 2009, Rn. 23-28 zu § 342 b HGB, S. 2613 f.

gestellt.[1343] Schließlich stellt sich - im Gegensatz zur (Konzern-)Abschlussprüfung - [1344] nicht das Problem, dass der Auftraggeber oder die Enforcement-Instanz selbst Gegenstand der Prüfung wird.

Während diese Feststellungen für eine relativ hohe Wahrscheinlichkeit der Aufdeckung von im Rahmen des Corporate Governance Reportings auftretenden Unregelmäßigkeiten durch die *DPR/BaFin* sprechen, verfügt die in Rede stehende Enforcement-Instanz - wie bereits ausgeführt - indes bis dato nicht über die für eine Präventivwirkung ebenfalls notwendigen Sanktionsmittel. Mit Blick auf den US-amerikanischen Rechtsraum kämen als Instrumente zur Sanktionierung der Verwaltungsorgane Geld- und Gefängnisstrafen, eine Amtsenthebung oder ein Berufsverbot in Betracht.[1345] Diese Maßnahmen müssten seitens der *BaFin* mit hoheitlichen Mitteln angeordnet und durchgesetzt werden können. Ein wirksamer, wenngleich indirekter, Sanktionsmechanismus könnte hinsichtlich der im Prime Standard gelisteten börsennotierten Publikumsgesellschaften auch in einer Anzeige festgestellter Unregelmäßigkeiten gegenüber der *Börsengeschäftsführung*[1346] gesehen werden,[1347] der es dann obläge, über einen Widerruf der Börsenzulassung des betroffenen Unternehmens wegen Verletzung von Zulassungs(folge)pflichten[1348] zu entscheiden.[1349]

1343 Zum Kostenumlageverfahren vgl. § 17 a - 17 d FinDAG.

1344 Vgl. hierzu Abschn. II. E.3.b) dieses Hauptteils.

1345 Zu diesen Sanktionen vgl. SOA 2002, Sec. 305, Sec. 906 sowie Sec. 1105, jeweils in Bezug auf das Financial Accounting; weiterführend hierzu vgl. ARBEITSKREIS 2004a, S. 2400 sowie GRUSON/KUBICEK 2003, S. 405 f.

1346 Der *Börsengeschäftsführung* obliegt gem. § 15 Abs. 1 Satz 1 BörsG i. V. m. § 8 BörsO die Leitung der Börse in eigener Verantwortung. Zum Charakter und den Aufgaben des in Rede stehenden Börsenorgans vgl. weiterführend BRÖCKER 2008, Rn. 36, S. 338; GROß 2009, Rn. 1-6 zu § 15 BörsG, S. 86-88 sowie SCHOLZ 2009, S. 68-70.

1347 Für die Kodifizierung einer entsprechenden Anzeigepflicht böten sich § 342 b Abs. 5 HGB und § 37 r WpHG an.

1348 Zur normativen Verankerung des Corporate Governance Statements und des Feedback-Mechanismus als Zulassungs(folge)pflichten vgl. Abschn. II. E.2.d) dieses Hauptteils.

Im Hinblick auf die Korrektivfunktion ist es - wie bereits dargelegt - [1350] erforderlich, dass die betroffenen Gesellschaften entweder zu einer Korrektur von Unregelmäßigkeiten oder zu einer Mitteilung des Kapitalmarkts über die seitens der Enforcement-Institution festgestellten Störungen der Kommunikation gezwungen werden können. Insoweit ist - eine Aufnahme des Corporate Governance Reportings in den Prüfungsgegenstand der *DPR/BaFin* unterstellt - eine Eignung der in Rede stehenden Enforcement-Institution zu bejahen. So kann die *BaFin* schon heute die Fehlerbehebung durch Anordnung einer Fehlerbekanntmachung durch das betroffene Unternehmen erwirken und mit hoheitlichen Mitteln durchsetzen.

Zusammenfassend ist festzustellen, dass bei einer entsprechenden normativen Verankerung des Corporate Governance Statements und des Feedback-Mechanismus als explizite Enforcement-Gegenstände der *DPR/BaFin* diese einer Prüfung in Form eines Reviews zugänglich sind und darüber hinaus auch die Unabhängigkeit der in Rede stehenden Enforcement-Instanzen gewahrt bleibt, womit im Ergebnis eine Eignung im Hinblick auf die Aufdeckung von Unregelmäßigkeiten angenommen werden kann. Überdies scheint auch die Korrektivfunktion in ausreichendem Maße erfüllt, indem die *BaFin* eine negative Publizität festgestellter Unregelmäßigkeiten durch die betroffenen Unternehmen anordnen und mit hoheitlichen Mitteln durchsetzen kann. Die Präventivfunktion könnte indes noch gestärkt werden, indem zum einen der *BaFin* wirksame Sanktionsmöglichkeiten gegenüber den für die Abfassung des Corporate Governance Statements und die Implementierung des Feedback-Mechanismus verantwortlich zeichnenden Verwaltungsorganen eingeräumt werden und zum anderen eine unverzügliche Unterrichtung der *Börsengeschäftsführung* über festgestellte Unregelmäßigkeiten erfolgt, so dass diese nach pflichtgemäßem Ermessen als Ultima Ratio über einen Widerruf der Bör-

---

1349 Zum Widerruf einer Börsenzulassung wegen Verletzung von Zulassungs(folge)-pflichten vgl. § 39 Abs. 1 BörsG i. V. m. §§ 62 Abs. 1, 70 Abs. 2 BörsO sowie kommentierend GROß 2009, Rn. 8 zu § 39 BörsG, S. 173 und SCHOLZ 2009, S. 69.

1350 Vgl. hierzu Abschn. II. E.3.a) dieses Hauptteils.

senzulassung des betroffenen Unternehmens entscheiden kann. In administrativer Hinsicht bedürfte eine Einbindung des Corporate Governance Reportings in die Prüfung durch die *DPR/BaFin* auch einer strukturellen Neuausrichtung.[1351] Dies beträfe neben dem Ausbau der Umlagefinanzierung insbesondere eine Erweiterung des Mitarbeiterstamms mit den für ein Enforcement notwendigen Corporate Governance-spezifischen Kenntnissen und Erfahrungen.

d) Organhaftung

Die Präventivfunktion des Enforcement kann - wie bereits ausgeführt - [1352] eine wesentliche Stärkung durch eine drohende Haftungsinanspruchnahme der Verwaltungsorgane im Falle eines entsprechenden Fehlverhaltens erfahren.[1353] Hierbei ist allerdings zu berücksichtigen, dass die Organhaftung nur dann eine präventive Wirkung entfalten kann, wenn das Verhältnis zwischen der zu erwartenden Schadenskompensation auf der einen und den Prozesskosten und -risiken auf der anderen Seite als ausgewogen anzusehen ist.

Im Hinblick auf eine Inanspruchnahme des Vorstands und des Aufsichtsrats für ein nicht ordnungsmäßiges Corporate Governance Reporting kommt in erster Linie eine Haftung wegen Falschinformation des Kapitalmarkts in Betracht, wobei diesbezüglich zwischen der Organinnen- und Organaußenhaftung zu differenzieren ist.[1354] Da das Corporate Governance Reporting ex

---

1351 Vgl. hierzu und in der Folge bereits WEBER/LENTFER/KÖSTER 2007b, S. 373.

1352 Vgl. hierzu und in der Folge Abschn. II. E.1 dieses Hauptteils.

1353 Im Gegensatz zur Organhaftung erfährt die Emittentenhaftung keine gesonderte Betrachtung, da diese im Hinblick auf die Präventivfunktion nur von untergeordneter Bedeutung ist; vgl. hierzu auch GRIEWEL 2006, S. 326 f. sowie FLEISCHER 2003c, S. 612, der ebenfalls die Präventivwirkung der Organ(außen)haftung betont wissen möchte. Zur Analyse der Anspruchsgrundlagen bei Verletzung der Emittentenpublizität und der hieraus erwachsenden Haftungskonsequenzen vgl. BRELLOCHS 2005, S. 98-119.

1354 Zur Unterscheidung zwischen der Organinnen- und -außenhaftung vgl. u. a. DUVE/BASAK 2005, S. 2645 f. sowie SEMLER/GITTERMANN 2004, S. 1085.

definitione den Charakter einer strukturierten und regelmäßigen externen Berichterstattung trägt,[1355] ist vorliegend der Fokus auf die Haftung wegen Falschinformation des Sekundärmarktes zu legen.[1356]

Im Falle einer nicht ordnungsmäßigen Unternehmenspublizität kommt eine Organinnenhaftung, das heißt eine Schadensersatzpflicht des Vorstands und des Aufsichtsrats gegenüber der Gesellschaft, nach Maßgabe der §§ 93 Abs. 2 Satz 1, 116 AktG in Betracht.[1357] Die Haftung der Organe ist insoweit betragsmäßig unbegrenzt und greift bereits bei einfacher Fahrlässigkeit.[1358] Die Schadensersatzpflicht des Vorstands gegenüber der Gesellschaft wegen Falschinformation des Kapitalmarkts wird nach § 93 Abs. 2 Satz 1 AktG ausgelöst und ist gemäß § 112 AktG grundsätzlich durch den Aufsichtsrat durchzusetzen.[1359] Diese Pflicht des Supervisors hat durch die Rechtsprechung des *Bundesgerichtshofes* (*BGH*) dahingehend eine Konkretisierung erfahren, als der Aufsichtsrat das Bestehen und die Durchsetzbarkeit eines Schadensanspruchs zu prüfen und eine eigenständige Entscheidung über die gerichtliche Geltendmachung zu treffen hat; ein Absehen hiervon darf nur eine Ausnahme sein, die der gerichtlichen Nachprüfung unterliegt.[1360] Die Haftung des Aufsichtsrats gegenüber dem Emittenten richtet sich hingegen nach § 116 Satz 1 AktG, welcher auf eine analoge Anwendung des § 93 Abs. 2 AktG verweist.[1361] Es obliegt in diesem Falle gemäß § 78 AktG grundsätzlich dem Vorstand, die Ansprüche

1355 Zu dieser definitorischen Festlegung vgl. Abschn. I. B.3.c) des Ersten Hauptteils.

1356 Für eine Differenzierung zwischen primär- und sekundärmarktbezogenen Informationen vgl. EHRICKE 2005, S. 248; FLEISCHER 2003c, S. 608-616; HOPT/VOIGT 2004, S. 1801 f.; MAIER-REIMER/PASCHOS 2008, Rn. 4-6, S. 606 f. sowie SCHÄFER 2009b, Rn. 1-4, S. 683 f.

1357 Vgl. hierzu explizit DUVE/BASAK 2005, S. 2645 f.; GRIEWEL 2006, S. 168 f. und SCHÄFER 2009b, Rn. 33, S. 695.

1358 Vgl. KIETHE 2005, S. 2126; SEMLER 2005, S. 321 sowie ZIMMER 2004, S. 12.

1359 Vgl. hierzu etwa SEMLER 2005, S. 321 und SPINLDER 2008a, Rn. 172 zu § 93 AktG, S. 603.

1360 Vgl. BGH-URTEIL vom 21.04.1997, Aktz. II ZR 175/95, Der Betrieb 50 (1997), S. 1068-1071 sowie diese Entscheidung kommentierend FLEISCHER 2007, Rn. 248 zu § 93 AktG, S. 994; GÖTZ 1997, S. 3275-3278 und THÜMMEL 1997, S. 1117-1120.

1361 Vgl. hierzu ausf. GROTHEER 2005, S. 2070-2074 sowie KIETHE 2005, S. 2123-2128.

gegenüber dem Aufsichtsrat durchzusetzen.[1362] Die vorstehend referierte Rechtsprechung gilt für diese Konstellation analog.[1363]

Obgleich somit de jure davon ausgegangen werden könnte, dass im Falle einer Haftung des Emittenten im Innenverhältnis ein Rückgriff auf die hierfür Verantwortlichen durchgesetzt wird, findet eine Inanspruchnahme der Verwaltungsorgane auf Grundlage der §§ 93 Abs. 2 Satz 1, § 116 AktG de facto kaum statt,[1364] so dass die Präventivwirkung der Organinnenhaftung insoweit als gering einzustufen ist. Im Hinblick auf das Corporate Governance Reporting ergibt sich zudem die Besonderheit, dass die Pflicht zur Abfassung des Corporate Governance Statements und zur Implementierung eines Feedback-Mechanismus die Verwaltungsorgane gemeinsam trifft,[1365] so dass der Anreiz zu einer gegenseitigen Durchsetzung von Schadensersatzansprüchen naturgemäß von vorn herein sehr begrenzt ist.[1366] Jedoch ist in diesem Zusammenhang zu berücksichtigen, dass seit Inkrafttreten des UMAG 2005[1367] auch durch eine Minderheit von Aktionären eine Innenhaftung der Verwaltungsorgane wegen Verletzung ihrer Sorgfaltspflichten erzwungen werden kann[1368]

1362 Vgl. etwa HABERSACK 2008, Rn. 72 zu § 116 AktG, S. 1233; HOPT/ROTH 2005, Rn. 304 zu § 116 AktG, S. 1440; SEMLER 2005, S. 321 sowie SLAVIK 2008, S. 249.

1363 Vgl. hierzu explizit HABERSACK 2008, Rn. 8 zu § 116 AktG, S. 1209 sowie SPINDLER 2007, Rn. 118 zu § 116 AktG, S. 1325.

1364 Vgl. FLEISCHER 2004b, S. 463; HABERSACK 2008, Rn. 7 zu § 116 AktG, S. 1209; HOPT/ROTH 2005, Rn. 304 zu § 116 AktG, S. 1440; PAAL 2005, S. 384; SCHÄFER 2005b, S. 987 f.; SCHRÖER 2005, S. 2081; SEMLER 2005, S. 321; SLAVIK 2008, S. 241 sowie ZIEGLMEIER 2007, S. 145.

1365 Vgl. hierzu und in der Folge Abschn. II. C.6.a) und D.2 dieses Hauptteils.

1366 Allgem. zu möglichen Interessenkonflikten der Verwaltungsorgane bei der Geltendmachung von Ersatzansprüchen vgl. MOCK 2007, Rn. 9 zu § 148 AktG, S. 1595.

1367 Vgl. hierzu bereits die synoptische Darstellung in Abschn. II. C.1 des Ersten Hauptteils sowie weiterführend FLEISCHER 2005a, S. 3525-3530; GÖTZ/HOLZBORN 2006, S. 157-164 und LANGENBUCHER 2005, S. 2083-2090.

1368 Nach § 148 AktG können Aktionäre, deren Anteile zum Zeitpunkt der Antragstellung zusammen den einhundertsten Teil des Grundkapitals oder einen anteiligen Betrag von 100.000 € erreichen, die Zulassung beantragen, im eigenen Namen die in § 147 Abs. 1 Satz 1 AktG bezeichneten Ersatzansprüche der Gesellschaft geltend zu machen.

(Fortsetzung der Fußnote auf der nächsten Seite)

und die Präventivfunktion der Organ(innen)haftung überdies gestärkt wird, indem bei einer Klagezulassung ein Ersatzanspruch gegenüber der Gesellschaft besteht[1369] und somit auch das Prozesskostenrisiko der potenziellen Kläger sinkt.[1370]

Eine Analyse des derzeitigen Kapitalmarktrechts zeigt, dass bislang keine bereichsspezifische Norm für eine persönliche Außenhaftung von Organmitgliedern wegen Falschinformation des Sekundärmarkts existiert und demgemäß eine Organaußenhaftung für eine nicht ordnungsmäßige Unternehmenspublizität nur unter Rückgriff auf das allgemeine Zivilrecht erfolgen kann.[1371] Die zentrale Anspruchsgrundlage wird dabei nach einhelliger Auffassung des juristischen Schrifttums in § 826 BGB gesehen, wohingegen eine Inanspruchnahme der Verwaltungsorgane sowohl unter Bezugnahme auf die allgemeine Prospekthaftung als auch nach § 823 BGB in Verbindung mit entsprechenden Schutzgesetzen überwiegend verneint wird.[1372] Kritik erfahren die derzeit zur Verfügung stehenden Haftungsgrundlagen insbesondere wegen des Umstands, dass die Beweislast allein beim Investor liegt, mit der Konsequenz, dass viele Anlegerklagen aufgrund einer nicht oder nicht ausreichend bewiesenen haftungsbegründeten Kausalität zwischen der Veröffentlichung der Fehlinformation und der Anlageentscheidung abgewiesen werden,[1373] somit

---

Die Besonderheit dieser Aktionärsklage ist darin zu sehen, dass sie als zweistufiges Verfahren ausgestaltet ist; so ist dem eigentlichen Organhaftungsprozess das sog. Klagezulassungsverfahren vorgeschaltet. Zur Aktionärsklage i. S. d. § 148 AktG vgl. im Überblick DUVE/BASAK 2006, S. 1347-1350; FLEISCHER 2005a, S. 3526 f. sowie ausf. MOCK 2007, Rn. 25-111 zu § 148 AktG, S. 1598-1607; PASCHOS/NEUMANN 2005, S. 1779-1786; SCHRÖER 2005, S. 2082-2088; SPINDLER 2005b, S. 866-869; SPINDLER 2008b, Rn. 5-53 zu § 148 AktG, S. 1760-1776 und ZIEGLMEIER 2007, S. 149-157.

1369 Vgl. hierzu § 148 Abs. 6 Satz 1, 5 AktG sowie ergänzend SCHRÖER 2005, S. 2087 f.; SPINDLER 2008b, Rn. 50 f. zu § 148 AktG, S. 1774 f. und ZIEGLMEIER 2007, S. 150.

1370 Vgl. in diesem Sinne auch SLAVIK 2008, S. 257.

1371 Vgl. hierzu etwa FLEISCHER 2003c, S. 611 sowie GOTTSCHALK 2005, S. 276.

1372 Vgl. u. a. CASPER 2006, S. 33; FLEISCHER 2003c, S. 611; GOTTSCHALK 2005, S. 276 f. und SCHÄFER 2009b, Rn. 34, S. 695 m. w. N.

1373 Vgl. hierzu GOTTSCHALK 2005, S. 278; GRIEWEL 2006, S. 170 m. w. N.; HOPT/VOIGT 2004, S. 1804; HOPT/VOIGT 2005, S. 119; SCHÄFER 2005b, S. 991 und SPINDLER 2004b,

(Fortsetzung der Fußnote auf der nächsten Seite)

das Prozessrisiko als hoch und korrespondierend die Präventivwirkung der Haftung als niedrig einzuschätzen ist.

Diesem unbefriedigenden Zustand sollte mit dem geplanten, jedoch letztlich nicht umgesetzten Kapitalmarktinformationshaftungsgesetzes (KapInHaG)[1374] abgeholfen werden.[1375] So sah der diesbezügliche Diskussionsentwurf vom 07.10.2004 die Einführung einer spezifischen kapitalmarktrechtlichen Anspruchsgrundlage für die Haftung der Organmitglieder (und des Emittenten) für eine vorsätzliche oder grob fahrlässige Falschinformation des Kapitalmarkts vor, sofern die fehlerhaften oder unterlassenen Kapitalmarktinformationen[1376] geeignet sind, auf den Börsenpreis des entsprechenden Finanzinstruments einzuwirken.[1377] Es war in diesem Zusammenhang unter anderem vorgesehen, die geschädigten Anleger von der nahezu unlösbaren Aufgabe zu entbinden, einen Nachweis darüber zu führen, dass ihre Anlageentscheidung auf der betreffenden Fehlinformation beruht; vielmehr sollte es genügen, wenn der Investor nachweist, das Finanzinstrument innerhalb von drei Monaten

---

S. 2092 f. Zur haftungsbegründeten Kausalität vgl. BAUMS/SCOTT 2005, S. 51 sowie ausf. KLÖCKNER 2009, S. 249-252 und LANGENBUCHER 2009, S. 1053-1063.

1374 Vgl. DISE KAPINHAG vom 07.10.2004, Neue Zeitschrift für Gesellschaftsrecht 7 (2004), S. 1042-1051 sowie diesen kommentierend HANDELSRECHTSAUSSCHUSS DES DAV 2004, S. 1099-1104; MÖLLERS 2005, S. 79-82; SEMLER/GITTERMANN 2004, S. 1081-1086 sowie VEIL 2005, S. 91-98.

1375 Für eine entsprechende Forderung im juristischen Schrifttum vgl. etwa ABRAM 2003, S. 311 f.; BAUMS 2001, Rn. 186, S. 198-201 und BAUMS 2003, S. 183 f.

1376 Dem Begriff der Kapitalmarktinformation sind der Entwurfsnorm zufolge alle öffentlichen Bekanntmachungen bzw. Mitteilungen, die zur Erstellung von Finanzanalysen oder für einen größeren Personenkreis bestimmt sind, zu subsumieren; vgl. DISE KAPINHAG 2004, § 37 a Abs. 1 WpHG, S. 1042. Hierunter fallen neben sämtlichen schriftlichen und elektronischen Informationspflichten auf dem Sekundärmarkt auch mündliche Erklärungen auf der Hauptversammlung oder auch im Rahmen von Roadshows oder Analystenkonferenzen; vgl. BEGRDISE KAPINHAG 2004, Begründung zu § 37 a WpHG, S. 1046 sowie ergänzend GOTTSCHALK 2005, S. 281.

1377 Vgl. DISE KAPINHAG 2004, § 37 a Abs. 1, 2 WpHG, S. 1042 sowie weiterführend GOTTSCHALK 2005, S. 281; MÖLLERS 2005, S. 79 f.; SEMLER/GITTERMANN 2004, S. 1081-1083.

nach der fehlerhaften Information erworben oder veräußert zu haben.[1378] Eine Umsetzung der in Rede stehenden Normierungsinitiative hätte zweifelsohne eine Stärkung der Präventivfunktion der Organ(außen)haftung für falsche Kapitalmarktinformationen zur Folge gehabt,[1379] zumal der nationale Gesetzgeber mit dem KapMuG 2005[1380] parallel für eine erhebliche Reduktion des Prozesskostenrisikos der Anleger sorgte,[1381] indem er insbesondere auch für die Außenhaftung von Organmitgliedern[1382] wegen falscher, irreführender oder unterlassener öffentlicher Kapitalmarktinformation[1383] einen kollektiven Rechtsbehelf in Gestalt eines Musterverfahrens etablierte.[1384]

1378 Vgl. DISE KAPINHAG 2004, § 37 a Abs. 3 Satz 1, 2 WpHG, S. 1042 sowie ergänzend DUVE/BASAK 2005, S. 2649; GOTTSCHALK 2005, S. 282; MÖLLERS 2005, S. 80; SCHÄFER 2005b, S. 990 und SEMLER/GITTERMANN 2004, S. 1083.

1379 Vgl. in diesem Sinne ebenso GRIEWEL 2006, S. 171, 329 f.

1380 Vgl. hierzu bereits Abschn. II. C.1 des Ersten Hauptteils sowie weiterführend zur Entstehungsgeschichte, zur Zielsetzung und zum Inhalt des KapMuG MÖLLERS/WEICHERT 2005, S. 2737-2741.

1381 Zu dieser Zielsetzung vgl. BEGRREGE KAPMUG 2005, BT-Drucks. 15/5091, Allgem. Begründung, S. 19 sowie ergänzend GRIEWEL 2006, S. 167.

1382 Zur Einbeziehung der Organaußenhaftung in den Anwendungsbereich des KapMuG vgl. explizit MAIER-REIMER/WILSING 2006, S. 86; PLAßMEIER 2005, S. 610 sowie SCHNEIDER 2005b, S. 2249 f.

1383 Kapitalmarktinformationen sind gem. § 1 Abs. 1 Satz 3 KapMuG „[…] für eine Vielzahl von Kapitalanlegern bestimmte Informationen über Tatsachen, Umstände, Kennzahlen und sonstige Unternehmensdaten, die einen Emittenten von Wertpapieren oder Anbieter von sonstigen Vermögensanlagen betreffen." Es handelt sich dabei dem Gesetzestext zufolge insbes. um Angaben in Prospekten, Mitteilungen über Insiderinformationen, Jahresabschlüssen, Übersichten gem. § 400 Abs. 1 Nr. 1 AktG und in Angebotsunterlagen nach dem Wertpapiererwerbs- und Übernahmegesetz (§ 1 Abs. 1 Satz 4 KapMuG), jedoch dürften hierunter auch die Inhaltskomponenten des Corporate Governance Statements fallen.

1384 Zum Kapitalanleger-Musterverfahren vgl. im Einzelnen §§ 1-19 KapMuG sowie ergänzend HESS 2005, S. 1714-1719 und MAIER-REIMER/WILSING 2006, S. 84-120; vgl. ferner für einen Rechtsvergleich mit der US-amerikanischen Class Action HAß/ZERR 2005, S. 721-727.

In einer Gesamtschau kann festgehalten werden, dass die Organhaftung derzeit nur bedingt geeignet ist, die Präventivfunktion des Enforcement nachhaltig zu stärken.[1385] So bestehen zum einen im Hinblick auf die Organinnenhaftung mit den §§ 93, 116 AktG zwar de jure wirksame Rechtsgrundlagen für eine Inanspruchnahme des Vorstands und des Aufsichtsrats wegen Falschinformation des Kapitalmarkts, jedoch wird hiervon de facto nur selten Gebrauch gemacht. Es bleibt in diesem Zusammenhang abzuwarten, inwieweit die im Zuge des UMAG 2005 eingeführte Möglichkeit einer Aktionärsklage im Sinne des § 148 AktG zu einer verstärkten Innenhaftung der Verwaltungsorgane führt. Zum anderen kommt derzeit eine Organaußenhaftung für eine nicht ordnungsmäßige Unternehmenspublizität nur unter Rückgriff auf das allgemeine Zivilrecht in Betracht, welche zudem nur sehr schwer durchsetzbar ist. Der Gesetzgeber ist deshalb aufgefordert, wie bereits mit dem Diskussionsentwurf zum KapInHaG aus dem Jahr 2004 vorgesehen, eine spezifische kapitalmarktrechtliche Anspruchsgrundlage für eine Außenhaftung der Verwaltungsorgane zu schaffen und in diesem Zusammenhang eine Beweislastumkehr zugunsten der geschädigten Anleger einzuführen. Von dieser Maßnahme wäre, insbesondere in Kombination mit dem durch das KapMuG 2005 eingeführten Kapitalanleger-Musterverfahren, eine erhebliche Stärkung der Organhaftung und damit im Ergebnis auch der Präventivfunktion des Enforcement zu erwarten.

[1385] Zu dieser Einschätzung gelangt auch GRIEWEL 2006, S. 172.

III. Zwischenergebnis

Im Sinne der zentralen Zielsetzung vorliegender Schrift diente der Zweite Hauptteil der Entwicklung eines umfassenden Konzeptionsmodells zur Ausgestaltung des Corporate Governance Reportings, wobei der Untersuchung im ersten Kapitel eine Methoden-Kombination aus Deduktion und Induktion zugrunde gelegt wurde. Im Rahmen der theoretisch deduktiven Ermittlung des Gestaltungskonzepts als Gegenstand des zweiten Kapitels galt es im ersten Abschnitt, Anknüpfungspunkte zur Kommunikationstheorie herzustellen, mit der Zielsetzung, Implikationen für die Erarbeitung des Konzeptionsmodells zu gewinnen. Aus den kommunikationstheoretischen Ausführungen resultierte in konzeptioneller Hinsicht als grundlegende Erkenntnis, dass das Corporate Governance Reporting als Kommunikationsprozess aufzufassen und dessen bi-direktionale Ausrichtung durch die Implementierung eines Feedback-Mechanismus sicherzustellen ist. Des Weiteren wurde deutlich, dass die Kommunikation auf drei semiotischen Ebenen stattfindet, das heißt sowohl syntaktische als auch semantische und pragmatische Aspekte zu berücksichtigen sind, wobei ein besonderes Augenmerk auf diesbezügliche Störungen zu legen ist. Aus dem Kommunikationsmodell nach *Bedford/Baladouni* ergab sich als Besonderheit eines schriftlichen Reportings schließlich eine Interpretation des Berichts als Übermittlungsmedium, welches vom Kommunikationskanal als technisches Mittel zu trennen ist. Die genannten kommunikationstheoretischen Implikationen berücksichtigend, gelang es im zweiten Abschnitt, das Corporate Governance Reporting als spezifischen Kommunikationsprozess zu modellieren,[1] die zentralen Bestandteile des Konzeptionsmodells - das Corporate Governance Statement als Übermittlungsmedium, den Feedback-Mechanismus sowie das Enforcement des Corporate Governance Reportings - herauszuarbeiten und diese einer ersten Konkretisierung zuzuführen.

1 Vgl. hierzu in grafischer Form Abbildung 15 in Abschn. II. B.1 dieses Hauptteils.

Darauf aufbauend waren die nachfolgenden Abschnitte einer eingehenden Untersuchung der in Rede stehenden Bestandteile des Konzeptionsmodells im Hinblick auf ihre idealtypische formale und inhaltliche Ausgestaltung gewidmet. Ein besonderer Fokus lag dabei auf dem Corporate Governance Statement, welches den Gegenstand des dritten Abschnitts bildete und als dessen integrale Elemente die Adressaten, die Zielsetzung, die Rahmengrundsätze, die Inhaltskomponenten, der oder die Verfasser, die Form sowie der Turnus identifiziert wurden.

Im Hinblick auf mögliche Adressaten des Corporate Governance Statements ist zunächst herausgestellt worden, dass die (potenziellen) Investoren ob ihrer herausragenden Bedeutung für die in der vorliegenden Abhandlung fokussierten börsennotierten Publikumsgesellschaften die Hauptadressatengruppe verkörpern. Hierbei stellen die (potenziellen) Investoren keine homogene Gruppe dar, woraus die Notwendigkeit typisierender Annahmen im Hinblick auf den Informationszugang sowie die Informationsverarbeitung erwächst. Dies berücksichtigend, wurde im Rahmen der weiteren Überlegungen der Abhandlung von Berichtsadressaten mit einem limitierten Zugang zu unternehmensinternen Informationen und mit professionellen Analysefähigkeiten ausgegangen. Letzteres erfolgte unter der Annahme, dass Privatpersonen, die regelmäßig selbst nicht über professionelle Analysemöglichkeiten verfügen dürften, überwiegend die Unterstützung von Finanzanalysten in Anspruch nehmen und die Informationsauswertung durch diese vornehmen lassen.

Ausgehend von der Feststellung, dass funktionalen Subsystemen einer Unternehmung keine originären Zielsetzungen zuzusprechen sind, sondern vielmehr die Zielableitung aus dem unternehmerischen (Gesamt-)Zielsystem zu erfolgen hat, konnte in der Folge aufgezeigt werden, dass die mit dem Corporate Governance Reporting - und somit auch mit dem Corporate Governance Statement als Übermittlungsmedium - zu verfolgende (derivative) Zielsetzung darin besteht, Informationsasymmetrien zwischen der Unternehmensverwaltung und (potenziellen) Investoren hinsichtlich der Funktionsweise der internen Corporate Governance möglichst weitgehend abzubauen, um dergestalt den informationsbedingten Risikozuschlag im Hinblick auf das Verhaltensrisiko und damit verbunden die Kapitalkosten des Unternehmens zu reduzieren. Mit der induzierten Senkung der Kapitalkosten leistet das Corporate Governance Reporting gleichzeitig einen Beitrag zur langfristigen Steigerung des Shareholder Values als unternehmerisches Oberziel und somit zur nachhaltigen Existenzsicherung der Gesellschaft. Diese Zielsetzung dürfte dabei dem Interesse aller Unternehmenskoalitionäre entsprechen. So müsste es nicht nur für die (potenziellen) Investoren, sondern gleichsam für die übrigen Anspruchsgruppen (Stakeholder) von hoher Relevanz sein, die Funktionsweise und Qualität der unternehmensspezifischen internen Corporate Governance auf einer fundierten Grundlage einschätzen zu können. Daneben dürfte auch eine alle Unternehmenskoalitionäre umfassende Interessenharmonie hinsichtlich der genannten positiven Wirkungen auf die nachhaltige Existenzsicherung der Gesellschaft als primäres Unternehmensziel gegeben sein.

Zur Realisierung der in Rede stehenden Zielsetzung hat das Corporate Governance Statement bestimmten Anforderungen in Bezug auf die Informationsübermittlung zu genügen, welche im weiteren Verlauf der Arbeit in Form von Rahmengrundsätzen formuliert wurden. Eine Deduktion grundlegend neuer Postulate war dabei weder geboten noch angezeigt; im Sinne einer kompatiblen Unternehmenspublizität war es vielmehr als zielführend anzusehen, die Rahmengrundsätze aus den in der Literatur bereits abgeleiteten Grundsatzsystemen für das Value Reporting (i. w. S.) - welches auch das Corporate Governance Reporting umfasst - zu übertragen und unter Berücksichtigung ihrer Interdependenzen spezifisch auszufüllen. Aufgrund seiner ausgeprägten theoretischen Fundierung wurde dabei in der Ausgangslage auf den von *Heumann* entwickelten Grundsätze-Kanon zurückgegriffen, welcher entsprechend zu modifizieren war. Diese Verfahrensweise zugrunde legend, konnte ein Grundsatzsystem für das Corporate Governance Reporting entwickelt werden, welches sowohl allgemeine als auch besondere Rahmengrundsätze umfasst. Während die allgemeinen Rahmengrundsätze in Gestalt der Postulate der Richtigkeit, Vollständigkeit, Klarheit, Vergleichbarkeit sowie Wirtschaftlichkeit und Wesentlichkeit Anforderungen formulieren, die generell an die Informationsübermittlung zu stellen sind, beinhalten die besonderen Rahmengrundsätze darüber hinausgehende Spezifika des Corporate Governance Reportings. In diesem Zusammenhang konnten der Grundsatz der Segmentierung von Informationen, der Grundsatz des Komplements zum Financial Accounting sowie der Grundsatz des komparativen Informationsvorteils der Unternehmensverwaltung identifiziert werden.

Im Anschluss an die Entwicklung der Rahmengrundsätze galt es, die Inhaltskomponenten des Corporate Governance Statements einer theoretisch fundierten und systematischen Ermittlung zuzuführen. Hierzu waren einleitend konzeptionelle Vorüberlegungen sowohl zur Auswahl als auch zum Umfang der Berichtsinhalte anzustellen. Im Hinblick auf die Auswahl der Inhaltskomponenten ist zuvorderst herausgestellt worden, dass die interne Corporate Governance den zentralen Berichtsgegenstand des Corporate Governance Statements zu bilden hat, bevor darauf aufbauend in Bezug auf die Konkretisierung des in Rede stehenden Berichtsgegenstands eine Zweistufen-Konzeption angeregt wurde. Auf einer ersten Stufe galt es dabei zunächst, auf der Grundlage von Normierungen in möglichst vollständiger und systematischer Weise einen Pool an Mechanismen der internen Corporate Governance zu ermitteln. Es war in diesem Zusammenhang zielführend, den DCGK als Ausgangsbasis zu wählen und diesen - unter Eliminierung von Aspekten der externen Corporate Governance sowie Vornahme entsprechender Umgliederungen - in eine geeignete Checkliste zu transformieren.[2] Die ermittelten Mechanismen waren sodann auf einer zweiten Stufe zur Überprüfung ihrer jeweiligen Wirkungsweisen und damit einhergehend zur Rechtfertigung ihrer Aufnahme in das Corporate Governance Statement einem theoretischen Bezugsrahmen zuzuführen, welcher in der vorliegenden Abhandlung durch die doppelstufige Principal-Agent-Theorie verkörpert wurde. Damit es gelingen konnte, die Mechanismen der internen Corporate Governance auf die ihnen zugrunde liegenden Principal-Agent-Konflikte eindeutig zurückzuführen, bedurfte es zwingend geeigneter Typisierungen dieser Konflikte, welche getrennt für den Vorstand, den Aufsichtsrat und den (Konzern-)Abschlussprüfer zu entwickeln waren.[3]

---

2 Zu der entwickelten Checkliste betreffend Mechanismen der internen Corporate Governance vgl. die Tabellen 27 bis 34 in Abschn. II. C.5.a)(1)(b)(ii) dieses Hauptteils.

3 Zu den vorgenommenen Typisierungen vgl. ausf. Abbildung 4 in Abschn. I. C.2 des Ersten Hauptteils sowie die Abbildungen 24 und 26 in Abschn. II. C.5.a)(1)(b)(iii) dieses Hauptteils.

Hinsichtlich des Umfangs der Inhaltskomponenten konnte aus den konzeptionellen Vorüberlegungen abgeleitet werden, dass das Corporate Governance Statement - unter Zugrundelegung eines typisierten Berichtsadressaten - alle diejenigen (kodierten) Informationen beinhalten muss, die aus Adressatensicht für eine Beurteilung der Funktionsweise der unternehmensspezifischen internen Corporate Governance zwingend erforderlich sind. In diesem Kontext war jedoch einschränkend zu betonen, dass der Berichtsumfang eine Begrenzung durch das Postulat der Wirtschaftlichkeit und den Grundsatz des komparativen Informationsvorteils der Unternehmensverwaltung erfährt.

Auf Basis dieser konzeptionellen Vorüberlegungen galt es in der Folge, die Inhaltskomponenten des Corporate Governance Statements im Einzelnen zu entwickeln. Im Hinblick auf die Kategorisierung der Berichtsgegenstände wurde hierbei auf die Systematisierung der im Vorfeld entwickelten Checkliste für Mechanismen der internen Corporate Governance zurückgegriffen. Die erste Berichtskategorie repräsentiert demgemäß die Unternehmensführung durch den Vorstand, welche die Besetzung, die innere Organisation, die wertorientierte Unternehmensführung, Interessenkonflikte sowie die Vergütung des Vorstands zum Gegenstand hat. Als zweite Berichtsrubrik folgt die interne Überwachung durch den Aufsichtsrat, welche - in Analogie zum Vorstand - die Besetzung, die innere Organisation, die Überwachungsaufgabe, Interessenkonflikte sowie die Vergütung des Aufsichtsrats umfasst. Inhalte der dritten Berichtskategorie zur Unterstützung des Aufsichtsrats durch den (Konzern-)Abschlussprüfer bilden die Auswahl des (Konzern-)Abschlussprüfers, die Erteilung des Prüfungsauftrags, die Unterstützungsleistungen des Prüfers sowie das Prüfungshonorar. Im Rahmen der Untersuchung konnten insgesamt 46 Inhaltskomponenten ermittelt werden, welche einschließlich ihrer Kommentierungen als ein zentrales Ergebnis der vorliegenden Schrift in schematischer Form in einen Berichtskatalog eingeflossen sind,[4] der ebenfalls die dargestellte Struktur aufweist und die Ausgangsbasis für den im Rahmen der

4 Zum Katalog theoretisch deduktiv ermittelter Inhaltskomponenten des Corporate Governance Statements vgl. die Tabellen 55-74 im Anhang.

empirisch induktiven Evaluation der Inhaltskomponenten des Corporate Governance Statements zu entwickelnden Fragebogen darstellt.

Nach Ermittlung der Inhaltskomponenten war der Frage des Verfassers des Corporate Governance Statements nachzugehen. In diesem Zusammenhang ist zunächst aufgezeigt worden, dass die Beantwortung dieser Frage aus analytischer Sicht von der Überlegung getragen sein muss, die Kongruenz der Zuständigkeit und Berichtskompetenz zu wahren. Unter Zugrundelegung des dualistischen Systems der Unternehmensverfassung war somit in der Folge pro Inhaltskomponente zu eruieren, ob dem Vorstand, dem Aufsichtsrat jeweils allein oder eventuell beiden Verwaltungsorganen gemeinsam die Zuständigkeit und Berichtskompetenz zuzusprechen ist. Eine diesbezügliche Analyse der zuvor ermittelten 46 Inhaltskomponenten hat gezeigt, dass sowohl dem Vorstand als auch dem Aufsichtsrat aufgrund entsprechender Zuständigkeiten die Abfassung jeweils einer Teilmenge der Berichtsinhalte obliegt, somit im Ergebnis beide Verwaltungsorgane gemeinsam die Verfasser des Corporate Governance Statements verkörpern. Im Anschluss daran ist herausgestellt worden, dass der Vorstand und Aufsichtsrat zur Sicherstellung einer ordnungsmäßigen Erstellung des in Rede stehenden Berichtsinstruments geeignete organisatorische Vorkehrungen zu treffen haben. In struktureller Hinsicht bedingt dies unter Wahrung des Prinzips der Kongruenz von Zuständigkeit und Berichtspflicht die Implementierung eines mehrstufigen Berichterstellungsprozesses, wobei im Sinne der Kooperation beider Verwaltungsorgane über die finale Version des Corporate Governance Statements idealtypisch in einer gemeinsamen Sitzung zu beraten und zu beschließen ist.

In Bezug auf die Form des Corporate Governance Statements wurde unter Rückgriff auf die kommunikationstheoretischen Ausführungen zunächst dafür plädiert, dieses in Schriftform zu erstellen, wobei insbesondere den Postulaten der Klarheit und Vergleichbarkeit Rechnung zu tragen ist. Darauf aufbauend ist herausgestellt worden, dass - in Entsprechung des dieser Abhandlung zugrunde gelegten definitorischen Verständnisses der Unternehmenspublizität - das Corporate Governance Statement den Charakter eines eigenständigen Berichtsinstruments tragen muss, welches im Sinne des Grundsatzes des Komplements zum Financial Accounting außerhalb der normierten Rechnungslegung in einem gesonderten Abschnitt des jährlichen Geschäftsberichts zu platzieren und den Berichtsadressaten überdies auf der Internetseite der (Mutter-)Gesellschaft dauerhaft zugänglich zu machen ist.

Den Abschluss der Überlegungen zur formalen und inhaltlichen Ausgestaltung des Corporate Governance Statements bildete die Festlegung des Erstellungsturnus. Hierbei galt es zum einen zu berücksichtigen, dass das Corporate Governance Reporting ex definitione den Charakter einer strukturierten sowie regelmäßigen externen Berichterstattung trägt. Zum anderen implizierte der Grundsatz des Komplements zum Financial Accounting, dass der Turnus zur Abfassung des Corporate Governance Statements von der Überlegung getragen sein muss, neben einer inhaltlichen Konsistenz auch eine zeitliche Korrespondenz zum Financial Accounting herzustellen. Als Schlussfolgerung ließ sich festhalten, dass das Corporate Governance Statement periodisch zu erstellen ist und dabei einen Berichtszeitraum von einem Jahr zu umfassen hat, welcher dem Geschäftsjahr des (Konzern-)Abschlusses und des (Konzern-)Lageberichts entspricht.

Im Rahmen der Konkretisierung des Feedback-Mechanismus für das Corporate Governance Reporting im vierten Abschnitt gelang es zuvorderst, Parallelen und damit Anknüpfungspunkte zu den Investor Relations herstellen. Diese Verbindung implizierte zum einen eine Angliederung des Feedback-Mechanismus an die entsprechende Investor Relations-Stelle, deren organisatorische Ausgestaltung es im weiteren Verlauf der Arbeit noch im Einzelnen zu diskutieren galt. Zum anderen legten es die Parallelen zu den Investor Relations nahe, die bereits bekannten Investor Relations-Maßnahmen heranzuziehen und diese im Hinblick auf ihre Eignung als Instrumente des in Rede stehenden Rückkopplungsmechanismus zu untersuchen.

Hinsichtlich der organisatorischen Eingliederung des Feedback-Mechanismus in die Investor Relations-Abteilung ist herausgestellt worden, dass die aufgabenbezogene Arbeitsteilung der zielgruppenorientierten regelmäßig vorzuziehen ist, da eine themenspezifische Zuordnung einerseits die Kommunikation mit den jeweiligen unternehmensinternen Ansprechpartnern erleichtert und andererseits aufgrund eines höheren Spezialisierungsgrads der Mitarbeiter eine bessere Qualität der Investor Relations-Arbeit insgesamt erwarten lässt. In Bezug auf die ebenfalls zu eruierende organisatorische Einbindung der Investor Relations-Einheit - und damit auch des Rückkopplungsmechanismus - in die Gesamtstruktur der Unternehmung wurde für eine direkte Zuordnung als Stabstelle des Vorstandsvorsitzenden respektive des Finanzvorstands plädiert. Diese organisatorische Verortung ermöglicht - im Sinne des Prinzips der gemeinsamen Verantwortung der Verwaltungsorgane - nicht nur einen unmittelbaren Informationsaustausch der Investor Relations-Abteilung mit der Unternehmensführung, sondern gleichsam mit dem Aufsichtsrat und schafft damit die organisatorische Voraussetzung für eine enge Einbindung des Investor Relations-Verantwortlichen in den mehrstufigen Prozess zur Abfassung des Corporate Governance Statements.

Im Anschluss an die organisatorischen Ausführungen war zunächst zu konstatieren, dass die persönlichen Kommunikationsmittel der Investor Relations aufgrund ihrer bi-direktionalen Ausrichtung grundsätzlich auch als Instrumente des Feedback-Mechanismus für das Corporate Governance Reporting in Betracht kommen. Ihre tatsächliche Eignung war dabei in der Folge an der Erfüllung der aus dem Zweck des Rückkopplungsmechanismus abgeleiteten Anforderungskriterien (Zugänglichkeit und Ubiquität des Feedback-Mechanismus sowie Intensität des Austauschprozesses) zu messen. In diesem Zusammenhang konnte gezeigt werden, dass sich telefonische Investor Relations-Hotlines, Investor Relations-Chats und insbesondere E-Mail-basierte Online-Kontaktformulare wegen ihres hohen Grads der Zugänglichkeit und Ubiquität, jedoch auch der Dialogintensität im besonderen Maße als Instrumente des Rückkopplungsmechanismus eignen. Des Weiteren ist darauf hingewiesen worden, dass im Hinblick auf sehr bedeutende (potenzielle) Investoren aufgrund der sehr hohen Intensität des bi-direktionalen Austauschprozesses auch Gruppen- und Einzelgespräche als weitere Instrumente des Feedback-Mechanismus zum Einsatz kommen sollten, während die (ordentliche) Hauptversammlung und Unternehmenspräsentationen ob der aufgezeigten Restriktionen hingegen lediglich als Ergänzung zu empfehlen sind.

Nachdem mit der theoretisch deduktiven Ermittlung von Soll-Zuständen des Corporate Governance Statements und des Feedback-Mechanismus die Gegenstände des Enforcement eine hinreichende Konkretisierung erfahren haben, galt es nunmehr im Sinne einer weiteren notwendigen Voraussetzung für eine wirkungsvolle Durchsetzung des Corporate Governance Reportings, die beiden Soll-Objekte im Rahmen des fünften Abschnitts einer sachgerechten Normierung zuzuführen. Darauf aufbauend waren sodann die grundsätzlich als Instrumente des Enforcement in Frage kommenden normativen Institutionen und rechtlichen Mechanismen in Gestalt der (Konzern-)Abschlussprüfung, der Kapitalmarktaufsicht sowie der Organhaftung auf ihre tatsächliche Eignung hin zu überprüfen.

Im Hinblick auf die Normierung des Corporate Governance Statements und des Feedback-Mechanismus als Enforcement-Gegenstände ist ein dreistufiges Umsetzungskonzept angeregt worden. Dieses sieht in der ersten Stufe vor, im Wege zwingender gesetzlicher Bestimmungen Mindestanforderungen an das Corporate Governance Statement und den Feedback-Mechanismus zu formulieren. Korrespondierend sind sodann in einer zweiten Stufe die gesetzlichen Regelungen in verständlicher Form im DCGK wiederzugeben, im Sinne einer Ordnungsfunktion an einem Ort zu konzentrieren und darüber hinaus zu konkretisieren. Um die Übersichtlichkeit des Kodex zu wahren, hat die Präzisierung in Verbindung mit einer dritten Stufe mittels eines Verweises im DCGK auf Offenlegungserfordernisse der Börsenordnung für die *Frankfurter Wertpapierbörse* zu erfolgen. Letztere Konkretisierung des Corporate Governance Statements und des Feedback-Mechanismus hat sich dabei hinsichtlich ihres Anwendungsbereichs auf Gesellschaften des deutschen Prime Standard zu beschränken, wobei es den anderen Unternehmen unbenommen bleiben sollte, die Regelungen auf freiwilliger Basis anzuwenden.

Im Rahmen der Ermittlung geeigneter Enforcement-Instrumente galt es einleitend, aus den allgemeinen Funktionen des Enforcement - der Präventiv- und der Korrektivfunktion - entsprechende Eignungskriterien abzuleiten. In Bezug auf die (Konzern-)Abschlussprüfung und die Kapitalmarktaufsicht (*DPR/ BaFin*) war es dabei für die Erzielung einer Präventivwirkung als notwendig anzusehen, dass die Enforcement-Gegenstände einer Ordnungsmäßigkeitsprüfung im Sinne eines Soll-Ist-Vergleichs zugänglich sind, die Unabhängigkeit der in Rede stehenden Institutionen gewahrt bleibt und darüber hinaus geeignete Sanktionsmittel zur Verfügung stehen. Hinsichtlich der Korrektivfunktion wurde als relevantes Eignungskriterium die Möglichkeit identifiziert, die betroffenen Unternehmen zur Korrektur einer festgestellten Unregelmäßigkeit beziehungsweise zu einer entsprechenden Informationsweitergabe an die (potenziellen) Investoren verpflichten zu können. Das maßgebliche Eignungskriterium im Hinblick auf die Organhaftung für ein nicht ordnungsmäßiges Corporate Governance Reporting war primär in einem ausgewogenen Verhältnis zwischen der zu erwartenden Schadenskompensation einerseits und den Prozesskosten und -risiken andererseits zu sehen, da nur unter dieser Voraussetzung eine Anlegerklage als Sanktionsandrohung eine präventive Wirkung entfalten kann.

Unter Zugrundelegung dieser Eignungskriterien konnte zunächst gezeigt werden, dass eine Einbeziehung des Corporate Governance Statements und des Feedback-Mechanismus als Prüfungsobjekte in die gesetzliche (Konzern-) Abschlussprüfung abzulehnen ist, da zum einen eine hinreichende Sicherheit für ein Prüfungsurteil zur Ordnungsmäßigkeit aller Inhaltskomponenten des Corporate Governance Statements nicht erzielt werden kann und zum anderen mit der diesbezüglichen Erweiterung des Prüfungsumfangs eine Gefährdung der Unabhängigkeit des (Konzern-)Abschlussprüfers anzunehmen ist. Darüber hinaus spricht gegen eine Einbeziehung der in Rede stehenden Enforcement-Gegenstände in die gesetzliche (Konzern-)Abschlussprüfung, dass der (Konzern-)Abschlussprüfer über nur relativ schwache Sanktionsmittel und über keinerlei Handhabe verfügt, das betroffene Unternehmen zu einer Korrektur festgestellter Unregelmäßigkeiten respektive zu einer Berichterstattung über Mängel des Corporate Governance Reportings anzuhalten.

Die Untersuchung hat des Weiteren deutlich gemacht, dass bei einer entsprechenden normativen Verankerung sowohl des Corporate Governance Statements als auch des Feedback-Mechanismus als explizite Enforcement-Gegenstände der *DPR/BaFin* diese einer Prüfung in Form eines Reviews zugänglich sind und zudem die Unabhängigkeit der in Rede stehenden Enforcement-Instanzen gewahrt bleibt, womit im Ergebnis von einer Eignung im Hinblick auf die Aufdeckung von Unregelmäßigkeiten ausgegangen werden kann. Daneben scheint auch die Korrektivfunktion erfüllt, indem die *BaFin* eine negative Publizität festgestellter Unregelmäßigkeiten durch die betroffenen Gesellschaften anordnen und mit hoheitlichen Mitteln durchsetzen kann. Die Präventivfunktion könnte dagegen eine weitere Stärkung erfahren, indem zum einen der *BaFin* wirksame Sanktionsmöglichkeiten gegenüber den für die Erstellung des Corporate Governance Statements und die Implementierung des Feedback-Mechanismus verantwortlich zeichnenden Verwaltungsorganen eingeräumt werden und zum anderen eine unverzügliche Unterrichtung der *Börsengeschäftsführung* über festgestellte Unregelmäßigkeiten erfolgt, so dass diese nach pflichtgemäßem Ermessen als Ultima Ratio über einen Widerruf der Börsenzulassung des betroffenen Unternehmens entscheiden kann.

Abschließend ist aufgezeigt worden, dass die Organhaftung derzeit nur bedingt geeignet ist, die Präventivfunktion des Enforcement nachhaltig zu fördern. So bestehen zum einen im Hinblick auf die Organinnenhaftung zwar de jure wirksame Rechtsgrundlagen für eine Inanspruchnahme der Verwaltungsorgane wegen Falschinformation des Kapitalmarkts, jedoch wird hiervon de facto nur selten Gebrauch gemacht. Zum anderen kommt derzeit eine Organaußenhaftung für eine nicht ordnungsmäßige Unternehmenspublizität nur unter Bemühung des allgemeinen Zivilrechts in Betracht, welche überdies bislang nur sehr schwer durchsetzbar ist. Vor diesem Hintergrund ist der Gesetzgeber aufgefordert, eine spezifische kapitalmarktrechtliche Anspruchsgrundlage für eine Außenhaftung der Verwaltungsorgane zu schaffen und in diesem Zusammenhang eine Beweislastumkehr zugunsten der geschädigten Anleger einzuführen. Von dieser legislativen Maßnahme wäre, insbesondere in Verbindung mit dem Instrument des bestehenden Kapitalanleger-Musterverfahrens, eine erhebliche Stärkung der Organhaftung und damit im Ergebnis auch der Präventivfunktion des Enforcement zu erwarten.

Dritter Hauptteil:

Empirisch induktive Evaluation der Inhaltskomponenten des Corporate Governance Statements

I. Zielsetzung sowie Untersuchungs- und Erhebungsobjekte

Primäre Zielsetzung der im Rahmen dieses Hauptteils durchgeführten Untersuchung war es, die auf theoretisch deduktivem Wege abgeleiteten Inhaltskomponenten des Corporate Governance Statements[1] einer empirisch induktiven Evaluation durch die (potenziellen) Investoren als die Hauptadressaten des in Rede stehenden Berichtsinstruments zuzuführen.[2] Die Einschätzung der Adressaten zur Bedeutung der einzelnen Berichtsinhalte kann in diesem Zusammenhang als Ersatzmaßstab für die Entscheidungsrelevanz der Informationen herangezogen werden.[3] Mit dieser Vorgehensweise wird gewährleistet, dass sich das Corporate Governance Reporting an den tatsächlichen Informationsbedürfnissen der Berichtsadressaten orientiert.[4] Eine sekundäre Zielsetzung der durchzuführenden empirischen Studie war in der Beantwortung der Frage zu sehen, ob sich im Hinblick auf die Bewertung der Berichtskomponenten durch die einzelnen Investorengruppen wesentliche Unterschiede feststellen lassen und falls ja, wie diese ausgeprägt sind.

Untersuchungsobjekte[5] der empirischen Erhebung bildeten aufgrund der Fokussierung börsennotierter Publikumsgesellschaften die (potenziellen) Investoren der 30 DAX-Unternehmen.[6] Dabei konnten - unter Vernachlässigung der Kategorie „Staat" - mit den „privaten Haushalten", „Unternehmen", „ausländischen institutionellen Investoren", „Banken", „Versicherungen" und „Fondsgesellschaften" sechs Investorengruppen differenziert werden.[7]

---

1 Vgl. diesbezüglich im Einzelnen Abschn. II. C.5 des Zweiten Hauptteils.

2 Vgl. hierzu und in der Folge bereits Abschn. I des Zweiten Hauptteils.

3 Vgl. ebenso GONEDES 1972, S. 15 f. und ergänzend PELLENS 1989, S. 62.

4 Vgl. in diesem Sinne auch ROLVERING 2002, S. 78.

5 Zur Unterscheidung in Untersuchungs- und Erhebungsobjekte vgl. stellv. KROMREY 2006, S. 267-276.

6 Zu dieser Eingrenzung vgl. bereits Abschn. I der Einleitung.

7 Vgl. hierzu bereits Abschn. II. C.2 des Zweiten Hauptteils.

Sofern es sich bei den Investoren um juristische Personen handelte, wurden die Erhebungsobjekte der Untersuchung durch die Unternehmensführung respektive nachgelagerte Entscheider in Controlling-, Treasury-, Research-, Rechts-, Corporate Governance- und Investor Relations-Abteilungen verkörpert. Hinsichtlich der privaten Haushalte fand eine Stellvertreterbefragung von Finanzanalysten statt, so dass diese die Erhebungsobjekte dieser Investorengruppe darstellten.[8] Diese Vorgehensweise lag darin begründet, dass die Anlageentscheidungen vieler privater Investoren maßgeblich durch das Urteil von Finanzanalysten beeinflusst werden.[9] Insbesondere für Kleinaktionäre sind die - im Idealfall unparteiischen und objektivierten - Aussagen von Finanzanalysten zu Branchen- und Unternehmensentwicklungen aufgrund mangelnder eigener Marktkenntnisse von besonderer Relevanz. In der vorliegenden Untersuchung wurde aufgrund ihrer Selbstverpflichtung zur unabhängigen, objektiven, integeren und ethisch einwandfreien Berufsausübung[10] auf die Finanzanalysten der *Deutschen Vereinigung für Finanzanalyse & Asset Management e. V. (DVFA)* als Stellvertreter der privaten Investoren zurückgegriffen.

---

8 Zu dieser Vorgehensweise vgl. ebenso HEUMANN 2005, S. 152 f. und ROLVERING 2002, S. 104.

9 Vgl. hierzu bereits die Typisierung in Abschn. II. C.2 des Zweiten Hauptteils.

10 Die einzelnen für die *DVFA*-Mitglieder verbindlichen Verhaltensregeln sind im sog. *DVFA*-Verhaltenskodex niedergeschrieben; vgl. hierzu DVFA 2007, S. 1-4.

II. Methodische Vorgehensweise

A. Untersuchungsdesign

Die vorliegende empirische Untersuchung wurde in Gestalt einer vollstandardisierten[1] personalisierten[2] Online-Befragung als moderne Ausprägung der schriftlichen Erhebung[3] durchgeführt, wobei ein zusätzlicher Rücklaufkanal in Gestalt eines den Einladungs-E-Mails in elektronischer Form beigefügten Offline-Fragebogens geschaffen wurde, um auch im Falle technischer Störungen eine Teilnahme zu ermöglichen. Die schriftliche Befragung wurde dabei der mündlichen vorgezogen,[4] da die Schriftform neben zeitlichen sowie finanziellen Vorteilen vor allem auch eine höhere Flexibilität und Neutralität der Beantwortung gewährleistet.[5] Die höhere Flexibilität kommt darin zum Ausdruck, dass die Teilnehmer - in einem vorgegebenen Rahmen[6] - den genauen Zeitpunkt der Beantwortung selbst bestimmen, Antworten überdenken und sich gegebenenfalls die nötigen Informationen beschaffen können.[7] Die erhöh-

---

1 Vgl. zu den einzelnen Formen der Befragung in Abhängigkeit vom Grad der Standardisierung KROMREY 2006, S. 388-390. Die Standardisierung eines Fragebogens wird mittels einer Kategorisierung der Antworten erreicht; sie weist dabei den Vorteil auf, dass die Antworten der Teilnehmer einem unmittelbaren Vergleich zugänglich sind, womit gleichzeitig eine rationale Datenverarbeitung und -auswertung verbunden ist; vgl. hierzu stellv. ATTESLANDER 2006, S. 134 f.

2 Zum Aspekt der Personalisierung vgl. im Einzelnen Abschn. II. D dieses Hauptteils.

3 Vgl. zu dieser Einordnung DIEKMANN 2009, S. 521 f. und KROMREY 2006, S. 389.

4 Die Anwendung weiterer, neben der Befragung bestehenden Forschungsmethoden, wie etwa Experimente, Beobachtungen oder Inhaltsanalysen, schied im Rahmen der vorliegenden Untersuchung aus. Für einen Überblick über die Methoden der empirischen Sozialforschung vgl. etwa ATTESLANDER 2006, S. 67-209; DIEKMANN 2009, S. 434-622; FRIEDRICHS 1990, S. 207-365; KROMREY 2006, S. 319-409 und SCHNELL/HILL/ESSER 2008, S. 319-419.

5 Zu den Vorteilen der schriftlichen Befragung vgl. DIEKMANN 2009, S. 514; HAFERMALZ 1976, S. 23 f.; SCHNELL/HILL/ESSER 2008, S. 358; SCHOLL 2003, S. 47 f. sowie WELLENREUTHER 1982, S. 159 f.

6 Zur Beantwortung des Fragebogens wurde ein Zeitraum von sechs Wochen vorgegeben; vgl. hierzu im Einzelnen Abschn. II. D dieses Hauptteils.

7 Vgl. hierzu und in der Folge ausf. HAFERMALZ 1976, S. 23 f. und SCHOLL 2003, S. 48.

te Neutralität der Beantwortung im Rahmen einer schriftlichen Befragung liegt in dem Umstand begründet, dass die Befragten keinen Einflüssen des Interviewers (Interviewer-Bias) ausgesetzt sind und somit die Gefahr einer bewussten oder unbewussten Ergebnismanipulation deutlich geringer ist. Diesen gewichtigen Vorteilen einer schriftlichen im Vergleich zur mündlichen Befragung steht neben dem Identitätsproblem[8] in erster Linie der Nachteil gegenüber, dass die Teilnehmer etwaige Verständnisfragen nicht im Beisein eines Interviewers klären können und somit die korrekte Beantwortung allein von der Güte des Fragebogens abhängt.[9] Diesem Manko der schriftlichen Befragung wurde im Rahmen der vorliegenden Untersuchung durch umfangreiche Pretests[10] im Vorfeld der Hauptuntersuchung[11] Rechnung getragen.[12]

Die empirisch induktive Evaluation der Inhaltskomponenten des Corporate Governance Statements wurde in Gestalt einer webbasierten Online-Befragung mittels der Umfrage-Software *„Enterprise Feedback Suite 6.0 Survey (EFS Survey)"* der Firma *Globalpark GmbH,*[13] dem Marktführer im Bereich Online-Befragungssoftware im deutschsprachigen Raum, durchgeführt. Gegenüber der (rein) postalischen Befragung als traditionelle Form der schriftlichen Befragung[14] weist dabei ein Online-Survey - bei vergleichbarer Güte und Datenqualität - [15] zahlreiche Vorteile auf. So entstehen bei einer Online-Befragung

---

8 Unter dem Identitätsproblem ist die Gefahr zu verstehen, dass nicht das Erhebungsobjekt selbst, sondern eine dritte Person den Fragebogen bearbeitet; vgl. hierzu ausf. HAFERMALZ 1976, S. 31 f.

9 Vgl. hierzu sowie zu weiteren in der Literatur diskutierten Nachteilen der schriftlichen Befragung DIEKMANN 2009, S. 514 f.; HAFERMALZ 1976, S. 22 f.; SCHNELL/HILL/ESSER 2008, S. 359 f.; SCHOLL 2003, S. 48-50; TADDICKEN 2007, S. 92 f. und WELLENREUTHER 1982, S. 159 f.

10 Vgl. hierzu im Einzelnen Abschn. II. B.3 dieses Hauptteils.

11 Zur Hauptuntersuchung vgl. Abschn. II. D dieses Hauptteils.

12 Vgl. in diesem Sinne auch BECKMANN 2009, S. 177.

13 Vgl. GLOBALPARK 2009.

14 Vgl. zu dieser Einordnung stellv. SCHNELL/HILL/ESSER 2008, S. 381.

15 Vgl. hierzu BATINIC 2003, S. 144-158 sowie ergänzend SABEL 2007, S. 113.

unter anderem durch den Wegfall des Drucks und des Versands der Fragebögen deutlich weniger Kosten, während gleichzeitig durch Kontrollskripte, Konsistenzprüfungen und den Wegfall manueller Eingaben eine hohe Datenqualität erreicht werden kann.[16] Zudem können im Zuge der Alokalität des Mediums Internet auch schwer erreichbare Personenkreise angesprochen sowie aufgrund von Automatisierungen große Zeitgewinne bei der Erhebung und Auswertung erzielt werden.[17] Schließlich genießt die Online-Befragung bei den Teilnehmern aufgrund einer höher empfundenen Flexibilität, Anonymität und ökologischen Validität eine größere Akzeptanz.[18] Angesichts dieser Vorteile darf nicht verkannt werden, dass Web-Surveys mit technischen Problemen unterschiedlichster Art verbunden sein können. So kann insbesondere die Kompatibilität der Soft- und Hardware-Ausstattung der von den Befragten verwendeten Computer ein nicht unbedeutendes Problem für eine fehlerfreie Datenerhebung darstellen.[19] Überdies wird in der Literatur ein wesentlicher Nachteil von Online-Befragungen darin gesehen, dass Teile der Bevölkerung (noch immer) über keinen Zugang zum Internet verfügen. Diesen technischen Nachteilen war jedoch im Rahmen der vorliegenden Untersuchung ein deutlich geringerer Stellenwert beizumessen als etwa bei Bevölkerungsbefragungen, da a priori anzunehmen war, dass die Erhebungsobjekte ausnahmslos über eine adäquate Soft- und Hardware-Ausstattung sowie über einen Internetzugang verfügen und darüber hinaus in ausreichendem Maße mit der Anwendung vertraut sind.

---

16 Vgl. hierzu u. a. DIEKMANN 2009, S. 522; PÖTSCHKE 2009, S. 77; SCHMEISSER/ECKSTEIN/BOCHE 2009, S. 5; THIELSCH 2008, S. 101 und ZERBACK ET AL. 2009, S. 26 f.

17 Zu diesen Aspekten vgl. DIEKMANN 2009, S. 522; SCHNELL/HILL/ESSER 2008, S. 377 sowie THIELSCH 2008, S. 101.

18 Vgl. diesbezüglich PÖTSCHKE 2009, S. 78 und THIELSCH 2008, S. 100 f.

19 Vgl. hierzu und in der Folge DIEKMANN 2009, S. 529; THEOBALD 2003, S. 204 sowie THIELSCH 2008, S. 100. Weitere technische Schwierigkeiten können etwa beim Versand der E-Mails an die potenziellen Umfrageteilnehmer sowie bei der Implementierung des Fragebogens in einer Online-Software auftreten; vgl. hierzu im Einzelnen SCHMEISSER/ECKSTEIN/BOCHE 2009, S. 15-18 sowie ergänzend SCHNELL/HILL/ESSER 2008, S. 381.

B. Konzeption des Fragebogens

1. Fragebogenstruktur

Der für die vorliegende Untersuchung konzipierte Online-Fragebogen rekrutierte sich aus insgesamt vier Teilen und wies folgende Struktur[20] auf:[21]

1. Sprachauswahl,
2. Vorspann,
3. Hauptteil,
4. Nachspann.

Da es sich vorliegend um eine international ausgerichtete Studie handelte, wurde den Umfrageteilnehmern im Rahmen der Sprachauswahl zunächst die Wahl eröffnet, den Fragebogen in deutscher oder englischer Sprache zu durchlaufen. Im Anschluss hieran folgte ein Vorspann, der neben einer Angabe zur voraussichtlichen Bearbeitungszeit (15 bis 20 Minuten)[22] Hinweise zum Aufbau und zur Bearbeitung des Fragebogens enthielt, mit dem Ziel, die Qualität des Datenmaterials zu erhöhen.[23] In diesem Zusammenhang wurden die Befragten insbesondere gebeten, ihren Einschätzungen einheitlich das dualistische System der Unternehmensverfassung zugrunde zu legen.

---

20 Zu den Anforderungen, die generell an den Aufbau und die Gestaltung eines Fragebogens zu stellen sind, vgl. BORTZ/DÖRING 2006, S. 254-256; DIEKMANN 2009, S. 483-486; HAFERMALZ 1976, S. 53-56; KROMREY 2006, S. 383-387; RAITHEL 2008, S. 75-77; SCHNELL/HILL/ESSER 2008, S. 360-362 sowie SCHOLL 2003, S. 170-173. Für Spezifika, die bei der Entwicklung eines Online-Fragebogens überdies zu achten sind, vgl. MAURER/JANDURA 2009, S. 67-69 und THEOBALD 2007, S. 106-117.

21 Der vollständige Fragebogen ist sowohl in deutscher als auch in englischer Sprache in den Abbildungen 63 bis 100 im Anhang aufgeführt.

22 Die angegebene Zeitspanne für die Fragebogenbearbeitung wurde im Rahmen umfangreicher Pretests ermittelt. Zu den Pretest vgl. ausf. Abschn. II. B.3 dieses Hauptteils.

23 Zu diesem Aspekt vgl. ebenso SCHMEISSER/ECKSTEIN/BOCHE 2009, S. 6.

Der Hauptteil des Online-Fragebogens umfasste insgesamt 15 numerisch gekennzeichnete Fragenkomplexe, welche die Evaluation der im Zweiten Hauptteil theoretisch deduktiv ermittelten Berichtsinhalte des Corporate Governance Statements[24] zum Ziel hatten. In den ersten drei Abschnitten (Fragen 1 bis 14) zu den Themengebieten Unternehmensführung durch den Vorstand (Fragen 1 bis 5), interne Überwachung durch den Aufsichtsrat (Fragen 6 bis 10) und Unterstützung des Aufsichtsrats durch den Abschlussprüfer (Fragen 11 bis 14) wurden dabei jeweils die bis dato auf theoretisch deduktivem Wege gewonnene Inhaltskomponenten des Corporate Governance Statements aufgeführt und die Umfrageteilnehmer gebeten, auf der Grundlage einer Skala mit den Randwerten 1 für „keine Bedeutung“ und 5 für „sehr hohe Bedeutung“[25] deren Bedeutungsgrade zu beurteilen.[26] Im anschließenden vierten Abschnitt (Frage 15) erhielten die Befragten die Möglichkeit, die vorgegebenen Inhaltskomponenten um weitere bedeutende Sachverhalte zu ergänzen.[27] Auf so genannte Identifikationsfragen[28] konnte im Rahmen des Online-Fragebogens verzichtet werden, da die für eine gruppenspezifische Auswertung benötigten Informationen zur Einordnung der Umfrageteilnehmer in die insgesamt sechs gebildeten Investorengruppen durch die eingesetzte Umfrage-Software automatisch generiert wurden.[29]

---

24 Vgl. hierzu zusammenfassend die Tabellen 55-74 im Anhang.

25 Zur Wahl einer fünfstufigen Skalierung vgl. ausf. Abschn. II. B.2 dieses Hauptteils.

26 Auf die Formulierung von sog. „Warming Up“ bzw. „Eisbrecher“-Fragen wurde aufgrund der primären Zielsetzung einer empirisch induktiven Evaluation der Inhaltskomponenten des Corporate Governance Statements verzichtet; vgl. jedoch zur grundsätzlichen Bedeutung der in Rede stehenden Fragen DIEKMANN 2009, S. 479, 483 sowie RAITHEL 2008, S. 73, 75.

27 Zur Bedeutung einer Möglichkeit für die Befragten, eigene Kommentare abzugeben und Anmerkungen zu machen, vgl. etwa SCHOLL 2003, S. 173.

28 Vgl. hierzu etwa ATTESLANDER 2006, S. 138. In der Literatur findet sich auch die Bezeichnung demografische Fragen; vgl. stellv. SCHOLL 2003, S. 170.

29 Dies erfolgte durch die Installierung eines sog. Rekodierungs-Trigger, der die Befragten mit dem Einloggen in das Online-Portal den zuvor definierten sechs Investorengruppen zuordnete und diese Information für die Auswertung automatisch zur Verfü-

(Fortsetzung der Fußnote auf der nächsten Seite)

Der Fragebogen schloss mit einem Nachspann, in welchem der Dank für die Teilnahme an der Untersuchung zum Ausdruck gebracht und die Zusendung der Ergebnisse nach Beendigung der Studie zugesichert wurde. Dies ist insbesondere auch vor dem Hintergrund zu sehen, dass sowohl das Anspruchsniveau[30] als auch die Länge[31] des Fragebogens als überdurchschnittlich hoch zu bezeichnen war.

Die Navigation im Online-Fragebogen erfolgte durch das Bedienen eines „Weiter"- und „Zurück"- beziehungsweise „Next"- und „Back"-Button. Über den Grad des Fortschreitens der Befragung informierte die Umfrageteilnehmer stets eine Fortschrittsanzeige, welche auf den einzelnen Fragebogenseiten jeweils einsehbar war. Als beendet galt die Befragung erst, wenn die Umfrageteilnehmer alle 15 Fragen absolvierten. Zur Vermeidung unvollständiger Datensätze[32] mussten dabei die ersten 14 Fragen zwingend beantwortet werden;[33] die Angabe weiterer möglicher Inhaltskomponenten des Corporate Governance Statements im Rahmen der Frage 15 war indes als Zusatzinformation zu werten und somit freiwilliger Natur.

---

gung stellte. Zum Rekodierungs-Trigger vgl. im Einzelnen GLOBALPARK 2009, S. 347-349. Im Rahmen des den Einladungs-E-Mails als Anhang beigefügten Offline-Fragebogens musste hingegen die Gruppenzugehörigkeit der Umfrageteilnehmer zusätzlich erfragt werden.

30 Zur Gefahr einer Überforderung der Befragten vgl. DIEKMANN 2009, S. 482 f. sowie KROMREY 2006, S. 374.

31 Zur Länge des Fragebogens und deren Auswirkung auf den Rücklauf vgl. ausf. HAFERMALZ 1976, S. 120-125 sowie ergänzend THEOBALD 2003, S. 209.

32 Zum Problem und zum Umgang mit sog. Missing Values vgl. u. a. BACKHAUS ET AL. 2006, S. 22 f.; DIEKMANN 2009, S. 663-669 sowie SCHNELL/HILL/ESSER 2008, S. 468-470.

33 Der Online-Fragebogen wurde dabei dergestalt programmiert, dass die Umfrageteilnehmer nur dann zum nächsten Fragenkomplex fortschreiten konnten, wenn die Kategorien der vorherigen Frage vollständig beantwortet wurden. Sofern dies nicht der Fall war, wurden die Befragten hierauf durch folgenden Hinweis aufmerksam gemacht: „Sie haben die markierte(n) Frage(n) nicht beantwortet. Wir möchten Sie bitten, dies nachzuholen, da uns sonst ein unvollständiger Datensatz erreicht. Herzlichen Dank." bzw. „Dear participant, you have not filled out the marked question(s) yet. Please answer them so that we will receive your complete record. Thank you very much."

2. Frageform und Skalierungsverfahren

Die anzuwendende Frageform und damit verbunden auch die Datenmessung haben sich primär an der Zielsetzung der jeweiligen Untersuchung auszurichten.[34] Eine vollstandardisierte Befragung, wie sie vorliegend intendiert war, implizierte dabei geschlossene Fragestellungen mit Antwortvorgaben,[35] mit dem Ziel, eine hohe Vergleichbarkeit der Antworten zu erreichen.[36] Zu diesem Zweck wurde den Umfrageteilnehmern im Rahmen der Fragen 1 bis 14 für ihre Einschätzung der Bedeutung einzelner Inhaltskomponenten des Corporate Governance Statements als Messinstrument[37] eine Ordinalskala[38] mit fünf qualitativen Antwort-Ausprägungen vorgegeben, mit der die Berichtsinhalte in eine Rangfolge gebracht werden können.[39] Die gewählte Skaleneinteilung in fünf Klassen ist dabei aus Sicht der Messtheorie als sinnvoll anzusehen, da die

---

34 Vgl. in diesem Sinne ebenso SCHMEISSER/ECKSTEIN/BOCHE 2009, S. 9.

35 Zur Differenzierung zwischen offenen und geschlossenen Fragen vgl. etwa ATTESLANDER 2006, S. 136-139; DIEKMANN 2009, S. 476-478; FRIEDRICHS 1990, S. 198; KROMREY 2006, S. 375-379 sowie SCHOLL 2003, S. 156 f.

36 Vgl. hierzu ATTESLANDER 2006, S. 139 sowie DIEKMANN 2009, S. 477. Weitere, neben geschlossenen und offenen Fragen bestehende Frageformen, wie insbes. Filter-, Gabel- und Trichterfragen, fanden im Rahmen der vorliegenden Untersuchung keine Verwendung; vgl. zu diesen Frageformen weiterführend DIEKMANN 2009, S. 478.

37 Hauptgütekriterien der Messung bzw. von Messinstrumenten stellen die Validität, die Reliabilität sowie die Objektivität dar; vgl. hierzu im Einzelnen ATTESLANDER 2006, S. 214; DIEKMANN 2009, S. 247-261; FRIEDRICHS 1990, S. 100-103; HIMME 2007, S. 375-389 sowie SCHNELL/HILL/ESSER 2008, S. 149-166.

38 Unter Skalen werden nach ATTESLANDER 2006, S. 213 allgem. Messinstrumente verstanden, „mit denen die (relative) Größe, Position, das Vorhanden- bzw. Nichtvorhandensein einer wissenschaftlich relevanten Einheit (Dimension) auf einem Kontinuum numerisch, d. h. zahlenmäßig bestimmt werden kann". Im Hinblick auf ihr Messniveau lassen sich Skalen nach STEVENS 1946, S. 677-680 in Nominal-, Ordinal-, Intervall- und Ratioskalen differenzieren; vgl. hierzu weiterführend ATTESLANDER 2006, S. 215-217; FRIEDRICHS 1990, S. 97-100; SCHNELL/HILL/ESSER 2008, S. 142-145 und SCHOLL 2003, S. 160.

39 Vgl. etwa BACKHAUS ET AL. 2006, S. 5; BLEYMÜLLER/GEHLERT/GÜLICHER 2004, S. 3 sowie BORTZ 2005, S. 19. Auf eine Kategorie „weiß nicht" wurde verzichtet, da es sich bei den Untersuchungs- bzw. Erhebungsobjekten um Investoren mit professionellen Fähigkeiten handelte. Für eine Diskussion des Für und Wider der in Rede stehenden Kategorie vgl. SCHMEISSER/ECKSTEIN/BOCHE 2009, S. 11 sowie SCHOLL 2003, S. 149.

Skala neben einem mittleren Wert auch einen positiven und negativen Extremwert ausweist.[40] Zudem zeigen empirische Untersuchungen, dass fünfstufige Skalen von den Befragten am häufigsten präferiert werden.[41]

Damit die vorliegend verwendete Skala psychometrischen Mindestansprüchen genügt, wurden die fünf Abstufungen der Skala sowohl numerisch als auch verbal charakterisiert.[42] Dabei wurde - wie es die Tabelle 35 verdeutlicht - dergestalt verfahren, dass der Bedeutungsinhalt der verwendeten numerischen Klassenwerte 5, 4, 3, 2 und 1 mit der verbalen Umschreibung „sehr hohe", „hohe", „mittlere", „niedrige" sowie „keine" Bedeutung beziehungsweise „very important", „important", „neutral", „low importance", „very low importance" korrespondiert.

Bedeutung einer Inhaltskomponente	**Zugewiesener Klassenwert**
sehr hohe Bedeutung / very important	5
hohe Bedeutung / important	4
mittlere Bedeutung / neutral	3
niedrige Bedeutung / low importance	2
keine Bedeutung / very low importance	1

Tabelle 35: Numerische Klassenwerte gemäß ihrer Bedeutung[43]

Im Gegensatz zu den geschlossenen Fragen 1 bis 14 wurde die Frage 15 bewusst offen formuliert, um den Umfrageteilnehmern die Möglichkeit zu eröffnen, weitere, aus ihrer Sicht bedeutende Inhaltskomponenten des Corporate Governance Statements anzugeben.

---

40 Vgl. ebenso HEUMANN 2005, S. 168 und ROLVERING 2002, S. 112. Zur Diskussion der Wahl einer Skala mit gerader oder ungerader Stufenzahl vgl. SCHOLL 2003, S. 163 f.

41 Vgl. hierzu die Untersuchung von ROHRMANN 1978, S. 222-245.

42 Vgl. stellv. zur Empfehlung einer sowohl numerischen als auch verbalen Beschreibung einzelner Abstufungen einer Skala GREVING 2007, S. 69. Zur Verwendung von Skalen in Online-Befragungen vgl. FUNKE/REIPS 2007, S. 63-72 sowie VOGT 1999, S. 140 f.

43 Modifiziert entnommen von ROLVERING 2002, S. 113.

3. Pretest

Um die Qualität der Konzeptionalisierung und des entwickelten Erhebungsinstruments sicherzustellen, wird es in der Literatur als notwendig erachtet, im Vorfeld der Hauptuntersuchung so genannte Pretests der Anschreiben, das heißt vorliegend der Ankündigungs-, Einladungs- und Erinnerungs-E-Mails, sowie des Fragebogens durchzuführen.[44] Diesem Petitum des Schrifttums folgend, wurden im September und Oktober 2009 an insgesamt 15 fachkundige Testpersonen[45] E-Mails versandt, die über einen personalisierten Link Zugang zur Umfrage erhielten. Es handelte sich bei den Testpersonen um namenhafte Professoren auf dem Gebiet der Corporate Governance und der empirischen Sozialforschung, Mitarbeiter des Lehrstuhls sowie Vertreter der sechs Zielgruppen der Befragung, die jedoch nicht dem Sample der vorliegenden Untersuchung angehörten. Gegenstände der Pretests waren die Überprüfung der Anschreiben und des Fragebogens auf Vollständigkeit, sprachliche Verständlichkeit und Angemessenheit, die Ermittlung der durchschnittlichen Bearbeitungszeit des Fragebogens sowie die Handhabung des Online-Fragebogens aus Anwendersicht.[46] Die Entgegennahme von Anregungen erfolgte im Rahmen persönlicher und telefonischer Interviews sowie per E-Mail.

Im Zuge der Pretests wurden an den Anschreiben und am Fragebogen sprachliche Anpassungen vorgenommen; strukturelle Änderungen ergaben sich hingegen nicht. Die Bearbeitungszeit des Fragebogens im Rahmen der Pretests betrug zwischen 15 und 20 Minuten (arithmetisches Mittel: 17 Minuten).[47] Die Funktionalität des Online-Fragebogens wurde von den Testpersonen bestätigt und als intuitiv bewertet.

---

44 Vgl. etwa FRIEDRICHS 1990, S. 153, 245 sowie SCHNELL/HILL/ESSER 2008, S. 347.

45 Im Schrifttum (vgl. etwa FRIEDRICHS 1990, S. 245) werden Pretests in einem Umfang von 1 % der Stichprobe als ausreichend angesehen (vorliegend: 3,9 %).

46 Zu den Gegenständen eines Pretests vgl. stellv. SCHNELL/HILL/ESSER 2008, S. 347.

47 Nach einer Untersuchung von HAFERMALZ 1976, S. 120-135 beträgt die Fragenbogenlänge in der Regel zwischen 9 und 35 Seiten (vorliegend: 19 Seiten).

C. Datengewinnung

Nach der Konzeptionierung des Fragebogens galt es in einem weiteren Schritt der vorliegenden Untersuchung, die Adressaten der Online-Befragung zu bestimmen. Da ein vollständiges Verzeichnis über die Investoren der DAX-Unternehmen nicht existiert,[48] ließ sich in diesem Zusammenhang eine umfassende Definition der Grundgesamtheit N des Untersuchungsobjekts nicht realisieren. Alternativ konnte jedoch im Sinne einer Second Best-Lösung auf die Datenbank *„FactSet"* des Finanzdatenanbieters *Thomson Reuters Corporation* zurückgegriffen werden, welche die Aktionäre (exklusive privater Haushalte) der 30 DAX-Unternehmen in einer Größenordnung zwischen 35 % und 84 % (arithmetisches Mittel: 58 %) des jeweils ausgegebenen Aktienkapitals zum Zeitpunkt 31.12.2008 - und damit eine große Teilmenge der Grundgesamtheit N - abbildet. Dies eröffnete die Möglichkeit, auf eine reine Stellvertreterbefragung[49] zu verzichten und auf die tatsächlichen Adressaten des Corporate Governance Statements zurückzugreifen und deren Informationsbedürfnisse zu ermitteln. Um die Möglichkeit einer gruppenspezifischen Auswertung zu schaffen, wurden die im Rahmen der *„FactSet"*-Datenbank insgesamt 1.681 abgebildeten Anteilseigner[50] entsprechend der dieser Arbeit zugrunde gelegten Einteilung des *Deutschen Aktieninstituts e. V.* (*DAI*) in die sechs Investorengruppen „Unternehmen", „ausländische institutionelle Investoren", „Banken", „Versicherungen", „Fondsgesellschaften" und „Staat" geclustert.[51]

---

48 Diese Feststellung wurde durch das *DAI* laut Telefonat vom 24.07.2009 bestätigt.

49 Zu reinen Stellvertreterbefragungen vgl. u. a. ARMELOH 1998, S. 84 f., HEUMANN 2005, S. 151-155; KRUMBHOLZ 1994, S. 3-5 und ROLVERING 2002, S. 104-107.

50 In dieser Zählung sind Investoren, die an mehreren der DAX-Unternehmen Anteile halten, nur einmal berücksichtigt. Brutto, d. h. ohne diese Bereinigung, enthält die Datenbank 16.781 Einträge.

51 Zu dieser Einteilung vgl. bereits Abschn. II. C.2 des Zweiten Hauptteils.

Eine Ergänzung fand diese Datenbasis durch die insgesamt 66 Mitglieder der Committees „Non-Financials", „Rating Standards", „Investment Performance Standards" und „Standards für Investment Research" der *DVFA*, die - wie bereits ausgeführt - [52] im Rahmen einer Stellvertreterbefragung als Erhebungsobjekte für die Investorengruppe „Private Haushalte" fungierten.

Aufgrund des Umstands, dass eine Vollerhebung (Zensus), das heißt eine Befragung der insgesamt über 1.747 Adressaten, aus Zeit- und Kapazitätsrestriktionen nicht möglich war, musste eine Stichprobenziehung vorgenommen werden.[53] Es galt in diesem Zusammenhang, den entsprechenden Umfang der Stichprobe n zu ermitteln, um die gewünschte Schätzwertgenauigkeit von Kennwerten der Grundgesamtheit N zu erreichen.[54] Eine gängige Methode zur Festlegung der erforderlichen Plan-Stichprobengröße n_P anhand der Kriterien Sicherheitsgrad t und Länge des Vertrauensbereiches e ist dabei in der Heranziehung der Formel für die Standardabweichung σ zu sehen.[55] Es gilt für die Ermittlung der Plan-Stichprobengröße n_P:[56]

$$n_P = \frac{t^2 \cdot \sigma^2}{e^2} = \frac{t^2 \cdot p \cdot q}{e^2}.$$

---

52 Vgl. hierzu bereits Abschn. I dieses Hauptteils.

53 Zur Vollerhebung und Stichprobenziehung vgl. ausf. KAYA/HIMME 2007, S. 79-87.

54 Bei der Bestimmung des Stichprobenumfangs wurde so vorgegangen, als wäre die zur Verfügung stehende Datenbasis ein repräsentativer Teil der Grundgesamtheit N. Aufgrund der gegebenen Datensituation kann jedoch nicht sichergestellt werden, dass diese Annahme zutrifft.

55 Vgl. hierzu und in der Folge FRIEDRICHS 1990, S. 144 f. sowie STIER 1999, S. 153-157. Das im Schrifttum zudem diskutierte Verfahren zur Ableitung einer Mindest-Stichprobengröße aus dem Hypothesenkatalog fand hingegen keine Berücksichtigung, da in der vorliegenden Untersuchung keine Hypothesen gebildet und getestet werden. Zu dem genannten Verfahren vgl. im Einzelnen FRIEDRICHS 1990, S. 146 f. und RAITHEL 2008, S. 62.

56 Diese Formel gilt nur bei einer relativ großen Grundgesamtheit N; vgl. hierzu explizit STIER 1999, S. 155. Es wird davon ausgegangen, dass diese Bedingung vorliegend erfüllt ist und demzufolge auf Korrekturfaktoren verzichtet werden kann.

In der vorliegenden Untersuchung sollen Aussagen mit einer 95 %igen Sicherheit, demgemäß mit einer Irrtumswahrscheinlichkeit von 5 %, getroffen werden,[57] so dass ein Sicherheitsgrad t von 1,96[58] zugrunde zu legen ist. Des Weiteren soll der schlechteste, das heißt der die größte Varianz σ^2 bewirkende, Fall angenommen werden; die Varianz ist dabei maximal für den Prozentsatz p = 50 %; es gilt somit: p = q = 0,5, wobei q = 1 - p.[59] Schließlich soll eine Länge des Vertrauensbereichs e, also ein absoluter Stichprobenfehler, von 10 % zugelassen werden. Auf der Grundlage dieser Parameter ermittelt sich folgende abgerundete ganzzahlige Plan-Stichprobengröße n_P:

$$n_P = \frac{1{,}96^2 \cdot 0{,}5 \cdot 0{,}5}{0{,}10^2} \approx 96\,.$$

Bei der Bestimmung des Stichprobenumfangs ist ins Kalkül zu ziehen, dass die realisierte Stichprobe von der Plan-Stichprobe abweicht. Bei einer - mit Blick auf ähnlich gelagerte Studien[60] - erwarteten Rücklaufquote von 25 % ergibt sich folgende ganzzahlige Stichprobengröße n, die der vorliegenden Untersuchung zugrunde gelegt wird:

$$n = \frac{96}{0{,}25} = 384\,.$$

Um eine möglichst realitätsnahe empirisch induktive Evaluation der Inhaltskomponenten des Corporate Governance Statements durch die Adressaten zu gewährleisten, bot es sich an, die Gesamtstichprobe n = 384 auf die definierten Investorengruppen entsprechend ihrer relativen Bedeutung an den ausgegebenen Aktien der DAX-Unternehmen aufzuteilen. Da sich die Aktionärsstruktur der DAX-Unternehmen auf Basis der *„FactSet"*-Datenbank aufgrund des

57 Die Zugrundelegung einer Irrtumswahrscheinlichkeit von 5 % gilt in der empirischen Sozialforschung als Konvention; vgl. COWLES/DAVIS 1982, S. 553.

58 Vgl. etwa ATTESLANDER 2006, S. 264; BORTZ 2005, S. 102 und FRIEDRICHS 1990, S. 137.

59 Vgl. hierzu FRIEDRICHS 1990, S. 145 und STIER 1999, S. 155.

60 Vgl. bspw. BAKHAYA 2006, S. 284.

Fehlens der Gruppe „Private Haushalte" auch nicht im Wege der Approximation feststellen ließ, musste im Hinblick auf die intendierte Gewichtung ersatzweise auf die Aufteilung des *DAI* zur Aktionärsstruktur deutscher (börsennotierter) Unternehmen zurückgegriffen werden.[61] Danach ergab sich folgende Aufteilung der Gesamtstichprobe n, wobei die Investorengruppe „Staat" aus Gründen der Wesentlichkeit ausgeklammert wurde:

Investorengruppe	**Gewichtungsfaktor der Investorengruppen (in %)**	**Anteil der Investorengruppen an der Gesamtstichprobe n**	
private Haushalte (PH)	10,00	n_1	40
Unternehmen (UN)	39,51	n_2	155[62]
ausländische, insbes. angelsächsische, institutionelle Investoren (AII)	21,14	n_3	83
Banken (BA)	11,60	n_4	46
Versicherungen (VE)	4,24	n_5	17
Fondsgesellschaften (IF)	10,77	n_6	43
Staat	2,74	-	-
Summe	**100,00**	**n**	**384**

Tabelle 36: Aufteilung der Gesamtstichprobe auf die Investorengruppen

Die Auswahl der Befragungselemente erfolgte pro Anteilseigner-Sektion mittels einer einfachen Zufallsstichprobe (Simple Random Sample) mithilfe der Software SPSS in der Version 17.0, wodurch gewährleistet werden konnte, dass - bezogen auf die gegebene Datenbasis - jede Einheit der jeweiligen Investorengruppen die gleiche Chance hatte, Eingang in das Sample zu finden.[63]

61 Vgl. hierzu Abbildung 17 in Abschn. II. C.2 des Zweiten Hauptteils. Laut telefonischer Auskunft des DAI vom 24.07.2008 handelt es sich bei dieser Aufteilung um eine Approximation, da eine vollständige Erhebung der Aktionäre realiter nicht möglich ist.

62 Da n_2 = 155 die Anzahl der in der „*FactSet*"-Datenbank erfassten Unternehmen überstieg, musste insoweit die Datenbasis um weitere Unternehmen als potenzielle Investoren erweitert werden. Hierbei erfolgte ein Rückgriff den Composite DAX (exklusive Banken und Versicherungen).

63 Zu den Charakteristika reiner Zufallsstichproben vgl. etwa BORTZ 2005, S. 87; FRIEDRICHS 1990, S. 139 f.; KROMREY 2006, S. 293 f.; RAITHEL 2008, S. 58 f.; SCHOLL 2003, S. 33.

Auf Basis dieser Datengrundlage erfolgte im Rahmen umfangreicher Recherchearbeiten via Internet und telefonischen Kontaktaufnahmen die Ermittlung der für die Durchführung der Untersuchung relevanten Daten (Name und E-Mail-Account) der Erhebungsobjekte. In diesem Zusammenhang erfuhr das Projekt wertvolle Unterstützung vom *Bundesverband Investment und Asset Management e. V. (BVI)* und von der *DVFA*. Während der *BVI* geeignete Ansprechpartner derjenigen *BVI*-Mitglieder benannte, die im Sample vertreten waren, und darüber hinaus in einem Newsletter auf die Untersuchung aufmerksam machte, erklärte sich die *DVFA* bereit, die Anschreiben, das heißt die Ankündigungs-, Einladungs-, Erinnerungs- und Dankes-E-Mails, an seine in der Stichprobe befindlichen Committee-Mitglieder weiterzuleiten.

D. Hauptuntersuchung

Die Feldphase der Online-Befragung betrug sechs Wochen und erstreckte sich auf den Zeitraum vom 02.11. bis zum 15.12.2009. Die Ansprache der potenziellen Untersuchungsteilnehmer erfolgte namentlich[64] und kostenminimal durch den Versand von E-Mails über die eingesetzte Umfrage-Software. In einem ersten Schritt wurde dabei den potenziellen Umfrageteilnehmern eine Woche vor Beginn der Hauptuntersuchung im Rahmen einer Ankündigungs-E-Mail[65] das Forschungsvorhaben vorgestellt und die Motivation für die empirische Untersuchung dargelegt. Daneben enthielt das Anschreiben einen Hinweis auf die voraussichtliche Bearbeitungszeit sowie die Zusicherung einer anonymen und vertraulichen Auswertung der Ergebnisse.[66] Mit dem Ziel, die Rücklauf-

---

64 Zur Bedeutung personalisierter Anschreiben vgl. etwa HAFERMALZ 1976, S. 94.

65 Die Texte der Ankündigungs-E-Mail in deutscher und in englischer Sprache finden sich in den Abbildungen 55 und 56 im Anhang.

66 Zu den notwendigen Inhalten eines Anschreibens im Rahmen einer schriftlichen Befragung vgl. ATTESLANDER 2006, S. 147 und WELLENREUTHER 1982, S. 174 sowie bezogen auf Online-Befragungen BOSNJAK/BATINIC 1999, S. 148 f.

quote zu beleben, wurde den Umfrageteilnehmern zudem eine Zusammenfassung der Untersuchungsergebnisse offeriert.[67]

Dieser Projekt-Ankündigung schloss sich am 02.11.2009 eine Einladungs-E-Mail[68] an, die einen personalisierten Internet-Link[69] enthielt, welcher einen Zugang zum Online-Fragebogen eröffnete und mit vollständigem Durchlaufen des Fragebogens seine Gültigkeit verlor.[70] Mit diesem Verfahren konnte sichergestellt werden, dass nicht mehrere Datensätze von einem Teilnehmer generiert wurden. In der dritten und fünften Woche nach Beginn der Feldphase wurde an diejenigen Untersuchungsteilnehmer, die entweder auf den Online-Fragebogen noch nicht zugegriffen hatten oder die Befragung unterbrachen,[71] eine Reminder-E-Mail[72] versandt, mit dem Ziel, die Untersuchung in Erinnerung zu rufen und die Rücklaufquote zu erhöhen.[73] Nach dem Ablauf der Feldphase erfolgte schließlich die Versendung von Danksagungs-E-Mails[74] an diejenigen Erhebungsobjekte, die an der Studie teilgenommen und den Fragebogen vollständig bearbeitet hatten.

---

67 Zum Einfluss sog. Incentives auf die Rücklaufquote vgl. ausf. HAFERMALZ 1976, S. 139-146; ergänzend DIEKMANN 2009, S. 516 f.; SCHOLL 2003, S. 51; THEOBALD 2003, S. 209.

68 Der Inhalt der Einladungs-E-Mail in deutscher und in englischer Sprache ist in den Abbildungen 57 und 58 im Anhang wiedergegeben.

69 Der personalisierte Zugang zum Online-Fragebogen wurde über einen für jeden Umfrageteilnehmer individuell generierten Zahlencode am Ende des Internet-Links hergestellt; vgl. hierzu GLOBALPARK 2009, S. 93.

70 Eine stufenweise Bearbeitung des Fragebogens war hingegen möglich. Bei einer zeitlichen Unterbrechung der Befragung gelangten die Teilnehmer bei einem erneuten Aufruf der Umfrage zu derjenigen Fragebogenseite, welche sie zuletzt bearbeitet hatten.

71 Diese Informationen wurden durch die Online-Software zur Verfügung gestellt.

72 Ein Muster der Erinnerungs-E-Mail in deutscher und in englischer Sprache findet sich in den Abbildungen 59 und 60 im Anhang.

73 Zur Bedeutung von sog. Remindern vgl. ausf. HAFERMALZ 1976, S. 72-93 sowie ergänzend DIEKMANN 2009, S. 517; SCHNELL/HILL/ESSER 2008, S. 363 und SCHOLL 2003, S. 52. Im Rahmen von Online-Befragungen sind vier Kontaktaufnahmen (Ankündigung, Einladung und zwei Reminder) zu empfehlen; vgl. BOSNJAK 2003, S. 65 m. w. N.

74 Der Inhalt der Danksagungs-E-Mail in deutscher und in englischer Sprache ist in den Abbildungen 61 und 62 im Anhang dargelegt.

E. Rücklauf

Im Rahmen der vorliegenden Untersuchung betätigten 166 (43,23 %) der insgesamt 384 Erhebungsobjekte den via E-Mail übermittelten Zugangs-Link und griffen demgemäß auf die Online-Umfrage zu. Davon durchliefen 118 der Umfrageteilnehmer den Fragebogen bis zum Schluss (Complete Responders);[75] die restlichen 48 Befragten unterbrachen die Umfrage und nahmen diese bis zum Ende der Feldphase nicht wieder auf (Answering Drop-Outs).[76] Ein Großteil dieser Personen (38 Teilnehmer) brach dabei die Online-Befragung bereits im Rahmen der Sprachauswahl, des Vorspanns oder der ersten Frage ab. Der Rücklauf der Studie gestaltete sich entsprechend der Tabelle 37, wobei letztlich nur diejenigen Teilnehmer Berücksichtigung fanden, die den Fragebogen bis zum Ende absolvierten und damit vollständige Datensätze übermittelten.

	Rücklauf absolut	**Rücklaufquote**
Gesamtstichprobe n	384	100,00 %
davon per E-Mail nicht erreicht[77]	0	0,00 %
(potenziell) per E-Mail erreichte Umfrageteilnehmer	384	100,00 %
Zugriff auf den Online-Fragebogen	166	43,23 %
davon unbrauchbar aufgrund unvollständiger Angaben	48	12,50 %
Verwertbare Fragebögen (= realisierte Stichprobe n_r)	**118**	**30,73 %**

Tabelle 37: Gesamt-Rücklauf der empirischen Untersuchung

75 Die durchschnittliche Bearbeitungszeit (arithmetisches Mittel) betrug hierbei 11,24 Minuten und bewegte sich somit unterhalb des im Rahmen der Pretests ermittelten Zeitbedarfs von 15 bis 20 Minuten. Der Grund hierfür ist darin zu vermuten, dass der Fragebogen den Einladungs-E-Mails in elektronischer Form beigefügt war und sich die Teilnehmer wohl teilweise schon im Vorfeld mit den Fragen auseinandersetzten und hieraus Zeitersparnisse bei der Online-Eingabe resultierten.

76 Für eine Kategorisierung des Bearbeitungsverhaltens von Teilnehmern im Rahmen von Online-Befragungen vgl. BOSNJAK 2003, S. 58. Neben den genannten Typen „Complete Responders" und „Answering Drop-Outs" spielten im Rahmen der vorliegenden Untersuchung auch die sog. „Unit-Nonresponders" eine Rolle, d. h. diejenigen 218 Personen, die den Online-Fragebogen nicht aufriefen.

77 Es erfolgten keine Rückmeldungen mit der Information, dass E-Mails den potenziellen Umfrageteilnehmern nicht zugestellt werden konnten.

Die im Rahmen der vorliegenden Untersuchung erwartete Rücklaufquote von 25 %[78] konnte erfreulicherweise nicht nur erreicht, sondern sogar um mehr als 5 %-Punkte übertroffen werden. Die nachfolgende Tabelle 38 gibt die Struktur des Rücklaufs im Hinblick auf die sechs Investorengruppen detailliert wieder.

Investorengruppe		**Häufigkeit der Investorengruppen in der Gesamtstichprobe n**		**Häufigkeit der Investorengruppen in der realisierten Stichprobe n_r (= Rücklauf)**		**Abweichung**
		absolut	relativ	absolut	relativ	absolut
private Haushalte (PH)	n_1	40	10,41 %	11	9,32 %	- 1,09 %
Unternehmen (UN)	n_2	155	40,37 %	55	46,61 %	+ 6,24 %
ausländische, insbes. angelsächsische, institutionelle Investoren (AII)	n_3	83	21,61 %	9	7,63 %	- 13,98 %
Banken (BA)	n_4	46	11,98 %	17	14,41 %	+ 2,43 %
Versicherungen (VE)	n_5	17	4,43 %	7	5, 93 %	+ 1,50 %
Fondsgesellschaften (IF)	n_6	43	11,20 %	19	16,10 %	+ 4,90 %
Summe		**384**	**100,00 %**	**118**	**100,00 %**	**0,00 %**

Tabelle 38: Struktur des Rücklaufs der empirischen Untersuchung im Hinblick auf die Investorengruppen

Wie der Tabelle 38 zu entnehmen ist, stammen von den insgesamt 118 verwertbaren Fragebögen 55 aus der Gruppe „Unternehmen", 19 von den „Fondsgesellschaften", 17 aus dem Sektor „Banken", elf von den Mitgliedern der *DVFA* als Stellvertreter der „privaten Haushalte" sowie neun respektive sieben aus den Gruppen „ausländische institutionellen Investoren" und „Versicherungen". Die relative Häufigkeit der ausländischen institutionellen Investoren ist dabei mit einer Abweichung von - 13,98 %-Punkten im Rücklauf n_r erheblich geringer als die relative Häufigkeit dieser Investorengruppe in der Gesamtstichprobe n. Gleichzeitig fallen die relativen Häufigkeiten der weiteren Investorengruppen - mit Ausnahme der privaten Haushalte (Abweichung: -1,09 %-Punkte) - im Rücklauf n_r alle höher aus als in der Gesamtstichprobe n. Hervorzuheben sind in diesem Zusammenhang die Gruppen „Unternehmen"

78 Vgl. hierzu Abschn. II. C dieses Hauptteils.

und „Fondsgesellschaften" mit einer positiven Abweichung von 6,24 respektive 4,90 %-Punkten. Ein Erklärungsansatz für die sehr geringe relative Häufigkeit der ausländischen institutionellen Investoren in der realisierten Stichprobe n_r ist darin zu sehen, dass die Umfrageteilnehmer im Rahmen des Fragebogens gebeten wurden, ihren Einschätzungen das dualistische System der Unternehmensverfassung zugrunde zu legen, welches den angelsächsischen Umfrageteilnehmern - trotz Investitionen in deutsche Unternehmen - wider Erwarten immer noch weitgehend fremd zu sein scheint.[79]

Mit Ausnahme der ausländischen institutionellen Investoren ist der Rücklauf dennoch als recht homogen zu bezeichnen. So zeigt eine Gegenüberstellung der absoluten Häufigkeiten der Investorengruppen im Rücklauf n_r (Spalte 2) und in der Gesamtstichprobe n (Spalte 1), dass die diesbezügliche Teilnahmequote (Spalte 3) bei den ausländischen institutionellen Investoren bei 10,84 % liegt, während sich diese bei den übrigen fünf Investorengruppen in einer Bandbreite von 27,50 % bis 44,19 % bewegt (vgl. Tabelle 39).

Investorengruppe		**Absolute Häufigkeit der Investorengruppen in der Gesamtstichprobe n**	**Absolute Häufigkeit der Investorengruppen in der realisierten Stichprobe n_r (= Rücklauf)**	**Teilnahmequote [(2)/(1) in %]**
		(1)	(2)	(3)
private Haushalte (PH)	n_1	40	11	27,50 %
Unternehmen (UN)	n_2	155	55	35,48 %
ausländische, insbes. angelsächsische, institutionelle Investoren (AII)	n_3	83	9	10,84 %
Banken (BA)	n_4	46	17	36,96 %
Versicherungen (VE)	n_5	17	7	41,18 %
Fondsgesellschaften (IF)	n_6	43	19	44,19 %
Summe		**384**	**118**	

Tabelle 39: Teilnahmequoten der Investorengruppen an der empirischen Untersuchung

79 Hierauf deuten E-Mails angelsächsischer Umfrageteilnehmer hin, in welchen zum Ausdruck gebracht wurde, dass diese nur mit dem Boardsystem vertraut sind und aus diesem Grunde nicht an der Befragung teilnehmen können.

Das größte Interesse an der vorliegenden Untersuchung zeigten die Gruppen „Fondsgesellschaften" und „Versicherungen" mit Teilnahmequoten von 44,19 % respektive 41,18 %, gefolgt von den Sektoren „Banken" und „Unternehmen" mit Teilnahmequoten von 36,96 % und 35,48 %.

F. Repräsentativität der Untersuchungsergebnisse

Damit eine Repräsentativität der im Rahmen von Studien erzielten Ergebnisse für die angestrebte Grundgesamtheit N angenommen werden kann, müssen dem Schrifttum zufolge vier Bedingungen kumulativ erfüllt sein:[80] (1) Zunächst muss die Grundgesamtheit N sowohl angebbar als auch empirisch definierbar sein; neben einer eindeutigen Angabe der Grundgesamtheit N setzt dies insbesondere auch die Existenz einer vollständigen und redundanzfreien Liste über ihre einzelnen Elemente voraus. (2) Daneben müssen die Elemente der gezogenen Stichprobe definiert sein, das heißt, es bedarf einer eindeutigen Festlegung, ob ein Element der Grundgesamtheit N zum Sample gehört oder nicht. (3) Des Weiteren muss es intersubjektiv nachvollziehbar sein, nach welchem Verfahren eine Stichprobe zustande gekommen ist. (4) Schließlich muss die realisierte Stichprobe n_r ein verkleinertes Abbild der Grundgesamtheit N im Hinblick auf die Heterogenität der Elemente sowie die Repräsentativität der für eine etwaige Hypothesenprüfung relevanten Variablen sein.

Während im Rahmen der vorliegenden Untersuchung die Voraussetzungen (2) und (3) als erfüllbar angesehen werden können, trifft dies hingegen für die Kriterien (1) und (4) streng genommen nicht zu. So hätte es für die Einhaltung der ersten Bedingung neben einer eindeutigen Angabe der Grundgesamtheit (= Investoren der DAX-Unternehmen zum Zeitpunkt 31.12.2008) auch eines vollständigen und redundanzfreien Verzeichnisses aller Ansprechpartner der

80 Vgl. hierzu und in der Folge FRIEDRICHS 1990, S. 125-144 sowie hieran anknüpfend KROMREY 2006, S. 276-279; RAITHEL 2008, S. 55 und SCHNELL/HILL/ESSER 2008, S. 378 f.; ähnlich vgl. überdies MAURER/JANDURA 2009, S. 62. Generell kritisch zum Begriff der „repräsentativen Stichprobe" vgl. DIEKMANN 2009, S. 430-432.

Adressaten (mit Namen und E-Mail-Adressen) bedurft.[81] Die Generierung einer solchen Liste war auf Grundlage der zur Verfügung stehenden Datenbasis nicht möglich. Eine idealtypische Erfüllung des ersten Kriteriums wäre auch die notwendige Voraussetzung für die Gewährleistung der vierten Repräsentativitätsbedingung gewesen, wonach die realisierte Stichprobe n_r ein verkleinertes Abbild der Grundgesamtheit N zu verkörpern hat. So hätte auf der Grundlage einer vollständigen und redundanzfreien Liste der Erhebungsobjekte mittels einer einfachen Zufallsstichprobe[82] zumindest sichergestellt werden können, dass jede Einheit der Grundgesamtheit N dieselbe Chance hat, in die Auswahl mit einbezogen zu werden. Diese Chancengleichheit konnte in der vorliegenden Studie indes nur eingeschränkt, und zwar in Bezug auf die zur Verfügung stehende Datenbasis, gewährleistet werden.

Vor dem Hintergrund dieser Ausführungen bleibt im Ergebnis festzuhalten, dass im Rahmen der vorliegenden Untersuchung im strengen Sinne zwei der insgesamt vier kumulativ zu erfüllenden Bedingungen, um von Teilerhebungen auf die Grundgesamtheit N zu schließen, nicht eingehalten werden können. Die Frage, inwieweit die Ergebnisse der vorgenommenen empirisch induktiven Evaluation der Inhaltskomponenten des Corporate Governance Statements tatsächlich repräsentativ für die Grundgesamtheit N sind, muss damit aus statistisch-methodischer Sicht offenbleiben.[83]

---

81 Vgl. in diesem Sinne auch SCHMEISSER/ECKSTEIN/BOCHE 2009, S. 14. Zum sog. Coverage Error im Zusammenhang mit Online-Untersuchen vgl. weiterführend DIEKMANN 2009, S. 525-531 und MAURER/JANDURA 2009, S. 64-66.

82 Zur Eignung der einfachen Zufallsstichprobe als Auswahlverfahren zur Modellierung einer repräsentativen Stichprobe vgl. KROMREY 2006, S. 312. Für eine Übersicht über die generell zur Verfügung stehenden Auswahlverfahren vgl. ATTESLANDER 2006, S. 256-260; DIEKMANN 2009, S. 380-400; HAUPTMANNS/LANDER 2003, S. 29 f.; KAYA/HIMME 2007, S. 80-85; RAITHEL 2008, S. 56-61 sowie STIER 1999, S. 113-150.

83 Relativierend kann allerdings konstatiert werden, dass die Maßgabe der Repräsentativität in der Forschung eher den Charakter einer theoretischen Zielvorgabe als den einer Eigenschaft jeglicher Erhebungen hat; vgl. SABEL 2007, S. 114 m. w. N. sowie ähnlich DÖRING 2003, S. 213.

G. Auswertungsmethodik

Im Hinblick auf die Auswertung der Untersuchungsergebnisse galt es, die Einschätzungen der Befragten(-Gruppen) zur Bedeutung einzelner Inhaltskomponenten des Corporate Governance Statements zu einem nachprüfbaren Wert zu verdichten.[84] Als geeignete Mittelwerte kamen dabei grundsätzlich der Median $\tilde{x}$ und - sofern gleiche Abstände zwischen den Bedeutungsgraden angenommen werden - das arithmetische Mittel $\bar{x}$ in Betracht.

Der Median $\tilde{x}$ verkörpert den mittleren Klassenwert, welcher sich ergibt, wenn die Einschätzungen aller Umfrageteilnehmer entsprechend der Höhe der Klassenwerte sortiert werden.[85] Der Median teilt somit die Gesamtheit der Bedeutungseinschätzungen der Befragten in zwei gleich große Hälften. Wird dabei die betragsmäßige Differenz aus den einzelnen Werten und dem Median gebildet, so ist die Summe dieser betragsmäßigen Differenzen im Vergleich zu anderen Mittelwerten am kleinsten.[86] Der Median als Mittelwertmaß weist dabei jedoch den Nachteil auf, dass große Abweichungen mit der gleichen Wahrscheinlichkeit Berücksichtigung finden wie geringe Abweichungen. Wird der Median zur Einschätzung des Klassenwerts für einen zusätzlichen Umfrageteilnehmer herangezogen, können somit große Fehler mit derselben Wahrscheinlichkeit auftreten wie kleine Fehler. Ziel der Verdichtung ist es jedoch, dass der Klassenwert die Einschätzung des weiteren Befragten möglichst genau widerspiegelt und damit große Schätzfehler vermieden werden.[87] Diese Schätzfehler werden bei einer Verdichtung unter Zugrundelegung des arithmetischen Mittels (Durchschnitts) indes verringert. Darüber hinaus könnte der

---

84 Für eine analoge Auswertungsmethodik vgl. ARMELOH 1998, S. 71; HEUMANN 2005, S. 169; KRUMBHOZ 1994, S. 33 f. sowie ROLVERING 2002, S. 113.

85 Vgl. hierzu und in der Folge BLEYMÜLLER/GEHLERT/GÜLICHER 2004, S. 15; BORTZ 2005, S. 36 sowie SACHS/HEDDERICH 2006, S. 63. Für eine formale Darstellung des Medians $\tilde{x}$ der Werte x vgl. DULLER 2007, S. 98.

86 Vgl. hierzu und in der Folge BORTZ 2005, S. 35 f.

87 Vgl. hierzu und in der Folge BORTZ 2005, S. 35 f. sowie hieran anknüpfend HEUMANN 2005, S. 169.

Median hinsichtlich weiterer Fragebogen-Datensätze instabil reagieren.[88] So könnte ein zusätzlicher Datensatz dazu führen, dass der Median des Klassenwerts sprunghaft einen höheren respektive niedrigeren Wert annimmt. Das arithmetische Mittel reagiert demgegenüber weniger stark auf einen zusätzlichen Fragebogen-Datensatz und war deshalb im Rahmen der vorliegenden Untersuchung zu präferieren.[89]

Bei der Verwendung des arithmetischen Mittels $\bar{x}$ ist jedoch zu beachten, dass grundsätzlich intervallskalierte Daten zugrunde liegen müssen.[90] Aus diesem Grunde war es im Hinblick auf die Datenauswertung notwendig, die ursprüngliche Ordinalskala in eine Intervallskala zu transformieren,[91] wobei in diesem Zusammenhang angenommen wurde, dass die semantischen Abstände zwischen den vorgegebenen Merkmalsausprägungen äquidistant verteilt sind, somit gleiche Nutzendistanzen besitzen.[92] Obgleich diese Prämisse nicht unproblematisch ist, haben Untersuchungen gezeigt, dass sich die Bewertungsergebnisse im Vergleich zu theoretisch exakteren Skalierungsmethoden nicht wesentlich unterscheiden.[93] Da vor dem Hintergrund dieser Erkenntnis eine Transformation der ordinalskalierten Daten in intervallskalierte Informationen als zulässig anzusehen ist, konnte im Rahmen der Auswertung auch das arithmetische Mittel zur Verdichtung der einzelnen Klassenwerte zu einem Mittelwert herangezogen und darauf aufbauend - unter Berücksichti-

---

88 Vgl. hierzu und in der Folge auch ARMELOH 1998, S. 71 und KRUMBHOZ 1994, S. 33 f.

89 Vgl. im Ergebnis ebenso ARMELOH 1998, S. 71; HEUMANN 2005, S. 170; KRUMBHOZ 1994, S. 33 f. sowie ROLVERING 2002, S. 113 f.

90 Vgl. BACKHAUS ET AL. 2006, S. 5; BLEYMÜLLER/GEHLERT/GÜLICHER 2004, S. 13; BORTZ 2005, S. 36 und SACHS/HEDDERICH 2006, S. 68. Für eine formale Darstellung des arithmetischen Mittels $\bar{x}$ der Werte x vgl. DULLER 2007, S. 96.

91 Zur Transformation einer Ordinal- in eine Intervallskala vgl. BORTZ 2005, S. 25-27.

92 Vgl. diesbezüglich etwa ROLVERING 2002, S. 113 sowie ZANGEMEISTER 2003, S. 54.

93 Vgl. hierzu ECKENRODE 1965, S. 185.

gung der (kaufmännischen) Rundungsregeln auf eine Nachkommastelle - folgende Intervallbildung vorgenommen werden:[94]

Bedeutung einer Inhaltskomponente	**Intervalle der zugewiesenen Klassenwerte**
sehr hohe Bedeutung / very important	[4,5 , 5,0]
hohe Bedeutung / important	[3,5 , 4,5)
mittlere Bedeutung / neutral	[2,5 , 3,5)
niedrige Bedeutung / low importance	[1,5 , 2,5)
keine Bedeutung / very low importance	[1,0 , 1,5)

Tabelle 40: Intervalle der zugewiesenen Klassenwerte

Die Auswertung der Untersuchungsergebnisse folgte hinsichtlich ihres Ablaufs zunächst der im Zweiten Hauptteil entwickelten Systematisierung der Inhaltskomponenten des Corporate Governance Statements,[95] welche sich entsprechend in den Fragen 1 bis 14 des Online-Fragebogens widerspiegelt.[96] Dabei wurden im Hinblick auf die Verdichtung der einzelnen Klassenwerte zu einem nachprüfbaren Wert pro Inhaltskomponente die mittleren Werte sowohl gruppenübergreifend als auch gruppenspezifisch ermittelt.[97] Dies ermöglichte - entsprechend der Zielsetzung der durchgeführten Untersuchung - [98] neben der empirisch induktiven Evaluation der Berichtsinhalte durch die Investoren als Gesamtheit auch eine Beantwortung der Frage, ob und inwieweit sich die Bedeutungseinschätzungen der sechs befragten Gruppen voneinander unterscheiden. Als Maß für die Homogenität der Verteilung der Bedeutungsgrade

94 Für eine ähnliche Intervallbildung vgl. BAKHAYA 2006, S. 298 sowie KRUMBHOLZ 1994, S. 119.

95 Vgl. hierzu Abschn. II. C.5.b) des Zweiten Hauptteils.

96 Zur Fragebogenstruktur vgl. Abschn. II. B.1 dieses Hauptteils.

97 Die Darstellung erfolgte dabei in Form von Balkendiagrammen, die jeweils auch einen Hinweis auf die Randnummern der entsprechenden Inhaltskomponenten im Berichtskatalog (vgl. hierzu die Tabellen 55 bis 74 im Anhang) beinhalten.

98 Vgl. Abschn. I dieses Hauptteils.

einer jeden Inhaltskomponente wurde dabei die Varianz σ^2[99] herangezogen[100] und der Wertebereich zwischen der minimalen Varianz (σ^2_{min} = 0,00373) und der maximalen Varianz (σ^2_{max} = 0,20171) - in Analogie zu der vorliegend verwendeten Intervallskala - in die folgenden fünf äquidistanten Varianzintervalle aufgeteilt, wodurch eine objektivierte Aussage zum Grad der Homogenität („sehr hohe“, „hohe“, „mittlere“, „geringe“ und „sehr geringe“ Homogenität) ermöglicht wurde:

Varianzintervalle zur Beurteilung der Homogenität	**Bedeutung der Varianzintervalle**
[0,00373 , 0,04333)	sehr hohe Homogenität
[0,04333 , 0,08292)	hohe Homogenität
[0,08292 , 0,12252)	mittlere Homogenität
[0,12252 , 0,16211)	schwache Homogenität
[0,16211 , 0,20171]	sehr schwache Homogenität

Tabelle 41: Varianzintervalle zur Beurteilung der Homogenität

Im Anschluss an die Auswertung der Fragen 1 bis 14 galt es zudem, die seitens der Umfrageteilnehmer im Rahmen der Frage 15 in Ergänzung zu den vorgegebenen Inhaltskomponenten als notwendig erachteten Sachverhalte einer eingehenden Analyse zuzuführen. Im Zentrum der Betrachtung stand dabei eine Überprüfung, ob die vorgeschlagenen Berichtsinhalte redundanzfrei sind und sich aus methodischer Sicht für eine Aufnahme in das Corporate Governance Statement eignen.

---

99 Die Varianz σ^2 ergibt sich aus der Summe der quadrierten Abweichungen aller Messwerte vom arithmetischen Mittel, dividiert durch die Anzahl aller Messwerte; vgl. hierzu sowie für eine formale Darstellung BLEYMÜLLER/GEHLERT/GÜLICHER 2004, S. 19 sowie BORTZ 2005, S. 41.

100 Vgl. ähnlich KRUMHOLZ 1994, S. 63, der jedoch die Standardabweichung σ zugrunde legt.

III. Evaluationsergebnisse

A. Unternehmensführung durch den Vorstand

1. Besetzung

Die beiden folgenden Abbildungen 29 und 30 veranschaulichen zusammenfassend die Ergebnisse der seitens der Umfrageteilnehmer durchgeführten Evaluation der sechs Inhaltskomponenten zur Besetzung des Vorstands:

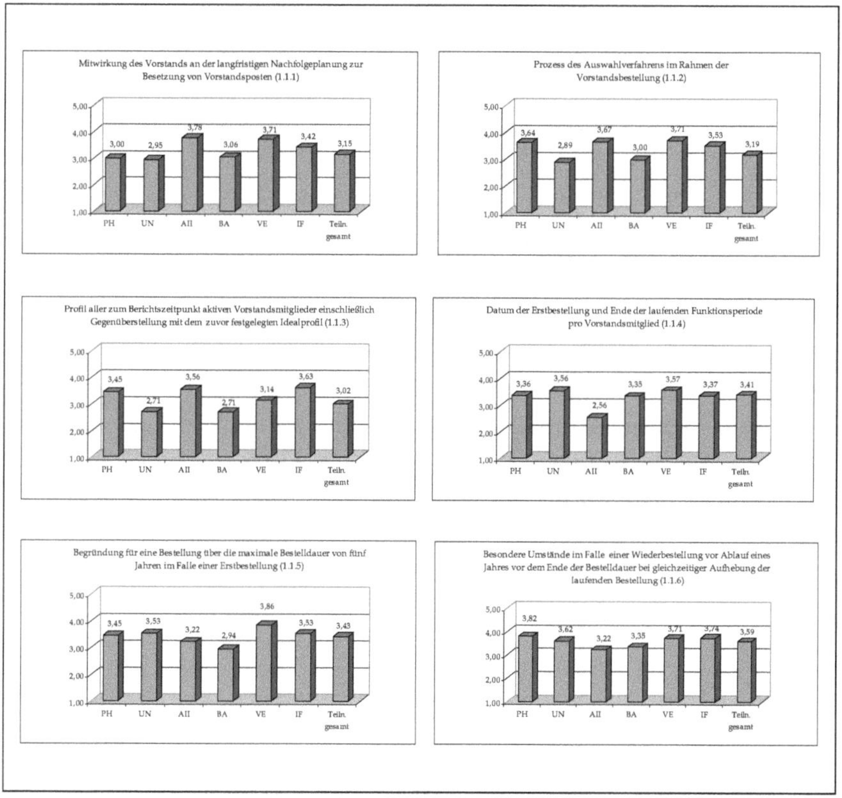

Abbildung 29: Bedeutungsgrade der Inhaltskomponenten zur Besetzung des Vorstands

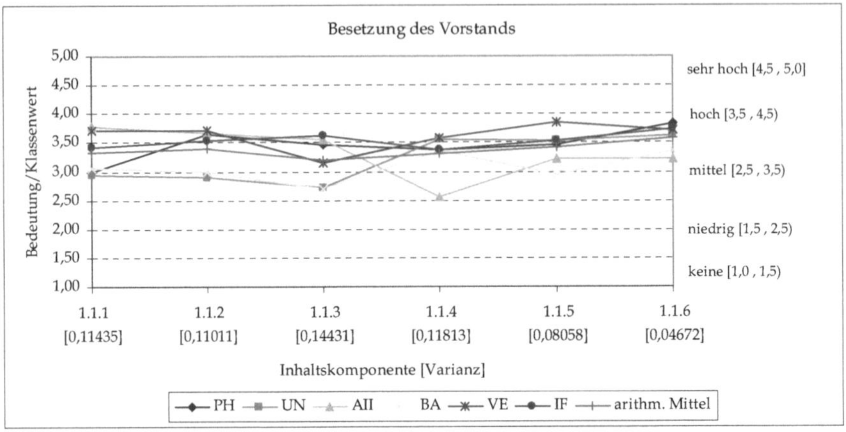

Abbildung 30: Verteilung der gruppenspezifischen Bedeutungsgrade der Inhaltskomponenten zur Besetzung des Vorstands

In Abbildung 29 sind dabei in Gestalt von Balkendiagrammen die Bedeutungsgrade dargelegt, welche den einzelnen Inhaltskomponenten zur Besetzung des Vorstands seitens der sechs befragten Gruppen „private Haushalte" (PH), „Unternehmen" (UN), „ausländische institutionelle Investoren" (AII), „Banken" (BA), „Versicherungen" (VE) und „Fondsgesellschaften" (IF) sowie von allen 118 Umfrageteilnehmern (Teiln. gesamt) beigemessen werden. Darauf aufbauend zeigt Abbildung 30 auf der Ordinate die Verteilung der gruppenspezifischen Bedeutungsgrade der auf der Abszisse abgetragenen Inhaltskomponenten.[1] Als Maß für die Homogenität der Verteilung der Bedeutungseinschätzungen wird überdies zu jeder Inhaltskomponente die Varianz σ^2 angegeben.

1 Aus Gründen der Übersichtlichkeit werden in der grafischen Darstellung die Bedeutungsgrade der Inhaltskomponenten für jede befragte Gruppe durch Linien miteinander verbunden, obgleich die Inhaltskomponenten in keiner stetigen Beziehung zueinander stehen; vgl. zu dieser Vorgehensweise auch KRUMBHOLZ 1994, S. 119 sowie ROLVERING 2002, S. 138 f.

Wie die Auswertungsergebnisse zeigen, bewegen sich die den sechs Berichtselementen zur Besetzung des Vorstands von der Gesamtheit der Umfrageteilnehmer im Durchschnitt beigemessenen Bedeutungsgrade zwischen 3,02 und 3,59. Die höchsten Werte von 3,59, 3,43 und 3,41 erzielen dabei die Inhaltskomponenten 1.1.6, 1.1.5 sowie 1.1.4, welche die Bestellung und die Dauer der Funktionsperiode von Vorstandsmitgliedern zum Gegenstand haben und allesamt Aufschlüsse über das Risiko einer Adverse Selection in zeitlicher Hinsicht geben sollen. Vergleichsweise weniger bedeutsam schätzen die Umfrageteilnehmer dagegen die Gefahr der Auswahl eines ungeeigneten Vorstandsmitglieds, das heißt einer Adverse Selection als solche, ein. So weisen die Inhaltskomponenten 1.1.2, 1.1.1 und 1.1.3 zum Prozess des seitens des Aufsichtsrats durchzuführenden Auswahlverfahrens im Rahmen der Vorstandsbestellung (Screening), zur Mitwirkung des Vorstands an der langfristigen Nachfolgeplanung zur Besetzung von Vorstandsposten sowie zum Profil aller zum Berichtszeitpunkt aktiven Vorstandsmitglieder einschließlich einer Gegenüberstellung mit dem zuvor festgelegten Idealprofil mittlere Bedeutungsgrade von 3,19, 3,15 und 3,02 auf. Unter Zugrundelegung der im Rahmen dieser Arbeit gebildeten Intervalle ist einzig der Berichterstattung über besondere Umstände im Falle einer Wiederbestellung von Vorstandsmitgliedern vor Ablauf eines Jahres vor dem Ende der Bestelldauer bei gleichzeitiger Aufhebung der laufenden Bestellung (Inhaltskomponente 1.1.6) eine hohe, den übrigen fünf Berichtselementen hingegen eine mittlere Bedeutung zu attestieren.

Im Hinblick auf die Homogenität der Bedeutungseinschätzungen durch die sechs befragten Gruppen zeigt sich ein differenziertes Bild. Während sich die Umfrageteilnehmer bei den Inhaltskomponenten 1.1.6 und 1.1.5 in Anbetracht der ermittelten Varianzen $\sigma^2_{1.1.6} = 0{,}04672$ und $\sigma^2_{1.1.5} = 0{,}08058$ weitgehend einig sind und jeweils eine hohe Homogenität zu konstatieren ist, besteht hinsichtlich der Bedeutung der Berichtselemente 1.1.1, 1.1.2 und 1.1.4 ($\sigma^2_{1.1.1} = 0{,}11435$, $\sigma^2_{1.1.2} = 0{,}11011$ und $\sigma^2_{1.1.4} = 0{,}11813$) eine mittlere und in Bezug auf die Inhaltskomponente 1.1.3 ($\sigma^2_{1.1.3} = 0{,}14431$) nur eine schwache Homogenität. Letzteres ist darauf zurückzuführen, dass auf der einen Seite die privaten Haushalte, die ausländischen institutionellen Investoren und die Fondsgesellschaften einem Soll-Ist-Vergleich des Profils aller zum Berichtszeitpunkt tätigen Mitglieder der Unternehmensführung mit Bedeutungsgraden von 3,45, 3,56 und 3,63 eine relativ hohe Bedeutung beimessen, auf der anderen Seite die Vertreter der Unternehmen und Banken die Relevanz einer diesbezüglichen Berichterstattung mit einem Bedeutungsgrad von jeweils 2,71 vergleichsweise gering einschätzen, während das arithmetische Mittel der Bedeutungseinschätzung aller befragten Gruppen bei 3,20 liegt.

2. Innere Organisation

Wie sich aus der nachfolgenden Abbildung 31 ergibt, haben Informationen zur Organisationsstruktur des Vorstandsgremiums für die Umfrageteilnehmer mit einem mittleren Bedeutungsgrad von 3,75 eine hohe Bedeutung. Mithin nimmt das in Rede stehende Berichtselement unter Einbeziehung aller 46 im Hinblick auf ihre Bedeutung evaluierten Inhaltskomponenten den zehnten Rang ein. Vor dem Hintergrund dieser Feststellung verwundert es, dass die Verteilung der gruppenspezifischen Bedeutungseinschätzungen nur eine schwache Homogenität aufweist. Die ermittelte Varianz $\sigma^2_{1.2}$ = 0,14151 entspricht dabei dem dritthöchsten Wert aller 46 Inhaltskomponenten. Die Hauptursache hierfür ist darin zu sehen, dass vom gruppenspezifischen arithmetischen Mittel von 3,99 insbesondere die privaten Haushalte (4,55) und die Versicherungen (4,29) stark nach oben und die Unternehmen (3,38) nach unten abweichen.

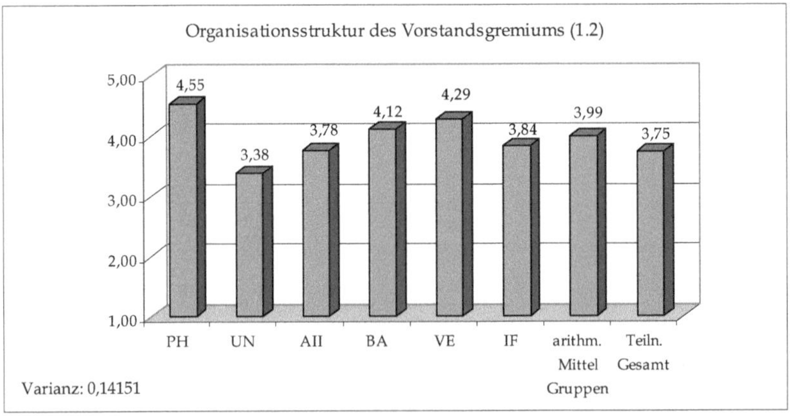

Abbildung 31: Bedeutungsgrad der Berichterstattung über die Organisationsstruktur des Vorstands einschließlich gruppenspezifischer Verteilung

3. Wertorientierte Unternehmensführung

Die Umfrageergebnisse zur Relevanz einer Berichterstattung über Aspekte der wertorientierten Unternehmensführung durch den Vorstand im Rahmen des Corporate Governance Statements lassen sich wie folgt visualisieren:

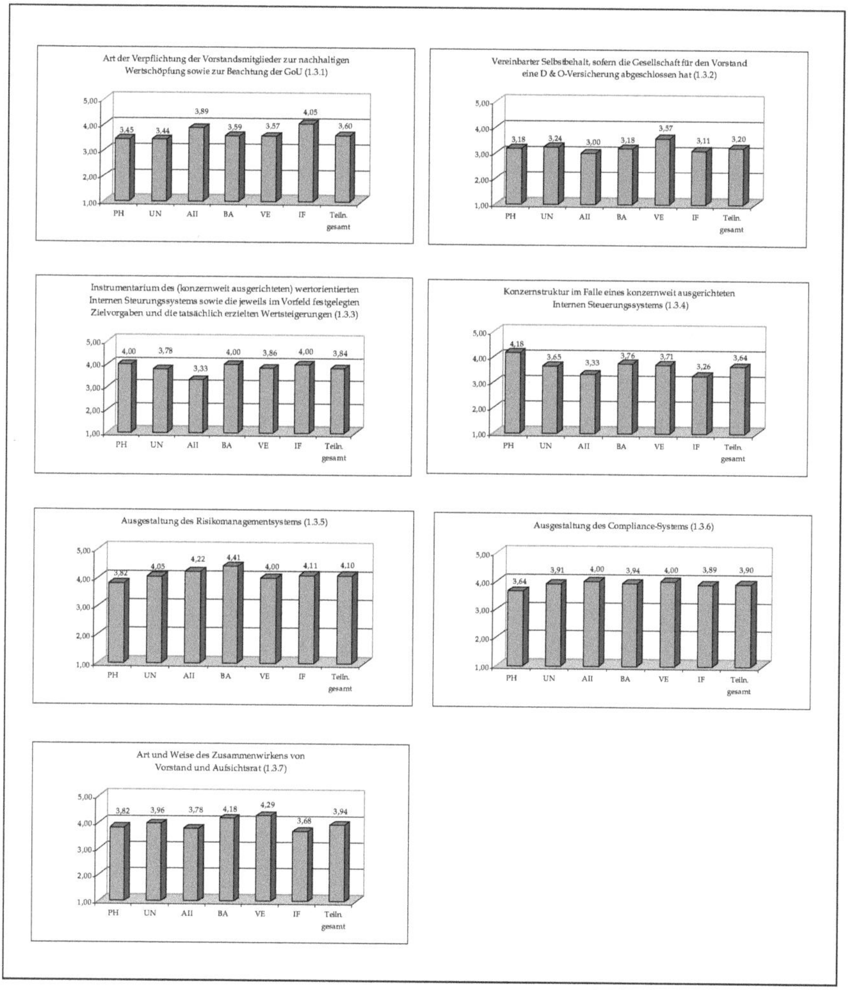

Abbildung 32: Bedeutungsgrade der Inhaltskomponenten zur wertorientierten Unternehmensführung des Vorstands

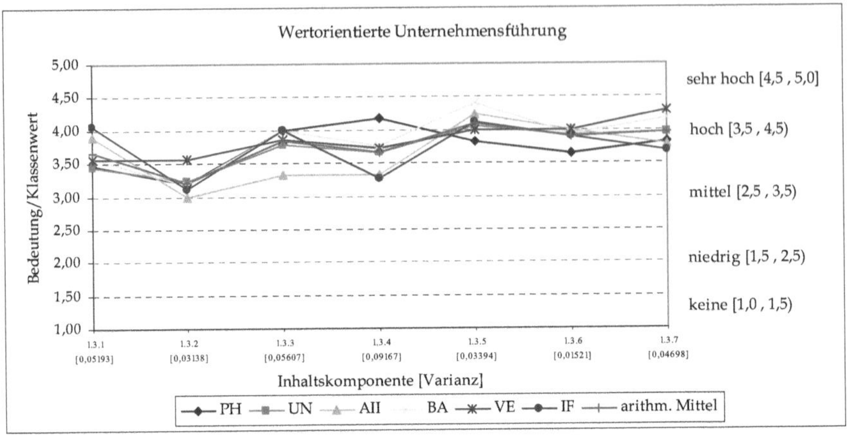

Abbildung 33: Verteilung der gruppenspezifischen Bedeutungsgrade der Inhaltskomponenten zur wertorientierten Unternehmensführung des Vorstands

Wie der Abbildung 32 entnommen werden kann, variieren die mittleren Bedeutungsgrade, welche die Gesamtheit der Umfrageteilnehmer den sieben Inhaltskomponenten zur wertorientierten Unternehmensführung des Vorstands zuweisen, in einem Intervall von 3,20 bis 4,10. Mit der Ausgestaltung des Risikomanagementsystems und des Compliance-Systems (Inhaltskomponenten 1.3.5, 1.3.6), der Art und Weise des Zusammenwirkens von Vorstand und Aufsichtsrat (Inhaltskomponente 1.3.7) sowie dem Instrumentarium des (konzernweit ausgerichteten) wertorientierten Internen Steuerungssystem (Inhaltskomponente 1.3.3) sehen die Befragten dabei vor allem vier Berichtselemente als besonders wichtig an. So erzielen die in Rede stehenden Informationsgegenstände mittlere Bedeutungsgrade von 4,10, 3,90, 3,94 und 3,84, welche unter Berücksichtigung aller 46 evaluierten Inhaltskomponenten den Rängen 1, 4, 3 und 7 entsprechen.[2] Eine etwas niedrigere, jedoch immer noch hohe Bedeutung messen die Umfrageteilnehmer den Inhaltskomponenten 1.3.4 sowie 1.3.1 zur Konzernstruktur (mittlerer Bedeutungsgrad: 3,64) und zur Art der Ver-

2 Die Ränge der mittleren Bedeutungsgrade aller 46 Inhaltskomponenten lassen sich jeweils aus der dritten Spalte der Tabellen 42 bis 48 in Abschn. IV dieses Hauptteils entnehmen.

pflichtung der Vorstandsmitglieder zur nachhaltigen Wertschöpfung sowie zur Beachtung der Grundsätze ordnungsmäßiger Unternehmensführung (GoU) im Rahmen ihrer Anstellungsverträge (mittlerer Bedeutungsgrad: 3,60) bei. Lediglich die Bedeutung der Berichtskomponente 1.3.2 zum vereinbarten Selbstbehalt, sofern die Gesellschaft für den Vorstand eine D & O-Versicherung abgeschlossen hat, wird seitens der Umfrageteilnehmer im Durchschnitt mit einem Wert von 3,20 als mittel eingestuft.

Im Hinblick auf die gruppenspezifische Bewertung der sieben Berichtselemente zur wertorientierten Unternehmensführung durch den Vorstand lassen sich gemäß Abbildung 33 größere Unterschiede nur bei der Berichterstattung über die Konzernstruktur (Inhaltskomponente 1.3.4) feststellen. So resultiert diesbezüglich eine Varianz $\sigma^2_{1.3.4} = 0{,}09167$, welche definitionsgemäß einer mittleren Homogenität der Verteilung der gruppenspezifischen Bedeutungsgrade entspricht. Ursächlich hierfür ist primär der Umstand, dass - im Vergleich zum gruppenspezifischen arithmetischen Mittel von 3,65 - dem Reporting über die Konzernstruktur seitens der privaten Haushalte mit einem Wert von 4,18 eine erheblich höhere und von den ausländischen institutionellen Investoren sowie den Fondsgesellschaften eine erheblich geringere Bedeutung (3,33 respektive 3,26) beigemessen wird. Hinsichtlich der Inhaltskomponenten 1.3.2, 1.3.5 sowie 1.3.6 zum vereinbarten Selbstbehalt, sofern die Gesellschaft für den Vorstand eine D & O-Versicherung abgeschlossen hat, sowie zur Ausgestaltung des Risikomanagement- und Compliance-Systems ist hingegen mit den ermittelten Varianzen $\sigma^2_{1.3.2} = 0{,}03138$, $\sigma^2_{1.3.5} = 0{,}03394$ und $\sigma^2_{1.3.6} = 0{,}01521$ eine sehr hohe und in Bezug auf die Berichtselemente 1.3.1, 1.3.3 und 1.3.7 zur Art der Verpflichtung der Vorstandsmitglieder zur nachhaltigen Wertschöpfung sowie zur Beachtung GoU in den Anstellungsverträgen ($\sigma^2_{1.3.1} = 0{,}05193$), zum Instrumentarium des (konzernweit ausgerichteten) wertorientierten Internen Steuerungssystems ($\sigma^2_{1.3.3} = 0{,}05607$) sowie zur Art und Weise des Zusammenwirkens von Vorstand und Aufsichtsrat ($\sigma^2_{1.3.7} = 0{,}04698$) eine hohe Homogenität zu konstatieren.

4. Interessenkonflikte

Die empirisch induktive Evaluation der drei Inhaltskomponenten zu Interessenkonflikten des Vorstands durch die Umfrageteilnehmer, deren Ergebnisse zusammenfassend in den beiden nachfolgenden Abbildungen 34 und 35 dargelegt sind, zeigt, dass sich die mittleren Bedeutungsgrade in einem relativ engen Intervall von 3,59 bis 3,85 bewegen. Damit wird allen drei Berichtsinhalten eine hohe Bedeutung zugesprochen, wobei die Berichterstattung über die dem Aufsichtsrat in der Berichtsperiode bekannt gewordenen potenziellen und tatsächlich aufgetretenen Interessenkonflikte in Person der Vorstandsmitglieder und deren Behandlung (Inhaltskomponente 1.4.3) mit einem mittleren Wert von 3,85 die höchste Relevanz besitzt. Sie nimmt unter allen 46 Berichtselementen den fünften Rang ein.[3] Nahezu gleich bedeutsam mit mittleren Werten von 3,64 und 3,59 stufen die insgesamt 118 Umfrageteilnehmer Informationen über diejenigen vertraglich festgelegten Sachverhalte, die aus Sicht des Supervisors mit einem erhöhten Risiko eines Interessenkonflikts in Person eines Vorstandsmitglieds verbunden sind und deshalb entweder seiner vorherigen Zustimmung bedürfen oder gegenüber ihm sowie den anderen Vorstandsmitgliedern unverzüglich offenzulegen sind, (Inhaltskomponente 1.4.1) und Angaben über die im Berichtszeitraum seitens des Aufsichtsrats erteilten Zustimmungen zu interessenkonfliktbehafteten Handlungen und Geschäfte der Unternehmensführung (Inhaltskomponente 1.4.2) ein.

Bei der Einschätzung zur Bedeutung der in Rede stehenden Inhaltskomponenten zu Interessenkonflikten des Vorstands ergeben sich - wie der Abbildung 35 zu entnehmen ist - nur geringfügige gruppenspezifische Unterschiede. So ist auf Grundlage der Varianzen $\sigma^2_{1.4.1} = 0{,}05668$ und $\sigma^2_{1.4.3} = 0{,}04771$ im Hinblick auf die Berichtselemente 1.4.1 und 1.4.3 eine hohe und hinsichtlich der Inhaltskomponente 1.4.2 mit der ermittelten Varianz $\sigma^2_{1.4.2} = 0{,}03542$ sogar eine sehr

---

3 Für einen Überblick über die Ränge der mittleren Bedeutungsgrade aller 46 Inhaltskomponenten vgl. die dritte Spalte der Tabellen 42 bis 48 in Abschn. IV dieses Hauptteils.

hohe Homogenität der Verteilung der gruppenspezifischen Bedeutungsgrade zu konstatieren.

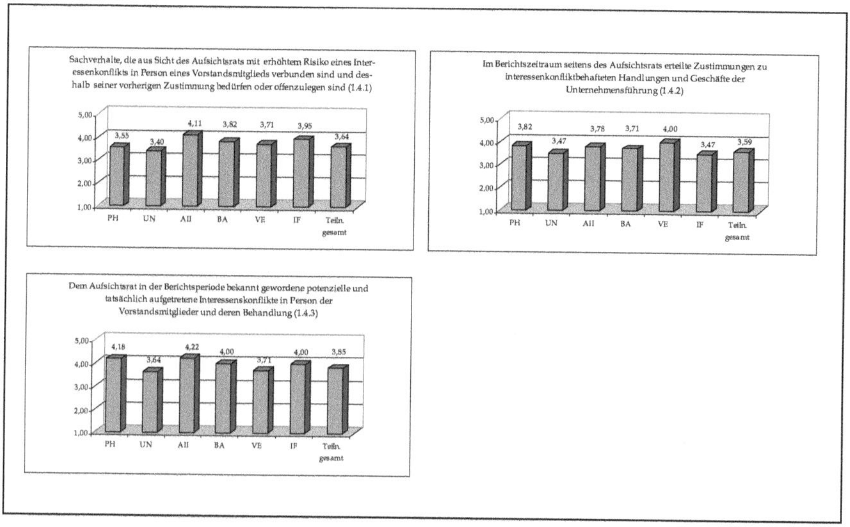

Abbildung 34: Bedeutungsgrade der Inhaltskomponenten zu Interessenkonflikten des Vorstands

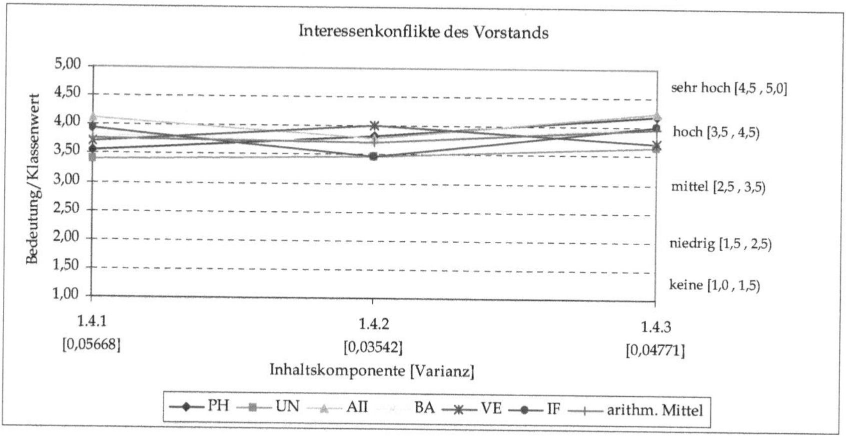

Abbildung 35: Verteilung der gruppenspezifischen Bedeutungsgrade der Inhaltskomponenten zu Interessenkonflikten des Vorstands

5. Vergütung

Die Bedeutung einer Berichterstattung über die Vergütung des Vorstands wird - wie auch hinsichtlich des Reportings über (potenzielle) Interessenkonflikte der Unternehmensführung konstatiert - [4] von allen Umfrageteilnehmern im Durchschnitt als hoch eingestuft. Während dabei - wie der Abbildung 36 zu entnehmen ist - der mittlere Bedeutungsgrad einer Berichterstattung über das Vergütungssystem des Vorstands (Inhaltskomponente 1.5.1) 4,09 beträgt und damit den zweithöchsten Wert aller 46 Inhaltskomponenten darstellt,[5] liegt der entsprechende Mittelwert von 3,62 für die Inhaltskomponente 1.5.2 zur Höhe und Zusammensetzung der im Berichtszeitraum den einzelnen Vorstandsmitgliedern gewährten Vergütungen unter Einbeziehung der zugrunde liegenden Leistungsbeurteilung durch den Aufsichtsrat einschließlich der angewendeten Kriterien deutlich darunter.

Der Grund für die festgestellte Bedeutungsabweichung lässt sich aus der Abbildung 37 erschließen, welche die Verteilung der gruppenspezifischen Bedeutungsgrade der Inhaltskomponenten 1.5.1 und 1.5.2 zum Gegenstand hat. So bewegen sich die Bedeutungseinschätzungen der einzelnen befragten Gruppen in Bezug auf die Inhaltskomponente 1.5.1 zum Vergütungssystem des Vorstands in einer sehr engen Bandbreite von 4,00 bis 4,15 mit einer Varianz $\sigma^2_{1.5.1} = 0{,}00373$, welche den kleinsten Wert der Varianzen für alle 46 Inhaltskomponenten verkörpert[6] und dementsprechend auf eine sehr hohe Homogenität der Verteilung der gruppenspezifischen Bedeutungsgrade schließen lässt. Demgegenüber nimmt die hinsichtlich der Inhaltskomponente 1.5.2 ermittelte Varianz $\sigma^2_{1.5.2} = 0{,}08508$ einen deutlich höheren Wert an, da sich zwar

---

4 Vgl. hierzu Abschn. III. A.4 dieses Hauptteils.

5 Die Ränge der mittleren Bedeutungsgrade aller 46 Inhaltskomponenten lassen sich jeweils aus der dritten Spalte der Tabellen 42 bis 48 in Abschn. IV dieses Hauptteils entnehmen.

6 Für einen Überblick über die Inhaltskomponenten mit der höchsten Homogenität gruppenspezifischer Bedeutungsgrade vgl. Tabelle 53 in Abschn. IV dieses Hauptteils.

die Bedeutungseinschätzungen der privaten Haushalte, der ausländischen institutionellen Investoren und der Versicherungen mit Werten von 4,00, 4,11 und 4,00 auf einem ähnlich hohen Niveau wie beim Berichtselement 1.5.1 bewegen, jedoch die Unternehmen, die Banken sowie die Fondgesellschaften die Relevanz der in Rede stehenden Berichterstattung mit Werten von 3,49, 3,71 und 3,32 deutlich geringer einstufen.

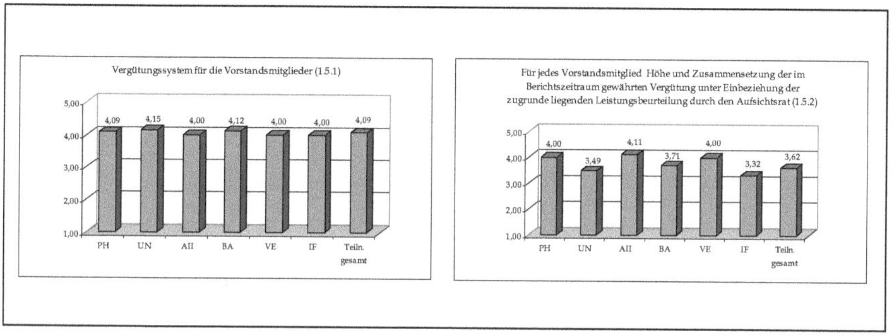

Abbildung 36: Bedeutungsgrade der Inhaltskomponenten zur Vergütung des Vorstands

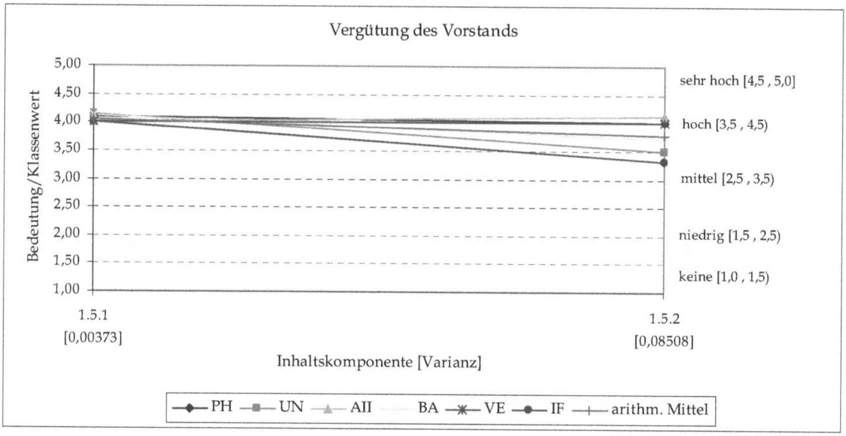

Abbildung 37: Verteilung der gruppenspezifischen Bedeutungsgrade der Inhaltskomponenten zur Vergütung des Vorstands

B. Interne Überwachung durch den Aufsichtsrat

1. Besetzung

Aus der Evaluation der Inhaltskomponenten zur Besetzung des Aufsichtsrats resultieren zusammengefasst die folgenden Ergebnisse:

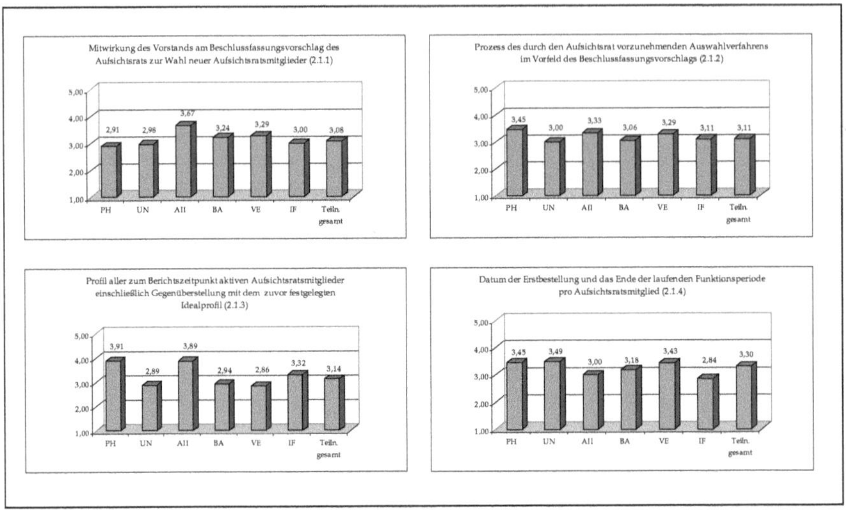

Abbildung 38: Bedeutungsgrade der Inhaltskomponenten zur Besetzung des Aufsichtsrats

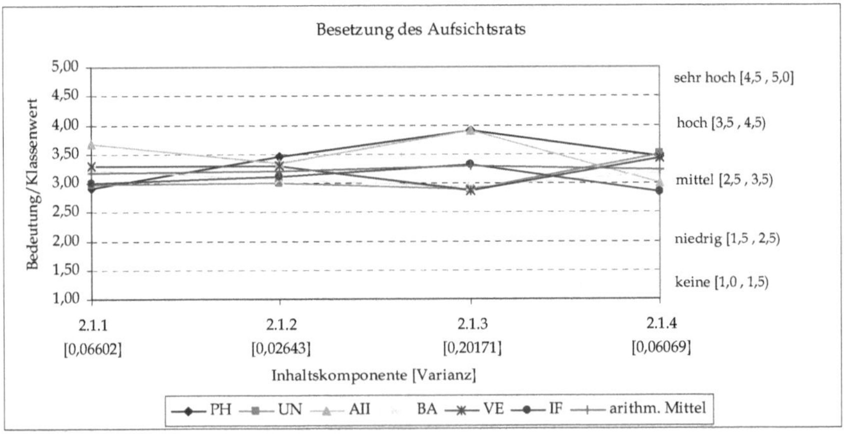

Abbildung 39: Verteilung der gruppenspezifischen Bedeutungsgrade der Inhaltskomponenten zur Besetzung des Aufsichtsrats

Wie sich den Balkendiagrammen der Abbildung 38 entnehmen lässt, misst die Gesamtheit der Befragten den Inhaltskomponenten zur Besetzung des Aufsichtsrats durchschnittliche Bedeutungsgrade zwischen 3,08 und 3,30 bei, womit allen vier Berichtsinhalten eine mittlere Relevanz zugesprochen wird. Die größte Bedeutung kommt in diesem Zusammenhang mit einem mittleren Wert von 3,30 der Inhaltskomponente 2.1.4 zum Datum der Erstbestellung und Ende der laufenden Funktionsperiode pro Aufsichtsratsmitglied zu. Etwas weniger bedeutsam schätzen die Umfrageteilnehmer mit durchschnittlichen Werten von 3,14, 3,11 und 3,08 hingegen eine Berichterstattung über das Profil aller zum Berichtszeitpunkt aktiven Aufsichtsratsmitglieder einschließlich Gegenüberstellung mit dem jeweils zuvor festgelegten Idealprofil (Inhaltskomponente 2.1.3), Informationen zum Prozess des durch den Supervisor vorzunehmenden Auswahlverfahrens im Vorfeld des Beschlussfassungsvorschlags (Inhaltskomponente 2.1.2) und Angaben zur Mitwirkung des Vorstands am Beschlussfassungsvorschlag des Aufsichtsrats zur Wahl neuer Aufsichtsratsmitglieder (Inhaltskomponente 2.1.1) ein, womit Parallelen zur Evaluation der korrespondierenden Berichtsinhalte zur Besetzung des Vorstands deutlich werden. So stufen - wie bereits dargelegt - [7] die Umfrageteilnehmer auch die Bedeutung der Berichtselemente zur Bestellung und Dauer der Funktionsperiode (Inhaltskomponenten 1.1.4, 1.1.5 sowie 1.1.6) höher ein als die Berichtsinhalte zur Adverse Selection (Inhaltskomponenten 1.1.1, 1.1.2 und 1.1.3).

Ein äußerst uneinheitliches Bild zeigt die im Rahmen der Abbildung 39 dargelegte Analyse zur Verteilung der gruppenspezifischen Bedeutungsgrade der in Rede stehenden Inhaltskomponenten. Während im Hinblick auf die Berichtselemente 2.1.1 und 2.1.4 mit den ermittelten Varianzen $\sigma^2_{2.1.1} = 0{,}06602$ und $\sigma^2_{2.1.4} = 0{,}06069$ eine hohe und in Bezug auf die Inhaltskomponente 2.1.2 mit einer Varianz $\sigma^2_{2.1.2} = 0{,}02643$ sogar eine sehr hohe Homogenität der Verteilung der gruppenspezifischen Bedeutungsgrade zu verzeichnen ist, variiert zwischen den Gruppen - ähnlich wie auch bei der Evaluation des Soll-Ist-

7 Vgl. hierzu Abschn. III. A.1 dieses Hauptteils.

Vergleichs des Profils der Vorstandsmitglieder - [8] die Einschätzung der Bedeutung einer Berichterstattung über das Profil aller zum Berichtszeitpunkt aktiven Aufsichtsratsmitglieder einschließlich Gegenüberstellung mit dem jeweils zuvor festgelegten Idealprofil erheblich. So ermittelt sich für die Inhaltskomponente 2.1.3 eine Varianz $\sigma^2_{2.1.3}$ =0,20171 und damit der größte Varianz-Wert aller 46 Inhaltskomponenten,[9] welcher gleichzeitig eine sehr schwache Homogenität der Verteilung der gruppenspezifischen Bedeutungsgrade zum Ausdruck bringt. Diese Inhomogenität der Bedeutungseinschätzungen durch die sechs befragten Gruppen resultiert dabei aus dem Umstand, dass das in Rede stehende Berichtselement seitens der privaten Haushalte und der ausländischen institutionellen Investoren mit Werten von 3,91 und 3,89 sehr viel bedeutsamer eingeschätzt wird als von den Unternehmen (2,89), Banken (2,94) und Versicherungen (2,86), während sich das gruppenspezifische arithmetische Mittel auf einem Niveau von 3,30 bewegt.

2. Innere Organisation

Entsprechend der im Rahmen der nachfolgenden Abbildung 40 dargelegten Untersuchungsergebnisse wird die Bedeutung einer Berichterstattung über die Struktur der inneren Organisation des Aufsichtsrats - wie auch die Relevanz der Angaben zur Organisationsstruktur des Vorstandsgremiums (Inhaltskomponente 1.2)[10] - durch die Gesamtheit der Umfrageteilnehmer im Durchschnitt hoch eingeschätzt. Während dabei jedoch der mittlere Bedeutungsgrad eines Reportings zur Organisationsstruktur der Unternehmensführung 3,75 beträgt, liegt der entsprechende Mittelwert für die in Rede stehende Inhaltskomponente 2.2 zur Organisationsstruktur des Supervisors mit 3,50 erkennbar darunter.

---

8 Für die Inhaltskomponente 1.1.3 wurde eine schwache Homogenität ($\sigma^2_{1.1.3}$ = 0,14431) konstatiert; vgl. hierzu Abschn. III. A.1 dieses Hauptteils.

9 Zu den Inhaltskomponenten mit der schwächsten Homogenität gruppenspezifischer Bedeutungsgrade vgl. Tabelle 54 in Abschn. IV dieses Hauptteils.

10 Vgl. hierzu Abschn. III. A.2 dieses Hauptteils.

Ein gravierender Unterschied zwischen den Evaluationen der korrespondierenden Inhaltskomponenten zur Organisationsstruktur des Vorstands- und Aufsichtsratsgremiums zeigt sich im Hinblick auf die Homogenität der Verteilung der gruppenspezifischen Bedeutungsgrade. So sind die Bedeutungseinschätzungen der sechs befragten Gruppen zur Berichterstattung über die Organisationsstruktur des Aufsichtsrats durch eine hohe Homogenität gekennzeichnet ($\sigma^2_{2.2}$ = 0,07344), wohingegen - wie bereits dargelegt - [11] die Einschätzung zur Bedeutung des Reportings zur Organisationsstruktur der Unternehmensführung zwischen den Gruppen stark variiert und demzufolge nur eine schwache Homogenität ($\sigma^2_{1.2}$ = 0,14151) zu konstatieren ist.

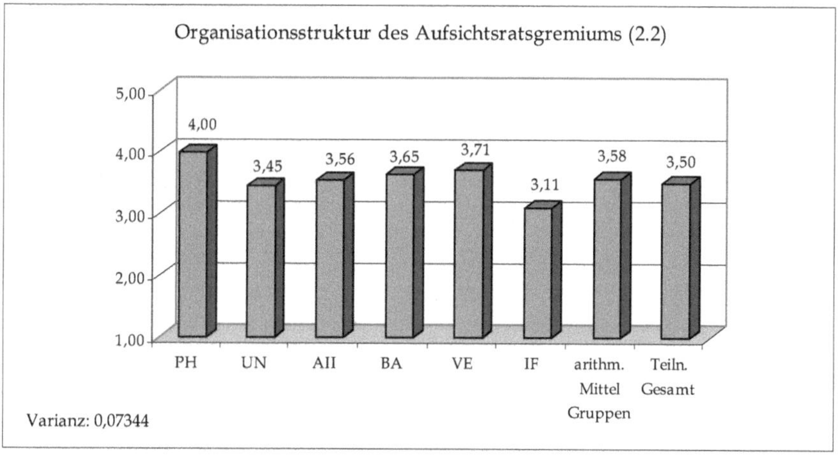

Abbildung 40: Bedeutungsgrad der Berichterstattung über die Organisationsstruktur des Aufsichtsrats einschließlich gruppenspezifischer Verteilung

11 Vgl. hierzu die Ausführungen in Abschn. III. A.2 dieses Hauptteils.

3. Überwachungsaufgabe

Die Inhaltskomponenten zur Überwachungsaufgabe des Aufsichtsrats wurden durch die Umfrageteilnehmer hinsichtlich ihrer Bedeutung wie folgt evaluiert:

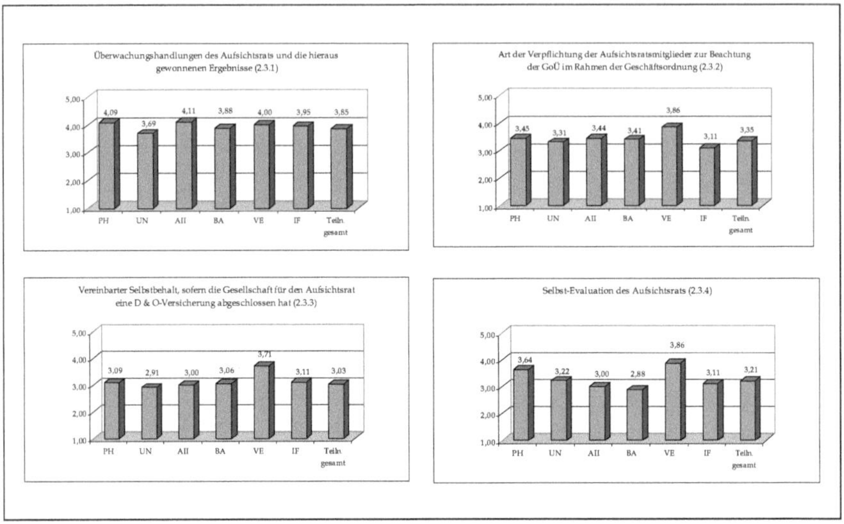

Abbildung 41: Bedeutungsgrade der Inhaltskomponenten zur Überwachungsaufgabe des Aufsichtsrats

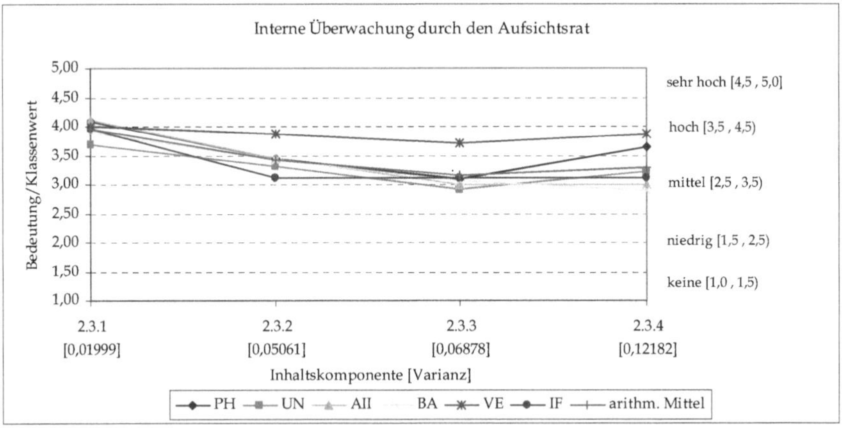

Abbildung 42: Verteilung der gruppenspezifischen Bedeutungsgrade der Inhaltskomponenten zur Überwachungsaufgabe des Aufsichtsrats

Wie die Balkendiagramme der Abbildung 41 verdeutlichen, variieren die den vier Berichtselementen zur Überwachungsaufgabe des Supervisors von den Befragungsteilnehmern insgesamt zugewiesenen mittleren Bedeutungsgrade in einem vergleichsweise großen Intervall zwischen 3,03 und 3,85. Die Angaben zu Überwachungshandlungen des Aufsichtsrats und den hieraus gewonnenen Ergebnissen (Inhaltskomponente 2.3.1) haben dabei für die Umfrageteilnehmer mit einem mittleren Wert von 3,85 eine hohe Bedeutung, wohingegen den Informationen zur Art der Verpflichtung der Aufsichtsratsmitglieder zur Beachtung der Grundsätze ordnungsmäßiger Unternehmensüberwachung (GoÜ) im Rahmen der Geschäftsordnung (Inhaltskomponente 2.3.2), zur Selbst-Evaluation (Inhaltskomponente 2.3.4) und zum vereinbarten Selbstbehalt, sofern die Gesellschaft für den Aufsichtsrat eine D & O-Versicherung abgeschlossen hat, (Inhaltskomponente 2.3.3) mit durchschnittlichen Bedeutungseinschätzungen von 3,35, 3,21 und 3,03 nur eine mittlere Relevanz beigemessen wird. Die uneinheitliche Evaluation der Berichtsinhalte zur Überwachungsaufgabe des Aufsichtsrats kommt auch darin zum Ausdruck, dass die durchschnittlichen Bedeutungsgrade der Berichtselemente 2.3.1 (3,85) und 2.3.3 (3,03) unter allen 46 Inhaltskomponenten die Ränge 5 und 40, somit jeweils Randwerte des Spektrums, verkörpern.[12] Ein Vergleich zwischen den mittleren Bedeutungseinschätzungen der Umfrageteilnehmer zu den Berichtsinhalten 2.3.2 sowie 2.3.3 einerseits und den korrespondierenden Inhaltskomponenten 1.3.1 und 1.3.2 zum Vorstand[13] andererseits zeigt schließlich, dass die Relevanz einer Berichterstattung in beiden Fällen im Hinblick auf die Unternehmensführung höher eingestuft wird.[14]

---

12 Zu den Inhaltskomponenten mit den höchsten und niedrigsten mittleren Bedeutungsgraden vgl. die Tabellen 50 und 51 in Abschn. IV dieses Hauptteils.

13 Vgl. hierzu Abschn. III. A.3 dieses Hauptteils.

14 So ergibt sich aus dem Vergleich der mittleren Bedeutungsgrade der Inhaltskomponenten 1.3.1 und 2.3.2 eine Differenz von 0,25 (3,60 abzüglich 3,35) und aus der Gegenüberstellung der mittleren Bedeutungseinschätzungen der Berichtselemente 1.3.2 und 2.3.3 ein Delta von 0,17 (3,20 abzüglich 3,03).

Ein differenziertes Bild zeigt sich gleichfalls in Bezug auf die Homogenität der Verteilung der Bedeutungseinschätzungen durch die sechs befragten Gruppen, welche in Abbildung 42 dargelegt ist. Während sich im Hinblick auf die Evaluationen der Berichtselemente 2.3.1, 2.3.2 und 2.3.3 mit den ermittelten Varianzen $\sigma^2_{2.3.1} = 0{,}01999$, $\sigma^2_{2.3.2} = 0{,}05061$ und $\sigma^2_{2.3.3} = 0{,}06878$ nur geringfügige gruppenspezifische Unterschiede ergeben und demgemäß eine sehr hohe beziehungsweise hohe Homogenität der Verteilung der gruppenspezifischen Bedeutungsgrade zu konstatieren ist, besteht hinsichtlich der Relevanz der Inhaltskomponente 2.3.4 zur Selbstevaluation des Aufsichtsrats eine mittlere Homogenität, wobei die diesbezüglich ermittelte Varianz ($\sigma^2_{2.3.4} = 0{,}12182$) den viertgrößten Wert aller 46 Inhaltskomponenten[15] darstellt. Diese Inhomogenität ist primär darauf zurückzuführen, dass die Versicherungen (3,86) sowie die privaten Haushalte (3,64) die Bedeutung eines Self Appraisal des Supervisors im Vergleich zum gruppenspezifischen arithmetischen Mittel (3,28) weitaus höher und die ausländischen institutionellen Investoren (3,00) sowie Banken (2,88) erheblich geringer einschätzen. Interessant ist in diesem Zusammenhang auch die Feststellung, dass die Versicherungen nicht nur der in Rede stehenden Inhaltskomponente 2.3.4, sondern ebenso den Berichtselementen 2.3.2 und 2.3.3 im Vergleich zu den anderen befragten Gruppen weitaus höhere Bedeutungsgrade beimessen und somit einer höheren Homogenität des gruppenspezifischen Antwortverhaltens entgegenstehen.

---

15 Zu den Inhaltskomponenten mit der schwächsten Homogenität gruppenspezifischer Bedeutungsgrade vgl. Tabelle 54 in Abschn. IV dieses Hauptteils.

4. Interessenkonflikte

Die 118 Umfrageteilnehmer schätzen die Bedeutung der Informationen zu Interessenkonflikten des Aufsichtsrats mit mittleren Werten zwischen 3,57 und 3,79 allesamt hoch ein (vgl. Abbildung 43), wobei die beigemessenen durchschnittlichen Bedeutungsgrade weitgehende Übereinstimmungen mit denjenigen der korrespondierenden Inhaltskomponenten der Berichtskategorie „Interessenkonflikte des Vorstands"[16] aufweisen. Dabei erzielt im Rahmen der in Rede stehenden Rubrik das Berichtselement 2.4.3 zu den dem Aufsichtsrat in der Berichtsperiode bekannt gewordenen potenziellen und tatsächlich aufgetretenen Interessenkonflikten in Person der Aufsichtsratsmitglieder und deren Behandlung mit einem Wert von 3,79 die höchste mittlere Bedeutungseinschätzung.[17] Dies entspricht dem neunten Rang aller 46 evaluierten Inhaltskomponenten.[18] Nahezu identisch beurteilen die Befragten mit durchschnittlichen Werten von 3,60 und 3,57 die Bedeutung von Angaben über die im Berichtszeitraum seitens des Supervisors erteilten Zustimmungen zu interessenkonfliktbehafteten Handlungen und Geschäften der Aufsichtsratsmitglieder (Inhaltskomponente 2.4.2) und die Relevanz von Informationen über diejenigen im Rahmen der Geschäftsordnung festgelegten Sachverhalte, die aus Sicht des Supervisors mit einem erhöhten Risiko eines Interessenkonflikts in Person eines Aufsichtsratsmitglieds verbunden sind und deshalb entweder seiner vorherigen Zustimmung bedürfen oder gegenüber ihm rechtzeitig offenzulegen sind (Inhaltskomponente 2.4.1).[19]

---

16 Vgl. hierzu Abschn. III. A.4 dieses Hauptteils.

17 Der korrespondierenden Inhaltskomponente 1.4.3 im Kontext des Vorstands wird seitens der Umfrageteilnehmer ein mittlerer Bedeutungsgrad von 3,85 beigemessen, so dass die Evaluationen mit einer nur minimalen Abweichung von 0,06 (3,85 abzüglich 3,79) fast identisch sind.

18 Zu den Berichtselementen mit den höchsten mittleren Bedeutungsgraden vgl. Tabelle 50 in Abschn. IV dieses Hauptteils.

19 Aus dem Vergleich der durchschnittlichen Bedeutungseinschätzungen zu den Berichtselementen 2.4.2 und 1.4.2 bzw. 2.4.1 und 1.4.1 resultieren ebenfalls nur marginale Differenzen von 0,01 (3,60 abzüglich 3,59) respektive von 0,07 (3,64 abzüglich 3,57).

Die Einigkeit, welche im Rahmen der Evaluation der drei Inhaltskomponenten zu Interessenkonflikten des Aufsichtsrats durch die Gesamtheit der Umfrageteilnehmer demonstriert wird, spiegelt sich gemäß Abbildung 44 auch in der gruppenspezifischen Auswertung wider. So lässt sich in Bezug auf die Inhaltskomponente 2.4.2 anhand der Varianz $\sigma^2_{2.4.2} = 0{,}07059$ eine hohe und hinsichtlich der Berichtselemente 2.4.3 und 2.4.1 auf Basis der Varianzen $\sigma^2_{2.4.3} = 0{,}02973$ und $\sigma^2_{2.4.1} = 0{,}03266$ jeweils eine sehr hohe Homogenität der Verteilung der gruppenspezifischen Bedeutungsgrade konstatieren. Gleichzeitig wird hiermit wiederum eine Parallele zur Bedeutungseinschätzung der korrespondierenden Inhaltskomponenten 1.4.1, 1.4.2 und 1.4.3 zu Interessenkonflikten des Vorstands[20] durch die sechs befragten Gruppen deutlich, welche sich ebenfalls durch eine (sehr) hohe Homogenität auszeichnet.

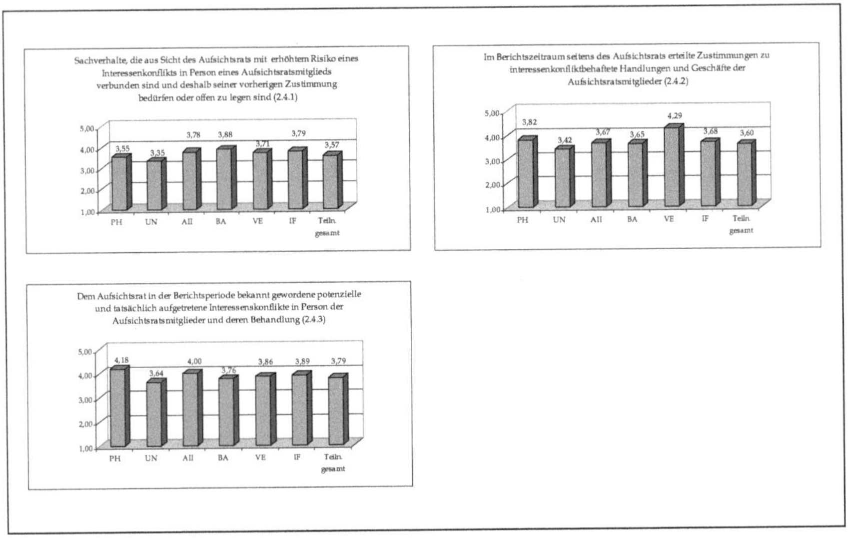

Abbildung 43: Bedeutungsgrade der Inhaltskomponenten zu Interessenkonflikten des Aufsichtsrats

---

20 Vgl. hierzu im Einzelnen Abschn. III. A.4 dieses Hauptteils.

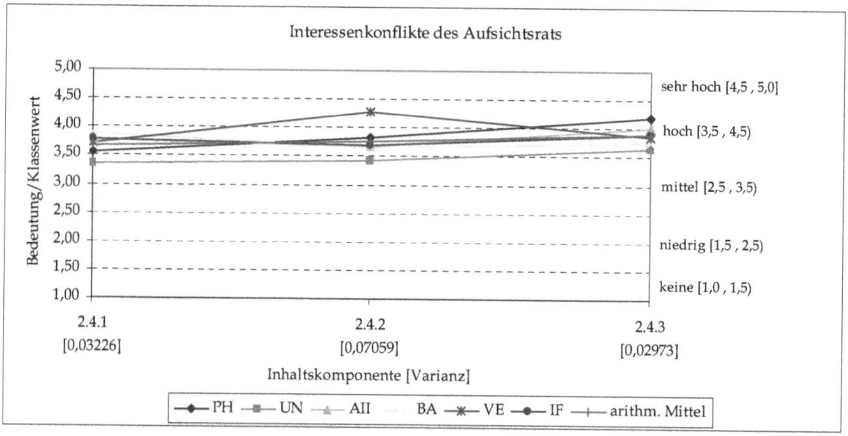

Abbildung 44: Verteilung der gruppenspezifischen Bedeutungsgrade der Inhaltskomponenten zu Interessenkonflikten des Aufsichtsrats

5. Vergütung

Wie sich aus der nachfolgenden Abbildung 45 ergibt, hat das Berichtselement 2.5.1 zum Vergütungssystem der Aufsichtsratsmitglieder für die Umfrageteilnehmer mit einem mittleren Wert von 3,80 eine hohe Bedeutung, während den Angaben zur Höhe und Zusammensetzung der den Aufsichtsratsmitgliedern im Berichtszeitraum gewährten Vergütungen unter Einbeziehung der zugrunde liegenden Angemessenheitskriterien (Inhaltskomponente 2.5.2) mit einem durchschnittlich Wert von 3,39 eine mittlere Bedeutung beigemessen wird. Ein Vergleich mit den mittleren Bedeutungseinschätzungen zu den korrespondierenden Berichtsinhalten zur Unternehmensführung[21] zeigt, dass die Befragten Informationen zur Vorstandsvergütung für ihre Entscheidungen als relevanter einstufen. Dies wird auch im Rahmen einer Analyse der durchschnittlichen Bedeutungsgrade aller 46 evaluierten Inhaltskomponenten deutlich.[22] So er-

21 Vgl. hierzu im Einzelnen Abschn. III. A.5 dieses Hauptteils.

22 Zu den Rängen der mittleren Bedeutungsgrade aller 46 Inhaltskomponenten vgl. jeweils die dritte Spalte der Tabellen 42 bis 48 in Abschn. IV dieses Hauptteils.

reicht das Berichtselement 1.5.1 zum Vergütungssystem des Vorstands (mittlerer Bedeutungsgrad: 4,09) den zweiten und die Inhaltskomponente 2.5.1 zum Vergütungssystem des Aufsichtsrats den achten Rang. Zudem belegt das Berichtselement 1.5.2 zur Höhe und Zusammensetzung der den einzelnen Vorstandsmitgliedern im Berichtszeitraum gewährten Vergütungen unter Einbeziehung der zugrunde liegenden Leistungsbeurteilung durch den Aufsichtsrat einschließlich der angewendeten Kriterien (mittlerer Bedeutungsgrad: 3,62) immerhin noch den 14. Rang, wohingegen die korrespondierende Inhaltskomponente 2.5.2 zum Aufsichtsrat nur den 27. Rang einnimmt.

Bei den Einschätzungen zur Bedeutung der in Rede stehenden Informationen zur Vergütung des Aufsichtsrats ergeben sich nur geringfügige gruppenspezifische Unterschiede. So lässt sich - mit Verweis auf die Abbildung 46 - sowohl im Hinblick auf die Berichterstattung über das Vergütungssystem des Aufsichtsrats als auch hinsichtlich der Informationen zur Höhe und Zusammensetzung der den Aufsichtsratsmitgliedern im Berichtszeitraum gewährten Vergütungen unter Einbeziehung der zugrunde liegenden Angemessenheitskriterien mit den ermittelten Varianzen $\sigma^2_{2.5.1} = 0{,}03227$ und $\sigma^2_{2.5.2} = 0{,}03695$ jeweils eine sehr hohe Homogenität der Verteilung der gruppenspezifischen Bedeutungsgrade konstatieren. Die ermittelten Homogenitäten erreichen dabei einerseits zwar nicht den Übereinstimmungsgrad, welcher bei der Inhaltskomponente 1.5.1 zum Vergütungssystem des Vorstands festzustellen ist ($\sigma^2_{1.5.1} = 0{,}00373$), weisen andererseits jedoch auch nicht die hohe Inhomogenität der Bedeutungseinschätzungen durch die befragten Gruppen in Bezug auf das Berichtselement 1.5.2 zur Höhe und Zusammensetzung der den Mitgliedern des Vorstands im Berichtszeitraum gewährten Vergütungen ($\sigma^2_{1.5.2} = 0{,}08508$) auf.[23]

[23] Vgl. hierzu Abschn. III. A.5 dieses Hauptteils.

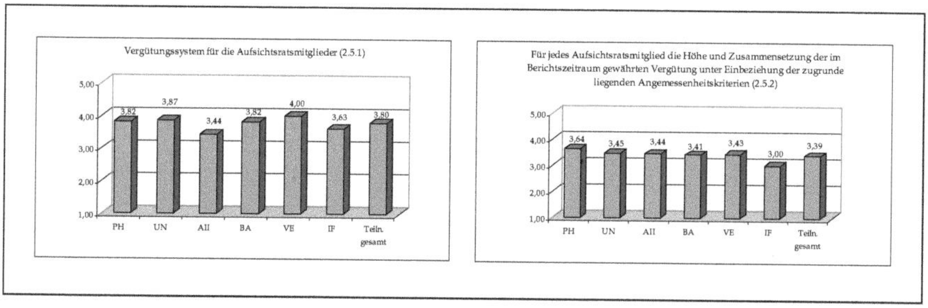

Abbildung 45: Bedeutungsgrade der Inhaltskomponenten zur Vergütung des Aufsichtsrats

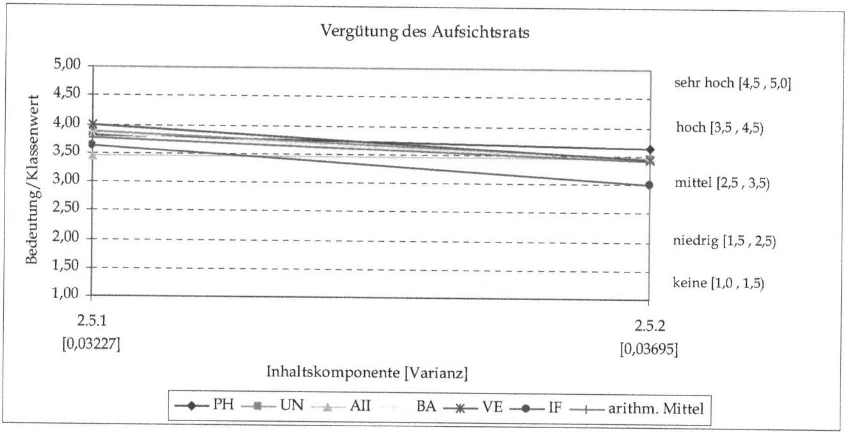

Abbildung 46: Verteilung der gruppenspezifischen Bedeutungsgrade der Inhaltskomponenten zur Vergütung des Aufsichtsrats

C. Unterstützung des Aufsichtsrats durch den (Konzern-) Abschlussprüfer

1. Auswahl des (Konzern-)Abschlussprüfers

Aus den Evaluationsergebnissen zur Berichtskategorie „Auswahl des (Konzern-)Abschlussprüfers", welche zusammenfassend in den nachfolgenden Abbildungen 47 und 48 dargelegt sind, ist zunächst abzuleiten, dass die Gesamtheit der Umfrageteilnehmer der Berichterstattung über das Profil des ausgewählten (Konzern-)Abschlussprüfers (Inhaltskomponente 3.1.3) mit einem mittleren Wert von 3,64 eine hohe Bedeutung beimisst, wohingegen das Berichtselement 3.1.2 zum Prozess des seitens des Aufsichtsrats im Vorfeld seines Beschlussfassungsvorschlags zur Wahl des (Konzern-)Abschlussprüfers durchzuführenden Auswahlverfahrens und die Inhaltskomponente 3.1.1 zur Mitwirkung des Vorstands an dem Beschlussfassungsvorschlag des Aufsichtsrats weniger ins Gewicht fallen. Diese Reporting-Gegenstände haben nach Auffassung der Befragten - in Analogie zu den korrespondierenden Berichtselementen zur Besetzung des Vorstands und des Aufsichtsrats - [24] mit durchschnittlichen Bedeutungsgraden von 3,03 und 3,01 nur eine mittlere Relevanz und belegen unter Berücksichtigung aller 46 evaluierten Inhaltskomponenten des Corporate Governance Statements[25] lediglich die Ränge 40 und 43.

Im Vergleich zur Evaluation der korrespondierenden Inhaltskomponenten zur Besetzung des Vorstands und des Aufsichtsrats[26] sind sich die sechs befragten Gruppen bei ihren Bedeutungseinschätzungen zu den Berichtsinhalten zur Auswahl des (Konzern-)Abschlussprüfers weitgehend einig. So sprechen die

---

24 Den korrespondierenden Inhaltskomponenten 1.1.2 und 1.1.3 zum Vorstand sowie 2.1.2 und 2.1.3 zum Aufsichtsrat werden - wie bereits dargelegt - durchschnittliche Werte von 3,19, 3,02, 3,11 und 3,14 und damit jeweils eine mittlere Bedeutung zugewiesen; vgl. hierzu Abschn. III. A.1 und B.1 dieses Hauptteils.

25 Zu den Rängen der mittleren Bedeutungsgrade aller 46 Inhaltskomponenten vgl. die dritte Spalte der Tabellen 42 bis 48 in Abschn. IV dieses Hauptteils.

26 Vgl. hierzu im Einzelnen Abschn. III. A.1 und B.1 dieses Hauptteils.

für die in Rede stehenden Inhaltskomponenten 3.1.1, 3.1.2 und 3.1.3 ermittelten Varianzen $\sigma^2_{3.1.1} = 0{,}01614$, $\sigma^2_{3.1.2} = 0{,}04685$ und $\sigma^2_{3.1.3} = 0{,}08149$ für eine sehr hohe beziehungsweise hohe Homogenität der Verteilung der gruppenspezifischen Bedeutungsgrade.

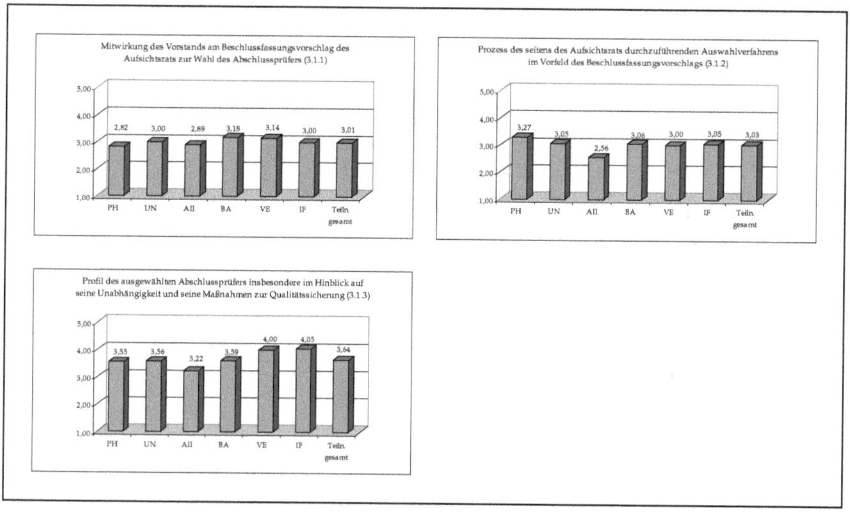

Abbildung 47: Bedeutungsgrade der Inhaltskomponenten zur Auswahl des (Konzern-)Abschlussprüfers

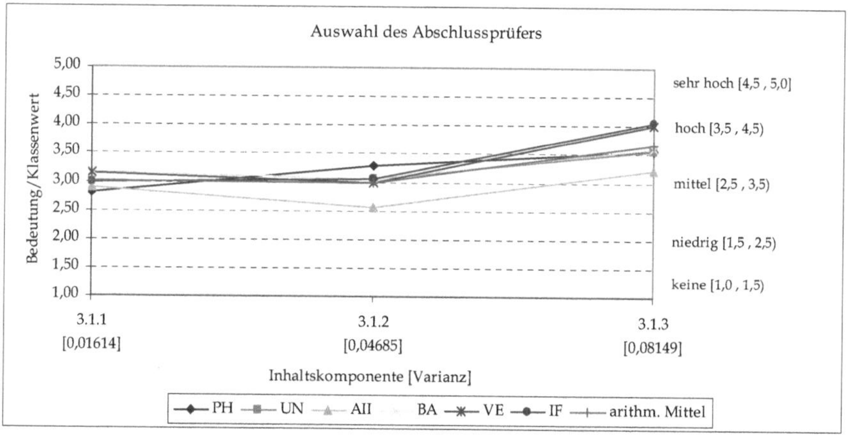

Abbildung 48: Verteilung der gruppenspezifischen Bedeutungsgrade der Inhaltskomponenten zur Auswahl des (Konzern-)Abschlussprüfers

2. Prüfungsauftrag

Die im Rahmen der vorliegend durchgeführten Untersuchung gewonnenen Erkenntnisse zur Bedeutung einer Berichterstattung über die Beauftragung des (Konzern-)Abschlussprüfers lassen sich wie folgt zusammenfassen:

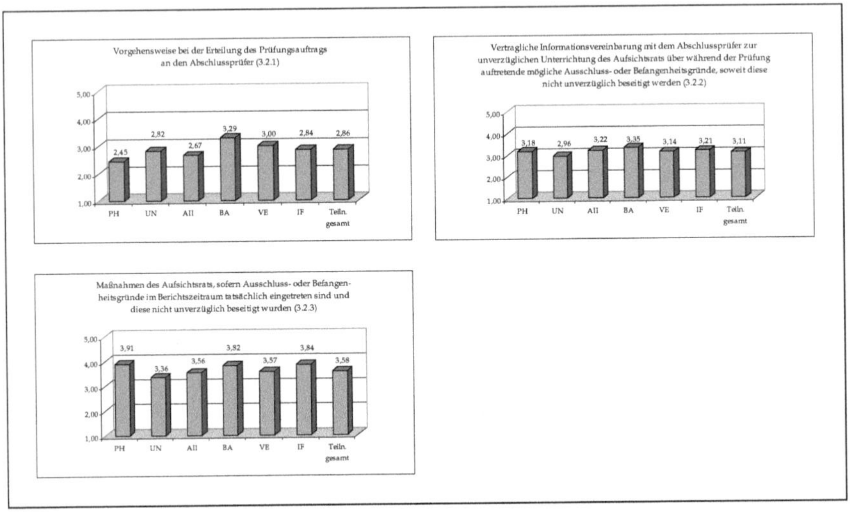

Abbildung 49: Bedeutungsgrade der Inhaltskomponenten zur Beauftragung des (Konzern-)Abschlussprüfers

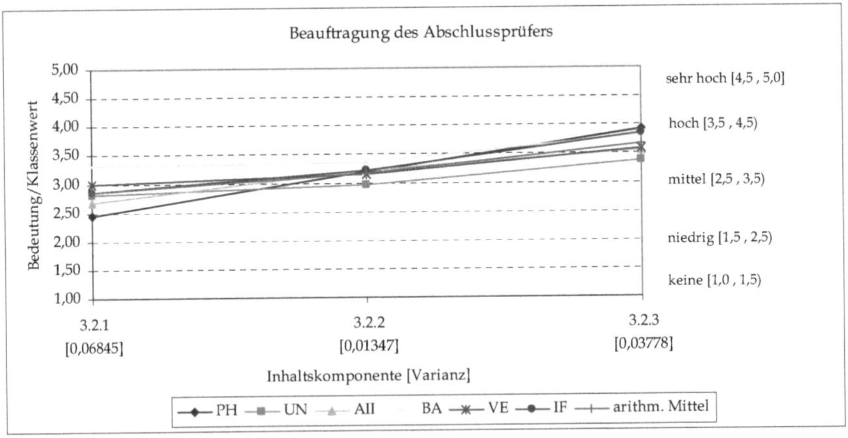

Abbildung 50: Verteilung der gruppenspezifischen Bedeutungsgrade der Inhaltskomponenten zur Beauftragung des (Konzern-)Abschlussprüfers

Wie in der Abbildung 49 in Form von Balkendiagrammen visualisiert, bewegen sich die den drei Berichtskomponenten zur Beauftragung des (Konzern-) Abschlussprüfers seitens der 118 Umfrageteilnehmer im Durchschnitt beigemessenen Bedeutungsgrade in einem Intervall von 2,86 bis 3,58. Die höchste Relevanz wird hierbei dem Berichtselement 3.2.3 zugesprochen, welches Informationen zu Maßnahmen bereitstellt, die der Aufsichtsrat ergriffenen hat, sofern hinsichtlich des (Konzern-)Abschlussprüfers Ausschluss- oder Befangenheitsgründe im Berichtszeitraum tatsächlich eingetreten sind und diese nicht unverzüglich beseitigt wurden. Mit einem durchschnittlichen Wert von 3,58 hat die in Rede stehende Inhaltskomponente für die Befragten eine hohe Bedeutung. Vergleichsweise weniger relevant stufen die Umfrageteilnehmer hingegen die Berichtselemente 3.2.2 und 3.2.1 ein, welche die vertragliche Informationsvereinbarung mit dem (Konzern-)Abschlussprüfer hinsichtlich während der Prüfung auftretender möglicher Ausschluss- oder Befangenheitsgründe sowie die Vorgehensweise bei der Erteilung des Prüfungsauftrags an den (Konzern-)Abschlussprüfer zum Gegenstand hat. So weisen die Befragten diesen beiden Inhaltskomponenten, welche Aufschlüsse über die Gefahr eines Moral Hazard des (Konzern-)Abschlussprüfers gegeben sollen, durchschnittliche Bedeutungsgrade von 3,11 sowie 2,86 und somit eine nur mittlere Bedeutung zu, wobei letzterer Wert gleichzeitig den zweitniedrigsten aller 46 evaluierten Berichtselemente verkörpert.[27]

Ähnlich wie bei der Evaluation der Berichtskomponenten zur Auswahl des (Konzern-)Abschlussprüfers[28] treten auch im Hinblick auf die Einschätzung der Relevanz eines Reportings zur Beauftragung des (Konzern-)Abschlussprüfers nur geringfügige gruppenspezifische Unterschiede auf. So ist in Bezug auf die Inhaltskomponente 3.2.1 mit einer ermittelten Varianz $\sigma^2_{3.2.1} = 0{,}06845$ eine hohe und hinsichtlich der Berichtselemente 3.2.3 und 3.2.2 mit Varianzen $\sigma^2_{3.2.3} = 0{,}03778$ und $\sigma^2_{3.2.2} = 0{,}01347$ sogar eine sehr hohe Homogenität der

27 Zu den Inhaltskomponenten mit den niedrigsten mittleren Bedeutungsgraden vgl. Tabelle 51 in Abschn. IV dieses Hauptteils.

28 Vgl. hierzu im Einzelnen Abschn. III. C.1 dieses Hauptteils.

Verteilung der gruppenspezifischen Bedeutungsgrade zu konstatieren (vgl. Abbildung 50). Der letztgenannte Varianz-Wert entspricht dabei dem vierthöchsten Homogenitätsgrad aller 46 evaluierten Inhaltskomponenten des Corporate Governance Statements.[29]

3. Unterstützungsleistungen des (Konzern-)Abschlussprüfers

Die aus den Antworten aller Umfrageteilnehmer resultierenden mittleren Bedeutungseinschätzungen liegen - wie der nachfolgenden Abbildung 51 zu entnehmen ist - in einem engen Korridor von 3,33 bis 3,53. Nahezu identische durchschnittliche Bedeutungsgrade von 3,53, 3,52 und 3,49 werden dabei den Informationen zur zusammenfassenden Einschätzung des Aufsichtsrats zur Qualität der Prüfung und Berichterstattung des (Konzern-)Abschlussprüfers für die eigene Überwachungstätigkeit (Inhaltskomponente 3.3.4), den Angaben zu Art, Umfang und wesentlichen Punkten der Berichterstattung des (Konzern-)Abschlussprüfers gegenüber dem Supervisor (Inhaltskomponente 3.3.2) sowie einem Reporting zu den seitens des Aufsichtsrats festgelegten Prüfungsschwerpunkten und deren Berücksichtigung im Rahmen der (Konzern-) Abschlussprüfung (Inhaltskomponente 3.3.1) zugewiesen. Deutlich darunter liegt mit einem mittleren Wert von 3,33 hingegen die Bedeutung der Berichterstattung über die Teilnahme des (Konzern-)Abschlussprüfers an den Bilanzsitzungen des Aufsichtsrats und seinen Bericht über die wesentlichen Ergebnisse seiner Prüfung (Inhaltskomponente 3.3.3). Obgleich sich die durchschnittlichen Bedeutungsgrade der Berichtselemente 3.3.4, 3.3.2 und 3.3.1 nur um 0,04 unterscheiden, ist unter Zugrundelegung der im Rahmen der vorliegenden Abhandlung gebildeten Intervalle im Ergebnis nur den beiden erstgenannten Berichtselementen eine hohe Bedeutung zu attestieren, während der Inhaltskomponente 3.3.1 neben der Berichtskategorie 3.3.3 eine mittlere Relevanz zukommt.

---

[29] Zu den Inhaltskomponenten mit der höchsten Homogenität gruppenspezifischer Bedeutungsgrade vgl. im Einzelnen Tabelle 53 in Abschn. IV dieses Hauptteils.

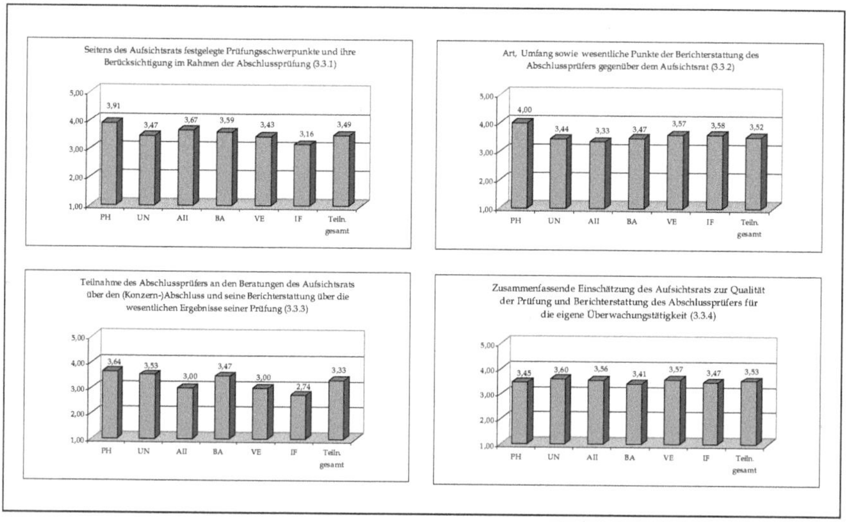

Abbildung 51: Bedeutungsgrade der Inhaltskomponenten zu Unterstützungsleistungen des (Konzern-)Abschlussprüfers

Im Rahmen der Bedeutungseinschätzung von Informationen zu Unterstützungsleistungen des (Konzern-)Abschlussprüfers ergeben sich - entsprechend der nachfolgenden Abbildung 52 - nur im Hinblick auf das Berichtselement 3.3.3 größere gruppenspezifische Unterschiede. So ermittelt sich diesbezüglich eine Varianz $\sigma^2_{3.3.3} = 0{,}11006$, welche nur einer mittleren Homogenität der Verteilung der gruppenspezifischen Bedeutungsgrade entspricht und den achtschwächsten Homogenitätsgrad aller 46 Inhaltskomponenten darstellt.[30] Diese Inhomogenität liegt darin begründet, dass auf der einen Seite die privaten Haushalte, die Unternehmen und die Banken der Berichterstattung über die Teilnahme des (Konzern-)Abschlussprüfers an den Bilanzsitzungen des Aufsichtsrats und seinen Bericht über die wesentlichen Ergebnisse seiner Prüfung mit Werten von 3,64, 3,53 und 3,47 im Vergleich zum gruppenspezifischen arithmetischen Mittel von 3,23 eine relativ hohe Relevanz beimessen, auf der anderen Seite die Vertreter der ausländischen institutionellen Investoren, der

30 Für einen Überblick zu den Inhaltskomponenten mit der schwächsten Homogenität gruppenspezifischer Bedeutungsgrade vgl. Tabelle 54 in Abschn. IV dieses Hauptteils.

Versicherungen und der Investmentfonds die Bedeutung dieser Informationen mit Werten von 3,00, 3,00 und 2,74 vergleichsweise gering einschätzen. Die Bedeutungseinschätzungen der sechs befragten Gruppen zu den übrigen Inhaltskomponenten 3.3.1, 3.3.2 und 3.3.4 zeichnen sich dagegen mit den ermittelten Varianzen $\sigma^2_{3.3.1} = 0{,}05292$, $\sigma^2_{3.3.2} = 0{,}04477$ und $\sigma^2_{3.3.4} = 0{,}00466$ durch eine hohe respektive sehr hohe Homogenität aus. Mithin erzielt die Inhaltskomponente 3.3.4 unter allen 46 bewerteten Berichtselementen den zweithöchsten Homogenitätsgrad.[31]

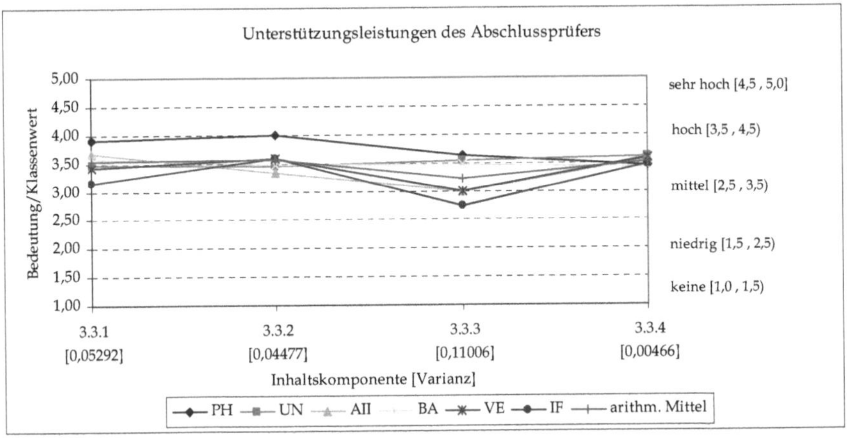

Abbildung 52: Verteilung der gruppenspezifischen Bedeutungsgrade der Inhaltskomponenten zu Unterstützungsleistungen des (Konzern-)Abschlussprüfers

31 Zu den Berichtselementen mit der höchsten Homogenität gruppenspezifischer Bedeutungsgrade vgl. im Einzelnen Tabelle 53 in Abschn. IV dieses Hauptteils.

4. Prüfungshonorar

Nach Auffassung der 118 Umfrageteilnehmer fallen die Berichtselemente zum Prüfungshonorar vergleichsweise wenig ins Gewicht. So beträgt der durchschnittliche Bedeutungsgrad für die Inhaltskomponente 3.4.2 zur Honorarvereinbarung mit dem (Konzern-)Abschlussprüfer 3,11, hinsichtlich des Berichtselements 3.4.3 zur Festlegung eines Zustimmungsvorbehalts des Aufsichtsrats zu der Vergabe von Nichtprüfungsleistungen und einer in diesem Zusammenhang gegebenenfalls vorgesehenen Deckelung 2,92 und im Hinblick auf die Berichterstattung über das Mitwirken des Vorstands an der Honorarvereinbarung mit dem (Konzern-)Abschlussprüfer (Inhaltskomponente 3.4.1) sogar nur 2,77 (vgl. Abbildung 53). Im Ergebnis wird somit einer Berichterstattung über die in Rede stehenden Aspekte des Prüfungshonorars seitens der Umfrageteilnehmer nur eine mittlere Bedeutung beigemessen, wobei die mittleren Bedeutungsgrade der Inhaltskomponenten 3.4.1 und 3.4.3 den niedrigsten respektive drittniedrigsten Wert aller 46 Berichtselemente darstellen.[32]

Im Hinblick auf die Homogenität der gruppenspezifischen Bedeutungseinschätzungen zeichnet sich - wie die Abbildung 54 verdeutlicht - ein sehr einheitliches Bild ab. So ist in Bezug auf alle drei Inhaltskomponenten zum Prüfungshonorar mit den ermittelten Varianzen $\sigma^2_{3.4.1}$ = 0,02963, $\sigma^2_{3.4.2}$ = 0,01276 und $\sigma^2_{3.4.3}$ = 0,01777 eine sehr hohe Homogenität der Verteilung der gruppenspezifischen Bedeutungsgrade zu konstatieren. Hervorzuheben ist diesem Zusammenhang, dass es sich bei der für das Berichtselement 3.4.2 zur Honorarvereinbarung mit dem (Konzern-)Abschlussprüfer ermittelten Varianz ($\sigma^2_{3.4,2}$ = 0,01276) um den dritthöchsten Homogenitätsgrad aller 46 Inhaltskomponenten[33] handelt.

---

32 Zu den Berichtselementen mit den niedrigsten mittleren Bedeutungsgraden vgl. Tabelle 51 in Abschn. IV dieses Hauptteils.

33 Für einen Überblick über die Inhaltskomponenten mit der höchsten Homogenität gruppenspezifischer Bedeutungsgrade vgl. im Einzelnen Tabelle 53 in Abschn. IV dieses Hauptteils.

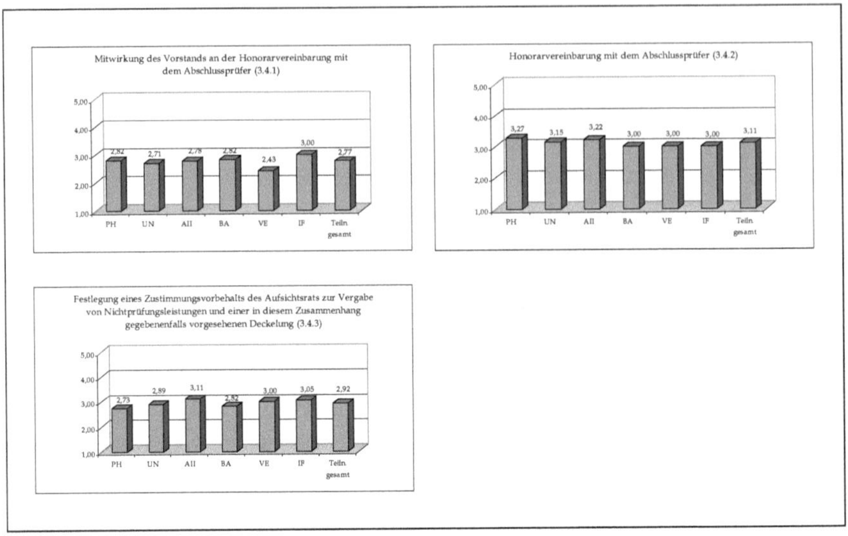

Abbildung 53: Bedeutungsgrade der Inhaltskomponenten zum Prüfungshonorar

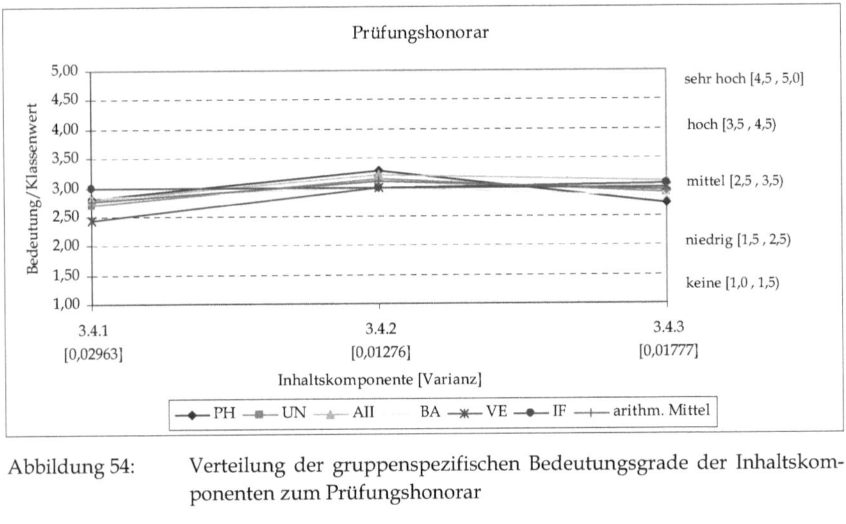

Abbildung 54: Verteilung der gruppenspezifischen Bedeutungsgrade der Inhaltskomponenten zum Prüfungshonorar

D. Vorschläge der Umfrageteilnehmer für weitere Inhaltskomponenten des Corporate Governance Statements

Vonseiten der Umfrageteilnehmer wurden im Rahmen der vorliegenden Untersuchung im Hinblick auf eine Ergänzung der 46 vorgegebenen Berichtselemente insgesamt acht Vorschläge unterbreitet, welche sich auf die unternehmensspezifische interne Corporate Governance als den zentralen Berichtsgegenstand des Corporate Governance Statements beziehen[34] und damit aus systematischer Sicht grundsätzlich als weitere Inhaltskomponenten in Betracht kommen.[35] Jeweils drei der Vorschläge betreffen dabei die Unternehmensführung durch den Vorstand und die interne Überwachung durch den Aufsichtsrat, wohingegen zwei Anregungen die Unterstützung des Aufsichtsrats durch den (Konzern-)Abschlussprüfer zum Gegenstand haben.

Im Hinblick auf die Berichtskategorie „Unternehmensführung durch den Vorstand" wurden von den Befragten zum einen Angaben zur Existenz einer Whistleblowing-Helpline und zum anderen Informationen zu Leistungen, die Vorstandsmitgliedern für den Fall einer vorzeitigen oder regulären Beendigung ihrer Tätigkeit in Form von Versorgungszusagen oder Abfindungen gewährt worden sind, gefordert. Eine Ergänzung des Corporate Governance Statements um die genannten Sachverhalte ist indes entbehrlich, da diese bereits durch die vorgegebenen Berichtsinhalte abgedeckt sind. So stellen - wie bereits dargelegt - die Whistleblowing-Helpline ein Element des Compliance-Systems und Versorgungszusagen sowie Abfindungen der ausgeschiedenen

34 Zum Petitum, wonach die unternehmensspezifische interne Corporate Governance den Inhalt des Corporate Governance Statements zu prägen hat, vgl. im Einzelnen Abschn. II. C.5.a)(1)(a) des Zweiten Hauptteils.

35 Weitere von den Befragten abgegebene Stellungnahmen beziehen sich auf die Form und das Enforcement des Corporate Governance Statements sowie auf das Rating der Corporate Governance als solcher. Überdies nutzten die Teilnehmer die Frage 15 vereinzelt auch für verbale Ergänzungen ihrer Bedeutungseinschätzungen zu den vorgegebenen Inhaltskomponenten des Corporate Governance Statements. Die genannten Eingaben der Umfrageteilnehmer sind im Hinblick auf eine etwaige Ergänzung der 46 Berichtselemente des Corporate Governance Statements allesamt als nicht zielführend anzusehen und werden deshalb in der vorliegenden Analyse nicht weiter betrachtet.

Vorstandsmitglieder Bestandteile der Vorstandsvergütung, somit elementare Gegenstände der Inhaltskomponenten 1.3.6 und 1.5.2 dar.[36]

Die Ergänzungsvorschläge zur Berichterstattung über die interne Überwachung durch den Aufsichtsrat beziehen sich auf die Darlegung der Qualifikation und weiterer Mandate der Aufsichtsratsmitglieder sowie auf die Offenlegung eines Tätigkeitsberichts des Supervisors. Jedoch sind auch diese Sachverhalte bereits Gegenstände der im Rahmen dieser Arbeit theoretisch deduktiv ermittelten Berichtselemente, womit eine diesbezügliche Erweiterung entfallen kann. Während die Qualifikation und die Mitgliedschaften in anderen Aufsichtsräten wesentliche Elemente des Profils der Aufsichtsratsmitglieder - und damit der Inhaltskomponente 2.1.3 - verkörpern,[37] stellt der geforderte Tätigkeitsbericht des Supervisor die Dokumentation der Überwachungshandlungen des Aufsichtsrats und die hieraus gewonnen Ergebnisse dar, die Gegenstände des Berichtselements 2.3.1 sind.[38]

Im Ergebnis verhält es sich ebenso in Bezug auf die seitens der Umfrageteilnehmer im Kontext der Unterstützung des Aufsichtsrats durch den (Konzern-)Abschlussprüfer geforderte Offenlegung des Zeitraums der Prüfungsdurchführung und des Prüfungshonorars. So sind die vorgeschlagenen Informationen allesamt Sachverhalte, die bereits aus der Honorarvereinbarung mit dem (Konzern-)Abschlussprüfer als den zentralen Gegenstand des Berichtselements 3.4.2 hervorgehen.[39]

---

36 Vgl. im Einzelnen Abschn. II. C.5.b)(1)(c) und C.5.b)(1)(e) des Zweiten Hauptteils sowie zusammenfassend Rn. 1.3.6 und 1.5.2 des kommentierten Berichtskatalogs in den Tabellen 59, 61 und 62 im Anhang.

37 Vgl. hierzu ausf. Abschn. II. C.5.b)(2)(a) des Zweiten Hauptteils und in zusammengefasster Form Rn. 2.1.3 des kommentierten Berichtskatalogs in Tabelle 63 im Anhang.

38 Vgl. diesbezüglich im Einzelnen Abschn. II. C.5.b)(2)(c) des Zweiten Hauptteils sowie komprimiert Rn. 2.3.1 des kommentierten Berichtskatalogs in den Tabellen 66 und 67 im Anhang.

39 Vgl. hierzu die Ausführungen in Abschn. II. C.5.b)(3)(d) des Zweiten Hauptteils sowie Rn. 3.4.2 des kommentierten Berichtskatalogs in Tabelle 74 im Anhang.

Vor dem Hintergrund dieser Analyseergebnisse kann in einer Gesamtschau festgehalten werden, dass die seitens der Umfrageteilnehmer vorgeschlagenen Sachverhalte bereits allesamt durch die im Rahmen dieser Arbeit theoretisch deduktiv ermittelten 46 Inhaltskomponenten abgedeckt sind und demzufolge eine Ergänzung des Berichtskatalogs um weitere Elemente entbehrlich ist.

IV. Zusammenfassung und Konklusion

Die im Mittelpunkt des Dritten Hauptteils stehende vollstandardisierte personalisierte Online-Befragung (potenzieller) Investoren der 30 DAX-Unternehmen zielte primär darauf ab, die im zweiten Kapitel des Zweiten Hauptteils theoretisch deduktiv ermittelten Inhaltskomponenten des Corporate Governance Statements einer empirisch induktiven Evaluation zu unterziehen. Hiermit sollte sichergestellt werden, dass sich das Corporate Governance Reporting an den tatsächlichen Informationsbedürfnissen der Berichtsadressaten ausrichtet. Eine weitere im ersten Kapitel dieses Hauptteils abgeleitete Zielsetzung der empirischen Untersuchung bestand in der Beantwortung der Fragestellung, ob und inwieweit sich im Hinblick auf die Bewertung der Inhaltskomponenten durch die sechs Befragungsgruppen „private Haushalte", „Unternehmen", „ausländische institutionelle Investoren", „Banken", „Versicherungen" und „Fondsgesellschaften" wesentliche Unterschiede ergeben.

Die im Rahmen des zweiten Kapitels dieses Hauptteils ermittelte Gesamtstichprobe n der durchgeführten Studie umfasste insgesamt 384 Erhebungsobjekte. Davon absolvierten 118 Umfrageteilnehmer den Fragebogen bis zum Ende und übermittelten demzufolge vollständige Datensätze (realisierte Stichprobe n_r), welche der Auswertung zugrunde gelegt werden konnten. Dies entspricht einer Rücklaufquote von 30,73 %.

Als zentrales Ergebnis der vorliegenden Untersuchung lässt sich die nachfolgend - unter Zugrundelegung des im Zweiten Hauptteil entwickelten Berichtskatalogs - in zusammengefasster Form dargelegte empirisch induktive Evaluation der insgesamt 46 Inhaltskomponenten des Corporate Governance Statements durch die (potenziellen) Investoren als die Hauptadressaten des in Rede stehenden Berichtsinstruments festhalten, wobei die Bedeutungseinschätzung auf einer Ordinalskala mit fünf sowohl numerisch als auch verbal charakterisierten Abstufungen mit den Randwerten 5 („sehr hohe Bedeutung"/„very important") und 1 („keine Bedeutung"/„very low importance") basierte, welche anschließend in eine Intervallskala transformiert wurde, um der Auswertung zur Verdichtung der Ergebnisse zu einem nachprüfbaren Wert das arithmetische Mittel $\bar{x}$ zugrunde legen zu können.

Berichtskategorie und -gegenstand		mittlerer Bedeutungsgrad $\overline{x}$ (Skala von 1 bis 5)	Rang (1-46) des mittleren Bedeutungsgrads
1	**Unternehmensführung durch den Vorstand**		
1.1	**Besetzung** *Bezüglich der Besetzung des Vorstands ist zu berichten über:*		
1.1.1	Mitwirkung des Vorstands an der langfristigen Nachfolgeplanung zur Besetzung von Vorstandsposten.	3,15	34
1.1.2	Prozess des Auswahlverfahrens im Rahmen der Vorstandsbestellung.	3,19	33
1.1.3	Profil aller zum Berichtszeitpunkt aktiven Vorstandsmitglieder einschließlich Gegenüberstellung mit dem jeweils zuvor festgelegten Idealprofil.	3,02	42
1.1.4	Datum der Erstbestellung und Ende der laufenden Funktionsperiode pro Vorstandsmitglied.	3,41	26
1.1.5	Begründung für eine Bestellung über die maximale Bestelldauer von fünf Jahren im Falle einer Erstbestellung.	3,43	25
1.1.6	Die besonderen Umstände im Falle einer Wiederbestellung vor Ablauf eines Jahres vor dem Ende der Bestelldauer bei gleichzeitiger Aufhebung der laufenden Bestellung.	3,59	17
1.2	**Innere Organisation** *Bezüglich der inneren Organisation des Vorstands ist zu berichten über:*		
	Die Organisationsstruktur des Vorstandsgremiums. Dies schließt eine Offenlegung der Vorstands-Geschäftsordnung ein, aus welcher sich insbesondere folgende Sachverhalte ergeben: ▪ Ressortzuständigkeiten der einzelnen Vorstandsmitglieder (Geschäftsverteilungsplan) einschließlich Regeln ihres organisatorischen Zusammenwirkens, ▪ die dem Gesamtvorstand vorbehaltenen Angelegenheiten, ▪ Funktionen und Befugnisse des Vorstandsvorsitzenden/-sprechers, ▪ Regelungen zu Sitzungen und Beschlüssen des Vorstandsgremiums, ▪ Bestimmungen zur Informationsversorgung des Aufsichtsrats (Informationsordnung) und ▪ die der Zustimmung des Aufsichtsrats unterliegenden Geschäfte von grundlegender Bedeutung.	3,75	10

Tabelle 42: Empirisch induktive Evaluation der Inhaltskomponenten des Corporate Governance Statements (I)

	Berichtskategorie und -gegenstand	mittlerer Bedeutungsgrad $\overline{x}$ (Skala von 1 bis 5)	Rang (1-46) des mittleren Bedeutungsgrads
1.3	**Wertorientierte Unternehmensführung** *Bezüglich der wertorientierten Unternehmensführung durch den Vorstand ist zu berichten über:*		
1.3.1	Die Art der Verpflichtung der Vorstandsmitglieder zur nachhaltigen Wertschöpfung sowie zur Beachtung der Grundsätze ordnungsmäßiger Unternehmensführung (GoU) im Rahmen ihrer Anstellungsverträge.	3,60	15
1.3.2	Den vereinbarten Selbstbehalt, sofern die Gesellschaft für den Vorstand eine D & O-Versicherung abgeschlossen hat.	3,20	32
1.3.3	Das Instrumentarium des (konzernweit ausgerichteten) wertorientierten Internen Steuerungssystems sowie die jeweils im Vorfeld festgelegten Zielvorgaben und die tatsächlich erzielten Wertsteigerungen.	3,84	7
1.3.4	Die Konzernstruktur im Falle eines konzernweit ausgerichteten Internen Steuerungssystems.	3,64	11
1.3.5	Die Ausgestaltung des Risikomanagementsystems.	4,10	1
1.3.6	Die Ausgestaltung des Compliance-Systems.	3,90	4
1.3.7	Die Art und Weise des Zusammenwirkens von Vorstand und Aufsichtsrat. Dies schließt insbesondere den Abstimmungsprozess zwischen Vorstand und Aufsichtsrat hinsichtlich der Festlegung und Umsetzung der strategischen Ausrichtung der Gesellschaft/des Kon zerns ein.	3,94	3
1.4	**Interessenkonflikte** *Bezüglich der Interessenkonflikte des Vorstands ist zu berichten über:*		
1.4.1	Diejenigen vertraglich festgelegten Sachverhalte, die aus Sicht des Aufsichtsrats mit einem erhöhten Risiko eines Interessenkonflikts in Person eines Vorstandsmitglieds verbunden sind und deshalb entweder seiner vorherigen Zustimmung bedürfen oder gegenüber ihm und den anderen Vorstandsmitgliedern unverzüglich offenzulegen sind.	3,64	11
1.4.2	Die im Berichtszeitraum seitens des Aufsichtsrats erteilten Zustimmungen zu interessenkonfliktbehafteten Handlungen und Geschäfte der Unternehmensführung.	3,59	17

Tabelle 43: Empirisch induktive Evaluation der Inhaltskomponenten des Corporate Governance Statements (II)

	Berichtskategorie und -gegenstand	mittlerer Bedeutungsgrad $\overline{x}$ (Skala von 1 bis 5)	Rang (1-46) des mittleren Bedeutungsgrads
1.4	**Interessenkonflikte (Fortsetzung)**		
1.4.3	Die dem Aufsichtsrat in der Berichtsperiode bekannt gewordenen potenziellen und tatsächlich aufgetretenen Interessenkonflikte in Person der Vorstandsmitglieder und deren Behandlung.	3,85	5
1.5	**Vergütung** *Bezüglich der Vergütung des Vorstands ist zu berichten über:*		
1.5.1	Das Vergütungssystem für die Vorstandsmitglieder.	4,09	2
1.5.2	Für jedes Vorstandsmitglied die Höhe und Zusammensetzung der im Berichtszeitraum gewährten Vergütung unter Einbeziehung der zugrunde liegenden Leistungsbeurteilung durch den Aufsichtsrat einschließlich der angewendeten Kriterien.	3,62	14
2	**Interne Überwachung durch den Aufsichtsrat**		
2.1	**Besetzung** *Bezüglich der Besetzung des Aufsichtsrats ist zu berichten über:*		
2.1.1	Mitwirkung des Vorstands am Beschlussfassungsvorschlag des Aufsichtsrats zur Wahl neuer Aufsichtsratsmitglieder.	3,08	39
2.1.2	Prozess des durch den Aufsichtsrat vorzunehmenden Auswahlverfahrens im Vorfeld des Beschlussfassungsvorschlags.	3,11	36
2.1.3	Profil aller zum Berichtszeitpunkt aktiven Aufsichtsratsmitglieder einschließlich Gegenüberstellung mit dem jeweils zuvor festgelegten Idealprofil.	3,14	35
2.1.4	Datum der Erstbestellung und Ende der laufenden Funktionsperiode pro Aufsichtsratsmitglied.	3,30	30

Tabelle 44: Empirisch induktive Evaluation der Inhaltskomponenten des Corporate Governance Statements (III)

	Berichtskategorie und -gegenstand	mittlerer Bedeutungsgrad $\overline{x}$ (Skala von 1 bis 5)	Rang (1-46) des mittleren Bedeutungsgrads
2.2	**Innere Organisation** *Bezüglich der inneren Organisation des Aufsichtsrats ist zu berichten über:*		
	Die Organisationsstruktur des Aufsichtsratsgremiums. Dies schließt eine Offenlegung der Aufsichtsrats-Geschäftsordnung ein, aus welcher sich insbesondere folgende Sachverhalte ergeben: ▪ die seitens des Aufsichtsrats aus seiner Mitte gebildeten Ausschüsse einschließlich Regeln ihres organisatorischen Zusammenwirkens mit dem Plenum, ▪ die dem Gesamtaufsichtsrat vorbehaltenen Angelegenheiten, ▪ Aufgaben und Befugnisse des Aufsichtsratsvorsitzenden, ▪ Regelungen zu Sitzungen und Beschlüssen des Aufsichtsgremiums, ▪ die Art der Fixierung von Grundsätzen ordnungsmäßiger Unternehmensüberwachung (GoÜ) und ▪ Anordnungen zum Umgang mit Interessenkonflikten.	3,50	23
2.3	**Überwachungsaufgabe** *Bezüglich der Überwachung durch den Aufsichtsrat ist zu berichten über:*		
2.3.1	Überwachungshandlungen des Aufsichtsrats und die hieraus gewonnenen Ergebnisse. Dies schließt insbesondere eine Offenlegung ein, wie sich der Aufsichtsrat von der Rechtmäßigkeit, Ordnungsmäßigkeit, Zweckmäßigkeit und Wirtschaftlichkeit der Unternehmensführung überzeugt hat.	3,85	5
2.3.2	Die Art der Verpflichtung der Aufsichtsratsmitglieder zur Beachtung der Grundsätze ordnungsmäßiger Unternehmensüberwachung (GoÜ) im Rahmen der Geschäftsordnung.	3,35	28
2.3.3	Den vereinbarten Selbstbehalt, sofern die Gesellschaft für den Aufsichtsrat eine D & O-Versicherung abgeschlossen hat.	3,03	40

Tabelle 45: Empirisch induktive Evaluation der Inhaltskomponenten des Corporate Governance Statements (IV)

	Berichtskategorie und -gegenstand	mittlerer Bedeutungsgrad $\overline{x}$ (Skala von 1 bis 5)	Rang (1-46) des mittleren Bedeutungsgrads
2.3	**Überwachungsaufgabe (Fortsetzung)**		
2.3.4	Die Selbst-Evaluation des Aufsichtsrats. Evaluationsgegenstände sind die Aufgabenerfüllung und Organisation des Aufsichtsratsplenums, die Ausschussarbeit sowie die einzelnen Aufsichtsratsmitglieder. Die Darstellung bezieht sich insbesondere auf den Evaluationsprozess einschließlich der Evaluationsergebnisse und konkreter Verbesserungsmaßnahmen.	3,21	31
2.4	**Interessenkonflikte**		
	Bezüglich der Interessenkonflikte des Aufsichtsrats ist zu berichten über:		
2.4.1	Diejenigen im Rahmen der Geschäftsordnung festgelegten Sachverhalte, die aus Sicht des Aufsichtsrats mit einem erhöhten Risiko eines Interessenkonflikts in Person eines Aufsichtsratsmitglieds verbunden sind und deshalb entweder seiner vorherigen Zustimmung bedürfen oder gegenüber ihm rechtzeitig offenzulegen sind.	3,57	20
2.4.2	Die im Berichtszeitraum seitens des Aufsichtsrats erteilten Zustimmungen zu interessenkonfliktbehafteten Handlungen und Geschäfte der Aufsichtsratsmitglieder.	3,60	15
2.4.3	Die dem Aufsichtsrat in der Berichtsperiode bekannt gewordenen potenziellen und tatsächlich aufgetretenen Interessenkonflikte in Person der Aufsichtsratsmitglieder und deren Behandlung.	3,79	9
2.5	**Vergütung**		
	Bezüglich der Vergütung des Aufsichtsrats ist zu berichten über:		
2.5.1	Das Vergütungssystem für die Aufsichtsratsmitglieder.	3,80	8
2.5.2	Für jedes Aufsichtsratsmitglied die Höhe und Zusammensetzung der im Berichtszeitraum gewährten Vergütung unter Einbeziehung der zugrunde liegenden Angemessenheitskriterien.	3,39	27

Tabelle 46: Empirisch induktive Evaluation der Inhaltskomponenten des Corporate Governance Statements (V)

	Berichtskategorie und -gegenstand	mittlerer Bedeutungsgrad $\bar{x}$ (Skala von 1 bis 5)	Rang (1-46) des mittleren Bedeutungsgrads
3	**Unterstützung des Aufsichtsrats durch den (Konzern-)Abschlussprüfer**		
3.1	**Auswahl des (Konzern-)Abschlussprüfers** *Bezüglich der Auswahl des (Konzern-) Abschlussprüfers ist zu berichten über:*		
3.1.1	Mitwirkung des Vorstands am Beschlussfassungsvorschlag des Aufsichtsrats zur Wahl des (Konzern-)Abschlussprüfers.	3,01	43
3.1.2	Prozess des seitens des Aufsichtsrats durchzuführenden Auswahlverfahrens im Vorfeld des Beschlussfassungsvorschlags.	3,03	40
3.1.3	Profil des ausgewählten (Konzern-)Abschlussprüfers insbesondere im Hinblick auf seine Unabhängigkeit und seine Maßnahmen zur Qualitätssicherung.	3,64	11
3.2	**Prüfungsauftrag** *Bezüglich der Beauftragung des (Konzern-) Abschlussprüfers ist zu berichten über:*		
3.2.1	Vorgehensweise bei der Erteilung des Prüfungsauftrags an den (Konzern-)Abschlussprüfer.	2,86	45
3.2.2	Vertragliche Informationsvereinbarung mit dem (Konzern-)Abschlussprüfer, wonach der Vorsitzende des Aufsichtsrats oder des Prüfungsausschusses über während der Prüfung auftretende mögliche Ausschluss- oder Befangenheitsgründe unverzüglich zu unterrichten ist, soweit diese nicht unverzüglich beseitigt werden.	3,11	36
3.2.3	Maßnahmen des Aufsichtsrats, sofern Ausschluss- oder Befangenheitsgründe im Berichtszeitraum tatsächlich eingetreten sind und diese nicht unverzüglich beseitigt wurden.	3,58	19
3.3	**Unterstützungsleistungen durch den (Konzern-)Abschlussprüfer** *Bezüglich der Unterstützungsleistungen des (Konzern-)Abschlussprüfers ist zu berichten über:*		
3.3.1	Seitens des Aufsichtsrats festgelegte Prüfungsschwerpunkte und ihre Berücksichtigung im Rahmen der (Konzern-)Abschlussprüfung.	3,49	24

Tabelle 47: Empirisch induktive Evaluation der Inhaltskomponenten des Corporate Governance Statements (VI)

	Berichtskategorie und -gegenstand	mittlerer Bedeutungsgrad $\overline{x}$ (Skala von 1 bis 5)	Rang (1-46) des mittleren Bedeutungsgrads
3.3	**Unterstützungsleistungen durch den (Konzern-)Abschlussprüfer (Fortsetzung)**		
3.3.2	Art, Umfang sowie wesentliche Punkte der Berichterstattung des (Konzern-)Abschlussprüfers gegenüber dem Aufsichtsrat.	3,52	22
3.3.3	Teilnahme des (Konzern-)Abschlussprüfers an den Beratungen des Aufsichtsrats über den (Konzern-)Abschluss und seine Berichterstattung über die wesentlichen Ergebnisse seiner Prüfung. Dies schließt insbesondere eine Offenlegung der Anzahl der Bilanzsitzungen, an denen der (Konzern-)Abschlussprüfer teilgenommen hat, sowie der jeweiligen Themenschwerpunkte ein.	3,33	29
3.3.4	Zusammenfassende Einschätzung des Aufsichtsrats zur Qualität der Prüfung und Berichterstattung des (Konzern-)Abschlussprüfers für die eigene Überwachungstätigkeit. Dies schließt insbesondere eine Stellungnahme des Aufsichtsrats zum Ergebnis der Prüfung der (Konzern-)Rechnungslegung durch den (Konzern-)Abschlussprüfer ein.	3,53	21
3.4	**Prüfungshonorar** *Bezüglich des Prüfungshonorars ist zu berichten über:*		
3.4.1	Mitwirkung des Vorstands an der Honorarvereinbarung mit dem (Konzern-)Abschlussprüfer.	2,77	46
3.4.2	Die Honorarvereinbarung mit dem (Konzern-)Abschlussprüfer. Dies schließt insbesondere eine Offenlegung der Höhe und Art des Prüfungshonorars unter Einbeziehung der zugrunde liegenden Kalkulation sowie des Verhältnisses zwischen den für den Berichtszeitraum seitens des amtierenden (Konzern-)Abschlussprüfers berechneten Prüfungshonoraren und Honoraren für Nichtprüfungsleistungen ein.	3,11	36
3.4.3	Die Festlegung eines Zustimmungsvorbehalts des Aufsichtsrats zur Vergabe von Nichtprüfungsleistungen und einer in diesem Zusammenhang gegebenenfalls vorgesehenen Deckelung der Honorare aus Nichtprüfungsleistungen auf einen bestimmten Anteil an der Gesamthonorarsumme.	2,92	44

Tabelle 48: Empirisch induktive Evaluation der Inhaltskomponenten des Corporate Governance Statements (VII)

Die den einzelnen Inhaltskomponenten seitens der Umfrageteilnehmer beigemessenen mittleren Bedeutungsgrade teilen sich hinsichtlich ihrer Häufigkeit wie folgt auf die Intervalle der zugewiesenen Klassenwerte[1] auf:

Bedeutung einer Inhaltskomponente	**Intervalle der zugewiesenen Klassenwerte**	**Häufigkeit der mittleren Bedeutungsgrade in den Intervallen der zugewiesenen Klassenwerte**	
		absolut	**relativ**
sehr hohe Bedeutung / very important	[4,5 , 5,0]	0	0,00 %
hohe Bedeutung / important	[3,5 , 4,5)	23	50,00 %
mittlere Bedeutung / neutral	[2,5 , 3,5)	23	50,00 %
niedrige Bedeutung / low importance	[1,5 , 2,5)	0	0,00 %
keine Bedeutung / very low importance	[1,0 , 1,5)	0	0,00 %
Summe		**46**	**100,00 %**

Tabelle 49: Häufigkeit der beigemessenen mittleren Bedeutungsgrade in den definierten Intervallen der zugewiesenen Klassenwerte

Wie der Tabelle 49 zu entnehmen ist, wurde jeweils 23 Inhaltskomponenten vonseiten der insgesamt 118 Erhebungsobjekte im Durchschnitt eine hohe beziehungsweise mittlere Bedeutung zugesprochen (jeweils 50 %), woraus geschlossen werden kann, dass die Umfrageteilnehmer den theoretisch deduktiv ermittelten Berichtselementen auch eine Relevanz im Hinblick auf ihre Anlageentscheidungen beimessen. Insofern bestätigen die befragten (potenziellen) Investoren mit ihrer Evaluation die Notwendigkeit aller 46 Inhaltskomponenten und rechtfertigen damit ihre Aufnahme in das Corporate Governance Statement.[2] Die folgenden Berichtskomponenten erzielten im Rahmen der empirisch induktiven Evaluation die höchsten zehn mittleren Bedeutungsgrade:[3]

---

1 Zur Intervallbildung vgl. Abschn. II. G dieses Hauptteils.

2 Zu dieser Vorgehensweise vgl. auch BROTTE 1997, S. 41 f.

3 Die Ränge der mittleren Bedeutungsgrade aller 46 Inhaltskomponenten lassen sich jeweils aus der dritten Spalte der Tabellen 42 bis 48 entnehmen.

Rang des mittleren Bedeutungsgrads	mittlerer Bedeutungsgrad $\bar{x}$ auf einer Skala von 1 bis 5	Berichtsgegenstand	
1	4,10	1.3.5	Ausgestaltung des Risikomanagementsystems
2	4,09	1.5.1	Vergütungssystem für die Vorstandsmitglieder
3	3,94	1.3.7	Art und Weise des Zusammenwirkens von Vorstand und Aufsichtsrat
4	3,90	1.3.6	Ausgestaltung des Compliance-Systems
5	3,85	1.4.3	die dem Aufsichtsrat in der Berichtsperiode bekannt gewordenen potenziellen und tatsächlich aufgetretenen Interessenkonflikte in Person der Vorstandsmitglieder und deren Behandlung
5	3,85	2.3.1	Überwachungshandlungen des Aufsichtsrats und die hieraus gewonnenen Ergebnisse
7	3,84	1.3.3	das Instrumentarium des (konzernweit ausgerichteten) wertorientierten Internen Steuerungssystems sowie die jeweils im Vorfeld festgelegten Zielvorgaben und die tatsächlich erzielten Wertsteigerungen
8	3,80	2.5.1	Vergütungssystem für die Aufsichtsratsmitglieder
9	3,79	2.4.3	die dem Aufsichtsrat in der Berichtsperiode bekannt gewordenen potenziellen und tatsächlich aufgetretenen Interessenkonflikte in Person der Aufsichtsratsmitglieder und deren Behandlung
10	3,75	1.2	Organisationsstruktur des Vorstandsgremiums

Tabelle 50: Inhaltskomponenten mit den höchsten mittleren Bedeutungsgraden

Aus der vorstehenden Tabelle 50 lässt sich entnehmen, dass unter den Inhaltskomponenten mit den höchsten mittleren Bedeutungsgraden überproportional viele aus der Kategorie „wertorientierte Unternehmensführung durch den Vorstand" vertreten sind. Die höchste Bedeutung messen die Umfrageteilnehmer in diesem Zusammenhang einer Berichterstattung über die Ausgestaltung des Risikomanagementsystems ($\bar{x}$ = 4,10; Rang: 1) sowie über die Art und Weise des Zusammenwirkens von Vorstand und Aufsichtsrat ($\bar{x}$ = 3,94; Rang: 3) bei, gefolgt von den Berichtselementen zur Ausgestaltung des Compliance-Systems ($\bar{x}$ = 3,90; Rang: 4) und zum Instrumentarium des wertorientierten Internen Steuerungssystems sowie den jeweils im Vorfeld festgelegten Zielvorgaben und den tatsächlich erzielten Wertsteigerungen ($\bar{x}$ = 3,84; Rang: 7). Des Weiteren fällt auf, dass korrespondierend sowohl im Hinblick auf den Vorstand als auch den Aufsichtsrat einer Berichterstattung über das Vergütungssystem ($\bar{x}$ = 4,09 und 3,80; Ränge: 2 und 8) und über (potenzielle)

Interessenkonflikte sowie deren Behandlung ($\bar{x}$ = 3,85 und 3,79; Ränge: 5 und 9) eine hohe Relevanz zukommt. Eine hohe Bedeutungseinschätzung fand erwartungsgemäß auch das Reporting über Überwachungshandlungen des Aufsichtsrats und die hieraus gewonnenen Ergebnisse ($\bar{x}$ = 3,85; Rang: 5) sowie über die Organisationsstruktur des Vorstandsgremiums ($\bar{x}$ = 3,75; Rang: 10).

Wie die nachfolgende Tabelle 51 verdeutlicht, betreffen die Berichtsinhalte, welche seitens der Umfrageteilnehmer mit den niedrigsten mittleren Bedeutungsgraden belegt wurden, primär den (Konzern-)Abschlussprüfer. Dies gilt etwa für alle drei Inhaltskomponenten der Kategorie „Prüfungshonorar", wobei das Reporting über die Mitwirkung des Vorstands an der Honorarvereinbarung mit einem durchschnittlichen Bedeutungsgrad von 2,77 (Rang: 46) die niedrigste Bewertung erfuhr, gefolgt von der Berichterstattung über die Festlegung eines Zustimmungsvorbehalts des Aufsichtsrats zur Vergabe von Nichtprüfungsleistungen sowie einer in diesem Zusammenhang gegebenenfalls vorgesehenen Deckelung der Honorare ($\bar{x}$ = 2,92; Rang: 44) und über die Honorarvereinbarung als solche ($\bar{x}$ = 3,11; Rang: 36). Jedoch erzielten auch die Berichtselemente zur Mitwirkung des Vorstands am Beschlussfassungsvorschlag des Aufsichtsrats zur Wahl des (Konzern-)Abschlussprüfers ($\bar{x}$ = 3,01; Rang: 43), zum Prozess des seitens des Aufsichtsrats durchzuführenden Auswahlverfahrens im Vorfeld seines Beschlussfassungsvorschlags ($\bar{x}$ = 3,03; Rang: 40), zur Vorgehensweise bei der Erteilung des Prüfungsauftrags ($\bar{x}$ = 2,86; Rang: 45) sowie zur vertraglichen Informationsvereinbarung mit dem (Konzern-)Abschlussprüfer ($\bar{x}$ = 3,11; Rang: 36) vergleichsweise geringe durchschnittliche Bedeutungseinschätzungen. Die empirisch induktive Evaluation zeigte zudem, dass - korrespondierend zum (Konzern-)Abschlussprüfer - auch im Rahmen der Kategorie „Besetzung des Aufsichtsrats" den Inhaltskomponenten zur Mitwirkung des Vorstands am Beschlussfassungsvorschlag des Supervisors zur Wahl neuer Aufsichtsratsmitglieder ($\bar{x}$ = 3,08; Rang: 39) sowie zum Prozess des seitens des Supervisors im Vorfeld vorzunehmenden Auswahlverfahrens ($\bar{x}$ = 3,11; Rang: 36) relativ geringe mittlere Bedeutungsgrade zugesprochen werden. Komplettiert werden die Berichtskomponenten mit der vergleichsweise niedrigsten Bedeutung für die Untersuchungsteilnehmer durch die Berichterstattung über den vereinbarten Selbstbehalt, sofern die Gesellschaft für Aufsichtsräte eine D & O-Versicherung abgeschlossen hat ($\bar{x}$ = 3,03; Rang: 40), sowie über das Profil aller zum Berichtszeitpunkt aktiven

Vorstandsmitglieder einschließlich Gegenüberstellung mit dem jeweils zuvor festgelegten Idealprofil ($\overline{x}$ = 3,02; Rang: 42).

Rang des mittleren Bedeutungsgrads	**mittlerer Bedeutungsgrad $\overline{x}$ auf einer Skala von 1 bis 5**	**Berichtsgegenstand**	
46	2,77	3.4.1	Mitwirkung des Vorstands an der Honorarvereinbarung mit dem (Konzern-)Abschlussprüfer
45	2,86	3.2.1	Vorgehensweise bei der Erteilung des Prüfungsauftrags an den (Konzern-)Abschlussprüfer
44	2,92	3.4.3	Festlegung eines Zustimmungsvorbehalts des Aufsichtsrats zur Vergabe von Nichtprüfungsleistungen und einer in diesem Zusammenhang gegebenenfalls vorgesehenen Deckelung der Honorare aus Nichtprüfungsleistungen auf einen bestimmten Anteil an der Gesamthonorarsumme
43	3,01	3.1.1	Mitwirkung des Vorstands am Beschlussfassungsvorschlag des Aufsichtsrats zur Wahl des (Konzern-)Abschlussprüfers
42	3,02	1.1.3	Profil aller zum Berichtszeitpunkt aktiven Vorstandsmitglieder einschließlich Gegenüberstellung mit dem jeweils zuvor festgelegten Idealprofil
40	3,03	2.3.3	vereinbarter Selbstbehalt, sofern die Gesellschaft für den Aufsichtsrat eine D & O-Versicherung abgeschlossen hat
40	3,03	3.1.2	Prozess des seitens des Aufsichtsrats durchzuführenden Auswahlverfahrens im Vorfeld des Beschlussfassungsvorschlags zur Wahl des (Konzern-)Abschlussprüfers
39	3,08	2.1.1	Mitwirkung des Vorstands am Beschlussfassungsvorschlag des Aufsichtsrats zur Wahl neuer Aufsichtsratsmitglieder
36	3,11	2.1.2	Prozess des durch den Aufsichtsrat vorzunehmenden Auswahlverfahrens im Vorfeld des Beschlussfassungsvorschlags zur Wahl neuer Aufsichtsratsmitglieder
36	3,11	3.2.2	vertragliche Informationsvereinbarung mit dem (Konzern-)Abschlussprüfer, wonach der Vorsitzende des Aufsichtsrats oder des Prüfungsausschusses über während der Prüfung auftretende mögliche Ausschluss- oder Befangenheitsgründe unverzüglich zu unterrichten ist, soweit diese nicht unverzüglich beseitigt werden
36	3,11	3.4.2	Vereinbarung über das Prüfungshonorar

Tabelle 51: Inhaltskomponenten mit den niedrigsten mittleren Bedeutungsgraden

Die gruppenspezifische Auswertung der Untersuchungsergebnisse zeigte überraschend hohe Übereinstimmungen im Hinblick auf die Bedeutungseinschätzungen der sechs befragten Gruppen. Als Maß für die Homogenität der Verteilung der gruppenspezifischen Bedeutungsgrade einer jeden Inhaltskomponente wurde dabei die Varianz σ^2 herangezogen. Unter Zugrundelegung der im Rahmen der vorliegenden Arbeit gebildeten Varianzintervalle[4] ergibt sich folgendes Bild:

Bedeutung der Varianzintervalle	**Varianzintervalle zur Beurteilung der Homogenität**	**Häufigkeit der Varianzen in den Varianzintervallen zur Beurteilung der Homogenität**	
		absolut	**relativ**
sehr hohe Homogenität	[0,00373 , 0,04333)	18	39,13 %
hohe Homogenität	[0,04333 , 0,08292)	18	39,13 %
mittlere Homogenität	[0,08292 , 0,12252)	7	15,22 %
schwache Homogenität	[0,12252 , 0,16211)	2	4,35 %
sehr schwache Homogenität	[0,16211 , 0,20171]	1	2,17 %
Summe		**46**	**100,00 %**

Tabelle 52: Häufigkeit der Varianzen in den definierten Varianzintervallen zur Beurteilung der Homogenität

Wie die Tabelle 52 verdeutlicht, weisen die Bedeutungseinschätzungen der Umfrageteilnehmer zu jeweils 18 Inhaltskomponenten (jeweils 39,13 %) eine sehr hohe beziehungsweise eine hohe Homogenität auf, während eine mittlere, schwache oder sehr schwache Homogenität bei lediglich insgesamt zehn Berichtsinhalten (21,74 %) zu verzeichnen ist. Die größten und kleinsten Varianzen σ^2 als Maß für die Homogenität der Verteilung der gruppenspezifischen Bedeutungsgrade ließen sich bei folgenden Berichtsgegenständen feststellen:

4 Zur Intervallbildung vgl. Abschn. II. G dieses Hauptteils.

Berichtsgegenstand		Varianz σ^2 als Maß für die Homogenität der Verteilung der gruppenspezifischen Bedeutungsgrade
1.5.1	Vergütungssystem für die Vorstandsmitglieder	0,00373
3.3.4	zusammenfassende Einschätzung des Aufsichtsrats zur Qualität der Prüfung und Berichterstattung des (Konzern-)Abschlussprüfers für die eigene Überwachungstätigkeit	0,00466
3.4.2	Honorarvereinbarung mit dem (Konzern-)Abschlussprüfer	0,01276
3.2.2	vertragliche Informationsvereinbarung mit dem (Konzern-)Abschlussprüfer, wonach der Vorsitzende des Aufsichtsrats oder des Prüfungsausschusses über während der Prüfung auftretende mögliche Ausschluss- oder Befangenheitsgründe unverzüglich zu unterrichten ist, soweit diese nicht unverzüglich beseitigt werden	0,01347
1.3.6	Ausgestaltung des Compliance-Systems	0,01521

Tabelle 53: Inhaltskomponenten mit der höchsten Homogenität gruppenspezifischer Bedeutungsgrade

Berichtsgegenstand		Varianz σ^2 als Maß für die Homogenität der Verteilung der gruppenspezifischen Bedeutungsgrade
2.1.3	Profil aller zum Berichtszeitpunkt aktiven Aufsichtsratsmitglieder einschließlich Gegenüberstellung mit dem jeweils zuvor festgelegten Idealprofil	0,20171
1.1.3	Profil aller zum Berichtszeitpunkt aktiven Vorstandsmitglieder einschließlich Gegenüberstellung mit dem jeweils zuvor festgelegten Idealprofil	0,14431
1.2	Organisationsstruktur des Vorstandsgremiums	0,14151
2.3.4	Selbst-Evaluation des Aufsichtsrats	0,12182
1.1.4	Datum der Erstbestellung und Ende der laufenden Funktionsperiode pro Vorstandsmitglied	0,11813

Tabelle 54: Inhaltskomponenten mit der schwächsten Homogenität gruppenspezifischer Bedeutungsgrade

Eine Analyse der fünf Inhaltskomponenten mit der höchsten Homogenität gruppenspezifischer Bedeutungsgrade zeigt zum einen, dass sich diese überproportional stark auf den (Konzern-)Abschlussprüfer beziehen. Zum anderen fällt auf, dass es sich bei den in Rede stehenden Berichtselementen - mit Ausnahme der zusammenfassenden Einschätzung des Aufsichtsrats zur Qualität der Prüfung und Berichterstattung des (Konzern-)Abschlussprüfers für die eigene Überwachungstätigkeit - um solche handelt, die sich auch bei den bereits vorgestellten Inhaltskomponenten mit den höchsten beziehungsweise niedrigsten durchschnittlichen Bedeutungsgraden[5] wiederfinden. Die fünf Berichtsinhalte mit der niedrigsten Homogenität gruppenspezifischer Bedeutungsgrade beziehen sich dagegen ausschließlich auf Aspekte des Vorstands und des Aufsichtsrats, wobei die größte Uneinigkeit unter den Umfrageteilnehmern im Hinblick auf die Bedeutung einer Berichterstattung über das Profil aller zum Berichtszeitpunkt aktiven Vorstands- und Aufsichtsratsmitglieder einschließlich Gegenüberstellung mit dem jeweils zuvor festgelegten Idealprofil festzustellen ist.

Abschließend ist darauf hinzuweisen, dass die Frage, inwieweit die vorstehend zusammengefassten Untersuchungsergebnisse tatsächlich repräsentativ für die Grundgesamtheit N sind, aus statistisch-methodischer Sicht nicht abschließend beantwortet werden kann. Dies ist primär darauf zurückzuführen, dass eine vollständige Liste über die Investoren der DAX-Unternehmen zum Zeitpunkt 31.12.2008 auf Grundlage der zur Verfügung stehenden Datenbasis nicht generierbar und damit eine abschließende Definition der Grundgesamtheit N als Voraussetzung der Repräsentativität nicht möglich war.

---

5 Vgl. hierzu und Tabelle 50 und Tabelle 51.

Schlussbetrachtung

I. Zusammenfassung der Ergebnisse

Infolge der Veränderung bedeutender sozioökonomischer Rahmenbedingungen findet im Hinblick auf das Corporate Governance-Modell deutscher börsennotierter Publikumsgesellschaften seit Mitte der 1990er Jahre ein institutioneller Wandel statt, welcher einen nicht-trivialen, pfadabweichenden und nachhaltigen Charakter trägt. Diese Systementwicklung manifestiert sich primär in einer signifikanten Aufwertung externer Überwachungsmechanismen in Form eines intensivierten Monitoring durch Aktionäre und den Markt für Unternehmenskontrolle. Da die externe Überwachung für ihre Funktionsfähigkeit eine entscheidungsnützliche Informationsversorgung der Outsider voraussetzt, ist - systemgerecht - auch eine entsprechende Bedeutungszunahme der Unternehmenspublizität und deren Enforcement zu konstatieren. Mit der verstärkten Ausrichtung der Unternehmenspolitik am Shareholder Value wird dabei eine sich weitgehend in finanziellen Sachverhalten erschöpfende Berichterstattung den erhöhten Informationsanforderungen bedeutender Kapitalmarktakteure nicht gerecht. Daher rückt die Corporate Governance-Berichterstattung, welcher jüngeren empirischen Studien zufolge eine eigenständige ökonomische Relevanz attestiert werden kann, neben dem tradierten Financial Accounting und dem Value Reporting in den Mittelpunkt der Unternehmenspublizität. Auf normativer Ebene spiegelt sich die Notwendigkeit eines verstärkten Corporate Governance Reportings erstmals in dem durch den DCGK eingeführten Corporate Governance Bericht und der im Rahmen des TransPuG kodifizierten Entsprechenserklärung nach § 161 AktG wider. Den vorläufigen Abschluss bildet der im Zuge des BilMoG implementierte § 289 a HGB, welcher zuvorderst für börsennotierte Aktiengesellschaften die Pflicht zur Abgabe und Offenlegung einer jährlichen Erklärung zur Unternehmensführung zum Gegenstand hat.

Vor dem Hintergrund dieser Entwicklung war es Zielsetzung dieser Schrift, ein umfassendes Konzeptionsmodell zur Ausgestaltung des Corporate Governance Reportings zu entwickeln. Die vorliegende Arbeit sollte hiermit einen Beitrag dazu leisten, die insoweit bestehende Lücke im Rahmen der Corporate Governance-Forschung zu beseitigen.

Als Untersuchungsobjekt fungierte eine in Deutschland ansässige und im Prime Standard der *Frankfurter Wertpapierbörse* gelistete Muttergesellschaft eines international operierenden Konzerns. Diese Fokussierung war dem Umstand geschuldet, dass primär börsennotierte Publikumsgesellschaften von dem skizzierten Wandel des deutschen Corporate Governance-Systems tangiert werden und die in Rede stehenden Unternehmen eine Konzernstruktur aufweisen. Des Weiteren basieren die Ausführungen dieser Schrift auf dem dualistischen System der Unternehmensverfassung in der nationalen Aktiengesellschaft, welche aufgrund nur marginaler Unterschiede analog auf die dualistische SE übertragen werden können. Eine Analyse der monistischen SE unterblieb aufgrund der Tatsache, dass die fokussierte Unternehmensgruppe von dieser Organisationsform bislang (noch) keinen Gebrauch macht.

Die vorliegende Arbeit wurde in drei Hauptteile untergliedert. Der Erste Hauptteil diente dabei einer umfassenden Analyse der Unternehmenspublizität als einem integralen Bestandteil der Corporate Governance. Aufbauend auf der hieraus resultierenden Erkenntnis einer zunehmenden Bedeutung der Unternehmenspublizität im Allgemeinen und der Corporate Governance-Berichterstattung im Besonderen erfolgte im Zweiten Hauptteil eine theoretisch deduktive Ermittlung des avisierten Konzeptionsmodells zur Ausgestaltung des Corporate Governance Reportings. Im Sinne eines kombinativen Entwicklungsprozesses galt es schließlich im Dritten Hauptteil, die zuvor auf theoretisch deduktivem Wege gewonnenen Untersuchungsergebnisse einer (partiellen) empirisch induktiven Evaluation zuzuführen.

Zur Schaffung einer fundierten Untersuchungssystematik bedurfte es im ersten Kapitel des Ersten Hauptteils zunächst einer Einführung in die Corporate Governance. Nach einer definitorischen Abgrenzung im ersten Abschnitt wurde die Corporate Governance im Rahmen des zweiten Abschnitts einer grundlegenden Systematisierung unterzogen und in ihre Elemente aufgegliedert. Essenziell war dabei die Trennung in die in- und externe Corporate Governance, wobei die erstgenannte Komponente auf die funktional zweckmäßige Ausgestaltung der Unternehmensverwaltung, mithin auf ein ausgewogenes Verhältnis zwischen der Unternehmensführung durch den Vorstand und ihrer Überwachung durch den Aufsichtsrat, unter Einbeziehung des (Konzern-)Abschlussprüfers, ausgerichtet ist, während die externe Corporate

Governance im Wesentlichen auf einem funktionsfähigen (Eigen-)Kapitalmarkt basiert. Letzterer stellt mit den Aktionären und dem Markt für Unternehmenskontrolle zwei bedeutende Überwachungsmechanismen bereit, die zu ihrer Funktionsfähigkeit zwingend entscheidungsrelevanter Unternehmensinformationen bedürfen, welche im Rahmen einer informativen und glaubwürdigen Unternehmenspublizität zu übermitteln sind. Die Unternehmenspublizität rekrutiert sich dabei aus den Elementen des Financial Accounting und Value Reportings (i. e. S.) sowie dem diese Berichtsinstrumente komplementär ergänzenden Corporate Governance Reporting. Hierunter ist die strukturierte und regelmäßige externe Berichterstattung eines Unternehmens zu verstehen, die geeignet ist, Informationsasymmetrien zwischen der Unternehmensverwaltung und (potenziellen) Investoren in Bezug auf die interne Corporate Governance möglichst weitgehend abzubauen.

Den Gegenstand des dritten Abschnitts bildete eine Erörterung der Agency-Theorie, welche in einer differenzierten Systematisierung von Principal-Agent-Konflikten und entsprechenden Lösungsansätzen mündete. Darauf aufbauend erfolgte im vierten Abschnitt eine Klassifizierung idealtypischer Corporate Governance-Systeme, um auf dieser Grundlage die im Anschluss zu untersuchenden jüngeren Entwicklungen des Corporate Governance-Modells deutscher börsennotierter Publikumsgesellschaften einordnen und erklären zu können. In diesem Zusammenhang wurde auf die Typologie nach *Franks/ Mayer*, das heißt auf die Unterscheidung zwischen Outsider- und Insider-Systemen als übergeordnete Dichotomie, zurückgegriffen. Dieser Ansatz fokussiert die unterschiedliche Gewichtung von Corporate Governance-Mechanismen, welche sich auf die vorherrschenden sozioökonomischen Rahmenbedingungen als systembildende Determinanten zurückführen lassen.

Zu Beginn der sich im zweiten Kapitel des Ersten Hauptteils anschließenden Untersuchung zur Entwicklung des Corporate Governance-Systems deutscher börsennotierter Publikumsgesellschaften konnte das traditionelle deutsche Corporate Governance-Modell anhand seiner Systemausprägungen als Insider-orientiert charakterisiert und diese Einordnung auf Grundlage der aufgezeigten sozioökonomischen Rahmenbedingungen begründet werden. Als ein bedeutendes Resultat der darauf aufbauenden intertemporalen Analyse konnte im Rahmen des dritten Abschnitts zunächst herausgestellt werden, dass in Deutschland die sozioökonomischen Rahmenbedingungen - bezogen auf börsennotierte Publikumsgesellschaften - seit Mitte der 1990er Jahre einem erheblichen Veränderungsprozess unterworfen sind. Dieser spiegelt sich auf der einen Seite in einer wesentlichen - auf zahlreiche Reforminitiativen seit dem Jahr 1994 zurückzuführende - Verbesserung des im internationalen Kontext traditionell als schwach ausgeprägt geltenden Anlegerschutzes wider, wobei vor allem die Normierungen zur Unternehmenspublizität und zum Enforcement erheblich ausgebaut wurden. Auf der anderen Seite lässt sich im Kontext der wirtschaftlichen Rahmenbedingungen in der Zeit zwischen 1994/1995 und 2005/2006 hinsichtlich börsennotierter Publikumsgesellschaften eine deutliche Zunahme der Kapitalmarktfinanzierung feststellen, während die ursprünglich dominierende Finanzierung über Bankkredite stetig an Relevanz verliert. Parallel hierzu ist im genannten Untersuchungszeitraum auch eine signifikante Abnahme sowohl der Anteilskonzentration und -verflechtung als auch der Personalverflechtung zu beobachten. Hinsichtlich der Anteilseignerzusammensetzung ist überdies ein kontinuierlicher Rückzug der vormals dominierenden Banken und (Industrie-)Unternehmen als typische Vertreter der Insider bei einer gleichzeitigen Bedeutungszunahme der Outsider in Gestalt (angelsächsischer) institutioneller Investoren zu konstatieren.

Als weiteres zentrales Ergebnis der intertemporalen Analyse ist festzuhalten, dass in Bezug auf das Corporate Governance-System deutscher börsennotierter Publikumsgesellschaften im Zuge der genannten Veränderungsprozesse im Bereich der sozioökonomischen Rahmenbedingungen seit Mitte der 1990er Jahre eine nachhaltige Annäherung an das angloamerikanische Outsider-Modell, jedoch unter Wahrung ausgeprägter interner Mechanismen, stattfindet. So war im vierten Abschnitt des zweiten Kapitels einerseits festzustellen, dass sich der Shareholder Value-Ansatz im Rahmen der Unternehmensführung etabliert und externe Überwachungsmechanismen, wie das Monitoring durch Aktionäre und den Markt für Unternehmenskontrolle sowie die Unternehmenspublizität und ihr Enforcement, eine erhebliche Aufwertung erfahren. Andererseits bleiben bestimmte, das deutsche Corporate Governance-System traditionell charakterisierende Elemente - wie insbesondere die ausgeprägte, wenngleich auch nicht mehr dominante, interne Überwachung durch den Aufsichtsrat - im Grundsatz erhalten. Dieser Prozess kann als partielle formale Konvergenz bezeichnet werden.

Für den weiteren Fortgang der Abhandlung war die Erkenntnis leitend, dass im Rahmen der Fortentwicklung des deutschen Corporate Governance-Modells zweifellos eine zunehmende Relevanz der Unternehmenspublizität im Allgemeinen und des Corporate Governance Reportings im Besonderen zu beobachten ist. Dieses Ergebnis sowie die Feststellung, dass die Corporate Governance-Berichterstattung vor allem in konzeptioneller Hinsicht bislang keine erschöpfenden betriebswirtschaftliche Reflexion erfahren hat, legten es nahe, dieses in den Fokus der vorliegenden Arbeit zu rücken.

Infolgedessen war das dritte Kapitel des Ersten Hauptteils einer Analyse des Zusammenhangs zwischen der Güte des Corporate Governance Reportings und den Kapitalkosten einer Unternehmung gewidmet. Im Rahmen dieser Untersuchung gelang es zunächst im zweiten Abschnitt, rekurrierend auf die Neue Institutionenökonomie, einen theoretischen Erklärungsansatz für den potenziellen Kapitalkostensenkungseffekt der Corporate Governance-Berichterstattung aufzuzeigen. Im Ergebnis kann das Corporate Governance Reporting auf die Monitoring- und somit auf die Kapitalkosten positiven Einfluss nehmen, indem es durch eine informative und glaubwürdige Berichterstattung über die interne Corporate Governance Informationsasymmetrien abbaut und damit den informationsbedingten Risikozuschlag hinsichtlich des Verhaltensrisikos mindert. Dieser Wirkungszusammenhang fand eine empirische Bestätigung im Rahmen der im dritten Abschnitt referierten Studien. Gleichzeitig konnte aus den empirischen Untersuchungen geschlossen werden, dass das Potenzial der Corporate Governance-Berichterstattung zur Senkung der Kapitalkosten noch nicht ausgeschöpft zu sein scheint. Diese Untersuchungsergebnisse implizierten im Zusammenspiel mit den empirischen Erkenntnissen von *Botosan/Plumlee/Xie*, wonach der Kapitalkostensenkungseffekt der Unternehmenspublizität signifikant von der Genauigkeit der übermittelten Informationen abhängt, die Entwicklung eines Gestaltungskonzepts für das Corporate Governance Reporting als die zentrale Zielsetzung der vorliegenden Schrift.

Entsprechend dieser Intention diente der Zweite Hauptteil der Ermittlung eines ganzheitlichen Konzeptionsmodells zur Ausgestaltung des Corporate Governance Reportings. Der Untersuchung wurde dabei - wie im ersten Kapitel begründet - ein Methoden-Mix aus Deduktion und Induktion zugrunde gelegt. Im Rahmen der theoretisch deduktiven Ermittlung des Gestaltungskonzepts, welche im Rahmen des zweiten Kapitels des Zweiten Hauptteils erfolgte, gelang es zunächst, Anknüpfungspunkte zur Kommunikationstheorie herzustellen. Diese implizierten in konzeptioneller Hinsicht, das Corporate Governance Reporting als Kommunikationsprozess zu verstehen und diesen durch die Verankerung eines geeigneten Feedback-Mechanismus bi-direktional auszurichten. Daneben konnte im ersten Abschnitt herausgearbeitet werden, dass im Rahmen der Kommunikation neben syntaktischen auch semantische sowie pragmatische Momente angemessen zu berücksichtigen sind und hierbei potenzielle Störungen sowie Maßnahmen zu ihrer Begegnung eine herausragende Rolle spielen. Als Spezifikum eines schriftlichen Reportings folgte aus dem Kommunikationsmodell nach *Bedford/Baladouni* schließlich eine Interpretation des Berichts als Übermittlungsmedium, das vom Kommunikationskanal als technisches Mittel zu unterscheiden ist. Unter Berücksichtigung dieser kommunikationstheoretischen Implikationen gelang es im zweiten Abschnitt des zweiten Kapitels, das Corporate Governance Reporting als spezifischen Kommunikationsprozess zu modellieren, mit dem Corporate Governance Statement als Übermittlungsmedium, dem Feedback-Mechanismus sowie dem Enforcement des Corporate Governance Reportings die zentralen Elemente des Konzeptionsmodells abzuleiten und diese einer ersten Konkretisierung zuzuführen. Gleichzeitig wurde hiermit die Grundlage dafür geschaffen, die in Rede stehenden Modellkomponenten im Hinblick auf ihre idealtypische formale und inhaltliche Ausformung untersuchen zu können.

Den Gegenstand des dritten Abschnitts des zweiten Kapitels verkörperte das Corporate Governance Statement, als dessen integrale Elemente die Adressaten, die Zielsetzung, die Rahmengrundsätze, die Inhaltskomponenten, der oder die Verfasser, die Form sowie der Turnus herausgearbeitet wurden. Daraufhin gelang es zunächst, die (potenziellen) Investoren als Hauptadressatengruppe des Corporate Governance Statements zu identifizieren und aufzuzeigen, dass - im Sinne einer langfristigen Steigerung des Shareholder Values - die mit dem Corporate Governance Statement zu verfolgende (derivative) Zielsetzung darin zu sehen ist, Informationsasymmetrien zwischen der Unternehmensverwaltung und (potenziellen) Investoren im Hinblick auf die Funktionsweise der internen Corporate Governance möglichst weitgehend abzubauen, um so den informationsbedingten Risikozuschlag im Hinblick auf das Verhaltensrisiko und damit verbunden die Kapitalkosten der Unternehmung zu reduzieren. Im Anschluss hieran wurden spezifische Rahmengrundsätze für das Corporate Governance Statement formuliert, welche die Anforderungen an eine adäquate Informationsübermittlung beinhalten und demgemäß für die Zielerreichung notwendig sind. Während als allgemeine Rahmengrundsätze für das Corporate Governance Statement die Postulate der Richtigkeit, Vollständigkeit, Klarheit, Vergleichbarkeit sowie Wirtschaftlichkeit und Wesentlichkeit identifiziert werden konnten, bestehen die besonderen Rahmengrundsätze neben dem Postulat der Segmentierung von Informationen aus den Grundsätzen des Komplements zum Financial Accounting sowie des komparativen Informationsvorteils der Unternehmensverwaltung.

Im Rahmen der sich anschließenden konzeptionellen Vorüberlegungen zur Ermittlung der Inhaltskomponenten ist zunächst die interne Corporate Governance als zentraler Berichtsgegenstand des Corporate Governance Statements identifiziert worden. Zu dessen Konkretisierung wurde darauf aufbauend eine Zweistufen-Konzeption entwickelt, welche auf der ersten Stufe eine möglichst vollständige und systematische Generierung von Mechanismen der internen Corporate Governance auf der Grundlage von Normierungen zum Gegenstand hatte. Als Ausgangsbasis diente in diesem Zusammenhang der DCGK, welcher in eine geeignete Checkliste zu transformieren war. Auf der zweiten Stufe galt es, die ermittelten Mechanismen zur Überprüfung ihrer jeweiligen Wirkungsweisen - und damit zur Rechtfertigung ihrer Aufnahme in das Corporate Governance Statement - einem theoretischen Bezugsrahmen, vorliegend in Gestalt der doppelstufigen Principal-Agent-Theorie, zuzuführen. Im Hinblick auf den Umfang der Berichtskomponenten ist im Rahmen der konzeptionellen Vorüberlegungen herausgearbeitet worden, dass das Corporate Governance Statement - unter Beachtung der Postulate der Wirtschaftlichkeit und des komparativen Informationsvorteils der Unternehmensverwaltung - alle diejenigen (kodierten) Informationen zu umfassen hat, die aus Sicht der (typisierten) Berichtsempfänger für eine fundierte Einschätzung der Funktionsweise der unternehmensspezifischen internen Corporate Governance zwingend notwendig sind. Diese konzeptionellen Erkenntnisse zugrunde legend, konnten in der Folge insgesamt 46 Inhaltskomponenten aus den Bereichen „Unternehmensführung durch den Vorstand", „Interne Überwachung durch den Aufsichtsrat" und „Unterstützung des Aufsichtsrats durch den (Konzern-)Abschlussprüfer" ermittelt werden, welche unter Einbeziehung ihrer Kommentierungen als ein zentrales Resultat der Arbeit in zusammengefasster Form Eingang in einen Berichtskatalog gefunden haben.[1]

Nach der Ermittlung der Inhaltskomponenten wurde aufgezeigt, dass das Corporate Governance Statement - unter Zugrundelegung des Prinzips der Kongruenz von Zuständigkeit und Berichtspflicht - durch den Vorstand und Aufsichtsrat gemeinsam abzufassen ist und die Verwaltungsorgane in organisatorischer Hinsicht einen mehrstufigen Berichterstellungsprozess zu implementieren haben, wobei über die Finalfassung des Statements idealtypisch in einer gemeinsamen Sitzung zu beraten und zu beschließen ist. Darauf aufbauend ist herausgestellt worden, dass das Corporate Governance Statement in Schriftform zu erstellen ist und den Charakter eines eigenständigen Berichtsinstruments trägt, welches im Sinne des Grundsatzes des Komplements zum Financial Accounting außerhalb der normierten Rechnungslegung in einem separaten Abschnitt des jährlichen Geschäftsberichts zu verorten sowie den Berichtsempfängern zudem auf der Internetseite des (Mutter-)Unternehmens dauerhaft zugänglich zu machen ist. Schließlich konnte dargelegt werden, dass das Corporate Governance Statement im Sinne einer zeitlichen Korrespondenz zum Financial Accounting periodisch zu erstellen ist und dabei einen Berichtszeitraum von einem Jahr zu umfassen hat, welcher dem Geschäftsjahr des (Konzern-)Abschlusses und des (Konzern-)Lageberichts entspricht.

Im Hinblick auf die Ausgestaltung des Feedback-Mechanismus für das Corporate Governance Reporting ist im vierten Abschnitt zunächst in organisatorischer Hinsicht für eine aufgabenbezogene Eingliederung in die Investor Relations-Abteilung und deren direkte Zuordnung als Stabstelle des Vorstandsvorsitzenden oder des Finanzvorstands plädiert worden. Daran anschließend konnte gezeigt werden, dass sich telefonische Investor Relations-Hotlines, Investor Relations-Chats sowie vor allem E-Mail-basierte Online-Kontaktformulare aufgrund ihres hohen Grads der Zugänglichkeit, Ubiquität und Dia-

1 Zum Katalog theoretisch deduktiv ermittelter Inhaltskomponenten des Corporate Governance Statements vgl. die Tabellen 55-74 im Anhang.

logintensität im besonderen Maße als Instrumente des Rückkopplungsmechanismus eignen. Weiter ist in diesem Kontext herausgestellt worden, dass im Hinblick auf bedeutende (potenzielle) Investoren wegen der äußerst hohen Intensität des bi-direktionalen Austauschprozesses auch ein Rückgriff auf Gruppen- und Einzelgespräche als weitere Ausprägungen des Feedback-Mechanismus erfolgen sollte.

Im Anschluss an ihre Konkretisierungen waren das Corporate Governance Statement und der Feedback-Mechanismus im fünften Abschnitt einer sachgerechten Normierung zuzuführen, um diese einem wirksamen Enforcement zugänglich zu machen. Hierzu wurde ein dreistufiges Umsetzungskonzept entwickelt, welches in einer ersten Stufe die Formulierung von Mindestanforderungen an die Enforcement-Objekte im Wege zwingender gesetzlicher Regelungen zum Gegenstand hat. Nach Maßgabe des vorgelegten Stufenmodells sind sodann in einem zweiten Schritt die gesetzlichen Bestimmungen in verständlicher Form im DCGK wiederzugeben, im Sinne einer Ordnungsfunktion an einem Ort zu bündeln sowie einer Konkretisierung zuzuführen. Mit der Intention, die Übersichtlichkeit des Kodex zu wahren, wurde vorgeschlagen, die Konkretisierung in Verbindung mit einer dritten Stufe mittels eines Verweises im DCGK auf Offenlegungserfordernisse der Börsenordnung für die *Frankfurter Wertpapierbörse* vorzunehmen. In diesem Zusammenhang ist dafür plädiert worden, die konkretisierenden Vorgaben für das Corporate Governance Statement und den Feedback-Mechanismus im Hinblick auf ihren Anwendungsbereich auf Unternehmen des deutschen Prime Standard zu beschränken, wobei anderen Gesellschaften die freiwillige Anwendung dieser Bestimmungen offen stehen sollte.

Im Rahmen der folgenden Eruierung potenzieller Enforcement-Instrumente gelang es einleitend, aus den allgemeinen Funktionen des Enforcement - der Präventiv- und der Korrektivfunktion - entsprechende Eignungskriterien abzuleiten. Diese zugrunde legend, konnte aufgezeigt werden, dass der gesetzlichen (Konzern-)Abschlussprüfung keine Eignung als Enforcement-Instanz zuzusprechen ist, da eine hinreichende Sicherheit für ein Prüfungsurteil zur Ordnungsmäßigkeit aller Berichtsinhalte des Corporate Governance Statements nicht erreicht werden kann, mit der in Rede stehenden Erweiterung des Prüfungsumfangs eine Gefährdung der Unabhängigkeit des (Konzern-)

Abschlussprüfers wahrscheinlich ist und der Prüfer über nur rudimentäre Sanktionsmöglichkeiten sowie keine Mittel verfügt, betroffene Gesellschaften zu einer Korrektur festgestellter Unregelmäßigkeiten oder zu einer Berichterstattung über Mängel des Corporate Governance Reportings anzuhalten.

Als weiteres Ergebnis war festzuhalten, dass - eine entsprechende Kodifizierung des Corporate Governance Statements und des Feedback-Mechanismus als Enforcement-Gegenstände der *DPR/BaFin* vorausgesetzt - diese einer Prüfung in Gestalt eines Reviews zugänglich sind und zudem die Unabhängigkeit der in Rede stehenden Enforcement-Träger gewahrt bleibt. Obgleich die Präventivfunktion insoweit als erfüllt anzusehen ist, könnte diese einer weiteren Effektuierung zugeführt werden, indem der *BaFin* wirksame Sanktionsmittel gegenüber den für die Enforcement-Gegenstände verantwortlichen Personen eingeräumt werden und der *Börsengeschäftsführung* die seitens der *DPR/BaFin* konstatierten Mängel mitzuteilen sind, die als Ultima Ratio zum Widerruf der Börsenzulassung führen könnten. Da die *BaFin* eine negative Publizität festgestellter Unregelmäßigkeiten durch die betroffenen Unternehmen anordnen und mit hoheitlichen Mitteln durchsetzen kann, wird auch der Korrektivfunktion in ausreichendem Maße entsprochen, so dass im Ergebnis eine Eignung der *DPR/BaFin* als Enforcement-Instanzen im Grundsatz bejaht werden kann.

Zum Abschluss des Zweiten Hauptteils wurde dargelegt, dass eine Inanspruchnahme der Verwaltungsorgane wegen Falschinformation des Kapitalmarkts auf Grundlage der Organinnen- und -außenhaftung derzeit nur schwer durchsetzbar ist. Damit die Organhaftung die Präventivfunktion des Enforcement nachhaltig stärken kann, bedürfte es - so ein weiteres Resultat der Analyse - in erster Linie der Einführung einer spezifischen kapitalmarktrechtlichen Anspruchsgrundlage für eine Außenhaftung der Verwaltungsorgane unter Berücksichtigung einer Beweislastumkehr zugunsten der geschädigten Anleger.

Primäre Intention der im Dritten Hauptteil durchgeführten Untersuchung war es, die zuvor im zweiten Kapitel des Zweiten Hauptteils theoretisch deduktiv ermittelten Berichtselemente des Corporate Governance Statements einer empirisch induktiven Evaluation durch die (potenziellen) Investoren als Hauptberichtsadressaten zuzuführen. Mit dieser Verfahrensweise wurde gewährleistet, dass sich das Corporate Governance Reporting an den tatsächlichen

Informationsanforderungen der Berichtsempfänger orientiert. Eine sekundäre Zielsetzung der Erhebung bestand in der Beantwortung der Frage, ob und inwieweit sich im Hinblick auf die Bedeutungseinschätzungen der einzelnen Investorengruppen wesentliche Abweichungen feststellen lassen.

Untersuchungsobjekte der Studie verkörperten aufgrund der Fokussierung börsennotierter Publikumsgesellschaften die (potenziellen) Investoren der 30 DAX-Unternehmen, welche sich in die sechs Gruppen „private Haushalte", „Unternehmen", „ausländische institutionelle Investoren", „Banken", „Versicherungen" und „Fondsgesellschaften" aufteilen lassen. Als Erhebungsobjekte fungierten Mitglieder der Unternehmensführung beziehungsweise nachgelagerte Entscheider in Controlling-, Treasury-, Research-, Rechts-, Corporate Governance- und Investor Relations-Abteilungen. Im Hinblick auf die privaten Haushalte fand eine Stellvertreterbefragung von Finanzanalysten der *DVFA* statt, so dass Letztere die Erhebungsobjekte dieser Investorengruppe bildeten.

Die international ausgerichtete Studie wurde in Form einer vollstandardisierten personalisierten Online-Befragung im Zeitraum vom 02.11. bis 15.12.2009 durchgeführt, wobei die Gesamtstichprobe n der Untersuchung 384 Erhebungsobjekte umfasste. Davon durchliefen 118 Umfrageteilnehmer den Fragebogen vollständig, übermittelten somit komplette Datensätze (realisierte Stichprobe n_r), die der Auswertung zugrunde gelegt werden konnten. Dies entspricht einer Ausschöpfungsquote von 30,73 %.

Als zentrales Ergebnis resultierte aus der durchgeführten Untersuchung eine empirisch induktive Evaluation der insgesamt 46 Inhaltskomponenten des Corporate Governance Statements durch die 118 Umfrageteilnehmer.[2] Die Bedeutungseinschätzungen erfolgten dabei auf der Grundlage einer Ordinalskala mit fünf sowohl numerisch als auch verbal definierten Abstufungen mit den Randwerten 5 („sehr hohe Bedeutung"/„very important") und 1 („keine Bedeutung"/„very low importance"), welche im Anschluss in eine Intervallskala

2 Vgl. hierzu die Tabellen 42 bis 48 in Abschn. IV des Dritten Hauptteils.

überführt wurde, damit im Rahmen der Auswertung zur Verdichtung der Ergebnisse zu einem nachprüfbaren Wert das arithmetische Mittel $\bar{x}$ zugrunde gelegt werden konnte. In einer Gesamtschau wurde jeweils 23 Berichtselementen im Durchschnitt eine hohe respektive mittlere Bedeutung zugesprochen. Hieraus konnte der Schluss gezogen werden, dass die Umfrageteilnehmer den theoretisch deduktiv ermittelten Inhaltskomponenten auch eine Relevanz für ihre Investitionsentscheidungen beimessen. Mit ihrer Evaluation bestätigten die Erhebungsobjekte somit im Ergebnis die Notwendigkeit aller 46 Inhaltskomponenten und rechtfertigen damit ihre Aufnahme in das Corporate Governance Statement.[3] Weitere seitens der Umfrageteilnehmer im Rahmen der Studie vorgeschlagenen Berichtsinhalte waren bereits allesamt durch die zu evaluierenden Inhaltskomponenten abgedeckt, womit eine etwaige Ergänzung des Berichtskatalogs um weitere Elemente entfiel.

Die daneben vorgenommene gruppenspezifische Auswertung der Untersuchungsresultate zeigte schließlich überraschend hohe Übereinstimmungen hinsichtlich der Bedeutungseinschätzungen der sechs Befragungsgruppen. Als Maß für die Homogenität der Verteilung der gruppenspezifischen Bedeutungsgrade einer jeden Berichtskomponente wurde dabei auf die Varianz σ^2 zurückgegriffen. Im Ergebnis weisen - unter Zugrundelegung der gebildeten Varianzintervalle - die Bedeutungseinschätzungen der 118 Erhebungsobjekte zu jeweils 18 Berichtinhalten eine sehr hohe respektive hohe Homogenität auf, wohingegen eine mittlere, schwache oder sehr schwache Homogenität bei insgesamt nur zehn Inhaltskomponenten zu konstatieren war.[4]

---

3 Zu den Inhaltskomponenten mit den höchsten bzw. niedrigsten mittleren Bedeutungsgraden vgl. die Tabellen 50 und 51 in Abschn. IV des Dritten Hauptteils. Die Ränge der mittleren Bedeutungsgrade aller 46 Inhaltskomponenten ergeben sich jeweils aus der dritten Spalte der Tabellen 42 bis 48 in Abschn. IV des Dritten Hauptteils.

4 Für einen Überblick über die Berichtselemente mit den höchsten bzw. schwächsten Homogenitäten gruppenspezifischer Bedeutungsgrade vgl. die Tabellen 53 und 54 in Abschn. IV des Dritten Hauptteils.

II. Ausblick

Obgleich es grundsätzlich zu begrüßen ist, dass der Gesetzgeber insbesondere mit den im Zuge des BilMoG eingeführten Normierungen einer zunehmend in den Mittelpunkt der Unternehmenspublizität rückenden Corporate Governance-Berichterstattung Rechnung zu tragen sucht, ist dennoch vor allem in konzeptioneller Hinsicht Kritik an den bisherigen legislatorischen Maßnahmen zu üben. So versäumte es der Gesetzgeber nicht nur, angemessene normative Rahmenbedingungen für die Implementierung eines Feedback-Mechanismus und eines wirksamen Enforcement des Corporate Governance Reportings zu schaffen, sondern gleichsam, das Corporate Governance Statement einer hinreichenden Konkretisierung zuzuführen. Letzteres gilt im besonderen Maße für die Inhaltskomponenten des in Rede stehenden Berichtsinstruments, mit der Folge, dass - wie eine seitens des Verfassers durchgeführte Analyse der erstmalig offenzulegenden Erklärungen zur Unternehmensführung[1] der 30 DAX-Unternehmen zeigte - der Umfang, die Intensität und das Niveau der Corporate Governance-Berichterstattung (nach wie vor) stark schwankt. In Anbetracht der mit dem Corporate Governance Bericht gesammelten Erfahrungen[2] steht zu befürchten, dass sich ohne eine hinreichende Konkretisierung der Berichtsinhalte in naher Zukunft kein einheitlicher Reporting-Standard auf hohem Niveau durchsetzen wird. Vor diesem Hintergrund bleibt zu hoffen, dass die im Rahmen der vorliegenden Abhandlung entwickelten Anregungen zeitnah aufgenommen und das vorgestellte Konzeptionsmodell entsprechend auf normativer Ebene umgesetzt wird.[3]

---

1 Erklärungen zur Unternehmensführung i. S. d. § 289 a HGB sind gem. Art. 66 Abs. 2 EGHGB erstmals für nach dem 31.12.2008 beginnende Geschäftsjahre abzugeben.

2 Vgl. hierzu im Einzelnen Abschn. I des Zweiten Hauptteils.

3 Zur Struktur einer möglichen Normierung vgl. die Ausführungen in Abschn. II. E.2 des Zweiten Hauptteils sowie weiterführend die Implikationen bei WEBER/LENTFER/KÖSTER 2008, S. 37-42.

Daneben kann von den Ergebnissen dieser Schrift ein wesentlicher Impetus auf künftige Arbeiten im Bereich der empirischen Corporate Governance-Forschung ausgehen. So stellen zum einen die theoretisch deduktiv ermittelten und empirisch induktiv evaluierten Inhaltskomponenten des Corporate Governance Statements eine ideale Ausgangsbasis für die Durchführung wissenschaftlich fundierter Corporate Governance Ratings dar, welchen es bislang in erster Linie an einer objektivierten Ermittlung der Grundgesamtheit anzuwendender Rating-Kriterien sowie der entsprechenden Gewichtungsfaktoren mangelt. Zum anderen können die in Rede stehenden Corporate Governance Ratings als Instrumente zur Operationalisierung der Güte der unternehmensspezifischen Corporate Governance zum Einsatz gelangen und folglich auch im Rahmen empirischer Forschungsarbeiten zum funktionalen Zusammenhang zwischen der Güte der Corporate Governance (-Berichterstattung) und der Unternehmensperformance fruchtbar gemacht werden.

Anhang

Berichtskategorie und -gegenstand		Kommentierung
1	**Unternehmensführung durch den Vorstand**	
1.1	**Besetzung** *Bezüglich der Besetzung des Vorstands ist zu berichten über:*	
1.1.1	Mitwirkung des Vorstands an der langfristigen Nachfolgeplanung zur Besetzung von Vorstandsposten.	Den Berichtsadressaten muss eine Einschätzung ermöglicht werden, ob der Supervisor Aufsichtsrat letztendlich seiner Alleinkompetenz zur Bestellung und damit zur Auswahl des Vorstands tatsächlich nachkommt oder aber den bestehenden Vorstandsmitgliedern in ihrer Eigenschaft als Agents eine Einflussmöglichkeit bei der Auswahl ihresgleichen einräumt.
1.1.2	Prozess des Auswahlverfahrens im Rahmen der Vorstandsbestellung.	Informationen über den Prozess des Auswahlverfahrens (Screening) sind für die Berichtsadressaten notwendig, um das Risiko einer suboptimalen Personalauswahl (Adverse Selection) durch den Aufsichtsrat besser abschätzen zu können. Der Prozess des Auswahlverfahrens umfasst ▪ die Entwicklung eines Anforderungsprofils, ▪ die Suche nach in- und externen Vorstandskandidaten sowie ▪ ihre Bewertung und Auswahl.
1.1.3	Profil aller zum Berichtszeitpunkt aktiven Vorstandsmitglieder einschließlich Gegenüberstellung mit dem jeweils zuvor festgelegten Idealprofil.	Mit den offengelegten Ist- und Idealprofilen der Vorstandsmitglieder soll den Berichtsadressaten eine Einschätzung der Eignung eines in der Berichtsperiode neu oder wiederbestellten Vorstandsmitglieds sowie der Vielfalt und Gesamtkompetenz des Vorstands ermöglicht werden. Profilmerkmale der Vorstandsmitglieder sind neben dem Familien- und Vornamen insbesondere ▪ das Alter und der derzeit ausgeübte Beruf, ▪ Mitgliedschaften in Aufsichtsräten, ▪ die Ausbildung und bedeutende Stationen des beruflichen Werdegangs sowie ▪ der Anteilsbesitz am Unternehmen.
1.1.4	Datum der Erstbestellung und Ende der laufenden Funktionsperiode pro Vorstandsmitglied.	Die Angaben nach Rn. 1.1.4 bis 1.1.6 sind erforderlich, damit die Berichtsadressaten das Risiko einer Adverse Selection auch in zeitlicher Hinsicht besser einschätzen können. Die Angaben können mit der Berichterstattung gemäß Rn. 1.1.3 verbunden werden.
1.1.5	Begründung für eine Bestellung über die maximale Bestelldauer von fünf Jahren im Falle einer Erstbestellung.	
1.1.6	Die besonderen Umstände im Falle einer Wiederbestellung vor Ablauf eines Jahres vor dem Ende der Bestelldauer bei gleichzeitiger Aufhebung der laufenden Bestellung.	

Tabelle 55: Katalog theoretisch deduktiv ermittelter Inhaltskomponenten des Corporate Governance Statements (I)

Berichtskategorie und -gegenstand		Kommentierung
1.2	**Innere Organisation** *Bezüglich der inneren Organisation des Vorstands ist zu berichten über:* Die Organisationsstruktur des Vorstandsgremiums. Dies schließt eine Offenlegung der Vorstands-Geschäftsordnung ein, aus welcher sich insbesondere folgende Sachverhalte ergeben: ▪ Ressortzuständigkeiten der einzelnen Vorstandsmitglieder (Geschäftsverteilungsplan) einschließlich Regeln ihres organisatorischen Zusammenwirkens, ▪ die dem Gesamtvorstand vorbehaltenen Angelegenheiten, ▪ Funktionen und Befugnisse des Vorstandsvorsitzenden/-sprechers, ▪ Regelungen zu Sitzungen und Beschlüssen des Vorstandsgremiums, ▪ Bestimmungen zur Informationsversorgung des Aufsichtsrats (Informationsordnung) und ▪ die der Zustimmung des Aufsichtsrats unterliegenden Geschäfte von grundlegender Bedeutung.	Mit den zu übermittelnden Informationen sollen die Adressaten in die Lage versetzt werden, die Gefahr eines Moral Hazard des Vorstands besser einschätzen zu können. Die Angaben zu den Ressortzuständigkeiten der Vorstandsmitglieder können mit denjenigen gemäß Rn. 1.1.3 verbunden werden. Im Kontext der Geschäftsverteilung ist vor allem darauf einzugehen, ▪ welche Kriterien der Ressortbildung zugrunde liegen, ▪ mit welchen Vorstandsmitgliedern die Einzelressorts besetzt sind und ▪ wie die gegenseitige Kontrolle und Informationsversorgung organisiert ist. Hinsichtlich der dem Gesamtvorstand vorbehaltenen Angelegenheiten ist auf ihre exakte Benennung zu achten. Als nicht delegierbare Aufgaben des Gesamtgremiums gelten in der Regel: ▪ organschaftliche Mindestzuständigkeiten, ▪ originäre unternehmerische Führungsfunktionen sowie ▪ Geschäfte und Maßnahmen, die für das Unternehmen bzw. den Konzern von hoher Bedeutung sind oder mit denen ein außergewöhnliches Risiko verbunden ist. In Bezug auf die Funktionen und Befugnisse des Vorstandsvorsitzenden (bzw. -sprechers) ist in der Regel auf seine Koordinations- und Vertretungsfunktion sowie auf seine besonderen Informationsrechte gegenüber den Gremiumskollegen einzugehen. Hinsichtlich der Sitzungen und Beschlüsse des Vorstandsgremiums ist insbesondere von Bedeutung: ▪ eine Beschreibung der Verfahrensordnung, die Bestimmungen zu den Vorstandssitzungen und zur Beschlussfähigkeit vorzusehen hat, ▪ eine Darstellung der unternehmensindividuellen Vertraulichkeitsrichtlinie und ▪ eine Erläuterung der geltenden Regeln zur Willensbildung (Einstimmigkeits- und/oder Mehrheitsbeschlüsse, ggf. Recht zum Stichentscheid).

Tabelle 56: Katalog theoretisch deduktiv ermittelter Inhaltskomponenten des Corporate Governance Statements (II)

	Berichtskategorie und -gegenstand	Kommentierung
1.2	**Innere Organisation (Fortsetzung)**	Aus der offenzulegenden Informationsordnung des Vorstands haben sich insbesondere folgende Aspekte zu ergeben: ▪ Modalitäten zur periodischen Berichterstattung des Vorstands an den Aufsichtsrat (Berichtsinhalte, -verfasser, -empfänger, -umfang und -frequenz, Vorlagezeitpunkte sowie Art und Weise der Berichterstattung), ▪ Ausgestaltung der Sonderberichterstattung des Vorstandsvorsitzenden respektive -sprechers an den Aufsichtsratsvorsitzenden über wichtige Ereignisse, ▪ Rahmenbedingungen der Berichtspflicht des Vorstands aufgrund von Informationsanforderungen des Aufsichtsrats (Anforderungsberichterstattung) und ▪ Grundsätze für die Einholung vorstandsunabhängiger Informationen und Berichte von Angestellten des Unternehmens respektive Konzerns durch den Aufsichtsrat. Im Hinblick auf die der Zustimmung des Aufsichtsrats unterliegende Geschäfte von grundlegender Bedeutung ist ein großer Wert auf ihre exakte Definition zu legen. Zu den Geschäften von grundlegender Bedeutung gehören in erster Linie Entscheidungen oder Maßnahmen, die die Vermögens-, Finanz- oder Ertragslage der Gesellschaft/des Konzerns grundlegend verändern (können). Bei Vorliegen einer Konzernstruktur ist - soweit notwendig - für eine konzernweite Geltung und Durchsetzung der Zustimmungsvorbehalte zu sorgen.
1.3	**Wertorientierte Unternehmensführung** *Bezüglich der wertorientierten Unternehmensführung durch den Vorstand ist zu berichten über:*	
1.3.1	Die Art der Verpflichtung der Vorstandsmitglieder zur nachhaltigen Wertschöpfung sowie zur Beachtung der Grundsätze ordnungsmäßiger Unternehmensführung (GoU) im Rahmen ihrer Anstellungsverträge.	Die Angaben zu den Bonding-Mechanismen gemäß Rn. 1.3.1 und 1.3.2 sind erforderlich, damit die Berichtsadressaten die Gefahr eines Moral Hazard des Vorstands besser einschätzen können.
1.3.2	Den vereinbarten Selbstbehalt, sofern die Gesellschaft für den Vorstand eine D & O-Versicherung abgeschlossen hat.	

Tabelle 57: Katalog theoretisch deduktiv ermittelter Inhaltskomponenten des Corporate Governance Statements (III)

Berichtskategorie und -gegenstand		Kommentierung
1.3	**Wertorientierte Unternehmensführung (Fortsetzung)**	
1.3.3	Das Instrumentarium des (konzernweit ausgerichteten) wertorientierten Internen Steuerungssystems sowie die jeweils im Vorfeld festgelegten Zielvorgaben und die tatsächlich erzielten Wertsteigerungen.	Die Informationen gemäß Rn. 1.3.3 sind notwendig, damit die Berichtsadressaten die tatsächliche Umsetzung der vom Vorstand zu verfolgenden Zielsetzung einer nachhaltigen Wertschöpfung beurteilen können. Die Berichterstattung hat primär zu erfolgen über: ▪ den Shareholder Value in seiner Ausprägung als Zukunftserfolgswert auf Basis der eingesetzten Cashflow- oder Residualgewinn-orientierten Steuerungsgrößen und ▪ sofern eingeführt, die unternehmensindividuelle Balanced Scorecard, jeweils unter Angabe von Plan- und Ist-Werten, der Entwicklung im Zeitvergleich sowie der zugrunde liegenden (Berechnungs-)Prämissen.
1.3.4	Die Konzernstruktur im Falle eines konzernweit ausgerichteten Internen Steuerungssystems.	Die Berichterstattung über die Konzernstruktur hat eine Offenlegung des Konzern-Organigramms einschließlich Nennung wesentlicher Tochtergesellschaften unter Angabe des Namens und des Sitzes der Gesellschaft, Höhe des Anteils, Höhe des Eigenkapitals und bei Börsennotierung auch die Börsenkapitalisierung zu umfassen. Sofern wirtschaftlich wesentliche Beteiligungen an Drittunternehmen vorliegen, können flankierend auch diese unter Angabe des Namens und des Sitzes der Gesellschaft, Höhe des Anteils, Höhe des Eigenkapitals und Ergebnis des letzten Geschäftsjahres offengelegt werden.
1.3.5	Die Ausgestaltung des Risikomanagementsystems.	Die Berichterstattung zum Risikomanagementsystem hat sich insbesondere auf folgende Elemente zu beziehen: ▪ die Interne (Konzern-)Revision, ▪ das Interne Kontrollsystem, ▪ das (Konzern-)Controlling sowie ▪ das Risikofrüherkennungssystem.

Tabelle 58: Katalog theoretisch deduktiv ermittelter Inhaltskomponenten des Corporate Governance Statements (IV)

Berichtskategorie und -gegenstand		Kommentierung
1.3	**Wertorientierte Unternehmensführung (Fortsetzung)**	
1.3.6	Die Ausgestaltung des Compliance-Systems.	Hinsichtlich des Compliance-Systems ist primär einzugehen auf: ▪ die Einrichtung einer Compliance-Organisation, ▪ die Implementierung eines Ethikkodex, ▪ die Durchführung von Compliance-Programmen, ▪ den Aufbau eines angemessenen unternehmensinternen Beratungs- und Trainingsangebots für die Mitarbeiter sowie ▪ die Implementierung einer Whistleblowing-Helpline.
1.3.7	Die Art und Weise des Zusammenwirkens von Vorstand und Aufsichtsrat. Dies schließt insbesondere den Abstimmungsprozess zwischen Vorstand und Aufsichtsrat hinsichtlich der Festlegung und Umsetzung der strategischen Ausrichtung der Gesellschaft/des Konzerns ein.	Für die Berichtsadressaten muss insbesondere deutlich werden, ▪ ob die Unternehmensführung durch den Vorstand noch eigenverantwortlich erfolgt, d. h. die Nutzung der Spezialisierungsvorteile des Vorstands gewährleistet ist, ▪ ob durch die Ex ante-Überwachung des Supervisors opportunistisches Verhalten des Vorstands tatsächlich verhindert werden kann und ▪ inwieweit aus dem Abstimmungsprozess die Gefahr eines kollusiven Zusammenwirkens von Vorstand und Aufsichtsrat resultiert.
1.4	**Interessenkonflikte** *Bezüglich der Interessenkonflikte des Vorstands ist zu berichten über:*	
1.4.1	Diejenigen vertraglich festgelegten Sachverhalte, die aus Sicht des Aufsichtsrats mit einem erhöhten Risiko eines Interessenkonflikts in Person eines Vorstandsmitglieds verbunden sind und deshalb entweder seiner vorherigen Zustimmung bedürfen oder gegenüber ihm und den anderen Vorstandsmitgliedern unverzüglich offenzulegen sind.	Die Angaben gemäß Rn. 1.4.1 sind erforderlich, damit die Berichtsadressaten die Gefahr eines Moral Hazard des Vorstands besser einschätzen können. Als interessenkonfliktbehaftete Handlungen und Geschäfte der Unternehmensführung, die einer vorherigen Zustimmung des Aufsichtsrats bedürfen, kommen insbesondere in Betracht: ▪ Nebentätigkeiten der Vorstandsmitglieder, ▪ die Kreditgewährung an das Management bzw. an ihre Angehörigen und andere wesentliche Eigengeschäfte des Vorstands mit der Gesellschaft sowie ▪ Handlungen außerhalb des gewöhnlichen Geschäftsverkehrs nach Bekanntgabe eines (feindlichen) Übernahmeangebots.

Tabelle 59: Katalog theoretisch deduktiv ermittelter Inhaltskomponenten des Corporate Governance Statements (V)

	Berichtskategorie und -gegenstand	Kommentierung
1.4	**Interessenkonflikte (Fortsetzung)**	Im Hinblick auf interessenkonfliktbehaftete Sachverhalte, die eine unverzügliche Offenlegung gegenüber dem Aufsichtsrat und eine Information der anderen Vorstandsmitglieder hierüber nach sich ziehen, kommt den Directors` Dealings eine besondere Bedeutung zu.
1.4.2	Die im Berichtszeitraum seitens des Aufsichtsrats erteilten Zustimmungen zu interessenkonfliktbehafteten Handlungen und Geschäfte der Unternehmensführung.	
1.4.3	Die dem Aufsichtsrat in der Berichtsperiode bekannt gewordenen potenziellen und tatsächlich aufgetretenen Interessenkonflikte in Person der Vorstandsmitglieder und deren Behandlung.	Hinsichtlich des Umgangs mit offengelegten Interessenkonflikten ist bei Vorliegen nicht nur vorübergehender Interessenkonflikte als Ultima Ratio-Handlung eine Abberufung aus wichtigem Grund und bei kurzfristigen einzelfallbezogenen Interessenkonflikten auch eine Suspendierung der betroffenen Vorstandsmitglieder in Erwägung zu ziehen.
1.5	**Vergütung** *Bezüglich der Vergütung des Vorstands ist zu berichten über:*	
1.5.1	Das Vergütungssystem für die Vorstandsmitglieder.	Auf Grundlage der übermittelten Informationen müssen die Berichtsadressaten in einer Gesamtschau einschätzen können, inwieweit das eingesetzte Vergütungssystem als Bonding-Mechanismus geeignet ist, die individuellen Nutzenfunktionen der Vorstandsmitglieder mit der Zielsetzung der Anteilseigner, d. h. einer nachhaltigen Steigerung des Shareholder Values, zu vereinen und somit das Risiko eines Moral Hazard des Vorstands abzumildern. Im Einzelnen hat eine Berichterstattung zu erfolgen über: ▪ das relative Gewicht zwischen den erfolgsunabhängigen und erfolgsabhängigen Komponenten sowie den Bestandteilen mit langfristiger Anreizwirkung, ▪ die im Vorfeld festgelegten, messbaren Leistungskriterien, an deren Erfüllung die variable Vergütung knüpft, ▪ die Methoden, anhand derer die Erfüllung der Leistungskriterien festgestellt wird, ▪ die zugrunde liegenden Bemessungsgrundlagen,

Tabelle 60: Katalog theoretisch deduktiv ermittelter Inhaltskomponenten des Corporate Governance Statements (VI)

Berichtskategorie und -gegenstand		Kommentierung
1.5	**Vergütung (Fortsetzung)**	
		▪ die mit den Vorstandsmitgliedern vereinbarten Zahlungsaufschubfristen und Höchstgrenzen für variable Vergütungskomponenten, ▪ die aktienbezogene Vergütung einschließlich Aktienoptionsprogramme oder ähnliche wertpapierorientierte Anreizsysteme der Gesellschaft und ▪ die wichtigsten Grundsätze im Hinblick auf Bezüge von Dritten, die Altersversorgung sowie für Zusagen von Leistungen, die einem Vorstandsmitglied im Falle einer regulären oder vorzeitigen Beendigung seiner Tätigkeit erteilt werden. Hinsichtlich der aktienbezogenen Vergütung hat insbesondere eine Berichterstattung über die Erdienungszeiträume und die Politik hinsichtlich des Haltens von Aktien nach ihrer Gewährung zu erfolgen. Die Darstellung der konkreten Ausgestaltung eines Aktienoptionsplans oder vergleichbarer Gestaltungen für Komponenten mit langfristiger Anreizwirkung soll Angaben zu den zugrunde liegenden Vergleichsparametern, zum Repricing, zu vereinbarten Begrenzungsmöglichkeiten (Caps) sowie zum Wert der Optionen und seiner Änderung im Zeitablauf umfassen.
1.5.2	Für jedes Vorstandsmitglied die Höhe und Zusammensetzung der im Berichtszeitraum gewährten Vergütung unter Einbeziehung der zugrunde liegenden Leistungsbeurteilung durch den Aufsichtsrat einschließlich der angewendeten Kriterien.	Die Angaben gemäß Rn. 1.5.2 sind erforderlich, damit die Adressaten die Angemessenheit der Vergütung besser beurteilen können. Die Offenlegung der Vergütung hat aufgeteilt nach erfolgsunabhängigen und erfolgsabhängigen Komponenten sowie Bestandteilen mit langfristiger Anreizwirkung zu erfolgen. Im Kontext der erfolgsunabhängigen Vergütungskomponenten ist insbesondere einzugehen auf: ▪ Gehälter, ▪ feste jährliche Einmalzahlungen sowie ▪ Aufwandsentschädigungen. Die Berichterstattung zu den erfolgsabhängigen Vergütungselementen hat sich vor allem zu beziehen auf: ▪ Prämien für besondere Leistungen sowie ▪ die variablen Tantiemen und Boni.

Tabelle 61: Katalog theoretisch deduktiv ermittelter Inhaltskomponenten des Corporate Governance Statements (VII)

Berichtskategorie und -gegenstand		Kommentierung
1.5	**Vergütung (Fortsetzung)**	
		Hinsichtlich der Vergütungsbestandteile mit langfristiger Anreizwirkung ist in erster Linie zu berichten über: ▪ Aktien der Gesellschaft mit mehrjähriger Veräußerungssperre und ▪ Aktienoptionen oder vergleichbare Gestaltungen. Aufgeteilt nach erfolgsunabhängigen und erfolgsabhängigen Komponenten sowie Bestandteilen mit langfristiger Anreizwirkung gesondert darzustellen sind auch: ▪ Nebenleistungen, ▪ Leistungen, die dem einzelnen Vorstandsmitglied von einem Dritten im Hinblick auf seine Vorstandstätigkeit zugesagt oder im Geschäftsjahr gewährt wurden sowie ▪ Leistungen, die dem Vorstandsmitglied sowohl für den Fall einer regulären als auch vorzeitigen Beendigung seiner Tätigkeit zugesagt worden sind. Leistungen für den Fall der Beendigung der Tätigkeit beinhalten Versorgungszusagen und Abfindungen wie bspw. im Zuge eines Change of Control. Bei der Berichterstattung über Abfindungen ist insbesondere auf die Vereinbarung und die Berechnung von Abfindungs-Caps einzugehen.
2	**Interne Überwachung durch den Aufsichtsrat**	
2.1	**Besetzung** *Bezüglich der Besetzung des Aufsichtsrats ist zu berichten über:*	
2.1.1	Mitwirkung des Vorstands am Beschlussfassungsvorschlag des Aufsichtsrats zur Wahl neuer Aufsichtsratsmitglieder.	Den Berichtsadressaten muss eine Einschätzung ermöglicht werden, ob der Aufsichtsrat seiner Alleinkompetenz zur Unterbreitung des Wahlvorschlags an die Aktionäre tatsächlich nachkommt oder aber dem Vorstand eine Möglichkeit der Einflussnahme auf die Auswahl der Mitglieder des ihn überwachenden Supervisors einräumt.

Tabelle 62: Katalog theoretisch deduktiv ermittelter Inhaltskomponenten des Corporate Governance Statements (VIII)

Berichtskategorie und -gegenstand		Kommentierung
2.1	**Besetzung (Fortsetzung)**	
2.1.2	Prozess des durch den Aufsichtsrat vorzunehmenden Auswahlverfahrens im Vorfeld des Beschlussfassungsvorschlags.	Informationen über den Prozess des Auswahlverfahrens (Screening) sind für die Berichtsadressaten notwendig, um die Gefahr der Auswahl eines ungeeigneten Aufsichtsratsmitglieds (Adverse Selection) zumindest im Hinblick auf die Anteilseignervertreter besser abschätzen zu können. Der Prozess des Auswahlverfahrens umfasst ▪ die Entwicklung eines Anforderungsprofils, ▪ die Suche nach geeigneten Aufsichtsratskandidaten sowie ▪ ihre Bewertung und Auswahl.
2.1.3	Profil aller zum Berichtszeitpunkt aktiven Aufsichtsratsmitglieder einschließlich Gegenüberstellung mit dem jeweils zuvor festgelegten Idealprofil.	Mit den offengelegten Ist- und Idealprofilen der Aufsichtsratsmitglieder soll den Berichtsadressaten eine Einschätzung der Eignung eines in der Berichtsperiode neu oder wiederbestellten Aufsichtsratsmitglieds sowie der Vielfalt, Kompetenz, Integrität und Unabhängigkeit des Gesamtaufsichtsrats ermöglicht werden. Profilmerkmale der Aufsichtsratsmitglieder sind neben dem Familien- und Vornamen vor allem ▪ das Alter, ▪ Mitgliedschaften in Aufsichtsräten, ▪ der Anteilsbesitz am Unternehmen, ▪ die Qualifikation, ▪ der derzeit ausgeübte Beruf, ▪ die Ausbildung, ▪ bedeutende Stationen des beruflichen Werdegangs sowie ▪ die Unabhängigkeit. Im Hinblick auf die Qualifikation muss für die Berichtsadressaten erkennbar sein, ob ▪ die Aufsichtsratsmitglieder über die zur ordnungsmäßigen Wahrnehmung ihrer Aufgaben erforderlichen (Mindest-)Kenntnisse, Fähigkeiten sowie fachlichen und internationalen Erfahrungen verfügen, ▪ der (designierte) Vorsitzende des Prüfungsausschusses bereits besondere Kenntnisse und Erfahrungen in der Anwendung von Rechnungslegungsgrundsätzen und internen Kontrollverfahren erworben hat und ▪ mindestens ein Mitglied des Vergütungsausschusses über besondere Kenntnisse und Erfahrungen auf dem Gebiet der Vergütungspolitik verfügt.

Tabelle 63: Katalog theoretisch deduktiv ermittelter Inhaltskomponenten des Corporate Governance Statements (IX)

Berichtskategorie und -gegenstand		Kommentierung
2.1	**Besetzung (Fortsetzung)**	
		In Bezug auf die Unabhängigkeit der Aufsichtsratsmitglieder müssen die Adressaten einschätzen können, ob ein Aufsichtsratsmitglied in einer geschäftlichen oder persönlichen Beziehung zu der Gesellschaft oder deren Vorstand steht, die einen Interessenkonflikt begründet. Es ist insbesondere darüber zu berichten, ob ▪ die Aufsichtsratsmitglieder eine Organfunktion oder Beratungsaufgaben bei wesentlichen Wettbewerbern des Konzerns ausüben, ▪ beim Wechsel eines Vorstandsmitglieds in den Aufsichtsrat die zweijährige Cooling-Off-Periode eingehalten wurde bzw. ein solcher auf Vorschlag von Aktionären, die mehr als 25 % der Stimmrechte an der Gesellschaft halten, erfolgte; im letzteren Fall sind die Gründe hierfür darzulegen und ▪ dem Aufsichtsrat mehr als zwei ehemalige Mitglieder des Vorstands angehören. Schließlich sind die weiteren vom Aufsichtsrat festgelegten Unabhängigkeitskriterien offen zu legen.
2.1.4	Datum der Erstbestellung und Ende der laufenden Funktionsperiode pro Aufsichtsratsmitglied.	Die Angabe ist erforderlich, damit die Berichtsadressaten das Risiko einer Adverse Selection auch in zeitlicher Hinsicht besser einschätzen können. Die Angabe kann mit der Berichterstattung gemäß Rn. 2.1.3 verbunden werden.
2.2	**Innere Organisation** *Bezüglich der inneren Organisation des Aufsichtsrats ist zu berichten über:*	
	Die Organisationsstruktur des Aufsichtsratsgremiums. Dies schließt eine Offenlegung der Aufsichtsrats-Geschäftsordnung ein, aus welcher sich insbesondere folgende Sachverhalte ergeben:	Mit den zu übermittelnden Informationen sollen die Adressaten in die Lage versetzt werden, die Gefahr eines Moral Hazard des Aufsichtsrats besser einschätzen zu können. Die Angaben zur Festschreibung der GoÜ und zum Umgang mit Interessenkonflikten können mit denjenigen gemäß Rn. 2.3.2 respektive 2.4.1 verbunden werden.

Tabelle 64: Katalog theoretisch deduktiv ermittelter Inhaltskomponenten des Corporate Governance Statements (X)

Berichtskategorie und -gegenstand		Kommentierung
2.2	**Innere Organisation (Fortsetzung)** ▪ die seitens des Aufsichtsrats aus seiner Mitte gebildeten Ausschüsse einschließlich Regeln ihres organisatorischen Zusammenwirkens mit dem Plenum, ▪ die dem Gesamtaufsichtsrat vorbehaltenen Angelegenheiten, ▪ Aufgaben und Befugnisse des Aufsichtsratsvorsitzenden, ▪ Regelungen zu Sitzungen und Beschlüssen des Aufsichtsgremiums, ▪ die Art der Fixierung von Grundsätzen ordnungsmäßiger Unternehmensüberwachung (GoÜ) und ▪ Anordnungen zum Umgang mit Interessenkonflikten.	Im Hinblick auf die gebildeten Ausschüsse hat eine exakte Darstellung ▪ der personellen Besetzung, ▪ der überwiesenen Aufgabenfelder und ▪ der inneren Organisation zu erfolgen. Daneben ist darauf einzugehen, ▪ inwieweit die eingerichteten Ausschüsse einen vorbereitenden oder entscheidenden Charakter tragen und ▪ wie die gegenseitige Überwachung und Informationsversorgung innerhalb des Aufsichtsrats, insbesondere im Verhältnis zwischen den Ausschüssen und dem Plenum, ausgestaltet ist. Die Ausführungen zu den Ausschüssen werden sich i. d. R. auf den Präsidial-, Personal-, Nominierungs-, Prüfungs-, Strategie- und Investitions- sowie Finanzierungsausschuss zu beziehen haben. Hinsichtlich der dem Gesamtaufsichtsrat zur abschließenden Entscheidung vorbehaltenen Angelegenheiten ist auf ihre exakte Benennung zu achten. Als nicht delegierbare Aufgaben des Plenums gelten: ▪ die Wahl eines Vorsitzenden und mindestens eines Stellvertreters aus seiner Mitte, ▪ die Zustimmung zur Zahlung eines Abschlages auf den voraussichtlichen Bilanzgewinn, ▪ der Erlass einer Geschäftsordnung für den Vorstand (Rn. 1.2), ▪ die (Wieder-)Bestellung und Abberufung von Vorstandsmitgliedern (Rn. 1.1.1 bis 1.1.6) sowie die Ernennung eines Vorsitzenden und der Widerruf dieser Ernennung, ▪ die Festsetzung der Vorstandsvergütung (Rn. 1.5.1 und 1.5.2), ▪ die Einberufung einer außerordentlichen Hauptversammlung, ▪ die Festlegung von Zustimmungsvorbehalten für bestimmte Arten von Geschäften (Rn. 1.2), ▪ die Prüfung der (Konzern-)Abschlussunterlagen, des (Konzern-)Lageberichts und des Abhängigkeitsberichts einschließlich der Berichterstattung über das Ergebnis der Prüfung (Rn. 2.3.1).

Tabelle 65: Katalog theoretisch deduktiv ermittelter Inhaltskomponenten des Corporate Governance Statements (XI)

Berichtskategorie und -gegenstand		Kommentierung
2.2	**Innere Organisation (Fortsetzung)**	Ferner besteht ein Plenarvorbehalt für alle diejenigen Entscheidungen des Aufsichtsrats, welche die Fragen seiner Selbstorganisation betreffen. Hierzu zählen unter anderem: ▪ der Erlass einer Aufsichtsrats-Geschäftsordnung, ▪ die Bildung von Ausschüssen und ▪ die Selbst-Evaluation des Aufsichtsrats (Rn. 2.3.4). Die Ausführungen zu den Aufgaben und Befugnissen des Aufsichtsratsvorsitzenden werden sich regelmäßig auf die Koordination der Arbeit des Plenums und der Ausschüsse, die Verfahrensleitung im Aufsichtsrat sowie auf die Repräsentation des Supervisors gegenüber den Aktionären und des Vorstands zu beziehen haben. Im Hinblick auf Sitzungen und Beschlüsse des Aufsichtsratsgremiums ist insbesondere von Bedeutung: ▪ eine Offenlegung der Verfahrensordnung, die konkretisierende Bestimmungen zu den Aufsichtsratssitzungen und -beschlüssen vorzusehen hat und ▪ eine Darstellung der unternehmensindividuellen Vertraulichkeitsrichtlinie.
2.3	**Überwachungsaufgabe** *Bezüglich der Überwachung durch den Aufsichtsrat ist zu berichten über:*	
2.3.1	Überwachungshandlungen des Aufsichtsrats und die hieraus gewonnenen Ergebnisse. Dies schließt insbesondere eine Offenlegung ein, wie sich der Aufsichtsrat von der Rechtmäßigkeit, Ordnungsmäßigkeit, Zweckmäßigkeit und Wirtschaftlichkeit der Unternehmensführung überzeugt hat.	Die Berichterstattung muss so konkretisiert sein, dass die Adressaten die Wirksamkeit der Monitoring-Maßnahmen des Aufsichtsrats zur Disziplinierung des Vorstands auch tatsächlich einschätzen können. Im Falle einer Konzernierung ist in die Berichterstattung auch die Rechtmäßig-, Ordnungsmäßig-, Zweckmäßig- und Wirtschaftlichkeitsprüfung der Konzernführung des Vorstands der Obergesellschaft mit einzubeziehen. Die Berichterstattung über die Überwachungshandlungen und -ergebnisse des Aufsichtsrats hat sich vor allem auf folgende Objekte zu beziehen: ▪ Risikomanagement- und Compliance-System, ▪ beabsichtigte Geschäftspolitik, ▪ Unternehmensplanung und Rentabilität,

Tabelle 66: Katalog theoretisch deduktiv ermittelter Inhaltskomponenten des Corporate Governance Statements (XII)

Berichtskategorie und -gegenstand		Kommentierung
2.3	**Überwachungsaufgabe (Fortsetzung)**	▪ Gang der Geschäfte und Lage der Gesellschaft sowie ▪ Geschäfte, sofern sie von wesentlichem Einfluss auf die Rentabilität oder Liquidität der Gesellschaft sein können. Weitere Berichtsgegenstände sind Handlungen und Ergebnisse im Hinblick auf ▪ die Prüfung des (Konzern-)Abschlusses und des (Konzern-)Lageberichts einschließlich des Gewinnverwendungsvorschlags, ▪ die Erörterung der Halbjahres- und Quartalsberichte sowie ▪ die Ex ante-Überwachung, wie insbesondere die Beratung des Vorstands durch den Aufsichtsrat (Rn. 1.3.7). Die Überwachungsintensität hat sich an der jeweiligen Situation der Gesellschaft/des Konzerns auszurichten und steigt mit zunehmender Risikolage.
2.3.2	Die Art der Verpflichtung der Aufsichtsratsmitglieder zur Beachtung der Grundsätze ordnungsmäßiger Unternehmensüberwachung (GoÜ) im Rahmen der Geschäftsordnung.	Die Angaben zu den Bonding- und Self Monitoring-Mechanismen gemäß Rn. 2.3.2, 2.3.3 und 2.3.4 sind erforderlich, damit die Berichtsadressaten auch die Gefahr eines Moral Hazard des Aufsichtsrats besser einschätzen können. Die Angabe zur Beachtung der GoÜ kann mit den Angaben zur Geschäftsordnung des Aufsichtsrats in Rn. 2.2 verbunden werden.
2.3.3	Den vereinbarten Selbstbehalt, sofern die Gesellschaft für den Aufsichtsrat eine D & O-Versicherung abgeschlossen hat.	
2.3.4	Die Selbst-Evaluation des Aufsichtsrats. Evaluationsgegenstände sind die Aufgabenerfüllung und Organisation des Aufsichtsratsplenums, die Ausschussarbeit sowie die einzelnen Aufsichtsratsmitglieder. Die Darstellung bezieht sich insbesondere auf den Evaluationsprozess einschließlich der Evaluationsergebnisse und konkreter Verbesserungsmaßnahmen.	Ein Evaluationsprozess umfasst ▪ die Spezifizierung des Evaluationsgegenstands, ▪ die Festlegung von Bewertungskriterien, ▪ die Ermittlung des Ist-Zustands des Evaluationsgegenstandes sowie ▪ die Auswertung der Evaluationsergebnisse. Die Selbst-Evaluation sollte grundsätzlich jährlich erfolgen, wobei eine periodisch alternierende Betrachtung unterschiedlicher Aspekte über einen Zeitraum von drei Jahren zulässig ist.

Tabelle 67: Katalog theoretisch deduktiv ermittelter Inhaltskomponenten des Corporate Governance Statements (XIII)

	Berichtskategorie und -gegenstand	Kommentierung
2.4	**Interessenkonflikte** *Bezüglich der Interessenkonflikte des Aufsichtsrats ist zu berichten über:*	
2.4.1	Diejenigen im Rahmen der Geschäftsordnung festgelegten Sachverhalte, die aus Sicht des Aufsichtsrats mit einem erhöhten Risiko eines Interessenkonflikts in Person eines Aufsichtsratsmitglieds verbunden sind und deshalb entweder seiner vorherigen Zustimmung bedürfen oder gegenüber ihm rechtzeitig offenzulegen sind.	Die Angaben gemäß Rn. 2.4.1 sind erforderlich, damit die Berichtsadressaten die Gefahr eines Moral Hazard der Aufsichtsratsmitglieder besser einschätzen können. Als interessenkonfliktbehaftete Handlungen und Geschäfte der Aufsichtsratsmitglieder, die einer vorherigen Zustimmung des Aufsichtsrats bedürfen, kommen insbesondere in Betracht: ▪ Kreditgewährungen der Gesellschaft an die Mitglieder des Aufsichtsrats und ihre Angehörigen sowie ▪ Dienstleistungs- und Werkverträge der Aufsichtsratsmitglieder mit der Gesellschaft. Im Hinblick auf interessenkonfliktbehaftete Sachverhalte, die eine rechtzeitige Offenlegung gegenüber dem Aufsichtsrat nach sich ziehen, sind zum einen die Directors` Dealings und zum anderen Beratungsmandate oder Organfunktionen der Aufsichtsratsmitglieder bei Kunden, Lieferanten, Kreditgebern oder sonstigen Geschäftspartnern von besonderer Bedeutung.
2.4.2	Die im Berichtszeitraum seitens des Aufsichtsrats erteilten Zustimmungen zu interessenkonfliktbehafteten Handlungen und Geschäfte der Aufsichtsratsmitglieder.	
2.4.3	Die dem Aufsichtsrat in der Berichtsperiode bekannt gewordenen potenziellen und tatsächlich aufgetretenen Interessenkonflikte in Person der Aufsichtsratsmitglieder und deren Behandlung.	Optionen zum Umgang mit offengelegten Interessenkonflikten bilden ▪ die Stimmenthaltung bei den den (potenziellen) Interessenkonflikt ausmachenden Beschlussfassungen, ▪ die Nichtteilnahme an den Beratungen zu Tagungsordnungspunkten, die von dem Interessenkonflikt betroffen sind, ▪ das Ruhenlassen des Amtes für die Dauer des Interessenkonflikts sowie ▪ bei Vorliegen wesentlicher und nicht nur vorübergehender Interessenkonflikte die Beendigung des Mandats per Amtsniederlegung oder gerichtlicher Abberufung aus wichtigem Grund.

Tabelle 68: Katalog theoretisch deduktiv ermittelter Inhaltskomponenten des Corporate Governance Statements (XIV)

Berichtskategorie und -gegenstand		Kommentierung
2.5	**Vergütung** *Bezüglich der Vergütung des Aufsichtsrats ist zu berichten über:*	
2.5.1	Das Vergütungssystem für die Aufsichtsratsmitglieder.	Auf Grundlage der übermittelten Informationen müssen die Berichtsadressaten in einer Gesamtschau einschätzen können, inwieweit das eingesetzte Vergütungssystem als Bonding-Mechanismus geeignet ist, die individuellen Nutzenfunktionen der Aufsichtsratsmitglieder mit der Zielsetzung der Anteilseigner, d. h. einer nachhaltigen Steigerung des Shareholder Values, zu vereinen und somit das Risiko eines Moral Hazard des Aufsichtsrats abzumildern. Im Einzelnen hat eine Berichterstattung zu erfolgen über: ▪ das relative Gewicht zwischen den erfolgsunabhängigen und erfolgsabhängigen Komponenten sowie den Bestandteilen mit langfristiger Anreizwirkung, ▪ die im Vorfeld festgelegten, messbaren Leistungskriterien, an deren Erfüllung die variable Vergütung knüpft, ▪ die Methoden, anhand derer die Erfüllung der Leistungskriterien festgestellt wird, ▪ die mit den Aufsichtsratsmitgliedern vereinbarten Höchstgrenzen für variable Vergütungskomponenten, ▪ eine etwaige aktienbezogene Vergütung einschließlich wertpapierorientierter Anreizsysteme der Gesellschaft, wie insbesondere virtuelle Aktienoptionsprogramme und ▪ die wichtigsten Grundsätze im Hinblick auf eine etwaige Altersversorgung. Die Darstellung der konkreten Ausgestaltung eines virtuellen Aktienoptionsplans oder vergleichbarer Gestaltungen soll Angaben zu den zugrunde liegenden Vergleichsparametern, zu Erwerbs- und Ausübungszeiträumen sowie Wartezeiten, zum Repricing, zu vereinbarten Begrenzungsmöglichkeiten (Caps) sowie zum Wert der virtuellen Optionen und seiner Änderung im Zeitablauf umfassen.

Tabelle 69: Katalog theoretisch deduktiv ermittelter Inhaltskomponenten des Corporate Governance Statements (XV)

Berichtskategorie und -gegenstand		Kommentierung
2.5	**Vergütung (Fortsetzung)**	
2.5.2	Für jedes Aufsichtsratsmitglied die Höhe und Zusammensetzung der im Berichtszeitraum gewährten Vergütung unter Einbeziehung der zugrunde liegenden Angemessenheitskriterien.	Die Angaben gemäß Rn. 2.5.2 sind erforderlich, damit die Adressaten die Angemessenheit der Vergütung besser beurteilen können. Die Offenlegung der Vergütung hat aufgeteilt nach erfolgsunabhängigen und erfolgsabhängigen Komponenten sowie Bestandteilen mit langfristiger Anreizwirkung zu erfolgen. Im Zusammenhang mit erfolgsunabhängigen Vergütungskomponenten ist insbesondere einzugehen auf: ▪ die jährliche Grundvergütung sowie ▪ Sitzungsgelder. Die Berichterstattung zu den erfolgsabhängigen Vergütungselementen hat sich vor allem auf jährlich wiederkehrende dividenden-, gewinnorientierte oder auch an in- und externen Erfolgskriterien anknüpfende Tantiemen zu beziehen. Hinsichtlich der Vergütungsbestandteile mit langfristiger Anreizwirkung ist in erster Linie zu berichten über: ▪ Aktien der Gesellschaft mit mehrjähriger Veräußerungssperre, ▪ schuldrechtliche Nachbildungen von Aktienoptionen in Form von virtuellen Aktienoptionen oder vergleichbare Gestaltungen und/oder ▪ eine in Geld zu zahlende Vergütung in Abhängigkeit von der Entwicklung in- und externer Kennzahlen der Gesellschaft respektive des Konzerns. Aufgeteilt nach erfolgsunabhängigen und erfolgsabhängigen Komponenten sowie Bestandteilen mit langfristiger Anreizwirkung gesondert darzustellen sind auch: ▪ Nebenleistungen und ▪ Versorgungszusagen.

Tabelle 70: Katalog theoretisch deduktiv ermittelter Inhaltskomponenten des Corporate Governance Statements (XVI)

Berichtskategorie und -gegenstand		Kommentierung
3	**Unterstützung des Aufsichtsrats durch den (Konzern-)Abschlussprüfer**	
3.1	**Auswahl des (Konzern-)Abschlussprüfers** *Bezüglich der Auswahl des (Konzern-) Abschlussprüfers ist zu berichten über:*	
3.1.1	Mitwirkung des Vorstands am Beschlussfassungsvorschlag des Aufsichtsrats zur Wahl des (Konzern-)Abschlussprüfers.	Den Berichtsadressaten ist eine Einschätzung zu ermöglichen, ob der Supervisor Aufsichtsrat seiner Alleinkompetenz im Hinblick auf den Wahlvorschlag an die Aktionäre tatsächlich gerecht wird oder aber dem Vorstand eine Einflussmöglichkeit bei der Auswahl der ihn prüfenden Person gewährt.
3.1.2	Prozess des seitens des Aufsichtsrats durchzuführenden Auswahlverfahrens im Vorfeld des Beschlussfassungsvorschlags.	Informationen über den Prozess des Auswahlverfahrens (Screening) sind für die Berichtsadressaten notwendig, um die Gefahr der Auswahl eines ungeeigneten (Konzern-)Abschlussprüfers (Adverse Selection) besser abschätzen zu können. Der Prozess des Auswahlverfahrens umfasst ▪ die Entwicklung eines Anforderungsprofils, ▪ die Projizierung des Anforderungsprofils auf den bisherigen und weitere potenzielle Prüfer sowie ▪ die Bewertung und Auswahl.
3.1.3	Profil des ausgewählten (Konzern-)Abschlussprüfers insbesondere im Hinblick auf seine Unabhängigkeit und seine Maßnahmen zur Qualitätssicherung.	Mit dem offengelegten Profil des ausgewählten (Konzern-)Abschlussprüfers soll den Berichtsadressaten eine Einschätzung seiner Eignung ermöglicht werden. In diesem Zusammenhang bietet sich eine Offenlegung der Unabhängigkeitserklärung einschließlich der Honorare für Prüfungs- und Nichtprüfungsleistungen, der Bescheinigung über die erfolgreiche Teilnahme an der externen Qualitätskontrolle sowie der vom Aufsichtsrat entwickelten und vom Prüfer zu erfüllenden Qualitätsstruktur für den Prüfungsauftrag an.

Tabelle 71: Katalog theoretisch deduktiv ermittelter Inhaltskomponenten des Corporate Governance Statements (XVII)

Berichtskategorie und -gegenstand		Kommentierung
3.2	**Prüfungsauftrag** *Bezüglich der Beauftragung des (Konzern-) Abschlussprüfers ist zu berichten über:*	
3.2.1	Vorgehensweise bei der Erteilung des Prüfungsauftrags an den (Konzern-)Abschlussprüfer.	Den Berichtsadressaten muss es ermöglicht werden, einzuschätzen, ob der Aufsichtsrat seiner Alleinkompetenz zur Beauftragung des (Konzern-)Abschlussprüfers tatsächlich gerecht wird oder aber dem Vorstand eine Einflussmöglichkeit auf die Vertragsinhalte einräumt.
3.2.2	Vertragliche Informationsvereinbarung mit dem (Konzern-)Abschlussprüfer, wonach der Vorsitzende des Aufsichtsrats oder des Prüfungsausschusses über während der Prüfung auftretende mögliche Ausschluss- oder Befangenheitsgründe unverzüglich zu unterrichten ist, soweit diese nicht unverzüglich beseitigt werden.	Die Informationen gemäß Rn. 3.2.2 und 3.2.3 sind für die Berichtsadressaten erforderlich, um das Risiko eines Moral Hazard des (Konzern-) Abschlussprüfers besser abschätzen zu können.
3.2.3	Maßnahmen des Aufsichtsrats, sofern Ausschluss- oder Befangenheitsgründe im Berichtszeitraum tatsächlich eingetreten sind und diese nicht unverzüglich beseitigt wurden.	Als Maßnahme des Aufsichtsrats bei Auftreten von Ausschluss- oder Befangenheitsgründen kommt in schwerwiegenden Fällen insbesondere die Bestellung eines anderen (Konzern-)Abschlussprüfers in Betracht.
3.3	**Unterstützungsleistungen durch den (Konzern-)Abschlussprüfer** *Bezüglich der Unterstützungsleistungen des (Konzern-)Abschlussprüfers ist zu berichten über:*	
3.3.1	Seitens des Aufsichtsrats festgelegte Prüfungsschwerpunkte und ihre Berücksichtigung im Rahmen der (Konzern-)Abschlussprüfung.	Mit den Informationen gemäß Rn. 3.3.1 bis 3.3.4 sollen die Adressaten in die Lage versetzt werden, die Gefahr eines Moral Hazard des Vorstands sowie des (Konzern-)Abschlussprüfers besser abschätzen zu können.

Tabelle 72: Katalog theoretisch deduktiv ermittelter Inhaltskomponenten des Corporate Governance Statements (XVIII)

	Berichtskategorie und -gegenstand	Kommentierung
3.3	**Unterstützungsleistungen durch den (Konzern-)Abschlussprüfer (Fortsetzung)**	
3.3.2	Art, Umfang sowie wesentliche Punkte der Berichterstattung des (Konzern-) Abschlussprüfers gegenüber dem Aufsichtsrat.	Die Darstellung umfasst dabei insbesondere ▪ die vertragliche Informationsvereinbarung, wonach der (Konzern-)Abschlussprüfer über alle für die Aufgaben des Aufsichtsrats wesentlichen Feststellungen und Vorkommnisse unverzüglich zu berichten hat, die sich bei der Durchführung der Prüfung ergeben, ▪ die vertragliche Informationsvereinbarung, wonach der (Konzern-)Abschlussprüfer den Aufsichtsrat explizit informieren bzw. im Prüfungsbericht vermerken muss, wenn er bei Durchführung der Prüfung Tatsachen feststellt, die im Widerspruch zur Entsprechenserklärung im Sinne des § 161 AktG stehen, ▪ die vorgesehenen Mechanismen zur Verhinderung einer Einflussnahme des Vorstands auf das Prüfungsergebnis im Rahmen seiner Vorabstellungnahme zum Prüfungsbericht. Im Hinblick auf die Vermeidung einer Einflussnahme des Vorstands auf das Prüfungsergebnis im Rahmen seiner Vorabstellungnahme zum Prüfungsbericht ist es insbesondere denkbar, dem Vorstand nur den endgültigen Prüfungsbericht zur Stellungnahme zu übersenden oder im Falle der Übermittlung einer Entwurfsfassung diese zeitgleich auch dem Aufsichtsrat zuzuleiten.
3.3.3	Teilnahme des (Konzern-)Abschlussprüfers an den Beratungen des Aufsichtsrats über den (Konzern-)Abschluss und seine Berichterstattung über die wesentlichen Ergebnisse seiner Prüfung. Dies schließt insbesondere eine Offenlegung der Anzahl der Bilanzsitzungen, an denen der (Konzern-)Abschlussprüfer teilgenommen hat, sowie der jeweiligen Themenschwerpunkte ein.	Als Themenschwerpunkte kommen in erster Linie das (rechnungslegungsbezogene) Risikomanagementsystem, der Prüfungsablauf, das Prüfungsergebnis, Feststellungen zu den vom Aufsichtsrat festgelegten Prüfungsschwerpunkten, besonders komplexe Sachverhalte sowie die Rechnungslegungspolitik in Betracht.
3.3.4	Zusammenfassende Einschätzung des Aufsichtsrats zur Qualität der Prüfung und Berichterstattung des (Konzern-) Abschlussprüfers für die eigene Überwachungstätigkeit. Dies schließt insbesondere eine Stellungnahme des Aufsichtsrats zum Ergebnis der Prüfung der (Konzern-)Rechnungslegung durch den (Konzern-)Abschlussprüfer ein.	Die Ausführungen müssen so konkretisiert sein, dass die Adressaten die Wirksamkeit der (Konzern-)Abschlussprüfung als unterstützendes Element des Monitoring zur Disziplinierung des Vorstands auch tatsächlich einschätzen können.

Tabelle 73: Katalog theoretisch deduktiv ermittelter Inhaltskomponenten des Corporate Governance Statements (XIX)

	Berichtskategorie und -gegenstand	Kommentierung
3.4	**Prüfungshonorar** *Bezüglich des Prüfungshonorars ist zu berichten über:*	
3.4.1	Mitwirkung des Vorstands an der Honorarvereinbarung mit dem (Konzern-)Abschlussprüfer.	Ziel dieser Ausführungen ist es, den Berichtsadressaten eine Einschätzung zu erlauben, ob der Supervisor Aufsichtsrat letztendlich seiner Alleinkompetenz zur Verhandlung des Prüfungshonorars mit dem (Konzern-)Abschlussprüfer tatsächlich gerecht wird oder aber dem Vorstand hierbei eine Einflussmöglichkeit einräumt. Da die Honorarvereinbarung Gegenstand des Prüfungsauftrags ist, können die Ausführungen hierzu auch mit denjenigen in Rn. 3.2.1 verbunden werden.
3.4.2	Die Honorarvereinbarung mit dem (Konzern-)Abschlussprüfer. Dies schließt insbesondere eine Offenlegung der Höhe und Art des Prüfungshonorars unter Einbeziehung der zugrunde liegenden Kalkulation sowie des Verhältnisses zwischen den für den Berichtszeitraum seitens des amtierenden (Konzern-)Abschlussprüfers berechneten Prüfungshonoraren und Honoraren für Nichtprüfungsleistungen ein.	Die Informationen sind für die Berichtsadressaten erforderlich, um sich ein Urteil über die Angemessenheit des Prüfungshonorars bilden zu können. Sie können mit denjenigen zum Profil des ausgewählten (Konzern-)Abschlussprüfers (Rn. 3.1.3) verbunden werden. Als Honorararten kommen insbesondere das Zeithonorar und das Pauschalhonorar mit Öffnungsklausel in Betracht. Zu den Nichtprüfungsleistungen zählen u. a. Steuerberatungs- und prüfungsnahe Beratungsleistungen.
3.4.3	Die Festlegung eines Zustimmungsvorbehalts des Aufsichtsrats zur Vergabe von Nichtprüfungsleistungen und einer in diesem Zusammenhang gegebenenfalls vorgesehenen Deckelung der Honorare aus Nichtprüfungsleistungen auf einen bestimmten Anteil an der Gesamthonorarsumme.	Die Informationen gemäß Rn. 3.4.3 sind neben denjenigen nach Rn. 3.4.1 und 3.4.2 für die Berichtsadressaten erforderlich, um das Risiko eines Moral Hazard des (Konzern-)Abschlussprüfers besser abschätzen zu können. Es ist möglich, die Ausführungen zum Zustimmungsvorbehalt für Nichtprüfungsleistungen in den Abschnitt zur allgemeinen Berichterstattung über Zustimmungsvorbehalte (Rn. 1.2) zu integrieren.

Tabelle 74: Katalog theoretisch deduktiv ermittelter Inhaltskomponenten des Corporate Governance Statements (XX)

Internationale Umfrage der Universität Hamburg

{if #u_gender# = "1"}Sehr geehrter Herr {else} Sehr geehrte Frau {/if} #u_name#,

wir wenden uns heute mit der Bitte an Sie, uns bei unserem wissenschaftlichen Vorhaben aktiv zu unterstützen.

Am Institut für Wirtschaftsprüfung und Steuerwesen der Universität Hamburg führen wir aktuell ein unabhängiges Forschungsprojekt zum Thema **Corporate Governance Reporting** durch, welches sowohl aus theoretischer als auch aus praktischer Sicht immer wichtiger wird. So zeigen aktuelle empirische Studien, dass Investoren im Rahmen ihrer Anlageentscheidungen einer ordnungsgemäßen Unternehmensführung und –überwachung (Corporate Governance) ihrer Zielobjekte eine hohe Bedeutung beimessen.

Im Laufe der letzten 18 Monate haben wir in einem ersten Projektschritt auf theoretischem Wege mögliche Inhalte eines Corporate Governance Berichts erarbeitet. In einem zweiten Schritt gilt es nun, die einzelnen Berichtsinhalte aus Sicht der Praxis mittels eines Online-Fragebogens einer empirischen Evaluation zuzuführen. Hierzu benötigen wir dringend Ihre Mithilfe.

Wir wären Ihnen sehr dankbar, wenn Sie an unserer Befragung teilnehmen und uns bis zum **15. Dezember 2009** zukunftsweisende Anstöße für unser Forschungsprojekt geben könnten.

Die Bearbeitung unseres vollständig **anonymisierten** Online-Fragebogens sollte nicht mehr als **15 bis 20 Minuten** Ihrer Zeit in Anspruch nehmen. Wir möchten Sie im Rahmen des Fragebogens bitten, auf einer Skala von 1 bis 5 Ihre Einschätzung zur Bedeutung einzelner Berichtsinhalte abzugeben. **Konkrete Ausprägungen** der Corporate Governance **Ihres Unternehmens** werden dabei **nicht** erfragt. Ihre Angaben werden **streng vertraulich** behandelt und dienen lediglich statistischen Zwecken. Nach Abschluss der Studie werden wir Ihnen die **Ergebnisse** selbstverständlich per E-Mail **zur Verfügung stellen**.

Am 2. November 2009 werden wir Ihnen via E-Mail die Internetadresse unseres Online-Fragebogens mitteilen und Sie bitten, an unserer Befragung teilzunehmen.

Für Ihre Unterstützung der Wissenschaft möchten wir uns bei Ihnen bereits an dieser Stelle herzlich bedanken. Für Fragen stehen wir Ihnen jederzeit sehr gerne zur Verfügung.

Mit den besten Grüßen

Prof. Dr. Carl-Christian Freidank, StB (Lehrstuhlinhaber) und
Stefan C. Weber, StB (wissenschaftlicher Mitarbeiter und Doktorand)

Universität Hamburg
Max-Brauer-Allee 60
22765 Hamburg
Germany
Telefon: +49(0)40-42838-2955
Telefax: +49(0)40-42838-6714
E-Mail: st.weber@mba.uni-hamburg.de
Homepage: http://www.uni-hamburg.de/fachbereiche-einrichtungen/fb03/iwp/rut/

Abbildung 55: Ankündigungs-E-Mail (deutsch)

University of Hamburg - international survey

{if #u_gender# = "1"} Dear Mr. {else} Dear Mrs. {/if} #u_name#,

On behalf of the audit and tax institute of the University of Hamburg, Germany, we would like to invite you to participate in our present independent academic survey.

The aim of this survey is to improve the **corporate governance reporting** from an international investor's perspective.

In order to analyse investor's opinion on the significance of certain topics of the corporate governance statement, an online questionnaire has been developed. The questions can be answered in **15 to 20 minutes** by ticking a box on a scale from 1 to 5. There will be **no questions regarding** the **characteristics of your company's corporate governance**. Your data will be treated **strictly confidentially** and is for statistic purposes only. As a participant, we will **send** you the **results** of our survey via e-mail.

Please accept our invitation to the online survey, which will be sent to you via e-mail on 2nd of November 2009. The invitation will provide you with the necessary web address as well as additional information regarding the survey.

We would be most grateful if you would submit your insightful answers by the 15th of December 2009.

Thank you very much in advance for providing support to this scientific survey of the University of Hamburg. If you have any further questions, please do not hesitate to contact us.

Best regards

Prof. Dr. Carl-Christian Freidank (holder of the chair) and
Stefan C. Weber (research assistant and doctoral student)

University of Hamburg
Max-Brauer-Allee 60
22765 Hamburg
Germany
Phone: +49(0)40-42838-2955
Telefax: +49(0)40-42838-6714
E-Mail: st.weber@mba.uni-hamburg.de
Homepage: http://www.uni-hamburg.de/fachbereiche-einrichtungen/fb03/iwp/rut/

Abbildung 56: Ankündigungs-E-Mail (englisch)

Einladung zur internationalen Umfrage der Universität Hamburg

{if #u_gender# = "1"} Sehr geehrter Herr {else} Sehr geehrte Frau {/if} #u_name#,

als {if #u_gender# = "1"} Experten {else}Expertin {/if} der Wirtschafts- und Finanzpraxis möchten wir Sie herzlich zu unserer internationalen Online-Befragung zum Corporate Governance Reporting begrüßen.

Wir würden uns sehr freuen, wenn Sie bis zum **15. Dezember 2009** der Beantwortung unseres Online-Fragebogens **15 bis 20 Minuten** Ihrer wertvollen Zeit widmen. Zu unserem Online-Fragebogen gelangen Sie durch einen Doppelklick auf folgenden Link:

#code_complete#

Wie bereits in unserer Ankündigungs-E-Mail mitgeteilt, möchten wir Sie im Rahmen des Fragebogens bitten, auf einer Skala von 1 bis 5 Ihre Einschätzung zur Bedeutung einzelner Berichtsinhalte eines Corporate Governance Statements abzugeben. Konkrete Ausprägungen der Corporate Governance Ihres Unternehmens werden dabei nicht erfragt.

Es besteht die Möglichkeit, den Online-Fragebogen in Teilschritten zu beantworten, so dass Sie je nach individueller zeitlicher Verfügbarkeit mit der Beantwortung der Fragen fortschreiten können. Zudem haben wir den Fragebogen in deutscher und englischer Sprache im pdf-Format dieser E-Mail angehängt. Hierdurch haben Sie zusätzlich die Option, den Fragebogen handschriftlich auszufüllen und an uns zurückzusenden. Für diesen Fall übernehmen wir selbstverständlich die Portokosten.

Ihre Angaben werden **streng vertraulich** behandelt und dienen lediglich statistischen Zwecken. Nach Beendigung der Studie werden wir Ihnen die **Ergebnisse** selbstverständlich per E-Mail **zusenden**.

Für Ihre Unterstützung unseres Forschungsprojekts möchten wir uns bei Ihnen schon jetzt herzlich bedanken. Für Fragen stehen wir Ihnen jederzeit sehr gerne zur Verfügung.

Mit den besten Grüßen

Prof. Dr. Carl-Christian Freidank, StB (Lehrstuhlinhaber) und
Stefan C. Weber, StB (wissenschaftlicher Mitarbeiter und Doktorand)

Universität Hamburg
Max-Brauer-Allee 60
22765 Hamburg
Germany
Telefon: +49(0)40-42838-2955
Telefax: +49(0)40-42838-6714
E-Mail: st.weber@mba.uni-hamburg.de
Homepage: http://www.uni-hamburg.de/fachbereiche-einrichtungen/fb03/iwp/rut/

Abbildung 57: Einladungs-E-Mail (deutsch)

University of Hamburg - invitation to the international survey

{if #u_gender# = "1"} Dear Mr. {else} Dear Mrs. {/if} #u_name#,

We are pleased to invite you as an economic and financial expert to our international online questionnaire regarding corporate governance reporting.

It would be highly appreciated if you could afford to spend **15 to 20 minutes** of your precious time for answering our online questionnaire by the **15th of December 2009**. To start with the questionnaire, please double click on the following link:

#code_complete#

As mentioned before, in this questionnaire we would kindly ask you to evaluate the significance of several aspects of the corporate governance statement on a scale from 1 to 5. There will be no questions regarding the characteristics of your company's corporate governance.

For your convenience the questions of the online questionnaire can be answered in several steps. In case you pause the answering of the questionnaire, you will automatically get to the last question you have answered when you continue.

Please find a pdf-copy of the survey in English and German attached to this e-mail. Please feel free to print the questionnaire fill in the required boxes and to send it to us by mail. In this case the University of Hamburg will cover the cost of postage.

Your data will be treated **strictly confidentially** and is for statistic purposes only. As a participant, we will **send** you the **results** of our survey via e-mail.

Thank you very much in advance for providing support to this scientific survey of the University of Hamburg. If you have any further questions, please do not hesitate to contact us.

Best regards

Prof. Dr. Carl-Christian Freidank (holder of the chair) and
Stefan C. Weber (research assistant and doctoral student)

Universität Hamburg
Max-Brauer-Allee 60
22765 Hamburg
Germany
Phone: +49(0)40-42838-2955
Telefax: +49(0)40-42838-6714
E-Mail: st.weber@mba.uni-hamburg.de
Homepage: http://www.uni-hamburg.de/fachbereiche-einrichtungen/fb03/iwp/rut/

Abbildung 58: Einladungs-E-Mail (englisch)

Einladung zur internationalen Umfrage der Universität Hamburg

{if #u_gender# = "1"} Sehr geehrter Herr {else} Sehr geehrte Frau {/if} #u_name#,

wir möchten Sie als {if #u_gender# = "1"} Experten {else} Expertin {/if} der Wirtschafts- und Finanzpraxis nochmals herzlich zu unserer internationalen Online-Befragung zum Corporate Governance Reporting einladen und Sie bitten, bis zum **15. Dezember 2009** für die Beantwortung unseres Online-Fragebogens **15 bis 20 Minuten** Ihrer wertvollen Zeit zur Verfügung zu stellen.

Zu dem von uns vorbereiteten Online-Fragebogen gelangen Sie durch einen Doppelklick auf folgenden Link:

#code_complete#

Wir möchten Sie im Rahmen des Fragebogens bitten, auf einer Skala von 1 bis 5 Ihre Einschätzung zur Bedeutung einzelner Berichtsinhalte eines Corporate Governance Statements abzugeben. Konkrete Ausprägungen der Corporate Governance Ihres Unternehmens werden dabei nicht erfragt.

Es besteht die Möglichkeit, den Online-Fragebogen in Teilschritten zu beantworten, so dass Sie je nach individueller zeitlicher Verfügbarkeit mit der Beantwortung der Fragen fortschreiten können. Zudem haben wir den Fragebogen in deutscher und in englischer Sprache im pdf-Format dieser E-Mail angehängt. Hierdurch haben Sie zusätzlich die Option, den Fragebogen handschriftlich auszufüllen und an uns zurückzusenden. Für diesen Fall übernehmen wir selbstverständlich die Portokosten.

Ihre Angaben werden **streng vertraulich** behandelt und dienen lediglich statistischen Zwecken. Nach Beendigung der Studie werden wir Ihnen die **Ergebnisse** selbstverständlich per E-Mail **zusenden**.

Für Fragen stehen wir Ihnen jederzeit sehr gerne zur Verfügung und bedanken uns für Ihre Unterstützung.

Mit den besten Grüßen

Prof. Dr. Carl-Christian Freidank, StB (Lehrstuhlinhaber) und
Stefan C. Weber, StB (wissenschaftlicher Mitarbeiter und Doktorand)

Universität Hamburg
Max-Brauer-Allee 60
22765 Hamburg
Germany
Telefon: +49(0)40-42838-2955
Telefax: +49(0)40-42838-6714
E-Mail: st.weber@mba.uni-hamburg.de
Homepage: http://www.uni-hamburg.de/fachbereiche-einrichtungen/fb03/iwp/rut/

Abbildung 59: Erinnerungs-E-Mail (deutsch)

University of Hamburg - invitation to the international survey

{if #u_gender# = "1"} Dear Mr. {else} Dear Mrs. {/if} #u_name#,

Again we would like to invite you as an economic and financial expert to our international online questionnaire regarding corporate governance reporting. It would be highly appreciated if you could afford to spend **15 to 20 minutes** of your precious time for answering our online questionnaire by the **15th of December 2009**. To start with the questionnaire, please double click on the following link:

#code_complete#

As mentioned before, in this questionnaire we would kindly ask you to evaluate the significance of several aspects of the corporate governance statement on a scale from 1 to 5. There will be no questions regarding the characteristics of your company's corporate governance.

For your convenience the questions of the online questionnaire can be answered in several steps. In case you pause the answering of the questionnaire, you will automatically get to the last question you have answered when you continue.

Please find a pdf-copy of the survey in English and German attached to this e-mail. Please feel free to print the questionnaire fill in the required boxes and to send it to us by mail. In this case the University of Hamburg will cover the cost of postage.

Your data will be treated **strictly confidentially** and is for statistic purposes only. As a participant we will **send** you the **results** of our survey via e-mail.

Thank you very much in advance for providing support to this scientific survey of the University of Hamburg. If you have any further questions, please do not hesitate to contact us.

Best regards,

Prof. Dr. Carl-Christian Freidank (holder of the chair) and
Stefan C. Weber (research assistant and doctoral student)

University of Hamburg
Max-Brauer-Allee 60
22765 Hamburg
Germany
Phone: +49(0)40-42838-2955
Telefax: +49(0)40-42838-6714
E-Mail: st.weber@mba.uni-hamburg.de
Homepage: http://www.uni-hamburg.de/fachbereiche-einrichtungen/fb03/iwp/rut/

Abbildung 60: Erinnerungs-E-Mail (englisch)

Internationale Umfrage der Universität Hamburg

{if #u_gender# = "1"} Sehr geehrter Herr {else} Sehr geehrte Frau {/if} #u_name#,

wir möchten uns bei Ihnen **recht herzlich** für Ihren wertvollen Beitrag zu unserem Forschungsprojekt „Corporate Governance Reporting" **bedanken**. Ohne Ihr Mitwirken wäre eine erfolgreiche Durchführung unserer Untersuchung nicht möglich gewesen.

Nach Abschluss unserer Studie werden wir Ihnen die Ergebnisse sehr gerne per E-Mail zur Verfügung stellen.

Mit den besten Grüßen

Prof. Dr. Carl-Christian Freidank, StB (Lehrstuhlinhaber) und
Stefan C. Weber, StB (wissenschaftlicher Mitarbeiter und Doktorand)

Universität Hamburg
Max-Brauer-Allee 60
22765 Hamburg
Germany
Telefon: +49(0)40-42838-2955
Telefax: +49(0)40-42838-6714
E-Mail: st.weber@mba.uni-hamburg.de
Homepage: http://www.uni-hamburg.de/fachbereiche-einrichtungen/fb03/iwp/rut/

Abbildung 61: Danksagungs-E-Mail (deutsch)

University of Hamburg - international survey

{if #u_gender# = "1"} Dear Mr. {else} Dear Mrs. {/if} #u_name#,

Thank you very much for your participation in our empirical survey corporate governance reporting and for filling out our online questionnaire. Your valuable contribution has helped us to conduct a successful survey, which will improve the corporate governance reporting in the future.

We will send you the results of the survey via e-mail after completion of our survey.

Once again, thank you very much for your cooperation.

Best regards

Prof. Dr. Carl-Christian Freidank (holder of the chair) and
Stefan C. Weber (research assistant and doctoral student)

University of Hamburg
Max-Brauer-Allee 60
22765 Hamburg
Germany
Phone: +49(0)40-42838-2955
Telefax: +49(0)40-42838-6714
E-Mail: st.weber@mba.uni-hamburg.de
Homepage: http://www.uni-hamburg.de/fachbereiche-einrichtungen/fb03/iwp/rut/

Abbildung 62: Danksagungs-E-Mail (englisch)

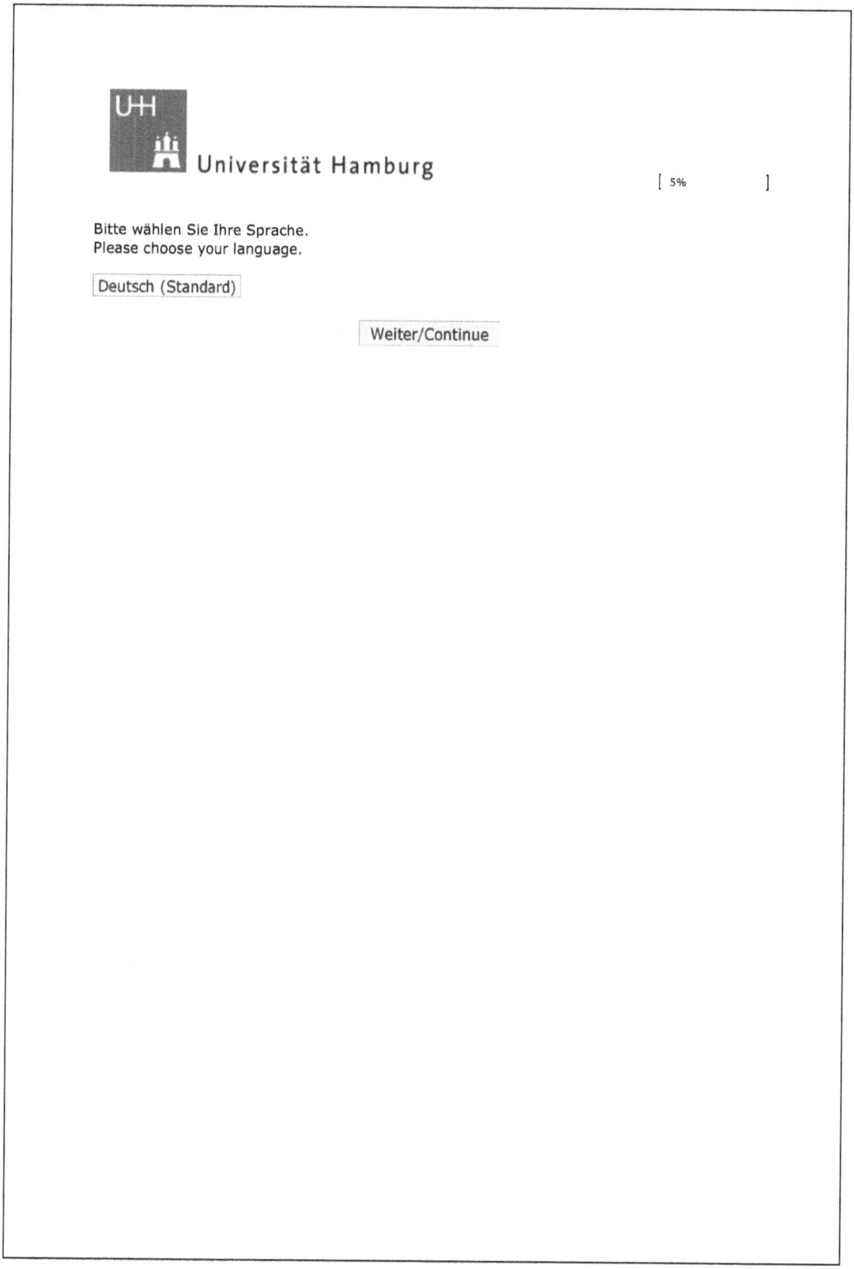

Universität Hamburg

[5%]

Bitte wählen Sie Ihre Sprache.
Please choose your language.

Deutsch (Standard)

Weiter/Continue

Abbildung 63: Fragebogen in deutscher Sprache (I)

Universität Hamburg

[11%]

Herzlich willkommen zur internationalen Umfrage „Corporate Governance Reporting"

Liebe Teilnehmerin, lieber Teilnehmer,

bitte schenken Sie uns einen Teil Ihrer wertvollen Zeit und füllen Sie bis zum **15. Dezember 2009** unseren Online-Fragebogen aus. Die Beantwortung des Fragebogens wird nach unserer im Rahmen von Pretests gewonnenen Erfahrung **15 bis 20 Minuten** in Anspruch nehmen. Nach Beendigung der Studie werden wir Ihnen die **Ergebnisse** gerne per Email **zusenden**. Mit der Beantwortung unseres Fragebogens unterstützen Sie zum einen die Wissenschaft und tragen zum anderen zur Weiterentwicklung des Corporate Governance Reportings in der Praxis bei.

Der **Fragebogen** gliedert sich in die folgenden **vier Abschnitte**:

1. Aspekte zum Vorstand (*Fragen 1-5*)
2. Aspekte zum Aufsichtsrat (*Fragen 6-10*)
3. Aspekte zum Abschlussprüfer (*Fragen 11-14*)
4. Weitere Anregungen (*Frage 15*).

Wir möchten Sie bitten, Ihren Einschätzungen das **dualistische System der Unternehmensverfassung**, bestehend aus Vorstand (Unternehmensführung) und Aufsichtsrat (Überwachung), zugrunde zu legen.

Für Ihr Mitwirken möchten wir uns herzlich bedanken. Für Fragen stehen wir Ihnen jederzeit sehr gerne zur Verfügung.

Mit den besten Grüßen

Prof. Dr. Carl-Christian Freidank und Stefan C. Weber

Universität Hamburg
Institut für Wirtschaftsprüfung und Steuerwesen
Max-Brauer-Allee 60
22765 Hamburg (Germany)
Telefon: +49(0)40-42838-2955
Telefax: +49(0)40-42838-6714
Email: st.weber@mba.uni-hamburg.de
Homepage: http://www.uni-hamburg.de/fachbereiche-einrichtungen/fb03/iwp/rut/

Zurück | Weiter

Abbildung 64: Fragebogen in deutscher Sprache (II)

Universität Hamburg

[16%]

Vorbemerkung zum Ausfüllen des Fragebogens

Wir haben in den folgenden **Abschnitten 1 bis 3** (*Fragen 1-14*) zum Vorstand, Aufsichtsrat und Abschlussprüfer jeweils **Inhaltskomponenten** des Corporate Governance Reportings aufgeführt und bitten Sie, auf der Grundlage einer **Skala mit den Randwerten 1** für „keine Bedeutung" **und 5** für „sehr hohe Bedeutung" deren **Bedeutungsgrade** zu **beurteilen**. Des Weiteren besteht für Sie die Möglichkeit, die von uns genannten Inhaltskomponenten im Rahmen des **Abschnitts 4** (*Frage 15*) um aus Ihrer Sicht **weitere bedeutende Sachverhalte** zu **ergänzen**.

Bevor Sie zum Fragebogen gelangen, möchten wir Sie noch bitten, folgende drei **technischen Hinweise** zu beachten:

1. Ein **vorheriges Durchsehen** des Online-Fragebogens **ohne Antwortvergabe** ist aus technischen Gründen leider nicht möglich, da uns sonst nur ein nicht verwertbarer Datensatz erreicht. Sie können sich jedoch einen Überblick über den Inhalt des Online-Fragebogens verschaffen, indem Sie den Fragebogen, welcher der Einladungs-Email im pdf-Format angehängt ist, einsehen.
2. Eine **stufenweise Beantwortung** des Online-Fragebogens ist möglich. Bei einer zeitlichen Unterbrechung der Befragung gelangen Sie bei einem erneuten Aufruf der Umfrage zu derjenigen Fragebogenseite, welche Sie zuletzt bearbeitet haben.
3. Bei **einem Durchlauf des Fragebogens bis zum Ende** ist ein erneuter Zugang zu unserer Umfrage über den Internet-Link nicht mehr realisierbar. Hierdurch wird gewährleistet, dass nicht mehrere Datensätze von einem Teilnehmer generiert werden.

Zurück | Weiter

Abbildung 65: Fragebogen in deutscher Sprache (III)

Universität Hamburg

[21%]

Abschnitt 1: Unternehmensführung durch den Vorstand

Frage 1:

Welche Bedeutung messen Sie der Berichterstattung über folgende Sachverhalte bezüglich der **Besetzung des Vorstands** bei? Berichterstattung über ...

	sehr hohe	hohe	mittlere	niedrige	keine
	[5]	[4]	[3]	[2]	[1]
die Mitwirkung des Vorstands an der langfristigen Nachfolgeplanung zur Besetzung von Vorstandsposten.	○	○	○	○	○
den Prozess des Auswahlverfahrens im Rahmen der Vorstandsbestellung.	○	○	○	○	○
das Profil aller zum Berichtszeitpunkt aktiven Vorstandsmitglieder einschließlich Gegenüberstellung mit dem jeweils zuvor festgelegten Idealprofil.	○	○	○	○	○
das Datum der Erstbestellung und das Ende der laufenden Funktionsperiode pro Vorstandsmitglied.	○	○	○	○	○
die Begründung für eine Bestellung über die maximale Bestelldauer von fünf Jahren im Falle einer Erstbestellung.	○	○	○	○	○
die besonderen Umstände im Falle einer Wiederbestellung vor Ablauf eines Jahres vor dem Ende der Bestelldauer bei gleichzeitiger Aufhebung der laufenden Bestellung.	○	○	○	○	○

Zurück | Weiter

Abbildung 66: Fragebogen in deutscher Sprache (IV)

Universität Hamburg

[26%]

Frage 2:

Welche Bedeutung messen Sie der Berichterstattung über folgenden Sachverhalt bezüglich der **inneren Organisation des Vorstands** bei? Berichterstattung über...

	sehr hohe [5]	hohe [4]	mittlere [3]	niedrige [2]	keine [1]
die Organisationsstruktur des Vorstandsgremiums. Dies schließt eine Offenlegung der Vorstands-Geschäftsordnung ein, aus welcher sich insbesondere folgende Sachverhalte ergeben: ▪ Ressortzuständigkeiten der einzelnen Vorstandsmitglieder (Geschäftsverteilungsplan) einschließlich Regeln ihres organisatorischen Zusammenwirkens, ▪ die dem Gesamtvorstand vorbehaltenen Angelegenheiten, ▪ Funktionen und Befugnisse des Vorstandsvorsitzenden/-sprechers, ▪ Regelungen zu Sitzungen und Beschlüssen des Vorstandsgremiums, ▪ Bestimmungen zur Informationsversorgung des Aufsichtsrats (Informationsordnung) und ▪ die der Zustimmung des Aufsichtsrats unterliegenden Geschäfte von grundlegender Bedeutung.	○	○	○	○	○

Zurück Weiter

Abbildung 67: Fragebogen in deutscher Sprache (V)

Universität Hamburg

[32%]

Frage 3:

Welche Bedeutung messen Sie der Berichterstattung über folgende Sachverhalte bezüglich der **wertorientierten Unternehmensführung des Vorstands** bei? Berichterstattung über ...

	sehr hohe [5]	**hohe** [4]	**mittlere** [3]	**niedrige** [2]	**keine** [1]
die Art der Verpflichtung der Vorstandsmitglieder zur nachhaltigen Wertschöpfung sowie zur Beachtung der Grundsätze ordnungsmäßiger Unternehmensführung (GoU) im Rahmen ihrer Anstellungsverträge.	○	○	○	○	○
den vereinbarten Selbstbehalt, sofern die Gesellschaft für den Vorstand eine D & O-Versicherung abgeschlossen hat.	○	○	○	○	○
das Instrumentarium des (konzernweit ausgerichteten) wertorientierten Internen Steuerungssystems sowie die jeweils im Vorfeld festgelegten Zielvorgaben und die tatsächlich erzielten Wertsteigerungen.	○	○	○	○	○
die Konzernstruktur im Falle eines konzernweit ausgerichteten Internen Steuerungssystems.	○	○	○	○	○
die Ausgestaltung des Risikomanagementsystems.	○	○	○	○	○
die Ausgestaltung des Compliance-Systems.	○	○	○	○	○
die Art und Weise des Zusammenwirkens von Vorstand und Aufsichtsrat. Dies schließt insbesondere den Abstimmungsprozess zwischen Vorstand und Aufsichtsrat hinsichtlich der Festlegung und Umsetzung der strategischen Ausrichtung der Gesellschaft/des Konzerns ein.	○	○	○	○	○

Zurück Weiter

Abbildung 68: Fragebogen in deutscher Sprache (VI)

Universität Hamburg

[37%]

Frage 4:

Welche Bedeutung messen Sie der Berichterstattung über folgende Sachverhalte bezüglich potenzieller **Interessenkonflikte des Vorstands** bei? Berichterstattung über ...

	sehr hohe	hohe	mittlere	niedrige	keine
	[5]	[4]	[3]	[2]	[1]
diejenigen vertraglich festgelegten Sachverhalte, die aus Sicht des Aufsichtsrats mit einem erhöhten Risiko eines Interessenkonflikts in Person eines Vorstandsmitglieds verbunden sind und deshalb entweder seiner vorherigen Zustimmung bedürfen oder gegenüber ihm und den anderen Vorstandsmitgliedern unverzüglich offen zu legen sind.	○	○	○	○	○
die im Berichtszeitraum seitens des Aufsichtsrats erteilten Zustimmungen zu interessenkonflikt-behafteten Handlungen und Geschäfte der Unternehmensführung.	○	○	○	○	○
die dem Aufsichtsrat in der Berichtsperiode bekannt gewordenen potenziellen und tatsächlich aufgetretenen Interessenskonflikte in Person der Vorstandsmitglieder und deren Behandlung.	○	○	○	○	○

Zurück | Weiter

Abbildung 69: Fragebogen in deutscher Sprache (VII)

Universität Hamburg

[42%]

Frage 5:

Welche Bedeutung messen Sie der Berichterstattung über folgende Sachverhalte bezüglich der **Vergütung des Vorstands** bei? Berichterstattung über ...

	sehr hohe [5]	hohe [4]	mittlere [3]	niedrige [2]	keine [1]
das Vergütungssystem für die Vorstandsmitglieder.	○	○	○	○	○
für jedes Vorstandsmitglied die Höhe und Zusammensetzung der im Berichtszeitraum gewährten Vergütung unter Einbeziehung der zugrunde liegenden Leistungsbeurteilung durch den Aufsichtsrat einschließlich der angewendeten Kriterien.	○	○	○	○	○

Zurück Weiter

Abbildung 70: Fragebogen in deutscher Sprache (VIII)

Universität Hamburg

[47%]

Abschnitt 2: Interne Überwachung durch den Aufsichtsrat

Frage 6:

Welche Bedeutung messen Sie der Berichterstattung über folgende Sachverhalte bezüglich der **Besetzung des Aufsichtsrats** bei? Berichterstattung über ...

	sehr hohe [5]	hohe [4]	mittlere [3]	niedrige [2]	keine [1]
die Mitwirkung des Vorstands am Beschlussfassungsvorschlag des Aufsichtsrats zur Wahl neuer Aufsichtsratsmitglieder.	○	○	○	○	○
den Prozess des durch den Aufsichtsrat vorzunehmenden Auswahlverfahrens im Vorfeld des Beschlussfassungsvorschlags.	○	○	○	○	○
das Profil aller zum Berichtszeitpunkt aktiven Aufsichtsratsmitglieder einschließlich Gegenüberstellung mit dem jeweils zuvor festgelegten Idealprofil.	○	○	○	○	○
das Datum der Erstbestellung und das Ende der laufenden Funktionsperiode pro Aufsichtsrats-mitglied.	○	○	○	○	○

Zurück | Weiter

Abbildung 71: Fragebogen in deutscher Sprache (IX)

Universität Hamburg

[53%]

Frage 7:

Welche Bedeutung messen Sie der Berichterstattung über folgenden Sachverhalt bezüglich der inneren **Organisation des Aufsichtsrats** bei? Berichterstattung über...

	sehr hohe	**hohe**	**mittlere**	**niedrige**	**keine**
	[5]	**[4]**	**[3]**	**[2]**	**[1]**
die Organisationsstruktur des Aufsichtsrats-gremiums. Dies schließt eine Offenlegung der Aufsichtsrats-Geschäftsordnung ein, aus welcher sich insbesondere folgende Sachverhalte ergeben:	○	○	○	○	○

- die seitens des Aufsichtsrats aus seiner Mitte gebildeten Ausschüsse einschließlich Regeln ihres organisatorischen Zusammenwirkens mit dem Plenum,
- die dem Gesamtaufsichtsrat vorbehaltenen Angelegenheiten,
- Aufgaben und Befugnisse des Aufsichtsratsvorsitzenden,
- Regelungen zu Sitzungen und Beschlüssen des Aufsichtsgremiums,
- die Art der Fixierung von Grundsätzen ordnungsmäßiger Unternehmensüberwachung (GoÜ) und
- Anordnungen zum Umgang mit Interessenkonflikten.

Zurück | Weiter

Abbildung 72: Fragebogen in deutscher Sprache (X)

Universität Hamburg

[58%]

Frage 8:

Welche Bedeutung messen Sie der Berichterstattung über folgende Sachverhalte bezüglich der **Überwachung durch den Aufsichtsrat** bei? Berichterstattung über ...

	sehr hohe [5]	**hohe** [4]	**mittlere** [3]	**niedrige** [2]	**keine** [1]
Überwachungshandlungen des Aufsichtsrats und die hieraus gewonnenen Ergebnisse. Dies schließt insbesondere eine Offenlegung ein, wie sich der Aufsichtsrat von der Rechtmäßigkeit, Ordnungsmäßigkeit, Zweckmäßigkeit und Wirtschaftlichkeit der Unternehmensführung überzeugt hat.	○	○	○	○	○
die Art der Verpflichtung der Aufsichtsratsmitglieder zur Beachtung der Grundsätze ordnungsmäßiger Unternehmensüberwachung (GoÜ) im Rahmen der Geschäftsordnung.	○	○	○	○	○
den vereinbarten Selbstbehalt, sofern die Gesellschaft für den Aufsichtsrat eine D & O-Versicherung abgeschlossen hat.	○	○	○	○	○
die Selbst-Evaluation des Aufsichtsrats. Evaluationsgegenstände sind die Aufgabenerfüllung und Organisation des Aufsichtsratsplenums, die Ausschussarbeit sowie die einzelnen Aufsichtsratsmitglieder. Die Darstellung bezieht sich insbesondere auf den Evaluationsprozess einschließlich der Evaluationsergebnisse und konkreter Verbesserungsmaßnahmen.	○	○	○	○	○

Zurück Weiter

Abbildung 73: Fragebogen in deutscher Sprache (XI)

UHH Universität Hamburg

[63 %]

Frage 9:

Welche Bedeutung messen Sie der Berichterstattung über folgende Sachverhalte bezüglich potenzieller **Interessenkonflikte des Aufsichtsrats** bei? Berichterstattung über ...

	sehr hohe	**hohe**	**mittlere**	**niedrige**	**keine**
	[5]	**[4]**	**[3]**	**[2]**	**[1]**
diejenigen im Rahmen der Geschäftsordnung festgelegten Sachverhalte, die aus Sicht des Aufsichtsrats mit einem erhöhten Risiko eines Interessenkonflikts in Person eines Aufsichtsrats-mitglieds verbunden sind und deshalb entweder seiner vorherigen Zustimmung bedürfen oder gegenüber ihm rechtzeitig offen zu legen sind.	○	○	○	○	○
die im Berichtszeitraum seitens des Aufsichtsrats erteilten Zustimmungen zu interessenkonflikt-behaftete Handlungen und Geschäfte der Aufsichtsratsmitglieder.	○	○	○	○	○
die dem Aufsichtsrat in der Berichtsperiode bekannt gewordenen potenziellen und tatsächlich aufgetretenen Interessenkonflikte in Person der Aufsichtsratsmitglieder und deren Behandlung.	○	○	○	○	○

Zurück Weiter

Abbildung 74: Fragebogen in deutscher Sprache (XII)

Universität Hamburg

[68%]

Frage 10:

Welche Bedeutung messen Sie der Berichterstattung über folgende Sachverhalte bezüglich der **Vergütung des Aufsichtsrats** bei? Berichterstattung über ...

	sehr hohe	**hohe**	**mittlere**	**niedrige**	**keine**
	[5]	**[4]**	**[3]**	**[2]**	**[1]**
das Vergütungssystem für die Aufsichtsratsmitglieder.	○	○	○	○	○
für jedes Aufsichtsratsmitglied die Höhe und Zusammensetzung der im Berichtszeitraum gewährten Vergütung unter Einbeziehung der zugrunde liegenden Angemessenheitskriterien.	○	○	○	○	○

Zurück | Weiter

Abbildung 75: Fragebogen in deutscher Sprache (XIII)

Universität Hamburg

[74%]

Abschnitt 3: Unterstützung des Aufsichtsrats durch den Abschlussprüfer

Frage 11:

Welche Bedeutung messen Sie der Berichterstattung über folgende Sachverhalte bezüglich der **Auswahl des Abschlussprüfers** bei? Berichterstattung über ...

	sehr hohe [5]	hohe [4]	mittlere [3]	niedrige [2]	keine [1]
die Mitwirkung des Vorstands am Beschlussfassungsvorschlag des Aufsichtsrats zur Wahl des Abschlussprüfers.	○	○	○	○	○
den Prozess des seitens des Aufsichtsrats durchzuführenden Auswahlverfahrens im Vorfeld des Beschlussfassungsvorschlags.	○	○	○	○	○
das Profil des ausgewählten Abschlussprüfers insbesondere im Hinblick auf seine Unabhängigkeit und seine Maßnahmen zur Qualitätssicherung.	○	○	○	○	○

Zurück Weiter

Abbildung 76: Fragebogen in deutscher Sprache (XIV)

Universität Hamburg

[79 %]

Frage 12:

Welche Bedeutung messen Sie der Berichterstattung über folgende Sachverhalte bezüglich der **Beauftragung des Abschlussprüfers** bei? Berichterstattung über ...

	sehr hohe	hohe	mittlere	niedrige	keine
	[5]	[4]	[3]	[2]	[1]
die Vorgehensweise bei der Erteilung des Prüfungsauftrags an den Abschlussprüfer.	○	○	○	○	○
die vertragliche Informationsvereinbarung mit dem Abschlussprüfer, wonach der Vorsitzende des Aufsichtsrats oder des Prüfungsausschusses über während der Prüfung auftretende mögliche Ausschluss- oder Befangenheitsgründe unverzüglich zu unterrichten ist, soweit diese nicht unverzüglich beseitigt werden.	○	○	○	○	○
die Maßnahmen des Aufsichtsrats, sofern Ausschluss- oder Befangenheitsgründe im Berichtszeitraum tatsächlich eingetreten sind und diese nicht unverzüglich beseitigt wurden.	○	○	○	○	○

Zurück Weiter

Abbildung 77: Fragebogen in deutscher Sprache (XV)

Universität Hamburg

[84%]

Frage 13:

Welche Bedeutung messen Sie der Berichterstattung über folgende Sachverhalte bezüglich der **Unterstützungsleistungen des Abschlussprüfers** bei? Berichterstattung über...

	sehr hohe [5]	hohe [4]	mittlere [3]	niedrige [2]	keine [1]
die seitens des Aufsichtsrats festgelegten Prüfungsschwerpunkte und ihre Berücksichtigung im Rahmen der Abschlussprüfung.	○	○	○	○	○
die Art, den Umfang sowie die wesentlichen Punkte der Berichterstattung des Abschlussprüfers gegenüber dem Aufsichtsrat.	○	○	○	○	○
die Teilnahme des Abschlussprüfers an den Beratungen des Aufsichtsrats über den (Konzern-)Abschluss und seine Berichterstattung über die wesentlichen Ergebnisse seiner Prüfung. Dies schließt insbesondere eine Offenlegung der Anzahl der Bilanzsitzungen, an denen der Abschlussprüfer teilgenommen hat, sowie der jeweiligen Themenschwerpunkte ein.	○	○	○	○	○
die zusammenfassende Einschätzung des Aufsichtsrats zur Qualität der Prüfung und Berichterstattung des Abschlussprüfers für die eigene Überwachungstätigkeit. Dies schließt insbesondere eine Stellungnahme des Aufsichtsrats zum Ergebnis der Prüfung der Rechnungslegung durch den Abschlussprüfer ein.	○	○	○	○	○

Zurück Weiter

Abbildung 78: Fragebogen in deutscher Sprache (XVI)

Universität Hamburg

[89%]

Frage 14:

Welche Bedeutung messen Sie der Berichterstattung über folgenden Sachverhalt bezüglich des **Prüfungshonorars** bei? Berichterstattung über...

	sehr hohe	**hohe**	**mittlere**	**niedrige**	**keine**
	[5]	**[4]**	**[3]**	**[2]**	**[1]**
die Mitwirkung des Vorstands an der Honorarvereinbarung mit dem Abschlussprüfer.	○	○	○	○	○
die Honorarvereinbarung mit dem Abschlussprüfer. Dies schließt insbesondere eine Offenlegung der Höhe und Art des Prüfungshonorars unter Einbeziehung der zugrunde liegenden Kalkulation sowie des Verhältnisses zwischen den für den Berichtszeitraum seitens des amtierenden Abschlussprüfers berechneten Prüfungshonoraren und Honoraren für Nichtprüfungsleistungen ein.	○	○	○	○	○
die Festlegung eines Zustimmungsvorbehalts des Aufsichtsrats zur Vergabe von Nichtprüfungsleistungen und einer in diesem Zusammenhang gegebenenfalls vorgesehenen Deckelung der Honorare aus Nichtprüfungsleistungen auf einen bestimmten Anteil an der Gesamthonorarsumme.	○	○	○	○	○

Zurück Weiter

Abbildung 79: Fragebogen in deutscher Sprache (XVII)

Universität Hamburg

[95%]

Abschnitt 4: Weitere Anregungen

Frage 15:

Haben Sie **Anregungen**, die von uns im Rahmen der Fragen 1 bis 14 genannten Inhaltskomponenten eines Corporate Governance Reportings um **weitere bedeutende Sachverhalte** zu ergänzen?

Zurück | Weiter

Abbildung 80: Fragebogen in deutscher Sprache (XVIII)

Universität Hamburg

[100%]

Vielen Dank für Ihre wertvolle Unterstützung unseres Forschungsprojekts!

Nach Beendigung der Studie werden wir Ihnen die Ergebnisse per Email zusenden.

Ihr

Prof. Dr. Carl-Christian Freidank und Stefan C. Weber

Abbildung 81: Fragebogen in deutscher Sprache (XIX)

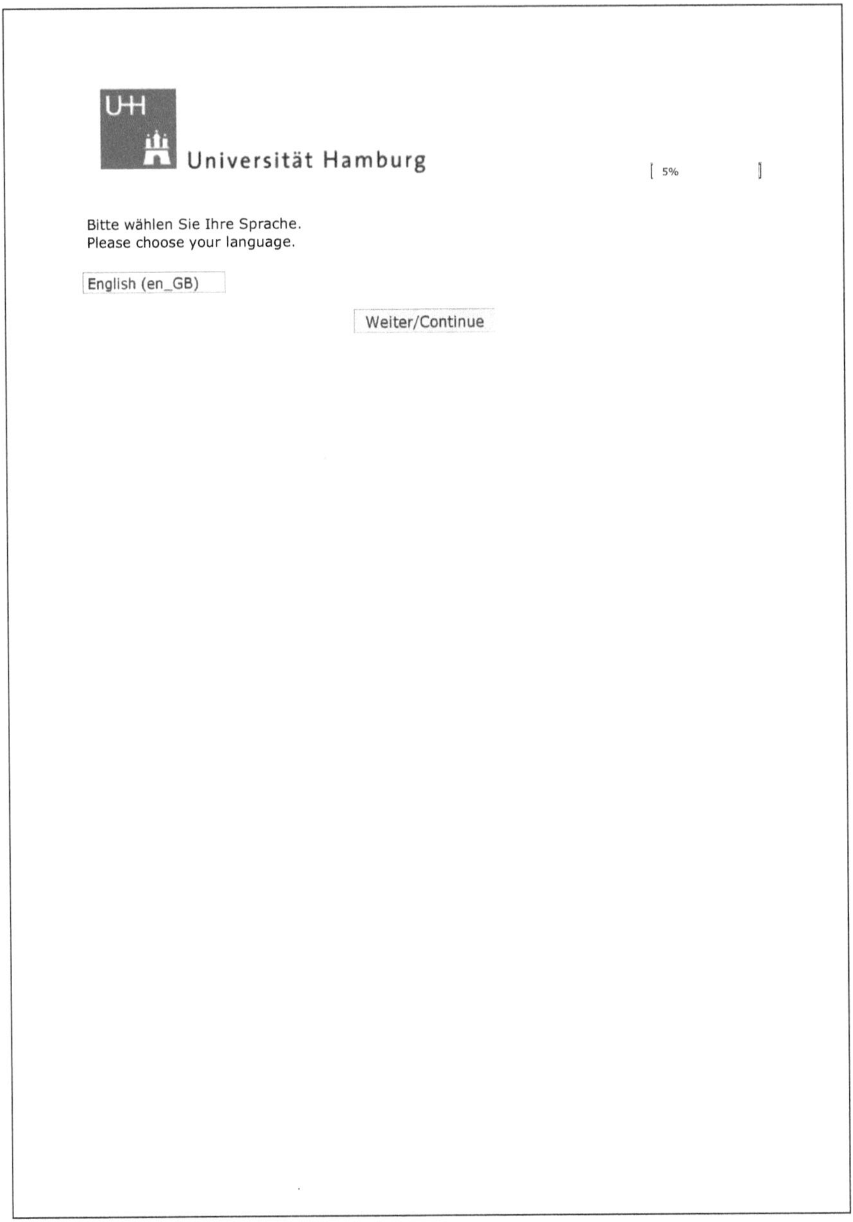

Abbildung 82: Fragebogen in englischer Sprache (I)

Universität Hamburg

[11%]

Welcome to the international survey „corporate governance reporting"

Dear Participant,

we would be most grateful, if you would support our survey by filling out our online questionnaire by the **15th of December 2009**. According to our pre-tests, filling out our questionnaire will no longer take than **15 to 20 minutes**. As a participant, we will **send** you the **results** after completion of our survey. By filling out our questionnaire, you will not only support scientific research but contribute to the improvement of corporate governance reporting in practice.

The **questionnaire** is subdivided into **four** different **parts**:

1. Questions with regard to the management board (*Questions 1-5*)
2. Questions with regard to the supervisory board (*Questions 6-10*)
3. Questions with regard to the annual auditor (*Questions 11-14*)
4. Additional suggestions (*Question 15*).

Please argue on the basis of the **two tier system**, consisting of the management board (managing) and supervisory board (supervising).

Thank you very much in advance for your cooperation. If you have any further questions, do not hesitate to contact us.

Best regards

Prof. Dr. Carl-Christian Freidank and Stefan C. Weber

University of Hamburg
Institute of auditing und taxation
Max-Brauer-Allee 60
22765 Hamburg (Germany)
Telefon: +49(0)40-42838-2955
Telefax: +49(0)40-42838-6714
Email: st.weber@mba.uni-hamburg.de
Homepage: http://www.uni-hamburg.de/fachbereiche-einrichtungen/fb03/iwp/rut/

Back Next

Abbildung 83: Fragebogen in englischer Sprache (II)

Universität Hamburg

[16%]

Please note:

The first **three parts** of the questionnaire (*Questions 1-14*) address the management board, the supervisory board and the annual auditor. The corresponding questions focus on the importance of several aspects of corporate governance reporting. Please **evaluate** the **importance** on a **scale of 1** (not important) **to 5** (very important). The **fourth part** (*Question 15*) of this questionnaire provides you with the possibility to **add important issues** by commenting on the importance of the previous mentioned circumstances (*Question 1 to 14*) of corporate governance reporting.

Before you start with the questionnaire, we would like to draw your attention to the subsequent **technical details**:

1. Unfortunately it is not possible to provide you with a **preliminary** overview of the online questionnaire **without** having you **answering** the questions, since this would lead to non-usable data. Please feel free to familiarize yourself with the contents of the questionnaire by opening the pdf-file attached to our "invitation e-mail".
2. For your convenience, the questions can be **answered in several steps**. In case you pause the answering of the questionnaire, you will automatically get to the last question you have answered when you continue.
3. In order to prevent multiple answering of one participant, the **link** to our online questionnaire will **no longer be valid once you have completed our online questionnaire**.

Back Next

Abbildung 84: Fragebogen in englischer Sprache (III)

Universität Hamburg

[21%]

Part 1: Corporate management by the management board

Question 1:

How do you rate the importance of reporting on subsequent circumstances with regard to the **management board's composition**? Reporting on ...

	very high [5]	high [4]	neutral [3]	low [2]	very low [1]
the participation of the management board in the long term succession planning of the management board´s positions.	○	○	○	○	○
the selection process (appointment) of new management board members performed by the supervisory board.	○	○	○	○	○
the profile of every active management board member, including comparison to the pre-determined ideal profile.	○	○	○	○	○
the date of primary nomination and end of the current period of every management board member.	○	○	○	○	○
reasons for a five year appointment (maximum) in case of a primary nomination.	○	○	○	○	○
the specific circumstances of a re-nomination within one year before the end of nomination period and simultaneous termination of the current appointment.	○	○	○	○	○

Back Next

Abbildung 85: Fragebogen in englischer Sprache (IV)

Universität Hamburg

[26%]

Question 2:

How do you rate the importance of reporting on the subsequent circumstances with regard to the **inner organization of the management board**? Reporting on ...

	very high	high	neutral	low	very low
	[5]	[4]	[3]	[2]	[1]
the management board organization structure. The disclosure of the management board bylaws especially accounts for the following circumstances:	○	○	○	○	○

- departmental responsibilities of the management board members, including rules of their organizational collaboration,
- activities to be carried out by the management board plenum only,
- the function and authorization of the chairman of the management board,
- rules regarding meetings and decisions of the management board,
- the determination of the type and amount of information placed at the supervisory board's disposal and
- transactions requiring the approval of the supervisory board.

Back Next

Abbildung 86: Fragebogen in englischer Sprache (V)

Universität Hamburg

[32%]

Question 3:

How do you rate the importance of reporting on the subsequent circumstances with regard to the **value based management of the management board**? Reporting on ...

	very high [5]	high [4]	neutral [3]	low [2]	very low [1]
the form of commitment of management board members to sustainable value based management and compliance with proper corporate managing principles in the context of their employment.	○	○	○	○	○
the agreed amount of retention in case the corporation has effected a D & O insurance for the management board.	○	○	○	○	○
the instrumentation of the (corporate-wide) value based management system as well as the pre-determined objectives and the actually achieved increase in value.	○	○	○	○	○
the corporate structure in case of a corporate-wide management system.	○	○	○	○	○
the set-up of the risk management system.	○	○	○	○	○
the set-up of the compliance system.	○	○	○	○	○
the type and manner of the cooperation between management board and supervisory board. Including coordination process between management board and supervisory board regarding the determination and implementation of the corporation's strategic orientation.	○	○	○	○	○

Back Next

Abbildung 87: Fragebogen in englischer Sprache (VI)

UHH Universität Hamburg

[37 %]

Question 4:

How do you rate the importance of reporting on the subsequent circumstances with regard to potential **conflicts of interests of the management board**? Reporting on ...

	very high [5]	high [4]	neutral [3]	low [2]	very low [1]
stipulated circumstances that are closely connected with an increase in risk of conflict of interests of a management board member according to the supervisory board, therefore in need of advance approval by the supervisory board or to be immediately disclosed to the supervisory board and the other members of the management board.	○	○	○	○	○
conflict-prone activities and business of the management board members approved by the supervisory board during the reporting period.	○	○	○	○	○
potential and actual conflicts of interests of management board members (and corresponding handling of these conflicts) known to the supervisory board in the respective reporting period.	○	○	○	○	○

Back Next

Abbildung 88: Fragebogen in englischer Sprache (VII)

Universität Hamburg

[42%]

Question 5:

How do you rate the importance of reporting on the subsequent circumstances with regard to **remuneration of the management board**? Reporting on ...

	very high [5]	high [4]	neutral [3]	low [2]	very low [1]
the compensation system of the management board members.	○	○	○	○	○
composition and amount of compensation of every management board member in the reporting period, including reporting on respective performance evaluation of the supervisory board and corresponding criteria.	○	○	○	○	○

Back Next

Abbildung 89: Fragebogen in englischer Sprache (VIII)

Universität Hamburg

[47%]

Part 2: Internal supervising by the supervisory board

Question 6:

How do you rate the importance of reporting on the subsequent circumstances with regard to the **supervisory board's composition**? Reporting on ...

	very high [5]	high [4]	neutral [3]	low [2]	very low [1]
the participation of the management board in the decision-making proposal of the supervisory board regarding the selection of new supervisory board members.	○	○	○	○	○
the selection process of new supervisory board members performed by the supervisory board prior to the decision-making proposal to the shareholders´meeting.	○	○	○	○	○
the profile of every active supervisory board member, including comparison to the pre-determined ideal profile.	○	○	○	○	○
the date of primary nomination and end of the current period of every supervisory board member.	○	○	○	○	○

Back Next

Abbildung 90: Fragebogen in englischer Sprache (IX)

Universität Hamburg

[53%]

Question 7:

How do you rate the importance of reporting on the subsequent circumstances with regard to the **inner organization of the supervisory board**? Reporting on...

	very high	high	neutral	low	very low
	[5]	[4]	[3]	[2]	[1]
the supervisory board organization structure. The disclosure of the supervisory board bylaws especially accounts for the following circumstances:	○	○	○	○	○

- the appointed committees by the supervisory board, including rules of their organizational cooperation with the plenum,
- activities to be carried out by the supervisory board plenum only,
- the function and authorization of the chairman of the supervisory board,
- rules regarding meetings and decisions of the supervisory board,
- the way of determination of proper corporate supervising principles and
- instructions to handle conflicts of interests.

Back Next

Abbildung 91: Fragebogen in englischer Sprache (X)

Universität Hamburg

[58%]

Question 8:

How do you rate the importance of reporting on the subsequent circumstances with regard to the **supervising activities of the supervisory board**? Reporting on...

	very high [5]	high [4]	neutral [3]	low [2]	very low [1]
the supervising activities of the supervisory board and the respective results. This includes the disclosure of the way the supervisory board has assured legitimacy, correctness, expediency and efficiency of the corporate management by the management board.	○	○	○	○	○
the form of commitment of supervisory board members to comply with proper corporate supervising principles corresponding to the bylaws.	○	○	○	○	○
the agreed amount of retention in case the corporation has effected a D & O insurance for the supervisory board.	○	○	○	○	○
the self-evaluation of the supervisory board. The evaluation is based on performance of tasks, organization of the supervisory board plenum, committee work and the supervisory board members. The description in particular refers to the process of evaluation including the respective results as well as concrete suggestions for improvement.	○	○	○	○	○

Back Next

Abbildung 92: Fragebogen in englischer Sprache (XI)

Universität Hamburg

[63%]

Question 9:

How do you rate the importance of reporting on the subsequent circumstances with regard to potential **conflicts of interests of the supervisory board**? Reporting on...

	very high [5]	high [4]	neutral [3]	low [2]	very low [1]
stipulated circumstances that are closely connected with an increase in risk of conflict of interests of a supervisory board member according to the supervisory board, therefore in need of advance approval by the supervisory board or to be immediately disclosed to the supervisory board.	○	○	○	○	○
conflict-prone activities and business of supervisory board members approved by the supervisory board during the reporting period.	○	○	○	○	○
potential and actual conflicts of interests of supervisory board members (and corresponding handling of these conflicts) known to the supervisory board in the respective reporting period.	○	○	○	○	○

Back Next

Abbildung 93: Fragebogen in englischer Sprache (XII)

Universität Hamburg

[68%]

Question 10:

How do you rate the importance of reporting on the subsequent circumstances with regard to the **remuneration of the supervisory board**? Reporting on ...

	very high	high	neutral	low	very low
	[5]	[4]	[3]	[2]	[1]
the compensation system of the supervisory board members.	○	○	○	○	○
composition and amount of compensation of every supervisory board member in the reporting period, including respective performance criteria.	○	○	○	○	○

Back Next

Abbildung 94: Fragebogen in englischer Sprache (XIII)

Universität Hamburg

[74%]

Part 3: Supporting of the supervisory board by the annual auditor

Question 11:

How do you rate the importance of reporting on the subsequent circumstances with regard to the **selection of the annual auditor**? Reporting on ...

	very high [5]	high [4]	neutral [3]	low [2]	very low [1]
the participation of the management board in the decision-making proposal of the supervisory board regarding the selection of the annual auditor.	○	○	○	○	○
the selection process performed by the supervisory board prior to the decision-making proposal to the shareholders´meeting.	○	○	○	○	○
the profile of the appointed annual auditor, especially with regard to his independence and measures to improve quality management.	○	○	○	○	○

Back Next

Abbildung 95: Fragebogen in englischer Sprache (XIV)

Universität Hamburg

[79 %]

Question 12:

How do you rate the importance of reporting on the subsequent circumstances with regard to the **appointment of the annual auditor**? Reporting on ...

	very high	high	neutral	low	very low
	[5]	[4]	[3]	[2]	[1]
the procedure of issuing the annual auditor's assignment.	○	○	○	○	○
the stipulated auditor's information arrangement, requiring immediate advise of the chairman of the supervisory board (or the audit committee) on potential problems of bias or exclusion during the audit in case they have not been resolved in advance.	○	○	○	○	○
the measures of the supervisory board in case problems of bias or exclusion occurred during the audit and have not been resolved immediately.	○	○	○	○	○

Back Next

Abbildung 96: Fragebogen in englischer Sprache (XV)

Universität Hamburg

[84%]

Question 13:

How do you rate the importance of reporting on the subsequent circumstances with regard to the **supporting activities of the annual auditor**? Reporting on...

	very high	high	neutral	low	very low
	[5]	[4]	[3]	[2]	[1]
the focal points of the audit determined by the supervisory board and their consideration in the context of the annual audit.	○	○	○	○	○
the type, scope and essential parts of the annual auditor's report to the supervisory board.	○	○	○	○	○
the attendance of the annual auditor in the supervisory board meetings regarding the consolidated financial statement and his reporting on basic findings of his audit. In particular, disclosure of number and focal points of meetings the annual auditor has attended with regard to the consolidated financial statement.	○	○	○	○	○
the summarised evaluation of the supervisory board with regard to quality of the audit and reporting of the annual auditor on supervising activities. In particular, statement of the supervisory board on the results of the financial accounting audit of the annual auditor.	○	○	○	○	○

Back Next

Abbildung 97: Fragebogen in englischer Sprache (XVI)

Universität Hamburg

[89%]

Question 14:

How do you rate the importance of reporting on the subsequent circumstances with regard to the **audit fee**? Reporting on...

	very high	high	neutral	low	very low
	[5]	[4]	[3]	[2]	[1]
the involvement of the management board in the determination of the annual auditor's remuneration.	○	○	○	○	○
the remuneration of the annual auditor. In particular, the disclosure of composition and amount of the audit fee including corresponding calculations as well as proportion of fees for audit and non-audit activities of the annual auditor.	○	○	○	○	○
the determination of issuing non-audit appointments and corresponding limiting of fees for non-audit activities to a certain percentage on the total of sums being subjects to agreement by the supervisory board.	○	○	○	○	○

Back Next

Abbildung 98: Fragebogen in englischer Sprache (XVII)

Universität Hamburg

[95 %]

Part 4: Additional suggestions

Question 15:

Please feel free to **add important issues** by commenting on the importance of the previous mentioned circumstances (Question 1 to 14) of corporate governance reporting.

Back Next

Abbildung 99: Fragebogen in englischer Sprache (XVIII)

Universität Hamburg

[100%]

Thank you very much for your valuable contribution to our empirical survey "corporate governance reporting" and for filling out our questionnaire!

We will send you the results of the survey via e-mail after completion of our survey.

Best regards

Prof. Dr. Carl-Christian Freidank and Stefan C. Weber

Abbildung 100: Fragebogen in englischer Sprache (XIX)

Literaturverzeichnis

(Monografien, Sammelwerke, Kommentare, Beiträge und Artikel)

ABRAM 2003: Abram, N., Ansprüche von Anlegern wegen Verstoßes gegen Publizitätspflichten oder den Deutschen Corporate Governance Kodex, in: Neue Zeitschrift für Gesellschaftsrecht, 6. Jg. (2003), S. 307-313.

ACHLEITNER/BASSEN 2000: Achleitner, A.-K./Bassen, A., Investor Relations von Wachstumsunternehmen und etablierten Unternehmen im Vergleich, in: Knüppel, H./Lindner, C. (Hrsg.), Die Aktie als Marke. Wie Unternehmen mit ihren Investoren kommunizieren sollten, Frankfurt a. M. 2000, S. 25-48.

ACHLEITNER/BASSEN 2002: Achleitner, A.-K./Bassen, A., Entwicklungsstand des Shareholder-Value-Ansatzes in Deutschland. Empirische Befunde, in: Siegwart, H./Mahari, J. (Hrsg.), Corporate Governance, Shareholder Value & Finance, Basel 2002, S. 611-635.

ACHLEITNER/PIETZSCH 2005: Achleitner, A.-K./Pietzsch, L., Investor Relations. Kommunikation und Erwartungsmanagement, in: Hungenberg, H./ Meffert, J. (Hrsg.), Handbuch strategisches Management, 2. Aufl., Wiesbaden 2005, S. 375-394.

ADAMS 1994: Adams, M., Die Usurpation von Aktionärsbefugnissen mittels Ringverflechtung in der „Deutschland AG". Vorschläge für Reformen im Wettbewerbs-, Steuer- und Unternehmensrecht, in: Die Aktiengesellschaft, 39. Jg. (1994), S. 148-158.

ADAMS 1999: Adams, M., Cross Holdings in Germany, in: Journal of Institutional and Theoretical Economics, Vol. 155 (1999), S. 80-109.

ADERS/HERBERTINGER/WIEDEMANN 2003: Aders, C./Herbertinger, M./Wiedemann, F., Value Based Management (VBM): Lösungsansätze zur Schließung von Implementierungslücken, in: Der Finanz-Betrieb, 5. Jg. (2003), S. 356-372.

ADLER/DÜRING/SCHMALTZ 2000: Adler, H./Düring, W./Schmaltz, K. (Hrsg.), Rechnungslegung und Prüfung der Unternehmen. Kommentar zum HGB, AktG, GmbHG, PublG nach den Vorschriften des Bilanzrichtlinien-Gesetzes, Teilband 7, 6. Aufl. bearbeitet von Forster, K.-H./ Goerdeler, R./Lanfermann, J./Müller, H.-P./Siepe, G./Stolberg, K., Stuttgart 2000.

AGUILERA/JACKSON 2003: Aguilera, R. V./Jackson, G., The cross-national Diversity of Corporate Governance: Dimensions and Determinants, in: Academy of Management Review, Vol. 28 (2003), S. 447-465.

AHN 2005: Ahn, H., Möglichkeiten und Grenzen der Balanced Scorecard, in: Wirtschaftswissenschaftliches Studium, 34. Jg. (2005), S. 122-127.

AICPA 1994: American Institute of Certified Public Accountants (Hrsg.), Improving Business Reporting. A Customer Focus. Meeting the Information Needs of Investors and Creditors, New York 1994.

AICPA 2004: American Institute of Certified Public Accountants (Hrsg.), Report of the Public Company Task Force to the Special Committee on Enhanced Business Reporting, o. O. 2004.

AKERLOF 1970: Akerlof, G. A., The Market for „Lemons": Quality Uncertainty and the Market Mechanism, in: The Quarterly Journal of Economics, Vol. 84 (1970), S. 488-500.

ALCHIAN/DEMSETZ 1972: Alchian, A. A./Demsetz, H., Production, Information Costs, and Economic Organization, in: The American Economic Review, Vol. 62 (1972), Issue 5, S. 777-795.

ALLEN 1958: Allen, L. E., Toward more Clarity in Business Communications by Modern Logical Methods, in: Management Science, Vol. 5 (1958), S. 121-135.

ALLENDORF 1996: Allendorf; G. J., Investor Relations deutscher Publikumsgesellschaften. Eine theoretische und empirische Wirkungsanalyse, Oestrich-Winkel 1996.

ALTMEPPEN 2004: Altmeppen, H., Der Prüfungsausschuss: Arbeitsteilung im Aufsichtsrat, in: Zeitschrift für Unternehmens- und Gesellschaftsrecht, 33. Jg. (2004), S. 390-415.

ALTMEPPEN 2009: Altmeppen, H., Grenzen der Zustimmungsvorbehalte des Aufsichtsrats und die Folgen ihrer Verletzung durch den Vorstand, in: Bitter, G. et al. (Hrsg.), Festschrift für Karsten Schmidt zum 70. Geburtstag, Köln 2009, S. 23-40.

ALVAREZ/WOTSCHOFSKY 2000: Alvarez, M./Wotschofsky, S., Investor Relations, in: Der Finanz-Betrieb, 2. Jg. (2000), S. 651-654.

ALVES/MENDES 2004: Alves, C./Mendes, V., Corporate Governance Policy and Company Performance: the Portuguese Case, in: Corporate Governance: An International Review, Vol. 12 (2004), S. 290-301.

ANDRÄ 1975: Andrä, B. O., Die Zielhierarchie des Betriebes. Versuch einer Darstellung der Eigenschaften eines rationalen Zielsystems erwerbswirtschaftlich orientierter Betriebe, Frankfurt a. M./Bern 1975.

ANDRÉ 1996: André, T. J., Some Reflections on German Corporate Governance: A Glimpse at German Supervisory Boards, in: Tulane Law Review, Vol. 70 (1996), S. 1819-1879.

ANNUß/THEUSINGER 2009: Annuß, G./Theusinger, I., Das VorstAG. Praktische Hinweise zum Umgang mit dem neuen Recht, in: Betriebs-Berater, 64. Jg. (2009), S. 2434-2442.

ANTLE 1982: Antle, R., The Auditor as an Economic Agent, in: Journal of Accounting Research, Vol. 20 (1982), S. 503-527.

ANTLE 1984: Antle, R., Auditor Independence, in: Journal of Accounting Research, Vol. 22 (1984), S. 1-20.

ARBEITSKREIS 1995: Arbeitskreis „Externe und interne Überwachung der Unternehmung" der Schmalenbach-Gesellschaft für Betriebswirtschaft e. V., Grundsätze ordnungsmäßiger Aufsichtsratstätigkeit - ein Diskussionspapier, in: Der Betrieb, 48. Jg. (1995), S. 1-4.

ARBEITSKREIS 2000: Arbeitskreis „Externe und interne Überwachung der Unternehmung" der Schmalenbach-Gesellschaft für Betriebswirtschaft e. V., Prüfungsausschüsse in deutschen Aktiengesellschaften, in: Der Betrieb, 53. Jg. (2000), S. 2281-2285.

ARBEITSKREIS 2001: Arbeitskreis „Immaterielle Werte im Rechnungswesen" der Schmalenbach-Gesellschaft für Betriebswirtschaft e. V., Kategorisierung und bilanzielle Erfassung immaterieller Werte, in: Der Betrieb, 54. Jg. (2001), S. 989-995.

ARBEITSKREIS 2002: Arbeitskreis „Externe Unternehmensrechung" der Schmalenbach-Gesellschaft für Betriebswirtschaft e. V., Grundsätze für das Value Reporting, in: Der Betrieb, 55. Jg. (2002), S. 2337-2340.

ARBEITSKREIS 2004a: Arbeitskreis „Externe und Interne Überwachung der Unternehmung" der Schmalenbach-Gesellschaft für Betriebswirtschaft e. V., Auswirkungen des Sarbanes-Oxley Act auf die Interne und Externe Unternehmensüberwachung. Sarbanes-Oxley Act und Vorstand - Sarbanes-Oxley Act und Interne Revision - Sarbanes-Oxley Act und Aufsichtsrat - Sarbanes-Oxley Act und Abschlussprüfer, in: Betriebs-Berater, 59. Jg. (2004), S. 2399-2407.

ARBEITSKREIS 2004b: Arbeitskreis „Externe Unternehmensrechung" der Schmalenbach-Gesellschaft für Betriebswirtschaft e. V., Stellungnahme zum Referentenentwurf eines Bilanzkontrollgesetzes, in: Der Betrieb, 57. Jg. (2004), S. 329-332.

ARBEITSKREIS 2005: Arbeitskreis „Finanzierungsrechnung" der Schmalenbach-Gesellschaft für Betriebswirtschaft e. V.,Wertorientierte Unternehmenssteuerung in Theorie und Praxis, in: Gebhardt, G./Mansch, H. (Hrsg.), Wertorientierte Unternehmenssteuerung in Theorie und Praxis, Zeitschrift für betriebswirtschaftliche Forschung, 57. Jg. (2005), Sonderheft 53, S. 1-192.

ARBEITSKREIS 2006a: Arbeitskreis „Externe Unternehmensrechnung" der Schmalenbach-Gesellschaft für Betriebswirtschaft e. V., Externe Corporate Governance-Berichterstattung, in: Der Betrieb, 59. Jg. (2006), S. 1069-1071.

ARBEITSKREIS 2006b: Arbeitskreis „Externe Unternehmensrechung" der Schmalenbach-Gesellschaft für Betriebswirtschaft e. V., Best Practice des Aufsichtsrats der AG. Empfehlungen zur Verbesserung der Effektivität und Effizienz der Aufsichtsratstätigkeit, in: Der Betrieb, 59. Jg. (2006), S. 1625-1636.

ARBEITSKREIS 2006c: Arbeitskreis „Externe und interne Überwachung der Unternehmung" der Schmalenbach-Gesellschaft für Betriebswirtschaft e. V., Praktische Empfehlungen für unternehmerisches Entscheiden. Zur Anwendung der Business Judgment Rule in § 93 Abs. 1 Satz 2 AktG, in: Der Betrieb, 59. Jg. (2006), S. 2189-2196.

ARBEITSKREIS/ARBEITSKREIS 2009: Arbeitskreis „Externe Unternehmensrechnung der Schmalenbach-Gesellschaft für Betriebswirtschaft e. V./ Arbeitskreis „Externe und Interne Überwachung der Unternehmung" der Schmalenbach-Gesellschaft für Betriebswirtschaft e. V., Anforderungen an die Überwachungsaufgaben von Aufsichtsrat und Prüfungsausschuss nach § 107 Abs. 3 Satz 2 AktG i. d. F. des Bilanzrechtsmodernisierungsgesetzes, in: Der Betrieb, 62. Jg. (2009), S. 1279-1282.

ARMELOH 1998: Armeloh, K.-H., Die Berichterstattung im Anhang. Eine theoretische und empirische Untersuchung der Qualität der Berichterstattung im Anhang börsennotierter Kapitalgesellschaften, Düsseldorf 1998.

ARNOLD/GILLENKIRCH 2007: Arnold, M. C./Gillenkirch, R. M., Leistungsanreize durch Aktien oder Optionen? Eine Diskussion des State of the Art, in: Zeitschrift für Betriebswirtschaft, 77. Jg. (2007), S. 75-98.

ARROW 1985: Arrow, K. J., The Economics of Agency, in: Pratt, J. W./Zeckhauser, R. J. (Hrsg.), Principals and Agents: The Structure of Business, Boston 1985, S. 37-51.

ARROW 1986: Arrow, K. J., Agency and the Market, in: Arrow, K. J./Intriligator, M. D. (Hrsg.), Handbook of Mathematical Economics, Vol. 3, Amsterdam 1986, S. 1183-1195.

ARRUNADA 1999: Arrunada, B., The Economics of Audit Quality, Boston 1999.

ARTHUR 1989: Arthur, W. B., Competing Technologies, increasing Returns, and Lock-In by historical Events, in: The Economic Journal, Vol. 99 (1989), S. 116-131.

ASSER 1971: Asser, G., Das Berichtswesen (Analyse - Aufbau - Kontrolle), in: Bobsin, R. (Hrsg.), Handbuch der Kostenrechnung, München 1971, S. 653-678.

ASSMANN 2003: Assmann, H.-D., Corporate Governance im Schnittfeld von Gesellschaftsrecht und Kapitalmarktrecht, in: Ekkenga, J./Hadding, W./Hammen, H. (Hrsg.), Bankrecht und Kapitalmarktrecht in der Entwicklung. Festschrift für Siegfried Kümpel zum 70. Geburtstag, Berlin 2003, S. 1-17.

ATTESLANDER 2006: Atteslander, P., Methoden der empirischen Sozialforschung, 11. Aufl., Berlin 2006.

AUGE-DICKHUT 1999: Auge-Dickhut, S., Der Aufsichtsrat als Intermediär: Delegation von Kontrollaufgaben bei asymmetrischer Informationsverteilung, Wiesbaden 1999.

AURICH 2006: Aurich, B., Managementkontrolle nach Enron. Fortentwicklung der Managementkontrolle durch Aufsichtsrat und Board in börsennotierten Aktiengesellschaften in Deutschland und in den USA, Baden-Baden 2006.

BACHMANN 2008: Bachmann, G., Der Verwaltungsrat der monistischen SE, in: Zeitschrift für Unternehmens- und Gesellschaftsrecht, 37. Jg. (2008), S. 779-808.

BACKHAUS ET AL. 2006: Backhaus, K./Erichson, B./Plinke, W./Weiber, R., Multivariate Analysemethoden. Eine anwendungsorientierte Einführung, 11. Aufl., Berlin et al. 2006.

BADURA 2007: Badura, B., Mathematische und soziologische Theorie der Kommunikation, in: Burkart, R./Hömberg, W. (Hrsg.), Kommunikationstheorien. Ein Textbuch zur Einführung, 4. Aufl., Wien 2007, S. 16-23.

BAETGE 1970: Baetge, J., Möglichkeiten der Objektivierung des Jahreserfolges, Düsseldorf 1970.

BAETGE 2002: Baetge, J., Grundsätze ordnungsmäßiger Buchführung, in: Küpper, H.-U./ Wagenhofer, A. (Hrsg.), Handwörterbuch Unternehmensrechnung und Controlling, 4. Aufl., Stuttgart 2002, Sp. 635-647.

BAETGE/HAENELT 2008: Baetge, J./Haenelt, T., Kritische Würdigung der neu konzipierten Segmentberichterstattung nach IFRS 8 unter Berücksichtigung prüfungsrelevanter Aspekte, in: Zeitschrift für Internationale Rechnungslegung, 3. Jg. (2008), S. 43-50.

BAETGE/HEUMANN 2006a: Baetge, J./Heumann, R., Value Reporting in Konzernlageberichten, in: Zeitschrift für Internationale Rechnungslegung, 1. Jg. (2006), S. 39-47.

BAETGE/HEUMANN 2006b: Baetge, J./Heumann, R., Wertorientierte Berichterstattung. Anforderungen des Kapitalmarkts und Umsetzung in der Konzernlageberichterstattung, in: Der Betrieb, 59. Jg. (2006), S. 345-350.

BAETGE/KIRSCH 2010: Baetge, J./Kirsch, J., Rn. 1-124 zu Grundsätze ordnungsmäßiger Buchführung, in: Küting, K./Weber, C.-P. (Hrsg.), Handbuch der Rechnungslegung

Einzelabschluss. Kommentar zur Bilanzierung und Prüfung, Band 1, 5. Aufl., Stuttgart 2010, Loseblattsammlung (Stand: 5. Ergänzungslieferung März 2010).

BAETGE/LUTTER 2003: Baetge, J./Lutter, M. (Hrsg.), Abschlussprüfung und Corporate Governance. Bericht des Arbeitskreises „Abschlussprüfung und Corporate Governance", Köln 2003.

BAETGE/MATENA 2003: Baetge, J./Matena, S., Normative Überlegungen zur Ausgestaltung der Abschlussprüfung im Lichte aktueller Unternehmenskrisen, in: Wollmert, P. et al. (Hrsg.), Wirtschaftsprüfung und Unternehmensüberwachung. Festschrift für Wolfgang Lück, Düsseldorf 2003, S. 179-203.

BAETGE/SOLMECKE 2006: Baetge, J./Solmecke, H., Grundsätze und Konzeption des Value Reporting, in: Zeitschrift für Controlling & Management, 50. Jg. (2006), Sonderheft 3, S. 16-30.

BAETGE/THIELE 2010: Baetge, J./Thiele, S., Rn. 1-157 zu § 318 HGB, in: Küting, K./Weber, C.-P. (Hrsg.), Handbuch der Rechnungslegung Einzelabschluss. Kommentar zur Bilanzierung und Prüfung, Band 3, 5. Aufl., Stuttgart 2010, Loseblattsammlung (Stand: 5. Ergänzungslieferung März 2010).

BAETGE/FISCHER/PASKERT 1989: Baetge, J./ Fischer, T. R./Paskert, D., Der Lagebericht. Aufstellung, Prüfung und Offenlegung, Stuttgart 1989.

BAETGE/KIRSCH/THIELE 2009: Baetge, J./Kirsch, J./Thiele, S., Bilanzen, 10. Aufl., Düsseldorf 2009.

BAETGE/THIELE/MATENA 2004: Baetge, J./Thiele, S./Matena, S., Mittelbare Sicherung der Prüfungsqualität durch Enforcement geprüfter Jahres- und Konzernabschlüsse, in: Betriebswirtschaftliche Forschung und Praxis, 56. Jg. (2004), S. 201-218.

BAFIN 2009: Bundesanstalt für Finanzdienstleistungsaufsicht (Hrsg.), Emittentenleitfaden der Bundesanstalt für Finanzdienstleistungsaufsicht, Frankfurt a. M./Bonn 2009.

BAIMAN 1979: Baiman, S., Discussion of Auditing: Incentives and Truthful Reporting, in: Journal of Accounting Research, Vol. 17 (1979), Supplement, S. 25-29.

BAIMAN/EVANS/NOEL 1987: Baiman, S./Evans, J. H./Noel, J., Optimal Contracts with a Utility-Maximizing Auditor, in: Journal of Accounting Research, Vol. 25 (1987), S. 217-244.

BAKHAYA 2006: Bakhaya, Z., Wertorientierte Unternehmenssteuerung in Private Equity-finanzierten Unternehmen. Eine konzeptionelle und empirische Untersuchung zu ihrer Implementierung und Ausgestaltung, Hamburg 2006.

BALLWIESER 1987: Ballwieser, W., Kapitalmarkt, Managerinteressen und Rolle des Wirtschaftsprüfers, in: Schneider, D. (Hrsg.), Kapitalmarkt und Finanzierung, Berlin 1987, S. 351-362.

BALLWIESER 1989: Ballwieser, W., Auditing in an Agency Setting, in: Bamberg, G./Spremann, K. (Hrsg.), Agency Theory, Information, and Incentives, Berlin et al. 1989, S. 327-346.

BALLWIESER 2002: Ballwieser, W., Informations-GoB - auch im Lichte von IAS und US-GAAP, in: Zeitschrift für internationale und kapitalmarktorientierte Rechnungslegung, 2. Jg. (2002), S. 115-121.

BALLWIESER 2007: Ballwieser, W., Einige Bemerkungen zu EVA im Rahmen des Value Reporting, in: Kirsch, H. J./Thiele, S. (Hrsg.), Rechnungslegung und Wirtschaftsprüfung. Festschrift zum 70. Geburtstag von Jörg Baetge, Düsseldorf 2007, S. 3-23.

BANZHAF 2006: Banzhaf, J., Wertorientierte Berichterstattung (Value Reporting). Analyse der Relevanz wertorientierter Informationen für Stakeholder unter besonderer Berücksichtigung von Mitarbeitern, Kunden und Lieferanten, Frankfurt a. M. et al. 2006.

BARCLAY/HOLDERNESS 1992: Barclay, M. J./Holderness, C. G., The Law and Large-Block Trades, in: The Journal of Law & Economics, Vol. 35 (1992), S. 265-294.

BARNEA/HAUGEN/SENBET 1985: Barnea, A./Haugen, R. A./Senbet, L. W., Agency Problems and Financial Contracting, Englewood Cliffs 1985.

BASSEN 2002a: Bassen, A., Institutionelle Investoren und Corporate Governance. Analyse der Einflussnahme unter besonderer Berücksichtigung börsennotierter Wachstumsunternehmen, Wiesbaden 2002.

BASSEN 2002b: Bassen, A., Einflussnahme institutioneller Anleger auf Corporate Governance und Unternehmensführung. Ergebnisse einer empirischen Untersuchung, in: Zeitschrift für Bankrecht und Bankwirtschaft, 14. Jg. (2002), S. 430-436.

BASSEN/PRIGGE/ZÖLLNER 2008: Bassen, A./Prigge, S./Zöllner, C., Behind broad Corporate Governance Aggregates: A first Look at single Provisions of the German Corporate Governance Code, Working Paper, Hamburg/Rostock 2008.

BASSEN/PRIGGE/ZÖLLNER 2009: Bassen, A./Prigge, S./Zöllner, C., Behind broad Corporate Governance Aggregates: A first Look at single Provisions of the German Corporate Governance Code, in: Corporate Ownership & Control, Vol. 6 (2009), Issue 3 continued, S. 388-406.

BASSEN ET AL. 2006: Bassen, A./Kleinschmidt, M./Prigge, S./Zöllner, C., Deutscher Corporate Governance Kodex und Unternehmenserfolg, in: Die Betriebswirtschaft, 66. Jg. (2006), S. 375-401.

BATINIC 2003: Batinic, B., Datenqualität bei internetbasierten Befragungen, in: Theobald, A./ Dreyer, M./Starsetzki, T. (Hrsg.), Online-Marktforschung. Theoretische Grundlagen und praktische Erfahrungen, 2. Aufl., Wiesbaden 2003, S. 143-160.

BAUER/ARNOLD 2007: Bauer, J.-H./Arnold, C., Abfindungs-Caps in Vorstandsverträgen - gute Corporate Governance?, in: Betriebs-Berater, 62. Jg. (2007), S. 1793-1797.

BAUER/ARNOLD 2008: Bauer, J.-H./Arnold, C., Sind Abfindungs-Caps in Vorstandsverträgen wirklich zu empfehlen? Zur Überarbeitung des Deutschen Corporate Governance Kodex, in: Betriebs-Berater, 63. Jg. (2008), S. 1692-1697.

BAUER/ARNOLD 2009: Bauer, J.-H./Arnold, C., Festsetzung und Herabsetzung der Vorstandsvergütung nach dem VorstAG, in: Die Aktiengesellschaft, 54. Jg. (2009), S. 717-731.

BAUER/GÜNSTER/OTTEN 2004: Bauer, R./Günster, N./Otten, R., Empirical Evidence on Corporate Governance in Europe. The Effect on Stock Returns, Firm Value and Performance, in: Journal of Asset Management, Vol. 5 (2004), S. 91-104.

BAUER ET AL. 2008: Bauer, R./Frijns, B./Otten, R./Tourani-Rad, A., The Impact of Corporate Governance on Corporate Performance: Evidence from Japan, in: Pacific-Basin Finance Journal, Vol. 16 (2008), S. 236-251.

BAUM 2005: Baum, H., Change of Governance in Historic Perspective: The German Experience, in: Hopt, K. J. et al. (Hrsg.), Corporate Governance in Context. Corporations, States, and Markets in Europe, Japan, and the US, Oxford 2005, S. 3-29.

BAUM/COENENBERG/GÜNTHER 2007: Baum, H.-G./Coenenberg, A. G./Günther, T., Strategisches Controlling, 4. Aufl., Stuttgart 2007.

BAUMS 1996a: Baums, T., Vollmachtstimmrecht der Banken. Ja oder nein?, in: Die Aktiengesellschaft, 41. Jg. (1996), S. 11-26.

BAUMS 1996b: Baums, T., Corporate Governance Systems in Europe. Differences and Tendencies of Convergence, Working Paper, Osnabrück 1996.

BAUMS 2001: Baums, T. (Hrsg.), Bericht der Regierungskommission Corporate Governance. Unternehmensführung, Unternehmenskontrolle, Modernisierung des Aktienrechts, Köln 2001.

BAUMS 2003: Baums, T., Haftung wegen Falschinformation des Sekundärmarktes, in: Zeitschrift für das gesamte Handels- und Wirtschaftsrecht, 167. Jg. (2003), S. 139-192.

BAUMS 2008: Baums, T., Zur monistischen Verfassung der deutschen Aktiengesellschaft. Überlegungen de lege ferenda, Working Paper No. 88 des Institute for Law and Finance der Wolfgang Goethe-Universität Frankfurt, Frankfurt a. M. 2008.

BAUMS/SCOTT 2005: Baums, T./Scott, K. E., Taking Shareholder Protection seriously? Corporate Governance in the U.S. and Germany, in: Journal of Applied Corporate Finance, Vol. 17 (2005), Issue 4, S. 44-63.

BAYER 2007: Bayer, W., Grundkapital, Kapitalaufbringung, Kapitalerhaltung, in: Bayer, W./Habersack, M. (Hrsg.), Aktienrecht im Wandel, Band 2, Tübingen 2007, S. 708-762.

BEBCHUK 1994: Bebchuk, L. A., Efficient and inefficient Sales of Corporate Control, in: The Quarterly Journal of Economics, Vol. 109 (1994), S. 957-993.

BEBCHUK/ROE 1999: Bebchuk, L. A./Roe, M. J., A Theory of Path Dependence in Corporate Ownership and Governance, in: Stanford Law Review, Vol. 52 (1999), S. 127-170.

BEBCHUK/ROE 2004: Bebchuk, L. A./Roe, M. J., A Theory of Path Dependence in Corporate Ownership and Governance, in: Gordon, J. N./ Roe, M. J. (Hrsg.), Convergence and Persistence in Corporate Governance, Cambridge 2004, S. 69-113.

BEBCHUK/COHEN/FERRELL 2005: Bebchuk, L. A./Cohen, A./Ferrell, A., What matters in Corporate Governance, Discussion Paper No. 491 der Harvard Law School, Cambridge 2005.

BECHT/BOEHMER 1999: Becht, M./Boehmer, E., Transparency of Ownership and Control in Germany, Working Paper, Berlin/Brüssel 1999.

BECK 2006: Beck, K., Feedback, in: Bentele, G./Brosius, H.-B./Jarren, O. (Hrsg.), Lexikon der Kommunikations- und Medienwissenschaft, Wiesbaden 2006, S. 62-63.

BECKER 2005: Becker, W., Finanzinvestoren fühlen im DAX vor. Höherer Streubesitz öffnet die Türen, in: Deutsches Aktieninstitut (Hrsg.), DAX-Aktionärsstrukturen, Frankfurt a. M. 2005, S. 7.

BECKMANN 2009: Beckmann, S., Die Informationsversorgung von Mitgliedern des Aufsichtsrats börsennotierter Aktiengesellschaften. Theoretische Grundlagen und empirische Erkenntnisse, Wiesbaden 2009.

BEDFORD/BALADOUNI 1962: Bedford, N. M./Baladouni, V., A Communication Theory Approach to Accountancy, in: The Accounting Review, Vol. 37 (1962), S. 650-659.

BEGER/GÄRTNER/MATHES 1989: Beger, R./Gärtner, H.-D./Mathes, R., Unternehmenskommunikation. Grundlagen, Strategien, Instrumente, Wiesbaden 1989.

BEINER ET AL. 2006: Beiner, S./Drobetz, W./Schmid, M. M./Zimmermann, H., An Integrated Framework of Corporate Governance and Firm Valuation, in: European Financial Management, Vol. 12 (2006), S. 249-283.

BEISSE 1984: Beisse, H., Zum Verhältnis von Bilanzrecht und Betriebswirtschaftslehre, in: Steuer und Wirtschaft, 61. Jg. (1984), S. 1-14.

BELLAVITE-HÖVERMANN/LINDNER/LÜTHJE 2005: Bellavite-Hövermann, Y./ Lindner, G./ Lüthje, B., Leitfaden für den Aufsichtsrat. Betriebswirtschaftliche und rechtliche Grundlagen für die Aufsichtsratsarbeit, Stuttgart 2005.

BENDER/VATER 2004: Bender, C./Vater, H., Corporate Governance. Audit Committees - Motor einer ganzheitlichen Unternehmensüberwachung auch in Deutschland?, in: Vater, H./Bender, C./Hildenbrand, K. (Hrsg.), Corporate Governance. Herausforderungen an die Management-Kultur, Bern/Stuttgart/Wien 2004, S. 75-88.

BENTELE 2004: Bentele, M., Immaterielle Vermögenswerte in der Unternehmensberichterstattung. Eine kritische Analyse, Frankfurt a. M. 2004.

BENTELE/BECK 1994: Bentele, G./Beck, K., Information - Kommunikation - Massenkommunikation: Grundbegriffe und Modelle der Publizistik- und Kommunikationswissenschaft, in: Jarren, O. (Hrsg.), Medien und Journalismus 1. Eine Einführung, Opladen 1994, S. 15-50.

BERENS/SCHMITTING 2004: Berens, W./Schmitting, W., Zum Verhältnis von Controlling, Interner Revision und Früherkennung vor dem Hintergrund der Corporate Governance, in: Freidank, C.-C. (Hrsg.), Corporate Governance und Controlling, Heidelberg 2004, S. 51-75.

BERG 2007: Berg, C., Korruption in Unternehmen und Risikomanagement nach § 91 Abs. 2 AktG, in: Die Aktiengesellschaft, 52. Jg. (2007), S. 271-278.

BERGER 2009: Berger, A., Zur Entwicklung und zum Stand des Enforcements in der Europäischen Union, in: Betriebswirtschaftliche Forschung und Praxis, 61. Jg. (2009), S. 599-620.

BERGER/THELEN 2007: Berger, R./Thelen, M., Prüferische Durchsicht, in: Freidank, C.-C./ Lachnit, L./Tesch, J. (Hrsg.), Vahlens Großes Auditing Lexikon, München 2007, S. 1068-1070.

BERGER/ZEMPEL 2009: Berger, A./Zempel, I., Rn. 1-104 zu § 342 b HGB, in: Bertram, K. et al. (Hrsg.), Haufe HGB Kommentar, Freiburg et al. 2009, S. 2608-2627.

BERGLÖF 1997: Berglöf, E., A Note on the Typology of Financial Systems, in: Hopt, K. J./ Wymeersch, E. (Hrsg.), Comparative Corporate Governance, Essays and Materials, Berlin/New York 1997, S. 151-164.

BERLE/MEANS 1933: Berle, A. A./Means, G. C., The Modern Corporation and Private Property, New York 1933.

BERNDSEN 1979: Berndsen, H.-P., Unternehmenspublizität. Eine empirische Untersuchung zur Messung des Publizitätsverhaltens großer börsennotierter Aktiengesellschaften und der Auswirkung auf die Anlageentscheidungen am Aktienmarkt, Augsburg 1979.

BERNDT 2002: Berndt, M., Global Differences in Corporate Governance Systems. Theory and Implications for Reforms, Wiesbaden 2002.

BERNDT 2006: Berndt, T., Zur Zukunft der Corporate Governance: Regulierung der Unternehmensführung auf dem Prüfstand, in: Zeitschrift für Corporate Governance, 1. Jg. (2006), S. 1-7.

BERNHARDT 2008: Bernhardt, W., Sechs Jahre Deutscher Corporate Governance Kodex - eine Erfolgsgeschichte?, in: Betriebs-Berater, 63. Jg. (2008), S. 1686-1692.

BERNHARDT/WERDER 2000: Bernhardt, W./Werder, A. v., Der German Code of Corporate Governance (GCCG): Konzeption und Kernaussagen, in: Zeitschrift für Betriebswirtschaft, 70. Jg. (2000), S. 1269-1279.

BERNHARDT/WITT 1997: Bernhardt, W./Witt, P., Stock Options und Shareholder Value, in: Zeitschrift für Betriebswirtschaft, 67. Jg. (1997), S. 85-101.

BERNHARDT/WITT 2003: Bernhardt, W./Witt, P., Die Beurteilung der Aufsichtsräte und ihrer Arbeit, in: Hommelhoff, P./Hopt, K. J./Werder, A. v. (Hrsg.), Handbuch Corporate Governance. Leitung und Überwachung börsennotierter Unternehmen in Rechts- und Wirtschaftspraxis, 1. Aufl., Köln et al. 2003, S. 323-334.

BERRAR 2001: Berrar, C., Die Entwicklung der Corporate Governance in Deutschland und im internationalen Vergleich, Baden-Baden 2001.

BERTHEL 1975a: Berthel, J., Betriebliche Informationssysteme, Stuttgart 1975.

BERTHEL 1975b: Berthel, J., Information, in: Grochla, E./Wittmann, W. (Hrsg.), Handwörterbuch der Betriebswirtschaft, 4. Aufl., Stuttgart 1975, Sp. 1865-1873.

BEYER 1998: Beyer, J., Managerherrschaft in Deutschland? „Corporate Governance" unter Verflechtungsbedingungen, Opladen 1998.

BEYER 1999: Beyer, J., Unternehmensverflechtungen und Managerherrschaft in Deutschland, in: Leviathan, 27. Jg. (1999), S. 518-536.

BEYER 2002: Beyer, J., Deutschland AG a. D.: Deutsche Bank, Allianz und das Verflechtungszentrum großer deutscher Unternehmen, Working Paper 02/4 des Max-Planck-Instituts für Gesellschaftsforschung, Köln 2002.

BEYER 2006: Beyer, J., Pfadabhängigkeit: über institutionelle Kontinuität, anfällige Stabilität und fundamentalen Wandel, Frankfurt a. M./New York 2006.

BEYER 2007: Beyer, J., Abschied von der Deutschland AG. Implikationen des Wandels der Unternehmenskontrolle, in: Glaum, M./Hommel, U./Thomaschewski, D. (Hrsg.), Internationalisierung und Unternehmenserfolg: Wettbewerb, organisatorischer Wandel und Corporate Governance, Stuttgart 2007, S. 377-395.

BEYER/HASSEL 2002: Beyer, J./Hassel, A., The Effects of Convergence: Internationalization and the Changing Distribution of Net Value Added in large German Firms, in: Economy and Society, Vol. 31 (2002), S. 309-332.

BEYER/HÖPNER 2003: Beyer, J./Höpner, M., The Disintegration of Organised Capitalism: German Corporate Governance in the 1990s, in: West European Politics, Vol. 26 (2003), Issue 4, S. 179-198.

BHAT/HOPE/KANG 2006: Bhat, G./Hope, O.-K./Kang, T., Does Corporate Governance Transparency affect the Accuracy of Analyst Forecasts?, in: Accounting and Finance, Vol. 46 (2006), S. 715-732.

BIDLINGMAIER 1968: Bidlingmaier, J., Zielkonflikte und Zielkompromisse im unternehmerischen Entscheidungsprozess, Wiesbaden 1968.

BIEDERMANN 2004: Biedermann, A., Die Hauptversammlung. Kür, Pflicht oder Qual?, in: Deutscher Investor Relations Kreis e. V. (Hrsg.), Handbuch Investor Relations, Wiesbaden 2004, S. 201-224.

BIGUS/ZIMMERMANN 2009: Bigus, J./Zimmermann, R.-C., Quasirentenmodell und Honorare für Abschlussprüfungen in Deutschland - eine empirische Analyse, in: Zeitschrift für Betriebswirtschaft, 79. Jg. (2009), S. 1283-1308.

BISCHOF 2002: Bischof, J., Die Balanced Scorecard als Instrument einer modernen Controlling-Konzeption. Beurteilung und Gestaltungsempfehlungen auf der Basis des Stakeholder-Ansatzes, Wiesbaden 2002.

BISCHOF 2006: Bischof, J., Zweckmäßigkeit erfolgsunabhängiger Aufsichtsratsvergütung, in: Betriebs-Berater, 61. Jg. (2006), S. 2627-2633.

BISCHOF/SELCH 2008: Bischof, S./Selch, B., Neuerungen für den Lagebericht nach dem Regierungsentwurf eines Bilanzrechtsmodernisierungsgesetzes, in: Die Wirtschaftsprüfung, 61. Jg. (2008), S. 1021-1031.

BIZZELL 1976: Bizzell, A. H., A Communication Concepts Analysis of Financial Reporting: Implications for Accounting Theory and Practice, Mississippi State 1976.

BLACK 2001: Black, B. S., The legal and institutional Preconditions for strong Securities Markets, in: UCLA Law Review, Vol. 48 (2001), S. 781-855.

BLACK/JANG/KIM 2005: Black, B./Jang, H./Kim, W., Does Corporate Governance predict Firms' Market Values? Evidence from Korea, ECGI-Finance Working Paper No. 86/2005, Brüssel 2005.

BLEICHER/LEBERL/PAUL 1989: Bleicher, K./Leberl, D./Paul, H., Unternehmungsverfassung und Spitzenorganisation. Führung und Überwachung von Aktiengesellschaften im internationalen Vergleich, Wiesbaden 1989.

BLEYMÜLLER/GEHLERT/GÜLICHER 2004: Bleymüller, J./Gehlert, G./Gülicher, H., Statistik für Wirtschaftswissenschaftler, 14. Aufl., München 2004.

BLOHM 1962: Blohm, H., Der Geschäftsbericht als Mittel der Betriebspolitik. Praktische Hinweise für Erstellung und Auswertung, Baden-Baden 1962.

BLOHM 1974: Blohm, H., Die Gestaltung des betrieblichen Berichtswesens als Problem der Leitungsorganisation, 2. Aufl., Herne/Berlin 1974.

BLOHM/HEINRICH 1965: Blohm, H./Heinrich, L. J., Schwachstellen der betrieblichen Berichterstattung. Rationalisierung durch Ausschaltung von Störungen, Baden-Baden/Bad Homburg 1965.

BMJ/DPR 2005: Bundesministerium der Justiz/Deutsche Prüfstelle für Rechnungslegung DPR e. V. (Hrsg.), Anerkennungsvertrag zwischen dem Bundesministerium der Justiz (BMJ) und der Deutschen Prüfstelle für Rechnungslegung DPR e. V. (DPR) vom 30. März 2005, Berlin 2005.

BÖCKEM 2000a: Böckem, H., Die Durchsetzung von Rechnungslegungsstandards: eine kapitalmarktorientierte Untersuchung, Frankfurt a. M. et al. 2000.

BÖCKEM 2000b: Böckem, H., Die Durchsetzung von Rechnungslegungsstandards in Deutschland. Zur Notwendigkeit institutioneller Neuerungen, in: Der Betrieb, 53. Jg. (2000), S. 1185-1191.

BÖCKING 1998: Böcking, H.-J., Zum Verhältnis von Rechnungslegung und Kapitalmarkt: Vom „financial accounting" zum „business reporting", in: Zeitschrift für betriebswirtschaftliche Forschung, 50. Jg. (1998), Sonderheft 40.98, S. 17-53.

BÖCKING 2003: Böcking, H.-J., Corporate Governance und Transparenz. Zur Notwendigkeit der Transparenz für eine wirksame Unternehmensüberwachung, in: Werder, A. v./Wiedmann, H. (Hrsg.), Internationalisierung der Rechnungslegung und Corporate Governance. Festschrift für Professor Dr. Klaus Pohle, Stuttgart 2003, S. 247-277.

BÖCKING/EIBELSHÄUSER 2009: Böcking, H. J./Eibelshäuser, B., Die Erklärung zur Unternehmensführung nach BilMoG (§ 289 a HGB), in: Der Konzern, 7. Jg. (2009), S. 563-572.

BÖCKING/WESNER 2004: Böcking, H.-J./Wesner, P., Value Reporting und Corporate Governance - anreizkompatible Vergütung, Performancemessung und Unternehmensüberwachung, in: Die Wirtschaftsprüfung, 57. Jg. (2004), Sonderheft, S. S98-S107.

BÖCKING/DUTZI/MÜßIG 2004: Böcking, H.-J./Dutzi, A./Müßig, A., Ökonomische Funktionen des Prüfungsausschusses im deutschen Corporate Governance-System, in: Betriebswirtschaftliche Forschung und Praxis, 56. Jg. (2004), S. 417-440.

BÖCKLI 2000: Böckli, P., Corporate Governance auf Schnellstraßen und Holzwegen. Forderungen für die Schweizer Praxis aus den neuesten Texten - „Hampel", „London Stock Exchange Combined Code", „Turnbull" und „Blue Ribbon", in: Der Schweizer Treuhänder, 74. Jg. (2000), S. 133-152.

BODE 1997: Bode, J., Der Informationsbegriff in der Betriebswirtschaftslehre, in: Zeitschrift für betriebswirtschaftliche Forschung, 49. Jg. (1997), S.449-486.

BOLLWEG 1997: Bollweg, H.-G., Die Wahl des Aufsichtsrats in der Hauptversammlung der Aktiengesellschaft, Köln et al. 1997.

BORMANN 2002: Bormann, M., Unabhängigkeit des Abschlussprüfers: Aufgabe und Chance für den Berufsstand, in: Betriebs-Berater, 57. Jg. (2002), S. 190-197.

BORS 2006: Bors, M., Erfolgs- und leistungsorientierte Vorstandsvergütung, Aachen 2006.

BORTZ 2005: Bortz, J., Statistik für Human- und Sozialwissenschaftler, 6. Aufl., Heidelberg 2005.

BORTZ/DÖRING 2006: Bortz, J./Döring, N., Forschungsmethoden und Evaluation für Human- und Sozialwissenschaftler, 4. Aufl., Heidelberg 2006.

BOSNJAK 2003: Bosnjak, M., Teilnahmeverhalten bei Web-Befragungen. Nonresponse und Selbstselektion, in: Theobald, A./Dreyer, M./Starsetzki, T. (Hrsg.), Online-Marktforschung. Theoretische Grundlagen und praktische Erfahrungen, 2. Aufl., Wiesbaden 2003, S. 55-71.

BOSNJAK/BATINIC 1999: Bosnjak, M./Batinic, B., Determinanten der Teilnahmebereitschaft an internet-basierten Fragebogenuntersuchungen am Beispiel E-Mail, in: Batinic, B. et al. (Hrsg.), Online Research. Methoden, Anwendungen und Ergebnisse, Göttingen et al. 1999, S. 145-157.

BOSSE 2007: Bosse, C., Wesentliche Neuregelungen ab 2007 aufgrund des Transparenzrichtlinie-Umsetzungsgesetzes für börsennotierte Unternehmen. Änderung der Veröffentlichungs-, Melde- und Rechnungslegungspflichten, in: Der Betrieb, 60. Jg. (2007), S. 39-46.

BOSSE 2009: Bosse, C., Das Gesetz zur Angemessenheit der Vorstandsvergütung (VorstAG). Überblick und Handlungsbedarf, in: Betriebs-Berater, 64. Jg. (2009), S. 1650-1654.

BOTOSAN/PLUMLEE/XIE 2004: Botosan, C. A./Plumlee, M. A./Xie, Y., The Role of Information Precision in Determining the Cost of Equity Capital, in: Review of Accounting Studies, Vol. 9 (2004), S. 233-259.

BOUJONG 1995: Boujong, K., Rechtliche Mindestanforderungen an eine ordnungsgemäße Vorstandskontrolle und -beratung. Konsequenzen aus den Entscheidungen des Bundesgerichtshofs BGHZ 114, 127 und BGHZ 124, 111, in: Die Aktiengesellschaft, 40. Jg. (1995), S. 203-207.

BOURQUI/BLUMER 1994: Bourqui, C./Blumer, A., „Internal Control": Problemstand und Entwicklungstendenzen, Verminderung von Vermögensverlusten als Ziel, in: Der Schweizer Treuhänder, 68. Jg. (1994), S. 1069-1080.

BOYSEN/RINGLE 2008: Boysen, N./Ringle, C., Die Definition in der betriebswirtschaftlichen Forschung. Reflexion und empirischer Befund, in: Zeitschrift für Betriebswirtschaft, 78. Jg. (2008), S. 9-33.

BRADLEY/SUNDARAM 2003: Bradley, M./Sundaram, A., The Emergence of Shareholder Value in the German Corporation, o. O. 2003.

BRÄNDLE/NOLL/PÜTZL 2005: Brändle, U./Noll, J./Pützl, F., Kennzahlen als Mittel zur Unternehmensführung, in: Das Wirtschaftsstudium, 34. Jg. (2005), S. 897-902.

BRÄUTIGAM/HEYER 2006: Bräutigam, B./Heyer, J.-P., Das Prüfverfahren durch die Deutsche Prüfstelle für Rechnungslegung, in: Die Aktiengesellschaft, 51. Jg. (2006), S. 188-195.

BREALEY/MYERS/ALLEN 2008: Brealey, R. A./Myers, S. C./Allen, F., Principles of Corporate Finance, 9. Aufl., Boston et al. 2008.

BREID 1994: Breid, V., Erfolgspotentialrechnung. Konzeption im System einer finanztheoretisch fundierten, strategischen Erfolgsrechnung, Stuttgart 1994.

BREID 1995: Breid, V., Aussagefähigkeit agencytheoretischer Ansätze im Hinblick auf die Verhaltenssteuerung von Entscheidungsträgern, in: Zeitschrift für betriebswirtschaftliche Forschung, 47. Jg. (1995), S. 821-854.

BRELLOCHS 2005: Brellochs, M., Publizität und Haftung von Aktiengesellschaften im System des Europäischen Kapitalmarktrechts, München 2005.

BRESS 2008: Bress, S., Corporate Governance in Deutschland. Der Einfluss des Deutschen Corporate Governance Kodex auf die finanzielle Unternehmensperformance, Lohmar 2008.

BRESSER/THIELE 2008: Bresser, R. K. F./Thiele, R. V., Ehemalige Vorstandsvorsitzende als Aufsichtsratschefs: Evidenz zu ihrer Effektivität im Falle des erzwungenen Führungswechsels, in: Zeitschrift für Betriebswirtschaft, 78. Jg. (2008), S. 175-203.

BRIDTS 1990: Bridts, C., Zwischenberichtspublizität, Düsseldorf 1990.

BRÖCKER 2008: Bröcker, N., Kapitalmarktrecht, in: Claussen, C. P. (Hrsg.), Bank- und Börsenrecht für Studium und Praxis, 4. Aufl., München 2008, S. 317-379.

BRÖMMELMEYER 2005: Brömmelmeyer, C., Neue Regeln für die Binnenhaftung des Vorstands: ein Beitrag zur Konkretisierung der Business Judgment Rule, in: Wertpapier-Mitteilungen, 59. Jg. (2005), S. 2065-2070.

BROTTE 1997: Brotte, J., US-amerikanische und deutsche Geschäftsberichte. Notwendigkeit, Regulierung und Praxis jahresabschlussergänzender Informationen, Wiesbaden 1997.

BROUWER 2008: Brouwer, T., Zustimmungsvorbehalte des Aufsichtsrats im Aktien- und GmbH-Recht. Zur Funktion und Wirkungsweise von Aufsichtsratsvorbehalten im Einheitsunternehmen und im Konzern, Berlin 2008.

BROWN/CAYLOR 2004: Brown, L. D./Caylor, M. L., Corporate Governance and Company Performance, Atlanta 2004.

BROWN/CAYLOR 2005: Brown, L. D./Caylor, M. L., Corporate Governance and Firm Valuation, Atlanta 2005.

BROWN/CAYLOR 2006: Brown, L. D./Caylor, M. L., Corporate Governance and Firm Valuation, in: Journal of Accounting and Public Policy, Vol. 25 (2006), S. 409-434.

BROWN/CAYLOR 2009: Brown, L. D./Caylor, M. L., Corporate Governance and Firm Operating Performance, in: Review of Quantitative Finance & Accounting, Vol. 32 (2009), S. 129-144.

BRÜHL 2006: Brühl, R., Abduktion und Induktion in wissenschaftlichen Untersuchungen, in: Wirtschaftswissenschaftliches Studium, 35. Jg. (2006), S. 182-186.

BRÜHL 2009: Brühl, K., Corporate Governance, Strategie und Unternehmenserfolg. Ein Beitrag zum Wettbewerb alternativer Corporate-Governance-Systeme, Wiesbaden 2009.

BÜCHELE 2006: Büchele, M., Die Vorstands- und Aufsichtsratsvergütung auf dem Prüfstand: Corporate-Governance-kompatible Anreiz- und Vergütungssysteme für Führungskräfte, in: Büchele, M. et al. (Hrsg.), Corporate Governance in Deutschland und Österreich, Münster/ Wien 2006, S. 145-192.

BUCK 2004: Buck, P., Aufsichtsratspflichten als Element der Corporate Governance. Die Einrichtung von Prüfungsausschüssen, in: Abeltshauser, T. E./Buck, P. (Hrsg.), Corporate Governance. Tagungsband der 1. Hannoveraner Unternehmensrechtstage, Köln et al. 2004, S. 55-73.

BUHLEIER/KROWAS 2010: Buhleier, C./Krowas, N., Persönliche Pflicht zur Prüfung des Jahresabschlusses durch den Aufsichtsrat, in: Der Betrieb, 63. Jg. (2010), S. 1165-1170.

BÜHNER 1994: Bühner, R., Unternehmerische Führung mit Shareholder Value, in: Bühner, R. (Hrsg.), Der Shareholder-Value-Report. Erfahrungen, Ergebnisse, Entwicklungen, Landsberg/Lech 1994, S. 9-75.

BÜHNER/TUSCHKE 1997: Bühner, R./Tuschke, A., Zur Kritik am Shareholder Value. Eine ökonomische Analyse, in: Betriebswirtschaftliche Forschung und Praxis, 49. Jg. (1997), S. 499-516.

BÜHNER/WEINBERGER 1991: Bühner, R./Weinberger, H.-J., Cash-Flow und Shareholder Value, in: Betriebswirtschaftliche Forschung und Praxis, 43. Jg. (1991), S. 187-208.

BÜRGERS/ISRAEL 2008: Bürgers, T./Israel, A., Rn. 1-37 zu § 76 AktG, Rn. 1-42 zu § 84 AktG, Rn. 1-29 zu § 111 AktG, in: Bürgers, T./Körber, T. (Hrsg.), Heidelberger Kommentar zum Aktiengesetz, Heidelberg 2008, S. 487-497, S. 543-556, S. 707-717.

BURKART/PANUNZI 2006: Burkart, M./Panunzi, F., Takeovers, ECGI-Finance Working Paper No. 118/2006, o. O. 2006.

BÜRKLE 2004: Bürkle, J., Weitergabe von Informationen über Fehlverhalten in Unternehmen (Whistleblowing) und Steuerung auftretender Probleme durch ein Compliance-System, in: Betriebs-Berater, 59. Jg. (2004), S. 2158-2161.

BÜRKLE 2005: Bürkle, J., Corporate Compliance. Pflicht oder Kür für den Vorstand der AG?, in: Betriebs-Berater, 60. Jg. (2005), S. 565-570.

BÜRKLE 2007: Bürkle, J., Corporate Compliance als Standard guter Unternehmensführung des Deutschen Governance Kodex, in: Betriebs-Berater, 62. Jg. (2007), S. 1797-1800.

BUSCHER 1997: Buscher, U., Verrechnungspreise aus organisations- und agencytheoretischer Sicht, Wiesbaden 1997.

BUSSE VON COLBE 1997: Busse von Colbe, W., Was ist und was bedeutet Shareholder Value aus betriebswirtschaftlicher Sicht?, in: Zeitschrift für Unternehmens- und Gesellschaftsrecht, 26. Jg. (1997), S. 271-290.

BUSSMANN 2009: Bussmann, K.-D., Compliance in der Zeit nach Siemens. Corporate Integrity, das unterschätzte Konzept, in: Betriebswirtschaftliche Forschung und Praxis, 61. Jg. (2009), S. 505-522.

CAILLAUD 1988: Caillaud, B., Three Essays in Contract Theory: On the Role of Outside Parties in Contractual Relationships, Massachusetts 1988.

CANARIS 1969: Canaris, C.-W., Systemdenken und Systembegriff in der Jurisprudenz entwickelt am Beispiel des deutschen Privatrechts, 1. Aufl., Berlin 1969.

CARNAP 1942: Carnap, R., Introduction to Semantics, Cambridge 1942.

CARNAP 1968: Carnap, R., Einführung in die symbolische Logik mit besonderer Berücksichtigung ihrer Anwendungen, 3. Aufl., Wien/New York 1968.

CASPER 2006: Casper, M., Haftung für fehlerhafte Informationen des Kapitalmarktes, in: Der Konzern, 4. Jg. (2006), S. 32-39.

CASPER 2009a: Casper, M., Erfahrungen und Reformbedarf bei der SE. Gesellschaftsrechtliche Reformvorschläge, in: Zeitschrift für das gesamte Handels- und Wirtschaftsrecht, 173. Jg. (2009), S. 181-221.

CASPER 2009b: Casper, M., Der Compliance-Beauftragte. Unternehmensinternes Aktienamt, Unternehmensbeauftragter oder einfacher Angestellter?, in: Bitter, G. et al. (Hrsg.), Festschrift für Karsten Schmidt zum 70. Geburtstag, Köln 2009, S. 199-216.

CHENG/COLLINS/HUANG 2006: Cheng, C. S. A./Collins, D./Huang, H., Shareholder Rights and the Cost of Equity Capital, Houston et al. 2006.

CHERRY 1967: Cherry, C., Kommunikationsforschung - eine neue Wissenschaft, 2. Aufl., Hamburg 1967.

CHOW 1982: Chow, C. W., The Demand for External Auditing: Size, Debt, and Ownership Influences, in: The Accounting Review, Vol. 57 (1982), S. 272-291.

CHWOLKA/REICHLING/KRYVKO 2009: Chwolka, A./Reichling, P./Kryvko, A., Die Bewertung von Continental bei der Übernahme durch Schaeffler, in: Das Wirtschaftsstudium, 38. Jg. (2009), S. 957-964.

CIESIELSKI 1977: Ciesielski, A., Unternehmensberichterstattung zur Fundierung von Anteilseignerentscheidungen, Wiesbaden 1977.

CLAUSSEN/BRÖCKER 2000: Claussen, C. P./Bröcker, N., Corporate Governance-Grundsätze in Deutschland - nützliche Orientierungshilfe oder regulatorisches Übermaß?, in: Die Aktiengesellschaft, 45. Jg. (2000), S. 481-491.

CLAUSSEN/KORTH 1991: Claussen, C. P./Korth, H. M., Rechnungslegung der Aktiengesellschaft, in: Zöllner, W. (Hrsg.), Kölner Kommentar zum Aktiengesetz, Band 4, 2. Aufl., Köln et al. 1991.

COASE 1960: Coase, R. H., The Problem of Social Costs, in: The Journal of Law & Economics, Vol. 3 (1960), S. 1-44.

COENENBERG 1966: Coenenberg, A. G., Die Kommunikation in der Unternehmung, Köln 1966.

COENENBERG 2003: Coenenberg, A. G., Shareholder Value. Betriebswirtschaftliche Sicht und öffentliche Wahrnehmung, in: Journal für Betriebswirtschaft, 53. Jg. (2003), S. 6-14.

COENENBERG/ALVAREZ 2002: Coenenberg, A. G./Alvarez, M., Zwischenberichterstattung, in: Ballwieser, W./Coenenberg, A. G./Wysocki, K. v. (Hrsg.), Handwörterbuch der Rechnungslegung und Prüfung, 3. Aufl., Stuttgart 2002, Sp. 2758-2774.

COENENBERG/REINHART/SCHMITZ 1997: Coenenberg, A. G./Reinhart, A./ Schmitz, J., Audit Committees. Ein Instrument zur Unternehmensüberwachung, in: Der Betrieb, 50. Jg. (1997), S. 989-997.

COFFEE 2005: Coffee, J. C., Gatekeeper Failure and Reform: The Challenge of Fashioning relevant Reforms, in: Hopt, K. J. et al. (Hrsg.), Corporate Governance in Context. Corporations, States, and Markets in Europe, Japan, and the US, Oxford 2005, S. 599-662.

COFFEE 2006: Coffee, J. C., Convergence and its Critics: What are the Preconditions to the Separation of Ownership and Control?, in: Clarke, T./Rama, M. (Hrsg.), Ownership and Control, London et al. 2006, S. 380-413.

CONGER/FINEGOLD/LAWLER 1998: Conger, J. A./Finegold, D./Lawler, E. E., Appraising Boardroom Performance, in: Harvard Business Review, Vol. 76 (1998), Issue 1, S. 136-148.

COPELAND/KOLLER/MURRIN 2002: Copeland, T./Koller, T./Murrin, I., Unternehmenswert. Methoden und Strategien für eine wertorientierte Unternehmensführung, 3. Aufl., Frankfurt/New York 2002.

COSO 1994: Committee of Sponsoring Organizations of the Treadway Commission (Hrsg.), Internal Control - Integrated Framework. Executive Summary, New York 1994.

COSO 2004: Committee of Sponsoring Organizations of the Treadway Commission (Hrsg.), Enterprise Risk Management - Integrated Framework. Executive Summary, New York 2004.

COWLES/DAVIS 1982: Cowles, M./Davis, C., On the Origins of the 0.05 Level of statistical Significance, in: American Psychologist, Vol. 37 (1982), S. 553-558.

CREMERS/NAIR 2005: Cremers, K. J. M./Nair, V. B., Governance Mechanisms and Equity Prices, in: The Journal of Finance, Vol. 60 (2005), S. 2859-2894.

CROMME/CLAASSEN 2009: Cromme, G./Claassen, J., Unternehmenskommunikation als Element der Corporate Governance, in: Hommelhoff, P./Hopt, K. J./Werder, A. v. (Hrsg.), Handbuch Corporate Governance. Leitung und Überwachung börsennotierter Unternehmen in Rechts- und Wirtschaftspraxis, 2. Aufl., Köln et al. 2009, S. 603-625.

CUERVO 2002: Cuervo, A., Corporate Governance Mechanisms: a Plea for less Code of good Governance and more Market Control, in: Corporate Governance: An International Review, Vol. 10 (2002), S. 84-93.

DAHL 1995: Dahl, G., Zwischenberichterstattung börsennotierter Unternehmen, Wiesbaden 1995.

DAI 2003: Deutsches Aktieninstitut (Hrsg.), Empfehlungen zur Aufsichtsratsvergütung, Frankfurt a. M. 2003.

DAI 2004: Deutsches Aktieninstitut (Hrsg.), DAI-Factbook 2004. Statistiken, Analysen und Graphiken zu Aktionären, Aktiengesellschaften und Börsen, Frankfurt a. M. 2004.

DAI 2005: Deutsches Aktieninstitut (Hrsg.), Wertorientierte Überwachung durch den Aufsichtsrat. Ausgewählte Ergebnisse einer Umfrage, Frankfurt a. M. 2005.

DAI 2007: Deutsches Aktieninstitut (Hrsg.), DAI-Factbook 2007. Statistiken, Analysen und Graphiken zu Aktionären, Aktiengesellschaften und Börsen, Frankfurt a. M. 2007.

DAI 2009: Deutsches Aktieninstitut (Hrsg.), DAI-Factbook 2009. Statistiken, Analysen und Graphiken zu Aktionären, Aktiengesellschaften und Börsen (Stand: 02.07.2009), Frankfurt a. M. 2009.

DAILY/DALTON/CANNELLA 2003: Daily, C. M./Dalton, D. R./Cannella, A. A., Corporate Governance: Decades of Dialogue and Data, in: Academy of Management Review, Vol. 28 (2003), S. 371-382.

DALCHOW 2005: Dalchow, A., Zur Bedeutung des Shareholder Value bei der Konkretisierung von Organpflichten in börsennotierten Aktiengesellschaften. Eine ökonomische und juristische Analyse, Frankfurt a. M. et al. 2005.

DAMM 1980: Damm, G., Kommunikationsmedium Geschäftsbericht. Eine empirische Untersuchung über die Kommunikationsfunktion des Geschäftsberichts deutscher Aktiengesellschaften, Frankfurt a. M. 1980.

DASKE 2005: Daske, H., Internationale Rechnungslegung und Kapitalkosten: Zum Stand der empirischen Rechnungswesenforschung, in: Betriebswirtschaftliche Forschung und Praxis, 57. Jg. (2005), S. 455-473.

DAUNER-LIEB/PREEN/SIMON 2010: Dauner-Lieb, B./Preen, A. v./Simon, S., Das VorstAG - ein Schritt auf dem Weg zum Board-System? Thesen zu einem aktienrechtskonformen Verständnis des VorstAG, in: Der Betrieb, 63. Jg. (2010), S. 377-383.

DAVID 1985: David, P. A., Clio and the Economics of QWERTY, in: The American Economic Review, Vol. 75 (1985), Issue 2, S. 332-337.

DAVIES 2001: Davies, P., Struktur der Unternehmensführung in Großbritannien und Deutschland: Konvergenz oder fortbestehende Divergenz?, in: Zeitschrift für Unternehmens- und Gesellschaftsrecht, 30. Jg. (2001), S. 268-293.

DAVIS/SCHOORMAN/DONALDSON 1997: Davis, J. H./Schoorman, F. D./Donaldson, L., Toward a Stewardship Theory of Management, in: Academy of Management Review, Vol. 22 (1997), S. 20-47.

DEANGELO 1981a: DeAngelo,L. E., Auditor Independence, "Low Balling", and Disclosure Regulation, in: Journal of Accounting and Economics, Vol. 3 (1981), S. 113-127.

DEANGELO 1981b: DeAngelo,L. E., Auditor Size and Audit Quality, in: Journal of Accounting and Economics, Vol. 3 (1981), S. 183-199.

DECKER 1994: Decker, R. O. A., Eine Principal-Agenten-theoretische Betrachtung von Eigner-Manager-Konflikten in der Kommanditgesellschaft auf Aktien und in der Aktiengesellschaft, Bergisch Gladbach/Köln 1994.

DECKERT 1996: Deckert, M., Effektive Überwachung der AG-Geschäftsführung durch Ausschüsse des Aufsichtsrats, in: Zeitschrift für Wirtschaftsrecht, 17. Jg. (1996), S. 985-994.

DEEG 2001: Deeg, R., Institutional Change and the Uses and Limits of Path Dependency: The Case of German Finance, Discussion Paper 01/6 des Max-Planck-Instituts für Gesellschaftsforschung, Köln 2001.

DEILMANN/OTTE 2010: Deilmann, B./Otte, S., „Say on Pay" - erste Erfahrungen der Hauptversammlungspraxis, in: Der Betrieb, 63. Jg. (2010), S. 545-547.

DEL BRIO/MAIA-RAMIRES/PEROTE 2006: Del Brio, E. B./Maia-Ramires, E./Perote, J., Corporate Governance Mechanisms and their Impact on Firm Value, in: Corporate Ownership & Control, Vol. 4 (2006), Issue 1, S. 25-36.

DEMOUGIN/JOST 2001: Demougin, D./Jost, P.-J., Theoretische Grundlagen der Prinzipal-Agenten-Theorie, in: Jost, P.-J. (Hrsg.), Die Prinzipal-Agenten-Theorie in der Betriebswirtschaftslehre, Stuttgart 2001, S. 45-81.

DEMSETZ 1967: Demsetz, H., Toward a Theory of Property Rights, in: The American Economic Review, Vol. 57 (1967), Issue 2, S. 347-359.

DENEKE 2008: Deneke, C., Die Implementierung eines Prüfungsausschusses in die deutsche Aktiengesellschaft und Europäische Gesellschaft (SE) unter besonderer Berücksichtigung europäischer und US-amerikanischer Rechtsentwicklungen, Frankfurt a. M. et al. 2008.

DETER/WIEHLE 2004: Deter, H./Wiehle, U., Roadshows und One-on-Ones, in: Deutscher Investor Relations Kreis e. V. (Hrsg.), Handbuch Investor Relations, Wiesbaden 2004, S. 173-183.

DEUTSCH 1997: Deutsch, K. G., Corporate Governance in Deutschland: Vom Aufsichtsrat zum Kapitalmarkt?, in: Deutsche Bank Research (Hrsg.), Bulletin Nr. 4, Aktuelle Wirtschafts- und Währungsfragen, Frankfurt a. M. 1997, S. 21-29.

DEUTSCHE BÖRSE 2010: Deutsche Börse (Hrsg.), Leitfaden zu den Aktienindizes der Deutschen Börse (Version 6.13), Frankfurt a. M. 2010.

DEUTSCHE BUNDESBANK 1997: Deutsche Bundesbank (Hrsg.), Die Aktie als Finanzierungs- und Anlageinstrument, Monatsbericht Januar 1997, S. 27-41.

DEUTSCHE BUNDESBANK 2000: Deutsche Bundesbank (Hrsg.), Bankenstatistik, Statistisches Beiheft zum Monatsbericht Januar 2000.

DEUTSCHE BUNDESBANK 2004: Deutsche Bundesbank (Hrsg.), Die gesamtwirtschaftlichen Finanzströme im Jahr 2003, Monatsbericht Juni 2004, S. 45-65.

DEUTSCHE BUNDESBANK 2007: Deutsche Bundesbank (Hrsg.), Bankenstatistik, Statistisches Beiheft zum Monatsbericht Februar 2007.

DEUTSCHE BUNDESBANK 2010: Deutsche Bundesbank (Hrsg.), Kapitalmarktstatistik, Statistisches Beiheft zum Monatsbericht Februar 2010.

DIEDERICHS/KIßLER 2008: Diederichs, M./Kißler, M., Aufsichtsratreporting. Corporate Governance, Compliance und Controlling, München 2008.

DIEHL 1993: Diehl, U., Investor-Relations, in: Betriebswirtschaftliche Forschung und Praxis, 45. Jg. (1993), S. 173-183.

DIEKMANN 2009: Diekmann, A., Empirische Sozialforschung. Grundlagen, Methoden, Anwendungen, 20. Aufl., Reinbek 2009.

DIEKMANN/BIDMON 2009: Diekmann, H./Bidmon, K., Das „unabhängige" Aufsichtsratsmitglied nach dem BilMoG - insbesondere als Vertreter des Hauptaktionärs, in: Neue Zeitschrift für Gesellschaftsrecht, 12. Jg. (2009), S. 1087-1092.

DITTMANN 2009: Dittmann, I., Struktur und Höhe der Vorstandsvergütung in börsennotierten Unternehmen, in: Deutsches Aktieninstitut (Hrsg.), Die Ökonomie der Aktie, Frankfurt a. M. 2009, S. 37-48.

DITTMANN/MAUG/SCHNEIDER 2008: Dittmann, I./Maug, E./Schneider, C., Bankers on the Boards of German Firms: What they do, what they are worth, and why they are (still) there, ECGI-Finance Working Paper No. 196/2008, o. O. 2008.

DITTRICH 2007: Dittrich, E., Die Untreuestrafbarkeit von Aufsichtsratsmitgliedern bei der Festsetzung überhöhter Vorstandsvergütungen. Zugleich ein Beitrag zur rechtlichen Behandlung von Vorstandsvergütungen in deutschen Aktiengesellschaften, Berlin 2007.

DÖLLERER 1959: Döllerer, G., Grundsätze ordnungsmäßiger Bilanzierung, deren Entstehung und Ermittlung, in: Betriebs-Berater, 14. Jg. (1959), S. 1217-1221.

DONALDSON/DAVIS 1991: Donaldson, L./ Davis, J. H., Stewardship Theory or Agency Theory: CEO Governance and Shareholder Returns, in: Australian Journal of Management, Vol. 16 (1991), S. 49-64.

DONALDSON/PRESTON 1995: Donaldson, T./Preston, L. E., The Stakeholder Theory of the Corporation: Concepts, Evidence, and Implications, in: Academy of Management Review, Vol. 20 (1995), S. 65-91.

DÖRING 2003: Döring, N., Sozialpsychologie des Internet. Die Bedeutung des Internet für Kommunikationsprozesse, Identitäten, soziale Beziehungen und Gruppen, 2. Aufl., Göttingen et al. 2003.

DÖRNER 1998: Dörner, D., Ändert das KonTraG die Anforderungen an den Abschlußprüfer?, in: Der Betrieb, 51. Jg. (1998), S. 1-8.

DÖRNER 2005: Dörner, D., Der Aufsichtsratsvorsitzende im Lichte verschärfter Corporate Governance-Vorschriften, in: Crezelius, G./Hirte, H./Vieweg, K. (Hrsg.), Gesellschaftsrecht, Rechnungslegung, Sportrecht. Festschrift für Volker Röhricht zum 65. Geburtstag, Köln 2005, S. 809-831.

DPR 2005: Deutsche Prüfstelle für Rechnungslegung DPR e. V. (Hrsg.), Verfahrensordnung der Prüfstelle vom 16. August 2005, Berlin 2005.

DPR 2010: Deutsche Prüfstelle für Rechnungslegung DPR e. V. (Hrsg.), Tätigkeitsbericht 2009, Berlin 2010.

DRILL 1995: Drill, M., Investor Relations. Funktion, Instrumentarium und Management der Beziehungspflege zwischen schweizerischen Publikums-Aktiengesellschaften und ihren Investoren, Bern et al. 1995.

DRINHAUSEN/KEINATH 2009: Drinhausen, F./Keinath, A., Auswirkungen des ARUG auf die künftige Hauptversammlungs-Praxis, in: Betriebs-Berater, 64. Jg. (2009), S. 2322-2327.

DROBETZ 2006: Drobetz, W., Die Relevanz von Corporate Governance für den Unternehmenswert, in: Rolfes, B. (Hrsg.), Herausforderung Bankmanagement, Frankfurt a. M. 2006, S. 175-190.

DROBETZ/ZIMMERMANN 2006: Drobetz, W./Zimmermann, H., Corporate Governance und Unternehmensbewertung in der Schweiz, in: Bessler, W. (Hrsg.), Börsen, Banken und Kapitalmärkte. Festschrift für Hartmut Schmidt zum 65. Geburtstag, Berlin 2006, S. 493-527.

DROBETZ/SCHILLHOFER/ZIMMERMANN 2002: Drobetz, W./Schillhofer, A./ Zimmermann, H., Corporate Governance and expected Stock Returns: Evidence from Germany, Working Paper, Basel 2002.

DROBETZ/SCHILLHOFER/ZIMMERMANN 2003: Drobetz, W./Schillhofer, A./ Zimmermann, H., Corporate Governance and Firm Performance: Evidence from Germany, Working Paper, Vallendar 2003.

DROBETZ/SCHILLHOFER/ZIMMERMANN 2004: Drobetz, W./Schillhofer, A./ Zimmermann, H., Ein Corporate Governance Rating für deutsche Publikumsgesellschaften, in: Zeitschrift für Betriebswirtschaft, 74. Jg. (2004), S. 5-25.

DRS 16: Deutscher Standardisierungsrat (Hrsg.), Deutscher Rechnungslegungs Standard Nr. 16 (DRS 16) Zwischenberichterstattung, in: Deutsches Rechnungslegungs Standards Committee (Hrsg.), Deutsche Rechnungslegungs Standards (DRS), Rechnungslegungs Interpretationen (RIC), Stuttgart 2010 (Loseblattsammlung, Stand: 14. Ergänzungslieferung April 2010).

DRS 17: Deutscher Standardisierungsrat (Hrsg.), Deutscher Rechnungslegungs Standard Nr. 17 (DRS 17) Berichterstattung über die Vergütung der Organmitglieder, in:

Deutsches Rechnungslegungs Standards Committee (Hrsg.), Deutsche Rechnungslegungs Standards (DRS), Rechnungslegungs Interpretationen (RIC), Stuttgart 2010 (Loseblattsammlung, Stand: 14. Ergänzungslieferung April 2010).

DRUKARCZYK 1993: Drukarczyk, J., Theorie und Politik der Finanzierung, 2. Aufl., München 1993.

DRUKARCZYK/SCHMIDT 1997: Drukarczyk, J./Schmidt, H., Permanente Unternehmenskontrolle statt gelegentlicher Schreckschüsse!, in: Wirtschaftsdienst, 77. Jg. (1997), S. 261-263.

DRUMM 1969: Drumm, H. J., Elemente und Strukturdeterminanten des informatorischen Kommunikationssystems industrieller Unternehmungen. Eine Möglichkeitsanalyse aus der Sicht der Organisationslehre, Berlin 1969.

DRYANDER/SCHRÖDER 2007: Dryander, C. v./Schröder, O., Gestaltungsmöglichkeiten für die Gewährung von Aktienoptionen an Vorstandsmitglieder im Lichte des neuen Insiderrechts, in: Wertpapier-Mitteilungen, 61. Jg. (2007), S. 534-542.

DRYGALA 2007: Drygala, T., Aufsichtsratsbericht und Vertraulichkeit im System der Corporate Governance, in: Die Aktiengesellschaft, 52. Jg. (2007), S. 381-392.

DRYGALA 2008: Drygala, T., Rn. 1-28 zu § 104 AktG, Rn. 1-56 zu § 111 AktG, Rn. 1-39 zu § 116 AktG, Rn. 1-79 zu § 161 AktG, Rn. 1-19 zu § 171 AktG, in: Schmidt, K./Lutter, M. (Hrsg.), Aktiengesetz. Kommentar, Band I und II, Köln 2008, S. 1147-1156, S. 1198-1216, S. 1242-1253, S. 1806-1835, S. 1844-1852.

DULLER 2007: Duller, C., Einführung in die Statistik mit EXCEL und SPSS. Ein anwendungsorientiertes Lehr- und Arbeitsbuch, 2. Aufl., Heidelberg 2007.

DUTZI 2005: Dutzi, A., Der Aufsichtsrat als Instrument der Corporate Governance. Ökonomische Analyse der Veränderungen im Corporate-Governance-System börsennotierter Aktiengesellschaften, Wiesbaden 2005.

DUVE/BASAK 2005: Duve, C./Basak, D., Welche Zukunft hat die Organaußenhaftung für Kapitalmarktinformationen? Bestandsaufnahme und Ausblick nach der Rücknahme des Gesetzentwurfs eines Kapitalmarktinformationshaftungsgesetzes und dem EM.TV-Urteil des BGH, in: Betriebs-Berater, 60. Jg. (2005), S. 2645-2650.

DUVE/BASAK 2006: Duve, C./Basak, D., Ungeahnte Unterstützung für aktive Aktionäre - wie das UMAG Finanzinvestoren hilft, in: Betriebs-Berater, 61. Jg. (2006), S. 1345-1350.

DVFA 2003: Deutsche Vereinigung für Finanzanalyse & Asset Management e. V. (Hrsg.), Scorecard for German Corporate Governance, o. O. 2003, abrufbar unter: http://www.dvfa.de/publikationen.htm, Zugriff am 27.06.2005.

DVFA 2007: Deutsche Vereinigung für Finanzanalyse & Asset Management e. V. (Hrsg.), DVFA-Verhaltenskodex (Stand: Mai 2007), Dreieich 2007.

ECHINGER/WEBER 2007a: Echinger, B./Weber, S. C., Bundesanstalt für Finanzdienstleistungsaufsicht, in: Freidank, C.-C./Lachnit, L./Tesch, J. (Hrsg.), Vahlens Großes Auditing Lexikon, München 2007, S. 243-245.

ECHINGER/WEBER 2007b: Echinger, B./Weber, S. C., Jahresabschlussprüfung, erweiterte, in: Freidank, C.-C./Lachnit, L./Tesch, J. (Hrsg.), Vahlens Großes Auditing Lexikon, München 2007, S. 742-743.

ECKENRODE 1965: Eckenrode, R. T., Weighting Multiple Criteria, in: Management Science, Vol. 12 (1965), S. 180-192.

ECKERT 2004: Eckert, S., Aktionärsorientierung der Unternehmenspolitik? Shareholder Value - Globalisierung - Internationalität, Wiesbaden 2004.

EDER 2002: Eder, S., Business Reporting und Assurance Services. Beitrag zur Shareholder Value-Optimierung, Sankt Gallen 2002.

EHRHARDT/NOWAK 2002: Ehrhardt, O./Nowak, E., Die Durchsetzung von Corporate Governance-Regeln, in: Die Aktiengesellschaft, 47. Jg. (2002), S. 336-345.

EHRHARDT/NOWAK 2003: Ehrhardt, O./Nowak, E., Private Kontrollrenten in deutschen Familienunternehmen, in: Die Betriebswirtschaft, 63. Jg. (2003), S. 363-377.

EHRICKE 2005: Ehricke, U., Prospekt- und Kapitalmarktinformationshaftung in Deutschland, in: Hopt, K. J./Voigt, H.-C. (Hrsg.), Prospekt- und Kapitalmarktinformationshaftung, Tübingen 2005, S. 187-325.

EHRMANN 2007: Ehrmann, H., Unternehmensplanung, 5. Aufl., Ludwigshafen 2007.

EICHHORN 1989: Eichhorn, P., Das öffentliche Interesse an der Unternehmensverfassung, in: Eichhorn, P./Friedrich, P. (Hrsg.), Unternehmensverfassung in der privaten und öffentlichen Wirtschaft. Festschrift für Prof. Dr. Erich Potthoff zur Vollendung des 75. Lebensjahres, Baden-Baden 1989, S. 15-20.

EIDENMÜLLER 2007: Eidenmüller, H., Forschungsperspektiven im Unternehmensrecht, in: Zeitschrift für Unternehmens- und Gesellschaftsrecht, 36. Jg. (2007), S. 484-499.

EIDENMÜLLER/ENGERT/HORNUF 2009: Eidenmüller, H./Engert, A./Hornuf, L., Vom Wert der Wahlfreiheit: Eine empirische Analyse der Societas Europaea als Rechtsformanalyse, in: Die Aktiengesellschaft, 54. Jg. (2009), S. 845-855.

EISENFÜHR 1967: Eisenführ, F., Anforderungen an den Informationsgehalt kaufmännischer Jahresabschlussrechnungen, Köln 1967.

ELLIOT/JACOBSON 1994: Elliot, R. K./Jacobson, P. D., Costs and Benefits of Business Information Disclosure, in: Accounting Horizons, Vol. 8 (1994), S. 80-96.

ELLROTT 2010: Ellrott, H., Rn. 1-175 zu § 289 HGB, in: Ellrott, H. et al. (Hrsg.), Beck'scher Bilanz-Kommentar. Handels- und Steuerbilanz - §§ 238 bis 339, 342 bis 342 e HGB mit IFRS-Abweichungen -, 7. Aufl., München 2010, S. 1397-1432.

ELSCHEN 1991a: Elschen, R., Gegenstand und Anwendungsmöglichkeiten der Agency Theorie, in: Zeitschrift für betriebswirtschaftliche Forschung, 43. Jg. (1991), S. 1002-1012.

ELSCHEN 1991b: Elschen, R., Shareholder Value und Agency-Theorie. Anreiz- und Kontrollsysteme für Zielsetzungen der Anteilseigner, in: Betriebswirtschaftliche Forschung und Praxis, 43. Jg. (1991), S. 209-220.

ENGELHART 2009: Engelhart, M., Meldepflichtige und meldefreie Geschäftsarten bei Directors' Dealings (§ 15 a WpHG), in: Die Aktiengesellschaft, 54. Jg. (2009), S. 856-866.

ERGO 2005: Ergo Kommunikation (Hrsg.), Corporate Governance Survey 2005, Köln/Frankfurt a. M. 2005.

ERNST/SEIDLER 2008: Ernst, C./Seidler, H., Der Regierungsentwurf eines Gesetzes zur Modernisierung des Bilanzrechts, in: Zeitschrift für Unternehmens- und Gesellschaftsrecht, 37. Jg. (2008), S. 631-675.

ERNST/GASSEN/PELLENS 2009: Ernst, E./Gassen, J./Pellens, B., in: Rosen, R. v. (Hrsg.), Verhalten und Präferenzen deutscher Aktionäre. Eine Befragung von privaten und institutionellen Anlegern zum Informationsverhalten, zur Dividendenpräferenz und zur Wahrnehmung von Stimmrechten, Studien des Deutschen Aktieninstituts, Heft 42, Frankfurt a. M. 2009, S. 1-141.

EULER/MÜLLER 2007: Euler, R. /Müller, M. O., Rn. 1-85 zu § 171 AktG, in: Spindler, G./Stilz, E. (Hrsg.), Kommentar zum Aktiengesetz, Band I, München 2007, S. 1663-1674.

EWERT 1986: Ewert, R., Rechnungslegung, Gläubigerschutz und Agency-Probleme, Wiesbaden 1986.

EWERT 1990: Ewert, R., Wirtschaftsprüfung und asymmetrische Information, Berlin et al. 1990.

EWERT 1993: Ewert, R., Rechnungslegung, Wirtschaftsprüfung, rationale Akteure und Märkte. Ein Grundmodell zur Analyse der Qualität von Unternehmenspublikationen, in: Zeitschrift für betriebswirtschaftliche Forschung, 45. Jg. (1993), S. 715-747.

EWERT 1999: Ewert, R., Wirtschaftsprüfung und ökonomische Theorie. Ein selektiver Überblick, in: Richter, M. (Hrsg.), Theorie und Praxis der Wirtschaftsprüfung II. Wirtschaftsprüfung und ökonomische Theorie - Prüfungsmarkt - Prüfungsmethoden - Urteilsbildung, Berlin 1999, S. 5-99.

EWERT/STEFANI 2001: Ewert, R./Stefani, U., Wirtschaftsprüfung, in: Jost, P.-J. (Hrsg.), Die Prinzipal-Agenten-Theorie in der Betriebswirtschaftslehre, Stuttgart 2001, S. 147-181.

FABER 2009: Faber, J., Institutionelle Investoren (einschließlich Hedgefonds und Private Equity), in: Hommelhoff, P./Hopt, K. J./Werder, A. v. (Hrsg.), Handbuch Corporate Governance: Leitung und Überwachung börsennotierter Unternehmen in Rechts- und Wirtschaftspraxis, 2. Aufl., Köln et al. 2009, S. 219-230.

FABISCH 2010: Fabisch, M., Neuausrichtung des DCGK mit Schwerpunktsetzung auf Nachhaltigkeitsmanagement. Die Änderungen des DCGK 2009: Wie müssen Unternehmen darauf reagieren?, in: Zeitschrift für Corporate Governance, 5. Jg. (2010), S. 119-122.

FALLGATTER 2003: Fallgatter, M. J., Variable Vergütung von Mitgliedern des Aufsichtsrats: resultiert eine verbesserte Unternehmensüberwachung?, in: Die Betriebswirtschaft, 63. Jg. (2003), S. 703-713.

FALLGATTER 2004: Fallgatter, M. J., Die Empfehlungen zur Aufsichtsratsvergütung des Deutschen Aktieninstituts und von Towers Perrin. Eine Analyse der Anreizwirkung, in: Betriebswirtschaftliche Forschung und Praxis, 56. Jg. (2004), S. 452-462.

FALTZ 1999: Faltz, F., Investor Relations und Shareholder Value. Die Kommunikation zwischen Unternehmen und Investoren, Wiesbaden 1999.

FAMA 1970: Fama, E. F., Efficient Capital Markets: A Review of Theory and Empirical Work, in: The Journal of Finance, Vol. 25 (1970), S. 383-417.

FAMA 1980: Fama, E. F., Agency Problems and the Theory of the Firm, in: Journal of Political Economy, Vol. 88 (1980), S. 288-307.

FAMA/JENSEN 1983a: Fama, E. F./Jensen, M. C., Separation of Ownership and Control, in: The Journal of Law & Economics, Vol. 26 (1983), S. 301-325.

FAMA/JENSEN 1983b: Fama, E. F./Jensen, M. C., Agency Problems and Residual Claims, in: The Journal of Law & Economics, Vol. 26 (1983), S. 327-349.

FASB 2001: Financial Accounting Standards Board (Hrsg.), Improving Business Reporting. Insights into Enhancing Voluntary Disclosures, New York et al. 2001.

FAVOCCIA/RICHTER 2010: Favoccia, D./Richter, T., Rechte, Pflichten und Haftung des Compliance Officers aus zivilrechtlicher Sicht, in: Die Aktiengesellschaft, 55. Jg. (2010), S. 137-147.

FEDDERSEN 2000: Feddersen, D., Neue gesetzliche Anforderungen an den Aufsichtsrat, in: Die Aktiengesellschaft, 45. Jg. (2000), S. 385-396.

FEDDERSEN/HOMMELHOFF/SCHNEIDER 1996: Feddersen, D./Hommelhoff, P./ Schneider, U. H., Corporate Governance - eine Einführung, in: Feddersen, D./Hommelhoff, P./Schneider, U. H. (Hrsg.), Corporate Governance. Optimierung der Unternehmensführung und der Unternehmenskontrolle im deutschen und amerikanischen Aktienrecht, Köln 1996, S. 1.

FELDBAUER-DURSTMÜLLER 2005: Feldbauer-Durstmüller, B., Wertorientiertes Controlling, in: Feldbauer-Durstmüller, B./Schwarz, R./Wimmer, B. (Hrsg.), Handbuch Controlling und Consulting. Festschrift für Harald Stiegler zum 65. Geburtstag, Wien 2005, S. 173-196.

FENDEL/FRENKEL 2009: Fendel, R./Frenkel, M., Die Subprime-Krise 2007/2008: Ursachen, Auswirkungen und Lehren, in: Wirtschaftswissenschaftliches Studium, 38. Jg. (2009), S. 78-85.

FERSTL 2000: Ferstl, J., Managervergütung und Shareholder Value. Konzeption einer wertorientierten Vergütung für das Top-Management, Wiesbaden 2000.

FEY 1995: Fey, G., Corporate Governance - Unternehmensüberwachung bei deutschen Aktiengesellschaften, in: Deutsches Steuerrecht, 33. Jg. (1995), S. 1320-1327.

FINK/KECK 2004: Fink, C./Keck, B., Lageberichterstattung nach E-DRS 20. Kritische Würdigung aus der Sicht der Unternehmensanalyse, in: Die Wirtschaftsprüfung, 57. Jg. (2004), S. 1077-1091.

FINK/ULBRICH 2007: Fink, C./Ulbrich, P., IFRS 8: Paradigmenwechsel in der Segmentberichterstattung, in: Der Betrieb, 60. Jg. (2007), S. 981-985.

FISCHBACH 2003: Fischbach, D., Der Bilanzprüfungsausschuss des Aufsichtsrats und seine Zusammenarbeit mit dem Abschlussprüfer, Lohmar 2003.

FISCHER 2003: Fischer, A., Shareholder Value Reporting mittels jahresabschlussergänzenden Angaben. Untersuchung ökonomischer Wirkungsweisen der Investor Relations im Rahmen einer wertorientierten Unternehmensführung, Bern et al. 2003.

FISCHER/WENZEL 2005: Fischer, T. M./Wenzel, J., Value Reporting. Ergebnisse einer empirischen Studie von börsennotierten deutschen Unternehmen, Ingolstadt 2005.

FISCHER/WENZEL/KÜHN 2001: Fischer, T. M./Wenzel, J./Kühn, C., Value Reporting. Wertorientierte Berichterstattung in den Nemax 50-Unternehmen, in: Der Betrieb, 54. Jg. (2001), S. 1209-1216.

FISS/ZAJAC 2004: Fiss, P. C./Zajac, E. J., The Diffusion of Ideas over Contested Terrain: The (Non)adoption of a Shareholder Value Orientation among German Firms, in: Administrative Science Quarterly, Vol. 49 (2004), S. 501-534.

FLEISCHER 2003a: Fleischer, H., Zum Grundsatz der Gesamtverantwortung im Aktienrecht, in: Neue Zeitschrift für Gesellschaftsrecht, 6. Jg. (2003), S. 449-459.

FLEISCHER 2003b: Fleischer, H., Vorstandsverantwortlichkeit und Fehlverhalten von Unternehmensangehörigen. Von der Einzelüberwachung zur Errichtung einer Compliance-Organisation, in: Die Aktiengesellschaft, 48. Jg. (2003), S. 291-300.

FLEISCHER 2003c: Fleischer, H., Die persönliche Haftung der Organmitglieder für kapitalmarktbezogene Falschinformationen. Bestandsaufnahme und Perspektiven, in: Zeitschrift für Bank- und Kapitalmarktrecht, 3. Jg. (2003), S. 608-616.

FLEISCHER 2004a: Fleischer, H., Legal Transplants im deutschen Aktienrecht, in: Neue Zeitschrift für Gesellschaftsrecht, 7. Jg. (2004), S. 1129-1137.

FLEISCHER 2004b: Fleischer, H., Erweiterte Außenhaftung der Organmitglieder im Europäischen Gesellschafts- und Kapitalmarkrecht. Insolvenzverschleppung, fehlerhafte Kapitalmarktinformation, Tätigkeitsverbote, in: Zeitschrift für Unternehmens- und Gesellschaftsrecht, 33. Jg. (2004), S. 437-479.

FLEISCHER 2005a: Fleischer, H., Das Gesetz zur Unternehmensintegrität und Modernisierung des Anfechtungsrechts, in: Neue Juristische Wochenschrift, 58. Jg. (2005), S. 3525-3530.

FLEISCHER 2005b: Fleischer, H., Zur Angemessenheit der Vorstandsvergütung im Aktienrecht (Teil I), in: Deutsches Steuerrecht, 43. Jg. (2005), S. 1279-1283.

FLEISCHER 2007: Fleischer, H., Rn. 1-126 zu § 76 AktG, Rn. 1-70 zu § 77 AktG, Rn. 1-172 zu § 84 AktG; Rn. 1-51 zu § 88 AktG, Rn. 1-74 zu § 90 AktG, Rn. 1-298 zu § 93 AktG, in: Spindler, G./Stilz, E. (Hrsg.), Kommentar zum Aktiengesetz, Band I, München 2007, S. 708-759, S. 864-878, S. 799-843, S. 886-902, S. 932-1004.

FLEISCHER 2009a: Fleischer, H., Investor Relations und informationelle Gleichbehandlung im Aktien-, Konzern- und Kapitalmarktrecht, in: Zeitschrift für Unternehmens- und Gesellschaftsrecht, 38. Jg. (2009), S. 505-541.

FLEISCHER 2009b: Fleischer, H., Shareholder vs. Stakeholders: Aktienrechtliche Fragen, in: Hommelhoff, P./Hopt, K. J./Werder, A. v. (Hrsg.), Handbuch Corporate Governance. Leitung und Überwachung börsennotierter Unternehmen in Rechts- und Wirtschaftspraxis, 2. Aufl., Köln et al. 2009, S. 185-218.

FLEISCHER 2010: Fleischer, H., Aufsichtsratsverantwortlichkeit für die Vorstandsvergütung und Unabhängigkeit der Vergütungsberater, in: Die Aktiengesellschaft, 55. Jg. (2010), S. 67-74.

FLEISCHER/BEDKOWSKI 2009: Fleischer, H./Bedkowski, D., „Say on Pay" im deutschen Aktienrecht. Das neue Vergütungsvotum der Hauptversammlung nach § 120 Abs. 4 AktG, in: Die Aktiengesellschaft, 54. Jg. (2009), S. 677-686.

FLIASTER/MARR 2006: Fliaster, A./Marr, R., Change of the Insider-oriented Corporate Governance in Japan and Germany: Between Americanisation and Tradition, in: Clarke, T./Rama, M. (Hrsg.), Ownership and Control, London et al. 2006, S. 242-258.

FOCKENBROCK/HUSSLA 2005: Fockenbrock, D./Hussla, G., Transparent geführte Konzerne bieten bessere Kurschancen, in: Handelsblatt, 60. Jg. (2005), Nr. 165 vom 26.08.2005, S. 29.

FONK 2006: Fonk, H.-J., Zustimmungsvorbehalte des AG-Aufsichtsrats, in: Zeitschrift für Unternehmens- und Gesellschaftsrecht, 35. Jg. (2006), S. 841-874.

FONK 2009a: Fonk, H.-J., Personalentscheidungen des Aufsichtsrats, in: Semler, J./Schenck, K. v. (Hrsg.), Arbeitshandbuch für Aufsichtsratsmitglieder, 3. Aufl., München 2009, S. 478-659.

FONK 2009b: Fonk, H.-J., Anlage § 9 - 3: Geschäftsordnung für den Vorstand der AG, in: Semler, J./Schenck, K. v. (Hrsg.), Arbeitshandbuch für Aufsichtsratsmitglieder, 3. Aufl., München 2009, S. 947-950.

FÖRSCHLE/HEINZ 2010: Förschle, G./Heinz, S., Rn. 1-45 zu § 318 HGB, in: Ellrott, H. et al. (Hrsg.), Beck'scher Bilanz-Kommentar. Handels- und Steuerbilanz - §§ 238 bis 339, 342 bis 342 e HGB mit IFRS-Abweichungen -, 7. Aufl., München 2010, S. 2003-2023.

FÖRSCHLE/KÜSTER 2010: Förschle, G./Küster, T., Rn. 1-190 zu § 322 HGB, in: Ellrott, H. et al. (Hrsg.), Beck'scher Bilanz-Kommentar. Handels- und Steuerbilanz - §§ 238 bis 339, 342 bis 342 e HGB mit IFRS-Abweichungen -, 7. Aufl., München 2010, S. 2135-2168.

FORSTER 1988: Forster, K.-H., Aufsichtsrat und Abschlußprüfung, in: Zeitschrift für Betriebswirtschaft, 58. Jg. (1988), S. 789-811.

FORSTER 1997: Forster, K.-H., Fragen der Prüfung des Jahresabschlusses durch den Aufsichtsrat, in: Forster, K.-H. et al. (Hrsg.), Aktien- und Bilanzrecht. Festschrift für Bruno Kropff, Düsseldorf 1997, S. 71-88.

FORSTER 1998: Forster, K.-H., Abschlußprüfung nach dem Regierungsentwurf des KonTraG, in: Die Wirtschaftsprüfung, 51. Jg. (1998), S. 41-56.

FOX 1998: Fox, M. B., Required Disclosure and Corporate Governance, in: Hopt, K. J. et al. (Hrsg.), Comparative Corporate Governance. The State of the Art and Emerging Research, Oxford 1998, S. 701-718.

FRANCFORT/RUDOLPH 1992: Francfort, A. J./Rudolph, B., Zur Entwicklung der Kapitalstrukturen in Deutschland und den Vereinigten Staaten von Amerika. Eine vergleichende empirische Untersuchung, in: Zeitschrift für betriebswirtschaftliche Forschung, 44. Jg. (1992), S. 1059-1079.

FRANCIS/KHURANA/PEREIRA 2005: Francis, J. R./Khurana, I. K./Pereira, R., Disclosure Incentives and Effects on Cost of Capital around the World, in: The Accounting Review, Vol. 80 (2005), S. 1125-1162.

FRANKE/HAX 2009: Franke, G./Hax, H., Finanzwirtschaft des Unternehmens und Kapitalmarkt, 6. Aufl., Berlin/Heidelberg 2009.

FRANKEL/JOHNSON/NELSON 2002: Frankel, R. M./Johnson, M. F./Nelson, K. K., The Relation between Auditor's Fees for Non-Audit Services and Earnings Management, MIT Sloan Working Paper No. 4.330-02, Stanford 2002, S. 1-49.

FRANKS/MAYER 1990: Franks, J. R./Mayer, C., Capital Markets and Corporate Control: a Study of France, Germany and the UK, in: Economic Policy, Vol. 5 (1990), S. 191-231.

FRANKS/MAYER 1995: Franks, J. R./Mayer, C., Ownership and Control, in: Siebert, H. (Hrsg.), Trends in Business Organization: Do Participation and Cooperation increase Competitiveness?, International Workshop, Tübingen 1995, S.171-195.

FRANKS/MAYER 1998: Franks, J. R./Mayer, C., Bank Control, Takeovers and Corporate Governance in Germany, in: Journal of Banking and Finance, Vol. 22 (1998), S.1385-1403.

FRANKS/MAYER 2001: Franks, J. R./Mayer, C., Ownership and Control of German Corporations, in: The Review of Financial Studies, Vol. 14 (2001), S. 943-977.

FRANKS/MAYER 2005: Franks, J. R./Mayer, C., Corporate Ownership and Control in the U.K., Germany and France, in: Chew, D. H./Gillan, S. (Hrsg.), Corporate Governance at the Crossroads. A Book of Readings, New York 2005, S. 361-375.

FREEMAN 1984: Freeman, R. E., Strategic Management. A Stakeholder Approach, Boston 1984.

FREIDANK 1990: Freidank, C.-C., Entscheidungsmodelle der Rechnungslegungspolitik. Computergestützte Lösungsvorschläge für Kapitalgesellschaften vor dem Hintergrund des Bilanzrichtlinien-Gesetzes, Stuttgart 1990.

FREIDANK 1998: Freidank, C.-C., Zielformulierungen und Modellbildungen im Rahmen der Rechnungslegungspolitik, in: Freidank, C.-C. (Hrsg.), Rechnungslegungspolitik. Eine Bestandsaufnahme aus handels- und steuerrechtlicher Sicht, Berlin et. al. 1998, S. 85-153.

FREIDANK 2000a: Freidank, C.-C., Internationale Rechnungslegungspolitik und Unternehmenswertsteigerung, in: Lachnit, L./Freidank, C.-C. (Hrsg.), Investororientierte Unternehmenspublizität. Neue Entwicklungen von Rechnungslegung, Prüfung und Jahresabschlussanalyse, Wiesbaden 2000, S. 5-29.

FREIDANK 2000b: Freidank, C.-C., Die Risiken in Produktion, Logistik, Forschung und Entwicklung, in: Dörner, D. et al. (Hrsg.), Praxis des Risikomanagements. Grundlagen, Kategorien, branchenspezifische und strukturelle Aspekte, Stuttgart 2000, S. 345-378.

FREIDANK 2001: Freidank, C.-C., Das deutsche Prüfungswesen unter risikoorientierten und internationalen Reformeinflüssen, in: Freidank, C.-C. (Hrsg.), Die deutsche Rechnungslegung und Wirtschaftsprüfung im Umbruch. Festschrift für Wilhelm Theodor Strobel zum 70. Geburtstag, München 2001, S. 245-268.

FREIDANK 2006: Freidank, C.-C., Controlling und Corporate Governance, in: Horváth, P. (Hrsg.), Controlling und Finance Excellence. Herausforderungen und Best-Practice-Lösungsansätze, Stuttgart 2006, S. 172-193.

FREIDANK/NOORI 2010: Freidank, C.-C./Noori, M., Rechnungslegungspolitik im Spiegel der Reformen des deutschen Bilanzrechts, in: Freidank, C.-C. (Hrsg.), Rechnungslegung, Steuerung und Überwachung von Unternehmen. Aktuelle Entwicklungen, Krisenbewältigungen und Reformbestrebungen, Berlin 2010, S. 73-101.

FREIDANK/PAETZMANN 2003: Freidank, C. C./Paetzmann, K., Bedeutung des Controlling im Rahmen der Reformbestrebungen zur Verbesserung der Corporate Governance, in: Zeitschrift für Planung und Unternehmenssteuerung, 14. Jg. (2003), S. 303-325.

FREIDANK/PAETZMANN 2004a: Freidank, C.-C./Paetzmann, K., Bedeutung des Controlling im Rahmen der Reformbestrebungen zur Verbesserung der Corporate Governance, in: Freidank, C.-C. (Hrsg.), Corporate Governance und Controlling, Heidelberg 2004, S. 1-24.

FREIDANK/PAETZMANN 2004b: Freidank, C.-C./Paetzmann, K., Die Wirkung von Rechtsnormen auf das Controlling: ein Analysedefizit konzeptioneller Forschung?, in: Scherm, E./Pietsch, G. (Hrsg.), Controlling, Theorien und Konzeptionen, München 2004, S. 893-919.

FREIDANK/VELTE 2007: Freidank, C.-C./Velte, P., Rechnungslegung und Rechnungslegungspolitik. Eine Einführung aus handels-, steuerrechtlicher und internationaler Sicht in die Rechnungslegung und Rechnungslegungspolitik von Einzelunternehmen, Personenhandels- und Kapitalgesellschaften, Stuttgart 2007.

FREIDANK/VELTE 2009: Freidank, C.-C./Velte, P., Der Prüfungsbericht, in: Das Wirtschaftsstudium, 38. Jg. (2009), S. 1460-1463.

FREIDANK/WEBER 2008: Freidank, C.-C./Weber, S. C., Corporate Governance als Gegenstand des Management Reportings. Eine Analyse vor dem Hintergrund des Bilanzrechtsmodernisierungsgesetzes, in: Gleich, R./Horváth, P./Michel, U. (Hrsg.), Management Reporting. Grundlagen, Praxis und Perspektiven, Freiburg/Berlin/München 2008, S. 389-434.

FREIDANK/WEBER 2009: Freidank, C.-C./Weber, S. C., Entwicklung erster Ansätze zur konzeptionellen Ausgestaltung des externen Corporate Governance-Reporting, in: Freidank, C.-C./Altes, P. (Hrsg.), Das Gesetz zur Modernisierung des Bilanzrechts (BilMoG). Neue Herausforderungen für Rechnungslegung und Corporate Governance, Berlin 2009, S. 303-337.

FREIDANK/VELTE/WEBER 2010: Freidank, C.-C./Velte, P./Weber, S. C., Bewertungskonzeptionen, erscheint in: Brönner et al. (Hrsg.), Die Bilanz nach Handels- und Steuerrecht, Stuttgart 2010.

FREIDANK/WEBER/VELTE 2010: Freidank, C.-C./Weber, S. C./Velte, P., Corporate Governance in Germany, erscheint in: Kostyuk, A. et al. (Hrsg.), Corporate Governance, Sumy 2010.

FREILING 1992: Freiling, C., Audit Committee. Ein brauchbarer Ansatz zur Koordinierung der Unternehmensüberwachung, in: Boysen, K. et al. (Hrsg.), Der Wirtschaftsprüfer vor innovativen Herausforderungen. Festschrift für Hans-Heinrich Otte, Stuttgart 1992, S. 17-34.

FRIEDAG 2005: Friedag, H. R., Die Balanced Scorecard als ein universelles Managementinstrument, Hamburg 2005.

FRIEDMAN/MILES 2002: Friedman, A. L./Miles, S., Developing Stakeholder Theory, in: Journal of Management Studies, Vol. 39 (2002), S. 1-22.

FRIEDRICHS 1990: Friedrichs, J., Methoden empirischer Sozialforschung, 14. Aufl., Opladen 1990.

FRINGS 1975: Frings, P. A., Berichterstattung deutscher und amerikanischer Aktiengesellschaften im jährlichen Geschäftsbericht, Bonn 1975.

FUCHS/KÖSTLER 2008: Fuchs, H./Köstler, R., Handbuch zur Aufsichtsratswahl. Wahlen der Arbeitnehmervertreter nach dem Mitbestimmungsgesetz und dem Drittelbeteiligungsgesetz, 4. Aufl., Frankfurt a. M. 2008.

FUNKE/REIPS 2007: Funke, F./Reips, U.-D., Datenerhebung im Netz: Messmethoden und Skalen, in: Welker, M./Wenzel, O. (Hrsg.), Online-Forschung 2007. Grundlagen und Fallstudien, Köln 2007, S. 52-76.

FÜSER/WADER/FISCHER 2009: Füser, K./Wader, D./Fischer, K., Corporate Governance, in: Küting, K./Pfitzer, N./Weber, C.-P. (Hrsg.), Das neue deutsche Bilanzrecht. Handbuch zur Anwendung des Bilanzrechtsmodernisierungsgesetzes (BilMoG), 2. Aufl., Stuttgart 2009, S. 603-623.

GACH 2008: Gach, B., Rn. 1-43 zu § 3 MitbestG, Rn. 1-43 zu § 5 MitbestG, Rn. 1-10 zu § 16 MitbestG, Rn. 1-47 zu § 33 MitbestG, in: Goette, W./Habersack, M. (Hrsg.), Münchener Kommentar zum Aktiengesetz, Band 2, 3. Aufl., München 2008, S. 1288-1298, S. 1301-1311, S. 1345-1347, S. 1412-1423.

GAHLEN/SCHÄFER 2006: Gahlen, D./Schäfer, A., Bekanntmachung von fehlerhaften Rechnungslegungen im Rahmen des Enforcementverfahrens: Ritterschlag oder Pranger?, in: Betriebs-Berater, 61. Jg. (2006), S. 1619-1623.

GÄLWEILER 2005: Gälweiler, A., Strategische Unternehmensführung, 3. Aufl., Frankfurt a. M./New York 2005.

GAUL/OTTO 2003: Gaul, B./Otto, B., Auswirkungen des TransPuG auf das Verhältnis zwischen GmbH-Geschäftsführung und Aufsichtsrat, in: GmbH-Rundschau, 94. Jg. (2003), S. 6-14.

GAULKE 2004: Gaulke, J., Investor Relations im Internet, in: Deutscher Investor Relations Kreis e. V. (Hrsg.), Handbuch Investor Relations, Wiesbaden 2004, S. 145-172.

GAULY 2006: Gauly, T., Wertsteigerung durch strategisches Kommunikationsmanagement. Die Investor-Relations-Arbeit der ALTANA AG, in: Schweickart, N./Töpfer, A. (Hrsg.), Wertorientiertes Management. Werterhaltung, Wertsteuerung, Wertsteigerung ganzheitlich gestalten, Berlin/Heidelberg 2006, S. 585-594.

GEDENK 1998: Gedenk, K., Agency-Theorie und die Steuerung von Geschäftsführern. Paradebeispiel oder Problemfall?, in: Die Betriebswirtschaft, 58. Jg. (1998), S. 22-37.

GEHLING 2005: Gehling, C., Erfolgsorientierte Vergütung des Aufsichtsrats, in: Zeitschrift für Wirtschaftsrecht, 26. Jg. (2005), S. 549-557.

GELDMACHER 2000: Geldmacher, D., Marktorientierte Managerkontrolle. Stimmrechte als Kontrollinstrument, Wiesbaden 2000.

GELHAUSEN/HÖNSCH 2002: Gelhausen, H. F./Hönsch, H., Deutscher Corporate Governance Kodex und Abschlussprüfung, in: Die Aktiengesellschaft, 47. Jg. (2002), S. 529-535.

GELHAUSEN/HÖNSCH 2005: Gelhausen, H. F./Hönsch, H., Das neue Enforcement-Verfahren für Jahres- und Konzernabschlüsse. Durchsetzung fehlerfreier Rechnungslegung durch die Deutsche Prüfstelle für Rechnungslegung (DPR) und die Bundesanstalt für Finanzdienstleistungsaufsicht, in: Die Aktiengesellschaft, 50. Jg. (2005), S. 511-529.

GELHAUSEN/HÖNSCH 2007: Gelhausen, H. F./Hönsch, H., Rechtschutz im Enforcement-Verfahren, in: Die Aktiengesellschaft, 52. Jg. (2007), S. 308-320.

GELTER 2004: Gelter, M., Die Unabhängigkeit des Abschlussprüfers. Österreichische und US-amerikanische Normen im Lichte einer ökonomischen Betrachtung, Wien 2004.

GERKE 2001: Gerke, W., Agency-Theorie, in: Gerke, W./Steiner, M. (Hrsg.), Handwörterbuch des Bank- und Finanzwesens, 3. Aufl., Stuttgart 2001, Sp. 24-36.

GERKE/STEIGER 2001: Gerke, W./Steiger, M., Einfluss der Kapitalmärkte auf die Corporate Governance-Strukturen in Europa, in: Hummel, D./ Breuer, R.-E. (Hrsg.), Handbuch Europäischer Kapitalmarkt, Wiesbaden 2001, S. 207-223.

GERUM 2005: Gerum, E., Corporate Governance, gesellschaftliche Verantwortung der Unternehmensführung und Kodices, in: Budäus, D. (Hrsg.), Governance von Profit- und Nonprofit-Organisationen in gesellschaftlicher Verantwortung, Wiesbaden 2005, S. 15-33.

GERUM 2007: Gerum, E., Das deutsche Corporate Governance-System. Eine empirische Untersuchung, Stuttgart 2007.

GILLAN 2006: Gillan, S. L., Recent Developments in Corporate Governance: An Overview, in: Journal of Corporate Finance, Vol. 12 (2006), S. 381-402.

GILLES 2002: Gilles, M., Balanced Scorecard als Konzept zur strategischen Steuerung von Unternehmen, Frankfurt a. M. et al. 2002.

GILSON 2004: Gilson, R. J., Globalizing Corporate Governance: Convergence of Form or Function, in: Gordon, J. N./Roe, M. J. (Hrsg.), Convergence and Persistence in Corporate Governance, Cambridge 2004, S. 128-158.

GIRNGHUBER 1998: Girnghuber, G., Das US-amerikanische Audit Committee als Instrument zur Vermeidung von Defiziten bei der Überwachungstätigkeit der deutschen Aufsichtsräte, Berlin 1998.

GITTERMANN 2009: Gittermann, S., Arbeit von Ausschüssen, in: Semler, J./ Schenck, K. v. (Hrsg.), Arbeitshandbuch für Aufsichtsratsmitglieder, 3. Aufl., München 2009, S. 230-280.

GLOBALPARK 2009: Globalpark, Enterprise Feedback Suite 6.0 (EFS Survey), Version 3.1, Hürth et al. 2009.

GOERDELER 1987: Goerdeler, R., Das Audit Committee in den USA, in: Zeitschrift für Unternehmens- und Gesellschaftsrecht, 16. Jg. (1987), S. 219-232.

GOERGEN/MANJON/RENNEBOOG 2005: Goergen, M./Manjon, M. C./Renneboog, L., Corporate Governance in Germany, in: Keasey, K./Thompson, S./Wright, M. (Hrsg.), Corporate Governance: Accountability, Enterprise and international Comparisons, Chichester 2005, S. 285-326.

GOLLNICK 1997: Gollnick, J., Die Beurteilung der Vorstandsleistung durch den Aufsichtsrat: eine vergleichende Untersuchung zum deutschen und US-amerikanischen Recht, Frankfurt a. M. et al. 1997.

GOMPERS/ISHII/METRICK 2001: Gompers, P./Ishii, J./Metrick, A., Corporate Governance and Equity Prices, NBER-Working Paper No. 8.449, Cambridge 2001.

GOMPERS/ISHII/METRICK 2003: Gompers, P./Ishii, J./Metrick, A., Corporate Governance and Equity Prices, in: The Quarterly Journal of Economics, Vol. 118 (2003), S. 107-155.

GONCHAROV/WERNER/ZIMMERMANN 2006: Goncharov, I./Werner, J. R./Zimmermann, J., Does Compliance with the German Corporate Governance Code have an Impact on Stock Valuation? An Empirical Analysis, in: Corporate Governance: An International Review, Vol. 14 (2006), S. 432-445.

GONEDES 1972: Gonedes, N. J., Efficient Capital Markets and External Accounting, in: The Accounting Review, Vol. 47 (1972), S. 11-21.

GOOS 2007: Goos, B., Prüfungsbericht, in: Freidank, C.-C./Lachnit, L./Tesch, J. (Hrsg.), Vahlens Großes Auditing Lexikon, München 2007, S. 1080-1083.

GORDON 2004: Gordon, J. N., The international Relations Wedge in the Corporate Governance Debate, in: Gordon, J. N./Roe, M. J. (Hrsg.), Convergence and Persistence in Corporate Governance, Cambridge 2004, S. 161-209.

GÖRES 2007: Göres, U. L., Kapitalmarktrechtliche Pflichten nach dem Transparenzrichtlinie-Umsetzungsgesetz (TUG), in: Der Konzern, 5. Jg. (2007), S. 15-24.

GORTON/SCHMID 2000: Gorton, G./Schmid, F. A., Universal Banking and the Performance of German Firms, in: Journal of Financial Economics, Vol. 58 (2000), S. 29-80.

GOTTSCHALK 2005: Gottschalk, E., Die deliktische Haftung für fehlerhafte Ad-hoc-Mitteilungen. Zugleich eine Besprechung der BGH-Entscheidung vom 9.5.2005 - EM.TV, in: Deutsches Steuerrecht, 43. Jg. (2005), S. 274-286.

GÖTZ 1997: Götz, H., Die Pflicht des Aufsichtsrats zur Haftbarmachung von Vorstandsmitgliedern. Besprechung des ARAG-Urteils des BGH, in: Neue Juristische Wochenschrift, 50. Jg. (1997), S. 3275-3278.

GÖTZ/HOLZBORN 2006: Götz, P./Holzborn, T., Die Aktienrechtsreform durch das Gesetz für Unternehmensintegrität und Modernisierung des Anfechtungsrechts - UMAG, in: Wertpapier-Mitteilungen, 60. Jg. (2006), S. 157-164.

GRAF/STIGLBAUER 2007: Graf, A./Stiglbauer, M., Deutscher Corporate Governance Kodex: Eine Analyse der Qualitätssicherungs- und erweiterten Kommunikationsfunktion, in: Zeitschrift für Planung und Unternehmenssteuerung, 18. Jg. (2007), S. 279-300.

GRAF/STIGLBAUER 2008: Graf, A./Stiglbauer, M., Corporate Governance und Erwartungsmanagement: Eine Untersuchung in DAX, TecDAX, MDAX und SDAX, in: Betriebswirtschaftliche Forschung und Praxis, 60. Jg. (2008), S. 598-619.

GRAF/STIGLBAUER 2010: Graf, A./Stiglbauer, M., Branchenspezifische Compliance-Erklärung zum DCGK und Transparenz der Corporate Governance-Berichterstattung, in: Zeitschrift für Corporate Governance, 5. Jg. (2010), S. 17-25.

GRAUMANN/GRUNDEI 2005: Graumann, M./Grundei, J., Business Judgment Rule, in: Die Betriebswirtschaft, 65. Jg. (2005), S. 652-656.

GRAUMANN/LINDERHAUS/GRUNDEI 2009: Graumann, M./Linderhaus, H./ Grundei, J., Wann ist die Risikobereitschaft bei unternehmerischen Entscheidungen „in unzulässiger Weise überspannt"?, in: Betriebswirtschaftliche Forschung und Praxis, 61. Jg. (2009), S. 492-504.

GREVING 2007: Greving, B., Messen und Skalieren von Sachverhalten, in: Albers, S. et al. (Hrsg.), Methodik der empirischen Sozialforschung, 2. Aufl., Wiesbaden 2007, S. 65-78.

GRIEWEL 2006: Griewel, E., Ad hoc-Publizität und Zwischenberichterstattung im deutschen Corporate Governance-System. Eine Analyse vor dem Hintergrund europäischer Harmonisierungsbestrebungen, Wiesbaden 2006.

GRIGOLEIT 2004: Grigoleit, J., Corporate Governance: Gefangen in der Misstrauensspirale?, Freiberg 2004.

GROH 2000: Groh, M., Shareholder Value und Aktienrecht, in: Der Betrieb, 53. Jg. (2000), S. 2153-2159.

GROS 2006: Gros, S. E., Enforcement der Rechnungslegung. Die Deutsche Prüfstelle für Rechnungslegung aus Sicht des Chief Financial Officer, in: Deutsches Steuerrecht, 44. Jg. (2006), S. 246-251.

GROß 2009: Groß, W., Kapitalmarktrecht. Kommentar zum Börsengesetz, zur Börsenzulassungs-Verordnung, zum Wertpapierprospektgesetz und zum Verkaufsprospektgesetz, München 2009.

GROSSMAN/HART 1980a: Grossman, S. J./Hart, O. D., Disclosure Laws and Takeover Bids, in: The Journal of Finance, Vol. 35 (1980), S. 323-334.

GROSSMAN/HART 1980b: Grossman, S. J./Hart, O. D., Takeover Bids, the Free-Rider Problem, and the Theory of the Corporation, in: The Bell Journal of Economics, Vol. 11 (1980), S. 42-64.

GROSSMAN/HART 1983: Grossman, S. J./Hart, O., An Analysis of the Principal-Agent Problem, in: Econometrica, Vol. 51 (1983), S. 7-45.

GROTHE 2006: Grothe, P., Unternehmensüberwachung durch den Aufsichtsrat. Ein Beitrag zur Corporate Governance-Diskussion in Deutschland, Frankfurt a. M. et al. 2006.

GROTHEER 2005: Grotheer, M., Außenhaftung von Aufsichtsratsmitgliedern: ein Anreiz zur Verbesserung der Überwachungstätigkeit? Kapitalmarktinformationshaftung de lege ferenda vor dem Hintergrund der Innenhaftung nach dem UMAG, in: Wertpapier-Mitteilungen, 59. Jg. (2005), S. 2070-2078.

GROTTKE/KRAMMER 2008: Grottke, M./Krammer, S., Was bringt der management approach des IFRS 8 den Jahresabschlussadressaten? Eine kritische Analyse, in: Zeitschrift für internationale und kapitalmarktorientierte Rechnungslegung, 8. Jg. (2008), S. 670-679.

GRUNIG/HUNT 1984: Grunig, J. E./Hunt, T., Managing Public Relations, Fort Worth et al. 1984.

GRUSON/KUBICEK 2003: Gruson, M./Kubicek, M., Der Sarbanes-Oxley Act, Corporate Governance und das deutsche Aktienrecht (Teil II), in: Die Aktiengesellschaft, 48. Jg. (2003), S. 393-406.

GÜNTHER 1997: Günther, T., Unternehmenswertorientiertes Controlling, München 1997.

GÜNTHER 2004: Günther, T., Theorien von Shareholder Value-Ansätzen und unternehmenswertorientiertem Controlling, in: Scherm, E./Pietsch, G. (Hrsg.), Controlling, Theorien und Konzeptionen, München 2004, S. 315-340.

GÜNTHER/OTTERBEIN 1996: Günther, T./Otterbein, S., Die Gestaltung der Investor Relations am Beispiel führender deutscher Aktiengesellschaften, in: Zeitschrift für Betriebswirtschaft, 66. Jg. (1996), S. 389-417.

GÜNTHER/SCHIEMANN 2007: Günther, T./Schiemann, F., Unternehmenssteuerung, wertorientierte, in: Freidank, C.-C./Lachnit, L./Tesch, J. (Hrsg.), Vahlens Großes Auditing Lexikon, München 2007, S. 1427-1429.

GUTENBERG 1962: Gutenberg, E., Unternehmensführung: Organisation und Entscheidungen, Wiesbaden 1962.

HAASEN 1988: Haasen, U., Die Bedeutung der Audit Committees. Ein Beispiel für die Zusammenarbeit der Überwachungsträger, in: Zeitschrift für betriebswirtschaftliche Forschung, 40. Jg. (1988), S. 370-379.

HABERSACK 2004: Habersack, M., Die erfolgsabhängige Vergütung des Aufsichtsrats und ihre Grenzen. Zugleich Besprechung der Entscheidung BGH ZIP 2004, 613 (MobilCom), in: Zeitschrift für Unternehmens- und Gesellschaftsrecht, 33. Jg. (2004), S. 721-734.

HABERSACK 2008 : Habersack, M., Rn. 1-74 zu § 100 AktG, Rn. 1-166 zu § 107 AktG, Rn. 1-173 zu § 111 AktG, Rn. 1-62 zu § 113 AktG, Rn. 1-39 zu § 114 AktG, Rn. 1-84 zu § 116 AktG, in: Goette, W./Habersack, M. (Hrsg.), Münchener Kommentar zum Aktiengesetz, Band 2, 3. Aufl., München 2008, S. 759-789, S. 915-976; S. 1064-1131, S. 1151-1175, S. 1180-1197, S. 1204-1238.

HACHMEISTER 2000: Hachmeister, D., Der Discounted Cash Flow als Maß der Unternehmenswertsteigerung, 4. Aufl., Frankfurt a. M. 2000.

HACHMEISTER 2002: Hachmeister, D., Corporate Governance, in: Ballwieser, W./Coenenberg, A. G./Wysocki, K. v. (Hrsg.), Handwörterbuch der Rechnungslegung und Prüfung, 3. Aufl., Stuttgart 2002, Sp. 487-504.

HACKETHAL 2004: Hackethal, A., German Banks and Banking Structure, in: Krahnen, J. P./Schmidt, R. H. (Hrsg.), The German Financial System, Oxford 2004, S. 71-105.

HACKETHAL/SCHMIDT 2000: Hackethal, A./Schmidt, R. H., Finanzsystem und Komplementarität, in: Kredit und Kapital, 33. Jg. (2000), Beiheft zu Heft 15, S. 53-102.

HACKETHAL/SCHMIDT/TYRELL 2003: Hackethal, A./Schmidt, R. H./Tyrell, M., Corporate Governance in Germany: Transition to a Modern Capital-Market-based System?, in: Journal of Institutional and Theoretical Economics, Vol. 159 (2003), S. 664-674.

HACKETHAL/SCHMIDT/TYRELL 2005: Hackethal, A./Schmidt, R. H./Tyrell, M., Banks and German Corporate Governance: on the Way to a Capital Market-based System?, in: Corporate Governance: An International Review, Vol. 13 (2005), S. 397-407.

HAFERMALZ 1976: Hafermalz, O., Schriftliche Befragung. Möglichkeiten und Grenzen, Wiesbaden 1976.

HAGEN-ECK/WIRSCH 2007: Hagen-Eck, R./Wirsch, S., Gestaltung von Directors' Dealings und die Pflichten nach § 15a WpHG. Einschließlich der gesteigerten Anforderungen nach dem Transparenzrichtlinie-Umsetzungsgesetz (TUG), in: Der Betrieb, 60. Jg. (2007), S. 504-509.

HAGMÜLLER 2008: Hagmüller, J., Publizitätsverhalten von Unternehmen. Eine Corporate Governance-Perspektive, Wiesbaden 2008.

HAHN 2009: Hahn, D., Kennzahlen des Wertsteigerungsmanagements. Vom externen Rechnungswesen als Basis bis zur Frage der Wertsteigerungsverteilung, in: Der Schweizer Treuhänder, 83. Jg. (2009), S. 420-429.

HALFPAP 2007: Halfpap, P., Kapitalmarktaufsicht in Europa und den USA. Ein institutioneller Vergleich, Frankfurt a. M. et al. 2007.

HALLER 1994 Haller, A., Die Grundlagen der externen Rechnungslegung in den USA unter besonderer Berücksichtigung der rechtlichen, institutionellen und theoretischen Rahmenbedingungen, 4. Aufl., Stuttgart 1994.

HALLER/BERNAIS 2005: Haller, P./Bernais, N., Enforcement und BilKoG. Grundlagen der Überwachung von Unternehmensberichten und Bilanzkontrollgesetz, Berlin 2005.

HALLER/EIERLE/EVANS 2001: Haller, A./Eierle, B./Evans, E., Das britische Financial Reporting Review Panel - ein Vorbild für ein deutsches Enforcement-Gremium?, in: Betriebs-Berater, 56. Jg. (2001), S. 823-825.

HANDELSRECHTSAUSSCHUSS DES DAV 2004: Handelsrechtsausschuss des Deutschen Anwaltvereins, Stellungnahme zum Gesetz über die Haftung für fehlende Kapitalmarktinformationen, in: Neue Zeitschrift für Gesellschaftsrecht, 7. Jg. (2004), S. 1099-1104.

HANDELSRECHTSAUSSCHUSS DES DAV 2005: Handelsrechtsausschuss des Deutschen Anwaltvereins, Stellungnahme zu den Änderungsvorschlägen der beiden Bilanzrichtlinien 68/660/EWG (4. Richtlinie) und 83/349/EWG (7. Richtlinie), in: Neue Zeitschrift für Gesellschaftsrecht, 8. Jg. (2005), S. 464-466.

HANDELSRECHTSAUSSCHUSS DES DAV 2008: Handelsrechtsausschuss des Deutschen Anwaltvereins, Stellungnahme zum Regierungsentwurf eines Gesetzes zur Modernisierung des Bilanzrechts (BilMoG), in: Neue Zeitschrift für Gesellschaftsrecht, 11. Jg. (2008), S. 612-618.

HANK 1999: Hank, B., Informationsbedürfnisse von Kleinaktionären. Zur Gestaltung von Investor Relations, Frankfurt a. M. et al. 1999.

HANSMANN/KRAAKMAN 2004: Hansmann, H./Kraakman, R., The End of History for Corporate Law, in: Gordon, J. N./Roe, M. J. (Hrsg.), Convergence and Persistence in Corporate Governance, Cambridge 2004, S. 33-68.

HARRIS/RAVIV 1978: Harris, M./Raviv, A., Some Results on Incentive Contracts with Applications to Education and Employment, Health Insurance, and Law Enforcement, in: The American Economic Review, Vol. 68 (1978), Issue 1, S. 20-30.

HART 1983: Hart, O. D., The Market Mechanism as an Incentive Scheme, in: The Bell Journal of Economics, Vol. 14 (1983), S. 366-382.

HART 1988: Hart, O. D., Incomplete Contracts and the Theory of Firm, in: Journal of Law, Economics, & Organization, Vol. 4 (1988), S. 119-139.

HART 1995: Hart, O. D., Corporate Governance: Some Theory and Implications, in: The Economic Journal, Vol. 105 (1995), S. 678-689.

HARTLEY/HARTLEY 1955: Hartley, E. L./Hartley, R. E., Die Grundlagen der Sozialpsychologie, Berlin 1955.

HARTMANN 1968: Hartmann, H. K., Die große Publikumsgesellschaft und ihre Investor Relations, Berlin 1968.

HARTMANN 2002: Hartmann, K., Die Aufsichtsratsvergütung als Erfolgsfaktor im deutschen Aufsichtsratssystem, Frankfurt a. M. et al. 2002.

HARTMANN-WENDELS 1989: Hartmann-Wendels, T., Principal-Agent-Theorie und asymmetrische Informationsverteilung, in: Zeitschrift für Betriebswirtschaft, 59. Jg. (1989), S. 714-734.

HARTMANN-WENDELS 2000: Hartmann-Wendels, T., Konsequenzen für die Unternehmensfinanzierung, in: Kredit und Kapital, 33. Jg. (2000), Beiheft zu Heft 15, S. 253-272.

HAß/ZERR 2005: Haß, D./Zerr, C., Forum Shopping in den USA nach Erlass des KapMuG, in: Recht der Internationalen Wirtschaft, 51. Jg. (2005), S. 721-727.

HAUPTMANNS/LANDER 2003: Hauptmanns, P./Lander, B., Zur Problematik von Internet-Stichproben, in: Theobald, A./Dreyer, M./Starsetzki, T. (Hrsg.), Online-Marktforschung. Theoretische Grundlagen und praktische Erfahrungen, 2. Aufl., Wiesbaden 2003, S. 27-40.

HAUSCHKA 2004: Hauschka, C. E., Compliance am Beispiel der Korruptionsbekämpfung. Eine Erwiderung aus der Praxis auf Uwe H. Schneiders Vorschläge, ZIP 2003, S. 645, in: Zeitschrift für Wirtschaftsrecht, 25. Jg. (2004), S. 877-883.

HAX 1975: Hax, H., Kommunikation, in: Grochla, E./Wittmann, W. (Hrsg.), Handwörterbuch der Betriebswirtschaft, 4. Aufl., Stuttgart 1975, Sp. 2169-2176.

HAX/HARTMANN-WENDELS/HINTEN 1988: Hax, H./Hartmann-Wendels, T./ Hinten, P. v., Moderne Entwicklung der Finanzierungstheorie, in: Christians, F. W. (Hrsg.), Finanzierungshandbuch, 2. Aufl., Wiesbaden 1988, S. 689-713.

HECKER 2009: Hecker, A., Die aktuellen Änderungen des Deutschen Corporate Governance Kodex im Überblick, in: Betriebs-Berater, 64. Jg. (2009), S. 1654-1659.

HEINEN 1976: Heinen, E., Grundlagen betriebswirtschaftlicher Entscheidungen. Das Zielsystem der Unternehmung, 3. Aufl., Wiesbaden 1976.

HEINEN 1986: Heinen, E., Handelsbilanzen, 12. Aufl., Wiesbaden 1986.

HEINKE 2001: Heinke, V. G., Kapitalmarktorientierte Leistungsberichterstattung, in: Klingebiel, N. (Hrsg.), Performance Measurement & Balanced Scorecard, München 2001, S. 153-178.

HEINS 2006: Heins, J.-C., Die Angemessenheit von Vorstandsbezügen einer Aktiengesellschaft. Grundsätze gemäß § 87 Abs. 1 AktG, Hamburg 2006.

HEINTGES/URBANCZIK/WULBRAND 2008: Heintges, S./Urbanczik, P./Wulbrand, H., Regelungen, Fallstricke und Überraschungen der Segmentberichterstattung nach IFRS 8, in: Der Betrieb, 61. Jg. (2008), S. 2773-2781.

HELKENBERG 1989: Helkenberg, W.-C., Anlegerschutz am Kapitalmarkt. Prognosegrundsätze für Emissionsprospekte, Wiesbaden 1989.

HENDRIKSEN 1977: Hendriksen, E. S., Accounting Theory, 3. Aufl., Homewood/Illinois 1977.

HENNRICKS 2009: Hennricks, J., Fehlerbegriff und Fehlerbeurteilung im Enforcementverfahren, in: Deutsches Steuerrecht, 47. Jg. (2009), S. 1446-1451.

HENSELMANN 2005: Henselmann, K., Value Reporting und Konkurrenzanalyse, in: Betriebswirtschaftliche Forschung und Praxis, 57. Jg. (2005), S. 296-305.

HENZE 2000: Henze, H., Leitungsverantwortung des Vorstands - Überwachungspflicht des Aufsichtsrats, in: Betriebs-Berater, 55. Jg. (2000), S. 209-216.

HENZE 2001: Henze, H., Entscheidungen und Kompetenzen der Organe in der AG: Vorgaben der höchstrichterlichen Rechtsprechung, in: Betriebs-Berater, 56. Jg. (2001), S. 53-61.

HERMANNS 1974: Hermanns, A., Werbung, kommunikationswissenschaftliche Grundlagen, in: Tietz, B. (Hrsg.), Handwörterbuch der Absatzwirtschaft, Stuttgart 1974, Sp. 2250-2261.

HERZIG/WATRIN 1995: Herzig, N./Watrin, C., Obligatorische Rotation des Wirtschaftsprüfers - ein Weg zur Verbesserung der externen Unternehmenskontrolle?, in: Zeitschrift für betriebswirtschaftliche Forschung, 47. Jg. (1995), S. 775-804.

HESS 1996: Hess, G. E., Corporate Governance - zum Stand der Diskussion in den Vereinigten Staaten, in: Feddersen, D./Hommelhoff, P./ Schneider, U. H. (Hrsg.), Corporate Governance. Optimierung der Unternehmensführung und der Unternehmenskontrolle im deutschen und amerikanischen Aktienrecht, Köln 1996, S. 9-24.

HESS 1999: Hess, T., Die Agency-Theorie als Gestaltungshilfe für Führungsinformationssysteme, in: Das Wirtschaftsstudium, 28. Jg. (1999), S. 1503-1509.

HESS 2005: Hess, B., Musterverfahren im Kapitalmarktrecht, in: Zeitschrift für Wirtschaftsrecht, 26. Jg. (2005), S. 1713-1719.

HEUMANN 2005: Heumann, R., Value Reporting in IFRS-Abschlüssen und Lageberichten, Düsseldorf 2005.

HEUMANN 2006: Heumann, R., Möglichkeiten zur praktischen Umsetzung eines Value Reporting in Geschäftsberichten, in: Zeitschrift für internationale und kapitalmarktorientierte Rechnungslegung, 6. Jg. (2006), S. 259-266.

HEWITT 2005: Hewitt Associates GmbH (Hrsg.), Institutional Investor Survey 2005: Executive Compensation, Wiesbaden 2005.

HEYD/BEYER 2010: Heyd, R./Beyer, M., Bedeutung des Corporate Governance-Reportings nach § 289 a HGB als Publizitätsinstrument. Wesentliche Neuerungen und deren Auswirkungen auf die bestehenden Informationsasymmetrien, in: Zeitschrift für Planung und Unternehmenssteuerung, 20. Jg. (2010), S. 373-392.

HILLER 2008: Hiller, T., Die Trennung von Eigentum und Kontrolle, in: Wirtschaftswissenschaftliches Studium, 37. Jg. (2008), S. 499-501.

HIMME 2007: Himme, A., Gütekriterien der Messung: Realibilität, Validität und Generalisierbarkeit, in: Albers, S. et al. (Hrsg.), Methodik der empirischen Sozialforschung, 2. Aufl., Wiesbaden 2007, S. 375-390.

HIRSCH 1968: Hirsch, R. E., Informationswert und -kosten und deren Beeinflussung, in: Zeitschrift für betriebswirtschaftliche Forschung, 20. Jg. (1968), S. 670-676.

HIRSCHMAN 1978: Hirschman, A. O., Exit, Voice, and Loyalty: Responses to Decline in Firms, Organizations, and States, 6. Aufl., Cambridge/ Massachusetts/London 1978.

HIRTE 2005: Hirte, H., Die Europäische Aktiengesellschaft - ein Überblick nach dem In-Kraft-Treten der deutschen Ausführungsgesetzgebung (Teil II), in: Deutsches Steuerrecht, 43. Jg. (2005), S. 700-704.

HOFER 2008: Hofer, H., Corporate Governance und Unternehmensbewertung. Der Einfluss von Corporate Governance und Eigentümerstruktur auf Unternehmens- und Anteilsbewertung, Lohmar 2008.

HOFFMANN-BECKING 1998: Hoffmann-Becking, M., Zur rechtlichen Organisation der Zusammenarbeit im Vorstand der AG, in: Zeitschrift für Unternehmens- und Gesellschaftsrecht, 27. Jg. (1998), S. 497-519.

HOFFMANN-BECKING 2005: Hoffmann-Becking, M., Rechtliche Anmerkungen zur Vorstands- und Aufsichtsratsvergütung, in: Zeitschrift für das gesamte Handels- und Wirtschaftsrecht, 169. Jg. (2005), S. 155-180.

HOFFMANN-BECKING 2007a: Hoffmann-Becking, M., Aufgaben des Aufsichtsrats, in: Hoffmann-Becking, M. (Hrsg.), Münchener Handbuch des Gesellschaftsrechts, Band 4, Aktiengesellschaft, 3. Aufl., München 2007, S. 376-399.

HOFFMANN-BECKING 2007b: Hoffmann-Becking, M., Prüfung des Jahresabschlusses, in: Hoffmann-Becking (Hrsg.), Münchener Handbuch des Gesellschaftsrechts, Band 4, Aktiengesellschaft, 3. Aufl., München 2007, S. 703-709.

HOFFMANN-BECKING 2007c: Hoffmann-Becking, M., Zusammensetzung und Größe des Aufsichtsrats, in: Hoffmann-Becking (Hrsg.), Münchener Handbuch des Gesellschaftsrechts, Band 4, Aktiengesellschaft, 3. Aufl., München 2007, S. 357-376.

HOFFMANN-BECKING 2007d: Hoffmann-Becking, M., Begründung, Dauer und Beendigung der Mitgliedschaft im Aufsichtsrat, in: Hoffmann-Becking (Hrsg.), Münchener Handbuch des Gesellschaftsrechts, Band 4, Aktiengesellschaft, 3. Aufl., München 2007, S. 399-421.

HOFFMANN-BECKING 2007e: Hoffmann-Becking, M., Rechte und Pflichten der Aufsichtsratsmitglieder, in: Hoffmann-Becking (Hrsg.), Münchener Handbuch des Gesellschaftsrechts, Band 4, Aktiengesellschaft, 3. Aufl., München 2007, S. 464-489.

HOFFMANN-BECKING 2007f: Hoffmann-Becking, M., Innere Organisation des Aufsichtsrats, in: Hoffmann-Becking (Hrsg.), Münchener Handbuch des Gesellschaftsrechts, Band 4, Aktiengesellschaft, 3. Aufl., München 2007, S. 421-451.

HOFFMANN-BECKING 2007g: Hoffmann-Becking, M., Ausschüsse des Aufsichtsrats, in: Hoffmann-Becking (Hrsg.), Münchener Handbuch des Gesellschaftsrechts, Band 4, Aktiengesellschaft, 3. Aufl., München 2007, S. 451-463.

HOFFMANN/PREU 2003: Hoffmann, D./Preu, P., Der Aufsichtsrat. Ein Leitfaden für Aufsichtsräte, 5. Aufl., München 2003.

HOFMANN 1993: Hofmann, R., Unternehmensüberwachung. Ein Aufgaben- und Arbeitskatalog für die Revisionspraxis, 2. Aufl., Berlin 1993.

HOFMANN 2006: Hofmann, C., Unternehmenspublizität und Eigenkapitalkosten, in: Zeitschrift für betriebswirtschaftliche Forschung, 58. Jg. (2006), Sonderheft 55.06, S. 109-146.

HOHAUS/WEBER 2009: Hohaus, B./Weber, C., Die Angemessenheit der Vorstandsvergütung gem. § 87 AktG nach dem VorstAG, in: Der Betrieb, 62. Jg. (2009), S. 1515-1520.

HOHENSTATT/WILLEMSEN 2008: Hohenstatt, K.-S./Willemsen, H., Abfindungsobergrenzen in Vorstandsverträgen, in: Neue Juristische Wochenschrift, 61. Jg. (2008), S. 3462-3467.

HOLMSTRÖM 1979: Holmström, B., Moral Hazard and Observability, in: The Bell Journal of Economics, Vol. 10 (1979), S. 74-91.

HOLZBORN 2009: Holzborn, T., Sonstige Mitarbeiterbeteiligungen, in: Marsch-Barner, R./Schäfer, F. A. (Hrsg.), Handbuch börsennotierte AG. Aktien- und Kapitalmarktrecht, 2. Aufl., Köln 2009, S. 1647-1668.

HOMMELHOFF 1979: Hommelhoff, P., Der aktienrechtliche Organstreit. Vorüberlegungen zu den Organkompetenzen und ihrer gerichtlichen Durchsetzbarkeit, in: Zeitschrift für das gesamte Handels- und Wirtschaftsrecht, 143. Jg. (1979), S. 288-316.

HOMMELHOFF 1995: Hommelhoff, P., Störungen im Recht der Aufsichtsratsüberwachung: Regelungsvorschläge an den Gesetzgeber, in: Picot, A. (Hrsg.), Corporate Governance: Unternehmensüberwachung auf dem Prüfstand, Stuttgart 1995, S. 1-28.

HOMMELHOFF 1998: Hommelhoff, P., Die neue Position des Abschlußprüfers im Kraftfeld der aktienrechtlichen Organisationsverfassung (Teil I), in: Betriebs-Berater, 53. Jg. (1998), S. 2567-2573.

HOMMELHOFF 2004: Hommelhoff, P., Corporate Governance, Rechnungslegung und Abschlussprüfung vor dem Hintergrund aktueller Entwicklungen, in: Küting, K./Pfitzer, N./Weber, C.-P. (Hrsg.), Herausforderungen und Chancen durch weltweite Rechnungslegungsstandards. Kapitalmarktorientierte Rechnungslegung und integrierte Unternehmenssteuerung, Stuttgart 2004, S. 281-315.

HOMMELHOFF/MATTHEUS 1998: Hommelhoff, P./Mattheus, D., Corporate Governance nach dem KonTraG, in: Die Aktiengesellschaft, 43. Jg. (1998), S. 249-259.

HOMMELHOFF/SCHWAB 1996: Hommelhoff, P./Schwab, M., Zum Stellenwert betriebswirtschaftlicher Grundsätze ordnungsmäßiger Unternehmensleitung und -überwachung im Vorgang der Rechtserkenntnis, in: Zeitschrift für Betriebswirtschaft, 66. Jg. (1996), Sonderheft 36, S. 149-178.

HOMMELHOFF/HOPT/WERDER 2009: Hommelhoff, P./Hopt, K. J./Werder, A. v., Vorwort zur zweiten Auflage, in: Hommelhoff, P./Hopt, K. J./ Werder, A. v. (Hrsg.), Handbuch Corporate Governance. Leitung und Überwachung börsennotierter Unternehmen in Rechts- und Wirtschaftspraxis, 2. Aufl., Köln et al. 2009, S. V-VI.

HÖNSCH 2009: Hönsch, H., Die Auswirkungen des BilMoG auf den Prüfungsausschuss, in: Der Konzern, 7. Jg. (2009), S. 553-563.

HÖPNER 2001: Höpner, M., Corporate Governance in Transition: Ten Empirical Findings on Shareholder Value and Industrial Relations in Germany, Discussion Paper 01/5 des Max-Planck-Instituts für Gesellschaftsforschung, Köln 2001.

HÖPNER 2003a: Höpner, M., Wer beherrscht die Unternehmen? Shareholder Value, Managerherrschaft und Mitbestimmung in Deutschland, Frankfurt a. M./New York 2003.

HÖPNER 2003b: Höpner, M., European Corporate Governance Reform and the German Party Paradoxon, Discussion Paper 03/4 des Max-Planck-Instituts für Gesellschaftsforschung, Köln 2003.

HÖPNER 2004: Höpner, M., Was bewegt die Führungskräfte? Von der Agency-Theorie zur Soziologie des Managements, in: Soziale Welt, 55. Jg. (2004), S. 263-282.

HÖPNER 2005a: Höpner, M., Sozialdemokratie, Gewerkschaften und organisierter Kapitalismus, 1880 - 2002, in: Windolf, P. (Hrsg.), Finanzmarkt-Kapitalismus. Analysen zum Wandel von Produktregimen, Wiesbaden 2005, S. 196-221.

HÖPNER 2005b: Höpner, M., What connects Industrial Relations and Corporate Governance? Explaining Institutional Complementary, Working Paper des Max-Planck-Instituts für Gesellschaftsforschung, Köln 2005.

HÖPNER/JACKSON 2001a: Höpner, M./Jackson, G., An Emerging Market for Corporate Control? The Mannesmann Takeover and German Corporate Governance, Discussion Paper 01/4 des Max-Planck-Instituts für Gesellschaftsforschung, Köln 2001.

HÖPNER/JACKSON 2001b: Höpner, M./Jackson, G., Entsteht ein Markt für Unternehmenskontrolle? Der Fall Mannesmann, Köln 2001.

HÖPNER/JACKSON 2002: Höpner, M./Jackson, G., Das deutsche System der Corporate Governance zwischen Persistenz und Konvergenz, in: Kölner Zeitschrift für Soziologie und Sozialpsychologie, 54. Jg. (2002), S. 362-368.

HÖPNER/JACKSON 2003: Höpner, M./Jackson, G., Entsteht ein Markt für Unternehmenskontrolle? Der Fall Mannesmann, in: Streeck, W./Höpner, M. (Hrsg.), Alle Macht dem Markt? Fallstudien zur Abwicklung der Deutschland AG, Frankfurt a. M./New York 2003, S. 147-168.

HÖPNER/JACKSON 2006: Höpner, M./Jackson, G., Revisiting the Mannesmann Takeover: How Markets for Corporate Control emerge, in: European Management Review, Vol. 3 (2006), S. 142-155.

HÖPNER/KREMPEL 2003: Höpner, M./Krempel, L., The Politics of the German Company Network, Working Paper 03/9 des Max-Planck-Instituts für Gesellschaftsforschung, Köln 2003.

HÖPNER/KREMPEL 2004: Höpner, M./Krempel, L., The Politics of the German Company Network, in: Competition & Change, Vol. 8 (2004), S. 339-356.

HOPT 1976: Hopt, K. J., Vom Aktien- und Börsenrecht zum Kapitalmarktrecht? Teil 1: Der international erreichte Stand des Kapitalmarktrechts, in: Zeitschrift für das gesamte Handels- und Wirtschaftsrecht, 140. Jg. (1976), S. 201-235.

HOPT 1977: Hopt, K. J., Vom Aktien- und Börsenrecht zum Kapitalmarktrecht? Teil 2: Die deutsche Entwicklung im internationalen Vergleich, in: Zeitschrift für das gesamte Handels- und Wirtschaftsrecht, 141. Jg. (1977), S. 389-441.

HOPT 1999: Hopt, K. J, Rn. 1-527 zu § 93 AktG, in: Hopt, K. J./Wiedemann, H. (Hrsg.), Großkommentar AktG, 4. Aufl., 12. Lieferung, Berlin 1999, S. 51-230.

HOPT 2000: Hopt, K. J., Unternehmenskontrolle (Corporate Governance), in: Berichte aus den Sitzungen der Joachim Jungius-Gesellschaft der Wissenschaften e. V., Hamburg, 18. Jg. (2000), Heft 3, S. 3-18.

HOPT 2001: Hopt, K. J., Das System der Unternehmensüberwachung in Deutschland, in: Institut der Wirtschaftsprüfer in Deutschland e. V. (Hrsg.), Kapitalmarktorientierte Unternehmensüberwachung. Chancen und Risiken, Düsseldorf 2001, S. 27-63.

HOPT 2004: Hopt, K. J., Interessenwahrung und Interessenkonflikte im Aktien-, Bank- und Berufsrecht. Zur Dogmatik des modernen Geschäftsbesorgungsrechts, in: Zeitschrift für Unternehmens- und Gesellschaftsrecht, 33. Jg. (2004), S. 1-52.

HOPT 2009: Hopt, K. J., Die internationalen und europarechtlichen Rahmenbedingungen der Corporate Governance, in: Hommelhoff, P./Hopt, K. J./Werder, A. v. (Hrsg.), Handbuch Corporate Governance. Leitung und Überwachung börsennotierter Unternehmen in Rechts- und Wirtschaftspraxis, 2. Aufl., Köln et al. 2009, S. 39-70.

HOPT/ROTH 2005: Hopt, K. J./Roth, M., Rn. 1-508 zu § 107 AktG, Rn. 1-104 zu § 109 AktG, Rn. 1-876 zu § 111 AktG, Rn. 1-166 zu § 113 AktG, Rn. 1-78 zu § 114 AktG, Rn. 1-44 zu § 115 AktG, Rn. 1-342 zu § 116 AktG, in: Hopt, K. J./Wiedemann, H. (Hrsg.), Großkommentar AktG, 4. Aufl., 24. Lieferung, Berlin 2005, S. 505-687, S. 773-812, S. 848-1161, S. 1213-1450.

HOPT/VOIGT 2004: Hopt, K. J./Voigt, H.-C., Prospekt- und Kapitalmarktinformationshaftung. Recht und Reform in der Europäischen Union, der Schweiz und den USA, in: Wertpapier-Mitteilungen, 58. Jg. (2004), S. 1801-1804.

HOPT/VOIGT 2005: Hopt, K. J./Voigt, H.-C., Grundsatz- und Reformprobleme der Prospekt- und Kapitalmarktinformationshaftung, in: Hopt, K. J./ Voigt, H.-C. (Hrsg.), Prospekt- und Kapitalmarktinformationshaftung, Tübingen 2005, S. 9-160.

HOPT/WYMEERSCH 1997: Hopt, K. J./Wymeersch, E., Preface, in: Hopt, K. J./ Wymeersch, E. (Hrsg.), Comparative Corporate Governance, Essays and Materials, Berlin/New York 1997, S. V-VI.

HORNBERG 2006: Hornberg, M., Die Regelungen zur Beaufsichtigung der Geschäftsführung im deutschen und britischen Corporate Governance Kodex, Berlin 2006.

HORVÁTH/SEITER 2009: Horváth, P./Seiter, M., Performance Measurement, in: Die Betriebswirtschaft, 69. Jg. (2009), S. 393-413.

HOSHI 1998: Hoshi, T., Japanese Corporate Governance as a System, in: Hopt, K. J. et al. (Hrsg.), Comparative Corporate Governance. The State of the Art and Emerging Research, Oxford 1998, S. 847-875.

HUB 1972: Hub, H. F., Unternehmensberichterstattung für Anlageentscheidungen. Theoretische und empirische Grundlagen einer anlageentscheidungsorientierten Weiterentwicklung der freiwilligen Publizität industrieller Publikumsgesellschaften in der BRD, Karlsruhe 1972.

HUCKE 2007: Hucke, A., Insidergeschäfte, in: Freidank, C.-C./Lachnit, L./ Tesch, J. (Hrsg.), Vahlens Großes Auditing Lexikon, München 2007, S. 664-665.

HUCKE 2008: Hucke, A., Der Prüfungsausschuss nach dem Bilanzrechtsmodernisierungsgesetz (BilMoG). Weiter steigende Anforderungen an den Aufsichtsrat, in: Zeitschrift für Corporate Governance, 3. Jg. (2008), S. 122-127.

HUCKE 2009: Hucke, A., Das neue Gesetz zur Umsetzung der Aktionärsrichtlinie (ARUG). Profitieren Aktionäre von den Neuregelungen?, in: Zeitschrift für Corporate Governance, 4. Jg. (2009), S. 215-221.

HÜFFER 2006: Hüffer, U., Die Unabhängigkeit von Aufsichtsratsmitgliedern nach Ziffer 5.4.2 DCGK, in: Zeitschrift für Wirtschaftsrecht, 27. Jg. (2006), S. 637-644.

HÜFFER 2010: Hüffer, U., Aktiengesetz, 9. Aufl., München 2010.

HUS 2005: Hus, C., Investoren meiden zugeknöpfte Manager. Deutsche Unternehmen verprellen institutionelle Anleger, wenn sie zu wenig auf die Corporate Governance achten, in: Handelsblatt, 60. Jg. (2005), Nr. 130 vom 08.07.2005 S. 1.

HÜTTEN 2000: Hütten, C., Der Geschäftsbericht als Informationsinstrument. Rechtsgrundlagen, Funktionen, Optimierungsmöglichkeiten, Düsseldorf 2000.

HÜTTEN 2003: Hütten, C., Qualitätssteigerung der Finanzberichterstattung durch Einführung einer Enforcement-Institution, in: Freidank, C.-C./ Schreiber, O. R. (Hrsg.), Corporate Governance, Internationale Rechnungslegung und Unternehmensanalyse im Zentrum aktueller Entwicklungen. Tagungsband zur 2. Hamburger Revisions-Tagung, Hamburg 2003, S. 123-158.

HUTTER/KAULAMO 2007: Hutter, S./Kaulamo, K., Transparenzrichtlinie-Umsetzungsgesetz: Änderungen der Regelpublizität und das neue Veröffentlichungsregime für Kapitalmarktinformationen, in: Neue Juristische Wochenschrift, 60. Jg. (2007), S. 550-556.

HUWER 2008: Huwer, W., Der Prüfungsausschuss des Aufsichtsrats. Aufgaben, Anforderungen und Arbeitsweise in der Aktiengesellschaft und im Aktienkonzern, Berlin 2008.

IDW 2005: Institut der Wirtschaftsprüfer in Deutschland e. V. (Hrsg.), IDW-Stellungnahme: Vorschlag der EU-Kommission zur Änderung der 4. und 7. EU-Richtlinie (78/660/EWG und 83/349/EWG), in: Die Wirtschaftsprüfung, 58. Jg. (2005), S. 176-178.

IDW 2006: Institut der Wirtschaftsprüfer in Deutschland e. V. (Hrsg.), Wirtschaftsprüfer-Handbuch 2006. Wirtschaftsprüfung, Rechnungslegung, Beratung, Band I, 13. Aufl., Düsseldorf 2006.

IDW 2008a: Institut der Wirtschaftsprüfer in Deutschland e. V. (Hrsg.), IDW zum Referentenentwurf des Bilanzrechtsmodernisierungsgesetzes, in: Fachnachrichten des Instituts der Wirtschaftsprüfer in Deutschland e. V., o. Jg. (2008), S. 9-30.

IDW 2008b: Institut der Wirtschaftsprüfer in Deutschland e. V. (Hrsg.), Wirtschaftsprüfer-Handbuch 2008. Wirtschaftsprüfung, Rechnungslegung, Beratung, Band II, 13. Aufl., Düsseldorf 2008.

IDW PS 140: Institut der Wirtschaftsprüfer in Deutschland e. V. (Hrsg.), IDW Prüfungsstandard: Die Durchführung von Qualitätskontrollen in der Wirtschaftsprüferpraxis (IDW PS 140), in: IDW (Hrsg.), IDW Prüfungsstandards (IDW PS), IDW Stellungnahmen zur Rechnungslegung (IDW RS), IDW Standards (IDW S) einschließlich der dazugehörigen Entwürfe, IDW Prüfungs- und IDW Rechnungslegungshinweise (IDW PH und IDW RH), Band I, Düsseldorf 2010 (Loseblattsammlung, Stand: 32. Ergänzungslieferung Januar 2010).

IDW PS 200 Institut der Wirtschaftsprüfer in Deutschland e. V. (Hrsg.), IDW Prüfungsstandard: Ziele und allgemeine Grundsätze der Durchführung von Abschlussprüfungen (IDW PS 200), in: IDW (Hrsg.), IDW Prüfungsstandards (IDW PS), IDW Stellungnahmen zur Rechnungslegung (IDW RS), IDW Standards (IDW S) einschließlich der dazugehörigen Entwürfe, IDW Prüfungs- und IDW Rechnungslegungshinweise (IDW PH und IDW RH), Band I, Düsseldorf 2010 (Loseblattsammlung, Stand: 32. Ergänzungslieferung Januar 2010).

IDW PS 202 Institut der Wirtschaftsprüfer in Deutschland e. V. (Hrsg.), IDW Prüfungsstandard: Die Beurteilung von zusätzlichen Informationen, die von Unternehmen zusammen mit dem Jahresabschluss veröffentlicht werden (IDW PS 202), in: IDW (Hrsg.), IDW Prüfungsstandards (IDW PS), IDW Stellungnahmen zur Rechnungslegung (IDW RS), IDW Standards (IDW S) einschließlich der dazugehörigen Entwürfe, IDW Prüfungs- und IDW Rechnungslegungshinweise (IDW PH und IDW RH), Band I, Düsseldorf 2010 (Loseblattsammlung, Stand: 32. Ergänzungslieferung Januar 2010).

IDW PS 210 Institut der Wirtschaftsprüfer in Deutschland e. V. (Hrsg.), IDW Prüfungsstandard: Zur Aufdeckung von Unregelmäßigkeiten im Rahmen der Abschlussprüfung (IDW PS 210), in: IDW (Hrsg.), IDW Prüfungsstandards (IDW PS), IDW Stellungnahmen zur Rechnungslegung (IDW RS), IDW Standards (IDW S) einschließlich der dazugehörigen Entwürfe, IDW Prüfungs- und IDW Rechnungslegungshinweise (IDW PH und IDW RH), Band I, Düsseldorf 2010 (Loseblattsammlung, Stand: 32. Ergänzungslieferung Januar 2010).

IDW PS 220 Institut der Wirtschaftsprüfer in Deutschland e. V. (Hrsg.), IDW Prüfungsstandard: Beauftragung des Abschlussprüfers (IDW PS 220), in: IDW (Hrsg.), IDW Prüfungsstandards (IDW PS), IDW Stellungnahmen zur Rechnungslegung (IDW RS), IDW Standards (IDW S) einschließlich der dazugehörigen Entwürfe, IDW Prüfungs- und IDW Rechnungslegungshinweise (IDW PH und IDW RH), Band I, Düsseldorf 2010 (Loseblattsammlung, Stand: 32. Ergänzungslieferung Januar 2010).

IDW PS 240: Institut der Wirtschaftsprüfer in Deutschland e. V. (Hrsg.), IDW Prüfungsstandard: Grundsätze der Planung von Abschlussprüfungen (IDW PS 240), in: IDW (Hrsg.), IDW Prüfungsstandards (IDW PS), IDW Stellungnahmen zur Rechnungslegung (IDW RS), IDW Standards (IDW S) einschließlich der dazugehörigen Entwürfe, IDW Prüfungs- und IDW Rechnungslegungshinweise (IDW PH und IDW RH), Band I, Düsseldorf 2010 (Loseblattsammlung, Stand: 32. Ergänzungslieferung Januar 2010).

IDW PS 261 Institut der Wirtschaftsprüfer in Deutschland e. V. (Hrsg.), IDW Prüfungsstandard: Feststellung und Beurteilung von Fehlerrisiken und Reaktionen des Abschlussprüfers auf die beurteilten Fehlerrisiken (IDW PS 261), in: IDW (Hrsg.), IDW Prüfungsstandards (IDW PS), IDW Stellungnahmen zur Rechnungslegung (IDW RS), IDW Standards (IDW S) einschließlich der dazugehörigen Entwürfe, IDW Prüfungs- und IDW Rechnungslegungshinweise (IDW PH und IDW RH), Band I, Düsseldorf 2010 (Loseblattsammlung, Stand: 32. Ergänzungslieferung Januar 2010).

IDW PS 300 Institut der Wirtschaftsprüfer in Deutschland e. V. (Hrsg.), IDW Prüfungsstandard: Prüfungsnachweise im Rahmen der Abschlussprüfung (IDW PS 300), in: IDW (Hrsg.), IDW Prüfungsstandards (IDW PS), IDW Stellungnahmen zur Rechnungslegung (IDW RS), IDW Standards (IDW S) einschließlich der dazugehörigen Entwürfe, IDW Prüfungs- und IDW Rechnungslegungshinweise (IDW PH und IDW RH), Band I, Düsseldorf 2010 (Loseblattsammlung, Stand: 32. Ergänzungslieferung Januar 2010).

IDW PS 312: Institut der Wirtschaftsprüfer in Deutschland e. V. (Hrsg.), IDW Prüfungsstandard: Analytische Prüfungshandlungen (IDW PS 312), in: IDW (Hrsg.), IDW Prüfungsstandards (IDW PS), IDW Stellungnahmen zur Rechnungslegung (IDW RS), IDW Standards (IDW S) einschließlich der dazugehörigen Entwürfe, IDW Prüfungs- und IDW Rechnungslegungshinweise (IDW PH und IDW RH), Band I, Düsseldorf 2010 (Loseblattsammlung, Stand: 32. Ergänzungslieferung Januar 2010).

IDW PS 314 n. F.: Institut der Wirtschaftsprüfer in Deutschland e. V. (Hrsg.), Neufassung des IDW Prüfungsstandards: Die Prüfung von geschätzten Werten in der Rechnungslegung einschließlich von Zeitwerten (IDW PS 314 n.F.), in: IDW (Hrsg.), IDW Prüfungsstandards (IDW PS), IDW Stellungnahmen zur Rechnungslegung (IDW RS), IDW Standards (IDW S) einschließlich der dazugehörigen Entwürfe, IDW Prüfungs- und IDW Rechnungslegungshinweise (IDW PH und IDW RH), Band I, Düsseldorf 2010 (Loseblattsammlung, Stand: 32. Ergänzungslieferung Januar 2010).

IDW PS 345: Institut der Wirtschaftsprüfer in Deutschland e. V. (Hrsg.), IDW Prüfungsstandard: Auswirkungen des Deutschen Corporate Governance Kodex auf die Abschlussprüfung (IDW PS 345), in: IDW (Hrsg.), IDW Prüfungsstandards (IDW PS), IDW Stellungnahmen zur Rechnungslegung (IDW RS), IDW Standards (IDW S) einschließlich der dazugehörigen Entwürfe, IDW Prüfungs- und IDW Rechnungslegungshinweise (IDW PH und IDW RH), Band I, Düsseldorf 2010 (Loseblattsammlung, Stand: 32. Ergänzungslieferung Januar 2010).

IDW PS 350: Institut der Wirtschaftsprüfer in Deutschland e. V. (Hrsg.), IDW Prüfungsstandard: Prüfung des Lageberichts (IDW PS 350), in: IDW (Hrsg.), IDW Prüfungsstandards (IDW PS), IDW Stellungnahmen zur Rechnungslegung (IDW RS), IDW Standards (IDW S) einschließlich der dazugehörigen Entwürfe, IDW Prüfungs- und IDW Rechnungslegungshinweise (IDW PH und IDW RH), Band I, Düsseldorf 2010 (Loseblattsammlung, Stand: 32. Ergänzungslieferung Januar 2010).

IDW PS 400: Institut der Wirtschaftsprüfer in Deutschland e. V. (Hrsg.), IDW Prüfungsstandard: Grundsätze für die ordnungsmäßige Erteilung von Bestätigungsvermerken bei Abschlussprüfungen (IDW PS 400), in: IDW (Hrsg.), IDW Prüfungsstandards (IDW PS), IDW Stellungnahmen zur Rechnungslegung (IDW RS), IDW Standards (IDW S) einschließlich der dazugehörigen Entwürfe, IDW Prüfungs- und IDW Rechnungslegungshinweise (IDW PH und IDW RH), Band I, Düsseldorf 2010 (Loseblattsammlung, Stand: 32. Ergänzungslieferung Januar 2010).

IDW PS 450: Institut der Wirtschaftsprüfer in Deutschland e. V. (Hrsg.), IDW Prüfungsstandard: Grundsätze ordnungsmäßiger Berichterstattung bei Abschlussprüfungen (IDW PS 450), in: IDW (Hrsg.), IDW Prüfungsstandards (IDW PS), IDW Stellungnahmen zur Rechnungslegung (IDW RS), IDW Standards (IDW S) einschließlich der dazugehörigen Entwürfe, IDW Prüfungs- und IDW Rechnungslegungshinweise (IDW PH und IDW RH), Band I, Düsseldorf 2010 (Loseblattsammlung, Stand: 32. Ergänzungslieferung Januar 2010).

IDW PS 470: Institut der Wirtschaftsprüfer in Deutschland e. V. (Hrsg.), IDW Prüfungsstandard: Grundsätze für die mündliche Berichterstattung des Abschlussprüfers an den Aufsichtsrat (IDW PS 470), in: IDW (Hrsg.), IDW Prüfungsstandards (IDW PS), IDW Stellungnahmen zur Rechnungslegung (IDW RS), IDW Standards (IDW S) einschließlich der dazugehörigen Entwürfe, IDW Prüfungs- und IDW Rechnungslegungshinweise (IDW PH und IDW RH), Band I, Düsseldorf 2010 (Loseblattsammlung, Stand: 32. Ergänzungslieferung Januar 2010).

IDW PS 900: Institut der Wirtschaftsprüfer in Deutschland e. V. (Hrsg.), IDW Prüfungsstandard: Grundsätze für die prüferische Durchsicht von Abschlüssen (IDW PS 900), in: IDW (Hrsg.), IDW Prüfungsstandards (IDW PS), IDW Stellungnahmen zur Rechnungslegung (IDW RS), IDW Standards (IDW S) einschließlich der dazugehörigen Entwürfe, IDW Prüfungs- und IDW Rechnungslegungshinweise (IDW PH und IDW RH), Band I, Düsseldorf 2010 (Loseblattsammlung, Stand: 32. Ergänzungslieferung Januar 2010).

IDW S 1 I. D. F. 2008: Institut der Wirtschaftsprüfer in Deutschland e. V. (Hrsg.), IDW Standard: Grundsätze zur Durchführung von Unternehmensbewertungen (IDW S 1 i. d. F. 2008), in: IDW (Hrsg.), IDW Prüfungsstandards (IDW PS), IDW Stellungnahmen zur Rechnungslegung (IDW RS), IDW Standards (IDW S) einschließlich der dazugehörigen Entwürfe, IDW Prüfungs- und IDW Rechnungslegungshinweise (IDW PH und IDW RH), Band II, Düsseldorf 2010 (Loseblattsammlung, Stand: 32. Ergänzungslieferung Januar 2010).

INWINKL/SCHNEIDER 2009: Inwinkl, P./Schneider, G., Überblick über das neue Gesetz zur Angemessenheit der Vorstandsvergütung (VorstAG), in: Die Wirtschaftsprüfung, 62. Jg. (2009), S. 971-979.

ISENBERG 2005: Isenberg, G., Die Geschäftsordnung für die Organe der Aktiengesellschaft, Frankfurt a. M. et al. 2005.

JACKSON/MOERKE 2005: Jackson, G./Moerke, A., Continuity and Change in Corporate Governance: Comparing Germany and Japan, in: Corporate Governance: An International Review, Vol. 13 (2005), S. 351-361.

JACOB 2004: Jacob, S., Business Reporting über immaterielle Güter. Konzeptioneller Aufbau und aktuelle Entwicklungen in der externen Berichterstattung, Aachen 2004.

JÄGER 2000: Jäger, A., Thema Börse (8): Investor Relations und Publizität, in: Neue Zeitschrift für Gesellschaftsrecht, 3. Jg. (2000), S. 186-189.

JÄGER/ELSEN 2010: Jäger, L./Elsen, R., Investment Banking, in: Das Wirtschaftsstudium, 39. Jg. (2010), S. 335-337.

JANISCH 1992: Janisch, M., Das strategische Anspruchsgruppenmanagement. Vom Shareholder Value zum Stakeholder Value, Bamberg 1992.

JASCHKE 1989: Jaschke, T., Die betriebswirtschaftliche Überwachungsfunktion aktienrechtlicher Aufsichtsräte, Köln 1989.

JASPERS 2009: Jaspers, P., Voraussetzungen und Rechtsfolgen der Unabhängigkeit des Aufsichtsratsmitglieds nach dem BilMoG, in: Die Aktiengesellschaft, 54. Jg. (2009), S. 607-615.

JENNER 1998: Jenner, T., Aufbau und Umsetzung strategischer Erfolgspotenziale als Kernaufgabe des strategischen Managements, in: Die Unternehmung, 52. Jg. (1998), S. 145-159.

JENSEN 1983: Jensen, M. C., Organization Theory and Methodology, in: The Accounting Review, Vol. 58 (1983), S. 319-339.

JENSEN 1986: Jensen, M. C., Agency Costs of Free Cash Flow, Corporate Finance, and Takeovers, in: The American Economic Review, Vol. 76 (1986), Issue 2, S. 323-329.

JENSEN 1989: Jensen, M. C., Eclipse of the Public Corporation, in: Harvard Business Review, Vol. 67 (1989), Issue 5, S. 61-74.

JENSEN 2002: Jensen, M. C., Value Maximization, Stakeholder Theory, and the Corporate Objective Function, in: Business Ethics Quarterly, Vol. 12 (2002), S. 235-256.

JENSEN/MECKLING 1976: Jensen, M. C./Meckling, W. H., Theory of the Firm. Managerial Behaviour, Agency Costs and Ownership Structure, in: Journal of Financial Economics, Vol. 3 (1976), S. 305-360.

JENSEN/MECKLING 1979: Jensen, M. C./Meckling, W. H., Rights and Production Functions: An Application to Labor-managed Firms and Codetermination, in: The Journal of Business, Vol. 52 (1979), S. 469-506.

JENSEN/RUBACK 1983: Jensen, M. C./Ruback, R. S., The Market for Corporate Control. The Scientific Evidence, in: Journal of Financial Economics, Vol. 11 (1983), S. 5-50.

JENSEN/SMITH 1985: Jensen, M. C./Smith, C. W., Stockholder, Manager, and Creditor Interests: Applications of Agency Theory, in: Altman, E. I./ Subrahmanyam, M. G. (Hrsg.), Recent Advances in Corporate Finance, Homewood 1985, S. 93-131.

JESOVER/KIRKPATRICK 2005: Jesover, F./Kirkpatrick, G., The Revised OECD Principles of Corporate Governance to Non-OECD Countries, in: Corporate Governance: An International Review, Vol. 13 (2005), S. 127-136.

JOSTARNDT/RUDOLPH/THIERAUF 2006: Jostarndt, P./Rudolph, B./Thierauf, M., Unternehmenskontrolle und Management-Disziplinierung in Deutschland. Neue Ergebnisse, in: Wirtz, B. W. (Hrsg.), Handbuch Mergers & Acquisitions Management, Wiesbaden 2006, S. 203-227.

JUNG/KUNOWSKI 2007: Jung, H./Kunowski, S., Neuausrichtung der „Deutschland AG". Eine Retrospektive der Allianz SE, in: Glaum, M./Hommel, U./Thomaschewski, D. (Hrsg.), Internationalisierung und Unternehmenserfolg: Wettbewerb, organisatorischer Wandel und Corporate Governance, Stuttgart 2007, S. 361-375.

JÜRGENS/NAUMANN/RUPP 2000: Jürgens, U./Naumann, K./Rupp, J., Shareholder Value in an Adverse Environment: the German Case, in: Economy and Society, Vol. 29 (2000), S. 54-79.

KALKA 2002: Kalka, L., Zielartikulation großer europäischer Aktiengesellschaften in Geschäftsberichten, Frankfurt a. M. et al. 2002.

KALLMEYER 2001: Kallmeyer, H., Kapitalmarktrechtliche Corporate Governance-Regeln, in: Lutter, M. /Scholz, M./Siegle, W. (Hrsg.), Festschrift für Martin Peltzer zum 70. Geburtstag, Köln 2001, S. 205-217.

KALLMEYER 2003: Kallmeyer, H., Das monistische System in der SE mit Sitz in Deutschland, in: Zeitschrift für Wirtschaftsrecht, 24. Jg. (2003), S. 1531-1536.

KAPLAN 1997: Kaplan, S. N., Corporate Governance and Corporate Performance: A Comparison of Germany, Japan and the U.S., in: Hopt, K. J./Wymeersch, E. (Hrsg.), Comparative Corporate Governance, Essays and Materials, Berlin/New York 1997, S. 195-210.

KAPLAN/NORTON 1996: Kaplan, R. S./Norton, D. P., Translating Strategy into Action: The Balanced Scorecard, Boston 1996.

KAPLAN/NORTON 1997: Kaplan, R. S./Norton, D. P., Balanced Scorecard. Strategien erfolgreich umsetzen, Stuttgart 1997.

KAYA/HIMME 2007: Kaya, M./Himme, A., Möglichkeiten der Stichprobenbildung, in: Albers, S. et al. (Hrsg.), Methodik der empirischen Sozialforschung, 2. Aufl., Wiesbaden 2007, S. 79-88.

KEHLER 2008: Kehler, C., Die Unabhängigkeit des Aufsichtsrats als aktienrechtliches Erfordernis (AktG und DCGK), Frankfurt a. M. et al. 2008.

KEITZ/STOLLE 2008: Keitz, I. v./Stolle, I., Fehlerfeststellung, -veröffentlichung und -korrektur im Rahmen des deutschen Enforcement. Anforderungen, Herausforderungen und Analyse der praktischen Umsetzung, in: Zeitschrift für internationale und kapitalmarktorientierte Rechnungslegung, 8. Jg. (2008), S. 213-226.

KELLINGHUSEN/IRRGANG 1978: Kellinghusen, G./Irrgang, W., Der optimale Geschäftsbericht. Praktische Hinweise auf der Grundlage von Marktforschungsergebnissen, in: Der Betrieb, 31. Jg. (1978), S. 2277-2283.

KENGELBACH/ROOS 2006: Kengelbach, J./Roos, A., Entflechtung der Deutschland AG: Empirische Untersuchung der Reduktion von Kapital- und Personenverflechtungen zwischen deutschen börsennotierten Gesellschaften, in: Mergers and Acquisitions, o. Jg. (2006), S. 12-21.

KERN 1979: Kern, M., Klassische Erkenntnistheorien und moderne Wissenschaftslehre, in: Raffée, H./Abel, B. (Hrsg.), Wissenschaftstheoretische Grundfragen der Wirtschaftswissenschaften, München 1979, S. 11-27.

KERSTING 2010: Kersting, C., §§ 131, 132 AktG, in: Zöllner, W./ Noack, U. (Hrsg.), Kölner Kommentar zum Aktiengesetz, Band 3, 3. Aufl., Köln 2010.

KIENER 1990: Kiener, S., Die Principal-Agent-Theorie aus informationsökonomischer Sicht, Heidelberg 1990.

KIETHE 2005: Kiethe, K., Die zivil- und strafrechtliche Haftung von Aufsichtsräten für Geschäftsrisiken, in: Wertpapier-Mitteilungen, 59. Jg. (2005), S. 2122-2130.

KIETHE 2006: Kiethe, K., Anfechtbarer Beschluss über die Entlastung des Aufsichtsrats der AG durch unzureichende Berichterstattung, in: Neue Zeitschrift für Gesellschaftsrecht, 9. Jg. (2006), S. 888-892.

KINZL 2004: Kinzl, U.-P., Wie angemessen muss „angemessene Information" als Grundlage für Vorstandsentscheidungen sein?, in: Der Betrieb, 57. Jg. (2004), S. 1653-1654.

KIRCHHOFF/PIWINGER 2007: Kirchhoff, K. R./Piwinger, M., Kommunikation mit Kapitalgebern: Grundlagen der Investor Relations, in: Zerfaß, A./Piwinger, M. (Hrsg.), Handbuch Unternehmenskommunikation, Wiesbaden 2007, S. 723-740.

KIRCHNER 2002a: Kirchner, C., Publizität, in: Ballwieser, W./Coenenberg, A. G./Wysocki, K. v. (Hrsg.), Handwörterbuch der Rechnungslegung und Prüfung, 3. Aufl., Stuttgart 2002, Sp. 1938-1950.

KIRCHNER 2002b: Kirchner, C., Regulierung durch Unternehmensführungskodizes (Codes of Corporate Governance), in: Ballwieser, W. (Hrsg.), BWL und Regulierung, in: Zeitschrift für betriebswirtschaftliche Forschung, 54. Jg. (2002), Sonderheft 48, S. 93-120.

KIRSCH/KOELEN/KÖHLING 2010: Kirsch, H.-J./Koelen, P./Köhling, K., Möglichkeiten und Grenzen des Management Approach, in: Zeitschrift für internationale und kapitalmarktorientierte Rechnungslegung, 10. Jg. (2010), S. 200-207.

KIRSTEN 2004: Kirsten, R., Deutscher Corporate Governance-Kodex: Die rechtmäßige Besetzung von Aufsichtsratsausschüssen am Beispiel des Prüfungsausschusses, in: Betriebs-Berater, 59. Jg. (2004), S. 173-175.

KLAUS 1989: Klaus, P., Unternehmensverfassung, Managementtheorie und Effektivität öffentlicher Unternehmen, in: Eichhorn, P./Friedrich, P. (Hrsg.), Unternehmensverfassung in der privaten und öffentlichen Wirtschaft. Festschrift für Prof. Dr. Erich Potthoff zur Vollendung des 75. Lebensjahres, Baden-Baden 1989, S. 76-104.

KLEINDIEK 2004: Kleindiek, D., Corporate Governance in Konzernverbindungen, in: Abeltshauser, T. E./Buck, P. (Hrsg.), Corporate Governance. Tagungsband der 1. Hannoveraner Unternehmensrechtstage, Köln et al. 2004, S. 103-112.

KLEINDIEK 2009: Kleindiek, D., Konzernstrukturen und Corporate Governance: Leitung und Überwachung im dezentral organisierten Konzernverbund, in: Hommelhoff, P./Hopt, K. J./Werder, A. v. (Hrsg.), Handbuch Corporate Governance. Leitung und Überwachung börsennotierter Unternehmen in Rechts- und Wirtschaftspraxis, 2. Aufl., Köln et al. 2009, S. 787-823.

KLIEN 1995: Klien, W., Wertsteigerungsanalyse und Messung von Managementleistungen. Technik, Logik und Anwendung, Wiesbaden 1995.

KLÖCKNER 2009: Klöckner, S., Informationspflichten und Haftung der Organmitglieder börsennotierter Aktiengesellschaften. Ein Vergleich Deutschland/USA, Baden-Baden 2009.

KOCH 1994: Koch, R., Betriebliches Berichtswesen als Informations- und Steuerungsinstrument, Frankfurt a. M. et al. 1994.

KOCH 2009: Koch, R., Einführung eines obligatorischen Selbstbehalts in der D & O-Versicherung durch das VorstAG, in: Die Aktiengesellschaft, 54. Jg. (2009), S. 637-647.

KOCHER 2010: Kocher, D., Ungeklärte Fragen der Erklärung zur Unternehmensführung nach § 289 a HGB, in: Deutsches Steuerrecht, 48. Jg. (2010), S. 1034-1037.

KOCHER/LÖNNER 2010: Kocher, D./Lönner, A., Das Auskunftsrecht in der Hauptversammlung nach der Aktionärsrechterichtlinie, in: Die Aktiengesellschaft, 55. Jg. (2010), S. 153-158.

KOFMAN/LAWARRÉE 1993: Kofman, F./Lawarrée, J., Collusion in Hierarchical Agency, in: Econometrica, Vol. 61 (1993), S. 629-656.

KÖHLER 2005: Köhler, A. G., Audit Committees in Germany. Theoretical Reasoning and Empirical Evidence, in: Schmalenbach Business Review, 57. Jg. (2005), S. 229-252.

KÖKE 2001: Köke, F. J., New Evidence on Ownership Structures in Germany, in: Kredit und Kapital, 34. Jg. (2001), S. 252-292.

KORN 2002: Korn, E., Enforcement von Rechnungslegungsstandards: Welche Wirkungen hat das Strafmaß?, in: Deutsches Steuerrecht, 40. Jg. (2002), S. 1500-1504.

KORT 2003: Kort, M., Rn. 1-226 zu § 76 AktG, Rn. 1-94 zu § 77 AktG, in: Hopt, K. J./Wiedemann, H. (Hrsg.), Großkommentar AktG, 4. Aufl., 19. Lieferung, Berlin 2003, S. 55-215.

KORT 2006a: Kort, M., Rn. 1-601 zu § 84 AktG, in: Hopt, K. J./Wiedemann, H. (Hrsg.), Großkommentar AktG, 4. Aufl., 26. Lieferung, Berlin 2006, S. 1-156.

KORT 2006b: Kort, M., Voraussetzungen der Zulässigkeit einer D & O-Versicherung von Organmitgliedern, in: Deutsches Steuerrecht, 44. Jg. (2006), S. 799-804.

KORT 2008: Kort, M., Corporate Governance-Fragen der Größe und Zusammensetzung des Aufsichtsrats bei AG, GmbH und SE, in: Die Aktiengesellschaft, 53. Jg. (2008), S. 137-149.

KORT 2010: Kort, M., Risikomanagement nach dem Bilanzrechtsmodernisierungsgesetz, in: Zeitschrift für Unternehmens- und Gesellschaftsrecht, 39. Jg. (2010), S. 440-471.

KORTE 2009: Korte, K., Die Information des Aufsichtsrats durch die Mitarbeiter. Whistleblowing und Mitarbeiterbefragung als Mittel zur Verbesserung der Informationsasymmetrien in der AG, Frankfurt a. M. et al. 2009.

KÖSTER 1992: Köster, H., Grundsätze ordnungsmäßiger Zwischenberichterstattung börsennotierter Aktiengesellschaften, Düsseldorf 1992.

KÖSTLER/ZACHERT/MÜLLER 2009: Köstler, R./Zachert, U./Müller, M., Aufsichtsratspraxis. Handbuch für die Arbeitnehmervertreter im Aufsichtsrat, 9. Aufl., Frankfurt a. M. 2009.

KOTLER/KELLER/BLIEMEL 2007: Kotler, P./Keller, K. L./Bliemel, F., Marketing-Management. Strategien für wertschaffendes Handeln, 12. Aufl., München et al. 2007.

KÖTZLE/GRÜNING 2009: Kötzle, A./Grüning, M., Unternehmenspublizität aus Sicht der Praxis, in: Zeitschrift für internationale und kapitalmarktorientierte Rechnungslegung, 9. Jg. (2009), S. 33-44.

KÖTZLE/NIGGEMANN 2001: Kötzle, A./Niggemann, M., Value Reporting, in: Achleitner, A.-K./Bassen, A. (Hrsg.), Investor Relations am Neuen Markt. Zielgruppen, Instrumente, rechtliche Rahmenbedingungen und Kommunikationsinhalte, Stuttgart 2001, S. 633-651.

KOZIKOWSKI/RÖHM-KOTTMANN 2010: Kozikowski, M./Röhm-Kottmann, M., Rn. 1-52 zu § 289 a HGB, in: Ellrott, H. et al. (Hrsg.), Beck'scher Bilanz-Kommentar. Handels- und Steuerbilanz - §§ 238 bis 339, 342 bis 342 e HGB mit IFRS-Abweichungen -, 7. Aufl., München 2010, S. 1467-1473.

KRAAKMAN 1986: Kraakman, R. H., Gatekeepers: The Anatomy of a Third-Party Enforcement Strategy, in: Journal of Law, Economics, & Organization, Vol. 2 (1986), S. 53-104.

KRAMER 1962: Kramer, R., Die betriebswirtschaftliche Bedeutung von Information und Kommunikation, insbesondere für die Struktur des Betriebes, Mannheim 1962.

KREMER 2010: Kremer, T., Rn. 214-223 zu Abschn. 2.1.2, Rn. 270-298 zu Abschn. 2.2.4, Rn. 527-533 zu Abschn. 3.9, Rn. 932-959 zu Abschn. 5.1.2-5.1.3, Rn. 960-1108 zu Abschn. 5.2-5.4.6, Rn. 1112-1151 zu Abschn. 5.5.1-5.5.4, Rn. 1349-1374 zu Abschn. 7.2.1-7.2.4, in: Ringleb, H.-M. et al. (Hrsg.), Kommentar zum Deutschen Corporate Governance Kodex. Kodex-Kommentar, 4. Aufl., München 2010, S. 83-86, S. 98-102, S. 167 f., S. 266-311, S. 312-320, S. 353-359.

KREMER/KLAHOLD 2010: Kremer, T./Klahold, C., Compliance-Programme in Industriekonzernen, in: Zeitschrift für Unternehmens- und Gesellschaftsrecht, 39. Jg. (2010), S. 113-143.

KREUZGRABE 2009: Kreuzgrabe, L., Informationsversorgung von Abschlussprüfer und Aufsichtsrat zur Verbesserung der Corporate Governance. Vorschläge für Zusatzinformationen über die wirtschaftliche Lage im Rahmen der Unternehmensüberwachung, Hamburg 2009.

KRIEGER 1981: Krieger, G., Personalentscheidungen des Aufsichtsrats, Köln et al. 1981.

KRIEGER 2003: Krieger, G., Interne Voraussetzungen für die Abgabe der Entsprechenserklärung nach § 161 AktG, in: Habersack, M. et al. (Hrsg.), Festschrift für Peter Ulmer zum 70. Geburtstag am 2. Januar 2003, Berlin 2003, S. 365-380.

KRIEGER 2005: Krieger, G., Gewinnabhängige Aufsichtsratsvergütungen, in: Crezelius, G./Hirte, H./Vieweg, K. (Hrsg.), Gesellschaftsrecht, Rechnungslegung, Sportrecht. Festschrift für Volker Röhricht zum 65. Geburtstag, Köln 2005, S. 349-367.

KRIEGER/SAILER 2008: Krieger, G./Sailer, V., Rn. 1-73 zu § 90 AktG, Rn. 1-18 zu § 91 AktG, Rn. 1-71 zu § 93 AktG, in: Schmidt, K./Lutter, M. (Hrsg.), Aktiengesetz. Kommentar, Band I, Köln 2008, S.1008-1039, S. 1055-1083.

KROMREY 2006: Kromrey, H., Empirische Sozialforschung. Modelle und Methoden der standardisierten Datenerhebung und Datenauswertung, 11. Aufl., Opladen 2006.

KRÖNERT 2001: Krönert, B., Grundsätze informationsorientierter Rechnungslegung. Eine Untersuchung über die Erfüllung der Informationsfunktion von Jahresabschlüssen durch die US-GAAP, Sternenfels 2001.

KROPFF 2003: Kropff, B., Rn. 1-186 zu § 171 AktG, in: Kropff, B./Semler, J. (Hrsg.), Münchener Kommentar zum Aktiengesetz, Band 5, 2. Aufl., München 2003, S. 139-183.

KROPFF 2009a: Kropff, B., Mitwirkung des Aufsichtsrats bei einzelnen Maßnahmen der Geschäftsführung, in: Semler, J./Schenck, K. v. (Hrsg.), Arbeitshandbuch für Aufsichtsratsmitglieder, 3. Aufl., München 2009, S. 364-477.

KROPFF 2009b: Kropff, B., Anlage § 8 - 1: Beispiel für Zustimmungsvorbehalte in der Geschäftsordnung des Vorstands, in: Semler, J./Schenck, K. v. (Hrsg.), Arbeitshandbuch für Aufsichtsratsmitglieder, 3. Aufl., München 2009, S. 925-927.

KROPFF 2009c: Kropff, B., Der unabhängige Finanzexperte in der Gesellschaftsverfassung, in: Bitter, G. et al. (Hrsg.), Festschrift für Karsten Schmidt zum 70. Geburtstag, Köln 2009, S. 1023-1040.

KRUMBHOLZ 1994: Krumbholz, M., Die Qualität publizierter Lageberichte. Ein empirischer Befund zur Unternehmenspublizität, Düsseldorf 1994.

KRYSTEK/MÜLLER 1993: Krystek, U./Müller, M., Investor Relations. Eine neue Disziplin nicht nur für das Finanzmanagement, in: Der Betrieb, 46. Jg. (1993), S. 1785-1789.

KUHLMANN 1993: Kuhlmann, W., Zum Spannungsfeld Überreden - Überzeugen, in: Armbrecht, W. et al. (Hrsg.), Image und PR. Kann Image Gegenstand einer Public Relations-Wissenschaft sein?, Opladen 1993, S. 37-53.

KUHN/STIBI 2009: Kuhn, S./Stibi, E., Änderungen der IDW Prüfungsstandards aufgrund des Bilanzrechtsmodernisierungsgesetzes, in: Die Wirtschaftsprüfung, 62. Jg. (2009), S. 1157-1166.

KÜHNE/FUSS 2003: Kühne, E./Fuss, J., Corporate Governance in Germany, in: Business Law Review, Vol. 24 (2003), S. 226-232.

KUHNER 2004: Kuhner, C., Unternehmensinteresse vs. Shareholder Value als Leitmaxime kapitalmarktorientierter Aktiengesellschaften, in: Zeitschrift für Unternehmens- und Gesellschaftsrecht, 33. Jg. (2004), S. 244-279.

KUNCZIK 1977: Kunczik, M., Massenkommunikation. Eine Einführung, Köln/ Wien 1977.

KUNZ/PFEIFFER/SCHNEIDER 2007: Kunz, A. H./Pfeiffer, T./Schneider, G., ERIC versus EVA. Eine theoretische Analyse in der Praxis diskutierter Wertmetriken, in: Die Betriebswirtschaft, 67. Jg. (2007), S. 259-277.

KUßMAUL 2007: Kußmaul, H., Discounted Cash Flow-Methoden, in: Freidank, C.-C./ Lachnit, L./Tesch, J. (Hrsg.), Vahlens Großes Auditing Lexikon, München 2007, S. 346-348.

KUTHE/GEISER 2008: Kuthe, T./Geiser, M., Die neue Corporate Governance Erklärung. Neuerungen des BilMoG in § 289 a HGB-RE, in: Neue Zeitschrift für Gesellschaftsrecht, 11. Jg. (2008), S. 172-175.

KÜTING/BUSCH 2009: Küting, K./Busch, J., Zum Wirrwarr der Überwachungsbegriffe, in: Der Betrieb, 62. Jg. (2009), S. 1361-1367.

LABBÉ 2005: Labbé, M., Der Einfluss des Kapitalmarkts auf die Strategieentwicklung börsennotierter Unternehmen, in: Der Betrieb, 58. Jg. (2005), S. 2089-2095.

LABHART 1999: Labhart, P. A., Value Reporting. Informationsbedürfnisse des Kapitalmarktes und Wertsteigerung durch Reporting, Zürich 1999.

LACHNIT/MÜLLER 2002: Lachnit, L./Müller, S., Probleme bei der wertorientierten Performancedarstellung von Unternehmen, in: Der Betrieb, 55. Jg. (2002), S. 2553-2559.

LANE 2000: Lane, C., Globalization and the German Model of Capitalism. Erosion or Survival?, in: British Journal of Sociology, Vol. 51 (2000), S. 207-234.

LANE 2003: Lane, C., Changes in Corporate Governance of German Corporations: Convergence to the Anglo-American Model?, in: Competition & Change, Vol. 7 (2003), S. 79-100.

LANFERMANN/MAUL 2006: Lanfermann, G./Maul, S., Änderung der EU-Rechnungslegungsrichtlinien, in: Betriebs-Berater, 61. Jg. (2006), S. 2011-2015.

LANFERMANN/RÖHRICHT 2009: Lanfermann, G./Röhricht, V., Pflichten des Prüfungsausschusses nach dem BilMoG, in: Der Betrieb, 62. Jg. (2009), S. 887-891.

LANGENBUCHER 2005: Langenbucher, K., Vorstandshandeln und Kontrolle. Zu einigen Neuerungen des UMAG, in: Deutsches Steuerrecht, 43. Jg. (2005), S. 2083-2090.

LANGENBUCHER 2009: Langenbucher, K., Kausalitätsbeziehungen bei der Einschaltung von Finanzintermediären. Zur Haftung für fehlerhafte Kapitalmarktinformation, in: Bitter, G. et al. (Hrsg.), Festschrift für Karsten Schmidt zum 70. Geburtstag, Köln 2009, S. 1053-1061.

LANGENBUCHER/BLAUM 1994: Langenbucher, G./Blaum, U., Audit Committees. Ein Weg zur Überwindung der Überwachungskrise?, in: Der Betrieb, 47. Jg. (1994), S. 2197-2206.

LA PORTA/LOPEZ-DE-SILANES/SHLEIFER 1999: La Porta, R./Lopez-de-Silanes, F./ Shleifer, A., Corporate Ownership around the World, in: The Journal of Finance, Vol. 54 (1999), S. 471-517.

LA PORTA ET AL. 1997: La Porta, R./Lopez-de-Silanes, F./Shleifer, A./Vishny, R. W., Legal Determinants of External Finance, in: The Journal of Finance, Vol. 52 (1997), S. 1131-1150.

LA PORTA ET AL. 1998: La Porta, R./Lopez-de-Silanes, F./Shleifer, A./Vishny, R. W., Law and Finance, in: Journal of Political Economy, Vol. 106 (1998), S. 1113-1155.

LA PORTA ET AL. 2000: La Porta, R./Lopez-de-Silanes, F./Shleifer, A./Vishny, R. W., Investor Protection and Corporate Governance, in: Journal of Financial Economics, Vol. 58 (2000), S. 3-27.

LA PORTA ET AL. 2001: La Porta, R./Lopez-de-Silanes, F./Shleifer, A./Vishny, R. W., Law and Finance, in: Schwalbach, J. (Hrsg.), Corporate Governance. Essays in Honor of Horst Albach, Heidelberg 2001, S. 26-68.

LA PORTA ET AL. 2002: La Porta, R./Lopez-de-Silanes, F./Shleifer, A./Vishny, R. W., Investor Protection and Corporate Valuation, in: Journal of Finance, Vol. 57 (2002), S. 1147-1170.

LA PORTA ET AL. 2006: La Porta, R./Lopez-de-Silanes, F./Shleifer, A./Vishny, R. W., What works in Securities Laws?, in: The Journal of Finance, Vol. 61 (2006), S. 1-32.

LARCKER/RICHARDSON/TUNA 2005: Larcker, D. F./Richardson, S. A./Tuna, I., How important is Corporate Governance?, Working Paper der Wharton School, University of Pennsylvania, Philadelphia 2005.

LASSWELL 1966: Lasswell, H. D., The Structure and Function of Communication in Society, in: Berelson, B./Janowitz, M. (Hrsg.), Reader in Public Opinion and Communication, 2. Aufl., New York/London 1966, S. 178-192.

LAUX 2003: Laux, H., Wertorientierte Unternehmensführung und Kapitalmarkt. Fundierung von Unternehmenszielen und Anreize für ihre Umsetzung, Berlin et al. 2003.

LEE/GU 1998: Lee, C.-W. J./Gu, Z., Low Balling, Legal Liability and Auditor Independence, in: The Accounting Review, Vol. 73 (1998), S. 533-555.

LEFFSON 1987: Leffson, U., Die Grundsätze ordnungsmäßiger Buchführung, 7. Aufl., Düsseldorf 1987.

LEFFSON 1988: Leffson, U., Wirtschaftsprüfung, 4. Aufl., Wiesbaden 1988.

LEHN/PATRO/ZHAO 2005: Lehn, K./Patro, S./Zhao, M., Governance Indices and Valuation Multiples: which causes which?, Paper of the University of Pittsburgh; Pittsburgh 2005.

LEIMKÜHLER/VELTE 2008: Leimkühler, C./Velte, P., Der Risikomanagementbericht nach dem BilMoG: Erhöhte Anforderungen an den Aufsichtsrat?, in: Der Aufsichtsrat, 5. Jg. (2008), Heft 9, S. 125-127.

LENTFER 2003: Lentfer, T., Die Überwachung des Risikomanagementsystems gemäß § 91 Abs. 2 AktG durch den Aufsichtsrat, Hamburg 2003.

LENTFER 2005: Lentfer, T., Einflüsse der internationalen Corporate Governance-Diskussion auf die Überwachung der Geschäftsführung. Eine kritische Analyse des deutschen Aufsichtsratssystems, Wiesbaden 2005.

LENTFER/WEBER 2006a: Lentfer, T./Weber, S. C., Das Corporate Governance Statement als neues Publizitätsinstrument, in: Der Betrieb, 59. Jg. (2006), S. 2357-2363.

LENTFER/WEBER 2006b: Lentfer, T./Weber, S. C., Das EU-Corporate Governance Statement: Bedeutung für den Aufsichtsrat, in: Der Aufsichtsrat, 3. Jg. (2006), Heft 11, S. 6-8.

LENZ 1993: Lenz, H., Die Wahl des handelsrechtlichen Abschlussprüfers. Eine theoretische und empirische Analyse, Berlin 1993.

LENZ/BAUER 2002: Lenz, H./Bauer, M., Die Durchsetzung von Rechnungslegungsnormen bei kapitalmarktorientierten Unternehmen, in: Betriebswirtschaftliche Forschung und Praxis, 54. Jg. (2002), S. 246-262.

LENZ/BAUER 2004: Lenz, H./Bauer, M., Prüfungs- und Beratungshonorare von Abschlussprüfern deutscher börsennotierter Aktiengesellschaften, in: Die Wirtschaftsprüfung, 57. Jg. (2004), S. 985-997.

LENZ/OSTROWSKI 1997: Lenz, H./Ostrowski, M., Kontrolle und Transparenz im Unternehmensbereich durch die Institution Abschlußprüfung. Eine Beurteilung der Regelungen im Referentenentwurf eines Gesetzes zur Kontrolle und Transparenz im Unternehmensbereich aus ökonomischer Sicht, in: Betriebs-Berater, 52. Jg. (1997), S. 1523-1529.

LENZ/MÖLLER/HÖHN 2006: Lenz, H./Möller, M./Höhn, B., Offenlegung der Honorare für Abschlussprüferleistungen im Geschäftsjahr 2005 bei DAX-Unternehmen, in: Betriebs-Berater, 61. Jg. (2006), S. 1787-1793.

LEVEN 1998: Leven, F.-J., Investor Relations und Shareholder Value, in: Müller, M./Leven, F.-J. (Hrsg.), Shareholder Value Reporting. Veränderte Anforderungen an die Berichterstattung börsennotierter Unternehmen, Wien/Frankfurt a. M. 1998, S. 45-62.

LEWIS 1994: Lewis, T. G., Steigerung des Unternehmenswertes: Total Value Management, Landsberg/Lech 1994.

LEYENS 2006: Leyens, P. C., Information des Aufsichtsrats. Ökonomisch-funktionale Analyse und Rechtsvergleich zum englischen Board, Tübingen 2006.

LICHT 2001: Licht, A. N., The Mother of all Path Dependencies toward a Cross-Cultural Theory of Corporate Governance Systems, in: Delaware Journal of Corporate Law, Vol. 26 (2001), S. 147-205.

LIEDER 2005: Lieder, J., Das unabhängige Aufsichtsratsmitglied. Zu den Änderungen des Deutschen Corporate Governance Kodex, in: Neue Zeitschrift für Gesellschaftsrecht, 8. Jg. (2005), S. 569-574.

LIEDER 2006: Lieder, J., Der Aufsichtsrat im Wandel der Zeit. Leitlinien der geschichtlichen Entwicklung sowie der Fortentwicklung des deutschen Aufsichtsratssystems, Jena 2006.

LIGGIO 1974: Liggio, C. D., The Expectation Gap. The Accountant's Waterloo?, in: Journal of Contemporary Business, Vol. 3 (1974), Issue 3, S. 27-44.

LINDENTHAL 2001: Lindenthal, S., Die Kontrollfunktion des mitbestimmten Aufsichtsrats. Ein vertragstheoretischer Beitrag zur Corporate Governance-Debatte, München/Mering 2001.

LINGEMANN 2009: Lingemann, S., Angemessenheit der Vorstandsvergütung. Das VorstAG ist in Kraft, in: Betriebs-Berater, 64. Jg. (2009), S. 1918-1924.

LINK 1991: Link, R., Aktienmarketing in deutschen Publikumsgesellschaften, Wiesbaden 1991.

LINK 1993: Link, R., Investor Relations im Rahmen des Aktienmarketing von Publikumsgesellschaften, in: Betriebswirtschaftliche Forschung und Praxis, 45. Jg. (1993), S. 105-132.

LINTNER 1965: Lintner, J., Security Prices, Risk and Maximal Gains from Diversification, in: The Journal of Finance, Vol. 20 (1965), S. 587-615.

LÖBBE 2003: Löbbe, M., Unternehmenskontrolle im Konzern. Die Kontrollaufgaben von Vorstand, Geschäftsführer und Aufsichtsrat, Heidelberg 2003.

LODERER 2007: Loderer, C., Weighted Average Cost of Capital-Ansatz, in: Freidank, C.-C./ Lachnit, L./Tesch, J. (Hrsg.), Vahlens Großes Auditing Lexikon, München 2007, S. 1507-1508.

LÖFFLER 2007: Löffler, A., Steuern in der Unternehmensbewertung, in: Freidank, C.-C./ Lachnit, L./Tesch, J. (Hrsg.), Vahlens Großes Auditing Lexikon, München 2007, S. 1295-1297.

LOHRE 2009: Lohre, T., Whistleblowing. Funktionsweise, Modell und Rechtsfragen, in: Zeitschrift für Corporate Governance, 4. Jg. (2009), S. 165-170.

LOMBARDO/PAGANO 2000: Lombardo, D./Pagano, M., Law and Equity Markets: A simple Model, Working Paper No. 25 des Centre for Studies in Economics and Finance, Salerno 2000.

LOMBARDO/PAGANO 2002: Lombardo, D./Pagano, M., Law and Equity Markets, a simple Model, in: McCahery, J. et al. (Hrsg.), Corporate Governance Regimes. Convergence or Diversity, Oxford 2002, S. 343-362.

LÖSLER 2008: Lösler, T., Zu Rolle und Stellung des Compliance-Beauftragten, in: Wertpapier-Mitteilungen, 62. Jg. (2008), S. 1098-1104.

LÜCK 1970: Lück, W., Die externe Rechnungslegung der Aktiengesellschaft in der Bundesrepublik Deutschland und in den Vereinigten Staaten von Nordamerika. Eine vergleichende Untersuchung, Düsseldorf 1970.

LÜCK 1984: Lück, W., Audit Committees. Zur Entwicklung von Prüfungsausschüssen in den USA, in: Der Betrieb, 37. Jg. (1984), S. 1941-1943.

LÜCK 1986: Lück, W., Audit Committee, in: Die Betriebswirtschaft, 46. Jg. (1986), S. 228-230.

LÜCK 1990: Lück, W., Audit Committee. Eine Einrichtung zur Effizienzsteigerung betriebswirtschaftlicher Überwachungssysteme?, in: Zeitschrift für betriebswirtschaftliche Forschung, 42. Jg. (1990), S. 995-1013.

LÜCK 1998a: Lück, W., Elemente eines Risiko-Managementsystems. Die Notwendigkeit eines Risiko-Managementsystems durch den Entwurf eines Gesetzes zur Kontrolle und Transparenz im Unternehmensbereich (KonTraG), in: Der Betrieb, 51. Jg. (1998), S. 8-14.

LÜCK 1998b: Lück, W., Der Umgang mit unternehmerischen Risiken durch ein Risikomanagementsystem und durch ein Überwachungssystem. Anforderungen durch das KonTraG und Umsetzung in der betrieblichen Praxis, in: Der Betrieb, 51. Jg. (1998), S. 1925-1930.

LÜCK 1999: Lück, W., Audit Committees. Prüfungsausschüsse zur Sicherung und Verbesserung der Unternehmensüberwachung in deutschen Unternehmen. Fehlende Effizienz betrieblicher Überwachung in deutschen Unternehmen: Überlegungen zur Sicherung und Verbesserung durch die Einrichtung von Audit Committees, in: Der Betrieb, 52. Jg. (1999), S. 441-443.

LÜCK 2010: Lück, W., Rn. 1-115 zu § 289 HGB, in: Küting, K./Weber, C.-P. (Hrsg.), Handbuch der Rechnungslegung Einzelabschluss. Kommentar zur Bilanzierung und Prüfung, Band 3, 5. Aufl., Stuttgart 2010, Loseblattsammlung (Stand: 5. Ergänzungslieferung März 2010).

LÜCK/HUNECKE 1998a: Lück, W./Hunecke, J., Die Bedeutung des Risikomanagementsystems und des Überwachungssystems zur Sicherung der Überlebensfähigkeit von Unternehmen, in: Die Steuerberatung, 41. Jg. (1998), S. 513-519.

LÜCK/HUNECKE 1998b: Lück, W./Hunecke, J., Risiko-Managementsystem - Internes Überwachungssystem, Controlling und Frühwarnsystem (Teil I), in: Die Steuerberatung, 41. Jg. (1998), S. 129-131.

LÜCK/MAKOWSKI 1996: Lück, W./Makowski, A., Internal Control: COSO-Report; Guidiance on Criteria of Control; Internal Financial Control, in: Mitteilungen der Wirtschaftsprüferkammer, 35. Jg. (1996), S. 157-160.

LÜCK/SCHRÖDER 2007a: Lück, W./Schröder, A., Coso-Report, in: Freidank, C.-C./Lachnit, L./Tesch, J. (Hrsg.), Vahlens Großes Auditing Lexikon, München 2007, S. 307-309.

LÜCK/SCHRÖDER 2007b: Lück, W./Schröder, A., Internal Control, in: Freidank, C.-C./ Lachnit, L./Tesch, J. (Hrsg.), Vahlens Großes Auditing Lexikon, München 2007, S. 679-680.

LÜCKE 1955: Lücke, W., Investitionsrechnung auf der Grundlage von Ausgaben oder Kosten?, in: Zeitschrift für handelswissenschaftliche Forschung, 7. Jg. (1955), S. 310-324.

LÜCKE 2005: Lücke, O., Die Angemessenheit von Vorstandsbezügen. Der erste unbestimmbare unbestimmte Rechtsbegriff?, in: Neue Zeitschrift für Gesellschaftsrecht, 8. Jg. (2005), S. 692-697.

LUDEWIG 1955: Ludewig, R., Die Darstellung der wirtschaftlichen Lage im Bericht über die aktienrechtliche Jahresabschlußprüfung, Düsseldorf 1955.

LUEKEN 1996: Lueken, G.-L., Philosophische Überlegungen zu Dialog, Diskurs und strategischem Handeln, in: Bentele, G. et al. (Hrsg.), Dialogorientierte Unternehmenskommunikation. Grundlagen, Praxiserfahrungen, Perspektiven, Berlin 1996, S. 59-79.

LUIK 1976: Luik, H., Ist ein obligatorischer Prüferwechsel für Aktiengesellschaften sinnvoll?, in: Betriebs-Berater, 31. Jg. (1976), S. 237-239.

LUKAS 2004: Lukas, A., Unternehmensbewertung und intellektuelles Kapital. Preisfindung im Merger & Acquisition-Prozess, Berlin 2004.

LUTTER 1995a: Lutter, M., Grundsätze ordnungsmäßiger Aufsichtsratstätigkeit. Erwiderung zu dem Beitrag des Arbeitskreises „Externe und Interne Überwachung der Unternehmung" der Schmalenbach Gesellschaft/Deutsche Gesellschaft für Betriebswirtschaft e. V., DB 1995, S. 1, in: Der Betrieb, 48. Jg. (1995), S. 1925-1927.

LUTTER 1995b: Lutter, M., Defizite für eine effiziente Aufsichtsratstätigkeit und gesetzliche Möglichkeiten der Verbesserung, in: Zeitschrift für das gesamte Handels- und Wirtschaftsrecht, 159. Jg. (1995), S. 287-309.

LUTTER 2001a: Lutter, M., Vergleichende Corporate Governance. Die deutsche Sicht, in: Zeitschrift für Unternehmens- und Gesellschaftsrecht, 30. Jg. (2001), S. 224-237.

LUTTER 2001b: Lutter, M., Der Aufsichtsrat: Kontrolleur oder Mit-Unternehmer?, in: Sadowski, D. (Hrsg.), Entrepreneurial Spirits, Wiesbaden 2001, S. 225-235.

LUTTER 2002: Lutter, M., Die Erklärung zum Corporate Governance Kodex gemäß § 161 AktG. Pflichtverstöße und Binnenhaftung von Vorstands- und Aufsichtsratsmitgliedern, in: Zeitschrift für das gesamte Handels- und Wirtschaftsrecht, 166. Jg. (2002), S. 523-543.

LUTTER 2003: Lutter, M., Auswahlpflichten und Auswahlverschulden bei der Wahl von Aufsichtsratsmitgliedern, in: Zeitschrift für Wirtschaftsrecht, 24. Jg. (2003), S. 417-419.

LUTTER 2006a: Lutter, M., Information und Vertraulichkeit im Aufsichtsrat, 3. Aufl., Köln et al. 2006.

LUTTER 2006b: Lutter, M., Deutscher Corporate Governance Kodex und die Erklärungen nach § 161 AktG, in: Baums, T./Wertenbruch, J. (Hrsg.), Festschrift für Ulrich Huber zum 70. Geburtstag, Tübingen 2006, S. 871-883.

LUTTER 2006c: Lutter, M., § 161 AktG, in: Zöllner, W./Noack, U., (Hrsg.), Kölner Kommentar zum Aktiengesetz, Band 3, 3. Aufl., Köln et al. 2006.

LUTTER 2007: Lutter, M., Der Bericht des Aufsichtsrats an die Hauptversammlung, in: Kirsch, H. J./Thiele, S. (Hrsg.), Rechnungslegung und Wirtschaftsprüfung. Festschrift zum 70. Geburtstag von Jörg Baetge, Düsseldorf 2007, S. 1003-1031.

LUTTER 2008: Lutter, M., Der Bericht des Aufsichtsrats an die Hauptversammlung, in: Die Aktiengesellschaft, 53. Jg. (2008), S. 1-11.

LUTTER 2009a: Lutter, M., Zur Auswahl von Aufsichtsratsmitgliedern, in: Betriebs-Berater, 64. Jg. (2009), Heft 11, S. M16.

LUTTER 2009b: Lutter, M., Professionalisierung des Aufsichtsrats, in: Der Betrieb, 62. Jg. (2009), S. 775-779.

LUTTER 2009c: Lutter, M., Das Abfindungs-Cap in Ziff. 4.2.3 Abs. 3 und 4 des Deutschen Corporate Governance-Kodex, in: Betriebs-Berater, 64. Jg. (2009), S. 1874-1876.

LUTTER 2009d: Lutter, M., Die personelle Auswahl von Aufsichtsratsmitgliedern - die rechtliche Sicht, in: Hommelhoff, P./Hopt, K. J./Werder, A. v. (Hrsg.), Handbuch Corporate Governance. Leitung und Überwachung börsennotierter Unternehmen in Rechts- und Wirtschaftspraxis, 2. Aufl., Köln et al. 2009, S. 321-330.

LUTTER 2010: Lutter, M., Rn. 360-386 zu Abschn. 3.2-3.4, Rn. 390-402 zu Abschn. 3.5, Rn. 457-507 zu Abschn. 3.8, Rn. 910-931 zu Abschn. 5.1.1, Rn. 1515-1541 zur Beschlussfassung in Vorstand und Aufsichtsrat über die Abgabe der Entsprechenserklärung in: Ringleb, H.-M. et al. (Hrsg.), Kommentar zum Deutschen Corporate Governance Kodex. Kodex-Kommentar, 4. Aufl., München 2010, S. 118-125, S. 127-131, S. 147-157, S. 261-265, S. 366-372.

LUTTER/KRIEGER 2008: Lutter, M./Krieger, G., Rechte und Pflichten des Aufsichtsrats, 5. Aufl., Köln 2008.

LUTZ 1999: Lutz, D. W., Kritik des Shareholder-Ansatzes und des Stakeholder-Ansatzes, in: Koslowski, P. (Hrsg.), Shareholder Value und die Kriterien des Unternehmenserfolgs, Heidelberg 1999, S. 187-200.

MACHARZINA/WOLF 2008: Macharzina, K./Wolf, J., Unternehmensführung. Das internationale Managementwissen. Konzepte, Methoden, Praxis, 6. Aufl., Wiesbaden 2008.

MACNEIL/LI 2006: MacNeil, I./Li, X., „Comply or Explain": Market Discipline and Non-Compliance with the Combined Code, in: Corporate Governance: An International Review, Vol. 14 (2006), S. 486-496.

MÄDER 2006: Mäder, O. B., Ein Cockpit für den Aufsichtsrat. Entwurf eines systemisch-prozessorientierten Modells zur aufgabenspezifischen Informationsversorgung des Aufsichtsrats, Wiesbaden 2006.

MAG 1977: Mag, W., Entscheidung und Information, München 1977.

MÄGER 1999: Mäger, S., Vergütung des Aufsichtsrats - welchen Spielraum gibt das Aktienrecht?, in: Betriebs-Berater, 54. Jg. (1999), S. 1389-1394.

MAIER-REIMER/PASCHOS 2008: Maier-Reimer, G./Paschos, N., Haftung für fehlerhafte Sekundärmarktpublizität, in: Habersack, M./Mülbert, P. O./Schlitt, M. (Hrsg.), Handbuch der Kapitalmarktinformation, München 2008, S. 599-687.

MAIER-REIMER/WILSING 2006: Maier-Reimer, G./Wilsing, H.-U., Das Gesetz über Musterverfahren in kapitalmarktrechtlichen Streitigkeiten. Kapitalanleger-Musterverfahrensgesetz, in: Zeitschrift für Unternehmens- und Gesellschaftsrecht, 35. Jg. (2006), S. 79-120.

MAISCH 2005: Maisch, Die Entflechtung der Deutschland AG, in: Handelsblatt, 60. Jg. (2005), Nr. 168 vom 31.08.2005, S. 30-31.

MALETZKE 1963: Maletzke, G., Psychologie der Massenkommunikation. Theorie und Systematik, Hamburg 1963.

MALETZKE 1976: Maletzke, G., Ziele und Wirkungen der Massenkommunikation. Grundlagen und Probleme einer zielorientierten Mediennutzung, Hamburg 1976.

MANN 2003: Mann, A., Corporate Governance-Systeme: Funktion und Entwicklung am Beispiel von Deutschland und Großbritannien, Berlin 2003.

MANNE 1965: Manne, H. G., Mergers and the Market of Corporate Control, in: Journal of Political Economy, Vol. 73 (1965), S. 110-125.

MARKOWITZ 1952: Markowitz, H., Portfolio Selection, in: The Journal of Finance, Vol. 7 (1952), S. 77-92.

MARSCH-BARNER 2005: Marsch-Barner, R., Aktuelle Rechtsfragen zur Vergütung von Vorstands- und Aufsichtsratsmitgliedern einer AG, in: Crezelius, G./Hirte, H./ Vieweg, K. (Hrsg.), Gesellschaftsrecht, Rechnungslegung, Sportrecht. Festschrift für Volker Röhricht zum 65. Geburtstag, Köln 2005, S. 401-419.

MARSCH-BARNER 2009: Marsch-Barner, R., Schutz der Gesellschaft und der Anteilseigner, in: Semler, J./Schenck, K. v. (Hrsg.), Arbeitshandbuch für Aufsichtsratsmitglieder, 3. Aufl., München 2009, S. 707-788.

MARTEN 1994: Marten, K.-U., Der Wechsel des Abschlussprüfers. Ergebnisse einer empirischen Untersuchung des Prüfungsmarktes, Düsseldorf 1994.

MARTEN 1995: Marten, K.-U., Empirische Analyse des Prüferwechsels im Kontext der Agency- und Signalling-Theorie, in: Zeitschrift für Betriebswirtschaft, 65. Jg. (1995), S. 703-724.

MARTEN/KÖHLER 2002: Marten, K.-U./Köhler, A. G., Erwartungslücke, in: Ballwieser, W./Coenenberg, A. G./Wysocki, K. v. (Hrsg.), Handwörterbuch der Rechnungslegung und Prüfung, 3. Aufl., Stuttgart 2002, Sp. 703-712.

MARTEN/QUICK/RUHNKE 2007: Marten, K.-U./Quick, R./Ruhnke, K., Wirtschaftsprüfung. Grundlagen des betriebswirtschaftlichen Prüfungswesens nach nationalen und internationalen Normen, 3. Aufl., Stuttgart 2007.

MARTENS 2000: Martens, K., Managementüberwachung durch den Aufsichtsrat: ein Beitrag zur Corporate Governance-Diskussion aus agencytheoretischer Sicht, Lohmar 2000.

MASER/BÄUMKER 2005: Maser, P./Bäumker, M., Steigende Anforderungen an die Berichtspflicht des Aufsichtsrats?, in: Die Aktiengesellschaft, 50. Jg. (2005), S. 906-910.

MATTHES 2005: Matthes, J., Das deutsche Corporate-Governance-System im Wandel. Übergang zum angelsächsischen System oder nur leichte Annäherung?, in: Storz, C./Lageman, B. (Hrsg.), Konvergenz oder Divergenz? Wandel der Unternehmensstrukturen in Japan und Deutschland, Marburg 2005, S. 201-247.

MATTHEUS 1999: Mattheus, D., Die gewandelte Rolle des Wirtschaftsprüfers als Partner des Aufsichtsrats nach dem KonTraG, in: Zeitschrift für Unternehmens- und Gesellschaftsrecht, 28. Jg. (1999), S. 682-714.

MATTHEUS 2009: Mattheus, D., Die Rolle des Abschlussprüfers in der Corporate Governance, in: Hommelhoff, P./Hopt, K. J./Werder, A. v. (Hrsg.), Handbuch Corporate Governance. Leitung und Überwachung börsennotierter Unternehmen in Rechts- und Wirtschaftspraxis, 2. Aufl., Köln et al. 2009, S. 563-602.

MAUCH 2008: Mauch, K., Das monistische Leitungssystem in der Europäischen Aktiengesellschaft. Geschäftsleitung, Überwachung, Mitbestimmung, Baden-Baden 2008.

MAUL 2009: Maul, S., Der Aktionär, in: Müller, W./Rödder, T. (Hrsg.), Beck'sches Handbuch der AG. Gesellschaftsrecht, Steuerrecht, Börsengang, 2. Aufl., München 2009, S. 275-364.

MAURER/JANDURA 2009: Maurer, M./Jandura, O., Masse statt Klasse? Einige kritische Anmerkungen zu Repräsentativität und Validität von Online-Befragungen, in: Jackob, N./Schoen, H./Zerback, T. (Hrsg.), Sozialforschung im Internet. Methodologie und Praxis der Online-Befragung, Wiesbaden 2009, S. 61-73.

MAUSBACH 2008: Mausbach, C., Das Shareholder-Value-Konzept. Grundlagen und Umsetzung in der Praxis, in: Zeitschrift für Corporate Governance, 3. Jg. (2008), S. 201-207.

MAUSHAKE 2009: Maushake, C., Audit Committees. Prüfungsausschüsse im US-amerikanischen und deutschen Recht, Köln 2009.

MAYER 1998: Mayer, C., Financial Systems and Corporate Governance: A Review of the International Evidence, in: Journal of Institutional and Theoretical Economics, Vol. 154 (1998), S. 144-176.

MAYER-WEGELIN 2006: Mayer-Wegelin, E., Kriterien der Wesentlichkeit bei den Entscheidungen im Enforcement, in: Betriebs-Berater, 61. Jg. (2006), Betriebs-Berater-Special Nr. 4, S. 8-14.

MCKINSEY & CO. 2002: McKinsey & Co. (Hrsg.), Global Investor Opinion Survey: Key Findings, London 2002, abrufbar unter: http://www.mckinsey.com/clientservice/organizationleadership/service/corpgovernance/pdf/globalinvestoropinionsurvey2002.pdf, Zugriff am 03.05.2010, S. 1-14.

MEDER 2008: Meder, M. M., Die Mitwirkung des Vorstands am Kandidatenauswahlverfahren für Aufsichtsratswahlen, in: Deutsches Steuerrecht, 46. Jg. (2008), S. 1242-1245.

MEFFERT/BURMANN/KIRCHGEORG 2008: Meffert, H./Burmann, C./Kirchgeorg, M., Marketing. Grundlagen marktorientierter Unternehmensführung. Konzepte, Instrumente, Praxisbeispiele, 10. Aufl., Wiesbaden 2008.

MEIER-GREVE 2009: Meier-Greve, D., Vorstandshaftung wegen mangelhafter Compliance, in: Betriebs-Berater, 64. Jg. (2009), S. 2555-2560.

MEINHÖVEL 1999: Meinhövel, H., Defizite der Principal-Agent-Theorie, Lohmar 1999.

MEINHÖVEL 2004: Meinhövel, H., Grundlagen der Principal-Agent-Theorie, in: Wirtschaftswissenschaftliches Studium, 33. Jg. (2004), S. 470-475.

MEINHÖVEL 2005: Meinhövel, H., Grundlagen der Principal-Agent-Theorie, in: Horsch, A./Meinhövel, H./Paul, S. (Hrsg.), Institutionenökonomie und Betriebswirtschaftslehre, München 2005, S. 65-80.

MENDRZYK 2004: Mendrzyk, C., Das deutsche Aktienrecht verglichen mit den Principles of Corporate Governance der OECD, Frankfurt a. M. et al. 2004.

MERKT 2001: Merkt, H., Unternehmenspublizität. Offenlegung von Unternehmensdaten als Korrelat der Marktteilnahme, Tübingen 2001.

MERKT 2003: Merkt, H., Zum Verhältnis von Kapitalmarktrecht und Gesellschaftsrecht in der Diskussion um die Corporate Governance, in: Die Aktiengesellschaft, 48. Jg. (2003), S. 126-135.

MERKT 2004: Merkt, H., Zum Verhältnis von Kapitalmarktrecht und Gesellschaftsrecht in der Diskussion um die Corporate Governance, in: Abeltshauser, T. E./Buck, P. (Hrsg.), Corporate Governance. Tagungsband der 1. Hannoveraner Unternehmensrechtstage, Köln et al. 2004, S. 125-149.

MERKT 2006: Merkt, H., Das Informationsmodell im Gesellschafts- und Kapitalmarktrecht, in: Zeitschrift für betriebswirtschaftliche Forschung, 58. Jg. (2006), Sonderheft 55.06, S. 24-60.

MERKT 2007: Merkt, H., Die Zukunft der privatrechtlichen Forschung im Unternehmens- und Kapitalmarktrecht, in: Zeitschrift für Unternehmens- und Gesellschaftsrecht, 36. Jg. (2007), S. 532-541.

MERKT/KÖHRLE 2004: Merkt, H./Köhrle, J., Zur vorstandsunabhängigen Information des Aufsichtsrats durch die Interne Revision. Eine Skizze des aktuellen Diskussionsstands, in: Zeitschrift für Interne Revision, 39. Jg. (2004), S. 222-224.

MERRIHUE 1960: Merrihue, W. V., Managing by Communication, New York et al. 1960.

MERTEN 1977: Merten, K., Kommunikation. Eine Begriffs- und Prozeßanalyse, Opladen 1977.

MERTENS 1996: Mertens, H.-J., §§ 76-117 AktG und Mitbestimmung im Aufsichtsrat, in: Zöllner, W. (Hrsg.), Kölner Kommentar zum Aktiengesetz, Band 2, 2. Aufl., Köln et al. 1996.

MERTENS 2000: Mertens, H.-J., Bedarf der Abschluss einer D & O-Versicherung durch die Aktiengesellschaft der Zustimmung der Hauptversammlung?, in: Die Aktiengesellschaft, 45. Jg. (2000), S. 447-452.

MERTENS/CAHN 2010: Mertens, H.-J./Cahn, A., §§ 76-94 AktG, in: Zöllner, W./ Noack, U. (Hrsg.), Kölner Kommentar zum Aktiengesetz, Band 2/1, 3. Aufl., Köln 2010.

MESSOW 2008: Messow, B. R. W., Die Anwendbarkeit des Deutschen Corporate Governance Kodex auf die Societas Europaea (SE), Frankfurt a. M. et al. 2008.

METTEN 2010: Metten, M., Corporate Governance. Eine aktienrechtliche und institutionenökonomische Analyse der Leitungsmaxime von Aktiengesellschaften, Wiesbaden 2010.

MEUWISSEN/QUICK 2009: Meuwissen, R./Quick, R., Abschlussprüfung und Beratung. Eine experimentelle Analyse der Auswirkungen auf Unabhängigkeitswahrnehmungen deutscher Aufsichtsräte, in: Zeitschrift für betriebswirtschaftliche Forschung, 61. Jg. (2009), S. 382-415.

MEYER 2005: Meyer, M., Unternehmenswertorientierte Berichterstattung auf Basis der IAS/IFRS. Eine bilanztheoretische und bilanzpolitische Betrachtung aus deutscher Sicht, Wiesbaden 2005.

MEYER/LUDWIG 2004: Meyer, J./Ludwig, S., Aktienoptionen für Aufsichtsräte ade? Zugleich Besprechung zu BGH, Urt. v. 16.2.2004 - II ZR 316/02, ZIP 2004, 613, in: Zeitschrift für Wirtschaftsrecht, 25. Jg. (2004), S. 940-945.

MIELKE 2005: Mielke, B. K., Defizite in der Unternehmenskontrolle durch den Aufsichtsrat und Ansätze zu ihrer Bewältigung, Baden-Baden 2005.

MIKUS 1998: Mikus, B., Principal-Agent-Theorie, in: Zeitschrift für Planung und Unternehmenssteuerung, 9. Jg. (1998), S. 451-458.

MILDNER 2006: Mildner, T., Informationsbedarf des Aufsichtsrats: Vorgabe für die Berichtspflicht, in: Der Aufsichtsrat, 3. Jg. (2006), Heft 7/8, S. 11-13.

MILHAUPT 2004: Milhaupt, C. J., Property Rights in Firms, in: Gordon, J. N./ Roe, M. J. (Hrsg.), Convergence and Persistence in Corporate Governance, Cambridge 2004, S. 210-251.

MINUTH 2005: Minuth, T., Führungssysteme der Europäischen Aktiengesellschaft (SE). Wettbewerb zwischen alternativen Führungsstrukturen im Kraftfeld des deutschen Unternehmensrechts, Berlin 2005.

MOCK 2007: Mock, S., Rn. 1-111 zu § 148 AktG, in: Spindler, G./Stilz, E. (Hrsg.), Kommentar zum Aktiengesetz, Band I, München 2007, S. 1594-1607.

MODIGLIANI/PEROTTI 2000: Modigliani, F./Perotti, E., Security versus Bank Finance: the Importance of a Proper Enforcement of Legal Rules, Working Paper, Cambridge/ Amsterdam 2000.

MOERLAND 1995: Moerland, P. W., Alternative Disciplinary Mechanisms in Different Corporate Systems, in: Journal of Economic Behavior and Organization, Vol. 26 (1995), S. 17-34.

MÖLLERS 2005: Möllers, T. M. J., Der Weg zu einer Haftung für Kapitalmarktinformationen, in: Juristenzeitung, 60. Jg. (2005), S. 75-83.

MÖLLERS/WEICHERT 2005: Möllers, T. M. J./Weichert, S., Das Kapitalanleger-Musterverfahrensgesetz, in: Neue Zeitschrift für Gesellschaftsrecht, 8. Jg. (2005), S. 2737-2741.

MONOPOLKOMMISSION 1998: Monopolkommission (Hrsg.), Marktöffnung umfassend verwirklichen. Zwölftes Hauptgutachten der Monopolkommission, in: BT-Drucks. 13/11291 vom 17.07.1998.

MONOPOLKOMMISSION 2000: Monopolkommission (Hrsg.), Wettbewerbspolitik in Netzstrukturen. Dreizehntes Hauptgutachten der Monopolkommission, in: BT-Drucks. 14/4002 vom 16.08.2000.

MONOPOLKOMMISSION 2002: Monopolkommission (Hrsg.), Netzwettbewerb durch Regulierung. Vierzehntes Hauptgutachten der Monopolkommission, in: BT-Drucks. 14/9903 vom 28.08.2002.

MONOPOLKOMMISSION 2004: Monopolkommission (Hrsg.), Wettbewerbspolitik im Schatten „Nationaler Champions". Fünfzehntes Hauptgutachten der Monopolkommission, in: BT-Drucks. 15/3610 vom 14.07.2004.

MONOPOLKOMMISSION 2006: Monopolkommission (Hrsg.), Mehr Wettbewerb auch im Dienstleistungssektor! Sechzehntes Hauptgutachten der Monopolkommission, in: BT-Drucks. 16/2460 vom 25.08.2006.

MONOPOLKOMMISSION 2008: Monopolkommission (Hrsg.), Weniger Staat, mehr Wettbewerb. Gesundheitsmärkte und staatliche Beihilfen in der Wettbewerbsordnung. Siebzehntes Hauptgutachten der Monopolkommission, in: BT-Drucks. 16/10140 vom 19.08.2008.

MORRIS 1946: Morris, C. M., Signs, Language and Behaviour, New York 1946.

MORRIS 1973: Morris, C. M., Zeichen, Sprache und Verhalten, Düsseldorf 1973.

MOSSIN 1966: Mossin, J., Equilibrium in a Capital Asset Market, in: Econometrica, Vol. 34 (1966), S. 768-783.

MÖßLE 2003: Mößle, B., Abschlussprüfer und Corporate Governance, Frankfurt a. M. et al. 2003.

MOXTER 1962: Moxter, A., Der Einfluß von Publizitätsvorschriften auf das unternehmerische Verhalten, Köln/Opladen 1962.

MOXTER 1976: Moxter, A., Fundamentalgrundsätze ordnungsmäßiger Rechenschaft, in: Baetge et al. (Hrsg.), Bilanzfragen. Festschrift zum 65. Geburtstag von Prof. Dr. Ulrich Leffson, Düsseldorf 1976, S. 87-100.

MOXTER 1985: Moxter, A., Das System der handelsrechtlichen Grundsätze ordnungsmäßiger Bilanzierung, in: Gross, G. (Hrsg.), Der Wirtschaftsprüfer im Schnittpunkt nationaler und internationaler Entwicklungen. Festschrift zum 60. Geburtstag von Prof. Dr. Klaus v. Wysocki, Düsseldorf 1985, S. 17-28.

MOXTER 2000: Moxter, A., Rechnungslegungsmythen, in: Betriebs-Berater, 55. Jg. (2000), S. 2143-2149.

MOXTER 2002: Moxter, A., Grundsätze ordnungsmäßiger Buchführung, in: Ballwieser, W./Coenenberg, A. G./Wysocki, K. v. (Hrsg.), Handwörterbuch der Rechnungslegung und Prüfung, 3. Aufl., Stuttgart 2002, Sp. 1041-1052.

MOXTER 2003: Moxter, A., Grundsätze ordnungsmäßiger Rechnungslegung, Düsseldorf 2003.

MÜLBERT 2005: Mülbert, P. O., Marktwertmaximierung als Unternehmensziel der Aktiengesellschaft, in: Crezelius, G./Hirte, H./Vieweg, K. (Hrsg.), Gesellschaftsrecht, Rechnungslegung, Sportrecht. Festschrift für Volker Röhricht zum 65. Geburtstag, Köln 2005, S. 421-441.

MÜLLER 1995: Müller, C., Agency-Theorie und Informationsgehalt. Der Beitrag des normativen Prinzipal-Agenten-Ansatzes zum Erkenntnisfortschritt in der Betriebswirtschaftslehre, in: Die Betriebswirtschaft, 55. Jg. (1995), S. 61-76.

MÜLLER 1998: Müller, M., Shareholder Value Reporting. Ein Konzept wertorientierter Kapitalmarktinformation, in: Müller, M./Leven, F.-J. (Hrsg.), Shareholder Value Reporting. Veränderte Anforderungen an die Berichterstattung börsennotierter Unternehmen, Wien/Frankfurt a. M. 1998, S. 123-144.

MÜLLER 2002: Müller, M., Aufsichtsrat und Abschlussprüfer. Ein spannendes Verhältnis, in: Die Wirtschaftsprüfung, 55. Jg. (2002), S. 1301-1306.

MÜLLER 2004: Müller, B., Investor Relations: Bedeutung und Problematik des strategischen Timing des Informationstransfers in der Kapitalmarktkommunikation, Aachen 2004.

MÜLLER 2006: Müller, K., Die Unabhängigkeit des Abschlussprüfers. Eine kritische Analyse der Vorschriften in Deutschland im Vergleich zu den Vorschriften der Europäischen Union, der IFAC und in den USA, Wiesbaden 2006.

MÜLLER 2007: Müller, S., Wertorientierte Unternehmensführung, in: Freidank, C.-C./ Lachnit, L./Tesch, J. (Hrsg.), Vahlens Großes Auditing Lexikon, München 2007, S. 1513-1518.

MÜLLER 2008: Müller, C., Die Fehlerveröffentlichung im Enforcement-Verfahren, in: Die Aktiengesellschaft, 53. Jg. (2008), S. 438-446.

MÜLLER/STELZER 2005: Müller, K./Stelzer, B., Vorstand, in: Pfitzer, N./Oser, P./Orth, C. (Hrsg.), Deutscher Corporate Governance Kodex: Ein Handbuch für Entscheidungsträger, 2. Aufl., Stuttgart 2005, S. 105-143.

MÜNCHOW 1995a: Münchow, M.-M., Bankenmacht oder Kontrolle durch Banken. Eine institutionenökonomische Analyse der Beziehungen zwischen Banken und Unternehmen in Deutschland, Sinzheim 1995.

MÜNCHOW 1995b: Münchow, M.-M., Agency Theorie, in: Schoppe, S. G. (Hrsg.), Moderne Theorie der Unternehmung, München/Wien 1995, S. 180-233.

MUTTER 2009: Mutter, S., Überlegungen zur Justiziabilität von Entsprechenserklärungen nach § 161 AktG, in: Zeitschrift für Unternehmens- und Gesellschaftsrecht, 38. Jg. (2009), S. 788-804.

MYERS 2001: Myers, S. C., Capital Structure, in: Journal of Economic Perspectives, Vol. 15 (2001), Issue 2, S. 81-102.

NASSAUER 2000: Nassauer, F., Corporate Governance und die Internationalisierung von Unternehmungen, Frankfurt a. M. et al. 2000.

NASTANSKY/STROHE 2010: Nastansky, A./Strohe, G., Die internationale Finanz- und Bankenkrise und ihre wesentlichen Ursachen, in: Wirtschaftswissenschaftliches Studium, 39. Jg. (2010), S. 23-29.

NÄTHER 1993: Näther, C., Erfolgsmaßstäbe der strategischen Unternehmensführung, München 1993.

NAUMANN/HAMANNT 2007: Naumann, K.-P./Hamannt, M., Reform des Berufsrechts der Wirtschaftsprüfer durch das BARefG, in: Die Wirtschaftsprüfung, 60. Jg. (2007), S. 901-911.

NEYE 2005: Neye, H.-W., Die optionale Einführung der monistischen Unternehmensverfassung für die Europäische (Aktien-)Gesellschaft im deutschen Recht, in: Crezelius, G./Hirte, H./Vieweg, K. (Hrsg.), Gesellschaftsrecht, Rechnungslegung, Sportrecht. Festschrift für Volker Röhricht zum 65. Geburtstag, Köln 2005, S. 443-454.

Ng 1978: Ng, D. S., An Information Economics Analysis of Financial Reporting and External Auditing, in: The Accounting Review, Vol. 53 (1978), S. 910-920.

NICOLAY 2009: Nicolay, J. C., Die neuen Vorschriften zur Vorstandsvergütung. Detaillierte Regelungen und offene Fragen, in: Neue Juristische Wochenschrift, 62. Jg. (2009), S. 2640-2647.

NIEHUS 1999: Niehus, R. J., Reform des Audit Committees gemäß den US-Börsenbestimmungen. Denkanstöße auch für eine deutsche Gestaltung?, in: Der Betrieb, 52. Jg. (1999), S. 1765-1769.

NIEMEIER 2006: Niemeier, W., Die Steigerung der Aussagekraft des handelsrechtlichen Jahresabschlusses durch die Änderungen der 4. und 7. Richtlinie, in: Die Wirtschaftsprüfung, 59. Jg. (2006), S. 173-185.

NIPPA 2005: Nippa, M., Corporate Governance außer Kontrolle, in: Harvard Business Manager, 27. Jg. (2005), Heft 3, S. 108-109.

NIPPA/GRIGOLEIT 2006: Nippa, M./Grigoleit, J., Corporate Governance ohne Vertrauen? Ökonomische Konsequenzen der Agency-Theorie, Freiberger Working Paper Nr. 1/2006, Freiberg 2006.

NOACK/ZETZSCHE 2005: Noack, U./Zetzsche, D., Corporate Governance Reform in Germany: The Second Decade, in: European Business Law Review, Vol. 16 (2005), S. 1033-1064.

NOLL/WEYGANDT 1997: Noll, B. J./Weygandt, J. J., Business Reporting: What comes next?, in: Journal of Accountancy, Vol. 183 (1997), Issue 2, S. 59-62.

NONNENMACHER 2004: Nonnenmacher, R., Value Reporting als Erweiterung der internationalen Rechnungslegung? Zur finanziellen Berichterstattung deutscher Unternehmen, in: Dirrigl, H. et al. (Hrsg.), Steuern, Rechnungslegung und Kapitalmarkt. Festschrift für Franz W. Wagner zum 60. Geburtstag, Wiesbaden 2004, S. 149-161.

NONNENMACHER/POHLE/WERDER 2007: Nonnenmacher, R./Pohle, K./Werder, A. v., Aktuelle Anforderungen an Prüfungsausschüsse. Leitfaden für Prüfungsausschüsse (Audit Committees) unter Berücksichtigung der 8. EU-Richtlinie, in: Der Betrieb, 60. Jg. (2007), S. 2412-2417.

NONNENMACHER/POHLE/WERDER 2009: Nonnenmacher, R./Pohle, K./Werder, A. v., Aktuelle Anforderungen an Prüfungsausschüsse. Leitfaden für Prüfungsausschüsse (Audit Committees) unter Berücksichtigung des Bilanzrechtsmodernisierungsgesetzes (BilMoG), in: Der Betrieb, 62. Jg. (2009), S. 1447-1454.

NOWAK 2001: Nowak, E., Recent Developments in German Capital Markets and Corporate Governance, in: Journal of Applied Corporate Finance, Vol. 14 (2001), Issue 3, S. 35-48.

NOWAK 2004: Nowak, E., Investor Protection and Capital Regulation in Germany, in: Krahnen, J. P./Schmidt, R. H. (Hrsg.), The German Financial System, Oxford 2004, S. 425-449.

NOWAK 2005: Nowak, E., Recent Developments in German Capital Markets and Corporate Governance, in: Chew, D. H./Gillan, S. (Hrsg.), Corporate Governance at the Crossroads. A Book of Readings, New York 2005, S. 410-423.

NOWAK/HEUSER 2005a: Nowak, E./Heuser, M., Economic Value Added bei deutschen Unternehmen (I), in: Das Wirtschaftsstudium, 34. Jg. (2005), S. 649-654.

NOWAK/HEUSER 2005b: Nowak, E./Heuser, M., Economic Value Added bei deutschen Unternehmen (II), in: Das Wirtschaftsstudium, 34. Jg. (2005), S. 783-787.

NOWAK/ROTT/MAHR 2004: Nowak, E./Rott, R./Mahr, T. G., Wer den Kodex nicht einhält, den bestraft der Kapitalmarkt?, Working Paper Series: Finance & Accounting Nr. 143 der Johann Wolfgang Goethe-Universität, Frankfurt a. M. 2004.

NOWAK/ROTT/MAHR 2005: Nowak, E./Rott, R./Mahr, T. G., Wer den Kodex nicht einhält, den bestraft der Kapitalmarkt? Eine empirische Analyse der Selbstregulierung und Kapitalmarktrelevanz des DCGK, in: Zeitschrift für Unternehmens- und Gesellschaftsrecht, 34. Jg. (2005), S. 252-279.

OECHSLER 2003: Oechsler, W. A., Qualifikation und personelle Besetzung des Vorstands und Aufsichtsrats, in: Hommelhoff, P./Hopt, K. J./Werder, A. v. (Hrsg.), Handbuch Corporate Governance. Leitung und Überwachung börsennotierter Unternehmen in Rechts- und Wirtschaftspraxis, 1. Aufl., Köln et al. 2003, S. 305-321.

OLBRICH/KASSING 2009: Olbrich, C./Kassing, D., Der Selbstbehalt in der D & O Versicherung: Gesetzliche Neuregelung lässt viele Fragen offen, in: Betriebs-Berater, 64. Jg. (2009), S. 1659-1662.

ORDELHEIDE 1995: Ordelheide, D., Brauchen wir für die Unternehmensüberwachung mehr Publizität?, in: Picot, A. (Hrsg.), Corporate Governance: Unternehmensüberwachung auf dem Prüfstand, Stuttgart 1995, S. 89-109.

ORTH 2009: Orth, C., Kapitalmarktorientierte Rechnungslegung und Corporate Governance, in: Castan, E. et al. (Hrsg.), Beck'sches Handbuch der Rechnungslegung, Band II, München 2009, Loseblattausgabe (Stand: 31. Ergänzungslieferung November 2009), S. 1-90.

OSER ET AL. 2008: Oser, P./Roß, N./Wader, D./Drögemüller, S., Ausgewählte Neuregelungen des Bilanzrechtsmodernisierungsgesetzes (BilMoG) - Teil 1, in: Die Wirtschaftsprüfung, 61. Jg. (2008), S. 49-62.

OSSADNIK 1995: Ossadnik, W., Materiality als Grundsatz externer Rechnungslegung, in: Die Wirtschaftsprüfung, 48. Jg. (1995), S. 33-42.

OSTERMEIER 2009: Ostermeier, S., Transparenzberichterstattung in Deutschland. Eine Untersuchung zum aktuellen Stand, in: Die Wirtschaftsprüfung, 62. Jg. (2009), S. 133-142.

OSTERMEYER 2001a: Ostermeyer, R., Unternehmensüberwachung durch Audit Committees im anglo-amerikanischen Board-Modell (I), in: Internationales Steuerrecht, 10. Jg. (2001), S. 256-262.

OSTERMEYER 2001b: Ostermeyer, R., Unternehmensüberwachung durch Audit Committees im anglo-amerikanischen Board-Modell (II), in: Internationales Steuerrecht, 10. Jg. (2001), S. 292-296.

PAAL 2005: Paal, B. P., Die persönliche Haftung - ein wirksames Mittel zur Verbesserung der Kontrolltätigkeit des Aufsichtsrats bei kapitalmarktorientierten Unternehmen? (Teil I), in: Deutsches Steuerrecht, 43. Jg. (2005), S. 382-385.

PAEFGEN 1982: Paefgen, W. G., Struktur und Aufsichtsratsverfassung der mitbestimmten AG. Zur Gestaltungsmacht der Satzung und der Geschäftsordnung des Aufsichtsrats, Köln et al. 1982.

PAEFGEN 2004: Paefgen, W. G., Börsenpreisnotierte Vergütung und Überwachungsaufgabe des Aufsichtsrats, in: Wertpapier-Mitteilungen, 58. Jg. (2004), S. 1169-1175.

PAETZMANN 2008: Paetzmann, K., Corporate Governance. Strategische Marktrisiken, Controlling, Überwachung, Berlin/Heidelberg 2008.

PAETZMANN 2009a: Paetzmann, K., Das neue Corporate-Governance-Statement nach § 289 a HGB. Anforderungen an den Inhalt und Besonderheiten hinsichtlich der Abschlussprüfung, in: Zeitschrift für Corporate Governance, 4. Jg. (2009), S. 64-66.

PAETZMANN 2009b: Paetzmann, K., Rn. 1-21 zu § 289 a HGB, in: Bertram, K. et al. (Hrsg.), Haufe HGB Kommentar, Freiburg et al. 2009, S. 1503-1508.

PANNIER/RICKFORD 2005: Pannier, M./Rickford, J., Corporate Governance Disclosure in Europe, in: European Business Law Review, Vol. 16 (2005), S. 975-1002.

PAPE 2000: Pape, U., Theoretische Grundlagen und praktische Umsetzung wertorientierter Unternehmensführung, in: Betriebs-Berater, 55. Jg. (2000), S. 711-717.

PARK/SHIN 2004: Park, Y. W./Shin, H.-H., Board Composition and Earnings Management in Canada, in: Journal of Corporate Finance, Vol. 10 (2004), S. 431-457.

PASCHOS/NEUMANN 2005: Paschos, N./Neumann, K.-U., Die Neuregelungen des UMAG im Bereich der Durchsetzung von Haftungsansprüchen der Aktiengesellschaft gegen Organmitglieder, in: Der Betrieb, 58. Jg. (2005), S. 1779-1786.

PAUL 1991: Paul, W., Investor Relations-Management. Demonstriert am Beispiel der BASF, in: Zeitschrift für betriebswirtschaftliche Forschung, 43. Jg. (1991), S. 923-945.

PAUL 1993: Paul, W., Umfang und Bedeutung der Investor-Relations, in: Betriebswirtschaftliche Forschung und Praxis, 45. Jg. (1993), S. 133-163.

PELLENS 1989: Pellens, B., Der Informationswert von Konzernabschlüssen. Eine empirische Untersuchung deutscher Börsengesellschaften, Wiesbaden 1989.

PELLENS/FÜLBIER 2002: Pellens, B./Fülbier, R. U., Anforderungen an die Rechnungslegung und Publizität internationaler Unternehmen, in: Krystek, U./Zur, E. (Hrsg.), Handbuch Internationalisierung, 2. Aufl., Berlin 2002, S. 631-649.

PELLENS/HILLEBRANDT/ULMER 2001: Pellens, B./Hillebrandt, F./Ulmer, B., Umsetzung von Corporate-Governance-Richtlinien in der Praxis. Eine empirische Analyse der DAX 100-Unternehmen, in: Betriebs-Berater, 56. Jg. (2001), S. 1243-1250.

PELLENS ET AL. 2008: Pellens, B./Fülbier, R. U./Gassen, J./Sellhorn, T., Internationale Rechnungslegung. IFRS 1 bis 8, IAS 1 bis 41, IFRIC-Interpretationen, Standardentwürfe. Mit Beispielen, Aufgaben und Fallstudien, 7. Aufl., Stuttgart 2008.

PELTZER 1993: Peltzer, M., Haftungsgeneigte Personalentscheidungen des Aufsichtsrates, in: Bierich, M./Hommelhoff, P./Kropff, B. (Hrsg.), Unternehmen und Unternehmensführung im Recht. Festschrift für Johannes Semler zum 70. Geburtstag am 28. April 1993, Berlin/New York 1993, S. 261-275.

PELTZER 2002: Peltzer, M., Corporate Governance Codices als zusätzliche Pflichtenbestimmung für den Aufsichtsrat, in: Neue Zeitschrift für Gesellschaftsrecht, 5. Jg. (2002), S. 10-16.

PELTZER 2003a: Peltzer, M., Deutsche Corporate Governance. Ein Leitfaden, 1. Aufl., München 2003.

PELTZER 2003b: Peltzer, M., Erweiterte Verantwortung des Aufsichtsrats nach dem Deutschen Corporate Governance Kodex, in: Werder, A. v./ Wiedmann, H. (Hrsg.), Internationalisierung der Rechnungslegung und Corporate Governance. Festschrift für Professor Dr. Klaus Pohle, Stuttgart 2003, S. 375-390.

PELTZER 2003c: Peltzer, M., Vorstand/Board: Aufgaben, Organisation, Entscheidungsfindung und Willensbildung - Rechtlicher Rahmen, in: Hommelhoff, P./Hopt, K. J./Werder, A. v. (Hrsg.), Handbuch Corporate Governance: Leitung und Überwachung börsennotierter Unternehmen in Rechts- und Wirtschaftspraxis, 1. Aufl., Köln et al. 2003, S. 223-244.

PELTZER 2004: Peltzer, M., Keine Aktienoptionen mehr für Aufsichtsratsmitglieder, in: Neue Zeitschrift für Gesellschaftsrecht, 7. Jg. (2004), S. 509-512.

PELTZER 2005: Peltzer, M., Die Bestellung und die Anstellung der Vorstandsmitglieder, in: Semler, J./Peltzer, M. (Hrsg.), Arbeitshandbuch für Vorstandsmitglieder, München 2005, S. 105-183.

PELTZER/WERDER 2001: Peltzer, M./Werder, A. v., Der „German Code of Corporate Governance (GCCG)" des Berliner Initiativkreises, in: Die Aktiengesellschaft, 46. Jg. (2001), S. 1-15.

PENNO 1985: Penno, M., Informational Issues in the Financial Reporting Process, in: Journal of Accounting Research, Vol. 23 (1985), Issue 1, S. 240-255.

PERRIDON/STEINER 2007: Perridon, L./Steiner, M., Finanzwirtschaft der Unternehmung, 14. Aufl., München 2007.

PERTL/NIEDERNBERG 2004: Pertl, M./Niedernberg, B., Economic Value Added: Wertorientierte Unternehmensführung mit EVA - ein Ansatz von Stern Stewart & Co., in: Fink, D. (Hrsg.), Management Consulting Field Book: die Ansätze der großen Unternehmensberater, 2. Aufl., München 2004, S. 101-114.

PETERHOFF 1999: Peterhoff, W. P., Rn. 1-18 zu § 4 BörsG, in: Schäfer, F. A. (Hrsg.), Kommentar zum Wertpapierhandelsgesetz, Börsengesetz mit BörsZulV, Verkaufsprospektgesetz mit VerkProspV, Stuttgart 1999, S. 497-505.

PETERSEN 1989: Petersen, T., Optimale Anreizsysteme. Betriebswirtschaftliche Implikationen der Prinzipal-Agenten-Theorie, Wiesbaden 1989.

PEUS 1983: Peus, E. A., Der Aufsichtsratsvorsitzende. Seine Rechtsstellung nach dem Aktiengesetz und dem Mitbestimmungsgesetz, Köln et al. 1983.

PFITZER/HÖRETH 2005: Pfitzer, N./Höreth, U., Aufsichtsrat, in: Pfitzer, N./ Oser, P./Orth, C. (Hrsg.), Deutscher Corporate Governance Kodex: Ein Handbuch für Entscheidungsträger, 2. Aufl., Stuttgart 2005, S. 145-203.

PFITZER/ORTH 2005: Pfitzer, N./Orth, C., Zusammenwirken von Vorstand und Aufsichtsrat, in: Pfitzer, N./Oser, P./Orth, C. (Hrsg.), Deutscher Corporate Governance Kodex: Ein Handbuch für Entscheidungsträger, 2. Aufl., Stuttgart 2005, S. 69-103.

PFITZER/SCHMIDT 2002: Pfitzer, N./Schmidt, G., Systemprüfung, in: Ballwieser, W./Coenenberg, A. G./Wysocki, K. v. (Hrsg.), Handwörterbuch der Rechnungslegung und Prüfung, 3. Aufl., Stuttgart 2002, Sp. 2336-2350.

PFITZER/OSER/WADER 2002: Pfitzer, N./Oser, P./Wader, D., Die Entsprechens-Erklärung nach § 161 AktG - Checkliste für Vorstände und Aufsichtsräte zur Einhaltung der Empfehlungen des Deutschen Corporate Governance Kodex, in: Der Betrieb, 55. Jg. (2002), S. 1120-1123.

PICOT 1991: Picot, A., Ökonomische Theorien der Organisation. Ein Überblick über neuere Ansätze und deren betriebswirtschaftliches Anwendungspotential, in: Ordelheide, D./Rudolph, B./Büsselmann, E. (Hrsg.), Betriebswirtschaftslehre und ökonomische Theorie, Berlin 1991, S. 143-170.

PLAGEMANN 2007: Plagemann, J., Die Empfehlungen des Deutschen Corporate Governance Kodex zur Aufsichtsratsvergütung. Eine ökonomisch-juristische Analyse unter Berücksichtigung der aktuellen DAX 30-Vergütungspraxis, in: Zeitschrift für Corporate Governance, 2. Jg. (2007), S. 193-199.

PLAßMEIER 2005: Plaßmeier, H., Brauchen wir ein Kapitalanleger-Musterverfahren? Eine Inventur des KapMuG, in: Neue Zeitschrift für Gesellschaftsrecht, 8. Jg. (2005), S. 609-616.

PLUSKAT 2005: Pluskat, S., Die Neuregelung des Directors' Dealings in der Fassung des Anlegerschutzverbesserungsgesetzes, in: Der Betrieb, 58. Jg. (2005), S. 1097-1101.

PLUSKAT 2007: Pluskat, S., Auswirkungen der Aktionärsrichtlinie auf das deutsche Aktienrecht, in: Wertpapier-Mitteilungen, 61. Jg. (2007), S. 2135-2142.

POHLE/WERDER 2005: Pohle, K./Werder, A. v., Leitfaden „Best Practice" von Bilanzprüfungsausschüssen (Audit Committees), in: Der Betrieb, 58. Jg. (2005), S. 237-239.

POLLANZ 1999: Pollanz, M., Konzeptionelle Überlegungen zur Einrichtung eines Risikomanagementsystems. Droht eine Mega-Erwartungslücke?, in: Der Betrieb, 52. Jg. (1999), S. 393-399.

POPPER 1994: Popper, K. R., Logik der Forschung, 10. Aufl., Tübingen 1994.

PORTISCH 1997: Portisch, W., Überwachung und Berichterstattung des Aufsichtsrats im Stakeholder-Agency-Modell, Frankfurt a. M. et al. 1997.

PÖTSCHKE 2009: Pötschke, M., Potentiale von Online-Befragungen: Erfahrungen aus der Hochschulforschung, in: Jackob, N./Schoen, H./Zerback, T. (Hrsg.), Sozialforschung im Internet. Methodologie und Praxis der Online-Befragung, Wiesbaden 2009, S. 75-89.

POTTGIEßER 2006: Pottgießer, G., Einflüsse internationaler Standards auf die handelsrechtliche Rechnungslegung und die steuerliche Gewinnermittlung. Kritische Analyse der Entwicklung des deutschen Bilanzierungssystems unter Berücksichtigung mittelständischer Unternehmen, Wiesbaden 2006.

POTTHOFF 1961: Potthoff, E., Prüfung und Überwachung der Geschäftsführung, in: Zeitschrift für handelswissenschaftliche Forschung, 13. Jg. (1961), S. 563-580.

POTTHOFF 1993: Potthoff, E., Geschäftsführungsprüfung, in: Wittmann, W. et al. (Hrsg.), Handwörterbuch der Betriebswirtschaft, 5. Aufl., Stuttgart 1993, Sp. 1405-1417.

POTTHOFF/TRESCHER 2003: Potthoff, E./Trescher, K., Das Aufsichtsratsmitglied. Ein Handbuch der Aufgaben, Rechte und Pflichten, 6. Aufl., Stuttgart 2003.

PRATT/ZECKHAUSER 1985: Pratt, J. W./Zeckhauser, R. J., Principals and Agents: An Overview, in: Pratt, J. W./Zeckhauser, R. J. (Hrsg.), Principals and Agents: The Structure of Business, Boston 1985, S. 1-35.

PREINREICH 1937: Preinreich, G. A. D., Valuation and Amortization, in: The Accounting Review, Vol. 12 (1937), S. 209-226.

PREUßNER 2008: Preußner, J., Risikomanagement und Compliance in der aktienrechtlichen Verantwortung des Aufsichtsrats unter Berücksichtigung des Gesetzes zur Modernisierung des Bilanzrechts (BilMoG), in: Neue Zeitschrift für Gesellschaftsrecht, 11. Jg. (2008), S. 574-576.

PRIGGE 1998: Prigge, S., A Survey of German Corporate Governance, in: Hopt, K. J. et al. (Hrsg.), Comparative Corporate Governance. The State of the Art and Emerging Research, Oxford 1998, S. 943-1044.

PRIGGE 1999: Prigge, S., Corporate Governance, in: Die Betriebswirtschaft, 59. Jg. (1999), S. 148-151.

PRIGGE 2006: Prigge, S., Corporate-Governance-Strukturen deutscher Unternehmen als System: eine empirische Untersuchung, Hamburg 2006.

PROWSE 1994: Prowse, S., Corporate Governance in an International Perspective: A Survey of Corporate Control Mechanisms among Large Firms in the United States, the United Kingdom, Japan and Germany, BIS Economic Papers No. 41, Basel 1994.

PRÜHS 1970: Prühs, H., Der Sachverstand im Aufsichtsrat, in: Die Aktiengesellschaft, 15. Jg. (1970), S. 347-353.

PÜTTNER 1989: Püttner, G., Unternehmensverfassung im Wandel, in: Eichhorn, P./Friedrich, P. (Hrsg.), Unternehmensverfassung in der privaten und öffentlichen Wirtschaft. Festschrift für Prof. Dr. Erich Potthoff zur Vollendung des 75. Lebensjahres, Baden-Baden 1989, S. 21-30.

PWC/KIRCHHOFF 2005: PricewaterhouseCoopers/Kirchhoff Consult AG, Kapitalmarktkommunikation in Deutschland: Investor Relations und Corporate Reporting, München 2005.

QUICK 2002: Quick, R., Abschlussprüfung und Beratung. Zur Vereinbarkeit mit der Forderung nach Urteilsfreiheit, in: Die Betriebswirtschaft, 62. Jg. (2002), S. 622-643.

QUICK 2004: Quick, R., Externe Pflichtrotation. Eine adäquate Maßnahme zur Stärkung der Unabhängigkeit des Abschlussprüfers?, in: Die Betriebswirtschaft, 64. Jg. (2004), S. 487-508.

QUICK/WARMING-RASMUSSEN 2007: Quick, R./Warming-Rasmussen, B., Unabhängigkeit des Abschlussprüfers. Zum Einfluss von Beratungsleistungen auf Unabhängigkeitswahrnehmungen von Aktionären, in: Zeitschrift für Betriebswirtschaft, 77. Jg. (2007), S. 1007-1033.

QUICK/HÖLLER/KOPRIVICA 2008: Quick, R./Höller, F./Koprivica, R., Prüfungsausschüsse in deutschen Aktiengesellschaften. Eine Analyse der Transparenz der Prüfungsausschuss-Tätigkeiten, in: Zeitschrift für Corporate Governance, 3. Jg. (2008), S. 25-35.

QUICK/WIEMANN/WILTFANG 2009: Quick, R./Wiemann, D./Wiltfang, I., Corporate-Governance-Berichterstattung. Empirische Befunde zur Qualität der Berichterstattung, in: Die Wirtschaftsprüfung, 62. Jg. (2009), S. 205-215.

RADKE 2004: Radke, C., Die Entsprechenserklärung zum Deutschen Corporate Governance Kodex nach § 161 AktG. Grundlagen und Haftungsfragen, Frankfurt a. M. 2004.

RAIBLE/VAUPEL 2007: Raible, K.-F./Vaupel, A., Vergütungsmodelle für Aufsichtsräte. Gestaltungskomponenten und Empfehlungen, in: Zeitschrift für Corporate Governance, 2. Jg. (2007), S. 151-156.

RAITHEL 2008: Raithel, J., Quantitative Forschung. Ein Praxiskurs, Wiesbaden 2008.

RAJAN/ZINGALES 1995: Rajan, R. G./Zingales, L., What do we know about Capital Structure?, in: The Journal of Finance, Vol. 50 (1995), S. 1421-1460.

RANK 2005: Rank, O. N., Interdependenzen in den Governance-Strukturen deutscher Großunternehmen, in: Zeitschrift für Betriebswirtschaft, 75. Jg. (2005), S. 15-41.

RANSIEK 2010: Ransiek, A., Zur strafrechtlichen Verantwortung des Compliance Officers, in: Die Aktiengesellschaft, 55. Jg. (2010), S. 147-153.

RAPPAPORT 1981: Rappaport, A., Selecting Strategies that create Shareholder Value, in: Harvard Business Review, Vol. 59 (1981), Issue 3, S. 139-149.

RAPPAPORT 1999: Rappaport, A., Shareholder Value. Ein Handbuch für Manager und Investoren, 2. Aufl., Stuttgart 1999.

RAPPAPORT 2006: Rappaport, A., 10 Ways to Create Shareholder Value, in: Harvard Business Review, Vol. 84 (2006), Issue 9, S. 66-77.

RASKOP 2004: Raskop, J., Der Deutsche Corporate Governance Kodex (DCGK) als Instrument zur Reduzierung der Kapitalkosten deutscher Publikumsaktiengesellschaften? Eine institutionenökonomische Analyse im Spannungsfeld zwischen Markt, Organisation und Norm, Bayreuth 2004.

RATHKE/BOMMER 2004: Rathke, K./Bommer, K., Die Ausbildung zum Certified Investor Relations Officer (CIRO), in: Deutscher Investor Relations Kreis e. V. (Hrsg.), Handbuch Investor Relations, Wiesbaden 2004, S. 741-750.

RATSCHOW 2007: Ratschow, E., Die Aktionärsrechte-Richtlinie - neue Regeln für börsennotierte Gesellschaften, in: Deutsches Steuerrecht, 45. Jg. (2007), S. 1402-1408.

REDENIUS-HÖVERMANN 2009: Redenius-Hövermann, J., Das Votum zum Vergütungssystem, in: Der Aufsichtsrat, 6. Jg. (2009), Heft 12, S. 173-175.

REES 1985: Rees, R., The Theory of Principal and Agent (Part 2), in: Bulletin of Economic Research, Vol. 37 (1985), S. 75-94.

REICHERT 2009: Reichert, J., Die Hauptversammlung, in: Müller, W./Rödder, T. (Hrsg.), Beck'sches Handbuch der AG. Gesellschaftsrecht, Steuerrecht, Börsengang, 2. Aufl., München 2009, S. 370-484.

REICHWALD 1993: Reichwald, R., Kommunikation und Kommunikationsmodelle, in: Wittmann, W. et al. (Hrsg.), Handwörterbuch der Betriebswirtschaft, 5. Aufl., Stuttgart 1993, Sp. 2174-2188.

REIMANN 1968: Reimann, H., Kommunikations-Systeme. Umrisse einer Soziologie der Vermittlungs- und Mitteilungsprozesse, Tübingen 1968.

RELLERMEYER 1986: Rellermeyer, K., Aufsichtsratsausschüsse, Köln et al. 1986.

RICHTER 1999: Richter, F., Konzeption eines marktwertorientierten Steuerungs- und Monitoringsystems, 2. Aufl., Frankfurt a. M. et al. 1999.

RICHTER 2005: Richter, W., Leitung, Geschäftsführung und Vertretung der Gesellschaft, in: Semler, J./Peltzer, M. (Hrsg.), Arbeitshandbuch für Vorstandsmitglieder, München 2005, S. 303-416.

RICHTER/FURUBOTN 2003: Richter, R./Furubotn, E. G., Neue Institutionenökonomik. Eine Einführung und kritische Würdigung, 3. Aufl., Tübingen 2003.

RIDDER 2006: Ridder, C., Investor Relations-Qualität: Determinanten und Wirkungen. Theoretische Konzeption mit empirischer Überprüfung für den deutschen Kapitalmarkt, Wolfratshausen 2006.

RIDDER-AAB 1980: Ridder-Aab, C.-M., Die moderne Aktiengesellschaft im Lichte der Theorie der Eigentumsrechte, Frankfurt/New York 1980.

RIECKERS/SPINDLER 2004: Rieckers, O./Spindler, G., Corporate Governance: Legal Aspects, in: Krahnen, J. P./Schmidt, R. H. (Hrsg.), The German Financial System, Oxford 2004, S. 350-385.

RIEGGER 2003: Riegger, H. G., Unternehmenskontrolle, Aufsichtsratshaftung und ihre effektive Durchsetzung, Baden-Baden 2003.

RINGLEB 2010: Ringleb, H.-M., Rn. 137-170 zur Präambel, Rn. 415-454 zu Abschn. 3.7, Rn. 508-526 zu Abschn. 3.8, Rn. 615-766 zu Abschn. 4.1.3-4.2.3, Rn. 797-839 zu Abschn. 4.3.1-4.3.5, in: Ringleb, H.-M. et al. (Hrsg.), Kommentar zum Deutschen Corporate Governance Kodex. Kodex-Kommentar, 4. Aufl., München 2010, S. 68-78, S. 136-145, S. 159-167, S. 184-240, S. 247-256.

RODEWALD/UNGER 2006: Rodewald, J./Unger, U., Corporate Compliance. Organisatorische Vorkehrungen zur Vermeidung von Haftungsfällen der Geschäftsleitung, in: Betriebs-Berater, 61. Jg. (2006), S. 113-117.

RÖDL 2006: Rödl, K., Auswirkungen von Unternehmenskultur und Unternehmenszielen auf die Gestaltung von Anreizsystemen. Theoretische Grundlagen und empirische Erkenntnisse, Hamburg 2006.

ROE 1997: Roe, M. J., Path Dependence, Political Options and Governance Systems, in: Hopt, K. J./Wymeersch, E. (Hrsg.), Comparative Corporate Governance, Essays and Materials, Berlin/New York 1997, S. 165-184.

ROE 2000: Roe, M. J., Political Preconditions to Separating Ownership from Corporate Control, Columbia Law and Economics Working Paper No. 155, New York 2000.

ROE 2004: Roe, M. J., Modern Politics and Ownership Separation, in: Gordon, J. N./Roe, M. J. (Hrsg.), Convergence and Persistence in Corporate Governance, Cambridge 2004, S. 252-289.

RÖHRICH 2006: Röhrich, R., Prüfungsausschuss und Audit Committee. Wesentliche Unterschiede zwischen der deutschen und US-amerikanischen Aufsichtspraxis, in: Zeitschrift für Corporate Governance, 1. Jg. (2006), S. 148-152.

ROHRMANN 1978: Rohrmann, B., Empirische Studien zur Entwicklung von Antwortskalen für die sozialwissenschaftliche Forschung, in: Zeitschrift für Sozialpsychologie, 9. Jg. (1978), S. 222-245.

ROLVERING 2002: Rolvering, A., Zwischenberichterstattung börsennotierter Kapitalgesellschaften. Eine empirische Untersuchung zur Qualität der Unternehmenspublizität, Herne/Berlin 2002.

ROSEN 2005: Rosen, R. v., Interaktive Kommunikation mit dem Kapitalmarkt, in: Gramlich, D./Hinz, H. (Hrsg.), Kapitalmarkt, Unternehmen und Information. Wertanalyse und Wertsteuerung von Unternehmen auf finanziellen Märkten. Festschrift für Reinhart Schmidt zum 65. Geburtstag, Wiesbaden 2005, S. 79-103.

ROSS 1973: Ross, S. A., The Economic Theory of Agency: The Principal's Problem, in: The American Economic Review, Vol. 63 (1973), Issue 2, S. 134-139.

RÖSSLER 2001: Rössler, S., Das Audit Committee als Überwachungsinstrument des Aufsichtsrats. Ein Beitrag zur Verbesserung der Corporate Governance vor dem Hintergrund des Gesetzes zur Kontrolle und Transparenz im Unternehmensbereich (KonTraG), Landsberg/Lech 2001.

ROSTY-FORGÁCH/THIERFELDER 2008: Rosty-Forgách, N. Graf v./Thierfelder, J., Gesetzeshüter mit Managerqualitäten, in: Frankfurter Allgemeine Zeitung, 60. Jg. (2008), Nr. 11 vom 14.01.2008, S. 18.

ROTH 2004: Roth, M., Möglichkeiten vorstandsunabhängiger Informationen des Aufsichtsrats, in: Die Aktiengesellschaft, 49. Jg. (2004), S. 1-13.

ROTH/WÖRLE 2004: Roth, G. H./Wörle, U., Die Unabhängigkeit des Aufsichtsrats - Recht und Wirklichkeit, in: Zeitschrift für Unternehmens- und Gesellschaftsrecht, 33. Jg. (2004), S. 565-630.

ROTH/WÖRLE 2006: Roth, G. H./Wörle, U., Die Unabhängigkeit des Aufsichtsrats - Recht und Wirklichkeit, in: Büchele, M. et al. (Hrsg.), Corporate Governance in Deutschland und Österreich, Münster/Wien 2006, S. 35-85.

RUBACH/SEBORA 1998: Rubach, M. J./Sebora, T. C., Comparative Corporate Governance: Competitive Implications of an Emerging Convergence, in: Journal of World Business, Vol. 33 (1998), S. 167-184.

RÜCKLE 1996: Rückle, D., Grundsätze ordnungsmäßiger Abschlussprüfung (GoA). Stand und Entwicklungsmöglichkeiten im Rahmen des Gesamtsystems der Unternehmensführung, in: Zeitschrift für Betriebswirtschaft, 66. Jg. (1996), Sonderheft 36, S. 107-149.

RÜCKLE 2000: Rückle, D., Die Abschlußprüfung im Gesamtsystem der Unternehmensüberwachung. Problemaufriß und Reformvorschläge, in: Altenburger, O. A./ Janschek, O./Müller, H. (Hrsg.), Fortschritte im Rechnungswesen. Vorschläge für Weiterentwicklungen im Dienste der Unternehmens- und Konzernsteuerung durch die Unternehmensorgane und Eigner. Gerhard Seicht zum 60. Geburtstag, 2. Aufl., Wiesbaden 2000, S. 169-209.

RÜCKLE 2002: Rückle, D., Grundsätze ordnungsmäßiger Abschlussprüfung, in: Ballwieser, W./ Coenenberg, A. G./Wysocki, K. v. (Hrsg.), Handwörterbuch der Rechnungslegung und Prüfung, 3. Aufl., Stuttgart 2002, Sp. 1026-1041.

RUDOLF 2005: Rudolf, S., Entwicklungen im Kapitalmarkt in Deutschland, in: Habersack, M./Mülbert, P. O./Schlitt, M. (Hrsg.), Unternehmensfinanzierung am Kapitalmarkt, 1. Aufl., Köln 2005, S. 1-37.

RUDOLF 2008: Rudolf, S., Entwicklungen im Kapitalmarkt in Deutschland, in: Habersack, M./Mülbert, P. O./Schlitt, M. (Hrsg.), Unternehmensfinanzierung am Kapitalmarkt, 2. Aufl., Köln 2008, S. 1-39.

RUDOLF 2010: Rudolf, M., Lehren aus der Finanzmarkt- und Wirtschaftskrise für das Finanzsystem, in: Zeitschrift für Controlling & Management, 50. Jg. (2006), Sonderheft 1, S. 37-38.

RUDOLPH 1986: Rudolph, B., Klassische Kapitalkostenkonzepte zur Bestimmung des Kalkulationszinsfußes für die Investitionsrechnung, in: Zeitschrift für betriebswirtschaftliche Forschung, 38. Jg. (1986), S. 608-617.

RUDOLPH 1999: Rudolph, B., Übernahme und Shareholder Value. Festung Deutschland?, in: Koslowski, P. (Hrsg.), Shareholder Value und die Kriterien des Unternehmenserfolgs, Heidelberg 1999, S. 47-72.

RUDOLPH 2003: Rudolph, B., Unternehmensfinanzierung und Corporate Governance. Entwicklungen und weiterer Anpassungsbedarf, in: Betriebs-Berater, 58. Jg. (2003), S. 2053-2060.

RUDOLPH 2008: Rudolph, B., Lehren aus den Ursachen und dem Verlauf der internationalen Finanzkrise, in: Zeitschrift für betriebswirtschaftliche Forschung, 60. Jg. (2008), S. 713-741.

RUDOLPH 2010: Rudolph, B., Die internationale Finanzkrise: Ursachen, Treiber, Veränderungsbedarf und Reformansätze, in: Zeitschrift für Unternehmens- und Gesellschaftsrecht, 39. Jg. (2010), S. 1-47.

RUHNKE/DETERS 1997: Ruhnke, K./Deters, E., Die Erwartungslücke bei der Abschlußprüfung, in: Zeitschrift für Betriebswirtschaft, 67. Jg. (1997), S. 923-945.

RUHNKE/SCHMIELE/SCHWIND 2010: Ruhnke, K./Schmiele, C./Schwind, J., Die Erwartungslücke als permanentes Phänomen der Abschlussprüfung. Definitionsansatz, empirische Untersuchung und Schlussfolgerungen, in: Zeitschrift für betriebswirtschaftliche Forschung, 62. Jg. (2010), S. 394-421.

RUHWEDEL/SCHULTZE 2002: Ruhwedel, F./Schultze, W., Value Reporting: Theoretische Konzeption und Umsetzung bei den DAX 100-Unternehmen, in: Zeitschrift für betriebswirtschaftliche Forschung, 54. Jg. (2002), S. 602-632.

RUHWEDEL/SCHULTZE 2004: Ruhwedel, F./Schultze, W., Konzeption des Value Reporting und Beitrag zur Konvergenz im Rechnungswesen, in: Controlling, 16. Jg. (2004), S. 489-495.

RÜRUP 1995: Rürup, L., Prüfung des Jahresabschlusses und des Lageberichts durch Aufsichtsrat und Abschlußprüfer, in: Förschle, G./Kaiser, K./Moxter, A. (Hrsg.), Rechnungslegung im Wandel. Festschrift für Wolfgang Dieter Budde, München 1995, S. 543-560.

SABEL 2007: Sabel, T., Wirkung der Marke bei Onlinekäufen. Eine empirisch gestützte Analyse, Hamburg 2007.

SACHS/HEDDERICH 2006: Sachs, L./Hedderich, J., Angewandte Statistik. Methodensammlung mit R, 12. Aufl., Berlin et al. 2006.

SÄCKER 1977: Säcker, F. J., Die Geschäftsordnung für den Aufsichtsrat eines mitbestimmten Unternehmens, in: Der Betrieb, 30. Jg. (1977), S. 2031-2036.

SÄCKER 1979: Säcker, F. J., Aufsichtsratsausschüsse nach dem Mitbestimmungsgesetz 1976. Einsetzung, Besetzung und Arbeitsweise, Düsseldorf/Frankfurt a. M. 1979.

SÄCKER 2004: Säcker, F. J., Rechtliche Anforderungen an die Qualifikation und Unabhängigkeit von Aufsichtsratsmitgliedern, in: Die Aktiengesellschaft, 49. Jg. (2004), S. 180-186.

SALJE 2004: Salje, P., Aufsichtsrat und Informationsordnung in der Aktiengesellschaft, in: Abeltshauser, T. E./Buck, P. (Hrsg.), Corporate Governance. Tagungsband der 1. Hannoveraner Unternehmensrechtstage, Köln et al. 2004, S. 37-53.

SALVENMOSER/HAUSCHKA 2010: Salvenmoser, S./Hauschka, C. E., Korruption, Datenschutz und Compliance, in: Neue Juristische Wochenschrift, 63. Jg. (2010), S. 331-335.

SALZBERGER 2000: Salzberger, W., Die Überwachung des Risikomanagements durch den Aufsichtsrat. Überwachungspflichten und haftungsrechtliche Konsequenzen, in: Die Betriebswirtschaft, 60. Jg. (2000), S. 756-773.

SANDLEBEN/SCHMIDT 2010: Sandleben, H.-M./Schmidt, J., Aktuelles zu IFRS 8 - Segmentberichterstattung, in: Zeitschrift für Internationale Rechnungslegung, 5. Jg. (2010), S. 48-50.

SANDT 2005: Sandt, J., Performance Measurement. Übersicht über Forschungsentwicklung und -stand, in: Zeitschrift für Controlling & Management, 49. Jg. (2005), S. 429-448.

SCHÄFER 2004: Schäfer, A., Der Prüfungsausschuss. Arbeitsteilung im Aufsichtsrat, in: Zeitschrift für Unternehmens- und Gesellschaftsrecht, 33. Jg. (2004), S. 416-431.

SCHÄFER 2005a: Schäfer, C., Die Binnenhaftung von Vorstand und Aufsichtsrat nach der Renovierung durch das UMAG, in: Zeitschrift für Wirtschaftsrecht, 26. Jg. (2005), S. 1253-1259.

SCHÄFER 2005b: Schäfer, C., Effektivere Vorstandshaftung für Fehlinformationen des Kapitalmarkts, in: Neue Zeitschrift für Gesellschaftsrecht, 8. Jg. (2005), S. 985-992.

SCHÄFER 2008: Schäfer, C., Besondere Regelungen für börsennotierte und für nichtbörsennotierte Gesellschaften?, in: Neue Juristische Wochenschrift, 61. Jg. (2008), S. 2536-2545.

SCHÄFER 2009a: Schäfer, F. A., Directors' Dealings, in: Marsch-Barner, R./ Schäfer, F. A. (Hrsg.), Handbuch börsennotierte AG. Aktien- und Kapitalmarktrecht, 2. Aufl., Köln 2009, S. 670-682.

SCHÄFER 2009b: Schäfer, F. A., Haftung für fehlerhafte Kapitalmarktinformation, in: Marsch-Barner, R./Schäfer, F. A. (Hrsg.), Handbuch börsennotierte AG. Aktien- und Kapitalmarktrecht, 2. Aufl., Köln 2009, S. 683-695.

SCHAEFER/EICHNER 2003: Schaefer, F. W./Eichner, C., Abwehrmöglichkeiten des Vorstands von börsennotierten Aktiengesellschaften bei feindlichen Übernahmeversuchen. Ein Rechtsvergleich zwischen Deutschland und den USA, in: Neue Zeitschrift für Gesellschaftsrecht, 6. Jg. (2003), S. 250-255.

SCHANZ 1988: Schanz, G., Methologie für Betriebswirte, 2. Aufl., Stuttgart 1988.

SCHANZ 2008: Schanz, K.-M., Schaeffler/Continental: Umgehung von Meldepflichten bei öffentlichen Übernahmen durch Einsatz von derivativen Finanzinstrumenten, in: Der Betrieb, 61. Jg. (2008), S. 1899-1905.

SCHEFFLER 1995a: Scheffler, E., Aufsichtsrat und Abschlußprüfer als Überwachungsorgane der Aktiengesellschaft, in: Lanfermann, J. (Hrsg.), Internationale Wirtschaftsprüfung. Festschrift zum 65. Geburtstag von Hans Havermann, Düsseldorf 1995, S. 653-680.

SCHEFFLER 1995b: Scheffler, E., Betriebswirtschaftliche Überlegungen zur Entwicklung von Grundsätzen ordnungsmäßiger Überwachung der Geschäftsführung durch den Aufsichtsrat, in: Die Aktiengesellschaft, 40. Jg. (1995), S. 207-212.

SCHEFFLER 2000: Scheffler, E., Zum Rollenverständnis der Aufsichtsräte, in: Der Betrieb, 53. Jg. (2000), S. 433-437.

SCHEFFLER 2004: Scheffler, E., Aufsichtsrat und Abschlussprüfer, in: Freidank, C.-C. (Hrsg.), Reform der Rechnungslegung und Corporate Governance in Deutschland und Europa, Wiesbaden 2004, S. 269-287.

SCHEFFLER 2005: Scheffler, E., Corporate Governance. Auswirkungen auf den Wirtschaftsprüfer, in: Die Wirtschaftsprüfung, 58. Jg. (2005), S. 477-486.

SCHEFFLER 2006a: Scheffler, E., Aufgaben und erste Erfahrungen des Enforcements, in: Zeitschrift für Internationale Rechnungslegung, 1. Jg. (2006), S. 13-21.

SCHEFFLER 2006b: Scheffler, E., Auslegungs- und Ermessensfragen beim Enforcement, in: Betriebs-Berater, 61. Jg. (2006), Betriebs-Berater-Special Nr. 4, S. 2-8.

SCHEFFLER 2009: Scheffler, E., Enforcement der Rechnungslegung, in: Hommelhoff, P./Hopt, K. J./Werder, A. v. (Hrsg.), Handbuch Corporate Governance. Leitung und Überwachung börsennotierter Unternehmen in Rechts- und Wirtschaftspraxis, 2. Aufl., Köln et al. 2009, S. 653-681.

SCHENCK 2009: Schenck, K. v., Die Überwachung der Geschäftsführung, in: Semler, J./ Schenck, K. v. (Hrsg.), Arbeitshandbuch für Aufsichtsratsmitglieder, 3. Aufl., München 2009, S. 281-363.

SCHERER 2006: Scherer, C., „Die Qual der Wahl": Dualistisches oder monistisches System? Alternativen der Unternehmensverfassung einer Europäischen Gesellschaft (SE) in Deutschland, Frankfurt a. M. et al. 2006.

SCHIEDERMAIR/KOLB 2009: Schiedermair, M./Kolb, F.-J., Der Aufsichtsrat, in: Müller, W./Rödder, T. (Hrsg.), Beck'sches Handbuch der AG. Gesellschaftsrecht, Steuerrecht, Börsengang, 2. Aufl., München 2009, S. 564-622.

SCHIESSL 2002: Schiessl, M., Deutsche Corporate Governance post Enron, in: Die Aktiengesellschaft, 47. Jg. (2002), S. 593-604.

SCHILDBACH/STRAßER 2003: Schildbach, T./Straßer, R., Das britische Financial Reporting Review Panel als Vorbild für eine Enforcement-Institution in Deutschland?, in: Deutsches Steuerrecht, 41. Jg. (2003), S. 1720-1724.

SCHILLER/PELIZAEUS/WERNEKE 1999: Schiller, B./Pelizaeus, T./Werneke, M., Das Internet. Ein Investor Relations-Instrument?, in: Das Wirtschaftsstudium, 28. Jg. (1999), S. 1099-1105.

SCHILLING 1997: Schilling, U., Shareholder Value und Aktiengesetz, in: Betriebs-Berater, 52. Jg. (1997), S. 373-381.

SCHLITT 2005: Schlitt, C., Der aktive Aufsichtsratsvorsitzende. Zum Handlungsspielraum des Aufsichtsratsvorsitzenden im aktienrechtlichen Normengefüge, in: Der Betrieb, 58. Jg. (2005), S. 2007-2013.

SCHLÖMER 1985: Schlömer, R., Das aktienrechtliche Überwachungssystem unter Berücksichtigung der Besonderheiten von Unternehmenskrisen. Anforderungen, Probleme und Ansätze zur Effizienzsteigerung, Bergisch Gladbach/Köln 1985.

SCHMALENBACH 1933: Schmalenbach, E., Grundsätze ordnungsmäßiger Bilanzierung, in: Zeitschrift für handelswissenschaftliche Forschung, 10. Jg. (1933), S. 225-233.

SCHMEISSER/ECKSTEIN/BOCHE 2009: Schmeisser, W./Eckstein, P. P./Boche, M., Die finanzorientierte Personalwirtschaft auf dem empirischen Prüfstand. Eine webbasierte Befragung, München/Mering 2009.

SCHMIDBAUER 2003: Schmidbauer, R., Das EVA-Konzept: Attraktiv oder hässlich im Sinne einer unternehmenswertorientierten Unternehmenssteuerung?, in: Deutsches Steuerrecht, 41. Jg. (2003), S. 1408-1414.

SCHMIDT 1981: Schmidt, R. H., Ein neo-institutionalistischer Ansatz der Finanzierungstheorie, in: Rühli, E./Thommen, J.-P. (Hrsg.), Unternehmensführung aus finanz- und bankwirtschaftlicher Sicht: Bericht der Tagung des Verbandes der Hochschullehrer für Betriebswirtschaft e. V. 1980 in Zürich, Stuttgart 1981, S. 135-154.

SCHMIDT 1988: Schmidt, R. H., Neuere Property Rights-Analysen in der Finanzierungstheorie, in: Budäus, D./Gerum, E./Zimmermann, G. (Hrsg.), Betriebswirtschaftslehre und Theorie der Verfügungsrechte, Wiesbaden 1988, S. 239-267.

SCHMIDT 1993: Schmidt, R. H., Finanzierung und unsichere Erwartungen, in: Wittmann, W. et al. (Hrsg.), Handwörterbuch der Betriebswirtschaft, 5. Aufl., Stuttgart 1993, Sp. 1038- 1050.

SCHMIDT 1997: Schmidt, R. H., Corporate Governance: The Role of Other Constituencies, Working Paper Series: Finance Nr. 3/1997 der Johann Wolfgang Goethe-Universität, Frankfurt a. M. 1997.

SCHMIDT 2001a: Schmidt, R. H., Kontinuität und Wandel bei der Corporate Governance in Deutschland, in: Lassmann, G. (Hrsg.), Neuere Ansätze der Betriebswirtschaftslehre. In memorandum Karl Hax anlässlich der 100. Wiederkehr des Geburtstages von Professor Dr. Dres. h. c. Karl Hax am 13.11.2001, Zeitschrift für betriebswirtschaftliche Forschung, 53. Jg. (2001), Sonderheft 47, S. 61-87.

SCHMIDT 2001b: Schmidt, S. M., Corporate Governance in deutschen und amerikanischen Aktiengesellschaften. Eine Untersuchung unter besonderer Berücksichtigung der Bedeutung und der Entstehung der Anteilseignerstrukturen, Frankfurt a. M. et al. 2001.

SCHMIDT 2003: Schmidt, R. H., Corporate Governance in Germany: An Economic Perspective, Working Paper No. 2003/36 des Center for Financial Studies der Johann Wolfgang Goethe-Universität, Frankfurt a. M. 2003.

SCHMIDT 2004: Schmidt, R. H., Corporate Governance in Germany: An Economic Perspective, in: Krahnen, J. P./Schmidt, R. H. (Hrsg.), The German Financial System, Oxford 2004, S. 386-424.

SCHMIDT 2006: Schmidt, P., Die monistische SE in Deutschland, Hamburg 2006.

SCHMIDT 2007a: Schmidt, R. H., Stakeholder-Orientierung, Systemhaftigkeit und Stabilität der Corporate Governance in Deutschland, in: Jürgens, U. et al. (Hrsg.), Perspektiven der Corporate Governance. Bestimmungsfaktoren unternehmerischer Entscheidungsprozesse und Mitwirkung der Arbeitnehmer, Baden-Baden 2007, S. 31-54.

SCHMIDT 2007b: Schmidt, R. H., Die Transformation des deutschen Finanzsystems und der Corporate Governance deutscher Unternehmen, in: Glaum, M./Hommel, U./ Thomaschewski, D. (Hrsg.), Internationalisierung und Unternehmenserfolg: Wettbewerb, organisatorischer Wandel und Corporate Governance, Stuttgart 2007, S. 317-338.

SCHMIDT 2009: Schmidt, B., Vertrauen ist gut, Compliance ist besser! Anforderung an die Datenverarbeitung im Rahmen der Compliance-Überwachung, in: Betriebs-Berater, 64. Jg. (2009), S. 1295-1299.

SCHMIDT-SUDHOFF 1967: Schmidt-Sudhoff, U., Unternehmensziele und unternehmerisches Zielsystem, Wiesbaden 1967.

SCHMIDT/SPINDLER 2002: Schmidt, R. H./Spindler, G., Path Dependence, Corporate Governance and Complementarity, in: International Finance, Vol. 5 (2002), S. 311-333.

SCHMIDT/SPINDLER 2004: Schmidt, R. H./Spindler, G., Path Dependence and Complementarity in Corporate Governance, in: Gordon, J. N./Roe, M. J. (Hrsg.), Convergence and Persistence in Corporate Governance, Cambridge 2004, S. 114-127.

SCHMIDT/TERBERGER 2003: Schmidt, R. H./Terberger, E., Grundzüge der Investitions- und Finanzierungstheorie, 4. Aufl., Wiesbaden 2003.

SCHMIDT/TYRELL 2005: Schmidt, R. H./Tyrell, M., Information Theory and the Role of Intermediaries, in: Hopt, K. J. et al. (Hrsg.), Corporate Governance in Context. Corporations, States, and Markets in Europe, Japan, and the US, Oxford 2005, S. 481-510.

SCHMIDT/WEIß 2003: Schmidt, R. H./Weiß, M., Shareholder vs. Stakeholder: Ökonomische Fragestellungen, Working Paper Series: Finance & Accounting No. 104 der Johann Wolfgang Goethe-Universität, Frankfurt a. M. 2003.

SCHMIDT/WEIß 2009: Schmidt, R. H./Weiß, M., Shareholder vs. Stakeholder: Ökonomische Fragen, in: Hommelhoff, P./Hopt, K. J./Werder, A. v. (Hrsg.), Handbuch Corporate Governance. Leitung und Überwachung börsennotierter Unternehmen in Rechts- und Wirtschaftspraxis, 2. Aufl., Köln et al. 2009, S. 161-183.

SCHMIDT/PFITZER/LINDGES 2006: Schmidt, A./Pfitzer, N./Lindges, U., VO 1/2006: Überarbeitung des Standards zur Qualitätssicherung, in: Die Wirtschaftsprüfung, 59. Jg. (2006), S. 1193-1200.

SCHMOLKE 2007: Schmolke, K. U., Institutionelle Anleger und Corporate Governance. Traditionelle institutionelle Investoren vs. Hedgefonds, in: Zeitschrift für Unternehmens- und Gesellschaftsrecht, 36. Jg. (2007), S. 701-744.

SCHNEIDER 1992: Schneider, D., Märkte für Unternehmenskontrolle und Kapitalstrukturrisiko, in: Gröner, H. (Hrsg.), Der Markt für Unternehmenskontrolle, Berlin 1992, S. 39-62.

SCHNEIDER 2000: Schneider, U. H., Kapitalmarktorientierte Corporate Governance-Grundsätze, in: Der Betrieb, 53. Jg. (2000), S. 2413-2417.

SCHNEIDER 2003: Schneider, U. H., Compliance als Aufgabe der Unternehmensleitung, in: Zeitschrift für Wirtschaftsrecht, 24. Jg. (2003), S. 645-650.

SCHNEIDER 2004: Schneider, U. H., Die Revision der OECD Principles of Corporate Governance 2004, in: Die Aktiengesellschaft, 49. Jg. (2004), S. 429-434.

SCHNEIDER 2005a: Schneider, U. H., Konzern-Corporate Governance, in: Waldburger, R. et al. (Hrsg.), Wirtschaftsrecht zu Beginn des 21. Jahrhunderts. Festschrift für Peter Nobel zum 60. Geburtstag, Bern 2005, S. 337-352.

SCHNEIDER 2005b: Schneider, B., Auf dem Weg zu Securities Class Actions in Deutschland? Auswirkungen des KapMuG auf die Praxis kapitalmarktrechtlicher Streitigkeiten, in: Betriebs-Berater, 60. Jg. (2005), S. 2249-2258.

SCHNEIDER 2006: Schneider, S. H., Informationspflichten und Informationssystemeinrichtungspflichten im Aktienkonzern. Überlegungen zu einem Unternehmensinformationsgesetzbuch, Berlin 2006.

SCHNEIDER 2009: Schneider, U. H., Compliance im Konzern, in: Neue Zeitschrift für Gesellschaftsrecht, 12. Jg. (2009), S. 1321-1326.

SCHNEIDER/NOWAK 2010: Schneider, U. H./Nowak, C., Sind die Einrichtung einer Whistleblowing-Stelle und der Schutz des Whistleblowers Teil guter Corporate Compliance?, in: Hönn, G./Oetker, H./Raab, T. (Hrsg.), Festschrift für Peter Kreutz zum 70. Geburtstag, Köln 2010, S. 855-865.

SCHNEIDER/STRENGER 2000: Schneider, U. H./Strenger, C., Die „Corporate Governance-Grundsätze" der Grundsatzkommission Corporate Governance (German Panel on Corporate Governance), in: Die Aktiengesellschaft, 45. Jg. (2000), S. 106-113.

SCHNELL/HILL/ESSER 2008: Schnell, R./Hill, P. B./Esser, E., Methoden der empirischen Sozialforschung, 8. Aufl., München 2008.

SCHNEPER/GUILLÉN 2004: Schneper, W. D./Guillén, M. F., Stakeholder Rights and Corporate Governance: A Cross-National Study of Hostile Takeovers, in: Administrative Science Quarterly, Vol. 49 (2004), S. 263-295.

SCHOLL 2003: Scholl, A., Die Befragung. Sozialwissenschaftliche Methode und kommunikationswissenschaftliche Anwendung, Konstanz 2003.

SCHOLZ 2009: Scholz, D., Selbst- und Fremdregulierung von Wertpapierbörsen, Hamburg 2009.

SCHÖNBERGER 2006: Schönberger, K., Der Zustimmungsvorbehalt des Aufsichtsrates bei Geschäftsführungsmaßnahmen des Vorstands (§ 111 Abs. 4 Satz 2-4 AktG), Jena 2006.

SCHÖNTAG 2007: Schöntag, J., Performance-Messung und wertorientierte Steuerung auf Basis von Residualgewinnen, Frankfurt a. M. et al. 2007.

SCHÖNWALD 2007: Schönwald, U., Analytische Prüfungshandlungen, in: Freidank, C.-C./ Lachnit, L./Tesch, J. (Hrsg.), Vahlens Großes Auditing Lexikon, München 2007, S. 41-42.

SCHRAMM 1955: Schramm, W., How Communication works, in: Schramm, W. (Hrsg.), The Process and Effects of Mass Communication, Urbana 1955, S. 3-26.

SCHRÖER 2005: Schröer, H., Geltendmachung von Ersatzansprüchen gegen Organmitglieder nach UMAG, in: Zeitschrift für Wirtschaftsrecht, 26. Jg. (2005), S. 2081-2090.

SCHULZ 2008: Schulz, T., Rn. 1-15 zu § 171 AktG, in: Bürgers, T./Körber, T. (Hrsg.), Heidelberger Kommentar zum Aktiengesetz, Heidelberg 2008, S. 1033-1042.

SCHULZ 2010: Schulz, A., Aktienkursorientierte Vergütungssysteme für Führungskräfte. Eine Analyse aus rechtlicher und betriebswirtschaftlicher Sicht, Wiesbaden 2010.

SCHULZE-OSTERLOH 1998: Schulze-Osterloh, J., Unternehmensüberwachung und Prüfung des Jahresabschlusses durch den Aufsichtsrat, in: Zeitschrift für Wirtschaftsrecht, 19. Jg. (1998), S. 2129-2135.

SCHUMM 2009: Schumm, H., Das Gesetz zur Umsetzung der Aktionärsrichtlinie (ARUG). Handlungs- und Gestaltungsbedarf bei Aktiengesellschaften, in: Steuern und Bilanzen, 11. Jg. (2009), S. 614-620.

SCHURZ 2002: Schurz, G., Karl Popper, Deduktion, Induktion und Abduktion, in: Böhm, J. M. et al. (Hrsg.), Karl Poppers kritischer Rationalismus heute. Zur Aktualität kritisch-rationaler Wissenschaftstheorie, Tübingen 2002, S. 126-143.

SCHÜTZ 2005: Schütz, C., UMAG Reloaded, in: Neue Zeitschrift für Gesellschaftsrecht, 8. Jg. (2005), S. 5-11.

SCHWALBACH 2004: Schwalbach, J., Effizienz des Aufsichtsrats, in: Die Aktiengesellschaft, 49. Jg. (2004), S. 186-190.

SCHWARZ 2005: Schwarz, S. H., Regulierung durch Corporate Governance Kodizes, Berlin 2005.

SCHWEITZER 2009: Schweitzer, M., Fortschritte und offene Fragen der Segmentberichterstattung nach IFRS 8, in: Seicht, G. (Hrsg.), Jahrbuch für Controlling und Rechnungswesen 2009, Wien 2009, S. 201-221.

SCHWETZLER/SPERLING 2008a: Schwetzler, B./Sperling, M. O., Corporate Governance and the Dynamics of Ownership of German Firms between 1997 and 2007, in: Corporate Ownership & Control, Vol. 6 (2008), Issue 2, S. 25-32.

SCHWETZLER/SPERLING 2008b: Schwetzler, B./Sperling, M. O., Die Entflechtung der Deutschland AG, in: Die Aktiengesellschaft, 53. Jg. (2008), S. R468-R470.

SEGLER/WALD/WEIBLER 2007: Segler, G./Wald, A./Weibler, J., Corporate Governance im internationalen Wettbewerb. Bewertung des deutschen Governance-Systems aus der Sicht institutioneller Anleger, in: Betriebswirtschaftliche Forschung und Praxis, 59. Jg. (2007), S. 400-417.

SEIBERT 2005: Seibert, U., UMAG und Hauptversammlung. Der Regierungsentwurf eines Gesetzes zur Unternehmensintegrität und Modernisierung des Anfechtungsrechts (UMAG), in: Wertpapier-Mitteilungen, 59. Jg. (2005), S.157-161.

SEIBT 2002: Seibt, C. H., Deutscher Corporate Governance Kodex und Entsprechungserklärung (§ 161 AktG-E), in: Die Aktiengesellschaft, 47. Jg. (2002), S. 249-259.

SEIBT 2003a: Seibt, C. H., Deutscher Corporate Governance Kodex: Antworten auf Zweifelsfragen der Praxis, in: Die Aktiengesellschaft, 48. Jg. (2003), S. 465-477.

SEIBT 2003b: Seibt, C. H., Effizienzprüfung der Aufsichtsratstätigkeit. Hinweise zur Anwendung von Ziff. 5.6 Deutscher Corporate Governance Kodex, in: Der Betrieb, 56. Jg. (2003), S. 2107-2112.

SEIBT 2008a: Seibt, C. H., Rn. 1-27 zu § 76 AktG, Rn. 1-30 zu § 77 AktG, Rn. 1-76 zu § 84 AktG, in: Schmidt, K./Lutter, M. (Hrsg.), Aktiengesetz. Kommentar, Band I, Köln 2008, S. 869-898, S. 944-979.

SEIBT 2008b: Seibt, C. H., Rn. 1-43 zu Art. 39 SE-VO, in: Lutter, M./Hommelhoff, P. (Hrsg.), SE-Kommentar. SE-VO, SEAG, SEBG, Steuerrecht, Köln 2008, S. 423-441.

SEIBT 2009: Seibt, C. H., Informationsfluss zwischen Vorstand und Aufsichtsrat (dualistisches Leitungssystem) bzw. innerhalb des Verwaltungsrats (monistisches Leitungssystem), in: Hommelhoff, P./Hopt, K. J./ Werder, A. v. (Hrsg.), Handbuch Corporate Governance. Leitung und Überwachung börsennotierter Unternehmen in Rechts- und Wirtschaftspraxis, 2. Aufl., Köln et al. 2009, S. 391-422.

SEIFFERT 1997: Seiffert, H., Wörterbuch der wissenschaftstheoretischen Terminologie, München 1997.

SEMLER 1980: Semler, J., Die Überwachungsaufgabe des Aufsichtsrats, Köln et al. 1980.

SEMLER 1983: Semler, J., Aufgaben und Funktionen des aktienrechtlichen Aufsichtsrats in der Unternehmenskrise, in: Die Aktiengesellschaft, 28. Jg. (1983), S. 141-148.

SEMLER 1988: Semler, J., Ausschüsse des Aufsichtsrats, in: Die Aktiengesellschaft, 33. Jg. (1988), S. 60-67.

SEMLER 1995: Semler, J. Unternehmensüberwachung durch den Kapitalmarkt, in: Picot, A. (Hrsg.), Corporate Governance: Unternehmensüberwachung auf dem Prüfstand, Stuttgart 1995, S. 29-87.

SEMLER 1996: Semler, J., Leitung und Überwachung der Aktiengesellschaft. Die Leitungsaufgabe des Vorstands und die Überwachungsaufgabe des Aufsichtsrats, 2. Aufl., Köln et al. 1996.

SEMLER 2001: Semler, J., Grundsätze ordnungsmäßiger Überwachung?, in: Lutter, M./Scholz, M./Siegle, W. (Hrsg.), Festschrift für Martin Peltzer zum 70. Geburtstag, Köln 2001, S. 489-517.

SEMLER 2005: Semler, J., Zur aktienrechtlichen Haftung der Organmitglieder einer Aktiengesellschaft, in: Die Aktiengesellschaft, 50. Jg. (2005), S. 321-337.

SEMLER 2009a: Semler, J., Die Kompetenzen des Aufsichtsrats, in: Semler, J./ Schenck, K. v. (Hrsg.), Arbeitshandbuch für Aufsichtsratsmitglieder, 3. Aufl., München 2009, S. 1-68.

SEMLER 2009b: Semler, J., Die Arbeit des Aufsichtsratsvorsitzenden, in: Semler, J./Schenck, K. v. (Hrsg.), Arbeitshandbuch für Aufsichtsratsmitglieder, 3. Aufl., München 2009, S. 136-173.

SEMLER 2009c: Semler, J., Anforderungen an die Befähigung eines Aufsichtsratsmitglieds, in: Bitter, G. et al. (Hrsg.), Festschrift für Karsten Schmidt zum 70. Geburtstag, Köln 2009, S. 1489-1505.

SEMLER/GITTERMANN 2004: Semler, J./Gittermann, S., Persönliche Haftung der Organmitglieder für Fehlinformationen des Kapitalmarkts - zeigt das KapInHaG den richtigen Weg?, in: Neue Zeitschrift für Gesellschaftsrecht, 7. Jg. (2004), S. 1081-1086.

SEMLER/STENGEL 2003: Semler, J./Stengel, A., Interessenkonflikte bei Aufsichtsratsmitgliedern von Aktiengesellschaften am Beispiel von Konflikten bei Übernahme, in: Neue Zeitschrift für Gesellschaftsrecht, 6. Jg. (2003), S. 1-8.

SEMLER/WAGNER 2009a: Semler, J./Wagner, E., Vorschlags- und Wahlverfahren, Entsendung, Ausscheiden, in: Semler, J./Schenck, K. v. (Hrsg.), Arbeitshandbuch für Aufsichtsratsmitglieder, 3. Aufl., München 2009, S. 69-96.

SEMLER/WAGNER 2009b: Semler, J./Wagner, E., Vergütung der Aufsichtsratstätigkeit und Auslagenersatz, in: Semler, J./Schenck, K. v. (Hrsg.), Arbeitshandbuch für Aufsichtsratsmitglieder, 3. Aufl., München 2009, S. 660-683.

SERFLING 1983: Serfling, K., Controlling, Stuttgart 1983.

SESTER 2007: Sester, P., Rn. 1-62 zu § 161 AktG, in: Spindler, G./Stilz, E. (Hrsg.), Kommentar zum Aktiengesetz, Band I, München 2007, S. 1633-1656.

SHANNON 1949: Shannon, C. E., The Mathematical Theory of Communication, in: Shannon, C. E./Weaver, W. (Hrsg.), The Mathematical Theory of Communication, Urbana 1949, S. 1-91.

SHARPE 1964: Sharpe, W. F., Capital Asset Prices: A Theory of Market Equilibrium under Conditions of Risk, in: The Journal of Finance, Vol. 19 (1964), S. 425-442.

SHLEIFER/VISHNY 1986: Shleifer, A./Vishny, R. W., Large Shareholders and Corporate Control, in: Journal of Political Economy, Vol. 94 (1986), S. 461-488.

SHLEIFER/VISHNY 1997: Shleifer, A./Vishny, R. W., A Survey of Corporate Governance, in: The Journal of Finance, Vol. 52 (1997), S. 737-783.

SICK 2008: Sick, S., Corporate Governance in Deutschland und Großbritannien. Ein Kodex- und Systemvergleich, Baden-Baden 2008.

SIDHU 2008: Sidhu, K., Die Regelungen zur Compliance im Corporate Governance Kodex. Welche Wirkungen entfaltet der Sprung in die Kodifizierung der Compliance?, in: Zeitschrift für Internationale Rechnungslegung, 3. Jg. (2008), S. 13-16.

SIEBEL/SCHENCK 2009: Siebel, U. R./Schenck, K. v., Anlage § 3 - 2: Geschäftsordnung für den Aufsichtsrat, in: Semler, J./Schenck, K. v. (Hrsg.), Arbeitshandbuch für Aufsichtsratsmitglieder, 3. Aufl., München 2009, S. 914-920.

SIEBERT 2004: Siebert, H., Germany's Capital Market and Corporate Governance, Working Paper No. 1.206 des Kiel Institute for World Economics, Kiel 2004.

SIEMS 2005: Siems, M. M., Die Konvergenz der Rechtssysteme im Recht der Aktionäre. Ein Beitrag zur vergleichenden Corporate Governance in Zeiten der Globalisierung, Tübingen 2005.

SIERSLEBEN 1999: Siersleben, K., Investor-Relations-Management. Unter besonderer Berücksichtigung deutscher Großbanken, Frankfurt a. M. 1999.

SLAVIK 2008: Slavik, K., Die Um- und Durchsetzung von Corporate Governance Standards. Eine rechtsvergleichende Untersuchung zu Corporate Governance in England, der Schweiz und Deutschland, Frankfurt a. M. 2008.

SOMMER 2005a: Sommer, U., Höherer Streubesitz erleichtert Übernahmen im DAX, in: Handelsblatt, 60. Jg. (2005), Nr. 160 vom 19.08.2005, S. 29.

SOMMER 2005b: Sommer, U., Ausländer kontrollieren immer mehr deutsche Großkonzerne, in: Handelsblatt, 60. Jg. (2005), Nr. 160 vom 19.08.2005, S. 1.

SOMMER 2007: Sommer, U., Globalisierung pur, in: Handelsblatt, 62. Jg. (2007), Nr. 243 vom 17.12.2007, S. 14.

SPANNAGEL/HÄßLER 1999: Spannagel, T./Häßler, A., Ein Ansatz zur Implementierung eines Risikomanagement-Prozesses, in: Deutsches Steuerrecht, 37. Jg. (1999), S. 1826-1832.

SPECKBACHER 1997: Speckbacher, G., Shareholder Value und Stakeholder Ansatz, in: Die Betriebswirtschaft, 57. Jg. (1997), S.630-639.

SPENCE 1973: Spence, M., Job Market Signalling, in: The Quarterly Journal of Economics, Vol. 87 (1973), S. 355-374.

SPENCE/ZECKHAUSER 1971: Spence, M./Zeckhauser, R., Insurance, Information, and Individual Action, in: The American Economic Review, Vol. 61 (1971), Issue 2, S. 380-387.

SPINDLER 2004a: Spindler, G., Vergütung und Abfindung von Vorstandsmitgliedern, in: Deutsches Steuerrecht, 42. Jg. (2004), S. 36-45.

SPINDLER 2004b: Spindler, G., Persönliche Haftung der Organmitglieder für Falschinformationen des Kapitalmarktes: de lege lata und de lege ferenda, in: Wertpapier-Mitteilungen, 58. Jg. (2004), S. 2089-2098.

SPINDLER 2005a: Spindler, G., Die Reform der Hauptversammlung und der Anfechtungsklage durch das UMAG, in: Neue Zeitschrift für Gesellschaftsrecht, 8. Jg. (2005), S. 825-831.

SPINDLER 2005b: Spindler, G., Haftung und Aktionärsklage nach dem neuen UMAG, in: Neue Zeitschrift für Gesellschaftsrecht, 8. Jg. (2005), S. 865-872.

SPINDLER 2005c: Spindler, G., Die Empfehlungen der EU für den Aufsichtsrat und ihre deutsche Umsetzung im Corporate Governance Kodex, in: Zeitschrift für Wirtschaftsrecht, 26. Jg. (2005), S. 2033-2045.

SPINDLER 2007: Spindler, G., Rn. 1-126 zu § 76 AktG, Rn. 1-70 zu § 77 AktG, Rn. 1-133 zu § 107 AktG, Rn. 1-97 zu § 111 AktG, Rn. 1-68 zu § 113 AktG, Rn. 1-208 zu § 116 AktG, in: Spindler, G./Stilz, E. (Hrsg.), Kommentar zum Aktiengesetz, Band I, München 2007, S. 708-759, S. 1129-1172, S. 1216-1245, S. 1256-1276, S. 1290-1346.

SPINDLER 2008a: Spindler, G., Rn. 1-137 zu § 76 AktG, Rn. 1-85 zu § 77 AktG, Rn. 1-266 zu § 84 AktG, Rn. 1-124a zu § 87 AktG, Rn. 1-63 zu § 88 AktG, Rn. 1-64 zu § 90 AktG, Rn. 1-46 zu § 91 AktG, Rn. 1-342 zu § 93 AktG, in: Goette, W./Habersack, M. (Hrsg.), Münchener Kommentar zum Aktiengesetz, Band 2, 3. Aufl., München 2008, S. 47-131, S. 242-342, S. 353-400, S. 405-427, S. 452-469, S. 475-496, S. 536-661.

SPINDLER 2008b: Spindler, G., Rn. 1-48 zu § 118 AktG, Rn. 1-100 zu § 131 AktG, Rn. 1-53 zu § 148 AktG, Rn. 1-79 zu § 161 AktG, in: Schmidt, K./Lutter, M. (Hrsg.), Aktiengesetz. Kommentar, Band I. und II, Köln 2008, S. 1266-1287, S. 1439-1493, S. 1758-1776, S. 1806-1835.

SPREMANN 1987: Spremann, K., Agent and Principal, in: Bamberg, G./Spremann, K. (Hrsg.), Agency Theory, Information, and Incentives, Heidelberg 1987, S. 3-38.

SPREMANN 1990: Spremann, K., Asymmetrische Information, in: Zeitschrift für Betriebswirtschaft, 60. Jg. (1990), S. 561-586.

SPREMANN 1994: Spremann, K., Wertsteigerung als Managementprinzip in Europa?, in: Höfer, K./Pohl, A. (Hrsg.), Wertsteigerungs-Management - Das Shareholder-Value-Konzept: Methoden und erfolgreiche Beispiele, Frankfurt a. M./New York 1994, S. 303-319.

STAEHLE 1999: Staehle, W. H., Management. Eine verhaltenswissenschaftliche Perspektive, 8 Aufl., München 1999.

STAHLKE 2007: Stahlke, N. H., Erfolgsfaktoren bei Mergers & Acquisitions in der deutschen Energiewirtschaft. Theoretische Fundierung und empirische Analyse unter Berücksichtigung einer Befragung von Führungskräften aus der Energiewirtschaft, Herrsching 2007.

STAUB 2005: Staub, P., Corporate Governance Reporting. Eine theoretische und empirische Analyse, Zürich et al. 2005.

STAUBER 2003: Stauber, J., Voluntary Value Reporting auf Basis der IFRS/ IAS. Grundlagen, Inhalte, qualitative Beurteilung, Frankfurt a. M. et al. 2003.

STEFANI 2002: Stefani, U., Abschlussprüfung, Unabhängigkeit und strategische Interdependenzen. Eine ökonomische Analyse institutioneller Reformen zur Steigerung der Prüfungsqualität, Stuttgart 2002.

STEFFENHAGEN 1978: Steffenhagen, H., Entscheidungsverhalten unter Zeitdruck. Zur Problematik von Entscheidungshilfen aus entscheidungslogischer und verhaltenswissenschaftlicher Sicht, in: Die Betriebswirtschaft, 38. Jg. (1978), S. 595-607.

STEGEMEYER 2002: Stegemeyer, W., Der Vergleich von Abschlussprüfung und Unternehmensberatung aus der Perspektive der Agency- und der Signalling-Theorie, Marburg 2002.

STEGER/BRELLOCHS/AMANN 2006: Steger, U./Brellochs, J./Amann, W., Konzerninterne Corporate Governance. Problematik und Mechanismen, in: Der Aufsichtsrat, 3. Jg. (2006), Heft 7/8, S. 4-6.

STEIGER 2000: Steiger, M., Institutionelle Investoren im Spannungsfeld zwischen Aktienmarktliquidität und Corporate Governance, Baden-Baden 2000.

STEIGER 2001: Steiger, M., Corporate Governance, in: Gerke, W./Steiner, M. (Hrsg.), Handwörterbuch des Bank- und Finanzwesens, 3. Aufl., Stuttgart 2001, Sp. 530-540.

STEINBECK 1992: Steinbeck, C., Überwachungspflicht und Einwirkungsmöglichkeiten des Aufsichtsrats in der Aktiengesellschaft, Berlin 1992.

STEINER/HESSELMANN 2001: Steiner, M./Hesselmann, C., Messung des Erfolgs von Investor Relations, in: Achleitner, A.-K./Bassen, A. (Hrsg.), Investor Relations am Neuen Markt. Zielgruppen, Instrumente, rechtliche Rahmenbedingungen und Kommunikationsinhalte, Stuttgart 2001, S. 97-118.

STEINHAUER 2007: Steinhauer, L., Die Objektivierung des kapitalmarktorientierten Value Reporting. Möglichkeiten und Grenzen des Economic Value Added, Lohmar 2007.

STEINMANN/ZERFAß 1995: Steinmann, H./Zerfaß, A., Management der integrierten Unternehmenskommunikation. Konzeptionelle Grundlagen und strategische Implikationen, in: Ahrens, R. et al. (Hrsg.), Integriertes Kommunikationsmanagement, Frankfurt a. M. 1995, S. 11-50.

STEVENS 1946: Stevens, S. S., On the Theory of Scales of Measurement, in: Science, Vol. 103 (1946), S. 677-680.

STEWART 1990: Stewart, B. G., The Quest for Value. A Guide for Senior Managers, New York 1990.

STIER 1999: Stier, W., Empirische Forschungsmethoden, 2. Aufl., Berlin et al. 1999.

STIGLBAUER 2010: Stiglbauer, M., Corporate Governance Berichterstattung und Unternehmenserfolg. Eine empirische Untersuchung für den deutschen Kapitalmarkt, Wiesbaden 2010.

STRAUSZ 1997: Strausz, R., Delegation of Monitoring in a Principal-Agent Relationship, in: Review of Economic Studies, Vol. 64 (1997), S. 337-357.

STREBEL 1981: Strebel, H., Zielsysteme und Zielforschung, in: Die Betriebswirtschaft, 41. Jg. (1981), S. 457-475.

STRENGER 2001: Strenger, C., Einflussmöglichkeiten professioneller Anleger auf die Unternehmen, in: Institut der Wirtschaftsprüfer in Deutschland e. V. (Hrsg.), Kapitalmarktorientierte Unternehmensüberwachung. Chancen und Risiken, Düsseldorf 2001, S. 65-84.

STRENGER/ROTT 2004: Strenger, C./Rott, R., Investor Relations und der Vorteil guter Corporate Governance, in: Deutscher Investor Relations Kreis e. V. (Hrsg.), Handbuch Investor Relations, Wiesbaden 2004, S. 567-586.

STREUER 2004a: Streuer, O., Investor Relations. Begriff, Historie und Entwicklungsperspektiven, in: Deutscher Investor Relations Kreis e. V. (Hrsg.), Handbuch Investor Relations, Wiesbaden 2004, S. 3-18.

STREUER 2004b: Streuer, O., Organisation der Investor Relations, in: Deutscher Investor Relations Kreis e. V. (Hrsg.), Handbuch Investor Relations, Wiesbaden 2004, S. 65-75.

STRIEDER 2005a: Strieder, T., Erläuterungen der aktuellen Änderungen des Deutschen Corporate Governance Kodex, in: Der Finanz-Betrieb, 7. Jg. (2005), S. 549-553.

STRIEDER 2005b: Strieder, T., DCGK: Deutscher Corporate Governance Kodex. Praxiskommentar, Berlin 2005.

STRIEDER 2006: Strieder, T., Erläuterungen der aktuellen Änderungen des Deutschen Corporate Governance Kodex, in: Der Finanz-Betrieb, 8. Jg. (2006), S. 621-624.

STRIEDER 2007a: Strieder, T., Effizienzprüfung des Aufsichtsrats im Sinne des DCGK mittels Fragebogen. Kostengünstiges Verfahren für Unternehmen mit der Verpflichtung zur Abgabe einer Entsprechenserklärung, in: Zeitschrift für Corporate Governance, 2. Jg. (2007), S. 168-178.

STRIEDER 2007b: Strieder, T., Änderungen des Deutschen Corporate Governance Kodex des Jahres 2007, in: Der Finanz-Betrieb, 9. Jg. (2007), S. 500-505.

STRIEDER 2008: Strieder, T., Erläuterungen der Änderungen des Deutschen Corporate Governance Kodex des Jahres 2008, in: Der Finanz-Betrieb, 10. Jg. (2008), S. 587-589.

STRIEDER 2009a: Strieder, T., Erläuterungen der Änderungen des Deutschen Corporate Governance Kodex des Jahres 2009, in: Der Finanz-Betrieb, 11. Jg. (2009), S. 515-519.

STRIEDER 2009b: Strieder, T., Erweiterung der Lageberichterstattung nach dem BilMoG, in: Betriebs-Berater, 64. Jg. (2009), S. 1002-1006.

STRIEDER/KUHN 2005: Strieder, T./Kuhn, A., Der Corporate Governance Bericht nach dem Deutschen Corporate Governance Kodex, in: Zeitschrift für internationale und kapitalmarktorientierte Rechnungslegung, 5. Jg. (2005), S. 562-566.

STRONG/WALKER 1987: Strong, N./Walker, M., Information and Capital Markets, Oxford 1987.

STRUNK 2009: Strunk, W., Der Prüfungsausschuss des Aufsichtsrats der börsennotierten Aktiengesellschaft. Zweck- und rechtmäßige Prüfungsausschussaufgaben nebst Mustergeschäftsordnung, Hamburg 2009.

STÜRZ/HARMS 2005: Stürz, G. W./Harms, T., Abschlussprüfung, in: Pfitzer, N./Oser, P./ Orth, C. (Hrsg.), Deutscher Corporate Governance Kodex: Ein Handbuch für Entscheidungsträger, 2. Aufl., Stuttgart 2005, S. 275-304.

SÜCHTING 1986: Süchting, J., Finanzmarketing auf den Aktienmärkten, in: Zeitschrift für das gesamte Kreditwesen, 39. Jg. (1986), S. 654-659.

SUNDARAM/INKPEN 2004: Sundaram, A. K./Inkpen, A. C., The Corporate Objective Revisited, in: Organization Science, Vol. 15 (2004), S. 350-363.

SÜNNER 2003: Sünner, E., Auswahlpflichten und Auswahlverschulden bei der Wahl von Aufsichtsratsmitgliedern, in: Zeitschrift für Wirtschaftsrecht, 24. Jg. (2003), S. 834-837.

SÜNNER 2010: Sünner, E., Die Wahl von ausscheidenden Vorstandsmitgliedern in den Aufsichtsrat, in: Die Aktiengesellschaft, 55. Jg. (2010), S. 111-119.

SWX SWISS EXCHANGE 2007: SWX Swiss Exchange (Hrsg.), Kommentar zur Corporate Governance-Richtlinie, Zürich 2007.

SZYPERSKI 1974: Szyperski, N., Unternehmensführung als Objekt und Adressat der Betriebswirtschaftslehre, in: Wild, J. (Hrsg.), Unternehmensführung. Festschrift für Erich Kosiol zu seinem 75. Geburtstag, Berlin 1974, S. 3-38.

TADDICKEN 2007: Taddicken, M., Methodeneffekte von Web-Befragungen. Freund oder Feind des Forschers?, in: Welker, M./Wenzel, O. (Hrsg.), Online-Forschung 2007. Grundlagen und Fallstudien, Köln 2007, S. 85-102.

TÄUBERT 1998: Täubert, A., Unternehmenspublizität und Investor Relations. Analyse von Auswirkungen der Medienberichterstattung auf Aktienkurse, Münster 1998.

TEICHMANN 2001: Teichmann, C., Corporate Governance in Europa, in: Zeitschrift für Unternehmens- und Gesellschaftsrecht, 30. Jg. (2001), S. 645-679.

TEICHMANN 2005: Teichmann, C., Die monistische Verfassung der Europäischen Gesellschaft, in: Lutter, M./Hommelhoff, P. (Hrsg.), Die Europäische Gesellschaft. Prinzipien, Gestaltungsmöglichkeiten und Grundfragen aus der Praxis, Köln 2005, S. 195-222.

TEICHMANN 2008: Teichmann, C., Rn. 1-42 zu Art. 38 SE-VO, in: Lutter, M./ Hommelhoff, P. (Hrsg.), SE-Kommentar. SE-VO, SEAG, SEBG, Steuerrecht, Köln 2008, S. 405-422.

THEISEN 1987: Theisen, M. R., Überwachung der Unternehmensführung. Betriebswirtschaftliche Ansätze zur Entwicklung erster Grundsätze ordnungsmäßiger Überwachung, Stuttgart 1987.

THEISEN 1988: Theisen, M. R., Die Überwachungsberichterstattung des Aufsichtsrats: Theoretische Forderung und praktische Übung, in: Betriebs-Berater, 43. Jg. (1988), S. 705-711.

THEISEN 1994: Theisen, M. R., Notwendigkeit, Chancen und Grenzen der Zusammenarbeit von Wirtschaftsprüfer und Aufsichtsrat, in: Die Wirtschaftsprüfung, 47. Jg. (1994), S. 809-820.

THEISEN 1995: Theisen, M. R., Grundsätze ordnungsmäßiger Kontrolle und Beratung der Geschäftsführung durch den Aufsichtsrat, in: Die Aktiengesellschaft, 40. Jg. (1995), S. 193-203.

THEISEN 1996: Theisen, M. R., Grundsätze ordnungsmäßiger Überwachung (GoÜ). Probleme, Systematik und erste inhaltliche Vorschläge, in: Zeitschrift für Betriebswirtschaft, 66. Jg. (1996), Sonderheft 36, S. 75-106.

THEISEN 1998: Theisen, M. R., Aufsichtsrats-Informationssysteme. Ein Instrument zur Verbesserung der Überwachungsleistung?, in: Möller, H. P./Schmidt, F. (Hrsg.), Rechnungswesen als Instrument für Führungsentscheidungen. Festschrift für Adolf G. Coenenberg zum 60. Geburtstag, Stuttgart 1998, S. 75-90.

THEISEN 2006: Theisen, M. R., Informationsordnung, in: Der Aufsichtsrat, 3. Jg. (2006), Heft 7/8, S. 17.

THEISEN 2007: Theisen, M. R., Information und Berichterstattung des Aufsichtsrats, 4. Aufl., Stuttgart 2007.

THEISEN 2009a: Theisen, M. R., Stärkung der Corporate Governance durch das BilMoG?, in: Freidank, C.-C./Altes, P. (Hrsg.), Das Gesetz zur Modernisierung des Bilanzrechts (BilMoG). Neue Herausforderungen für Rechnungslegung und Corporate Governance, Berlin 2009, S. 341-357.

THEISEN 2009b: Theisen, M. R., Funktionsgerechte Informationsversorgung des Aufsichtsrats. Von der Negation über die Integration zur Affirmation betriebswirtschaftlicher Ansätze, in: Zeitschrift für betriebswirtschaftliche Forschung, 61. Jg. (2009), S. 530-549.

THEISEN/LINN/SCHÖLL 2007: Theisen, M. R., Linn, A./Schöll, S., Die Berichterstattung des Aufsichtsrats im Wandel. Eine empirische Analyse der Aufsichtsratsberichte 2005 im Vergleich zu 1984 bis 1994, in: Der Betrieb, 60. Jg. (2007), S. 2493-2501.

THEISSEN 2004: Theissen, E., Organized Equity Markets, in: Krahnen, J. P./ Schmidt, R. H. (Hrsg.), The German Financial System, Oxford 2004, S. 139-162.

THEOBALD 2003: Theobald, A., Rücklaufquoten bei Online-Befragungen, in: Theobald, A./ Dreyer, M./Starsetzki, T. (Hrsg.), Online-Marktforschung. Theoretische Grundlagen und praktische Erfahrungen, 2. Aufl., Wiesbaden 2003, S. 203-210.

THEOBALD 2007: Theobald, A., Zur Gestaltung von Online-Fragbögen, in: Welker, M./Wenzel, O. (Hrsg.), Online-Forschung 2007. Grundlagen und Fallstudien, Köln 2007, S. 103-118.

THIÄNDER 2007: Thiänder, F., Das Verhältnis von Aufsichtsrat und Abschlussprüfern in der rechtshistorischen Entwicklung bis 1937, Frankfurt a. M. 2007.

THIELSCH 2008: Thielsch, M. T., Ästhetik von Websites. Wahrnehmung von Ästhetik und deren Beziehung zu Inhalt, Usability und Persönlichkeitsmerkmalen, Münster 2008.

THIERGARD 2007: Thiergard, J., Einzelfallprüfungen, in: Freidank, C.-C./ Lachnit, L./Tesch, J. (Hrsg.), Vahlens Großes Auditing Lexikon, München 2007, S. 381-382.

THÜMMEL 1997: Thümmel, R. C., Zu den Pflichten des Aufsichtsrats bei der Verfolgung von Haftungsansprüchen gegenüber dem Vorstand, in: Der Betrieb, 50. Jg. (1997), S. 1117-1120.

THÜSING 2009: Thüsing, G., Das Gesetz zur Angemessenheit der Vorstandsvergütung, in: Die Aktiengesellschaft, 54. Jg. (2009), S. 517-529.

TICHY 1979: Tichy, E., Der Inhalt des Lageberichts nach § 160 I AktG. Eine theoretische und empirische Untersuchung, Stuttgart 1979.

TIELMANN 2001: Tielmann, S., Durchsetzung ordnungsmäßiger Rechnungslegung. Ein Beitrag zur aktuellen Enforcement-Diskussion, Düsseldorf 2001.

TIFFE 2007: Tiffe, P., Beurteilung von Investor Relations-Maßnahmen aus Sicht von Finanzanalysten. Eine theoretische und empirische Analyse, Wolfratshausen 2007.

TIROLE 1986: Tirole, J., Hierarchies and Bureaucracies: On the Role of Collusion in Organizations, in: Journal of Law, Economics, & Organization, Vol. 2 (1986), S. 181-214.

TIROLE 2001: Tirole, J., Corporate Governance, in: Econometrica, Vol. 69 (2001), S. 1-35.

TOKSAL 2004: Toksal, A., The Impact of Corporate Governance on Shareholder Value, Köln 2004.

TRESCHER 1989: Trescher, K., Überwachungsberichte des Aufsichtsrats, in: Der Betrieb, 42. Jg. (1989), S. 1981-1984.

TURNBULL 1997: Turnbull, S., Corporate Governance: Its Scope, Concerns and Theories, in: Corporate Governance: An International Review, Vol. 5 (1997), S. 180-205.

ULMER 2002: Ulmer, P., Der Deutsche Corporate Governance-Kodex - ein neues Regulierungsinstrument für börsennotierte Aktiengesellschaften, in: Zeitschrift für das gesamte Handels- und Wirtschaftsrecht, 166. Jg. (2002), S. 150-181.

ULRICH 1968: Ulrich, H., Die Unternehmung als produktives soziales System. Grundlagen der allgemeinen Unternehmungslehre, Bern 1968.

ULRICH 2009: Ulrich, P., Entwicklungsperspektiven der Corporate Governance. Forschung und Praxis in Deutschland, in: Wirtschaftswissenschaftliches Studium, 38. Jg. (2009), S. 530-533.

UNCTAD 2006: United Nations Conference on Trade and Development (Hrsg.), Guidance on Good Practices in Corporate Governance Disclosure, New York/Genua 2006.

UNION INVESTMENT 2005: Union Investment (Hrsg.), Qualitätsmerkmale guter Corporate Governance der DAX-Unternehmen 2005, Frankfurt a. M. 2005.

UNSELD 1976: Unseld, M., Theoretische Überlegungen zur Erweiterung der Aussagefähigkeit des Lageberichtes im Rahmen der Geschäftsberichterstattung, München 1976.

VANINI 2009: Vanini, U., Balanced Scorecard, in: Das Wirtschaftsstudium, 38. Jg. (2009), S. 815-827.

VAN KANN 2009: van Kann, J., Zwingender Selbstbehalt bei der D & O-Versicherung - gut gemeint, aber auch gut gemacht? Änderungsbedarf an D & O-Versicherungen durch das VorstAG, in: Neue Zeitschrift für Gesellschaftsrecht, 12. Jg. (2009), S. 1010-1013.

VAN KANN/KEILUWEIT 2009a: van Kann, J./Keiluweit, A., Das neue Gesetz zur Angemessenheit der Vorstandsvergütung. Wichtige Reform oder viel Lärm um nichts?, in: Deutsches Steuerrecht, 47. Jg. (2009), S. 1587-1592.

VAN KANN/KEILUWEIT 2009b: van Kann, J. /Keiluweit, A., Die aktuellen Änderungen des Deutschen Corporate Governance Kodex, in: Der Betrieb, 62. Jg. (2009), S. 2699-2702.

VARGA VON KIBED 2001: Varga von Kibed, G., Konflikte zwischen Aktionären und Managern. Lösungsmöglichkeiten im Rahmen des deutschen und britischen Corporate Governance-Modells, Wiesbaden 2001.

VARIAN 1990: Varian, H. R., Monitoring Agents with Other Agents, in: Journal of Institutional and Theoretical Economics, Vol. 146 (1990), S. 153-174.

VATER 2004: Vater, H., Zur Entscheidung des BGH: Keine Aktienoptionen für Aufsichtsräte: Folgerungen und Herausforderungen für die Vergütungspraxis, in: Steuern und Bilanzen, 6. Jg. (2004), S. 544-550.

VEIL 2005: Veil, R., Die Haftung des Emittenten für fehlerhafte Information des Kapitalmarkts nach dem geplanten KapInHaG, in: Zeitschrift für Bank- und Kapitalmarktrecht, 5. Jg. (2005), S. 91-98.

VELTE 2007: Velte, P., Durchsetzung der Rechnungslegung und Auswirkungen auf die Qualität der Abschlussprüfung. Kritische Würdigung des sekundären Enforcement-Systems nach dem Bilanzkontrollgesetz (BilKoG) und dem Transparenzrichtlinie-Umsetzungsgesetz (TuG), in: Steuer & Studium, 28. Jg. (2007), S. 554-559.

VELTE 2008a: Velte, P., Intangible Assets und Goodwill im Spannungsfeld zwischen Entscheidungsrelevanz und Verlässlichkeit. Eine normative, entscheidungsorientierte und empirische Analyse vor dem Hintergrund internationaler und nationaler Rechnungslegungs- und Prüfungsstandards, Wiesbaden 2008.

VELTE 2008b: Velte, P., Management Approach, in: Zeitschrift für Planung und Unternehmenssteuerung, 19. Jg. (2008), S. 133-138.

VELTE 2009a: Velte, P., Die Zusammenarbeit zwischen Aufsichtsrat und Abschlussprüfer. Eine empirische Analyse für den deutschen Prime Standard, in: Die Aktiengesellschaft, 54. Jg. (2009), S. 102-109.

VELTE 2009b: Velte, P., Zur Reform des Prüfungsausschusses post BilMoG, in: Steuern und Bilanzen, 11. Jg. (2009), S. 342-350.

VELTE 2009c: Velte, P., Die Corporate Governance-Berichterstattung des Aufsichtsrats. Eine empirische Untersuchung im deutschen Prime Standard zum Einfluss auf die Unternehmensperformance, in: Zeitschrift für betriebswirtschaftliche Forschung, 61. Jg. (2009), S. 702-737.

VELTE 2009d: Velte, P., Beschränkung der Informationsrechte des Aufsichtsrats in Bezug auf die Rechnungslegungsunterlagen des Vorstands und den Prüfungsbericht des Abschlussprüfers, in: Neue Zeitschrift für Gesellschaftsrecht, 12. Jg. (2009), S. 737-739.

VELTE 2009e: Velte, P., Die Vereinbarung des Prüferhonorars durch Aufsichtsrat und Abschlussprüfer als Element der Corporate Governance, in: Die Wirtschaftsprüfung, 62. Jg. (2009), S. 1229-1233.

VELTE 2009f: Velte, P., Das Verhältnis zwischen Abschlussprüfer und Hauptversammlung in der nationalen AG als Element der Corporate Governance. Bestandsaufnahme und Reformvorschläge, in: Zeitschrift für Corporate Governance, 4. Jg. (2009), S. 231-234.

VELTE 2009g: Velte, P., Die Erwartungslücke im Rahmen der externen Abschlussprüfung, in: Wirtschaftswissenschaftliches Studium, 38. Jg. (2009), S. 481-483.

VELTE 2010a: Velte, P., Zustimmungsvorbehalte des Aufsichtsrats als Instrument der Corporate Governance, in: Zeitschrift für Corporate Governance, 5. Jg. (2010), S. 39-45.

VELTE 2010b: Velte, P., Das aktienrechtliche Verwaltungs- und Aufsichtsratsmodell und die Beziehung zum externen Abschlussprüfer. Eine rechtshistorische Analyse vom Code de Commerce zum Bilanzrechtsmodernisierungsgesetz, in: Zeitschrift der Savigny-Stiftung für Rechtsgeschichte, 127. Jg. (2010), S. 188-260.

VELTE 2010c: Velte, P., Grundsätze ordnungsmäßiger Kooperation zwischen Aufsichtsrat und Abschlussprüfer, in: Freidank, C.-C. (Hrsg.), Rechnungslegung, Steuerung und Überwachung von Unternehmen. Aktuelle Entwicklungen, Krisenbewältigungen und Reformbestrebungen, Berlin 2010, S. 255-294.

VELTE 2010d: Velte, P., Stärkung der Corporate Governance durch eine externe Geschäftsführungsprüfung in der Aktiengesellschaft? Ein Diskussionsbeitrag unter Auswertung einer Befragung von Aufsichtsräten und Abschlussprüfern, in: Zeitschrift für Corporate Governance, 5. Jg. (2010), S. 132-139.

VELTE/WEBER 2010: Velte, P./Weber, S. C., Koalitionsbildungen im Rahmen der Corporate Governance als Anlass für weitere Reformen des unternehmerischen Überwachungssystems, in: Zeitschrift für Planung und Unternehmenssteuerung, 20. Jg. (2010), S. 393-417.

VELTE/WEBER 2011: Velte, P./Weber, S. C., Agency-theoretische Betrachtungen zur Gehilfen- und Gatekeeper-Funktion des Abschlußprüfers sowie potentielle Zielkonflikte, erscheint in: Betriebswirtschaftliche Forschung und Praxis, 63. Jg. (2011).

VERBOOM 1992: Verboom, E., Investor Relations Aktivitäten deutscher Aktiengesellschaften, in: Hansmann, K.-W./Scheer, A.-W. (Hrsg.), Praxis und Theorie der Unternehmung. Produktion, Information, Planung, Wiesbaden 1992, S. 333-342.

VEST 1999: Vest, P., Die Orientierung des Managements deutscher Publikumsaktiengesellschaften an den Aktionärszielen. Empirische Bestandsaufnahme, Identifikation von Einflussfaktoren und Ableitung von Handlungsempfehlungen, Gutachten im Auftrag des Bundesministers für Wirtschaft, Mainz 1999.

VETTER 2005: Vetter, E., Update des Deutschen Corporate Governance Kodex, in: Betriebs-Berater, 60. Jg. (2005), S. 1689-1696.

VETTER 2006: Vetter, E., Die Berichterstattung des Aufsichtsrates an die Hauptversammlung als Bestandteil seiner Überwachungsaufgabe, in: Zeitschrift für Wirtschaftsrecht, 27. Jg. (2006), S. 257-265.

VETTER 2007: Vetter, E., Die Änderungen 2007 des Deutschen Corporate Governance Kodex, in: Der Betrieb, 60. Jg. (2007), S. 1963-1968.

VETTER 2008: Vetter, E., Aufsichtsratsvergütung und Verträge mit Aufsichtsratsmitgliedern, in: Zeitschrift für Wirtschaftsrecht, 29. Jg. (2008), S. 1-10.

VETTER 2009a: Vetter, E., Kompetenzen des Aufsichtsrates, in: Marsch-Barner, R./Schäfer, F. A. (Hrsg.), Handbuch börsennotierte AG. Aktien- und Kapitalmarktrecht, 2. Aufl., Köln 2009, S. 892-927.

VETTER 2009b: Vetter, E., Rechte und Pflichten des Aufsichtsratsmitglieds, in: Marsch-Barner, R./Schäfer, F. A. (Hrsg.), Handbuch börsennotierte AG. Aktien- und Kapitalmarktrecht, 2. Aufl., Köln 2009, S. 987-1021.

VETTER 2009c: Vetter, E., Zusammensetzung und Größe des Aufsichtsrates, in: Marsch-Barner, R./Schäfer, F. A. (Hrsg.), Handbuch börsennotierte AG. Aktien- und Kapitalmarktrecht, 2. Aufl., Köln 2009, S. 856-867.

VETTER 2009d: Vetter, E., Innere Ordnung des Aufsichtsrates, in: Marsch-Barner, R./Schäfer, F. A. (Hrsg.), Handbuch börsennotierte AG. Aktien- und Kapitalmarktrecht, 2. Aufl., Köln 2009, S. 927-971.

VETTER 2009e: Vetter, E., Ausschüsse, in: Marsch-Barner, R./Schäfer, F. A. (Hrsg.), Handbuch börsennotierte AG. Aktien- und Kapitalmarktrecht, 2. Aufl., Köln 2009, S. 971-987.

VICIANO GOFFERJE 2008: Viciano Gofferje, M., Unabhängigkeit als persönliche Voraussetzung für Aufsichtsratsmitglieder, Baden-Baden 2008.

VISENTINI 2006: Visentini, G., Compatibility and Competition between European and American Corporate Governance: Which Model of Capitalism?, in: Clarke, T./Rama, M. (Hrsg.), Ownership and Control, London et al. 2006, S. 227-237.

VITOLS 2005: Vitols, S., Changes in Germany's Bank-based Financial System: Implications for Corporate Governance, in: Corporate Governance: An International Review, Vol. 13 (2005), S. 386-396.

VITOLS 2007: Vitols, S., Das „neue" deutsche Corporate Governance-System: Ein zukunftsfähiges Modell?, in: Jürgens, U. et al. (Hrsg.), Perspektiven der Corporate Governance. Bestimmungsfaktoren unternehmerischer Entscheidungsprozesse und Mitwirkung der Arbeitnehmer, Baden-Baden 2007, S. 76-93.

VOGT 1999: Vogt, K., Verzerrungen in elektronischen Befragungen?, in: Batinic, B. et al. (Hrsg.), Online Research. Methoden, Anwendungen und Ergebnisse, Göttingen et al. 1999, S. 127-143.

VOLK 1990: Volk, G., Jahresabschluß und Information. Zur formalen Struktur des Jahresabschlusses einer Kapitalgesellschaft, Heidelberg 1990.

VOLKART 1998: Volkart, R., Shareholder Value & Corporate Valuation. Finanzielle Wertorientierung im Wandel, Zürich 1998.

VOßEN 2006: Voßen, N., Stärkung der Informationsrechte der Aktionäre gegenüber dem Aufsichtsrat. Zugleich Besprechung des Urteils des OLG Stuttgart vom 15.3.2006, in: Deutsches Steuerrecht, 44. Jg. (2006), S. 1287-1298.

WACKERBARTH 2005: Wackerbarth, U., Investorenvertrauen und Corporate Governance, in: Zeitschrift für Unternehmens- und Gesellschaftsrecht, 34. Jg. (2005), S. 686-725.

WAGENHOFER/EWERT 2007: Wagenhofer, A./Ewert, R., Externe Unternehmensrechnung, 2. Aufl., Berlin et al. 2007.

WAGNER/WITTGENS 2009: Wagner, J./Wittgens, J., Corporate Governance als dauernde Reformanstrengung: Der Entwurf des Gesetzes zur Angemessenheit der Vorstandsvergütung, in: Betriebs-Berater, 64. Jg. (2009), S. 906-911.

WARDENBACH 1996: Wardenbach, F., Interessenkonflikte und mangelnde Sachkunde als Bestellungshindernisse zum Aufsichtsrat der AG, Köln 1996.

WARNCKE 2005: Warncke, M., Prüfungsausschuss und Corporate Governance: Einrichtung, Organisation und Überwachungsaufgabe, Berlin 2005.

WARNCKE 2006: Warncke, M., Informationsversorgung des Aufsichtsrats, in: Der Aufsichtsrat, 3. Jg. (2006), Heft 7/8, S. 7-8.

WATTS/ZIMMERMAN 1983: Watts, R. L./Zimmerman, J. L., Agency Problems, Auditing, and the Theory of the Firm: Some Evidence, in: The Journal of Law & Economics, Vol. 26 (1983), S. 613-633.

WEAVER 1949: Weaver, C. E., Recent Contributions of the Mathematical Theory of Communication, in: Shannon, C. E./Weaver, W. (Hrsg.), The Mathematical Theory of Communication, Urbana 1949, S. 93-117.

WEBER 2004: Weber, S. C., Der Einfluss internationaler Entwicklungen auf die deutschen Rechnungslegungs- und Prüfungsnormen, München 2004.

WEBER 2007a: Weber, S. C., Unregelmäßigkeiten, in: Freidank, C.-C./Lachnit, L./Tesch, J. (Hrsg.), Vahlens Großes Auditing Lexikon, München 2007, S. 1393-1395.

WEBER 2007b: Weber, J., Balanced Scorecard, in: Freidank, C.-C./Lachnit, L./ Tesch, J. (Hrsg.), Vahlens Großes Auditing Lexikon, München 2007, S. 107-108.

WEBER 2010: Weber, M., Die Entwicklung des Kapitalmarktrechts im Jahre 2009, in: Neue Juristische Wochenschrift, 63. Jg. (2010), S. 274-281.

WEBER-REY 2006: Weber-Rey, D., Whistleblowing zwischen Corporate Governance und Better Regulation, in: Die Aktiengesellschaft, 51. Jg. (2006), S. 406-411.

WEBER/HEINEKE 2007: Weber, J./Heineke, C., Value Based Management, in: Freidank, C.-C./Lachnit, L./Tesch, J. (Hrsg.), Vahlens Großes Auditing Lexikon, München 2007, S. 1444-1446.

WEBER/LENTFER/KÖSTER 2007a: Weber, S. C./Lentfer, T./Köster, M., Einfluss der Corporate Governance auf die Kapitalkosten eines Unternehmens. Ein institutionenökonomischer Erklärungsansatz, eine Bestandsaufnahme empirischer Studienergebnisse und eine Partialbetrachtung des Corporate Governance Reporting, in: Zeitschrift für Corporate Governance, 2. Jg. (2007), S. 53-61.

WEBER/LENTFER/KÖSTER 2007b: Weber, S. C./Lentfer, T./Köster, M., Externes Corporate Governance Reporting. Kritische Würdigung der Umsetzung europäischer Vorgaben im Referentenentwurf eines Bilanzrechtsmodernisierungsgesetzes (BilMoG RefE) - Teil 1, in: Zeitschrift für Internationale Rechnungslegung, 2. Jg. (2007), S. 367-373.

WEBER/LENTFER/KÖSTER 2008: Weber, S. C./Lentfer, T./Köster, M., Externes Corporate Governance Reporting. Kritische Würdigung der Umsetzung europäischer Vorgaben im Referentenentwurf eines Bilanzrechtsmodernisierungsgesetzes (BilMoG RefE) - Teil 2, in: Zeitschrift für Internationale Rechnungslegung, 3. Jg. (2008), S. 35-42.

WEBER ET AL. 2004: Weber, J./Bramsemann, U./Heineke, C./Hirsch, B., Wertorientierte Unternehmenssteuerung. Konzepte, Implementierung, Praxisstatements, Wiesbaden 2004.

WEHLTE 2007: Wehlte, S., DCGK 2007: Anmerkungen zur jüngsten Revision der Standards für gute Unternehmensführung und -überwachung, in: Zeitschrift für Corporate Governance, 2. Jg. (2007), S. 157-160.

WEHLTE 2008: Wehlte, S., DCGK 2008: Anmerkungen zur jüngsten Revision der Standards für gute Unternehmensführung und -überwachung, in: Zeitschrift für Corporate Governance, 3. Jg. (2008), S. 216-220.

WEIMER/PAPE 1999: Weimer, J./Pape, J. C., A Taxonomy of Systems of Corporate Governance, in: Corporate Governance: An International Review, Vol. 7 (1999), S. 152-166.

WEIßHAUPT 2005: Weißhaupt, F., Informationsmängel in der Hauptversammlung: die Neuregelungen durch das UMAG, in: Zeitschrift für Wirtschaftsrecht, 26. Jg. (2005), S. 1766-1773.

WEITEMEYER 2005: Weitemeyer, B., Die Entlastung im Aktienrecht - neueste Entwicklungen in Gesetzgebung und Rechtsprechung, in: Zeitschrift für Unternehmens- und Gesellschaftsrecht, 34. Jg. (2005), S. 280-308.

WELGE/AL-LAHAM 2008: Welge, M./Al-Laham, A., Strategisches Management. Grundlagen, Prozess, Implementierung, 5. Aufl., Wiesbaden 2008.

WELLENREUTHER 1982: Wellenreuther, M., Grundkurs: Empirische Forschungsmethoden. Für Pädagogen, Psychologen, Soziologen, Königstein im Taunus 1982.

WENGER/TERBERGER 1988: Wenger, E./Terberger, E., Die Beziehung zwischen Agent und Prinzipal als Baustein einer ökonomischen Theorie der Organisation, in: Wirtschaftswissenschaftliches Studium, 17. Jg. (1988), S. 506-514.

WENK/JAGOSCH 2008: Wenk, M. O./Jagosch, C., Konzeptionelle Neugestaltung der Segmentberichterstattung nach IFRS 8. Was ändert sich tatsächlich?, in: Zeitschrift für internationale und kapitalmarktorientierte Rechnungslegung, 8. Jg. (2008), S. 661-670.

WENTGES 2002: Wentges, P., Corporate Governance and Stakeholder-Ansatz. Implikationen für die betriebliche Finanzwirtschaft, Wiesbaden 2002.

WENZEL 2006: Wenzel, J., Wertorientierte Berichterstattung (Value Reporting) aus theoretischer und empirischer Perspektive, Frankfurt a. M. et al. 2006.

WERDER 1996a: Werder, A. v., Grundsätze ordnungsmäßiger Unternehmensführung (GoF). Zusammenhang, Grundlagen und Systemstruktur von Führungsgrundsätzen für die Unternehmensleitung (GoU), Überwachung (GoÜ) und Abschlussprüfung (GoA), in: Zeitschrift für Betriebswirtschaft, 66. Jg. (1996), Sonderheft 36, S. 1-26.

WERDER 1996b: Werder, A. v., Grundsätze ordnungsmäßiger Unternehmensleitung (GoU). Bedeutung und erste Konkretisierung von Leitlinien für das Top-Management, in: Zeitschrift für Betriebswirtschaft, 66. Jg. (1996), Sonderheft 36, S. 27-73.

WERDER 1999: Werder A. v., Grundsätze ordnungsmäßiger Unternehmensleitung in der Arbeit des Aufsichtsrats, in: Der Betrieb, 52. Jg. (1999), S. 2221-2224.

WERDER 2002: Werder, A. v., Der Deutsche Corporate Governance Kodex. Grundlagen und Einzelbestimmungen, in: Der Betrieb, 55. Jg. (2002), S. 801-810.

WERDER 2008: Werder, A. v., Führungsorganisation. Grundlagen der Corporate Governance, Spitzen- und Leitungsorganisation, 2. Aufl., Wiesbaden 2008.

WERDER 2009a: Werder, A. v., Ökonomische Grundfragen der Corporate Governance, in: Hommelhoff, P./Hopt, K. J./Werder, A. v. (Hrsg.), Handbuch Corporate Governance. Leitung und Überwachung börsennotierter Unternehmen in Rechts- und Wirtschaftspraxis, 2. Aufl., Köln et al. 2009, S. 3-37.

WERDER 2009b: Werder, A. v., Qualifikation und Auswahl von Aufsichtsratsmitgliedern aus betriebswirtschaftlicher Sicht, in: Hommelhoff, P./Hopt, K. J./Werder, A. v. (Hrsg.), Handbuch Corporate Governance. Leitung und Überwachung börsennotierter Unternehmen in Rechts- und Wirtschaftspraxis, 2. Aufl., Köln et al. 2009, S. 331-347.

WERDER 2010: Werder, A. v., Rn. 81-111a, 119-136 zur Präambel, Rn. 351-359 zu Abschn. 3.1, Rn. 387-389 zu Abschn. 3.5, Rn. 403-414 zu Abschn. 3.6, Rn. 455 f. zu Abschn. 3.8, Rn. 534-554 zu Abschn. 3.10, Rn. 611-614 zu Abschn. 4.1.2, Rn. 1152-1161 zu Abschn. 5.6, in: Ringleb, H.-M. et al. (Hrsg.), Kommentar zum Deutschen Corporate Governance Kodex. Kodex-Kommentar, 4. Aufl., München 2010, S. 40-57, S. 59-68, S. 113-118, S. 125-127, S. 131-135, S. 145-147, S. 168-176, S. 182-184, S. 320-323.

WERDER/GRUNDEI 2009: Werder, A. v./Grundei, J., Evaluation der Corporate Governance, in: Hommelhoff, P./Hopt, K. J./Werder, A. v. (Hrsg.), Handbuch Corporate Governance. Leitung und Überwachung börsennotierter Unternehmen in Rechts- und Wirtschaftspraxis, 2. Aufl., Köln et al. 2009, S. 629-652.

WERDER/TALAULICAR 2006: Werder, A. v./Talaulicar, T., Corporate Governance Developments in Germany, in: Mallin, C. A. et al. (Hrsg.), Handbook on International Corporate Governance, Cheltenham 2006, S. 28-44.

WERDER/WIECZOREK 2007: Werder, A. v./Wieczorek, B. J., Anforderungen an Aufsichtsratsmitglieder und ihre Nominierung, in: Der Betrieb, 60. Jg. (2007), S. 297-303.

WERDER/TALAULICAR/PISSARCZYK 2010: Werder, A. v./Talaulicar, T./Pissarczyk, A., Das Kommentierungsverhalten bei Abweichungen vom Deutschen Corporate Governance Kodex. Ergebnisse einer empirischen Erhebung bei DAX-, TecDAX-, MDAX- und SDAX-Unternehmen, in: Die Aktiengesellschaft, 55. Jg. (2010), S. 62-72.

WERNER 2008: Werner, J. R., Unternehmenspublizität und Corporate Governance im Wandel. Staatliche Steuerungsmodelle im internationalen Vergleich, Frankfurt a. M./ New York 2008.

WERNICKE 2009: Wernicke, T., Realoptionen als Instrument der Finanzkommunikation. Eine betriebswirtschaftliche Analyse der Anwendungsgebiete optionsbasierter Informationen, Hamburg 2009.

WIDMANN 2009: Widmann, T., Das Fehlen des Finanzexperten nach dem BilMoG. Worst-Case-Szenario für den Aufsichtsrat?, in: Betriebs-Berater, 64. Jg. (2009), S. 2602-2606.

WIEANDT/HASLINGER 2007: Wieandt, A./Haslinger, A. M., Neuausrichtung der „Deutschland AG“, in: Glaum, M./Hommel, U./Thomaschewski, D. (Hrsg.), Internationalisierung und Unternehmenserfolg: Wettbewerb, organisatorischer Wandel und Corporate Governance, Stuttgart 2007, S. 339-359.

WIEANDT/SMITH 2006: Wieandt, A./Smith, C., Die Transformation der Deutschland AG, in: Die Bank, 46. Jg. (2006), Heft 3, S. 14-19.

WIEDERHOLD/PUKALLUS 2007: Wiederhold, P./Pukallus, S., Zwischenberichterstattung nach dem Transparenzrichtlinie-Umsetzungsgesetz. Neue Anforderungen an kapitalmarktorientierte Unternehmen aus der Sicht der Corporate Governance, in: Der Konzern, 5. Jg. (2007), S. 264-274.

WIESNER 2007a: Wiesner, G., Bestellung und Abberufung der Vorstandsmitglieder, in: Hoffmann-Becking, M. (Hrsg.), Münchener Handbuch des Gesellschaftsrechts, Band 4, Aktiengesellschaft, 3. Aufl., München 2007, S. 202-227.

WIESNER 2007b: Wiesner, G., Vorstand als Leitungsorgan der Gesellschaft, in: Hoffmann-Becking, M. (Hrsg.), Münchener Handbuch des Gesellschaftsrechts, Band 4, Aktiengesellschaft, 3. Aufl., München 2007, S. 189-202.

WIESNER 2007c: Wiesner, G., Geschäftsführung, in: Hoffmann-Becking, M. (Hrsg.), Münchener Handbuch des Gesellschaftsrechts, Band 4, Aktiengesellschaft, 3. Aufl., München 2007, S. 268-276.

WIESNER 2007d: Wiesner, G., Anstellungsverhältnis der Vorstandsmitglieder, in: Hoffmann-Becking, M. (Hrsg.), Münchener Handbuch des Gesellschaftsrechts, Band 4, Aktiengesellschaft, 3. Aufl., München 2007, S. 227-267.

WILD 1975: Wild, J., Methodenprobleme in der Betriebswirtschaftslehre, in: Grochla, E./Wittmann, W. (Hrsg.), Handwörterbuch der Betriebswirtschaft, 4. Aufl., Stuttgart 1975, Sp. 2654-2677.

WILLAMOWSKI 2007: Willamowski, M., Rn. 1-18 zu § 124 AktG, in: Spindler, G./Stilz, E. (Hrsg.), Kommentar zum Aktiengesetz, Band I, München 2007, S. 1414-1417.

WILLIAMSON 1985: Williamson, O. E., The Economic Institutions of Capitalism, New York 1985.

WINDOLF 2002: Windolf, P., Die Zukunft des Rheinischen Kapitalismus, in: Allmendinger, J. (Hrsg.), Organisationssoziologie, Wiesbaden 2002, S. 414-442.

WINDOLF 2005a: Windolf, P., Die neuen Eigentümer, in: Windolf, P. (Hrsg.), Finanzmarkt-Kapitalismus. Analysen zum Wandel von Produktregimen, Wiesbaden 2005, S. 8-19.

WINDOLF 2005b: Windolf, P., Was ist Finanzmarkt-Kapitalismus?, in: Windolf, P. (Hrsg.), Finanzmarkt-Kapitalismus. Analysen zum Wandel von Produktregimen, Wiesbaden 2005, S. 20-57.

WINDOLF/BEYER 1995: Windolf, P./Beyer, J., Kooperativer Kapitalismus. Unternehmensverflechtungen im internationalen Vergleich, in: Kölner Zeitschrift für Soziologie und Sozialpsychologie, 47. Jg. (1995), S. 1-36.

WINKELJOHANN/POULLIE 2010: Winkeljohann, N./Poullie, M., Rn. 1-148 zu § 321 HGB, in: Ellrott, H. et al. (Hrsg.), Beck'scher Bilanz-Kommentar. Handels- und Steuerbilanz - §§ 238 bis 339, 342 bis 342 e HGB mit IFRS-Abweichungen -, 7. Aufl., München 2010, S. 2084-2125.

WIRTH 2005: Wirth, G., Anforderungsprofil und Inkompatibilitäten für Aufsichtsratsmitglieder, in: Zeitschrift für Unternehmens- und Gesellschaftsrecht, 34. Jg. (2005), S. 327-347.

WISSKIRCHEN/KÖRBER/BISSELS 2006: Wisskirchen, G./Körber, A./Bissels, A., „Whistleblowing" und „Ethikhotlines". Probleme des deutschen Arbeits- und Datenschutzrechts, in: Betriebs-Berater, 61. Jg. (2006), S. 1567-1572.

WITHUS 2009: Withus, K.-H., Veröffentlichungspflichten zur Corporate Governance. Erhöhte Anforderungen für Kapitalgesellschaften nach dem BilMoG, in: Zeitschrift für Corporate Governance, 4. Jg. (2009), S. 238-241.

WITHUS 2010: Withus, K.-H., Die Erklärung zur Unternehmensführung - Umsetzungsprobleme, in: Der Aufsichtsrat, 7. Jg. (2010), Heft 4, S. 52-54.

WITT 2000: Witt, P., Corporate Governance im Wandel. Auswirkungen des Systemwettbewerbs auf deutsche Aktiengesellschaften, in: Zeitschrift für Organisation, 69. Jg. (2000), S. 159-163.

WITT 2001: Witt, P., Konsistenz und Wandlungsfähigkeit von Corporate Governance-Systemen, in: Zeitschrift für Betriebswirtschaft, 71. Jg. (2001), Ergänzungsheft 4/2001, S. 73-97.

WITT 2003: Witt, P., Corporate Governance-Systeme im Wettbewerb, Wiesbaden 2003.

WITT 2009: Witt, P., Vorstand, Aufsichtsrat und ihr Zusammenwirken aus betriebswirtschaftlicher Sicht, in: Hommelhoff, P./Hopt, K. J./Werder, A. v. (Hrsg.), Handbuch Corporate Governance. Leitung und Überwachung börsennotierter Unternehmen in Rechts- und Wirtschaftspraxis, 2. Aufl., Köln et al. 2009, S. 303-319.

WITTMANN 1959: Wittmann, W., Unternehmung und unvollkommene Information. Unternehmerische Vorsicht, Ungewissheit und Planung, Köln/Opladen 1959.

WÖHE 1993: Wöhe, G., Einführung in die Allgemeine Betriebswirtschaftslehre, 18. Aufl., München 1993.

WÖHE 2008: Wöhe, G., Einführung in die Allgemeine Betriebswirtschaftslehre, 23. Aufl., München 2008.

WÓJCIK 2002: Wójcik, D., Change in the German Model of Corporate Governance: Evidence from Blockbuildings 1997-2001, Working Paper der University of Oxford, Oxford 2002.

WOLF 2006: Wolf, K., Corporate Compliance - ein neues Schlagwort? Ansatzpunkte zur Umsetzung der Compliance in der Finanzberichterstattung, in: Deutsches Steuerrecht, 44. Jg. (2006), S. 1995-2000.

WOLTERS 2005: Wolters, A.-L., Investor Relations im Internet. Möglichkeiten der Vertrauensbildung bei Privatanlegern, Bamberg 2005.

WPK/IDW VO 1/2006: Wirtschaftsprüferkammer/Institut der Wirtschaftsprüfer in Deutschland e. V. (Hrsg.), Gemeinsame Stellungnahme der WPK und des IDW: Anforderungen an die Qualitätssicherung in der Wirtschaftsprüferpraxis (VO 1/2006), in: IDW (Hrsg.), IDW Prüfungsstandards (IDW PS), IDW Stellungnahmen zur Rechnungslegung (IDW RS), IDW Standards (IDW S) einschließlich der dazugehörigen Entwürfe, IDW Prüfungs- und IDW Rechnungslegungshinweise (IDW PH und IDW RH), Band II, Düsseldorf 2010 (Loseblattsammlung, Stand: 32.
Ergänzungslieferung Januar 2010).

WÜSTEMANN 1971: Wüstemann, G., Prüfungsausschüsse des Aufsichtsrats. Ein Erfahrungsbericht aus den USA, in: Die Wirtschaftsprüfung, 24. Jg. (1971), S. 37-41.

WÜSTEMANN 2002: Wüstemann, J., Normendurchsetzung in der deutschen Rechnungslegung. Enforcement nach dem Vorbild der USA?, in: Betriebs-Berater, 57. Jg. (2002), S. 718-725.

WÜSTEMANN 2003: Wüstemann, J., Disclosure Regimes and Corporate Governance, in: Journal of Institutional and Theoretical Economics, Vol. 159 (2003), S. 717-726.

WYMEERSCH 1995: Wymeersch, E., Unternehmensführung in Westeuropa. Ein Beitrag zur Corporate Governance-Diskussion, in: Die Aktiengesellschaft, 40. Jg. (1995), S. 299-316.

WYMEERSCH 2001: Wymeersch, E., Gesellschaftsrecht im Wandel: Ursachen und Entwicklungslinien, in: Zeitschrift für Unternehmens- und Gesellschaftsrecht, 30. Jg. (2001), S. 294-324.

WYSOCKI 1977: Wysocki, K. v., Grundsätze ordnungsmäßiger Bilanzierung und Prüfung, in: Busse von Colbe, W./Lutter, M. (Hrsg.), Wirtschaftsprüfung heute: Entwicklung oder Reform? Ein Bochumer Symposium, Wiesbaden 1977, S. 175-183.

YOSHIDA 1976: Yoshida, T., Methode und Aufgabe der Ermittlung der Grundsätze ordnungsmäßiger Buchführung, in: Baetge et al. (Hrsg.), Bilanzfragen. Festschrift zum 65. Geburtstag von Prof. Dr. Ulrich Leffson, Düsseldorf 1976, S. 49-63.

ZANGEMEISTER 2003: Zangemeister, C., Nutzwertanalyse von Projektalternativen, in: Logistik Management, 5. Jg. (2003), S. 50-59.

ZEMELKA 2002: Zemelka, C., Value Reporting als normatives Modell zur Integration nichtfinanzieller Kennzahlen in die strategische Kapitalmarktkommunikation, Dortmund 2002.

ZERBACK ET AL. 2009: Zerback, T./ Schoen, H./ Jackob, N./Schlereth, S., Zehn Jahre Sozialforschung mit dem Internet. Eine Analyse zur Nutzung von Online-Befragungen in den Sozialwissenschaften, in: Jackob, N./Schoen, H./Zerback, T. (Hrsg.), Sozialforschung im Internet. Methodologie und Praxis der Online-Befragung, Wiesbaden 2009, S. 15-31.

ZERFAß 1996a: Zerfaß, A., Dialogkommunikation und strategische Unternehmensführung, in: Bentele, G. et al. (Hrsg.), Dialogorientierte Unternehmenskommunikation. Grundlagen, Praxiserfahrungen, Perspektiven, Berlin 1996, S. 23-58.

ZERFAß 1996b: Zerfaß, A., Unternehmensführung und Öffentlichkeitsarbeit. Grundlegung einer Theorie der Unternehmenskommunikation und Public Relations, Opladen 1996.

ZIEGLMEIER 2007: Zieglmeier, C., Die Systematik der Haftung von Aufsichtsratsmitgliedern gegenüber der Gesellschaft, in: Zeitschrift für Unternehmens- und Gesellschaftsrecht, 36. Jg. (2007), S. 144-166.

ZIEMONS 2008: Ziemons, H., Rn. 1-59 zu § 124 AktG, in: Schmidt, K./Lutter, M. (Hrsg.), Aktiengesetz. Kommentar, Band I, Köln 2008, S. 1372-1385.

ZIMMER 2004: Zimmer, D., Verschärfung der Haftung für fehlerhafte Kapitalmarktinformationen: ein Alternativkonzept, in: Wertpapier-Mitteilungen, 58. Jg. (2004), S. 9-21.

ZIMMERMANN 2008: Zimmermann, R.-C., Abschlussprüfer und Bilanzpolitik der Mandanten. Eine empirische Analyse des deutschen Prüfungsmarktes, Wiesbaden 2008.

ZIMMERMANN 2010: Zimmermann, S., Interne versus externe Rekrutierung von Vorständen in deutschen Aktiengesellschaften, in: Zeitschrift für betriebswirtschaftliche Forschung, 62. Jg. (2010), S. 160-202.

ZIMMERMANN/WORTMANN 2001: Zimmermann, G./Wortmann, A., Der Shareholder-Value-Ansatz als Institution zur Kontrolle der Führung von Publikumsgesellschaften, in: Der Betrieb, 54. Jg. (2001), S. 289-294.

ZIMMERMANN/GONCHAROV/WERNER 2004: Zimmermann, J./Goncharov, I./ Werner, J.-R., Does Compliance with the German Corporate Governance Code have an Impact on Stock Valuation? An Empirical Study, Working Paper der Universität Bremen, Bremen 2004.

ZÖLLNER 2007: Zöllner, C., Interne Corporate Governance. Entwicklung einer Typologie, Wiesbaden 2007.

ZÜLCH/BURGHARDT 2007: Zülch, H./Burghardt, S., Die deutsche Prüfstelle für Rechnungslegung DPR e. V.: Bestandsaufnahme nach knapp zwei Jahren Tätigkeit, in: Steuern und Bilanzen, 9. Jg. (2007), S. 369-375.

ZWIRNER/BOECKER 2008: Zwirner, C./Boecker, C., Handlungsbedarf für Aufsichtsräte - Zusammensetzung eines Prüfungsausschusses, in: Der Betrieb, 61. Jg. (2008), S. 2781-2783.

ZYSMAN 1983: Zysman, J., Governments, Markets and Growth. Financial Systems and the Politics of industrial Change, New York 1983.

Gesetze, Gesetzesentwürfe, Gesetzesbegründungen

ANSVG 2004: Gesetz zur Verbesserung des Anlegerschutzes (Anlegerschutzverbesserungsgesetz - AnSVG), in: BGBl. I Nr. 56 vom 29.10.2004, S. 2630-2651.

APAG 2004: Gesetz zur Fortentwicklung der Berufsaufsicht über Abschlussprüfer in der Wirtschaftsprüferordnung (Abschlussprüferaufsichtsgesetz - APAG), in: BGBl. I Nr. 76 vom 31.12.2004, S. 3846-3851.

ARUG 2009: Gesetz zur Umsetzung der Aktionärsrechterichtlinie (ARUG), in: BGBl. I Nr. 50 vom 04.08.2009, S. 2479-2494.

BAREFG 2007: Gesetz zur Stärkung der Berufsaufsicht und zur Reform berufsrechtlicher Regelungen in der Wirtschaftsprüferordnung (Berufsaufsichtsreformgesetz - BARefG), in: BGBl. I Nr. 45 vom 05.09.2007, S. 2178-2192.

BILKOG 2004: Gesetz zur Kontrolle von Unternehmensabschlüssen (Bilanzkontrollgesetz - BilKoG), in: BGBl. I Nr. 69 vom 20.12.2004, S. 3408-3415.

BILMOG 2009: Gesetz zur Modernisierung des Bilanzrechts (Bilanzrechtsmodernisierungsgesetz - BilMoG), in: BGBl. I Nr. 27 vom 28.05.2009, S. 1102-1137.

BILREG 2004: Gesetz zur Einführung internationaler Rechnungslegungsstandards und zur Sicherung der Qualität der Abschlussprüfung (Bilanzrechtsreformgesetz - BilReG), in: BGBl. I Nr. 65 vom 09.12.2004, S. 3166-3182.

EHUG 2006: Gesetz über elektronische Handelsregister und Genossenschaftsregister sowie das Unternehmensregister (EHUG), in: BGBl. I Nr. 52 vom 15.11.2006, S. 2553-2586.

FINDAG 2002: Gesetz über die integrierte Finanzdienstleistungsaufsicht, in: BGBl. I Nr. 25 vom 25.04.2002, S. 1310-1337.

FRUG 2007: Gesetz zur Umsetzung der Richtlinie über Märkte für Finanzinstrumente und der Durchführungsrichtlinie der Kommission (Finanzmarktrichtlinie-Umsetzungsgesetz), in: BGBl. I Nr. 31 vom 19.07.2007, S. 1330-1381.

INSOLVENZORDNUNG 1994: Insolvenzordnung (InsO), in: BGBl. I Nr. 70 vom 18.10.1994, S. 2866-2910.

KAPAEG 1998: Gesetz zur Verbesserung der Wettbewerbsfähigkeit deutscher Konzerne an Kapitalmärkten und zur Erleichterung der Aufnahme von Gesellschafterdarlehen (Kapitalaufnahmeerleichterungsgesetz - KapAEG), in: BGBl. I Nr. 22 vom 23.04.1998, S. 707-709.

KAPMUG 2005: Gesetz zur Einführung von Kapitalanleger-Musterverfahren, in: BGBl. I Nr. 50 vom 19.08.2005, S. 2437-2445.

KONTRAG 1998: Gesetz zur Kontrolle und Transparenz im Unternehmensbereich (KonTraG), in: BGBl. I Nr. 24 vom 27.04.1998, S. 786-794.

NASTRAG 2001: Gesetz zur Namensaktie und zur Erleichterung der Stimmrechtsausübung (Namensaktiengesetz - NaStraG), in: BGBl. I Nr. 4 vom 24.01.2001, S. 123-126.

NOTVERORDNUNG 1931: Verordnung des Reichspräsidenten über Aktienrecht, Bankenaufsicht und über die Steueramnesie, in: RGBl. I vom 19.09.1931, S. 493-508.

PROSPRIUMSETZG 2005: Gesetz zur Umsetzung der Richtlinie 2003/71/EG des Europäischen Parlaments und des Rates vom 4. November 2003 betreffend den Prospekt, der beim öffentlichen Angebot von Wertpapieren oder bei deren Zulassung zum Handel zu veröffentlichen ist, und zur Änderung der Richtlinie 2001/34/EG (Prospektrichtlinie-Umsetzungsgesetz), in: BGBl. I Nr. 36 vom 27.06.2005, S. 1698-1719.

RISIKOBEGRENZUNGSGESETZ 2008: Gesetz zur Begrenzung der mit Finanzinvestitionen verbundenen Risiken (Risikobegrenzungsgesetz), in: BGBl. I Nr. 36 vom 18.08.2008, S. 1666-1671.

SEEG 2004: Gesetz zur Einführung der Europäischen Gesellschaft (SEEG), in: BGBl. I Nr. 73 vom 28.12.2004, S. 3675-3701.

SOA 2002: One Hundred Seventh Congress of the United States of America (Hrsg.), Sarbanes-Oxley Act (H.R. 3763), Washington 2002.

STSENKG 2000: Gesetz zur Senkung der Steuersätze und zur Reform der Unternehmensbesteuerung (Steuersenkungsgesetz - StSenkG), in: BGBl. I Nr. 46 vom 26.10.2000, S. 1433-1466.

TRANSPUG 2002: Gesetz zur weiteren Reform des Aktien- und Bilanzrechts, zu Transparenz und Publizität (Transparenz- und Publizitätsgesetz), in: BGBl. I Nr. 50 vom 25.07.2002, S. 2681-2687.

TUG 2007: Gesetz zur Umsetzung der Richtlinie 2004/109/EG des Europäischen Parlaments und des Rates vom 15. Dezember 2004 zur Harmonisierung der Transparenzanforderungen in Bezug auf Informationen über Emittenten, deren Wertpapiere zum Handel auf einem geregelten Markt zugelassen sind, und zur Änderung der Richtlinie 2001/34/EG (Transparenzrichtlinie-Umsetzungsgesetz - TUG), in: BGBl. I Nr. 1 vom 10.01.2007, S. 10-32.

UMAG 2005: Gesetz zur Unternehmensintegrität und Modernisierung des Anfechtungsrechts (UMAG), in: BGBl. I Nr. 60 vom 27.09.2005, S. 2802-2808.

ÜUG 2006: Gesetz zur Umsetzung der Richtlinie 2004/25/EG des Europäischen Parlaments und des Rates vom 21. April 2004 betreffend Übernahmeangebote (Übernahmerichtlinie-Umsetzungsgesetz), in: BGBl. I Nr. 31 vom 13.07.2006, S. 1426-1433.

VORSTAG 2009: Gesetz zur Angemessenheit der Vorstandsvergütung (VorstAG), in: BGBl. I Nr. 50 vom 04.08.2009, S. 2509-2511.

VORSTOG 2005: Gesetz über die Offenlegung der Vorstandsvergütungen (Vorstandsvergütungs-Offenlegungsgesetz - VorstOG), in: BGBl. I Nr. 47 vom 10.08.2005, S. 2267-2268.

WPOÄG 2000: Gesetz zur Änderung von Vorschriften über die Tätigkeit der Wirtschaftsprüfer (Wirtschaftsprüferordnungs-Änderungsgesetz - WPOÄG), in: BGBl. I Nr. 56 vom 22.12.2000, S. 1769-1781.

WPREFG 2003: Gesetz zur Reform des Zulassungs- und Prüfungsverfahrens des Wirtschaftsprüfungsexamens (Wirtschaftsprüfungsexamens-Reformgesetz - WPRefG), in: BGBl. I Nr. 58 vom 10.12.2003, S. 2446-2464.

WPÜG 2001: Gesetz zur Regelung von öffentlichen Angeboten zum Erwerb von Wertpapieren und von Unternehmensübernahmen, in: BGBl. I Nr. 72 vom 22.12.2001, S. 3822-3841.

2. FINANZMARKTFÖRDERUNGSGESETZ 1994: Gesetz über den Wertpapierhandel und zur Änderung börsenrechtlicher und wertpapierrechtlicher Vorschriften (Zweites Finanzmarktförderungsgesetz), in: BGBl. I Nr. 48 vom 30.07.1994, S. 1749-1760.

3. FINANZMARKTFÖRDERUNGSGESETZ 1998: Gesetz zur weiteren Fortentwicklung des Finanzplatzes Deutschland (Drittes Finanzmarktförderungsgesetz), in: BGBl. I Nr. 18 vom 27.03.1998, S. 529-579.

4. FINANZMARKTFÖRDERUNGSGESETZ 2002: Gesetz zur weiteren Fortentwicklung des Finanzplatzes Deutschland (Viertes Finanzmarktförderungsgesetz), in: BGBl. I Nr. 39 vom 26.06.2002, S. 2010-2072.

DISE KAPINHAG 2004: Diskussionsentwurf eines Gesetzes zur Verbesserung der Haftung für falsche Kapitalmarktinformationen (Kapitalmarktinformationshaftungsgesetz - KapInHaG) vom 07.10.2004, in: Neue Zeitschrift für Gesellschaftsrecht, 7. Jg. (2004), S. 1042-1051.

REGE BILKOG 2004: Regierungsentwurf eines Gesetzes zur Kontrolle von Unternehmensabschlüssen (Bilanzkontrollgesetz - BilKoG), in: BT-Drucks. 15/3421 vom 24.06.2004.

REGE BILMOG 2008: Regierungsentwurf eines Gesetzes zur Modernisierung des Bilanzrechts (Bilanzrechtsmodernisierungsgesetz - BilMoG), in: BT-Drucks. 16/10067 vom 30.07.2008.

REGE KAPMUG 2005: Regierungsentwurf eines Gesetzes zur Einführung von Kapitalanleger-Musterverfahren (Kapitalanleger-Musterverfahrensgesetz - KapMuG), in: BT-Drucks. 15/5091 vom 14.03.2005.

BEGRDISE KAPINHAG 2004: Begründung zum Diskussionsentwurf KapInHaG, in: Gesetzentwurf des Bundesministeriums der Finanzen (Diskussionsentwurf) zur Verbesserung der Haftung für falsche Kapitalmarktinformationen (Kapitalmarktinformationshaftungsgesetz - KapInHaG), in: Neue Zeitschrift für Gesellschaftsrecht, 7. Jg. (2004), S. 1044-1051.

BEGRREGE BILKOG 2004: Begründung zum Regierungsentwurf BilKoG, in: Gesetzentwurf der Bundesregierung (Regierungsentwurf) zur Kontrolle von Unternehmensabschlüssen (Bilanzkontrollgesetz - BilKoG), in: BT-Drucks. 15/3421 vom 24.06.2004, S. 11-21.

BEGRREGE BILMOG 2008: Begründung zum Regierungsentwurf BilMoG, in: Gesetzentwurf der Bundesregierung (Regierungsentwurf) zur Modernisierung des Bilanzrechts (Bilanzrechtsmodernisierungsgesetz - BilMoG), in: BT-Drucks. 16/10067 vom 30.07.2008, S. 32-124.

BEGRREGE KAPMUG 2005: Begründung zum Regierungsentwurf KapMuG, in: Gesetzentwurf der Bundesregierung (Regierungsentwurf) zur Einführung von Kapitalanleger-Musterverfahren (Kapitalanleger-Musterverfahrensgesetz - KapMuG), in: BT-Drucks. 15/5091 vom 14.03.2005, S. 13-52.

EU-Verordnungen, EU-Richtlinien sowie Empfehlungen, Mitteilungen und Berichte der Europäischen Kommission

VERORDNUNG (EG) NR. 2157/2001: Der Rat der Europäischen Union (Hrsg.), Verordnung (EG) Nr. 2157/2001 des Rates vom 8. Oktober 2001 über das Statut der Europäischen Gesellschaft (SE), in: Abl. Nr. L 294 vom 10.11.2001, S. 1-21.

VERORDNUNG (EG) NR. 1606/2002: Das Europäische Parlament und der Rat der Europäischen Union (Hrsg.), Verordnung (EG) Nr. 1606/2002 des Europäischen Parlaments und des Rates vom 19. Juli 2002 betreffend die Anwendung internationaler Rechnungslegungsstandards, in: Abl. Nr. L 243 vom 11.09.2002, S. 1-4.

RICHTLINIE 88/627/EWG: Der Rat der Europäischen Union (Hrsg.), Richtlinie 88/627/EWG des Rates vom 12. Dezember 1988 über die bei Erwerb und Veräußerung einer bedeutenden Beteiligung an einer börsennotierten Gesellschaft zu veröffentlichenden Informationen, in: Abl. Nr. L 348 vom 17.12.1988, S. 62-65.

RICHTLINIE 89/592/EWG: Der Rat der Europäischen Union (Hrsg.), Richtlinie 89/592/EWG des Rates vom 13. November 1989 zur Koordinierung der Vorschriften betreffend Insider-Geschäfte, in: Abl. Nr. L 334 vom 18.11.1989, S. 30-32.

RICHTLINIE 2001/65/EG: Das Europäische Parlament und der Rat der Europäischen Union (Hrsg.), Richtlinie 2001/65/EG des Europäischen Parlaments und des Rates vom 27. September 2001 zur Änderung der Richtlinien 78/660/EWG und 86/349/EWG des Rates im Hinblick auf die im Jahresabschluss bzw. im konsolidierten Abschluss von Gesellschaften bestimmter Rechtsformen und von Banken und anderen Finanzinstituten zulässigen Wertansätze, in: Abl. Nr. L 283 vom 27.10.2001, S. 28-32.

RICHTLINIE 2003/6/EG: Das Europäische Parlament und der Rat der Europäischen Union (Hrsg.), Richtlinie 2003/6/EG des Europäischen Parlaments und des Rates vom 28. Januar 2003 über Insider-Geschäfte und Marktmanipulation (Marktmissbrauch), in: Abl. Nr. L 96 vom 12.04.2003, S. 16-25.

RICHTLINIE 2003/51/EG: Das Europäische Parlament und der Rat der Europäischen Union (Hrsg.): Richtlinie 2003/51/EG des Europäischen Parlaments und des Rates vom 18. Juni 2003 zur Änderung der Richtlinien 78/660/EWG, 83/349/EWG, 86/635/EWG und 91/674/EWG über den Jahresabschluss und den konsolidierten Abschluss von Gesellschaften bestimmter Rechtsformen, von Banken und anderen Finanzinstituten sowie von Versicherungsunternehmen, in: Abl. Nr. L 178 vom 17.07.2003, S. 16-22.

RICHTLINIE 2003/58/EG: Das Europäische Parlament und der Rat der Europäischen Union (Hrsg.): Richtlinie 2003/58/EG des Europäischen Parlaments und des Rates vom 15. Juli 2003 zur Änderung der Richtlinie 68/151/EWG des Rates in Bezug auf die Offenlegungspflichten von Gesellschaften bestimmter Rechtsformen, in: Abl. Nr. L 221 vom 04.09.2003, S. 13-16.

RICHTLINIE 2003/71/EG: Das Europäische Parlament und der Rat der Europäischen Union (Hrsg.): Richtlinie 2003/71/EG des Europäischen Parlaments und des Rates vom 4. November 2003 betreffend den Prospekt, der beim öffentlichen Angebot von Wertpapieren oder bei deren Zulassung zum Handel zu veröffentlichen ist, und zur Änderung der Richtlinie 2001/34/EG, in: Abl. Nr. L 345 vom 31.12.2003, S. 64-89.

RICHTLINIE 2004/25/EG: Das Europäische Parlament und der Rat der Europäischen Union (Hrsg.), Richtlinie 2004/25/EG des Europäischen Parlaments und des Rates vom 21. April 2004 betreffend Übernahmeangebote, in: Abl. Nr. L 142 vom 30.04.2004, S. 12-23.

RICHTLINIE 2004/39/EG: Das Europäische Parlament und der Rat der Europäischen Union (Hrsg.), Richtlinie 2004/39/EG des Europäischen Parlaments und des Rates vom 21. April 2004 über Märkte für Finanzinstrumente, zur Änderung der Richtlinien 85/611/EWG und 93/6/EWG des Rates und der Richtlinie 2000/12/EG des Europäischen Parlaments und des Rates und zur Aufhebung der Richtlinie 93/22/EWG des Rates, in: Abl. Nr. L 145 vom 30.04.2004, S. 1-44.

RICHTLINIE 2004/109/EG: Das Europäische Parlament und der Rat der Europäischen Union (Hrsg.), Richtlinie 2004/109/EG des Europäischen Parlaments und des Rates vom 15. Dezember 2004 zur Harmonisierung der Transparenzanforderungen in Bezug auf Informationen über Emittenten, deren Wertpapiere zum Handel auf einem geregelten Markt zugelassen sind, und zur Änderung der Richtlinie 2001/34/EG, in: Abl. Nr. L 390 vom 31.12.2004, S. 38-57.

RICHTLINIE 2006/43/EG: Das Europäische Parlament und der Rat der Europäischen Union (Hrsg.), Richtlinie 2006/43/EG des Europäischen Parlaments und des Rates vom 17. Mai 2006 über Abschlussprüfungen von Jahresabschlüssen und konsolidierten Abschlüssen, zur Änderung der Richtlinien 78/660/EWG, 83/349/EWG des Rates und zur Aufhebung der Richtlinie 84/253/EWG des Rates, in: Abl. Nr. L 157 vom 09.06.2006, S. 87-107.

RICHTLINIE 2006/46/EG: Das Europäische Parlament und der Rat der Europäischen Union (Hrsg.), Richtlinie 2006/46/EG des Europäischen Parlaments und des Rates vom 14. Juni 2006 zur Änderung der Richtlinien des Rates 78/660/EWG über den Jahresabschluss von Gesellschaften bestimmter Rechtsformen, 83/349/EWG über den konsolidierten Abschluss, 86/635/EWG über den Jahresabschluss und den konsolidierten Abschluss von Banken und anderen Finanzinstituten und 91/674/EWG über den Jahresabschluss und den konsolidierten Abschluss von Versicherungsunternehmen, in: Abl. Nr. L 224 vom 16.08.2006, S. 1-7.

RICHTLINIE 2006/73/EG: Kommission der Europäischen Gemeinschaften (Hrsg.), Richtlinie 2006/73/EG der Kommission der Europäischen Gemeinschaften vom 10. August 2006 zur Durchführung der Richtlinie 2004/39/EG des Europäischen Parlaments und des Rates in Bezug auf die organisatorischen Anforderungen an Wertpapierfirmen und die Bedingungen für die Ausübung ihrer Tätigkeit sowie in Bezug auf die Definition bestimmter Begriffe für die Zwecke der genannten Richtlinie, in: Abl. Nr. L 241 vom 02.09.2006, S. 26-58.

RICHTLINIE 2007/36/EG: Das Europäische Parlament und der Rat der Europäischen Union (Hrsg.), Richtlinie 2007/36/EG des Europäischen Parlaments und des Rates vom 11. Juli 2007 über die Ausübung bestimmter Rechte von Aktionären in börsennotierten Gesellschaften, in: Abl. Nr. L 184 vom 14.07.2007, S. 17-24.

EMPFEHLUNG 2001/256/EG: Kommission der Europäischen Gemeinschaften (Hrsg.), Empfehlung der Kommission vom 15. November 2000 zu Mindestanforderungen an Qualitätssicherungssysteme für die Abschlussprüfung in der EU, (2001/256/ EG), in: Abl. Nr. L 91 vom 31.03.2001, S. 91-97.

EMPFEHLUNG 2002/590/EG: Kommission der Europäischen Gemeinschaften (Hrsg.), Empfehlung der Kommission vom 16. Mai 2002 zur Unabhängigkeit des Abschlussprüfers in der EU - Grundprinzipen, (2002/ 590/EG), in: Abl. Nr. L 191 vom 19.07.2002, S. 22-57.

EMPFEHLUNG 2004/913/EG: Kommission der Europäischen Gemeinschaften (Hrsg.), Empfehlung der Kommission vom 14. Dezember 2004 zur Einführung einer angemessenen Regelung für die Vergütung von Mitgliedern der Unternehmensleitung börsennotierter Gesellschaften, (2004/913/EG), in: Abl. Nr. L 385 vom 29.12.2004, S. 55-59.

EMPFEHLUNG 2005/162/EG: Kommission der Europäischen Gemeinschaften (Hrsg.), Empfehlung der Kommission vom 15. Februar 2005 zu den Aufgaben von nicht geschäftsführenden Direktoren/Aufsichtsratsmitgliedern börsennotierter Gesellschaften sowie zu den Ausschüssen des Verwaltungs-/Aufsichtsrats, (2005/162/EG), in: Abl. Nr. L 52 vom 25.02.2005, S. 51-63.

EMPFEHLUNG 2009/385/EG: Kommission der Europäischen Gemeinschaften (Hrsg.), Empfehlung der Kommission vom 30. April 2009 zur Ergänzung der Empfehlungen 2004/913/EG und 2005/162/EG zur Regelung der Vergütung von Mitgliedern der Unternehmensleitung börsennotierter Gesellschaften, (2009/385/EG), in: Abl. Nr. L 120 vom 15.05.2009, S. 28-31.

EUROPÄISCHE KOMMISSION 2003: Kommission der Europäischen Gemeinschaften (Hrsg.), Mitteilung der Kommission an den Rat und das Europäische Parlament zur Modernisierung des Gesellschaftsrechts und Verbesserung der Corporate Governance in der Europäischen Union - Aktionsplan, KOM(2003) 284 endgültig vom 21.05.2003, abrufbar unter: http://eur-lex.europa.eu/LexUriServ/LexUriServ.do?uri=COM:2003:0284:FIN:DE:PDF, Zugriff am 03.05.2010.

EUROPÄISCHE KOMMISSION 2007: Commission of the European Communities (Hrsg.), Commission Staff Working Document: Report on the Application by the Member States of the EU of the Commission Recommendation on the Role of Non-executive or Supervisory Directors of listed Companies and on the Committees of the (Supervisory) Board [SEC (2007) 1021], abrufbar unter: http://ec.europa.eu/internal_market/company/docs/independence/sec20071022_en.pdf, Zugriff am 16.05.2008.

Corporate Governance-Kodizes, -Grundsätze und -Richtlinien, Börsenregeln sowie ähnliche Normierungen

CALPERS 1998: California Public Employees' Retirement System (Hrsg.), Principles for Good Governance in Germany, o. O. 1998, abrufbar unter: http://www.calpers-governance.org/principles/international/ger-many.asp, Zugriff am 03.02.2006).

DCGK 2002: BMJ (Hrsg.), Bekanntmachung des „Deutschen Corporate Governance Kodex" (in der Fassung vom 26. Februar 2002), veröffentlicht im elektronischen Bundesanzeiger am 20.08.2002, abrufbar unter: http://www.ebundesanzeiger.de, Zugriff am 03.03.2010.

DCGK 2010: BMJ (Hrsg.), Bekanntmachung des „Deutschen Corporate Governance Kodex" (in der Fassung vom 26. Mai 2010), veröffentlicht im elektronischen Bundesanzeiger am 02.07.2010, abrufbar unter: http://www.ebundesanzeiger.de, Zugriff am 07.07.2010.

LISTING RULES 2002: Listing Rules der Financial Services Authority (Stand: April 2002), London 2002.

ÖCGK 2010: Österreichischer Arbeitskreis für Corporate Governance (Hrsg.), Österreichischer Corporate Governance Kodex (in der Fassung Januar 2010), Wien 2010.

OECD 2004: OECD (Hrsg.), OECD-Grundsätze der Corporate Governance (Neufassung 2004), Paris 2004.

RLCG 2006: SWX Swiss Exchange (Hrsg.), Richtlinie betr. Informationen zur Corporate Governance (in der Fassung vom 29. März 2006), Zürich 2006.

RLCG 2008: SIX Swiss Exchange (Hrsg.), Richtlinie betr. Informationen zur Corporate Governance (in der Fassung vom 29. Oktober 2008), Zürich 2008.

SWISS CODE 2007: Economiesuisse (Hrsg.), Swiss Code of Best Practice for Corporate Governance (in der Fassung vom 06. September 2007), Zürich 2007.

Beschlüsse und Urteile

BGH-URTEIL vom 05.06.1975, Aktz. II ZR 156/73, in: Neue Juristische Wochenschrift, 28. Jg. (1975), S. 1412.

BGH-URTEIL vom 25.02.1982, Aktz. II ZR 123/81, in: Neue Juristische Wochenschrift, 35. Jg. (1982), S. 1525-1528.

BGH-URTEIL vom 17.05.1993, Aktz. II ZR 89/92, in: Neue Juristische Wochenschrift, 46. Jg. (1993), S. 2307-2312.

BGH-URTEIL vom 21.04.1997, Aktz. II ZR 175/95, in: Der Betrieb, 50. Jg. (1997), S. 1068-1071.

BGH-URTEIL vom 16.02.2004, Aktz. II ZR 316/02, in: Neue Zeitschrift für Gesellschaftsrecht, 7. Jg. (2004), S. 376-377.

LG MÜNCHEN-URTEIL vom 05.11.2009, Aktz. 5 HK - O 15312/09, in: Die Aktiengesellschaft, 55. Jg. (2010), S. 339 -340.

OLG FRANKFURT-BESCHLUSS vom 12.02.2009, Aktz. 2 Ss - OWi 514/08, in: Die Aktiengesellschaft, 54. Jg. (2009), S. 414-416.